Direito Processual Civil

CONTEMPORÂNEO

2 *Processo de Conhecimento, Cautelar, Execução e Procedimentos Especiais*

Humberto Dalla Bernardina de Pinho

Direito Processual Civil CONTEMPORÂNEO

2 Processo de Conhecimento, Cautelar, Execução e Procedimentos Especiais

Processo de conhecimento, cumprimento de sentença, execução, tutelas de urgência (antecipatória e cautelar), recursos, procedimentos especiais contenciosos e não contenciosos e disposições finais e transitórias do Código de Processo Civil.

Notas e observações sobre o novo CPC (Projeto de Lei n. 8.046/2010).

2012

Editora Saraiva

Editora Saraiva

Rua Henrique Schaumann, 270, Cerqueira César — São Paulo — SP
CEP 05413-909
PABX: (11) 3613 3000
SACJUR: 0800 055 7688
De 2ª a 6ª, das 8:30 às 19:30
saraivajur@editorasaraiva.com.br
Acesse: www.saraivajur.com.br

FILIAIS

AMAZONAS/RONDÔNIA/RORAIMA/ACRE
Rua Costa Azevedo, 56 – Centro
Fone: (92) 3633-4227 – Fax: (92) 3633-4782 – Manaus

BAHIA/SERGIPE
Rua Agripino Dórea, 23 – Brotas
Fone: (71) 3381-5854 / 3381-5895
Fax: (71) 3381-0959 – Salvador

BAURU (SÃO PAULO)
Rua Monsenhor Claro, 2-55/2-57 – Centro
Fone: (14) 3234-5643 – Fax: (14) 3234-7401 – Bauru

CEARÁ/PIAUÍ/MARANHÃO
Av. Filomeno Gomes, 670 – Jacarecanga
Fone: (85) 3238-2323 / 3238-1384
Fax: (85) 3238-1331 – Fortaleza

DISTRITO FEDERAL
SIA/SUL Trecho 2 Lote 850 – Setor de Indústria e Abastecimento
Fone: (61) 3344-2920 / 3344-2951
Fax: (61) 3344-1709 – Brasília

GOIÁS/TOCANTINS
Av. Independência, 5330 – Setor Aeroporto
Fone: (62) 3225-2882 / 3212-2806
Fax: (62) 3224-3016 – Goiânia

MATO GROSSO DO SUL/MATO GROSSO
Rua 14 de Julho, 3148 – Centro
Fone: (67) 3382-3682 – Fax: (67) 3382-0112 – Campo Grande

MINAS GERAIS
Rua Além Paraíba, 449 – Lagoinha
Fone: (31) 3429-8300 – Fax: (31) 3429-8310 – Belo Horizonte

PARÁ/AMAPÁ
Travessa Apinagés, 186 – Batista Campos
Fone: (91) 3222-9034 / 3224-9038
Fax: (91) 3241-0499 – Belém

PARANÁ/SANTA CATARINA
Rua Conselheiro Laurindo, 2895 – Prado Velho
Fone/Fax: (41) 3332-4894 – Curitiba

PERNAMBUCO/PARAÍBA/R. G. DO NORTE/ALAGOAS
Rua Corredor do Bispo, 185 – Boa Vista
Fone: (81) 3421-4246 – Fax: (81) 3421-4510 – Recife

RIBEIRÃO PRETO (SÃO PAULO)
Av. Francisco Junqueira, 1255 – Centro
Fone: (16) 3610-5843 – Fax: (16) 3610-8284 – Ribeirão Preto

RIO DE JANEIRO/ESPÍRITO SANTO
Rua Visconde de Santa Isabel, 113 a 119 – Vila Isabel
Fone: (21) 2577-9494 – Fax: (21) 2577-8867 / 2577-9565
Rio de Janeiro

RIO GRANDE DO SUL
Av. A. J. Renner, 231 – Farrapos
Fone/Fax: (51) 3371-4001 / 3371-1467 / 3371-1567 – Porto Alegre

SÃO PAULO
Av. Antártica, 92 – Barra Funda
Fone: PABX (11) 3616-3666 – São Paulo

130.149.001.001

ISBN 978-85-02-14886-4

Dados Internacionais de Catalogação na Publicação (CIP)
(Câmara Brasileira do Livro, SP, Brasil)

Pinho, Humberto Dalla Bernardina de
Direito processual civil contemporâneo : introdução ao processo civil , volume II / Humberto Dalla Bernardina de Pinho. – São Paulo : Saraiva, 2012.

Bibliografia.

1. Processo civil 2. Processo civil - Brasil I. Título.

11-11737 CDU-347.9(81)

Índices para catálogo sistemático:

1. Brasil : Direito processual civil 347.9(81)
2. Brasil : Processo civil 347.9(81)

Diretor editorial *Luiz Roberto Curia*
Gerente de produção editorial *Lígia Alves*
Editora *Thaís de Camargo Rodrigues*
Assistente editorial *Aline Darcy Flôr de Souza*
Produtora editorial *Clarissa Boraschi Maria*
Preparação de originais *Maria Izabel Barreiros Bitencourt Bressan*
Evandro Freire Lisboa
Camilla Bazzoni de Medeiros
Arte e diagramação *Cristina Aparecida Agudo de Freitas*
Muiraquitã Editoração Gráfica
Revisão de provas *Rita de Cássia Queiroz Gorgati*
Marie Nakagawa
Serviços editoriais *Elaine Cristina da Silva*
Vinicius Asevedo Vieira
Capa *Casa de Ideias / Daniel Rampazzo*
Produção gráfica *Marli Rampim*
Impressão *Gráfica Salesiana*
Acabamento *Gráfica Salesiana*

Data de fechamento da edição: 27-2-2012

Dúvidas?
Acesse www.saraivajur.com.br

Para Mariana, com amor.

Agradecimentos

Diversas pessoas participaram do processo de concepção, criação e execução deste projeto.

A exemplo do que ocorreu com o primeiro volume, o texto básico foi extraído de minhas aulas na graduação da UERJ e da UNESA, ao longo de mais de dez anos.

Diversos monitores e assistentes me auxiliaram no trabalho de degravação, formatação, contextualização e atualização do texto.

Além dos percalços naturais de um curso que pretende abarcar o exame do todo o CPC, tivemos ainda sucessivas reformas processuais e, quando o texto já estava concluído, o advento do Novo CPC, que até o presente momento, já teve três versões (anteprojeto, substitutivo e projeto de lei da Câmara).

Na impossibilidade de registrar aqui todas as pessoas que direta ou indiretamente ajudaram a tornar realidade este meu antigo desejo, gostaria de concentrar os agradecimentos nas pessoas de André Mirza, Bianca Oliveira de Farias, Elias Mendes, Flávia Pereira Hill, Hugo Penna, Leila Trierveler, Marcia Michele Garcia Duarte, Renata Berlinski e Roberta Araujo.

Dentre esses notáveis jovens processualistas, registro menção especial a Larissa Pochmann da Silva, que coordenou toda a etapa de revisão e foi incansável na formatação final e adequação dos dispositivos ao NCPC.

Sumário

Agradecimentos 7

Apresentação 39

PARTE I

Processo de Conhecimento

CAPÍTULO 1

Petição inicial 43

1.1 Princípios da iniciativa das partes e da inércia 43

1.2 Petição inicial 44

1.3 Requisitos da petição inicial 44

1.3.1 O juiz ou tribunal a que ela é dirigida 45

1.3.2 Os nomes, prenomes, estado civil, profissão, domicílio e residência do autor e do réu 45

1.3.3 O fato e os fundamentos jurídicos do pedido 46

1.3.4 O pedido com as suas especificações 47

1.3.5 O valor da causa 47

1.3.6 As provas com que o autor pretende demonstrar a verdade dos fatos alegados 49

1.3.7 O requerimento para a citação do réu 49

1.4 Emenda à inicial 51

1.5 Indeferimento da inicial 52

1.5.1 Quando for inepta 53

1.5.2 Quando a parte for manifestamente ilegítima 53

1.5.3 Quando o autor carecer de interesse processual 54
1.5.4 Quando o juiz verificar, desde logo, a decadência ou prescrição 54
1.5.5 Quando o tipo de procedimento escolhido pelo autor não corresponder à natureza da causa ou ao valor da ação 55
1.5.6 Quando não atendido o disposto nos arts. 39, parágrafo único, primeira parte, e 284 56
1.6 Causa de pedir 57
1.7 Pedido 59
1.7.1 Tipos de pedido 59
1.7.2 Cumulação de pedidos 61
1.7.3 Alteração do pedido 63
1.8 Tutela antecipada 65
1.9 Julgamento liminar de mérito 73
1.9.1 Introdução 73
1.9.2 Prescrição e decadência 74
1.9.3 O art. 285-A, CPC: sentença liminar (julgamento antecipadíssimo) 75
1.10 Despacho positivo da petição inicial 86
1.11 A petição inicial no projeto do novo CPC 87

CAPÍTULO **2**

Citação 93
2.1 Conceito 93
2.2 Litisconsórcio 95
2.3 Comparecimento independente de citação 95
2.4 Natureza jurídica do "cite-se" 96
2.5 Destinatários 97
2.6 Local 98
2.7 Impedimentos 98
2.8 Tempo da citação 99
2.9 Efeitos da citação 99
2.10 Modalidades 102
2.10.1 Por correio 102
2.10.2 Por oficial de Justiça – art. 224, CPC 103
2.10.3 Por hora certa 104
2.10.4 Por edital 104
2.10.5 Eletrônica 105
2.11 Citação: pressuposto processual ou condição de eficácia do processo em relação ao réu? 106
2.12 Sentença de mérito em processo sem a citação do réu 109

2.13 Citação no projeto do novo CPC ... 111

CAPÍTULO 3

Formação do processo ... 117

3.1 Noções gerais ... 117

3.2 As disposições no projeto do novo CPC (PL n. 8.046/2010) ... 121

CAPÍTULO 4

Respostas do réu e revelia ... 125

4.1 Introdução ... 125

4.2 Exceção ... 125

4.3 Espécies de defesa ... 126

4.3.1 De admissibilidade ... 126

4.3.2 De mérito ... 127

4.3.3 Defesas diretas ou indiretas ... 127

4.3.4 Exceção ... 127

4.3.4.1 Exceção dilatória ... 130

4.3.4.2 Exceção peremptória ... 130

4.3.4.3 Exceção interna ... 130

4.3.4.4 Exceção instrumental ... 130

4.3.5 Objeção ... 131

4.3.6 Contestação ... 132

4.3.6.1 Requisitos e forma ... 132

4.3.6.2 Prazo ... 133

4.3.6.3 Efeitos ... 134

4.3.6.4 Indeferimento da contestação ... 134

4.3.6.5 Aditamento da contestação ... 134

4.3.6.6 Pedido do réu ... 135

4.3.6.6.1 Recurso ... 135

4.3.6.7 Ônus da impugnação especificada ... 135

4.3.6.8 Princípio da concentração ou eventualidade ... 137

4.3.7 Reconvenção ... 141

4.3.7.1 Ação declaratória incidental e reconvenção – semelhanças e diferenças ... 142

4.3.7.2 Cabimento ... 143

4.3.7.3 Ações dúplices ... 144

4.3.7.4 Forma ... 145

4.3.7.5 Prazo ... 146

4.3.7.6 Conexão ... 146

4.3.7.7 Ampliação subjetiva do processo ... 147

4.4 Revelia 148
4.5 Respostas do réu e revelia no projeto do novo CPC (PL n. 8.046/2010) 151
4.5.1 Respostas do réu 151
4.5.2 Revelia no projeto do novo CPC 156

CAPÍTULO **5**

Suspensão do processo 159
5.1 Hipóteses de suspensão 160
5.1.1 Morte ou perda da capacidade de qualquer das partes, de seu representante legal ou procurador 160
5.1.2 Convenção das partes 162
5.1.3 Quando for oposta exceção de incompetência do juízo, câmara ou tribunal, bem como de suspeição ou impedimento do juiz .. 163
5.1.4 Quando a sentença de mérito depender do julgamento de outra causa, ou da declaração da existência ou inexistência da relação jurídica, que constitua o objeto principal de outro processo pendente 164
5.1.5 Quando a sentença de mérito não puder ser proferida senão depois de verificado determinado fato, ou de produzida certa prova, requisitada a outro juízo 166
5.1.6 Quando a sentença de mérito tiver por pressuposto o julgamento de questão de estado, requerido como declaração incidente 167
5.1.7 Por motivo de força maior 167
5.1.8 Em outros casos regulados pelo CPC 168
5.1.9 Ação de usucapião especial urbana 168
5.2 A suspensão do processo no projeto do novo CPC (PL n. 8.046/2010) . 169

CAPÍTULO **6**

Providências preliminares 173
6.1 As providências preliminares 173
6.1.1 O réu apresenta defesa indireta 174
6.1.2 O réu apresenta defesa direta 174
6.1.3 Defeitos processuais 176
6.1.4 Revelia 176
6.1.5 Confissão ficta 176
6.1.6 Reconvenção 176
6.1.7 Intervenção de terceiros 177
6.1.8 Intervenção de entidades ou órgãos 177
6.1.9 Especificação de provas 177

6.2 Providências preliminares no projeto do novo CPC 178

CAPÍTULO 7

Julgamento conforme o estado do processo 181
7.1 Julgamento antecipado da lide 181
7.2 Audiência preliminar 183
7.3 Despacho saneador 186
7.3.1 Correção de eventuais vícios do processo 188
7.3.2 Fixação dos pontos controvertidos da demanda 188
7.3.3 Deferimento das provas que vão ser produzidas 189
7.4 Julgamento conforme o estado do processo no projeto do novo CPC . 189

CAPÍTULO 8

Extinção do processo 193
8.1 Extinção sem julgamento do mérito 193
8.1.1 Indeferimento da petição inicial 194
8.1.2 Negligência das partes por mais de um ano 195
8.1.3 Omissão do autor por mais de trinta dias 195
8.1.4 Ausência dos pressupostos de constituição e desenvolvimento regular do processo 196
8.1.5 Perempção, litispendência e coisa julgada 198
8.1.6 Falta das condições da ação 199
8.1.7 Convenção arbitral 200
8.1.8 Desistência da ação 201
8.1.9 Intransmissibilidade da ação 202
8.1.10 Confusão entre as partes 202
8.1.11 Outros casos 202
8.2 Extinção com julgamento do mérito 203
8.2.1 Acolhimento ou rejeição do pedido 203
8.2.2 Reconhecimento do pedido pelo réu 203
8.2.3 Transação 203
8.2.4 Prescrição e decadência 204
8.2.5 Renúncia ao direito 204
8.3 Extinção do processo no projeto do novo CPC 205

CAPÍTULO 9

Audiência de instrução e julgamento 207
9.1 Etapas da AIJ 208
9.2 A AIJ no projeto do novo CPC 212

CAPÍTULO **10**

Provas: teoria geral 215

10.1 Noções gerais 215

10.2 Objeto e incidência 217

10.3 Natureza das normas sobre provas 218

10.4 Destinatários da prova 219

10.5 Classificação 220

10.5.1 Quanto ao fato (ou objeto) 220

10.5.2 Quanto ao sujeito 220

10.5.3 Quanto ao objeto 220

10.5.4 Quanto à preparação 220

10.6 Meios de prova 221

10.7 Ônus da prova 221

10.7.1 Noções gerais 221

10.7.2 Do fato negativo 223

10.7.3 Teoria dinâmica do ônus da prova 223

10.7.4 Inversão do ônus da prova 226

10.8 Provas ilícitas 227

10.9 Prova emprestada 229

10.10 Prova indiciária 230

10.11 Fases do procedimento probatório 231

10.12 Poderes probatórios do juiz 232

10.13 Produção antecipada de provas 233

10.14 Teoria geral da prova e sua produção antecipada no projeto do novo CPC 236

10.14.1 Teoria geral da prova 236

10.14.2 Produção Antecipada de Provas no projeto do NCPC (PL n. 8.046/2010) 239

CAPÍTULO **11**

Provas em espécie 243

11.1 Conceito 243

11.2 Depoimento pessoal 243

11.3 Confissão 245

11.4 Exibição de documento ou coisa 247

11.5 Prova documental 249

11.6 Prova testemunhal 251

11.7 Prova pericial 254

11.8 Inspeção judicial 257

11.9 Provas em espécie no projeto do novo CPC 258

CAPÍTULO **12**

Procedimentos 279

12.1 Procedimento comum e especial 279

12.2 Procedimento comum ordinário 279

12.3 Procedimento sumário 281

12.3.1 De arrendamento rural e de parceria agrícola 281

12.3.2 De cobrança ao condômino de quaisquer quantias devidas ao condomínio 282

12.3.3 De ressarcimento por danos em prédio urbano ou rústico 282

12.3.4 Ressarcimento por danos causados em acidente de veículo de via terrestre 282

12.3.5 De cobrança de seguro, relativamente aos danos causados em acidente de veículo, ressalvados os casos de processo de execução 282

12.3.6 De cobrança de honorários dos profissionais liberais, ressalvado o disposto em legislação especial 283

12.3.7 Demais casos previstos em lei 283

12.4 O procedimento sumário e a Lei n. 9.099/95 284

12.5 Conversão do procedimento sumário em ordinário (art. 277, §§ 4º e 5º) 284

12.5.1 Valor da causa superior a sessenta vezes o salário mínimo 285

12.5.2 Determinação do juiz 285

12.5.3 Causa que demanda perícia complexa 285

12.6 Etapas do procedimento sumário 286

12.7 Pedido contraposto 288

12.8 Os procedimentos e o projeto do novo CPC (PL n. 8.046/2010) 291

CAPÍTULO **13**

Sentença, remessa necessária e coisa julgada 293

13.1 Conceito de sentença 293

13.2 Classificação das sentenças 295

13.2.1 Declaratória 295

13.2.2 Constitutiva 296

13.2.3 Condenatória 296

13.2.4 Mandamental 297

13.2.5 Executiva 298

13.3 Publicação da sentença 298

13.4 Intimação da sentença 299

13.5 Elementos essenciais da sentença 299

13.6 Sentenças terminativas e definitivas 302
13.7 Interpretação da sentença 303
13.8 Efeitos da sentença 304
13.9 Clareza e precisão 305
13.10 Princípio da demanda e seus efeitos 306
13.11 Tutela específica da obrigação de fazer, não fazer, entrega da coisa 307
13.12 Art. 461-A: obrigações de dar coisa 311
13.13 Art. 462, CPC 311
13.14 Correção 312
13.15 Novas alíneas do art. 466, CPC 313
13.16 Remessa necessária 314
13.17 Conceito de coisa julgada 317
13.18 Coisa julgada material e formal 318
13.19 Limites objetivos e subjetivos da coisa julgada 320
13.20 Fundamentos da coisa julgada 325
13.21 Preclusão 330
13.22 Sentença, remessa necessária e coisa julgada no projeto do novo CPC 331
13.22.1 Sentença 337
13.22.2 Remessa necessária 339
13.22.3 Coisa julgada 340

PARTE **II**

Tutela de Urgência

CAPÍTULO **1**

Teoria geral do processo cautelar 343

1.1 Noções preliminares 343
1.2 Tutela antecipada 345
1.2.1 Fundamentos 345
1.2.2 Definição 348
1.2.3 Requisitos 349
1.2.4 Fungibilidade 352
1.3 Tutela cautelar 353
1.3.1 Definição 353
1.3.2 Poder geral de cautela 354
1.3.3 *Fumus boni iuris* e *periculum in mora* 354
1.3.4 Classificações 355
1.3.5 Duração 357
1.3.6 Procedimento cautelar 358
1.4 Tutela inibitória 363

1.5 Tutela antecipada e tutela cautelar – semelhanças e diferenças 364
1.6 Tutela cautelar e a tutela liminar – semelhanças e diferenças 365
1.7 Fungibilidade das tutelas cautelares e antecipatórias 368
1.8 Tutela antecipada e medidas cautelares no projeto do novo CPC (PL n. 8.046/2010) 370

CAPÍTULO 2
Medidas cautelares específicas 373
2.1 Noções preliminares 373
2.2 Arresto 374
2.3 Sequestro 379
2.4 Caução 380
2.5 Busca e apreensão 382
2.6 Exibição 383
2.7 Alimentos provisionais 384
2.8 Arrolamento de bens 386
2.9 Justificação 387
2.10 Protestos, notificações e interpelações 389
2.11 Homologação do penhor legal 390
2.12 Posse em nome do nascituro 391
2.13 Atentado 392
2.14 Protesto e apreensão de títulos 393
2.15 Outras medidas 394
2.16 O projeto do novo CPC 396

PARTE III
Cumprimento de Sentença

CAPÍTULO 1
Liquidação e cumprimento de sentença 399
1.1 Liquidação de sentença 399
1.2 Conceito de sentença 400
1.3 Legitimidade para a liquidação de sentença 401
1.4 Modalidades de liquidação de sentença 402
1.4.1 Liquidação por cálculos 402
1.4.2 Liquidação por artigos 403
1.4.3 Liquidação por arbitramento 405
1.5 Liquidação de sentença penal condenatória e no processo coletivo 406
1.6 Cumprimento de sentença 407
1.7 A nova sistemática da execução 408

1.8 Atributos da obrigação a ser executada 410
1.8.1 Exigibilidade 411
1.8.2 Certeza 411
1.8.3 Liquidez 412
1.9 Os títulos executivos judiciais 412
1.9.1 A sentença proferida no processo civil que reconheça a existência de obrigação de fazer, não fazer, entregar coisa ou pagar quantia 412
1.9.2 A sentença penal condenatória transitada em julgado 414
1.9.3 A sentença homologatória de conciliação ou de transação, ainda que inclua matéria não posta em juízo 416
1.9.4 A sentença arbitral 416
1.9.5 O acordo extrajudicial, de qualquer natureza, homologado judicialmente 417
1.9.6 A sentença estrangeira, homologada pelo Superior Tribunal de Justiça 417
1.9.7 O formal e a certidão de partilha, exclusivamente em relação ao inventariante, aos herdeiros e aos sucessores a título singular ou universal 418
1.10 Expedição de mandado de penhora e avaliação 418
1.11 A defesa do devedor 419
1.11.1 Noção e natureza jurídica 419
1.11.2 A fase de execução da sentença como procedimento de cognição limitada e exauriente *secundum eventum defensionis* 422
1.11.3 Excesso de execução (art. 475-L, V) 423
1.12 Dos honorários advocatícios no procedimento de cumprimento da sentença 424
1.13 Liquidação e cumprimento de sentença no projeto do novo CPC 426
1.13.1 Liquidação de sentença 426
1.13.2 Cumprimento de sentença 429

CAPÍTULO **2**

Espécies de execução 433

CAPÍTULO **3**

Cumprimento de sentença condenatória em quantia certa 435
3.1 Noções gerais 435
3.2 Cumprimento provisório de sentença 437
3.3 O projeto do novo CPC (PL n. 8.046/2010) no cumprimento provisório da sentença 438

3.4 Cumprimento de sentença 440
3.5 O projeto do novo CPC no cumprimento da sentença 444

CAPÍTULO 4

Prestação alimentícia 449
4.1 Introdução 449
4.2 Procedimento 450
4.3 O projeto do novo CPC 451

CAPÍTULO 5

Quantia certa em face da Fazenda Pública 455
5.1 Introdução 455
5.2 Incidência das novas leis 456
5.3 Procedimento 456
5.4 O projeto do novo CPC (PL n. 8.046/2010) 459

CAPÍTULO 6

Condenação de fazer, não fazer ou entregar coisa 463
6.1 Noções gerais 463
6.2 Meios executivos 463
6.3 *Astreintes* 464
6.4 Execução das obrigações de fazer 466
6.4.1 Cumprimento de sentença 466
6.5 Execução da sentença de emissão de declaração de vontade 468
6.6 Execução das obrigações de não fazer 469
6.7 O projeto do novo CPC: disposições sobre as obrigações de fazer e de não fazer 471
6.8 Execução para a entrega de coisa 473
6.8.1 Cumprimento de sentença 474
6.9 O projeto do novo CPC (PL n. 8.046/2010) e a entrega de coisa 475

PARTE IV

Procedimentos Especiais

CAPÍTULO 1

Procedimentos especiais de jurisdição contenciosa 479
1.1 Disposições gerais 479
1.2 Procedimentos especiais de jurisdição contenciosa e de jurisdição voluntária 484
1.3 Disposições no projeto do novo CPC 488

CAPÍTULO **2**

Ação de consignação em pagamento

Ação de consignação em pagamento 489

2.1 Noções gerais 489
2.2 Natureza do instituto da consignação 489
2.3 Natureza processual da ação de consignação 490
2.4 Prestações passíveis de consignação 491
2.5 Cabimento da consignação 491
2.6 Pressupostos para o pagamento em consignação 493
2.7 Liquidez da prestação devida 493
2.8 Consignação principal e incidental 494
2.9 Consignação em pagamento de título cambiário e cambiariforme 495
2.10 Competência 496
2.11 Legitimação *ad causam* 497
2.11.1 Legitimidade ativa 497
2.11.2 Legitimidade passiva 498
2.12 Prestações periódicas 499
2.13 Causa de pedir 500
2.14 Pedido 501
2.15 Efeitos da consignação 502
2.16 Procedimento da consignação em pagamento 503
2.16.1 Procedimento extrajudicial 503
2.16.2 Procedimento judicial em caso de mora do credor 507
2.16.2.1 Petição inicial 507
2.16.2.2 Valor da causa 507
2.16.2.3 Depósito 508
2.16.2.4 Obrigação alternativa 509
2.16.2.5 Citação 509
2.16.2.6 Resposta do demandado 509
2.16.2.6.1 Contestação 510
2.16.2.6.2 Não comparecimento e revelia 511
2.16.2.7 Complementação do depósito 512
2.16.2.8 Sentença 513
2.16.3 Procedimento judicial com risco de pagamento ineficaz 514
2.17 Resgate da enfiteuse 517
2.18 Consignação de aluguéis e acessórios na locação 518
2.19 A consignação em pagamento no projeto do novo CPC 520

CAPÍTULO **3**

Ação de depósito

Ação de depósito 525

3.1 Noções gerais 525

3.2 Natureza da ação 527
3.3 Legitimidade 528
3.4 Competência 528
3.5 Procedimento 528
3.6 Prisão civil do depositário infiel 532
3.7 Alienação fiduciária em garantia 535
3.8 A ação de depósito no projeto do novo CPC 535

CAPÍTULO 4

Ação de anulação e de substituição de títulos ao portador 537
4.1 Noções gerais 537
4.2 Legitimação 540
4.3 Competência 540
4.4 Procedimento de anulação do título 540
4.5 Procedimento de substituição e destruição parcial do título 544
4.6 O projeto do novo CPC 545

CAPÍTULO 5

Ação de prestação de contas 547
5.1 Noções gerais 547
5.2 Natureza jurídica 548
5.3 Cabimento 549
5.4 Legitimação e interesse 549
5.5 Organização e prova das contas 551
5.6 A prestação de contas ativa ou ação de exigir contas 552
5.6.1 Sucumbência 555
5.7 A prestação de contas passiva ou de dar contas 555
5.7.1 Sucumbência 557
5.8 O projeto do novo CPC (PL n. 8.046/2010) 557

CAPÍTULO 6

Ações possessórias 561
6.1 Noções gerais 561
6.2 Procedimento especial 562
6.3 O procedimento comum e o procedimento sumário do Juizado Especial 568
6.4 A liminar e sua natureza jurídica 569
6.5 A ação de natureza dúplice 570
6.6 Fungibilidade dos procedimentos 571
6.7 Espécies de proteção possessória 571
6.8 A natureza das ações possessórias: real ou pessoal? 573

6.9 Incidentes nas ações possessórias 574
6.9.1 Embargos de terceiro 574
6.9.2 Embargos de retenção 575
6.9.3 Nomeação à autoria e denunciação da lide 575
6.10 Procedimento de manutenção, da reintegração da posse e do interdito proibitório – peculiaridades dos procedimentos 576
6.10.1 Ação de manutenção de posse 576
6.10.2 Ação de reintegração de posse 578
6.10.3 Interdito proibitório 580
6.11 A sentença nas ações de manutenção de posse, de reintegração de posse e no interdito proibitório 582
6.12 A fase de execução do julgado 582
6.13 Ações possessórias no projeto do novo CPC 583

CAPÍTULO 7
Ação de nunciação de obra nova 587
7.1 Noções gerais 587
7.2 Legitimidade 589
7.3 Embargo extrajudicial 590
7.4 Competência 590
7.5 Cumulação de pedidos 590
7.6 Procedimento 591
7.7 O projeto do novo CPC 593

CAPÍTULO 8
Ação de usucapião de terras particulares 595
8.1 Noções gerais 595
8.2 Espécies de usucapião de bens imóveis 595
8.3 Requisitos da usucapião de bem imóvel 596
8.4 Procedimento para a ação de usucapião 597
8.5 Condições de procedibilidade 598
8.5.1 Legitimidade ativa 598
8.5.2 Legitimidade passiva 599
8.6 Competência 603
8.7 Conexão e litispendência 604
8.8 Procedimento da usucapião comum 604
8.8.1 Petição inicial 605
8.8.2 Citação 607
8.8.3 Resposta do réu 607
8.9 Procedimento da usucapião especial 609

8.10 Pendência de possessória 609
8.11 Ministério Público 610
8.12 Instrução e julgamento 610
8.13 Sentença e coisa julgada 611
8.14 Registro de Imóveis 612
8.15 Usucapião como matéria de defesa 612
8.16 Ação de usucapião e o projeto do novo CPC 614

CAPÍTULO **9**

Ação de demarcação e ação de divisão de terras particulares 615
9.1 Noções gerais 615
9.2 Legitimidade 616
9.3 Natureza dúplice das ações divisória e demarcatória 617
9.4 Foro competente 617
9.5 Procedimento 618
9.5.1 Disposições gerais 618
9.5.2 Ação de demarcação 619
9.5.3 Ação de divisão 621
9.6 O projeto do novo CPC (PL n. 8.046/2010) 623
9.6.1 Disposições gerais 623
9.6.2 Ação de demarcação 625
9.6.3 Ação de divisão 627

CAPÍTULO **10**

Ação de dissolução parcial de sociedade 631
10.1 Considerações 631
10.2 O procedimento de dissolução das sociedades 631
10.3 O projeto do novo CPC 632

CAPÍTULO **11**

Ação de inventário e partilha 637
11.1 Noções gerais 637
11.2 Inventário negativo 639
11.3 Competência 640
11.4 Universalidade de foro da sucessão 641
11.5 Questões de alta indagação 642
11.6 Administrador provisório e inventariante 643
11.7 Legitimidade 645
11.8 Cumulação de ações no inventário 646
11.9 Procedimento do inventário 646

11.9.1 Petição inicial 647
11.9.2 Primeiras declarações 648
11.9.3 Citações e interveniências 649
11.9.4 Avaliação judicial 650
11.9.5 Últimas declarações 651
11.9.6 Cálculo do imposto 651
11.9.7 Colações 652
11.9.8 Sonegação 653
11.9.9 Pagamento das dívidas 653
11.10 A partilha 654
11.10.1 Conceito e espécies 654
11.10.2 Partilha judicial. Petição de quinhão. Deliberação. Princípios 655
11.10.3 Esboço e lançamento da partilha 656
11.10.4 Sentença da partilha 658
11.10.5 Pacto de não partilhar 660
11.10.6 A emenda ou retificação da partilha 660
11.10.7 A partilha e as ações de investigação de paternidade, de petição de herança e de nulidade de testamento 661
11.10.8 Invalidação da partilha 662
11.10.9 Partilha amigável e partilha judicial 663
11.10.10 Ação rescisória de partilha 665
11.11 O arrolamento 667
11.11.1 Procedimento do arrolamento sumário 667
11.11.2 Procedimento do arrolamento comum 669
11.12 Das disposições comuns 670
11.12.1 Medidas cautelares (art. 1.039) 670
11.12.2 Sobrepartilha (art. 1.040) 670
11.12.3 Curatela especial ao herdeiro (art. 1.042) 671
11.12.4 Inventários acumulados (arts. 1.043 e 1.044) 671
11.12.5 Honorários de advogado 672
11.12.6 Extinção do processo por paralisação da causa 672
11.12.7 Assistência judiciária 673
11.12.8 Terceiros prejudicados (art. 1.046) 673
11.13 O projeto do novo CPC 673

CAPÍTULO **12**

Embargos de terceiro 689
12.1 Noções gerais 689
12.2 Natureza jurídica 689
12.3 Cabimento e conteúdo 691
12.4 Legitimidade 692

12.5 Prazo 695
12.6 Competência 696
12.7 Procedimento 697
12.8 O projeto do novo CPC 701

CAPÍTULO **13**

Habilitação 705
13.1 Noções gerais 705
13.2 Natureza jurídica 706
13.3 Cabimento 706
13.4 Legitimidade 707
13.5 Competência 708
13.6 Ação de habilitação 708
13.7 Habilitação nos autos do processo principal 709
13.8 O projeto do novo CPC 710

CAPÍTULO **14**

Restauração de autos 713
14.1 Noções gerais 713
14.2 Natureza jurídica e cabimento 714
14.3 Legitimidade 714
14.4 Competência 715
14.5 Procedimento 715
14.6 Sentença 717
14.7 Restauração dos autos no tribunal 717
14.8 Responsabilidade civil do causador do desaparecimento dos autos 718
14.9 O projeto do novo CPC 718

CAPÍTULO **15**

Homologação de penhor legal 723
15.1 Conceituação de penhor 723
15.2 Penhor legal no CPC 724
15.3 Penhor legal no projeto do novo CPC 725

CAPÍTULO **16**

Vendas a crédito com reserva de domínio 729
16.1 Noções gerais 729
16.2 Procedimento de execução do preço 731
16.3 Procedimento para recuperação da coisa vendida 731
16.4 O projeto do novo CPC 733

CAPÍTULO **17**

Juízo arbitral 735

CAPÍTULO **18**

Ação monitória 737
18.1 Noções gerais 737
18.2 Características 738
18.3 Natureza jurídica 738
18.4 Objeto e alcance da ação monitória 739
18.5 Requisito específico da ação monitória 739
18.5.1 Prova escrita 739
18.5.2 Prova testemunhal 741
18.6 Legitimidade para a ação monitória 742
18.7 Juízo sumário 742
18.8 Competência no processo monitório 742
18.9 Petição inicial. Mandado de pagamento ou de entrega 743
18.10 Natureza do mandado liminar. Extensão de sua eficácia 744
18.11 Formação do título executivo 747
18.12 Ônus da prova no processo monitório 748
18.13 Procedimento 749
18.14 Embargos monitórios 750
18.15 Reconvenção e exceção 754
18.16 Assistência e litisconsórcio 754
18.17 Revelia no processo monitório 755
18.18 Natureza dos embargos 756
18.19 Antecipação de tutela 757
18.20 Cabimento de audiência de conciliação 757
18.21 Litispendência. Coisa julgada. Questões processuais e de mérito 757
18.22 Honorários advocatícios. Despesas processuais. Isenção 759
18.23 Ação monitória contra a Administração Pública 759
18.24 O projeto do novo CPC 761

CAPÍTULO **19**

Disposições gerais de procedimentos especiais de jurisdição voluntária 763
19.1 Características da jurisdição voluntária 763
19.2 Procedimento 765
19.3 A jurisdição voluntária no CPC 769
19.4 Disposições no projeto do novo CPC 771

CAPÍTULO **20**

Das notificações e das interpelações 773

20.1 Noções gerais 773

20.2 Procedimento 773

20.3 O projeto do novo CPC 774

CAPÍTULO **21**

Alienações judiciais 777

21.1 Noções gerais 777

21.2 Procedimento 778

21.3 Extinção do condomínio 779

21.4 O projeto do novo CPC 780

CAPÍTULO **22**

Separação consensual 781

22.1 Noções gerais 781

22.2 Legitimidade e competência 783

22.3 Procedimento 783

22.4 Sentença 785

22.5 Revisão e rescisão do acordo de separação 785

22.6 O projeto do novo CPC 786

CAPÍTULO **23**

Testamentos e codicilos 789

23.1 Noções gerais 789

23.2 Competência 790

23.3 Procedimento 790

23.4 Sentença 793

23.5 O projeto do novo CPC 793

CAPÍTULO **24**

Herança jacente 797

24.1 Noções gerais 797

24.2 Competência 798

24.3 Legitimidade 798

24.4 Procedimento 799

24.5 Administração da herança 800

24.6 Declaração de vacância 801

24.7 O projeto do novo CPC (PL n. 8.046/2010) 802

CAPÍTULO **25**

Bens do ausente 805

25.1 Noções gerais 805

25.2 Competência 806

25.3 Procedimento 806

25.4 O projeto do novo CPC (PL n. 8.046/2010) 808

CAPÍTULO **26**

Coisas vagas 811

26.1 Noções gerais 811

26.2 Legitimidade e competência 812

26.3 Procedimento 812

26.4 O projeto do novo CPC 813

CAPÍTULO **27**

Curatela dos interditos 817

27.1 Noções gerais 817

27.2 Legitimidade 818

27.3 Competência 818

27.4 Procedimento 818

27.5 Sentença 819

27.6 Levantamento da interdição 820

27.7 O curador 820

27.8 Disposições comuns à tutela e à curatela 821

27.9 O projeto do novo CPC (PL n. 8.046/2010) 823

CAPÍTULO **28**

Organização e fiscalização das fundações 827

28.1 Noções gerais 827

28.2 Procedimento 828

28.3 Extinção das fundações 828

28.4 O projeto do novo CPC 829

CAPÍTULO **29**

Posse em nome do nascituro 831

29.1 Objetivos e procedimento 831

29.2 O projeto do novo CPC 832

CAPÍTULO **30**

Justificação 835

30.1 Características e procedimento 835

30.2 O projeto do novo CPC 836

CAPÍTULO 31

Especialização da hipoteca legal 839

31.1 Noções gerais 839

31.2 Competência 840

31.3 Legitimidade 840

31.4 Procedimento 841

31.5 O projeto do novo CPC 841

PARTE V

Processo de Execução

CAPÍTULO 1

Teoria geral da execução 845

1.1 Noções gerais 845

1.2 Características da execução 848

1.3 Aplicação subsidiária das normas cognitivas à execução 849

1.4 Princípios da execução 850

1.4.1 Princípio da cartularidade 850

1.4.2 Princípio da efetividade da execução 851

1.4.3 Princípio do menor sacrifício possível para o executado 851

1.4.4 Princípio do contraditório 852

1.4.5 Princípio do desfecho único 852

1.4.6 Princípio do sincretismo 853

1.5 Pressupostos da execução e do cumprimento de sentença 854

1.6 Espécies de execução 854

1.6.1 Procedimentos executivos existentes 854

1.6.2 Execução provisória e definitiva 855

1.7 Meios de execução 857

1.7.1 Sub-rogação (execução direta) 858

1.7.2 Coerção ou coação (execução indireta) 859

1.8 Procedimento 860

1.9 Processo de execução no projeto do novo CPC 862

CAPÍTULO 2

As partes na relação processual executiva 865

2.1 Noções gerais 865

2.2 Legitimação 866

2.2.1 Legitimados ativos 866

2.2.2 Legitimados passivos 869
2.3 Revelia 871
2.4 Litisconsórcio 872
2.5 Intervenção de terceiros 873
2.6 Cumulação de execuções 875
2.7 As partes no projeto do novo CPC (PL n. 8.046/2010) 876

CAPÍTULO 3

Jurisdição e competência na relação processual executiva 879
3.1 Noções gerais 879
3.2 Limites e controle da jurisdição no processo executivo 880
3.3 Competência 880
3.4 A competência dos tribunais nas causas de competência originária 881
3.5 Competência funcional 882
3.6 Competência para execução da sentença penal condenatória, da sentença arbitral e da sentença estrangeira 883
3.7 Competência na execução de título extrajudicial 885
3.7.1 Foro competente para a ação do cheque 885
3.7.2 Foro competente para a duplicata 885
3.7.3 Foro competente para a nota promissória 886
3.7.4 Foro competente para a execução de hipoteca e de aluguéis 886
3.8 Competência na execução fiscal 886
3.9 Competência nos processos incidentais e modificações da competência 887
3.10 Competência na insolvência civil 888
3.11 Competência no projeto do novo CPC 888

CAPÍTULO 4

Requisitos da execução 891
4.1 Noções gerais 891
4.2 Inadimplemento do devedor 892
4.2.1 *Exception non rite adimpleti contractus* 894
4.2.2 *Exception non adimpleti contractus* 895
4.2.3 Inadimplemento e interesse de agir 895
4.3 Título executivo 896
4.3.1 Conceito 898
4.3.2 Natureza jurídica 898
4.3.3 Classificação 899
4.4 Modalidades de títulos executivos judicial e extrajudicial 900
4.4.1 Títulos judiciais 901
4.4.2 Títulos extrajudiciais 901

4.4.2.1 Letra de câmbio, nota promissória, duplicata, debênture e cheque ... 902
4.4.2.2 Instrumento público ou privado de confissão de dívida 902
4.4.2.3 Contratos garantidos por hipoteca, penhor, anticrese e caução, bem como os de seguro de vida ... 903
4.4.2.4 Crédito decorrente de foro ou laudêmio ... 903
4.4.2.5 Crédito, documentalmente comprovado, decorrente de aluguel de imóvel, bem como de encargos acessórios, tais como taxas e despesas de condomínio... 903
4.4.2.6 Crédito de serventuário da Justiça, perito, intérprete ou tradutor ... 903
4.4.2.7 Certidão da dívida ativa da Fazenda Pública ... 904
4.4.2.8 Outros títulos extrajudiciais ... 904
4.5 Disposições do projeto do novo CPC ... 905

CAPÍTULO 5
Responsabilidade patrimonial ... 909
5.1 Noções gerais ... 909
5.2 Bens do devedor ... 910
5.3 Fraude à execução e fraude contra credores ... 913
5.4 Alienação de bem penhorado ... 917
5.5 Registro da penhora e sua finalidade ... 918
5.6 O projeto do novo CPC ... 919

CAPÍTULO 6
Espécies de execução ... 923
6.1 Noções gerais ... 923
6.2 Classificação de acordo com a natureza da obrigação ... 924
6.3 Classificação de acordo com a natureza do título (judicial ou extrajudicial) 925
6.4 O projeto do novo CPC (PL n. 8.046/2010) ... 927

CAPÍTULO 7
Execução para a entrega de coisa ... 933
7.1 Execução para entrega de coisa certa ... 933
7.1.1 Noções gerais ... 933
7.1.2 Processo de execução ... 934
7.1.3 O projeto do novo CPC ... 937
7.2 Execução para entrega de coisa incerta ... 939
7.2.1 O projeto do NCPC (PL n. 8.046/2010) ... 940

CAPÍTULO **8**

Execução das obrigações de fazer e de não fazer 943

8.1 Execução das obrigações de fazer 943

8.1.1 Processo de execução 943

8.1.2 *Astreintes* 945

8.1.3 Da conversão em perdas e danos 947

8.1.4 Prática do fato por terceiro 948

8.1.5 Execução da obrigação pelo credor 949

8.1.6 Cumprimento da obrigação 949

8.1.7 O projeto do novo CPC e as obrigações de fazer 950

8.2 Execução das obrigações de não fazer 951

8.2.1 As disposições do projeto do novo CPC em relação às obrigações de não fazer 959

CAPÍTULO **9**

Execução por quantia certa 961

9.1 Execução por quantia certa contra devedor insolvente 961

9.2 Execução por quantia certa contra devedor solvente 962

9.2.1 Processo de execução 965

9.2.2 Disposições do projeto do NCPC (PL n. 8.046/2010) 968

9.3 Considerações sobre a penhora 970

9.3.1 Disposições sobre a penhora no projeto do novo CPC (PL n. 8.046/2010) 975

9.4 Etapa expropriatória 988

9.4.1 Etapa expropriatória no projeto do novo CPC 991

CAPÍTULO **10**

Execução em face da Fazenda Pública 1003

10.1 Noções gerais 1003

10.2 Execução em face da Fazenda Pública 1003

10.2.1 Introdução 1003

10.2.2 Incidência das novas leis 1004

10.2.3 Procedimento 1005

10.2.4 O projeto do novo CPC 1008

CAPÍTULO **11**

Execução fiscal 1009

11.1 Introdução 1009

11.2 Procedimento 1010

11.3 O projeto do novo CPC 1012

CAPÍTULO **12**

Execução de prestação alimentícia 1013
12.1 Introdução 1013
12.2 Procedimento 1014
12.3 O projeto do novo CPC (PL n. 8.046/2010) 1015

CAPÍTULO **13**

Defesa do executado no processo de execução 1017
13.1 Noções gerais 1017
13.2 Da defesa do executado na execução extrajudicial 1018
13.3 Da defesa do executado contra arrematação, adjudicação e alienação . 1019
13.4 Exceção de pré-executividade 1020
13.4.1 Procedimento 1021
13.4.1.1 Da legitimidade 1021
13.4.1.2 Do prazo 1022
13.4.1.3 Efeitos 1022
13.4.1.3.1 Da apresentação 1022
13.4.1.4 Da obrigatoriedade do contraditório 1022
13.4.1.5 Do acolhimento 1023
13.4.2 Do projeto do novo CPC 1024

CAPÍTULO **14**

Suspensão e extinção da execução 1029
14.1 Noções gerais 1029
14.2 Hipóteses de suspensão da execução 1030
14.3 Sentença e coisa julgada na execução 1031
14.4 Hipóteses de extinção da execução 1032
14.5 Sistema recursal na execução 1033
14.6 Disposições do projeto do novo CPC 1033
14.6.1 Suspensão da execução 1033
14.6.2 Extinção da execução 1035

PARTE **VI**

Recursos. O Processo nos Tribunais

CAPÍTULO **1**

Da ordem dos processos no tribunal 1039
1.1 Noções preliminares 1039
1.2 Procedimento 1040
1.3 O relator 1044

1.4 O recurso de agravo de instrumento 1045
1.5 Correição parcial 1046
1.6 As súmulas no Direito Brasileiro e as Leis n. 11.276/2006 e 11.417/2007 1048
1.7 "Processos nos tribunais" no projeto do novo CPC (PL n. 8.046/2010) 1057

CAPÍTULO 2

Processos, incidentes e ações 1065
2.1 Noções preliminares 1065
2.2 Uniformização de jurisprudência 1066
2.2.1 Pressupostos do incidente 1068
2.2.2 Legitimidade para suscitar o incidente 1069
2.2.3 Procedimento 1070
2.2.4 Súmula 1073
2.2.5 Mecanismo de prevenção ou composição de divergência 1074
2.2.6 A uniformização de jurisprudência no projeto do novo CPC (PL n. 8.046/2010) 1075
2.3 Declaração de inconstitucionalidade 1077
2.3.1 Iniciativa e momento da arguição da inconstitucionalidade ... 1078
2.3.2 Órgão perante o qual se argui 1079
2.3.3 Procedimento 1079
2.3.4 Declaração de inconstitucionalidade no projeto do novo CPC. 1082
2.4 Conflito de competência 1083
2.4.1 Conflito de competência no projeto do novo CPC 1086
2.5 Homologação de sentença estrangeira 1087
2.5.1 Competência para a homologação 1089
2.5.2 Homologação parcial 1089
2.5.3 Decisões arbitrais 1089
2.5.4 A homologação da sentença 1091
2.5.5 Procedimento 1092
2.5.6 Homologação de sentença e lide nacional 1095
2.5.7 Execução da sentença homologada 1096
2.5.8 Homologação de sentença estrangeira no projeto do novo CPC 1097
2.6 Ação rescisória 1100
2.6.1 Sentenças de mérito e cabimento da ação rescisória 1101
2.6.2 Impugnação de descumprimento de súmula vinculante 1102
2.6.3 Legitimidade para a ação rescisória e intervenção de terceiros. 1103
2.6.4 Depósito de 5% do valor da causa 1104
2.6.5 Competência 1105
2.6.6 Prazo para propor a ação 1106
2.6.7 Pressupostos da rescisão 1108

2.6.8 Tutela de urgência na ação rescisória 1114
2.6.9 Procedimento 1115
2.6.10 Execução da sentença rescindenda 1119
2.6.11 A ação rescisória no projeto do novo CPC (PL n. 8.046/2010) . 1119
2.7 Ação anulatória 1122
2.7.1 A ação anulatória no projeto do novo CPC (PL n. 8.046/2010) 1123
2.8 O incidente de resolução de demandas repetitivas 1124
2.9 Reclamação 1128
2.9.1 A reclamação no projeto do novo CPC 1131

CAPÍTULO **3**

Teoria geral dos recursos 1133
3.1 Noções preliminares 1133
3.2 Natureza jurídica dos recursos 1135
3.3 Duplo grau de jurisdição 1135
3.4 Atos sujeitos a recurso 1136
3.5 Prazo para interposição do recurso 1138
3.6 Legitimidade e interesse para recorrer 1140
3.7 Princípios relativos aos recursos 1143
3.8 Classificação dos recursos 1146
3.9 Juízo de admissibilidade e juízo de mérito 1150
3.10 Efeitos dos recursos 1156
3.11 Modulação dos efeitos temporais da decisão nos recursos 1159
3.12 Desistência do recurso 1162
3.13 Renúncia ao direito de recorrer 1163
3.14 Aquiescência 1164
3.15 Teoria geral dos recursos no projeto do novo CPC (PL n. 8.046/2010). 1165

CAPÍTULO **4**

Recursos em espécie 1171
4.1 Apelação 1171
4.1.1 Cabimento do recurso 1171
4.1.2 Prazo para interposição 1172
4.1.3 Efeitos da apelação 1173
4.1.4 Recebimento da apelação 1176
4.1.5 A apelação no projeto do novo CPC 1178
4.2 Agravo 1181
4.2.1 Prazo para interposição 1182
4.2.2 Efeitos do agravo 1182
4.2.3 Agravo retido 1183

4.2.4 Agravo de instrumento 1184
4.2.5 O agravo no projeto do novo CPC 1186
4.2.5.1 Agravo de Instrumento 1186
4.2.5.2 Agravo interno 1189
4.3 Embargos de declaração 1190
4.3.1 Prazo para interposição 1191
4.3.2 Efeitos dos embargos de declaração 1191
4.3.3 Os embargos de declaração no projeto do novo CPC (PL n. 8.046/2010) 1192
4.4 Embargos infringentes 1195
4.4.1 Efeitos dos embargos 1196
4.4.2 Interposição dos embargos 1197
4.4.3 Embargos infringentes no projeto do novo CPC 1198

CAPÍTULO 5

Recursos para o Supremo Tribunal Federal e para o Superior Tribunal de Justiça 1199
5.1 Recurso ordinário constitucional 1199
5.1.1 Natureza e definição 1199
5.1.2 Competência 1200
5.1.3 Requisitos de admissibilidade e procedimento 1201
5.1.4 O recurso ordinário constitucional no projeto do novo CPC (PL n. 8.046/2010) 1203
5.2 Recurso especial e recurso extraordinário 1204
5.2.1 Histórico 1204
5.2.2 Recurso especial 1206
5.2.3 Recurso extraordinário 1208
5.2.3.1 A repercussão geral do recurso extraordinário e a Lei n. 11.418/2006 1211
5.2.4 Efeitos do recurso especial e extraordinário 1219
5.2.5 Recurso extraordinário e recurso especial retidos 1222
5.2.6 Interposição dos recursos especial e extraordinário 1223
5.2.7 Ordem do julgamento dos recursos especial e extraordinário . 1225
5.2.8 Recursos especial e extraordinário no projeto do novo CPC (PL n. 8.046/2010) 1226
5.3 O julgamento na hipótese dos recursos repetitivos 1230
5.3.1 Recursos repetitivos no projeto do novo CPC (PL n. 8.046/2010) 1232
5.4 Agravo de admissão 1234
5.5 Embargos de divergência 1236
5.5.1 Embargos de divergência no projeto do novo CPC 1237

PARTE VII
Disposições Finais e Transitórias

CAPÍTULO 1

Das disposições finais e transitórias do CPC 1241
1.1 Do CPC atual 1241
1.2 Do projeto do novo CPC (PL n. 8.046/2010) 1243

Referências Bibliográficas 1249

Apresentação

Depois de mais de dez anos de rascunhos, minutas e revisões, finalmente apresento este volume II, que pretende ser a continuação natural de nosso *"Teoria geral do processo civil contemporâneo"*.

Optamos por uma divisão metodológica que possibilitasse tratar no v. I de todos os temas ligados à teoria geral, bem como temas específicos que estão fora do Código, mas que têm hoje enorme relevância teórica e prática. É o caso das ações constitucionais, da tutela coletiva, dos juizados especiais e dos meios alternativos de solução de conflitos.

A fim de manter a sintonia com o Projeto de Lei n. 8.046/2010, esgotamos ali toda a Parte Geral do Novo CPC.

Já neste volume tratamos de todos os tópicos que integram o estudo tradicional do Processo Civil, a saber: processo de conhecimento, cautelares, cumprimento de sentença e processo de execução, procedimentos especiais de jurisdição contenciosa e voluntária e disposições gerais e transitórias.

Em todos os tópicos é analisada a legislação atual e, ao fim, introduzimos os dispositivos do Projeto com alguns comentários.

A fim de ir acostumando o leitor às mudanças que estão por vir, colocamos as matérias na ordem em que aparecem na Parte Especial do NCPC, começando pelo processo de conhecimento e terminando pelo processo nos tribunais.

Como se trata de uma obra de fôlego, a ideia foi sempre apresentar os tópicos gerais de cada assunto, circundados pelas referências doutrinárias e jurisprudenciais capazes de esclarecer os pontos controvertidos ou que despertam maior interesse no alunado.

Esperamos que o texto possa ser mais uma ferramenta à disposição dos estudiosos do processo civil.

Todas as mudanças, seja no texto do CPC, seja no Projeto do NCPC serão sempre noticiadas via Twitter e Facebook. Paralelamente, a cada quinze dias, em média, publicaremos no blog um comentário sobre artigos do NCPC. A ideia é que a leitura comece no livro e continue em nossos canais virtuais de comunicação.

Ficamos à disposição para as críticas e sugestões dos colegas.

Rio de Janeiro, agosto de 2011.

O autor
humbertodalla@gmail.com
http://twitter.com/humbertodalla
http://www.humbertodalla.pro.br
http://humbertodalla.blogspot.com
http://facebook.com/humberto.dalla

PARTE I

Processo de Conhecimento

CAPÍTULO 1

Petição inicial

1.1 PRINCÍPIOS DA INICIATIVA DAS PARTES E DA INÉRCIA

Dois princípios devem ser compreendidos para o estudo sobre a petição inicial: o princípio da iniciativa das partes e o princípio da inércia.

O primeiro, cristalizado sobre o brocardo *nemo judex sine actore* – não há juiz sem autor – tem estrita relação com o segundo, *ne procedat judex ex officio* – não pode dar o juiz início ao processo de ofício.

Deve ser o órgão jurisdicional provocado pelas partes, pois caso contrário,

> [...] o exercício espontâneo da atividade jurisdicional acabaria sendo contraproducente, pois a finalidade que informa toda a atividade jurídica do Estado é a pacificação social e isso viria em muitos a casos a fomentar conflitos e discórdias, lançando desavenças onde elas não existiam antes.[1]

Uma das características da jurisdição é, portanto, a imparcialidade, que não existiria caso o órgão, de ofício, desse início ao exercício da atividade jurisdicional.

1 Cintra, Grinover e Dinamarco (2003, p. 134).

O princípio da iniciativa das partes pode ser encontrado no Código de Processo Civil, em seu art. 262: "o processo civil começa por iniciativa da parte, mas se desenvolve por impulso oficial".

Já o segundo princípio, inércia, tem previsão logo no início do CPC, que, em seu art. 2º, dispõe que "nenhum juiz prestará a tutela jurisdicional senão quando a parte ou o interessado a requerer, nos casos e forma legais". Como regra que é, tal princípio possui exceções, tais como os arts. 989, 1.113 e 1.142, CPC.

1.2 PETIÇÃO INICIAL

É a peça inaugural do processo o meio pelo qual o juiz toma conhecimento de um fato ocorrido. Com a sua distribuição ou com o despacho do juiz considera-se proposta a ação (art. 257, CPC). É importante o momento de propositura da ação, já que ele interrompe a prescrição, desde que nos dez dias subsequentes ao despacho que a ordenar, o autor promova a citação do réu (art. 219, §§ 1º e 2º, CPC).

Também chamada de peça de ingresso, peça preambular, peça vestibular ou exordial, através dela definem-se as partes, o pedido e a causa de pedir, limitando a atuação do juiz, já que, de acordo com o princípio da adstrição da sentença ao pedido, expresso nos arts. 128 e 460, CPC, o juiz não pode julgar *citra*, *ultra* ou *extra petita*, devendo julgar a lide nos limites em que foi proposta.

Cássio Scarpinella Bueno ensina que a petição inicial não deve ser entendida apenas como aquela pela qual se inicia o processo, rompendo a inércia da jurisdição, mas também a que permite a cumulação ulterior de pedidos de tutela jurisdicional, inclusive pelo réu ao longo do processo.[2]

1.3 REQUISITOS DA PETIÇÃO INICIAL

O primeiro requisito é que a petição seja escrita. Isso não está expresso em lei, mas decorre das demais regras que disciplinam a forma dos atos

2 Bueno (2007. p. 67-68).

processuais. Admite-se, excepcionalmente, a petição inicial na forma oral nos juizados especiais, por expressa previsão do art. 14 da Lei n. 9.099/95.

Além desse requisito, a petição inicial deve observar o disposto no art. 282, CPC, que elenca em seus sete incisos elementos que necessariamente devem estar expressos na exordial, que deve ser sempre apresentada na forma escrita.

1.3.1 O juiz ou tribunal a que ela é dirigida

Aqui, devem ser observadas as regras de competência, sendo o endereçamento feito na parte superior da inicial.

Não se dirige a petição inicial ao relator ou ao juiz enquanto pessoa física, e sim ao órgão jurisdicional, seja ele de primeira instância ou um tribunal superior, nos casos de competência originária.

1.3.2 Os nomes, prenomes, estado civil, profissão, domicílio e residência do autor e do réu

São as qualificações das partes, evitando-se com isso o processamento de pessoas incertas. Quando a parte autora não puder qualificar a parte ré, deve ela dar elementos que tornem possível a sua identificação, procedendo-se à citação por edital, expressa no art. 231, I, CPC.

Caso o autor não disponha de dados como o nome do réu, mas tenha fornecido outros elementos suficientes para identificá-lo, não deve o juiz indeferir a petição inicial. Caberá ao oficial de Justiça, no ato de citação, colher os demais dados de identificação. O que não se admite, contudo, é a propositura de ação em face de pessoa indeterminada ou indeterminável, especialmente no processo de conhecimento de jurisdição contenciosa.

Os dados complementares, como CPF e CNPJ, segundo Leonardo Greco, não podem ser exigidos como obrigatórios para a distribuição da petição inicial. Tais exigências, além de não previstas em lei, dificultariam o acesso à Justiça. O autor adverte que nesse tema,

> [...] o importante é que o autor forneça dados suficientes para identificar a si mesmo e ao réu, para que fiquem inconfundivelmente definidos os

sujeitos principais da ação e do processo, que serão alcançados nessa qualidade pelos efeitos da formalização do litígio e da sua decisão final.[3]

Quando a parte for pessoa jurídica, deve ser a inicial acompanhada do seu estatuto e de documentação que comprove a regularidade da representação. Será ela representada por quem seu estatuto designar ou, não designando, por seus diretores (art. 12, VI, CPC). Essa qualificação possibilita a concessão da gratuidade de Justiça (Lei n. 1.060/50).

1.3.3 O fato e os fundamentos jurídicos do pedido

Trata esse inciso da causa de pedir – *causa petendi* –, que se subdivide em causa de pedir próxima (fatos) e causa de pedir remota (fundamentos jurídicos).

Devem integrar a causa de pedir os fatos constitutivos do direito do autor, ou seja, os fatos sem os quais o autor não teria o direito que alega para sustentar o seu pedido.

Fredie Didier Jr. ensina que deve o autor, na exordial, "expor todo o quadro fático necessário à obtenção do efeito jurídico perseguido, bem como demonstrar como os fatos narrados autorizam a produção deste (deve o autor demonstrar a incidência da hipótese normativa no suporte fático concreto)".[4]

Quanto aos fundamentos jurídicos, não são necessariamente os dispositivos legais em que se baseia a postulação. É, na verdade, "o direito subjetivo material gerado pelos fatos e cuja preservação ou tutela o autor pretende através do acolhimento do pedido".[5] Em uma ação de despejo, por exemplo, é o direito subjetivo do locador de rescindir o contrato de locação e retomar o imóvel em razão de um motivo legalmente previsto; na ação de indenização por ato ilícito é o direito subjetivo da vítima de ser indenizada pelos prejuízos sofridos.

Há discussão na doutrina caso o autor, mesmo não sendo necessário, invoque de forma errada uma norma. Leonardo Greco, repudiando o cha-

3 Greco (2010, p. 9).

4 Didier Jr. (2008, p. 400).

5 Greco (2010, p. 11).

mado *jura novit curia*, afirma que o autor deve atribuir aos fatos a correspondente qualificação jurídica, pois não pode ser obrigado a submeter a juízo um direito subjetivo que ele mesmo não tenha voluntariamente afirmado. O réu, por sua vez, não se defende apenas dos fatos alegados pelo autor, mas igualmente das consequências jurídicas que o autor deles pretende extrair.

Em sentido diverso, apoiando-se no brocardo *jura novit curia*, prevalece que mesmo a invocação errônea de uma norma legal não impede que o juiz aprecie a pretensão do autor à luz do preceito adequado. Afirma Humberto Theodoro Júnior que o importante "é a revelação da lide através da exata exposição do fato e da consequência jurídica que o autor pretende atingir".[6]

1.3.4 O pedido com as suas especificações

Não há inicial sem a existência de um pedido. A inexistência gera indeferimento da inicial, extinguindo-se, portanto, o processo sem julgamento do mérito (art. 295, I, c/c o art. 267, I, CPC). O pedido formulado deve ser certo e determinado, sendo lícita a formulação de pedido genérico nas hipóteses previstas no art. 286, CPC.

Nesse requisito estão compreendidos o pedido imediato e o pedido mediato. O primeiro é a providência jurisdicional invocada e o segundo é o bem da vida que se procura alcançar com aquela providência.

1.3.5 O valor da causa

Toda causa deve ter um valor certo, ainda que não tenha conteúdo econômico imediato (art. 258 CPC). O valor da causa é uma expressão monetária que deve ser atribuída a todas as causas, tomando por base o provável conteúdo econômico da demanda.

Os arts. 259 e 260, CPC dispõem sobre regras atinentes ao valor da causa, podendo o réu impugná-lo no prazo da contestação. A impugnação

6 Theodoro Júnior (2009a, p. 344).

ao valor da causa será autuada em apenso e será ouvido o autor no prazo de cinco dias. Logo após, o juiz, sem suspender o processo, podendo ser auxiliado por um perito, determinará, em dez dias, o valor da causa (art. 261, CPC).

De acordo com a Súmula 261 do ex-TFR (Tribunal Federal de Recursos), em caso de litisconsórcio ativo voluntário, o valor da causa será determinado, para efeito de alçada recursal, dividindo-se o valor global pelo número de litisconsortes.

A atribuição do valor da causa se destina a produzir apenas efeitos processuais, como a escolha do procedimento. Em causas cujo valor não exceda sessenta vezes o valor do salário-mínimo, adota-se o procedimento sumário (art. 275, I, CPC). Essa atribuição tem importância ainda no que tange à incidência das custas, à aplicação das regras de competência e, eventualmente, à admissibilidade ou não de algum recurso. Nos inventários e partilhas o valor da causa influi sobre a adoção do rito de arrolamento (art. 1.031, CPC).

Ademais, o valor atribuído à causa é relevante para o cálculo das custas judiciais devidas e, ainda, poderá ser a base de cálculo para a condenação do vencido em honorários advocatícios.

Destaque-se, porém, que a atribuição do valor da causa não limita nem define o conteúdo econômico do pedido. Ao revés, é o conteúdo econômico do pedido que deve servir como critério para definir o valor da causa.

Questão que pode surgir é a consequência da não atribuição do valor da causa na petição inicial.

A não atribuição de valor da causa pode gerar uma decisão terminativa. Nesse caso, caberia ao juiz intimar o autor para que, no prazo de dez dias, emende a petição inicial, atribuindo um valor a sua causa, ainda que não possua conteúdo econômico (art. 284, CPC). Caso não o faça, o processo poderá ser extinto sem resolução do mérito, nos termos do art. 267, IV, CPC.

Por outro lado, a atribuição errônea de valor à causa pode ter também consequências tributárias, como, por exemplo, a taxa judiciária, que incide sobre a propositura da demanda. O Código Tributário do Estado do Rio de Janeiro, em seu art. 145, autoriza o Estado a impugnar o valor do pedido em qualquer processo em que não seja parte, sempre que o valor atribuído tiver como resultado o recolhimento indevido da taxa judiciária.

Contudo, se o vício tiver como consequência o processamento por rito menos garantístico do que o devido, violar-se-ão regras de ordem pública, o que não pode ser convalidado. Haverá, portanto, nulidade absoluta. Entretanto, se a falta do valor da causa tiver como resultado o curso do processo por procedimento mais garantístico, a nulidade será relativa, assim como se a consequência for eventual inadmissibilidade do recurso contra decisão futura.[7]

Caso o valor da causa não apresente qualquer dessas finalidades, servindo apenas de base para o recolhimento de custas ou o cumprimento de formalidade prescrita em lei, a sua falta constitui mera irregularidade, não retirando do ato a sua validade, nem impedindo a produção normal dos seus efeitos.

1.3.6 As provas com que o autor pretende demonstrar a verdade dos fatos alegados

Na primeira oportunidade, devem as partes manifestar-se a respeito das provas a serem produzidas. Isso ocorre na inicial para o autor e na contestação para o réu. Porém, na prática, na fase de saneamento do processo o juiz intima as partes para que indiquem as provas que desejam produzir.

A dificuldade de o autor antever qual será a reação do réu em face do seu pedido faz com que seja usual formular uma proposição de provas apenas genérica, sendo comum o uso da expressão "por todas as provas admitidas em direito".

De acordo com o art. 130, CPC, pode o juiz de ofício determinar a produção de provas necessárias à instrução do processo.

1.3.7 O requerimento para a citação do réu

Com a citação, será o réu chamado para integrar a ação. Se o autor não requereu solenemente a citação do réu, mas deixou expressa, por

7 Greco (2010, p. 23-24).

meio de todo o conteúdo da petição, a sua intenção de instaurar um processo em face do réu, esse requisito foi preenchido, pois, à luz do art. 154, CPC, a forma dos atos processuais é livre.

Complementando o art. 282, CPC, o art. 283 determina que deve a inicial ser instruída com os documentos indispensáveis à propositura da ação, como, por exemplo, uma ação de alimentos em nome do filho, a certidão de nascimento; em uma ação reivindicatória da propriedade de um imóvel, a certidão do RGI etc.

Amaral Santos, citado por Fredie Didier Jr.,[8] classifica os documentos em substanciais e fundamentais. Substanciais são aqueles indispensáveis por serem exigidos em lei, como, por exemplo, a certidão de nascimento na ação em que se pede alimentos. Já os fundamentais são aqueles indispensáveis por ter feito o autor referência a eles na inicial.

É claro que essa apresentação dos documentos só pode ser feita no momento de propositura da ação se estes estiverem em poder do autor. É por isso que o art. 397, CPC permite a exibição posterior dos documentos na hipótese de estarem em poder de terceiros ou do réu.

Cumpre ressaltar que, apesar de o art. 282, CPC iniciar o título VIII, que trata do procedimento ordinário, os elementos da petição inicial ali elencados se aplicam aos outros procedimentos. Pode acontecer, porém, de os outros procedimentos terem regras específicas. No procedimento sumário, por exemplo, o autor apresenta o rol de testemunhas e, se requerer perícia, formula quesitos, podendo indicar assistente técnico (art. 276, CPC). Outros exemplos de regras especiais encontram-se ao longo do Código de Processo Civil: arts. 614 e 615, 801, 893, 902, 908, 921, 942 e 1.102-A.

É preciso lembrar também de outros requisitos não elencados no art. 282, CPC. A petição deve estar assinada por advogado e possuir, em anexo, a respectiva procuração. Com base no art. 37, porém, o advogado poderá intentar a ação a fim de evitar decadência ou prescrição, bem como intervir para praticar atos reputados urgentes. Nessas hipóteses, o advogado deve se comprometer a exibir o instrumento de mandato dentro de quinze dias, prorrogável por outros quinze, por despacho do juiz.

De acordo com o Estatuto da Advocacia (Lei n. 8.906/94), o advogado, ao assinar qualquer ato postulatório, deve indicar o seu número de inscrição

8 Didier Jr. (2008, p. 424).

na Ordem dos Advogados do Brasil (art. 14 da Lei n. 8.906/94). A inicial deve conter também o procedimento escolhido para a tramitação do processo (art. 295,V, CPC).

Caso haja a incidência de custas ou taxa judiciária, a inicial deve ser acompanhada do respectivo comprovante de recolhimento.

1.4 EMENDA À INICIAL

Se os requisitos dos arts. 282 e 283 não forem preenchidos ou se a exordial apresentar defeitos ou irregularidades que possam dificultar o julgamento do mérito, o juiz determinará que o autor a emende, no prazo de dez dias (art. 284 CPC).

O autor pode atender à determinação do juiz, mas a sua inicial continuar carecendo de emenda. Nada impede que o juiz determine novamente a sua emenda, se o defeito for sanável. Não seria razoável o indeferimento da peça enquanto for possível a sua correção. Isso ocorre em razão do princípio da instrumentalidade das formas e do aproveitamento dos atos processuais, expressos nos arts. 244 e 250, CPC. Vícios insanáveis como os ligados às condições da ação, decadência ou prescrição levam ao indeferimento da inicial.

Quem primeiramente sistematizou esse princípio foi Cândido Rangel Dinamarco.[9] Em seu livro *A instrumentalidade do processo*, tese da USP, apresenta sua teoria no sentido de que o processo não deve ter utilidade como um fim em si. O processo sempre deve ser um instrumento para assegurar a efetividade do direito das partes.

Nessa linha de raciocínio, o juiz só deve extinguir o processo sem resolução de mérito em último caso. Quando o juiz indefere a petição inicial, ele não está examinando o mérito da causa. Ele não estará, portanto, prestando a jurisdição. O autor terá movimentado a máquina pública, gasto dinheiro público, efetuado o recolhimento das custas, pago os honorários advocatícios, mas não vai conseguir a pretensão desejada, porque o juiz declara a falta de pressuposto processual ou de condição da ação.

9 Dinamarco (2009a).

Do ponto de vista do mérito, essa sentença não resolve o problema das partes. Ela apegou-se a uma questão processual, que impede o exame do mérito. Por essa razão, Dinamarco entende que o juiz deve sempre tentar aproveitar os atos processuais.

Importante trazer o entendimento do Tribunal de Justiça do Estado do Rio de Janeiro, que, através da Súmula 132, determina a intimação da parte para fins de extinção do processo:

> A intimação da parte para fins de extinção do processo na hipótese do art. 267, § 1º, do Código de Processo Civil, poderá ser de terminada de ofício pelo Juiz.

Não cumprindo o autor a determinação do juiz de emendar a inicial, será esta indeferida, com base no art. 295, VI, CPC. Em outras palavras, quando realmente aquela petição inicial não puder ser salva, o juiz deve aplicar o art. 295 e indeferi-la, o que levará necessariamente a uma sentença terminativa – extinção do processo sem o exame do mérito.

A sentença terminativa produz efeitos de coisa julgada formal, impedindo rediscussão da matéria apenas no mesmo processo, pois não impede que o autor apresente uma nova demanda sobre a mesma matéria.

Pode-se então concluir que o indeferimento da inicial não leva a nada, porque o juiz põe fim ao processo sem apreciar o mérito, mas, ao mesmo tempo, não obsta a que o autor ingresse novamente com uma demanda sobre a mesma matéria.

1.5 INDEFERIMENTO DA INICIAL

O art. 295 elenca as possibilidades de indeferimento da inicial. O indeferimento obsta o prosseguimento da ação e por isso, só deve ocorrer em caso de vício insanável. Assim, podendo emendar o autor a inicial, deve o juiz conceder prazo para tal.

O indeferimento da inicial só pode ocorrer antes da citação do réu, pois trata de pressupostos processuais. O julgamento é de natureza apenas processual e impede a formação da relação processual. Após a citação, o processo só será extinto em razão de outro motivo.

1.5.1 Quando for inepta

A petição é considerada inepta quando lhe faltar pedido ou causa de pedir; da narração dos fatos não decorrer logicamente a conclusão; quando o pedido for juridicamente impossível ou quando contiver pedidos incompatíveis entre si (parágrafo único do art. 295, CPC).

A primeira hipótese de inépcia – falta de pedido ou causa de pedir – torna impossível delimitar a demanda.

A segunda hipótese – da narração dos fatos não decorrer logicamente conclusão – não precisa de muitas explicações. Trata-se de uma petição inicial ininteligível, pois não se pode concluir qual é a pretensão do autor. Consequentemente, não pode o magistrado apreciar o mérito.

Trata a terceira hipótese de pedido juridicamente impossível. Uma das condições da ação elencadas pela teoria eclética de Liebman é a possibilidade jurídica do pedido. É a admissibilidade em abstrato da providência pedida pelo autor. O pedido deve estar previsto no ordenamento jurídico ou não estar proibido pelo ordenamento. Ex.: ação para cobrança de dívida de jogo.

A última hipótese – cumulação de pedidos incompatíveis entre si – versa sobre a petição em que um pedido acaba por aniquilar o outro. Como será visto mais adiante, um dos requisitos da cumulação de pedidos é a compatibilidade.

Cumpre ressaltar que, ao contrário das demais hipóteses, a inépcia pode ser reconhecida até mesmo após a citação do réu, ou seja, a qualquer tempo. Porém, nesse caso, trata-se de extinção do processo sem julgamento do mérito (art. 267, IV, CPC).

Diante da inépcia da inicial, o juiz, com base no art. 284, CPC, determinará que o autor a emende ou a complete, no prazo de dez dias.

1.5.2 Quando a parte for manifestamente ilegítima

Legitimidade é uma das condições da ação propostas por Liebman e acolhida pelo CPC em seus arts. 3º e 6º.

A regra é que somente pode pleitear em juízo aquele que for titular de um direito, sendo vedado que outrem o faça. Apenas a lei é que pode estabelecer exceções. Quando isso ocorre, chama-se legitimação extraordinária / legitimação anômala / substituição processual, cujos exemplos são: a legitimação do marido para defender os bens dotais (CC, art. 289, II), a legitimidade do Ministério Público para propor ação de anulação de casamento (CC, art. 208, II, e 213, III), a legitimidade de o curador especial contestar uma ação (CPC, art. 9º).

1.5.3 Quando o autor carecer de interesse processual

Interesse é a terceira condição da ação, composta ainda por: legitimidade das partes e possibilidade jurídica do pedido. Assim como no caso da ilegitimidade, a falta de interesse acarreta a carência de ação.

Essas condições devem ser examinadas logo que o juiz recebe a petição inicial e mais precisamente no momento da decisão saneadora. A apreciação é sempre feita de modo superficial, ou seja, sem adentrar no mérito, pois não é o momento de examinar se o autor tem ou não o direito que invoca.

Quando o juiz considera o autor carecedor do direito de ação, por não ter preenchido as condições da ação, sua decisão não é de mérito. Por isso, em caso de sucesso em recurso interposto pelo autor, o Tribunal não pode apreciar o mérito, devendo limitar-se apenas a verificar a existência ou não das condições da ação e devolver os autos ao juiz de 1º grau para prosseguimento do processo.

1.5.4 Quando o juiz verificar, desde logo, a decadência ou prescrição

A Lei n. 11.280/2006 alterou o art. 219, § 5º, determinando que o juiz pronuncie de ofício a prescrição, independentemente de se tratar de um direito patrimonial ou não.

Ao comentar essa inovação, Humberto Theodoro Júnior não poupa críticas, defendendo, de *lege ferenda*, a sua revogação. Afirma que o juiz não tem condições de levantar e resolver *ex officio* a prescrição, pois esta envolve questões de fato e de direito, ofendendo a garantia do devido processo legal e desrespeitando os interesses tanto do credor como do devedor:

> [...] do credor, porque o surpreende, sem dar-lhe oportunidade de adequada demonstração das objeções que legalmente possa opor a uma causa extintiva que não é automática e que em regra envolve, ou pode envolver, complexos elementos de fato e de direito; ao devedor, porque lhe impõe o reconhecimento de uma obrigação e uma exoneração que nem sempre correspondem a seus desígnios éticos e jurídicos.[10]

Com base no art. 269, IV, a prescrição e a decadência estão inseridas entre aquelas questões que integram o mérito da causa. Assim, o juiz pode indeferir a petição inicial devido à prescrição ou à decadência, mas a sentença proferida não é terminativa, e sim definitiva. Isso se dá porque todas as matérias que estão elencadas no art. 269 são inerentes ao mérito da causa.

Sentença definitiva é aquela em que o juiz examina o mérito, que fica coberto pelos efeitos da coisa julgada material, impedindo que a questão possa ser suscitada novamente. Tem, portanto, efeitos dentro e fora do processo. A questão fica absolutamente "blindada", nunca mais pode ser discutida. A única forma de derrubar uma decisão atingida pela coisa julgada material é o ajuizamento de ação rescisória (art. 485).

Cumpre ressaltar que, dentre todas as hipóteses do art. 295, apenas a do inciso IV leva à uma sentença definitiva.

1.5.5 Quando o tipo de procedimento escolhido pelo autor não corresponder à natureza da causa ou ao valor da ação

Nessa hipótese, a inicial só não poderá ser indeferida se puder adaptar-se ao tipo de procedimento legal.

De acordo com o art. 250, CPC, o erro de forma do processo acarreta somente a anulação dos atos que não possam ser aproveitados. Em razão desse artigo, Fredie Didier Jr. afirma não ver situação de erro de procedimento que não possa ser corrigida pelo magistrado, uma vez que ainda não foi citado o réu e, portanto, nada impediria que se tomassem providências para adaptar a petição inicial ao procedimento correto.

10 Theodoro Júnior (2009, p. 349).

Didier Jr. sustenta ainda que é possível a conversão do procedimento para um pertencente a outro gênero do processo, citando, por exemplo, a conversão do procedimento executivo para o monitório. Isso poderia ser realizado para que se respeitasse o princípio da economia processual.[11]

O juiz, de ofício, não retifica o procedimento. A inicial só será indeferida por inadequação ao procedimento se não for possível adaptá-la ao procedimento adequado, ou se o autor, intimado para adaptá-la, não o fizer.[12]

1.5.6 Quando não atendido o disposto nos arts. 39, parágrafo único, primeira parte, e 284

Determina o art. 39, I, que a petição inicial contenha o endereço em que será recebida a intimação. No caso de omissão, o juiz determinará que seja suprida em 48 horas, sob pena de indeferimento.

O art. 284 trata da emenda à inicial, analisada em ponto anterior.

As hipóteses legais de indeferimento sumário da petição inicial não devem ser interpretadas de forma ampliativa ou extensiva. Defende, ainda, que o indeferimento liminar e imediato da petição inicial, antes da citação do réu, deve ser uma exceção, em respeito ao contraditório. Dessa forma, mesmo os motivos evidentes de indeferimento da inicial passam a ser, com a formação da relação processual, causas de extinção do processo sem resolução do mérito.[13]

Não é correto dizer que sempre que houver indeferimento da inicial teremos uma sentença, cujo recurso cabível é a apelação. Isso porque o indeferimento da inicial pode ser parcial, e, por não extinguir o processo, será uma decisão interlocutória, cabível, portanto, o recurso de agravo ou recurso ordinário. Ainda, se o indeferimento ocorrer em sede recursal, temos uma decisão monocrática – no caso de ser proferida pelo relator – ou acórdão – se for o caso de decisão colegiada. A decisão monocrática poderá ser atacada via agravo interno e o acórdão via recurso ordinário constitucional, recurso especial ou recurso extraordinário, dependendo do caso.

---

11 Didier Jr. (2008, p. 411).

12 Greco (2010, p. 42).

13 Nesse sentido: Theodoro Júnior (2009, p. 347).

Havendo então o indeferimento total, o recurso cabível é o de apelação, expresso no art. 296, que apresenta uma peculiaridade em relação aos demais casos em que cabe apelação, qual seja, o juízo de retratação.

Juízo de retratação é a possibilidade de o magistrado rever a sua decisão. O juiz profere a sentença, o autor apela e os autos voltam para que o juiz exerça a possibilidade de se retratar. Decorrem, então, duas possibilidades: (i) o juiz se retrata, após analisar novamente o processo, cancelando o indeferimento. Destarte, ele recebe a petição inicial, proferindo despacho liminar positivo (para o réu, nesse momento, é cabível o recurso de agravo, contido no art. 522); (ii) o juiz não se retrata, determinando a subida dos autos ao tribunal. Nessa hipótese, a apelação segue apenas com as razões do autor apelante, sem que o réu tenha a oportunidade de influir na decisão do tribunal.

1.6 CAUSA DE PEDIR

Como já abordado, a causa de pedir ou *causa petendi* diz respeito às razões fáticas e jurídicas que justificam a pretensão do autor. Por ser elemento fundamental na identificação da demanda, tem relação com os institutos da litispendência e da coisa julgada.

Divide-se em causa de pedir próxima e remota. A causa de pedir próxima ou imediata – *fundamentum actionis proximum* – diz respeito ao fundamento jurídico, ou seja, tem ligação com a situação jurídica. Já a causa de pedir remota ou mediata – *fundamentum actionis remotum* – é o fato que deu origem ao direito alegado pelo autor.

Duas teorias de origem alemã tratam da causa de pedir: a teoria da substanciação e da individuação. Segundo a teoria da individuação, a causa de pedir poderia ser caracterizada como identificação, na inicial, da relação jurídica da qual o autor extrai certa consequência jurídica. Já para a teoria da substanciação, constituem os fundamentos da demanda o conjunto de fato em que o autor baseia a ação.

Nada impede a existência de mais de uma causa de pedir na inicial. Luiz Guilherme Marinoni[14] nos apresenta três situações:

14 Marinoni e Arenhart (2008, p. 75).

a) quando são invocados fatos de igual estrutura, que repercutem na esfera jurídica de uma pessoa – ex.: anulação de contrato por ter o réu violado diversas vezes determinada cláusula de contrato;

b) quando invocados fatos de igual estrutura, que conduzem a efeitos jurídicos que repercutem em diferentes esferas jurídicas – ex.: dois autores, proprietários de casas vizinhas, afirmam que o réu causou danos a seus imóveis; ou

c) quando são invocados fatos de estrutura diferente – ex.: despejo com base no não pagamento e uso indevido do imóvel.

A causa de pedir tem ligação com o princípio de adstrição da sentença, uma vez que a petição inicial define a causa, de modo que fundamento jurídico não descrito não pode ser levado em consideração, mesmo porque a causa de pedir é um dos elementos que identificam a causa, não podendo ser modificada sem o consentimento do réu, após a citação, e em nenhuma hipótese após o saneamento do processo.

A alteração da causa de pedir só é admissível nas mesmas condições em que o é a alteração do pedido. Barbosa Moreira[15] aponta três situações nas quais não há alteração da *causa petendi*, desde que o autor não modifique a substância do fato ou o conjunto de fatos narrados:

I. Ele se limita a reformular a narração de circunstâncias acidentais, acrescentando outros pormenores que não prejudicarão o direito de defesa.

II. O autor passa a atribuir ao fato ou conjunto de fatos qualificação jurídica diferente da originariamente atribuída, desde que não passe a narrar outro fato.

III. Invoca em seu favor norma jurídica diversa da primitivamente invocada, desde que não acarrete efeito jurídico diverso.

Importante ressaltar que, de acordo com o art. 469, CPC, a coisa julgada atinge apenas a parte dispositiva da sentença, mas para a identificação de litispendência ou coisa julgada mister se faz a análise da causa de pedir.

15 Barbosa Moreira (2009, p. 18).

1.7 PEDIDO

1.7.1 Tipos de pedido

O pedido é formulado pelo autor na exordial. O pedido subdivide-se em mediato e imediato. O pedido mediato é o bem da vida pretendido por autor – dinheiro, por exemplo. Já o pedido imediato relaciona-se com o tipo de sentença pretendida – ex.: condenação a pagar, fazer ou não fazer – e classifica-se em:

a) pedido declaratório: o autor pede a declaração de existência ou inexistência de um direito. De acordo com Marinoni, pode-se pedir, excepcionalmente, a declaração de existência ou inexistência de um fato, como, por exemplo, na ação declaratória de autenticidade ou falsidade documental;

b) pedido constitutivo: o autor requer a criação, modificação ou extinção de uma situação jurídica;

c) pedido condenatório: o autor requer a condenação do réu ao pagamento de determinada quantia;

d) pedido executivo: dá origem a sentença executiva, através da qual o autor e o juiz podem escolher o meio executivo adequado ao caso, aplicando-se o art. 461, § 5º, CPC;

e) pedido mandamental: o autor pretende um fazer ou não fazer.

Determina o art. 293, CPC que a interpretação do pedido deve ser feita restritivamente. Esse dispositivo é corolário do princípio da demanda ou inércia, já estudado em tópico anterior.

Deve ser o pedido certo e determinado, sendo lícita a formulação de pedido genérico nas hipóteses previstas no art. 286, CPC.

Certo é o pedido que descreve com exatidão a extensão, a qualidade e quantidade que o autor quer que lhe seja outorgado pelo juiz em sentença. Determinado é o pedido que se refere a um específico bem da vida.

A respeito do pedido genérico, Barbosa Moreira[16] adverte que nessas três hipóteses do art. 286 haverá indeterminação do objeto mediato e não do imediato:

16 Barbosa Moreira (2009, p. 13).

I. Nas ações universais, se não puder o autor individuar na petição os bens demandados – ex.: petição de herança. O autor, ao reivindicar o seu quinhão, não precisa individualizar quais são os bens pretendidos, já que estes estão sendo arrecadados e arrolados no inventário, para serem partilhados em momento futuro do processo.

II. Quando não for possível determinar, de modo definitivo, as consequências do ato ou fato ilícito – ex.: acidente automobilístico. A vítima do acidente não precisa aguardar que se consolidem todas as consequências do ato ilícito para propor a ação de indenização, o que pode ser feito assim que possuir elementos mínimos para comprovar o dano e sua autoria.

III. Quando a determinação do valor da condenação depender de ato que deva ser praticado pelo réu – ex.: prestação de contas. Outro exemplo ocorre nos casos de obrigações alternativas, cujo adimplemento pode se dar por meio de duas prestações distintas, à escolha do réu. Sem saber qual prestação será escolhida, não pode o autor formular pedido totalmente determinado.

Somente nesses casos previstos no art. 286, se não for possível determinar o objeto mediato no curso do processo de conhecimento, o juiz proferirá sentença ilíquida (art. 459, parágrafo único), cuja liquidação se dará nos termos dos arts. 475-A e s.

O pedido implícito é uma exceção no nosso ordenamento jurídico. São aqueles que se consideram incluídos no pedido, devendo ser conhecidos pelo juiz, mesmo que não requeridos pelo autor. São eles: custas processuais e honorários advocatícios (art. 20); prestações periódicas (art. 290), como alimentos e aluguéis; juros legais (art. 293) e correção monetária (Lei n. 6.899/81).

Já o efeito secundário da sentença decorre automaticamente do acolhimento do pedido, por força do direito material que rege a situação jurídica em questão. Ele não depende de pedido expresso do autor, nem de expressa menção na sentença. É o que ocorre com a comunhão de bens entre os cônjuges, que se dissolve automaticamente pelo pedido de separação matrimonial ou de divórcio.

O juiz pode ainda ter de impor na sentença ou em algum outro ato decisório, as sanções ou prestações de natureza processual. Elas podem incidir também devido ao descumprimento de algum dever processual ou por força de lei. Como exemplos dessas prestações, podemos citar os honorários de sucumbência (art. 20), assim como a multa e a indenização por litigância de má-fé (art. 19).

1.7.2 Cumulação de pedidos

A cumulação de pedidos é possível, tratando o CPC sobre a matéria em seus arts. 288 a 292. Há a cumulação de pedidos quando, em uma mesma ação, o autor formula, em face do mesmo réu, mais de um pedido. O princípio da economia processual serve como fundamento para a cumulação, que pode ser classificada em cumulação própria e imprópria.

Na cumulação própria, ou cumulação em sentido estrito, como conceitua Barbosa Moreira,[17] há a soma de pedidos e pode ser subdividida em cumulação própria simples e sucessiva (arts. 289 e 292, CPC).

Na cumulação própria simples, os pedidos são autônomos e independentes. O acolhimento de um não tem qualquer consequência no outro. Já na cumulação própria sucessiva, o acolhimento de um pedido depende do acolhimento do outro, como é o caso da ação de alimentos, alimentos, em que antes é preciso o reconhecimento da paternidade.

Já a cumulação imprópria, chamada por Barbosa Moreira de cumulação em sentido lato,[18] subdivide-se em alternativa e eventual.

A cumulação alternativa ocorre quando a obrigação for alternativa, nos casos previstos no Código Civil.

Segundo Leonardo Greco, há duas espécies de pedidos alternativos: em uma o credor pede o cumprimento de uma obrigação alternativa, caso em que há apenas um pedido; em outra o autor formula dois pedidos independentes, em caráter alternativo. Esta última hipótese se dá, por exemplo, na tutela do meio ambiente, que pode se dar através de vários (fechamento de uma fábrica, instalação de filtros nas chaminés).[19]

Já a cumulação eventual ou subsidiária ocorre quando o autor formula um pedido subsidiário ao pedido principal, de modo que o juiz examinará aquele se não puder acolher este. Ex.: a restituição da coisa ou, se esse pedido não for possível, o pagamento de uma indenização.

---

17 Barbosa Moreira (2009, p. 14).

18 Barbosa Moreira (2009, p. 15).

19 Greco (2010, p. 19).

Cássio Scarpinella ensina que a consequência das classificações referentes à cumulação imprópria tem maior relevo no plano recursal. Isso porque o acolhimento de qualquer dos pedidos alternativos atende ao interesse de agir do autor, eliminando seu interesse em recorrer da decisão, pois pediu sem manifestar qualquer preferência e foi concedida tutela jurisdicional dentro dos limites do que pediu, o que satisfaz suficientemente sua pretensão.

Já os pedidos formulados sob a cumulação eventual ou subsidiária devem ser acolhidos em determinada ordem de preferência, caso contrário, pode o autor recorrer para buscar a tutela jurisdicional que melhor atenda aos seus interesses, sendo-lhe outorgado o "pedido principal". Os pedidos eventuais devem ser sempre examinados pelo juiz, quando rejeitado o "pedido principal", pois, caso contrário, seria uma hipótese de sentença *citra petita*, possibilitando assim ao autor a interposição de embargos de declaração em razão da omissão do magistrado (art. 535, II, CPC).[20]

Barbosa Moreira aponta como hipótese especial de cumulação de pedidos, já no curso do processo, o requerimento incidental do autor quanto à declaração da existência ou inexistência de relação jurídica prejudicial (arts. 5 e 325).[21]

O art. 292, *caput* e § 1º, CPC dispõe regras para a admissibilidade da cumulação de pedidos:

a) Ser o mesmo réu: não pode ocorrer a cumulação contra réus diferentes.

b) Compatibilidade entre os pedidos: não se pode cumular pedidos incompatíveis entre si. Ex.: um pedido de negatória de paternidade é incompatível com o pedido de oferecimento de alimentos.

c) Competência do mesmo juízo: não se podem cumular pedidos que sejam de competência de juízos distintos. Ex.: uma demanda de competência do juízo cível não pode ser cumulada com outra de competência do juízo de família.

d) Compatibilidade de ritos ou adoção do rito ordinário, se possível para ambas as ações.

20 Bueno (2007, p. 83).

21 Barbosa Moreira (2009, p. 15).

Se não forem respeitados os requisitos acima, pode o juiz indeferir o pedido de cumulação de ofício, uma vez que o art. 125, II, CPC dispõe que compete ao magistrado velar pela rápida solução do litígio. Pode também determinar que o autor emende a inicial, nos termos do art. 284, CPC.

Todas as hipóteses acima estudadas tratam de cumulação objetiva, pois são aquelas formuladas dentro de um mesmo processo. Ocorre que a cumulação pode ser subjetiva, caracterizada como aquela em que há pluralidade de autores e/ou réus, dando origem ao litisconsórcio. Aqui também deve ser observado o art. 292, CPC. Um exemplo de cumulação subjetiva é a existência de cinco credores que pleiteiam o pagamento de dívida em face do mesmo réu, em razão de contratos similares. Podemos, então, encontrar em um mesmo processo a cumulação objetiva e subjetiva.

O momento oportuno para a cumulação de pedidos pelo autor é até a citação do réu, correndo por conta do autor as custas acrescidas em razão do aditamento (art. 294, CPC). Quando é formulado na inicial, temos a cumulação inicial. Se for feito depois da inicial, até a citação ou após a citação com o consentimento do réu, temos a cumulação ulterior.

1.7.3 Alteração do pedido

O pedido pode, ainda, ser modificado. Essa modificação pode ser:

a) Quantitativa: ampliação ou redução (art. 294, CPC).

b) Qualitativa: modificação do pedido ou da causa de pedir (art. 264, CPC).

Deve-se interpretar conjuntamente os dois dispositivos para admitir tanto a ampliação como a alteração qualitativa até a citação e, após esta, somente com o consentimento do réu, vedada qualquer inovação após o saneamento. A desistência e a renúncia têm regras próprias: a primeira depende do consentimento do réu e a segunda não.

Trata o art. 294, CPC da ampliação ou redução da demanda. É possível a alteração do pedido mediato e do pedido imediato. Pode o autor aditar o pedido até a citação ou após, se tiver o consentimento do réu, cabendo àquele arcar com as custas em razão do aditamento.

Mesmo em caso de revelia, o autor só pode alterar o pedido se promover nova citação do réu, a quem terá assegurado o direito de resposta no prazo de quinze dias (art. 321, CPC). O silêncio do réu, após essa nova citação, será considerado aceitação tácita (art. 245, CPC).

Após o saneamento, a única possibilidade de alteração objetiva é a que se encontra no art. 59 CPC – oposição interventiva, modalidade de intervenção de terceiros. Mesmo assim, há uma limitação a essa exceção. A oposição interventiva só pode ser admitida até a audiência de instrução e julgamento.

Esse princípio da estabilidade da demanda é por vezes mitigado pelo legislador. É o que ocorre quando há fato novo, que não existia ao tempo de propositura da ação ou da contestação e que poderá influir no julgamento dessa. Como exemplo, temos os arts. 303, I, e 462, CPC.

Em grau recursal, admite-se que as questões de fato não propostas em grau inferior sejam suscitadas, desde que a parte não tenha feito por motivo de força maior (art. 517, CPC). Existindo qualquer erro material, admite-se a correção a qualquer tempo.

Ao réu é lícito formular pedidos em face do autor, mas deve igualmente cumprir os requisitos do art. 292, CPC.

A redução pode ocorrer nos casos de desistência parcial (art. 267, § 4º, CPC); renúncia parcial (art. 269, V, CPC), transação parcial, na pendência do processo; convenção de arbitragem relativa à parte do objeto do litígio, na pendência do processo; ou no caso de o autor interpor recurso parcial contra a sentença de mérito desfavorável.

Já a ampliação objetiva da demanda ocorre, por exemplo, nos casos em que o réu formula pedido contraposto (procedimento sumário – art. 278, § 1º, CPC), propõe reconvenção (art. 315, CPC) ou ação declaratória incidental (art. 5º, CPC).

O art. 287, CPC trata do pedido cominatório, e colocou fim às ações cominatórias previstas no Código de 1939. Nas ações que visam a uma obrigação de fazer ou não fazer, o autor deve, na inicial, pleitear a cominação de uma pena pecuniária para o caso de descumprimento da obrigação. Não o fazendo, o juiz pode fixá-la de ofício na sentença ou na decisão que conceder a tutela antecipada (CPC, art. 461, § 4º). E ainda se o juiz não o fizer, na fase de execução, poderá fazê-lo, bem como estabelecer seu termo *a quo*, aumentá-la ou reduzi-la (CPC, art. 644).

Leonardo Greco entende que o pedido cominatório não representa uma mitigação do princípio da congruência ou da adstrição do juiz ao pedido. Ele entende que esse pedido, na verdade, não é um pedido, "mas um meio coativo ou uma sanção processual para forçar o réu a satisfazer a prestação constante do pedido, se este for acolhido".[22]

A Exposição de Motivos do Projeto de Lei n. 3.476/2000, convertido na Lei Federal n. 10.444/2002, nesse sentido, também esclarece que: "[...] é excluída a menção à 'condenação', que tecnicamente implica um posterior processo de execução, não adequado às sentenças mandamentais e executivas *lato sensu* [...]".

1.8 TUTELA ANTECIPADA

Ao falar em tutela antecipada, tratamos na verdade de um gênero mais abrangente chamado tutela de urgência.

Dentro do processo, tudo o que ocorre tem um tempo certo para acontecer. Se a parte, por algum motivo, precisa antecipar a época de um ato processual, ou se precisa que o juiz tome quaisquer providências antes do tempo apropriado, há o instituto da tutela de urgência.

A tutela de urgência é uma manifestação de um movimento que surgiu nos anos 1980, na Itália, chamado tutela diferenciada. Tutela diferenciada consiste na alteração do procedimento padrão no sentido de tornar o processo mais rápido, mais efetivo. Exemplo de tutela diferenciada é o procedimento específico dos Juizados Especiais Cíveis, que visam à celeridade para a solução de conflitos de menor complexidade. Temos também como exemplo as súmulas impeditivas e vinculantes.

A tutela de urgência pode ser subdividida em tutela preventiva e tutela repressiva.

A tutela preventiva é aquela que se antecipa ao surgimento do ilícito. O autor consegue prever que, em breve, sofrerá um ato ilícito, então rapidamente se antecipa e pede uma proteção judicial para que aquele ato não o atinja. Hoje, fala-se em tutela inibitória. O prof. Luiz Guilherme Marinoni foi o primeiro autor que trouxe para o direito brasileiro essa sistematização, pois a tutela inibitória já existia no Direito brasileiro, solta em dispositivos espalhados, e ele uniu esses dispositivos e sistematizou uma teoria à qual deu o nome de tutela inibitória.

22 Greco (2010, p. 18).

Como exemplo de tutela inibitória temos o mandado de segurança preventivo. Ex.: X quer fazer a inscrição em um concurso público e vê no edital que a comissão do concurso está fazendo uma exigência ilegal, inconstitucional. Antes de sofrer a lesão – ter sua inscrição indeferida – X se antecipa e impetra um mandado de segurança preventivo. O juiz concede a liminar e, com base naquela liminar, faz a inscrição. Difere, então, do mandado de segurança repressivo, impetrado apenas após ter sofrido a lesão.

Outra hipótese é a do *habeas corpus* preventivo. Y vai prestar depoimento na CPI e quer uma garantia de que não vai ser preso, para isso, impetra um *habeas corpus* preventivo.

Nas ações possessórias existe uma medida chamada interdito proibitório, utilizada quando a propriedade está na iminência de ser invadida. Z, fazendeiro, presencia que o movimento sem-terra já invadiu todas as fazendas de sua região, faltando apenas a sua. Deve então requerer um interdito proibitório, pedindo auxílio de força policial para que sua fazenda não seja invadida.

Para que possa a parte obter uma tutela preventiva, é fundamental a demonstração de perigo concreto, caracterizado pela iminência de se sofrer uma lesão. Vejamos a seguinte hipótese: "A", estudante no 6º período da faculdade de Direito, impetra um mandado de segurança preventivo porque daqui a 5 anos irá prestar concurso para o Ministério Público e não quer ser impedido de fazê-lo. Não há uma relação de imediatidade que o autorize a buscar, no Poder Judiciário, uma tutela inibitória.

Já na tutela repressiva, o ato ilícito, ou seja, a lesão já ocorreu. A parte procura o Poder Judiciário porque precisa de uma providência imediata, uma tutela de urgência. A tutela repressiva pode ser satisfativa ou cautelar.

A tutela cautelar está prevista genericamente no art. 796, CPC. O requerimento de uma providência cautelar para o juiz tem caráter instrumental, ou seja, a medida cautelar não é um fim em si, mas um instrumento para uma outra providência.

Como exemplo, temos: "A" está pensando em se separar do seu marido, "B". A separação é iminente, uma questão de tempo, e "A" percebe que "B" está se desfazendo do patrimônio com o objetivo de esvaziar o patrimônio do casal, para, quando vier a separação, alegar que tem muito menos coisas a repartir do que na verdade tem. Para assegurar o seu direito e de seus filhos, antes da separação, "A" ingressa com a medida cautelar chamada arrolamento, a fim de congelar o patrimônio da pessoa, que não poderá dispor de nenhum daqueles bens. Assim, a função da medida cautelar é apoiar a ação principal.

A medida cautelar tem um prazo de validade de trinta dias, conforme o art. 806, CPC. Para que a pessoa continue a se beneficiar daquela medida cautelar, deve ajuizar a ação principal nesse prazo.

Assim, no exemplo do arrolamento, quando o juiz o defere, a mulher tem trinta dias para ingressar com a ação de separação. No 31º dia, se não tiver ingressado com a ação de separação, a medida cautelar perderá automaticamente a sua eficácia. O juiz vai presumir que ela não necessitava de tal medida como havia dito, porque ela teve trinta dias para ingressar com a ação principal e permaneceu inerte. A essa cautelar que dá à pessoa o prazo de trinta dias para ingressar com a ação principal, dá-se o nome de cautelar preparatória ou prévia.

Por outro lado, há a cautelar incidental, que é requerida no curso da ação principal. Nesse caso, a mulher primeiro ingressa com a ação de divórcio, porque, até então, não teve nenhum motivo para acreditar que o seu marido iria dilapidar o seu patrimônio e, depois disso, percebe que o marido começa a esvaziar o patrimônio, ajuizando então a ação cautelar. Não precisa obedecer ao prazo do art. 806, CPC, porque o ajuizamento da ação principal foi feito anteriormente.

São requisitos para a concessão da medida cautelar: *fumus boni iuris* (fumaça do bom direito) e *periculum in mora* (perigo na demora). Deve então a pessoa comprovar que tem o bom direito ao seu lado e que, se aquela providência não for deferida naquele momento, vai sofrer um prejuízo dificilmente remediável posteriormente. Esses requisitos são cumulativos e não alternativos, ou seja, ambos devem ser demonstrados.

Tutela satisfativa nada mais é do que a tutela antecipada. A tutela antecipada se esgota em si, o que a difere da medida cautelar, pois após o ingresso da cautelar, deve a pessoa ingressar com a ação principal, sendo a cautelar mero instrumento da ação principal.

Por outro lado, na tutela antecipada há um único processo, já que no curso da ação principal há o requerimento de antecipação de uma providência, chamado de antecipação dos efeitos da sentença.

Essa tutela antecipada ocorrerá em duas hipóteses: tutela de segurança e tutela de evidência (art. 273, I e II, respectivamente).

Além do art. 273, a tutela antecipada está prevista também nos arts. 461 e 461-A, CPC. Estes artigos não estavam presentes originalmente no

Código. Na verdade, a tutela antecipada foi inserida no nosso CPC em 1994, sendo posteriormente alterada.

A tutela antecipada classifica-se de acordo com a obrigação que está sendo solicitada. Em se tratando de uma obrigação de fazer, ou não fazer, aplica-se o art. 461, mas se a obrigação for de dar ou restituir coisa certa ou incerta utiliza-se o art. 461-A. No caso de obrigação em dinheiro, de natureza pecuniária, aplica-se o art. 273, CPC. Trata-se de um incidente no curso do processo, não se submetendo a nenhum procedimento especial, sendo objeto de decisão interlocutória, cabível, portanto, o agravo de instrumento.[23]

Pode a tutela antecipada ser total ou parcial, dependendo dos seguintes requisitos: requerimento da parte, produção de prova inequívoca dos fatos arrolados na inicial, convencimento do juiz acerca da verossimilhança da alegação, fundado receio de dano irreparável ou de difícil reparação ou caracterização do abuso de direito de defesa ou manifesto propósito protelatório do réu e possibilidade de ser revertida (art. 273, *caput* e § 2º, CPC).

A respeito da prova inequívoca, vale transcrever o comentário de Luiz Fux:

> [...] a exegese imposta é a de que "prova inequívoca" para a concessão da tutela antecipada é alma gêmea da prova do direito líquido e certo para a concessão do *mandamus*. É a prova estreme de dúvidas; aquela cuja produção não deixa ao juízo outra alternativa senão a concessão da tutela antecipada.[24]

O requisito da reversibilidade da tutela antecipada, previsto no art. 273, § 2º, CPC, deve ser entendido no sentido de que o juiz precisa ponderar os interesses em jogo. É preciso que o juiz, à luz do princípio da proporcionalidade, examine não apenas o direito do autor, mas igualmente o possível direito do réu. Dessa forma, o juiz não deve conceder a tutela antecipada quando o dano que ela possa causar ao réu seja muito mais grave do que aquele que sofrerá o autor se a tutela não for concedida.

---

23 Theodoro Júnior (2009a, p. 365).

24 Fux (2008, p. 79).

A esse respeito, Luiz Fux faz interessante consideração, no sentido de que, na prática, em boa parte dos casos a tutela urgente é irreversível. Ele entende que a irreversibilidade, entendida literalmente, pode aniquilar o instituto. Afirma inclusive que há providências urgentes cujos resultados são irreversíveis e não obstante devem ser deferidas, desde que não causem prejuízo irreparável ao demandado.[25]

A legitimidade para propor a tutela antecipada é do autor e do réu, quando este assume posição cumulativa de autor, nas hipóteses de reconvenção ou resposta em ação de natureza dúplice. Isso porque, nesses casos, o réu não seria apenas sujeito passivo do processo, mas sim sujeito ativo do contra-ataque ao autor primitivo,[26] já que apenas se antecipam os efeitos da sentença de procedência do pedido inicial ou de provimento do recurso.[27]

Contudo, a controvérsia na doutrina ainda reside na concessão de tutela antecipada de ofício. Alguns tribunais já adotam tal medida como possível e uma parte da doutrina fundamenta essa possibilidade como forma de garantia do acesso à Justiça.

Defendendo a possibilidade de concessão de tutela antecipada de ofício pelo magistrado, José Roberto dos Santos Bedaque[28] afirma que:

> [...] afastar taxativamente a possibilidade de iniciativa judicial no tocante à tutela antecipatória pode levar a soluções injustas.
>
> A aceitação do poder oficial no tocante à antecipação dos efeitos da tutela, ainda que excepcional, não viola o princípio dispositivo, pois o juiz estará proferindo decisão judicial nos limites do pedido.
>
> Também, não se verifica ofensa ao contraditório, uma vez que essa antecipação tem como característica a provisoriedade e como pressuposto a reversibilidade. Terá a parte contrária, portanto, oportunidade para demonstrar o não cabimento da providência. E o juiz, convencendo-se do equívoco, poderá revogá-la.
>
> Ainda que dúvida possa existir quanto à possibilidade de antecipação *ex officio*, a situação regulada pelo art. 273 assemelha-se sobremaneira

---

25 Fux (2008, p. 81).

26 Theodoro Júnior (2009a, p. 334-335).

27 Greco (2010, p. 402).

28 Bedaque (2001, p. 377-378).

à tutela cautelar. Rege-se, pois, pelas regras dessa modalidade de tutela. Nessa linha de pensamento não há que se afastar a incidência do art. 798. Tem o juiz o poder de adequar os possíveis efeitos a serem antecipados às necessidades da situação de direito material.

Não há um momento único para a medida ser requerida. Apesar de o momento mais adequado para formular o pedido ser a petição inicial, nada impede que a parte postule a antecipação de tutela em outros estágios do curso processual, inclusive em grau de recurso. A prévia citação ou audiência da parte contrária dependerá da urgência da medida aferível pelo juiz diante das circunstâncias do caso concreto.[29]

É preciso lembrar que não cabe antecipação de tutela de certos efeitos que, pela sua própria natureza, dependem do trânsito em julgado. É o caso da mudança de estado civil, que depende do trânsito em julgado da sentença.

Não é cabível também para pedidos de divórcio, de anulação de casamento, de investigação de paternidade, assim como para pedido de usucapião. Neste último caso, os registros públicos só podem ser alterados compulsoriamente por sentença transitada em julgado. São hipóteses onde a segurança das relações jurídicas limita a possibilidade de concessão da antecipação de tutela.[30]

Já foi feito acima a distinção entre a tutela antecipada e medida cautelar. É possível a fungibilidade entre elas. Se requerida a cautelar sob o nome de tutela antecipada e satisfeitos os requisitos desta, o juiz poderá deferir a cautelar em caráter incidental do processo ajuizado (art. 273, § 7º, CPC).

Se não houver urgência que a torne inadiável ou faltando algum dos requisitos do art. 273 e parágrafos, não deve o juiz indeferir o pedido cautelar, mas sim determinar seu processo em apartado, dentro dos padrões de procedimento da cautelar.[31]

Não há também impedimento que certa medida cautelar seja apreciada e decidida como antecipação de tutela, desde que estejam presentes os requisitos do art. 273 e parágrafos.[32]

---

29 Theodoro Júnior (2009a, p. 364).

30 Greco (2010, p. 403).

31 Theodoro Júnior (2009a, p. 337).

32 Theodoro Júnior (2009a, p. 367).

A tutela antecipada do art. 273, I, trata da hipótese em que há fundado receio de dano irreparável ou de difícil reparação. Trata-se do mesmo pressuposto de qualquer medida cautelar, ou seja, o "*periculum in mora*".

Já na hipótese do inciso II, é preciso que fique caracterizado o abuso de direito de defesa ou o manifesto propósito protelatório do réu. Segundo Leonardo Greco, ela não pode ser concedida liminarmente, no despacho da petição inicial, pois depende dos indícios de má-fé no exercício do direito de defesa por parte do réu.[33] Luiz Fux, por sua vez, entende que não é preciso o juízo aguardar a defesa para considerá-la abusiva, "haja vista que nos casos de evidência é lícito atender o requerimento de tutela antecipada, tal como se faz quando da análise do pedido liminar noutros procedimentos, como no mandado de segurança, na ação possessória etc".[34]

Criticando essa espécie de antecipação, Leonardo Greco entende que, nesses casos, o juiz deve reprimir ou indeferir as manobras protelatórias, com base nos arts. 130 e 18, CPC, e não prolongar o desfecho do processo.[35]

Outra hipótese de concessão da antecipação da tutela é a do pedido incontroverso. Se o réu não contestar, presumem-se verdadeiros os fatos alegados pelo autor, não necessitando esse comprovar a existência dos demais requisitos (art. 273, § 6º, CPC). Se for feito mais de um pedido e um deles for incontroverso, pode ocorrer a tutela antecipada com relação a este, desde que haja interdependência jurídica entre os pedidos – tutela antecipada parcial. Nesse caso, há verdadeira tutela de evidência.

A doutrina processual é praticamente unânime em ressaltar que os requisitos pertinentes à antecipação da tutela relativos à probabilidade da alegação (art. 273, *caput*) e à proibição de irreversibilidade dos efeitos da tutela (art. 273, § 2º, CPC) não são exigidos para o deferimento da decisão fundada na incontrovérsia (art. 273, § 6º).

O art. 273, § 6º, estabelece alguns requisitos específicos para a decisão por ele prevista. O primeiro deles é a cumulação de pedidos. A decisão disciplinada pelo dispositivo pode ser concedida quando "um ou mais dos pedidos cumulados" mostrarem-se incontroversos. É possível a cumulação

---

33 Greco (2010, p. 404).

34 Fux (2008, p. 79).

35 Greco (2010, p. 405).

simples, mas também não se descarta a sua aplicação relativamente a pedidos cumulados sucessivamente, desde que o pedido a receber a tutela imediata seja o principal.

É preciso ressaltar, ainda, que, além da cumulação, a incidência do art. 273, § 6º, requer que ao menos um dos pedidos dependa de instrução dilatória e os demais já estejam em condições de ser apreciados quanto ao mérito pelo julgador.

Uma observação importante diz respeito à hipótese de cindibilidade de um único pedido. O dispositivo deve ser interpretado de forma que a sua aplicação ocorra não apenas quando haja cumulação de pedidos, mas também quando é formulado um único pedido que admita fracionamento. Conclui-se, portanto, que o provimento previsto no art. 273, § 6º, pode ser concedido quando presentes a cumulação simples ou sucessiva de pedidos, ou ainda, quando o pedido, sendo único, for suscetível de fracionamento. Exige-se ainda, em ambos os casos, momentos distintos de satisfação do direito.

Discussão interessante diz respeito à necessidade ou não do requerimento da parte para a concessão da decisão prevista no art. 273 § 6º, CPC. Para os que entendem o preceito legal como mais uma hipótese de tutela antecipada e que a tutela antecipada não pode ser concedida de ofício pelo juiz, o prévio requerimento da parte é um requisito essencial. Há, porém, quem entenda tratar-se de instituto relacionado ao julgamento conforme o estado do processo, dispensando, para a sua aplicação, o requerimento da parte.

Quanto ao momento processual adequado para a concessão do provimento, a doutrina entende que somente após a fluência do prazo para a resposta do réu é que essa decisão pode ter lugar. De fato, só se pode concluir pela incontrovérsia após ser oportunizado ao demandado manifestar-se sobre as alegações feitas pelo autor.

Discute-se também a natureza jurídica da decisão do art. 273, § 6º. Vislumbram-se duas posições doutrinárias sobre a questão: uma que a caracteriza como sentença parcial, e outra que defende ser espécie de decisão interlocutória de mérito. Na primeira corrente, podemos incluir, dentre outros, Daniel Mitidiero.[36] Dentre os adeptos da segunda corrente, podemos citar Luiz Guilherme Marinoni.[37]

36 Mitidiero (2007a, p. 49).

37 Marinoni (2007, p. 213-214).

Há ainda a hipótese da antecipação da tutela da pretensão recursal, prevista no art. 527, III. Antes da Lei n. 10.352/2001, já vinha sendo concedida com base no art. 558, CPC. Seus requisitos são o *periculum in mora* e o *fumus boni juris*.[38]

Questão interessante é saber se, indeferida a tutela antecipada *initio litis*, o juiz poderia antecipar esses efeitos ao decidir a causa, ainda que pendente a decisão do recurso. Luiz Fux entende que sim, pois ainda que o juiz não tenha deferido no curso do processo a tutela antecipada, nada o impede de fazer no momento da sentença, já que a prova inequívoca pode ter sido apresentada nessa fase.[39]

1.9 JULGAMENTO LIMINAR DE MÉRITO

1.9.1 Introdução

Quando falamos em indeferimento da inicial, pensamos, *a priori*, em uma decisão sem julgamento do mérito, por não adentrar em questões relativas a ele.

Porém, nada impede que o juiz declare extinto o processo com julgamento do mérito em razão do indeferimento da inicial. Isso ocorre quando, de pronto, o juiz reconhece a improcedência do pedido do autor, antes mesmo de promover a citação do réu. Assim, a decisão é proferida em favor do réu, que nem mesmo tomou conhecimento que existia um processo em seu desfavor. Em transitando em julgado a decisão de improcedência, o réu será comunicado, recebendo via correio cópia da inicial e da decisão (art. 219, § 6º, CPC).

O autor terá direito ao contraditório, em sede de apelação, em razão do juízo de retratação (art. 296 e 285-A, § 1º, CPC). Caso a decisão seja mantida, será o réu intimado para apresentar suas contrarrazões, configurando sua primeira manifestação nos autos do processo.

Esse julgamento liminar de mérito ocorre em três situações: com a existência da prescrição ou decadência (art. 219, § 5º; 267, I; 269, IV; e 295, IV, CPC), com a rejeição liminar de embargos à execução que sejam manifestamente protelatórios (art. 739, III, CPC) e com o recente art. 285-A, CPC.

---

38 Greco (2010, p. 405).

39 Fux (2008, p. 85-86).

Quaisquer dessas três situações não podem ser discutidas pela coisa julgada material.

1.9.2 Prescrição e decadência

De acordo com o art. 267, I, CPC:

> Extingue-se o processo, sem julgamento do mérito:
> quando o juiz indeferir a petição inicial.

O art. 295, IV, CPC dispõe que a petição inicial será indeferida quando o juiz verificar, desde logo, a decadência ou a prescrição. Já o art. 269, IV, CPC dispõe que será extinto o processo com julgamento do mérito quando o juiz pronunciar a decadência ou a prescrição.

A primeira leitura dos referidos artigos pode fazer com que se afirme que os dispositivos são incompatíveis entre si, pois ambos tratam da prescrição e decadência, que em um momento é causa de extinção do processo sem julgamento do mérito e em outro momento fará com que se extinga o processo com julgamento do mérito.

Devemos lembrar que não há na lei palavras inúteis e devemos fazer a interpretação sistemática, conjugando o art. 267 com o art. 295, CPC. Assim, a inicial será indeferida, quando o juiz verificar, *desde logo*, a prescrição ou decadência. Esse indeferimento será liminar, de plano, de modo que o réu nem será citado, fazendo com que a relação processual não se complete e portanto, não há que se falar em lide.

Por outro lado, se o juiz não verificar, *desde logo*, a prescrição ou decadência, o juiz ordenará a citação do réu, o que não será caso de extinção do processo com julgamento do mérito.

Em se tratando de julgamento do processo sem julgamento do mérito, o Tribunal poderá julgar o mérito de pronto, desde que presentes os requisitos do art. 515, § 3º, CPC.[40] Como não há citação do réu, deve o

40 Art. 515 CPC: A apelação devolverá ao Tribunal o conhecimento da matéria impugnada.

§ 3º Nos casos de extinção do processo sem julgamento do mérito (art. 267) o Tribunal pode julgar desde logo a lide, se a causa versar questão exclusivamente de direito e estiver em condições de imediato julgamento.

Tribunal devolver o processo à primeira instância, para que o juiz promova a citação.

O art. 194 do Código Civil permitia o reconhecimento de ofício da prescrição que favorecesse o absolutamente incapaz. Em 2004, foi alterada a Lei de Execução Fiscal e o § 4º do art. 40 da Lei n. 6.830/80 permitia o reconhecimento de ofício da prescrição do crédito fiscal, se ouvida a Fazenda Pública.

Em 2006, foi alterado o CPC. De acordo com a redação do art. 219, § 5º, CPC, o juiz deve pronunciar de ofício a prescrição. Esse dispositivo ampliou o campo, antes restrito, de reconhecimento de ofício da prescrição.

1.9.3 O art. 285-A, CPC: sentença liminar (julgamento antecipadíssimo)

A Lei n. 11.277/2006 insere no CPC o art. 285-A, vulgarmente conhecido como "sentença liminar", termo que, com a devida vênia, consideramos contraditório. Trata-se de verdadeiro marco no contexto da terceira onda de reformas do já denso e desgastado Código de Ritos, destinando-se a atender ao escopo de busca pela efetividade e celeridade do provimento jurisdicional.[41]

Cabe menção, nesse ponto, à exposição de motivos da Lei n. 11.277/2006, que bem resume o contexto de criação da referida norma:

> Sob a perspectiva das diretrizes estabelecidas para a reforma da Justiça, faz-se necessária a alteração do sistema processual brasileiro com o escopo de conferir racionalidade e celeridade ao serviço de prestação jurisdicional, sem, contudo, ferir o direito ao contraditório e à ampla defesa.[42]

Convém lembrar a discussão que se seguiu na edição da reforma processual de 1994. Alguns questionavam se a decisão do juiz que concede a

41 Tal movimento de democratização e racionalização da atividade judicial toma força expressiva no chamado *Pacto de Estado em favor de um Judiciário mais rápido e republicano*, assinado pelos chefes dos três poderes e responsável direto pelo pacote de modificações do CPC. Esse acordo inicia, ao lado da EC n. 45, o "terceiro ciclo" de reformas experimentado pelo atual Código de Processo (v., nesse sentido, PINHO, 2010, p. 17).

42 O trecho em destaque é citado em Fux (2006, p. 27).

tutela antecipada na verdade não seria uma sentença, tendo em vista que examinava o mérito. Pela primeira vez cunhou-se, ainda que experimentalmente, o termo "sentença liminar".

A maioria esmagadora da doutrina entendeu não ser procedente tal consideração e pacificou o entendimento, inclusive com as bênçãos da jurisprudência, no sentido de que se tratava de decisão interlocutória.[43]

Curiosamente, 12 anos mais tarde, o termo volta à baila.

O art. 285-A assim dispõe:

> Art. 285-A. Quando a matéria controvertida for unicamente de direito e no juízo já houver sido proferida sentença de total improcedência em outros casos idênticos, poderá ser dispensada a citação e proferida sentença, reproduzindo-se o teor da anteriormente prolatada.

Não se pode negar que sobrevenha o argumento de que sentença prolatada antes mesmo da citação do réu possa revelar ofensa ao contraditório e a ampla defesa e, por consequência, ao devido processo legal.

Observemos que, muito embora a sentença liminar objetive conferir uma suposta celeridade aos feitos, por outro lado também faculta ao autor o direito de interpor recurso de apelação e, sendo esse recurso acolhido e, consequentemente, revertendo a decisão liminar, serão viabilizadas todas as etapas regularmente inerentes à instalação de contraditório e ampla defesa, com o diferencial de que ocorrerão num momento ulterior.

A despeito do que se pode pensar, o artifício judicial de examinar o mérito da causa antes de ocorrida a citação da parte demandada não é de todo inédito no ordenamento. Há, ao menos, duas outras previsões anteriores na legislação que apontam para esse mesmo caminho.

A primeira se extrai do art. 295, IV, CPC, segundo o qual pode o juiz proclamar a existência de prescrição ou decadência de pronto, lastreado pelo mero exame da petição inicial. Note-se que, nesse caso, se observa, de acordo com o art. 269, IV, a extinção do processo com julgamento do mérito.[44]

---

43 Veja-se por todos Bedaque (2001).

44 Humberto Theodoro Júnior (2009a, p. 351) recorre a tal precedente legislativo, como se infere no trecho: "não é o primeiro caso em que a lei admite a possibilidade de um julgamento, *in limine litis*, de rejeição do pedido. Já constava do art. 295, inc. IV, do Código de Processo Civil, desde sua promulgação, a previsão de que a petição inicial seria indeferida quando o juiz

Nesta mesma linha, dispõe o art. 38 da Lei n. 8.038/90 que é facultado ao ministro relator, no STF ou STJ, negar seguimento a pedido ou recurso manifestamente improcedente ou que contrariar, frontalmente, enunciado da súmula do respectivo tribunal.[45] Vale destacar que o dispositivo em comento também se refere às ações de competência originária dos Tribunais Superiores, hipótese que se alinha ao indeferimento liminar a que se faz referência.[46]

A partir desse (aparentemente) simples e único dispositivo, podemos levantar alguns pontos para reflexão. O primeiro deles é que, para aplicação do novel texto legislativo, a matéria tem que ser "controvertida", assim considerada a parcela de um conflito pré-processual que já existe entre as partes, na qual o autor busca a resolução da controvérsia pelo ente Estatal; seria a causa de pedir propriamente dita, um direito reivindicado pelo autor, que possivelmente será contestado pelo réu.

Chamamos a atenção para a expressão "matéria controvertida unicamente de direito". Parece-nos que podem ser suscitadas as mais diversas questões na inicial. Contudo, o cerne da controvérsia deve estar relacionado a uma questão apenas de direito. Se houver, ainda que acessoriamente, um fato que precise ser esclarecido, não terá aplicação a nova regra do art. 285-A.

Certamente, pode haver aqui certa dose de subjetividade intrínseca à cognição. De se referir, ainda, que deve o magistrado atentar para a razoável duração do processo, em virtude do princípio agora consubstanciado no Texto Constitucional, por força do inciso LXXVIII, inserido no art. 5º da Carta de 1988 pela Emenda n. 45.

Assim sendo, em perspectiva de cognição horizontal, sendo apresentadas ao juiz várias questões, ele só poderá se servir do mecanismo do art.

---

verificasse, desde logo, a decadência ou a prescrição. Em correspondência, o art. 219, § 5º, também, dispunha que 'não se tratando de direitos patrimoniais', o juiz poderia, 'de ofício', conhecer da prescrição e decretá-la de imediato".

45 Lei n. 8.038/90, art. 38: "o Relator, no Supremo Tribunal Federal ou no Superior Tribunal de Justiça, decidirá o pedido ou o recurso que haja perdido seu objeto, bem como negará seguimento a pedido ou recurso manifestamente intempestivo, incabível ou, improcedente ou ainda, que contrariar, nas questões predominantemente de direito, Súmula do respectivo Tribunal". Veja-se que o artigo citado fora reproduzido, em sua integralidade, no art. 557, CPC, que ampliou sua abrangência aos demais tribunais, sem qualquer restrição.

46 Nesse sentido, em profundo estudo do tema, Gomes e Silva (2009, p. 75-76).

285-A quando, entre essas várias questões, aquela que for efetivamente controvertida e significar o cerne da controvérsia for uma questão unicamente de direito.

A doutrina fixou entendimento de que há casos em que a contestação limita-se a negar a matéria de mérito unicamente de direito, sem controverter os fatos, pois é na ausência de controvérsia sobre os fatos que se consagra a questão unicamente de direito.[47] Nesse ponto reside um equívoco do legislador do art. 285-A. Se é controvérsia em matéria de direito, não poderia abarcar controvérsia de fato; para não ser controvérsia de matéria de fato, tem-se que abrir espaço para estabelecer a referida ausência da disputa judicial em âmbito factual.

Nesse sentido houve intensas manifestações doutrinárias entendendo ser impossível conceber uma relação processual que discuta matéria unicamente de direito, considerando utópica a previsão de demandas que tratem exclusivamente dessa questão.[48-49]

No mesmo sentido, leciona Luiz Rodrigues Wambier que "todo o problema jurídico tem um aspecto fático e um aspecto jurídico [...] esses dois aspectos estão, inexoravelmente, presentes no fenômeno jurídico".[50]

Cássio Scarpinella Bueno assim leciona sobre a matéria exclusivamente de direito:

> O que o art. 285-A reclama para sua incidência é que a questão jurídica, a **tese jurídica**, *predomine* sobre eventuais questões de fato. É isto que deve ser entendido como "matéria unicamente de direito". São aqueles casos que, sem qualquer hesitação, podem ser identificados pela matéria nele versada: complemento de aposentadoria; inconstitucionalidade de tributo; abusividade de uma específica cláusula de contrato de adesão; índices de correção monetária e assim por diante. Aqueles casos em que a prática do foro levará, sempre e em qualquer caso, ao

---

47 Nesse sentido, os autores Marinoni e Arenhart (2006, p. 278) e Passos ([s.d], p. 421).

48 Para Lênio Streck (2007), não há como separar direitos e fatos. A tentativa de identificar somente a questão do "direito" nada mais é do que uma ficção jurídica. Ainda sobre o tema, para Teresa Wambier (1998), o que se pode afirmar é que questão é predominante de fato ou predominantemente de direito.

49 Ainda nesse sentido, Cambi e Nalin (2003, p. 57-58).

50 Wambier (2005, p. 421).

"julgamento antecipado da lide" (art. 330, I), justamente porque a questão a ser resolvida é "unicamente" (leia-se: predominantemente) de direito, porque fatos sempre há, mas os fatos, em si mesmos considerados, nada têm de peculiar ou característico. Eles são constantes porque têm, por definição, a mesma origem; eles se originam, não há como (e por que) negar isto, do mesmo fato.[51]

E o ensinamento de Barbosa Moreira não é diferente:

> [Ocorrerá julgamento antecipado quando] a lide for unicamente de direito, isto é, quando inexistirem controvérsias a respeito dos fatos sobre os quais se funda a ação. Significa dizer que os fatos estão suficientemente comprovados nos autos ou são tidos pelas partes como incontroversos, dos quais dispensam-se as provas. Cingiu-se a controvérsia (lide) tão somente ao que concerne às questões de direito, vinculadas que estão aos fatos, obviamente.[52]

Humberto Theodoro Júnior[53] defende a inaplicabilidade desse artigo já que, para ser aplicado, é imprescindível a combinação de três requisitos: a) causas idênticas julgadas previamente no mesmo juízo; b) matéria controvertida unicamente de direito; e c) possibilidade de solucionar a causa com a reprodução do teor daquelas anteriormente julgadas.

O problema é que não há, para a aplicação do art. 285-A, a necessidade de existir uma súmula vinculante tratando a respeito do tema, mas tão somente prévios julgamentos acerca da mesma matéria. Para Humberto Theodoro Júnior, essa definição cria outro problema: a definição de julgamentos idênticos. Para ele, deve ser interpretado tal conceito de forma restrita, sendo idênticos os julgamentos que possuem o mesmo pedido e causa de pedir.

Luiz Rodrigues Wambier[54] defende que:

> Trata-se de fórmula que pretende racionalizar o julgamento de processos repetitivos, consoante consta da exposição de motivos do projeto

51 Bueno (2006, p. 74).

52 Barbosa Moreira (2006a, p. 78).

53 Theodoro Júnior (2009a).

54 Wambier, Wambier e Medina (2006).

> que deu origem à referida lei. Impõe-se, aqui, observar que o novo art. 285-A é uma demonstração eloquente e lamentável da tentativa de resolver os grandes problemas estruturais do País (inclusive do processo) pela via negativa de fruição de garantias constitucionais [...] Segundo os mentores desse projeto, essa iniciativa tenderia a desafogar o juízo de primeiro grau, evitando o contraditório que se daria através da citação (pasmem!), e a sobrecarga de trabalho, portanto. Ora, e o tribunal? Este certamente será sobrecarregado com apelações, e terá, de certo modo, papel de juízo de primeiro grau, na hipótese de o réu oferecer suas contrarrazões.

Dentro da linha de julgamentos prematuros das lides, lembremos de outro instituto de nosso ordenamento: o julgamento antecipado da lide, previsto no art. 330, CPC.

A respeito desse tema, observamos que a jurisprudência considera que deverá ser decretada a nulidade no julgamento antecipado da lide que necessite de instrução probatória. Há de se concluir que o mesmo entendimento deverá ser aplicado na hipótese de utilização equivocada da sentença liminar, valendo-se do mesmo argumento da primeira hipótese, que se fundamente na infração à Constituição Federal no que diz respeito ao direito fundamental à defesa, consagrado no rol do art. 5º.

Enquanto no art. 330 CPC já há nos autos resposta do réu, no art. 285-A esta não ocorreu e, portanto, deve o magistrado se assegurar de que a matéria fática já foi esgotada na exordial e nos documentos juntados a ela. No art. 330, I, CPC, por se tratar de matéria de direito, aplica-se a denominada Teoria da Causa Madura. Esta é aplicada até em sede recursal, conforme o disposto no art. 515, § 3º, CPC, com a redação dada pela Lei n. 10.352/2001: "nos casos de extinção do processo sem julgamento do mérito (art. 267), o tribunal pode julgar desde logo a lide, se a causa versar questão exclusivamente de direito e estiver em condições de imediato julgamento".

Fredie Didier Jr.[55] sustenta que somente será possível aplicar a Teoria da causa madura quando, em sede de apelação, a parte recorrente expressamente manifeste-se nesse sentido, já que cabe a ela delinear os limites do

55 Didier Jr. (2009, p. 59).

efeito devolutivo de tal recurso (art. 285-A c/c o art. 515). Porém, por tal posicionamento, ficaria dependente da manifestação da parte a aplicação de tal teoria, criada para dar efetividade aos princípios da celeridade e economia processual, assim como o da duração razoável do processo (art. 5, LXXVIII, CF).

Prossegue o legislador: "e no juízo já houver sido proferida sentença". De se perceber que o legislador não utiliza a expressão "pelo juiz" e sim "no juízo". Não poucas vezes, existem dois ou mais juízes em exercício no mesmo órgão jurisdicional.

Isso pode levar a alguns dilemas, como na hipótese de dois magistrados designados para a mesma Vara (supondo-se um órgão com número excessivo de procedimentos ou em fase de reestruturação) com posicionamentos diversos sobre uma mesma questão de direito. Ou mesmo quando um novo juiz titular assumir o órgão após o anterior ter sido promovido e modificar alguns entendimentos, até então rotineiramente adotados.

O que fazer se no juízo houver precedentes em sentido diametralmente oposto daquele que se invoca como apto a viabilizar a aplicação do novel dispositivo? Apesar de a Lei nada dispor, pensamos que nessa hipótese não se fará presente a situação de tranquilidade jurídica exigida pelo legislador para que se aplique o novo mecanismo.

Sobre o tema, o Superior Tribunal de Justiça já se pronunciou que "a aplicação do art. 285-A do CPC supõe que a sentença de improcedência *prima facie* esteja alinhada ao entendimento cristalizado nas instâncias superiores, especialmente no STJ e no STF", ao julgar o Recurso Especial 1.109.398-MS, em 16 de junho de 2011, de relatoria do Ministro Luis Felipe Salomão.

Retomando ao estudo do art. 285-A, observamos que a expressão que compõe o texto legislativo não se refere à pessoa do julgador. Consideramos que o legislador excluiu a nomenclatura "juiz", que poderia gerar conflitos em hipóteses como as assinaladas acima. E quanto ao órgão jurisdicional, com a expressão "juízo" poderia o legislador querer se referir à vara ou mesmo à comarca, ou seção judiciária, no caso da Justiça Federal. No entender de Denis Donoso,[56] o novo diploma legal reporta-se à: "menor fração de divisão dos órgãos jurisdicionais, em que invariavelmente

56 Donoso (2006, p. 45).

funciona um único magistrado". Assim, pondera que em comarcas menores constituídas por varas únicas, o entendimento é aquele expressado pelo seu magistrado.

Entendemos que, por uma interpretação sistemática, a *ratio legis* converge para a busca de um julgamento mais padronizado também nas instâncias ordinárias. Consideramos também que a decisão deverá ser referida ao juízo e não à pessoa do magistrado. A norma deve ser interpretada no sentido de revelar o entendimento do órgão jurisdicional.

Outro ponto a se enfocar é que em nossa opinião a regra do art. 285-A é excepcional; não pode ser aplicada indiscriminadamente, sob pena de se subverter o devido processo legal, e debitar-se a conta às expensas da necessidade, a qualquer custo, de um processo rápido.

Não se deve esquecer que a atuação do juiz se situa sempre entre os parâmetros da segurança e da rapidez; ele nunca pode prescindir de um desses fatores integralmente. O dispositivo atenderá, principalmente, a hipóteses em trâmite perante os Juizados Especiais Cíveis (estaduais e federais), órgãos sobrecarregados e que necessitam de mecanismos de tutela rápida.

De se observar que antes mesmo da vigência dessa Lei já havia sido aprovado o Enunciado n. 1 do Fonajef[57] – Fórum Nacional dos Juizados Especiais Federais, no mesmo sentido: "o julgamento de mérito de plano ou *prima facie* não viola o princípio do contraditório e deve ser empregado na hipótese de decisões reiteradas de improcedência pelo juízo sobre determinada matéria".

O novo dispositivo menciona ainda a expressão "improcedência total", que pensamos deva ser interpretada literalmente, no sentido de não se permitir a aplicação da regra em hipóteses de sucumbência recíproca.

Prossegue com a expressão "em casos idênticos", pelo que devemos destacar a inevitável influência da doutrina da *stare decisis*, original do direito inglês.

Em países de *civil law*, o efeito vinculante das decisões dos Tribunais Superiores apresenta necessidade de positivação. E é nesse sentido que caminham as reformas processuais mais recentes. Além dos já positivados

57 Disponível em: http://www.ajufe.org.br/portal/images/stories/pdfs/Enunciados_Fonajef%20-%201%20a%20110.pdf. Acesso em: 5 jul. 2011.

institutos da súmula vinculante, e da atribuição de poderes ao magistrado de segunda instância para julgamento liminar baseado em precedente, essa ideia também passa a ser introduzida no juízo de primeiro grau com a publicação da Lei n.11.277/2006.

Retomando a definição de ações idênticas, compreendemos que o legislador quis se referir unicamente ao pedido e ao fundamento jurídico formulado pelo autor, sem grandes controvérsias doutrinárias sobre o tema, devendo apenas destacar que na prática isso deve ser visto com muito cuidado, porque é um critério subjetivo, principalmente em sede de legislação federal.

Ademais, pode causar certa perplexidade que uma decisão proferida em outro processo possa ter algum tipo de efeito vinculante sobre um processo posterior, com partes diversas.

Nesse sentido, a Ordem dos Advogados do Brasil ingressou com Ação Direta de Inconstitucionalidade no Egrégio Supremo Tribunal Federal, questionando a afronta desse novo dispositivo (Adin 3.695/06), perante os Princípios Constitucionais do Contraditório e da Ampla Defesa. Até o momento do fechamento deste trabalho não havia decisão sobre a matéria.[58]

De acordo com o posicionamento de Flávio Cheim Jorge, por se tratar de um julgamento pela improcedência do pedido autoral, bem como por não haver qualquer prejuízo a ser experimentado pelo réu – visto que a decisão lhe é favorável –, não há violação alguma ao Princípio do Contraditório.[59] Acompanha esse entendimento Humberto Theodoro Júnior.[60]

Vale mencionar, seguindo essa linha, o magistério de Luiz Fux:

> Por seu turno, o processo civil brasileiro é informado pelo princípio do prejuízo no tocante às nulidades, por isso que não se as declara se o ato não sacrificou os fins de justiça do processo, e norteia-se no sentido de conferir à parte o máximo de resultado mediante um mínimo de esforço processual.

58 Conferir maiores informações, inclusive a íntegra da petição inicial da Adin no sítio do IBDP, disponível em: http://www.direitoprocessual.org.br, acesso em: 20 jan. 2007.

59 Jorge, Didier Jr. e Rodrigues (2006. p. 58).

60 Theodoro Júnior (2006, p. 18).

Exatamente sob inspiração desses princípios, o legislador admite que o juiz possa rejeitar o pedido do autor e, portanto, favorecer o demandado, sem ouvi-lo anteriormente.[61]

Note-se que se mantém resguardado o princípio em comento apenas nos casos de julgamento pela improcedência[62] e que trate apenas de questões de direito,[63] sendo inviável decidir sem a manifestação da parte contrária se o deslinde da causa ainda demandar maior carga probatória. Necessário entender que o binômio ciência-manifestação resta garantido também ao autor, admitindo-se sua influência na decisão judicial por meio do recurso de apelação. Menciona-se, sustentando tal posição, Luiz Guilherme Marinoni:

> Nesses casos, não há sequer espaço para pensar em agressão ao direito de defesa, mas apenas em violação ao direito de ação, aí compreendido como o direito de influir sobre o convencimento do juiz.
> Porém, para se evitar violação ao direito de influir, confere-se ao autor o direito de interpor recurso de apelação, mostrando as dessemelhanças entre sua situação concreta e a que foi definida na sentença que julgou o caso tomado como idêntico.[64]

Na doutrina, porém, há quem sustente a sua inconstitucionalidade, como é o caso de Leonardo Greco. Ele entende que a rejeição liminar fere

---

61 Fux (2006, p. 26). Nesse mesmo sentido, Marinoni e Arenhart (2008, p. 100-101).

62 É a ressalva que faz Cândido Rangel Dinamarco (2009b, p. 412-413) em sua obra: "esse dispositivo chegou a ser tachado de inconstitucional por uma suposta transgressão à garantia do contraditório, mas na realidade nada tem de inconstitucional porque naquele momento inicial *só o réu* ainda não estará incluído na relação processual, mas o autor obviamente sim – e só em sentido contrário *ao autor* o art. 285-A permite a tal antecipação de julgamento. Só sentenças pela *improcedência* da demanda poderão ser proferidas nesse momento inicial, jamais pela procedência".

63 Ainda que a distinção entre razões de fato e de direito pareça por vezes inverossímil, Humberto Theodoro Júnior (2009a, p. 351) dá tons mais claros à *mens legis* extraída do dispositivo: "se o juiz pudesse também profeir julgamento *prima facie* para pronunciar a procedência do pedido, jamais teria condições de considerar a causa como reduzida a uma questão de direito. É que todo direito provém de um fato (*ex facto ius oritur*). Somente depois de ouvido o réu em sua resposta, ou diante de sua revelia, é que se teria condição de concluir pela ausência de controvérsia sobre os fatos em que a pretensão do autor se apoia".

64 Marinoni e Arenhart (2008, p. 101). Tais lições também são citadas, com o mesmo entendimento, em Didier Jr. (2009, p. 458).

o contraditório participativo.[65] Também nesse sentido, comenta Daniel Mitidiero em trabalho sobre o tema:

> Com efeito, a pretexto de agilizar o andamento dos feitos, pretende o legislador sufocar o caráter dialético do processo, em que o diálogo judiciário, pautado pelos direitos fundamentais, propicia ambiente de excelência para reconstrução da ordem jurídica e conseguinte obtenção de decisões justas. Aniquila-se o contraditório, subtraindo-se das partes o poder de convencer o órgão jurisdicional do acerto de seus argumentos.[66]

O § 1º cria a possibilidade de um juízo de retratação. Se o autor apela, é facultado ao juiz decidir, no prazo de cinco dias, se reforma sua decisão e determina o prosseguimento da ação. É um mecanismo muito semelhante ao que já existia no art. 296, CPC.

Interessante a inovação do § 2º, fruto de questionamentos que haviam sido levantados por conta da introdução na nova redação do referido art. 296. Diz o legislador: "§ 2º Caso seja mantida a sentença, será ordenada a citação do réu para responder ao recurso".

Portanto, quanto ao sistema recursal referente ao instituto da sentença liminar, dispõe a norma que é cabível o recurso de apelação, e, uma vez interposta essa, poderá o magistrado, no prazo de cinco dias, manifestar-se se mantém a sentença ou não (exceção ao princípio da imutabilidade da sentença); neste último caso, será dado seguimento ao feito. Caso contrário, será citado o réu para responder ao recurso. Caso o Tribunal entenda por reformar a sentença, os autos retornarão ao juízo de primeiro grau para regular prosseguimento.

Há quem procure limitar a abrangência da matéria a ser levada ao juízo *ad quem*, como faz Humberto Theodoro Júnior. Para o processualista, não cabe ao colegiado alterar o julgamento da instância inferior em seu mérito, mas apenas invalidá-lo. É o que se entende do excerto em destaque:

---

65 Greco (2010, p. 47).

66 Mitidiero (2007c, p. 106). Nesse mesmo trabalho, o jurista cita trecho que, seguindo essa linha, igualmente merece transcrição: "é uma demonstração eloquente e lamentável da tentativa de resolver os grandes problemas estruturais do País (inclusive do processo) *pela via da negativa de fruição das garantias constitucionais*" (WAMBIER; WAMBIER; MEDINA, 2006, p. 63).

> Em seu julgamento, o tribunal poderá manter a decisão de primeiro grau, negando provimento à apelação. Não será possível, porém. Reformá-la, no todo ou em parte, porque não cabe no julgamento *prima facie* entrar no mérito da causa para acolher o pedido, nem mesmo parcialmente, porque isto quebraria o contraditório em desfavor do demandado, que ainda não teve oportunidade de produzir sua contestação. Se o tribunal entender que há questões a esclarecer em dilação probatória, terá de anular (ou cassar) a sentença, já que não será o caso de demanda apoiada apenas em questão de direito, como exige o art. 285-A.[67]

Após analisar o novel art. 285-A, CPC, observamos que a doutrina assevera que o advento do art. 285-A, deva ser entendido como medida a fim de deliberar o que já ocorre na prática judicial com os chamados "processos repetitivos", nos quais se discute uma mesma tese jurídica aplicável a uma mesma situação fática inconteste ou, que não desperte maiores dúvidas e indagações oriundas das partes ou do próprio julgador.[68]

Concluímos que o dispositivo busca, fundamentalmente, introduzir uma forma de combate aos processos repetitivos e se coaduna ao princípio da duração razoável do processo, na medida em que acelera o julgamento de lides "idênticas", evitando a postergação dos feitos.

1.10 DESPACHO POSITIVO DA PETIÇÃO INICIAL

Se estiverem presentes todos os seus requisitos, se for regularizada após determinação do juiz, ou caso o juiz promova o juízo de retratação, nos termos do § 1º do art. 285-A, a petição inicial será deferida.

A maior parte da doutrina entende que esse despacho não tem caráter decisório, sendo um despacho de mero expediente e, portanto, irrecorrível, segundo o art. 504, CPC.

Leonardo Greco, porém, chama a atenção para o fato de esse despacho, em algumas hipóteses, possuir, sim, conteúdo decisório. É o caso do des-

67 Theodoro Júnior (2009a, p. 353). Em entendimento correlato, Mouta (2006, p. 79) apud DIDIER JR. (2009, p. 459-460).

68 Bueno (2006, p. 53).

pacho da inicial que aprecia um pedido liminar de antecipação de tutela, assim como no caso de retratação de sentença liminar de improcedência.[69]

Por outro lado, se o despacho apenas receber a inicial e determinar a citação do réu, ele será considerado de mero expediente, sem qualquer conteúdo decisório. Será, portanto, irrecorrível.

1.11 A PETIÇÃO INICIAL NO PROJETO DO NOVO CPC

Art. 293. A petição inicial indicará:

I – o juízo ou o tribunal a que é dirigida;

II – os nomes, os prenomes, o estado civil, a profissão, o número no cadastro de pessoas físicas ou do cadastro nacional de pessoas jurídicas, o endereço eletrônico, o domicílio e a residência do autor e do réu;

III – o fato e os fundamentos jurídicos do pedido;

IV – o pedido com as suas especificações;

V – o valor da causa;

VI – as provas com que o autor pretende demonstrar a verdade dos fatos alegados;

VII – o requerimento para a citação do réu.

Art. 294. A petição inicial será instruída com os documentos indispensáveis à propositura da ação.

Art. 295. Verificando o juiz que a petição inicial não preenche os requisitos dos arts. 293 e 294 ou que apresenta defeitos e irregularidades capazes de dificultar o julgamento de mérito, determinará que o autor, no prazo de quinze dias, a emende ou a complete, indicando com precisão o que deve ser corrigido.

Parágrafo único. Se o autor não cumprir a diligência, o juiz indeferirá a petição inicial.

Art. 296. Na petição inicial, o autor apresentará o rol de testemunhas cuja oitiva pretenda, em número não superior a cinco.

Art. 297. O pedido deve ser certo e determinado, sendo lícito, porém, formular pedido genérico:

69 Greco (2010, p. 49).

I – nas ações universais, se não puder o autor individuar na petição os bens demandados;

II – quando não for possível determinar, desde logo, as consequências do ato ou do fato ilícito;

III – quando a determinação do objeto ou do valor da condenação depender de ato que deva ser praticado pelo réu.

Parágrafo único. O disposto neste artigo aplica-se ao pedido contraposto.

Art. 298. O pedido será alternativo quando, pela natureza da obrigação, o devedor puder cumprir a prestação de mais de um modo.

Parágrafo único. Quando, pela lei ou pelo contrato, a escolha couber ao devedor, o juiz lhe assegurará o direito de cumprir a prestação de um ou de outro modo, ainda que o autor não tenha formulado pedido alternativo.

Art. 299. É lícito formular mais de um pedido em ordem sucessiva, a fim de que o juiz conheça do posterior, se não acolher o anterior.

Art. 300. Na ação que tiver por objeto cumprimento de obrigação em prestações sucessivas, estas serão consideradas incluídas no pedido, independentemente de declaração expressa do autor; se o devedor, no curso do processo, deixar de pagá-las ou de consigná-las, serão incluídas na condenação, enquanto durar a obrigação.

Art. 301. Na obrigação indivisível com pluralidade de credores, aquele que não participou do processo receberá a sua parte, deduzidas as despesas na proporção de seu crédito.

Art. 302. É lícita a cumulação, num único processo, contra o mesmo réu, de vários pedidos, ainda que entre eles não haja conexão.

§ 1º São requisitos de admissibilidade da cumulação:

I – que os pedidos sejam compatíveis entre si;

II – que seja competente para conhecer deles o mesmo juízo;

III – que seja adequado para todos os pedidos o tipo de procedimento.

§ 2º Quando, para cada pedido, corresponder tipo diverso de procedimento, será admitida a cumulação, se o autor empregar o procedimento comum e for este adequado à pretensão.

Art. 303. Os pedidos são interpretados restritivamente, compreendendo-se, entretanto, no principal, os juros legais, a correção monetária e as verbas de sucumbência.

Art. 304. O autor poderá:

I – até a citação, modificar o pedido ou a causa de pedir, independentemente do consentimento do réu;

II – até o saneamento do processo, com o consentimento do réu, aditar ou alterar o pedido e a causa de pedir, assegurado o contraditório mediante a possibilidade de manifestação deste no prazo mínimo de quinze dias, facultado o requerimento de prova suplementar.

Parágrafo único. Aplica-se o disposto neste artigo ao pedido contraposto e à respectiva causa de pedir.

Art. 305. A petição inicial será indeferida quando:

I – for inepta;

II – a parte for manifestamente ilegítima;

III – quando o autor carecer de interesse processual;

IV – quando o juiz verificar, desde logo, a decadência ou a prescrição (art. 219, § 5º);

V – quando o tipo de procedimento, escolhido pelo autor, não corresponder à natureza da causa, ou ao valor da ação; caso em que só não será indeferida, se puder adaptar-se ao tipo de procedimento legal;

Vl – quando não atendidas as prescrições dos arts. 39, parágrafo único, primeira parte, e 284.

Parágrafo único. Considera-se inepta a petição inicial quando:

I – lhe faltar pedido ou causa de pedir;

II – da narração dos fatos não decorrer logicamente a conclusão;

III – o pedido for juridicamente impossível;

IV – contiver pedidos incompatíveis entre si;

III – o autor carecer de interesse processual;

IV – não atendidas as prescrições dos arts. 89 e 305.

Parágrafo único. Considera-se inepta a petição inicial quando:

I – lhe faltar pedido ou causa de pedir;

II – da narração dos fatos não decorrer logicamente a conclusão;

III – contiver pedidos incompatíveis entre si;

III – o autor carecer de interesse processual;

IV – não atendidas as prescrições dos arts. 103 e 295.

Parágrafo único. Considera-se inepta a petição inicial quando:

I – lhe faltar pedido ou causa de pedir;

II – da narração dos fatos não decorrer logicamente a conclusão;

III – contiver pedidos incompatíveis entre si.

Art. 306. Indeferida a petição inicial, o autor poderá apelar, facultado ao juiz, no prazo de três dias, reformar sua sentença.

§ 1º Se o juiz não a reconsiderar, mandará citar o réu para responder ao recurso.

§ 2º Sendo a sentença reformada pelo tribunal, o prazo para a contestação começará a correr a contar da intimação do retorno dos autos.

Art. 307. O juiz julgará liminarmente improcedente o pedido que se fundamente em matéria exclusivamente de direito, independentemente da citação do réu, se este:

I – contrariar súmula do Supremo Tribunal Federal ou do Superior Tribunal de Justiça;

II – contrariar acórdão proferido pelo Supremo Tribunal Federal ou pelo Superior Tribunal de Justiça em julgamento de recursos repetitivos;

III – contrariar entendimento firmado em incidente de resolução de demandas repetitivas ou de assunção de competência.

§ 1º O juiz também poderá julgar liminarmente improcedente o pedido se verificar, desde logo, a ocorrência a decadência ou a prescrição.

§ 2º Não interposta a apelação, o réu será intimado do trânsito em julgado da sentença.

§ 3º Aplica-se a este artigo, no que couber, o disposto no art. 306.

O projeto do novo CPC, ao tratar da petição inicial, adiciona exigências em seu conteúdo em relação à previsão do atual CPC. A exigência é do número do cadastro da pessoa física ou jurídica e o endereço eletrônico. É inegável que tal exigência facilita a localização do réu, mas também aumenta o ônus do autor, que precisará conhecer tais dados. Parece-nos que tal exigência é excessiva e pode impor barreiras desnecessárias para o acesso do autor ao Poder Judiciário.

Por outro lado, o projeto amplia em um dia o prazo para o autor apelar do indeferimento de sua petição inicial, devendo ocorrer a citação do réu para responder ao recurso se o juiz não se retratar do indeferimento.

A grande modificação, porém, ocorreu na improcedência *prima facie*. Não se tratará mais de caso de sentença de improcedência do juízo. A improcedência de plano será aplicada nos casos de verificação de prescrição ou decadência, matérias que, se constatadas de plano, independerão de contraditório prévio do réu, extinguindo o feito com resolução do mérito, ocorrerão nos casos da matéria:

> I – contrariar súmula do Supremo Tribunal Federal ou do Superior Tribunal de Justiça;
> II – contrariar acórdão proferido pelo Supremo Tribunal Federal ou pelo Superior Tribunal de Justiça em julgamento de recursos repetitivos;
> III – contrariar entendimento firmado em incidente de resolução de demandas repetitivas ou de assunção de competência;

Tal previsão demonstra o prestígio da jurisprudência, especialmente dos Tribunais Superiores, pelo novo Código. Contudo, precisamos destacar que parece-nos paradoxal a ideia de que, no curso do processo, o réu deve ser chamado a se manifestar sobre a prescrição e a decadência, em nítida homenagem ao princípio do contraditório, mas, se constatada de plano, seriam responsáveis por extinguir o processo sem manifestação do réu.

Parece-nos que melhor seria se prescrição e decadência somente extinguissem o processo com resolução do réu após a manifestação do réu, dando oportunidade às partes se manifestarem sobre o que o juiz tiver verificado no processo, sem que houvesse surpresa para qualquer um dos lados, prestigiando-se a paridade das armas na relação processual.

CAPÍTULO **2**

Citação

2.1 CONCEITO

A citação, como se sabe, é espécie do gênero comunicação dos atos processuais; logo, a fim de melhor compreender o tema, cabe-nos, brevemente, definir o que é a comunicação processual.

Segundo Cândido Rangel Dinamarco, comunicação processual é "a transmissão de informações sobre os atos do processo às pessoas sobre cujas esferas de direito autuarão os efeitos deste, eventualmente acompanhadas do comando a ter uma conduta positiva ou uma abstenção".[1]

São comunicações de atos processuais: as intimações e a citação. A citação é indispensável como meio de abertura do contraditório, e, por causa disso, é ato mais solene. Já as intimações são mais informais e correspondem a qualquer outra comunicação processual que não a citação.

A citação é o ponto central do processo civil, o ato mais formal e cuidadoso, conforme se extrai do art. 214, CPC. É o ato pelo qual se chama a juízo réu ou interessado a fim de se defender. Interessado seria aquele que deve ser ouvido, mesmo que não seja parte, como ocorre em sede de jurisdição voluntária.

Citação é, portanto, o ato mediante o qual se transmite ao demandado a ciência da propositura da demanda, tornando-o parte no processo. An-

1 Dinamarco (2004, p. 505).

tes da citação, o sujeito indicado pelo autor na petição inicial não integra a relação jurídico-processual, sendo somente parte da demanda e não parte do processo.

Dessa forma, a citação terá dupla função[2]. A primeira será de promover a convocação do sujeito passivo a juízo, tornando-o parte da relação jurídico-processual. A segunda função será de cientificar o réu de que em face dele foi proposta uma demanda, a fim de que possa manifestar-se na forma que melhor lhe convier. Essa convocação é de extrema importância, já que, com a citação, instaura-se a relação processual entre autor-juiz e réu-juiz e serve de termo *a quo* para o prazo para a resposta do réu. Assim, pode-se perceber que a citação é condição de eficácia do processo em relação ao réu, como também pode se verificar com a leitura dos arts. 219 e 263 CPC. Além disso, serve como termo *a quo* para o seu prazo de resposta e, portanto, requisito indispensável à validade do processo (art. 214 CPC).

Porém, nem sempre o citado é chamado para se defender, por vezes somente deve se manifestar. Um exemplo disso é a execução, em que o réu é citado para efetuar o pagamento.

Leonardo Greco critica a definição legal de citação. Ele entende que o réu pode ser citado apenas para tomar conhecimento da própria existência do processo, podendo dele participar e se defender ou não, conforme o caso. Dessa forma, ele define a citação como "o chamamento inicial do réu ou de qualquer interessado para tomar ciência da existência do processo e dele vir a participar como um dos sujeitos principais, ou seja, como um dos destinatários da prestação jurisdicional".[3]

Luiz Guilherme Marinoni define a citação como "ato de convocação inicial do processo, capaz de angularizar a relação processual, trazendo para ela a pessoa em face de quem se pede a atuação do direito".[4]

Não é impedimento para a citação do réu a falta de pedido na exordial pelo autor da ação, desde que este tenha indicado o endereço do réu (art. 282, II, CPC) e tenha recolhido as custas referentes a essa diligência ou requerido a gratuidade de Justiça. Cássio Scarpinella Bueno defende esse

2 Didier Jr. (2008, p. 463).

3 Greco (2009, p. 298).

4 Marinoni e Arenhart (2005, p. 110).

posicionamento, lembrando o disposto no art. 224, CPC, que determina a citação por correio, no silêncio do autor, salvo nos casos em que deverá ser feita necessariamente pelo oficial de Justiça.[5]

2.2 LITISCONSÓRCIO

Em caso de litisconsórcio, Didier afirma que, se necessário unitário passivo, a falta de citação de qualquer dos réus torna a sentença ineficaz para qualquer um deles. Sendo necessário simples, a sentença será válida e eficaz para os que participaram do feito, mas ineficaz em relação ao que não foi citado.[6]

Gelson Amaro de Souza ainda acrescenta:

> Mesmo nos casos de litisconsórcio necessário ou obrigatório, o julgamento ainda poderá ser válido e eficaz em relação ao réu não citado, desde que o julgamento tenha sido ao seu favor (art. 249, § 2º, CPC).[7]

É perfeitamente compreensível, já que, se a sentença foi favorável ao réu, ele não teve qualquer prejuízo.

José Maria Tescheiner, citado por Didier Jr.[8], nomeia o vício decorrente da ausência de citação de transrescisório, pois gera nulidade, sanável a qualquer tempo, mesmo esgotado o prazo da ação rescisória (arts. 475-L, I e 741, I, CPC)

2.3 COMPARECIMENTO INDEPENDENTE DE CITAÇÃO

A citação é suprida quando o réu comparece espontaneamente (art. 214, § 1º) e pratica o ato que a citação objetivava, como, por exemplo, a contestação da ação. Relativiza-se, portanto, o formalismo e a ideia de que a nulidade de citação é uma das mais graves do processo civil.

5 Bueno (2006, p. 107).

6 Didier Jr. (2008, p. 454).

7 Dider Jr. (2003).

8 Didier Jr. (2008, p. 453).

Pode ainda comparecer apenas para arguir nulidade da citação. Caso o juiz se manifeste pela nulidade, será o réu considerado citado na data em que ele ou seu advogado for intimado dessa decisão (art. 214, § 2º).

Caso não seja feita a citação, mas o réu tenha tomado ciência inequívoca da ação, este integrará a relação jurídico-processual. Assim, será tido como citado nas hipóteses de: comparecimento espontâneo em que toma conhecimento dos autos; de juntada de procuração; ou então peticionando nos autos, seja a resposta ou arguição de nulidade da citação.

Demonstra-se, de tal modo, que o vício da falta de citação somente subsistirá quando for caso de revelia do demandado. Afinal, caso contrário, não havendo revelia, a finalidade do ato de promover o contraditório terá sido alcançada, atendendo-se ao princípio da instrumentalidade das formas e dos atos processuais.

Da mesma forma, não haverá nulidade no processo sem citação, nas hipóteses em que a sentença beneficia o réu, uma vez que *pas de nullité sans grief.* É a mesma lógica da figura do contrato em favor de terceiro.

2.4 NATUREZA JURÍDICA DO "CITE-SE"

Quando a petição inicial preencher os requisitos do art. 282, CPC, o juiz a recebe e determina a citação do réu, de acordo com o art. 285, CPC. É o chamado "Cite-se". É importante saber a natureza jurídica dessa manifestação, se é uma decisão interlocutória ou mero despacho. Isso porque, se for decisão interlocutória, é cabível recurso de agravo, de acordo com o art. 522, CPC). Se for mero despacho, sua função é de apenas dar impulso ao processo (princípio do impulso oficial), sendo irrecorrível, conforme o disposto no art. 504, CPC.

Rita Gianesini sustenta a tese de que possui o cite-se caráter decisório, por poder prejudicar o réu, "que passa a participar de determinada relação processual indefinidamente, até obter o pronunciamento judicial, que, a rigor, deveria ter sido proferido no limiar do processo".

Propõe ainda que, nos casos do art. 295 CPC, possa o réu protocolar defesa prévia dentro de três dias, contados de acordo com o art. 241, CPC, para que se respeite o princípio da isonomia.[9]

9 Gianesini (2001, p. 396).

Dinamarco tem posição contrária, afirmando que:

> [...] em princípio, não comportam recurso algum os juízos positivos, que desde logo deferem a petição inicial e mandam citar o réu. Da provisoriedade destes pronunciamentos decorre que fica sempre aberta a este a possibilidade de, já então integrado na relação processual e no contraditório, suscitar em preliminar as razões que poderiam ter conduzido ao indeferimento da petição inicial – pleiteando por esse modo a extinção do processo por ausência de pressupostos de constituição ou de desenvolvimento válido e regular (art. 267, IV).[10]

Didier Jr. considera que deve ser analisado o caso concreto, analisando se há ou não interesse recursal, caracterizado pelo binômio utilidade / necessidade.

Barbosa Moreira percebe conteúdo decisório nesse ato do juiz, uma vez que estará sendo exercido o controle da regularidade formal e dos requisitos de admissibilidade da ação. Nas palavras do professor: "não se trata de puro ato de impulso oficial. [...] Quando o juiz defere a petição inicial (despacho liminar de conteúdo positivo) estará, pois, praticando ato que mais se aproxima de uma decisão interlocutória que de mero despacho".[11] Consequentemente, seria cabível recurso contra essa decisão.

Já Teresa Wambier,[12] contrariamente a Barbosa Moreira, acredita que não há presunção de que o órgão jurisdicional apreciou e resolveu no sentido afirmativo as questões de regularidade formal do processo, e, assim, não há decisão a esse respeito, visto que não há decisão implícita no direito brasileiro.

2.5 DESTINATÁRIOS

Como regra geral, tem-se a citação pessoal, ou seja, feita na pessoa do réu (art. 215, CPC). Será feita a ele mesmo, se capaz. Se relativamente

10 Dinamarco (2009b, p. 402).

11 Barbosa Moreira (2009, p. 24).

12 Didier Jr. (2008, p. 466).

incapaz, será feita na sua pessoa e na de seu assistente. No caso de incapacidade absoluta, será feita na pessoa de seu representante.

Se o réu for ausente, será feita a citação na pessoa de seu mandatário, administrador, feitor ou gerente, quando a ação se originar de atos por eles praticados (art. 215, § 1º, CPC). Se o locador não estiver no Brasil e não cientificar o locatário de que deixou procurador no local onde estiver situado o imóvel, o administrador do imóvel será citado (art. 215, § 2º, CPC). Se o réu for doente mental, embora destinatário da citação, esta não pode ser feita na sua pessoa, caso em que será feita em curador nomeado pelo juiz, após as providências descritas no art. 218, CPC. Trata-se, pois, de uma curatela à lide e não para os demais atos não processuais.

A citação do advogado é possível, sempre que este tiver poderes especiais para tal ou nos casos das ações incidentes, como, por exemplo, a reconvenção.

Quando o réu for pessoa jurídica, a citação é feita na pessoa indicada no seu estatuto para representá-la (art. 215, CPC). Porém, pela Teoria da Aparência, essa exigência é mitigada, considerando-se válida a citação quando a pessoa a receber em nome da pessoa jurídica a correspondência.

2.6 LOCAL

Como regra geral, disposta no art. 216, CPC, a citação deve ser feita onde o réu for encontrado. As exceções ficam por conta do militar, que só poderá ser citado em sua unidade, quando desconhecido o seu endereço ou nele não for encontrado.

2.7 IMPEDIMENTOS

Existem circunstâncias que determinam um adiamento do ato citatório. Trata-se de impedimentos para a realização da citação em determinados momentos, elencados pelo art. 217, CPC. Esse adiamento só não será feito se causar perda do direito – prescrição ou decadência.

Assim, não poderá ser feita a citação: I – a quem estiver assistindo a um culto religioso; II – ao cônjuge ou qualquer parente do morto, consanguíneo ou afim, em linha reta ou na linha colateral em segundo grau, no dia do falecimento e nos sete dias seguintes; III – aos noivos, nos três primeiros dias de bodas; e IV – aos doentes, quando grave o seu estado. Esse impedimento à citação só ocorre na pessoa do réu e, portanto, se este possui procurador com poderes especiais, será citado.

2.8 TEMPO DA CITAÇÃO

A citação pode ser feita nos dias úteis, das 06:00 às 20:00, ou, em casos excepcionais autorizados pelo juiz, em dia feriado e após às 20:00 (at. 172, *caput* e parágrafos, CPC).

Importante lembrar que o sábado, nos termos do art. 175, CPC, é dia útil. Só é não é considerado dia útil para os atos processuais que devam ser praticados no fórum, não se incluindo aqui, portanto, os atos que podem ser praticados mesmo com o fórum fechado.

Nas grandes cidades, onde as pessoas passam a maior parte do dia fora de casa, é comum que o mandado de citação já seja expedido com a aludida autorização do art. 172, CPC.

2.9 EFEITOS DA CITAÇÃO

A citação possui efeitos materiais e processuais, todos elencados no art. 219, CPC. Como efeitos processuais, temos: prevenção, nos casos em que concorram dois juízos de competência territorial diferentes (art. 106, CPC); litispendência (art. 301, § 1º, CPC) e litigiosidade da coisa – não pode ser o objeto da ação alienado ou modificado.

A ação que se inicia une apenas o autor e juiz. É com a citação válida que o réu será integrado à relação processual, que de linear passa a angular. Essa citação torna litigiosa a coisa, deixando claro que há uma pretensão. A coisa tornar-se-á litigiosa, com a citação, para o réu, visto que, para o autor, já o era desde a propositura da demanda. Assim sendo, ocorrida a citação, uma possível alienação da coisa não irá alterar a legitimidade das partes, e, ainda, pode ser considerada fraude de execução (a litispendência é um dos requisitos dessa fraude – arts. 592, V, e 593). Leonardo Greco lembra, contudo, que esse efeito só se produz a partir do momento em que o réu tiver sido citado, não retroagindo, como os anteriores.[13]

A litispendência será formada com a citação, uma vez que estará completa a relação processual e o mesmo litígio não poderá voltar a ser objeto, entre as partes, em outro processo, enquanto não se extinguir o feito pendente.

Já os efeitos materiais são dois, ainda que proferidos por juízo incompetente: constituição do devedor em mora, nos casos em que a mora não ocorre *ex re,* de pleno direito – retardamento ou cumprimento imperfeito da obrigação – e interrupção da prescrição, desde que a citação seja completada no prazo legal de 10 dias, podendo ser prorrogada por até 90 dias (art. 219, §§ 1º e 4º, CPC).

Quanto a este último efeito cumpre ressaltar que o Código Civil de 2002 modificou o marco inicial da interrupção da prescrição, o qual não é mais a citação, e sim o despacho liminar positivo do juiz que ordenar a citação, revogando-se esta parte do CPC, segundo Fredie Didier Jr.[14]

No entanto, a regra do § 1º do art. 219 permanece perfeitamente aplicável. Assim, ordenado o despacho liminar positivo, considera-se interrompida a prescrição, retroagindo à data da propositura da ação. Aplicam-se à interrupção da prescrição os §§ 1º a 4º do art. 219, CPC.

Para interromper a prescrição deve ocorrer um juízo positivo por parte do magistrado e não mero despacho que determine a emenda da inicial ou sentença que indefere a petição inicial, por exemplo.[15] Importante ressaltar que o juiz pode conhecer de ofício a prescrição (art. 219, § 5º, CPC), que retroage à data da propositura da ação (art. 219, § 1º, CPC).

Até 2006, a prescrição não poderia ser conhecida de ofício pelo juiz se a questão fosse de direito patrimonial. As críticas eram inúmeras, já que a prescrição sempre foi um assunto tratado no Código Civil e essa mesma lei nunca diferenciou o direito patrimonial do não patrimonial. Ainda, com esta proibição legal, o juiz estava impedido de exercer sua autonomia funcional. Com a nova redação do § 5º, art. 219, CPC pela Lei n. 11.280/2006, eliminou-se essa tão criticada proibição legal.

13 Greco (2009, p. 311).

14 Didier Jr. (2008, p. 471).

15 Didier Jr. (2008, p. 461).

Qualquer questão que venha a ser suscitada será prévia – preliminar ou prejudicial – ou de mérito. A prescrição dentro do contexto processual é uma questão de mérito, prevista no art. 269, IV CPC. Assim, ao combinar art. 219, § 5º com o art. 269, IV, pode-se chegar à conclusão de que o juiz pode analisar o mérito de ofício, combinando ainda esses dispositivos com o art. 295, IV, CPC, gerando um indeferimento inicial com resolução do mérito, importando em coisa julgada material, tendo eficácia endo e panprocessual.

Em certos procedimentos em que a interrupção da prescrição ou a purgação da decadência não dependem da citação, mas apenas do ajuizamento ou do despacho de recebimento da petição inicial. Isso ocorre com a execução fiscal, de acordo com o art. 174, parágrafo único, I, CTN, onde a interrupção da prescrição decorre do despacho inicial do juiz. O mesmo se dá com o mandado de segurança, cujo prazo de decadencial de 120 dias não se consuma desde que ele seja ajuizado tempestivamente.

Fredie Didier Jr., citando Humberto Theodoro Júnior, manifesta-se acerca do art. 202, CC/2002 e a relação entre as ações cautelar e principal: "se a ação principal for proposta após a ação preparatória ou cautelar, a prescrição interrompida pela citação naquelas primitivas causas não sofrerá nova interrupção em razão do ato citatório do novo processo". Mas o efeito que impede a contagem do prazo prescricional enquanto pende o feito em juízo (art. 202, parágrafo único), que teve começo no processo primitivo, perdurará enquanto não se encerrar o processo principal, dado o vínculo de acessoriedade entre eles". Assim, sustenta que deve ser interrompida a prescrição tanto na citação no processo de conhecimento, quanto na execução. Caso contrário, a pretensão executiva do autor pode ser inviabilizada.[16]

Essa posição se aplica a situações anteriores à Lei Federal n. 11.232/2005, que dispõe sobre a desnecessidade de se instaurar um processo autônomo de execução no processo civil e portanto, não há mais necessidade de duas citações para a interrupção da prescrição.

Ainda quanto aos efeitos da citação, inclui-se um sexto efeito: a estabilização da demanda, prevista no art. 264, CPC. Veicula-se regra "típica de um processo judicial que é visto preponderantemente como um jogo de espertezas e não como instrumento de efetiva pacificação dos litigantes".[17]

16 Didier Jr. (2008, p. 464).

17 Didier Jr. (2008, p. 313).

As regras do aludido dispositivo se aplicam apenas com esse rigor à jurisdição de conhecimento. Na jurisdição cautelar, o art. 805, CPC prevê a fungibilidade da tutela cautelar. Na execução, o art. 620 igualmente consagra a fungibilidade do meio executório.

2.10 MODALIDADES

O art. 221 CPC elenca as modalidades de citação. São elas: pelo correio; por oficial de Justiça; por edital; por hora certa e por meio eletrônico.

2.10.1 Por correio

É a regra geral, excepcionada nos casos do art. 222, CPC: ações de estado; nos processos de execução (salvo na execução fiscal, conforme dispõe o art. 8º da Lei n. 6.830/80); quando o réu for incapaz, pessoa de direito público ou residir em local não atendido pela entrega domiciliar de correspondência ou se o autor a requerer de outra forma.

Ao deferir a citação pelo correio, o escrivão ou chefe da secretaria deve remeter ao citando cópias da inicial e do despacho do juiz, advertindo ainda que, não sendo contestada a ação, os fatos narrados pelo autor serão considerados verdadeiros pelo réu (arts. 223, *caput* c/c o 285, CPC).

Deve ser a carta registrada entregue ao citando, devendo o carteiro exigir que este assine o recibo (art. 223, parágrafo único, CPC). Tratando-se de pessoa jurídica, a carta será entregue à pessoa com poderes de gerência geral ou de administração (art. 223, parágrafo único, CPC).

Leonardo Greco entende que a citação pelo correio não é válida quando a correspondência é entregue a outra pessoa, e não ao próprio destinatário, salvo o disposto no art. 215. Ele argumenta que o agente do serviço postal não é um funcionário público dotado de fé pública, mas um empregado de uma empresa de direito privado. Portanto, se o réu não receber pessoalmente a correspondência e não acudir espontaneamente à citação, ela será nula, assim como no caso de a citação ser assinada pelo porteiro do edifício.[18]

18 Greco (2009, p. 301).

Se frustrada essa citação, será feita por mandado.

2.10.2 Por oficial de Justiça – art. 224, CPC

Trata-se de citação real, feita por mandado, que pode ser feita em qualquer das hipóteses já mencionadas do art. 222, CPC ou se frustrada a citação por correio (art. 224, CPC). Seus requisitos estão elencados no art. 225, CPC. O oficial de Justiça, ao encontrar o réu, deve, necessariamente, ler o mandado e entregar-lhe a contrafé, certificar o recebimento ou recusa desta e obter a nota de ciente ou certificar que o réu se recusou a fazê-lo (art. 226, CPC).

O art. 230, CPC possibilita ao oficial de Justiça efetuar a citação em comarcas contíguas, de fácil comunicação e nas que se situem na mesma região metropolitana. É exceção à regra de expedição de carta precatória.

Segundo o art. 216, CPC, o oficial de Justiça pode procurar o réu para ser citado em qualquer lugar. Diante disso, afirma-se que o mandado de citação tem caráter "itinerante", pois se o oficial de Justiça tiver informações de que o réu se encontra em local distinto do endereço indicado no mandado, ele tem o poder-dever de dirigir-se ao endereço onde o réu se encontra e lá efetivar a citação.[19]

Entretanto, cada órgão jurisdicional possui a sua área de competência territorial. Assim, existe uma restrição geográfica ao caráter itinerante do mandado de citação, pois o juiz de uma determinada comarca não pode enviar o seu oficial de Justiça para o cumprimento de um mandado de citação em outra comarca.

O art. 230, CPC, porém, possibilita o cumprimento de diligências em comarcas contíguas e nas que se situem na mesma região metropolitana. A diligência compreende: a leitura do mandado; a entrega da cópia do mandado, devendo estar devidamente certificada a entrega ou a recusa em recebê-lo; a obtenção, no mandado, da declaração do réu de haver tomado ciência, ou a certificação de que ele não quis ou não pôde apor a nota de ciente.[20]

---

19 Greco (2009, p. 299).

20 Barbosa Moreira (2009, p. 30).

2.10.3 Por hora certa

É uma das hipóteses de citação ficta ou presumida. Ocorre se, por três vezes, o oficial de Justiça dirige-se ao domicílio ou residência do réu e não o encontra, havendo suspeita de ocultação. Deve, então, intimar qualquer pessoa da família ou um vizinho (desde que seja pessoa capaz) de que, no dia seguinte, em hora por ele determinada, voltará para cumprir a diligência (art. 227).

No dia e hora determinados, o oficial de Justiça retorna ao local e, se o citando não estiver presente, ele dará por feita a citação, ainda que tenha o citando se ocultado em outra comarca, e entregará a contrafé à pessoa da família ou a qualquer vizinho, registrando seu nome (art. 228, CPC). Cumprida a citação por hora certa, o escrivão deve enviar ao réu carta, telegrama ou radiograma, dando-lhe de tudo ciência (art. 229, CPC). Havendo revelia, o juiz nomeia curador especial ao réu, aplicando a regra do art. 9º, II, CPC.

A contagem do prazo para a defesa do réu citado com hora certa se inicia com a juntada do mandado de citação aos autos, e não com essa carta ou telegrama direcionados ao réu após as diligências adotadas.

Não é cabível no processo de execução, já que, caso não encontre o devedor, o oficial de Justiça irá proceder ao arresto de bens, realizando a citação por edital, por força dos arts. 653 e 654, CPC.

2.10.4 Por edital

É também hipótese de citação presumida, cujos requisitos estão elencados no art. 232, CPC, e é realizada nas hipóteses descritas pelo art. 231, CPC: quando desconhecido ou incerto o réu ou ignorado, incerto ou inacessível o local em que se encontrar (hipótese em que deve o escrivão noticiar sua citação também pelo rádio, se na comarca possuir emissora de radiofusão – § 2º do referido artigo) ou nos casos expressos em lei. Caso o país em que se encontra o réu se recusar a cumprir a carta rogatória, considera-se o local como inacessível (art. 232, § 1º, CPC).

Caso a parte requeira a citação por edital, mas alegue dolosamente os requisitos do art. 231, I ou II, CPC, incorrerá em multa de cinco vezes o salário mínimo vigente na sede do juízo (art. 233, CPC).

A primeira hipótese de cabimento dessa modalidade de citação está prevista no art. 231,I, CPC e diz respeito aos casos em que o réu é desconhecido ou incerto.

Contudo, ainda que o autor não conheça os dados de identificação oficiais do réu, pode fornecer outros dados capazes de identificá-lo, como, por exemplo, suas características físicas.

Quanto à segunda hipótese de citação por edital, prevista no art. 231, II, é possível indagar se a favela é um lugar inacessível.

Ele adverte que a citação editalícia é excepcional, somente se justificando quando a citação pessoal do autor for impossível, evitando-se que a ausência do réu inviabilize o acesso do autor à Justiça. Por esse motivo, ele considera inconstitucional o § 1º do art. 999, CPC, pois, mesmo que tenham endereço certo, as pessoas que residem em comarca diversa daquela em que se abriu a sucessão ou que aí não sejam encontradas serão citadas por edital.

É importante frisar que, segundo o parágrafo único do art. 302, CPC, aos réus citados por edital ou com hora certa não se aplica o ônus da impugnação especificada, cuja inobservância implica, como regra, a presunção de veracidade dos fatos não impugnados.

2.10.5 Eletrônica

Essa modalidade entrou no nosso ordenamento jurídico com a Lei n. 11.419/2006, que cuida do processo eletrônico. O direito deve acompanhar o progresso da sociedade e, como vivemos a era digital, essa lei possibilita a informatização judicial, a fim de que torne o seu acesso possível via internet. Em seus arts. 4 a 7 autoriza a comunicação dos atos processuais através de meios eletrônicos. Para a citação, foi adotada como regra a "autocomunicação", disposta no art. 5º, a fim de as partes tomarem ciência dos atos e termos processuais nos portais dos tribunais.

Esse meio de citação só pode ser feito se as partes forem cadastradas nesse sistema de autocomunicação do respectivo órgão judicial e pressupõe o acesso integral aos autos do processo.

Outro requisito é o de que o usuário assuma o compromisso de entrar no sítio do tribunal pelo menos a cada dez dias, conforme dispõe o art. 5º, § 3º, da Lei n. 11.419/2006. Se transcorrerem dez dias sem que o usuário destinatário da citação tenha acessado o endereço eletrônico, ele será considerado citado. Essa citação será ficta, pois é presumida.

As cartas precatória e rogatória podem ser cumpridas via sistema eletrônico, por força do art. 7 da referida lei, que incluiu o § 3º ao art. 202, CPC.

As restrições encontram-se no art. 6º, vedando a utilização da citação eletrônica nos processos criminal e infracional. Pode-se então concluir que a citação eletrônica somente é permitida em processos de natureza civil.

Humberto Theodoro Júnior[21] destaca que não são quaisquer réus que poderão receber a citação eletrônica, mas apenas aqueles que anteriormente já se achem cadastrados no Poder Judiciário para esse tipo de comunicação. Segue o autor afirmando que a defesa do citado não pode ficar comprometida pelo uso da informática, sendo essencial a esse tipo de citação que todos os elementos dos autos estejam efetivamente ao alcance do exame do réu.

Nelson Nery Junior[22] argumenta que, embora louvável a tentativa em acelerar o trâmite processual, a ideia também tem seus inconvenientes se considerarmos que nem toda população brasileira possui à sua disposição meios de comunicação eletrônica como o *e-mail*.

Por outro lado, demonstrando a utilidade da inovação, Didier Jr.[23] elenca diversas situações em que se teria grande proveito, como nos casos de citação de entes públicos ou de litigantes habituais (bancos, concessionárias de serviço público), que tenham firmado um convênio para estabelecer o endereço eletrônico em que receberão as citações. Reconhece o autor, porém, que em processos individuais autônomos, envolvendo litigantes eventuais, dificilmente a citação eletrônica poderá ser utilizada.

2.11 CITAÇÃO: PRESSUPOSTO PROCESSUAL OU CONDIÇÃO DE EFICÁCIA DO PROCESSO EM RELAÇÃO AO RÉU?

Maior divergência doutrinária sobre o tema recai sobre se é a citação um pressuposto processual ou uma condição de eficácia do processo em

21 Theodoro Júnior (2009, p. 269).

22 Nery Junior e Nery (2007, p. 478).

23 Didier Jr. (2008, p. 477).

relação ao réu. Tal disputa tem como base o art. 214, CPC, segundo o qual "para a validade do processo é indispensável a citação inicial do réu".

Parte da doutrina considera a citação com tamanha importância ao processo que a coloca como um pressuposto processual de existência, defendendo a ideia de que, inexistindo citação, não há processo, uma vez que resta inviabilizada a atuação da função jurisdicional.

Teresa Wambier entende que o processo é relação jurídica que se forma gradualmente[24] e, embora possa ter se formado entre autor e juiz, não haverá processo em relação ao réu enquanto este não for citado. Dessa forma, caso não ocorra a citação, haverá nulificação do procedimento, o que atinge o processo como um todo.

Assim também entende Nelson Nery Junior, defendendo que, para que seja instaurada de forma completa,[25] a relação jurídica processual necessita da realização da citação. Não se terá a relação processual em sua totalidade (autor, juiz, réu) sem a citação, e, consequentemente, sem ela não se terá processo.

Rebatendo os argumentos de que o processo já existe antes da citação, Teresa Wambier afirma que não se deve confundir a inexistência jurídica com a inexistência fática; afinal, o fato de terem sido praticados atos antes da citação não significa que o contexto em que tenham sido praticados seja juridicamente qualificável como sendo um processo.

Arruda Alvim, remetendo-nos novamente à percepção da citação como indispensável à efetivação do princípio constitucional do contraditório, afirma que a existência da citação, no início do processo, é *uma exigência impostergável para a existência do processo e da sentença*.[26] O entendimento baseia-se na gigantesca importância do princípio do contraditório, norteador de todo o procedimento do processo civil, e no princípio da bilateralidade da audiência, o qual possibilita a reação da parte à pretensão da outra, fornecendo as razões para serem sopesadas pelo órgão julgador. Ora, seria impossível ter sido o réu ouvido se nem tomou ciência da demanda.

Leonardo Greco explica que

---

24 Wambier (2004, p. 48).

25 Nery Junior e Nery (2007, p. 464).

26 Alvim (2005, p. 228).

> [...] o conteúdo atual do princípio do contraditório é bastante abrangente, desdobrando-se em diversos aspectos, o primeiro dos quais é o da tradicional audiência bilateral. O sentido moderno da audiência bilateral é o de adequada e tempestiva notificação do ajuizamento da causa e de todos os atos processuais através de comunicações preferencialmente reais, bem como ampla possibilidade de impugnar e contrariar os atos dos demais sujeitos, de modo que nenhuma questão seja decidida sem essa prévia audiência das partes.[27]

Seguindo essa linha, Nelson Nery Junior e Teresa Wambier consideram ainda a citação válida como um pressuposto processual de validade do processo. Ou seja, uma vez realizada a citação, esta deve ser feita validamente a fim de que haja desenvolvimento regular do processo.

Em sentido diverso, Fredie Didier Jr. afirma explicitamente que *a citação não é pressuposto de existência do processo. Trata-se de condição de eficácia do processo em relação ao réu.*[28]

O doutrinador baiano defende peremptoriamente sua posição argumentando que já existe processo antes da citação, que ocorre em seu bojo. Ensinamento basilar provém de Dinamarco: *a citação não é pressuposto processual, porque o momento em que deve ser realizada é posterior à formação deste.*[29]

Na mesma linha, Fredie Didier Jr. também defende ser a citação um requisito de validade dos atos processuais posteriores. Ressalta o referido doutrinador que devemos sempre ter em mente a constatação de que há a invalidade do procedimento e a invalidade de cada um dos atos do procedimento. A invalidação dos atos do procedimento é o que impede a realização dos seguintes, no entanto, os atos praticados anteriormente não são afetados por essa nulificação.

Ao que nos parece, a divergência doutrinária reside no fato da tormentosa tarefa de explicar o fenômeno do processo, sua formação e seus requisitos. José Roberto dos Santos Bedaque[30] leciona que existem na doutrina pátria duas tendências a respeito da classificação dos

---

27 Greco ([s.d], p. 547).

28 Didier Jr. (2008, p. 463).

29 Didier Jr. (2008, p. 464, nota).

30 Bedaque (2007, p. 181).

pressupostos processuais. Há aqueles defensores da ideia de que somente estando presentes os requisitos (ou ausentes no caso dos pressupostos negativos) é que a relação processual terá condições de se desenvolver validamente até o provimento final sobre o caso concreto, sobre a relação material. Nesse caso há a inclusão da citação válida como pressuposto processual.

Há, ainda, aqueles que possuem uma visão mais restritiva dos pressupostos processuais. Para essa tendência, os requisitos processuais seriam somente os necessários para a constituição de uma relação processual válida, o que importa seria a formação da relação, o nascimento do processo, independentemente do desenvolvimento regular ser capaz de levar até a análise da relação material. Para esses autores, a citação não é um pressuposto processual.

Aliás, Bedaque analisa profundamente a matéria, e questiona a expressão "pressupostos de existência do processo". Defendendo a ideia de que não são requisitos ao nascimento do processo, ele reconhece que esses pressupostos são requisitos de admissibilidade para o exame do mérito. Dessa forma, devemos perceber que "a falta de algum deles pode impedir o julgamento do mérito, mas o fenômeno jurídico ao qual se convencionou denominar 'processo jurisdicional' já existe. Eles, portanto, não são requisitos sem os quais o processo não se forma".[31]

Vale destacar que o autor considera como único real pressuposto de existência a investidura do órgão jurisdicional.

2.12 SENTENÇA DE MÉRITO EM PROCESSO SEM A CITAÇÃO DO RÉU

Questão com mais relevância prática do que a anterior é compreender o que acontece com a sentença produzida no processo em que não houve citação do réu.

Primeiramente, cumpre ressalvar que a doutrina diverge quanto à sentença nesse caso ser um ato inexistente ou um ato nulo. Seria inexistente a sentença para aqueles que consideram a citação um pressuposto processual e, portanto, sem a produção desse ato, o processo inteiro não

31 Bedaque (2007, p. 215).

existe. Já para os que entendem ser a sentença um ato nulo, a citação não seria um pressuposto processual, porém, na sua falta, diante da regra da causalidade normativa, todos os atos que lhe seguem serão nulos, assim como o ato final: a sentença.

Dessa forma, mantendo a coerência de pensamento, Teresa Wambier argumenta que a sentença produzida em processo onde não ocorreu a citação é inexistente porque proferida em processo que não se constituiu, uma vez que, conforme visto anteriormente, a autora é forte defensora de que a citação é um pressuposto processual. Assim, para atacar essa sentença seria necessária uma ação declaratória de inexistência.[32]

Seja por creditarem à falta de citação a qualidade de vício transrescisório, seja por considerarem o processo inexistente – hipótese na qual a sentença não faz coisa julgada, podendo ser atacada a qualquer tempo –, todos os autores são unânimes em reconhecer a possibilidade de se atacar essa sentença mesmo após o decurso do prazo de dois anos da ação rescisória.

Didier Jr. faz referência a Pontes de Miranda:

> Assim, o réu revel não citado ou citado irregularmente pode resistir aos efeitos da sentença a qualquer tempo, independentemente de ação rescisória (mas também por ela), e, se for o caso pleitear a decretação da sua nulidade por meio de: i) impugnação; ii) ação autônoma e imprescritível de nulidade da sentença (*querela nullitatis*); iii) embargos à execução contra a Fazenda Pública (art. 741, I, CPC); e, até mesmo, iv) exceção de pré-executividade.[33]

Vale ressaltar que Teresa Wambier, assim como Pontes de Miranda, admite a possibilidade de ação rescisória para confrontar tal sentença, uma vez que *embora contra sentenças juridicamente inexistentes, sob um ponto de vista rigorosamente técnico-processual, seja cabível ação declaratória de inexistência, deve ser admitida a ação rescisória ajuizada contra sentença inexistente, em atenção ao princípio da fungiblidade.*[34]

---

32 Wambier (2004, p. 292).

33 Didier Jr. (2008, p. 267).

34 Wambier (2004, p. 558).

2.13 CITAÇÃO NO PROJETO DO NOVO CPC

Seção II

DA CITAÇÃO

Art. 207. A citação é o ato pelo qual são convocados o réu, o executado ou o interessado para integrar a relação processual.

Art. 208. Ressalvadas as hipóteses de improcedência liminar do pedido, para a validade do processo é indispensável a citação inicial do réu ou do executado.

§ 1º O comparecimento espontâneo do réu ou do executado supre a falta ou a nulidade da citação, contando-se a partir de então o prazo para a contestação ou para embargos à execução.

§ 2º Rejeitada a alegação de nulidade, tratando-se de processo de:

I – conhecimento, o réu será considerado revel;

II – execução, o feito terá seguimento.

Art. 209. A citação válida produz litispendência e faz litigiosa a coisa e, ainda quando ordenada por juiz incompetente, interrompe a prescrição e constitui em mora o devedor, ressalvado o disposto no art. 397 do Código Civil.

§ 1º A litispendência e a interrupção da prescrição retroagirão à data da propositura da ação.

§ 2º Incumbe à parte adotar as providências necessárias para a citação do réu nos dez dias subsequentes ao despacho que a ordenar, sob pena de não se considerar interrompida a prescrição e instaurada litispendência na data da propositura.

§ 3º A parte não será prejudicada pela demora imputável exclusivamente ao serviço judiciário.

§ 4º O efeito retroativo do § 1º aplica-se à decadência e aos demais prazos extintivos previstos em lei.

Art. 210. Transitada em julgado a sentença de mérito proferida em favor do réu antes da citação, cabe ao escrivão comunicá-lo do resultado do julgamento.

Art. 211. A citação do réu será feita pessoalmente, ao seu representante legal ou ao procurador legalmente autorizado.

§ 1º Estando o réu ausente, a citação será feita na pessoa de seu mandatário, administrador, feitor ou gerente, quando a ação se originar de atos por eles praticados.

§ 2º O locador que se ausentar do Brasil sem cientificar o locatário de que deixou na localidade onde estiver situado o imóvel procurador com poderes para receber citação será citado na pessoa do administrador do imóvel encarregado do recebimento dos aluguéis.

Art. 212. A citação poderá ser feita em qualquer lugar em que se encontre o réu ou o executado.

Parágrafo único. O militar em serviço ativo será citado na unidade em que estiver servindo, se não for conhecida a sua residência ou nela não for encontrado.

Art. 213. Não se fará a citação, salvo para evitar o perecimento do direito:

I – a quem estiver assistindo a ato de culto religioso;

II – ao cônjuge, companheiro ou a qualquer parente do morto, consanguíneo ou afim, em linha reta ou na linha colateral em segundo grau, no dia do falecimento e nos 7 (sete) dias seguintes;

III – aos noivos, nos 3 (três) primeiros dias de bodas;

IV – aos doentes, enquanto grave o seu estado.

Art. 214. Também não se fará citação quando se verificar que o réu ou executado é mentalmente incapaz ou está impossibilitado de recebê-la.

§ 1º O oficial de justiça descreverá e a certificará minuciosamente a ocorrência.

§ 2º O juiz nomeará médico para examinar o citando, que apresentará laudo em cinco dias.

§ 3º Reconhecida a impossibilidade, o juiz dará ao citando um curador, observando, quanto à sua escolha, a preferência estabelecida na lei e restringindo a nomeação à causa.

§ 4º A citação será feita na pessoa do curador, a quem incumbirá a defesa do réu.

Art. 215. A citação será feita:

I – pelo correio;

II – por oficial de justiça;

III – pelo escrivão, se o citando comparecer em cartório;

IV – por edital;

V – por meio eletrônico, conforme regulado em lei.

Parágrafo único. Com exceção das micro e pequenas empresas, ficam obrigadas as empresas privadas ou públicas a criar endereço eletrônico destinado exclusivamente ao recebimento de citações e intimações, as quais serão efetuadas preferencialmente por esse meio.

Art. 216. A citação será feita pelo correio para qualquer comarca do país, exceto:

I – nas ações de estado;

II – quando for ré pessoa incapaz;

III – quando for ré pessoa de direito público;

IV – quando o réu residir em local não atendido pela entrega domiciliar de correspondência;

V – quando o autor, justificadamente, a requerer de outra forma.

Art. 217. Deferida a citação pelo correio, o escrivão remeterá ao citando cópias da petição inicial e do despacho do juiz e comunicará o prazo para a resposta, o endereço do juízo e o respectivo cartório.

§ 1º A carta será registrada para entrega ao citando, exigindo-lhe o carteiro, ao fazer a entrega, que assine o recibo. Sendo o réu pessoa jurídica, será válida a entrega a pessoa com poderes de gerência geral ou de administração. Sendo o réu pessoa jurídica, será válida a entrega a pessoa com poderes de gerência geral ou de administração.

§ 2º Da carta de citação no processo de conhecimento constarão os requisitos do art. 219.

Art. 218. O mandado, que o oficial de justiça tiver de cumprir, deverá conter:

I – os nomes do autor e do réu, bem como os respectivos domicílios ou residências;

II – o fim da citação, com todas as especificações constantes da petição inicial, bem como a advertência a que se refere o art. 285, segunda parte, se o litígio versar sobre direitos disponíveis;

III – a cominação, se houver;

IV – o dia, hora e lugar do comparecimento;

V – a cópia do despacho;

Art. 219. O mandado que o oficial de Justiça tiver de cumprir conterá:

I – os nomes do autor e do réu, bem como os respectivos domicílios ou residências;

II – o fim da citação, com todas as especificações constantes da petição inicial, bem como a menção do prazo para contestação, a ser apresentada sob pena de revelia;

III – a cominação, se houver;

> IV – se for o caso, a intimação do réu para o comparecimento, com a presença de advogado ou defensor público, à audiência de conciliação.
>
> VI – o prazo para defesa;
>
> VII – a assinatura do escrivão e a declaração de que o subscreve por ordem do juiz.

De forma mais técnica, o projeto do novo CPC afirma que a convocação do réu, do executado e do interessado é para integrar a relação processual, já que, contrariamente ao que dispõe o art. 213 do atual CPC, não necessariamente o réu irá apresentar defesa.

O projeto também faz algumas importantes correções terminológicas, não se referindo apenas ao réu, mas também ao executado, equipara o companheiro ao cônjuge, retira a expressão demente, prevista no art. 218, CPC, para afirmar que não será considerada válida a citação feita ao mentalmente incapaz e prevê, ainda, expressamente que a citação pode ser feita pelo escrivão se o réu comparecer em cartório, o que se coaduna com a ideia de que o réu que comparece espontaneamente considera-se citado.

Há, também, um maior detalhamento dos requisitos do mandado de citação, exigindo que seja mais especificado, trazendo, inclusive, o prazo para contestação e a cópia da petição inicial.

Nesse ponto, parece-nos uma nítida consagração do princípio da cooperação, decorrente dos Princípios da Boa-Fé e da Lealdade Processual.

Em um modelo de Justiça adequado à contemporaneidade, na visão de François Ost,[35] o juiz deve adotar uma postura de intermediação, facilitando a comunicação, o diálogo entre as partes, que devem se utilizar do processo para interagir e buscar, uma solução justa para o conflito.

A proposta de solução do Estado Democrático de Direito é pela busca de uma efetiva participação dos envolvidos na realização dos fins estatais. Essa proposta representa para o sistema de pacificação dos conflitos a necessidade de interação entre as partes que compõem a relação processual no âmbito da jurisdição, além da adoção de métodos não jurisdicionais de solução das lides.[36]

---

35 Ost (1993).

36 Pinho e Durco (2001).

E, por isso, ao dar ciência ao réu da demanda, o juiz deveria procurar demonstrar o cenário processual de forma mais fiel possível, para permitir a participação do réu de forma plena no processo.

Cabe, ainda, comentar o art. 223, que, coadunando-se com os avanços tecnológicos, o Código prevê a citação por meio eletrônico. Contudo, tal meio só será possível se o autor tiver, de plano, os dados do correio eletrônico do réu. Caso contrário, ou em caso de dúvida quanto ao endereço eletrônico, melhor será que a citação se realize pela forma convencional.

O edital para o réu não localizado também se coadunará com os avanços tecnológicos: será publicado no sítio do tribunal, não apenas na sede do juízo, mas no parágrafo único do art. 226, o projeto prevê, primando pela efetividade do processo, possibilita que a publicação do edital possa ocorrer, também, além dos já previstos no Código, por outros considerados adequados pelo juiz, visando a que o réu ou executado venha a integrar a relação processual.

O projeto prevê, ainda, no art. 228, procedimentos especiais em que é obrigatória a publicação do edital. Na verdade, as previsões esparsas em cada procedimento especial agora estão listadas em um único artigo. Necessário ressaltar, porém, que a publicação de edital nesses procedimentos não exime a citação do réu pelos meios previstos no Código, mas, além disso, é exigida a publicação do edital com uma finalidade mais ampla: convocar eventuais interessados a integrarem a relação processual, exercendo um contraditório efetivo.

CAPÍTULO 3

Formação do processo

3.1 NOÇÕES GERAIS

O nosso Código estipula um sistema de formação complexa, ou seja, o processo se forma por iniciativa da parte e por impulso oficial do juiz. Isso significa que como regra o juiz não pode agir de ofício. O juiz no processo civil brasileiro está amarrado pelo princípio da inércia. Quem dá o primeiro pontapé na bola é sempre a parte interessada. Isso está previsto no art. 2º c/c o art. 128, CPC.

Assim como o juiz é inerte, pelo princípio da inércia do juiz, vale para as partes o chamado princípio dispositivo. A parte interessada tem que estar permanentemente provocando o órgão jurisdicional, sob pena de o juiz entender que aquela pretensão não é mais necessária.

Convém destacar, como veremos, que uma das hipóteses de extinção do processo é a chamada desistência indireta que ocorre quando o autor para de peticionar nos autos, para de requerer. Então, o juiz vê que não está entrando petição e manda intimá-lo, porém ele se mantém inerte, o que leva o juiz a presumir que o autor não está mais interessado no processo. Houve uma desistência tácita, uma desistência indireta, o que acarreta a extinção do processo.

Então o sistema de formação é complexo: a iniciativa cabe à parte, mas, uma vez tomada essa iniciativa, quem vai controlar o ritmo do processo não é mais a parte, e sim o juiz. Portanto, a parte dá o primeiro pontapé e o juiz segue mantendo o chamado impulso oficial, consagrado nos arts. 262 e 125, CPC. O sistema oposto seria o do impulso das partes, onde o juiz é inerte e são as partes que impulsionam o processo em direção ao seu fim.[1]

Por uma questão de segurança das relações jurídicas, o Código precisava fixar um marco temporal, um momento a partir do qual oficialmente se considera proposta a ação, e é o art. 263, CPC que se incumbiu dessa tarefa. Assim, a ação é considerada proposta quando:

I. Se for em uma Comarca de juízo único, ou seja, naquela Comarca só tem aquele juiz que pode despachar aquela inicial, a parte autora vai até ao juiz e despacha a inicial com ele ou vai até o Cartório e protocola a petição inicial nele, recebendo um recibo na cópia da petição inicial e considera-se proposta a demanda;

II. Caso existam dois ou mais juízos, em tese, que sejam competentes para conhecer da sua pretensão, a parte autora se dirige à distribuição, ao protocolo geral do Tribunal.

Portanto, oficialmente pelo art. 263, a ação se considera proposta no exato momento em que a parte autora se dirige ao órgão do Poder Judiciário e protocola a sua petição inicial. A partir daí já se tem uma ação, que não está ainda, obviamente, completa. A parte final do art. 263, CPC ressalta a ausência de uma parte importante no processo, o réu. Afinal, até o momento da propositura da demanda a relação é puramente linear; é uma relação que se estabelece apenas entre o autor – que está pedindo – e o juiz – que está recebendo aquela petição protocolada.

A formação integral da demanda, de acordo com o art. 219, CPC, ocorre quando o juiz recebe a petição inicial e profere um despacho liminar positivo determinando a citação do réu e essa é feita de forma regular.

Assim, recapitulando, o processo civil brasileiro tem uma formação complexa. Ele demanda iniciativa da parte – ir ao protocolo e apresentar a sua petição inicial – mais impulso oficial do juiz – este recebe a petição inicial e dá um despacho liminar determinando a citação do réu.

A ação só se considera proposta para o réu quando ele for validamente citado. Então, perceba que haverá a formação da ação em momentos diversos para o autor e para o réu: a ação sempre se forma antes para o autor,

1 Greco (2009, p. 559).

bastando este ir ao protocolo e protocolar a sua petição inicial que, para ele, a ação já estará proposta. Em relação ao réu, ela precisa ser distribuída para um juiz, que, por sua vez, deverá dar um despacho liminar positivo determinando a sua citação, que deve ocorrer validamente.

Já vimos as quatro modalidades de citação – por correio, oficial de Justiça, hora certa, edital e até a quinta, que é a citação eletrônica, que foi regulamentada pela Lei n. 11.419/2006. Dentro desta, é preciso que o juiz escolha uma delas e siga todos os ditames da lei, para então a ação ser considerada proposta também para o réu.

O que ocorre quando o autor, já tendo proposto a ação, decide modificar o pedido ou a causa de pedir? É possível alterar uma ação que já está proposta para ele?

Nesse ponto, necessário lembrar que, como abordado no volume I, a ação possui três elementos, que não são as condições da ação. Toda ação precisa de três elementos para se formar. São eles:

I. Partes.
II. Pedido.
III. Causa de pedir.

O art. 264, *caput*, diz que até que seja feita a citação o autor pode modificar o que ele quiser, quando quiser e quantas vezes desejar. Depois que o réu tiver sido validamente citado, diz o art. 264: "feita a citação, é defeso ao autor modificar o pedido ou a causa de pedir, sem o consentimento do réu, mantendo-se as mesmas partes, salvo as substituições permitidas por lei". Portanto, a regra do art. 264, *caput*, é: até a citação podem ocorrer modificações, após só com o consentimento do réu, posto que ele já foi citado validamente para defender-se de determinados fatos e de uma determinada qualificação jurídica.

Assim, se o autor quiser mudar essa qualificação jurídica, ele precisa do consentimento do réu. Caso o réu não concorde com a modificação – o que obviamente ocorre na maioria dos casos, pois o réu não vai dar esse mole para o autor, deixando-o modificar o pedido, para prejudicá-lo ainda mais –, será necessário que o autor proponha uma nova demanda.

Desse modo, ao invés de fazer uma acumulação de pedidos em um único processo – diante da não concordância do réu e após este ter sido citado validamente –, será necessário propor uma segunda demanda, na qual serão feitos aqueles pedidos que o autor esqueceu de requerer na primeira ação. Então, não chega a ser um prejuízo enorme ao autor a não anuência do réu, dando apenas um pouco mais de trabalho, pois terá que manejar duas ações ao invés de uma.

O art. 264, parágrafo único, CPC, estabelece uma regra mais rígida. O legislador chegou à conclusão de que sempre tem uma hora no processo em que não é mais possível fazer modificações, senão o processo vira uma bagunça – o autor muda o pedido e o réu depois decide modificar os fundamentos/argumentos da defesa, começa a substituir um argumento pelo outro, ficando uma zona completa.

Então, o legislador estabeleceu um marco temporal; até ele as partes podem realizar modificações na ação; após, ninguém mais pode mudar nada. Assim, o art. 264, parágrafo único, estabelece o que a doutrina chama de *estabilização da demanda*.

O momento processual da estabilização da demanda é o despacho saneador. Este está previsto no art. 331, § 2º, CPC. O autor apresenta a sua petição inicial; o réu é citado e contesta; o autor, por sua vez, é instado pelo juiz a se manifestar sobre a contestação do réu, numa peça chamada na prática forense de *réplica* – está é a manifestação do autor sobre a contestação do réu; o juiz designa, então, audiência de conciliação prevista no art. 331, CPC.

Sendo feito acordo na audiência, o processo será extinto – o juiz tomou o acordo por termo, homologou e extinguiu o processo; não havendo acordo, o juiz dará o despacho saneador. Neste, o juiz fixa os pontos controvertidos da demanda, defere as provas que irão ser produzidas e organiza toda a instrução daquele processo.

A partir do despacho saneador nada mais pode ser modificado. Observe que o art. 264, parágrafo único, diz o seguinte: "a alteração do pedido ou da causa de pedir em nenhuma hipótese será permitida após o saneamento do processo". Todavia, esse artigo apenas fala do *pedido* e da *causa de pedir*, esquecendo-se de falar do primeiro elemento da ação, que são as partes.

Assim, poderia haver alteração subjetiva na demanda? Mas poderia depois do despacho saneador, sem modificar o pedido ou a causa de pedir – conforme expresso no art. 264, parágrafo único –, haver modificação no polo da demanda, ser inserido mais um litisconsorte, realizar uma intervenção de terceiros, fazer uma desistência litisconsorcial? A lei não fala nada, simplesmente esqueceu de disciplinar algo de extrema relevância.

A jurisprudência do STJ vem entendendo que apesar do silêncio do art. 264, parágrafo único, a estabilização da demanda se produz tanto na dimensão objetiva como na dimensão subjetiva. Então, a jurisprudência do STJ vem construindo esse raciocínio: apesar do silêncio do art. 264, parágrafo único, o despacho saneador gera não apenas a estabilização objetiva – do pedido e da causa de pedir – como gera também a estabilização subjetiva, salvo naquelas hipóteses onde haja expressa disposição legal, não podem ser trazidas outras pessoas para dentro daquela relação processual.

A jurisprudência vem, portanto, fazendo uma interpretação extensiva do art. 264, parágrafo único, para fins de racionalização e organização da marcha processual, de forma que essa estabilização da demanda que ocorre com o despacho saneador vale não só para o aspecto objetivo mas também para o subjetivo, sendo vedado o ingresso de terceiras pessoas ao processo após o despacho saneador.

As restrições do art. 264, CPC, contudo, só se aplicam com esse rigor à jurisdição de conhecimento. Na jurisdição cautelar existe a chamada fungibilidade da jurisdição cautelar, prevista no art. 805, CPC. Na execução, se o exequente pode desistir unilateralmente da demanda, conforme prevê o art. 569, não há motivo para que fique impedido de redefini-la em termos subjetivos e objetivos. O art. 620, inclusive, consagra a fungibilidade do meio executório.[2]

3.2 AS DISPOSIÇÕES NO PROJETO DO NOVO CPC (PL N. 8.046/2010)

CPC ATUAL	PROJETO DO NOVO CPC (PL N. 8.046/2010)
Art. 262. O processo civil começa por iniciativa da parte, mas se desenvolve por impulso oficial.	*Sem correspondente nesta parte, verificar o capítulo sobre petição inicial.*
Art. 263. Considera-se proposta a ação, tanto que a petição inicial seja despachada pelo juiz, ou simplesmente distribuída, onde houver mais de uma vara. A propositura da ação, todavia, só produz, quanto ao réu, os efeitos mencionados no art. 219 depois que for validamente citado.	**Art. 297.** Considera-se proposta a ação quando a petição inicial for protocolada. A propositura da ação, todavia, só produz quanto ao réu os efeitos mencionados no art. 209 depois que for validamente citado.

2 Greco (2009, p. 313).

CPC ATUAL	PROJETO DO NOVO CPC (PL N. 8.046/2010)
Art. 264. Feita a citação, é defeso ao autor modificar o pedido ou a causa de pedir, sem o consentimento do réu, mantendo-se as mesmas partes, salvo as substituições permitidas por lei. Parágrafo único. A alteração do pedido ou da causa de pedir em nenhuma hipótese será permitida após o saneamento do processo.	*Sem correspondente nesta parte, verificar o capítulo sobre citação.*

O projeto do novo CPC traz dois marcos nítidos: o primeiro deles, o da propositura da ação e o outro a produção dos efeitos da propositura da ação.

A ação considera-se proposta com o protocolo da petição inicial. Esse é o primeiro marco. Nesse ponto, de acordo com a tendência da prática de atos processuais por meio eletrônico, deveria o projeto prever, também, sua remessa ao sítio do tribunal nos casos de processo eletrônico, mas não o fez.

Já questão distinta é a produção de seus efeitos. Tais efeitos, como preceitua o dispositivo, estão previstos no art. 209 do projeto e são:

a) Litispendência.

b) Torna litigiosa a coisa.

c) Interrompe a prescrição.

d) Constitui em mora o devedor.

Cada um desses efeitos serão explicados em momento oportuno. Cabe agora destacar é que tais efeitos só se produzirão após a citação válida do réu.

Contudo, o grande questionamento é o conteúdo da expressão "citação válida". Em consonância com o neoprocessualismo[3] e com a preocupação coma observância das garantias processuais, citação valida é aquela que permite ao réu tomar ciência da propositura da ação, podendo ir a juízo se defender, participar da relação jurídica processual e influenciar no convencimento do juiz.

3 Cambi (2007).

Nesse ponto, surgem novos questionamentos: a citação recebida por um funcionário do prédio seria citação válida? Tal questionamento já foi abordado no capítulo de citação e para ele remetemos, mas acreditamos que o projeto poderia ter andado melhor se, por exemplo, esclarecesse o conceito de citação válida, pondo fim a qualquer controvérsia doutrinária sobre o tema.

CAPÍTULO 4

Respostas do réu e revelia

4.1 INTRODUÇÃO

Já vimos anteriormente, quando foi estudada a natureza jurídica do processo, que para que este se aperfeiçoe é necessária a presença não apenas do autor, mas também do réu, para que ele apresente a sua defesa. O autor então é o sujeito ativo e o réu o sujeito passivo do processo, na maioria das vezes, pois nem sempre há perfeita relação entre o sujeito da lide e o processo, pois pode ter ocorrido um dos casos de substituição processual.

Após a propositura da ação pelo autor, o réu (ou demandado) será chamado para que se manifeste acerca daquela demanda em face dele proposta. Essa manifestação é uma resposta do réu, que é uma faculdade, podendo ele dispor e ficar simplesmente inerte. A seguir, estudaremos cada uma delas.

4.2 EXCEÇÃO

Costuma-se designar de forma genérica a expressão "exceção" como o exercício do direito de defesa pelo réu. Porém, há três sentidos para a mesma palavra. No sentido pré-processual, exceção seria o direito constitucional abstrato à defesa. No sentido processual ou amplo, exceção seria o meio pelo qual o demandado se defende dos fatos alegados pelo autor em juízo. Em sentido estrito, exceção é a matéria que não pode ser conhecida de ofício pelo juiz.

A exceção é um direito de resistir a uma pretensão formulada pelo autor, e esse direito encontra-se presente na Magna Carta, em seu art. 5, XXXV e LV.[1]

Assim como o direito de ação, a exceção é um direito abstrato, pois independe da existência do direito material alegado, ou seja, o réu sempre terá direito à defesa, ainda que careça de fundamentos que o tornem vencedor do litígio.

Luiz Guilherme Marinoni ensina que "o direito de defesa não é apenas a apresentação de uma resposta, mas a possibilidade conferida ao réu de, efetivamente, reagir em juízo para que seja negada a tutela jurisdicional ambicionada pelo autor". Dá ainda exemplos dessas garantias, como a apresentação de alegações e a produção de provas.[2]

4.3 ESPÉCIES DE DEFESA

4.3.1 De admissibilidade

São aquelas que têm por objeto os requisitos de admissibilidade, ou seja, as condições da ação e os pressupostos processuais. Por terem conteúdo meramente formal, Humberto Theodoro Júnior as denomina de "defesa processual".[3]

Como pressupostos processuais subjetivos, temos os relativos ao juiz (competência e imparcialidade) e às partes (capacidade de ser parte, capacidade processual e capacidade postulatória). Já os pressupostos objetivos são: petição apta, citação válida – pressupostos processuais objetivos intrínsecos – e litispendência, coisa julgada, perempção e convenção de arbitragem – pressupostos processuais objetivos extrínsecos.

---

1 "Art. 5 Todos são iguais perante a lei, sem distinção de qualquer natureza, garantindo-se aos brasileiros e aos estrangeiros residentes no País a inviolabilidade do direito à vida, à liberdade, à igualdade, à segurança e à propriedade, nos termos seguintes:

[...]

XXXV – a lei não excluirá da apreciação do Poder Judiciário lesão ou ameaça a direito.

[...]

LV – aos litigantes, em processo judicial ou administrativo, e aos acusados em geral, são assegurados o contraditório e a ampla defesa, com os meios e recursos a ela inerentes."

2 Marinoni (1999, p. 230).

3 Theodoro Júnior (2009a, p. 371).

Como condições da ação, temos: legitimidade das partes, interesse de agir e possibilidade jurídica do pedido.

Ao atacar qualquer das condições da ação ou dos pressupostos processuais, o demandado questiona a viabilidade de apreciação do mérito e por isso, de acordo com o art. 327, CPC, deve ser aberto ao autor prazo para réplica.

4.3.2 De mérito

São aquelas que visam a neutralizar a pretensão do autor, o objeto da lide. Como exemplo, temos a alegação de inexistência do dano em ação de indenização por dano moral.

4.3.3 Defesas diretas ou indiretas

Podemos classificar as defesas substanciais em diretas ou indiretas.

Na defesa direta, o réu apenas nega a existência do fato que constitui o direito do autor ou nega as consequências jurídicas que o autor dele pretenda extrair. Por não ter apresentado nenhum fato novo, não há necessidade de réplica (art. 327, CPC).

Na defesa indireta o réu apresenta um fato novo que impede, modifica ou extingue o direito do autor, como, por exemplo, o pagamento, a prescrição e a decadência. Apresentará então uma exceção ou uma objeção substancial e, portanto, deve ser aberto prazo para que o autor apresente réplica (art. 327, CPC). Com isso, o ônus da prova caberá ao réu (art. 334, II, CPC) e a confissão, que em regra é indivísivel, aqui poderá ser divisível, configurando-se uma confissão complexa (art. 354, CPC).[4]

4.3.4 Exceção

Vimos há pouco que exceção é uma defesa do réu. Essa exceção de

4 "Art. 354. A confissão é, de regra, indivisível, não podendo ser a parte, que a quiser invocar como prova, aceitá-la no tópico que a beneficiar e rejeitá-la no que lhes for desfavorável. Cindir-se-á, todavia, quando o confitente lhe aduzir fatos novos, suscetíveis de constituir fundamento de defesa de direito material ou reconvenção."

que trataremos agora é em sentido estrito, pois deve ser arguida pelo interessado para que o juiz possa apreciá-la.

Costumava-se concluir que a exceção substancial não poderia ser conhecida de ofício. Exceção substancial é aquela em que o réu reconhece a existência do fato alegado pelo autor, mas traz para o processo fato que impeça, modifique ou extinga tal direito de ser reconhecido.[5] Assim, quando o réu opõe uma exceção substancial, reconhecendo o fato em que se fundou a ação, acaba por desobrigar o autor do ônus da prova, que, *a priori*, lhe incumbia, pois se torna fato incontroverso, que não depende de prova (arts. 333, I, e 334, III, CPC).[6]

O magistrado não pode reconhecer de ofício uma exceção substancial não alegada pelo réu, pois caso contrário, estar-se-ia violando o princípio da demanda, expresso nos arts. 128 e 460, CPC. Como exemplos de exceções substanciais temos: prescrição, *exceptio non adimpleti contractus* (art. 476, CC) e incompetência relativa, entre outros.

Ocorre que a reforma do CPC criou a possibilidade de o juiz conhecer de ofício qualquer prescrição. Antes da reforma, só era possível o reconhecimento de ofício da prescrição quando beneficiasse incapaz (art. 194 do Código Civil) ou quando se tratasse de prescrição intercorrente em matéria fiscal, após a oitiva da Fazenda – art. 40, § 4º, da Lei n. 6.830/80.

Assim, conclui-se que, tratando-se de prescrição, em que pese ser uma exceção substancial, esta pode ser conhecida de ofício pelo magistrado.

Do ponto de vista histórico, a exceção podia ser processual, quando se tratasse de matéria de defesa processual, ou, ao revés, substancial, quando versasse sobre matéria de defesa de mérito. O Código de 1973, contudo, utiliza a palavra exceção para designar as defesas indiretas processuais que devem ser veiculadas em petição autônoma, fora da contestação. Elas

---

5 "Art. 326. Se o réu, reconhecendo o fato em que se fundou a ação, outro lhe opuser impeditivo, modificativo ou extintivo do direito do autor, este será ouvido no prazo de 10 (dez) dias, facultando-lhe o juiz a produção de prova documental."

6 "Art. 333. O ônus da prova incumbe:

I – ao autor, quando fato constitutivo de seu direito.

Artigo 334 CPC – Não dependem de prova os fatos:

[...]

III – admitidos, no processo, como incontroversos."

estão previstas no art. 304, CPC e são: exceção de incompetência relativa, exceção de impedimento e exceção de suspeição.

De acordo com o art. 297, CPC, o réu citado deve oferecer as exceções de incompetência, de impedimento e de suspeição no mesmo prazo para contestar a ação. Nos casos de impedimento ou de suspeição, a competência do órgão jurisdicional não é alterada. A lei de organização judiciária, porém, deve estabelecer qual juiz, pessoa física, exercerá jurisdição. É preciso destacar que a exceção de incompetência não é oponível pelo autor. Caso o réu não a ofereça, prorrogar-se-á a competência relativa.

José Carlos Barbosa Moreira e Humberto Theodoro Júnior afirmam que, apesar de o Código estabelecer um prazo para essas exceções (quinze dias), no caso de impedimento não ocorre preclusão, pois o vício pode ser invocado inclusive para rescindir a sentença, conforme dispõe o art. 485, II, CPC.[7]

Apenas as exceções de impedimento, suspeição ou incompetência do juiz suspendem o processo, não tendo o mesmo efeito as exceções de impedimento ou de suspeição dos demais sujeitos imparciais do processo, elencados no art. 138, CPC.[8] No caso de incompetência, o incidente estará definitivamente julgado desde que já tenha sido decidido em primeiro grau de jurisdição. O agravo de instrumento, cabível no caso, não tem efeito suspensivo. Luiz Fux adverte para a incorreção em se atacar a decisão da exceção por meio de apelação, sendo inaplicável o princípio da fungibilidade dos recursos nesse caso.[9] Na exceção de impedimento ou suspeição, a suspensão do processo perdurará até o julgamento definitivo do tribunal.

Questão interessante diz respeito ao fato de a incompetência relativa ser arguida fora da contestação, através de exceção, suspendendo a marcha do processo, enquanto a incompetência absoluta, mais grave, não suspende o processo e é arguida como matéria preliminar da própria contestação. Isso ocorre porque as regras de competência relativa visam a proteger o direito de defesa em favor da parte beneficiada pela regra. Já as regras de competência absoluta são instituídas em razão da administração da Justiça, não causando qualquer prejuízo à defesa do réu.

7 Barbosa Moreira (2009, p. 41); Theodoro Júnior (2009a, p. 382).

8 Greco (2010, p. 74).

9 Fux (2008, p. 560).

4.3.4.1 Exceção dilatória

A exceção dilatória é aquela que não extingue a ação, apenas amplia o prazo para o exercício de determinada pretensão. Como exemplos, temos a arguição de nulidade de citação, a deficiência de representação, incompetência do juízo e a suspeição.

Quando o réu alega uma exceção dilatória, o processo é suspenso até que esse incidente seja resolvido para que só após o processo siga o seu curso normal.

4.3.4.2 Exceção peremptória

Exceção peremptória é aquela que pretende fulminar o exercício da pretensão. Em outras palavras, seu objetivo é a extinção do processo. Como exemplo, temos o rol do art. 301, CPC: coisa julgada, litispendência e perempção entre outros.

A exceção peremptória pode ser oposta a qualquer tempo, o que não ocorre com a dilatória, que é temporal e, portanto, só pode ser arguida durante um determinado prazo.

Humberto Theodoro Júnior[10] lembra que uma exceção inicialmente dilatória pode se tornar peremptória. Cita o exemplo do autor que, após determinação do juiz para regularizar a sua representação nos autos em dez dias, deixa escoar o prazo sem procurar sanar a falta. Nesse caso, o juiz terá que extinguir o processo sem julgamento do mérito, de acordo com o art. 267, IV.

4.3.4.3 Exceção interna

Exceção interna é aquela que pode ser formulada dentro dos autos.

4.3.4.4 Exceção instrumental

Exceção instrumental é aquela que deve ser formulada em autos próprios,

10 Theodoro Júnior (2009a, p. 372).

caso contrário, não poderá ser apreciada. Será autuada em apartado. Como exemplos, temos a incompetência relativa, o impedimento e a suspeição (art. 304, CPC).

4.3.5 Objeção

Objeção é a matéria alegada pela defesa que pode ser conhecida de ofício pelo juiz. Classificam-se em processuais, como, por exemplo, as ligadas às condições da ação e pressupostos processuais, e substanciais, como a decadência.

Em que pese a inexistência de um artigo no CPC que trate expressamente das objeções substanciais, o magistrado pode conhecê-las de ofício por força dos arts. 303, II, e 462, CPC. Cumpre ressaltar que também em caso de objeção deve ser aplicado o art. 327, CPC, que impõe a abertura de prazo para que o autor se manifeste, em réplica.[11] Essa também é a posição de Fredie Didier Jr. e José Joaquim Calmon Passos, por ele citado.[12]

É importante a distinção entre exceção e objeção. Isso se reflete no campo da denominada exceção de pré-executividade. A exceção de pré-executividade é uma forma de defesa do devedor executado em juízo. O devedor, independentemente de penhora ou embargos, em qualquer fase do procedimento, pode submeter ao magistrado, dentro dos autos de execução, matéria referente a pressupostos processuais, condições da ação, nulidade ou defeitos do título executivo, caso possam ser comprovadas de plano.

Coube a Pontes de Miranda a terminologia "exceção de pré-executividade", pois o juiz, antes de executar a dívida, deve examinar se o título é executivo. Essa terminologia, porém, sempre foi criticada pela doutrina.

---

11 "Art. 303. Depois da contestação, só é lícito deduzir novas alegações quando:

[...]

II – competir ao juiz conhecer delas de ofício.

[...]

Art. 462. Se, depois da propositura da ação, algum fato constitutivo, modificativo ou extintivo do direito influir no julgamento da lide, caberá ao juiz tomá-lo em consideração, de ofício ou a requerimento da parte, no momento em que proferir a sentença."

12 Didier Jr. (2008, p. 475).

Humberto Theodoro Júnior, citando José Carlos Barbosa Moreira, assim ensina:[13]

> Barbosa Moreira evidencia que se o que se busca é demonstrar que o credor não tem condições jurídicas para executar seu pretenso crédito, não é de um requisito anterior ('pré') à executividade que se cogita. É, isto sim, da falta de um requisito da própria execução proposta, que se ocupa a arguição. Afinal, a execução já foi proposta e o intento do devedor não se relaciona com requisitos ou dados anteriores, mas com aqueles que no momento deveriam existir e, na realidade não existem. Enfim, o que falta não é a pré-executividade, é a executividade.

4.3.6 Contestação

É a peça em que o réu irá rebater os argumentos elencados pelo autor em sua petição inicial. O direito de ação, como direito subjetivo público, autônomo e abstrato não cabe apenas ao autor, mas é também exercido pelo réu, através da contestação.[14] Os argumentos podem ser formais ou materiais. Os argumentos formais dizem respeito à ausência de alguma formalidade processual descumprida pelo autor na exordial. Os aspectos materiais relacionam-se com o mérito da causa.

4.3.6.1 Requisitos e forma

Assim como a petição inicial, devem ser respeitados alguns elementos quanto à sua forma. Deve a contestação ser escrita – exceto no rito sumário, que, de acordo com o art. 278, CPC, pode ser feita na forma oral, assim como nos Juizados Especiais Cíveis. Deve ainda conter nome e prenome das partes, requisito dispensável se na inicial já tiver sido feito corretamente; endereçamento ao juízo da causa; documentos necessários; requerimento de produção de provas além da impugnação dos fatos alegados pelo autor.

13 Theodoro Júnior (1997, p. 27).

14 Theodoro Júnior (2009a, p. 374).

4.3.6.2 Prazo

O prazo para a apresentação da contestação no rito ordinário é de quinze dias. Esse prazo é contado de acordo com as regras do art. 241, CPC, ou seja, terá o réu quinze dias para contestar a partir:

I. da data da juntada aos autos do aviso de recebimento;

II. da data da juntada aos autos do mandado cumprido;

III. da data da juntada aos autos do último aviso de recebimento ou mandado citatório cumprido, quando tratar-se de litisconsórcio passivo;

IV. da data da juntada aos autos da carta de ordem, precatória ou rogatória devidamente cumprida; ou

V. do termo final assinado pelo juiz para o aperfeiçoamento da citação, quando tratar-se de citação por edital.

No caso de litisconsórcio passivo (art. 241, III, CPC), o prazo de quinze dias para os réus apresentarem suas contestações é, em regra, comum (art. 298, CPC). Será em dobro se os litisconsortes tiverem procuradores diferentes (art. 191, CPC). Desistindo o autor de algum dos réus que ainda não foi citado, o prazo para os demais oferecerem resposta começa a fluir, de acordo com o parágrafo único do art. 298, CPC, da intimação do despacho que a homologar.

O Ministério Público, a União, os Estados, o Distrito Federal, os Municípios e suas autarquias e fundações têm o prazo de 45 dias para contestar (art. 188). Cumpre ressaltar que essa prerrogativa abrange também a reconvenção, mas não a apresentação de embargos do devedor. Nesse caso, o prazo da Fazenda será simples, pois os embargos do devedor não constituem contestação, nem recurso, e sim ação. Ainda, de acordo com o art. 188, CPC, o verbo "contestar" teria como significado "apresentar a resposta", e, portanto, abrange não apenas a contestação, mas também a exceção e a reconvenção.

Quando for realizada a citação no período de férias ou em dia de feriado, o termo inicial será o primeiro dia útil seguinte ao término das férias ou do feriado.

Mais adiante será estudada a reconvenção, mas já adiantamos que o prazo para o reconvindo oferecer contestação também será de quinze dias, contados da intimação do seu procurador ou da última intimação, no caso de vários reconvindos (art. 316, CPC).

Apresentada a resposta ou decorrido o prazo para o oferecimento, o autor só poderá desistir da ação se tiver o consentimento do réu (art. 267, § 4º, CPC).[15] Isso porque o réu também terá interesse no julgamento da ação.

4.3.6.3 Efeitos

Importantes efeitos decorrem da contestação. Um exemplo disso no plano material é o caso do fiador, que perderá o benefício de ordem se, ao ser demandado pelo pagamento da dívida, não o invocar na contestação (art. 827, CC).

No plano do direito processual, as defesas não alegadas em sede de contestação sofrerão o efeito da preclusão, salvo quando relativas a direito superveniente, se delas couber conhecimento de ofício ou se, por expressa autorização legal, puderem ser formuladas em qualquer tempo ou juízo (art. 303, CPC). Ainda, como já visto, o réu será responsabilizado integralmente pelo pagamento de custas se não arguir a incompetência do juízo em sede de contestação (art. 113, § 1º, CPC).

4.3.6.4 Indeferimento da contestação

A contestação será indeferida se intempestiva ou se faltar ao réu capacidade processual. Se a contestação contiver matérias que não sofram o efeito da preclusão, não pode ser desentranhada dos autos. Se a contestação vier acompanhada de documentos, a peça de defesa será desentranhada, mas os documentos nos autos permanecerão.[16]

4.3.6.5 Aditamento da contestação

Como regra, em respeito ao princípio da eventualidade, em que toda a matéria de defesa deve ser arguida em sede de contestação, a contestação não pode ser aditada.

---

15 Art. 267, § 4º, CPC: "Depois de decorrido o prazo para a resposta, o autor não poderá, sem o consentimento do réu, desistir da ação".

16 Enunciado de Súmula 231, STF: "o revel, em processo cível, pode produzir provas desde que compareça em tempo oportuno".

4.3.6.6 Pedido do réu

Segundo Moacyr Amaral Santos, ao "exercer o direito de defesa o está também exigindo do Estado a prestação jurisdicional que componha a lide".[17]

Em que pese a afirmação do renomado autor, o réu nada pede, salvo em hipóteses especiais, como nos casos de ações dúplices ou reconvenção, hipóteses em que o réu também será autor. O réu não precisa pedir a improcedência da ação para que o juiz rejeite o pedido formulado pelo autor. O objeto do processo é o pedido formulado pelo autor na inicial, o que difere dos requerimentos, que são formulados tanto pelo autor quanto pelo réu, ao longo do processo.

Parte da doutrina sustenta que o réu também tem o direito de ação, ao ser o autor impedido de desistir da ação depois de decorrido o prazo para o oferecimento da resposta, se não tiver o consentimento do réu (art. 267, § 4º, CPC). Porém, é importante que não se faça confusão entre ação e defesa.

4.3.6.6.1 *Recurso*

Da decisão que recusa a juntada da contestação aos autos, que determina seu desentranhamento ou que rejeita impugnação oferecida cabe agravo.

4.3.6.7 Ônus da impugnação especificada

De acordo com o art. 302, CPC, o réu tem o ônus da impugnação especificada, ou seja, precisa impugnar todos os fatos alegados pelo autor. Como se trata de um ônus, se não o fizer, os fatos não impugnados serão reputados como verdadeiros. Não há a possibilidade de o réu apresentar uma defesa genérica, como, por exemplo: "os fatos alegados pelo autor não são verdadeiros".

Cabe destacar, porém, que a presunção de veracidade dos fatos não impugnados especificamente é relativa. É o que ocorre se o autor alegou

17 Santos (1999, p. 187).

determinado fato que está em contradição com determinado documento juntado por ele próprio à sua petição inicial. Da mesma forma, não haverá presunção de veracidade se os fatos afirmados pelo autor, ainda que não contestados pelo réu, forem inverossímeis.

Em três situações a não impugnação do fato pelo réu não produzirá o efeito do ônus da impugnação especificada. A primeira situação é aquela em que não for admissível a seu respeito a confissão, como, por exemplo, no caso de direitos indisponíveis – art. 351, CPC.

A segunda situação ocorrerá quando a petição inicial não estiver acompanhada do instrumento público que a lei considerar da substância do ato, como, por exemplo, o testamento. A prova de fatos como o casamento, a morte e a interdição precisa ser realizada com a apresentação da respectiva certidão do registro competente. Tal norma harmoniza-se com o art. 366, CPC, segundo o qual, quando a lei exigir, como da substância do ato, o instrumento público, nenhuma outra prova, por mais especial que seja, pode suprir-lhe a falta.

Por fim, a terceira situação ocorrerá se os fatos estiverem em contradição com a defesa, considerada em seu conjunto. É a hipótese em que o autor alega a prática de um ato ilícito e o réu, sem impugnar especificamente esse fato, deixa claro na contestação que estava fora do país naquele momento, de modo que seria impossível ter praticado tal ato. É o caso[18] também de litisconsórcio passivo em que um dos réus seja revel. Contestados os fatos por um dos réus, eles se tornam controvertidos para todos os demais (art. 320, CPC).

O ônus da impugnação especificada não se aplica ao advogado dativo, ao curador especial e ao membro do Ministério Público.[19] A justificativa é que em tais circunstâncias não há relação de profunda intimidade e con-

---

18 Greco (2010, p. 64).

19 "Art. 302. Cabe também ao réu manifestar-se precisamente sobre os fatos narrados na petição inicial. Presumem-se verdadeiros os fatos não impugnados, salvo:

I – se não for admissível, a seu respeito, a confissão;

II – se a petição inicial estiver acompanhada do instrumento público que a lei considerar da substância do ato;

III – se estiverem em contradição com a defesa, considerada em seu conjunto.

Parágrafo único. Esta regra, quanto ao ônus da impugnação especificada dos fatos, não se aplica ao advogado dativo, ao curador especial e ao órgão do Ministério Público."

fiança entre o representante e o representado, ao contrário do que normalmente ocorre entre o cliente e o advogado contratado.

4.3.6.8 Princípio da concentração ou eventualidade

Por esse princípio, também chamado de princípio da concentração, o réu deve alegar toda a matéria de defesa em sede de contestação. Toda a matéria é alegada de uma só vez, e, se o réu assim não fizer, sujeitar-se-á à preclusão. É uma exigência da lealdade e da boa-fé com que as partes devem atuar no processo, garantindo também que o processo marche ininterruptamente em direção ao seu fim, sem retrocessos ou desvios.

Não há no processo civil a possibilidade de o réu aguardar o momento mais oportuno para expor suas teses de defesa, como ocorre no processo penal. Por isso, nada impede que o réu cumule defesas. A cumulação pode ser própria, quando cada defesa for referente a um ponto elencado na petição inicial e o réu requerer o acolhimento de todas. Já a cumulação eventual é aquela que o réu alega diversas defesas, mas quando uma for acolhida a outra necessariamente não o será.

Segundo o art. 303, CPC, depois da contestação só é licito deduzir novas alegações quando relativas a direito superveniente (inc. I), às matérias que podem ser conhecidas pelo juiz de ofício (inc. II) e às matérias que, por expressa previsão legal, puderem ser formuladas em qualquer tempo e juízo. É o caso, por exemplo,[20] de o réu, após a contestação, pagar a dívida cobrada judicialmente pelo autor. Ele poderá alegar o pagamento, pois se trata de direito superveniente.

Do mesmo modo, as nulidades absolutas podem ser alegadas pelo réu mesmo após a contestação, pois o juiz pode delas conhecer de ofício. Outro exemplo típico é o da prescrição.

Em sede de contestação, deve o réu alegar as matérias constantes no rol do art. 301, CPC, antes que entre no mérito. São as preliminares processuais:

I – Inexistência ou nulidade de citação

A citação é indispensável para a garantia da ampla defesa. Através dela, o réu toma conhecimento da propositura da ação e é chamado ao processo.

---

20 Greco (2010, p. 70).

É uma defesa dilatória, pois o processo não será extinto, apenas haverá uma renovação de prazo para a apresentação da resposta.

II – Incompetência absoluta do juízo

É a primeira que deve ser alegada, tratando-se também de defesa dilatória, pois o seu acolhimento não leva à extinção do processo, mas, sim, a sua remessa ao juiz competente. Se o réu não a arguir em sede de contestação, irá arcar integralmente com as custas, de acordo com o art. 113, § 1º, CPC.[21] A incompetência relativa, por sua vez, deve ser arguida por meio de exceção (arts. 112 e 304, CPC).

III – Inépcia da petição inicial

Se acolhida, importará em extinção do processo em razão da ausência de um pressuposto de validade, caracterizando-se, portanto, como defesa processual peremptória.[22]

IV – Perempção

A perempção é o fenômeno regulado no art. 268, parágrafo único, segundo o qual se o autor der causa, por três vezes à extinção do processo em razão de abandono, perderá o direito de ação. Ele não perde, contudo, o direito material, pois o próprio parágrafo único ressalva a possibilidade de alegar em defesa o seu direito.

A perempção, portanto, é a perda do direito de ação por dele ter se utilizado mal o seu titular. Ao ser demandado pela quarta vez, após ocorrer a perempção, o réu deve alegá-la antes de discutir o mérito, como preliminar da contestação. É também defesa peremptória.

V – Litispendência

Caracteriza-se pela repetição de uma ação já em andamento. Pode ocorrer também a chamada litispendência às avessas. É o caso da existência paralela de ações de investigação e negatória de paternidade. O resul-

21 "Art. 113. A incompetência absoluta deve ser declarada de ofício e pode ser alegada, em qualquer tempo e grau de jurisdição, independentemente de exceção. § 1º Não sendo, porém, deduzida no prazo da contestação, ou na primeira oportunidade em que lhe couber falar nos autos, a parte responderá integralmente pelas custas."

22 Theodoro Júnior (2009a, p. 376).

tado de qualquer delas já trará a certeza do direito buscado na outra, na medida em que a paternidade é o pedido em ambos os processos. É uma defesa peremptória.

VI – Coisa julgada

Ocorre com a repetição de uma ação idêntica a uma ação anterior já decidida por sentença contra a qual não caiba mais recurso. Pode ocorrer também a coisa julgada às avessas. Nas palavras de Leonardo Greco:[23]

> [...] pode ocorrer a coisa julgada às avessas se aquele que foi réu na primeira ação quiser propor contra aquele que foi o seu autor, depois de finda a primeira com o acolhimento do pedido do demandante, ação para que seja declarada a inexistência do direito do autor do processo primitivo ao bem da vida que a sentença lhe reconheceu.

Tanto a litispendência como a perempção e a coisa julgada são pressupostos processuais negativos, pois, se tiverem ocorrido, o processo será extinto sem julgamento do mérito.

Enquanto a litispendência ocorre em relação a uma causa anterior, mas ainda em curso, a coisa julgada está relacionada a uma causa que já foi julgada por sentença e da qual não cabe mais recurso. Trata-se, também, de uma defesa processual peremptória.

VII – Conexão

Pode resultar na reunião de processos, de acordo com os arts. 103 e 105, CPC. É uma defesa apenas dilatória.

Segundo Humberto Theodoro Júnior,[24] o conceito de conexão abrange também a continência, e, além disso, ambas produzem as mesmas consequências processuais.

VIII – Incapacidade da parte, defeito ou falta de autorização

A incapacidade da parte pode representar a falta de capacidade de ser parte, a falta de capacidade de estar em juízo ou a incapacidade postulatória.

23 Greco (2010, p. 59).

24 Theodoro Júnior (2009a, p. 377).

A falta de autorização ocorre quando o autor somente pode propor a ação com a autorização de outrem, como, por exemplo, a outorga uxória para as ações reais imobiliárias (art. 10, CPC).

Humberto Theodoro Júnior lembra que é uma defesa dilatória. Entretanto, se a parte não sanar o vício, o processo será extinto, assumindo a figura de exceção peremptória.[25]

IX – Convenção de arbitragem

Caso exista uma convenção de arbitragem, que pode ser um compromisso arbitral ou uma cláusula compromissória, alegada pelo réu, deverá ser extinto o processo, caracterizando-se, portanto, como defesa peremptória.

É importante lembrar que a matéria não pode ser conhecida de ofício pelo juiz, nos termos do art. 301, § 4º, CPC. Caso não seja suscitada pela parte interessada, entende-se que ambas renunciaram ao juízo arbitral.

X – Carência da ação

Significa a falta de alguma das condições da ação: legitimidade das partes, interesse de agir e possibilidade jurídica do pedido. Por ser matéria de ordem pública, pode o juiz reconhecê-la de ofício (art. 267, § 3º).

XI – Falta de caução ou outra prestação que a lei exige como preliminar

Trata-se de um pressuposto processual objetivo, qual seja, a inexistência de fatos impeditivos, e o juiz, portanto, pode dele conhecer de ofício.

Como exemplos, podemos citar a falta do depósito obrigatório para a propositura da ação rescisória ou o pagamento de honorários advocatícios em processo extinto sem julgamento do mérito na hipótese de o autor ajuizar novamente a ação, assim como a hipótese prevista no art. 835, CPC.

Nessa hipótese, Humberto Theodoro Júnior também lembra que, apesar de ser uma defesa dilatória, se o autor não sanar a falha, a preliminar assumirá força de peremptória e o juiz extinguirá o processo sem julgamento do mérito.[26]

---

25 Theodoro Júnior (2009a, p. 377).

26 Theodoro Júnior (2009a, p. 377).

É importante lembrar que todos os incisos do art. 301, CPC acima citados podem ser conhecidos de ofício pelo juiz, salvo a convenção de arbitragem.

De acordo com o art. 303, CPC, algumas matérias podem ser alegadas após a apresentação da contestação. São elas: as relativas a direito superveniente; as que podem ser conhecidas de ofício ou aquelas que por expressa determinação legal podem ser alegadas a qualquer tempo.

Questão interessante diz respeito à possibilidade de se desdobrar a contestação em duas ou mais petições. Entende-se que a resposta é negativa, porque do princípio da eventualidade decorre a chamada preclusão consumativa. Dessa forma, extinguir-se-ia a faculdade de apresentar contestação a partir do momento em que o réu tivesse formulado qualquer petição que contivesse matéria típica desse ato.[27]

4.3.7 Reconvenção

É uma das modalidades de resposta do réu, juntamente com a contestação e a exceção (art. 297, CPC), mas no caso da reconvenção, não se trata de uma defesa. Trata-se de "verdadeiro contra-ataque do réu ao autor, propondo dentro do mesmo processo uma ação diferente e em sentido contrário àquela inicialmente deduzida em juízo".[28]

Humberto Theodoro Júnior arremata: "enquanto o contestante apenas procura evitar sua condenação, numa atitude passiva de resistência, o reconvinte busca, mais, obter uma condenação do autor-reconvindo".[29]

Teremos, então, duas ações: uma proposta pelo autor em face do réu, que é a demanda inicial e outra proposta pelo réu (ora autor), em face do autor da demanda inicial (ora réu), nada impedindo que ocorra a reconvenção da reconvenção. Não haverá a instauração de um novo processo, que continuará sendo uno, mas com o seu objeto agora alargado. Por isso, a reconvenção é uma das expressões do princípio da economia processual.

---

27 Greco (2010, p. 61).

28 Theodoro Júnior (2009a, p. 372).

29 Theodoro Júnior (2009a, p. 372).

Luiz Fux lembra que o réu superveniente também pode reconvir. São hipóteses em que há uma intervenção de terceiros, como no chamamento ao processo, denunciação da lide e nomeação à autoria.[30]

Em que pese seja a reconvenção autônoma, será ela julgada juntamente com a ação principal, na mesma sentença, cuja inobservância leva à nulidade da sentença.[31] Em razão dessa autonomia, o réu tem a faculdade de oferecer reconvenção, que, como foi dito, será feita dentro dos autos da demanda inicialmente proposta ou então ajuizar uma ação em face do autor da demanda inicial, em momento posterior. Por ser mera faculdade, e não um ônus, nada impede que, mesmo depois de vencido o prazo para reconvir, seja ajuizada uma ação paralela perante o mesmo juiz.

Caso o procedimento para a reconvenção não seja o mesmo da demanda originária, não poderá o réu oferecer reconvenção, pois será inviável o processamento de ambas conjuntamente.

Nesse caso, deverá o réu propor uma nova ação, que não será processada nos autos da demanda inicial. Barbosa Moreira lembra que, se a ação originária obedece ao rito ordinário, a reconvenção poderá ser admitida ainda que a lei lhe indique rito especial ou sumário, desde que "o réu reconvinte aceite o seu processamento segundo o ordinário, e seja ele compatível com o pedido reconvencional".[32]

Além da unidade de procedimento, é preciso haver identidade de competência absoluta, pois a reconvenção vai gerar a cumulação de duas ações em um mesmo processo.

4.3.7.1 Ação declaratória incidental e reconvenção – semelhanças e diferenças

A reconvenção, assim como a ação declaratória incidental, é um incidente dentro do processo, que trará a ele um novo elemento, ampliando assim a demanda. Possuem, porém, pontos diferentes. Somente o réu pode reconvir, e no caso da declaratória incidental ambas as partes podem fazê-lo.

30 Fux (2008, p. 550).

31 Theodoro Júnior (2009a, p. 390).

32 Barbosa Moreira (2009, p. 46).

Para que se proponha a ação declaratória incidental, é necessária a contestação, o que não ocorre com a reconvenção, pois são peças autônomas.

A ação declaratória incidental é dependente da ação principal e, sendo esta julgada improcedente, ela também o será. Contudo, o mesmo não ocorre com a reconvenção, por ter autonomia.

A ação declaratória incidental terá sempre natureza declaratória, o que não ocorre com a reconvenção, que pode ter outras naturezas.

Finalmente, como a ação declaratória incidental é dependente da principal, não aumenta a cognição do juiz, pois o objeto da declaratória incidental é uma questão prejudicial que já estava no bojo da ação principal.

4.3.7.2 Cabimento

Não é cabível a reconvenção nos Juizados Especiais Cíveis (art. 31 da Lei n. 9.099/95), bem como em sede de procedimento sumário (art. 278, § 1º, CPC).

Em sede de ação rescisória, a reconvenção é cabível, desde que haja um pedido de rescisão da mesma sentença ou acórdão.

Durante o processo de liquidação de sentença, é inadmissível. Isso porque não há necessidade de reconvenção, pois, de qualquer modo, o *quantum* será delimitado. Também não é cabível em sede de embargos de execução, que são utilizados apenas para discutir a execução, o título executivo ou o crédito.

O STF já sumulou a respeito da inadmissibilidade de reconvenção em ação declaratória, nos termos da Súmula 258: "é admissível reconvenção em ação declaratória".

No que tange à compensação, Humberto Theodoro Júnior lembra que basta o réu invocá-la na contestação. Não é preciso utilizar a reconvenção para submeter o autor a compensar o seu crédito com outro que lhe é oposto pelo réu.[33]

O processo cautelar, como aponta Luiz Fux, admite a reconvenção como de extrema utilidade em algumas hipóteses, diante da ausência, nessa forma de tutela, de proibição legal ou de duplicidade intrínseca.[34]

---

33 Theodoro Júnior (2009a, p. 389).

34 Fux (2008, p. 555).

4.3.7.3 Ações dúplices

São aquelas em que é dada ao réu a possibilidade de formular um pedido contraposto àquele feito pelo autor. Como a própria contestação irá ampliar o objeto do processo, não tem qualquer cabimento a propositura de uma reconvenção.

A reconvenção e o pedido contraposto têm o mesmo objetivo: ampliação objetiva do processo. Porém, o segundo é mais simples e por isso, sempre que possível, não poderá o réu reconvir, pois carecerá de interesse-necessidade. A conexão tratada pela lei no pedido contraposto é fática e não jurídica, como ocorre na reconvenção, não havendo qualquer diferença substancial entre os institutos, o que, na visão de Leonardo Greco, justificaria um tratamento uniforme, e não requisitos diversos dos previstos no art. 315, CPC para o pedido contraposto.[35]

Como exemplos de ações dúplices, temos: todas as do procedimento sumário (art. 278, § 1º, CPC) e dos juizados especiais cíveis (art. 31 da Lei n. 9.099/95), bem como nas ações possessórias em que o réu, ao alegar que foi ofendido em sua posse, demandar a proteção possessória e indenização por prejuízos resultantes de esbulho ou turbação (art. 922, CPC).

Como o formalismo é maior no caso da reconvenção, não seria razoável o seu indeferimento quando a hipótese tratar de pedido contraposto. Isso porque o ato alcançou a finalidade de outra forma, mas sem qualquer prejuízo à parte contrária (arts. 244 e 250, CPC). O contrário, porém – formulação de pedido contraposto no lugar da reconvenção –, não pode ser admitido (apenas aquele que pode mais, pode menos).

No que tange aos juizados especiais cíveis, muitas vezes o réu é uma pessoa jurídica que não está autorizada a demandar como autora, devido às limitações impostas pela Lei n. 9.099/95. Dentro desse contexto, uma questão interessante é saber se essa pessoa jurídica poderia formular pedido contraposto. Na visão de Leonardo Greco, a resposta é afirmativa, pois esse pedido não é uma reconvenção, mas, sim, um pedido dependente dos mesmos fatos em que se baseia o pedido principal, o que é admitido pela lei por uma questão de economia processual.[36]

35 Greco (2010, p. 81).

36 Greco (2010, p. 82).

4.3.7.4 Forma

O réu será então o reconvinte e o autor, ora demandado, será o reconvindo. A reconvenção será dirigida ao juiz da causa da demanda principal (art. 282, I, CPC). A petição de reconvenção deve satisfazer, no que couber, os requisitos da petição inicial, sujeitando-se, se for o caso, a indeferimento liminar.

Deve a reconvenção ser oferecida simultaneamente com a contestação, mas em separado (art. 299, CPC).[37] A reconvenção, entretanto, não dá lugar a uma autuação à parte, ao contrário do que ocorre com as exceções, já que ela será juntada aos autos assim como a contestação. Se a contestação e a reconvenção forem elaboradas em peça única, desrespeitando portanto a regra do art. 299, CPC, não deve ser considerado nulo o ato praticado, desde que possam ser identificados na peça a reconvenção e a contestação. Será, portanto, de acordo com o princípio da instrumentalidade das formas, mera irregularidade formal.

Caberá agravo do despacho que não admitir a reconvenção, e não apelação. Trata-se de decisão que não põe fim ao processo, nem resolve o mérito da causa principal.[38]

Não é necessário que o réu conteste para reconvir, uma vez que as duas modalidades de resposta do réu são independentes entre si, tanto que, de acordo com o art. 299 CPC, são oferecidas em peças autônomas. Assim, o réu que reconvir sem contestar não poderá ser considerado revel. Nesse mesmo sentido, Luiz Fux entende ser possível oferecer reconvenção sem prévia contestação, salvo nas hipóteses em que o pedido reconvencional exige conexão com os fundamentos de defesa.[39]

Em sentido oposto, Leonardo Greco entende que, se o réu apresentar somente a reconvenção, ela deve ser indeferida, pois ela pressupõe a apresentação da contestação, sob pena de dificultar o julgamento simultâneo da ação principal e da reconvenção.[40] Humberto Theodoro Júnior, por sua vez, entende que a reconvenção não substitui a contestação, o que

---

37 "Art. 299. A contestação e a reconvenção serão oferecidas simultaneamente, em peças autônomas; a exceção será processada em apenso aos autos principais."

38 Theodoro Júnior (2009a, p. 390).

39 Fux (2008, p. 554).

40 Greco (2010, p. 77).

pode levar à revelia na ação principal. Afirma, ainda, que o réu, mesmo sucumbente na ação principal, poderá sair vitorioso na ação reconvencional.[41]

4.3.7.5 Prazo

Como já antecipamos, o prazo para o reconvindo oferecer contestação é de quinze dias e a intimação para a resposta pode ser feita na figura do procurador do reconvindo (art. 316, CPC).[42] Esse prazo é contado em dobro no caso de litisconsortes com advogados diferentes, bem como para o defensor público (art. 191, CPC, e art. 5, § 5º, da Lei n. 1.060/50). Em que pese o art. 188 só mencionar a contestação, o STJ estende a prerrogativa do prazo em quádruplo para a Fazenda e o órgão do Ministério Público também no caso de reconvenção.

O termo inicial para a contagem do prazo obedece, assim como a contestação, o disposto no art. 241, CPC.

Cumpre ressaltar que, em que pese o art. 316, CPC utilize o verbo "intimar", alguns entendem que o correto seria "citar", uma vez que há a propositura de uma nova demanda. Seria uma citação "que se materializa com a forma, o procedimento e os requisitos de uma intimação...".[43]

4.3.7.6 Conexão

Para que seja possível a reconvenção, é necessário que haja conexão entre ela e a demanda inicial ou com os fundamentos de defesa formulados na contestação (art. 315, CPC).[44] Na primeira hipótese, a identidade entre as duas causas pode ocorrer por identidade do objeto ou da causa de pedir. A segunda hipótese ocorre, segundo Humberto Theodoro Júnior, quando "o fato jurídico invocado na contestação para resistir à pretensão

41 Theodoro Júnior (2009a, p. 390).

42 "Art. 316. Oferecida a reconvenção, o autor reconvindo será intimado, na pessoa do seu procurador, para contestá-la no prazo de 15 (quinze) dias."

43 Greco (2010, p. 79).

44 "Art. 315. O réu pode reconvir no mesmo processo, toda vez que a reconvenção seja conexa com a ação principal ou com o fundamento da defesa."

do autor sirva também para fundamentar um pedido próprio do réu contra aquele".[45]

Não se trata de um pedido contraposto ao da demanda inicial, pois, do contrário, não haveria necessidade de existir a reconvenção, pois a improcedência do pedido formulado pelo autor já seria suficiente no caso.

O art. 315, CPC, em seu parágrafo único, possibilita a substituição processual. Fredie Didier Jr. ensina:

> Se o réu quiser reconvir em face do substituto processual, deverá fundar seu pedido em pretensão que tenha em face do substituído, desde que para tal demanda tenha o substituto legitimação extraordinária passiva [...] Se o réu for o substituto processual, apenas poderá reconvir se sua legitimação extraordinária o habilite à postulação.[46]

4.3.7.7 Ampliação subjetiva do processo

A reconvenção amplia o objeto da demanda principal. A pergunta que se faz é: pode a reconvenção ampliar subjetivamente a demanda, ou seja, trazer um novo sujeito ao processo?

Barbosa Moreira sustenta que só o réu tem legitimidade ativa para reconvir e só o autor será o legitimado passivo. Assim, ele não admite a ampliação subjetiva do processo.[47] Na mesma linha, Humberto Theodoro Júnior afirma não ser admissível que "o reconvinte constitua litisconsórcio com terceiro para reconvir ao autor".[48]

Mas há outra questão que se desdobra da ampliação subjetiva: e quanto a um eventual litisconsórcio entre o autor e um terceiro? É possível, pois em ação em que o réu deseja reconvir e o ato tenha sido praticado pelo autor e seu cônjuge, obrigatoriamente deverá ser incluído no polo passivo o cônjuge, em razão do litisconsórcio necessário entre os cônjuges (art. 10, § 1º, CPC).

---

45 Theodoro Júnior (2009a, p. 387).

46 Theodoro Júnior (2009a, p. 487).

47 Barbosa Moreira (2009, p. 44).

48 Theodoro Júnior (2009a, p. 387).

Na mesma linha está Leonardo Greco, que admite a inclusão de um terceiro, além do autor originário, apenas nos casos de litisconsórcio necessário.[49] Aderindo a essa posição, Fux lembra que a ausência de litisconsórcio na ação originária não veda a sua formação em sede de reconvenção, pois há casos em que o litisconsórcio é necessário, de modo que a reconvenção deve obedecer à legitimação plúrima exigida.[50]

Hipótese de reconvenção restritiva, que não amplia a demanda, mas, sim, a reduz, também é possível, pois decorre do princípio *nemo ad agere cogi potest*, retardando a marcha do processo.

Por fim, nada impede que ocorra a intervenção de terceiros no exercício da reconvenção, como a assistência ao reconvinte, a denunciação da lide, dentre outras.[51]

4.4 REVELIA

De acordo com o art. 319, CPC, ocorre a revelia quando o réu não contesta a ação, apesar de regularmente citado ou, ainda, quando a apresenta, mas esta é intempestiva.

Como efeitos, temos: a confissão ficta (presunção de veracidade dos fatos alegados pelo autor); a possibilidade de julgamento antecipado da lide (art. 330, II); a fluência dos prazos independentemente de intimação, quando não tiver advogado, a partir da publicação de cada ato decisório e a preclusão para o réu alegar matérias de defesa, em razão do princípio da eventualidade (salvo as hipóteses do art. 303 c/c o art. 301, § 4º, CPC).

Quando o réu é citado regularmente, tem o ônus de contestar. Caso não o faça, pode vir a ser considerado revel. Apesar do que se pode supor, a revelia não necessariamente traduz a vitória do autor na ação. Isso porque a presunção de veracidade dos fatos alegados pelo autor e não contestados pelo réu não é absoluta. O fato de o réu não contestar a ação não faz com que o autor deixe de comprovar os fatos alegados, ou seja, a simples

49 Greco (2010, p. 76).

50 Fux (2008, p. 551).

51 Fux (2008, p. 551).

alegação, por si só, não é suficiente para que o pedido seja julgado procedente. Ainda, se o réu não contestar a ação, mas reconvir com base em fatos incompatíveis aos alegados pelo autor, deve ser aplicado por analogia o art. 302, III, CPC.[52]

De acordo com o art. 285, CPC, deve o mandado constar que a ausência de contestação importará em revelia, ou seja, o réu deve ser informado desse efeito.[53]

No procedimento sumário, o réu será considerado revel se não comparecer à audiência preliminar sem motivo justificado (art. 277, § 2º, CPC).[54] Em relação aos juizados especiais, o art. 20 da Lei n. 9.099/95 prevê que, se o demandado não comparecer à sessão de conciliação ou à audiência de instrução e julgamento, reputar-se-ão verdadeiros os fatos alegados no pedido inicial, salvo se o contrário resultar da convicção do juiz.

Não há que se falar em revelia nas seguintes hipóteses: quando, havendo pluralidade de réus, um deles contestar a ação; quando tratar-se de direitos indisponíveis ou quando a inicial não for acompanhada de instrumento público que a lei considere indispensável à prova do ato (art. 320, CPC).

No primeiro caso – litisconsórcio passivo – supõe-se que o fato alegado por um dos litisconsortes seja comum aos demais que não contestaram, aplicando-se, por analogia, o art. 509, CPC.[55] Essa presunção de veracidade também não se aplica quando a citação for ficta, devendo o juiz nomear um curador (art. 9, II, CPC), ou se terceiro contestou a ação, na qualidade de assistente (art. 52, parágrafo único, CPC).

---

52 "Art. 302. Cabe também ao réu manifestar-se precisamente sobre os fatos narrados na petição inicial. Presumir-se-ão verdadeiros os fatos não impugnados, salvo:

[...]

III – se estiverem em contradição com a defesa, considerada em seu conjunto."

53 "Art. 285. Estando em termos a petição inicial, o juiz a despachará, ordenando a citação do réu, para responder; do mandado constará que, não sendo contestada a ação, se presumirão aceitos pelo réu, como verdadeiros, os fatos articulados pelo autor."

54 Art. 277, § 2º, CPC "Deixando injustificadamente o réu de comparecer à audiência, reputar-se-ão verdadeiros os fatos alegados na petição inicial (art. 319), salvo se o contrário resultar da prova dos autos, proferindo o juiz, desde logo, a sentença".

55 "Art. 509. O recurso interposto por uma dos litisconsortes a todos aproveita, salvo se distintos ou opostos seus interesses."

Não ocorre também a revelia em relação às hipóteses já estudadas do art. 303, CPC, pois trata de matérias que o réu pode arguir após o prazo para apresentação de sua contestação, pois são exceções ao princípio da eventualidade.

Questionamento interessante diz respeito à possibilidade de as pessoas de direito público serem consideradas revéis, já que muitas vezes elas defendem um interesse privado como outro particular qualquer. Leonardo Greco entende que elas só não estarão sujeitas à revelia nas hipóteses em que estiverem defendendo o chamado interesse público primário, onde houver interesse geral da coletividade.[56]

De acordo com o art. 321, CPC, para que o autor altere o pedido, a causa de pedir ou demande uma declaração incidente, estando o réu revel, deve proceder a uma nova citação, e terá o réu o prazo de quinze dias para responder.

O réu revel, de acordo com o art. 322, CPC, pode intervir no processo a qualquer tempo, porém irá recebê-lo no estado em que se encontrar e, a partir desse momento, será intimado de todos os atos processuais e poderá produzir provas (Súmula 231, STF). O art. 322, CPC traz ainda a regra da intimação ao réu revel caso este tenha advogado constituído nos autos.

Ao intervir, poderá alegar carência de ação, assim como as nulidades absolutas. Contudo, não poderá oferecer exceção de incompetência relativa, pois a competência já foi prorrogada, conforme o disposto no art. 114, CPC.

O prazo para interpor recurso de apelação ao réu revel começa a fluir da publicação da sentença em cartório, ou seja, independe de sua intimação.

Importante mencionar o instituto da *querela nullitatis*, que possibilita ao réu revel impugnar a sentença proferida em seu desfavor se ele não tiver sido citado ou se a citação foi feita de maneira inválida (arts. 475-L, I, e 741, I, CPC).[57]

---

56 Greco (2010, p. 86).

57 "Art. 475-L. A impugnação somente poderá versar sobre: I – falta ou nulidade da citação, se o processo correu à revelia."

"Art. 741. Na execução contra a Fazenda Pública, os embargos só poderão versar sobre: I – falta ou nulidade da citação, se o processo correu à revelia."

4.5 RESPOSTAS DO RÉU E REVELIA NO PROJETO DO NOVO CPC (PL N. 8.046/2010)

4.5.1 Respostas do réu

CAPÍTULO VI

DA CONTESTAÇÃO

Art. 324. O réu poderá oferecer contestação por petição, no prazo de quinze dias contados da audiência de conciliação ou da última sessão de conciliação ou mediação.

§ 1º Não havendo designação de audiência de conciliação, o prazo da contestação observará o disposto no art. 249.

§ 2º Sendo a audiência de conciliação dispensada, o prazo para contestação será computado a partir da intimação da decisão respectiva.

Art. 325. Incumbe ao réu alegar, na contestação, toda a matéria de defesa, expondo as razões de fato e de direito com que impugna o pedido do autor e especificando as provas que pretende produzir.

Parágrafo único. Na contestação, o réu apresentará o rol de testemunhas cuja oitiva pretenda, em número não superior a cinco.

Art. 326. É lícito ao réu, na contestação, formular pedido contraposto para manifestar pretensão própria, conexa com a ação principal ou com o fundamento da defesa, hipótese em que o autor será intimado, na pessoa do seu advogado, para responder a ele no prazo de quinze dias.

§ 1º O pedido contraposto observará regime idêntico de despesas àquele formulado na petição inicial.

§ 2º A desistência da ação ou a ocorrência de causa extintiva não obsta ao prosseguimento do processo quanto ao pedido contraposto.

Art. 327. Incumbe ao réu, antes de discutir o mérito, alegar:

I – inexistência ou nulidade da citação;

II – incompetência absoluta e relativa;

III – incorreção do valor da causa;

IV – inépcia da petição inicial;

V – perempção;

VI – litispendência;

VII – coisa julgada;

VIII – conexão;

IX – incapacidade da parte, defeito de representação ou falta de autorização;

X – convenção de arbitragem;

XI – ausência de legitimidade ou de interesse processual;

XII – falta de caução ou de outra prestação que a lei exige como preliminar;

XIII – indevida concessão do benefício da gratuidade de justiça.

§ 1º Verifica-se a litispendência ou a coisa julgada quando se reproduz ação anteriormente ajuizada.

§ 2º Uma ação é idêntica à outra quando têm as mesmas partes, a mesma causa de pedir e o mesmo pedido.

§ 3º Há litispendência quando se repete ação que está em curso; há coisa julgada quando se repete ação que já foi decidida por sentença ou acórdão de que não caiba recurso.

§ 4º Excetuada a convenção arbitral e a incompetência relativa, o juiz conhecerá de ofício das matérias enumeradas neste artigo.

Art. 328. Alegando o réu, na contestação, ser parte ilegítima ou não ser o responsável pelo prejuízo invocado na inicial, o juiz facultará ao autor, em quinze dias, a emenda da inicial, para corrigir o vício. Nesse caso, o autor reembolsará as despesas e pagará honorários ao procurador do réu excluído, que serão fixados entre três e cinco por cento do valor da causa ou da vantagem econômica objetivada.

Art. 329. Incumbe também ao réu manifestar-se precisamente sobre os fatos narrados na petição inicial, presumindo-se verdadeiros os não impugnados, salvo se:

I – não for admissível, a seu respeito, a confissão;

II – a petição inicial não estiver acompanhada do instrumento público que a lei considerar da substância do ato;

III – estiverem em contradição com a defesa, considerada em seu conjunto.

Parágrafo único. O ônus da impugnação especificada dos fatos não se aplica ao defensor público, ao advogado dativo, ao curador especial e ao membro do Ministério Público.

Art. 330. Depois da contestação, só é lícito ao réu deduzir novas alegações quando:

I – relativas a direito ou fato superveniente;

II – competir ao juiz conhecer delas de ofício;

III – por expressa autorização legal, puderem ser formuladas em qualquer tempo e juízo.

O projeto do novo CPC, antes de tratar da contestação como forma de resposta do réu, traz previsões sobre a audiência de conciliação e, mesmo nos artigos sobre contestação, volta a fazer referência à audiência de conciliação, pois, somente após a tentativa frustrada de conciliação o réu oferecerá sua resposta.

Trata-se de nítida inovação em relação às disposições do CPC atual que avança sua análise, de petição inicial, para respostas do réu.

Dessa forma, destacaremos brevemente, neste tópico, a audiência de conciliação, para depois continuarmos a analisar a contestação no projeto do novo CPC.

CAPÍTULO V

DA AUDIÊNCIA DE CONCILIAÇÃO

Art. 323. Se a petição inicial preencher os requisitos essenciais e não for o caso de improcedência liminar do pedido, o juiz designará audiência de conciliação com antecedência mínima de trinta dias.

§ 1º O conciliador ou mediador, onde houver, atuará necessariamente na audiência de conciliação, observando o previsto nos arts. 144 e 145, bem como as disposições da lei de organização judiciária.

§ 2º Poderá haver mais de uma sessão destinada à mediação e à conciliação, não excedentes a sessenta dias da primeira, desde que necessárias à composição das partes.

§ 3º As pautas de audiências de conciliação, que respeitarão o intervalo mínimo de vinte minutos entre um e outro ato, serão organizadas separadamente das de instrução e julgamento e com prioridade em relação a estas.

§ 4º A intimação do autor para a audiência será feita na pessoa de seu advogado.

§ 5º A audiência não será realizada se uma das partes manifestar, com dez dias de antecedência, desinteresse na composição amigável. A parte contrária será imediatamente intimada do cancelamento do ato.

§ 6º O não comparecimento injustificado do autor ou do réu é considerado ato atentatório à dignidade da justiça e será sancionado com multa de até dois por cento do valor da causa ou da vantagem econômica objetivada, revertida em favor da União ou do Estado.

§ 7º As partes deverão se fazer acompanhar de seus advogados ou defensores públicos.

§ 8º A parte poderá fazer-se representar por preposto, devidamente credenciado, com poderes para transigir.

§ 9º Obtida a transação, será reduzida a termo e homologada por sentença.

O projeto do novo Código traz que, se não for indeferida a petição inicial e não for caso de improcedência liminar, será designada uma audiência de conciliação, com antecedência mínimia de trinta dias. Essa audiência poderá ser desdobrada em inúmeras outras, não sendo necessariamente uma, e poderá ocorrer através da mediação ou da conciliação, com nítida preocupação de assegurar o acesso à Justiça e uma solução mais adequada para o conflito.

Em breves linhas, o projeto[58], após anotar que a conciliação e a mediação devem ser estimuladas por todos os personagens do processo, refere uma distinção objetiva entre essas duas figuras. A diferenciação se faz pela postura do terceiro.

Assim, o conciliador pode sugerir soluções para o litígio, ao passo que o mediador auxilia as pessoas em conflito a identificarem, por si, alternativas de benefício mútuo.

Apenas se uma das partes se manifestar, no prazo de dez dias de antecedência (art. 323, § 5º) do projeto que não há interesse na composição amigável do litígio ou se esta não for possível, é o que o réu oferecerá resposta.

Contudo, já retornando à análise da resposta do réu, o projeto simplifica essas modalidades de resposta. Não se trata de reduzir as garantias do réu, excluindo alegações para sua defesa. O projeto apenas simplifica o formalismo excessivo, colocando a forma a favor da tutela de direitos,[59] fazendo com que todas as alegações possam ocorrer em uma única peça, a contestação.

O primeiro artigo, o 324 do projeto, traz o prazo de quinze dias, após a audiência de conciliação ou de mediação, ou não havendo essa audiência o prazo será de quinze dias a contar da juntada do mandado de citação aos autos.

---

58 Para uma análise mais detalhada do tema, remetemos às obras de Pinho (2010, cap. 25; 2005).

59 Carlos Alberto Álvaro Oliveira (2007, p. 11-28).

O art. 325 traz a nítida simplificação procedimental, prevendo a contestação como peça de defesa, em que poderão ser alegadas todas as matérias de defesa. Nela serão expostas as razões de fato e de direito com que impugna o pedido do autor e especificando as provas que pretende produzir. Na contestação serão indicados, ainda, as testemunhas que o réu pretende se utilizar.

O art. 326 do projeto trata da possibilidade do réu formular pedido contraposto na contestação, quando o autor será intimado para, no prazo de quinze dias, responder. Para isso, o pedido deve ser conexo com a ação principal ou com o fundamento da defesa. O pedido contraposto, uma vez formulado, não estará isento de custas, sendo-lhe aplicável regime idêntico de despesas àquele formulado na petição inicial (§ 1º). E, de acordo com o § 2º do mesmo artigo, a desistência do autor não impede que o feito prossiga em relação ao pedido contraposto.

Já o art. 327 traz as matérias que podem ser alegadas na contestação que, atualmente, pelo CPC, são alegadas não apenas em sede de contestação, mas correspondem a todas as modalidades de defesa do réu, tratadas ao longo deste capítulo. O referido artigo mantém, ainda, disposição do Código atual que a convenção de arbitragem é matéria que não pode ser conhecida de ofício pelo juiz, cabendo à parte interessada alegá-la, pois, caso contrário, entender-se-á pela renúncia à via arbitral.

O art. 328 do projeto trata da hipótese de o réu alegar que não é o legitimado passivo. Nesse caso, será aberta vista ao autor, podendo este, em quinze dias, emendar a inicial para corrigir o vício. Nesse caso, reembolsará as despesas e pagará honorários ao procurador do réu excluído, que serão fixados entre 3 a 5% do valor da causa ou da vantagem econômica objetivada.

Cabe, porém, nesse ponto, destacar que só há razão de constar, deliberadamente, que "o autor reembolsará as despesas e pagará honorários ao procurador do réu excluído, que serão fixados entre três e cinco por cento do valor da causa ou da vantagem econômica objetivada", quando ocorrer estrita e comprovadamente que o réu não for o legitimado passivo. Destaque-se que o autor poderia perceber o equívoco na indicação do legitimado passivo logo após a alegação do réu. Contudo, caso o autor não reconheça, deve ser aberta uma fase de contraditório e, somente após a comprovação de que, de fato, o réu indicado não seria o legitimado passivo é que deverá incidir tal condenação.

O art. 329 do projeto trata da impugnação específica dos fatos, presumindo-se verdadeiros os fatos não contestados pelo réu na sua inicial. A exceção é prevista no próprio dispositivo, que são: os que não admitem confissão (inc. I), pois, na verdade, são direitos indisponíveis, a petição inicial não estiver acompanhada do instrumento público que a lei considerar da substância do ato (inc. II), o que nos parece a valorização da forma, que merece ser vista com cautela, e se houver contradição com a defesa em seu conjunto (inc. III). Já o parágrafo único prevê quem não tem o ônus da impugnação específica dos fatos.

Por fim, o art. 330 prevê que o réu não poderá fazer novas alegações após a contestação, como regra. A exceção está contida no próprio dispositivo, que são fatos supervenientes, matérias que o juiz possa conhecer de ofício ou quando houver expressa previsão no texto legal.

4.5.2 Revelia no projeto do novo CPC

> CAPÍTULO VII
>
> DA REVELIA
>
> **Art. 331.** Se o réu não contestar a ação, presumir-se-ão verdadeiros os fatos afirmados pelo autor, desde que as alegações deste sejam verossímeis.
>
> **Art. 332.** A revelia não produz o efeito mencionado no art. 331, se:
>
> I – havendo pluralidade de réus, algum deles contestar a ação;
>
> II – o litígio versar sobre direitos indisponíveis;
>
> III – a petição inicial não estiver acompanhada do instrumento público que a lei considere indispensável à prova do ato.
>
> **Art. 333.** Os prazos contra o revel que não tenha patrono nos autos correrão a partir da publicação do ato decisório no órgão oficial.
>
> Parágrafo único. O revel poderá intervir no processo em qualquer fase, recebendo-o no estado em que se encontrar.

O art. 331 trata do conceito de revelia, que se mantém o mesmo utilizado atualmente, ainda que o projeto passe a permitir que todas as matérias sejam tratadas em uma única peça, a contestação. Pode-se indagar se, com a alegação de todas as matérias em sede de contestação, revel seria apenas aquele que não apresentasse a peça de defesa ou se revel seria aquele que não alegasse matérias de matéria prevista no atual rol do art. 301, CPC atual. Por exemplo, se o réu, em sede de contestação, alegar apenas a incompetência absoluta ou a incorreção do valor da causa, que, atualmente, devem ser alegadas em peças distintas da contestação. Pelo projeto do novo Código, esse réu terá oferecido a contestação, já que tais matérias passarão a ser alegadas também em sede de contestação. Contudo, estará ele revel? Parece-nos que sim, que o conceito de revelia do art. 331 do projeto ainda trabalha com o modelo de defesa do CPC atual.

O art. 332 trata das hipóteses que a revelia não produzirá seus efeitos, que é a presunção da veracidade dos fatos alegados pelo autor e a não intimação do réu para os demais atos processuais.

Por fim, o art. 333 do projeto prevê o prazo para o réu revel sem patrono constituído, e seu parágrafo único, reproduzindo disposição que já consta no CPC atual, prevê que o revel poderá intervir a qualquer momento no feito, recebendo-o como se encontrar.

CAPÍTULO 5

Suspensão do processo

Com o ajuizamento da ação e, posteriormente, a citação do réu, que completa a relação processual, a ideia é seguir o processo ininterruptamente, até o trânsito em julgado da sentença.

Contudo, esse curso pode ficar suspenso durante um determinado lapso temporal. A essa paralisação dá-se o nome de suspensão, que pode ser caracterizada como uma crise do processo. A relação processual não se extingue, continua gerando efeitos. O que ocorre é uma abstenção da prática dos atos que normalmente seriam os subsequentes, caso não houvesse a paralisação.

As hipóteses de suspensão estão elencadas no art. 265, CPC. Cumpre ressaltar que só pode ocorrer suspensão em razão de decisão judicial. Segundo Fredie Didier Jr., essa decisão teria natureza declaratória, já que o processo "já estaria suspenso desde a data de ocorrência do fato jurídico causador da suspensão".[1] Ressalta o autor que apenas a hipótese do inciso IV do art. 265, CPC, teria natureza constitutiva.

A regra, portanto, é de que não se podem praticar atos durante a suspensão do processo. Porém, em casos excepcionais e urgentes, pode o juiz autorizar a sua prática, a fim de evitar danos irreparáveis, tal como disposto no art. 266, CPC. Como exemplo, podemos citar a oitiva de testemunha enferma.

Se o ato praticado durante a suspensão não for de urgência – englobando-se aqui a tutela antecipada e as medidas cautelares –, há divergência

1 Didier Jr. (2008, p. 517).

quanto à sua natureza jurídica. Pontes de Miranda sustenta ser inexistente, por faltar o pressuposto pendência da causa.[2] Didier Jr. posiciona-se no sentido de considerar o ato praticado durante a suspensão como conduta ilícita, que poderá causar invalidação (vício mais grave) ou a ineficácia do ato realizado.[3]

Leonardo Greco, em sentido diverso, sustenta tratar-se de ato existente, porém, ineficaz. Entretanto, pelo princípio da instrumentalidade das formas e diante da tendência à progressiva relativização das nulidades, os atos, ainda que nulos e ineficazes, serão convalidados se não causarem nenhum prejuízo às partes. O critério proposto, então, é o da "verificação instrumental da ocorrência de prejuízo".[4]

5.1 HIPÓTESES DE SUSPENSÃO

5.1.1 Morte ou perda da capacidade de qualquer das partes, de seu representante legal ou procurador

Encontra-se no inciso I do art. 265 e trata-se de suspensão necessária. O conceito de parte engloba não apenas autor e réu, mas também terceiros como o assistente, denunciado e opoente (modalidades de intervenção de terceiros), assim como juiz e perito se há incidente de suspeição ou impedimento.

Com a morte da parte, seus sucessores serão habilitados a tomar seu lugar na relação processual (arts. 1.055 a 1.062, CPC). Se a morte ocorrer após o início da audiência de instrução e julgamento, o processo segue seu curso normal, tendo como substituto da parte seu advogado (art. 265, § 1º, *a*, CPC), que atuará em nome próprio, protegendo os direitos do *de cujus*.[5] Somente após a publicação da decisão o processo será suspenso.

---

2 Pontes de Miranda (1997, p. 460).

3 Didier Jr. (2008, p. 556).

4 Greco (2010, p. 429).

5 Leonardo Greco (2010, p. 413) acha apropriada a figura do curador especial, pois o advogado é um mero defensor dos interesses jurídicos postos no processo. Assim, ele discorda de Hélio Tornaghi, segundo o qual, com a morte do cliente, o advogado perde a qualidade de mandatário e torna-se gestor de negócios.

Dentre os casos de suspensão, o de morte é o único para o qual a lei não define prazo, já que a habilitação dos herdeiros é indispensável, sendo uma questão relativa à delimitação subjetiva da causa, cujo esclarecimento é essencial para a continuidade do processo.

No caso de incapacidade da parte após o início da audiência de instrução e julgamento, o advogado irá representá-la e não substituí-la como ocorre na hipótese de morte. Falecendo o réu antes da citação, não se trata de hipótese de suspensão, devendo o autor citar seu espólio ou sucessores.

Por outro lado, se a hipótese é de morte do advogado, ainda que iniciada a audiência, o juiz dará o prazo de vinte dias para a parte constituir novo advogado. Se o autor não o fizer, o processo será extinto. Se o réu não o fizer, o processo seguirá à sua revelia (art. 265, § 2º, CPC). Na linha de Moacyr Amaral Santos e Moniz de Aragão, Leonardo Greco defende a aplicação analógica do dispositivo aos casos de impedimento profissional, incompatibilidade superveniente do advogado, licença ou eliminação dos quadros da OAB. À validade dos atos pretéritos aplicam-se os princípios do sistema de nulidades.[6]

Caso o direito objeto do litígio seja intransmissível, o processo é extinto sem julgamento do mérito, de acordo com o art. 267, IX, CPC. É o que ocorre, por exemplo, na separação judicial, na ação de divórcio e na ação de alimentos.

Quanto à pessoa jurídica, Didier posiciona-se no sentido de que onde se lê "morte ou incapacidade processual das partes" devemos ler também "extinção de uma pessoa jurídica".[7] Já Ernani Fidélis dos Santos posiciona-se no sentido de que a extinção da pessoa jurídica não se equipara à morte da pessoa física, pois a primeira será representada pelo liquidante e assim, somente deverá ficar suspenso o processo por motivo de força maior, até ser nomeado o liquidante.[8]

Leonardo Greco, na linha de Humberto Theodoro Junior, também discorda dessa equiparação, pois sempre haverá alguém encarregado de representá-la legalmente, até final liquidação de seus direitos e obrigações.

---

6 Greco (2010, p. 415).

7 Didier Jr. (2008, p. 549)

8 Didier Jr. (2008, p. 387)

Além disso, em grande parte dos casos, a extinção das pessoas jurídicas ocorre por ato voluntário dos seus membros, que não devem ter o poder de impedir a continuação do processo por deliberação unilateral, em desacordo com a parte contrária.[9]

O art. 265, I, faz referência ainda à morte de representante legal ou de procurador de quaisquer das partes. A esse respeito, Leonardo Greco sustenta que

> [...] a morte da pessoa física titular do órgão de representação da pessoa jurídica não extingue o órgão de representação, que será ocupado pelo seu sucessor ou substituto. Assim, a morte do sócio-gerente da sociedade limitada ou do presidente da sociedade anônima não suspende o processo em que a sociedade é parte.[10]

Questão que se coloca é determinar o momento a partir do qual se suspende o processo. Verifica-se sempre a partir do momento em que o juiz tiver conhecimento do fato que a determina, já que a validade do processo não pode ser afetada por fatos desconhecidos. Contudo, há quem defenda que a função do juiz é meramente declaratória, pois a eficácia seria retroativa, *ex tunc*.

5.1.2 Convenção das partes

Trata-se de suspensão voluntária, pois decorre da vontade das partes. Está expressa no inciso II do art. 265, CPC. Para que ocorra, basta que as partes manifestem sua vontade de forma inequívoca. O magistrado não pode, em regra, recusá-la, não ficando ao arbítrio do juiz, que é obrigado a aceitar.

O § 3º do referido artigo complementa a regra, ao limitar o prazo dessa hipótese de suspensão ao máximo de seis meses. No processo de execução, entretanto, a suspensão durará todo o prazo que o credor tiver concedido ao devedor para o cumprimento da obrigação, conforme

9 Greco (2010, p. 414)

10 Greco (2010, p. 416)

o previsto no art. 792, CPC. Quando as partes não convencionam prazo, deve-se guiar pelo máximo. Findo o prazo de seis meses, o processo continua a sua marcha e as partes, se quiserem, podem requerer novo prazo. Veda-se, obviamente, o requerimento de suspensão no intuito de aumentar prazos dilatórios, conforme dispõe o art. 182, CPC.

Nesse caso, também se discute o momento a partir do qual se suspende o processo. Moacyr Amaral Santos defende que a suspensão ocorre a partir do despacho do juiz. Leonardo Greco, porém, entende que a suspensão ocorre desde o momento da celebração do acordo, independentemente da demora do juiz em despachar a petição que o comunique.

Segundo ele, as partes não podem guardar consigo o acordo de suspensão, que só vai adquirir existência como ato processual, *a partir do seu ajuizamento, da entrega do seu instrumento em mãos do juiz, no cartório ou no protocolo forense.*[11] Assim, protocolado o acordo, o processo estará suspenso com base no art. 158, CPC. Caso algum ato seja praticado a partir desse momento, não terá eficácia, devendo ser declarado nulo.

No que tange ao processo cautelar, admite-se a aplicação dessa modalidade de suspensão. Se a cautelar ainda não foi decidida, significa que o requerente simplesmente decidiu correr o risco. Caso a cautelar já tenha sido decidida, a suspensão convencional também poderá ocorrer porque o perigo já estará resguardado.

Admite-se, ainda, a suspensão no curso da audiência de instrução e julgamento, já que esta se compõe de uma série de atos independentes uns dos outros. Mais desejável do que a preservação da sua unidade (art. 455) é a solução amigável do litígio ou a busca dessa solução.

5.1.3 Quando for oposta exceção de incompetência do juízo, câmara ou tribunal, bem como de suspeição ou impedimento do juiz

A suspensão somente engloba a exceção de incompetência relativa (art. 112, CPC), e o impedimento e suspeição do juiz (arts. 134 e 135, CPC), não podendo ser suspenso o processo no caso de exceção de impe-

11 Greco (2010, p. 417).

dimento ou suspeição de perito, intérprete ou membro o Ministério Público, por vedação expressa do art. 138, § 1º, CPC.

O que justifica essa hipótese de suspensão é o fato de a competência e a imparcialidade do juiz serem pressupostos de validade para os atos que ele vier a praticar. Consequentemente, enquanto essas questões não forem resolvidas, o juiz não poderá decidir nenhuma outra questão no processo.

Trata-se de suspensão imprópria, pois o processo não fica paralisado, mas temporariamente desviado de sua marcha normal para que se instrua e decida a exceção, até o julgamento desta em primeira instância.

5.1.4 Quando a sentença de mérito depender do julgamento de outra causa, ou da declaração da existência ou inexistência da relação jurídica, que constitua o objeto principal de outro processo pendente

A dependência entre as ações ocorre em duas hipóteses: uma causa é prejudicial à outra, ou seja, a decisão de uma pode interferir no julgamento da outra ou uma causa é preliminar à outra, e assim o que for decidido em uma pode impedir o exame da outra. Há, portanto, uma espécie de ligação entre as causas, uma verdadeira relação de subordinação. O processo então será suspenso de forma a não prejudicar ambas, e isso somente ocorre quando as causas não puderem ser reunidas e julgadas no mesmo juízo.

A hipótese analisada, prevista no art. 265, IV, *a*, CPC, se refere à questão prejudicial. Contudo, não enseja a suspensão do processo a questão de direito material arguida como matéria de defesa em outro processo, como é o caso da prescrição, decidida incidentalmente pelo juiz e sem eficácia em outro processo.

Não cabe suspensão do processo em razão de questão prejudicial interna, cujo surgimento se dá dentro do próprio processo e enseja a ação declaratória incidental. Um exemplo é a questão da paternidade na ação de alimentos proposta pelo filho natural. Nesses casos, caberia apenas se houvesse expressa disposição legal em contrário, como ocorre no incidente de falsidade documental (arts. 390 a 395, CPC). Portanto, só caberia a suspensão do processo em caso de prejudicialidade externa, ou seja, no caso de questões prejudiciais que constituem objeto de outros processos.

Não se suspende o processo caso surja dentro dele uma questão prejudicial, porque o direito brasileiro repudia o instituto da sentença parcial, existente em outros sistemas. Desse modo, se houver controvérsia quanto a um direito material que constitui pressuposto necessário para o julgamento do pedido, independentemente de haver ação declaratória incidental, ele será decidido na sentença final, juntamente com todas as outras questões de mérito.

Ao decidir a respeito da suspensão do processo, o juiz deve examinar a relevância da questão prejudicial. A recusa do juiz não acarreta nenhuma nulidade.

Cabe-nos destacar a atenção para o processo de execução, que por não visar a uma sentença, não se suspende por causa da anterioridade de uma ação de conhecimento. Nesse sentido:

> [...] a execução não se suspenderá porque o titulo está sendo anulado ou questionado numa ação de conhecimento, embora essa suspensão possa ser determinada pelo próprio juiz da execução em razão da pendência de embargos do executado (CPC, art. 739-A, § 1º).[12]

Quanto ao momento de início da suspensão, ela se dá a partir da decisão do juiz. Os efeitos não retroagem e somente a partir dessa decisão é que cessará a prática de atos processuais.

A letra *c* do inciso IV do art. 265 traz à tona discussões acerca da sua interpretação. A prejudicial aqui tratada seria interna (suscitada perante o juízo da causa prejudicada) ou externa.

Didier entende que, se fosse a prejudicial de estado externa, não teria sentido algum esse dispositivo, já que estaria dentro da letra *a* do mesmo artigo. Por outro lado, se fosse a prejudicial interna e portanto, ajuizada perante o mesmo juízo que se busca suspender, qual seria a razão do juiz suspender o andamento de uma causa, já que ele é o responsável pelo julgamento de ambas?[13]

---

12 Greco (2010, p. 424).

13 Didier Jr. (2008, p. 554).

Continuando o raciocínio, Didier Jr. aponta a solução de José Frederico Marques e Humberto Theodoro Júnior, que afirmam que a prejudicial seria uma ação declaratória de estado ajuizada em outro processo, mas prejudicial a ambas as causas. Porém, para ele não seria correto esse posicionamento, pois novamente seria uma hipótese da *a* do inciso IV do art. 265. Concluindo, Didier Jr. apresenta sua solução, entendendo tratar-se de uma prejudicial interna de estado, objeto da ação declaratória incidental, que, quando proposta suspende o curso do procedimento principal, até a sua solução, o que configuraria caso de suspensão parcial.[14]

Já Leonardo Greco entende que a diferença entre as letras *a* e *c* é que na primeira hipótese a prejudicial é objeto principal do outro processo, enquanto nesta ela é prejudicial também no outro processo. Ocorre, assim, uma "dupla prejudicialidade da questão", ou seja, no processo anterior e no novo processo.[15]

Nesse caso, assim como na hipótese da letra *a*, a suspensão produzirá efeitos a partir da decisão do juiz. Se a declaração incidente tiver sido requerida no próprio processo, não haverá suspensão do processo, pois todas as questões de mérito serão resolvidas simultaneamente na sentença final única.

5.1.5 Quando a sentença de mérito não puder ser proferida senão depois de verificado determinado fato, ou de produzida certa prova, requisitada a outro juízo

De acordo com o § 5º do art. 265, CPC, essa hipótese de suspensão necessária não pode ultrapassar o prazo de um ano, assim como as outras hipóteses previstas no inciso IV do art. 265.

Um exemplo de prova requisitada a outro juízo é a carta precatória, quando imprescindível ao correto desenvolvimento do processo. O mesmo ocorre com as rogatórias, de acordo com o art. 338, CPC e a Lei Federal n. 11280/2006. Entretanto, elas só suspendem o processo se requeridas antes do despacho saneador.

---

14 Didier Jr. (2008, p. 555).

15 Greco (2010, p. 426).

5.1.6 Quando a sentença de mérito tiver por pressuposto o julgamento de questão de estado, requerido como declaração incidente

Deve-se lembrar que a responsabilidade civil independe da criminal (art. 935, CC). Porém, há uma espécie de interdependência em alguns casos, como, por exemplo a ação civil *ex delicto*, disposta no art. 66 do Código de Processo Penal. Segundo o CPP, a sentença absolutória criminal não impede a propositura da ação cível, exceto se conhecida a inexistência material do fato. Ainda, de acordo com o art. 65 do CPP, faz coisa julgada no cível a sentença penal que reconhecer ter sido praticado o ato em estado de necessidade, legítima defesa, estrito cumprimento do dever legal ou exercício regular de direito.

Um dos efeitos da sentença criminal é tornar certa a obrigação de indenizar (art. 74, I, CP). Assim, se a causa envolver questão relativa à obrigação de indenizar por fato delituoso, pode o juiz determinar, de acordo com o art. 110 do CPP, o sobrestamento do processo, até que seja julgada a sentença criminal. Nesse caso, não há prazo para suspensão, mas não terá mais efeito se a ação penal não for proposta em trinta dias (art. 110, parágrafo único, CPP).

5.1.7 Por motivo de força maior

Essa hipótese não admite discricionariedade do juiz, ou seja, uma vez comprovado o motivo extraordinário, deve ser o processo suspenso. Isso porque o motivo de força maior não é provocado pelas partes, sendo estranho a elas.

Aplica-se o disposto no art. 183, § 1º, CPC, que permite superar a preclusão temporal por justo motivo. Inclui-se aqui calamidade pública, inundação, acidente, algum obstáculo oposto pela parte contrária (CPC, art. 180), a superveniência de férias (CPC, art. 179), dentre outras hipóteses.

Logicamente, ao ser determinada a suspensão, a eficácia da decisão retroage à data da ocorrência do evento. No mesmo sentido se alinha Leonardo Greco, lembrando que independe de decisão judicial e dura enquanto subsistir o impedimento.

5.1.8 Em outros casos regulados pelo CPC

Como se pode notar, o rol de hipóteses de suspensão não é taxativo, deixa margem à sua aplicação em outros casos, desde que dispostos no CPC.

Diversos artigos do CPC podem ser aqui elencados, tais como: art. 13, que trata da regularização processual; denunciação da lide e chamamento ao processo (arts. 72 e 79); a oposição (art. 60); nomeação à autoria (art. 64); incidente de falsidade (art. 394); efeito da sentença de atentado (art. 881); impugnação ao cumprimento de sentença (art. 475-M); embargos do executado (§ 1º do art. 739-A); execução (art. 791); embargos de terceiro (art. 1.052); e execução fiscal (art. 40 da Lei n. 6.830/80); incidente de repercussão geral no recurso extraordinário (art. 543-B, § 1º); incidente de recursos especiais repetitivos (art. 543-C, § 1º).

Há, na legislação especial, ainda o art. 21 da Lei n. 9.868/99, que dispõe sobre a liminar em ação declaratória de constitucionalidade e o art. 5, § 3º, que trata da liminar na arguição de descumprimento de preceito fundamental.

5.1.9 Ação de usucapião especial urbana

Prevê o art. 11 da Lei n. 10.257/2001:

Art. 11. Na pendência da ação de usucapião especial urbana, ficarão sobrestadas quaisquer outras ações, petitórias ou possessórias, que venham a ser propostas relativamente ao imóvel usucapiendo.

Contudo, a interpretação dessa norma deve ser feita em consonância com a garantia constitucional do acesso à Justiça e da tutela jurisdicional efetiva. Portanto, a suspensão não é automática, dependendo da apreciação do juiz sobre a sua conveniência e oportunidade.

Leonardo Greco sustenta, ainda, que essa suspensão deve ser temporária, sujeitando-se ao limite de um ano previsto no § 5º do art. 265, CPC.[16]

16 Greco (2010, p. 428).

5.2 A SUSPENSÃO DO PROCESSO NO PROJETO DO NOVO CPC (PL N. 8.046/2010)

CPC ATUAL	PROJETO DO NOVO CPC (PL N. 8.046/2010)
Art. 265. Suspende-se o processo: I – pela morte ou perda da capacidade processual de qualquer das partes, de seu representante legal ou de seu procurador; II – pela convenção das partes; III – quando for oposta exceção de incompetência do juízo, da câmara ou do tribunal, bem como de suspeição ou impedimento do juiz; IV – quando a sentença de mérito: a) depender do julgamento de outra causa, ou da declaração da existência ou inexistência da relação jurídica, que constitua o objeto principal de outro processo pendente; b) não puder ser proferida senão depois de verificado determinado fato, ou de produzida certa prova, requisitada a outro juízo; c) tiver por pressuposto o julgamento de questão de estado, requerido como declaração incidente; V – por motivo de força maior; VI – nos demais casos, que este Código regula. § 1º No caso de morte ou perda da capacidade processual de qualquer das partes, ou de seu representante legal, provado o falecimento ou a incapacidade, o juiz suspenderá o processo, salvo se já tiver iniciado a audiência de instrução e julgamento; caso em que: a) o advogado continuará no processo até o encerramento da audiência; b) o processo só se suspenderá a partir da publicação da sentença ou do acórdão. § 2º No caso de morte do procurador de qualquer das partes, ainda que iniciada a	**Art. 288.** Suspende-se o processo: I – pela morte ou pela perda da capacidade processual de qualquer das partes, de seu representante legal ou de seu procurador; II – pela convenção das partes; III – pela arguição de impedimento ou suspeição; IV – pela admissão de incidente de resolução de demandas repetitivas; V – quando a sentença de mérito: *a*) depender do julgamento de outra causa ou da declaração da existência ou da inexistência da relação jurídica ou de questão de estado que constitua o objeto principal de outro processo pendente; *b*) não puder ser proferida senão depois de verificado determinado fato ou de produzida certa prova, requisitada a outro juízo; VI – por motivo de força maior; VII – nos demais casos que este Código regula. § 1º No caso de morte ou de perda da capacidade processual de qualquer das partes ou de seu representante legal, o juiz suspenderá o processo. § 2º No caso de morte do procurador de qualquer das partes, ainda que iniciada a audiência de instrução e julgamento, o juiz marcará, a fim de que a parte constitua novo mandatário, o prazo de quinze dias. Findo o prazo o juiz extinguirá o processo sem resolução de mérito, se o autor não nomear novo mandatário, ou mandará prosseguir no processo à revelia do réu, tendo falecido o advogado deste.

CPC ATUAL	PROJETO DO NOVO CPC (PL N. 8.046/2010)
audiência de instrução e julgamento, o juiz marcará, a fim de que a parte constitua novo mandatário, o prazo de 20 (vinte) dias, findo o qual extinguirá o processo sem julgamento do mérito, se o autor não nomear novo mandatário, ou mandará prosseguir no processo, à revelia do réu, tendo falecido o advogado deste. § 3º A suspensão do processo por convenção das partes, de que trata o n. II, nunca poderá exceder 6 (seis) meses; findo o prazo, o escrivão fará os autos conclusos ao juiz, que ordenará o prosseguimento do processo. § 4º No caso do n. III, a exceção, em primeiro grau da jurisdição, será processada na forma do disposto neste Livro, Título VIII, Capítulo II, Seção III; e, no tribunal, consoante lhe estabelecer o regimento interno. § 5º Nos casos enumerados nas letras a, *b* e *c* do n. IV, o período de suspensão nunca poderá exceder a 1 (um) ano. Findo este prazo, o juiz mandará prosseguir no processo.	§ 3º A suspensão do processo por convenção das partes de que trata o inciso II nunca poderá exceder a seis meses. § 4º Nos casos enumerados no inciso V, o período de suspensão nunca poderá exceder a um ano. § 5º Findos os prazos referidos nos §§ 3º e 4º, o juiz determinará o prosseguimento do processo.
Art. 266. Durante a suspensão é defeso praticar qualquer ato processual; poderá o juiz, todavia, determinar a realização de atos urgentes, a fim de evitar dano irreparável.	**Art. 289.** Durante a suspensão é vedado praticar qualquer ato processual; poderá o juiz, todavia, salvo no caso de arguição de impedimento e suspeição, determinar a realização de atos urgentes a fim de evitar dano irreparável. Parágrafo único. Nos casos de impedimento e suspeição, as medidas urgentes serão requeridas ao substituto legal.

O projeto do novo CPC acrescenta, ao rol do atual Código, uma nova causa de suspensão do processo: trata-se do incidente de resolução de demandas repetitivas, que será analisado de forma mais detida quando do estudo dos recursos. Aqui, apenas destacamos que bem fez o Código, pois o incidente de resolução de demandas repetitivas é para questões de direito, padronizadas e massificadas, em que o Tribunal decidirá a questão a partir de uma casa piloto, que será a representante da controvérsia.

Enquanto o Tribunal não decide a questão, todos os processos representativos da mesma controvérsia ficarão suspensos perante o primeiro grau de jurisdição.

As outras hipóteses trazidas pelo novo CPC existem no Código atual e já foram analisadas ao longo do capítulo.

O § 1º do art. 288 do projeto trata do caso de morte ou perda da capacidade processual de uma das partes. O processo, segundo o projeto, será sempre suspenso, não havendo mais previsões excepcionais caso isso ocorra, mesmo que iniciada a audiência de instrução e julgamento.

O § 2º traz a hipótese de morte do procurador das partes, reproduzindo a regra do CPC atual, apenas com a redução do prazo de constituição de novo procurador de 20 dias para 15 dias, em nítido prestígio à celeridade processual.

O § 3º não traz inovações em relação à suspensão do processo por convenção das partes, o que pode ocorrer pelo prazo máximo de seis meses.

Em nítida alteração em relação ao CPC atual, que trata do processamento da exceção a ser julgada pelo Tribunal, o § 4º, CPC atual aborda que a suspensão em razão da tramitação de outro feito nunca poderá exceder a um ano.

Já o § 5º traz regra apenas de que, encerrado o prazo da suspensão, o processo seguirá seu curso normal.

Por fim, o art. 289 do projeto prevê que poderão ser concedidas medidas de urgência durante a suspensão do processo. Contudo, se a suspensão se der por motivo de questionamento de impedimento ou de suspeição do juiz, a análise da urgência da medida e de sua concessão ficarão a cargo do juiz substituto legal.

CAPÍTULO 6

Providências preliminares

Decorrido o prazo para a resposta do réu, inicia-se a fase de saneamento, tendo ele apresentado ou não sua resposta. Nessa fase, se o processo já puder ser encerrado, o juiz pode proferir sentença.

A fase de saneamento é marcada por atos que irão regularizar o processo, mas isso não quer dizer que apenas nessa fase há saneamento. Um exemplo disso é o art. 267, § 3º, CPC, que trata da possibilidade de o juiz conhecer de ofício e em qualquer tempo e grau de jurisdição, enquanto não proferida a sentença, questões relativas à: ausência de pressupostos e desenvolvimento válido e regular do processo; litispendência, coisa julgada ou perempção e ausência de condições da ação.

6.1 AS PROVIDÊNCIAS PRELIMINARES

Elas ocorrem entre a fase postulatória e a fase instrutória do processo. São aquelas que têm por objetivo acabar de formatar, de organizar o processo antes da audiência preliminar. Elas possuem uma "tríplice finalidade", quais sejam: completar o contraditório, sanear o processo e preparar o julgamento conforme o estado do processo.[1]

1 Greco (2010, p. 89).

É nessa ocasião que o juiz examina os pressupostos processuais e as condições da ação. As providências preliminares não são um requisito necessário do procedimento, mas um acontecimento eventual que varia de conteúdo conforme o caso concreto.[2]

Temos um rol extenso de providências preliminares, que podem ocorrer nas seguintes situações:

6.1.1 O réu apresenta defesa indireta

O juiz intimará o autor para apresentar réplica em dez dias (arts. 326 e 327, CPC). A réplica é a defesa do autor em relação aos novos argumentos trazidos pelo réu em sede de contestação, sendo uma clara aplicação dos princípios do contraditório e da ampla defesa.

Apresentando o autor novos documentos, será também dado um prazo, de cinco dias, para que o réu se manifeste, em razão também dos princípios constitucionais anteriormente citados (art. 398, CPC). A doutrina majoritária entende que, se o autor tiver que se manifestar em réplica e sobre os documentos juntados, ele terá à sua disposição o prazo maior, que é de dez dias.[3]

6.1.2 O réu apresenta defesa direta

A defesa direta, como já foi visto, caracteriza-se pela simples negação dos fatos narrados pelo autor na inicial. O juiz intima então o autor para, caso queira, promover ação declaratória incidental (arts. 5º e 325, CPC).

A declaração incidental é demandada quando autor ou réu alegam no curso do processo uma questão chamada prejudicial. Como exemplo, temos a ação de alimentos em que existe dúvida se o réu é realmente o pai. Primeiro, eu devo saber se ele é o pai, para que ele possa ser condenado em ação de alimentos. Os alimentos são a questão principal, o mérito, mas a determinação da paternidade é questão prejudicial. Sempre que o autor

2 Theodoro Júnior (2009a, p. 398).

3 Greco (2010, p. 96).

ou o réu alegam questão prejudicial, eles podem pedir ao juiz que essa questão seja decidida por sentença. Assim, ao invés de a questão apenas pairar sobre o processo, a parte solicita ao juiz que estenda a sentença, para que ela abarque também a questão prejudicial.

Luiz Fux observa que "o objeto da declaração incidente é a relação jurídica controvertida, inadmitindo-se esse instrumento processual para declaração de fatos, nem mesmo a autenticidade ou falsidade documental, para cujo escopo declaratório a lei reserva o incidente de falsidade".[4]

É possível perceber, então, que a propositura da ação declaratória incidental vai gerar a cumulação de duas ou mais ações em um mesmo processo. A cumulação será sucessiva, se a ação declaratória incidental for proposta pelo autor, ou eventual, se proposta pelo réu. Devem-se observar, portanto, os requisitos essenciais à formação do processo cumulativo: unidade de procedimento e identidade de competência absoluta.[5]

Declaração incidental é então o instrumento processual que tem por finalidade requerer ao juiz que não apenas examine, mas que decida por sentença uma questão prejudicial. Em outras palavras, aquela questão prejudicial que seria examinada apenas na fundamentação da sentença – lembrando que a sentença tem três etapas, que são os chamados requisitos da sentença: relatório, fundamentação e dispositivo – passa a ser examinada no dispositivo. A consequência prática disso é a coisa julgada. O que transita em julgado é apenas o que está no dispositivo da sentença. A questão prejudicial vai acompanhar o mérito daquele processo.

A decisão que indefere a ação declaratória incidental é interlocutória, cabendo, portanto, o recurso de agravo. O processo, porém, prossegue com a relação controvertida originária.[6]

O réu normalmente pode manejar a ação declaratória incidental através da reconvenção. Para o autor, o momento adequado são os dez dias seguintes à intimação da contestação que tenha gerado controvérsia sobre a questão prejudicial.[7]

---

4 Fux (2008, p. 452).

5 Greco (2010, p. 93).

6 Fux (2008, p. 451).

7 Theodoro Júnior (2009a, p. 400).

Cumpre ressaltar que, se o réu apresentar com a defesa direta novos documentos, será dado ao autor o prazo de cinco dias para se manifestar sobre eles (art. 398, CPC).

Ela não é cabível no processo de execução nem no processo cautelar. Pode ser admitida, porém, nos embargos à execução, pois tem forte carga cognitiva na execução.

6.1.3 Defeitos processuais

Havendo qualquer defeito processual que possa ser sanado, o juiz fixará o prazo não superior a trinta dias para que a parte tome providências para a sua correção (art. 327, CPC).

6.1.4 Revelia

No caso de revelia, que é a ausência de manifestação por parte do réu, deve o juiz verificar se a citação foi feita de forma regular, pois, caso a citação não seja válida, ela será nula e o ato deverá ser novamente realizado.

Caso a revelia decorra da citação ficta, o magistrado deverá designar curador especial para o réu revel (art. 9, II, CPC).

6.1.5 Confissão ficta

Pode acontecer de, mesmo com a revelia, a confissão ficta não se configurar, não havendo, assim, presunção de veracidade dos fatos afirmados pelo autor, como, por exemplo, nas hipóteses do art. 320, CPC. Portanto, não ocorrendo o efeito substancial da revelia, o autor continua com o ônus de provar os fatos constitutivos do seu direito. Caso isso ocorra, o juiz deve intimar o autor para, no prazo de cinco dias, especificar as provas a serem produzidas em audiência (art. 324, CPC).

6.1.6 Reconvenção

Se o réu apresentar reconvenção, deve o juiz intimar o autor para que ele apresente resposta no prazo de quinze dias. Pode o autor ser intimado para apresentar, ao mesmo tempo, réplica e resposta à reconvenção. O prazo para a apresentação dessas peças será diferente: 10 dias para a primeira e 15 dias para a segunda. Logicamente, o autor pode apresentar as duas peças no prazo de 10 dias, mas não pode replicar no prazo de 15 dias dado à resposta à reconvenção, pois este é maior e isso iria beneficiar de forma não isonômica uma das partes.

6.1.7 Intervenção de terceiros

Caso o réu se utilize da denunciação da lide, chamamento ao processo ou nomeação à autoria – hipóteses de intervenção de terceiros –, deve o juiz tomar as providências cabíveis a cada uma delas, suspendendo o processo principal até que o incidente seja resolvido.

6.1.8 Intervenção de entidades ou órgãos

O juiz deve verificar se no processo é cabível a intervenção do Ministério Público (art. 82, CPC), da CVM – Comissão de Valores Mobiliários – (art. 31, Lei n. 6.385/76), do Cade (Conselho Administrativo de Defesa Econômica) (art. 89, Lei n. 8.884/94) ou de qualquer órgão ou entidade cuja presença seja obrigatória em decorrência da lei.

Sempre que o Ministério Público tiver que intervir na causa, independentemente de manifestação das partes, deve o juiz determinar que lhe seja aberta vista dos autos, sob pena de nulidade do processo.

6.1.9 Especificação de provas

Ocorre quando o juiz entende que as provas pedidas pelo autor ou pelo réu são genéricas. Por exemplo: na petição inicial, o autor coloca: "protesto pela produção de todas as provas em direito admitidas, especialmente prova documental e testemunhal". Quais documentos o autor irá apresentar? Quais testemunhas quer convocar? O autor deverá esclarecer quais serão suas provas, para o juiz decidir se irá ou não deferi-las. De acordo com o CPC, a especificação de provas deveria ocorrer em apenas determinadas situações, mas hoje os juízes de varas cíveis acabam aplicando-a indistintamente.

Luiz Fux, por exemplo, entende que a especificação de provas prevista no art. 324 pressupõe a revelia, pois as partes já as especificaram na petição inicial e na peça de defesa. O prazo deve ser fixado pelo juiz, caso contrário, incidirá o art. 185, CPC, que prevê cinco dias em caso de silêncio legal ou judicial.[8]

6.2 PROVIDÊNCIAS PRELIMINARES NO PROJETO DO NOVO CPC

CPC ATUAL	PROJETO DO NOVO CPC (PL N. 8.046/2010)
CAPÍTULO IV DAS PROVIDÊNCIAS PRELIMINARES **Art. 323.** Findo o prazo para a resposta do réu, o escrivão fará a conclusão dos autos. O juiz, no prazo de 10 (dez) dias, determinará, conforme o caso, as providências preliminares, que constam das seções deste Capítulo.	CAPÍTULO VIII DAS PROVIDÊNCIAS PRELIMINARES E DO SANEAMENTO **Art. 334.** Findo o prazo para a contestação, o juiz tomará, conforme o caso, as providências preliminares tratadas nas seções deste Capítulo.
Seção I Do Efeito da Revelia **Art. 324.** Se o réu não contestar a ação, o juiz, verificando que não ocorreu o efeito da revelia, mandará que o autor especifique as provas que pretenda produzir na audiência.	Seção I Da não incidência dos efeitos da revelia **Art. 335**. Se o réu não contestar a ação, o juiz, verificando que não ocorreu o efeito da revelia, mandará que o autor especifique as provas que pretenda produzir, se ainda não as tiver indicado.
Sem correspondente.	**Art. 336.** Ao réu revel será lícita a produção de provas, contrapostas àquelas produzidas pelo autor, desde que se faça representar nos autos antes de encerrar-se a fase instrutória.
Seção II Da Declaração Incidente **Art. 325.** Contestando o réu o direito	*Sem correspondente.*

8 Fux (2008, p. 448).

CPC ATUAL	PROJETO DO NOVO CPC (PL N. 8.046/2010)
que constitui fundamento do pedido, o autor poderá requerer, no prazo de 10 (dez) dias, que sobre ele o juiz profira sentença incidente, se da declaração da existência ou da inexistência do direito depender, no todo ou em parte, o julgamento da lide (art. 5º).	
Seção III Dos Fatos Impeditivos, Modificativos ou Extintivos do Pedido **Art. 326.** Se o réu, reconhecendo o fato em que se fundou a ação, outro lhe opuser impeditivo, modificativo ou extintivo do direito do autor, este será ouvido no prazo de 10 (dez) dias, facultando-lhe o juiz a produção de prova documental.	Seção II Do fato impeditivo, modificativo ou extintivo do direito do autor **Art. 337.** Se o réu, reconhecendo o fato em que se fundou a ação, outro lhe opuser impeditivo, modificativo ou extintivo do direito do autor, este será ouvido no prazo de quinze dias, permitindo-lhe o juiz a produção de prova e a apresentação de rol adicional de testemunhas. Parágrafo único. Proceder-se-á de igual modo se o réu oferecer pedido contraposto.
Seção IV Das Alegações do Réu **Art. 327.** Se o réu alegar qualquer das matérias enumeradas no art. 301, o juiz mandará ouvir o autor no prazo de 10 (dez) dias, permitindo-lhe a produção de prova documental. Verificando a existência de irregularidades ou de nulidades sanáveis, o juiz mandará supri-las, fixando à parte prazo nunca superior a 30 (trinta) dias.	Seção III Das alegações do réu **Art. 338.** Se o réu alegar qualquer das matérias enumeradas no art. 327, o juiz mandará ouvir o autor no prazo de quinze dias, permitindo-lhe a produção de prova documental.
Art. 328. Cumpridas as providências preliminares, ou não havendo necessidade delas, o juiz proferirá julgamento conforme o estado do processo, observando o que dispõe o capítulo seguinte.	**Art. 339.** Cumpridas as providências preliminares ou não havendo necessidade delas, o juiz proferirá julgamento conforme o estado do processo, observando o que dispõe o Capítulo IX.

O art. 334 do projeto, que começa a tratar das providências preliminares, afirma que elas serão tomadas após o término do prazo para contestação. Destaque-se que o projeto traz a redação "contestação", pois ela se tornará a única modalidade de resposta do réu.

O artigo seguinte, em redação aperfeiçoada, não se refere mais aos efeitos da revelia, mas, sim, à não incidência da revelia. É o art. 335 do projeto, que, reproduzindo o art. 324, CPC atual, trata da especificação das provas após a resposta do réu, para que possa julgar a controvérsia instalada, já que, não verificada a revelia, não serão presumidos verdadeiros os fatos alegados na petição inicial.

O art. 336 do projeto permite a previsão de provas pelo réu revel, desde que se faça representar nos autos antes de encerrar-se a fase instrutória. Trata-se, na verdade, da regra que o réu revel assume o processo no estado em que se encontra.

O projeto do novo CPC não reproduz o dispositivo 325, CPC atual, que trata da declaração incidente, a ser solicitada pelo réu. Trata-se, na verdade, de questão ligada à formação da coisa julgada, que teve novo tratamento do projeto do NCPC, e que será tratada na parte de coisa julgada, a qual remetemos.

O art. 337 do projeto também teve seu título modificado em relação ao atual CPC e traz a previsão de que, quando o réu alegar fato impeditivo, modificativo ou extintivo do direito do autor, o autor será ouvido e poderá produzir provas. Trata-se, na verdade, de permitir o contraditório e da ampla defesa para o esclarecimento da alegação. Proceder-se-á da mesma forma em relação ao pedido contraposto.

Por fim, o projeto mantém dois artigos sobre alegações do réu. O art. 338 trata da produção de prova documental e o art. 339 do julgamento conforme o estado do processo, que será tratada a seguir.

CAPÍTULO 7

Julgamento conforme o estado do processo

Após o cumprimento das providências preliminares, elencadas nos arts. 323 a 327, CPC ou no caso de não ser necessário cumprir quaisquer delas, o juiz analisará o processo no estado em que se encontra e dessa análise deverá proferir uma das seguintes decisões:

Extinção do processo sem julgamento do mérito (art. 267 c/c o art. 329, CPC).

1) Extinção do processo com julgamento do mérito em razão de:

2.1) autocomposição total (art. 269, II, III e V, c/c o art. 329, CPC);

2.2) decadência ou prescrição (art. 269, IV, c/c o art. 329, CPC).

3) Julgamento antecipado da lide (art. 330, CPC).

4) Designação de audiência preliminar de conciliação (art. 331, CPC).

5) Designação de AIJ (audiência de instrução e julgamento), com o despacho sanedor, passando-se à fase probatória (art. 331, § 2º, CPC).

6) Decisão parcial, aplicando uma das hipóteses do art. 267 ou 269, CPC, mas o processo não é extinto, pois refere-se apenas à parte do litígio.

7.1 JULGAMENTO ANTECIPADO DA LIDE

É decisão de mérito, em que o juiz decide o objeto do litígio, ou seja, julga a demanda procedente ou improcedente. Tal decisão baseia-se em cognição exauriente, que é proferida depois da fase de saneamento, sempre que for desnecessária a produção de provas.

De acordo com o art. 330, CPC:

> O juiz conhecerá diretamente do pedido, proferindo sentença:
> I – quando a questão de mérito for unicamente de direito, ou, sendo de direito e de fato, não houver necessidade de produzir prova em audiência;
> II – quando ocorrer a revelia (art. 319).

É o caso em que a controvérsia diz respeito apenas à interpretação de documentos já produzidos pelas partes; quando não há contestação, de modo que os fatos afirmados pelo autor serão tidos como verdadeiros; se não há requerimento de provas orais, dentre outras hipóteses em que a audiência de instrução e julgamento seria um ato inútil, "contrário ao espírito do Código".[1]

Portanto, nessas hipóteses o processo é enxugado, ou seja, desnecessário é que se passe à fase probatória. É a manifestação do princípio da adaptabilidade do procedimento, pois o juiz o encurta, dispensando toda uma fase do processo. A sua instituição permitiu eliminar muitas audiências que, ao tempo do Código anterior, eram realizadas sem vantagem para as partes e com perda de tempo para a Justiça.

Nas hipóteses cabíveis, não se trata de faculdade do juiz, mas sim de obrigatoriedade, em decorrência do princípio da economia processual (art. 125, CPC). Para ser encurtado o procedimento, o juiz deve comunicar às partes o que está prestes a realizar, em razão do princípio da cooperação. Essa precaução é importante para que as partes não sejam surpreendidas com uma decisão antes do esperado por elas. A parte insatisfeita pode interpor agravo (arts. 522 e 523, CPC) e, se não o fizer, poderá também alegar cerceamento de defesa, pois não teve oportunidade de apresentar provas.

Trata o inciso I do art. 330, CPC de questão unicamente de direito. Imperioso dizer que não há tal coisa. Portanto, tal inciso deve ser interpretado como a possibilidade de julgamento antecipado quando desnecessária a produção de provas em audiência, ou seja, quanto for suficiente a prova documental acostada aos autos.

---

1 Theodoro Júnior (2009a, p. 403).

Já o inciso II trata da revelia. É importante dizer que a revelia de que trata o artigo é aquela que produz o efeito da confissão ficta, pois os fatos alegados pelo autor passam a ser incontroversos e, portanto, dispensa-se a produção de provas (art. 334, III, CPC). Mesmo ocorrendo a revelia e o julgamento antecipado, o autor pode perder a causa, pois o juiz pode julgar improcedente o seu pedido. O juiz só não pode, em sede de julgamento antecipado, decidir pela improcedência do pedido com base na insuficiência de provas, pois, nesse caso, há a fase probatória para que o autor comprove o alegado. Além disso, violam-se princípios, tais como lealdade processual, cooperação e boa-fé objetiva.

Questão interessante diz respeito à possibilidade de julgamento antecipado parcial. A regra no direito brasileiro é a de que os pedidos cumulados devem ser decididos simultaneamente. Apesar de a reforma processual passar a admitir a antecipação parcial no caso de pedidos cumulados, para Luiz Fux isso não significa que esteja autorizado também o julgamento antecipado parcial, pois tutela antecipada é diferente de julgamento antecipado.[2]

7.2 AUDIÊNCIA PRELIMINAR

Ausentes as hipóteses que determinam o julgamento antecipado da lide (art. 330, CPC) ou de extinção do processo do art. 329, CPC, se a causa versar sobre direitos que admitam transação, o juiz designará audiência preliminar, que será realizada no prazo de trinta dias, devendo as partes comparecer, podendo fazer-se representar por procurador ou preposto com poderes especiais para transigir (art. 331, CPC).

Convém lembrar que o fato de o juiz designar a audiência preliminar não o impede de, posteriormente, promover o julgamento antecipado da lide ou proferir uma sentença terminativa. Ela não importará, também, na obrigatória designação da sucessiva audiência de instrução e julgamento.

Fredie Didier Jr. sustenta que o magistrado pode designar audiência de conciliação mesmo que seja hipótese de julgamento antecipado da lide.

2 Fux (2008, p. 459).

Isso porque o art. 125, IV CPC determina que o juiz tem o dever de tentar conciliar as partes a qualquer tempo. Se não for obtida a conciliação, o juiz julgará a demanda imediatamente.[3]

Em 2002, com a Lei n. 10.444/2002, a audiência de conciliação passou a ser chamada de audiência preliminar, pois ela tem outras funções que não apenas a conciliação. Possui três funções: conciliação, saneamento do processo e delimitação da instrução.

Iniciada a audiência preliminar, o juiz buscará a conciliação e, se não ocorrer, serão resolvidas questões processuais pendentes, com a fixação de pontos controvertidos do processo. O juiz admitirá ou não as provas que as partes desejam produzir e o perito será designado, além da formulação do rol de quesitos que deverão ser por ele respondidos. Será designada data para a audiência de instrução e julgamento e determinada a inspeção judicial, além da oitiva de testemunhas e depoimento da parte. Tudo isso são os atos preparatórios para a fase probatória.

Quando o juiz não designar data para audiência preliminar, ocorrerá nulidade? Segundo Didier Jr., só haverá nulidade se ocorrer prejuízo para a parte. O autor ainda sustenta que dificilmente o prejuízo ocorrerá, pois há sempre a possibilidade de correção de eventuais defeitos, por exemplo: designação de data para a realização da audiência ou tentativa de conciliação na abertura da audiência de instrução e julgamento.[4] Leonardo Greco[5] entende que a ausência da audiência preliminar não acarreta nulidade absoluta do processo, pois a própria lei processual prevê a possibilidade da sua dispensa, no art. 331, § 3º, CPC, segundo o qual se o direito em litígio não admitir transação, ou se esta for de improvável obtenção, o juiz poderá desde logo sanear o processo e ordenar a produção de prova.

Como já foi dito, o art. 331, CPC admite a designação de audiência preliminar sempre que se tratar de direitos que admitam transação. Com o advento da Lei n. 10.444/2002, foi trocada a expressão "direitos disponíveis" por "direitos que admitem transação". De fato, há direitos indisponíveis que admitem transação, tais como alimentos e guarda de filhos, e por isso nada mais correto do que corrigir essa falha.

---

3 Didier Jr. (2008, p. 535).

4 Didier Jr. (2008, p. 506-507).

5 Greco (2010, p. 98).

O art. 841 do Código Civil estabelece que a transação só é possível tratando-se de direitos patrimoniais de caráter privado. Transação é espécie de conciliação e, portanto, conclui-se que é possível conciliação sem transação, que é o que ocorre com a renúncia ao direito sobre o qual se funda a ação. Não há transação entre as partes; o autor, por ato unilateral, renuncia ao direito. É por isso que autores como Didier Jr. sustentam que onde está escrito "direitos que admitam transação" devemos ler "direitos que admitam conciliação", pois o intuito do legislador é propiciar um momento para a conciliação.[6]

Com relação a causas que envolvam pessoas jurídicas de direito público, alguns se posicionam a favor e outros contra a possibilidade de ocorrer a conciliação. A Lei Complementar n. 73/93, em seu art. 4º, VI, possibilita ao advogado-geral da União desistir, transigir e firmar compromisso nas ações de interesse da União nos termos da legislação vigente. Tal possibilidade é expressa nos arts. 1º e 2º da Lei n. 9.469/97, assim como o art. 10, parágrafo único, da Lei n. 10.259/2002. Isso ocorre porque, em determinadas situações, a transação é mais interessante do que o que será gasto com o resultado, o que a reveste de interesse público.

Diferentemente do que ocorre no procedimento sumário e nos juizados especiais, as partes poderão ser representadas por um preposto, que, como foi dito, deve ter poderes especiais para transigir. Esses poderes são expressos na carta de representação, que deve ser apresentada pelo preposto (art. 118, CC). Caso os poderes para conciliar não estejam expressos, não será realizada a tentativa de conciliação e, na hipótese de já ter sido homologado o acordo, este será ineficaz (art. 662, CC).

O preposto apenas pratica atos de natureza material, nada postula em nome da parte. É semelhante à figura do mandato, cujo poder do mandatário é demonstrado pelo instrumento denominado procuração.

No processo civil, a figura do preposto é apenas de conciliação, enquanto no processo do trabalho é mais ampla, pois o preposto pode inclusive prestar depoimento oral, funcionando como fonte de prova.

O preposto pode ser qualquer pessoa capaz, inclusive o maior de 16 e menor de 18 anos, consoante o art. 666 do Código Civil. Para representar pessoa jurídica, é desnecessário que seja empregado dela. Importante res-

6 Didier Jr. (2008, p. 507).

saltar que não só a pessoa jurídica pode valer-se do preposto, a pessoa física também pode, em decorrência do princípio da igualdade.

É vedado ao advogado, de acordo com o art. 23 do Código de Ética da OAB, atuar no mesmo processo, simultaneamente, como patrono e preposto do empregador ou cliente. Porém, conforme ensina Didier Jr., essa vedação não deve se referir à conciliação, pois esta já é função do advogado, e sim à atuação em processos trabalhistas, pois, como vimos, a atuação do preposto é mais ampla. Como os prepostos têm poderes especiais para conciliar, a conciliação pode ser feita por eles sem a presença dos advogados.

7.3 DESPACHO SANEADOR

O art. 331, CPC, em seu § 3º, mitigou a obrigatoriedade de realização da audiência preliminar. Isso porque cabe ao juiz verificar se é ou não o caso de ser marcada a audiência. O referido artigo dispõe:

> Art. 331 [...]
>
> § 3º Se o direito em litígio não admitir transação ou se as circunstâncias da causa evidenciarem ser improvável sua obtenção, o juiz poderá, desde logo, sanear o processo e ordenar a produção da prova, nos termos do § 2º.

Humberto Theodoro Júnior faz muitas críticas ao § 3º do art. 331, CPC, acrescentado pela Lei n. 10.444/2002, pois abriu aos juízes a oportunidade de não realizar a audiência preliminar se as circunstâncias da causa evidenciarem a improvável obtenção da transação. A seu ver, os juízes se deixarão levar pela lei do menor esforço, marcando a audiência de instrução e julgamento sem tentar a conciliação.[7]

São, portanto, duas situações em que a lei dispensa a realização da audiência preliminar: o direito objeto de litígio inadmite transação ou improbabilidade de obtenção de transação.

Assim, não sendo o caso de extinção do processo sem julgamento do mérito, de prescrição, decadência, autocomposição ou julgamento anteci-

7 Theodoro Júnior (2009a, p. 404).

pado da lide e ocorrendo uma das hipóteses do § 3º do art. 331, CPC – faculdade de dispensa da audiência preliminar –, o juiz deve proferir o despacho saneador, fixando os pontos controvertidos e delimitando as atividades probatórias. Pode-se concluir que o despacho saneador é proferido quando há necessidade de prosseguimento do feito, porque o processo não pode ser julgado nesse momento, devendo fluir seu curso normal.

O despacho saneador não tem natureza de despacho, mas de decisão interlocutória, e, apesar do nome, nada saneia, mas sim declara saneado.

A atividade saneadora do juiz tem início com o despacho inicial e, a qualquer momento, pode ele declarar extinto o processo, pelas razões elencadas nos incisos IV, V e VI do art. 267, CPC.

Quanto ao juízo de admissibilidade do procedimento, sendo positivo ou negativo, é uma decisão proferida pelo juiz que será acobertada pelo manto da preclusão. Essa é a posição de Didier Jr.[8] Humberto Theodoro Júnior entende que, se não houver recurso em tempo hábil do despacho saneador, ocorrerá a preclusão consumativa, impedindo que voltem a ser discutidas as questões nele decididas. O momento em que se dá a preclusão é aquele em que se esgota o prazo de interposição do agravo, ou aquele em que transita em julgado o acórdão do Tribunal que julgou o recurso interposto.[9]

Barbosa Moreira, em sentido contrário, entende que a decisão de saneamento produz a preclusão de todas as questões decididas pelo juiz, seja *ex officio*, seja por provocação da parte, além das questões não decididas cuja solução cabia na decisão de saneamento. Neste último caso, estariam excetuadas apenas aquelas questões que, à luz de regra legal específica ou do sistema do Código, pudessem ser resolvidas posteriormente, como a incompetência absoluta.[10]

Em que pese a posição dos referidos autores, grande parte da doutrina sustenta que o juízo de admissibilidade positivo, em que o juiz reconhece a presença dos requisitos de admissibilidade do processo – despacho saneador –, não se submete à preclusão *pro iudicato*. Isso significa que enquanto a relação jurídica esteja pendente poderá ser feito o controle de ofício dos requisitos de admissibilidade. É a aplicação do art. 267, § 3º, CPC, já estudado.

---

8 Didier Jr. (2008, p. 514).

9 Theodoro Júnior (2009a, p. 409).

10 Barbosa Moreira (2009, p. 53).

Segundo Luiz Fux, a tendência atual é no sentido de se admitir o reexame das questões formais a qualquer momento de acordo com o art. 267, § 3º, CPC. Seguindo essa linha, não haveria preclusão das questões que podem ser conhecidas de ofício, como os pressupostos processuais e as condições da ação, salvo para efeitos de recurso especial ou extraordinário, onde se exige o prévio prequestionamento.[11]

Para organizar o processo antes do julgamento, faz-se o saneamento do processo quando termina a primeira e começa a segunda fase do procedimento ordinário, que é a fase saneadora. O despacho saneador serve para:

7.3.1 Correção de eventuais vícios do processo

Como exemplo, temos o advogado que se esqueceu de juntar a procuração ou o advogado que quer fazer uma transação, mas tem apenas poderes gerais, não tem poderes especiais; o nome das testemunhas que não está completo, ou seja, pequenos defeitos que podem ser facilmente sanados. Não estamos falando de causas de extinção do processo, são apenas pequenas irregularidades.

7.3.2 Fixação dos pontos controvertidos da demanda

O juiz deverá cruzar o que foi alegado por cada parte e fixar os pontos em que estão de acordo, em que não há controvérsia, e os pontos em que não há acordo. A consequência prática é que se ganha, por exemplo, na hora de ouvir as testemunhas, de entender o laudo. Na verdade, tanto o autor, na petição inicial, quanto o réu, na contestação, já terão delimitado a extensão de seus pedidos. O que o juiz vai fazer no saneador possui uma índole apenas organizacional. Se ele acrescentar ou suprimir algo, cabe o recurso de agravo.

A fixação dos pontos controvertidos, como delimitação da prova, é oriunda do direito português e impede uma dispersão da dilação probatória. Na visão de Leonardo Greco, a não fixação dos pontos controvertidos não gera nulidade alguma ao processo, salvo se causar prejuízo a alguma

11 Fux (2008, p. 461-462).

das partes. Ele entende, por outro lado, que se essa fixação for muito rígida poderá cercear o direito de acesso à Justiça ou de defesa das partes, causando um prejuízo maior.[12]

7.3.3 Deferimento das provas que vão ser produzidas

Finalizado o saneamento do processo, passa-se para a fase número três, que é a fase instrutória, a fase de produção de provas, que será estudada mais adiante.

7.4 JULGAMENTO CONFORME O ESTADO DO PROCESSO NO PROJETO DO NOVO CPC

CAPÍTULO IX

DO JULGAMENTO CONFORME O ESTADO DO PROCESSO

Seção I

DO JULGAMENTO DA LIDE

Art. 340. Ocorrendo qualquer das hipóteses previstas nos arts. 472 e 474, incisos II a V, o juiz proferirá sentença.

Seção II

DO JULGAMENTO IMEDIATO DA LIDE

Art. 341. O juiz conhecerá de imediato do pedido, proferindo sentença com resolução de mérito:

I – quando a questão de mérito for unicamente de direito ou, sendo de direito e de fato, não houver necessidade de produzir prova em audiência;

II – quando ocorrer a revelia e incidirem seus efeitos.

Seção III

DO SANEAMENTO DO PROCESSO

Art. 342. Não ocorrendo qualquer das hipóteses deste Capítulo, o juiz, em saneamento, decidirá as questões processuais pendentes e delimi-

12 Greco (2010, p. 100).

> tará os pontos controvertidos sobre os quais incidirá a prova, especificando os meios admitidos de sua produção e, se necessário, designará audiência de instrução e julgamento.
>
> Parágrafo único. As pautas deverão ser preparadas com intervalo mínimo de quarenta e cinco minutos entre uma e outra audiência de instrução e julgamento.
>
> **Art. 343.** Verificando a existência de irregularidades ou de nulidades sanáveis, o juiz mandará supri-las, fixando à parte prazo nunca superior a trinta dias.

O capítulo de "Julgamento conforme o estado do processo" no CPC atual está previsto nos arts. 329 a 331 e compreende as seções Extinção do Processo, Julgamento Antecipado da Lide e Audiência Preliminar.

Já no projeto do novo CPC, as seções são Julgamento da Lide, Julgamento Imediato da Lide e Saneamento do Processo.

Em "julgamento da lide", o único artigo do projeto, o art. 340 se refere, na verdade, às hipóteses de extinção do processo sem resolução do mérito e com resolução do mérito.

Já o artigo seguinte, o art. 341, trata do julgamento imediato da lide, denominado pelo CPC atual julgamento antecipado da lide. As hipóteses são as mesmas do art. 330 do atual CPC, mas, em correção terminológica, as hipóteses do julgamento imediato da lide são as questões de direito ou a revelia, porém o projeto acrescenta que apenas nos casos da revelia produzirá seus efeitos, já que, por exemplo, a revelia para a Fazenda Pública não produz seus efeitos, quais sejam: a presunção de veracidade dos fatos alegados pelo autor e a não intimação para os demais atos processuais.

Por fim, já tendo se referido à audiência preliminar antes mesmo da resposta do réu, o projeto não traz mais em "Julgamento conforme o estado do processo" audiência preliminar. Ele trata do saneamento do processo. Ressalte-se que as disposições de audiência preliminar estão no art. 323 do projeto, com o nome de audiência de conciliação, que dispõe que:

> CAPÍTULO V
>
> **DA AUDIÊNCIA DE CONCILIAÇÃO**
>
> **Art. 323.** Se a petição inicial preencher os requisitos essenciais e não for o caso de improcedência liminar do pedido, o juiz designará audiência de conciliação com antecedência mínima de trinta dias.

§ 1º O conciliador ou mediador, onde houver, atuará necessariamente na audiência de conciliação, observando o previsto nos arts. 144 e 145, bem como as disposições da lei de organização judiciária.

§ 2º Poderá haver mais de uma sessão destinada à mediação e à conciliação, não excedentes a sessenta dias da primeira, desde que necessárias à composição das partes.

§ 3º As pautas de audiências de conciliação, que respeitarão o intervalo mínimo de vinte minutos entre um e outro ato, serão organizadas separadamente das de instrução e julgamento e com prioridade em relação a estas.

§ 4º A intimação do autor para a audiência será feita na pessoa de seu advogado.

§ 5º A audiência não será realizada se uma das partes manifestar, com dez dias de antecedência, desinteresse na composição amigável. A parte contrária será imediatamente intimada do cancelamento do ato.

§ 6º O não comparecimento injustificado do autor ou do réu é considerado ato atentatório à dignidade da justiça e será sancionado com multa de até dois por cento do valor da causa ou da vantagem econômica objetivada, revertida em favor da União ou do Estado.

§ 7º As partes deverão se fazer acompanhar de seus advogados ou defensores públicos.

§ 8º A parte poderá fazer-se representar por preposto, devidamente credenciado, com poderes para transigir.

§ 9º Obtida a transação, será reduzida a termo e homologada por sentença.

Trata-se de audiência que poderá ser de conciliação ou de mediação. A conciliação ocorre quando o terceiro imparcial adota uma postura mais ativa: ele vai não apenas facilitar o entendimento entre as partes, mas, principalmente, interagir com elas, apresentar soluções, buscar caminhos que não haviam sido pensados por elas, fazer propostas, admoestá-las de que uma determinada proposta está muito elevada ou de que uma outra proposta está muito baixa; enfim, ele vai ter uma postura verdadeiramente influenciadora no resultado daquele litígio a fim de obter a sua composição.

Já na mediação aquele terceiro vai apenas ouvir as versões das partes e funcionar como um agente facilitador, procurando aparar as arestas sem, entretanto, em hipótese alguma, introduzir o seu ponto de vista, apresentar as suas soluções ou, ainda, fazer propostas ou contrapropostas às partes. Sua ação será, portanto, a de um expectador/facilitador.

A audiência não necessariamente será uma ocorrendo em várias sessões, pode ser cancelada pelas partes se não houver interesse de acordo. Contudo, caso uma das partes simplesmente não compareça, será considerado ato atentatório à dignidade da Justiça e será sancionado com multa de até 2% do valor da causa ou da vantagem econômica objetivada, que se reverterá em favor da União. Nesse caso, deveria se reverter para os estados, caso ocorresse na Justiça estadual e para a União apenas caso ocorresse na Justiça Federal.

Trata-se de nova ideologia, um novo jeito de compreender o processo civil, mais preocupado com a pacificação social do que com o litígio. Se for obtida a conciliação, esta será reduzida a termo. Se não for obtida a conciliação, como já tivemos a oportunidade de destacar, será oferecida a contestação pelo réu.

Contudo, retornando às previsões do "Julgamento conforme o estado do processo", o projeto prevê, por fim, o saneamento do processo, nos arts. 342 e 343, já destacados. Nesse momento, será determinada a especificação das provas pelas partes, se não tiver ocorrido na petição inicial e na contestação, e, se necessário, será marcada a audiência de instrução e julgamento. Nesse momento, serão também sanadas as nulidades processuais, para que o processo possa ter sua tramitação regular.

CAPÍTULO **8**

Extinção do processo

Em lição anterior, vimos que o processo se inicia com a propositura da ação. De acordo com o art. 263, CPC, a ação se considera proposta com a distribuição da petição inicial, quando forem vários os juízos ou com o despacho judicial, em comarca de juízo único.

Quanto à formação da relação processual, existem três correntes que a estudam: linear (o vínculo se estabelece entre autor e réu); triangular (vincula o autor, o réu e o juiz) e angular (existe vínculo entre juiz e autor e entre juiz e réu, inexistindo vínculo direto entre autor e réu). De qualquer modo, o réu só se vincula à relação processual com a citação válida (arts. 219 e 263, parte final, CPC).

Vimos também as hipóteses em que há uma paralisação do processo, ou seja, a sua suspensão, previstas no art. 265, CPC.

Passemos agora ao estudo da extinção do processo.

A extinção do processo encontra-se regulada nos arts. 267 e 269, CPC, que elencam hipóteses em que se põe termo ao processo sem e com julgamento do mérito.

8.1 EXTINÇÃO SEM JULGAMENTO DO MÉRITO

O art. 267, CPC, trata das hipóteses em que o magistrado, ao proferir sentença, põe fim ao processo, mas essa decisão não impede que o autor intente nova ação no futuro, salvo em caso de perempção, litispendência e coisa julgada, expressos no inciso V. Apesar de o art. 268, CPC só fazer expressa referência ao inciso V do art. 267, vislumbram-se outras hipóteses no próprio art. 267, em que fica vedada a renovação da demanda. É o caso da extinção do processo em razão da existência de convenção de arbitragem (inc. VII), pressuposto negativo. Da mesma forma, não será admitida a repropositura da demanda nas hipóteses dos incisos IX e X do art. 267, CPC. Nesta, haverá a extinção da relação jurídica em função da confusão, naquela haverá impossibilidade material tendo em vista o falecimento do autor e a intransmissibilidade do direito pleiteado.

Antes de adentrar no mérito, deve o magistrado fazer uma análise prévia, que consiste em examinar se estão presentes as condições da ação e os pressupostos processuais. Em resposta negativa, o juiz nem passa à análise do mérito, extinguindo o processo sem a sua análise.

A extinção sem análise do mérito é feita por sentença de natureza terminativa, possibilitando ao autor o ingresso com uma nova ação, se sanar o vício que gerou tal decisão e desde que se comprove que foram pagas as custas e os honorários do advogado (art. 268, CPC).

Fredie Didier Jr. sistematiza as hipóteses de extinção elencadas no art. 267, CPC em quatro distintos grupos:[1]

1) extinção por inadmissibilidade – incisos I, IV, V, VI e VII;

2) extinção por morte – ocorre na hipótese do inciso IX, por tratar-se de direito intransmissível;

3) extinção por revogação – decorrente da manifestação das partes – incisos II, III e VIII; e

4) extinção por confusão – inciso X – que, segundo o autor, não implicaria sentença terminativa.

Passemos então à análise de cada inciso do art. 267, CPC:

8.1.1 Indeferimento da petição inicial

Esse inciso já foi tratado no capítulo referente à petição inicial. Cumpre apenas ressaltar que, nesse caso, o réu nem chega a integrar a relação

1 Didier Jr. (2008, p. 524).

processual, uma vez que não é citado, em decorrência de ser tal extinção liminar.

8.1.2 Negligência das partes por mais de um ano

O processo fica paralisado, por inércia das partes, durante mais de um ano. Aqui, só se deve verificar o lapso temporal de um ano, não sendo necessária a presença de qualquer elemento subjetivo das partes.

Cumpre ressaltar que, antes de julgar extinto o processo, deve o magistrado, consoante § 1º do art. 267, CPC, intimar pessoalmente as partes, para que, em quarenta e oito horas se manifestem, sob pena de nulidade da sentença. A intimação é pessoal e não na figura do advogado para que, no caso de eventual negligência deste, a parte não seja prejudicada.

Nesses casos, a extinção do processo independe de provocação das partes.

8.1.3 Omissão do autor por mais de trinta dias

Para que o processo seja extinto com base nesse inciso, deve restar comprovada a intenção do autor em abandonar a ação, o elemento subjetivo. Também sustentam esse requisito Nelson Nery Junior e Rosa Maria de Andrade Nery:[2]

> Abandono da causa pelo autor. Para que se verifique esta causa de extinção do processo, é necessário o elemento subjetivo, isto é, a demonstração de que o autor deliberadamente quis abandonar o processo, provocando sua extinção. Caso pratique algum ato depois de decorridos trinta dias, o processo não deve ser extinto. O termo inicial do prazo ocorre com a intimação pessoal do autor para dar andamento ao processo (CPC 267 § 1º).

O Superior Tribunal de Justiça já editou súmula a respeito, no sentido de ser necessário o requerimento do réu para que seja extinto o processo,

2 Nery Junior e Nery (2007, p. 709).

ou seja, em caso de abandono do processo pelo autor, a sua extinção não pode ser feita de ofício pelo juiz. Súmula 240: a extinção do processo, por abandono da causa pelo autor, depende de requerimento do réu.

Importante ressaltar que o juiz só deve extinguir o feito se o ato que deveria ser praticado pelo autor for indispensável para o julgamento da lide. Sendo portanto dispensável, o juiz deve adentrar no mérito.

Caso o autor abandone a causa por três vezes, não poderá intentar novamente ação em face do réu com o mesmo objeto. Porém, ainda terá o direito de alegar em defesa o seu direito (art. 268, parágrafo único, CPC).

8.1.4 Ausência dos pressupostos de constituição e desenvolvimento regular do processo

De acordo com Moacyr Amaral Santos, os pressupostos processuais são "supostos (pressupostos) prévios da relação processual, à falta dos quais esta não tem existência ou validade".[3]

Temos, portanto, de acordo com a doutrina clássica, duas espécies de pressuposto: de existência, que cuidam da constituição do processo, e de validade, que dizem respeito ao desenvolvimento regular do processo.[4]

São pressupostos de existência:

a) órgão estatal investido de jurisdição – juízo de direito ou tribunal;

b) partes – autor e réu;

c) demanda – o ato da parte traduzido numa petição inicial pelo qual o processo é formado.

Já os pressupostos de validade, que são os requisitos que tornam o processo viável e que, ausentes, não permitem a efetivação da eventual sentença de mérito, ou seja, extinguem o processo sem julgamento do mérito, são:

a) competência e imparcialidade do juiz;

b) capacidade das partes, que se subdivide em:

3 Santos (1999, p. 324).

4 Pinho (2010, p. 161-165).

b.1) capacidade de ser parte, que é a capacidade de ser titular de direitos, capacidade de gozo;

b.2) capacidade de estar em juízo, que é a capacidade de fato ou de exercício do Direito Civil, também conhecida como capacidade processual ou *legitimatio ad processum*;

b.3) capacidade postulatória, que é a aptidão para a prática de atos processuais.

c) demanda regularmente ajuizada – devem ser respeitados os requisitos formais do art. 282, CPC, que trata da petição inicial.

Ainda há uma segunda classificação, que divide os pressupostos em subjetivos e objetivos. São eles:

a) Pressupostos subjetivos

a.1) órgão estatal investido de jurisdição, competente e imparcial (ausência de suspeição ou impedimento – arts. 134 e 135, CPC);

a.2) partes com capacidade para ser parte, postular em juízo, e capacidade processual.

b) Pressupostos objetivos

b.1) extrínsecos – requisitos externos à relação processual e que dizem respeito à inexistência de fatos impeditivos à sua constituição. São aferidos de forma negativa, pois não devem existir. São eles: litispendência, coisa julgada, convenção de arbitragem e fato impeditivo do direito de ação;

b.2) Intrínsecos – referem-se à subordinação dos procedimentos às normas legais. São eles: citação válida do réu, intimação do Ministério Público (art. 82, CPC) e regularidade procedimental (arts. 282, 283 e 39, I, CPC).

O inciso do presente artigo guarda relação direta com os arts. 7º e 13, CPC, que tratam da incapacidade processual e da irregularidade de representação das partes.

O art. 7º, CPC, declara que toda pessoa que se ache no exercício de seus direitos tem capacidade de estar em juízo.

De acordo com o art. 13, CPC, o processo não é extinto de imediato em caso de incapacidade processual ou irregularidade da representação das partes. O juiz deve suspender o processo e marcar um prazo razoável para ser sanado o feito. Do não cumprimento do despacho, temos duas soluções: se quem deveria sanar o feito era o autor, o juiz decretará a nulidade do processo; se cabia ao réu, este se tornará revel e se cabia à terceiro, será excluído do processo. Assim, somente no caso de o autor não sanar o feito, será o processo declarado nulo. É por isso que se pode afirmar que, na prática, é difícil o processo ser extinto por ausência de pressupostos processuais, uma vez que o vício pode ser sanado pelas partes.

8.1.5 Perempção, litispendência e coisa julgada

Perempção é a perda do direito de demandar o réu sobre o mesmo objeto da ação. Ocorre quando o autor abandona o processo por três vezes, hipótese expressa no inciso III (art. 267, III, c/c o art. 268, parágrafo único, CPC). O autor perde o direito de levar aquele litígio ao Judiciário, até mesmo pela via da reconvenção.[5]

Litispendência é a repetição de uma ação idêntica (mesmas partes, mesma causa de pedir e mesmo pedido) à outra que ainda se encontra em curso.

Coisa julgada é o fenômeno pelo qual uma parte ajuíza ação igual a uma primeira, já definitivamente julgada. Na lição de Leonardo Greco, é "a imutabilidade que adquire os efeitos de direito material da sentença não mais sujeita a qualquer recurso no processo em que foi proferida". Lembrando que a coisa julgada somente atinge as sentenças de mérito, não atingindo, portanto, as sentenças terminativas.[6]

Ocorrendo quaisquer desses fenômenos, o juiz deverá conhecê-lo de ofício, em qualquer tempo e grau de jurisdição (§ 3º do art. 267, CPC).

No caso de o juiz verificar a incidência de litispendência, coisa julgada ou perempção, o autor não poderá intentar nova ação. É uma exceção ao art. 267, que trata das sentenças terminativas, que possibilitam a nova propositura de ação (art. 268, *caput*, CPC).

Pode acontecer de apenas parte da demanda, nos processos cumulativos, ser atingida por um desses institutos, caso em que teremos a litispen-

---

5 Didier Jr. (2008, p. 544).

6 Greco (2010, p. 354).

dência, perempção ou coisa julgada parciais, e o processo não deverá ser extinto totalmente, apenas na parte em que for atingida por esses institutos, devendo a outra seguir o curso normalmente.

Didier Jr. ainda lembra que pode haver litispendência ou coisa julgada sem a chamada tríplice identidade. Isso ocorre nas demandas coletivas, em que basta a identidade do pedido e da causa de pedir, pois vários são os legitimados extraordinários a demandar no interesse do titular da relação deduzida.[7]

8.1.6 Falta das condições da ação

Como condições da ação, temos:

a) legitimidade das partes (*legitimidade ad causam*);

b) interesse processual em agir – caracterizada pelo binômio necessidade-adequação;

c) possibilidade jurídica do pedido, que deve ser aferida em dois sentidos, positivo e negativo. Pelo sentido positivo, pode-se pedir tudo aquilo que esteja expressamente previsto em lei. Pelo sentido negativo, só se pode pleitear o que não seja vedado por lei. No direito brasileiro, o silêncio da lei é interpretado em favor da parte.

Existem duas condições específicas. No mandado de segurança, temos o prazo de 120 dias, contados da ciência, pelo interessado, do ato impugnado (art. 23 da Lei n. 12.016/2009). Na ação rescisória, utilizada para desconstituir a coisa julgada, temos como condições específicas o depósito de 5% sobre o valor da causa pelo autor no momento em que ele ajuíza a rescisória (art. 488, II, CPC) e o prazo de dois anos contados do trânsito em julgado da decisão (art. 495, CPC).

Não se deve confundir a carência da ação com a improcedência do pedido. A improcedência do pedido impede a propositura de nova ação, pois o juiz adentrou no exame do mérito. Por outro lado, a carência da ação não impossibilita o ajuizamento de nova demanda, pois o julgamento é extinto sem o julgamento do mérito.

7 Didier Jr. (2008, p. 532).

Importante ressaltar que o exame das condições da ação não se trata de um juízo de mérito, mas, sim, de um juízo sobre questões de direito material a partir da situação fática e concreta relatada pelo demandante como fundamento de sua pretensão, que deve estar acompanhada de um mínimo de verossimilhança e provas que evidenciem a possibilidade do acolhimento. Assim, é garantido o direito de ação, bem como o direito constitucional daquele contra quem a ação é exercida de não ser molestado por uma demanda inviável.[8]

8.1.7 Convenção arbitral

A arbitragem consiste na solução do conflito por meio de um terceiro, escolhido pelas partes, com poder de decisão, segundo normas e procedimentos aceitos por livre e espontânea vontade das partes. É um procedimento fora da jurisdição, mas não se coloca nem acima, nem abaixo, mas sim ao lado – é um procedimento paraestatal.

A arbitragem é um degrau a mais em relação à mediação. O árbitro, além de ouvir as versões das partes, interagindo com elas e tentando chegar a um consenso, deve proferir uma decisão de natureza impositiva, caso a conciliação não seja alcançada.

A convenção arbitral está disposta na Lei n. 9.307/96, e compreende tanto a cláusula compromissória quanto o compromisso arbitral (art. 3º). É um pressuposto processual negativo, pois as partes renunciaram à atividade jurisdicional e, portanto, o Judiciário é impedido de conhecer a questão. Porém, se as partes silenciarem quanto à convenção, subentende-se que houve a concordância tácita em revogar o compromisso. Ou seja, para que o processo seja extinto em razão da existência de compromisso arbitral, é preciso que haja provocação da parte interessada, já no caso de cláusula compromissória esse requerimento não é necessário. Fredie Didier Jr. aponta a não existência de convenção de arbitragem como um requisito processual de validade do procedimento.[9]

---

8 Pinho (2010, p. 141).

9 Didier Jr. (2008, p. 545).

8.1.8 Desistência da ação

O autor, por ato unilateral, desiste de prosseguir com o feito. É admitida a desistência parcial, mas nesse caso o processo não será extinto, pois deverá prosseguir com a parte não afetada.

Havendo litisconsórcio passivo necessário, não pode o autor desistir da ação apenas em relação a um dos corréus, mas tal possibilidade existe em caso de ser o litisconsórcio passivo facultativo.

A desistência ocorre antes da prolação da sentença, mas nada impede que o autor renuncie ao direito de executar o réu, na hipótese de ter ganhado ou que desista de interpor recurso, se tiver perdido.

A desistência só produz efeitos após a sua homologação pelo juiz (art. 158, parágrafo único, CPC).

Se o réu já havia se manifestado oferecendo a sua defesa, para que a desistência seja homologada é necessária a sua concordância. É o que está expresso no § 4º do art. 267, CPC. Sendo o réu revel, desnecessária é a sua concordância quanto à desistência.

Diferente solução ocorre no caso de impetração de mandado de segurança, em que o STF admite, a qualquer tempo, a desistência, sem a necessidade de concordância do impetrado.

Vale destacar a diferença entre a desistência do processo e da renúncia ao direito sobre o que se funda a ação. A desistência refere-se não ao direito demandado, mas, sim, ao prosseguimento do processo, culminando, portanto, em uma decisão terminativa. Já a renúncia refere-se ao próprio direito em que se funda a demanda, gerando uma sentença definitiva, pois extingue o processo com julgamento do mérito.[10]

A desistência encontra regras particulares em legislações extravagantes.

Não é admitida na ação direta de inconstitucionalidade (ADI) e na ação direta de constitucionalidade (ADC) – arts. 5º e 16 da Lei n. 9.868/99.

Na ação civil pública, em caso de desistência infundada por associação legitimada, o Ministério Público ou outro legitimado assumirá a legitimidade ativa (art. 5º, § 3º, Lei n. 7.347/85).

A Lei n. 9.469/97, que trata sobre a intervenção da União nas causas em que figurarem, como autor ou réu, entes da Administração indireta e

10 Didier Jr. (2008, p. 535).

regula os pagamentos da Fazenda Pública em virtude de sentença judiciária entre outras providências, determina, em seu art. 3º, que as autoridades elencadas em seu art. 1º (representantes judiciais da União, suas autarquias e fundações e empresas públicas federais) só poderão concordar com a desistência se o autor renunciar expressamente ao direito sobre o qual se funda a demanda.

Com relação às custas, terminando o processo em razão de desistência, as despesas e honorários serão pagos pelo autor. Sendo a desistência parcial, o pagamento das despesas e honorários serão proporcionais à parte de que se desistiu (art. 26, *caput*, e § 1º, CPC).

8.1.9 Intransmissibilidade da ação

Ocorre quando há a morte do autor e o direito sobre o qual se funda a ação é intransmissível aos seus herdeiros, como, por exemplo, temos ação de alimentos.

8.1.10 Confusão entre as partes

Confusão é a reunião em uma única pessoa e na mesma relação jurídica, da qualidade de credor e devedor. É modo de extinção da obrigação, regulado no Código Civil em seus arts. 381 e s. Alguns exemplos são a fusão e a incorporação de empresas e o casamento sob o regime de comunhão universal de bens.

Como pode ser analisado, a confusão não extingue apenas o processo, mas, sim, a relação jurídica existente. Seria, portanto, hipótese de extinção do processo com julgamento do mérito.

8.1.11 Outros casos

Em caso de morte do procurador da parte, o juiz dará o prazo de vinte dias para ser constituído novo advogado. Se a parte autora não o fizer, o processo será extinto sem julgamento do mérito. Se o réu não constituir novo advogado, o processo prosseguirá à sua revelia (art. 265, § 2º, CPC).

Outra hipótese é a de litisconsórcio necessário, em que a citação deve ser feita a todos os litisconsortes. Caso o réu não promova a citação de todos, será declarado extinto o processo (art. 47, parágrafo único, CPC).

8.2 EXTINÇÃO COM JULGAMENTO DO MÉRITO

Passemos agora à análise das hipóteses que ensejam a extinção do processo com julgamento do mérito, proferindo o juiz uma sentença definitiva. Estão elas elencadas no art. 269, CPC:

8.2.1 Acolhimento ou rejeição do pedido

Acolhendo o pedido, o juiz irá julgar procedente o pedido. Se o rejeitar, será julgado improcedente. A procedência pode ser parcial, na hipótese de cumulação de pedidos.

8.2.2 Reconhecimento do pedido pelo réu

O réu, ao ser chamado ao processo, pode tomar três atitudes: responder à demanda, permanecer inerte ou reconhecer o pedido do autor.

O reconhecimento do pedido difere da confissão, que é um meio de prova e se refere apenas a alguns fatos arrolados pelo autor. Já o reconhecimento tem como objeto o próprio pedido do autor, configurando-se verdadeira adesão do réu ao pedido do autor, ensejando a autocomposição do litígio, o que exime o juiz de dar a sua solução para o conflito de interesses.

As despesas processuais e os honorários são pagos pela parte que reconheceu o pedido, ou seja, o réu. Se for parcial o reconhecimento, as despesas e os honorários serão proporcionais à parte do que se reconheceu (art. 26, *caput* e § 1º, CPC).

8.2.3 Transação

A transação encontra-se nos arts. 841 a 850 do Código Civil. Ocorre quando os interessados previnem ou terminam o litígio por concessões mútuas, só podendo ocorrer se os direitos forem patrimoniais e de natureza privada.

8.2.4 Prescrição e decadência

Tanto a prescrição quanto a decadência têm como fundamento o lapso temporal. No entanto, trata-se de institutos diversos.

Prescrição é a extinção de uma ação, em virtude da inércia de seu titular por um certo lapso de tempo. Pode ser reconhecida a qualquer tempo e grau de jurisdição (arts. 189 e 193, CC)

Decadência é a extinção do direito pela inércia de seu titular, quando sua eficácia foi, de origem, subordinada à condição de seu exercício dentro de um prazo prefixado, que se esgotou sem que tal exercício se verificasse. Com a decadência, perde-se um direito potestativo, pois este não fora exercido dentro do prazo estipulado pela lei. O prazo decadencial pode ser legal ou convencional. Quando legal, pode ser conhecido de ofício pelo juiz (art. 210, CC), o que não ocorre na hipótese de ter sido convencionado pelas partes (art. 211, CC). Sendo legal ou convencional, pode ser alegada de ofício e em qualquer grau de jurisdição.

Veja-se que a prescrição e a decadência também são contempladas pelo Código como causa para o indeferimento da inicial, que enseja a extinção sem julgamento do mérito (arts. 295, IV, e 267, I, CPC). Contudo, é pacífico o entendimento de que prescrição e decadência são causas de extinção do processo com apreciação do mérito. Consequentemente, seriam casos de indeferimento da inicial com julgamento do mérito.

8.2.5 Renúncia ao direito

A renúncia ao direito é ato do autor, que faz com que o processo perca o seu objeto. Ocorre quando o autor, de forma expressa, abre mão do seu direito material invocado na exordial. Não pode o autor renunciar a direitos indisponíveis, por exemplo: direitos relativos a alimentos ou ao estado das pessoas.

A renúncia não pode ser condicionada, deve ser pura e pode ser feita pessoalmente ou por procurador com poderes especiais, pois a procuração geral para foro excetua a renúncia (art. 38, CPC). Não depende de aquiescência do réu, pois é ato unilateral do autor.

Difere a renúncia da desistência da ação. A desistência não impede que a parte intente nova ação no futuro, enquanto que a renúncia elimina tal possibilidade.

8.3 EXTINÇÃO DO PROCESSO NO PROJETO DO NOVO CPC

> CAPÍTULO III
>
> **DA EXTINÇÃO DO PROCESSO**
>
> **Art. 290.** A extinção do processo se dará por sentença.
>
> **Art. 291.** Antes de proferir sentença sem resolução de mérito, o juiz deverá conceder à parte oportunidade para, se possível, corrigir o vício.

Em apenas dois artigos, o projeto do novo CPC trata da extinção do processo. A extinção do processo, aliás, tanto no CPC atual como no projeto do NCPC é uma hipótese de julgamento conforme o estado do processo.

Sem prever quais seriam as hipóteses de extinção do processo com ou sem resolução do mérito nesse capítulo, como ocorre no CPC atual, o projeto, no art. 290, apenas afirma que a extinção do processo ocorrerá por sentença.

E, no artigo seguinte, em nítido prestígio à instrumentalidade das formas, prevê que um vício formal não levará, de plano, à extinção do processo, tendo a parte a oportunidade de corrigi-lo. O projeto apenas não prevê um prazo para tal, deixando a critério do juiz, de acordo com a gravidade do vício existente.

CAPÍTULO 9

Audiência de instrução e julgamento

Ao final da audiência de conciliação, se esta restou-se infrutífera e nem houve a determinação do juiz para a conversão do procedimento, deve o magistrado analisar se cabe o julgamento antecipado da lide, de acordo com o art. 330, CPC, ou se é o caso de extinção do processo com base nos arts. 267 ou 269, I a IV, CPC.

Ultrapassando tais etapas, ou seja, não sendo hipótese de extinção do processo, mas também não sendo possível julgar de imediato a lide, o juiz irá deferir quais provas poderão ser produzidas pelas partes – testemunhal, documental, pericial – e designará dia e hora para a realização da audiência de instrução e julgamento. É o momento culminante do processo de conhecimento de rito ordinário. Em se tratando de rito sumário, será respeitado o art. 278, § 2º, CPC, cujo lapso temporal para a realização da AIJ será de, no máximo, trinta dias no caso de produção de prova oral. No resto, como o procedimento sumário não possui regras específicas, serão observadas as referentes ao procedimento ordinário, de acordo com o art. 272, parágrafo único, CPC.

Ela é regida pelos seguintes princípios: oralidade, imediatidade, concentração ou unidade, identidade física do juiz e publicidade.

Pelo princípio da oralidade, a prática dos atos processuais através da linguagem oral deve prevalecer sobre a forma escrita. De acordo com o princípio da imediatidade, o juiz deve estabelecer contato pessoal e direto com as partes, seus advogados e com os sujeitos probatórios.

O princípio da concentração ou da unidade da audiência estabelece que os atos que a compõem devem desenvolver-se em uma única sessão, conforme dispõe o art. 455, CPC. Relacionado a esse princípio, está o da identidade física do juiz, previsto no *caput* do art. 132, CPC, segundo o qual "o juiz, titular ou substituto, que concluir a audiência julgará a lide, salvo se estiver convocado, licenciado, afastado por qualquer motivo, promovido ou aposentado, casos em que passará os autos ao seu sucessor". Além disso, a audiência deve ser pública, de acordo com os arts. 5, LX, e 93, IX, CF, ressalvadas as hipóteses do art. 155 do Código.

Ao comentar esses cinco princípios básicos, Leonardo Greco afirma que nenhum deles se aplica de forma absoluta.[1] Nos juizados especiais, os juízes leigos podem recolher provas sem a presença do juiz togado, mitigando-se, portanto, o princípio da imediatidade. Caso a audiência não possa ser realizada por completo no mesmo dia, o juiz, segundo o art. 455, CPC, pode marcar a audiência para dia próximo, mitigando o princípio da unidade da audiência.

9.1 ETAPAS DA AIJ

As etapas da AIJ encontram-se detalhadas nos arts. 450 a 457, CPC. Ela é composta de três fases: conciliação, instrução e julgamento. Humberto Theodoro fala ainda em atos preparatórios, que consistiriam na designação de data e horário para a audiência, depósito do rol de testemunhas em cartório, dentre outros atos.[2]

O art. 447, CPC dispõe que, "quando o litígio versar sobre direitos patrimoniais de caráter privado, o juiz, de ofício, determinará o comparecimento das partes ao início da audiência de instrução e julgamento". E o seu parágrafo único prevê ainda: "em causas relativas à família, terá lugar igualmente a conciliação, nos casos e para os fins em que a lei consente a transação". Entretanto, apesar desse artigo, o juiz deve sempre procurar a conciliação, pois, ainda que se trate de direitos indisponíveis, há possibilidade de transação quanto ao modo pelo qual eles serão efetivados.

Ao comentar esse artigo, Leonardo Greco e Humberto Theodoro afirmam que as partes somente estarão obrigadas a comparecer pessoalmente

1 Greco (2010, p. 314).

2 Theodoro Júnior (2009a, p. 484).

se forem intimadas a prestar depoimento pessoal. Caso não compareçam nem enviem procurador, não haverá qualquer prejuízo. Isso deve ser entendido como uma manifestação implícita da vontade de não negociar.[3]

Nas ações de separação, para quem ainda defende a existência desse procedimento em nosso ordenamento jurídico mesmo após a EC n. 66/2010, haverá duas tentativas de conciliação. Uma ocorrerá em audiência especial, antes da contestação e a outra na abertura da audiência de instrução e julgamento, pois o Código, no art. 1.123, admite expressamente que, em qualquer fase da separação litigiosa, possam as partes promover a sua conversão em amigável.[4]

Iniciada a instrução, deve o juiz fixar os pontos controvertidos sobre que incidirá a prova. A colheita da prova deve seguir a seguinte ordem: primeiro, a pericial, momento em que peritos e assistentes responderão aos quesitos formulados pelas partes. Em seguida, serão tomados os depoimentos pessoais do autor e réu. Finalmente, serão ouvidas as testemunhas arroladas pelas partes. Segundo Leonardo Greco, o ideal é que os pontos controvertidos sejam fixados na audiência preliminar. Entretanto, se não houver designação de audiência preliminar, o juiz deve proceder em conformidade com o art. 451, CPC.

A audiência de instrução e julgamento é una e contínua. Porém, em alguns casos, não há como concluir em um só dia a instrução e, por isso, o CPC autoriza que o juiz designe data para o seu prosseguimento, exigindo que seja dia próximo.

Há casos em que a AIJ poderá ser adiada (art. 453), mas isso não exime à parte que deu causa de pagamento de custas referentes a esse adiamento. As hipóteses são: convenção das partes, caso em que só será possível um único adiamento; ou se não puderem comparecer, por motivo justificado, as partes, perito, testemunhas ou advogado. No caso de ausência do advogado, a produção de prova requerida pela parte por ele representada poderá ser dispensada a critério do juiz. A ausência do juiz também impede a abertura da audiência.

Em relação ao adiamento por convenção das partes, Leonardo Greco, com base no art. 158, CPC, entende que a audiência é adiada desde o mo-

3 Greco (2010, p. 317) e Theodoro Júnior (2009a, p. 487).

4 Theodoro Júnior (2009a, p. 488).

mento em que a petição conjunta é protocolada. No caso da ausência de advogado, ele entende que a perda do direito de produzir provas só se concretiza se a parte representada também não estiver presente. Ela ficaria, porém, impedida de praticar atos de natureza postulatória.[5]

Na hipótese do art. 453, II, que trata da ausência justificada de outras pessoas que deveriam comparecer à audiência, o adiamento abrange apenas os atos que deveriam ser praticados pelo ausente, e não necessariamente toda a audiência. Se faltar uma das partes que deveria prestar depoimento pessoal, por exemplo, nada impede o juiz de ouvir o perito.[6]

Humberto Theodoro Júnior entende que a ausência do órgão do Ministério Público, independentemente de justificativa, não impede a realização da audiência, pois, para a validade do processo, a lei exige apenas a sua intimação, e não a sua presença obrigatória (arts. 84 e 246, CPC).[7] Luiz Fux, ao contrário, afirma que tal fato acarreta o adiamento da audiência.[8]

Outras hipóteses que ensejam o adiamento da audiência são: em virtude da substituição de testemunha (art. 408, CPC), se o adiamento for indispensável para que se proceda à intimação da substituta; quando for necessário marcar nova data para permitir que o prazo concedido ao perito termine antes do limite fixado no art. 433; quando ocorrer a substituição do perito remisso (art. 433, parágrafo único); se o juiz determinar a realização de nova perícia (art. 437) ou caso não compareça à audiência, mesmo sem motivo justificado, o perito que a ela devia estar presente.

Luiz Guilherme Marinoni ensina a diferença entre a audiência que começou e foi desdobrada e a que foi designada para determinada data e nem começou. Apenas nesta última hipótese, há nova oportunidade para a apresentação do rol de testemunhas.[9]

É possível, também, a antecipação da audiência. Isso pode ocorrer por motivos de conveniência da Justiça ou, então, a requerimento de uma das partes. A esse respeito, o art. 242, § 2º, estabelece que, havendo antecipação

---

5 Greco (2010, p. 321-322).

6 Theodoro Júnior (2009a, p. 485).

7 Theodoro Júnior (2009a, p. 485).

8 Fux (2008, p. 634).

9 Marinoni e Arenhart (2008).

da audiência, o juiz, de ofício ou a requerimento da parte, mandará intimar pessoalmente os advogados para ciência da nova designação.

Após a instrução, ocorrem os debates orais, momento em que os advogados do autor e réu e o órgão do Ministério Público, sucessivamente, terão o prazo de vinte minutos cada, prorrogáveis por mais dez para as alegações finais. Havendo litisconsorte ou terceiro, o prazo será de trinta minutos (vinte minutos iniciais somados à prorrogação de dez minutos, que formará um todo e será dividido entre eles, se não convencionarem de modo diverso). No caso de oposição, o opoente sustentará primeiro e em seguida os opostos, contando cada um com o prazo de vinte minutos.

Segundo o § 3º do art. 454, "quando a causa apresentar questões complexas de fato ou de direito, o debate oral poderá ser substituído por memoriais, caso em que o juiz designará dia e hora para o seu oferecimento". Esse dispositivo é alvo de críticas por parte da doutrina, como Leonardo Greco. Ele entende que fere uma regra geral do processo civil, segundo a qual o réu tem sempre o direito de manifestar-se por último.

A melhor solução seria a abertura de prazos sucessivos, sempre permitindo ao réu tomar prévio conhecimento da manifestação do autor.[10]

Luiz Fux também segue essa mesma linha, afirmando não haver irregularidade, desde que o juiz decida "abrir ao demandado prazo para o oferecimento dos memoriais após o concedido ao demandante".[11]

Barbosa Moreira lembra que o juiz pode rejeitar a alegação de complexidade, de modo que a parte não tem direito subjetivo à providência.[12]

Ao término dos debates orais ou da apresentação dos memoriais, o juiz irá proferir a sentença ou o fará dentro de dez dias (art. 456, CPC). O § 3º do art. 523 dispõe que "das decisões interlocutórias proferidas na audiência de instrução e julgamento caberá agravo na forma retida, devendo ser interposto oral e imediatamente, bem como constar do respectivo termo (art. 457), nele expostas sucintamente as razões do agravante". Leonardo Greco considera tal preceito uma irracionalidade, pois seria mais coerente que essas decisões fossem impugnadas em conjunto no recurso contra a sentença final, ou seja, na apelação.

---

10 Greco (2010, p. 319).

11 Fux (2008, p. 633).

12 Barbosa Moreira (2009, p. 79).

Cumpre ressaltar que o escrivão deve lavrar termo, sob o ditado do juiz, que conterá o ocorrido na audiência de forma resumida (art. 457). O artigo ainda possibilita a utilização do processo eletrônico, caso em que deverá ser respeitado o art. 169, §§ 2º e 3º, CPC.

9.2 A AIJ NO PROJETO DO NOVO CPC

CAPÍTULO X

DA AUDIÊNCIA DE INSTRUÇÃO E JULGAMENTO

Art. 344. No dia e na hora designados, o juiz declarará aberta a audiência e mandará apregoar as partes e os respectivos advogados, bem como outras pessoas que dela devam participar.

Parágrafo único. Logo após a instalação da audiência, o juiz tentará conciliar as partes, independentemente de ter ocorrido ou não tentativa anterior.

Art. 345. O juiz exerce o poder de polícia e incumbe-lhe:

I – manter a ordem e o decoro na audiência;

II – ordenar que se retirem da sala da audiência os que se comportarem inconvenientemente;

III – requisitar, quando necessário, a força policial;

IV – tratar com urbanidade as partes, os advogados públicos e privados, os membros do Ministério Público e da Defensoria Pública e qualquer pessoa que participe do processo;

V – registrar em ata, com exatidão, todos os requerimentos apresentados em audiência.

Art. 346. As provas orais serão produzidas na audiência, preferencialmente nesta ordem:

I – o perito e os assistentes técnicos responderão aos quesitos de esclarecimentos requeridos no prazo e na forma do parágrafo único do art. 463, caso não respondidos anteriormente por escrito;

II – prestarão depoimentos pessoais o autor e depois o réu;

III – serão inquiridas as testemunhas arroladas pelo autor e pelo réu.

Parágrafo único. Enquanto depuserem as partes, o perito, os assistentes técnicos e as testemunhas, os advogados e o Ministério Público não poderão intervir ou apartear, sem licença do juiz.

Art. 347. A audiência poderá ser adiadaI – por convenção das partes, admissível uma única vez;

II – se não puder comparecer, por motivo justificado, qualquer das pessoas que dela devam necessariamente participar;

III – por atraso injustificado de seu início em tempo superior a trinta minutos do horário marcado.

§ 1º O impedimento deverá ser comprovado até a abertura da audiência; não o fazendo, o juiz procederá à instrução.

§ 2º Poderá ser dispensada pelo juiz a produção das provas requeridas pela parte cujo advogado ou defensor público não tenha comparecido à audiência, aplicando-se a mesma regra ao Ministério Público.

§ 3º Quem der causa ao adiamento responderá pelas despesas acrescidas.

Art. 348. Finda a instrução, o juiz dará a palavra ao advogado do autor e ao do réu, bem como ao membro do Ministério Público, se for caso de sua intervenção, sucessivamente, pelo prazo de vinte minutos para cada um, prorrogável por dez minutos, a critério do juiz.

§ 1º Havendo litisconsorte ou terceiro interveniente, o prazo, que formará com o da prorrogação um só todo, dividir-se-á entre os do mesmo grupo, se não convencionarem de modo diverso.

§ 2º Quando a causa apresentar questões complexas de fato ou de direito, o debate oral poderá ser substituído por razões finais escritas, que serão apresentadas pelo autor e pelo réu, nessa ordem, em prazos sucessivos de quinze dias, assegurada vista dos autos.

Art. 349. A audiência é una e contínua, podendo ser excepcional e justificadamente cindida na ausência do perito ou de testemunha, desde que haja concordância das partes. Não sendo possível concluir, num só dia, a instrução, o debate e o julgamento, o juiz marcará o seu prosseguimento para a data mais próxima possível, em pauta preferencial.

Art. 350. Encerrado o debate ou oferecidas as razões finais, o juiz proferirá a sentença desde logo ou no prazo de vinte dias.

Art. 351. O escrivão lavrará, sob ditado do juiz, termo que conterá, em resumo, o ocorrido na audiência, bem como, por extenso, os despachos, as decisões e a sentença, se proferida no ato.

§ 1º Quando o termo não for registrado em meio eletrônico, o juiz rubricar-lhe-á as folhas, que serão encadernadas em volume próprio.

§ 2º Subscreverão o termo o juiz, os advogados, o membro do Ministério Público e o escrivão, dispensadas as partes, exceto quando houver ato de disposição para cuja prática os advogados não tenham poderes.

§ 3º O escrivão trasladará para os autos cópia autêntica do termo de audiência.

§ 4º Tratando-se de processo eletrônico, será observado o disposto na legislação específica e em normas internas dos tribunais.

§ 5º A audiência poderá ser integralmente gravada em imagem e em áudio, em meio digital ou analógico, desde que assegure o rápido acesso das partes e dos órgãos julgadores, observada a legislação específica.

§ 6º A gravação a que se refere o § 5º também pode ser realizada diretamente por qualquer das partes, independente de autorização judicial.

Art. 352. A audiência será pública, ressalvadas as exceções legais.

A audiência de instrução e julgamento, segundo o projeto do novo CPC, será determinada, se necessário, após o despacho saneador.

O art. 344 do projeto trata do início da audiência e o art. 345 traz as funções do juiz para a condução da audiência. O art. 346 traz a sequência da produção das provas orais na audiência.

Já o art. 347 traz as razões para o adiamento da audiência e o art. 348 dispõe sobre o encerramento da audiência e a elaboração das alegações finais orais pelas partes. Cada uma terá o prazo de vinte minutos, prorrogáveis por mais dez minutos, a critério do juiz.

De acordo com o § 1º do art. 348, o prazo dos litisconsortes será único e, nos termos do § 2º, as alegações finais poderão ser escritas de acordo com a complexidade da causa.

O art. 349 traz a regra da audiência una e excepciona as hipóteses em que a audiência ocorrerá em mais de uma etapa: quando houver perito ou testemunha ausente ou não for possível concluir a audiência em um único dia. Nesse caso, a audiência será remarcada em pauta especial.

O art. 350 prevê que a sentença seja proferida em um prazo de vinte dias após o término da audiência, prazo este que é dilatório, podendo ser necessário um tempo maior para que seja proferida a sentença, e o art. 351 dispõe sobre a lavratura da ata de audiência, prevendo que essa possa se realizar ou não por meio eletrônico.

Por fim, o art. 352 encerra a disposição sobre a Audiência de Instrução e Julgamento (AIJ) prevendo que será pública.

CAPÍTULO **10**

Provas: teoria geral

10.1 NOÇÕES GERAIS

O estudo das provas divide-se em duas partes: uma primeira, chamada teoria geral da prova, e uma segunda, composta pelo estudo das provas em espécie. No primeiro momento, será abordada apenas a teoria geral da prova, passando-se, após, às provas em espécie.

A prova, em sua origem, está ligada à busca da verdade substancial, colocando o juiz em condições de se pronunciar diretamente sobre a demanda, através da reconstrução dos fatos exatamente da forma como ocorreram.

Atualmente, também se reconhece que é imprescindível a reconstrução dos fatos a fim de que a hipótese prevista na norma seja adequadamente aplicada, e isso depende da maior ou menor aproximação da hipótese descrita com a realidade.

Contudo, a verdade no processo não constitui mais um fim em si mesmo, sendo a noção de verdade, hoje, algo meramente utópico e ideal, enquanto absoluto.[1] Não se afirma mais que o encontrado corresponde

1 Nesse sentido, Luiz Guilherme Marinoni (2008, p. 254), que afirma que: "se acaso os sujeitos processuais não acreditassem que a verdade tem função no processo, não haveria motivo para a sua celebração, que se tornaria mera sucessão de atos, sem nenhum objetivo útil. A busca da verdade, embora seja meio retórico, preenche axiologicamente o processo, outorgando-lhe legitimidade e fundamentação". O autor afirma que essa busca da verdade a que se re-

efetivamente à verdade. O processo se torna palco de discussões e o objetivo é o convencimento dos demais sujeitos processuais sobre o fato alegado. O juiz não pode eternizar a busca pela verdade, devendo se contentar com a verdade processual, ou seja, aquela que, de acordo com o que consta no processo, aparenta ser a verdade.[2] Dessa forma, "o processo se contenta com a verdade que migra para os autos, ou seja, a verdade do Judiciário, aquela que importa para a decisão".[3]

O conceito de prova, então, se modifica, deixando de ser um meio para se alcançar a verdade e sendo, na atualidade, prova compreendida como todo elemento que contribui para a formação do convencimento do juiz acerca de determinados fatos relevantes para o julgamento da causa.[4]

A prova pode ser definida como o conjunto de atividades de demonstração e valoração mediante as quais se procura demonstrar a veracidade de determinados fatos relevantes para o julgamento da causa.[5] Luiz Fux, sem pretensão de esgotar o conteúdo do conceito, afirma que "a prova é o meio através do qual as partes demonstram, em juízo, a existência dos fatos necessários à definição do direito em conflito. Provar significa formar a convicção do juiz sobre a existência ou inexistência dos fatos relevantes para a causa".[6]

Contudo, mais do que isso, a prova é, ainda, um direito fundamental (art. 5º, LIV e LVI). Tal direito é uma faceta do próprio "direito de agir em juízo", que não se exaure no direito subjetivo de obter um provimento jurisdicional qualquer, mas também em um procedimento probatório adequado, que garanta o contraditório e a ampla defesa.

fere é, na verdade, algo provisório, apenas prevalecendo enquanto se verificar o consenso para uma situação específica e concreta, do que pode se concluir que a busca da verdade no processo não é a busca da verdade absoluta, mas apenas da verdade do que se alega, sendo a prova meio de se ter a veracidade do alegado pelas partes, que pode não corresponder à realidade da situação fática, ao real e, menos ainda, ao conceito de justiça. É, portanto, uma verdade como resultado do próprio procedimento, das provas lá produzidas.

2 Theodoro Júnior (2009a, p. 415).

3 Fux (2008, p. 572).

4 Câmara (2011, p. 37).

5 Nesse sentido: Dinamarco (2009b, p. 43).

6 Fux (2008, p. 572).

Como direito, o direito à prova não é absoluto, devendo o juiz admitir apenas meios de provas pertinentes, relevantes e admissíveis, além de úteis para a decisão da causa.[7]

Deve-se, porém, ter cautela quanto à eventual limitação, vedação ou restrição às fontes e meios de prova disponibilizados, para que a restrição não se revele abusiva. Somente se tal restrição for abusiva no caso concreto, não se enquadrando nas situações descritas, é que teremos a aplicação inconstitucional das normas processuais civis, por redundarem na inutilidade da ação judiciária. Seria uma verdade negativa da jurisdição impedir ao interessado de se valer dos instrumentos de prova garantidos em geral a quem é parte em juízo, o que torna a prova, muito mais do que instrumento para demonstrar as alegações feitas, um direito fundamental.

10.2 OBJETO E INCIDÊNCIA

O objeto da prova é o conjunto de alegações controvertidas das partes, sendo relevante para o julgamento da causa. A doutrina clássica afirma que a prova incide sobre fatos, ou seja, o objeto da prova são os fatos litigiosos.[8] Contudo, uma parcela da doutrina[9] afirma que tal concepção esbarra na constatação sobre a ocorrência ou não dos fatos em si. Para essa corrente, as provas têm como objetivo influir na convicção do juiz, para que considere verídicas ou não as alegações das partes acerca dos fatos. A prova não incidiria, portanto, sobre os fatos propriamente ditos, mas, sim, sobre as alegações apresentadas pelas partes com base neles. Dessa forma, a alegação, e não o fato, pode corresponder ou não à realidade daquilo que se passou fora do processo.

Esses fatos, como regra, seriam relevantes e controvertidos. Fatos relevantes são os que influenciam o convencimento do juiz no julgamento do mérito da causa. Fatos controvertidos são aqueles sobre os quais as partes divergem, seja quanto à sua efetiva ocorrência, seja quanto a seus efeitos.

Há, contudo, determinados fatos que, apesar de serem incontroversos, dependem de prova do interessado para seu reconhecimento.

---

7 Cambi (2006, p. 137).

8 Theodoro Júnior (2009a, p. 413).

9 Nesse sentido: Câmara (2011, p. 401) e Marinoni e Arenhart (2008, p. 261).

São eles:

a) casos de direitos indisponíveis (art. 302, I, c/c o art. 320, II, CPC);

b) necessidade do instrumento público da certidão de casamento, para fazer a prova de casamento, do registro no RGI, para fazer a prova de proprietário e do testamento, para provar que é legatário;

c) alegações de fatos improváveis como constitutivos do direito do autor. Nesse caso, o juiz pode determinar que a parte produza prova suficiente para convencê-lo de que ocorreu o afirmado.

O art. 334, CPC dispõe que não dependem de prova os fatos notórios; afirmados por uma parte e confessados pela parte contrária; admitidos, no processo, como incontroversos, em cujo favor milita presunção legal de existência ou de veracidade.

Questão controvertida diz respeito à necessidade de prova do direito. Para Luiz Rodrigues Wambier,[10] a prova do direito só seria necessária na hipótese do art. 337, CPC, ou seja, quando é alegado direito municipal, estadual, estrangeiro ou consuetudinário. Apenas nesse caso, o juiz pode atribuir à parte interessada o ônus de provar o teor e a vigência do direito alegado. Fux afirma que tal norma deve ser interpretada à luz da sede territorial onde o magistrado exerce a jurisdição. O magistrado não poderia, pois, exigir a prova das leis municipais do local onde presta a jurisdição, e o mesmo vale no caso de estado.[11]

Já para Cândido Rangel Dinamarco[12] o art. 337, CPC não é exceção à regra geral de que as provas incidem sobre as alegações de determinados fatos. O objeto de prova não será o direito municipal, estadual, consuetudinário ou estrangeiro, mas sim a alegação da parte interessada de que ele possui determinado teor e que se encontra em vigor.

10.3 NATUREZA DAS NORMAS SOBRE PROVAS

O instituto é regulamentado tanto no campo do direito material como

10 Wambier, Almeida e Talamini (2009, p. 235).

11 Fux (2008, p. 576).

12 Dinamarco (2009b, p. 69).

no campo do direito processual, tanto que as normas que versam sobre a questão são consideradas heterotópicas.

Contudo, mais do que isso, como já tivemos a oportunidade de ressaltar, a prova lícita encontra sede constitucional, compondo o próprio direito do cidadão de agir em juízo (art. 5º, LIV e LVI).

10.4 DESTINATÁRIOS DA PROVA

Destinatário direto da prova é o Estado-juiz, passando a prova produzida a integrar o processo. Destinatário indireto das provas são as partes, o que significa que o juiz avaliará as provas produzidas pelas partes, através do sistema de valoração das provas. Acrescentam-se, ainda, como destinatários mediatos da prova os terceiros interessados e o Ministério Público na qualidade de fiscal da lei.

Em relação à valoração das provas feita por seu destinatário imediato, inicialmente, vigorou o sistema das ordálias, também chamado de juízo de Deus. Para demonstrar a veracidade de suas afirmações, a parte era obrigada a realizar condutas e sair ilesa, o que caracterizaria a proteção de Deus para com ela e, consequentemente, a veracidade de suas alegações.

Depois, vigorou o sistema das provas tarifadas, em que era atribuído valor específico às provas. A prova mais valiosa era a confissão e a menos valiosa a prova testemunhal. Há quem defenda o resquício desse sistema em nosso ordenamento quando a lei exige que determinado fato só possa ser provado de uma forma, como é o caso da prova de condição de proprietário através do registro no RGI e a prova do casamento através da certidão, ressalvado o caso de perda ou de falta.

Outro sistema foi o da íntima convicção, em que o juiz tinha plena liberdade para analisar as provas produzidas, inclusive com a possibilidade de se utilizar de fatos de seu conhecimento pessoal para julgar a causa.

Hoje, o sistema adotado é o da persuasão racional ou livre convencimento motivado, em que o juiz tem plena liberdade para analisar as provas, mas não pode se utilizar de fatos extra-autos para fundamentar suas decisões. Não existe, portanto, qualquer hierarquia entre as provas. Nesse sentido, o art. 131, CPC dispõe que "o juiz apreciará livremente a prova, atendendo aos fatos e circunstâncias constantes dos autos, ainda que não alegados pelas partes; mas deverá indicar, na sentença, os motivos que lhe formaram o convencimento".

10.5 CLASSIFICAÇÃO

10.5.1 Quanto ao fato (ou objeto)

I. Provas diretas: a prova incide sobre o fato alegado pela parte.

II. Provas indiretas: a prova não incide sobre o fato alegado, mas sobre outro, conexo àquele que se pretende demonstrar, a fim de que o juiz possa presumir que os fatos ocorreram da maneira alegada pela parte. Esse fato conexo sobre o qual recai a prova é chamado de indício e, por tal razão, as provas indiretas são também denominadas provas indiciárias.

10.5.2 Quanto ao sujeito

I. Provas pessoais: são as fontes ativas de provas, como os depoimentos das partes e as testemunhas.

II. Provas reais: são as fontes passivas de provas, isto é, a prova recai sobre coisas, como os documentos. No caso da pessoa ser submetida a perícia médica, tem-se uma fonte real de prova, já que o indivíduo estará sendo submetido à prova.

10.5.3 Quanto ao objeto

I. Provas testemunhais ou orais: produzida pelo depoimento das partes ou das testemunhas.

II. Provas documentais: oriunda de documentos.

III. Provas materiais: são os laudos periciais técnicos, como o exame de corpo de delito.

10.5.4 Quanto à preparação

I. Provas constituídas: são as produzidas no curso do processo.

II. Provas pré-constituídas: são as que antecedem o processo, já existem antes dele.

10.6 MEIOS DE PROVA

Meios de prova são os instrumentos técnicos aptos a demonstrar a veracidade de determinadas alegações controvertidas e relevantes para o julgamento da causa.

O art. 332, CPC autoriza a utilização de todos os meios legais ou moralmente legítimos de prova, ainda que não previstos expressamente no CPC.

São meios legais as provas típicas, previstas em lei, dentre eles a confissão, o documento, a testemunha, a presunção e a perícia. São meios moralmente legítimos as provas atípicas, sem previsão legal, como, por exemplo, a prova emprestada e a inspeção realizada por oficial de Justiça.

Vê-se, então, que o rol de provas no direito brasileiro não é taxativo, devendo as restrições probatórias ser vistas com cautela, apenas para que não prejudiquem um desenvolvimento ordenado do processo ou que desafiem as garantias e os valores constitucionais.

10.7 ÔNUS DA PROVA

10.7.1 Noções gerais

É o encargo atribuído pela lei, a cada uma das partes, em demonstrar a ocorrência e a veracidade dos fatos de seu interesse, relevantes para a formação do convencimento do juiz e, por isso, este deve sempre fundamentar suas decisões, demonstrando as razões de seu convencimento.

Não é uma obrigação, mas um ônus, porque, diante de sua não realização, a parte poderá ter prejuízo, que é o fato de sua alegação não ser considerada na formação do convencimento do juiz.

O ônus da prova deve ser analisado a partir de dois prismas: o ônus subjetivo da prova e o ônus objetivo da prova.

O ônus subjetivo da prova está relacionado às partes, estabelecendo que alegações sobre determinados fatos cada parte terá o ônus de provar. É regido pelo princípio do interesse, que atribui a cada parte o ônus de demonstrar a veracidade dos fatos de seu interesse, que sejam relevantes para o julgamento da causa.

Prevalece a regra do art. 333, CPC,[13] cabendo ao autor a prova dos fatos constitutivos de seu direito e ao réu a prova de fatos modificativos, impeditivos ou extintivos do direito do autor,[14] devendo haver a impugnação específica dos fatos, salvo no caso de curador especial.

Trata-se de regra fixa, capaz de garantir a segurança jurídica, eliminando a possibilidade de incertezas entre as partes. Contudo, pode acontecer que as provas produzidas pelas partes não sejam capazes de convencer o juiz, sendo que ele não tem como se furtar de julgar a causa.

Nesse caso, o juiz deverá se valer do ônus objetivo da prova, que é, portanto, uma regra de julgamento.[15] Somente no momento de julgar a causa o juiz irá se deparar com a ausência de provas suficientes para a formação do seu convencimento. Nesse momento, não interessa mais se a prova foi produzida pelo autor ou pelo réu, depois de produzida, a prova é do juízo. O juiz irá verificar se o autor assumiu o risco pela não produção adequada da prova, o que terá como consequência a improcedência do pedido. Se for o réu que assumiu tal risco, o pedido será procedente.

Contudo, em determinados casos, o juiz deverá atenuar essa regra, considerando não só a natureza dos fatos em discussão e a quem incumbe a prova, mas também a natureza da situação concreta levada a julgamento.[16]

As formas mais admitidas na doutrina para essa atenuação são a inversão do ônus da prova e a teoria da carga dinâmica da prova, que serão tratadas nos próximos tópicos.

Contudo, Luiz Guilherme Marinoni[17] acrescenta que as regras do CPC de ônus da prova devem ser conjugadas com a verossimilhança das alegações diante do caso concreto.

---

13 Em sentido contrário, Luiz Guilherme Marinoni afirma que o juiz deve julgar com base no art. 333, CPC apenas em caso de dúvida, quando não estiver convencido da existência do fato constitutivo, já que há situações que pode se contentar com a verossimilhança das alegações, além de que, muitas vezes, é mais fácil ao réu fazer prova do que ao autor, o que justifica a inversão do ônus da prova no momento da audiência preliminar (MARINONI; ARENHART, 2008, p. 270).

14 Luiz Guilherme Marinoni afirma que a contraprova pontos não se confunde com a possibilidade do réu provar fato impeditivo do direito do autor. A contraprova seria quando o réu contesta o fato constitutivo e requer prova em relação a ele, como para demonstrar a falsidade de um documento. Pode o réu, porém, não contestar o fato constitutivo, mas afirmar um fato que o impeça, sendo tal o fato impeditivo.(MARINONI; ARENHART, 2008, p. 26 e 265).

15 Nesse sentido: Didier Jr. (2006, p. 518).

16 Marinoni e Arenhart (2008, p. 264).

17 Marinoni e Arenhart (2008, p. 265).

O juiz poderá julgar favoravelmente a quem não cumpriu o ônus da prova, uma vez que o julgamento pode se basear em provas de ofício ou produzidas pela parte contrária, sem retirar a importância da prévia distribuição do ônus da prova; só que essa regra não precisa necessariamente ser observada.

Para o referido autor, o não cumprimento da regra do ônus da prova só geraria, em última análise, a sujeição ao risco de um resultado desfavorável, mas não necessariamente um resultado desfavorável, podendo o juiz se convencer em sentido contrário.

Essa interpretação, na verdade, se baseia apenas na valoração da prova, e não verdadeiramente em seu ônus, e evita que regra do ônus da prova possa acarretar injustiça a ponto de inviabilizar o acesso útil ao Poder Judiciário, violando-se, ainda que ocultamente, o disposto no art. 5º, XXXV, CF, já que muitas vezes, desconsidera a maior ou menor dificuldade de provar os fatos alegados.

10.7.2 Do fato negativo

A questão está na classificação dos fatos negativos como absolutamente negativos (ou indefinidos) e fatos relativamente negativos (ou definidos).

No primeiro caso, temos as negativas que não poderão ser provadas pelas partes em razão de sua indefinição. É impossível provar uma alegação não pelo fato de ser negativa, mas pelo fato de ser indefinida. Seria o que a doutrina chama de prova diabólica.

Por outro lado, os fatos relativamente negativos são aqueles que podem ser objeto de prova, porque a negativa pressupõe outro fato que tenha sido alegado para respaldar a alegação do primeiro, cabendo a parte provar esse outro fato que alegou.

10.7.3 Teoria dinâmica do ônus da prova

O art. 333, CPC, além de estabelecer o chamado ônus da prova, também caracteriza a adoção da chamada teoria estática da prova. Segundo essa teoria, a lei já estabeleceria de antemão o ônus de cada uma das partes em relação às provas a serem produzidas. Assim, por força do princípio do interesse, autor e réu deveriam zelar pela produção de provas de seu respectivo interesse.

Essa distribuição do ônus da prova pode, porém, ocasionar julgamentos injustos, porque, muitas vezes, pode ser difícil à parte a quem foi atribuído o ônus da prova fazê-lo, sendo verdadeira prova diabólica, que é a praticamente impossível de ser produzida pela parte que possui tal ônus.

Nos casos em que, pela situação concreta, se percebe que a parte onerada com a demonstração da prova não possui condições de realizá-la, doutrina e jurisprudência têm defendido a teoria dinâmica do ônus da prova.

Segundo essa teoria, a questão da distribuição do ônus da prova depende da verificação, no caso concreto, de quem possui maiores facilidades para produzir aquela prova.

Trata-se da flexibilização da rigidez em que haviam incidido as regras sobre ônus da prova e a consequente dificuldade de sua aplicação aos casos.

Como suas regras:

a) o encargo não deve ser repartido prévia e abstratamente, mas, sim, casuisticamente;

b) sua distribuição não pode ser estática e inflexível, mas dinâmica;

c) pouco importa, na sua subdivisão, a posição assumida pela parte na causa (se autor ou réu);

d) não é relevante a natureza do fato probando – se constitutivo, modificativo, impeditivo ou modificativo do direito –, mas quem tem mais possibilidade de prová-lo.

A aplicação dessa teoria passa pelos princípios da igualdade, pois muitas vezes as partes se mostram em condições de desigualdade no processo, do devido processo legal, do acesso à Justiça, além de respaldo nos princípios da lealdade, da boa-fé e da solidariedade com o órgão jurisdicional, afastando-se da ideia de cumprimento de meras formalidades abstratas.

O juiz que irá verificar se o caso concreto permite ou não a aplicação da teoria dinâmica do ônus da prova e seu momento adequado é o anterior à fase instrutória, intimando previamente às partes a respeito e fundamentado sua decisão.

Deve-se evitar, assim, dinamizar o ônus da prova após o encerramento da instrução, sob pena de ofensa ao princípio do contraditório.

Destaque-se, porém, que tal teoria não afasta o enfoque estático, entrando o ônus dinâmico em jogo quando as regras iniciais puderem conduzir a uma prova diabólica, vindo a inutilizar o acesso à jurisdição.

Trata-se, portanto, de regra de atividade ou procedimento, que permite às partes saber de antemão a quem incumbirá o ônus da prova. Tal teoria não se confunde com a inversão do ônus da prova, a ser tratada no próximo tópico, na medida em que não há lei expressa que autorize a inversão nesses casos. O que o juiz faz é, diante do caso concreto, atribuir o ônus a quem possui melhores condições e facilidades na sua realização.[18]

A teoria do ônus dinâmico da prova se legitima pelo reconhecimento da atividade probatória do juiz para garantir a igualdade dos litigantes. É o juiz, em uma posição privilegiada em relação ao direito material, que avalia quem teria melhores condições de produzir a prova. Essa teoria pode ser admitida também pelo juiz como sanção à parte que viola deveres de cooperação, impedindo a produção da prova.[19]

Contudo, essa tarefa do juiz merece limites, não podendo atribuir à outra parte um ônus que inicialmente não lhe incumbiria apenas pelo caso de inércia ou inatividade processual do litigante, sendo cabível apenas para se evitar as provas diabólicas, conseguindo-se redistribuição fundamentada e racional do ônus da prova.

Segundo Humberto Theodoro Júnior, a aplicação dessa teoria requer a observância de três requisitos: a) a parte que suporta o redirecionamento deve "esclarecer o fato controvertido apontado pelo juiz", o que pode confirmar tanto a sua tese quanto a tese da parte contrária; b) a parte deve ter condições efetivas de produzir a prova; e c) o novo encarregado do ônus da prova deve ser intimado para que não seja surpreendido. Não se admite, pois, que o juiz, de surpresa, aplique a teoria dinâmica do ônus da prova no momento de sentenciar.[20]

---

18 *Leading case* da teoria da carga dinâmica da prova: STJ. REsp 69.309-SC. rel. Min. Ruy Rosado de Aguiar. *DJ*, 26-8-1996.

19 Nesse sentido: KNIJNIK (2006a, p. 946).

20 Theodoro Júnior (2009a, p. 423).

10.7.4 Inversão do ônus da prova

A inversão do ônus da prova é uma alteração das regras gerais da distribuição do ônus da prova impostas ou autorizadas pela lei, mas deve-se observar sempre que aquele que vai assumi-lo terá a possibilidade de cumpri-lo, pois, caso contrário, se terá a imposição de uma perda, e não a mera transferência de um ônus.

A inversão legal é imposta pela lei e ocorre nos casos de presunções relativas. A lei presume que o fato tenha ocorrido, cabendo à parte demonstrar o contrário. É o caso da comoriência, que se presume o falecimento de duas pessoas no mesmo momento, sendo admitida a prova em contrário.

A inversão convencionada é a possibilidade de inversão do ônus da prova por convenção das partes. Salvo as situações previstas no art. 333, parágrafo único, CPC, a convenção das partes sobre a distribuição do ônus da prova é possível.

Já a inversão judicial do ônus da prova é a realizada pelo juiz com base em alguma lei. A hipótese mais conhecida é a prevista no art. 6º, VIII, do CDC (Lei n. 8.078/90), que trata da inversão nas relações de consumo quando houver verossimilhança nas alegações do consumidor, segundo as regras ordinárias de experiência e quando o consumidor for hipossuficiente. A inversão aqui é *ope iudicis,* determinada pelo juiz caso entenda presente alguma das condições previstas no dispositivo legal. Tal dispositivo da lei consumerista não liberou totalmente o consumidor do ônus da prova, pois é necessário que se verifique, no caso concreto, a dificuldade técnica de provar o fato constitutivo do seu direito.[21]

A grande questão é o momento em que a inversão deve ser realizada pelo juiz. Há quem sustente que será logo no início do processo, logo após a petição inicial. Outros sustentam que deve ser no saneamento da causa. De acordo com esse entendimento, a parte a quem será atribuído o ônus da prova deve saber, antes da fase instrutória, que a não produção adequada da prova irá lhe acarretar prejuízos no que diz respeito ao julgamento desfavorável do mérito da causa.

Para uma terceira corrente, o momento da inversão do ônus da prova é na sentença, ao fundamento de que as partes já sabem de antemão da

21 Theodoro Júnior (2009a, p. 424).

existência de tal possibilidade, não havendo cerceamento ao direito de defesa ou do contraditório.

Luiz Guilherme Marinoni[22] defende, ainda, que a inversão do ônus da prova poderá ser meramente judicial, diante do caso concreto. Afirma o autor que há outras situações de direito substancial que podem requerer a inversão do ônus da prova, como as chamadas atividades perigosas ou os casos de responsabilidade por violação dos deveres legais. Nessa hipótese, a aplicação do ônus da prova, segundo o autor, não estaria vinculada à previsão em lei ou ao prévio acordo entre as partes, podendo a inversão decorrer do direito material discutido no caso, devendo haver apenas o controle da atividade do juiz, e não sua limitação, através da exigência de uma rígida justificativa racional.[23] Nessa mesma linha, Leonardo Greco afirma que o art. 6º, VIII, do CDC não se aplica exclusivamente às relações de consumo, mas também a todas as hipóteses em que o disposto no art. 333, CPC causar uma desigualdade entre as partes ou tornar excessivamente onerosa a produção da prova. As regras do art. 333, CPC não teriam, pois, caráter imperativo.[24]

Contudo, é preciso ressaltar que essa inversão meramente judicial não se trata de uma quarta categoria de inversão do ônus da prova. É, na verdade, para a doutrina majoritária, a teoria da carga dinâmica do ônus da prova, que atribui a produção da prova a quem possui melhores condições de produzi-la, evitando-se a atribuição de provas diabólicas às partes.

10.8 PROVAS ILÍCITAS

Provas ilegais são as que implicam violação da norma de direito material ou de direito processual. Quando a prova é obtida através da violação de norma de direito material, estamos diante de provas ilícitas. Quando as provas são obtidas mediante violação da norma de direito processual, estamos diante de provas ilegítimas. Assim, provas ilegais são gênero, do qual são espécie as provas ilícitas e as provas ilegítimas.

22 Marinoni e Arenhart (2008, p. 268).

23 Acreditamos que não se trataria, na verdade, de regra especial sobre o ônus da prova, mas de disposição sobre o que a doutrina denomina de teoria da carga dinâmica da prova.

24 Greco (2010, p. 132 e 300).

O art. 5º, LVI, da Constituição estatuiu a proibição genérica de provas obtidas por meios ilícitos, sem atenuações. Tal regra decorre da proteção aos direitos fundamentais, de modo que a busca pela verdade não pode ser feita a qualquer custo, devendo respeitar a dignidade da pessoa humana.[25] Em uma interpretação literal, há quem não admita, em qualquer hipótese, a utilização de prova obtida por meio ilícito, inclusive no que concerne às provas derivadas da ilícita, por, de acordo com a "teoria dos frutos da árvore envenenada" (*the fruits of the poisonous tree*), contaminar todas as demais que venham a ser produzidas em razão daquela.[26]

Há quem afirme,[27] porém, que a prova obtida ilicitamente pode ser utilizada como meio de defesa. Parte da doutrina defende ainda a aplicação do princípio da proporcionalidade. Nessa visão, a prova ilícita deveria ser admitida dependendo dos valores jurídicos e morais que correm risco. Para sua admissão, dever-se-ia levar em consideração a gravidade do caso, a índole da relação jurídica controvertida, a dificuldade para o litigante demonstrar a veracidade de suas alegações mediante procedimentos perfeitamente ortodoxos, o vulto do dano causado, outras circunstâncias; o julgador decidiria qual dos interesses em conflito deve ser sacrificado, e em que medida.[28] Toda a dificuldade que remanesce nas provas ilícitas é o confronto de valores que estão inseridos nos princípios constitucionais e como sopesá-los. Leonardo Greco entende que há uma "certa hierarquia" entre os direitos fundamentais e que a aplicação do princípio da proporcionalidade é muito útil nesses casos.[29]

Outra questão é a utilização da escuta telefônica no âmbito do processo civil. A Constituição permite a utilização da escuta autorizada judicialmente, mas restritamente à instrução criminal.

No âmbito do processo civil, há quem defenda[30] não ser possível sua utilização, mas há quem afirme que, se a escuta é realizada por uma parte, com o conhecimento da outra, ela não será ilícita. Além disso, deve se

---

25 Greco (2010, p. 177).

26 Greco (2010, p. 180). O autor afirma que "a prova derivada da prova ilícita é tão ilícita quanto esta e tem de ser repudiada...".

27 Greco Filho (2009, p. 184).

28 Barbosa Moreira (1997, p. 109-110).

29 Greco (2010, p. 178-179).

30 Nery Junior (2004a, p. 203).

verificar o interesse que está em jogo, de modo a aplicar a teoria da proporcionalidade no caso concreto.

A questão se torna mais tormentosa se pensarmos que a escuta, autorizada para a instrução criminal, poderia servir de prova no processo civil. Há quem defenda que não, por burlar o estabelecido no art. 5º, LVI, CF, e há quem entenda ser possível sua utilização, pela prova emprestada não ser ilícita, destacando que sua obtenção na seara criminal também não foi ilícita.

10.9 PROVA EMPRESTADA

Prova emprestada é aquela produzida em outro processo, trazida para ser utilizada em processo em que surge interesse em seu uso, a fim de que auxilie no convencimento do juiz. Trata-se de evitar, com isso, a repetição inútil dos atos processuais, otimizando-se as provas já produzidas perante a jurisdição. Contudo, não é só a ideia de aproveitamento que importa. Eventualmente, a prova pode não ser mais colhida, por alguma circunstância, o que pode autorizar, ao menos em princípio, o empréstimo da prova.

A prova emprestada deve ter sido realizada em contraditório, devendo as partes, no processo onde foi produzida, terem tido a oportunidade de se manifestar em relação à prova. A prova emprestada só poderá ser deferida se a produção de seus efeitos for direcionada a quem participou da demanda em que ela foi produzida, sem a necessidade de que as partes sejam as mesmas, mas a parte atingida pelos efeitos dessa prova precisa ter participado do processo originário no qual foi produzida, sob pena de violação do princípio do contraditório.

Discute-se se a prova emprestada deve, necessariamente, ter sido produzida em processo judiciário. Para Cândido Rangel Dinamarco,[31] sim, mas Didier Jr.[32] defende a possibilidade de utilização pelo juiz de prova produzida na esfera administrativa, atribuindo-lhe o valor que considerar cabível.

31 Dinamarco (2009b, p. 98).

32 Didier Jr. (2006, p. 530).

Ademais, a prova emprestada poderá não receber a mesma valoração da obtida no processo em que foi originariamente produzida. As circunstâncias do segundo processo, as particularidades do empréstimo e mesmo a variação na efetivação do contraditório podem impor valoração diferente à prova, caso comparada com a força que lhe foi atribuída no primeiro processo. Tudo isso deverá ser examinado e motivado pelo juiz do segundo processo, considerando-se a necessidade de motivação das decisões judiciais.

10.10 PROVA INDICIÁRIA

Verificando o legislador ou o magistrado que a prova de certo fato é muito difícil ou especialmente sacrificante, poderá servir-se da ideia de presunção (seja legal ou judicial) para montar um raciocínio capaz de conduzir à conclusão de sua ocorrência, pela verificação do contexto em que normalmente ele incidiria.

Costuma-se falar em presunções legais e em presunções judiciais, que podem ser relativas (*iuris tantum*) ou absolutas (*iuris et de iure*).

O conhecimento do fato probando resulta de uma experiência lógica, formulada pelo magistrado a quem está submetida a causa, a partir do conhecimento de outro fato que se prova nos autos e ao qual, normalmente, a ocorrência do primeiro está ligada. Há, então, um fato "secundário" provado, do qual se extrai a ocorrência do fato "primário", em que se tinha efetivamente interesse.

As presunções e os indícios podem ser considerados um meio de prova indireto, lógico, possuindo a mesma força persuasiva dos outros meios de prova. Assim, o art. 230 do Código Civil, segundo o qual "as presunções, que não as legais, não se admitem nos casos em que a lei exclui a prova testemunhal", deve ser entendida como uma recomendação ao juiz.[33]

Para isso, o juiz se baseia em sua experiência, que deve ser entendida como a experiência do homem médio que vive em determinada cultura e em certo momento histórico.

33 Greco (2010, p. 301).

10.11 FASES DO PROCEDIMENTO PROBATÓRIO

O procedimento probatório pode ser dividido em quatro fases, correspondentes a cada um dos momentos da prova no processo. São elas: o requerimento, a admissão, a produção e a valoração da prova.

O requerimento é a fase inicial, em que se pleiteia do órgão judiciário a produção de determinada prova, a fim de influir no convencimento do juiz. Essa fase normalmente é realizada no início do processo, incumbindo à parte requerer as provas que deseja produzir na petição inicial ou na resposta. A prova documental, por exemplo, deve, em princípio, ser produzida na etapa postulatória, o autor o faz através da petição inicial e o réu através da resposta, de acordo com os arts. 283 e 396, CPC.[34] Outros momentos são designados pela lei para essa função, decorrente de evento no curso do processo, como é o caso de que, embora não haja contestação, a revelia não surte seus efeitos ou o requerimento através de ação cautelar, tendente a evitar que a evidência desapareça no decorrer do tempo. Podemos citar como exemplo também a inquirição de testemunhas (CPC, art. 418, I) e a inspeção judicial (CPC, art. 440) como exemplos de provas que podem ser requeridas pela parte em outro momento.

Entretanto, podem ocorrer fatos relevantes que determinem a necessidade de produção de outras provas. Isso deve ser analisado pelo juiz, em conformidade com o art. 130, CPC. Dessa forma, é possível admitir a proposição de novas provas no âmbito da reconvenção ou se o demandado, à luz do art. 326, CPC, suscita, em sua defesa, preliminares e objeções.[35]

Uma vez requerida a prova, cabe ao órgão jurisdicional analisar o cabimento e a conveniência de se realizar a prova. Aqui é exercido um juízo sobre a prova requerida, admitindo-a ou não, levando em conta a hipotética utilidade da prova no processo. Para que o magistrado possa decidir deve o requerimento ser específico, bem como a decisão de não admissão de produção da prova fundamentada. Esse pronunciamento do magistrado deve integrar a decisão de saneamento (CPC, art. 331, §§ 2º e 3º), e consiste em decisão interlocutória.

---

34 Barbosa Moreira (2009, p. 55).

35 Fux (2008, p. 588).

Admitida a prova, ela será produzida. Em geral, as provas são produzidas na audiência de instrução e julgamento (CPC, art. 336), podendo, porém, ser produzida em local diverso, como na hipótese de pessoa enferma. A prova documental, quando requerida, já deve ser juntada aos autos, sendo sua admissibilidade apenas em momento posterior, após o contraditório.

Produzida a prova, a mesma será valorada pelo juiz. No direito brasileiro, adota-se o princípio da persuasão racional do juiz (ou livre convencimento motivado), de modo que as provas não têm, em regra, valor determinado, podendo o magistrado se convencer com qualquer das evidências presentes nos autos, devendo, porém, fundamentar a sua decisão (CPC, art. 131).

10.12 PODERES PROBATÓRIOS DO JUIZ

Tema que vem sendo objeto de imensa polêmica na doutrina é o da legitimidade democrática de se atribuir ao juiz o poder de determinar *ex officio* a produção de provas no processo civil.

O juiz tem, no processo civil brasileiro, o poder de conduzir a instrução do processo, desdobrando-se esse poder em menores, como dois poderes fundamentais: o poder de produzir provas e de valorar as provas produzidas. Interessa, no momento, o poder do juiz de determinar que as provas sejam produzidas.

De acordo com o art. 130, CPC, o juiz tem poderes, quando os fatos que ainda não lhe parecerem esclarecidos, para determinar a produção de provas de ofício, independentemente do requerimento da parte ou de já ter perdido a oportunidade para tanto. A doutrina brasileira, porém, não é pacífica quanto a esse poder do juiz.

Há quem afirme que o juiz só deve produzir provas de forma complementar às partes, e nunca se substituindo a elas, e há quem afirme que o juiz não poderia produzir provas, iniciativa própria das partes, sob pena de estar auxiliando-as e violando o tratamento igualitário que merecem.

Outros autores[36] afirmam que, se o juiz tem o dever de esclarecer a situação fática, julgando o mais próximo possível do que possa ter ocorrido,

36 Marinoni e Arenhart (2008, p. 285).

ao produzir provas de ofício apenas assume a função que lhe é esperada. O juiz não seria mero expectador da contenda judicial, enquanto as partes teriam o ônus exclusivo de produzir a prova.

A melhor interpretação é a da afirmação de amplos poderes probatórios ao juiz. A atividade probatória desenvolvida de ofício não rompe com sua imparcialidade, já que quando o juiz produz uma prova não tem conhecimento de a qual parte tal prova beneficiará. Leonardo Greco[37] acrescenta a essa afirmação que os poderes probatórios do juiz poderiam se manifestar sempre que seja necessário assegurar às partes a paridade das armas (art. 125, CPC), mantendo um equilíbrio na relação processual.

No direito comparado, há dois modelos: ordenamentos que não atribuem qualquer iniciativa probatória ao juiz e os que atribuem tal poder. No modelo norte-americano, por exemplo, o juiz é mero expectador, não tendo poderes de iniciativa probatória. De outro lado, nos modelos alemão e suíço, o juiz possui amplos poderes probatórios. Já na Itália, os poderes probatórios do juiz são limitados, sendo tais poderes expressamente previstos na lei, ao argumento de que se evitaria um caráter inquisitório no processo civil.

A partir de uma análise comparativa, pode-se perceber que os limites do poder do juiz variam de um ordenamento para outro, mas não se pode fazer uma relação automática entre democracia (ou autoritarismo) e a adoção de um desses modelos, como bem comprovam os exemplos mencionados.

Contudo, quando o juiz determina, de ofício, a produção de uma prova, na verdade, o faz na função de julgador, na tentativa de buscar a demonstração do que está sendo alegado. Dessa forma, ainda que sujeito a críticas, vigora no nosso ordenamento a possibilidade de produção de provas pelo juiz.

10.13 PRODUÇÃO ANTECIPADA DE PROVAS

A produção antecipada de provas é uma das medidas cautelares mais discutidas no CPC atual e é comumente chamada de depoimentos ou vistorias *ad perpetuam rei memoriam*. Tratamos do instituto já no capítulo de teoria geral da prova porque assim disporá o projeto do novo CPC.

37 Greco (2010).

No CPC atual, sua natureza cautelar é reconhecida à medida que objetiva a aquisição preventiva de dados probatórios que, com o tempo, seriam impossíveis de ser recolhidos.

Contudo, há quem negue sua natureza cautelar, afirmando que tal feição dependerá da efetiva existência, ou não, do conflito no caso concreto, sendo presente apenas se houver resistência à produção da prova. Dessa forma, de acordo com o processo principal, assumirá natureza judicial ou meramente administrativa.

A finalidade dessa medida é de assegurar a realização de uma prova[38] diante de circunstâncias que façam crer por sua futura impossibilidade ou, quando menos, em caso de extrema dificuldade na colheita de prova no processo principal.

A prova será apenas produzida, sem que haja sua imediata incorporação em um processo futuro, até que, no momento adequado, possa ser proposta, admitida, produzida e valorada como qualquer outro meio de prova.

Diferentemente da justificação judicial, que converte, em última análise, a prova oral em documento, a antecipação a que se referem os arts. 846 a 851, CPC conserva a natureza da prova, oral ou pericial, sendo importante tal consideração no momento do art. 131, CPC.

A prova oral poderá ser o depoimento da parte, com a finalidade de obter a confissão, ou testemunhal.

Caso a parte não apareça injustificadamente para o depoimento, a negativa em responder às perguntas formuladas ou outros subterfúgios para evitar o depoimento acarretam confissão ficta (art. 345, CPC). Contudo, ainda que o juiz aplique a confissão ficta, ela não será efetiva, pois aqui, ressalta-se, objetiva-se apenas assegurar a prova, sem se cogitar de sua valoração, que será feita pelo juiz do processo principal.

Em relação à prova testemunhal, outra modalidade de prova oral, a prova não será valorada, limitando-se o juiz a documentar o que será declarado. Dessa forma, não deve o juiz sequer realizar a acareação de testemunha, pois esta pressupõe a valoração dos depoimentos para se verificar se houve contradição.

38 Destaque-se que, no caso de prova documental, esta poderá ser obtida por meio da exibição, procedimento anteriormente exposto.

Em caso de negativa do dever de depor, caberá ao juiz apenas registrar a negativa, deixando a critério do magistrado da ação principal a avaliação ou não dessa conduta.

Em relação à prova pericial, eventuais dúvidas sobre a perícia realizada, inclusive, podem possibilitar que o perito esclareça, em audiência, às partes suas conclusões.

Isso porque, embora a cautelar não se preste à valoração de provas, mas apenas a assegurá-las, eventuais dúvidas quanto ao laudo ou ao parecer podem ocasionar a necessidade de esclarecimentos que não serão avaliados pelo juiz que instrui a cautelar, mas podem se revelar, no futuro, de grande valia para a ação principal.

Tal medida tende a ser preparatória e a petição inicial observará o disposto no art. 801, CPC. As partes são as que litigarão no processo principal, sendo colhida a prova em face de quem futuramente ela será utilizada.

Se o processo principal envolver eventuais terceiros, eles também serão citados para o processo cautelar, caso contrário, a prova não lhe poderá ser oposta no processo principal.

Na petição inicial o autor deverá justificar a necessidade da produção da prova antecipada, indicando com precisão os fatos sobre os quais irá recair a prova.

Admitida a petição inicial, o réu será citado para apresentar resposta.

A competência para a medida observará o disposto no art. 800, CPC, mas pode haver deslocamento da competência para o juiz que tenha maior proximidade com as pessoas a serem ouvidas ou coisas a serem examinadas.

Pode ser deferida medida liminar nessa cautelar, quanto maior for a urgência, podendo a colheita de provas ocorrer independentemente da citação dos réus. Colhida a prova, porém, o réu deverá se manifestar sobre sua regularidade e da legitimação da medida, não se tratando de eliminação do contraditório, mas apenas de sua postergação.

As provas, embora antecipadas, devem ser colhidas de acordo com o procedimento legal, tanto para a oitiva de testemunhas, como para a perícia (arts. 420 a 439, CPC).

Após a realização da prova, a sentença será homologatória, admitindo, apenas, sua colheita regular. A valoração da prova não é feita na cautelar, mas apenas no âmbito do processo principal, junto com os demais fatos, servindo a medida apenas para conservar as provas.

A cautelar encerrada não afasta a discussão plena da prova no curso do processo principal.

Alguns autores, como Humberto Theodoro Júnior,[39] entendem que tal medida gera prevenção para o processo principal, por se tratar de típica cautelar. Outros autores, porém, como Luiz Guilherme Marinoni,[40] negam-na, por entenderem que a colheita da prova deve se dar no local mais conveniente para atingir sua finalidade, mas, para a ação, permaneceria o regime geral de competência.

Essa discussão merece avaliação caso a caso, pois melhor será se o juízo da ação principal for o mesmo da medida cautelar, por já ter contato mais próximo com a prova, mas, na hipótese da medida cautelar ser ajuizada no local mais próximo onde a prova deve ser colhida deve-se observar, para a ação principal, a regra geral de competência.

Para tal medida, cabe, ainda, destacar que não se aplica o prazo de trinta dias para ajuizamento da ação principal.

10.14 TEORIA GERAL DA PROVA E SUA PRODUÇÃO ANTECIPADA NO PROJETO DO NOVO CPC

10.14.1 Teoria geral da prova

> CAPÍTULO XI
> **DAS PROVAS**
> Seção I
> **DAS DISPOSIÇÕES GERAIS**
> **Art. 353.** As partes têm direito de empregar todos os meios legais, bem como os moralmente legítimos, ainda que não especificados neste Código, para provar fatos em que se funda a ação ou a defesa e influir eficazmente na livre convicção do juiz.
>
> **Art. 354.** Caberá ao juiz, de ofício ou a requerimento da parte, determinar as provas necessárias ao julgamento da lide.
>
> Parágrafo único. O juiz indeferirá, em decisão fundamentada, as diligências inúteis ou meramente protelatórias.

---

39 Theodoro Júnior (2002, p. 336).

40 Marinoni e Arenhart (2010, p. 270).

Art. 355. O juiz apreciará livremente a prova, independentemente do sujeito que a tiver promovido, e indicará na sentença as que lhe formaram o convencimento.

Art. 356. O juiz poderá admitir a utilização de prova produzida em outro processo, atribuindo-lhe o valor que considerar adequado, observado o contraditório.

Art. 357. O ônus da prova, ressalvados os poderes do juiz, incumbe:

I – ao autor, quanto ao fato constitutivo do seu direito;

II – ao réu, quanto à existência de fato impeditivo, modificativo ou extintivo do direito do autor.

Art. 358. Considerando as circunstâncias da causa e as peculiaridades do fato a ser provado, o juiz poderá, em decisão fundamentada, observado o contraditório, distribuir de modo diverso o ônus da prova, impondo-o à parte que estiver em melhores condições de produzi-la.

§ 1º Sempre que o juiz distribuir o ônus da prova de modo diverso do disposto no art. 357, deverá dar à parte oportunidade para o desempenho adequado do ônus que lhe foi atribuído.

§ 2º A inversão do ônus da prova, determinada expressamente por decisão judicial, não implica alteração das regras referentes aos encargos da respectiva produção.

Art. 359. É nula a convenção relativa ao ônus da prova quando:

I – recair sobre direito indisponível da parte;

II – tornar excessivamente difícil a uma parte o exercício do direito.

Parágrafo único. O juiz não poderá inverter o ônus da prova nas hipóteses deste artigo.

Art. 360. Não dependem de prova os fatos:

I – notórios;

II – afirmados por uma parte e confessados pela parte contrária;

III – admitidos no processo como incontroversos;

IV – em cujo favor milita presunção legal de existência ou de veracidade.

Art. 361. Em falta de normas jurídicas particulares, o juiz aplicará as regras de experiência comum subministradas pela observação do que ordinariamente acontece e, ainda, as regras da experiência técnica, ressalvado, quanto a esta, o exame pericial.

Art. 362. A parte que alegar direito municipal, estadual, estrangeiro ou consuetudinário lhe provará o teor e a vigência, se assim o juiz determinar.

Art. 363. A carta precatória e a carta rogatória suspenderão o julgamento da causa no caso previsto no art. 288, inciso V, *b*, quando, tendo sido requeridas antes da decisão de saneamento, a prova nelas solicitada apresentar-se imprescindível.

Parágrafo único. A carta precatória e a carta rogatória não devolvidas dentro do prazo ou concedidas sem efeito suspensivo poderão ser juntadas aos autos até o julgamento final.

Art. 364. Ninguém se exime do dever de colaborar com o Poder Judiciário para o descobrimento da verdade.

Art. 365. Além dos deveres previstos neste Código, compete à parte:

I – comparecer em juízo, respondendo ao que lhe for interrogado;

II – colaborar com o juízo na realização de inspeção judicial que for considerada necessária;

III – praticar o ato que lhe for determinado.

Art. 366. Incumbe ao terceiro, em relação a qualquer pleito:

I – informar ao juiz os fatos e as circunstâncias de que tenha conhecimento;

II – exibir coisa ou documento que esteja em seu poder.

Parágrafo único. Poderá o juiz, em caso de descumprimento, determinar, além da imposição de multa, outras medidas indutivas, coercitivas, mandamentais ou sub-rogatórias.

O novo CPC, logo em seu primeiro artigo sobre provas, o art. 353, já dispõe que as provas admissíveis serão todas as legais e as moralmente legítimas, ainda que não especificadas no Código. Esses conceitos, aliás, já são utilizados atualmente e foram abordados ao longo do capítulo.

O art. 354 do projeto prevê que as provas a serem produzidas poderão ser determinadas pelo juiz, de ofício, ou a requerimento da parte, mas, em homenagem à celeridade processual, prevê o indeferimento de provas que sejam consideradas meramente protelatórias.

O art. 355 mantém o sistema da persuasão racional do juiz, permitindo-lhe avaliar e valorar livremente a prova, desde que de forma fundamentada, e o art. 356 traz a previsão da prova emprestada, trazida de outro processo, que é admissível, desde que submetida ao crivo do contraditório no processo em que será utilizada.

O art. 357 traz a regra geral sobre o ônus da prova, que cabe ao autor provar suas alegações e ao réu provar fatos impeditivos, modificativos ou extintivos do direito do autor, enquanto o art. 358 trata da distribuição do ônus da prova, de acordo com as circunstâncias da causa e as peculiaridades do fato a ser provado e desde que observado o contraditório.

Nesse caso, tem-se, no art. 358, a teoria da carga dinâmica do ônus da prova, já tratada pelo CPC atual, inclusive, abordada ao longo deste capítulo. Por essa teoria, o ônus da prova recairá sobre a parte que tiver melhor condição de produzir tal prova.

O art. 359 trata de outra exceção ao art. 357: quando as próprias partes convencionam o ônus da prova. Quando houver tal convenção, o juiz não poderá inverter o ônus da prova, pois estaria interferindo em tal convenção, salvo se a convenção recair sobre direito indisponível ou for abusiva, tornando difícil a prova do direito.

Já o art. 360 prevê os fatos que independem de prova e o art. 361 dispõe que o juiz poderá aplicar as regras de experiência comum subministradas pela observação do que ordinariamente acontece e, ainda, as regras de experiência técnica, quando faltarem normas jurídicas particulares.

O art. 362, reproduzindo previsão já existente no CPC atual, trata da prova do direito municipal, estadual, estrangeiro ou consuetudinário, quando não se aplica a máxima do processo civil *iuria novit curia*.

O art. 363 do projeto traz mais uma previsão de suspensão da causa: a prova a ser realizada por meio de carta precatória ou rogatória, que só será deferida quando for imprescindível.

O art. 364 traz o dever de colaboração de todos, partes, terceiros, juiz e assistentes do juízo na relação processual, para se assegurar o escopo do processo, a tutela de direitos fundamentais, e, nesse mesmo sentido, os arts. 365 e 366 encerram a previsão trazendo os deveres das partes e dos terceiros na relação processual.

10.14.2 Produção Antecipada de Provas no projeto do NCPC (PL n. 8.046/2010)

> Seção II
>
> **DA PRODUÇÃO ANTECIPADA DE PROVAS**
>
> **Art. 367.** A produção antecipada da prova, que poderá consistir em interrogatório da parte, inquirição de testemunhas e exame pericial, será admitida nos casos em que:

I – haja fundado receio de que venha a tornar-se impossível ou muito difícil a verificação de certos fatos na pendência da ação;

II – a prova a ser produzida seja suscetível de viabilizar a tentativa de conciliação;

III – o prévio conhecimento dos fatos possa justificar ou evitar o ajuizamento de ação.

Parágrafo único. O arrolamento de bens, quando tiver por finalidade apenas a realização de documentação e não a prática de atos de apreensão, observará o disposto neste Capítulo.

Art. 368. O requerente justificará sumariamente a necessidade da antecipação e mencionará com precisão os fatos sobre os quais há de recair a prova.

§ 1º O juiz determinará, de ofício ou a requerimento da parte, a citação de interessados na produção da prova ou no fato a ser provado, salvo se inexistente caráter contencioso.

§ 2º O juiz não se pronunciará acerca da ocorrência ou da inocorrência do fato, bem como sobre as respectivas consequências jurídicas.

§ 3º Os interessados poderão requerer a produção de qualquer prova no mesmo procedimento, desde que relacionadas ao mesmo fato, salvo se a sua produção acarretar excessiva demora.

§ 4º Neste procedimento, não se admitirá defesa ou recurso, salvo contra a decisão que indeferir, total ou parcialmente, a produção da prova pleiteada pelo requerente originário.

Art. 369. Os autos permanecerão em cartório durante um mês, para extração de cópias e certidões pelos interessados.

Parágrafo único. Findo o prazo, os autos serão entregues ao promovente da medida.

A medida de produção antecipada de provas, que era uma medida cautelar específica no CPC atual, com o fim das medidas cautelares no projeto, passa a ser tratada dentro das disposições sobre provas.

O art. 367 do projeto mantém a disposição do CPC atual, sobre as provas que poderão ser produzidas antecipadamente. Os incisos do referido artigo, por se tratar de uma situação excepcional a produção da prova antes da causa principal, trata de que situações ela poderá ocorrer, devendo ser indicada a razão da urgência e o que se pretende provar (art. 368, *caput*).

Os parágrafos do art. 368 tratam do procedimento para essa produção antecipada de provas, com a citação dos interessados na prova, que poderão, também, produzir prova no mesmo procedimento, para acompanhar toda a produção da prova.

Por fim, o art. 369 do projeto prevê o encerramento do procedimento e que os autos ficarão à disposição dos interessados por um mês, para que possam extrair cópia da prova que foi produzida em juízo, a fim de instruir outro procedimento.

CAPÍTULO **11**

Provas em espécie

11.1 CONCEITO

São admissíveis como meios de prova todos os juridicamente idôneos, ou seja, os meios legais (típicos, previstos em lei) e os moralmente legítimos (provas atípicas). Nesse momento, passasse aos meios de prova previstos no CPC.

O CPC prevê como meios típicos de prova o depoimento pessoal, a confissão, a prova testemunhal, a prova pericial, a prova documental e a inspeção judicial, que serão analisados a seguir. Esses meios de prova devem ser requeridos desde a petição inicial, no caso do autor, ou desde a contestação, no caso do réu, devendo as partes especificar as provas que pretendem produzir.

Caso seja necessária a produção de provas em outra comarca, será expedida carta precatória, ou, em se tratando de outro país, carta rogatória, e o processo será suspenso até a prova ser produzida. Destaque-se, porém, que esse tempo não poderá ultrapassar o limite de um ano, quando, ainda que não seja produzida a prova, o processo voltará ao seu curso normal (art. 338, CPC, e art. 265, § 5º, CPC).

11.2 DEPOIMENTO PESSOAL

O depoimento pessoal é prestado por uma das partes em juízo, preferencialmente na audiência de instrução e julgamento (art. 336, CPC), apesar do disposto nos arts. 342 e 130 do Código permitir que o juiz determine a realização do depoimento pessoal a qualquer momento.

Alguns autores entendem que o disposto no art. 342 na verdade não regulamenta o depoimento pessoal, e sim o interrogatório.[1] Contudo, a doutrina em geral considera o interrogatório apenas um instrumento à disposição do magistrado para esclarecer os fatos da causa, e não um meio de prova propriamente dito. Enquanto o interrogatório pode ser produzido a qualquer tempo e busca apenas esclarecer sobre os fatos da causa, não se podendo nele aplicar a confissão, o depoimento pessoal tem o objetivo de esclarecer sobre os fatos da causa e provocar a confissão, devendo ser prestado na audiência de instrução e julgamento.[2] No que tange ao momento de prestar o depoimento pessoal, Leonardo Greco entende que deve ocorrer preferencialmente na audiência de instrução e julgamento, mas isso não é obrigatório, justamente com fulcro no art. 342, CPC.[3]

O depoimento poderá ser prestado por procurador com poderes especiais para depor e para confessar (art. 661, § 1º, CC). No caso de mandatário sem poderes especiais, o depoimento não será aceito e, ainda que compareça, não eximirá quem deveria depor do ônus da confissão ficta dos fatos alegados pelo autor.

Em caso de litisconsórcio, qualquer um dos litisconsortes poderá pedir o depoimento da parte contrária, mas não da parte que se encontra no mesmo polo da relação processual, até porque, qualquer que seja o tipo de litisconsórcio, não haverá entre os litisconsortes fato controvertido cuja confissão se queira provocar.

Intimada a parte para comparecer à audiência de instrução e julgamento para prestar seu depoimento e não sendo atendida a determinação judicial, deverá ser aplicada ao ausente a pena de confissão, o que significa dizer que se considerará a presunção (relativa) que a parte confessou os fatos sobre os quais iria prestar depoimento (CPC, art. 343 § 2º).

Destaque-se que a intimação da parte para que se aplique a pena de confissão deverá ser pessoal, e é necessário que ela seja capaz de entender o risco da pena de confissão ficta que a lei lhe impõe. Ademais, é neces-

1 Nesse sentido: Câmara (2011, p. 392).

2 Nesse sentido: Câmara (2011, p. 392).

3 Greco (2010, p. 189).

sário advertência expressa no mandado de intimação do risco de aplicação dessa pena.

Comparecendo a juízo, a parte deverá ser qualificada e novamente cientificada de que sua recusa em depor implicará a pena de confissão. As partes deverão ser ouvidas separada e sucessivamente, sem que ouçam o depoimento uma da outra. Inicia-se pelo autor e depois se segue para o réu.

A parte, porém, não é obrigada a depor sobre fatos que possam lhe prejudicar, podendo não tratar de fatos criminosos ou torpes que lhe tenham sido imputados ou sobre fatos a cujo respeito, por estado ou profissão, deva guardar sigilo (art. 347, CPC), hipóteses estas sobre a qual não lhe recairá qualquer sanção.

Há limitações à confissão e ao depoimento pessoal, que são: incapacidade para prestar depoimento pessoal (CPC, art. 8); a proibição de requerer o próprio depoimento pessoal (CPC, art. 343); as escusas de prestar depoimento pessoal (CPC, art. 347); a proibição da presença da parte à tomada de depoimento pessoal da outra (CPC, arts. 344 e 413); a limitação do depoimento pessoal à forma oral (CPC, art. 344); a proibição de reperguntas pelo advogado do próprio depoente (fundamenta-se no costume, não há previsão legal expressa); inadmissibilidade da confissão de fatos relativos a direitos indisponíveis (CPC, art. 351); a forma escrita da confissão extrajudicial (CPC, art. 353).

Segundo o *caput* do art. 344, CPC, "a parte será interrogada na forma prescrita para a inquirição de testemunhas". É preciso, porém, tecer algumas observações sobre o assunto. Antes do depoimento pessoal, a parte não é advertida pelo juiz sobre o dever de dizer a verdade, nem são feitas as perguntas de que trata o *caput* do art. 414, CPC. A parte, portanto, não pode, posteriormente, ser acusada do crime de falso testemunho já que, ao contrário do que ocorre na inquirição de testemunha (art. 415), a parte não vai prestar o compromisso de dizer a verdade. No depoimento pessoal não se aplica a regra do art. 416, CPC, pois após as perguntas feitas pelo juiz, apenas o advogado do adversário da parte que depõe pode fazer pergunta.

11.3 CONFISSÃO

Confissão é a admissão, por alguma das partes, de fato contrário a seus interesses e favorável ao adversário (art. 348). Não se assemelha ao reconhecimento do pedido, pois enquanto na confissão há a admissão de um fato, eventualmente capaz de dar procedência ao pedido da parte contrária, no reconhecimento do pedido é a admissão da existência do próprio direito material alegado pelo autor.

Ademais, na confissão, nem sempre há o resultado da demanda desfavorável a quem confessou, já que a confissão, como meio de prova, será valorada, de acordo com o livre convencimento motivado do juiz, com as demais provas dos autos, enquanto o reconhecimento jurídico do pedido conduz sempre à procedência do pedido do autor.

Se a confissão for resultante da prática de um ato processual (contestação, por exemplo), ela será judicial, caso contrário, será extrajudicial. A esse respeito, o art. 353 do Código estabelece que "a confissão extrajudicial, feita por escrito à parte ou a quem a represente, tem a mesma eficácia probatória da judicial; feita a terceiro, ou contida em testamento, será livremente apreciada pelo juiz". O parágrafo único do dispositivo complementa: "todavia, quando feita verbalmente, só terá eficácia nos casos em que a lei não exija prova literal".

Essa equiparação da confissão extrajudicial dirigida ao próprio beneficiário com a confissão judicial sofre críticas de parte da doutrina. Argumenta-se que, muitas vezes, pessoas físicas ou jurídicas são forçadas a confessar um fato desfavorável.

Leonardo Greco cita o exemplo dos particulares que assinam termos de ajustamento de conduta com o Ministério Público ou com outras autoridades públicas, reconhecendo infrações a direitos difusos ou coletivos e se comprometendo a repará-las ou indenizá-las, com receio de ter as suas atividades empresariais paralisadas por força de uma liminar proferida em sede de ação civil pública. Segundo o autor, a confissão extrajudicial, nesse caso, não pode impedir o particular de, posteriormente, discutir os fatos, pois a confissão não foi espontânea, mas forçada.[4]

O art. 349, CPC dispõe ainda que a confissão judicial pode ser espontânea ou provocada. Se requerida pela parte, exige-se a lavratura do termo nos autos. Já a confissão provocada constará do depoimento pessoal prestado pela parte. O seu parágrafo único estabelece que a confissão espontânea pode ser feita pela própria parte, ou por mandatário com poderes especiais.

4 Greco (2010, p. 187).

A confissão judicial pode ser classificada ainda em real ou presumida. A primeira resulta de declaração expressa da parte, enquanto a segunda resulta da contumácia da parte. O art. 319, que trata da revelia, prevê a ausência de contestação com uma hipótese de confissão presumida.

A confissão somente pode versar sobre fatos relativos a direitos disponíveis (art. 213, CC) e não terá eficácia, se, mesmo disponível, o direito não pertencia à parte. Além da própria parte, pode confessar o advogado que detenha procuração com poderes especiais, conforme estabelece o art. 38, CPC. A confissão será valorada pelo juiz, em conjunto com as demais provas dos autos, para a formação de seu convencimento.

Segundo o art. 352, CPC, a confissão que emana de erro, dolo ou coação pode ser invalidada por ação anulatória quando ainda pendente o processo e por ação rescisória se já tiver sido formada a coisa julgada material.

A confissão de um litisconsorte não prejudica os demais, porém, de acordo com o art. 320, I, CPC, se um dos litisconsortes impugnar o fato, este se torna controvertido em relação a todos.

11.4 EXIBIÇÃO DE DOCUMENTO OU COISA

O CPC regula a exibição de documentos em dois momentos distintos, conforme seja antecedente ou incidente ao processo principal. Enquanto a "ação de exibição" antecedente, preparatória ao processo principal cuja efetividade visa garantir, encontra sua regulamentação nos arts. 844 e 845, dentro do capítulo sobre procedimentos cautelares específicos, a exibição de documentos incidente ao processo está regulada nos arts. 355 a 363. Há quem também defenda o seu caráter cautelar,[5] embora não regulada naquele capítulo, mas prevalece a tese de que possui caráter autônomo.[6]

Seguindo essa linha, pode-se afirmar que a exibição antecedente ao processo principal é um "procedimento cautelar preparatório de exibição de um documento ou de uma coisa, que será aproveitado em demanda

5 Nesse sentido: Câmara (2011, p. 394).

6 Santos (1994, p. 122-123); Fux (2008, p. 599); Greco (2010, p. 219).

futura", ao passo que a segunda espécie, que se processa por um procedimento probatório incidente, não tem natureza cautelar.[7]

Nas palavras de Luiz Fux, a exibição de documento ou coisa regulada no art. 355, CPC é "espécie de prova e não função preventivo-cautelar como a prevista no artigo 844 do CPC".[8]

Podemos falar ainda em uma terceira espécie de procedimento através do qual se requer a exibição de documento ou coisa.[9] Caso alguém se considere no direito de ter acesso ao conteúdo de uma coisa ou documento que se encontre em poder de outrem, essa pessoa poderá propor uma ação com essa finalidade. É uma ação condenatória a uma prestação de fazer.

Qualquer das partes pode requerer a exibição ao juízo. Discute-se se a exibição pode ser determinada de ofício. Alguns autores se manifestam por tal possibilidade,[10] mas prevalece na doutrina a negativa,[11] ao fundamento de que a lei processual exige que se formule pedido de exibição (art. 356, CPC).

No requerimento de exibição, deverá haver a individualização, tão exata quanto possível, da coisa cuja exibição se pretende; a finalidade da prova, com a indicação dos fatos que se relacionam com o documento ou com a coisa; e as circunstâncias em que se funda o requerente para afirmar a existência do documento ou da coisa, bem como sua localização.

A exibição será dispensada toda vez que for lesiva à intimidade e à honra do requerido ou de sua família, bem como se for dever de sigilo seu (art. 363). Não se encaixando em tal situação, a coisa deverá ser exibida.

Requerida a exibição, o requerido terá cinco dias, subsequente a sua intimação, para exibir a coisa ou oferecer resposta. Exibida a coisa, estará satisfeita a prova. Caso afirme que não possui documento ou coisa, o juiz permitirá que o requerente prove, por qualquer meio, a inconsistência das afirmações (CPC, art. 357).

O art. 358 enumera as hipóteses em que a recusa do requerido não será aceita pelo juiz: caso o requerido tenha a obrigação legal de exibir; se

7 Greco (2010, p. 219).

8 Fux (2008, p. 599).

9 Nesse sentido: Greco (2010, p. 219).

10 Theodoro Júnior (2009a, p. 472).

11 Santos (1994, p. 125) e Câmara (2011, p. 395).

o requerido fez alusão ao documento ou à coisa no processo, com o intuito de constituir prova; ou se o documento, em razão do seu conteúdo, for comum às partes.

Se o requerido não efetuar a exibição nem fizer qualquer declaração no prazo de cinco dias, ou ainda, se a recusa for tida como ilegítima, o juiz, conforme o art. 359, CPC, admitirá como verdadeiros os fatos que, por meio do documento ou da coisa, a parte pretendia provar.

Entretanto, se a causa versar sobre direitos indisponíveis, a recusa de exibição não pode implicar confissão. A solução, apontada por Leonardo Greco no caso de a recusa ter sido injustificada, é o juiz determinar a busca e apreensão do documento ou coisa.[12]

Se a coisa que se pretenda exibir estiver na posse de terceiro, este será citado para responder no prazo de dez dias (art. 360). Caso o terceiro injustificadamente, isto é, sem a ocorrência de alguma hipótese prevista no art. 363, não exiba a coisa, o juiz, de acordo com o art. 362, CPC, lhe ordenará que proceda ao respectivo depósito em cartório ou noutro lugar designado, no prazo de cinco dias, impondo ao requerente que o embolse das despesas que tiver. Se o terceiro descumprir a ordem, o juiz expedirá mandado de apreensão, requisitando até mesmo força policial, se for preciso, tudo sem prejuízo da responsabilidade por crime de desobediência.

11.5 PROVA DOCUMENTAL

Documento é toda atestação escrita ou gravada para um fim. Sua conceituação é ampla, alcançando não só escritos como também fotografias, filmes, gravações e assemelhados.

A prova documental deve ser produzida com a petição inicial e com a contestação, sendo admissível juntada posterior apenas quando sua apresentação no momento oportuno não seja possível. Só podem ser juntados depois desse período os documentos novos, que surgiram depois ou que a parte só veio a ter conhecimento em momento posterior. Tal regra, porém, tem sido flexibilizada, admitindo-se a juntada de documento desde que ouvida a parte contrária.

12 Greco (2010, p. 221).

O documento público faz prova não só da sua formação, mas também dos fatos que o escrivão, o tabelião, ou o funcionário declarar que ocorreram em sua presença (art. 364). Se o documento foi feito por oficial público incompetente, ou sem observância das formalidades legais, ele terá o mesmo valor probatório de um documento particular (art. 367).

A prova documental tem sua presunção de veracidade cessada com a declaração de falsidade (art. 387), sendo que o incidente pode surgir a qualquer tempo ou grau de jurisdição, consistindo a falsidade em formar documento não verdadeiro ou em alterar documento verdadeiro. O incidente de falsidade, contudo, não é o único instrumento para se obter a declaração de autenticidade ou falsidade de um documento, pois é cabível a propositura de ação declaratória autônoma, prevista no art. 4, CPC.

O incidente de falsidade é mecanismo que visa expurgar do processo a prova documental materialmente falsa, e pode ser requerido pela parte contra quem foi produzido. Ele deve ser suscitado na contestação ou no prazo de dez dias, contados da intimação da sua juntada aos autos (CPC, art. 390). A arguição de falsidade é incidental e possui natureza declaratória.[13]

Diverge a doutrina quanto à possibilidade de se arguir, além da falsidade material, a ideológica. Há autores no sentido de que ambas podem ser arguidas, pois essa ampla cognição do incidente de falsidade se coaduna com a teoria da efetividade do processo.[14] Em sentido contrário, sustenta-se não ser possível avaliar a veracidade das declarações constantes do documento apenas através de uma análise do próprio documento em si, pois isso também exigiria uma colheita de provas sobre outros fatos. Não seria, pois, um "vício intrínseco" que atingiu a sua confecção.[15]

Se a falsidade do documento for arguida antes de terminada a instrução, o incidente será julgado nos próprios autos, levando à suspensão do processo, conforme dispõem os arts. 394 e 265, VI, CPC. Se arguida, porém, após o fim da instrução, o incidente de falsidade será julgado em autos apensos aos principais, segundo o art. 393, CPC, mas o processo também será suspenso.

13 Greco (2010, p. 215).

14 Fux (2008, p. 596).

15 Greco (2010, p. 217).

É possível que o autor também cumule, na inicial, o pedido de declaração de falsidade com outros pedidos condenatórios consequentes, como por exemplo, perdas e danos.

Intimada a parte que produziu o documento, ela deve responder em dez dias e o juiz ordenará o exame pericial. Entretanto, havendo concordância da outra parte, o documento será retirado dos autos. Caso não haja, o juiz ordenará o exame pericial, para que se verifique se o documento juntado é ou não falso (CPC, 392).

Ao resolver o incidente, o juiz declarará a falsidade ou autenticidade do documento. Segundo o art. 395, CPC, essa decisão é uma "sentença". Tal nomenclatura é alvo de críticas por parte da doutrina, que entende tratar-se, na verdade, de decisão interlocutória.[16]

O § 1º do art. 162 estabelece que "sentença é o ato do juiz que implica alguma das situações previstas nos arts. 267 e 269 desta Lei". O art. 267 trata das hipóteses de extinção do processo sem julgamento do mérito, e o art. 269 elenca os casos de julgamento com mérito.

O fundamento da crítica é justamente esse, pois "nenhuma dessas hipóteses ocorre no julgamento do incidente de arguição de falsidade, que não chega sequer a formar um novo processo".[17] O recurso cabível, pois, seria o agravo e não a apelação.

11.6 PROVA TESTEMUNHAL

Prova testemunhal é a produzida por testemunhas, que são pessoas estranhas ao feito, mas que sabem sobre fatos da causa. Embora a admissibilidade desse meio de prova seja amplo, não se admite a prova exclusivamente testemunhal em hipóteses expressamente previstas em lei, como nos casos de negócios jurídicos cujo valor extrapole dez vezes o valor do salário mínimo do momento de sua celebração (art. 227 do CC).

Qualquer pessoa, em princípio, pode ser testemunha. As exceções são as previstas nos arts. 228, CC, e 405, CPC, que são os incapazes para depor, impedidos ou suspeitos.

16 Greco (2010, p. 219). No sentido de que se trata realmente de sentença: Theodoro Júnior (2009a, p. 456).

17 Greco (2010, p. 219).

São incapazes para depor o interdito por demência; o que, acometido por enfermidade ou debilidade mental ao tempo em que ocorreram os fatos, não podia discerni-los, ou, ao tempo em que deve depor, não está habilitado a transmitir as percepções; o menor de 16 anos; o cego e o surdo, quando a ciência dos fatos depender dos sentidos que lhes faltam (CPC, art. 405, § 1º).

São impedidos de depor: o cônjuge, bem como o ascendente e o descendente em qualquer grau, ou colateral, até o terceiro grau, de alguma das partes, por consanguinidade ou afinidade, salvo se o exigir o interesse público, ou, tratando-se de causa relativa ao estado da pessoa, não se puder obter de outro modo a prova, que o juiz repute necessária ao julgamento do mérito; o que é parte na causa; e o que intervém em nome de uma parte, como o tutor na causa do menor, o representante legal da pessoa jurídica, o juiz, o advogado e outros, que assistam ou tenham assistido as partes (CPC, art. 405, § 2º).

São suspeitos de depor: o condenado por crime de falso testemunho, havendo transitado em julgado a sentença; o que, por seus costumes, não for digno de fé; o inimigo capital da parte, ou o seu amigo íntimo; e aquele que tiver interesse no litígio (CPC, art. 405, § 3º).

Tratando-se de pessoas impedidas ou suspeitas, o juiz poderá tomar o depoimento na qualidade de informante, ou seja, sem que preste compromisso, devendo o juiz valorar os depoimentos (art. 405, § 4º, e CC, art. 228, parágrafo único).

O Código Civil, em seu art. 228, parágrafo único, permite que o juiz admita o depoimento das pessoas elencadas no artigo, para a prova de fatos que só elas conheçam. Tal dispositivo, porém, deve ser interpretado no sentido de que apenas o menor possa ser ouvido nesses casos, excluindo-se, portanto, as pessoas com doença mental ou sem discernimento suficiente.[18]

Segundo o art. 406, a testemunha fica isenta de depor de fatos que lhe acarretem grave dano, bem como ao seu cônjuge e parentes consanguíneos ou afins, em linha reta, ou colateral até segundo grau, cabendo ao juiz realizar essa verificação no caso concreto. A testemunha fica desobrigada também a depor sobre fatos a cujo respeito, por estado ou profissão, deva guardar sigilo.

18 Greco (2010, p. 236).

Nos termos do art. 407, CPC, as partes devem fornecer o rol de testemunhas no prazo que o juiz fixar ao designar a audiência de instrução e julgamento ou, não tendo sido fixado prazo, até dez dias antes da audiência. A falta de oferecimento do rol de testemunhas no prazo acarretará a preclusão.

Tal regra, porém, pode ser afastada em caso de manifesta necessidade e desde que não seja oriunda de má-fé. O juiz, nesse caso, deve garantir que a parte contrária tenha tempo suficiente para colher informações a respeito da testemunha arrolada pelo adversário, o que pode causar o adiamento da audiência. O mesmo raciocínio é aplicado pelo autor no que tange à substituição e ao número máximo de testemunhas.[19]

O número de testemunhas é limitado a dez e o juiz pode dispensar as que excederem a três para a prova do mesmo fato (art. 407, parágrafo único). Oferecido o rol de testemunha, só é possível sua substituição quando ocorrer alguma das situações previstas no art. 408, CPC, ou seja: falecimento, enfermidade ou tendo mudado de residência, não for encontrada pelo oficial de Justiça.

O depoimento da testemunha é colhido na audiência de instrução e julgamento, salvo as que prestam depoimento antecipadamente, através do procedimento de produção antecipada de provas; as que são inquiridas por carta; as que, por doença ou outro motivo relevante, estão impedidas de comparecer a juízo; e o ocupante de certos cargos, que possuem o benefício de serem inquiridos em sua residência (CPC, art. 411).

Intimada a testemunha, deverá comparecer no juízo em dia e hora marcados, sendo possível sua condução coercitiva caso não compareça. O funcionário público e o militar serão requisitados ao chefe da repartição ou ao comando do corpo em que servir, respectivamente. Se a parte se comprometer a levar a testemunha independentemente de intimação e esta não comparecer, presume-se que desistiu de ouvi-la.

As testemunhas são ouvidas separadamente. Primeiro as do autor, depois as do réu, de modo que uma não ouça o depoimento das demais (art. 413). As partes não fazem perguntas diretamente às testemunhas, cabendo-lhes apenas requerer ao juiz que formule as perguntas que entender necessárias. As perguntas consideradas impertinentes são indeferidas, mas, se a

19 Greco (2010, p. 255-257).

parte que as formulou requerer, serão obrigatoriamente transcritas na ata de audiência. A testemunha também deve responder às perguntas diretamente ao juiz, não sendo permitido fazer consultas a qualquer pessoa.

Antes de iniciar o depoimento, a testemunha é qualificada e as partes podem contraditá-las, arguindo incapacidade, impedimento ou suspeição. É a chamada contradita da testemunha, prevista no art. 414, § 1º, CPC, que visa a impugnar o depoimento de uma testemunha, seja através da via escrita ou oral. A contradita deve ser feita até o momento em que o juiz iniciar as perguntas à testemunha.

Se a parte quiser, posteriormente, questionar a validade do depoimento da testemunha, deverá fazê-lo como qualquer nulidade no curso do processo. A decisão do juiz a respeito da contradita é uma decisão interlocutória, recorrível por meio de agravo retido. Trata-se de decisão interlocutória proferida na audiência de instrução e julgamento, incidindo, pois, o art. 523, § 3º, CPC.

Antes de iniciar o depoimento, a testemunha presta, ainda, o compromisso de dizer a verdade, sob pena de falso testemunho (art. 302, CP). O depoimento é reduzido a termo e assinado pela testemunha, pelo juiz e pelos procuradores. As testemunhas podem ser acareadas caso haja depoimentos divergentes. A acareação pode ser de ofício ou a requerimento das partes (CPC, art. 418, II).

11.7 PROVA PERICIAL

A prova pericial é utilizada quando o julgamento do mérito depende de conhecimentos técnicos de que o magistrado não dispõe. Nesses casos, recorre-se a um especialista, auxiliar da Justiça que, dispondo do conhecimento técnico necessário, transmitirá ao juízo seu parecer sobre o tema posto em apreciação. Se o fato probando for complexo, isto é, envolver mais de uma área do conhecimento, poderá o juiz nomear mais de um perito, atuando cada um em ramos do conhecimento distintos. Segundo o *caput* do art. 420, CPC, "a prova pericial consiste em exame, vistoria ou avaliação".[20]

---

20 Segundo Leonardo Greco (2010, p. 271-272), a avaliação é uma estimativa do valor pecuniário de determinado bem; vistoria é a "observação extrínseca de objetos inanimados" e o exame é uma "observação de objetos animados ou uma observação intrínseca de objetos ina-

A prova pericial ocorre através da nomeação de *expert* do Juízo, que terá um prazo para a entrega do laudo pericial (art. 421). Intimadas as partes sobre a nomeação do perito, podem-se formular quesitos e apresentar assistente técnico no prazo de cinco dias (art. 421, § 1º).

O assistente técnico será um auxiliar da parte, e não do juízo, estando, portanto, excluído da arguição de impedimento e de suspeição. Já o perito está sujeito a impedimento ou suspeição, quando será excluído do encargo.

O perito poderá ser substituído, ainda, quando carecer de conhecimento técnico necessário ou quando descumprir, sem motivo, o encargo que lhe foi confiado.

A perícia pode ser dispensada quando as partes apresentarem pareceres técnicos ou documentos elucidativos, que sejam considerados pelo magistrado como suficientes ao julgamento da causa.

Segundo o art. 428, CPC, quando a prova tiver de realizar-se por carta, poderá proceder-se à nomeação de perito e indicação de assistentes técnicos no juízo, ao qual se requisitar a perícia.

O perito, para bem desempenhar sua função, pode se valer de todos os meios necessários, até mesmo da oitiva de testemunhas e da solicitação de documentos que estejam em poder de parte ou de repartições públicas, podendo instruir o laudo com todas as peças que considere necessárias (CPC, art. 429).Sendo impossível cumprir o prazo estabelecido pelo juiz, poderá ser requerida, por uma única vez, a prorrogação do prazo. O laudo pericial deve ser apresentado pelo juiz até pelo menos vinte dias antes da audiência de instrução e julgamento, e o laudo dos assistentes técnicos até pelo menos dez dias antes (art. 433), e deverá ser sempre fundamentado, demonstrando o perito os métodos de que se serviu para elucidar a questão que lhe foi posta.

As partes podem solicitar que o perito preste informações sobre o laudo, esclarecimentos que ocorrerão na audiência de instrução e julgamento, tendo o perito que ser intimado até cinco dias antes da audiência, quando tomará ciência das perguntas que lhe serão formuladas (CPC, art. 435).

---

nimados". Para Humberto Theodoro Júnior (2009a, 471-472), o exame consiste na "inspeção sobre coisas, pessoas ou documentos, para verificação de qualquer fato ou circunstância que tenha interesse para a solução do litígio. Vistoria é a mesma inspeção, quando realizada sobre bens imóveis. E a avaliação ou arbitramento é a apuração de valor, em dinheiro, de coisas, direitos ou obrigações em litígio".

Embora o juiz não tenha conhecimentos técnicos para julgar o mérito da causa, não ficará adstrito ao laudo (CPC, art. 436), podendo formar sua convicção livremente com base nos elementos constantes nos autos, como corolário do sistema da persuasão racional do juiz na valoração das provas (art. 131, CPC), mas deverá sempre fundamentar sua decisão.

Não por outra razão, o juiz menos ainda estará adstrito ao laudo dos assistentes técnicos das partes, figuras parciais, que atuarão tentando convencer o juiz a um resultado favorável em favor de quem atuam.

Segundo o art. 437, CPC, pode o juiz ainda, de ofício ou a requerimento das partes, determinar a realização de uma segunda perícia, sempre que reputar que a matéria ainda não está suficientemente esclarecida. Essa segunda perícia não substitui a primeira, sendo apenas para corrigir omissões ou inexatidões da primeira, cabendo ao juiz valorar livremente cada uma delas, desde que de forma fundamentada. Com base nessa prerrogativa, há, na doutrina, quem defenda a possibilidade de o magistrado designar, simultaneamente, dois ou mais peritos, o que asseguraria mais segurança nas informações colhidas.

Contudo, não poderá o juiz, ainda que disponha de conhecimentos técnicos sobre o assunto em questão, se utilizar de seus conhecimentos, sempre que a questão for afeta à área jurídica, já que a prova não é produzida para a pessoa física do juiz, mas para o processo.

A perícia, ainda que realizada por juízo incompetente, não será invalidada, por não se tratar de ato decisório, mas apenas que auxiliará com conhecimentos técnicos na formação do convencimento do juiz.

Os honorários serão propostos pelo perito levando em consideração a complexidade da causa, as despesas necessárias etc. Em seguida, o juiz deve ouvir as partes e arbitrar um valor, que deverá ser pago de acordo com o disposto no art. 33, CPC. Segundo o art. 14 da Lei n. 1.060, o perito pode ser obrigado a trabalhar de graça, mas não a arcar com despesas. Há quem entenda que o ideal seria o Estado criar um fundo específico para cobrir tais gastos,[21] como já, por exemplo, existe na Justiça Federal no Estado do Rio de Janeiro.[22] Em alguns casos, quando a perícia interessa ao

21 Nesse sentido: Greco (2010, p. 290).

22 Nesse sentido, está previsto na Resolução n. 541 do Conselho da Justiça Federal, que dispõe sobre a remuneração dos peritos, dos intérpretes e dos advogados dativos.

beneficiário da justiça gratuita, os juízes determinam que o depósito dos honorários seja feito pela parte contrária.

11.8 INSPEÇÃO JUDICIAL

Trata-se de meio de prova em que o próprio juiz se desloca da sede do juízo para examinar coisa ou pessoa, obtendo esclarecimentos fáticos. Pode ser feita de ofício ou a requerimento da parte (art. 440).

A inspeção judicial é uma prova constituenda, que se forma no curso do processo e deverá ser previamente estabelecido o objeto sobre o qual recairá a inspeção, não podendo haver inspeção genérica sem que seja estabelecido previamente qual o seu limite.

O juiz, ao realizar diretamente a inspeção, deverá ir ao local onde se encontra o objeto ou a pessoa, a fim de melhor interpretar os fatos a serem observados, quando a coisa ou pessoa não puderem ser apresentadas em juízo sem grande despesa ou dificuldade para a reconstituição dos fatos. As partes têm o direito de assistir à inspeção, prestando esclarecimentos e fornecendo informações que considerem relevantes para o deslinde da causa.

Se a inspeção judicial for pessoal e depender de conhecimentos técnicos, pode o juiz se socorrer de perito, o que não a equipara, porém, à prova pericial. Não há oferecimento de quesitos ou oferecimento de laudo, por exemplo. O perito será apenas um assessor do juiz no curso da inspeção.[23]

Concluída a diligência, lavra-se o auto circunstanciado, do qual deverá constar o que for útil ao julgamento do processo.

O juiz pode, ainda, fazer essa inspeção informalmente. As observações e os dados colhidos, entretanto, não poderão ser usados no julgamento da causa, salvo se o juiz for arrolado como testemunha, com fundamento no art. 409, CPC. Nesse caso, ele deve declarar-se impedido de atuar no processo.

Apesar de o art. 440 utilizar o verbo "poder", se a inspeção for útil à apuração dos fatos, o juiz, à luz da ideia de contraditório participativo,

23 Barbosa Moreira (2009, p. 73).

tem o dever de determiná-la. Segundo Leonardo Greco, essa aparente faculdade contida no art. 440, CPC, deve ser interpretada como verdadeiro dever, "nos casos em que a inspeção se apresente conveniente ou relevante para demonstrar a procedência das alegações de uma das partes".[24] Mas há casos em que o próprio Código define como obrigatória a inspeção judicial, como, por exemplo, na interdição, segundo o art. 1.181, CPC.

11.9 PROVAS EM ESPÉCIE NO PROJETO DO NOVO CPC

Seção III

DA ATA NOTARIAL

Art. 370. A existência e o modo de existir de algum fato que seja considerado controvertido e apresente relevância para a situação jurídica de alguém pode ser atestada, a requerimento do interessado, mediante ata lavrada por tabelião.

Seção IV

DO DEPOIMENTO PESSOAL

Art. 371. Cabe à parte requerer o depoimento pessoal da outra, a fim de ser interrogada na audiência de instrução e julgamento, sem prejuízo do poder do juiz de ordená-lo de ofício.

§ 1º Se a parte, pessoalmente intimada e advertida da pena de confesso, não comparecer ou, comparecendo, se recusar a depor, o juiz aplicar-lhe-á a pena.

§ 2º É vedado a quem ainda não depôs assistir ao interrogatório da outra parte.

§ 3º O depoimento pessoal da parte que residir em comarca ou seção judiciária diversa daquela onde tramita o processo poderá ser colhido por meio de videoconferência ou outro recurso tecnológico de transmissão de sons e imagens em tempo real, o que poderá ocorrer, inclusive, durante a realização da audiência de instrução e julgamento.

§ 4º Os juízos deverão manter equipamento para a transmissão e recepção dos sons e imagens a que se refere o § 3º.

24 Greco (2010, p. 311).

Art. 372. Quando a parte, sem motivo justificado, deixar de responder ao que lhe for perguntado ou empregar evasivas, o juiz, apreciando as demais circunstâncias e os elementos de prova, declarará, na sentença, se houve recusa de depor.

Art. 373. A parte responderá pessoalmente sobre os fatos articulados, não podendo servir-se de escritos anteriormente preparados; o juiz lhe permitirá, todavia, a consulta a notas breves, desde que objetivem completar esclarecimentos.

Art. 374. A parte não é obrigada a depor sobre fatos:

I – criminosos ou torpes que lhe forem imputados;

II – a cujo respeito, por estado ou profissão, deva guardar sigilo;

III – a que não possa responder sem desonra própria, de seu cônjuge, de seu companheiro ou de parente em grau sucessível;

IV – que a exponham ou as pessoas referidas no inciso III a perigo de vida ou a dano patrimonial imediato.

Parágrafo único. Esta disposição não se aplica às ações de estado e de família.

Seção V
DA CONFISSÃO

Art. 375. Há confissão, judicial ou extrajudicial, quando a parte admite a verdade de um fato, contrário ao seu interesse e favorável ao adversário.

Art. 376. A confissão judicial pode ser espontânea ou provocada. Da confissão espontânea, se requerida pela parte, será lavrado o respectivo termo nos autos; a confissão provocada constará do depoimento pessoal.

Parágrafo único. A confissão espontânea pode ser feita pela própria parte ou por mandatário com poderes especiais.

Art. 377. A confissão judicial faz prova contra o confitente, não prejudicando, todavia, os litisconsortes.

Parágrafo único. Nas ações que versarem sobre bens imóveis ou direitos sobre imóveis alheios, a confissão de um cônjuge ou companheiro não valerá sem a do outro, salvo se o regime de casamento for de separação absoluta de bens.

Art. 378. Não vale como confissão a admissão, em juízo, de fatos relativos a direitos indisponíveis.

§ 1º A confissão será ineficaz se feita por quem não for capaz de dispor do direito a que se referem os fatos confessados.

§ 2º Prestada a confissão por um representante, somente é eficaz nos limites em que este pode vincular o representado.

Art. 379. A confissão é irrevogável, salvo quando emanar de erro ou coação, hipótese em que pode ser tornada sem efeito por ação anulatória.

Parágrafo único. Cabe ao confitente o direito de propor a ação nos casos de que trata este artigo, a qual, uma vez iniciada, passa aos seus herdeiros.

Art. 380. A confissão extrajudicial feita por escrito à parte ou a quem a represente tem a mesma eficácia probatória da judicial; feita a terceiro ou contida em testamento, será livremente apreciada pelo juiz.

Parágrafo único. A confissão extrajudicial, quando feita oralmente, só terá eficácia nos casos em que a lei não exija prova literal.

Art. 381. A confissão é, de regra, indivisível, não podendo a parte que a quiser invocar como prova aceitá-la no tópico que a beneficiar e rejeitá-la no que lhe for desfavorável. Cindir-se-á, todavia, quando o confitente lhe aduzir fatos novos, capazes de constituir fundamento de defesa de direito.

Seção VI

DA EXIBIÇÃO DE DOCUMENTO OU COISA

Art. 382. O juiz pode ordenar que a parte exiba:

I – a coisa móvel em poder de outrem e que o requerente repute sua ou tenha interesse em conhecer;

II – a documento próprio ou comum, em poder de cointeressado, sócio, condômino, credor ou devedor ou em poder de terceiro que o tenha em sua guarda como inventariante, testamenteiro, depositário ou administrador de bens alheios;

III – a escrituração comercial por inteiro, balanços e documentos de arquivo, nos casos expressos em lei.

Art. 383. O pedido formulado pela parte conterá:

I – a individuação, tão completa quanto possível, do documento ou da coisa;

II – a finalidade da prova, indicando os fatos que se relacionam com o documento ou a coisa;

III – as circunstâncias em que se funda o requerente para afirmar que o documento ou a coisa existe e se acha em poder da parte contrária.

Art. 384. O requerido dará a sua resposta nos cinco dias subsequentes à sua intimação. Se afirmar que não possui o documento ou a coisa, o juiz permitirá que o requerente prove, por qualquer meio, que a declaração não corresponde à verdade.

Art. 385. O juiz não admitirá a recusa se:

I – o requerido tiver obrigação legal de exibir;

II – o requerido aludiu ao documento ou à coisa, no processo, com o intuito de constituir prova;

III – o documento, por seu conteúdo, for comum às partes.

Art. 386. Ao decidir o pedido na sentença, o juiz admitirá como verdadeiros os fatos que, por meio do documento ou da coisa, a parte pretendia provar se:

I – o requerido não efetuar a exibição, nem fizer qualquer declaração no prazo do art. 389;

II – a recusa for havida por ilegítima.

Parágrafo único. Sendo necessário, pode o juiz adotar medidas coercitivas, inclusive de natureza pecuniária, para que o documento seja exibido.

Art. 387. Quando o documento ou a coisa estiver em poder de terceiro, o juiz mandará citá-lo para responder no prazo de quinze dias.

Art. 388. Se o terceiro negar a obrigação de exibir ou a posse do documento ou da coisa, o juiz designará audiência especial, tomando-lhe o depoimento, bem como o das partes e, se necessário, de testemunhas; em seguida proferirá a decisão.

Art. 389. Se o terceiro, sem justo motivo, se recusar a efetuar a exibição, o juiz ordenar-lhe-á que proceda ao respectivo depósito em cartório ou em outro lugar designado, no prazo de cinco dias, impondo ao requerente que o embolse das despesas que tiver; se o terceiro descumprir a ordem, o juiz expedirá mandado de apreensão, requisitando, se necessário, força policial, tudo sem prejuízo da responsabilidade por crime de desobediência, pagamento de multa e outras medidas mandamentais, sub-rogatórias, indutivas e coercitivas.

Parágrafo único. Das decisões proferidas com fundamento no art. 388 e no *caput* deste artigo caberá agravo de instrumento.

Art. 390. A parte e o terceiro se escusam de exibir, em juízo, o documento ou a coisa, se:

I – concernente a negócios da própria vida da família;

II – a sua apresentação puder violar dever de honra;

III – a publicidade do documento redundar em desonra à parte ou ao terceiro, bem como a seus parentes consanguíneos ou afins até o terceiro grau ou lhes representar perigo de ação penal;

IV – a exibição acarretar a divulgação de fatos a cujo respeito, por estado ou profissão, devam guardar segredo;

V – subsistirem outros motivos graves que, segundo o prudente arbítrio do juiz, justifiquem a recusa da exibição.

Parágrafo único. Se os motivos de que tratam os incisos I a V do *caput* disserem respeito só a um item do documento, a parte ou terceiro exibirá a outra em cartório, para dela ser extraída cópia reprográfica, de tudo sendo lavrado auto circunstanciado.

Seção VII
DA PROVA DOCUMENTAL
Subseção I
Da força probante dos documentos

Art. 391. O documento público faz prova não só da sua formação, mas também dos fatos que o escrivão, o tabelião ou o servidor declarar que ocorreram em sua presença.

Art. 392. Fazem a mesma prova que os originais:

I – as certidões textuais de qualquer peça dos autos, do protocolo das audiências ou de outro livro a cargo do escrivão, sendo extraídas por ele ou sob sua vigilância e por ele subscritas;

II – os traslados e as certidões extraídas por oficial público de instrumentos ou documentos lançados em suas notas;

III – as reproduções dos documentos públicos, desde que autenticadas por oficial público ou conferidas em cartório, com os respectivos originais;

IV – as cópias reprográficas de peças do próprio processo judicial declaradas autênticas pelo advogado, sob sua responsabilidade pessoal, se não lhes for impugnada a autenticidade;

V – os extratos digitais de bancos de dados públicos e privados, desde que atestado pelo seu emitente, sob as penas da lei, que as informações conferem com o que consta na origem;

VI – as reproduções digitalizadas de qualquer documento público ou particular quando juntadas aos autos pelos órgãos da justiça e seus auxiliares, pelo Ministério Público e seus auxiliares, pela Defensoria Pública e seus auxiliares, pelas procuradorias, pelas repartições públicas em geral e por advogados, ressalvada a alegação motivada e fundamentada de adulteração antes ou durante o processo de digitalização.

§ 1º Os originais dos documentos digitalizados mencionados no inciso VI deverão ser preservados pelo seu detentor até o final do prazo para ajuizamento de ação rescisória.

§ 2º Tratando-se de cópia digital de título executivo extrajudicial ou de outro documento relevante à instrução do processo, o juiz poderá determinar o seu depósito em cartório ou secretaria.

Art. 393. Quando a lei exigir como da substância do ato o instrumento público, nenhuma outra prova, por mais especial que seja, pode suprir-lhe a falta.

Art. 394. O documento feito por oficial público incompetente ou sem a observância das formalidades legais, sendo subscrito pelas partes, tem a mesma eficácia probatória do documento particular.

Art. 395. As declarações constantes do documento particular escrito e assinado ou somente assinado presumem-se verdadeiras em relação ao signatário.

Parágrafo único. Quando, todavia, o documento a que se refere o *caput* contiver declaração de ciência de determinado fato, o documento particular prova a ciência, mas não o fato em si, incumbindo o ônus de prová-lo ao interessado em sua veracidade.

Art. 396. Considera-se autêntico o documento quando o tabelião reconhecer a firma do signatário, declarando que foi aposta em sua presença.

Art. 397. A data do documento particular, quando a seu respeito surgir dúvida ou impugnação entre os litigantes, provar-se-á por todos os meios de direito. Em relação a terceiros, considerar-se-á datado o documento particular:

I – no dia em que foi registrado;

II – desde a morte de algum dos signatários;

III – a partir da impossibilidade física que sobreveio a qualquer dos signatários;

IV – da sua apresentação em repartição pública ou em juízo;

V – do ato ou do fato que estabeleça, de modo certo, a anterioridade da formação do documento.

Art. 398. Considera-se autor do documento particular:

I – aquele que o fez e o assinou;

II – aquele por conta de quem foi feito, estando assinado;

III – aquele que, mandando compô-lo, não o firmou, porque, conforme a experiência comum, não se costuma assinar, como livros empresariais e assentos domésticos.

Art. 399. Incumbe à parte contra quem foi produzido documento particular alegar, no prazo de cinco dias, se admite ou não a autenticidade da assinatura e a veracidade do contexto, presumindo-se, com o silêncio, que o tem por verdadeiro.

Art. 400. O documento particular de cuja autenticidade não se duvida prova que o seu autor fez a declaração que lhe é atribuída.

Parágrafo único. O documento particular admitido expressa ou tacitamente é indivisível, sendo vedado à parte que pretende utilizar-se dele aceitar os fatos que lhe são favoráveis e recusar os que são contrários ao seu interesse, salvo se provar que estes não ocorreram.

Art. 401. O telegrama, o radiograma ou qualquer outro meio de transmissão tem a mesma força probatória do documento particular, se o original constante da estação expedidora foi assinado pelo remetente.

Parágrafo único. A firma do remetente poderá ser reconhecida pelo tabelião, declarando-se essa circunstância no original depositado na estação expedidora.

Art. 402. O telegrama ou o radiograma presume-se conforme com o original, provando a data de sua expedição e do recebimento pelo destinatário.

Art. 403. As cartas e os registros domésticos provam contra quem os escreveu quando:

I – enunciam o recebimento de um crédito;

II – contêm anotação que visa a suprir a falta de título em favor de quem é apontado como credor;

III – expressam conhecimento de fatos para os quais não se exija determinada prova.

Art. 404. A nota escrita pelo credor em qualquer parte de documento representativo de obrigação, ainda que não assinada, faz prova em benefício do devedor.

Parágrafo único. Aplica-se essa regra tanto para o documento que o credor conservar em seu poder como para aquele que se achar em poder do devedor ou de terceiro.

Art. 405. Os livros empresariais comerciais provam contra o seu autor. É lícito ao empresário, todavia, demonstrar, por todos os meios permitidos em direito, que os lançamentos não correspondem à verdade dos fatos.

Art. 406. Os livros empresariais que preencham os requisitos exigidos por lei provam também a favor do seu autor no litígio entre empresários.

Art. 407. A escrituração contábil é indivisível; se, dos fatos que resultam dos lançamentos, uns são favoráveis ao interesse de seu autor e outros lhe são contrários, ambos serão considerados em conjunto como unidade.

Art. 408. O juiz pode ordenar, a requerimento da parte, a exibição integral dos livros empresariais e dos documentos do arquivo:

I – na liquidação de sociedade;

II – na sucessão por morte de sócio;

III – quando e como determinar a lei.

Art. 409. O juiz pode, de ofício, ordenar à parte a exibição parcial dos livros e dos documentos, extraindo-se deles a suma que interessar ao litígio, bem como reproduções autenticadas.

Art. 410. Qualquer reprodução mecânica, como a fotográfica, a cinematográfica, a fonográfica ou de outra espécie, faz prova dos fatos ou das coisas representadas, se aquele contra quem foi produzida lhe admitir a conformidade.

Parágrafo único. Impugnada a autenticidade da reprodução mecânica, o juiz ordenará a realização de exame pericial.

Art. 411. As reproduções fotográficas ou obtidas por outros processos de repetição, dos documentos particulares, valem como certidões, sempre que o escrivão certificar a sua conformidade com o original.

Art. 412. A cópia de documento particular tem o mesmo valor probante que o original, cabendo ao escrivão, intimadas as partes, proceder à conferência e certificar a conformidade entre a cópia e o original.

§ 1º Quando se tratar de fotografia obtida por meio convencional, será acompanhada do respectivo negativo, caso impugnada a veracidade pela outra parte.

§ 2º Se a prova for uma fotografia publicada em jornal ou revista, será exigido um exemplar original do periódico.

§ 3º A fotografia digital e as extraídas da rede mundial de computadores, se impugnada sua autenticidade, só terão força probatória quando apoiadas por prova testemunhal ou pericial.

§ 4º Aplica-se o disposto no artigo e em seus parágrafos à forma impressa de mensagem eletrônica.

Art. 413. O juiz apreciará livremente a fé que deva merecer o documento, quando em ponto substancial e sem ressalva contiver entrelinha, emenda, borrão ou cancelamento.

Art. 414. Cessa a fé do documento público ou particular sendo-lhe declarada judicialmente a falsidade.

Parágrafo único. A falsidade consiste:

I – em formar documento não verdadeiro;

II – em alterar documento verdadeiro.

Art. 415. Cessa a fé do documento particular quando:

I – lhe for contestada a assinatura e enquanto não se lhe comprovar a veracidade;

II – assinado em branco, for abusivamente preenchido.

Parágrafo único. Dar-se-á abuso quando aquele que recebeu documento assinado com texto não escrito no todo ou em parte o formar ou o completar por si ou por meio de outrem, violando o pacto feito com o signatário.

Art. 416. Incumbe o ônus da prova quando:

I – se tratar de falsidade de documento, à parte que a arguir;

II – se tratar de contestação de assinatura, à parte que produziu o documento.

Subseção II

Da arguição de falsidade

Art. 417. A falsidade deve ser suscitada na contestação ou no prazo de dez dias contados a partir da intimação da juntada aos autos do documento.

Art. 418. A parte arguirá a falsidade expondo os motivos em que funda a sua pretensão e os meios com que provará o alegado.

Art. 419. Depois de ouvida, em dez dias, a outra parte, será realizada a prova pericial.

Parágrafo único. Não se procederá ao exame pericial, se a parte que produziu o documento concordar em retirá-lo.

Art. 420. A declaração sobre a falsidade do documento constará da parte dispositiva da sentença, de que, necessariamente, dependerá a decisão da lide, sobre a qual pesará também autoridade de coisa julgada.

Subseção III

Da produção da prova documental

Art. 421. Incumbe à parte instruir a petição inicial ou a contestação com os documentos destinados a provar-lhe as alegações.

Art. 422. É lícito às partes, em qualquer tempo, juntar aos autos documentos novos, quando destinados a fazer prova de fatos ocorridos depois dos articulados ou para contrapô-los aos que foram produzidos nos autos.

Art. 423. Sempre que uma das partes requerer a juntada de documento aos autos, o juiz ouvirá, a seu respeito, a outra parte, no prazo de cinco dias.

Art. 424. O juiz requisitará às repartições públicas em qualquer tempo ou grau de jurisdição:

I – as certidões necessárias à prova das alegações das partes;

II – os procedimentos administrativos nas causas em que forem interessados a União, os Estados, o Distrito Federal, os Municípios ou as respectivas entidades da administração indireta.

§ 1º Recebidos os autos, o juiz mandará extrair, no prazo máximo e improrrogável de um mês, certidões ou reproduções fotográficas das peças indicadas pelas partes ou de ofício; findo o prazo, devolverá os autos à repartição de origem.

§ 2º As repartições públicas poderão fornecer todos os documentos em meio eletrônico, conforme disposto em lei, certificando, pelo mesmo meio, que se trata de extrato fiel do que consta em seu banco de dados ou do documento digitalizado.

Seção VIII

Dos documentos eletrônicos

Art. 425. A utilização de documentos eletrônicos no processo convencional dependerá de sua conversão à forma impressa e de verificação de sua autenticidade, na forma da lei.

Art. 426. O juiz apreciará o valor probante do documento eletrônico não convertido, assegurado às partes o acesso ao seu teor.

Art. 427. Serão admitidos documentos eletrônicos produzidos e conservados com a observância da legislação específica.

Seção IX

DA PROVA TESTEMUNHAL

Subseção I

Da admissibilidade e do valor da prova testemunhal

Art. 428. A prova testemunhal é sempre admissível, não dispondo a lei de modo diverso. O juiz indeferirá a inquirição de testemunhas sobre fatos:

I – já provados por documento ou confissão da parte;

II – que só por documento ou por exame pericial puderem ser provados.

Art. 429. A prova exclusivamente testemunhal só se admite nos contratos cujo valor não exceda ao décuplo do salário mínimo, ao tempo em que foram celebrados.

Art. 430. Qualquer que seja o valor do contrato, é admissível a prova testemunhal, quando:

I – houver começo de prova por escrito, emanado da parte contra a qual se pretende produzir a prova;

II – o credor não pode ou não podia, moral ou materialmente, obter a prova escrita da obrigação, em casos como o de parentesco, depósito necessário ou hospedagem em hotel.

Art. 431. As normas estabelecidas nos arts. 429 e 430 aplicam-se ao pagamento e à remissão da dívida.

Art. 432. É lícito à parte provar com testemunhas:

I – nos contratos simulados, a divergência entre a vontade real e a vontade declarada;

II – nos contratos em geral, os vícios de consentimento.

Art. 433. Podem depor como testemunhas todas as pessoas, exceto as incapazes, impedidas ou suspeitas.

§ 1º São incapazes:

I – o interdito por enfermidade ou deficiência mental;

II – o que, acometido por enfermidade ou debilidade mental, ao tempo em que ocorreram os fatos, não podia discerni-los; ou, ao tempo em que deve depor, não está habilitado a transmitir as percepções;

III – o menor de quatorze anos;

IV – o cego e o surdo, quando a ciência do fato depender dos sentidos que lhes faltam.

§ 2º São impedidos:

I – o cônjuge, o companheiro, bem como o ascendente e o descendente em qualquer grau, ou o colateral, até o terceiro grau, de alguma das partes, por consanguinidade ou afinidade, salvo se o exigir o interesse público ou, tratando-se de causa relativa ao estado da pessoa, não se puder obter de outro modo a prova que o juiz repute necessária ao julgamento do mérito;

II – o que é parte na causa;

III – o que intervém em nome de uma parte, como o tutor na causa do menor, o representante legal da pessoa jurídica, o juiz, o advogado e outros que assistam ou tenham assistido as partes.

§ 3º São suspeitos:

I – o condenado por crime de falso testemunho, havendo transitado em julgado a sentença;

II – o que, por seus costumes, não for digno de fé;

III – o inimigo da parte ou o seu amigo íntimo;

IV – o que tiver interesse no litígio.

§ 4º Sendo estritamente necessário, o juiz ouvirá testemunhas menores, impedidas ou suspeitas; mas os seus depoimentos serão prestados independentemente de compromisso e o juiz lhes atribuirá o valor que possam merecer.

Art. 434. A testemunha não é obrigada a depor sobre fatos:

I – que lhe acarretem grave dano, bem como ao seu cônjuge ou companheiro e aos seus parentes consanguíneos ou afins, em linha reta ou na colateral, em segundo grau;

II – a cujo respeito, por estado ou profissão, deva guardar sigilo.

Art. 435. Salvo disposição especial em contrário, as provas devem ser produzidas em audiência.

Parágrafo único. Quando a parte ou a testemunha, por enfermidade ou por outro motivo relevante, estiver impossibilitada de comparecer à audiência, mas não de prestar depoimento, o juiz designará, conforme as circunstâncias, dia, hora e lugar para inquiri-la.

Subseção II

Da produção da prova testemunhal

Art. 436. O rol de testemunhas conterá, sempre que possível, o nome, a profissão, o estado civil, a idade, o número do cadastro de pessoa física e do registro de identidade e o endereço completo da residência e do local de trabalho.

Art. 437. Depois de apresentado o rol de que tratam os arts. 296 e 325, a parte só pode substituir a testemunha:

I – que falecer;

II – que, por enfermidade, não estiver em condições de depor;

III – que, tendo mudado de residência ou de local de trabalho, não for encontrada.

Art. 438. Quando for arrolado como testemunha, o juiz da causa:

I – declarar-se-á impedido, se tiver conhecimento de fatos que possam influir na decisão; caso em que será vedado à parte que o incluiu no rol desistir de seu depoimento;

II – se nada souber, mandará excluir o seu nome.

Art. 439. As testemunhas depõem, na audiência de instrução, perante o juiz da causa, exceto:

I – as que prestam depoimento antecipadamente;

II – as que são inquiridas por carta;

III – as que, por doença ou outro motivo relevante, estão impossibilitadas de comparecer em juízo;

IV – as designadas no art. 440.

§ 1º A oitiva de testemunha que residir em comarca ou seção judiciária diversa daquela onde tramita o processo poderá ser realizada por meio de videoconferência ou outro recurso tecnológico de transmissão de sons e imagens em tempo real, o que poderá ocorrer, inclusive, durante a realização da audiência de instrução e julgamento.

§ 2º Os juízos deverão manter equipamento para a transmissão e recepção dos sons e imagens a que se refere o § 1º.

Art. 440. São inquiridos em sua residência ou onde exercem a sua função:

I – o presidente e o vice-presidente da República;

II – os ministros de Estado;

III – os ministros do Supremo Tribunal Federal, os conselheiros do Conselho Nacional de Justiça, os ministros do Superior Tribunal de Justiça, do Superior Tribunal Militar, do Tribunal Superior Eleitoral, do Tribunal Superior do Trabalho e do Tribunal de Contas da União;

IV – o procurador-geral da República e os conselheiros do Conselho Nacional do Ministério Público;

V – os senadores e os deputados federais;

VI – os governadores dos Estados, dos Territórios e do Distrito Federal;

VII – os deputados estaduais e distritais;

VIII – os desembargadores dos Tribunais de Justiça, os juízes dos Tribunais Regionais Federais, dos Tribunais Regionais do Trabalho e dos

Tribunais Regionais Eleitorais e os conselheiros dos Tribunais de Contas dos Estados e do Distrito Federal;

IX – o embaixador de país que, por lei ou tratado, concede idêntica prerrogativa ao agente diplomático do Brasil.

Parágrafo único. O juiz solicitará à autoridade que designe dia, hora e local a fim de ser inquirida, remetendo-lhe cópia da petição inicial ou da defesa oferecida pela parte que a arrolou como testemunha; passado um mês sem manifestação da autoridade, o juiz designará dia, hora e local para o depoimento, preferencialmente na sede do juízo.

Art. 441. Cabe ao advogado da parte informar ou intimar a testemunha que arrolou do local, do dia e do horário da audiência designada, dispensando-se a intimação do juízo.

§ 1º A intimação deverá ser realizada por carta com aviso de recebimento, cumprindo ao advogado juntar aos autos, com antecedência de pelo menos três dias da data da audiência, cópia do ofício de intimação e do comprovante de recebimento.

§ 2º A parte pode comprometer-se a levar à audiência a testemunha, independentemente da intimação de que trata o § 1º; presumindo-se, caso não compareça, que desistiu de ouvi-la.

§ 3º A inércia na realização da intimação a que se refere o § 1º importa na desistência da oitiva da testemunha.

§ 4º Somente se fará à intimação pela via judicial quando:

I – essa necessidade for devidamente demonstrada pela parte ao juiz;

II – quando figurar no rol de testemunhas servidor público ou militar, hipótese em que o juiz o requisitará ao chefe da repartição ou ao comando do corpo em que servir;

III – a parte estiver representada pela Defensoria Pública.

§ 5º A testemunha que, intimada na forma do § 1º ou do § 4º, deixar de comparecer sem motivo justificado, será conduzida e responderá pelas despesas do adiamento.

Art. 442. O juiz inquirirá as testemunhas separada e sucessivamente, primeiro as do autor e depois as do réu, e providenciará para que uma não ouça o depoimento das outras.

Parágrafo único. O juiz poderá alterar a ordem estabelecida no *caput* se as partes concordarem.

Art. 443. Antes de depor, a testemunha será qualificada e declarará ou confirmará os seus dados apresentados na inicial ou na contestação e se tem relações de parentesco com a parte ou interesse no objeto do processo.

§ 1º É lícito à parte contraditar a testemunha, arguindo-lhe a incapacidade, o impedimento ou a suspeição. Se a testemunha negar os fatos que lhe são imputados, a parte poderá provar a contradita com documentos ou com testemunhas, até três, apresentadas no ato e inquiridas em separado. Sendo provados ou confessados os fatos, o juiz dispensará a testemunha ou lhe tomará o depoimento como informante.

§ 2º A testemunha pode requerer ao juiz que a escuse de depor, alegando os motivos previstos neste Código; ouvidas as partes, o juiz decidirá de plano.

Art. 444. Ao início da inquirição, a testemunha prestará o compromisso de dizer a verdade do que souber e lhe for perguntado.

Parágrafo único. O juiz advertirá à testemunha que incorre em sanção penal quem faz afirmação falsa, cala ou oculta a verdade.

Art. 445. As perguntas serão formuladas pelas partes diretamente à testemunha, começando pela que a arrolou, não admitindo o juiz aquelas que puderem induzir a resposta, não tiverem relação com a causa ou importarem repetição de outra já respondida.

§ 1º O juiz poderá inquirir a testemunha assim antes como depois da inquirição pelas partes.

§ 2º As partes devem tratar as testemunhas com urbanidade, não lhes fazendo perguntas ou considerações impertinentes, capciosas ou vexatórias.

§ 3º As perguntas que o juiz indeferir serão transcritas no termo, se a parte o requerer.

Art. 446. O depoimento digitado ou registrado por taquigrafia, estenotipia ou outro método idôneo de documentação será assinado pelo juiz, pelo depoente e pelos procuradores.

§ 1º O depoimento será passado para a versão digitada quando, não sendo eletrônico o processo, houver recurso da sentença, bem como em outros casos nos quais o juiz o determinar, de ofício ou a requerimento da parte.

§ 2º Tratando-se de processo eletrônico, observar-se-á o disposto nos §§ 3º e 4º do art. 163.

Art. 447. O juiz pode ordenar, de ofício ou a requerimento da parte:

I – a inquirição de testemunhas referidas nas declarações da parte ou das testemunhas;

II – a acareação de duas ou mais testemunhas ou de alguma delas com a parte, quando, sobre fato determinado que possa influir na decisão da causa, divergirem as suas declarações.

Art. 448. A testemunha pode requerer ao juiz o pagamento da despesa que efetuou para comparecimento à audiência, devendo a parte pagá-la logo que arbitrada ou depositá-la em cartório dentro de três dias.

Parágrafo único. O depoimento prestado em juízo é considerado serviço público. A testemunha, quando sujeita ao regime da legislação trabalhista, não sofre, por comparecer à audiência, perda de salário nem desconto no tempo de serviço.

Seção X

DA PROVA PERICIAL

Art. 449. A prova pericial consiste em exame, vistoria ou avaliação.

Parágrafo único. O juiz indeferirá a perícia quando:

I – a prova do fato não depender de conhecimento especial de técnico;

II – for desnecessária em vista de outras provas produzidas;

III – a verificação for impraticável.

Art. 450. O juiz nomeará perito e fixará de imediato o prazo para a entrega do laudo.

§ 1º Incumbe às partes, dentro de cinco dias contados da intimação do despacho de nomeação do perito:

I – indicar o assistente técnico;

II – apresentar quesitos.

§ 2º Quando a natureza do fato o permitir, a perícia poderá consistir apenas na inquirição pelo juiz do perito e dos assistentes, por ocasião da audiência de instrução e julgamento, a respeito das coisas que houverem informalmente examinado ou avaliado.

§ 3º Ciente da nomeação, o perito apresentará sua proposta de honorários em cinco dias, e o juiz decidirá depois de ouvidas as partes.

Art. 451. O perito cumprirá escrupulosamente o encargo que lhe foi cometido, independentemente de termo de compromisso. Os assistentes técnicos são de confiança da parte e não estão sujeitos a impedimento ou suspeição.

Parágrafo único. O perito deve assegurar aos assistentes das partes o acesso e o acompanhamento das diligências e dos exames que realizar, com prévia comunicação, comprovada nos autos, com antecedência mínina de cinco dias.

Art. 452. O perito pode escusar-se ou ser recusado por impedimento ou suspeição; ao aceitar a escusa ou julgar procedente a impugnação, o juiz nomeará novo perito.

Art. 453. O perito pode ser substituído quando:

I – faltar-lhe conhecimento técnico ou científico;

II – sem motivo legítimo, deixar de cumprir o encargo no prazo que lhe foi assinado.

Parágrafo único. No caso previsto no inciso II, o juiz comunicará a ocorrência à corporação profissional respectiva, podendo, ainda, impor multa ao perito, fixada tendo em vista o valor da causa e o possível prejuízo decorrente do atraso no processo.

Art. 454. As partes poderão apresentar quesitos suplementares durante a diligência, que poderão ser respondidos pelo perito previamente ou na audiência de instrução e julgamento.

Parágrafo único. O escrivão dará à parte contrária ciência da juntada dos quesitos aos autos.

Art. 455. Incumbe ao juiz:

I – indeferir quesitos impertinentes;

II – formular os quesitos que entender necessários ao esclarecimento da causa.

Art. 456. O juiz poderá dispensar prova pericial quando as partes, na inicial e na contestação, apresentarem sobre as questões de fato pareceres técnicos ou documentos elucidativos que considerar suficientes.

Art. 457. Para o desempenho de sua função, o perito e os assistentes técnicos podem se utilizar de todos os meios necessários, ouvindo testemunhas, obtendo informações, solicitando documentos que estejam em poder da parte ou em repartições públicas, bem como instruir o laudo com plantas, desenhos, fotografias e outras peças.

Art. 458. As partes terão ciência da data e do local designados pelo juiz ou indicados pelo perito para ter início a produção da prova.

Art. 459. Tratando-se de perícia complexa que abranja mais de uma área de conhecimento especializado, o juiz poderá nomear mais de um perito e a parte indicar mais de um assistente técnico.

Art. 460. Se o perito, por motivo justificado, não puder apresentar o laudo dentro do prazo, o juiz poderá conceder-lhe, por uma vez, prorrogação pela metade do prazo originalmente fixado.

Art. 461. O perito apresentará o laudo em cartório, no prazo fixado pelo juiz, pelo menos vinte dias antes da audiência de instrução e julgamento.

Parágrafo único. Os assistentes técnicos oferecerão seus pareceres no prazo comum de dez dias, após serem intimadas as partes da apresentação do laudo.

Art. 462. Quando o exame tiver por objeto a autenticidade ou a falsidade de documento ou for de natureza médico-legal, o perito será escolhido, de preferência, entre os técnicos dos estabelecimentos oficiais especializados. O juiz autorizará a remessa dos autos, bem como do material sujeito a exame ao diretor do estabelecimento.

§ 1º Nas hipóteses de gratuidade de justiça, os órgãos e as repartições oficiais deverão cumprir a determinação judicial com preferência, no prazo estabelecido.

§ 2º Descumpridos os prazos do § 1º, poderá o juiz infligir multa ao órgão e a seu dirigente, por cujo pagamento ambos responderão solidariamente.

§ 3º A prorrogação desses prazos pode ser requerida motivadamente.

§ 4º Quando o exame tiver por objeto a autenticidade da letra e da firma, o perito poderá requisitar, para efeito de comparação, documentos existentes em repartições públicas; na falta destes, poderá requerer ao juiz que a pessoa a quem se atribuir a autoria do documento lance em folha de papel, por cópia ou sob ditado, dizeres diferentes, para fins de comparação.

Art. 463. Caso os quesitos suplementares a que se refere o art. 454 não sejam respondidos por escrito ou se ainda houver necessidade de esclarecimentos, a parte requererá ao juiz que mande intimar o perito ou o assistente técnico a comparecer à audiência, formulando, desde logo, as perguntas, sob forma de quesitos.

Parágrafo único. O perito ou o assistente técnico só estará obrigado a prestar os esclarecimentos a que se refere este artigo quando intimado cinco dias antes da audiência.

Art. 464. O juiz não está adstrito ao laudo pericial, podendo formar a sua convicção com outros elementos ou fatos provados nos autos.

Art. 465. O juiz poderá determinar, de ofício ou a requerimento da parte, a realização de nova perícia quando a matéria não lhe parecer suficientemente esclarecida.

Art. 466. A segunda perícia tem por objeto os mesmos fatos sobre que recaiu a primeira e destina-se a corrigir eventual omissão ou inexatidão dos resultados a que esta conduziu.

Art. 467. A segunda perícia rege-se pelas disposições estabelecidas para a primeira.

Parágrafo único. A segunda perícia não substitui a primeira, cabendo ao juiz apreciar livremente o valor de uma e outra.

Seção XI

DA INSPEÇÃO JUDICIAL

Art. 468. O juiz, de ofício ou a requerimento da parte, pode, em qualquer fase do processo, inspecionar pessoas ou coisas, a fim de se esclarecer sobre fato que interesse à decisão da causa.

Art. 469. Ao realizar a inspeção, o juiz poderá ser assistido por um ou mais peritos.

Art. 470. O juiz irá ao local onde se encontre a pessoa ou a coisa quando:

I – julgar necessário para a melhor verificação ou interpretação dos fatos que deva observar;

II – a coisa não puder ser apresentada em juízo, sem consideráveis despesas ou graves dificuldades;

III – determinar a reconstituição dos fatos.

Parágrafo único. As partes têm sempre direito a assistir à inspeção, prestando esclarecimentos e fazendo observações que considerem de interesse para a causa.

Art. 471. Concluída a diligência, o juiz mandará lavrar auto circunstanciado, mencionando nele tudo quanto for útil ao julgamento da causa.

Parágrafo único. O auto poderá ser instruído com desenho, gráfico ou fotografia.

Logo como primeira prova em espécie, o projeto inova ao prever, em um único artigo, o art. 370, a ata notarial. Ata notarial é espécie de documento público, encartando-se no disposto no art. 364, CPC de 1973. Enquanto a escritura pública documenta declarações de vontade (CC, art. 215), através da ata notarial o tabelião registra outros fatos jurídicos.

As outras modalidades de prova expressamente previstas são: o depoimento pessoal, a confissão, a exibição de documento ou coisa, a prova documental, a prova testemunhal, a prova pericial e a inspeção judicial.

Não nos ateremos aqui a analisar a disposição de cada uma dessas provas em espécie no projeto do novo CPC, até porque já retratamos toda a sua sistemática no CPC atual ao longo deste capítulo. Então, apenas remetemos à leitura dos dispositivos, até porque a regulamentação das provas em espécie é um item técnico, que trata de todo o procedimento para a produção de determinada prova.

Nesse ponto, apenas destacaremos mais uma inovação do projeto nas provas em espécie, além do acréscimo da ata notarial como meio de prova: o texto do projeto do NCPC inova ao propor regra para transferir ao advogado a iniciativa de informar à testemunha que ele próprio incluiu no processo sobre o local, o dia e a hora da audiência marcada.

No CPC atual, a determinação é do juiz, com o trabalho de localização e entrega formal do mandato por meio do oficial de Justiça, que tem de se deslocar quantas vezes for necessária até encontrar a testemunha. Essa providência consome tempo e recursos dos cartórios judiciais, além de causa frequente de adiamento de audiências.

De acordo com o projeto, o advogado poderá dar ciência da audiência à testemunha através de carta com aviso de recebimento, cabendo ao próprio advogado juntar aos autos o comprovante de recebimento (regra que só não vale para servidor público ou militar ou para quando a parte interessada estiver representada pela defensoria Pública).

Feito isso, se deixar de comparecer sem motivo justificado e for demonstrado ao juiz que aquele depoimento é indispensável ao processo, a testemunha poderá ser conduzida forçosamente, por mandado judicial, além de ser obrigada a pagar pelas despesas do adiamento da audiência.

CAPÍTULO **12**

Procedimentos

12.1 PROCEDIMENTO COMUM E ESPECIAL

O processo é o meio através do qual se exerce a jurisdição. Tem o processo sua fase de cognição e de execução. A lei irá disciplinar que tipo de procedimento será utilizado, podendo ser comum ou especial. Isso porque o procedimento comum tem aplicação residual, ou seja, o que não for delimitado expressamente como de incidência do procedimento especial ficará a cargo do procedimento comum. Como exemplos de procedimento especial temos o mandado de injunção, o *habeas data* e a ação civil pública.

De acordo com o art. 272, CPC, o procedimento comum pode ser ordinário ou sumário. O procedimento sumário aplica-se a determinadas causas em razão da matéria ou do valor da causa, tendo então o procedimento ordinário caráter residual do residual, pois ele é utilizado sempre que não for hipótese de cabimento do procedimento especial e do procedimento comum sumário.

12.2 PROCEDIMENTO COMUM ORDINÁRIO

O CPC disciplina todas as etapas do procedimento comum ordinário, que possui quatro fases: postulatória, saneadora, instrutória e decisória. Cada fase será estudada de forma individualizada nos capítulos seguintes, mas será aqui traçado um panorama geral desse rito.

A fase instrutória se inicia com a propositura da ação pelo autor e termina com a resposta do réu, que, como veremos, poderá contestar a ação, apresentar exceção ou reconvenção (art. 297, CPC).

A fase saneadora é aquela em que o juiz, mediante o despacho chamado "saneador", verifica se há algo no processo que deva ser sanado pelas partes. Nessa fase estão presentes a emenda da inicial, as providências preliminares e o saneamento do processo propriamente dito (arts. 284, 323-328 e 331, CPC). Com essas providências, o juiz verifica se há condições de decidir a lide.

A fase instrutória tem como objetivo a coleta do material probatório, que servirá de suporte àquilo que é alegado pelas partes. No despacho saneador, o juiz, via de regra, decide sobre as provas a serem produzidas – pericial, documental, testemunhal – e designa a audiência de instrução e julgamento (AIJ).

Por fim, na fase decisória, o juiz decide pela procedência ou não do pedido feito pelo autor na exordial. A sentença, de acordo com o art. 456, CPC, será proferida oralmente ao final da AIJ ou feita por escrito no prazo de dez dias seguintes à AIJ.

Assim, de forma simplificada, temos as seguintes etapas do procedimento ordinário:

I. Interposição da petição inicial, que poderá ser deferida ou indeferida pelo juiz (cabendo aqui apelação e juízo de retratação, de acordo com o art. 296, CPC) que pode ainda determinar a sua emenda.

II. Citação do réu, que poderá apresentar contestação, exceção reconvenção ou quedar-se inerte. Apresentando exceção, o processo será suspenso, de acordo com o art. 265, III, CPC. Quedando-se inerte, opera-se a revelia (art. 319), salvo nos casos do art. 320. Contestando a ação, o juiz examina as questões preliminares e aplica os arts. 326 e 327, CPC, quando for o caso.

III. Após o cumprimento das providências preliminares, passa-se à etapa do julgamento conforme o estado do processo (art. 328), podendo ocorrer a extinção do processo sem julgamento do mérito, saneamento ou julgamento antecipado da lide.

IV. Audiência de conciliação se versar a causa sobre direitos disponíveis (art. 331, CPC).

V. Audiência de instrução e julgamento, em que há novamente a tentativa de conciliação, além da coleta do material probatório, debate oral e a prolação da sentença de mérito (arts. 447, 452, 454 e 456, CPC)

12.3 PROCEDIMENTO SUMÁRIO

O procedimento sumário é muito mais simplificado, mais objetivo do que o ordinário. Aqui, as fases postulatória, saneadora, instrutória e decisória não se apresentam de forma tão nítida, separadamente. Vejamos um exemplo: o juiz, ao determinar a expedição do mandado de citação, expede juntamente a intimação para o comparecimento à audiência de conciliação, momento em que proferirá o despacho saneador. Como se verifica, as fases se entrelaçam.

De acordo com o art. 275, CPC, deve ser observado o procedimento sumário:

a) nas causas cujo valor não exceda a sessenta vezes o valor do salário mínimo;

b) nas causas, qualquer que seja o valor.

12.3.1 De arrendamento rural e de parceria agrícola

Os contratos agrários encontram-se dispostos no Estatuto da Terra (Lei n. 4.504/64), bem como na Lei n. 4.947/66 e no Decreto n. 59.566/66.

Caso a hipótese seja de laudêmio ou foro, pode ser cobrado via executiva (art. 585, IV, CPC).

Segundo Humberto Theodoro Júnior, as ações de despejo, de retomada, de rescisão contratual, de indenização por inadimplemento também serão submetidas ao procedimento sumário. Entretanto, no caso de contrato escrito, o valor do aluguel e acessórios poderá ser cobrado executivamente, segundo o art. 585, V.[1]

Fux, porém, entende que o despejo de imóvel rural não se submete ao procedimento sumário, pois segue legislação própria (Decreto n. 59.566/66).[2]

1 Theodoro Júnior (2009a, p. 331).

2 Fux (2008, p. 496).

12.3.2 De cobrança ao condômino de quaisquer quantias devidas ao condomínio

Tratando-se de cobrança feita pelo locador em face do locatário, com base no contrato escrito de locação, a certeza, a liquidez e a exigibilidade da obrigação permitem o ingresso diretamente com o processo de execução.

12.3.3 De ressarcimento por danos em prédio urbano ou rústico

Prédio é bem imóvel, rústico ou urbano, com ou sem edificações ou acessões, compreendendo o solo e todos os seus acessórios naturais ou artificiais. Trata-se de ação de indenização por ato ilícito, sendo a responsabilidade objetiva ou subjetiva.

12.3.4 Ressarcimento por danos causados em acidente de veículo de via terrestre

Assim como a letra *c*, trata-se de ação de indenização por ato ilícito, pouco importando se o demandado estava dirigindo o veículo quando da ocorrência do fato. Assim, pode a vítima utilizar-se do procedimento sumário ainda que ajuíze ação cuja responsabilidade seja de terceiros, como o patrão, quando quem ocasionou o dano foi o motorista, ou dos pais, quando o menor ocasionou o ato ilícito.

12.3.5 De cobrança de seguro, relativamente aos danos causados em acidente de veículo, ressalvados os casos de processo de execução

O segurado pode valer-se do procedimento sumário, sempre que o dano foi causado por veículo, ocorrido ou não em via terrestre. Porém, tratando-se de seguro de vida, será utilizada a via executiva (art. 585, III, CPC).

12.3.6 De cobrança de honorários dos profissionais liberais, ressalvado o disposto em legislação especial

O ajuste de honorários pode constar de documento escrito, que valerá como titulo executivo. Nesse caso, a via judicial para a sua exigibilidade é a da execução. Caso não haja título executivo, a cobrança deve ser feita através de ação condenatória sujeita ao rito sumário.[3]

De acordo com o art. 24 da Lei n. 8.906/94 – Estatuto da OAB –, o advogado não pode se utilizar do procedimento sumário para cobrar os honorários, porque existe uma norma muito mais benéfica para ele do que para as outras categorias. Seus honorários contratados e não pagos podem ser cobrados direto na execução, não precisando passar pelo processo de conhecimento.

12.3.7 Demais casos previstos em lei

Como exemplo, temos: ação entre o representante comercial e o representado (Lei n. 4.886/65), adjudicação compulsória gerada por compromissos de compra e venda irretratáveis de imóveis (Lei n. 6.014/73), ação de cobrança da indenização coberta pelo seguro obrigatório de veículos (Lei n. 6.367/76), ação de usucapião especial (Lei n. 6.969/81), ação revisional de aluguel (art. 68 da Lei n. 8.245/91), dentre outros casos.

Ressalva o parágrafo único do art. 275, CPC que o procedimento sumário não será observado em causas relativas ao estado e à capacidade das pessoas. Assim, ainda que a causa seja igual ou inferior a sessenta vezes o valor do salário mínimo, não pode ser utilizado o procedimento sumário. Como exemplo, podemos citar: ação de investigação de paternidade, alimentos, divórcio, anulação de casamento, guarda, tutela, curatela e interdição.

Como se pode verificar, o procedimento sumário é aplicado em razão do valor e da matéria. O legislador, dentro de seu critério político, discricionário, entendeu que nesses casos não é necessária a utilização de um procedimento complexo como o ordinário, podendo valer-se de um procedimento mais simples.

3 Fux (2008, p. 497).

12.4 O PROCEDIMENTO SUMÁRIO E A LEI N. 9.099/95[4]

Fixa a lei dos Juizados Especiais, em seu art. 3º, a competência para causas cujo valor é igual ou inferior a quarenta salários mínimos, além das enumeradas no inciso II do art. 275, CPC.

Antes da entrada da Lei n. 9.099/95 no nosso ordenamento jurídico, o procedimento sumário se chamava sumaríssimo. Tal nomenclatura foi alterada para não confundir os dois procedimentos – o do art. 275, CPC e o da Lei n. 9.099/95. Independentemente da nomenclatura, existem hipóteses em que pode ser utilizado tanto o procedimento sumaríssimo da Lei n. 9.099/95 quanto o sumário do CPC. É o caso das matérias elencadas no inciso II do art. 275, CPC e de causas cujo valor da causa seja igual ou inferior a quarenta vezes o salário mínimo. Passou a jurisprudência a enfrentar a seguinte questão: a escolha será então feita pelo autor da ação?

No âmbito estadual, é pacífico o entendimento de que tem o autor a discricionariedade para optar entre o juizado e a vara cível. Exemplo: causa cujo valor é de trinta salários mínimos.

A competência dos Juizados Especiais, porém, não alcança as causas de interesse da Fazenda Pública, por exemplo. Neste último caso, a competência será dos Juizados Especiais da Fazenda Pública. O art. 8º da Lei n. 9.099/95 estabelece, ainda, que não poderão ser partes o incapaz, o preso, as pessoas jurídicas de direito público, as empresas públicas da União, a massa falida e o insolvente civil. Pode-se dizer, portanto, que o procedimento sumário não fica completamente esvaziado.[5]

É importante ressaltar que, no âmbito federal, a competência dos juizados especiais é de causas cujo valor não exceda a sessenta vezes o valor do salário mínimo (art. 3º da Lei n. 10.259/2001).

12.5 CONVERSÃO DO PROCEDIMENTO SUMÁRIO EM ORDINÁRIO (ART. 277, §§ 4º E 5º)

No momento de ajuizamento da ação, o advogado pode entender que

4 Sobre a competência dos Juizados Especiais, remetemos a Pinho (2010, Capítulo 23).

5 Theodoro Júnior (2009a, p. 330).

a causa se enquadra em uma das hipóteses elencadas no inciso II do art. 275, CPC. Porém, o juiz pode entender que não, determinando a sua conversão para o procedimento ordinário, chamado por alguns de convolação do procedimento sumário em ordinário, que tem a natureza jurídica de incidente processual.

A conversão pode ocorrer em três hipóteses.

12.5.1 Valor da causa superior a sessenta vezes o salário mínimo

Infelizmente, alguns advogados, com o objetivo de ter sua causa julgada mais rapidamente, reduzem dolosamente o valor da causa, para que ela possa seguir o rito sumário. Cabe ao juiz determinar, então, a sua conversão.

12.5.2 Determinação do juiz

O juiz entende que a matéria não se encaixa em uma das elencadas no inciso II do art. 275 ou então que há a vedação do parágrafo único (causa relativa ao estado ou capacidade de pessoa).

12.5.3 Causa que demanda perícia complexa

De acordo com o art. 277, § 5º, se a causa necessita de perícia complexa, deve ser feita a conversão. Assim, pode ser requerida perícia no rito sumário, contanto que esta seja simples. Como exemplo de perícia simples, temos: verificação de autenticidade de documento, quando não há impugnação pela parte contrária. Quem determina se a perícia é simples ou complexa é o juiz.

A decisão do juiz que determina a conversão do rito sumário em ordinário tem natureza interlocutória e, portanto, é atacável via agravo (art. 522, CPC). Segundo Barbosa Moreira, apesar de a lei não ser expressa nesse sentido, se na correção do valor a causa ficar abaixo do limite, o procedimento ordinário converte-se em sumário.[6]

6 Barbosa Moreira (2009, p. 102).

De acordo com o art. 292, § 2º, CPC, na hipótese de mais de um pedido, em que a cada um corresponda um determinado procedimento, pode o autor cumulá-los, desde que adote o procedimento ordinário. Ainda que o autor erroneamente adote o procedimento ordinário no lugar do sumário, não há que se falar em nulidade, pois há apenas um erro de forma (art. 250, CPC), devendo o juiz determinar a conversão do procedimento. A esse respeito, Leonardo Greco entende que, em princípio, o autor pode dispor da adoção do procedimento sumário em benefício do rito ordinário, ressalvada a hipótese – que lhe parece muito rara – de o réu demonstrar, no caso concreto, que sofreu algum prejuízo relevante.[7]

Em sentido contrário, Barbosa Moreira afirma ser inadmissível a substituição do procedimento sumário pelo ordinário, seja por opção do autor, seja por acordo das partes. Ele entende que o procedimento sumário foi instituído para atender ao interesse público na célere composição dos litígios, de modo que a matéria escapa ao poder dispositivo das partes.[8]

12.6 ETAPAS DO PROCEDIMENTO SUMÁRIO

A inicial, além dos requisitos do art. 282, CPC, deve conter a apresentação do rol de testemunhas e, quando requerer perícia, deve formular os quesitos, podendo indicar assistente técnico (art. 276, CPC). Em relação aos quesitos, o art. 425, CPC autoriza o autor a apresentar quesitos suplementares após a defesa do réu, permitindo-lhe, assim, suprir alguma omissão na petição inicial. A lei, contudo, não admite a complementação ou modificação do rol de testemunhas, admitindo-se apenas a substituição nas hipóteses previstas no art. 408, CPC.

Leonardo Greco defende a possibilidade de o autor arrolar testemunhas, requerer prova pericial e designar assistente técnico mesmo depois do prazo do art. 276, desde que haja justificativa razoável e que fique evidenciada a ausência de má-fé.[9]

7 Greco (2010, p. 434).

8 Barbosa Moreira (2009, p. 102-103).

9 Greco (2010, p. 435).

Ao despachar a inicial, o juiz ordena a citação e designa a audiência de conciliação, que deve ser realizada dentro de trinta dias.

O réu deve ser citado com antecedência mínima de 10 dias e se não comparecer, aplicam-se os efeitos da revelia, reputando-se verdadeiros os fatos alegados na inicial, salvo se o contrário resultar da prova dos autos (art. 277, *caput* e § 2º, CPC), podendo o juiz, desde logo, proferir sentença.

Se o sujeito passivo for a Fazenda Pública, será duplicado o prazo em questão.

Caso não seja observado o prazo de dez dias, todos os atos processuais posteriores à citação serão nulos.[10] Se o réu, porém, comparecer sem arguir o vício, haverá uma renúncia tácita ao prazo, não se decretando a nulidade.[11]

Assim, nessa audiência de conciliação, o réu deve estar presente. Sendo pessoa jurídica, um preposto deverá comparecer. Preposto nada mais é do que um funcionário da empresa, que comparecerá juntamente com o advogado. Sendo o réu pessoa física, deve ele comparecer pessoalmente, acompanhado de seu advogado. Podem ocorrer três situações:

(i) O réu comparece, mas sem advogado: nessa hipótese, o juiz tentará a conciliação, pois o réu está presente. Mas se o réu não for advogado e não estiver representado por um, não poderá apresentar contestação na hipótese de ficar frustrada a conciliação, tornando-se, portanto, revel;

(ii) Apenas o advogado comparece: se o réu não foi, o juiz presume que ele não quer acordo. O advogado apresentará a contestação, que pode ser escrita ou oral;

(iii) Apenas o advogado comparece, munido de procuração com poderes de transigir. Haverá então a tentativa de acordo, que, sendo frutífera, o juiz homologará por sentença, sendo o processo extinto. Não havendo possibilidade de acordo, apresentará o advogado contestação, que poderá ser escrita ou oral.

O réu citado por edital ou hora certa, se revel, tem direito à nomeação de curador especial, conforme dispõe o art. 9, II, CPC. Nessa hipótese, o juiz deve remarcar a audiência para outra data.

10 Theodoro Júnior (2009a, p. 336).

11 Barbosa Moreira (2009, p. 106).

Segundo o art. 278, CPC, não obtida a conciliação, inicia-se o prazo para a resposta. Leonardo Greco, porém, afirma ser válida qualquer das modalidades de resposta apresentada anteriormente ou trazida por terceiro no curso da audiência.[12]

Dispõe o art. 278, CPC:

> Não obtida a conciliação, oferecerá o réu, na própria audiência, resposta escrita ou oral, acompanhada de documentos e rol de testemunhas e, se requerer perícia, formulará seus quesitos desde logo, podendo indicar assistente técnico.
>
> § 1º É lícito ao réu, na contestação, formular pedido em seu favor, desde que fundado nos mesmos fatos referidos na inicial.
>
> § 2º Havendo necessidade de produção de prova oral e não ocorrendo qualquer das hipóteses previstas nos arts. 329 e 330, I e II, será designada audiência de instrução e julgamento para data próxima, não excedente de trinta dias, salvo se houver determinação de perícia.(Redação dada pela Lei n. 9.245, de 26.12.1995)

Pode o réu, em sua resposta, apresentar contestação, exceção – de impedimento, suspeição ou incompetência relativa – e ainda pedido contraposto, que não pode ser apresentado em rito ordinário.

12.7 PEDIDO CONTRAPOSTO

Enquanto a reconvenção é peça autônoma, o pedido contraposto é requerido dentro da contestação. No procedimento sumário, contestação, exceção e pedido contraposto são apresentados em peça única, com o objetivo de desburocratizar, reduzir a quantidade de papel e de peças no processo. Na precisa lição de Leonardo Greco:

> O pedido contraposto nada mais é do que uma reconvenção que não depende de petição autônoma e em que a conexão se dá entre os fatos

12 Greco (2010, p. 438).

constitutivos do direito do autor e os do direito do réu e que pelas demais regras dela se rege.[13]

No procedimento sumário, a exceção é uma preliminar da contestação. Cumpre ainda ressaltar que a intervenção de terceiros é vedada no rito sumário, salvo a assistência, recurso de terceiro prejudicado e intervenção fundada em contrato de seguro, conforme o art. 280, CPC.

Há no pedido contraposto limitação da matéria, em que o réu deve alegar exatamente a mesma causa de pedir que o autor alegou na petição inicial, sendo então mais restrito do que a reconvenção, que é um verdadeiro contra-ataque. No pedido contraposto, deve o réu se basear na mesma causa de pedir que o autor utilizou na inicial.

Assim, se o autor alega na inicial que ocorreu acidente de trânsito (275, II, *d*, CPC), porque houve imperícia, o pedido contraposto deve embasar o seu pedido na mesma imperícia que está sendo alegada pelo autor. O réu não pode trazer para o pedido contraposto uma causa de pedir inexistente na inicial. Havendo algo novo imprescindível, deve ajuizar outra ação contra aquele autor, também pelo procedimento sumário.

Em suma, como o pedido contraposto deve se basear na mesma causa de pedir que está na inicial, ele também está restrito às hipóteses do art. 275. Não pode, por exemplo, ocorrer a seguinte situação: petição inicial em que o autor requer uma indenização de trinta salários mínimos e um pedido contraposto pedindo oitenta salários mínimos, porque estará extrapolando o valor máximo da causa no procedimento sumário.

A ação em que se admite pedido contraposto é chamada de ação dúplice, ou seja, ação de mão dupla.

De acordo com o art. 280, CPC, é inadmissível no procedimento sumário: a ação declaratória incidental e a intervenção de terceiros, salvo a assistência, o recurso de terceiro prejudicado e a intervenção fundada em contrato de seguro.

É inadmissível a ação declaratória incidental, pois ela traria complexidade ao rito sumário. Humberto Theodoro Júnior[14] entende que também

13 Greco (2010, p. 437).

14 Theodoro Júnior (2009a, p. 335).

não caberá, por conseguinte, o incidente de falsidade, pois este nada mais é do que uma modalidade de ação declaratória incidental.

Em relação a intervenção de terceiros, a assistência é cabível em todos os procedimentos, salvo nos Juizados Especiais Cíveis (art. 10, Lei n. 9.099/95). Assim, se a causa for de quarenta salários mínimos, como o advogado pode escolher entre o procedimento sumário da vara cível e o procedimento sumaríssimo do juizado, ele deve levar em consideração se pretende provocar a intervenção de terceiros, já que se optar pelo sumaríssimo não poderá utilizar-se da assistência.

O recurso de terceiro prejudicado está no art. 499, CPC, e é cabível em todos os procedimentos. Para alguns, o recurso de terceiro prejudicado seria uma assistência em grau recursal.

Por fim, em uma inovação recente do Código pela Lei n. 10.444/2002, o legislador abre a possibilidade de requerer a intervenção fundada em contrato de seguro. O contrato de seguro, via de regra, gera a denunciação da lide.

A intervenção em contrato de seguro é uma modalidade de denunciação da lide, mas o legislador quis adotar uma solução intermediária, abrindo uma exceção para o contrato de seguro, mas não para as outras hipóteses de denunciação da lide, presentes no art. 77, CPC.

Assim o fez porque na maioria esmagadora dos acidentes envolvendo veículos terrestres um dos envolvidos está amparado por uma seguradora e irá acioná-la, de nada adiantando a celeridade do procedimento sumário. Assim, incorpora-se logo a empresa de seguro para dentro do procedimento sumário.

Cumpre relembrar que, se for um seguro de vida, aplicar-se-á o art. 585, III, CPC, ou seja, não precisa o autor valer-se do procedimento sumário, podendo entrar logo com a execução. Tratando-se, por exemplo, de seguro de acidentes pessoais ou acidentes de terceiros, utiliza-se o procedimento sumário (arts. 275, II, *d* e *e*, e 280, CPC).

Também é inadmitida a reconvenção, já que existe a possibilidade do pedido contraposto (art. 278, parágrafo único, CPC).

Quanto à citação de litisconsortes necessários, não há qualquer restrição. Se a citação não tiver sido determinada de ofício pelo juiz, no despacho da petição inicial, a audiência será adiada para que o litisconsorte seja convocado a participar da instrução e julgamento. Humberto Theodoro Júnior entende também não haver empecilho a que se use o chamamento ao processo da seguradora nas hipóteses de direito à cobertura prevista em contrato de seguro de responsabilidade civil.[15]

Como pôde ser percebido, o procedimento sumário vai utilizar algumas regras do procedimento ordinário, adaptando-as de acordo com a necessidade de celeridade do procedimento.

12.8 OS PROCEDIMENTOS E O PROJETO DO NOVO CPC (PL N. 8.046/2010)

O projeto do novo CPC traz a previsão de um procedimento comum, previsto nos arts. 292 a 523, e procedimentos especiais, previstos nos arts. 524 a 729. O procedimento comum, que, atualmente, está previsto no Código como ordinário ou sumário, de acordo com o projeto do novo Código, não comportará mais qualquer divisão. Já o procedimento especial mantém a divisão de procedimentos contenciosos, em que há a presença de lide, e não contenciosos, onde não há lide.

O procedimento sumaríssimo previsto para os Juizados Especiais continua previsto nas leis esparsas, as Leis n. 9.099/95, 10.259/2001 e 12.153/2009, sem que seja abordado no projeto do novo Código.

---

15 Theodoro Júnior (2009a, p. 340).

CAPÍTULO **13**

Sentença, remessa necessária e coisa julgada

13.1 CONCEITO DE SENTENÇA

Entre os atos processuais dos juízes, destacam-se os atos decisórios, os atos de documentação e os atos reais. Os atos decisórios, também chamados de provimentos, são definidos como atos praticados pelos juízes com a finalidade de impulsionar ou decidir questões referentes à relação processual instaurada, em obediência ao princípio do impulso oficial (art. 162 c/c o art. 125, CPC).

Por força da Lei n. 11.232/2005, a sentença (art. 162, § 1º, c/c o art. 458, CPC) passou a ser definida como o "ato do juiz que implica alguma das situações previstas nos arts. 267 e 269".

Assim, o novo conceito trazido pelo art. 162, § 1º, deixa de correlacionar a prolação da sentença com a extinção da prestação jurisdicional, como anteriormente acontecia, principalmente porque, havendo o cumprimento da sentença com base no art. 475-I, também introduzido pela referida lei, teremos um prolongamento da relação jurídica processual com base nos atos judiciais necessários à execução.

Enquanto as decisões proferidas pelos juízes são denominadas sentenças, as proferidas pelos tribunais (órgãos colegiados) são chamadas de acórdãos. Cabe ressaltar que as decisões proferidas pela turma recursal dos Juizados Especiais também são denominadas acórdãos, muito embora essas turmas não sejam formadas por desembargadores, mas por juízes que integram os próprios juizados.

Deve-se estabelecer a diferença entre sentença, decisão interlocutória e despacho. Tal estudo remonta principalmente dos Direitos Romano e Alemão.

Sentença – *sententia* – de acordo com o art. 162, § 1º, CPC, é o ato pelo qual o juiz põe termo ao processo, decidindo ou não o mérito da causa. É o ato lógico em que o juiz faz um silogismo entre a premissa maior – a lei – e a premissa menor – o fato.

Contudo, entender a sentença como um mero silogismo seria uma concepção muito simplista para alguns autores. Ato de vontade estatal, expressado em um comando, que confere obrigatoriedade à decisão. Leonardo Greco afirma que esse ato de vontade do Estado, que se vale do ato de inteligência do juiz, revela a lei do caso concreto, o modo de aplicação da lei aos fatos deduzidos em juízo.[1]

Será decisão interlocutória – *interlocutoriae* – "todo ato realizado pelo juiz, no curso do processo, por meio do qual ele resolve alguma questão incidente".[2] É consequência natural da própria definição de processo – sucessão de atos processuais – que abrange, ao longo de seu curso, uma série de decisões do magistrado. Através da decisão interlocutória, resolve-se qualquer questão levantada pelas partes, desde que não diga respeito ao mérito.

Um exemplo é o despacho saneador proferido quando o juiz não consegue acordo entre as partes na audiência de conciliação. Esse despacho tem três funções, quais sejam: (i) examinar os pressupostos processuais; (ii) examinar as condições da ação; e (iii) definir as provas a serem produzidas.

Por fim, temos o despacho, que tem como origem a palavra "*despeechier*", que significa liberar, desobstaculizar.

É todo ato realizado pelo juiz que não implica gravame para qualquer das partes. Ovídio Batista e Fabio Gomes explicam: "em geral, os despachos são provimentos judiciais de simples impulso processual, por meio dos quais o juiz provê a respeito do andamento do feito".[3]

É ato desprovido de conteúdo decisório, por meio do qual o juiz apenas impulsiona a relação processual. Por não possuir efeito decisó-

1 Greco (2010, p. 330).

2 Silva e Gomes (1997, p. 213-214).

3 Silva e Gomes (1997, p. 214).

rio, o ato torna-se irrecorrível. Não obstante, sendo o despacho abusivo, embora não caiba recurso, é possível a impetração de mandado de segurança contra o ato do juiz, bem como o ajuizamento de reclamação (requerimento administrativo) ou correição parcial. Com a inserção do § 4º no art. 162 pela reforma de 1994, tivemos a previsão dos despachos de mero expediente, que podem ser praticados pelo escrivão, dentro da moderna tendência da efetividade do processo e da celeridade processual.

13.2 CLASSIFICAÇÃO DAS SENTENÇAS

Tradicionalmente, a doutrina costuma classificar as sentenças de acordo com a tutela jurisdicional pleiteada, que teria então a mesma natureza jurídica da tutela jurisdicional requerida pelo demandante. Quando propõe uma demanda, o autor requer que a sentença emita um juízo de declaração; crie, modifique ou extinga uma relação jurídica ou que obrigue alguém a entregar ou a fazer ou deixar de fazer algo. Essa é a chamada classificação trinária.

Além da classificação trinária, há a quinária, que decorre do Direito Alemão e é defendida, entre outros, por Ovídio Batista. De acordo com essa classificação, a sentença pode ser:

13.2.1 Declaratória

Encontra-se expressa no art. 4 do CPC: "o interesse do autor pode limitar-se à declaração: I – da existência ou da inexistência de relação jurídica; II – da autenticidade ou falsidade de documento".

Nas palavras de Moacyr Amaral dos Santos:

> O interesse, nesse tipo de ações, será a certeza quanto à existência ou inexistência de uma relação jurídica, ou quanto à autenticidade ou falsidade de documento. O autor não pretende nada mais que a própria certeza; o seu pedido será o de declaração de certeza; o bem pretendido será a própria certeza. Pedido imediato – declaração de certeza; pedido mediato – a certeza quanto à existência ou inexistência da rela-

ção jurídica ou quanto à autenticidade ou falsidade do documento. Pedido imediato e pedido mediato se confundem.[4]

As sentenças declaratórias podem ter cunho positivo ou negativo e possuem eficácia *ex tunc*, ou seja, retroagem à data em que a relação jurídica se constituiu ou que a falsificação de um documento ocorreu.

O parágrafo único do art. 4º estabelece ser admissível a ação declaratória, ainda que tenha ocorrido a violação do direito, quando poderia ser formulado pedido condenatório. A sobrevivência de tal artigo foi questionada com o advento do novo art. 475-N, I, que estabelece ser título executivo judicial "a sentença proferida no processo civil que reconheça a existência de obrigação de fazer, não fazer, entregar coisa ou pagar quantia". Segundo Leonardo Greco, subsiste a possibilidade prevista no art. 4º, parágrafo único, mas nesse caso a sentença não será título executivo, por faltar-lhe eficácia prestacional.[5]

13.2.2 Constitutiva

Vai além da mera declaração, pois cria, modifica ou extingue uma relação jurídica. Divide-se, portanto, em constitutiva criativa, modificativa e extintiva. Não há um artigo específico sobre ela, mas, ao fazer uma análise do CPC, pode ser encontrada em dois artigos: 10, IV – que tenham por objeto o reconhecimento, a constituição ou a extinção de ônus sobre imóveis ou de ambos os cônjuges e art. 259, V – quando o litígio tiver por objeto a existência, validade, cumprimento, modificação ou rescisão de um negócio jurídico, o valor do contrato.

13.2.3 Condenatória

Tem caráter declaratório, mas indica sanção a ser aplicada, caso o demandado não cumpra a sentença. Caso haja o não cumprimento, está au-

4 Santos (1999, p. 30).

5 Greco (2010, p. 340).

torizado o demandante a propor ação de execução, pois a ele é atribuído um título executivo.

Barbosa Moreira faz a distinção entre as sentenças declaratórias e condenatórias:

> E a sentença que impõe a prestação de alimentos, nas hipóteses em que a prestação é integralmente descontada em folha de pagamento (Código de Processo Civil, art. 734)? Caso se responda que, nessas hipóteses, a sentença não é condenatória, senão mandamental, em razão da ordem emitida pelo juiz à repartição pública ou à empresa, nem por isso se evitará nova interrogação: *quid iuris* se, perdido amanhã o cargo ou o emprego, mas subsistente o dever de alimentar, for mister recorrer, para a cobrança, ao processo de execução, de corte tradicional? Tal circunstância acaso mudará a natureza da sentença, que – talvez muito tempo depois de proferida – se verá deslocada, sem mais aquela, de uma classe para outra?[6]

13.2.4 Mandamental

Pode ser caracterizada como uma ordem de dar, fazer ou não fazer, que, se descumprida, pode sujeitar o destinatário a responsabilidade criminal (art. 330 do Código Penal – desobediência).

O efeito mandamental impõe ao réu o cumprimento de uma ordem constante da sentença, independentemente da instauração de um processo autônomo. É típico do mandado de segurança e do *habeas corpus*. A doutrina tradicional, contudo, considera a sentença mandamental, na verdade, verdadeira sentença condenatória.

Leonardo Greco critica tal classificação, pois o fato de não se instaurar um novo processo não é suficiente para alterar a natureza do efeito de direito material. É, na verdade, um modo impróprio de execução ou de cumprimento da sentença e não uma eficácia de natureza diversa.[7]

6 Barbosa Moreira (2004a, p. 135-136).

7 Greco (2010, p. 344).

13.2.5 Executiva

Teve como idealizador Pontes de Miranda, que expõe: "a sentença favorável nas ações executivas retira valor que está no patrimônio do demandado, ou dos demandados, e põe-no no patrimônio do demandante".[8] Assim, transfere-se para o patrimônio de alguém algo que se encontra em patrimônio alheio.

Fux fala em sentenças *executivas lato senso*, que são aquelas ao mesmo tempo condenatórias e executivas. Ele dá como exemplo a sentença concessiva de despejo, pois a sua eficácia manifesta-se na própria relação de conhecimento, sem necessidade de processo próprio de execução. Outro exemplo é a sentença que, nos termos do art. 466-A, condena o réu a emitir declaração de vontade.[9]

Os autores acima citados que defendem a classificação quinária o fazem com base nos arts. 14 e 475-I, CPC.

Leonardo Greco entende que tanto a executividade como a mandamentalidade são modos de execução de provimento condenatório. Cita ainda Alfredo Buzaid, segundo o qual ambas são características exteriores à própria sentença, relativas ao seu modo de cumprimento, e não à sua eficácia substancial, repudiando, portanto, a classificação quinária.[10]

13.3 PUBLICAÇÃO DA SENTENÇA

Enquanto não publicada, não produzirá qualquer efeito, uma vez que se trata de ato público (art. 155, CPC). Com a publicação, há a impossibilidade de ser alterada pelo juiz, salvo nas hipóteses do art. 463, I e II, quais sejam: corrigir, de ofício ou a requerimento das partes, inexatidões materiais ou retificar erros de cálculo ou em razão de embargos de declaração. Trata-se do princípio da irretratabilidade da sentença de mérito pelo mesmo juiz que a proferiu.

8 Pontes de Miranda (1998, p. 242-245).

9 Fux (2008, p. 640-641).

10 Greco (2010, p. 346).

De acordo com o CPC, a sentença pode ser proferida em momentos distintos. São eles: na audiência de instrução e julgamento, ditando o magistrado ao escrivão, que a lança no respectivo termo (art. 457, *caput*, CPC); nos dez dias após a audiência, ou seguintes à conclusão – na hipótese de julgamento independentemente de audiência – em documento escrito pelo Juiz (arts. 456 e 329 e 330 c/c os arts. 189, II, e 456, CPC).

13.4 INTIMAÇÃO DA SENTENÇA

Intimação é o ato pelo qual se dá ciência a alguém dos termos do processo, para que faça ou deixe de fazer alguma coisa (art. 234, CPC). A intimação da sentença é importante para que se possibilite às partes o exercício do direito de recorrer. De acordo com o art. 242, *caput*, CPC, o prazo para a interposição de recursos começa a correr da data em que são os advogados intimados da decisão e estes são considerados intimados na audiência quando nesta é proferida a decisão ou sentença (art. 242, § 1º, CPC). Pode-se portanto dizer que a intimação é uma decorrência do princípio constitucional da ampla defesa (art. 5º, LV, CF).

13.5 ELEMENTOS ESSENCIAIS DA SENTENÇA

De acordo com o art. 458, CPC, toda sentença deve obrigatoriamente conter: relatório, fundamentação ou motivação e dispositivo. São os requisitos ou condições intrínsecas e formais.

Relatório é um resumo do processo, sendo uma verdadeira prova de que o juiz leu os autos do processo. Nele, deve o magistrado indicar o nome das partes, a suma do pedido e a resposta do réu (art. 458, I, CPC), assim como expor tudo o que foi relevante, como, por exemplo, intervenção de terceiro, parecer do Ministério Público e provas requeridas e produzidas pelas partes. Deve integrar sentenças e acórdãos, dispensado em caso de extinção sem julgamento do mérito e em Juizados Especiais (arts. 165, 267 e 459, CPC e art. 38 da Lei n. 9.099/95).

Fredie Didier Jr. afirma que "a jurisprudência vem mitigando a exigência do relatório, mesmo nas sentenças proferidas no procedimento comum ordinário, dispondo que a sua ausência não dá ensejo à invalidade da decisão acaso disso não resulte prejuízo para as partes".[11]

Ainda, há que se falar na motivação *per relationem* (*aliunde* ou referencial), na qual o julgador ou se refere a outra decisão (por exemplo, a decisão do Tribunal em relação à sentença de 1º grau ou o juiz refere-se ao seu posicionamento em outro processo) ou à manifestação de alguma das partes ou do Ministério Público. Esse tipo de motivação gera controvérsia quanto à sua aceitação, já que há posicionamento no sentido de acarretar nulidade por omissão. Criticando tal prática, Leonardo Greco afirma que adotar, como razão de decidir, a fundamentação de uma outra decisão, ou ainda, o parecer do Ministério Público, não é suficiente para mostrar "que o tribunal exerceu de fato cognição adequada sobre as questões por ele apreciadas"[12]

Entretanto, é necessário destacar que a jurisprudência é em sentido contrário:

> Não é nulo acórdão que adota como razão de decidir, por remissão, os fundamentos de parecer oferecido em segunda instância pelo Ministério Público, na qualidade de *custos legis*.[13]
>
> Recurso Extraordinário. Acórdão recorrido que adota os fundamentos da sentença de primeiro grau. Alegada violação aos artigos 93, IX, da CF/88 e 23, § 6º, da EC n. 01/69. Prequestionamento. Não se pode dizer não fundamentado o acórdão que adota os fundamentos da sentença de primeira instância, incorporados como razão de decidir e, por isso, a confirma. Ademais, a regra do artigo 93, IX, da Constituição não permite que se declare anulável a decisão de segunda instância que confirma a da primeira, pelos seus fundamentos.[14]

Fundamentação ou motivação é a razão, o fundamento da decisão. É nessa parte da sentença que o juiz firma as razões de seu livre convencimento, dando possibilidade às partes de compreender os motivos que o

11 Didier Jr. (2009, p. 227).

12 Greco (2010, p. 334).

13 HC 73.545-SP, rel. Min. Ilmar Galvão, j. 11-6-1996.

14 RE 179.557, rel. Min. Ilmar Galvão, *DJU*, 13-2-1998.

levaram a decidir a questão e viabilizando o exercício do direito do recurso e sua posterior análise pela instância superior. Além de estar presente no art. 458, II, CPC, encontra-se no art. 93, IX, da Magna Carta. De acordo com o art. 469, CPC, as questões aqui resolvidas não são acobertadas pela coisa julgada material, podendo ser revistas em outros processos. É importante ressaltar que é admitida pelos Tribunais a fundamentação sucinta, uma vez que esta difere da fundamentação deficiente ou da falta de fundamentação.

Nesse sentido:

> Agravo regimental. Recurso especial. Processual civil. Alegação genérica de violação a dispositivo de lei. Incidência da Súmula 284/STF. Fundamentação sucinta. Diferença para fundamentação deficiente ou ausência de fundamentação.
>
> 1. Apesar de apontar os dispositivos que entende violados, o agravante não expôs fundamentos suficientes capazes de demonstrar as razões pelas quais a insurgência deve ser acolhida, limitando-se a expor genericamente sua irresignação, fazendo incidir, por analogia, a Súmula 284/STF.
> 2. Não há que se falar em falta de fundamentação da sentença, mas apenas em fundamentação sucinta, que não se confunde com ausência ou deficiência na fundamentação. Precedentes.[15]

Fredie Didier Jr. cita exemplos de sentenças sem motivação: "presentes os pressupostos legais, concedo a tutela antecipada" e "indefiro o pedido do autor por falta de amparo legal". E diz ainda que a motivação *per relationem*, onde o magistrado, na decisão, se reporta aos fundamentos, deve ser exceção, podendo o magistrado valer-se dela nas seguintes hipóteses: a) inexistência de suscitação de fato ou argumento novo, b) a peça processual à qual a decisão se reporta deve estar substancialmente fundamentada e estar juntada aos autos para que tenham as partes acesso a ela.[16]

A ausência de fundamentação gera nulidade absoluta. Não se trata de uma sentença inexistente, mas sim inválida. Fredie Didier Jr. ensina: "é

---

15 AgRg no REsp 473.079-RN, 6ª T., rel. Min. Maria Thereza de Assis Moura, j. 18-11-2008.

16 Didier Jr. (2009, p. 236).

designar uma decisão sem fundamentação de ilegítima, espúria, absurda, autoritária etc., mas é inegável a sua decisão. A partir do momento que se pode atribuir a um substantivo alguns adjetivos é porque algo existe para ser qualificado".

Dispositivo é a conclusão onde o juiz resolve e explicita as questões submetidas (art. 459, III, CPC). Caso a sentença não contenha dispositivo, não há que se falar em nulidade, mas, sim, em inexistência. Há quem fale também em dispositivo impróprio,[17] que possui apenas eficácia processual e se dá quando o juiz profere uma sentença terminativa. Seria o caso, por exemplo, da extinção do processo por falta de uma das condições da ação.

É muito comum o juiz complementar o dispositivo com algumas sanções ou prestações de natureza processual, que decorrem de lei, como a multa, a indenização por litigância de má-fé e os honorários da sucumbência (arts. 18 e 20, CPC).

13.6 SENTENÇAS TERMINATIVAS E DEFINITIVAS

Terminativa é a sentença que põe fim ao processo, sem julgar o mérito, ou seja, não aprecia o pedido do autor. Ocorre quando há falta de uma das condições da ação ou de um dos pressupostos processuais e em razão disso o juiz encerra o processo sem julgar a lide. Tem as hipóteses elencadas no art. 267, CPC:

I. quando o juiz indeferir a petição inicial;

II. quando o processo ficar parado por mais de um ano por iniciativa das partes;

III. quando, por não promover atos e diligências que lhe competir, o autor abandonar a causa por mais de trinta dias;

IV. quando se verificar a ausência de pressupostos de constituição e desenvolvimento válido e regular do processo;

V. quando o juiz acolher a alegação de perempção, litispendência ou coisa julgada;

VI. quando não concorrer qualquer das condições da ação, como a possibilidade jurídica, a legitimidade das partes e o interesse processual;

17 Greco (2010, p. 335).

VII. pela convenção de arbitragem;
VIII. quando o autor desistir da ação;
IX. quando a ação for considerada intransmissível por disposição legal;
X. quando ocorrer confusão entre autor e réu;
XI. nos demais casos previstos no Código.

Definitiva é aquela que põe fim ao processo decidindo acerca do mérito. Decide o mérito da causa, no todo ou em parte, dando à parte a prestação jurisdicional postulada, extinguindo, por conseguinte, o direito de ação. As hipóteses encontram-se elencadas no art. 269, CPC:
I. o juiz acolhe ou rejeita o pedido do autor;
II. o réu reconhece a procedência do pedido;
III. as partes transigem;
IV. quando o juiz pronunciar a decadência ou a prescrição;
V. o autor renuncia ao direito sobre que se funda a ação.

Assim, tem-se com a sentença definitiva o julgamento da lide. Segundo Luiz Fux, as sentenças definitivas de improcedência, por negarem a existência do direito material alegado pelo autor, possuem um provimento declaratório-negativo. Ele explica que "mesmo que a sentença de improcedência verse sobre 'pedido de declaração de inexistência' de relação jurídica, ela será declaratório-negativa, porquanto, não obstante afirme a existência do direito material, rejeita a pretensão formulada".[18] Já as sentenças de procedência têm a mesma natureza dos pedidos que contemplam.

13.7 INTERPRETAÇÃO DA SENTENÇA

Devem ser utilizadas as regras de hermenêutica para a interpretação de uma sentença. Pela interpretação literal, a simples leitura do dispositivo não conseguiria alcançar o verdadeiro sentido da sentença. Por vezes, deve-se ir além das palavras escritas, a fim de buscar a verdadeira intenção da vontade de quem a redigiu. A sentença é sempre o ato final de uma série de atos que se desencadearam com o ajuizamento da petição inicial.

18 Fux (2008, p. 639).

Portanto, deve existir uma relação harmônica entre ela, o objeto do processo e as questões suscitadas pelas partes quando da fase postulatória. O objeto seria o pedido formulado pelo demandante na exordial e a ele deve ser dada a maior importância, uma vez que é vedado ao juiz julgar *citra, ultra* ou *extra petita*, ou seja, ir aquém ou além do formulado na inicial.

Esse é o princípio da demanda, expresso no CPC em seus arts. 128 e 460, CPC. Além dessa limitação, outro princípio deve ser respeitado, o da congruência, através do qual o juiz só pode apreciar o que é objeto do processo (me parece que a explicação anterior também vale para o princípio da congruência). Os dois princípios serão mais à frente explanados.

Cabe ressaltar que, por vezes, há a possibilidade de mais de uma interpretação. Na hipótese de existir uma que torne a sentença nula e outra não, a primeira deve ser obviamente rechaçada.

13.8 EFEITOS DA SENTENÇA

O efeito formal da sentença definitiva encontra-se no art. 463, CPC, qual seja, a de pôr fim à função do julgador no processo. Somente ocorre quando da decisão não cabe mais recurso, quando há o trânsito em julgado da sentença.

Já os efeitos materiais são aqueles que criam novas situações jurídicas para as partes. Esses são os chamados efeitos principais: condenação, declaração ou constituição.

Os efeitos secundários são aqueles que surgem como consequência do que foi decidido na lide, por força do direito material que regula a situação jurídica sobre a qual incide o provimento jurisdicional, diferenciando-se do pedido implícito.

Exemplo deste último é a hipoteca judiciária (art. 466, CPC), que decorre de sentença condenatória e perda do direito de usar o sobrenome do cônjuge, quando declarado culpado em decisão judicial (art. 1.578, CC), entre outros.

Quando a sentença é terminativa, o processo é extinto sem julgamento do mérito e, portanto, gera apenas um efeito interno, já que não impede o autor de ingressar com uma nova ação (art. 268, CPC). Como a toda regra há uma exceção, a extinção do processo em razão de perempção, litispendência ou coisa julgada (art. 267, IV, CPC) obstam tal a prática desse ato pelo autor.

13.9 CLAREZA E PRECISÃO

Para ser válida, a decisão judicial deve ser congruente. Ao se falar em congruência, a leitura de dois artigos do CPC é indispensável. De acordo com o art. 128, CPC: "o juiz decidirá a lide nos limites em que foi proposta, sendo-lhe defeso conhecer de questões não suscitadas, a cujo respeito a lei exige a iniciativa da parte". Aliado a este artigo, temos o 460 do mesmo diploma legal: "é defeso ao juiz proferir sentença, a favor do autor, de natureza diversa da pedida, bem como condenar o réu em quantidade superior ou em objeto diverso do que lhe foi demandado". Esses dois artigos tratam do Princípio da Congruência da decisão judicial, que limita a atuação do juiz, já que este deve se ater somente àquilo que foi demandado. Não pode, portanto, ir aquém, além ou fora do que foi pedido. Trata-se das sentenças *citra*, *ultra* e *extra petita*, respectivamente.

A sentença *citra petita* ofende os princípios da inafastabilidade da jurisdição – já que não há manifestação sobre o pedido – e do contraditório – deixa o juiz de fazer a análise do que foi levantado pela parte. A sentença *ultra petita* fere os princípios do devido processo legal e do contraditório, pois analisa o que não foi suscitado pelas partes.

Por fim, a sentença *extra petita* fere todos os princípios anteriormente citados, pois o juiz não analisa o que deveria, mas, sim, o que nem sequer foi objeto de questão nos autos do processo.

O pedido imediato – providência jurisdicional requerida pelo autor – pode ser modificado pelo juiz na sentença. O CPC autoriza o juiz a agir de ofício, a fim de que seja alcançado o resultado prático almejado de maneira mais eficaz. Um exemplo disso é o caso de ação de cobrança de dívida não vencida, em que o autor requer a condenação do réu, mas o juiz apenas declara a existência desta, concedendo menos, mas sem ofender os arts. 128 e 460, CPC.

Essa limitação imposta ao juiz pelos arts. 128 e 460, CPC também encontra exceção no art. 461, CPC, que permite ao juiz deferir à parte algo diverso daquilo efetivamente pretendido. Exemplo disso é o caso das ações possessórias (art. 920, CPC). É o pedido mediato, bem da vida tutelado.

É certo que é vedado ao juiz o reconhecimento de ofício de questões de fato. Porém, poderá fazê-lo nos casos dos arts. 131, CPC, 168, parágrafo único, CC, 334, I, CPC, 462, CPC, e 210, CC – fatos simples, circunstanciais, independentemente de serem supervenientes; nulidade nos negócios jurídicos; fundamentos de defesa, se houver prova nos autos – ex.: decadência; fato notório ou fato superveniente constitutivo, extintivo, modificativo ou impeditivo do direito do autor.

A sentença deve ser clara, todos devem ser capazes de entendê-la. Em que pese a existência de um linguajar jurídico, o magistrado ao proferir a sentença deve utilizar palavras mais simples, já que o seu objetivo é trazer ao conhecimento das partes o que o motivou a decidir a questão de forma "x" ou "y". De acordo com o art. 293, CPC, o pedido deve ser interpretado restritivamente, devendo ser feito com a decisão. Assim, se uma sentença condena B ao pagamento de uma quantia X sem mencionar juros incidentes em tal valor, este não pode ser entendido como condenação implícita.

Em poucas palavras, a sentença deve ser clara, precisa e coerente com a sua fundamentação. Devido a sua importância, Leonardo Greco aponta a clareza e a precisão como requisitos de "exteriorização da sentença".[19]

13.10 PRINCÍPIO DA DEMANDA E SEUS EFEITOS

A demanda, do latim *demandare*, é pressuposto de existência do processo, sendo ela o ato realizado pelo autor de pedir a tutela jurisdicional.

Pelo princípio da demanda, expresso nos arts. 2 e 262, CPC, conhecido também como inércia da jurisdição, não pode o juiz agir de ofício, devendo o autor formular o seu pedido a fim de que seja respeitado o princípio constitucional do devido processo legal.

Então, a sentença proferida em processo iniciado de ofício será rescindível por ter violado a lei.

Como efeito desse princípio, temos a vedação de ser proferida uma sentença *extra* ou *ultra petita*. O princípio da demanda guarda relação com o princípio da congruência, expresso nos arts. 128 e 460, CPC, já analisados em item anterior.

19 Greco (2010, p. 332).

Por fim, a sentença que julga *extra* ou *ultra petita* deve ser reformada pelo juízo *ad quem*, que a reduzirá aos limites objetivos da demanda.

13.11 TUTELA ESPECÍFICA DA OBRIGAÇÃO DE FAZER, NÃO FAZER, ENTREGA DA COISA

O art. 461, CPC ganhou nova redação com a Lei n. 8.952/94, e seu antigo conteúdo encontra-se agora no parágrafo único do art. 460. O objetivo foi acrescentar a ação de conhecimento de execução de obrigação de fazer ou não fazer. Sua criação foi influenciada pelo art. 84 do Código de Defesa do Consumidor.

Obrigação é uma espécie do gênero dever jurídico. Para que uma obrigação exista, devem estar presentes os seguintes elementos: sujeitos (elemento subjetivo), objeto (elemento objetivo) e vínculo jurídico (elemento abstrato).

Obrigação de fazer é aquela cujo vínculo jurídico obriga o devedor a uma contraprestação positiva, de natureza material ou imaterial, realizada por ele ou por terceiro em benefício do credor ou outra pessoa.

Desnecessário dizer que esse comportamento deve ser lícito e possível e pode ser um trabalho físico ou material (construção de um prédio), intelectual, artístico ou científico (escrever um livro) ou praticar ato que não configure na sua essência a execução de qualquer trabalho (renunciar a herança, reforçar uma garantia). Divide-se em obrigação de fazer de natureza infungível (*intuitu personae*) e de natureza fungível.

Obrigação de fazer de natureza infungível é personalíssima e, portanto, somente o devedor pode realizá-la. Decorre da própria natureza da obrigação ou por força de contrato.

A obrigação de fazer fungível, *a contrario sensu*, é aquela que pode ser realizada não apenas pelo devedor, mas por outra pessoa, e por isso, caso não seja cumprida, o credor pode mandar outra pessoa realizá-la às custas do devedor ou exigir indenização por perdas e danos (arts. 247 e 317, CC).

Obrigação de não fazer é aquela que tem natureza negativa, pois refere-se a uma abstenção por parte do devedor à prática de um determinado ato.

Difere da obrigação negativa, que diz respeito a direitos reais, oponíveis *erga omnes*, já que somos obrigados a não prejudicar um direito real alheio. A obrigação de não fazer, como trata-se de direito pessoal, tem eficácia apenas *inter partes*, ou seja, apenas o devedor é obrigado a não realizar o ato.

Na hipótese de descumprimento por impossibilidade de abstenção do ato, não concorrendo para tal o devedor, a obrigação se resolve e ele é exonerado. Um exemplo é quando a lei impõe a obrigatoriedade da prática de um ato em relação ao qual o devedor tenha assumido a obrigação de se abster de praticá-lo.

Dispõe o art. 461, CPC: "na ação que tenha por objeto o cumprimento de obrigação de fazer ou não fazer, o juiz concederá a tutela específica da obrigação ou, se procedente o pedido, determinará providências que assegurem o resultado prático equivalente ao do adimplemento".

Antes da criação desse artigo, se a obrigação não fosse cumprida pelo devedor, resolver-se-ia em perdas e danos. O que era regra passou a ser exceção, já que há agora uma execução específica no caso de inadimplemento. Agora, há o princípio da primazia da tutela específica das obrigações de fazer e não fazer, pelo qual deve dar ao credor tudo aquilo que ele obteria caso o devedor tivesse cumprido a obrigação espontaneamente. Fredie Didier Jr. ressalta que, por vezes, o magistrado pode buscar uma via alternativa, subsidiária e excepcional, para garantir um cumprimento equivalente daquele que seria realizado.[20]

Dispõe o § 2º que a indenização por perdas e danos se dará sem prejuízo da multa. A multa, portanto, tem natureza acessória e caráter coercitivo. Para que a coercibilidade seja realmente efetiva, a multa aplicada deve ter um valor expressivo, não pode ser irrisória. Não há um limite ou um valor mínimo a ser respeitado.

O § 4º possibilita ao juiz a fixação de uma multa diária – *astreintes* – de ofício, se suficiente ou compatível com a obrigação, devendo ser estabelecido um prazo razoável para o seu cumprimento.

As *astreintes* são fixadas e alteradas pelo juiz da ação de conhecimento e da execução. Sua alteração pelo juiz da ação de execução não ofende a coisa julgada, já que aplica-se a cláusula *rebus sic stantibus*.

É comum a aplicação diária, mas o juiz pode aplicar a multa valendo-se de outros critérios temporais, tais como: multa horária, semanal, mensal,

20 Didier Jr. (2009, p. 325-326).

anual ou fixa. Nada impede que as *astreintes* sejam impostas à Fazenda Pública.[21]

O art. 14, parágrafo único, CPC trata da possibilidade de aplicação de multa se as partes, ou quem participar do processo, não cumprirem com exatidão os provimentos mandamentais ou criar embaraços à efetivação de provimentos judiciais, de natureza antecipatória ou final.

Essa multa pode ser perfeitamente cumulada com a do art. 461, CPC, pois diferem totalmente quanto à sua natureza – a primeira administrativa e a segunda processual –; beneficiário – o do art. 14 é Estado e o do art. 461 é a parte contrária –; forma de fixação – o valor é sempre fixo e não pode ultrapassar 20% do valor da causa no art. 14 enquanto no art. 461 pode ser fixado pelo juiz –; e finalidade – a multa do art. 14 tem a finalidade de punir quem desobedece ou embaraça o cumprimento de uma medida judicial, enquanto a do art. 461 tem a finalidade de coagir o devedor a cumprir a prestação.

O alcance da expressão tutela específica deve ser interpretado restritivamente, sendo assim caracterizada como a obtenção de um resultado prático equivalente. Essa é a posição de Cássio Scarpinella Bueno e Eduardo Talamini, citadas na obra de Fredie Didier Jr.[22] Devem ser, para tal, respeitados os princípios constitucionais da efetividade jurisdicional – o credor tem direito à tutela específica – e do devido processo legal – já que o meio para a obtenção de tal tutela deve ser o menos gravoso para o devedor (art. 5, XXXV e LIV, CF) e para que isso ocorra, deve ser aplicado o princípio da proporcionalidade.

O princípio da proporcionalidade consiste na justa ponderação de interesses levando-se em conta o binômio necessidade-utilidade e necessidade-adequação, assim como a proporcionalidade em sentido estrito.

De acordo com o § 1º do art. 461, CPC, a obrigação imposta será convertida em prestação pecuniária se o credor assim preferir ou se não for possível a obtenção da tutela específica ou do resultado prático equivalente ao adimplemento voluntário. Essa referida impossibilidade deve ser superveniente, absoluta e decorrer por culpa do devedor.

21 REsp 735.834-RS (2005/0048117-6), rel. Min. José Delgado.

22 Didier Jr. (2009, p. 323).

Marinoni, citado por Fredie Didier Jr.,[23] contempla uma outra hipótese, a de obrigação excessivamente onerosa ao devedor, que é refutada por Didier Jr., em razão da existência do art. 313, CC, que estabelece que "o credor não é obrigado a receber prestação diversa da que lhe é devida, ainda que mais valiosa". Ao credor só é possível exigir a prestação pecuniária no momento em que ocorrer o inadimplemento e, quando este ocorrer, tem a possibilidade de escolha, mas não pode haver abuso de direito (art. 187 CC).

Para ser a obrigação convertida em perdas e danos, deve ser instaurado um incidente cognitivo durante a execução da ação, no qual as partes poderão produzir provas. Após ser apurada a culpa do devedor e determinado o valor da indenização, devem ser aplicados os arts. 475-J e s., CPC, que tratam de execução de quantia certa.

De acordo com o § 5º do art. 461:

> Para a efetivação da tutela específica ou a obtenção do resultado prático equivalente, poderá o juiz, de ofício ou a requerimento, determinar as medidas necessárias, tais como a imposição de multa por tempo de atraso, busca e apreensão, remoção de pessoas e coisas, desfazimento de obras e impedimento de atividade nociva, se necessário com requisição de força policial.

Esse rol é meramente exemplificativo e, ao analisar o caso concreto, o juiz pode adotar a medida que julgar conveniente. Caso esta seja ineficaz, o juiz pode substituí-la.

O § 6º do artigo trata da possibilidade de modificação do valor da multa, de ofício, pelo juiz, caso verifique-se que é excessiva ou ineficaz. Trata-se, portanto, do mesmo poder geral de efetivação expresso no parágrafo anterior, mitigando-se o princípio da adstrição expresso nos arts. 128 e 460, CPC, já que o juiz age de ofício, em oposição ao princípio da inércia contido no art. 2, CPC.

Importante observar que é declaratória a natureza da sentença que reconhece e obriga o devedor ao cumprimento da prestação.

23 Didier Jr. (2009, p. 327).

13.12 ART. 461-A: OBRIGAÇÕES DE DAR COISA

Obrigação de dar, também conhecida como de prestação de coisa é aquela que tem por objeto mediato uma coisa que, por sua vez, pode ser certa ou determinada (CC, arts. 232 e 233) ou incerta (CC, arts. 243 a 246).

Dispõe o art. 461-A:

> Na ação que tenha por objeto a entrega de coisa, o juiz, ao conceder a tutela específica, fixará o prazo para o cumprimento da obrigação.
>
> § 1º Tratando-se de entrega de coisa determinada pelo gênero e quantidade, o credor a individualizará na petição inicial, se lhe couber a escolha; cabendo ao devedor escolher, este a entregará individualizada, no prazo fixado pelo juiz.
>
> § 2º Não cumprida a obrigação no prazo estabelecido, expedir-se-á em favor do credor mandado de busca e apreensão ou de imissão na posse, conforme se tratar de coisa móvel ou imóvel.
>
> § 3º Aplica-se à ação prevista neste artigo o disposto nos §§ 1º a 6º do art. 461.

Deve ser sempre respeitado o prazo para o seu cumprimento fixado no § 1º. Caso o devedor não entregue a coisa nesse prazo fixado, o juiz aplicará o § 2º. Porém, há casos em que a coisa foi alienada a terceiro e o credor terá duas opções: converter a prestação em perdas e danos (art. 461, § 1º, c/c o art. 627, CPC, devendo ser observados os arts. 234-236, 240 e 246, CC) ou requerer que o juiz expeça ordem para o terceiro entregar a coisa, sob pena de sofrer as medidas cabíveis, tais como busca e apreensão, imissão na posse (observados os arts. 1.217 e 1.218, CC) ou qualquer outra expressa no art. 461, § 5º, CPC.

13.13 ART. 462, CPC

De acordo com o art. 462 CPC, "se, depois da propositura da ação, algum fato constitutivo, modificativo ou extintivo do direito influir no julgamento da lide, caberá ao juiz tomá-lo em consideração, de ofício ou a requerimento da parte, no momento de proferir a sentença".

Fato jurídico é todo acontecimento de origem natural ou humana que gera consequências jurídicas. Pode ser constitutivo, modificativo ou extintivo de direitos.

Após a angularização da lide – que ocorre com a citação válida do réu (art. 219, CPC) – o autor não pode mais modificar ou inserir pedidos (arts. 264 e 294, CPC), a menos que haja a concordância do réu.

É o chamado princípio da imutabilidade da ação. Já pelo princípio da eventualidade (concentração da defesa na contestação), o réu, ao contestar a ação, deve expor todas as razões de fato e direito com as quais refuta o pedido do autor, já que, após esse momento, dá-se a preclusão (art. 300, CPC).

Os dois princípios são absolutos, salvo na hipótese de ocorrência de fato superveniente (art. 303, I a III, CPC). Pode-se dizer então que, a partir da fase sanatória, a estabilização do processo opera-se de forma absoluta para o autor, mas de forma relativa para o réu.

A doutrina diverge quanto ao momento de informar o surgimento de fato novo e superveniente. Para Pontes de Miranda,[24] o aproveitamento de fato novo pode ocorrer até ser proferida a sentença. Já Ernani Fidélis dos Santos[25] sustenta que o fato novo pode ser apreciado até em sede de apelação, e o STJ já posicionou-se admitindo a apresentação do fato novo até em sede de contrarrazões.[26]

Na realidade, o art. 462, como bem salienta o Ministro Luiz Fux, "não se limita apenas ao juiz de primeiro grau, mas também ao Tribunal, se o fato é superveniente à sentença".[27]

13.14 CORREÇÃO

O art. 463, CPC, em seus incisos, estabelece as hipóteses em que o juiz, após publicada a sentença, poderá alterá-la. São exceções ao princípio da irretratabilidade da sentença de mérito.[28] De acordo com o inciso I, o

24 Pontes de Miranda (1974, p. 101).

25 Santos (1998, p. 224).

26 STJ, 1ª T., REsp 847.831-SP, rel. Min. Francisco Falcão, j. 28-11-2006.

27 Fux (2008, p. 800).

28 Theodoro Júnior (2009a, p. 509).

juiz poderá alterar a sentença "para lhe corrigir, de ofício ou a requerimento da parte, inexatidões materiais, ou lhe retificar erros de cálculo". São erros ortográficos ou de cálculo, erro ou omissão no nome de alguma parte, dentre outros.

A segunda exceção está no inciso II, que prevê a possibilidade de se alterar a sentença por meio de embargos de declaração. Estes são cabíveis quando houver, na sentença ou no acórdão, obscuridade ou contradição, ou então quando for omitido ponto sobre o qual devia pronunciar-se o juiz ou tribunal. Tal recurso, porém, não se destina a modificar o mérito da decisão, mas apenas sanar a falta de clareza ou imprecisão.

Outra exceção que pode ser apontada é aquela provocada pelo acolhimento do recurso pelo tribunal, quando se cassa a sentença terminativa para determinar a apreciação do mérito ou se anula a decisão da lide para que outra sentença seja prolatada no juízo *a quo*.[29]

13.15 NOVAS ALÍNEAS DO ART. 466, CPC

A análise dos arts. 466-A, 466-B e 466-C, com a respectiva alteração topográfica dentro dos livros e capítulos do CPC, é feita em conjunto, à medida que essa proposta de alteração legislativa decorre do mesmo fundamento teórico.

Os arts. 639, 640 e 641, CPC, agora substituídos, embora fossem incluídos no livro II ("Do processo de execução"), sob o título "Da execução em geral", são reconhecidos pela doutrina como regras heterotrópicas. Afirma-se isso, porque a pretensão contida nesses dispositivos possui um caráter predominantemente cognitivo, distanciando-se da natureza executiva propriamente dita.

Veja-se que, nas hipóteses de obrigação de declarar vontade, uma parte se compromete com a outra, mediante um contrato preliminar, em firmar o termo definitivo quando preenchidos determinados pressupostos.

Ocorre que, uma vez descumprido o avençado, não há como a parte prejudicada compelir fisicamente a parte recalcitrante a firmar o acordo. Já houve época em que se afirmou que, nesses casos, nada poderia ser

29 Theodoro Júnior (2009a, p. 510).

feito para obrigar a parte inadimplente a firmar o contrato, pois qualquer ato judicial nesse sentido estaria contrariando a liberdade individual de contratar.

Assim, ao prejudicado caberiam apenas as perdas e danos. Não obstante, tal perspectiva quedou superada, sobretudo em função das críticas elaboradas por Chiovenda, que demonstrou em seus ensaios que, embora não houvesse fungibilidade jurídica entre as declarações do indivíduo e do Estado, existiria uma fungibilidade material – a declaração do Estado sub-rogaria à vontade faltante.[30]

Essa seria, portanto, a finalidade da execução de emissão de declaração de vontade, a saber, permitir que seja captada a vontade originária de um contrato preliminar quando da realização do contrato definitivo.

Com efeitos meramente jurídicos, e não físicos, ao invés do Estado compelir a parte inadimplente a cumprir com sua obrigação, ele simplesmente substitui aquela vontade, com consequências idênticas àquela declaração se fosse espontânea.

13.16 REMESSA NECESSÁRIA

A remessa necessária, remessa *ex officio* ou reexame necessário é um instituto que objetiva preservar a esfera jurídica da Fazenda Pública, determinando que toda sentença que julgue procedente o pedido da parte autora em face da Fazenda Pública, nos termos do art. 475, CPC,[31] exce-

---

30 Assis (2002, p. 458).

31 "Art. 475. Está sujeita ao duplo grau de jurisdição, não produzindo efeito senão depois de confirmada pelo tribunal, a sentença:

I – proferida contra a União, o Estado, o Distrito Federal, o Município, e as respectivas autarquias e fundações de direito público;

II – que julgar procedentes, no todo ou em parte, os embargos à execução de dívida ativa da Fazenda Pública (art. 585, VI).

§ 1º Nos casos previstos neste artigo, o juiz ordenará a remessa dos autos ao tribunal, haja ou não apelação; não o fazendo, deverá o presidente do tribunal avocá-los.

§ 2º Não se aplica o disposto neste artigo sempre que a condenação, ou o direito controvertido, for de valor certo não excedente a 60 (sessenta) salários mínimos, bem como no caso de procedência dos embargos do devedor na execução de dívida ativa do mesmo valor.

§ 3º Também não se aplica o disposto neste artigo quando a sentença estiver fundada em jurisprudência do plenário do Supremo Tribunal Federal ou em súmula deste Tribunal ou do tribunal superior competente."

tuando-se os casos de condenações inferiores a sessenta salários mínimos e de sentença fundada em jurisprudência do Plenário do STF ou em súmula de tribunal superior competente,[32] ou, ainda, toda sentença que acolha, ainda que parcialmente, os embargos na execução da dívida ativa da Fazenda Pública, deverá ser remetida ao Tribunal, para confirmação ou não, independente de as partes interporem recurso voluntário.

A sentença de mérito proferida em desfavor da Fazenda Pública,[33] embora existente e válida, só produzirá efeito e transitará em julgado após confirmação pelo Tribunal.

Destaque-se que, ainda que não haja previsão expressa na sentença de esta estar submetida ao reexame necessário, mesmo assim ela não transitará em julgado enquanto não remetida ao tribunal competente para julgamento do reexame necessário (Súmula 423, STF[34]). Dessa forma, a remessa necessária é uma condição de eficácia da sentença.

Não é propriamente um recurso, por lhe faltar tipicidade, voluntariedade, tempestividade, dialeticidade, legitimidade, interesse em recorrer e preparo, características próprias dos recursos. Contudo, podem lhe ser aplicados alguns princípios próprios dos recursos, como os efeitos devolutivo[35] e suspensivo, sendo a ela aplicável, inclusive, os poderes monocráticos do relator, previstos no art. 557, CPC (Súmula 253, STJ).

Ao analisar a remessa necessária, o Tribunal fica autorizado a examinar integralmente a sentença, podendo modificá-la total ou parcialmente. Indaga-se se, ao julgar a remessa necessária, poderia o Tribunal agravar a situação da Fazenda Pública ou se o reexame necessário seria apenas a seu favor.

---

32 O art. 12 da Medida Provisória n. 2.180-35, de 24-8-2001, dispensa, ainda, do reexame necessário sentença cuja matéria for objeto de súmula do Advogado Geral da União ou órgão administrativo competente.

33 Pela remessa necessária ser um instituto protetivo à Fazenda Pública, a sentença que se submete ao reexame obrigatório é apenas a de mérito, já que a terminativa, quando a Fazenda Pública for autora, pode implicar para a Fazenda Pública tão somente a imposição de pagamento de honorários à parte contrária. Também as decisões liminares, que ainda poderão ser revogadas no curso do processo, também não são atingidas pela remessa necessária, embora possam ser objeto do instituto da suspensão da segurança, retratado em outro capítulo.

34 Súmula 423, STF: "não transita em julgado a sentença por haver omitido o recurso 'ex officio', que se considera interposto 'ex lege'".

35 Nesse sentido dispõe a Súmula 325, STJ: "a remessa oficial devolve ao Tribunal o reexame de todas as parcelas da condenação suportadas pela Fazenda Pública, inclusive dos honorários de advogado".

Em sendo a remessa necessária um instituto protetivo da Fazenda Pública, que objetiva assegurar o interesse público, revendo as decisões que lhe são desfavoráveis para evitar um desgaste desnecessário do erário, prevalece que o Tribunal não pode agravar a situação da Fazenda Pública em sede de remessa necessária, impondo-lhe condenação mais gravosa do que a fixada pelo Juízo *a quo*.

É certo que esse posicionamento não é uníssono na doutrina,[36] contudo, a vedação a se agravar a situação da Fazenda Pública em sede de reexame necessário, também conhecida como proibição de *reformatio in pejus*, encontra-se até mesmo sumulada pelo Superior Tribunal de Justiça, no Enunciado de Súmula n. 45.[37]

Cabe porém, ressaltar, que é possível o agravamento da situação da Fazenda Pública quando, embora submetida a reexame necessário, a outra parte tenha interposto recurso voluntário. Nesse caso, na ocasião da análise do recurso voluntário interposto pela parte, poderá a Fazenda ter sua situação agravada.

Já em relação às hipóteses de questões de ordem pública e os pedidos implícitos (juros, correção monetária, custas, honorários advocatícios e prestações vincendas em obrigações de trato sucessivo), não haveria a vedação para o agravamento da situação da Fazenda Pública.

Dessa forma, não há *reformatio in pejus* se o Tribunal, por exemplo, determina a incidência de juros de mora, não determinados na sentença examinada. Isso porque as questões de ordem pública e os pedidos implícitos podem ser conhecidos de ofício pelo juiz.

No Tribunal, a remessa necessária terá procedimento semelhante ao recurso de apelação, embora com ele não se confunda. Grande questionamento também se impunha em relação ao cabimento de embargos

---

36 Admitindo, em posição minoritária, que a situação da Fazenda Pública seja agravada em sede de remessa necessária, destacamos o entendimento de Nelson Nery Junior: "assim, é lícito ao tribunal, no reexame obrigatório, modificar total ou parcialmente a sentença reexaminanda, da forma como entender adequada, podendo piorar a situação da Fazenda Pública sem incidir na proibição da *reformatio in pejus*, que atua somente nos recursos e não na remessa necessária, que, como já visto, não é recurso. O equívoco do STJ 45 está em interpretar a remessa necessária como sendo objeto de efeito devolutivo, que só ocorre nos recursos, como consequência do princípio dispositivo, que não é o caso do instituto aqui examinado, regido pelo princípio oposto: o inquisitório" (NERY JUNIOR; NERY, 2007, p. 810).

37 Súmula 45: "no reexame necessário, é defeso, ao Tribunal, agravar a condenação imposta à Fazenda Pública".

infringentes em face do julgamento por maioria pelo Tribunal do reexame necessário.

O Enunciado de Súmula 390 do STJ[38] prevê que não caberão embargos infringentes.

Contudo, a ausência de recurso voluntário interposto pela Fazenda Pública não impede que esta interponha recurso especial ou recurso extraordinário em face de acórdão que, julgando a remessa necessária, mantenha sentença de primeiro grau contrária a seus interesses. Essa questão, que já foi durante muito tempo tormentosa na jurisprudência, inclinando-se, muitas vezes, no sentido de não admitir recursos voluntários se a Fazenda Pública não apelou da sentença, parece agora se consolidar para a admissão do recurso especial em face de acórdão que julga a remessa necessária.[39]

Acrescente-se, ainda, que a remessa necessária em face de sentença será analisada pelo Tribunal, mas não caberá remessa necessária se o feito for de competência originária do Tribunal ou se, embora julgado improcedente o pedido do autor, o Tribunal reforme a sentença para condenar a Fazenda Pública, já que, nesses casos, a condenação já terá sido discutida pelo colegiado.

13.17 CONCEITO DE COISA JULGADA

De acordo com o art. 162, parágrafo 1º, CPC, sentença é o ato do juiz que implica alguma das situações previstas nos arts. 267 e 269, CPC. Sentença é o termo utilizado no julgamento em primeira instância, enquanto acórdão é o nome utilizado para a sentença proferida em instância superior (art. 163, CPC).

Da sentença, cabe recurso, que tem origem no latim *recursare* – correr para trás ou para o lugar de onde se veio. A parte, portanto, insatisfeita e inconformada com a decisão proferida busca o seu reexame, na tentativa de esta ser reformada ou invalidada. Diz-se que a sentença transita em

38 Súmula 390: "nas decisões por maioria, em reexame necessário, não se admitem os embargos infringentes".

39 Nesse sentido: Corte Especial, REsp 905.771-CE, rel. Min. Teori Albino Zavascki, *DJ*, 19-8-2010.

julgado após a fase recursal, que possui um tempo determinado, pois, caso contrário, ao possibilitar à parte insatisfeita a possibilidade de impugná-la a qualquer tempo, haveria uma insegurança jurídica.

Assim, Vicente Greco Filho caracteriza a coisa julgada como a "imutabilidade dos efeitos da sentença ou da própria sentença que decorre de estarem esgotados os recursos eventualmente cabíveis".[40]

Didier Jr. ainda complementa:

> [...] coisa julgada é o instituto jurídico que integra o conteúdo do direito fundamental à segurança jurídica, assegurado em todo Estado Democrático de Direito, encontrando consagração expressa em nosso ordenamento no artigo 5º, XXXVI, CF, não podendo ser rediscutida, alterada ou desrespeitada – seja pelas partes, seja pelo próprio Poder Judiciário.[41]

13.18 COISA JULGADA MATERIAL E FORMAL

Coisa julgada tem relação com a palavra imutabilidade. Coisa julgada formal é a imutabilidade da decisão judicial dentro do processo em que foi proferida.[42] É o primeiro passo para se chegar à coisa julgada material. A imutabilidade da coisa julgada material ocorre dentro e fora do processo, tendo, portanto, eficácia endo e extraprocessual.

As sentenças terminativas operam coisa julgada formal porque, suprida a irregularidade que deu causa à extinção do processo, o autor pode promover nova ação idêntica. O mesmo não acontece com as sentenças definitivas que julgam o mérito, pois estas "adquirem força de lei nos limites da lide e das questões decididas" (art. 468, CPC).

Leonardo Greco, porém, entende não haver coisa julgada formal nas sentenças que não apreciam o mérito, pois a coisa julgada está relacionada à apreciação do pedido. Afirma que "não há coisa julgada formal sem coisa julgada material, e vice-versa".[43]

---

40 Greco Filho (2009, p. 265).

41 Didier Jr. (2009, p. 478).

42 Didier Jr. (2009, p. 479).

43 Greco (2010, p. 367).

Alguns autores tendem a identificar a coisa julgada formal com a preclusão, mas os conceitos são diferentes, embora estejam sempre logicamente interligados. "Preclusão é, subjetivamente, a perda de uma faculdade processual e, objetivamente, um fato imeditivo; a coisa julgada formal é a qualidade da decisão, ou seja, sua imutabilidade, dentro do processo."[44] A preclusão pode levar à coisa julgada formal e material, pela não utilização da faculdade de recorrer.

Na concepção de Barbosa Moreira, por exemplo, a coisa julgada material constitui situação jurídica dotada de eficácia preclusiva, ou seja, situação jurídica que, caracterizada, torna irrelevante o passado, de forma que não há mais espaço para discutir as questões por ela acobertadas, salvo situações excepcionais que o ordenamento contemplou por via da ação rescisória.[45]

Somente as decisões de mérito fazem coisa julgada material. Essa é a interpretação que se dá ao art. 468, CPC. Daí se conclui que as sentenças terminativas e as decisões interlocutórias não fazem coisa julgada material.

A natureza da coisa julgada divide a doutrina. Para alguns, seria um efeito da decisão. Barbosa Moreira, citado por Alexandre Câmara refuta esse posicionamento. Para ele, a imutabilidade da sentença não lhe é "conatural". A impossibilidade de ser reformada, a restrição no número de recursos etc. seria uma opção de política legislativa, com o propósito de ser preservada a segurança jurídica, a fim de que as decisões não sejam rediscutidas *ad infinitum*.[46]

A respeito da antiga discussão sobre ser a coisa julgada efeito ou qualidade da sentença, Alexandre Câmara lembra que os efeitos não são imutáveis. Sustenta ser a coisa julgada uma situação jurídica do conteúdo da decisão. O que é imutável é o seu conteúdo e não seus efeitos. Explica que "é o ato judicial que consistente na fixação da norma reguladora do caso concreto, que se torna indiscutível quando da formação da coisa julgada".[47] Didier Jr. concorda e cita o exemplo da decisão condenatória que dá ensejo à execução, explicando que esse efeito pode não se implementar (o devedor paga), esgotar-se ou sofrer alterações – art. 461, CPC.[48]

---

44 Grinover e Dinamarco (2003, p. 176).

45 Barbosa Moreira (2007, p. 242).

46 Câmara (2011, p. 487).

47 Câmara (2011, p. 485).

48 Didier Jr. (2009, p. 485).

13.19 LIMITES OBJETIVOS E SUBJETIVOS DA COISA JULGADA

Os limites objetivos tratam da identificação do objeto da sentença, aquele que irá adquirir autoridade de coisa julgada, enquanto os subjetivos referem-se às pessoas por ela atingidas.

O art. 469, CPC, trata dos limites objetivos. Estabelece que não fazem coisa julgada:

I. os motivos, ainda que importantes para determinar o alcance da parte dispositiva da sentença;

II. a verdade dos fatos, estabelecida como fundamento da sentença;

III. a apreciação da questão prejudicial, decidida incidentemente no processo.

Pode-se concluir que apenas a parte dispositiva da sentença faz coisa julgada, a fundamentação não se torna imutável. As razões que formaram o livre convencimento do juiz não fazem coisa julgada. Via de regra, questões prejudiciais também não fazem coisa julgada, salvo se a parte assim requerer, devendo ser o juiz competente em razão da matéria e constituir pressuposto necessário para o julgamento da lide. A ação declaratória incidental deve então ser decidida *principaliter* e faz coisa julgada. Como exemplo, temos a rejeição de prejudicial de nulidade de certidão de nascimento, em ação de alimentos, que não faz coisa julgada em relação à ação de anulação de registro civil em que essa paternidade está atestada.

Cumpre ressaltar que o art. 301, § 2º, CPC dispõe que cabe ao réu, em sede de contestação, alegar a coisa julgada, que se caracteriza pela existência das mesmas partes, sujeitos e causa de pedir. Não estão cobertas todas as questões de fato e de direito que o juiz teve de examinar para decidir a causa, mas somente a parte dispositiva da sentença. Entretanto, a formação da coisa julgada impede a reabertura da causa para rediscutir argumento que poderia ter sido ventilado pelas partes mas não foi.

Novamente, lembramos que, pelo art. 460, CPC, é defeso ao juiz proferir sentença em favor do autor, de natureza diversa da pedida, ou condenar o réu em quantidade superior ou em objeto diverso do que lhe foi demandado.

Porém, se a sentença deixar de examinar um dos pedidos, ou seja, se a decisão for *citra petita*, não houver impugnação e transitar em julgado, forma-se coisa julgada sobre esse pedido? Deve-se entender que não, pois, de acordo com o art. 468, CPC, a coisa julgada se forma sobre as questões "decididas" e a omissão não é decisão.

De certa forma, se a parte formular mesmo pedido, mas com outro fundamento (causa de pedir), sua pretensão não estará submetida à coisa julgada. Assim, se a parte postula a anulação de um contrato por dolo, depois poderá fazê-lo por erro etc.

Quanto aos limites subjetivos, estes podem se dar *inter partes*, *ultra partes* ou *erga omnes*. Por *inter partes*, entende-se que a coisa julgada só operar-se-à entre as partes, sendo a regra geral, prevista no art. 472, CPC, que estabelece que a sentença faz coisa julgada às partes entre as quais é dada, não beneficiando, nem prejudicando terceiros.

Esse artigo expressa os princípios constitucionais da inafastablidade da jurisdição, devido processo legal, ampla defesa e contraditório – art. 5º, XXXV, LIV e LV –, já que não se pode admitir que alguém seja atingido pelos efeitos de uma sentença sem ter tido a oportunidade de se manifestar nos autos.

Porém, o art. 472 não para por aí. Dispõe que em causas que tratem de estado de pessoa, se tiverem sido citados em litisconsórcio necessário, todos os interessados serão atingidos pela coisa julgada. Trata-se de coisa julgada *ultra partes*, já que irá atingir terceiros que integraram o processo. Didier cita como exemplos os arts. 42, § 3º, CPC – substituição processual ulterior, cuja coisa julgada irá atingir não só as partes originárias, mas o adquirente ou cessionário –, o 103, II, CPC – ações coletivas que versem sobre direitos coletivos em sentido estrito – e o 274, CC – que trata dos credores solidários.[49]

A lei de ação popular (Lei n. 4.717/67) foi a primeira a tratar do assunto, ligando-a às ações coletivas. Após esta, surgiu a lei de ação civil pública (Lei n. 7.347/85). Já o Código de Defesa do Consumidor (Lei n. 8.078/90), que em seus arts. 103 e 104 torna mais específica a regra, levando em conta a natureza do direito em jogo, quer seja difuso, coletivo ou individual homogêneo. Passamos à análise de cada artigo.

49 Didier Jr. (2009, p. 490-491).

O art. 16 da Lei n. 7.347/85 dispõe[50] que a sentença fará coisa julgada *erga omnes*, salvo se o pedido for julgado improcedente por insuficiência de provas.

Os arts. 103 e 104, CDC[51] tornam mais específica a regra, levando em conta a natureza do direito em jogo, quer seja difuso, coletivo ou individual homogêneo.[52]

---

50 Anote-se ainda que a redação do art. 16 da Lei da Ação Civil Pública foi alterada pela Lei n. 9.494, de 10 de setembro de 1997, para que se introduzisse a expressão "nos limites da competência territorial do órgão prolator". Compare-se a redação antiga com a hoje vigente: (redação original) "Art. 16. A sentença civil fará coisa julgada *erga omnes*, exceto se o pedido for julgado improcedente por deficiência de provas, hipótese em que qualquer legitimado poderá intentar outra ação com idêntico fundamento, valendo-se de nova prova". (nova redação) "Art. 16. A sentença civil fará coisa julgada *erga omnes*, nos limites de competência territorial do órgão prolator, exceto se o pedido for julgado improcedente por insuficiência de provas, hipótese em que qualquer legitimado poderá intentar outra ação com idêntico fundamento, valendo-se de nova prova". Tal modificação vem sendo muito criticada pela doutrina, que entende haver aí um rompimento no sistema de acesso à Justiça que vinha sendo preconizado pela lei. Por outro lado, o Poder Executivo ao inserir tal modificação utilizou como fundamento a necessidade de compatibilizar os institutos da competência e dos limites subjetivos da sentença. Para uma visão mais aprofundada sobre a controvérsia confira-se Grinover et al. (1999).

51 É a seguinte a redação desses dispositivos: "Art. 103. Nas ações coletivas de que trata este Código, a sentença fará coisa julgada: I – *erga omnes*, exceto se o pedido for julgado improcedente por insuficiência de provas, hipótese em que qualquer legitimado poderá intentar outra ação, com idêntico fundamento, valendo-se de nova prova, na hipótese do inciso I do parágrafo único do artigo 81; II – *ultra partes*, mas limitadamente ao grupo, categoria ou classe, salvo improcedência por insuficiência de provas, nos termos do inciso anterior, quando se tratar da hipótese prevista no inciso II do parágrafo único do artigo 81; III – *erga omnes*, apenas no caso de procedência do pedido, para beneficiar todas as vítimas e seus sucessores, na hipótese do inciso III do parágrafo único do artigo 81. § 1º Os efeitos da coisa julgada previstos nos incisos I e II não prejudicarão interesses e direitos individuais dos integrantes da coletividade, do grupo, categoria ou classe. § 2º Na hipótese prevista no inciso III, em caso de improcedência do pedido, os interessados que não tiverem intervindo no processo como litisconsortes poderão propor ação de indenização a título individual. § 3º Os efeitos da coisa julgada de que cuida o artigo 16, combinado com o art. 13 da Lei n. 7.347, de 24 de julho de 1985, não prejudicarão as ações de indenização por danos pessoalmente sofridos, propostas individualmente ou na forma prevista neste Código, mas, se procedente o pedido, beneficiarão as vítimas e seus sucessores, que poderão proceder à liquidação e à execução, nos termos dos artigos 96 a 99. § 4º. Aplica-se o disposto no parágrafo anterior à sentença penal condenatória. Art. 104. As ações coletivas, previstas nos incisos I e II do parágrafo único do artigo 81, não induzem litispendência para as ações individuais, mas os efeitos da coisa julgada *erga omnes* ou *ultra partes* a que aludem os incisos II e III do artigo anterior não beneficiarão os autores das ações individuais, se não for requerida sua suspensão no prazo de 30 (trinta) dias, a contar da ciência nos autos do ajuizamento da ação coletiva".

52 Para uma análise dos institutos da coisa julgada e da litispendência em todas as modalidades de ação civil pública e ação coletiva, remetemos o leitor a Gidi (1995).

A regra geral é, portanto, a seguinte:[53]

a) nas hipóteses de extinção do processo sem resolução do mérito ou naquelas em que o mérito é tocado, mas o pedido é julgado improcedente por insuficiência de provas, produz-se apenas coisa julgada formal;

b) ao revés, se o mérito é examinado e o pedido é julgado procedente ou improcedente por outro motivo que não seja insuficiência de provas, opera-se a coisa julgada material.

Vê-se aqui, claramente, a opção do legislador por atenuar o rigor da coisa julgada material em benefício da coletividade, regra inexistente na jurisdição individual, em que toda decisão definitiva (hipóteses do art. 269, CPC) faz coisa julgada material, independentemente do teor do contexto probatório.

Entretanto, nem sempre essa regra geral é suficiente para a solução das questões que se apresentam na prática. Isso porque, não raras vezes, durante o curso da ação coletiva, ou mesmo antes de seu ajuizamento, são instauradas ações individuais por pessoas que foram lesadas em razão do mesmo fundamento que serviu de base à ação coletiva.

Nesses casos, é necessário um exame mais aprofundado sobre os dispositivos do CDC.

Em se tratando de direito individual homogêneo, a sentença produzirá efeitos *erga omnes* em caso de procedência do pedido para beneficiar vítimas e sucessores (art. 103, III, CDC).

Os titulares desses direitos poderão pedir suas indenizações pessoais sem necessidade de comprovar a obrigação de indenizar e o nexo causal entre o dano geral e o ato causador do dano. Simplesmente deverão demonstrar que seu dano particular se prende àquele dano genericamente reconhecido e quantificar sua indenização em processo de liquidação.

Nesse passo, dispõe o art. 95 do mesmo diploma legal que, se o pedido for julgado procedente, deve o juiz fixar condenação genérica. A partir daí, será iniciada a fase de liquidação de sentença, tal como regulamentada nos arts. 475-A a 475-H, CPC, o que será feito individualmente por cada lesado,

53 Essa regra, aliás, é a mesma aplicada à ação popular (art. 18 da Lei n. 4.717/65). Apenas para registro, no mencionado art. 18 da Lei da Ação Popular, bem como na anterior redação do art. 16 da Lei da Ação Civil Pública (hoje modificada pela Lei n. 9.494/97), lê-se a expressão "deficiência de provas".

de acordo com o *quantum* que lhe seja pertinente, sendo certo ainda que remanesce legitimação subsidiária às pessoas arroladas no art. 82, CDC para a instauração dessa fase de liquidação, bem como para a execução.[54]

Discute-se, nesse caso, se a ação coletiva induzirá litispendência em relação às ações individuais propostas com o mesmo fim (art. 104, 1ª parte, CDC).

Parece-nos que não,[55] na medida em que as partes serão distintas, a causa de pedir pode ou não ser idêntica e o pedido será sempre diverso, pois na ação coletiva o pedido de condenação é genérico, ao contrário do que ocorre com a ação individual, em que esse é especificado de acordo com as necessidades de cada autor.

Contudo, forçoso reconhecer, ainda atento aos termos do art. 104, CDC, que o benefício da coisa julgada formada em ação coletiva dependerá do pedido oportuno de suspensão de ação individual quando tramitarem simultaneamente esta e aquela.

Por outro lado, a improcedência do pleito coletivo permitirá aos lesados que não intervieram no processo coletivo, como assistentes litisconsorciais, propor ações individuais, porque uma sentença de improcedência em demanda coletiva opera coisa julgada *erga omnes*, impedindo apenas que outro ou o mesmo legitimado proponha nova demanda coletiva, mas não afastando a ação individual de indenização.

É como se o legislador flexibilizasse o instituto da coisa julgada nessas hipóteses, utilizando como argumento o fato de os legitimados serem diversos para as demandas coletiva e individual, em inequívoca opção política pela parte mais frágil na relação processual. Essa tendência, considerada inapropriada em outros tempos, vem ganhando adeptos a cada dia e reforçando o número de defensores do instituto da "relativização da coisa julgada".[56]

Por fim, os interessados que intervieram como assistentes litisconsorciais não poderão ingressar com demanda individual em caso de improcedência, conforme se depreende do art. 103, § 2º, CDC.

---

54 Assim dispõem os arts. 97 e 98, CDC: "Art. 97. A liquidação e a execução de sentença poderão ser promovidas pela vítima e seus sucessores, assim como pelos legitimados de que trata o artigo 82. Parágrafo único. (Vetado). Art. 98 – A execução poderá ser coletiva, sendo promovida pelos legitimados de que trata o artigo 82, abrangendo as vítimas cujas indenizações já tiverem sido fixadas em sentença de liquidação, sem prejuízo do ajuizamento de outras execuções".

55 No sentido do texto, Gidi (1995, p. 207-208); em sentido contrário, Grinover (1990).

56 Ver, por todos, Dinamarco (2003).

Em suma, a partir da conjugação dos fatores legais, podem ocorrer as seguintes hipóteses:

a) o lesado propôs demanda individual antes do ajuizamento da ação coletiva e pediu suspensão do primeiro processo: nesse caso, será ele beneficiado pela procedência da ação coletiva e não será prejudicado no caso de improcedência, podendo prosseguir na ação de indenização a título individual;

b) o lesado propôs demanda individual antes do ajuizamento da ação coletiva e não requereu a suspensão do primeiro processo: aqui, não será ele beneficiado pela procedência da ação coletiva;

c) o lesado ingressou na ação coletiva como assistente litisconsorcial: não poderá propor ação individual em caso de improcedência da ação coletiva e, nesse caso, a coisa julgada na ação coletiva surtirá efeitos em relação ao lesado;[57]

d) o lesado não ingressou na ação coletiva nem propôs ação individual: poderá propor ação individual em caso de improcedência da ação coletiva ou será beneficiado em caso de procedência dessa ação.

De qualquer sorte, vê-se claramente que o objetivo do legislador foi o de permitir que o lesado sempre se beneficie da coisa julgada coletiva,[58] o que se afina com a moderna tendência do direito processual coletivo.

13.20 FUNDAMENTOS DA COISA JULGADA

A coisa julgada tem como fundamento evitar a perpetuação de conflitos e a insegurança jurídica, sendo inerente ao Estado Democrático de

57 Até mesmo em virtude do disposto no art. 472, 1ª parte, CPC: "A sentença faz coisa julgada às partes entre as quais é dada [...]".

58 Atente-se ao fato de que, em se tratando de direito individual homogêneo, o legislador exige que tramitando simultaneamente ação coletiva e ação individual seja a última suspensa até a conclusão da primeira para que o lesado se beneficie da procedência da ação coletiva. Ora, se o lesado insiste em prosseguir com a ação individual, adere à possibilidade de advir decisão favorável em ação coletiva que não o beneficiará e somente nessa hipótese poderíamos vislumbrar contrariedade entre o resultado da ação coletiva e da ação individual. O legislador não prevê solução para o caso ainda que tenha buscado evitá-la com a possibilidade de suspensão da ação individual (art. 104 do CDC). Ressalte-se, todavia, que deveria ser desenvolvido um sistema que permitisse ao autor do pleito individual tomar inequívoca ciência da existência da demanda coletiva, uma vez que o art. 94 prevê apenas a publicação de editais.

Direito. A coisa julgada não é apenas uma garantia individual, mas também coletiva, porque a coletividade também tem interesse na estabilidade das decisões.

No Brasil, tende-se a mitigar ou relativizar o instituto da coisa julgada. Isso significa que a coisa julgada, até então sinônimo de imutabilidade de decisão judicial transitada em julgado, deixa de assim ser considerada para ser passível de flexibilização ou revisão.

Essa teoria vem sendo adotada pela doutrina e pela jurisprudência modernas, que entendem que muitos conceitos jurídicos devam ser revistos em atendimento a uma adequada harmonia entre a realidade e os anseios da sociedade atual, quando da aplicação do direito ao caso concreto.

Elementos basilares do Estado Democrático de Direito, como a dignidade humana, os valores sociais, a moralidade, a legalidade, impessoalidade, dentre tantos outros consagrados no ordenamento jurídico brasileiro, devem ser resguardados, e os atos praticados pelo Poder Público devem, em absoluto, guardar respeito aos ditames constitucionais.

Dentro da esfera desses ditames constitucionais, surgiu na doutrina a chamada "coisa julgada inconstitucional", que se justifica quando da ocorrência da coisa julgada que seja afrontosa à moralidade privada e pública ou injusta em seus efeitos, já que, assim sendo, gera a insegurança jurídica, inegavelmente. E isso é justamente o que se pretende aniquilar quando se quer tornar a coisa julgada mutável.

Sobre a mutabilidade assinalada, observemos que, o que em tese contrariaria a segurança jurídica, por outro lado, porém, resguarda a supremacia da Constituição. Isso porque a segunda deverá preponderar em detrimento das resistências que absorvem o legalismo em absoluto a reger a aplicação do direito.

Vislumbramos a perfeita coerência da busca pelo reconhecimento judicial de uma coisa julgada inconstitucional, tendo em vista que já é previsível no nosso sistema a revisão de sentença que pode se operar tanto no âmbito cível como no criminal, sendo a primeira a chamada rescisão de sentença e a segunda, a revisão criminal. Também porque já existe no sistema pátrio a denominada *querela nullitatis*, que tem natureza autônoma, por meio da qual se busca a impugnação de sentença viciada pela nulidade e poderá ser acionada quando da ocorrência de erros insanáveis.

Os defensores da flexibilização ou relativização da coisa julgada inconstitucional asseguram que caberá ao Judiciário apenas reconhecer, por meio de um novo pronunciamento, que a decisão atacada, em verdade, nunca existiu, visto estar calcada em inconstitucionalidade.

De fato, devem ser respeitados o ato jurídico perfeito, a coisa julgada e o direito adquirido (CF, art. 5º, XXXVI). Entretanto, quando falamos em relativização da coisa julgada, estamos nos referindo às decisões que provocam perplexidade e julgados contraditórios, por ser uma decisão inconstitucional.

Entendemos que o art. 5º, XXXVII, CF, busca essencialmente resguardar que uma lei nova não poderá retroagir a fim de atingir fatos pretéritos. Por outro lado, o reconhecimento da revisão da sentença por fato superveniente, em uma relação jurídica continuativa, não ofende a Constituição, assim como não há ofensa constitucional quando da utilização da ação rescisória.

Retomando o estudo das teorias argumentativas invocadas pelos doutrinadores pátrios, destacamos o entendimento de Teresa Arruda Alvim Wambier e José Miguel Garcia Medina.[59] Entendem esses juristas que a relativização é uma desmistificação da coisa julgada, como consequência de uma modificação do pensamento social como um todo, embasado em valores que consagram que deva prevalecer o respeito aos preceitos constitucionais.

E continuam suas argumentações sustentando que não se pode admitir sentenças eivadas de inconstitucionalidade, posto que sequer foi respeitado o direito de ação, mas tão somente o direito de petição exercido sem possibilidade jurídica do pedido com uma sentença juridicamente inexistente e, portanto, não estaria apta a transitar em julgado, tendo em vista que é incoerente com o ordenamento jurídico vigente.

O jurista e Ministro do STJ José Augusto Delgado foi um dos pioneiros no estudo sobre a relativização da coisa julgada. O autor sustenta que, em um Estado Democrático de Direito, não é possível sustentar a intangibilidade da coisa julgada. O autor defende, portanto, a sua relativização, na medida em que ferir princípios ou regras constitucionais, contrariando a manifestação do poder constituinte originário do qual o povo é titular.[60]

Leonardo Greco critica o prazo de dois anos rigidamente estabelecido para a propositura de ação rescisória. Ele entende que esse prazo não de-

59 Wambier e Medina (2003).

60 Delgado (2006, p. 106-107).

veria ser único. De acordo com o caso, o prazo deveria ser maior ou menor do que o atual, ou até mesmo não existir.[61] A respeito da coisa julgada inconstitucional, afirma que uma decisão proferida em controle concentrado de constitucionalidade não deve ter nenhuma influência sobre as sentenças anteriormente transitadas em julgado. Seria cabível apenas a ação rescisória, se ainda subsistir o prazo para a sua propositura.

Com base em tais premissas, o autor posiciona-se pela inconstitucionalidade do parágrafo único do art. 741, CPC, que, ao admitir a interposição de embargos do devedor, com fundamento na inexigibilidade do título executivo, em decorrência de superveniente declaração de inconstitucionalidade pelo STF, teria violado a garantia constitucional da coisa julgada. Luiz Guilherme Marinoni segue a mesma linha e entende que a coisa julgada material está imune à declaração de inconstitucionalidade proferida pelo STF, seja no controle concreto ou abstrato.

Sobre esse ponto, Eduardo Talamini entende ser constitucional o parágrafo único do art. 741, CPC. A seu ver, apenas as decisões proferidas pelo STF em controle abstrato podem servir de fundamento aos embargos do devedor. As decisões proferidas em controle difuso só poderiam servir de fundamento se houver resolução do Senado suspendendo a eficácia do ato normativo.[62]

Um grande expoente da doutrina contrária à relativização da coisa julgada é José Carlos Barbosa Moreira.[63] Quanto ao tema da coisa julgada inconstitucional, o jurista defende que a coisa julgada formada anteriormente à declaração de inconstitucionalidade pelo STF, seja em controle concentrado ou difuso, não é por esta atingida, dada a autonomia entre a norma abstrata declarada inconstitucional e a norma concreta contida na sentença.

Ele critica a posição de Cândido Rangel Dinamarco, que adota uma concepção de coisa julgada material como imunidade dos efeitos substanciais da sentença, efeitos estes que estariam ausentes nas situações em que a sentença estivesse eivada de grave injustiça. Barbosa Moreira entende não ser possível negar, mesmo nos casos de injustiça, a formação da coisa

61 Greco (2010, p. 363).

62 Talamini (2004).

63 Barbosa Moreira (2007).

julgada material, sob pena de uma incoerência lógica no ordenamento, já que não caberia ação rescisória. Ou seja, vícios menos graves poderiam ser atacados por ação rescisória, enquanto vícios mais graves, como violação à Constituição, não o poderiam, eis que não haveria coisa julgada material a ser desconstituída por essa via.

Em oposição aos que admitem a formação da coisa julgada material, mas admitem também a sua desconsideração, sustenta Barbosa Moreira que tal posicionamento é incompatível com os arts. 471 e 474, CPC. Ele ressalta, ainda, que as teorias relativizadoras não foram capazes de construir um critério seguro para identificação das situações em que seria possível o afastamento da autoridade da coisa julgada além dos limites estabelecidos.

O ilustre autor só admite a relativização em uma única hipótese: para as sentenças proferidas em ações de investigação de paternidade e transitadas em julgado antes do advento da tecnologia de identificação do DNA.[64] O fundamento é a relevância jurídica e social e a necessidade de proteção aos direitos da personalidade. Trata-se de uma evolução tecnológica que forneceu meio mais eficaz de obtenção da verdade real, inexistente ao tempo do processo.

Entendemos que a mutabilidade da sentença deva coexistir com a coisa julgada para que valores sejam ponderados quando da análise do caso concreto à luz da Constituição, a fim de se evitar que injustiças sejam eternizadas por meio de decisões contrárias às normas constitucionais e aos princípios salvaguardados em textos anteriores à Constituição e dos quais se valeu o legislador constitucional.

Concluímos ainda que a validade de qualquer ato público deva guardar correlação com a constitucionalidade, assim devendo ser também na hipótese da ocorrência da coisa julgada, e que, em razão disso, entendemos que não se pode conferir à coisa julgada resistência tamanha de modo a permitir que haja a validade de uma sentença contrária à Constituição, ao argumento de uma equivocada segurança jurídica.

Questão polêmica que merece exame é o das ações concorrentes. Estas são ações típicas do litisconsórcio facultativo unitário, como a do acionista de uma S. A. Suponha-se que um acionista proponha uma ação para

64 Barbosa Moreira (2007, p. 255).

anular deliberação da assembleia e obtenha a procedência do pedido. Essa decisão faz coisa julgada aos demais acionistas?

Há quem entenda que a sentença favorável beneficiaria todos os acionistas, mas porque retiraria dos demais interesse de agir para propositura de nova ação com o mesmo objetivo.

Por outro lado, há quem sustente que a possibilidade de um sócio propor ação, justamente, visa à validade daquela deliberação e não a anulação. Em todo caso, afirma-se que, quer o pedido seja julgado procedente, quer improcedente, a regra jurídica formulada na sentença terá de aplicar-se de modo uniforme a todos os interessados.

Por fim, há quem se aproxime da primeira posição, mas acrescenta-lhe alguns aspectos. A sentença favorável à anulação da deliberação faz coisa julgada para os demais acionistas que pretenderem a mesma coisa, pois retira-lhe o interesse de agir, mas não se forma em relação a quem pretenda a declaração de validade da deliberação, pois não foi parte no processo (art. 472,CPC). Para este, permanece o interesse de agir para propor nova ação. E se essa segunda ação for procedente, surgirão duas coisas julgadas em contradição, caso em que prevalecerá a segunda. Voltando à primeira hipótese, a coisa julgada atingirá até o sócio que tenha sido vencido, anteriormente, em ação que vise ao mesmo objetivo de anulação de deliberação.

13.21 PRECLUSÃO

Dispõe o art. 473, CPC: "é defeso à parte discutir, no curso do processo, as questões já decididas, a cujo respeito se operou a preclusão".

Preclusão vem do latim *praecludere*, que significa fechar, tapar, encerrar. É a perda de uma faculdade ou direito processual, podendo ser consumativa, lógica ou temporal.

Na preclusão consumativa, a perda da faculdade processual decorre do fato de a parte já ter anteriormente praticado o ato. Um exemplo é a interposição de recurso antes do fim do prazo. Não pode a parte, mesmo que ainda dentro do prazo, interpor novo recurso.

A preclusão lógica ocorre quando a parte pratica ato incompatível com o anteriormente praticado. É o que ocorre quando o réu, condenado a pagar determinada quantia, a deposita espontaneamente e posteriormente interpõe recurso de apelação.

Por fim, a preclusão temporal incide quando é estabelecido um prazo para praticar o ato e a parte queda-se inerte. Exemplo é o prazo de quinze dias para o réu contestar a ação. Se apesar de citado não contestar, será revel (art. 297, CPC).

Por visar dar seguimento à demanda, garante a segurança jurídica e, por isso, Dinamarco a define como um dos institutos responsáveis pela aceleração processual.[65]

A preclusão atinge as partes e não o juiz, apesar de este ter de observar prazos legalmente fixados em lei para proferir decisões (art. 189, CPC). Porém, não há sanções impostas se o artigo for descumprido e por isso não há que se falar em preclusão para o magistrado. Cumpre ressaltar que não se trata de preclusão *pro judicato*. Julgado vem do latim *judicato*. Significa portanto "preclusão como se tivesse sido julgado", é a que se opera em relação ao órgão jurisdicional. É o que ocorre na hipótese do art. 174, CPC.

13.22 SENTENÇA, REMESSA NECESSÁRIA E COISA JULGADA NO PROJETO DO NOVO CPC

CAPÍTULO XII

DA SENTENÇA E DA COISA JULGADA

Seção I

DISPOSIÇÕES GERAIS

Art. 472. O juiz proferirá sentença sem resolução de mérito quando:

I – indeferir a petição inicial;

II – o processo ficar parado durante mais de um ano por negligência das partes;

III – por não promover os atos e as diligências que lhe incumbir, o autor abandonar a causa por mais de trinta dias;

IV – se verificar a ausência de pressupostos de constituição e de desenvolvimento válido e regular do processo;

65 Dinamarco (2004, p. 455).

V – o juiz acolher a alegação de perempção, de litispendência ou de coisa julgada;

VI – o juiz verificar ausência de legitimidade ou de interesse processual;

VII – verificar a existência de convenção de arbitragem;

VIII – o autor desistir da ação;

IX – em caso de morte da parte, a ação for considerada intransmissível por disposição legal;

X – ocorrer confusão entre autor e réu; e

XI – nos demais casos prescritos neste Código.

§ 1º Nas hipóteses descritas nos incisos II e III, a parte será intimada pessoalmente para suprir a falta em cinco dias.

§ 2º No caso do § 1º, quanto ao inciso II, as partes pagarão proporcionalmente as custas, e, quanto ao inciso III, o autor será condenado ao pagamento das despesas e dos honorários de advogado.

§ 3º O juiz conhecerá de ofício da matéria constante dos incisos IV, V e VI, em qualquer tempo e grau de jurisdição, enquanto não ocorrer o trânsito em julgado.

§ 4º Oferecida a contestação, o autor não poderá, sem o consentimento do réu, desistir da ação.

§ 5º Interposta a apelação em qualquer dos casos de que tratam os incisos deste artigo, o juiz terá três dias para se retratar.

Art. 473. A sentença sem resolução de mérito não obsta a que a parte proponha de novo a ação.

§ 1º No caso de ilegitimidade ou falta de interesse processual, a propositura da nova ação depende da correção do vício.

§ 2º A petição inicial, todavia, não será despachada sem a prova do pagamento ou do depósito das custas e dos honorários de advogado.

§ 3º Se o autor der causa, por três vezes, a sentença fundada em abandono da causa não poderá propor nova ação contra o réu com o mesmo objeto, ficando-lhe ressalvada, entretanto, a possibilidade de alegar em defesa o seu direito.

Art. 474. Haverá resolução de mérito quando:

I – o juiz acolher ou rejeitar o pedido do autor ou o pedido contraposto do réu;

II – o réu reconhecer a procedência do pedido;

III – as partes transigirem;

IV – o juiz pronunciar, de ofício ou a requerimento, a decadência ou a prescrição;

V – o autor renunciar ao direito sobre o qual se funda a ação.

Parágrafo único. Ressalvada a hipótese do § 1º do art. 307, a prescrição e a decadência não serão decretadas sem que antes seja dada às partes oportunidade de se manifestar.

Art. 475. O juiz proferirá sentença de mérito sempre que puder julgá-lo em favor da parte a quem aproveitaria o acolhimento da preliminar.

Seção II
DOS REQUISITOS E EFEITOS DA SENTENÇA

Art. 476. São requisitos essenciais da sentença:

I – o relatório sucinto, que conterá os nomes das partes, a suma do pedido e da contestação do réu, bem como o registro das principais ocorrências havidas no andamento do processo;

II – os fundamentos, em que o juiz analisará as questões de fato e de direito;

III – o dispositivo, em que o juiz resolverá as questões que as partes lhe submeterem.

Parágrafo único. Não se considera fundamentada a decisão, sentença ou acórdão que:

I – se limita a indicação, à reprodução ou à paráfrase de ato normativo;

II – empregue conceitos jurídicos indeterminados sem explicar o motivo concreto de sua incidência no caso;

III – invoque motivos que se prestariam a justificar qualquer outra decisão;

IV – não enfrentar todos os argumentos deduzidos no processo capazes de, em tese, infirmar a conclusão adotada pelo julgador.

Art. 477. O juiz proferirá a sentença de mérito acolhendo ou rejeitando, no todo ou em parte, os pedidos formulados pelas partes. Nos casos de sentença sem resolução de mérito, o juiz decidirá de forma concisa.

Parágrafo único. Fundamentando-se a sentença em regras que contiverem conceitos juridicamente indeterminados, cláusulas gerais ou princípios jurídicos, o juiz deve expor, analiticamente, o sentido em que as normas foram compreendidas.

Art. 478. Na ação relativa à obrigação de pagar quantia certa, ainda que formulado pedido genérico, a sentença definirá desde logo a extensão da obrigação, o índice de correção monetária, a taxa de juros e o termo inicial de ambos, salvo quando:

I – não for possível determinar, de modo definitivo, o montante devido;

II – a apuração do valor devido depender da produção de prova de realização demorada ou excessivamente dispendiosa, assim reconhecida na sentença.

§ 1º Nos casos previstos neste artigo, seguir-se-á a apuração do valor devido por liquidação.

§ 2º O disposto no *caput* também se aplica quando o acórdão alterar a sentença.

Art. 479. É vedado ao juiz proferir sentença de natureza diversa da pedida, bem como condenar a parte em quantidade superior ou em objeto diverso do que lhe foi demandado.

Parágrafo único. A sentença deve ser certa, ainda quando decida relação jurídica condicional.

Art. 480. Se, depois da propositura da ação, algum fato constitutivo, modificativo ou extintivo do direito influir no julgamento da lide, caberá ao juiz tomá-lo em consideração, de ofício ou a requerimento da parte, no momento de proferir a sentença.

Parágrafo único. Se constatar de ofício o fato novo, o juiz ouvirá as partes sobre ele antes de decidir.

Art. 481. Publicada a sentença, o juiz só poderá alterá-la:

I – para corrigir-lhe, de ofício ou a requerimento da parte, inexatidões materiais ou lhe retificar erros de cálculo;

II – por meio de embargos de declaração.

Art. 482. A sentença que condenar o réu ao pagamento de uma prestação, consistente em dinheiro, valerá como título constitutivo de hipoteca judiciária:

§ 1º A sentença condenatória produz a hipoteca judiciária:

I – embora a condenação seja genérica;

II – pendente arresto de bens do devedor;

III – ainda quando o credor possa promover a execução provisória da sentença.

§ 2º A hipoteca judiciária poderá ser realizada mediante apresentação de cópia da sentença perante o cartório de registro imobiliário, independentemente de ordem judicial.

Seção III

DA REMESSA NECESSÁRIA

Art. 483. Está sujeita ao duplo grau de jurisdição, não produzindo efeito senão depois de confirmada pelo tribunal, a sentença:

I – proferida contra a União, os Estados, o Distrito Federal, os Municípios e as respectivas autarquias e fundações de direito público;

II – que julgar procedentes, no todo ou em parte, os embargos à execução de dívida ativa da Fazenda Pública;

III – que, proferida contra os entes elencados no inciso I, não puder indicar, desde logo, o valor da condenação.

§ 1º Nos casos previstos neste artigo, o juiz ordenará a remessa dos autos ao tribunal, haja ou não apelação; não o fazendo, deverá o presidente do respectivo tribunal avocá-los.

§ 2º Não se aplica o disposto neste artigo sempre que o valor da condenação, do proveito, do benefício ou da vantagem econômica em discussão for de valor certo inferior a:

I – mil salários mínimos para União e as respectivas autarquias e fundações de direito público;

II – quinhentos salários mínimos para os Estados, o Distrito Federal e as respectivas autarquias e fundações de direito público, bem assim para as capitais dos Estados;

III – cem salários mínimos para todos os demais municípios e respectivas autarquias e fundações de direito público.

§ 3º Também não se aplica o disposto neste artigo quando a sentença estiver fundada em:

I – súmula do Supremo Tribunal Federal ou do Superior Tribunal de Justiça;

II – acórdão proferido pelo Supremo Tribunal Federal ou pelo Superior Tribunal de Justiça em julgamento de casos repetitivos;

III – entendimento firmado em incidente de resolução de demandas repetitivas ou de assunção de competência.

Seção IV

DO JULGAMENTO DAS AÇÕES RELATIVAS ÀS OBRIGAÇÕES DE FAZER, DE NÃO FAZER E DE ENTREGAR COISA

Art. 484. Na ação que tenha por objeto obrigação de fazer ou de não fazer, o juiz, se procedente o pedido, concederá a tutela específica da obrigação ou determinará providências que assegurem o resultado prático equivalente ao do adimplemento.

Art. 485. Na ação que tenha por objeto a entrega de coisa, o juiz, ao conceder a tutela específica, fixará o prazo para o cumprimento da obrigação.

Parágrafo único. Tratando-se de entrega de coisa determinada pelo gênero e pela quantidade, o credor a individualizará na petição inicial, se lhe couber a escolha; cabendo ao devedor escolher, este a entregará individualizada, no prazo fixado pelo juiz.

Art. 486. A obrigação somente se converterá em perdas e danos se o autor o requerer ou se impossível a tutela específica ou a obtenção do resultado prático correspondente.

Art. 487. A indenização por perdas e danos se dará sem prejuízo da multa fixada periodicamente para compelir o réu ao cumprimento específico da obrigação.

Art. 488. Na ação que tenha por objeto a emissão de declaração de vontade, a sentença que julgar procedente o pedido, uma vez transitada em julgado, produzirá todos os efeitos da declaração não emitida.

Seção V

DA COISA JULGADA

Art. 489. Denomina-se coisa julgada material a autoridade que torna imutável e indiscutível a decisão de mérito não mais sujeita a recurso.

Art. 490. A sentença que julgar total ou parcialmente a lide tem força de lei nos limites dos pedidos e das questões prejudiciais expressamente decididas.

Art. 491. Não fazem coisa julgada:

I – os motivos, ainda que importantes para determinar o alcance da parte dispositiva da sentença;

II – a verdade dos fatos, estabelecida como fundamento da sentença.

Art. 492. Nenhum juiz decidirá novamente as questões já decididas relativas à mesma lide, salvo:

I – se, tratando-se de relação jurídica continuativa, sobreveio modificação no estado de fato ou de direito; caso em que poderá a parte pedir a revisão do que foi estatuído na sentença;

II – nos demais casos prescritos em lei.

Art. 493. A sentença faz coisa julgada às partes entre as quais é dada, não beneficiando nem prejudicando terceiros.

Art. 494. É vedado à parte discutir no curso do processo as questões já decididas a cujo respeito se operou a preclusão, observado o disposto no parágrafo único do art. 963.

Art. 495. Transitada em julgado a sentença de mérito, considerar-se-ão deduzidas e repelidas todas as alegações e as defesas que a parte poderia opor assim ao acolhimento como à rejeição do pedido, ressalvada a hipótese de ação fundada em causa de pedir diversa.

13.22.1 Sentença

Em relação à sentença, o projeto do novo CPC inicia prevendo, em seu art. 472, as hipóteses que o processo será extinto sem resolução do mérito, atualmente previstas no art. 267, CPC. Destaque-se que, de acordo com o § 1º do mesmo artigo, quando a causa estiver abandonada por mais de um ano ou ficar sem andamento por mais de 30 dias, reproduzindo regra existente no CPC atual, o autor deverá ser intimado para dar andamento, antes de ser proferida sentença de extinção do processo. Caso o processo venha a ser extinto por ficar parado por mais de um ano por negligência das partes, as custas serão proporcionais, mas, caso seja extinto por falta de andamento processual do autor, as custas serão pagas inteiramente por este (§ 2º).

Mantém-se a possibilidade do juiz conhecer de ofício sobre pressupostos processuais, condições da ação, perempção, litispendência e coisa julgada (§ 3º) e, uma vez contestada pelo réu, o autor só poderá desistir da ação com o seu consentimento (§ 4º).

Por fim, o referido artigo prevê que, interposta a apelação, o juiz terá o prazo de três dias para se retratar. Caso não o faça, deverá intimar o réu para oferecer contrarrazões ao recurso e remetê-lo à instância superior (§ 5º).

Já o art. 473 do projeto prevê que a sentença que extingue o processo sem resolução do mérito não impede a propositura de nova ação, regra que já existe no CPC atual, e o art. 474 do projeto prevê as hipóteses que o processo será extinto com resolução do mérito, previstas atualmente no art. 269, CPC.

Inovação do projeto está no parágrafo único do referido artigo, pois o juiz não poderá extinguir o processo com resolução do mérito em virtude de prescrição ou decadência sem que antes as partes tenham a oportunidade de se manifestar.

Já o art. 475 do projeto traz nítido prestígio à instrumentalidade das formas, valorizando o processo como um instrumento para a efetivação dos direitos fundamentais e que, ao mesmo tempo, deve ter, na relação processual, a observância de todas as garantias constitucionais. Busca a estabilidade das questões levadas ao Judiciário, procurando, sempre que possível, dar um pronunciamento definitivo, evitando extinguir o processo para que autor e réu litiguem novamente sobre o mesmo tema, por não terem uma resposta efetiva.[66] O referido artigo prevê que não será acolhida a preliminar arguida se a sentença de mérito for favorável a quem tivesse a preliminar acolhida.

Sem a perspectiva de comentar cada um dos artigos de sentença do projeto, passaremos ao art. 477. Reproduzindo o atual art. 459, *caput,* do CPC), o art. 477 do projeto determina que: "o juiz proferirá a sentença de mérito acolhendo ou rejeitando, no todo ou em parte, os pedidos formulados pelo autor. Nos casos de sentença sem resolução de mérito, o juiz decidirá de forma concisa".

O parágrafo único do art. 477 do projeto consagra, contudo, um princípio de extrema importância, que determina a necessidade de a sentença ser mais explícita e analítica, quando fundamentada "em regras que contiverem conceitos juridicamente indeterminados, cláusulas gerais ou princípios jurídicos". Nesses casos "o juiz deve expor, analiticamente, o sentido em que as normas foram compreendidas". Há, com efeito, nas normas que consubstanciam conceitos juridicamente indeterminados, cláusulas gerais ou princípios jurídicos, maior amplitude de deliberação adjudicada ao juiz, e, por isso mesmo, pode-se dizer que dele se exige fundamentação mais minudente.

Nesse ponto, o PL n. 8.046/2010 revigora a garantia constitucional da fundamentação das decisões, em conformidade com as exigências determinadas pela evolução do direito.

66 Sobre o tema, remetemos a Bedaque (2007).

Outro problema que de certa maneira ficou resolvido pela jurisprudência do STJ é o relacionado ao art. 268 do CPC, no sentido de que se o julgamento for extinto sem julgamento de mérito a demanda pode ser reproposta, pois não terá ocorrido coisa julgada. Enfrentou o projeto a questão relativa à possibilidade de se repropor ação idêntica àquela em que tenha sido extinta sem resolução de mérito, ainda que sem a correção do vício declarado na sentença terminativa, cuja parte dispositiva não se submete à coisa julgada material, o que decorreria de uma interpretação literal de uma interpretação desse art. 268, CPC.

Segundo uma concepção tradicional, transitada em julgado a sentença que extingue o processo sem resolução de mérito formando-se apenas coisa julgada formal, de sorte que, nos termos do art. 268 do CPC, seria possível que a ação viesse a ser proposta, em idênticos termos, o que, sob certas circunstâncias, pode ocasionar o exercício abusivo do direito de ação. Como o art. 268, CPC não menciona a necessidade de correção do vício que motivou a sentença terminativa como requisito para a repropositura da ação, e para obstar a persistência da propositura de ação em que uma das partes padecia de ilegitimidade *ad causam*, o Superior Tribunal de Justiça chegou a afirmar que a ilegitimidade é tema que se confunde com o mérito.

13.22.2 Remessa necessária

A remessa necessária, como condição de eficácia da sentença, sofreu algumas alterações no projeto do novo CPC.

A principal alteração se deu no valor do proveito econômico que estará sujeito à remessa necessária. Pela redação atual do art. 475, § 2º, CPC a Remessa Necessária somente está adstrita às causas que superem sessenta salários mínimos.

O § 2º do art. 483 do projeto do novo CPC restringiu o alcance da remessa necessária de acordo com pujança econômica do respectivo ente federal, extinguindo um valor único para todos os entes, dispondo um valor diverso para cada ente da federação.

O § 3º do mesmo dispositivo manteve o espírito do art. 475, § 2º, do atual CPC, vedando a aplicação da remessa necessária quando a sentença estiver fundada em súmulas do Supremo Tribunal Federal (STF) ou do

Superior Tribunal de Justiça (STJ), em precedentes do STF ou do STJ nos julgamentos de demandas repetitivas e em entendimento firmado em incidente de resolução de demandas repetitivas ou de assunção de competência.

Pode-se, então, perceber que a redação do novo CPC manteve a essência do instituto da remessa necessária, mas com evoluções. Isso porque o valor de sessenta salários mínimos abarca um grande quantitativo de processos em face da Fazenda Pública, não sendo mais parâmetro para a atualidade. Ademais, se a remessa necessária é compreendida como um instituto protetivo à Fazenda Pública, hoje não se pode negar que a União, os Estados, os Municípios e suas autarquias e fundações de direito público já puderam organizar administrativamente sua defesa desde o advento da Constituição de 1988.

13.22.3 Coisa julgada

Em relação à coisa julgada, merece destaque o tratamento das questões prejudiciais no projeto do novo CPC, que, uma vez decididas, passam a ser incluídas pela abrangência da coisa julgada. Questões prejudiciais são aquelas cuja decisão influenciará ou determinará a resolução da questão subordinada que lhe seja vinculada.

Atualmente, a solução das questões prejudiciais não é atingida pela coisa julgada (art. 469, III, do atual CPC), exceto quando, nos termos do art. 470, CPC, tais questões constituam objeto de sentença proferida em ação declaratória incidental.

O projeto do novo Código suprime a ação declaratória incidental, mas determina que a sentença que julgar total ou parcialmente a lide tem força de lei nos limites do pedido e das questões prejudiciais expressamente decididas (art. 490 do PL n. 8.046/2010).

Dessa forma, a coisa julgada alcançará também a questão prejudicial, independente do pedido expresso de qualquer das partes.

PARTE II

Tutela de Urgência

CAPÍTULO 1

Teoria geral do processo cautelar

1.1 NOÇÕES PRELIMINARES

Enquanto os processos de conhecimento e execução[1] oferecem tutela jurisdicional imediata e satisfativa, através da qual se busca atender à pretensão do autor, o processo cautelar, disciplinado no Livro III de nosso Diploma Processual, oferece uma tutela jurisdicional mediata de natureza instrumental e caráter não satisfativo. Sua finalidade "consiste apenas, segundo a concepção clássica, em assegurar, na medida do possível, a eficácia prática de providências quer cognitivas, quer executivas",[2] sendo acessório ao processo de conhecimento ou ao processo de execução.

Trata-se, portanto, de uma tutela de urgência decorrente da necessidade de prestação jurisdicional efetiva,[3] a qual deve, obrigatoriamente, ser oferecida pelo Estado por conta do monopólio da jurisdição.

1 Há que se ressaltar que, a partir da nova sistemática da execução, inaugurada pela Lei n. 11.232/2005, a expressão "processo de execução" foi restringida, somente se aplicando à execução de títulos executivos extrajudiciais e, em caráter excepcional, à execução de alguns poucos títulos executivos judiciais (CPC, art. 475-N, parágrafo único). Assim, em regra, referida expressão tornou-se imprópria para os casos de efetivação de sentença, quando será tecnicamente correto falar-se apenas em execução em virtude da inexistência de um processo de execução autônomo.

2 BARBOSA MOREIRA (2009, p. 302).

3 Segundo Barbosa Moreira (2009, p. 301), "a necessidade do processo cautelar, que lhe justifica a existência, resulta da possibilidade de ocorrerem situações em que a ordem jurídica se vê posta em perigo iminente, de tal sorte que o emprego das outras formas de atividade

As tutelas de urgência podem se manifestar nas formas antecipatória, cautelar e inibitória.

A tutela antecipatória possui natureza satisfativa. Por intermédio dela, o juiz profere decisão interlocutória no curso de um processo de conhecimento cujo teor consiste na antecipação dos efeitos que só seriam alcançados com a prolação da sentença.

A tutela cautelar apresenta natureza instrumental, voltando-se para um processo de conhecimento ou para um processo de execução,[4] não possuindo cunho satisfativo, uma vez que somente nestes em que o reconhecimento do direito que se busca será alcançado e não na medida cautelar. Conforme dito, é usada para assegurar provisoriamente a utilidade de uma ação principal, antes ou mesmo durante a sua pendência, justificando-se apenas enquanto subsistirem a razões que a determinaram. Dessa forma, é uma tutela apenas mediata do direito material,[5] assegurando uma situação jurídica tutelável através do processo principal.

Já a tutela inibitória, modalidade de tutela de urgência introduzida no direito italiano em 1936 por influência de Calamandrei e trazida para o direito brasileiro em virtude dos estudos desenvolvidos por Luiz Guilherme

---

jurisdicional provavelmente não se revelaria eficaz, seja para impedir a consumação da ofensa, seja mesmo para repará-la de modo satisfatório. Isso explica o caráter urgente de que se revestem as providências cautelares, e, simultaneamente, o fato de que, para legitimar-lhes a adoção, não é possível investigar, previamente, de maneira completa, a real concorrência dos pressupostos que autorizariam o órgão judicial a dispensar ao interessado a tutela satisfativa: ele tem de contentar-se com uma averiguação superficial e provisória, e deve conceder a medida pleiteada desde que os resultados dessa pesquisa lhe permitam formular um juízo de probabilidade acerca da existência do direito alegado, a par da convicção de que, na falta do pronto socorro, ele sofreria lesão irremediável ou de difícil reparação".

4 Luiz Guilherme Marinoni afirma que a tutela cautelar não pode ser definida por sua provisoriedade ou a circunstância de ser concedida no curso do processo, mas sim a sua função diante do direito material. Para ele, a tutela antecipatória satisfaria o direito material, enquanto a tutela cautelar apenas o asseguraria, como destacamos: "a tutela que satisfaz o direito material, ainda que no curso do processo – tutela antecipatória-, não pode ser confundida com a tutela cautelar, pois esta última não tem o escopo de realizar ou satisfazer o direito, mas apenas o de assegurá-lo" (MARINONI; ARENHART, 2010, p. 20).

5 Em sentido oposto à maioria da doutrina, Ovídio Baptista afirma que a tutela cautelar possui uma relação direta com o direito material. Para ele, há um direito substancial de cautela, uma pretensão à segurança, de ver o direito reconhecido no próprio plano material, como se destaca: "temos constantemente insistido em que o objeto de proteção cautelar há de ser sempre, primariamente, um direito da parte, ou uma pretensão ou ação, ou até mesmo uma simples exceção substancial [...]" (Ovídio Baptista da Silva apud BUENO, 2009, p. 164).

Marinoni, é tutela de natureza preventiva, que é pleiteada antes da ocorrência de um dano, solicitada ao juiz com um dos seguintes objetivos: 1º) impedir a ocorrência de um ilícito de natureza civil; 2º) impedir a repetição de um ilícito; 3º) impedir a continuação de um ilícito.

1.2 TUTELA ANTECIPADA

1.2.1 Fundamentos

O Estado detém a função de prestar a jurisdição que, por sua vez, consiste no mecanismo pelo qual se valem os particulares e os órgãos públicos para buscar a aplicação de uma norma genérica e abstrata a um caso concreto.

Compatibilizar a celeridade das decisões, com o necessário respeito aos preceitos constitucionais e aos julgamentos que expressem qualidade, separando o que é entrave, e o que é relevante, deve ser ponderado quando do julgamento de uma demanda. Deve ser considerado que o Estado necessitará de um lapso temporal natural para seguir os trâmites processuais e prestar a jurisdição de modo a respeitar elementos fundamentais aos jurisdicionados.

Pode ocorrer, contudo, que o decurso desse tempo acarrete o comprometimento da prestação jurisdicional.

Nessas hipóteses em que a sujeição ao trâmite natural do processo possa gerar ou agravar um dano, chamado pela doutrina de *dano marginal*, ou seja, aquele causado pela demora processual, existem medidas emergenciais que visam a garantir o direito tutelado. São as chamadas tutelas de urgência.

Como embasamento à concessão dessas medidas, adota-se o princípio da proporcionalidade, quando se põem em conflito dois valores constitucionais. Sacrifica-se o bem jurídico do contraditório e da ampla defesa (que poderá ser conferido em tutela subsequente) e privilegia-se o princípio da efetividade, que requer proteção imediata, sob pena de ser irreversivelmente inatingível.

Sendo assim, o processo deve existir no sentido de regulamentar as crises surgidas com o descumprimento das normas previstas no plano material, e, para que a tutela jurisdicional seja eficaz quanto ao resultado esperado, é imprescindível que o titular da posição jurídica de vantagem possa se valer dos mecanismos aptos a assegurar não somente a tutela formal de seu direito, como também proteção real, capaz de proporcionar-lhe, na medida do possível, a mesma situação que lhe adviria caso houvesse o adimplemento espontâneo da norma pelo devedor.

Nesse contexto, algumas alternativas para remediar o problema da falta de efetividade – notadamente o da prolongada duração do processo – podem ser apontadas em nosso sistema processual, muitas delas objeto das recentes reformas legislativas operadas.

Assim, há regras destinadas à preservação do próprio direito, como a suspensão da prescrição; a possibilidade de denunciação à lide, instaurando verdadeira ação de regresso incidental; a previsão dos títulos executivos extrajudiciais, que prescindem de processo cognitivo etc.

Da mesma forma, o mecanismo da sumarização da atividade cognitiva, admitido naquelas hipóteses em que a cognição plena e exauriente compromete o resultado útil do processo, atende ao escopo preconizado.

Sob esse aspecto, assume vital importância a denominada tutela de urgência[6] – de cujo gênero configuram espécies a tutela antecipada e a cautelar –, e que, por sua vez, representa modalidade de tutela jurisdicional diferenciada, em que a principal característica reside no fator tempo, ou seja, é prestada de forma mais rápida, objetivando a utilidade do resultado prático, conforme veremos adiante.

Sob a denominação genérica de *tutelas de urgência*, há que se entender aquelas medidas caracterizadas pelo *periculum in mora*. Em outras palavras, as que visem a minimizar os danos decorrentes da excessiva demora na obtenção da prestação jurisdicional, quer seja ela imputável a fatores de natureza procedimental, ou mesmo extraprocessuais, relacionados à precária estrutura do Poder Judiciário, como a insuficiência de juízes e funcionários e a má distribuição de competências, entre outros.

Assim, a tutela jurisdicional urgente tem por escopo neutralizar o perigo de dano decorrente da demora no processo e assegurar a tão proclamada efetividade do provimento final, que se traduz na utilidade que a tutela final representa para o titular do direito.

6 Para maiores e melhores esclarecimentos sobre os inúmeros pontos controvertidos que cercam a matéria, remetemos o leitor às seguintes obras especializadas: Arenhart (2003); Bedaque (2001); Bueno (2004); Bidart (1999. p. 191-196); Fux (1996); Grinover (2006); Marinoni e Mitidiero (1999); Talamini (2001); Tucci (1997); Watanabe (1999).

Para evitar que a demora na entrega do provimento satisfativo comprometa sua efetividade, o legislador pátrio elegeu, segundo critérios de conveniência estabelecidos à luz das especificidades do direito material, duas técnicas processuais distintas, embora ambas baseadas em cognição sumária: uma provisória e instrumental – a tutela sumária cautelar –; outra idônea a definir a relação material controvertida, satisfativa e com aptidão a se tornar imutável – a tutela sumária não cautelar.

Constituem exemplo desta última em nosso ordenamento o mandado de segurança, o julgamento antecipado da lide em razão da revelia (art. 330, II), o mandado de pagamento monitório (art. 1.102, *b*), a tutela possessória (art. 920 e s.), entre outros.

Alguns provimentos sumários, baseados em cognição superficial, podem apresentar identidade de função com os cautelares, em virtude da situação de urgência apresentada, garantindo a efetividade da tutela. Diferenciam-se, porém, por não possuírem o caráter provisório e instrumental, antecipando a própria sentença de mérito, pondo fim ao litígio e tornando o julgado, em princípio, imutável e estável.

Destarte, a adoção da medida sumária de caráter provisório, seja ela de natureza conservativa, como as cautelares *stricto sensu*, ou satisfativa,[7] a exemplo da antecipação de tutela do art. 273, I, representa a opção que mais se coaduna com o nosso sistema constitucional, sobretudo em vista do embate entre duas importantes garantias: a segurança jurídica e a efetividade da jurisdição.

A fim de harmonizar esses dois valores fundamentais, que, a princípio, se revelam antagônicos – pois a segurança pressupõe cognição exauriente e contraditório pleno, e a efetividade relaciona-se à celeridade –, um dos mecanismos é a adoção de modalidade de tutela provisória. Tal tutela destina-se a dar solução imediata à situação de urgência apresentada, apenas enquanto não houver elementos suficientes para a outorga da tutela definitiva.

---

7 A denominação cautelar satisfativa é criticada pela doutrina. Nesse sentido: "com a instituição da tutela antecipatória dos efeitos da sentença de mérito no direito brasileiro, de forma ampla, não há razão para que seja usado o expediente das impropriamente denominadas 'cautelares satisfativas', que constitui em si uma *contradictio in terminis*, pois as cautelares não satisfazem: se a medida é satisfativa, é porque, *ipso facto*, não é cautelar. É espécie do gênero tutelas diferenciadas" (NERY JUNIOR; NERY, 2007, p. 523).

Essa solução não implica o completo afastamento do contraditório; este apenas é diferido para momento posterior, em razão das exigências apresentadas pela relação de direito material.

O próprio legislador previu situações específicas nas quais se mostra necessária a concessão de medidas urgentes e provisórias, a fim de preservar o resultado útil do processo, *v. g.*, o arresto, sequestro, a caução, a busca e apreensão etc. (art. 813 e s.).

Além disso, dispôs sobre o poder geral de concessão de medidas provisórias (art. 798).

Não obstante se admita a aplicação de princípios e regras gerais para a disciplina das tutelas de urgência, cumpre ressaltar as características específicas da modalidade antecipatória.

1.2.2 Definição

A tutela antecipatória, espécie do gênero tutela de urgência, é providência que tem natureza jurídica mandamental, que se efetiva mediante execução *lato sensu*, com o objetivo de entregar ao autor, total ou parcialmente, a própria pretensão deduzida em juízo ou seus efeitos. "É a tutela satisfativa no plano dos fatos."[8]

Essa tutela não se confunde com o julgamento antecipado da lide, pois neste o juiz julga, em uma sentença, o próprio mérito da causa, enquanto naquela o juiz apenas antecipa, por meio de decisão interlocutória, os efeitos da sentença de mérito, prosseguindo, então, no processo.

Dessa forma, o julgamento antecipado da lide destina-se a acelerar o resultado do processo e está ligado à suficiência do conjunto probatório para possibilitar o julgamento definitivo do litígio, quer pela desnecessidade de prova oral em audiência, quer porque a controvérsia envolve apenas matéria de direito, quer em razão da revelia (art. 330, CPC). Já a hipótese regulada pelo art. 273 é distinta porque não acarreta a solução definitiva e irreversível da situação litigiosa e permite, preenchidos seus requisitos, a antecipação imediata dos efeitos da sentença, ainda que pendente recurso dotado de efeito suspensivo.

8 Nery Junior e Nery (2007, p. 523).

Seu limite de extensão é o pedido, isto é, não se pode conceder a título de tutela antecipada mais do que o autor obteria se vencedor da totalidade da expressão deduzida em juízo. Caso o autor queria coisa diversa do que consta no pedido, deverá ajuizar medida autônoma.

1.2.3 Requisitos

O art. 273 prevê duas hipóteses distintas a legitimar a antecipação provisória dos efeitos do provimento final: o inciso I dispõe sobre tutela com nítida função de assegurar o resultado útil do processo. Sua concessão depende, além de prova inequívoca de verossimilhança, da existência de risco concreto para a efetividade da tutela jurisdicional, o denominado perigo de dano, que trataremos a seguir. Estando presentes tais requisitos, o juiz deverá conceder a tutela antecipada.

a) Prova inequívoca de verossimilhança

O primeiro item que deve ser atendido para a concessão da tutela antecipada está disposto no *caput* do art. 273, qual seja, "desde que, existindo prova inequívoca, se convença da verossimilhança da alegação".

Para compreendermos claramente o instituto da tutela antecipada, é importante esclarecer a ideia de verossimilhança. Tão logo criado o instituto, em 1994, muitos autores buscaram interpretar o que seriam a verossimilhança e a prova inequívoca, já que a primeira corresponde a uma probabilidade, e a segunda refere-se a algo decorrente de certeza.

Nesse passo, assegurou-se que a prova inequívoca da verossimilhança deveria dizer respeito ao fato que fundamenta o pedido.

Em seguida, foi estabelecida uma espécie de graduação, segundo a qual existiriam diversos níveis do juízo de probabilidade, e dessa forma, em um dos extremos, estaria a prova bastante convincente; no outro extremo, estaria a simples fumaça do direito alegado.

Assim, o juízo de verossimilhança fundado em prova inequívoca deveria compor o referido extremo mais convincente. Já a fumaça de direito alegado (*fumus boni iuris*) seria suficiente para o processo cautelar, mas não para a antecipação dos efeitos da tutela.

A prova inequívoca assemelha-se à ideia de prova de direito líquido e certo, requisitos necessários à concessão de mandado de segurança, podendo ainda ser pautada em fatos notórios, incontroversos ou confessados em outros feitos, pelas mesmas partes, admitindo-se ainda em fatos fundados em presunção *jure et jure* e da probabilidade do direito. É, portanto, aquela que não deixa alternativa outra ao magistrado, senão, diante da urgência, conceder a antecipação dos efeitos da tutela.[9]

Para ser verossímil, a prova tem que ser suficiente[10] e pode ser materializada por meio de evidência documental, testemunhal ou pericial, podendo ser essa última substituída, em casos de urgência, por laudos ou pareceres de especialistas. Pode a parte requerente valer-se também da inspeção judicial[11] a fim de subsidiar o seu requerimento de tutela antecipatória.

A prova inequívoca de verossimilhança não deve decorrer de uma verdade absoluta. Há uma flexibilidade que possibilita que a alegação deva ser interpretada à luz dos sistemas de provas inerentes ao direito processual civil; portanto, a prova deve ser suficiente para aproximar o juízo de probabilidade do juízo de certeza, para que seja conferida a medida antecipatória pleiteada.[12]

Caberá ao magistrado, diante do caso concreto, ponderar valores e informações que fomentem o requerimento de antecipação total ou parcial dos efeitos da tutela, e, estando a alegação verossímil, conjugá-la aos demais requisitos que veremos a seguir, para conceder ou não a medida antecipatória requerida.

b) Perigo de dano

Além da prova inequívoca da verossimilhança, o requerente da concessão de antecipação dos efeitos da tutela deverá demonstrar em juízo

9 Fux (1996, p. 348).

10 Nas palavras de Marinoni, quando da apreciação da verossimilhança, o juiz deve considerar "(i) o valor do bem jurídico ameaçado, (ii) a dificuldade de o autor provar sua alegação, (iii) a credibilidade da alegação, de acordo com as regras de experiência, e (iv) a própria urgência descrita" (MARINONI; ARENHART, 2006, p. 216).

11 "Art. 440. O juiz, de ofício ou a requerimento da parte, pode, em qualquer fase do processo, inspecionar pessoas ou coisas, a fim de se esclarecer sobre fato, que interesse à decisão da causa."

12 Ovídio Batista da Silva (1996, p. 137) sustenta que a prova de simples verossimilhança jamais poderá ser inequívoca, tendo em vista que o direito é apenas aparente, posto que se assim não o fosse, não seria verossímil".

que há o perigo de que, em não sendo esta concedida, haverá um dano irreparável ou de difícil reparação.

Isso resta anunciado no art. 273, I, CPC, residindo aqui mais uma semelhança do instituto da antecipação de tutela com as medidas cautelares. Necessário, para sua concessão, o requisito do *periculum in mora*.

O perigo de dano deve correlacionar-se também com a ideia de impossibilidade, em momento posterior, do cumprimento da obrigação, ou ainda relacionar-se com a própria inutilidade de procedência do provimento.

c) Abuso do direito de defesa

O inciso II do art. 273, CPC estabelece os critérios do abuso de direito de defesa ou do manifesto propósito protelatório do réu como uma das hipóteses autorizadas para concessão da tutela antecipada e, com isso, a medida antecipada justifica-se não em razão do perigo de dano, mas em função do exercício de mecanismos nocivos ao regular seguimento processual.

Somado à forte probabilidade de existência do direito afirmado, entendeu o legislador agilizar o resultado do processo, a fim de evitar dano maior para o autor, com o retardamento indevido do provimento jurisdicional.

Tratando-se da situação prevista no inciso I do art. 273, pode o juiz determiná-la a qualquer momento, seja liminarmente (antes da citação) ou em sede recursal. Basta a demonstração dos requisitos legais. Já na hipótese do inciso II, a concessão somente pode ocorrer após a resposta do demandado, pois pressupõe abuso de defesa ou propósito protelatório do réu.

A última reforma do sistema processual (Lei n. 10.444/2002) previu interessante hipótese de cabimento, em seu novo § 6º: havendo cumulação de pedidos, a ausência de impugnação quanto a um ou alguns possibilita sejam antecipados os respectivos efeitos da tutela correspondente. A simples verossimilhança decorrente da inexistência da controvérsia justifica a antecipação, em seguida à contestação.

Dessa forma, poderá o juiz também antecipar os efeitos da tutela caso haja uma parte incontroversa no pedido. Tal decisão, porém, será de mérito e definitiva.

Exige o art. 273, *caput*, como requisito da tutela antecipada, em qualquer de suas modalidades, a existência de prova inequívoca, suficiente para convencer o juiz da verossimilhança da alegação. Assim, afirmação verossímil versa sobre fato com aparência de verdadeiro e prova inequívoca significa grau mais intenso de probabilidade do direito. Prova inequívoca da verossimilhança implicaria, portanto, juízo cognitivo mais profundo do que aquele exigido no art. 798 para a cautelar, porém, inferior à cognição plena e exauriente que antecede a tutela definitiva.

Também impõe o legislador, como condição ao deferimento da medida, que a antecipação dos efeitos não seja irreversível, havendo possibilidade de retorno ao *status quo* (art. 273, § 2º). Contudo, o provimento nunca é irreversível, pois é provisório e revogável. O que é reversível são as consequências decorrentes da execução da medida, mas alternativas possíveis ao requisito da reversibilidade são a indenização por perdas e danos e a caução.

Todavia, em caráter absolutamente excepcional, quando os valores em jogo forem de grande relevância, valendo-se o intérprete do princípio da proporcionalidade, admite-se a utilização da técnica destinada à obtenção de tutelas sumárias e provisórias para a solução definitiva e irreversível de situações substanciais (o que, na realidade, deixa de ser antecipação provisória, assumindo o *status* de tutela final, ou seja, tutela sumária definitiva).

Apesar da previsão legal de permissão de antecipação dos efeitos da tutela pretendida no "pedido inicial", firmou-se o entendimento de que não constitui óbice a que se aceite a antecipação em favor do réu nas demandas em que se admitem pedidos contrapostos ou reconvenção.

1.2.4 Fungibilidade

A reforma trazida pela Lei n. 10.444/2002 procurou ainda mitigar as dificuldades enfrentadas pelos operadores do direito no tocante à correta compreensão do instituto da tutela jurisdicional antecipada, bem como da própria categoria das medidas urgentes, ao estabelecer a regra da fungibilidade.

Assim, dispõe a norma do § 7º do art. 273 que "se o autor, a título de antecipação de tutela, requerer providência de natureza cautelar, poderá o juiz, quando presentes os respectivos pressupostos, deferir a medida cautelar em caráter incidental do processo ajuizado".

Embora o legislador refira-se apenas à possibilidade de substituição da tutela antecipada por cautelar, não pode haver dúvida, sob pena de comprometer a efetividade almejada pela reforma processual, de que a fungibilidade opera nas duas direções, sendo possível conceder tutela antecipada em lugar de cautelar. Isso porque, em direito, não há fungibilidade em uma só mão de direção. Se os bens são fungíveis, tanto se pode substituir um por outro, como outro por um, caracterizando o fenômeno denominado do *duplo sentido vetorial.*

Todavia, fungibilidade não significa possa o juiz exceder os limites da própria demanda. Se entre o pronunciamento final e o pedido inicial deve haver congruência, correlação (arts. 128, 459 e 460, CPC), não se admite a antecipação de efeitos não contidos na pretensão deduzida pelo autor a título de tutela definitiva. O limite da antecipação é o próprio provimento satisfativo final favorável ao autor.

Outra consequência gerada pelo § 7º diz respeito à possibilidade de redução de processos cautelares autônomos. Se, em razão da fungibilidade, é possível deferir-se cautelar conservativa em lugar de antecipação requerida no próprio processo cognitivo, reduzir-se-ia, consequentemente, a exigência de ação, processo e procedimentos autônomos para as cautelares nominadas, tornando admissível, de forma genérica, atividades cognitivas e cautelares no processo de conhecimento, atendendo, em última análise, ao princípio da economia processual e corroborando o caráter instrumental das tutelas de urgência sumárias e provisórias.

1.3 TUTELA CAUTELAR

1.3.1 Definição

A tutela cautelar se refere à proteção de um provimento jurisidicional futuro e incerto, de um direito que não foi reconhecido de forma definitiva pelo Estado-juiz, e a legitimidade para requerê-lo é a hipotética constatação de que aqueles que comparecem em juízo na qualidade de autor e réu são os integrantes da situação conflituosa ameaçada no plano material.

A principal caracterísitca das medidas cautelares é a preventividade, relacionada com o art. 5º, XXXV, da Constituição Federal, pretendendo evitar o dano, que a ameaça seja convertida em lesão, seguida pela provisoriedade, uma vez que a proteção obtida cautelarmente se esgota com a efetivação da tutela jurisdicional que se pretende proteger.

1.3.2 Poder geral de cautela

O poder geral de cautela do juiz, base dos procedimentos cautelares, deve ser compreendido como um poder-dever, no sentido de que o magistrado se utilizará de meios aptos a obter o resultado pretendido, sendo a proteção que deve fornecer a determinada situação impositiva.

Dessa forma, ao verificar os requisitos para a concessão da medida cautelar (*fumus boni iuris* e *periculum in mora*), o juiz não poderá optar pela concessão ou não da cautela, devendo concedê-la, não havendo qualquer poder discricionário.

Contudo, esse poder geral de cautela, amplo e não restrito a casos predeterminados não é ilimitado e arbitrário. Sua primeira limitação é a necessidade, pois somente demonstrada a presença dos requisitos e presente a necessidade do provimento, dentro dos objetivos próprios da tutela cautelar, é que ela deve ser deferida.

Ademais, a medida não deve transpor os limites que caracterizam sua natureza provisória, não podendo ser mais do que o pedido do requerente.

1.3.3 *Fumus boni iuris* e *periculum in mora*

Tais requisitos necessários para a concessão da tutela cautelar têm natureza jurídica controvertida na doutrina. Para Liebman seriam condições específicas da ação, para Frederico Marques seria o interesse de agir são, para Humberto Theodoro Júnior o *fumus boni iuris* seria a possibilidade jurídica do pedido, enquanto o *periculum in mora* seria o interesse em agir.

Já para Vicente Greco Filho seriam questões preliminares que se confundem com o mérito cautelar, e para Cássio Scarpinella Bueno[13] tais requisitos seriam, na verdade, propriamente o que se denomina de "mérito" cautelar.

Em uma posição média, Alexandre Câmara[14] e Fredie Didier Jr. defendem que, quando analisados preliminarmente, seriam condições da ação, e, no mérito, são a própria urgência.

13 Bueno (2009, p. 210).

14 Câmara (2010, p. 36).

A exposição sumária do direito ameaçado corresponde à expressão *fumus boni iuris*, que deve ser entendida como suficiência de que o magistrado se convença sumariamente da existência do direito e das consequências jurídicas da concessão da tutela jurisdicional.

O receio de lesão é explicativo do *periculum in mora*, o perigo da demora na prestação jurisdicional, a compreensão da necessidade da pronta atuação do Estado-juiz para evitar que o tempo inerente à prestação da tutela jurisdicional seja obstáculo à fruição plena do direito a que se afirma na iminência de ser lesionado.

1.3.4 Classificações

O provimento cautelar pode ser requerido de forma autônoma, por meio de um processo cautelar preparatório, ou por via incidental, isto é, no curso do processo principal já iniciado. Tanto numa como noutra, a cognição judicial não será exauriente,[15] mas sumária, já que a decisão será proferida de forma mais expedita por basear-se em "elementos que, embora insuficientes para fundar convicção plena, permitam ao órgão judicial um juízo de probabilidade favorável ao autor".[16]

Assim, quanto ao momento em que a medida cautelar é requerida, poderá ser classificada em antecedente, prévia ou preparatória – se requerida antes da instauração do processo principal – e incidente ou incidental – se requerida no curso da ação principal. Tratando-se de medida cautelar preparatória, o requerente terá trinta dias contados da efetivação da providência para ajuizar a ação principal (art. 806, CPC), sob pena de cessar a respectiva eficácia.

No que tange ao objeto, as cautelares podem ser reais, pessoais ou probatórias. O objeto a que se refere é o objeto mediato, isto é, o bem da vida sobre o qual recai a prestação da tutela jurisdicional, e as cautelares podem ser reais se recaem sobre bens móveis ou imóveis, pessoais, se recaem sobre pessoas, como a busca e apreensão e probatórias, que são as

---

15 Nessa, o juiz necessita colher todas as provas necessárias à formação de sua convicção, ou seja, prioriza-se a segurança jurídica em detrimento da celeridade.

16 Barbosa Moreira (2004c, p. 92).

cautelares voltadas, em última análise, para a produção de provas, como a justificação, a exibição de documentos e a produção antecipada de provas.

Em relação aos efeitos, as cautelares podem ser constritivas ou conservativas. As constritivas são aquelas cujo efeito afeta direta ou indiretamente o patrimônio alheio, colocando as partes em situação diversa a que se encontravam antes da concessão da medida e de seu cumprimento, enquanto as conservativas não geram quaisquer efeitos contrários às partes ou a terceiros, não interferindo na situação jurídica ostentada, como é o caso da justificação e da produção antecipada de provas.

Quanto à tipicidade das medidas cautelares, classificam-se em típicas ou nominadas e atípicas ou inominadas, referindo-se as primeiras àquelas expressamente previstas pela legislação processual civil, nos arts. 813 a 889, e pela legislação processual civil extravagante, sendo que as medidas cautelares nominadas dependem, para a sua concessão, da ocorrência de pressupostos originalmente valorados e exigidos pelo legislador, e as segundas àquelas que podem ser requeridas ao juiz com base em seu poder geral de cautela, ao qual se refere o art. 798, CPC, não sendo, portanto, expressamente disciplinada pela legislação processual civil ou por leis extravagantes.

Isso porque, de acordo com o art. 798, poderá o juiz determinar as medidas provisórias que julgar adequadas quando houver fundado receio de que uma parte, antes do julgamento da lide, cause ao direito da outra lesão grave ou de difícil reparação. Nesse sentido, com base no princípio da segurança das relações jurídicas, é possível requerer ao juiz uma medida cautelar não prevista em lei.[17]

Nas hipóteses em que a urgência caracterizadora da tutela cautelar manifeste-se de modo particularmente intenso, é possível que a tutela cautelar seja concedida liminarmente.

A doutrina diverge se haveria fungibilidade entre cautelares típicas e atípicas, isto é, se o magistrado poderia, por exemplo, conceder um arresto fora das hipóteses previstas nos arts. 813 e 814, CPC, desde que comprove a existência de *periculum in mora* e *fumus boni iuris*.

---

17 São exemplos de medidas cautelares inominadas a suspensão do protesto de um título de crédito, de obtenção de remédios ou tratamento de saúde, e a suspensão dos atos praticados pelo interditando no curso do processo de interdição.

1.3.5 Duração

A tutela cautelar tem eficácia no prazo de trinta dias[18] que o beneficiário da tutela cautelar em processo preparatório tem para propor a ação principal, assim entedida como o pedido da tutela jurisdicional apto a reconhecer ou satisfazer o direito que lhe foi meramente assegurado.

Se a tutela cautelar foi concedida antecipadamente, temos a mesma regra, mas o prazo do processo principal fluirá do cumprimento da medida liminar.

Ainda na hipótese da tutela concedida antecipadamente, esta deixará de durar quando proferida a sentença, que passará a regular a situação imediatamente, pois, como será mencionado, o recurso de apelação não possuirá efeito suspensivo.

Na hipótese de processo cautelar preparatório, caso a sentença no processo principal tenha sido no mesmo sentido do cautelar, harmoniza-se com a tutela anteriormente concedida, que deve perdurar independentemente da interposição de recurso em face de sentença no processo principal e dos efeitos de sua tramitação.

Já se for proferida sentença no processo principal em sentido oposto ao do processo cautelar, acaba se aplicando a segunda parte do *caput* do art. 807, CPC, admitindo-se a revogação ou a modificação da anterior tutela cautelar a qualquer tempo, sendo incompatíveis a cognição do processo principal e a cognição sumária do processo cautelar.[19]

---

18 Esse prazo é decadencial, operando-se a decadência do direito à cautela. Ressalta-se que a decadência atinge tão somente o direito à cautela, permanecendo íntegro eventual direito material de que seja titular o requerente.

19 Em sentido contrário, defendendo que a medida cautelar prevalece até o trânsito em julgado do processo principal, ainda que seja proferida sentença em contrário no processo principal, destacamos: "não se leva em consideração a circunstância de que a revogação prematura do provimento liminar, ou mesmo da medida cautelar concedida em sentença final cautelar, deixará o direito litigioso sem qualquer proteção assecurativa durante a tramitação dos recursos, em muitos casos extremamente demorada, de tal modo que a reforma da sentença, nos graus superiores de jurisdição, poderia deparar-se com uma situação de prejuízo irremediável ao direito somente agora reconhecido em grau de recurso. Para que situações desta espécie sejam evitadas, recomenda-se que o magistrado – sensível às circunstâncias especiais do caso concreto – disponha, em sua sentença contrária à parte que obtivera a provisional, que esta medida liminar, não obstante a natureza do julgamento posterior divergente, conserve-se eficaz até o trânsito em julgado da sentença a ser proferida no juízo do recurso" (SILVA; GOMES, 2002, p, 124).

A tutela cautelar prevalecerá, ainda, na hipótese de o processo principal ficar suspenso.

Contudo, o magistrado pode revogar ou modificar a tutela concedida a qualquer tempo, através do desenvolvimento do contraditório e do consequente aprofundamento da cognição ainda que preventivamente, para que melhor tutele as necessidades das partes no caso concreto.

A cessação da tutela cautelar, como visto, ocorre se a ação principal não for proposta no prazo de trinta dias contados da efetivação da providência para ajuizar a ação principal (art. 806, CPC), sob pena de cessar a respectiva eficácia.

Nesse aspecto, o prazo legal deve ser contado do efetivo cumprimento da medida, que deverá ser documentado nos autos, sendo insuficiente sua mera autorização. Quando a medida aceitar cumprimento em partes, é do primeiro ato de execução que se inicia o prazo.[20]

Se não cumprida no prazo de trinta dias, os efeitos da cautelar também são paralisados, evitando-se o reconhecimento de um direito a uma intervenção jurisdicional que seja inócuo e não surta, regularmente, os efeitos pretendidos pelo beneficiário.

No caso de extinção do processo principal, com ou sem julgamento do mérito, a cautelar também cessa. A cautelar volta-se para o reconhecimento ou a satisfação, em outro processo, do direito que se pretende assegurar. Na medida em que o direito não possa ser satisfeito ou reconhecido, por encerramento da atividade jurisdicional, não há mais necessidade de atuação da atividade jurisdicional cautelar.

1.3.6 Procedimento cautelar

O processo cautelar, regulado no Capítulo I, do Título Único, do Livro III, do CPC, possui uma estrutura básica de processo sincrético e caracteriza-se por sua brevidade, sendo a decisão proferida com base em cognição sumária, e sua duração apenas o suficiente para que o magistrado possa contrapor a alegação das partes e produzir provas que se façam indispensáveis para tanto.

20 STJ, 3ª T., REsp 757.625-SC, rel. Min. Nancy Andrighi, *DJ*, 13-11-2007.

Inicia-se com a apresentação da petição inicial nos moldes estabelecidos pelo art. 801 c/c os arts. 282, 283 e 39, I, todos do CPC.[21]

Tratando-se de ação cautelar preparatória, deve o demandante indicar a lide e seu fundamento a serem submetidos à cognição do juiz na ação principal a qual, de acordo com o art. 806, CPC, deverá ser proposta no prazo decadencial de trinta dias contados da data da efetivação da medida cautelar, sob pena de cessar a respectiva eficácia.

Ajuizada a ação principal, os efeitos da medida cautelar perdurarão até que esta mostre-se desnecessária ou injusta, o mesmo ocorrendo se a medida for concedida no curso do processo principal.

Cessa também a eficácia da medida cautelar se esta não for executada dentro de trinta dias ou se o juiz declarar extinto o processo principal, com ou sem resolução do mérito (art. 808, CPC). Nesses casos, não poderá a parte repetir o pedido, salvo por novo fundamento.

Na petição inicial do processo cautelar preparatório, deve o demandante expor a lide e seu fundamento demonstrando ao juiz o caráter instrumental da medida que, uma vez satisfeita, não é suficiente para garantir a tutela, já que sua eficácia encontra-se subordinada à propositura da ação principal.

Não obstante, em situações excepcionais de cautelar com eficácia satisfativa, a jurisprudência tem afastado a incidência da regra contida no art. 806, CPC,[22] sendo o dispositivo aplicado apenas quando a medida cautelar requerida importar em restrição a direito do requerido, uma vez que o próprio Código prevê medidas cautelares com natureza de jurisdição voluntária, em relação às quais não há ação principal a ser proposta.

Dessa forma, a petição inicial é submetida ao controle do órgão jurisdicional a que se dirige, e esse, ao despachar a inicial ou mediante

---

21 "Se estiver em curso o processo principal, requerer-se-á a providência ao órgão perante o qual ele pende; se já houver interposto apelação contra a sentença – ou, em termos mais exatos, se os autos já tiverem subido com o recurso –, diretamente ao tribunal. [...] Caso ainda não se haja intentado a ação principal – isto é, sendo preparatória a medida cautelar –, a competência é do mesmo órgão a que tocará conhecer daquela [...]; existindo mais de um na comarca, proceder-se-á à distribuição, de acordo com os arts. 252 e segs" (BARBOSA MOREIRA, 2009, p. 306).

22 Nesse sentido: STJ, REsp 528.525, rel. Min. Denise Arruda, j. 6-12-2005; REsp 139.587, rel. Min. João Otávio de Noronha, j. 2-12-2004; REsp 641.806, rel. Min. Nancy Andrighi, j. 20-9-2004; REsp 88.785, rel. Min. Anselmo Santiago, j. 18-8-1998.

justificação prévia,[23] poderá, antes de ordenar a citação do réu, conceder a medida em caráter liminar de ofício,[24] nos casos de cautelar incidental, ou a requerimento da parte sempre que se mostrar necessária à preservação do suposto direito ameaçado.

Ao decretar a liminar, pode o juiz determinar a prestação de caução real ou fidejussória pelo requerente, a qual responderá pelo eventual ressarcimento dos danos que o réu vier a sofrer (art. 804, CPC). Nesse caso, não se executará a medida a menos que seja prestada a caução.

Na concessão da liminar deve o magistrado justificar as razões para o adiamento da prévia ciência do réu da tutela pretendida pelo autor.

Mesmo quando o magistrado entender necessária a designação de audiência de justificação, para a colheita de provas que embasem o pedido do autor, a hipótese será de liminar, pois não se trata de ato de instrução do processo, mas da verificação da presença ou não dos pressupostos autorizadores da antecipação dos efeitos da "tutela cautelar".

O juízo competente, em caso de medida cautelar preparatória, é o mesmo juízo que será competente para a ação principal, que se pretende propor, devendo-se, portanto, observar os arts. 91 a 111, CPC.

A questão é se a competência poderia ser flexibilizada, isto é, se um juízo, ainda que absolutamente incompetente, poderia atuar, remetendo os autos ao juízo competente, quando protegido suficientemente o direito.

Citado o requerido, no caso de cautelar preparatória, já que será desnecessária nova citação no caso de cautelar incidental, esse terá cinco dias para contestar e indicar as provas que pretende produzir. De acordo com o art. 802, CPC, o prazo contar-se-á da juntada aos autos do mandado de citação devidamente cumprido (quando feita pelo oficial de Justiça); ou da execução da medida cautelar quando concedida liminarmente ou após justificação prévia.

23 Trata-se de uma fase típica do processo cautelar, na qual o juiz colherá os elementos de convicção que lhe faltam para apreciar o pedido de liminar.

24 Em sentido contrário, não admitindo a concessão da tutela cautelar de ofício: "é, ainda, para assegurar a imparcialidade do juiz que não se permite sua atuação de iniciativa própria, pois quem age inquisitorialmente acaba se apaixonando pelo interesse que despertou sua investigação e, assim, perde a neutralidade indispensável para determinar a solução final de contenda" (THEODORO JÚNIOR, 2009a, p. 498-499).

Além da contestação, cujo não oferecimento importará em revelia, poderá também o réu apresentar exceção (de impedimento, suspeição ou incompetência relativa), nos casos do art. 304, CPC, a ser processada em apenso aos autos do processo cautelar, o qual ficará suspenso até que seja definitivamente julgada. Não pode, porém, o requerido apresentar reconvenção, a qual deverá ser oferecida, se for o caso, no processo principal.

Contestado o pedido tempestivamente e havendo necessidade de prova oral, designará o juiz audiência de instrução e julgamento. Por outro lado, caso não seja oferecida contestação tempestiva ou, oferecida a contestação, seja desnecessária a realização de audiência, a lide deduzida será antecipadamente julgada, devendo o juiz proferir sentença no prazo de cinco dias, conforme art. 803, CPC.

Ressalte-se que se menciona prova, sendo esta essencial, até mesmo no processo cautelar, para dar embasamento às alegações feitas pelas partes.

A sentença proferida em processo cautelar, por expressa determinação legal (art. 810, CPC), não faz coisa julgada material, salvo se o juiz, no procedimento cautelar, acolher a alegação de decadência ou prescrição do direito do autor, hipótese em que a decisão do processo cautelar influenciará diretamente o processo principal.

Contudo, isso não significa que os pedidos possam ser reapresentados sucessivamente, sem qualquer forma de estabilização ou salvaguarda para a parte contrária, até porque é vedado o *bis in idem*. Ocorre no processo cautelar a preclusão *pro judicato*, impedindo que o *periculum in mora* e o *fumus boni iuris* sejam analisados sucessivamente, sem que haja modificação na situação fática.

Nessa linha de raciocínio, de acordo com o parágrafo único do art. 807, a suspensão do processo principal não atinge a eficácia da medida cautelar, a menos que o juiz assim o decida.

Contra a referida sentença caberá apelação dotada, em regra, apenas de efeito devolutivo (CPC, arts. 520, IV, e 558, parágrafo único).

Há de se ressaltar a possibilidade prevista no art. 805, CPC de substituição da medida cautelar, de ofício ou a requerimento de qualquer das partes, pela prestação de caução ou outra garantia menos gravosa para o requerido quando adequada e suficiente para evitar a lesão ou assegurar sua integral reparação. Trata-se da regra da fungibilidade, em que a substituição será analisada em autos apensados ao da medida cautelar.

Assim, o oferecimento de caução ou, mais amplamente, de qualquer garantia a tutelar suficientemente o interesse das partes pode, quando determinada ou aceita pelo magistrado, substituir quaisquer outras providências anteriormente autorizadas. Trata-se da aplicação do princípio da menor gravosidade ao executado nos meios empregados pelo magistrado para proteger o direito da parte da maneira que melhor equilibre a situação dos litigantes.

Além disso, consagra o art. 807, CPC a possibilidade de modificação ou revogação da providência cautelar, a qualquer tempo, que, se requerida por uma das partes, deve ser precedida de audiência da outra já que, por força do princípio do contraditório, é garantido o direito de impugnar a pretendida substituição, modificação ou revogação, uma vez que o contraditório é fator de aprofundamento da cognição judicial e, consequentemente, melhor viabiliza proteger as situações subjacentes ao processo.

Finalmente, conforme art. 811, CPC, o requerente da medida cautelar responderá, independentemente de culpa, pelos eventuais prejuízos que a execução da medida causar ao requerido, devendo haver apenas a demonstração de dano proveniente da medida jurisdicional concedida. Liquidado o dano, segue-se a regra da execução por quantia certa.

O procedimento cautelar pode ser usado, ainda, em grau recursal, como forma de atribuição de efeito suspensivo a recurso. Nesse caso, o procedimento descrito ocorrerá perante o Tribunal, que verificará se a inexistência de efeito suspensivo ao recurso poderá ocasionar dano irreparável ou de difícil reparação ao recorrido.

Dessa forma, a cautelar posterior à interposição do recurso é de competência do próprio Tribunal,[25] considerando-se interposto o recurso assim que protocolizado ou despachado na respectiva secretaria.

Contudo, no caso de recurso extraordinário, o Supremo Tribunal Federal firmou entendimento (Súmula 634) que, enquanto pendente o juízo de admissibilidade do recurso, caberá ao presidente do Tribunal de origem decidir sobre a atribuição de efeito suspensivo ao recurso extraordinário (Súmula 635).

---

25 Nesse sentido: "a lei não exige que o recurso tenha sido admitido ou recebido para que o tribunal *ad quem* seja competente para apreciar e julgar a cautelar" (NERY JUNIOR; NERY, 2007, p. 1119).

No Superior Tribunal de Justiça, embora haja divergência, tem prevalecido que cabe ao Tribunal *ad quem* a competência para julgar a cautelar, independente do recurso já ter sido ou não admitido em sua origem.

Discute-se, ainda, se seria cabível a condenação do vencido ao pagamento de honorários advocatícios no processo cautelar. Há quem defenda seu cabimento, com base em que a tutela cautelar seria uma ação, diversa e autônoma, que não se confunde com a ação principal, tanto que uma parte pode sair vencedora na ação cautelar e vencida na ação principal. Há quem defenda, ainda, a impossibilidade de pagamento de honorários advocatícios, sustentando que o processo cautelar seria mero incidente do processo principal, onde não se julga o mérito, solucionando a questão no plano do direito material.

1.4 TUTELA INIBITÓRIA

Inibitória é a tutela específica que objetiva conservar a integridade do direito, visto que alguns não podem ser ressarcidos, e outros, mesmo que o sejam, não serão efetivamente satisfativos ao autor, o que vale dizer que é melhor a prevenção do que o ressarcimento. É, então, a tutela de um direito ameaçado de violação.

Por essa razão, a tutela inibitória traduz-se num mecanismo de caráter estritamente preventivo e idôneo à prevenção da configuração de ilícito. No direito brasileiro são formas efetivas de tutela inibitória o mandado de segurança preventivo e o interdito proibitório.

A tutela jurisdicional, de um modo genérico, pode destinar-se a evitar o ilícito sem necessariamente vislumbrar a reparação de um dano. Por outro lado, a tutela inibitória destina-se à garantia do direito em si, enquanto a primeira, a ressarcitória, pode atender a uma eventual substituição do direito originário por crédito equivalente.

Quanto à forma de requerimento, a tutela inibitória será requerida por meio de uma ação de fazer ou de não fazer de cognição exauriente, fundamentada nos arts. 461, CPC e 84, CDC. Dada essa característica de ação, a tutela inibitória também poderá ser requerida liminarmente ou no curso da ação, por meio da tutela antecipatória.

1.5 TUTELA ANTECIPADA E TUTELA CAUTELAR – SEMELHANÇAS E DIFERENÇAS

Até o surgimento da tutela antecipada (art. 273, CPC) em 1994, alguns doutrinadores reconheciam que, em determinadas hipóteses, poderia ser indispensável para garantia do acesso à Justiça a obtenção de uma tutela cautelar satisfativa. Com base nesse entendimento, propunha-se, a partir de um processo principal, uma ação cautelar satisfativa inominada visando a antecipar os efeitos da sentença, procedimento este que não era aceito pela maioria dos tribunais.[26]

Com a reforma de 1994, introduz-se, através da Lei n. 8.952, a tutela antecipada em nosso CPC. Com isso, essa discussão em torno da medida cautelar satisfativa perdeu, em muito, sua razão de ser, já que o ordenamento prevê agora um instrumento próprio para o objetivo visado.

Comparando-se os requisitos necessários à concessão da tutela antecipada e da cautelar, uma leitura pouco atenta dos arts. 273 e 461, CPC nos dá a falsa impressão de que eles são idênticos, já que ambas pressupõem *fumus boni iuris* (possibilidade ou, dependendo da corrente adotada, probabilidade de futuro provimento jurisdicional favorável ao autor) e *periculum in mora* (possibilidade de dano de difícil reparação em razão da inevitável demora do provimento jurisdicional principal).

A diferença, no entanto, consiste no grau do *fumus boni iuris* necessário à tutela antecipada e à tutela cautelar, sendo possível estabelecer uma diferenciação entre o *fumus boni iuris* simples – necessário à tutela cautelar – e qualificado – necessário à tutela antecipada.

O art. 273, CPC, que regula a tutela antecipada, exige, ao contrário da tutela cautelar, prova inequívoca que convença o juiz da verossimilhança do direito alegado, isto é, prova que comporte um só entendimento e que possua suficiente força persuasiva para fazer verossímil (ou provável) a alegação do requerente. Dessa forma, para fazer valer seu direito a uma

26 Referindo-se à época anterior ao surgimento da tutela antecipada, comentou José Carlos Barbosa Moreira que "não é de surpreender que, diante da carência legislativa, os interessados em obter proteção urgente hajam procurado vias por assim dizer heterodoxas para alcançar o objetivo. A trilhada com maior frequência foi a da utilização da forma do processo cautelar para veicular pretensões que em substância manifestamente excediam os lindes da cautelaridade" (BARBOSA MOREIRA, 2004c, p. 100).

tutela antecipatória, é necessário que o requerente prove mais do que é preciso para a obtenção da tutela cautelar.

Ademais, a tutela antecipada objetiva adiantar os efeitos da tutela de mérito, propiciando sua execução provisória, concedendo, de forma antecipada, os próprios efeitos do provimento jurisdicional pleiteado, enquanto a cautelar objetiva assegurar a realização do resultado prático do processo ou assegurar a viabilidade da realização do direito assegurado pelo autor.

Visto isso, podemos apontar como principal característica dos provimentos cautelares a *provisoriedade* (pelo menos, a princípio), já que o processo principal reconhecerá a existência ou inexistência do direito, satisfazendo o direito ou revogando a medida cautelar; e a *instrumentalidade hipotética* ao processo principal.[27]

1.6 TUTELA CAUTELAR E A TUTELA LIMINAR – SEMELHANÇAS E DIFERENÇAS

Destacamos que a expressão *tutela liminar* não se confunde com a expressão *tutela cautelar*. A segunda pode ser concedida em caráter liminar, mas também pode ser concedida em caráter final, isto é, após a prolação da sentença cautelar. Por outro lado, não apenas a tutela cautelar, como também a tutela satisfativa pode ser concedida em caráter liminar. Dessa forma, o sentido das locuções *tutela liminar* e *tutela cautelar* não se confundem.

O critério em virtude do qual se classifica uma medida como liminar ou final é completamente diverso do critério que nos permite distinguir entre uma tutela cautelar e uma tutela satisfativa.

A tutela pode se denominar liminar ou final, tendo em vista o *momento* do procedimento em que foi ela concedida. Tutela liminar é a proteção concedida nos momentos iniciais do procedimento, normalmente, sem que se ouça a parte contrária. Por outro lado, para distinguir entre tutela cautelar e tutela satisfativa, tem-se em mira a *natureza* da tutela concedida.

27 "A ação cautelar, embora instrumental à denominada *ação principal*, não se pode considerar mero acessório porque existe autonomamente, quando ainda não se sabe se o direito acautelado existe" (GRINOVER; DINAMARCO, 2003, p. 318, grifo nosso).

Enquanto a tutela cautelar visa a assegurar a eficácia do processo principal, a tutela satisfativa destina-se a proteger diretamente o direito subjetivo material.

Em suma: 1º) tutela liminar é a que se concede *in limine litis*, podendo possuir caráter cautelar ou satisfativo, conforme a hipótese; 2º) tanto a tutela cautelar, quanto a tutela satisfativa podem ser concedidas no início ou no fim do procedimento, sendo classificadas, no primeiro caso, como liminar e, no último, como final.[28]

Assim é que, com base no art. 804, CPC, pode o juiz conceder liminarmente ou após justificação prévia a medida cautelar sem ouvir o réu, quando verificar que este, ao ser citado, poderá torná-la ineficaz. Nesse caso, poderá o juiz condicionar a efetivação da medida cautelar liminarmente concedida à prévia prestação de contracautela pelo requerente, isto é, de caução real ou fidejussória, a fim de assegurar a reparação dos danos que o requerido, eventualmente, venha a sofrer.

Embora o artigo aluda apenas à concessão liminar quando o réu, sendo citado, possivelmente torne a providência ineficaz, a concessão liminar se legitima sempre que, nas circunstâncias, se mostre necessária para preservar o suposto direito ameaçado, quer a ameaça parta ou não do réu, sendo a mesma configurável até em fato de natureza.

Segundo José Carlos Barbosa Moreira,[29] a medida liminar pode ser concedida de ofício pelo juiz uma vez que a lei não exige requerimento do autor.

Atualmente, em vista do mandamento constitucional contido no art. 5º, XXXV, garantidor do acesso à ordem jurídica justa, é preciso que seja analisado o caso concreto, devendo o juiz, com base em seu poder geral de cautela, deferir liminarmente a providência cautelar, seja ela preparatória ou incidental, quando entendê-la indispensável para a garantia do direito do requerente.

Nesse sentido, encontra-se o Estatuto da Criança e do Adolescente (Lei n. 8.069/90), que, na linha da interpretação sempre mais favorável ao menor e com base na equidade, permite que o juiz conceda não apenas a liminar de ofício, mas a própria medida cautelar de ofício, conforme se depreende do art. 153 da lei.

28 Marcelo Lima Guerra (1997) defende ideias semelhantes.

29 Barbosa Moreira (2009, p. 307).

Para que a liminar seja concedida, é preciso que o juiz verifique a presença cumulativa do *fumus boni iuris* e do *periculum in mora* a serem demonstrados pelo requerente.

Quanto à natureza jurídica dos requisitos para concessão da medida liminar, inicialmente tentou-se considerá-los como condições da ação, em uma analogia entre a Teoria Geral do Processo cautelar e a Teoria Geral do Processo.

Contudo, a nosso ver, não há como negar que tais requisitos representam o próprio mérito do provimento cautelar, na medida em que se confundem com a questão principal, observados os limites cognitivos dessa modalidade processual.

Dessa forma, para o deferimento ou não de uma medida liminar é preciso que o juiz leve em conta a natureza dos interesses em jogo, a possível extensão do dano e a reversibilidade do provimento.[30]

Mencionou-se acima que as duas principais características do processo cautelar são a provisoriedade e a instrumentalidade hipotética. Passa-se agora ao exame destas e de outras características da cautelaridade:

a) Instrumentalidade hipotética: o provimento cautelar é instrumental ao processo principal, cujo êxito destina-se a garantir e proteger, para que seu resultado seja eficaz e útil. Assim, o processo cautelar visa a assegurar a capacidade de o processo principal produzir resultados úteis para o requerente da medida cautelar, na hipótese de este vir a ser vitorioso no processo principal, não se ligando diretamente à declaração do direito. Nesse sentido, é também possível afirmar a sua independência do processo principal, já que seus atos desenvolvem-se em sequência própria e distinta da sequência dos atos integrantes do processo principal.

b) Provisoriedade: o provimento cautelar tem uma duração limitada na medida em que o provimento principal ou reconhecerá a existência do

30 Em passagem sobre a irreversibilidade como pressuposto da antecipação da tutela, José Carlos Barbosa Moreira sustenta que "[...] tanto na doutrina quanto na jurisprudência, se manifesta forte propensão a abrandar o aparente rigor da norma. Em alguns casos, realmente, a antecipação afigura-se imprescindível para salvaguardar o direito em jogo, e não deve bastar para excluir-lhe a possibilidade a circunstância de serem irreversíveis os respectivos efeitos. [...] Efeitos irreversíveis podem surgir, portanto, quer no caso de conceder-se, quer no caso de negar-se a antecipação. É mister encontrar uma saída para este beco. E a atitude mais razoável consiste em proceder a uma valoração comparativa dos riscos; em outras palavras, balancear os dois males, para escolher o menor" (BARBOSA MOREIRA, 2004b, p. 83).

direito (que será satisfeito) ou sua inexistência (revogando a medida cautelar). A proteção jurisdicional da tutela cautelar tende a durar para dar utilidade ao resultado do processo principal, tendo duração de sua decretação até a superveniência do provimento principal ou definitivo.

c) Revogabilidade: surge em decorrência da provisoriedade. Por força dessa característica, não há preclusão para o juiz, dentro do processo cautelar, quanto à possibilidade de concessão ou revogação da medida cautelar liminar. Assim é que, ao examinar a petição inicial, o juiz pode deferir a liminar e, posteriormente, entende não mais ser esta cabível, revogá-la, ou vice-versa. A sentença cautelar também não faz coisa julgada material, podendo ser substituuída, modificada ou revogada a qualquer tempo.

d) Fungibilidade: é licito ao juiz, em razão de seu poder geral de cautela, conceder medida cautelar diversa da pretendida (requerida) quando for mais adequada à tutela do direito em questão. Dessa forma, ajuizando o requerente uma ação cautelar de busca e apreensão, pode o juiz ordenar um sequestro, se julgar que este é mais conveniente. Para vários autores, no entanto, essa quarta característica do processo cautelar acaba se convertendo em uma permissão legal para o juiz julgar *extra petita*.[31]

1.7 FUNGIBILIDADE DAS TUTELAS CAUTELARES E ANTECIPATÓRIAS

Com advento do instituto da tutela antecipada em 1994, muito se discutiu a respeito da fungibilidade entre as medidas antecipatórias. Formou-se intensa polêmica no mundo jurídico com a discussão acerca de que eventual erro do requerente quanto à nomenclatura e procedimento eleitos para se referir à medida antecipatória poderia ser suficiente para interferir no conhecimento da medida pelo julgador.

31 A essas características, pode-se acrescentar a preventividade e a urgência, as quais, conquanto não sejam exclusivas do processo cautelar, sempre o acompanham. A preventividade revela que a tutela cautelar visa a evitar a ocorrência de um dano à eficácia do processo principal, devendo, pois, antecipar-se à lesão temida. A urgência, que constitui uma consequência da preventividade, determina que a tutela cautelar seja prestada sem demora, razão por que o ordenamento lhe reservou um procedimento sumarizado. Em sentido semelhante, encontra-se a lição de Guerra (1997, p. 17 e 19-20).

Para ultimar essa questão, no ano de 2002, a Lei n. 10.444 incluiu o § 7º no art. 273, CPC, de modo a autorizar expressamente a *fungibilidade* da medida antecipatória.

E, a partir disso, em hipóteses nas quais o jurisdicionado requer a providência de natureza cautelar, quando em verdade configura-se ocorrência de tutela antecipada, observando o magistrado que os pressupostos autorizadores para a concessão desta estão presentes, poderá ser deferida a concessão da medida em caráter incidental do processo ajuizado.

Ainda assim, uma discussão doutrinária manteve-se em razão da fungibilidade em "via de mão única" ou se haveria a possibilidade de fungibilidade recíproca. Portanto, discutiu-se se, no caso de medida cautelar, a parte equivocadamente requeresse a antecipação de tutela, caberia ao juiz conceder a primeira. Permanece a doutrina majoritária assegurando que em ambas as medidas deverá ser aplicado o princípio da fungibilidade.

Os autores[32] que defendem que não há como haver reciprocidade quando da aplicação do princípio da fungibilidade baseiam-se em argumentos tais como a diferença entre as duas medidas no tocante à exigência de prova inequívoca para a tutela antecipada e apenas o *fumus boni iuris*, para a concessão da cautelar.

Em entendimento diferente, seguem autores[33] que defendem que deva haver reciprocidade entre as medidas no tocante à fungibilidade, tendo em vista que informam ser tênue a diferença entre a medida satisfativa e a cautelar. Prosseguem assegurando que o rigor da norma não pode ser suficiente para prejudicar a nomeação da tutela e, consequentemente, a pessoa do jurisdicionado.

Pensamos que deva haver a reciprocidade em matéria de aplicação do princípio da fungibilidade entre as medidas da tutela antecipada e da tutela cautelar. Muito embora concordemos que há, sim, uma diferença considerável entre a prova inequívoca e o *fumus boni iuris*, requisitos da primeira a de segunda medidas, respectivamente; também vislumbramos que o julgador no exercício de sua atividade deva estar adstrito ao texto legal e ao princípio da correlação; atentamos para o fato de existirem ainda

32 Adotam esse entendimento autores como: Fux (2006, p. 61); Zavascki (2005, p. 45-46); Passos (1996, p. 200).

33 Tardin (2006, p. 196); Bedaque (2001, p. 389-391); Marinoni (2002, p. 154-155).

outras distinções entre as medidas conforme analisadas no item 5, sobretudo no que se refere ao caráter satisfativo de uma medida e meramente instrumental e não satisfativo da outra.

1.8 TUTELA ANTECIPADA E MEDIDAS CAUTELARES NO PROJETO DO NOVO CPC (PL N. 8.046/2010)

As tutelas de urgência foram um dos institutos aperfeiçoados no projeto do novo CPC. Este incorporou a sistemática das tutelas de urgência, em seus arts. 269 a 286, mas excluiu o livro dedicado ao processo cautelar. Destaque-se que a medida cautelar não acabou, como se demonstrará, e o projeto retira apenas a previsão de um livro dedicado ao processo cautelar, pondo fim também à previsão das cautelares específicas, mas não da medida cautelar.

O Título IX, Capítulo I, dispõe sobre as disposições comuns, da tutela de urgência cautelar e satisfativa, e o Capítulo II dispõe sobre o procedimento para as tutelas de urgência requeridas incidentalmente e em caráter antecedente.

Como destacado, a primeira grande mudança foi a extinção de um livro dedicado ao processo cautelar, passando este a ser tratado apenas dentro das disposições de tutela de urgência e de evidência, mudança essa que nos parece acertada.

O art. 269 do projeto prevê que as tutelas de urgência e de evidência podem ser requeridas antes ou no curso do processo e na modalidade satisfativa ou cautelar, explicando no § 1º do referido dispositivo que a medida satisfativa antecipa, no todo ou em parte, os efeitos da tutela pretendida, o que o CPC atual denomina tutela antecipada, enquanto o § 2º afirma que as medidas cautelares objetivam afastar o risco do processo, tal como já existe na atual sistemática de cautelares genéricas analisada.

Nos termos do art. 270, o juiz poderá determinar as medidas que considerar adequadas quando houver risco de dano. É o que se pode denominar poder geral de urgência conferido aos magistrados, em substituição à expressão hoje atualizada de poder geral de cautela, permitindo-lhes o deferimento de medidas emergenciais conservativas ou satisfativas.

O art. 271 prevê a necessidade de fundamentação de modo claro e preciso quando da decisão sobre a concessão ou não da medida, decisão esta que, pelo seu caráter urgente, continuará impugnável por meio do agravo de instrumento.

O art. 272 fixa a regra da competência para o requerimento de tutela de urgência antecedente, que está prevista no art. 800 do atual CPC, sendo que, se o processo tramitar no tribunal, a medida será requerida ao relator.

O art. 273 do projeto prevê que a medida observará para sua efetivação, o parâmetro do cumprimento provisório ou definitivo de sentença e o art. 274 prevê, em seus quatro incisos, os casos de responsabilidade processual do requerente, quando o deferimento da medida liminar causar dano ao requerido.

Por fim, o projeto prevê tramitação prioritária dos processos que tiverem tal medida concedida, o que pode acabar inflando o número de preferências no Poder Judiciário.

Já na seção II do projeto, os requisitos para a antecipação concessão de tutela de urgência estão dispostos nos arts. 276 do PL n. 8.046/2010. Segundo preceitua esse artigo, o juiz somente concederá a medida se estiverem presentes elementos que evidenciem a plausibilidade do direito como também a demonstração do risco de dano irreparável ou de difícil reparação. Verifica-se que o projeto reuniu os requisitos para a tutela cautelar e para antecipação de tutela na referida norma.

No art. 277, o projeto põe fim à antiga discussão da doutrina, prevendo expressamente a concessão de tutela de urgência de ofício pelo juiz, mas destaca a excepcionalidade do caso, que fica a critério de avaliação do próprio magistrado ou de previsão legal. Dessa forma, tal possibilidade deve ser vista com cautela na prática forense, sempre verificando, também, as consequências que a concessão daquela cautela acarretará para a parte contrária.

Já na Seção III, o projeto criou, ainda, uma seção própria para as denominadas tutelas de evidência. Trata-se, na espécie, de uma modalidade de antecipação de tutela que tem como escopo o abuso do direito, pedidos incontroversos ou matérias unicamente de direito, de acordo com a previsão de seu art. 278.

No Capítulo III, na Seção I, o PL n. 8.046/2010 trata da petição inicial da medida de urgência requerida em caráter antecedente à lide.

De acordo com a sistemática prevista nos arts. 280 a 285 do projeto, que tratam do procedimento, o requerido será citado para contestar em cinco dias (art. 280) o pleito da tutela de urgência. Se o pedido de urgência não for contestado, serão presumidos os fatos alegados e o juiz decidirá em cinco dias, concedendo ou não a tutela de urgência.

Caso o pedido de tutela de urgência seja contestado, o juiz designará audiência de instrução e julgamento. Após tal ato, o juiz poderá deferir a tutela de urgência, que poderá ou não ser impugnada pelo réu através do recurso de agravo de instrumento.

Caso não seja impugnada a concessão da medida de urgência ou após sua decisão definitiva, não mais passível de recurso, ocorrerá o fenômeno processual da estabilização da tutela de urgência e será dispensada a propositura do pedido principal. Com isso, seus efeitos se estabilizarão também, e somente cessará através da propositura de ação ajuizada por uma das partes, conforme o destacado art. 293 do projeto.

CAPÍTULO **2**

Medidas cautelares específicas

2.1 NOÇÕES PRELIMINARES

O Capítulo I, Título Único do Livro III do CPC, traz a regra geral sobre as medidas cautelares. Em seguida, distribuídos em quinze seções, no Capítulo II, com previsão nos arts. 813 a 889, temos os procedimentos cautelares específicos, previstos como processo autônomos, sendo que nem todas as medidas dispostas possuem natureza cautelar.

Contudo, muito da regra geral das cautelares, por determinação do art. 812, CPC, acaba sendo aplicado, de forma subsidiária, às medidas cautelares específicas.

Tais medidas, no CPC de 1939, eram classificadas como preventivas, que seriam uma garantia forçada à execução de sentença futura e incluíam os procedimentos de arresto, sequestro, busca e apreensão, prestação de caução, exibição de documento ou coisa, as obras de conservação de coisa litigiosa, a prestação de alimentos provisionais e o arrolamento; preparatórias que seriam as prejudiciais à ação principal, como o protesto de títulos e a restauração de autos ou conservativas, com a função de prevenir um dano, como a caução e a homologação do penhor legal.

O CPC atual optou, contudo, por abranger todas as medidas cautelares em uma única expressão, denominada processo cautelar, sem fazer qualquer distinção entre as medidas preventivas, as preparatórias e as conservativas.

Hoje, a discussão que se põe é a fungibilidade entre as denominadas medidas cautelares inominadas, que compreendem o poder-dever geral de cautela do juiz e as cautelares nominadas, expressamente previstas pelo CPC.

Para tal questão, deve-se ter como premissa que as medidas cautelares objetivam assegurar um resultado útil futuro ou tutelar preventivamente para conceder, desde logo, tutela àquele resultado útil e, mais ainda, que cabe ao magistrado, diante de determinadas hipóteses concretas, conceder medida apta a tutelar o direito da parte, evitando a perpetuação de lesões.

Dessa forma, parece cabível se admitir a fungibilidade entre cautelares nominadas e inominadas, desde que verificada a presença do *fumus boni iuris* e do *periculum in mora*.

Destacando um pouco das medidas cautelares nominadas, elas se caracterizam por já terem os requisitos previstos pelo próprio legislador, não sendo necessário o magistrado verificar a presença do *periculum in mora* e do *fumus boni iuris,* mas apenas analisar se os fatos e os fundamentos da petição inicial estão de acordo com a ocorrência de um dos fatos descritos na lei.[1]

Feitas essas considerações, passa-se à análise das medidas cautelares nominadas.

2.2 ARRESTO

O arresto é um procedimento cautelar típico, voltado a assegurar resultado útil de execução por quantia certa contra devedor solvente.

Considerando que a finalidade da prestação da tutela jurisdicional executiva é a satisfação do credor, através da expropriação de prestações que tenham natureza pecuniária ou que se devam converter em pecúnia, essa medida cautelar, prevista nos arts. 813 a 821, CPC, é um procedimento próprio para evitar que a dissipação do patrimônio do executado comprometa o crédito do exequente.

1 Luiz Guilherme Marinoni observa que esse posicionamento merece limitações, afirmando que, se o procedimento cautelar for visto como meio que impede a sua concessão para outras situações substanciais que igualmente precisam de tutela, estar-se-á restringindo o direito de ação (MARINONI; ARENHART, 2010, p. 203).

Dessa forma, o arresto objetiva tornar indisponíveis bens, em valor suficiente, de modo a assegurar a futura realização de créditos monetários ou de outras prestações que devam se converter em pecuniárias. No arresto, menor relevância têm os bens apreendidos, bastando que se prestem a ser excutidos em futura execução.

A relevância para o arresto é, portanto, que as prestações tenham natureza pecuniária ou possam se converter em pecúnia. Incluem-se como passíveis de arresto até mesmo as obrigações de fazer, de não fazer ou de entregar coisa que deva se converter em perdas e danos, por serem futuramente tratadas como pecuniárias.

A tendência do arresto é, de modo geral, se converter em penhora, de modo a viabilizar a ulterior efetivação do crédito monetário.

Contudo, o arresto, como medida cautelar, não se confunde com o previsto nos arts. 653 e 654, CPC, o arresto executivo, uma vez que, enquanto o primeiro, como cautelar, desenvolve-se em um processo próprio e busca assegurar futura execução, o segundo, por ser um mero incidente, revela-se uma "pré-penhora", sem que seja necessária a presença dos requisitos do *fumus boni iuris* e do *periculum in mora,* bastando a não localização do devedor na execução para que a medida possa ser exigida.

Os bens arrestáveis devem ser passíveis de penhora,[2] de modo a viabilizar o crédito, observando-se o que dispõe os arts. 649 e 650, CPC, que trazem, respectivamente, os bens absolutamente impenhoráveis e os relativamente impenhoráveis. A ordem dos bens a serem arrestáveis, por sua vez, seguirá a prevista no art. 655, CPC.

O arresto deve, então, observar as mesmas disposições da penhora, o que abrange a observância dos atos relativos à sua documentação, ao depósito dos bens arrestados e, inclusive, quanto à possibilidade de se fazer um arresto *on-line*.

A medida pode ser requerida não necessariamente pelo credor, mas por qualquer pessoa que alegue ser titular de relação jurídica que consista, natural ou incidentalmente, em obrigação de pagar quantia certa.

---

2 Cabe aqui ressalvar que mesmo os bens em princípio impenhoráveis podem estar sujeitos a esta constrição, como é o caso do art. 3º da Lei n. 8.009/90. Em tais casos, por se estar diante de bens excepcionalmente penhoráveis, pode-se utilizar o arresto para futura execução. Ademais, as universalidades de fato são bens que não podem ser penhorados, pelo fato de não serem bens particularizados, não se podendo levar à alienação em praça, mas poderão ser arrestados, a fim de permitir futura penhora sobre os bens individualizados que a integram.

O Ministério Público, nas causas que intervêm como parte ou como *custos legis*, também é legitimado a requerer o arresto.

No polo passivo, estará o suposto devedor da obrigação, podendo figurar nessa condição, ainda, os fiadores, os avalistas do devedor e, ainda, o terceiro responsável por dívida alheia, na forma especificada pelo art. 592, CPC.

Para a concessão do arresto, faz-se necessária a presença dos requisitos dos arts. 813 e 814, CPC, sendo a concessão da cautelar nominada vinculada ao preenchimento dos requisitos impostos pelo legislador. Destaque-se que esses requisitos não podem ser preexistentes à celebração do contrato com o devedor, devendo ocorrer após a constituição do crédito, ou, ao menos, a ciência do credor deve sobre o estado de risco deve dar-se depois da realização do negócio.

A possibilidade de os dispositivos comportarem flexibilização, admitindo-se o arresto em hipóteses não autorizadas pelos dispositivos legais, conduz ao mesmo questionamento da fungibilidade entre medidas cautelares típicas e atípicas.

Ao ajuizar a cautelar de arresto, o credor deverá apresentar prova literal da dívida líquida e certa (art. 814, I) e a demonstração de pelo menos uma das hipóteses do art. 813, CPC (art. 814, II).[3]

A prova literal é o suporte físico da obrigação, documento que retrata obrigação ainda não exigível, por ainda estar pendente de recurso, como determina o parágrafo único do art. 814. Esse requisito não se confunde com os atributos da dívida, isto é, a liquidez e a certeza da obrigação.[4] A certeza aqui exigida não é a indiscutibilidade do crédito, tanto que a medida cautelar não lida com o requisito certeza, típico da cognição exauriente, mas a dívida ser determinada quanto ao seu objeto. Já a liquidez tem sido exigida, devendo-se promover prévia liquidação, ainda que provisória, do crédito. Se a obrigação for exigível, o credor pode, desde logo, requerer a penhora dos bens do devedor, nos termos dos arts. 475-J, § 3º, e 652, § 2º.

---

3 Em sentido contrário, defendendo que o rol do art. 813 é meramente exemplificativo, não sendo os únicos casos de concessão de arresto, Luiz Guilherme Marinoni afirma que o arresto deve ser concedido em todos os casos em que futura execução pecuniária esteja em risco, cabendo ao juiz valorar se restou demonstrado, no caso, o dano de difícil reparação (MARINONI; ARENHART, 2010, p. 208).

4 Nelson Nery Junior afirma que, ainda que a obrigação seja líquida, é cabível a medida cautelar (NERY JUNIOR; NERY, 2007, p. 1131).

Já as hipóteses do art. 813 representam a possibilidade do devedor, com sua conduta, podendo frustrar efetivação futura de crédito pecuniário.[5] Não é necessário o requerente da medida demonstrar o dolo do suposto devedor, bastando a caracterização de uma das hipóteses do dispositivo legal.[6]

O arresto se inicia com uma petição inicial, que deve preencher os requisitos do art. 801, CPC e os pressupostos do art. 814.

Apresentada a inicial, há a possibilidade de designação de audiência de justificação, quando os documentos trazidos pelo autor em sua petição inicial não forem suficientes para formar a convicção do magistrado sobre o pedido de liminar. A justificação prévia poderá ser dispensada quando o arresto for pleiteado pela União, pelos Estados ou pelos Municípios (art. 816, I) ou quando o credor prestar caução (art. 816, II).[7]

A concessão ou não da liminar pode ser impugnada por meio de agravo de instrumento.

O réu é citado para responder ao pedido do autor em cinco dias e, se concedida a liminar, poderá suspendê-la através do pagamento ou depositando em juízo o valor da dívida, acrescido de honorários advocatícios na importância arbitrada pelo juiz e até mesmo de fiança bancária ou seguro garantia judicial, já que, prestada uma garantia, torna-se desnecessária a indisponibilidade dos bens. Apresentadas as respostas do réu ou certificada a revelia, passa-se às fases ordinatória e instrutória.

---

5 Sobre os requisitos para a concessão do arresto, Luiz Guilherme Marinoni destaca que "não é difícil de notar que os requisitos postos no texto legal são, por vezes, extremamente difíceis de serem demonstrados, extrapolando em muito os meros contornos do *fumus boni iuris* e do perigo de dano irreparável ou de difícil reparação"" (MARINONI; ARENHART, 2010, p. 207).

6 Considerando que o rol do dispositivo legal não é exaustivo, Luiz Guilherme Marinoni complementa que poderia ser a caracterização de qualquer outra medida de difícil reparação" (MARINONI; ARENHART, 2010, p. 209).

7 Cabe, contudo, destacar as críticas feitas a essa dispensa de audiência de justificação quando o autor for um ente estatal: "mesmo quando a lei autoriza a dispensa de audiência de justificação quando o requerente do arresto é alguma pessoa ou entidade de direito público, é mister identificar algum motivo capaz de justificar o tratamento diferenciado sob pena de 'agressão ao princípio da isonomia'. Sustentar, como comumente se faz, que os atos praticados por aquelas pessoas ou entidades tem presunção de veracidade, a dispensar qualquer prova sobre a necessidade concreta da concessão imediata do arresto, não satisfaz a exigência derivada da Constituição porque a referida presunção não pode ser oposta à necessidade da intervenção jurisdicional e ao amplo controle judicial dos atos administrativos" (BUENO, 2009, p. 260-261).

Ao ser proferida sentença, determinando o arresto, pode ser que os bens arrestados demandem administração provisória, cabendo ao juiz nomear administrador judicial para essa tarefa.

Caso seja necessária a substituição dos bens arrestados, deverá se seguir o mesmo critério adotado para a substituição dos bens penhorados, previsto nos arts. 656 e 668, CPC.

O registro dos bens arrestados na matrícula do bem resguarda os interesses do requerente do arresto contra possível adquirente de boa-fé do bem. Não havendo o registro, caberá ao credor a prova da má-fé do adquirente, a fim de induzir fraude à execução no negócio jurídico, mantendo-se a utilidade do arresto.

O arresto, nos termos do art. 818, CPC, será convertido em penhora quando julgada procedente a ação principal, em que for reconhecido o direito ao crédito reclamado pelo autor, título este que habilitará à execução por quantia certa em face do devedor.

Contudo, necessário se faz destacar que essa conversão não é imediata, até mesmo porque a penhora só ocorre na fase de cumprimento de sentença. O momento exato em que a conversão ocorre é somente após esgotado o prazo para pagamento da dívida, isto é, quinze dias após ser proferida a sentença e, mais precisamente, depois da formulação do requerimento pelo credor, na forma do art. 475-J, CPC.

Ressalte-se que esse prazo não deve ser superior a trinta dias, pois se levaria a uma indisponibilidade do patrimônio do devedor por tempo indefinido.

Ainda que o arresto não seja convertido em penhora, a sentença de procedência no arresto é fato gerador da presunção de sua insolvência, dando ensejo ao cabimento de execução por quantia certa contra devedor insolvente, nos termos do art. 750, II.

A ação principal deve ser ajuizada no prazo de trinta dias a contar da efetivação da medida cautelar, e não simplesmente da sentença de procedência, ressaltando-se que a eventual interposição de recurso de apelação não afasta a concretização da medida, a menos que haja efeito suspensivo concedido *ope iudicis* ou, em caso de sua concessão antecipada, desde a efetivação deste último instante procedimental.

O arresto só ficará suspenso, nos termos do art. 819, CPC, quando o devedor pagar ou depositar em juízo a importância da dívida acrescida dos honorários advocatícios, arbitrados pelo magistrado e custas processuais ou quando o devedor prestar caução da dívida, nos mesmo parâmetros. Nesse caso, aplicam-se as mesmas regras que já ressaltamos para o arresto concedido como liminar, sendo admitido, além das medidas do art. 819, fiança bancária ou seguro garantia judicial, já que também são garantias aceitas.

O arresto cessa quando houver causa extintiva da dívida na obrigação principal (art. 820).

2.3 SEQUESTRO

O sequestro, previsto nos arts. 822 a 825, CPC, relaciona-se com a obrigação de dar coisa, enquanto o arresto vincula-se às obrigações de pagamento de quantia.

O objetivo de tal medida é garantir a guarda e a conservação de coisas determinadas enquanto o credor aguarda o instante oportuno para a sua execução, tratando-se de perspectiva de obter um resultado útil em outro processo.

Dessa forma, enquanto o arresto visa à proteção do crédito, incidindo sobre bem do devedor, já que sua finalidade é viabilizar ulterior penhora, o sequestro objetiva a proteção de determinado bem, que pode até mesmo ser de propriedade ou posse discutíveis.

O receio de danificação, de perda ou de extravio de determinados bens, devidamente identificados diante da ocorrência das situações apresentadas no art. 822, dão margem ao sequestro, para a conservação até ulterior deliberação jurisdicional.[8]

O procedimento do sequestro é semelhante às medidas descritas para o arresto, mas a petição inicial do sequestro deve especificar, de forma minuciosa, o bem que deve sofrer a constrição judicial.

---

8 Nesse ponto, é retomada a discussão se o rol previsto no CPC é exaustivo ou não, discutindo-se se seria cabível o sequestro de bens não listados pelo Código. Contudo, consideramos essa discussão de menor importância, uma vez que, ainda que não se admita o ajuizamento dessa cautelar em hipóteses não previstas na lei, estando presentes os requisitos do *fumus boni iuris* e o *periculum in mora*, poderá ser ajuizada uma medida cautelar inominada, a fim de se conseguir o mesmo resultado útil decorrente do arresto.

Aplica-se ao sequestro tal procedimento no que diz respeito à forma de apreensão e guarda do bem, mas a sentença no sequestro não significa que os bens sequestrados devem ser penhorados. No sequestro, os bens devem ser entregues ao credor, visando à satisfação de seu direito.

Para isso, será nomeado um depositário para o bem sequestrado, seja por determinação de sentença, seja antecipadamente. A nomeação recairá sobre uma pessoa indicada pelas partes, de comum acordo, ou sobre uma das artes, mediante o oferecimento de caução (art. 824, CPC).

No caso de resistência de entrega do bem ao depositário, poderá ser requerida força policial para obter o depósito (art. 825, *caput* e parágrafo único, CPC).

A despeito da disposição do CPC, deve ser afastada a hipótese de prisão civil para o depositário, nos termos dos recentes julgamentos do Supremo Tribunal Federal.[9]

2.4 CAUÇÃO

O procedimento previsto nos arts. 826 a 838, CPC representa a provocação do Estado-juiz para que ele decida sobre se alguém deve prestar caução. Tal procedimento não é uma figura exclusiva do direito processual, levando a doutrina a discutir sobre a natureza da medida que defere a caução, que pode ser determinada incidentalmente ou até mesmo de ofício pelo magistrado.

Predomina o entendimento que a caução que teve por objetivo assegurar uma tutela ressarcitória possui natureza cautelar.

O pedido de prestação de caução, de acordo com o art. 829, CPC, pode ser exigido independentemente de outro processo e deve especificar o valor a caucionar e a razão pela qual a caução deve ser prestada.

Dessa forma, não se segue o regime das medidas assecuratórias, não sendo necessário que se proponha outra demanda no prazo de trinta dias.

O CPC dá interpretação ampla à caução, podendo compreender qualquer garantia real ou fidejussória (art. 826).

9 Nesse sentido: STF, HCs 87.585, 92.566 e 94.013, disponíveis em www.stf.jus.br.

O procedimento da caução previsto pelo CPC trata tanto da caução espontânea, que é a prestada pelo autor da medida (art. 829) como da solicitada por ele, a caução provocada (art. 830).

Em relação à caução espontânea, aquele que tiver de prestar caução deverá solicitar a citação do beneficiário para recebê-la em juízo, revestindo seu pleito de uma petição inicial que deverá conter o valor a caucionar, o modo pela qual a caução vai ser prestada, a estimativa dos bens e a prova da suficiência da caução ou da idoneidade do fiador (art. 829).

Destaque-se que a petição inicial não discute a prestação da garantia pela caução, mas apenas a adequação da caução a ser prestada.

Apresentada a petição inicial, o juiz poderá indeferi-la de plano, nos casos do art. 295, CPC, ou quando inexistir o dever apontado pelo requerente. Não caberá o indeferimento, porém, na hipótese da caução poder ser prestada diretamente em outro processo.

Recebida a inicial, o réu é citado para, no prazo de cinco dias, aceitar a caução ou contestar o pedido (art. 831, CPC).

Se o réu aceitar a caução, será, desde logo, proferida sentença. Se contestar, será designada audiência de instrução e julgamento, a menos que o magistrado entenda que a situação comporta julgamento antecipado da lide.

Acolhido o pedido, o magistrado fixará a caução e disporá sobre o prazo para ela ser prestada.

O recurso de apelação não é dotado de efeito suspensivo, cabendo ao requerente, desde logo, cumprir a caução proposta no prazo estipulado pelo magistrado.

Em relação à caução forçada, quem tiver interesse que lhe seja prestada caução poderá utilizar-se também do procedimento, apresentando uma petição inicial na forma do art. 830, CPC, indicando seu direito à prestação de caução, o montante a ser prestado e sua forma.

A inicial poderá ser indeferida ou recebida, hipótese em que o réu será citado para oferecer resposta, em cinco dias (art. 831), podendo, nesse prazo, o requerido prestar a caução que lhe é exigida.

O juiz, caso entenda desnecessárias outras provas, proferirá sentença. Caso contrário, designará audiência para a produção de provas (art. 833).

Julgada procedente a pretensão inicial, o juiz proferirá sentença, devendo fixar prazo para que o requerido preste caução.

A sentença, aliás, tem o condão de primeiro fixar a caução prestada. Caso isso não ocorra, o juiz profere nova sentença, em que considerará não prestada a caução (art. 834, parágrafo único, I, CPC), podendo incidir sanções decorrentes da não prestação de caução, previstas em lei ou no ato negocial.

A caução pode ter ainda outra razão, como prevista no art. 835, CPC: garantir as despesas processuais, nos casos de estrangeiros sem imóveis no Brasil, como determina o art. 835, CPC.

Tal medida se limita a estabelecer, no curso do processo, por determinação do magistrado, garantia ao pagamento integral das despesas processuais (custas e honorários advocatícios), diante da circunstância que o autor da ação está ausente do país e não possui bens em território nacional, podendo frustrar o pagamento de tais valores.

Há grande discussão sobre a constitucionalidade de tal medida, devendo-se lembrar que ela não poderá inviabilizar a instauração ou prosseguimento do processo, pois, caso isso aconteça, não poderá ser exigida.

Pode ser necessário, ainda, reforço para a caução, requerendo-se esta através de petição que justifique tais razões. Essa petição pode ser a inicial, se for ajuizada uma cautelar requerendo-se o reforço da caução ou, até mesmo, no curso do processo, caso se verifique que o valor prestado como caução não é suficiente.

O procedimento seguirá o rito normal da caução e pode ser aplicado em qualquer caso, sendo a aferição da suficiência ou não da caução uma questão a ser discricionariamente avaliada pelo magistrado.

2.5 BUSCA E APREENSÃO

A busca e apreensão disciplinada nos arts. 839 a 843, CPC, é vista, por alguns autores, como uma medida híbrida, uma vez que pode assumir as vestes de uma verdadeira cautelar, de uma ação sumária com inegável viés executivo e, até mesmo, de medida sem caráter contencioso, a depender do caso concreto.

A busca e apreensão é uma forma assumida por diversos mecanismos judiciais de apreensão e remoção de bens e pessoas, para diversas finalidades. Sua disciplina é de um procedimento utilizado toda vez que for necessária a busca e desapossamento de certo bem ou de certa pessoa, independente do direito que constitui a base dessa pretensão, já que o que se pretende aqui é localizar o objeto de apreensão.

De acordo com o art. 839, CPC, a busca e apreensão pode ser de pessoas ou de coisas, devendo a petição inicial conter indícios do lugar onde a pessoa ou a coisa a ser buscada e apreendida possa estar.

Estando suficientemente provadas as alegações, e havendo pedido de tutela antecipatória, o magistrado deferirá.

Caso as alegações da petição inicial não sejam suficientes para convencer o magistrado, será designada audiência de justificação, que se realizará em segredo de Justiça apenas quando for justificável que assim se proceda, uma vez que a regra, observando-se o disposto no art. 5º, LX, CF, e do art. 155, CPC, é a publicidade dos atos.

Se concedida a tutela, será expedido mandado, que, nos termos do art. 841, deverá conter o local da diligência, a descrição da coisa ou pessoa procurada e seu destino, bem como a assinatura do juiz que emanar a ordem.

Após, o réu será citado para apresentar resposta. A partir daí, se desenvolverão ou não as fases ordinatória e instrutória, de acordo com as peculiaridades de cada caso, para ser proferida a sentença.

O mandado de busca e apreensão deve ser acompanhado por duas testemunhas e por dois oficiais de Justiça, que atestarão a regularidade dos atos praticados, que deverão observar as disposições do art. 842, CPC. Cumprido o mandado, será lavrado o auto circunstanciado pelos oficiais de Justiça, com participação das testemunhas.

2.6 EXIBIÇÃO

Prevista nos arts. 844 e 845, CPC, a cautelar é ajuizada por quem tem a pretensão que o réu exiba o que, por força de lei ou de contrato, deveria ter sido disponibilizado para o requerente da medida, ou seja, quem ajuíza a ação objetiva ter conhecimento do teor do documento ou coisa que não tenha acesso.

Pode ser ajuizada no curso do processo ou antes do ajuizamento da ação, sem que nenhuma das duas figuras possua natureza cautelar, por não ter a figura de tutela do direito e nem da preservação de situação tutelável. Sua finalidade está ligada à preservação adequada do direito de ação e de defesa e sua utilidade está no caráter instrutório da coisa a ser exibida, tanto que o interesse aqui se caracteriza pela mera exibição, uma vez que, exibida a coisa, possibilita-se o conhecimento dos fatos da causa e, dela tomando conhecimento, se ainda não houver ação ajuizada, o autor poderá ou não pleitear ou não outra tutela jurisdicional em face do réu.

Suas hipóteses de cabimento estão no art. 844, CPC, mas, embora não seja unânime, não estão excluídas outras hipóteses que justifiquem a exibição de documentos ou coisas, inclusive para a constatação de pertinência ou não, de nova investida jurisdicional à luz das informações obtidas no procedimento.

A petição inicial deverá observar o art. 356, CPC, individualizando o documento ou coisa a exibir, a razão da exibição e as circunstâncias que levam a crer que o documento ou coisa está em poder do réu.

O réu será citado para oferecer resposta em cinco dias, seguindo-se a fase instrutória e a sentença.

O juiz, no exercício de seu poder cautelar, pode determinar a exibição e, em caso de descumprimento da ordem, determinar a imediata busca e apreensão do que deva ser exibido.

Destaque-se que não há prazo para ajuizar uma ação posterior, já que a exibição está ligada a um direito a ter conhecimento do documento, razão pela qual pode nem ser possível outra ação.

2.7 ALIMENTOS PROVISIONAIS

Os alimentos representam todo valor necessário ao sustento do alimentando, devendo ser fixados de acordo com as circunstâncias específicas de cada pessoa.

Há várias classificações para os alimentos, sendo que uma delas, tendo por critério a estabilidade ou não da decisão que concede os alimentos,[10] os distingue em provisionais, provisórios e definitivos.

Os alimentos provisionais, previstos nos arts. 852 a 854, CPC, não se confundem com os alimentos provisórios, previstos no art. 4º, *caput,* da Lei n. 5.478/68.

Os provisórios pressupõem a prova pré-constituída, razão pela qual a pensão alimentícia é devida. Os provisionais são concedidos desde que o magistrado se convença de que os alimentos devam ser pagos.

---

10 Esse critério não significa que os alimentos definidos por sentença transitada em julgado não possam ser revistos, tanto que podem se houver qualquer alteração no estado de fato e de direito da causa (art. 1.699 CC, arts. 471 a 475-Q, § 3º, CPC, e Lei n. 5.478/68, art. 15).

Outra diferença é que os provisórios assumem feição idêntica ao pedido de antecipação de tutela, do art. 273, CPC, em que o juiz fixa incidentalmente ao processo em que o autor pretende impor seu pagamento, enquanto os provisionais são espécie de cautelar e pressupõe a constituição e desenvolvimento válidos de um processo próprio ou podem ser fixados no curso de uma ação de investigação de paternidade.

De se registrar que a Lei n. 12.415/2011 inseriu o parágrafo único no art. 130 do Estatuto da Criança e do Adolescente (Lei n. 8.069/90) de forma a permitir a fixação de alimentos provisórios em favor da criança ou adolescente, nos casos de afastamento do agressor da moradia em comum.

Tal hipótese pode se dar nas situações de maus-tratos, opressão ou abuso sexual impostos por pais ou responsáveis.

Já os alimentos são definitivos quando concedidos por sentença em processo de conhecimento ou por acordo homologado judicialmente.

Retornando aos alimentos provisionais, eles são devidos sempre que, na petição inicial, o requerente demonstre a sua necessidade de alimentos e a possibilidade do requerido em prestá-los. A necessidade e a possibilidade são identificados como o *fumus boni iuris* e o *periculum in mora*, o próprio mérito da demanda.

A petição inicial deve obedecer, ainda, aos requisitos do art. 801, CPC.

A competência será sempre do juízo de primeiro grau, ainda que a causa principal penda de análise em tribunal superior (art. 853, CPC).

Há a possibilidade de concessão da tutela, inclusive *inaudita altera parte*, desde que haja probabilidade na afirmação do autor.

Pode haver, também, a necessidade de designação de audiência de justificação, a fim de apreciar a liminar, e o réu é citado para apresentar resposta, sem ser possível apenas a reconvenção, já que não há cognição exauriente em sua concessão, não havendo peculiaridade no procedimento.

Oferecida a resposta, poderá o magistrado designar audiência de instrução e julgamento para, colhidas as provas, proferir sentença.

Em relação à sentença, cabe destacar que esta não tem por base a certeza quanto à existência de seus pressupostos, o que seria típico dos alimentos definitivos, nem a certeza da relação de parentesco, de onde resultariam os alimentos provisórios. A sentença apenas declara a probabilidade demonstrada do direito aos alimentos.

Os efeitos da medida cessam quando não apresentada, no prazo de trinta dias, a ação principal.[11]

Caso não sejam obtidos os alimentos provisionais, mas sobrevindo sentença concessiva de alimentos definitivos, os efeitos da sentença deverão retroagir à data da citação na medida de alimentos provisionais, momento em que foi primeiramente pleiteado.

Se os alimentos provisionais forem deferidos, mas a ação principal entender inexistente o direito a eles, o valor já obtido não será devolvido, cabendo seu pagamento até determinação do magistrado que deve se dar quando não for mais admissível recurso com a possibilidade de efeito suspensivo em face da decisão.

As prestações anteriores à sentença que julgou improcedente o pedido de alimentos serão devidas, até como uma forma de não incentivar o descumprimento da ordem de pagamento de alimentos.

Caso os alimentos provisionais sejam deferidos, mas, no processo principal, a sentença reduza seu valor, o valor reduzido será devido apenas a partir da sentença, por não ter se negado o direito ao alimento, mas apenas estar se discutindo seu valor.

Já no caso de decisão liminar que concede alimentos provisionais, mas a sentença do próprio processo cautelar julga improcedente, não há qualquer impedimento de revisão de decisão liminar pela sentença.

2.8 ARROLAMENTO DE BENS

A finalidade do arrolamento é a documentação da existência e do estado dos bens, sempre que houver receio de seu extravio ou dissipação, nos termos do art. 855, CPC.

11 Comentando tal disposição, Cássio Scarpinella Bueno destaca que: "é certo, contudo, que o rigor daquele prazo deve ser atenuado nos casos relativos ao direito de família e nos referentes aos direitos da criança e do adolescente, dado o tratamento diferenciado disponibilizado àquelas situações desde o plano material, consoante lição clássica de Galeno Lacerda (*Comentários ao Código de Processo Civil*, v. VIII, tomo I, p. 215). De qualquer sorte, não há como olvidar da ressalva feita por Márcio Louzada Carpena (*Do processo cautelar moderno*, p. 310-311), no sentido de que a não observância do prazo do art. 806 em tais casos justifica-se, mais propriamente, pela ausência de seu caráter verdadeiramente cautelar" (BUENO, 2009, p. 295).

A medida não se confunde com o sequestro, uma vez que o arrolamento pressupõe o desconhecimento dos bens cuja conservação se pretende. O arrolamento objetiva, em primeiro lugar, identificar os bens no patrimônio do réu para só após conservá-los.

Na petição inicial, o autor deve expor seu direito aos bens que pretende ver arrolados, devendo haver ameaça fundada de extravio ou dissipação dos bens, a fim de que o juiz verifique a legitimidade do autor para formular o pedido e também integra o *fumus boni iuris*, que constitui o próprio mérito a ser julgado pelo magistrado.

O magistrado poderá conceder o arrolamento dos bens antecipadamente, previamente ou após a oitiva do réu.

Poderão ser objeto de arrolamento todos os tipos de bens móveis e imóveis que possam constituir uma universalidade, excepcionando-se apenas o dinheiro, por sua fungibilidade.

Não há peculiaridade procedimental em relação ao arresto, devendo-se observar o disposto nos arts. 800 a 804, CPC, após o que será proferida a sentença.

O deferimento do arrolamento, em sede antecipatória ou na sentença, determinará que seja nomeado depositário para o bem, que se responsabilizará por sua guarda e conservação, até ulterior decisão no processo principal. O depositário será alguém de confiança do magistrado, um auxiliar da Justiça, o depósito público, ou até mesmo autor ou réu. Os bens arrolados deverão ser minuciosamente identificados.

Efetuado o arrolamento dos bens em discussão, a medida estará exaurida, aguardando a principal. Não há previsão de que os bens arrolados possam ser liberados mediante caução, embora a doutrina tenha aceitado essa possibilidade, no caso de ser suficiente à medida.

2.9 JUSTIFICAÇÃO

A justificação, de acordo com o art. 861, visa à formalização de algum ato ou relação jurídica, para servir de prova a processo administrativo ou judicial. É uma medida de constituição imediata de prova de determinado fato, seja para simples fim de documentação, seja para ulterior utilização em processo judicial ou administrativo.

Essa medida já foi tratada em processo de conhecimento, pois tem sua previsão em provas no projeto do novo CPC, mas, por ora, ainda deixaremos aqui seu registro também.

Nos termos do art. 863, a justificação se limita à inquirição de testemunhas, sobre fatos alegados na petição inicial, buscando transformar em documento a prova testemunhal utilizada.

A medida não se confunde com a produção antecipada de provas, por ser verdadeiro procedimento probatório, que objetiva imediata prova do interesse do requerente, quer para resguardo, quer para utilização posterior, em que a atividade do juiz se destina apenas à prova de fato ou pretensão de direito material.[12] Não há aqui, portanto, qualquer elemento litigioso.

Há quem afirme que o interessado não seria aqui citado, mas apenas cientificado, para exercer a ampla defesa.[13] Caso não possa ser encontrado o interessado, haverá atuação da Defensoria Pública no procedimento, como curadora dos ausentes.

A petição inicial justificará a razão pela qual a parte autora pretende produzir a prova, estando excluída a possibilidade de produção de prova pericial, inspeção judicial e depoimento das partes e o interesse processual presente pela simples afirmação de que se pretende produzir a prova e a demonstração da adequação em tese do meio de prova para a demonstração do fato envolvido. A peça pode vir acompanhada de documentos, sem haver exigência que o rol de testemunhas seja apresentado logo na inicial, devendo-se fixar o prazo para que o rol seja apresentado.

Em seguida, cita-se o réu e realiza-se a oitiva de testemunhas em audiência.

A proibição de defesa no âmbito da justificação é coerente com a finalidade da medida, e, ao prevê-la, o legislador impediu a antecipação de qualquer discussão que se realizará, oportunamente, no âmbito administrativo ou judicial.

O réu poderá, contudo, contraditar as testemunhas e verificar se as testemunhas ouvidas esbarram em alguma das vedações legais.

---

12 Nesse sentido: Greco (2003, p. 28).

13 Bueno (2009, p. 299-300).

A sentença proferida se limitará a homologar a prova oral produzida, sendo que a valoração de tal prova não é questão que se põe ao magistrado na justificação, sendo esta apenas mais um meio de prova.

Proferida a sentença, os autos serão entregues ao interessado no prazo de 48 horas, independentemente de translado (art. 866) para a guarda do documento ou para sua utilização futura.

2.10 PROTESTOS, NOTIFICAÇÕES E INTERPELAÇÕES

Os protestos, as notificações e as interpelações são instrumentos de comunicação da vontade, podendo se fazer judicialmente ou não. O protesto se presta à expressão da vontade do requerente, que afirma possuir um direito ou manifesta a intenção de exercitá-lo; a notificação comunica a alguém determinado fato e a interpelação destina-se à expressão da vontade do requerente que, em si mesmo, não produz efeitos jurídicos, estando condicionados esses efeitos a ação ou omissão do interpelado.

Essas três figuras possuem o mesmo procedimento e neles não se espera nenhuma providência do órgão judicial, a não ser o encaminhamento da manifestação apresentada pelo autor. Não há, portanto, decisão judicial nessas medidas, não cabendo ao magistrado se pronunciar sobre a dívida.

Eventual recusa em proceder ao protesto, à notificação ou à interpelação deve ser tomada pela inadequação da medida ao seu fim, não devendo tais instrumentos serem utilizados para manifestações de vontade que não atingirão o fim almejado pelo requerente ou pela apuração, ainda que superficial, feita pelo magistrado sobre a idoneidade e juridicidade do pedido formulado pelo requerente, devendo ser a medida indeferida se destinada a fim ilícito.

Em relação ao procedimento, deverá ser formulada petição escrita, demonstrando os fatos e fundamentos da manifestação (art. 868). Deferida a petição inicial, o réu será citado,[14] mas não há espaço para defesa, até mesmo porque nem sempre há um destinatário para o protesto, podendo-se publicar editais para que se dê conhecimento ao público em geral.

14 Embora o Código utilize a expressão intimação (art. 870), trata-se de citação, uma vez que o réu é convocado para sujeitar-se a um processo. Contudo, cabe destacar que há entendimento de que seria intimação mesmo, pela ausência de espaço para defesa.

Apenas no caso de protesto contra a alienação de bens, antes da publicação de editais, o magistrado poderá ouvir aquele contra quem o protesto é dirigido, quando lhe parecer que o pedido do protesto é emulativo.

Contudo, tal oportunidade não significa a antecipação do litígio entre as partes no plano material.

Qualquer outra resistência do réu será exercida no âmbito de processo distinto.

Feita a comunicação ao requerido ou ao público em geral, conforme o caso, tem-se por exaurido o procedimento.

2.11 HOMOLOGAÇÃO DO PENHOR LEGAL

Tal procedimento disciplina a atitude daquele que se afirma credor quando pretende pleitear o apossamento daquele que reputa devedor, isto é, pleiteia a posse do bem até posterior satisfação da dívida.

A homologação significa, então, a confirmação do ato urgente praticado, independente de processo jurisdicional, isto é, o juiz se limita a afirmar que o procedimento do suposto credor está correto, estabilizando o apossamento realizado. Se não for realizada a homologação, a posse de quem realizou o penhor perderá o caráter de boa-fé.

O juízo que julgar a cautelar fica prevento para o processo principal.

A petição inicial deve vir instruída com a tabela de preços e com os objetos retidos, tomado como garantia, e deve ser descrita a hipótese legal em que ocorreu o penhor.

Deferida a inicial, o réu será citado, para pagar a dívida, somada de seus acréscimos legais, de modo a levantar o penhor, oferecer caução idônea da dívida, inviabilizando a continuação do penhor legal ou apresentar defesa, no prazo de 24 horas, o que se trata de regra excepcional.

Superada a fase instrutória e a probatória, será proferida sentença, que homologará o ato praticado pelo autor no plano de direito material, reconhecendo sua correção, ou não homologará o penhor e determinará a devolução dos bens ao réu. Na hipótese dos bens não serem devolvidos ao réu, o magistrado poderá determinar mandado de busca e apreensão, como dispõe o art. 840, CPC.

A sentença proferida não é título judicial, limitando-se a reconhecer ou não a correção do ato do penhor legal, sem dispor sobre a existência de crédito entre as partes.

Homologado o penhor, estará a posse do credor legitimada, sendo ele depositário do bem, e os autos deverão ser entregues ao requerente em 48 horas, independentemente de translado, podendo o credor ajuizar desde logo execução por quantia certa, garantida pelo direito real sobre o bem.

Desse modo, homologado o penhor cria-se um título executivo extrajudicial, a habilitar o autor ao ajuizamento imediato da execução, que não precisa ser realizada no prazo de trinta dias. Caso a dívida não esteja liquidada ou pender sobre ela condição ou termo, poderá aguardar o óbice criado.

2.12 POSSE EM NOME DO NASCITURO

A medida prevista nos arts. 877 e 878, CPC objetiva resguardar os direitos do nascituro, demonstrando-se não só a viabilidade da existência do nascituro como, principalmente, outorgando à pessoa viva o poder de proteger seus interesses até que nasça. Trata-se de medida com natureza de jurisdição voluntária, sendo procedimento declaratório, que constitui a prova da gravidez e habilita a mãe à proteção dos interesses do nascituro.

A medida não comporta discussões sobre a filiação da criança e a existência de quaisquer direitos seus, devendo tais questões serem debatidas em outras medidas jurisdicionais.

A legitimação é da mãe grávida, tanto que, na petição inicial, a mãe exporá a pretensão de documentar, perante o Estado-juiz, sua gravidez.

Embora o Código não mencione, há interessados a serem citados, como todos os herdeiros, quando se tratar de direito sucessório, ou como o doador, quando se tratar de doação feita ao nascituro. Os interessados não apresentaram defesa, mas aceitarão a gravidez ou, não o fazendo, acompanharão o exame médico para constatar ou não a gravidez.

O Ministério Público será ouvido, como fiscal da lei, e a mãe será examinada por médico, sem se tratar de perícia, mas mero exame voltado à constatação da gravidez, razão pela qual não devem ser formulados quesitos e nem deverá haver nomeação de assistente técnico.

A sentença investirá a autora na posse dos direitos que caberão ao nascituro, não havendo coisa julgada a respeito da existência da extensão dos direitos do nascituro ou mesmo da relação de parentesco, mas formando-se a coisa julgada em relação à outorga de poderes de eventuais direitos do nascituro à mãe.

2.13 ATENTADO

O atentado, previsto nos arts. 879 a 881, CPC, é ato que permite ao magistrado, reconhecendo a prática de ato ilícito no plano material, determinar sua restituição ao plano anterior e, se for o caso, sanção por perdas e danos. Sua finalidade o torna uma cautelar tipicamente incidental, que deve ser ajuizada no curso de uma ação principal, não admitindo a forma preparatória.

O atentado se justifica quando uma das partes, no curso do processo, violar arresto, sequestro, imissão na posse, prosseguir em obra embargada ou praticar qualquer inovação ilegal. A medida pode ser necessária também a partir de uma omissão, quando uma das partes não cumpre seus deveres. Dessa forma, o réu deixa de observar alguma determinação judicial.

A petição inicial será processada e julgada pelo juiz que conheceu originariamente da causa principal, ainda que esta esteja no tribunal, sendo a medida ajuizada sempre em primeiro grau.

Proferido o juízo de admissibilidade da inicial, o réu será citado para apresentar defesa, seguindo-se a fase ordinatória e instrutória, proferindo-se, a seguir, sentença.

Se procedente a medida, a sentença determinará a restituição das coisas ao seu estado original, caso esta seja possível, a suspensão do processo principal e a proibição do réu falar até a purgação do atentado, isto é, até o restabelecimento da situação de fato ao que era antes da indevida alteração, caso o magistrado fundamente a necessidade de tais medidas, podendo até adotar medidas coercitivas ou sub-rogatórias.

Poderá ser determinado, ainda, que o réu indenize o autor em perdas e danos em razão dos atos que praticou, devendo, se necessário, realizar a liquidação da sentença para apurar o valor devido, sem prejuízo de eventual responsabilização por fraude processual.

2.14 PROTESTO E APREENSÃO DE TÍTULOS

A lei especial a que se refere o art. 882, CPC é a lei n. 9.492/97, que regulamenta o protesto de títulos e documentos.

Trata-se de procedimento para o caso que o tabelião manifeste dúvida ou dificuldade com relação à lavratura do protesto ou à entrega do respectivo instrumento, podendo o interessado levar a solução para o Estado-juiz, devendo-se aplicar, por analogia, o que dispõe a Lei de Registros Públicos (Lei n. 6.015/73) sobre o procedimento de dúvida.

A atividade desenvolvida pelo oficial de protesto é tipicamente administrativa e vinculada, não tendo ele, a princípio, poder para realizar ou não o protesto dos títulos que lhe são encaminhados. Contudo, ao receber o título, o oficial poderá suscitar dúvida quanto à idoneidade do título, à sua regularidade forma ou outros vícios que impediriam o protesto (art. 9º, *caput* e parágrafo único, da Lei n. 9.492/97).

Dessa forma, verificados um desses defeitos, será recusado o protesto e, caso o interessado discorde, deverá recorrer ao Judiciário, pleiteando que se realize o procedimento administrativo, através de uma petição.

A medida deverá ser requerida pelo interessado e dirigida ao juiz competente segundo as regras de organização judiciária local. Recebida a petição inicial, o tabelião será ouvido, não propriamente para defesa, já que não há uma resistência do oficial ao registro, mas apenas para apontar as razões de sua recusa, e o magistrado proferirá sentença, que será transcrita no instrumento, analogicamente ao que dispõe o art. 466-A, CPC.

Já a apreensão de títulos ocorre nos casos em que a apresentação do título de crédito ao devedor é imposta pela lei, para que os direitos nela retratados possam ser exercidos. Quando não houver a restituição do título no prazo da lei material, caberá ao interessado, com fundamento no art. 885, CPC, provocar o Estado-juiz para apreender o título não restituído pelo emitente, sacado ou aceitante, conforme o caso.

Será apresentada petição inicial e poderá ser concedida medida liminar, quando o juiz determinará a imediata apreensão do título discutido, acoplando-se nessa ordem o meio coercitivo que considerar adequado. Concedida ou não a liminar, haverá a citação do requerido, para que possa impugnar a pretensão do autor e a resposta poderá vir somada ao depósito da quantia estampada no título, com o acréscimo das despesas processuais do requerente.

O art. 885 refere-se à possibilidade de prisão de quem recebeu o título, mas não o restituiu. Por se tratar de prisão civil, tal previsão não foi recepcionada pelo ordenamento jurídico brasileiro, que só tolera a prisão civil no caso de não pagamento injustificado da pensão alimentícia.

O juiz proferirá sentença, após a fase ordinatória e a instrutória, que se efetivará com observância aos arts. 461 e 461-A, CPC.

2.15 OUTRAS MEDIDAS

Sob o título "outras medidas provisionais", o CPC encerra as medidas cautelares, trazendo medidas que têm apenas em comum seu procedimento, que segue a regra procedimental até então descrita para as cautelares, uma vez que possuem características heterogêneas.

O termo provisionais significa que é provisório, dependendo da confirmação por outro processo, isto é, as medidas descritas nesse item dependem de confirmação por uma ação principal.

Todas as medidas listadas, em caso de urgência, poderão ser concedidas liminarmente, sem a oitiva do requerido.

A petição inicial deve indicar os fatos e os fundamentos do pedido e recebida, poderá ser concedida medida liminar, independentemente da oitiva do requerido, ou o réu será imediatamente citado, para apresentar resposta. Poderá ser designada audiência de instrução e julgamento, para a colheita de provas e, após, o juiz decidirá o pedido.

Analisando as medidas, a obra de conservação em coisa litigiosa busca a autorização para a realização de obras para a conservação de coisa litigiosa ou judicialmente apreendida. A autorização é pertinente porque deve haver prévia deliberação sobre a obra, se é ou não necessária.

Como a litigiosidade da coisa e sua apreensão judicial pressupõem processo pendente, a medida possui natureza de cautelar incidental.

Já a entrega de bens de uso pessoal do cônjuge ou do filho objetiva a autorização ao ingresso do cônjuge ou dos filhos no lar, que não têm mais acesso, para buscar seus pertences pessoais. A medida tem caráter eminentemente satisfativo, não exigindo qualquer ação principal.

A posse provisória dos filhos, no caso de separação judicial ou anulação de casamento, pode ser requerida pelos cônjuges ou pelo Ministério Público e volta-se à definição de qual dos genitores têm direito à guarda provisória dos filhos na pendência da demanda em que se discute o rompimento dos laços matrimoniais ou até no caso de dissolução de união estável e de sociedade de fato.

A medida do inciso IV do art. 888 objetiva o afastamento do menor do lar, com a garantia que lhe seja assegurada a integração física e moral, mediante intervenção estatal em processo principal. Dada a colidência do interesse do menor com seus pais, ele será representado por curador.

O inciso V do art. 888 objetiva o afastamento do menor do lar, fundado na prática de ilícitos praticados por pais, tutotes ou curadores, enquanto se discute, no curso do processo principal, a perda do poder familiar fundamentada no art. 1.638, CC, que deverá observar os arts. 155 a 163 do Estatuto da Criança e do Adolescente (Lei n. 8.069/90). A decisão deverá não apenas restringir o poder familiar, mas também regular, de modo provisório, a situação do incapaz.

O afastamento temporário de um dos cônjuges do lar é a medida conhecida como separação de corpos, fundada na insustentabilidade da coabitação. Ela faz cessar, mediante intervenção jurisdicional, o dever dos cônjuges de vida em comum no domicílio conjugal, previsto no art. 1.569, CC. Trata-se de medida cautelar, que determina uma separação jurídica temporária e impõe que seja requerida a oportuna dissolução da sociedade conjugal.

A medida prevista no inciso VII do art. 888 é voltada à guarda provisória dos filhos no caso de separação judicial, anulação de casamento, divórcio ou dissolução de sociedade de fato. O deferimento da guarda deve observar o disposto nos arts. 1.583 e 1.584, CC.

Esse dispositivo sofreu alteração no ano de 2011, com o advento da Lei n. 12.398, de 28 de março de 2011. Sua redação teve o acréscimo da expressão "que, no interesse da criança ou do adolescente, pode, a critério do juiz, ser extensivo a cada um dos avós", para prever que o direito de visita, observando o melhor interesse da criança e do adolescente, pode ser extensível aos avós.

O direito de visita dos avós, fixado pelo juiz em observância ao interesse do menor, aliás, foi inserido, pela mesma lei, no Código Civil, com a criação do parágrafo único ao art. 1.589, CC.

Dessa forma, a partir de 29 de março de 2011, quando foi publicada a referida lei, tem-se, em nosso ordenamento, a possibilidade de propositura de medida cautelar provisional para o direito de visita dos avós.

Por fim, encerrando a previsão das cautelares, o inciso VIII do art. 888 prevê duas figuras: a interdição e a demolição, sendo a primeira a vedação de uso do prédio quando há risco para a saúde ou para a segurança, e a segunda quando a própria construção colocar em risco os bens do referido inciso do CPC, sendo medidas de cunho satisfativas.

2.16 O PROJETO DO NOVO CPC

Enquanto o atual CPC, como visto, traz um extenso rol de medidas cautelares específicas, o projeto do novo Código (PL n. 8.046/2010) põe fim a esse rol. Não há mais o processo cautelar, mas apenas medidas cautelares genéricas, que poderão ser concedidas pelo juiz desde que observados os requisitos tratados no capítulo das medidas genéricas, como medidas de urgência.

Por outro lado, não se pode dizer que todas as medidas cautelares específicas irão desaparecer de nosso ordenamento.

A homologação do penhor legal, por exemplo, será tratada como um procedimento especial de jurisdição contenciosa. Tanto que, embora tenhamos mantido considerações sobre seu procedimento neste capítulo, até para facilitar o estudo de quem ainda procura com base no índice do atual CPC, criamos um capítulo específico sobre o tema na parte de procedimentos especiais de jurisdição contenciosa a que remetemos a leitura, com mais informações e sobre como ficará o instituto no projeto do novo Código, até para já acostumar o leitor com as mudanças que estão por vir.

As outras medidas cautelares específicas que permanecerão em nosso ordenamento são: notificações e interpelações e a posse em nome do nascituro e a justificação, só que estes como procedimentos especiais de jurisdição não contenciosa, o que, atualmente, denominamos procedimentos especiais de jurisdição voluntária, denominação esta última não utilizada pelo novo Código.

Trataremos de cada uma dessas medidas em um capítulo próprio na parte de procedimentos especiais de jurisdição não contenciosa, a que remetemos o leitor, com um panorama mais aprofundado dos institutos e de sua previsão no projeto do novo Código. Mais uma vez, deixamos esses títulos também neste capítulo como uma breve síntese apenas da forma como ainda estão em nosso ordenamento.

PARTE III

Cumprimento de Sentença

CAPÍTULO 1

Liquidação e cumprimento de sentença

1.1 LIQUIDAÇÃO DE SENTENÇA

Nos anos de 2005 e 2006 houve grandes transformações na execução no Brasil, prevendo duas vias de execução caso o devedor não cumpra voluntariamente a prestação: o cumprimento forçado de sentença e o processo de execução.

Essas transformações são fruto do anteprojeto elaborado por uma comissão, presidida pelo então Ministro do STJ, Athos de Gusmão Carneiro, que se propunha a criação de uma fase executória dentro de um processo de conhecimento, para que o credor não fosse obrigado a ingressar com uma nova petição inicial. A ideia principal do Anteprojeto Athos era simplificar, tornar mais célere a execução para aquelas pessoas que já ostentavam um título executivo judicial.

Pela ideia original de Athos, teriam que ser alterados, muitos artigos do CPC. Para minimizar esse impacto, em 2004 o Anteprojeto Athos foi dividido em dois projetos de lei: o primeiro dizia respeito apenas aos títulos judiciais e ao procedimento de execução desses títulos; e o segundo dizia respeito apenas aos títulos extrajudiciais.

O primeiro veio a ser sancionado e se transformou na Lei n. 11.232/2005 e o segundo foi sancionado exatamente um ano depois e transformado na Lei n. 11.832/2006, destinando-se a regular execução fundada em títulos extrajudiciais.

Essas leis não criaram o processo sincrético, este já existia em alguns procedimentos, como na ação de depósito, mas a referida legislação retirou a necessidade de o título executivo judicial ser executado em processo autônomo. Ademais, os dispositivos que tratavam da liquidação de sentença foram transferidos do Livro II, que cuida do processo de execução, para o livro I, que cuida do processo de conhecimento.

A liquidação de sentença também deixou de ser um procedimento preparatório para o processo de execução para se tornar parte do processo de conhecimento. Pôs-se fim à criação de uma nova relação processual dentro dos mesmos autos, com o julgamento por sentença, que desafiava o recurso de apelação, desprovido de efeito suspensivo.

A liquidação de sentença é o instituto processual que atribui liquidez à sentença, tornando possível a tutela jurisdicional executiva, com o cumprimento forçado da obrigação pelo devedor. Consiste, assim, em um procedimento destinado a atribuir um valor ao título executivo.

Tal procedimento se inicia com o simples requerimento do credor. A liquidação é apenas uma etapa inserida entre as fases de conhecimento e de execução, como mero *iter* processual, com o objetivo de delimitar a extensão do título. Por se tratar de um procedimento superveniente, não é necessário o recolhimento de nova taxa judiciária, muito embora possam surgir despesas desse incidente.

Em face da decisão da liquidação de sentença cabe o recurso de agravo de instrumento.

1.2 CONCEITO DE SENTENÇA

De acordo com a redação original prevista no § 1º do art. 162, "sentença é o ato pelo qual o juiz põe termo ao processo, decidindo ou não o mérito da causa". Contudo, as alterações introduzidas pela Lei n. 11.232/2005 foram bastante profundas e, para alcançar a sua finalidade reformista, o legislador alterou diversos institutos e conceitos tradicionais, dentre eles o conceito de sentença (art. 162, § 1º, CPC).

Dessa forma, a sentença já não é mais o ato do juiz que põe fim ao processo, mas, sim, "o ato do juiz que implica algumas das situações previstas nos artigos 267 e 269", CPC.

A alteração se adequa ao advento do "processo sincrético", em que o procedimento de conhecimento e o procedimento de execução são etapas do mesmo processo; afinal, não faria sentido a utilização da terminologia "extinção do processo" ao final da etapa de cognição, que seria considerada somente uma "primeira etapa".

Apesar da modificação, tal conceituação ainda não é pacificamente aceita pela doutrina na perspectiva do Direito Processual Constitucional. Nesse sentido, Rosemiro Pereira Leal define que "sentença é espécie de provimento que encerra o procedimento, como ato lógico-jurídico preparado pelas partes e proferido pelo órgão jurisdicional".[1]

1.3 LEGITIMIDADE PARA A LIQUIDAÇÃO DE SENTENÇA

É possível dizer, de uma forma geral, que a legitimidade para instaurar a liquidação de sentença, seja como processo autônomo, como fase ou como incidente, é daquela apontado como credor no título a ser liquidado. Nesse caso, a liquidação é instaurada contra aquele apontado como devedor no mesmo título.

Questão interessante é saber se o devedor teria também legitimidade para instaurá-la contra o credor.

A Lei Federal n. 11.232/2005 revogou o art. 570, CPC, que permitia ao devedor "instaurar" o processo executivo – na verdade, promover uma ação de consignação em pagamento.[2] Coerentemente, retirou-se, também, a legitimidade do devedor para a instauração do procedimento de liquidação – que antes era conferido pelo art. 605, que foi revogado e cujo texto não foi aproveitado em nenhum outro dispositivo. Doravante, o devedor que desejar tomar essa iniciativa deverá promover normalmente e sem prevenção do juízo que proferiu a condenação a normal ação de consignação regulada no art. 890, CPC.[3]

Araken de Assis entende que o devedor tem legitimidade para requerer a liquidação de sua dívida.[4]

1 Leal (2005).

2 "Previu-se, neste dispositivo (art. 570 do CPC), ação análoga à consignação em pagamento, jamais uma execução invertida. O devedor é destituído de legitimidade para demandar executivamente contra si próprio, o que se afiguraria tão absurdo quanto adquirir, durante a alienação coativa, o próprio bem penhorado" (ASSIS, 2002, p. 269).

3 Greco (2006b, p. 75). Em sentido diverso, não admitindo o emprego da ação de consignação em pagamento: Assis (2006, p. 112).

4 Assis (2006, p. 113).

O Tribunal de Justiça do Estado do Rio de Janeiro, em julho de 2006, tornou públicas suas primeiras concepções acerca da reforma processual. Entre outras coisas, pontuou, no Enunciado 3 das suas conclusões, que "a liquidação de sentença também pode ser requerida pelo devedor".

Parece ser esse, realmente, o posicionamento mais correto: o devedor pode dar inicio à liquidação da sentença para que, apurado o valor, possa cumprir espontaneamente a obrigação.[5]

1.4 MODALIDADES DE LIQUIDAÇÃO DE SENTENÇA

1.4.1 Liquidação por cálculos

A antiga liquidação por cálculos do contador foi banida do CPC. Hoje adota-se a memória de atualização da dívida, sob a incumbência do próprio autor da ação. Nesse ensejo, cumpre analisar, portanto, a hipótese de cálculo aritmético, por meio de planilha, requerendo sua execução, nos termos do art. 475-J.

No CPC existiam três tipos de liquidação: a por artigos, a por arbitramento e a por cálculo do contador. Esta última modalidade de liquidação foi extinta do CPC com as reformas legislativas.

Quando o credor precisava atualizar a dívida, o cálculo era realizado pelo contador do juízo, sobre o qual se manifestavam as partes e, em seguida, havia pronunciamento do juízo.

Contudo, com a reforma do CPC, esse mecanismo foi extinto. Hoje, havendo necessidade de ser realizada uma mera atualização monetária, caberá ao próprio credor realizá-la, devendo vir junto com o pedido de execução. Não há mais, a rigor, a possibilidade de o credor requerer a execução e pleitear a remessa dos autos ao contador do juízo para proceder à atualização. Essa remessa somente poderá ser feita nas hipóteses expressamente previstas no art. 475-B, § 3º, CPC.

Como regra, se o credor não juntar ao pedido de execução a memória de atualização da dívida, o juiz deverá determinar que o exequente junte

5 Didier Jr. et al. (2009, p. 119-120).

à inicial a memória de atualização – uma vez que é documento necessário, imprescindível, ao requerimento da execução –, no prazo de dez dias, sob pena de extinção.

A elaboração dos cálculos pelo credor/exequente só é dispensada em hipóteses excepcionais, como a do § 1º do art. 475-B, que, "quando a elaboração da memória do cálculo depender de dados existentes em poder do devedor ou de terceiro, o juiz, a requerimento do credor, poderá requisitá-los, fixando prazo de até trinta dias para o cumprimento da diligência".

Nesse caso, se os dados não forem apresentados pelo devedor de forma injustificada, serão reputados corretos os cálculos apresentados pelo credor.

Nos Juizados Especiais Cíveis não há obrigatoriedade de o credor apresentar a memória de atualização da dívida juntamente com o seu pedido de execução. É que os juizados são regidos por princípios peculiares, dentre eles o da simplicidade, o da informalidade e o da celeridade, art. 2º da Lei n. 9.099/95. Ademais, por força do art. 52, II, da citada lei, os cálculos de atualização serão efetuados por servidor judicial.[6]

De acordo com o art. 475-B, CPC, quando a determinação do valor da condenação depender apenas de cálculo aritmético, pode o magistrado, de ofício, determinar a correção do cálculo, utilizando para tanto o contador do juízo, quando entender que o valor exceder os limites da decisão exequenda ou, ainda, nos casos de assistência judiciária (§ 3º do art. 475-B, CPC).

Se o credor não concordar com os cálculos, far-se-á a execução pelo valor originariamente pretendido, mas a penhora terá por base o valor encontrado pelo contador.

1.4.2 Liquidação por artigos

A outra modalidade de liquidação prevista no CPC, nos arts. 475-E e 475-G, é a liquidação por artigos, utilizada quando houver necessidade de serem alegados e provados fatos novos.

6 O citado dispositivo prevê que: "os cálculos de conversão de índices, de honorários, de juros e de outras parcelas, serão efetuados por servidor judicial".

O art. 475-E, CPC, dispõe que "far-se-á a liquidação por artigos, quando, para determinar o valor da condenação, houver necessidade de alegar e provar fato novo".

Fatos novos são aqueles acontecimentos anteriores, concomitantes ou supervenientes à ação de indenização e que tenham relação direta com o *quantum debeatur*. Note-se que para fins de conceituação de fato novo é irrelevante o prisma temporal. Fato novo, a rigor, é aquele que não está nos autos. Sobre o exposto, pode-se citar o seguinte:

> Assim, seria fato novo, capaz de ser alegado e provado em liquidação por artigos, o fato que tenha surgido antes de ajuizada a demanda condenatória, e que nela não tenha sido alegado; o fato surgido no curso do processo condenatório, mas que nele não tenha sido levado em consideração; o fato surgido após a formação da sentença condenatória, mas antes do ajuizamento da demanda de liquidação; e, por fim, o fato superveniente à própria instauração do incidente de liquidação de sentença. Desde que tal fato diga respeito ao *quantum debeatur*, revelar-se-á adequada a liquidação por artigo.[7]

Complementa-se, ainda, que far-se-á a liquidação por artigos quando outras modalidades forem insuficientes.

Nesse sentido, Araken de Assis dispõe que "liquida-se por artigos quando o credor houver de provar fato novo ou se as outras modalidades se revelarem inadequadas e insuficientes".[8]

Conforme o art. 475-F, CPC "na liquidação por artigos, observar-se-á, no que couber, o procedimento comum". Esse procedimento constitui gênero. São suas espécies o procedimento comum ordinário e o sumário, conforme se intruje do disposto no art. 272, CPC, aplicando-se o mesmo procedimento da etapa cognitiva.

Tendo entendido a doutrina, de forma unânime, que a liquidação por artigos se observará o mesmo rito que foi adotado desde o início do procedimento comum. Tendo este seguido o procedimento ordinário, será observado na liquidação. Já no caso de o módulo processual de conheci-

7 Câmara (2010, p. 246).

8 Assis (2001. p. 301).

mento condenatório ter observado o procedimento sumário, também será este o utilizado no incidente de liquidação.[9]

O recurso cabível contra decisão que julgar a liquidação por artigos será o agravo de instrumento, na forma do art. 475-H, CPC.

Dessa maneira, em uma leitura, pode-se concluir que a decisão que resolve a liquidação seria uma decisão interlocutória, em virtude de ser impugnável por agravo.

No entanto, alguns doutrinadores afirmam que teria natureza de sentença, reconhecendo o *quantum debeatur*, já que *an debeatur* já foi definido na fase de conhecimento. Para esses autores,[10] embora possa parecer inusitado um ato com natureza de sentença ser impugnável por agravo de instrumento, tem-se que essa situação inusitada é também permitida no art. 100 da Lei n. 11.101/2005, que cuida do recurso cabível em face da sentença que decreta a falência.

1.4.3 Liquidação por arbitramento

Essa modalidade de liquidação dá-se quando for determinado pela sentença ou convencionado pelas partes, ou, ainda, o exigir a natureza do objeto da liquidação.

As três hipóteses previstas em lei, quais sejam, determinado pela sentença, convencionado pelas partes e o exigir a natureza do objeto da condenação, podem ser reunidas, ou seja, agrupadas em uma única hipótese: a necessidade de realização de prova pericial para determinação do *quantum debeatur*.

Afirma Wambier que

> [...] "tal modalidade serve a parte quando a apuração do *quantum* da condenação dependa da realização de perícia por arbitramento. Trata-se de trabalho técnico, normalmente entregue aos cuidados de profissional especializado em determinada área de conhecimento científico, pelo qual se vai determinar a extensão ou o valor da obrigação constituída pela sentença ilíquida".[11]

9 Câmara (2010, p. 247).

10 Nesse sentido: Didier Jr. et al. (2009, p. 16) e Marinoni e Arenhardt (2005, p. 138-139). Em sentido contrário, entendendo ser uma decisão interlocutória: Câmara (2006, p. 86).

11 Wambier, Almeida e Talamini (2009, p. 92).

Nelson Nery Junior complementa que "a liquidação por arbitramento é realizada por meio de perito nomeado pelo juiz".[12]

Prolatada a sentença ilíquida, o autor poderá requerer a liquidação. A liquidação por arbitramento é encetada por meio de simples requerimento. Caberá ao juiz nomear perito e fixar prazo para a entrega do laudo. Após apresentado o laudo, as partes manifestar-se-ão no prazo de dez dias e o juiz proferirá decisão ou designará audiência, se existir alguma dúvida.

O procedimento da liquidação por arbitramento, como visto, é encerrado por meio de decisão interlocutória, até mesmo por se tratar de um mero incidente do processo já instaurado. Se o provimento do Magistrado, *in casu*, é decisão interlocutória, até em virtude do principio da correlação, o recurso cabível será o de agravo de instrumento. O art. 475-H, CPC dispõe: "da decisão de liquidação caberá agravo de instrumento".

1.5 LIQUIDAÇÃO DE SENTENÇA PENAL CONDENATÓRIA E NO PROCESSO COLETIVO

Existem, ainda, algumas peculiaridades da liquidação da sentença em casos específicos. A primeira delas é a da sentença penal condenatória. Nesse caso, a liquidação não será etapa posterior da sentença cognitiva, mas, sim, etapa inicial de um novo processo, devendo ser iniciada por petição inicial, com a necessidade de citação do condenado no juízo criminal. Só que, encerrada a liquidação, o procedimento deverá observar o previsto no art. 475-J, CPC, conforme recomenda o art. 475-N, parágrafo único, CPC. Trata-se de uma rara hipótese de execução de título judicial que permite a deflagração de processo autônomo.

A outra é a liquidação imprópria,[13] realizada nas ações coletivas. Nesse caso, incumbe ao credor demonstrar em sede de liquidação não apenas o *quantum debeatur*, mas também a sua própria legitimidade para requerê-lo, o que se denomina *cui debeatur*.

12 Nery Junior e Nery (2007, p. 725).

13 Dinamarco (2004, p. 631-632). O referido autor assim se manifesta: "o objeto desse especialíssimo processo de liquidação por artigos é mais amplo que o da autêntica e tradicional liquidação, porque inclui a prestação do demandante ao reconhecimento de sua própria condição de lesado, ou seja, pretensão à declaração de existência do dano individual alegado".

É o caso de liquidação da sentença coletiva. Essa modalidade de liquidação será utilizada quando os credores, que foram lesados, requerem individualmente a liquidação da sentença coletiva. Cada credor, então, demonstrará a sua legitimidade e requererá ao juiz a fixação do *quantum* devido a titulo de indenização.

Após, a liquidação coletiva ou da sentença coletiva poderá ser feita por artigos ou por arbitramento.

1.6 CUMPRIMENTO DE SENTENÇA

Um dos pontos mais importantes da reforma foi a introdução da nova sistemática do cumprimento de sentença.

Com o advento da nova lei, a atividade executiva baseada em título executivo judicial foi retirada do processo autônomo de execução e trazida para dentro do processo de conhecimento, no livro I.

O novel art. 475-I dispõe que:

> O cumprimento da sentença far-se-á conforme os artigos 461 e 461-A desta Lei ou, tratando-se de obrigação por quantia certa por execução, nos termos dos demais artigos deste capítulo.
>
> § 1º É definitiva a execução de sentença transitada em julgado e provisória quando se tratar de sentença impugnada mediante recurso ao qual não foi atribuído efeito suspensivo;
>
> § 2º Quando na sentença houver uma parte líquida e outra ilíquida, ao credor é lícito promover simultaneamente a execução daquela e, em autor apartados, a liquidação desta.

A intenção do legislador foi criar um único procedimento, fazendo uma junção das atividades cognitiva e executiva, no denominado processo sincrético. Quando a execução se fundar em título judicial e tratar-se de cumprimento de obrigação específica, deve ser seguida a sistemática dos arts. 461 e 461-A do CPC. Quando se tratar de cumprimento de sentença condenatória para pagamento de quantia certa, devem ser seguidos os demais artigos do capítulo, conforme orientação expressa do dispositivo legal.

Já não é mais necessária a petição inicial do demandante vencedor, nem o despacho da inicial, a citação do executado, o oferecimento de embargos, dentre outras modificações estruturais.

Nesse sentido, importante analisar o conceito de cumprimento da sentença. Para o professor Athos Gusmão Carneiro, membro da comissão que propôs a reforma, "a expressão 'do cumprimento da sentença' revela, pois com mais precisão, a meta desta última fase do processo de conhecimento".[14]

Certamente, pelo fato de ter sido um dos idealizadores da reforma, o renomado processualista busca dar uma nova roupagem para o processo de execução, introduzindo novas terminologias.

Contudo, o processo executivo não foi extinto, nem seus atos perderam sua natureza jurídica executiva, sendo aplicado para os títulos executivos extrajudiciais ou para os títulos judiciais no caso de expressa previsão legal, como ocorre, por exemplo, nas execuções em face da Fazenda Pública.

Assim, pode-se concluir que o objeto da liquidação é o título executivo judicial, como previsto no art. 475-A, CPC. Em relação ao título executivo extrajudicial, ou ele é líquido e, portanto, é título executivo, ou não é líquido, carecendo de eficácia executiva.

É verdade que, como observa Leonardo Greco,[15] na conversão da execução (art. 627, *caput*, CPC), às vezes se liquida título extrajudicial, mas se trata de fenômeno superveniente na execução.

Destaque-se, porém, que a simples necessidade de cálculos aritméticos não compromete a liquidez do título.

1.7 A NOVA SISTEMÁTICA DA EXECUÇÃO

Como mencionado, a maior alteração da reforma introduzida pelas Leis n. 11.232/2005 e 11.832/2006 foi suprimir o intervalo entre o processo de conhecimento e o processo de execução por quantia certa contra devedor solvente.

Assim, pela nova sistemática processual, expressa no art. 475- J, CPC, o devedor terá o prazo de quinze dias, contados a partir da intimação, para cumprir a obrigação, e dentro de quinze dias o devedor deve efetuar, voluntariamente, o pagamento; caso não seja efetuado o pagamento será acresci-

14 Carneiro (2005).

15 GRECO, Leonardo. *Execução nas ações civis públicas*. n. 4, p. 60. Texto disponibilizado pelo autor durante as reuniões do Grupo de Estudo "Observatório das Reformas Processuais", da Faculdade de Direito da UERJ, durante o ano de 2010.

do o percentual de 10% sobre o valor da condenação, a título de multa ou pena processual pelo não pagamento espontâneo do executado.

Se ao término desse prazo de quinze dias o devedor não pagar espontaneamente, a partir do décimo sexto dia o credor vai a juízo provocar a instauração do cumprimento de sentença. O decurso desse prazo de quinze dias caracteriza, portanto, o inadimplemento do devedor.

Verifica-se também, que o devedor não é mais *citado*, mas sim *intimado* na pessoa de seu advogado.

Cabe discorrer, ainda, sobre a controvérsia sobre a necessidade da intimação da parte ou do advogado para que haja a fluência do prazo previsto no art. 475-J. Quando foi publicado o texto normativo, alguns doutrinadores se posicionaram a favor da intimação do devedor, já que não seria o advogado que suportaria a execução,[16] enquanto outros sustentavam que a intimação do advogado já constituído nos autos seria suficiente para a fluência do prazo.[17]

O STJ, inicialmente, apresentou o entendimento de que a referida intimação sequer seria necessária, devendo a contagem se iniciar do trânsito em julgado da decisão.

Em 2009, o entendimento se modificou, sustentando a Corte que seria necessário intimar pelo menos o advogado. Já em 7 de abril de 2010, por maioria, a Corte Especial entendeu, por maioria, entre outras questões, que a referida intimação deve ser feita na pessoa do advogado, após o trânsito em julgado, eventual baixa dos autos ao juízo de origem, e a aposição do "cumpra-se"; pois só após se iniciaria o prazo de quinze dias para a imposição da multa em caso de não pagamento espontâneo, tal como previsto no referido dispositivo de lei.

Como destacou o Min. João Otávio de Noronha em seu voto vista, a intimação do devedor mediante seu advogado é a solução que melhor atende ao objetivo da reforma processual, visto que não comporta falar em intimação pessoal do devedor, o que implicaria reeditar a citação do processo executivo anterior, justamente o que se tenta evitar com a modificação preconizada pela reforma.

Aduziu que a dificuldade de localizar o devedor para aquela segunda citação após o término do processo de conhecimento era um dos grandes

16 Câmara (2006, p. 114).

17 Didier Jr. et al. (2009, p. 516).

entraves do sistema anterior, por isso ela foi eliminada, conforme consta, inclusive, da exposição de motivos da reforma. Por sua vez, o Min. Fernando Gonçalves, ao acompanhar esse entendimento, anotou que, apesar de impor-se ônus ao advogado, ele pode resguardar-se de eventuais acusações de responsabilidade pela incidência da multa ao utilizar o expediente da notificação do cliente acerca da necessidade de efetivar o pagamento, tal qual já se faz em casos de recolhimento de preparo.

A hipótese era de execução de sentença proferida em ação civil pública na qual a ré foi condenada ao cumprimento de obrigação de fazer, ao final convertida em perdas e danos (art. 461, § 1º, CPC), ingressando a ora recorrida com execução individual ao requerer o pagamento de quantia certa, razão pela qual o juízo determinou a intimação do advogado da executada para o pagamento do valor apresentado em planilha, sob pena de incidência da multa do art. 475-J, CPC.[18]

Assim, o entendimento recente é que o prazo do art. 475-J conta-se da intimação do advogado.

Apesar da ausência de previsão no art. 475-J, o devedor poderá ser isento do pagamento da multa de 10%, desde que comprove que não foi possível efetivar o pagamento por absoluta impossibilidade.

No art. 475-J esse prazo de quinze dias se conta a partir do trânsito em julgado, pois o art. 475-J é uma modalidade de execução definitiva e esta pressupõe o trânsito em julgado.

Existe também a possibilidade de iniciar a execução antes do trânsito em julgado, é a chamada Execução Provisória. A execução provisória está sujeita a regras próprias, ficando monitorada permanentemente pelo juiz, que poderá exigir caução do requerente para garantia do juízo.

1.8 ATRIBUTOS DA OBRIGAÇÃO A SER EXECUTADA

Para propor a ação de execução devem estar presentes dois requisitos: título executivo e inadimplemento do devedor. O título executivo, judicial ou extrajudicial deve conter obrigação certa, liquida e exigível.

18 Notícia disponível em: http://humbertodalla.blogspot.com/2010/04/stj-pacifica-controversia-sobre.html.

É o que prescreve claramente o art. 586, CPC, em relação à execução de títulos extrajudiciais, e também o que decorre da leitura do contido nos arts. 475-I, § 2º, e 475-J, CPC.

Tais características eram comumente associadas ao título executivo, mas na verdade – como agora fazem questão de esclarecer as novas redações[19] dos art. 580 e 586, introduzidas pela Lei n. 11.382/2006 – são atributos da obrigação a ser executada.

1.8.1 Exigibilidade

A obrigação ainda não exigível não pode ser coativamente imposta. Se uma obrigação sujeita a termo, condição ou encargo ainda não ultrapassou a ocasião indicada, não se conseguirá exigir sua satisfação pela via judicial.

Essa obrigação não está sujeita nem a uma condição nem a um termo ou essa condição/termo já se consumou.

A lei brasileira não admite sentenças condicionais, art. 460, CPC, de modo que o problema da exigibilidade, normalmente, só diz respeito aos títulos extrajudiciais.

1.8.2 Certeza

Além de revestir-se do caráter da exigibilidade, a prestação sujeita ao cumprimento também deverá ser certa. Essa característica refere-se à existência da prestação que se quer ver realizada.

Não é função do juiz reexaminar a discussão conduzida no processo de conhecimento, reapreciando a causa, mesmo porque a coisa julgada o impediria de assim proceder. Todavia, é preciso avaliar se o titulo oferecido para execução possui os mais básicos elementos que permitam a identificação da existência de uma prestação devida. Esse juízo é provisório, podendo ser revisto diante de impugnação à execução.

---

19 O art. 586 tinha a seguinte redação: "a execução para cobrança de crédito fundar-se-á sempre em título líquido, certo e exigível". A Lei n. 11.382/2006 alterou a redação desse artigo, que agora é a seguinte: "a execução para cobrança de crédito fundar-se-á sempre em título de obrigação certa, líquida e exigível". Ou seja, a nova redação do art. 586 deixou claro que é a obrigação, e não o título, que deve ser "certa, líquida e exigível".

1.8.3 Liquidez

Toda espécie de obrigação que se pretenda exigir judicialmente deve ser líquida, apontando-se, já desde o primeiro momento, qual o valor que se pretende. A liquidez diz respeito à extensão e à determinação do objeto da prestação.

Se não se sabe o valor, é necessário que se submeta à liquidação de sentença.

1.9 OS TÍTULOS EXECUTIVOS JUDICIAIS

Atualmente, a matéria é exaustivamente tratada pelo art. 475-N, inserido no CPC pela já referida Lei n. 11.232/2005. A novel redação desse dispositivo não deixa dúvida de que o reconhecimento por sentença de obrigação de qualquer natureza inaugura o cumprimento por execução. A regulação mais amiúde deve-se ao fato de que o cumprimento não inaugura processo novo, mas só uma nova fase no processo, com a ideologia de que a parte deve extrair toda e qualquer eficácia prática do provimento obtido, quer seja ele declaratório ou constitutivo; por isso a lei refere-se à "sentença que reconhece a obrigação" e não meramente à "sentença condenatória".

Segundo esse dispositivo, são os seguintes os títulos judiciais:

1.9.1 A sentença proferida no processo civil que reconheça a existência de obrigação de fazer, não fazer, entregar coisa ou pagar quantia

Na tradicional classificação das sentenças quanto à natureza do provimento jurisdicional invocado, somente as condenatórias ensejam instauração de processo de execução autônomo. Todavia, como não se concebe sentença pura, pois todo provimento decisório contém um feixe de eficácias, a dicção legal reduz-se, na verdade, a identificar nos pronunciamentos judiciais a eficácia condenatória e o efeito executivo resultante.

Sem dúvida, na categoria sentença proferida no processo civil, incluem-se tanto as sentenças que fazem como as que não fazem coisa julgada, vale dizer, as sentenças de mérito no processo de conhecimento, no processo cautelar e as de jurisdição voluntária, bem como as decisões interlocutórias que imponham uma prestação, a saber, liminar de alimentos provisórios (art. 4º da Lei n. 5.478/68; art. 733, CPC), decisão concessiva de tutela antecipada (art. 273, § 3º) etc. Também fazem parte desse rol as sentenças ainda não transitadas em julgado, desde que exequíveis provisoriamente (art. 475-O), sendo necessário aplicar o art. 475-I para uma execução de título judicial que ainda não transitou em julgado.

O legislador enfatiza que a execução corre por iniciativa, conta e responsabilidade do exequente. Quando ele diz que corre por iniciativa ele diz claramente que não existe no direito brasileiro execução provisória *ex officio*. Toda a execução provisória necessariamente deve ser expressamente solicitada pelo exequente. Se o exequente não pedir o juiz não vai proferir esta execução. Na modalidade conta, a execução provisória não é de graça, se tem que recolher custas, despesas, pagar custas para iniciar a execução provisória. O credor adianta essas custas e depois o devedor deverá ressarcir o valor que o credor adiantou no início da execução, esse valor será acrescido ao final, na execução.

Quando o credor executa o devedor, ele executa o principal (dívida), e acessório (são todas as despesas que ele já pagou e tem o direito de recebê-las de volta ao final do processo). A responsabilidade, o credor é responsável pelo que venha a causar em decorrência da execução provisória. E caso ocorra algum dano ao executado o credor deverá ressarci-lo. A doutrina defende que seria razoável compreender essa responsabilidade como sendo subjetiva. O STJ, *a contrario sensu*, defende que essa responsabilidade é de natureza objetiva. E essa é a posição que hoje prepondera no STJ. O que quer que aconteça ao devedor a responsabilidade é sua.

Na execução provisória sempre há o risco do Tribunal Superior reformar uma decisão. Se o tribunal reforma a decisão, aquele título executivo desaparece e paralisa a execução voltando ao *status quo*. Quando a execução é provisória e o exequente praticar algum ato de alienação, transferência que possa gerar alguma insatisfação ao executado, caso aquela decisão possa ser reformada por um tribunal o juiz necessariamente vai exigir que seja feita uma caução. A caução é necessária para a segurança, pois caso a decisão seja reformada existe um bem ou um quantitativo de dinheiro que vai servir para reparar o executado e para permitir que aquela situação seja desfeita.

Cumpre ressaltar ainda que de acordo com a disciplina instituída pela Lei n. 10.444/2002, as condenações de prestações de fazer, positivas ou negativas, e de entrega de coisa, constantes de provimentos antecipatórios ou finais, executar-se-ão na própria relação processual originária.

Com a Lei n. 11.232/2005, tal sistemática foi ampliada também para as obrigações pecuniárias.

Dessa forma, tais provimentos continuam dotados de força condenatória e efeito executivo, abolida apenas a necessidade de nova estrutura. Isso é explicado porque a ação, nesses casos, já nasceria executiva na medida em que a resolução judicial já individualiza a prestação ou o bem a ser entregue, como ocorre nas ações de despejo e reivindicatória, assim também nas execuções específicas previstas nos arts. 461 e 461-A, CPC.

Incluem-se da mesma forma os encargos da sucumbência arbitrados em sentenças definitivas ou terminativas, sejam elas declaratórias, constitutivas ou condenatórias, e a indenização por erro judiciário, na hipótese de o pedido na revisão criminal ser julgado procedente.

1.9.2 A sentença penal condenatória transitada em julgado

A sentença penal pode gerar tanto efeitos penais (como, por exemplo, a restrição da liberdade) como efeitos civis (como, por exemplo, a condenação a reparar danos causados) e não é título executivo em face daquele que não participou do processo criminal. Só obriga, como sujeito passivo da execução, aquele que foi condenado e, como tal, consta do título.

No Direito Brasileiro, diferentemente do que ocorre, em regra, na Europa Continental, a reparação civil decorrente do crime não pode ser obtida no próprio processo criminal. O modelo pátrio vem na contramão da tendência atual de que a reparação do dano *ex delicto* deve ser perseguida preferencialmente no próprio juízo criminal.

Assim, no nosso sistema, cabe à vítima a propositura de ação condenatória na jurisdição civil ou a promoção da execução civil da sentença condenatória penal, que torna certa a obrigação do acusado de reparar o dano resultante da ação delituosa, nos termos do art. 91, I, CP.

Grande polêmica que se impõe é no caso de existir revisão criminal de sentença penal que serviu como título executivo hábil a ensejar a execução no juízo cível. Tal questão será tratada junto com a explicitação do procedimento executivo, deixando destacado por ora, que a sentença penal condenatória é título executivo capaz de ensejar o início da execução no juízo cível.

Houve, na doutrina,[20] quem trouxesse diversas alternativas que deveriam ser analisadas:

a) A execução civil ainda não começou – a execução não será mais possível, por ter desaparecido o título executivo.

b) A execução da sentença penal condenatória está em curso – o processo deve ser extinto, por ter desaparecido o título.

c) A execução civil já ocorreu – a solução varia conforme o fundamento da revisão criminal:

c.1) a revisão criminal extinguiu a punibilidade ou decidiu que o fato não constitui crime – não desaparece a responsabilidade civil e o pagamento não poderá ser repetido;

c.1) a revisão criminal reconheceu a legítima defesa – a responsabilidade civil é eliminada, caso em que se admite que o executado cobre o valor pago ao exequente;

c.2) a revisão criminal reconheceu outra causa de exclusão da ilicitude – não houve exclusão da responsabilidade civil, não sendo possível a devolução do valor pago.

Houve, ainda, quem defendesse que a eficácia civil da sentença penal não é alcançada pela coisa julgada. Dessa forma, havendo absolvição por revisão criminal, poderia o executado pleitear a devolução dos valores caso já houvesse pago.[21]

Há também posicionamento no sentido de que, embora os efeitos da sentença penal condenatória sejam passíveis de rescisão a qualquer tempo, os efeitos civis da sentença penal condenatória são imunes a qualquer rescisão, estando protegidos por imunidade análoga à sentença civil que tenha alcançado a "coisa soberanamente julgada".

Por fim, um último posicionamento na doutrina[22] prevê que, se a absolvição em sede de revisão criminal se deu por causa que não exclui a

---

20 Greco Filho (2009, p. 26).

21 Assis (1993, p. 180-181).

22 Câmara (2010, p. 173).

responsabilidade civil, mantém-se a condenação. Já se a condenação teve por fundamento causa de exclusão da responsabilidade civil (o reconhecimento de que o condenado não foi o autor do crime ou agiu em legítima defesa), deve-se verificar se o processo de revisão criminal foi instaurado no prazo de até dois anos após o trânsito em julgado da sentença civil. Somente se ocorrer no prazo de dois anos, pode-se pedir a restituição dos valores pagos.

Em que pese toda a polêmica, parece-nos que a primeira posição é mais precisa ao tratar dos efeitos da revisão criminal.

1.9.3 A sentença homologatória de conciliação ou de transação, ainda que inclua matéria não posta em juízo

Inicialmente, convém relembrar que o art. 269, III, CPC, classificou a sentença homologatória de transação como de mérito ou definitiva. O conceito de transação, como objeto de sentença de mérito, é mais amplo do que o da transação do Direito Civil, pois, enquanto nesta é essencial a verificação de concessões recíprocas, naquela pouco importa se apenas uma das partes faz concessões e não ambas, havendo transação sempre que se tratar de negócio jurídico bilateral, limitando-se o juiz a uma cognição limitada, de verificação dos pressupostos de validade e eficácia do ato convencional das partes, sem interferir em seu conteúdo.

Pode ter por objeto direito material ou processual, mas apenas na primeira hipótese; se estipulada alguma sanção, constituirá a transação título executivo judicial, pois somente nesse caso existirão efeitos de direito material acobertados pela imutabilidade da coisa julgada. Imperioso advertir, contudo, que o título é o ato judicial e não o consenso das partes.

1.9.4 A sentença arbitral

Adotou o legislador, no art. 29 da Lei de Arbitragem (Lei n. 9.307/96), a denominação "sentença" para designar o ato que "põe fim à arbitragem", em vez da terminologia consagrada, "laudo arbitral", conferindo ao pronunciamento autoridade análoga à sentença proferida por órgão judiciário, a teor do art. 31 da referida Lei. Assim, constitui o exemplo típico da imperfeição da classificação de títulos judiciais e extrajudiciais, uma vez que qualifica como judicial título que não resulta de ato de juiz.

1.9.5 O acordo extrajudicial, de qualquer natureza, homologado judicialmente

Esse item amplia o que já estava contido no item III e reforça a índole conciliatória da reforma processual.

Isso já havia sido inicialmente previsto no art. 55, *caput*, da Lei n. 7.244/84 e hoje consta no art. 57 da Lei n. 9.099/95. A Lei n. 8.953/94 também inseriu essa possibilidade no inciso III do art. 584, que foi posteriormente revogado pela Lei n. 9.307/96.

Por assim ser, restou à Lei n. 10.358/2001 recolocar a cláusula anteriormente abolida no inciso III do art. 584, agora finalmente reeditada pela Lei n. 11.232/2005 e reposicionada no lugar adequado.

1.9.6 A sentença estrangeira, homologada pelo Superior Tribunal de Justiça

A jurisdição, como se sabe, está intimamente relacionada à soberania dos Estados, de modo que, em princípio, os atos judiciais emanados de autoridade estrangeira não possuem força executiva em outros territórios. Não obstante, o tráfico jurídico e social entre os países reclama cooperação entre eles, impondo, consequentemente, o reconhecimento de atos judiciais proferidos fora do território nacional.

No Brasil, adota-se o juízo de delibação, ou seja, concede-se eficácia à sentença estrangeira, mediante procedimento de jurisdição contenciosa, com citação de todos os interessados, que se restringe à verificação dos requisitos extrínsecos de homologabilidade estabelecidos na lei brasileira, ante a inexistência de ofensa à soberania nacional, à ordem pública e aos bons costumes, sem, contudo, examinar o mérito ou a justiça da decisão.

A execução da sentença estrangeira homologada pelo Superior Tribunal de Justiça será feita perante o juiz federal (art. 109, X, da Constituição).

1.9.7 O formal e a certidão de partilha, exclusivamente em relação ao inventariante, aos herdeiros e aos sucessores a título singular ou universal

A partilha de bens em inventário ou em arrolamento é decidida por sentença, constituindo título executivo judicial o formal de partilha na carta de sentença extraída dos autos de inventário, com as formalidades legais, para título e conservação do direito do interessado, e a certidão, documento mais simples que o formal, que atesta o teor da sentença de partilha, quando o valor do quinhão do herdeiro não exceder a cinco salários mínimos (arts. 1.026 e 1.027, parágrafo único, CPC).

Assim, a rigor, títulos executivos não são propriamente o formal e a partilha – que devem ser procedidos junto ao registro público competente, para fins de publicidade da transmissão dos bens adjudicados –, mas a própria sentença de partilha.

1.10 EXPEDIÇÃO DE MANDADO DE PENHORA E AVALIAÇÃO

Constatado o descumprimento do devedor, o credor deverá fazer requerimento solicitando a expedição de mandado de penhora e avaliação, fixado o *quantum debeatur*, quer na sentença do processo de conhecimento, quer na fase de liquidação; após o trânsito em julgado, o exequente deverá apresentar um requerimento ao juiz, seguindo, no que couber, as regras e requisitos dos arts. 282, 283 e 614, CPC, pedindo que seja intimado o devedor, na pessoa de seu Advogado, pela imprensa oficial (*Diário Oficial de Justiça*) para que pague o valor da condenação em dinheiro, no prazo de quinze dias.

É importante notar que o credor tem a faculdade de indicar bens a serem penhorados, conforme determinação do art. 475-J, § 3º.

Posteriormente, o oficial de Justiça deverá fazer avaliação dos bens junto com a penhora. Todavia, quando a avaliação apresentar complexidade ou exigir conhecimento específico, o juiz deverá nomear um perito para realizar a avaliação.

Em respeito aos princípios constitucionais do devido processo legal, do contraditório e da ampla defesa, é evidente que o credor deve apresentar alguma manifestação sobre o auto de penhora e avaliação, pois muitas vezes os bens penhorados e a sua respectiva avaliação podem prejudicar a satisfação de seu crédito. Assim, a melhor solução para esse problema seria assegurar a manifestação do credor sobre o auto de penhora e avaliação, dentro do mesmo prazo concedido ao devedor para apresentar a impugnação.

Importante registrar que a intimação do executado sobre o auto de penhora e avaliação será realizada na pessoa de seu advogado, por meio de publicação no *Diário Oficial*. Somente na ausência de advogado constituído a intimação será na pessoa do próprio devedor ou na de seu representante legal.

Também é necessário salientar que a reforma introduziu a faculdade para o credor de escolher onde será o local do cumprimento da sentença. O art. 475-P, parágrafo único, prevê a possibilidade de que a execução tenha trâmite pelo juízo do local onde se encontram os bens sujeitos à expropriação ou do atual domicílio do executado, mediante remessa dos autos pelo juízo de origem.

1.11 A DEFESA DO DEVEDOR

O novo regime introduziu uma nova modalidade de defesa do devedor, a chamada *impugnação*.

1.11.1 Noção e natureza jurídica

O executado pode defender-se no procedimento da execução de título judicial, denominada cumprimento da sentença pelo CPC, por meio de impugnação (arts. 475-J, § 1º, CPC).

Não obstante a impugnação tenha sido prevista expressamente apenas para a execução de sentença por quantia, parece cabível a sua aplicação, por analogia, às demais espécies de execução de sentença (fazer, não fazer e dar coisa).[23]

23 Leonardo Greco, embora escrevendo antes da Lei Federal n. 11.232/2005, pregava a necessidade de permitir-se ao executado, na fase de execução das sentenças que impunham a obrigação de fazer, não fazer ou dar coisa distinta de dinheiro, formular a sua defesa com conteúdo semelhante ao que era reservado aos antigos embargos à execução de sentença (GRECO, 2006a).

O regramento da execução dessas sentenças é muito singelo, não prevendo qualquer meio defensivo para o executado, que não pode, obviamente, ficar desprotegido nessa fase processual. Tendo em vista a lacuna legislativa, a melhor solução é a aplicação analógica do regime jurídico da impugnação.

Também é a impugnação o meio defensivo típico para a execução de sentença estrangeira, arbitral,[24] penal condenatória e do acórdão em revisão criminal (art. 630, CPP), a despeito do parágrafo único do art. 475-N, que prevê a sobrevivência do processo de execução para a efetivação desses títulos executivos judiciais.[25]

De fato, não haveria muito sentido em defender a sobrevivência dos embargos do executado para a efetivação de apenas esses títulos judiciais (ressalve-se, sempre, a situação da execução contra a Fazenda Pública, em razão de texto expresso do art. 741, CPC).

Discute-se muito sobre a natureza jurídica da impugnação.

Há quem considere tratar-se:

a) de instrumento de defesa (exceção);[26]

b) de instrumento de uma ação incidental,[27] semelhante substancialmente aos antigos embargos à execução de sentença;

c) de instrumento de defesa ou de ação, conforme a matéria veiculada:[28] para Leonardo Greco, a impugnação com base no inciso I e no § 1º do art. 475-L tem natureza de ação de nulidade e com base no inciso VI, natureza de ação declaratória de inexistência; com base nos demais incisos, teria natureza de exceção (defesa).

A impugnação serve à concretização do exercício do direito de defesa; o executado não demanda, não age; ele resiste, excepciona, se opõe. A

---

24 Nery Junior e Nery (2007, p. 645).

25 Câmara (2006, p. 125).

26 Pinho (2006a, p. 60).

27 Assis (2006, p. 314): "é flagrante, naturalmente, a posição de defesa assumida pelo executado. Daí por que, mais recentemente, pugna-se no direito germânico por uma designação mais adequada, chamando à oposição de demanda de defesa contra a execução, *Vollstreckungssabweherklage*. Todavia, a finalidade defensiva e reativa da impugnação não lhe retira o que é essencial: o pedido de tutela jurídica do Estado, corrigindo os rumos da atividade executiva ou extinguindo a pretensão de executar".

28 Greco (2006b, p. 81). Considerando a impugnação um misto de ação e defesa, Nery Junior e Nery (2007, p. 645).

pretensão à tutela jurisdicional, que de fato exerce o executado, é de reação, que é elemento essencial da "exceção", do direito de defesa. Segue-se, pois, o primeiro posicionamento.

A sentença que acolhe alegação de pagamento ou decadência, por exemplo, feita em contestação, tem natureza declaratória e, nem por isso, quando o réu formula tais alegações se afirma que ele é um demandante; é possível alegar invalidade de ato jurídico em defesa, sem necessidade de propositura de ação com tal objetivo, sendo esse um dos aspectos que compõem o regime jurídico de invalidação do ato jurídico.

Assim, não é porque a impugnação pode ter por conteúdo a alegação de um defeito do título (art. 475-L, I, por exemplo) ou a alegação de uma objeção ou exceção substancial (art. 475-L, VI) que ela terá a natureza de ação. É instrumento de defesa, ratifica-se o que já afirmado.

Há quem defenda que a impugnação teria a natureza de impugnação, uma terceira figura, distinta das outras duas.

A impugnação se diferencia dos embargos à execução pelos seguintes aspectos:

a) Os embargos têm natureza de ação, ao passo que a impugnação é um incidente.

b) Os embargos não mais necessitam de prévia penhora, ao contrário da impugnação.

c) Os embargos podem ser manejados em execução de título extrajudicial ou até mesmo em face da Fazenda Pública, enquanto a impugnação, por força de lei, só pode ser manejada em cumprimento de sentença em face de particulares.

d) Os embargos não possuem restrição de matéria a ser veiculada, enquanto a impugnação encontra suas matérias previstas no art. 475-L.

e) Os embargos, por criarem nova relação processual, demandam a citação do executado, enquanto a impugnação só exige a intimação da parte contrária.

f) Os embargos serão sempre decididos por meio de sentença, que desafiará o recurso de apelação, enquanto a impugnação poderá ser decidida por decisão interlocutória, caso em que é refutada, ou por sentença, quando é acolhida e se extingue a execução.

Nos Juizados Especiais e no procedimento sumário, a contestação serve como instrumento da defesa e da ação, pois se permite a formulação de pedido contraposto (art. 31 da Lei Federal n. 9.099/95 e art. 278, § 1º, CPC, respectivamente). Petição inicial é o instrumento da demanda; contestação é apenas o nome que se dá ao instrumento da defesa na fase de conhecimento, assim como impugnação é o nome que se dá à "contestação" nos embargos à execução (art. 740, *caput*, CPC) e, agora, ao instrumento da defesa no procedimento de execução da sentença.

1.11.2 A fase de execução da sentença como procedimento de cognição limitada e exauriente *secundum eventum defensionis*

O procedimento de execução da sentença passa a ser estruturado em cognição limitada e exauriente *secundum eventum defensionis*:[29] a cognição dependerá da provocação do executado, que não pode alegar qualquer matéria em sua defesa, que tem conteúdo limitado pelo art. 475-L, CPC.

O contraditório no procedimento executivo é eventual, porquanto dependa da manifestação do demandado, que não é chamado a juízo para defender-se, mas, sim, para cumprir a obrigação.

O magistrado deve controlar *ex officio* as questões relativas à admissibilidade da execução (pressupostos processuais e condições da ação), além de ter de manifestar-se sobre outras questões relacionadas à existência ou exigibilidade da própria obrigação (pagamento, prescrição, compensação etc.) ou ao desenvolvimento do procedimento executivo (penhorabilidade dos bens, fraude à execução, avaliação, desconsideração da personalidade jurídica etc.).[30]

Introduziu-se, portanto, na fase executiva da sentença, um momento cognitivo, que é instaurado a partir da provocação do demandando. Por isso, é possível afirmar que, agora, o procedimento de execução da sentença é estruturado com cognição limitada e exauriente *secundum eventum defensionis*.[31] Apresentada a impugnação, instaura-se atividade cognitiva que

---

29 Sobre o tema, Watanabe (1999, p. 90); Didier Jr. (2006, p. 263).

30 Sobre o tema, Didier Jr. (2005, p. 69); Bedaque (2006, p. 358-378).

31 Também considerando que a impugnação dá ensejo à cognição judicial limitada e exauriente. Nesse sentido: Assis (2006, p. 316).

permite, por exemplo, ampla (mas limitada pelas questões que podem ser alegadas) instrução probatória.[32]

Quando à impugnação ao fundamento de que o título foi fundado em ato normativo declarado inconstitucional (art. 475-L, § 1º), necessário se faz ressaltar que a declaração de inconstitucionalidade deverá ter sido feita pelo plenário do STF e que esse pronunciamento deve ser anterior à prolação do ato decisório. Quando posterior, o STF deverá ter modulado retroativamente os efeitos da declaração, pois, caso contrário, o título foi constituído em momento que a lei que o fundou era plenamente compatível com a Carta Magna.

1.11.3 Excesso de execução (art. 475-L, V)

Em sua defesa, pode o executado alegar excesso de execução, que ocorre, de acordo com o art. 743, CPC, nas seguintes hipóteses: I) quando o credor pleiteia quantia superior à do título; II) quando recai sobre coisa diversa daquela declarada no título; III) quando se processa de modo diferente do que foi determinado na sentença; IV) quando o credor, sem cumprir a prestação que lhe corresponde, exige o adimplemento da do devedor (art. 582); V) se o credor não provar que a condição se realizou.

Quando o executado alegar que o credor pleiteia quantia superior à do título, conforme o § 2º do art. 475-L, cabe ao impugnante declarar de imediato o valor que entende correto, sob pena de rejeição liminar dessa impugnação. Trata-se de norma interessante, que impõe um ônus ao executado, sob pena de a sua defesa sequer ser examinada: o ônus de opor a *exceptio declinatoria quanti*.[33] Não exercida a exceção,

32 Cabe examinar, entretanto, a observação de Humberto Theodoro Júnior (2006, p. 147): "não se pode, porém, abrir uma ampla instrução probatória, porque não se está numa ação cognitiva incidental, como são os embargos de devedor manejáveis apenas contra os títulos extrajudiciais. O conteúdo do título judicial já se encontra acertado definitivamente pela sentença exequenda, pelo que descabe reabrir debate a seu respeito na fase de cumprimento do julgado. O incidente, por isso, há de ser processado de maneira sumária e, sem maiores delongas, dirimido".

33 Nery Junior e Nery (2007, p. 650).

há preclusão quanto ao valor da dívida, ressalvado erro de cálculo ou valor absurdo.

Não se pode rediscutir, porém, o valor obtido na fase de liquidação da sentença.

As hipóteses dos incisos II e III do art. 743 cuidam da execução para a entrega de coisa (inciso II) e para obrigação de fazer e de não fazer (inciso III), que não serão examinadas nesse momento.

Permite-se ao executado alegar a exceção de contrato não cumprido (art. 743, IV, CPC, c/c o art. 476, CC 2002, *exceptio non adimpleti contractus*), exceção substancial dilatória que obsta a eficácia da pretensão executiva.

1.12 DOS HONORÁRIOS ADVOCATÍCIOS NO PROCEDIMENTO DE CUMPRIMENTO DA SENTENÇA

A liquidação de sentença tem natureza jurídica de um incidente processual, cujo objetivo da liquidação é determinar com precisão o valor da condenação.

Como se trata de um incidente processual, não há a instauração de um novo processo, mas apenas uma etapa posterior à sentença do processo de conhecimento.

Essa foi a primeira e a maior alteração trazida pelo art. 475-A. Antes a liquidação de sentença era um procedimento autônomo. Contudo, as alterações introduzidas pela Lei n. 11.232/2005 foram silentes no que diz respeito aos honorários advocatícios no procedimento de cumprimento da sentença.

Ressalte-se que o art. 475-J estabelece que somente será acrescido ao valor devido pelo executado a multa moratória no percentual de 10%, mas não fala absolutamente nada sobre o acréscimo dos honorários advocatícios.

Sobre o tema, na doutrina, os autores Nelson Nery Junior e Rosa Maria de Andrade Nery destacam que:

> [...] A incidência dos honorários ocorre pelo simples fato *de* haver execução *de sentença*, ainda que não impugnada ou embargada. Nos casos *de cumprimento* da *sentença*, nos termos do CPC 475-I a 475-R,

> incluídos pela Lei 11.232/05, além da multa *de* 10% sobre o valor da condenação, prevista para a hipótese *de* não *cumprimento* imediato da *sentença* transitada em julgado (CPC, 475-J) são devidos honorários *de* advogado.[34]

Trata-se de interpretação conforme o art. 475-R do CPC, que se aplica subsidiariamente ao procedimento de cumprimento de sentença. Ademais, o art. 20, § 4º, CPC não faz qualquer distinção entre a execução embasada em título judicial ou extrajudicial.

Assim, são cabíveis os honorários advocatícios no procedimento de cumprimento da sentença.

Na jurisprudência, apenas recentemente o Superior Tribunal de Justiça pacificou o entendimento sobre o cabimento de honorários advocatícios no cumprimento de sentença, fixando a seguinte regra: ao iniciar a liquidação, apura-se um valor.

Se o réu paga voluntariamente, esses honorários não são cabíveis, porque estavam compreendidos anteriormente, pois foram pactuados. Já no caso de o réu se recusar ao pagamento, o juiz fixará honorários autônomos nessa fase, pois o advogado teve uma sobrecarga de trabalho, que não era inicialmente prevista.[35]

---

34 Nery Junior e Nery (2007, p. 194).

35 "Processual civil. Recurso especial. alínea 'c' do permissivo constitucional. Dissídio comprovado. Cumprimento de sentença. Adimplemento voluntário. Honorários advocatícios. Não cabimento. Princípio da causalidade. Recurso especial não provido". 1. A condenação em honorários advocatícios, no direito pátrio, pauta-se pelo princípio da causalidade, ou seja, somente aquele que deu causa à demanda ou ao incidente processual é que deve arcar com as despesas deles decorrentes. 2. Incidem honorários advocatícios na fase de cumprimento da sentença, na nova sistemática de execução estabelecida a partir da edição da Lei n. 11.232/2005, quando não há o adimplemento voluntário da condenação fixada na fase de conhecimento. Precedente da Corte Especial (REsp n. 1.028.855-SC). A inexistência de adimplemento voluntário do devedor, depois de já condenado em fase de conhecimento, dá causa a novas condutas processuais, em razão do que há de se determinar nova condenação em honorários. 3. No adimplemento voluntário, diferentemente, o pagamento é simples desdobramento lógico, legal e natural da obrigação, fixada na sentença condenatória. A causa que deu origem a tal ação cognitiva condenatória já foi compensada pela fixação de seus próprios honorários sucumbenciais. Portanto, não deve ser fixada nova verba honorária, porquanto não se tenha gerado novo esforço laboral para os advogados de nenhuma das partes. 4. Recurso especial não provido" (STJ, 2ª T., REsp 1.059.265, rel. Min. Mauro Campbell, *DJe*, 8-2-2011).

1.13 LIQUIDAÇÃO E CUMPRIMENTO DE SENTENÇA NO PROJETO DO NOVO CPC

1.13.1 Liquidação de sentença

CPC ATUAL	PROJETO DO NOVO CPC (PL N. 8.046/2010)
Art. 475-A. Quando a sentença não determinar o valor devido, procede-se à sua liquidação. (Incluído pela Lei n. 11.232, de 2005) § 1º Do requerimento de liquidação de sentença será a parte intimada, na pessoa de seu advogado. (Incluído pela Lei n. 11.232, de 2005) § 2º A liquidação poderá ser requerida na pendência de recurso, processando-se em autos apartados, no juízo de origem, cumprindo ao liquidante instruir o pedido com cópias das peças processuais pertinentes. (Incluído pela Lei n. 11.232, de 2005) § 3º Nos processos sob procedimento comum sumário, referidos no art. 275, inciso II, alíneas *d* e *e* desta Lei, é defesa a sentença ilíquida, cumprindo ao juiz, se for o caso, fixar de plano, a seu prudente critério, o valor devido. (Incluído pela Lei n. 11.232, de 2005)	**Art. 496.** Quando a sentença condenar ao pagamento de quantia ilíquida, proceder-se-á sua liquidação, a requerimento do vencedor: **Art. 496, § 1º.** Quando na sentença houver uma parte líquida e outra ilíquida, ao credor é lícito promover simultaneamente a execução daquela e, em autos apartados, a liquidação desta. **Art. 498.** Na liquidação pelo procedimento comum, o juiz determinará a intimação do requerido, na pessoa de seu advogado, para, querendo, apresentar contestação no prazo de quinze dias, observando-se, a seguir, no que couber, o disposto no Livro I deste Código. **Art. 499.** A liquidação poderá ser realizada na pendência de recurso, processando-se em autos apartados no juízo de origem, cumprindo ao liquidante instruir o pedido com cópias das peças processuais pertinentes.
Art. 475-B. Quando a determinação do valor da condenação depender apenas de cálculo aritmético, o credor requererá o cumprimento da sentença, na forma do art. 475-J desta Lei, instruindo o pedido com a memória discriminada e atualizada do cálculo. (Incluído pela Lei n. 11.232, de 2005) § 1º Quando a elaboração da memória do cálculo depender de dados existentes em poder do devedor ou de terceiro, o juiz, a requerimento do credor, poderá requisitá-los, fixando prazo de até trinta dias para o cumprimento da diligência. (Incluído pela Lei n. 11.232, de 2005)	**Art. 496, § 2º.** Quando a apuração do valor depender apenas de cálculo aritmético, o credor poderá promover, desde logo, o cumprimento da sentença.

CPC ATUAL	PROJETO DO NOVO CPC (PL N. 8.046/2010)
§ 2º Se os dados não forem, injustificadamente, apresentados pelo devedor, reputar-se-ão corretos os cálculos apresentados pelo credor, e, se não o forem pelo terceiro, configurar-se-á a situação prevista no art. 362. (Incluído pela Lei n. 11.232, de 2005) § 3º Poderá o juiz valer-se do contador do juízo, quando a memória apresentada pelo credor aparentemente exceder os limites da decisão exequenda e, ainda, nos casos de assistência judiciária. (Incluído pela Lei n. 11.232, de 2005) § 4º Se o credor não concordar com os cálculos feitos nos termos do § 3º deste artigo, far-se-á a execução pelo valor originariamente pretendido, mas a penhora terá por base o valor encontrado pelo contador. (Incluído pela Lei n. 11.232, de 2005)	
Art. 475-C. Far-se-á a liquidação por arbitramento quando: (Incluído pela Lei n. 11.232, de 2005) I – determinado pela sentença ou convencionado pelas partes; (Incluído pela Lei n. 11.232, de 2005) II – o exigir a natureza do objeto da liquidação. (Incluído pela Lei n. 11.232, de 2005)	**Art. 496, I** – por arbitramento, quando determinado pela sentença ou exigido pela natureza do objeto da liquidação;
Art. 475-D. Requerida a liquidação por arbitramento, o juiz nomeará o perito e fixará o prazo para a entrega do laudo. (Incluído pela Lei n. 11.232, de 2005) Parágrafo único. Apresentado o laudo, sobre o qual poderão as partes manifestar-se no prazo de dez dias, o juiz proferirá decisão ou designará, se necessário, audiência. (Incluído pela Lei n. 11.232, de 2005)	**Art. 497.** Na liquidação por arbitramento, o juiz intimará as partes para a apresentação de pareceres ou documentos elucidativos, no prazo que fixar; caso não possa decidir de plano, nomeará perito, observando-se, no que couber, o procedimento da prova pericial.
Art. 475-E. Far-se-á a liquidação por artigos, quando, para determinar o valor da condenação, houver necessidade de alegar e provar fato novo. (Incluído pela Lei n. 11.232, de 2005)	**Art. 496, II** – pelo procedimento comum, quando houver necessidade de alegar e provar fato novo.

CPC ATUAL	PROJETO DO NOVO CPC (PL N. 8.046/2010)
Art. 475-F. Na liquidação por artigos, observar-se-á, no que couber, o procedimento comum (art. 272). (Incluído pela Lei n. 11.232, de 2005)	**Art. 496, II** – pelo procedimento comum, quando houver necessidade de alegar e provar fato novo.
Art. 475-G. É defeso, na liquidação, discutir de novo a lide ou modificar a sentença que a julgou. (Incluído pela Lei n. 11.232, de 2005)	**Art. 496, § 3º.** Na liquidação é vedado discutir de novo a lide ou modificar a sentença que a julgou.
Art. 475-H. Da decisão de liquidação caberá agravo de instrumento. (Incluído pela Lei n. 11.232, de 2005)	*Sem correspondente.*

O projeto do novo CPC não traz mudanças relevantes no que tange à liquidação de sentença, mas organiza o art. 475 em diversos artigos, separando em artigos próprios.

Logo no primeiro artigo, o projeto traz disposições de vários artigos do CPC atual. Não se inicia a liquidação com a atual previsão de que a sentença não prevê o valor devido. Utiliza-se a nomenclatura condena ao pagamento de quantia ilíquida. A liquidação, aliás, continua como fase que não pode ser iniciada de ofício, dependendo do requerimento do interessado.

O § 1º do art. 496 trata que a liquidação somente deverá ocorrer em relação à parcela ilíquida da sentença, devendo-se partir direto para o cumprimento em relação à parcela líquida.

O atual art. 475-A, § 1º, tem seu correspondente no art. 498 do projeto, que dispõe da intimação do requerido, na pessoa de seu advogado, para, se quiser, contestar os valores apurados em sede de liquidação de sentença.

A liquidação da sentença poderá ocorrer ainda que pendente recurso em relação a ela (art. 499 do projeto).

O art. 496, § 2º, do projeto trata de previsão existente no Código atual, quando o valor determinado na sentença depende de mero cálculo aritmético para ser apurado. Nesse caso, autoriza o legislador que se passe direto ao cumprimento de sentença, sem necessidade da fase de liquidação, pois esta se fará por meros cálculos aritméticos, apresentados pelo próprio autor.

O art. 496, inciso I do projeto, já trata de modalidade de liquidação de sentença prevista no art. 475-C do atual CPC. Essa modalidade ocorrerá quando expressamente determinado na sentença ou quando o objeto assim exigir.

As partes serão intimadas para apresentar documentos elucidativos (art. 497 do projeto). A novidade do projeto está aqui: enquanto o art. 475-D, CPC atual determina que o juiz nomeará perito para apurar o valor, o projeto do novo CPC, em homenagem à celeridade e à economia processual, possibilita ao juiz decidir de plano. Apenas quando não for possível, caberá ao juiz nomear perito para apurar o valor.

O art. 496, inciso II, do projeto trata de outra modalidade de liquidação: a liquidação por artigos, prevista no art. 475-E do atual CPC, passa a se chamar procedimento comum. Ocorrerá sempre que houver a necessidade de alegar e provar fatos novos, isto é, situações supervenientes à sentença relacionadas à condenação.

Por fim, o art. 496, § 3º, do projeto traz uma ressalva importante: a liquidação da sentença não objetiva modificar a sentença ou rediscutir o que já foi julgado, mas apenas apurar valor que não foi possível o juiz determinar.

Apurada a quantia exata, avança-se para o cumprimento da sentença.

1.13.2 Cumprimento de sentença

TÍTULO II

DO CUMPRIMENTO DA SENTENÇA

CAPITULO I

DAS DISPOSIÇÕES GERAIS

Art. 500. O cumprimento da sentença condenatória será feito segundo as regras deste Título, observando-se, no que couber e conforme a natureza da obrigação, o disposto no Livro III deste Código.

§ 1º O cumprimento da sentença, provisório ou definitivo, far-se-á a requerimento do credor.

§ 2º O devedor será intimado para cumprir a sentença:

I – pelo Diário da Justiça, na pessoa do seu advogado constituído nos autos;

II – por carta com aviso de recebimento, quando representado pela Defensoria Pública ou não tiver procurador constituído nos autos;

III – por edital, quando tiver sido revel na fase de conhecimento.

§ 3º Na hipótese do § 2º, inciso II, considera-se realizada a intimação quando o devedor houver mudado de endereço sem prévia comunicação ao juízo.

Art. 501. Quando o juiz decidir relação jurídica sujeita a condição ou termo, o cumprimento da sentença dependerá de demonstração de que se realizou a condição ou de que ocorreu o termo.

Parágrafo único. O cumprimento da sentença não poderá ser promovido em face do fiador, do co-obrigado ou do corresponsável que não tiver participado da fase de conhecimento.

Art. 502. Além da sentença condenatória, serão também objeto de cumprimento, de acordo com os artigos previstos neste Título:

I – as sentenças proferidas no processo civil que reconheçam a exigibilidade de obrigação de pagar quantia, de fazer, de não fazer ou de entregar coisa;

II – a sentença homologatória de conciliação ou de transação, ainda que inclua matéria não posta em juízo;

III – o acordo extrajudicial, de qualquer natureza, homologado judicialmente;

IV – o formal e a certidão de partilha, exclusivamente em relação ao inventariante, aos herdeiros e aos sucessores a título singular ou universal;

V – o crédito de serventuário de justiça, de perito, de intérprete, tradutor e leiloeiro, quando as custas, os emolumentos ou os honorários tiverem sido aprovados por decisão judicial;

VI – a sentença penal condenatória transitada em julgado;

VII – a sentença arbitral;

VIII – a sentença estrangeira homologada pelo Superior Tribunal de Justiça.

Parágrafo único. Nos casos dos incisos VI a VIII, o devedor será citado no juízo cível para o cumprimento da sentença no prazo de quinze dias.

Art. 503. O cumprimento da sentença efetuar-se-á perante:

I – os tribunais, nas causas de sua competência originária;

II – o juízo que processou a causa no primeiro grau de jurisdição;

III – o juízo cível competente, quando se tratar de sentença penal condenatória, de sentença arbitral ou de sentença estrangeira.

Parágrafo único. No caso dos incisos II e III, o autor poderá optar pelo juízo do atual domicílio do executado, pelo juízo do local onde se encontram os bens sujeitos à execução ou onde deve ser executada a obrigação de fazer ou de não fazer, casos em que a remessa dos autos do processo será solicitada ao juízo de origem.

Art. 504. Todas as questões relativas à validade do procedimento de cumprimento da sentença e dos atos executivos subsequentes poderão ser arguidas pelo executado nos próprios autos e nestes serão decididas pelo juiz.

Parágrafo único. As decisões exaradas na fase de cumprimento de sentença que não implicarem a extinção do processo ou a declaração de satisfação da obrigação estão sujeitas a agravo de instrumento.

Art. 505. Aplicam-se as disposições relativas ao cumprimento da sentença, provisória ou definitivamente, no que couber, às decisões que concederem tutelas de urgência ou de evidência, em primeiro ou segundo graus de jurisdição, inclusive quanto à liquidação.

O cumprimento de sentença passa a receber um tratamento mais claro e organizado no projeto do novo CPC, renumerando-se os artigos alterados pelas reformas processuais ocorridas principalmente durante os anos de 2005, 2006 e 2007.

O tema, que constitui um capítulo do CPC vigente, passa a constituir um título próprio.

O art. 500 do projeto prevê que tanto o cumprimento definitivo de sentença, isto é, a execução da sentença já transitada em julgado, como o cumprimento provisório, quando a sentença ainda está pendente de recurso, seguirão suas disposições e somente ocorrerão mediante requerimento do credor, fazendo com que o cumprimento de sentença, embora seja uma fase autônoma dentro do processo, jamais possa ser iniciado de ofício, sempre mediante requerimento.

A intimação do devedor para o cumprimento da sentença poderá ocorrer, conforme preceitua o projeto, pelo Diário da Justiça, na pessoa do seu advogado constituído nos autos; por carta, quando for assistido pela Defensoria ou não houver advogado constituído nos autos, ou por edital, quando revel. Destaque-se que, de acordo com o § 3º do art. 500 do projeto, caso o devedor, ao ser intimado por carta, não possa ser encontrado por ter mudado de endereço, sem informar ao juízo, ele será considerado intimado.

O art. 501 trata que a sentença sujeita à condição ou a termo só poderá ser executada se for exigível. A novidade aqui está que o projeto do Código, expressamente, prevê proteção expressa ao fiador, co-obrigado ou corresponsável, que não poderão mais ser executados se não tiverem participado da fase de conhecimento (art. 501, parágrafo único do projeto).

Já o art. 502 do projeto traz um rol de títulos executivos que se submetem ao cumprimento de sentença.

Os incisos do art. 503 tratam do local para o cumprimento da sentença, que será o primeiro grau de jurisdição onde tramitou o processo de conhecimento, salvo nos casos de sentença penal condenatória, de sentença arbitral ou de sentença estrangeira, que o cumprimento far-se-á perante o juízo cível competente.

Já o art. 504 do projeto aborda a defesa do executado, que se fará por meio da impugnação. Sem usar esse nome, permite que o executado argua todas as questões relativas à validade do procedimento de cumprimento da sentença e dos atos executivos subsequentes, que serão decididas pelo juiz nos mesmos autos e passíveis de recurso.

Por fim, o art. 505 do projeto diz que as regras de cumprimento de sentença se aplicam às decisões judiciais que concedem medidas de urgência.

Destaque-se que, nas disposições gerais sobre o cumprimento de sentença, o projeto não prevê a multa que consta atualmente no art. 475-J, CPC, no percentual de 10, quando o devedor não cumpra no prazo de quinze dias a obrigação. Destaque-se que o momento de início da contagem desse prazo de quinze dias, como já abordado, foi motivo de muita polêmica no atual CPC.

O projeto também não traz disposições sobre constrição de bens e sequer enumera as matérias que poderá o executado alegar em sua defesa nesse procedimento, como o faz o art. 475-L do atual CPC. Pelo contrário: traz disposições mais genéricas em seu art. 504.

CAPÍTULO 2

Espécies de execução

O direito brasileiro segue o princípio da execução específica: o juiz deve dar ao exequente exatamente o que ele espera da prestação jurisdicional. Sendo assim, cabe ao exequente deixar claro para o juiz o que se deseja.

Por força do novo regime imposto pela Lei n. 11.232/2005 e em seguida pela Lei n. 11.382/2006, leis que reformaram o processo de execução, têm-se regimes diferenciados de procedimentos quanto à natureza do título, que pode ser judicial (art. 475-N, CPC), se o título for formado no juízo, ou extrajudicial (art. 585, CPC), se for formado fora dele.

A diferença é que, na execução extrajudicial, como o título surge pela primeira vez em juízo, é lícito ao executado, em embargos, arguir toda a matéria que lhe seria lícito deduzir no processo de conhecimento (art. 745, CPC), enquanto na execução judicial, sendo o título formado por processo de cognição antecedente, seja ele processo de conhecimento ou de liquidação, a preclusão impede que se invoquem questões supervenientes ao trânsito em julgado da sentença, salvo a falta de citação no processo.

Cada título, judicial ou extrajudicial, consubstancia uma prestação e, quanto à natureza dessa prestação constante no título, corresponde procedimentos adequados a alcançar o resultado desejado, que são:

1) Execução para a entrega de coisa;
2) Execução das obrigações de fazer ou não fazer;
3) Execução por quantia certa.

Cada um desses procedimentos apresenta suas próprias características e admite mais de uma modalidade.

A execução para entrega de coisa pode ser para entrega de coisa certa ou de coisa incerta. Já a execução das obrigações de fazer e de não fazer podem ser de fazer fungível, de fazer infungível, de fazer consistente em emitir declaração de vontade, de não fazer permanente e de não fazer instantânea. Por fim, a execução por quantia certa pode ser contra devedor solvente, contra devedor insolvente, contra a Fazenda Pública ou de pensão alimentícia.

Por fim, a execução judicial nem sempre pressupõe que o título executivo judicial tenha transitado em julgado, sendo provisória se ainda não houver trânsito em julgado e definitiva a execução fundada em título executivo judicial trânsito em julgado ou em título executivo extrajudicial. Na primeira hipótese, a decisão exequenda poderá ser modificada por força do recurso interposto, o que implica que o exequente tem o dever de restabelecimento ao *status quo* anterior do executado, reparando qualquer prejuízo que venha a sofrer, que são liquidados no mesmo processo. Já a segunda hipótese é resultado do escopo satisfativo máximo.

Assim, pode-se perceber que o CPC regula o processo de execução, apresentando-o em duas partes: uma parte geral, aplicável a qualquer espécie de execução, e outra, que trata, especificamente, das diversas espécie de execução. Discutiremos, em seguida do das diversas espécies de execuções baseadas em título executivo judicial, conforme a natureza da prestação a ser obtida do devedor.

CAPÍTULO 3

Cumprimento de sentença condenatória em quantia certa

O CPC atual traz duas possibilidades quando se trata de execução por quantia certa: contra devedor insolvente, que depende da prévia declaração de insolvência mediante processo judicial, para só então iniciar-se a fase executiva, e a execução por quantia certa em face de devedor insolvente.

Por ora, trataremos apenas da execução por quantia certa contra devedor solvente. A execução por quantia certa contra devedor insolvente, como depende de prévia declaração de insolvência antes dos atos executivos, será tratada na parte de processo de execução.

3.1 NOÇÕES GERAIS

Considerando-se que a apresentação ao devedor de um título executivo (judicial ou extrajudicial) pode não ser suficiente para o adimplemento voluntário do crédito, devem existir formas outras de se realizá-lo. O Estado age coativamente, expropriando bens, para assegurar concretamente a observância do direito, sendo especificamente esta a função dessa tutela executiva.

A expropriação consiste na adjudicação em favor do exequente ou dos credores concorrentes, do cônjuge, dos descendentes ou ascendentes do executado.

O valor da multa poderá ser modificado pelo juiz da execução, verificado que se tornou insuficiente ou excessivo.

Não estão sujeitos à execução os bens que a lei considera impenhoráveis ou inalienáveis.

São absolutamente impenhoráveis:

a) Os bens inalienáveis e os declarados, por ato voluntário, não sujeitos à execução;

b) Os móveis, pertences e utilidades domésticas que guarnecem a residência do executado, salvo os de elevado valor ou que ultrapassem as necessidades comuns correspondentes a um médio padrão de vida;

c) Os vestuários, bem como os pertences de uso pessoal do executado, salvo se de elevado valor;

d) Os vencimentos, subsídios, soldos, salários, remunerações, proventos de aposentadoria, pensões, pecúlios e montepios; as quantias recebidas por liberalidade de terceiro e destinadas ao sustento do devedor e sua família, os ganhos de trabalhador autônomo e os honorários de profissional liberal;

e) Os livros, as máquinas, as ferramentas, os utensílios, os instrumentos ou outros bens móveis necessários ou úteis ao exercício de qualquer profissão;

f) O seguro de vida;

g) Os materiais necessários para obras em andamento, salvo se essas forem penhoradas;

h) A pequena propriedade rural, assim definida em lei, desde que trabalhada pela família;

i) Os recursos públicos recebidos por instituições privadas para aplicação compulsória em educação, saúde ou assistência social;

j) Até o limite de quarenta salários mínimos, a quantia depositada em caderneta de poupança.

A impenhorabilidade não é oponível à cobrança do crédito concedido para a aquisição do próprio bem.

Podem ser penhorados, à falta de outros bens, os frutos e rendimentos dos bens inalienáveis, salvo se destinados à satisfação de prestação alimentícia.

Antes de adjudicados ou alienados os bens, pode o executado, a todo tempo, remir a execução, pagando ou consignando a importância atualizada da dívida, mais juros, custas e honorários advocatícios.

3.2 CUMPRIMENTO PROVISÓRIO DE SENTENÇA

O legislador brasileiro permite a execução apenas provisória da decisão, que ocorre do mesmo modo que a definitiva.

Assim, a execução provisória corre por conta e responsabilidade do exequente, que se obriga, se a sentença for reformada, a reparar os prejuízos que o executado venha a sofrer e que são liquidados por arbitramento no mesmo processo. Trata-se de responsabilidade civil objetiva, decorrente de "risco do judiciário".[1]

O levantamento do depósito em dinheiro e a prática de atos que impliquem alienação do domínio ou dos quais possa resultar dano ao executado dependerão de caução idônea, requerida e prestada nos próprios autos da execução, como contracautela de quem inicia a execução provisória.

A caução apenas não impede o início da execução nas hipóteses em que não se revela razoável, como para levantamento de verba decorrente de ato ilícito e a exigência de caução por quem não possa prestá-la.

As hipóteses de dispensa de caução estão previstas no art. 475-O, § 2º, I, do CPP, e são:

a) O crédito deve ostentar natureza alimentar ou decorrente de ilícito civil gerador de responsabilidade por danos materiais *necessarium vitae*.

b) O crédito exequendo não ultrapassar o valor de 60 (sessenta) salários mínimos.

c) O exequente comprovar situação de necessidade.

Dispensa-se, ainda, a caução quando a decisão tem características de juridicidade expressiva, como impugnada por recurso especial ou recurso extraordinário inadmitidos (art. 475-O, § 2º, II).

A execução provisória perderá o efeito se sobrevém acórdão que modifique ou anule a sentença objeto da execução. Se a sentença for modificada ou anulada em parte, somente quanto a esse capítulo ficará sem efeito a execução.

A execução provisória depende de requerimento da parte a quem a decisão seja favorável, devendo ser instruída com peças originais ou cópias declaradas autênticas pelo próprio advogado do indicado no art. 475-O, CPC.

1 Nesse sentido: Fux (2009, p. 251).

3.3 O PROJETO DO NOVO CPC (PL N. 8.046/2010) NO CUMPRIMENTO PROVISÓRIO DA SENTENÇA

CAPÍTULO II

DO CUMPRIMENTO PROVISÓRIO DA SENTENÇA CONDENATÓRIA EM QUANTIA CERTA

Art. 506. O cumprimento provisório da sentença impugnada por recurso desprovido de efeito suspensivo será realizado da mesma forma que o cumprimento definitivo sujeitando-se ao seguinte regime:

I – corre por iniciativa e responsabilidade do exequente, que se obriga, se a sentença for reformada, a reparar os danos que o executado haja sofrido;

II – fica sem efeito, sobrevindo decisão que modifique ou anule a sentença objeto da execução, restituindo-se as partes ao estado anterior e liquidados eventuais prejuízos nos mesmos autos;

III – se a sentença objeto de cumprimento provisório for modificada ou anulada apenas em parte, somente nesta ficará sem efeito a execução;

IV – o levantamento de depósito em dinheiro, a prática de atos que importem transferência de posse ou alienação de propriedade ou dos quais possa resultar grave dano ao executado dependem de caução suficiente e idônea, arbitrada de plano pelo juiz e prestada nos próprios autos.

§ 1º A multa a que se refere o § 1º do art. 509 é devida no cumprimento provisório de sentença condenatória ao pagamento de quantia certa.

§ 2º Se o executado comparecer tempestivamente e depositar o valor, com a finalidade de isentar-se da multa, o ato não será havido como incompatível com o recurso por ele interposto na fase de conhecimento.

§ 3º O depósito a que se refere o § 2º importa renúncia ao direito de impugnar o pedido de cumprimento de sentença; todavia, o levantamento do depósito dependerá da prestação de caução na forma do inciso IV.

Art. 507. A caução prevista no inciso IV do art. 506 poderá ser dispensada nos casos em que:

I – o crédito for de natureza alimentar, independentemente de sua origem;

II – o credor demonstrar situação de necessidade;

III – pender agravo de admissão no Supremo Tribunal Federal ou no Superior Tribunal de Justiça;

IV – a sentença houver sido proferida com base em súmula ou estiver em conformidade com acórdão de recursos extraordinário e especial repetitivos ou firmado em incidente de resolução de demandas repetitivas.

Parágrafo único. A exigência de caução será mantida quando da dispensa possa manifestamente resultar risco de grave dano de difícil ou incerta reparação.

Art. 508. O cumprimento provisório da sentença será requerido por petição acompanhada de cópias das seguintes peças do processo, cuja autenticidade poderá ser certificada pelo próprio advogado, sob sua responsabilidade pessoal:

I – sentença ou acórdão exequendo;

II – certidão de interposição do recurso não dotado de efeito suspensivo;

III – procurações outorgadas pelas partes;

IV – decisão de habilitação, se for o caso;

V – facultativamente, outras peças processuais consideradas necessárias para demonstrar a existência do crédito.

Em três artigos, o projeto do novo CPC trata do cumprimento provisório da sentença de obrigação de pagar quantia certa. Destaque-se que o projeto utiliza a técnica, trazendo a nomenclatura "cumprimento de sentença".

O cumprimento provisório da sentença ocorre quando esta ainda está sujeita a recurso e ocorre por iniciativa do exequente, que será responsabilizado objetivamente pelos danos causados ao executado.

Caso a sentença exequenda venha a ser reformada, caberá ao exequente reconstituir o *status quo*. Se a reforma for parcial, o cumprimento provisório perderá seus efeitos apenas na parte reformada.

Para a alienação de bens ou transferência da posse, será necessária a prestação de caução pelo exequente.

Os parágrafos do art. 506 do projeto, remetendo ao art. 509 do projeto, que trata do cumprimento de sentença já transitada em julgado, adotam a multa em caso de não pagamento da obrigação, após a intimação para o cumprimento provisório da sentença.

Deve-se ter cautela nessa parte, já que não está se abordando um título executivo transitado em julgado, com questão que não será mais discutida se não houver um vício rescisório, mas, sim, um título passível de impugnação, em que se discute sua exigibilidade, razão pela qual não faria sentido cobrar o depósito prévio do valor a fim de se evitar uma multa em virtude de uma sentença que está sendo impugnada e que ainda poderá ser reformada.

O art. 507 trata das hipóteses em que a caução, como a garantia do executado na execução provisória, responsável por determinar seu retorno ao *statu quo ante* caso o título judicial venha a ser reformado, poderá ser dispensado.

Por fim, o art. 508 do projeto descreve o procedimento para o cumprimento provisório de sentença.

3.4 CUMPRIMENTO DE SENTENÇA

A execução por quantia certa de título judicial contra devedor solvente, após a sistemática trazida pela Lei n. 11.232/2005, passou a ter o seguinte procedimento:

a) Requerimento do credor para início da etapa executiva.

b) Determinação da expedição do mandado de penhora e avaliação.

c) Realização da penhora e avaliação.

d) Intimação do advogado do executado para apresentação de defesa, denominada impugnação.

e) Apresentação da impugnação, seu processamento e julgamento.

f) Fim da etapa expropriatória, visando à satisfação do crédito do exequente.

O cumprimento da sentença se inicia a partir do requerimento do credor, alegando o não cumprimento da obrigação pelo credor, no prazo de quinze dias, o que acarreta um aumento de 10% no valor da condenação (art. 475-J, CPC). Sem iniciativa do credor, os autos devem aguardar em cartório por seis meses, após o que serão remetidos ao arquivo (art. 475-J, § 5º, CPC). Porém, mesmo depois da remessa, o credor pode requerer a execução, postulando o desarquivamento, e tomando as providências necessárias para o início da execução, desde que não tenha havido prescrição da força executiva do título.

Antes de algumas considerações sobre o início do procedimento, cabe analisar essa multa prevista no art. 475-J, que há anos tem sido controversa.

A multa prevista no art. 475-J possui natureza de coerção, para que o executado se sinta obrigado a cumprir o que está no ato decisório e, por isso, possui semelhança com as *astreintes*. Apenas ressalva-se que, enquanto as *astreintes* é multa fixada pelo juiz, aqui o percentual é previsto pela lei.

Com a sua criação, põe-se fim a uma antiga controvérsia, demonstrando ser possível um meio de coerção que estabeleça uma obrigação pecuniária quando se está diante de uma obrigação de pagar determinada quantia.

Contudo, cabe expor, ainda, a controvérsia sobre a necessidade da intimação da parte ou do advogado para que haja a fluência do prazo previsto no art. 475-J. Quando foi publicado o texto normativo, alguns doutrinadores se posicionaram a favor da intimação do devedor, já que não seria o advogado que suportaria a execução,[2] enquanto outros sustentavam que a intimação do advogado já constituído nos autos seria suficiente para a fluência do prazo.[3]

O STJ, inicialmente, apresentou o entendimento de que a referida intimação sequer seria necessária, devendo a contagem se iniciar do trânsito em julgado da decisão.

Em 2009, o entendimento se modificou, sustentando a Corte que seria necessário intimar pelo menos o advogado.

Já em 7 de abril de 2010, a Corte Especial entendeu, por maioria, entre outras questões, que a referida intimação deve ser feita na pessoa do advogado, após o trânsito em julgado, eventual baixa dos autos ao juízo de origem, e a aposição do "cumpra-se"; pois só após iniciar-se-ia o prazo de quinze dias para a imposição da multa em caso de não pagamento espontâneo, tal como previsto no referido dispositivo de lei.

Como destacou o Min. João Otávio de Noronha em seu voto vista, a intimação do devedor mediante seu advogado é a solução que melhor atende ao objetivo da reforma processual, visto que não comporta falar em intimação pessoal do devedor, o que implicaria reeditar a citação do processo executivo anterior, justamente o que se tenta evitar com a modificação preconizada pela reforma.

Aduziu que a dificuldade de localizar o devedor para aquela segunda citação após o término do processo de conhecimento era um dos grandes

---

2 Câmara (2006, p. 114).

3 Didier Jr. et al. (2009, p. 516).

entraves do sistema anterior, por isso ela foi eliminada, conforme consta, inclusive, da exposição de motivos da reforma.

Por sua vez, o Min. Fernando Gonçalves, ao acompanhar esse entendimento, anotou que, apesar de impor-se ônus ao advogado, ele pode resguardar-se de eventuais acusações de responsabilidade pela incidência da multa ao utilizar o expediente da notificação do cliente acerca da necessidade de efetivar o pagamento, tal qual já se faz em casos de recolhimento de preparo.

A hipótese era de execução de sentença proferida em ação civil pública na qual a ré foi condenada ao cumprimento de obrigação de fazer, ao final convertida em perdas e danos (art. 461, § 1º, CPC), ingressando a ora recorrida com execução individual ao requerer o pagamento de quantia certa, razão pela qual o juízo determinou a intimação do advogado da executada para o pagamento do valor apresentado em planilha, sob pena de incidência da multa do art. 475-J, CPC.[4]

Assim, o entendimento recente é que o prazo de 15 dias do art. 475-J conta-se da intimação do advogado.

Feitas essas considerações, retomemos ao procedimento.

Nesse requerimento do credor que inicia o procedimento, não há a necessidade de recolhimento de taxa judiciária e pode o credor já indicar os bens que pretende penhorar (art. 475-J, § 3º) ou requerer a penhora *on-line* (art. 655-A, § 1º e 2º, CPC), desde que observe a ordem do art. 655 do Código de Processo. Esse requerimento deve vir acompanhado de uma planilha atualizada da dívida, já acrescido da multa de 10% (art. 475-B, CPC).

O juiz pode controlar, de ofício ou por provocação, a eficácia da nomeação dos bens à penhora, cuja decisão é matéria de impugnação à execução. Cabe ao oficial apenas realizar a penhora.

Ao deferir o cumprimento de sentença, o magistrado deverá fixar nova verba honorária, já que, embora não haja previsão expressa na lei, prevalece que, havendo necessidade de novo trabalho do advogado, deve haver a fixação de mais uma verba honorária.

Se o exequente não tiver indicado em seu requerimento bens à penhora, por não conhecê-los, o oficial de Justiça, munido do mandado, diligenciará

4 Notícia disponível em: http://humbertodalla.blogspot.com/2010/04/stj-pacifica-controversia-sobre.html.

para localizá-los, efetivando a penhora sobre os bens que localizar, observada a ordem do art. 655, CPC.

Tanto a execução por quantia fundada em título judicial como extrajudicial dependem da efetivação da penhora, para que possam alcançar seus objetivos. A penhora far-se-á na forma prevista nos arts. 659 e s, que se aplicam, subsidiariamente, à execução por título judicial, incluindo os casos de impenhorabilidade. O oficial de Justiça, ao efetivar a penhora, fará a avaliação imediata dos bens. Haverá a lavratura de um auto único, de penhora e avaliação.

Essa será simplificada, bastando ao oficial de Justiça que forneça os critérios que utilizou para chegar ao montante. A razão desse dispositivo é afastar um dos grandes embaraços que o credor encontra na execução. Em regra, na fase até a avaliação o juiz se vale de um perito, cujos honorários o credor tem de antecipar, conquanto possa, oportunamente, acrescentar ao saldo devedor, e reaver. Contudo, a necessidade de antecipação encarece a execução, e obriga o credor a fazer despesas incômodas. Além disso, a perícia de avaliação sempre implica demora, em detrimento do credor.

Com a possibilidade de avaliação pelo próprio oficial de Justiça, o credor economizará os honorários e a execução prosseguirá de forma mais expedita. Mas é preciso que essa medida de celeridade não prejudique a segurança da avaliação, por isso é indispensável que seja ministrado aos oficiais o preparo necessário para promover a avaliação.

Todavia, mesmo que o oficial tenha recebido adequado preparo, haverá casos em que ele não poderá avaliar, porque isso exigirá um conhecimento muito específico. Somente nessa situação é que o juiz nomeará um avaliador, fixando um prazo breve para a entrega do laudo (CPC, art. 475-1, § 2º).

Do auto de penhora e de avaliação, o executado será intimado na pessoa do advogado, do representante legal, ou pessoalmente, por mandado ou pelo correio (agora admite-se, veja-se antes o art. 222, *"d"*), podendo oferecer impugnação.

A impugnação versará necessariamente os temas elencados pelo art. 475-L, mas não se pode deixar de conhecê-la sob outros argumentos, pena de ferir-se a amplitude constitucional da defesa. É cabível também a exceção de pré-executividade.

Se, na impugnação, o devedor alegar excesso da cobrança, compete-lhe declarar imediatamente o valor correto, mas a lei não exige que o deposite, sob pena de rejeição liminar da irresignação.

A impugnação não suspende o processo executivo, embora o juiz possa deferir-lhe tal efeito a partir da análise da situação concreta. Mesmo com efeito suspensivo, a execução pode seguir, desde que prestada caução, observando-se as regras da execução provisória apontadas no art. 475-O do projeto de lei. Se a impugnação tem efeito suspensivo, corre nos próprios autos, se não tem, corre em apartado.

A decisão da impugnação é recorrível por agravo de instrumento, salvo se procedente para extinguir a execução, quando o ato decisório passa a ser atacado por apelação.

Caso a impugnação seja acolhida e a execução extinta, chega-se ao fim do processo.

Caso a execução prossiga, a partir do julgamento da impugnação ou do seu não oferecimento, inicia-se a etapa expropriatória do bem, que está prevista no art. 647, CPC e consiste em: adjudicação, alienação por iniciativa particular, alienação por iniciativa pública ou usufruto do bem, etapas estas que serão abordadas posteriormente, na parte de processo de execução.

Nesse momento, importante conceber que, alienado o bem e pago o credor, a execução será extinta (art. 794, I).

3.5 O PROJETO DO NOVO CPC NO CUMPRIMENTO DA SENTENÇA

CAPÍTULO III

DO CUMPRIMENTO DEFINITIVO DA SENTENÇA CONDENATÓRIA EM QUANTIA CERTA

Art. 509. No caso de condenação em quantia certa ou já fixada em liquidação, o cumprimento definitivo da sentença far-se-á a requerimento do exequente, sendo o executado intimado para pagar o débito, no prazo de quinze dias, acrescido de custas e honorários advocatícios de dez por cento.

§ 1º Não ocorrendo pagamento voluntário no prazo do *caput*, o débito será acrescido de multa de dez por cento.

§ 2º Efetuado o pagamento parcial no prazo previsto no *caput*, a multa de dez por cento incidirá sobre o restante.

§ 3º Não efetuado tempestivamente o pagamento voluntário, será expedido mandado de penhora e avaliação, seguindo-se os atos de expropriação.

Art. 510. A inicial será instruída com demonstrativo discriminado e atualizado do crédito contendo:

I – o nome completo, o número do cadastro de pessoas físicas ou do cadastro nacional de pessoas jurídicas do exequente e do executado;

II – o índice de correção monetária adotado;

III – a taxa dos juros de mora aplicada;

IV – o termo inicial e o termo final dos juros e da correção monetária utilizados;

V – especificação dos eventuais descontos obrigatórios realizados.

§ 1º Quando a memória aparentemente exceder os limites da condenação, a execução será iniciada pelo valor pretendido, mas a penhora terá por base a importância que o juiz, se necessário ouvido o contador do juízo, entender adequada.

§ 2º Quando a elaboração do demonstrativo depender de dados que estejam em poder de terceiros ou do executado, o juiz poderá requisitá-los, sob cominação do crime de desobediência.

Art. 511. No prazo para o pagamento voluntário, independentemente de penhora, o executado poderá apresentar impugnação nos próprios autos, cabendo nela arguir:

I – falta ou nulidade da citação, se o processo de conhecimento correu à revelia;

II – ilegitimidade de parte;

III – inexigibilidade do título;

IV – excesso de execução;

V – cumulação indevida de execuções;

VI – incompetência do juízo da execução, bem como suspeição ou impedimento do juiz;

VII – qualquer causa impeditiva, modificativa ou extintiva da obrigação, como pagamento, novação, compensação, transação ou prescrição, desde que supervenientes à sentença.

§ 1º Quando o executado alegar que o exequente, em excesso de execução, pleiteia quantia superior à resultante da sentença, cumprir-lhe-á declarar de imediato o valor que entende correto, sob pena de rejeição liminar dessa impugnação.

§ 2º A apresentação de impugnação não impede a prática dos atos executivos e de expropriação, podendo o juiz atribuir-lhe efeito suspensivo desde que relevantes seus fundamentos e o prosseguimento da execução seja manifestamente suscetível de causar ao executado grave dano de difícil ou incerta reparação.

§ 3º Ainda que atribuído efeito suspensivo à impugnação, é lícito ao exequente requerer o prosseguimento da execução, oferecendo e prestando caução suficiente e idônea, arbitrada pelo juiz e prestada nos próprios autos.

§ 4º As questões relativas à validade e à adequação da penhora, da avaliação e dos atos executivos subsequentes podem ser arguidas pelo executado por simples petição.

§ 5º Para efeito do disposto no inciso III do *caput* deste artigo, considera-se também inexigível o título judicial fundado em lei ou ato normativo declarados inconstitucionais pelo Supremo Tribunal Federal, ou fundado em aplicação ou interpretação da lei ou ato normativo tidas pelo Supremo Tribunal Federal como incompatíveis com a Constituição da República em controle concentrado de constitucionalidade ou quando a norma tiver sua execução suspensa pelo Senado Federal.

§ 6º No caso do § 5º, a decisão poderá conter modulação dos efeitos temporais da decisão em atenção à segurança jurídica.

Art. 512. É lícito ao devedor, antes de ser intimado para o cumprimento da sentença, comparecer em juízo e oferecer em pagamento o valor que entender devido, apresentando memória discriminada do cálculo.

§ 1º O credor será ouvido no prazo de cinco dias, podendo impugnar o valor depositado, sem prejuízo do levantamento do depósito a título de parcela incontroversa.

§ 2º Concluindo o juiz pela insuficiência do depósito, sobre a diferença incidirá multa de dez por cento e honorários advocatícios, seguindo-se a execução com penhora e atos subsequentes.

§ 3º Se o credor não opuser objeção, o juiz declarará satisfeita a obrigação e extinto o processo.

Art. 513. Aplicam-se as disposições deste Capítulo ao cumprimento provisório da sentença, no que couber

Após o cumprimento provisório da sentença, o projeto do novo CPC trata de seu cumprimento já com o título executivo judicial transitado em julgado.

Logo, o primeiro artigo do projeto no tema, o art. 509, trata da incidência da multa atualmente prevista no art. 475-J e que já discorremos ao longo do capítulo. Trata-se de multa quando o executado não cumpre voluntariamente a obrigação, além do pagamento de custas e de honorários advocatícios no percentual de 10%. Não efetuado o pagamento, serão iniciados os atos expropriatórios.

Já o art. 510 impropriamente traz requisitos da petição inicial, quando deveria se referir aos requisitos da petição que requer o cumprimento da sentença, já que esse processo não se inicia de ofício, mas apenas por requerimento do interessado.

O art. 511 traz as matérias que o executado pode alegar em sede de impugnação, em sua defesa. Aqui o projeto utiliza o termo impugnação e reproduz parte do disposto no art. 475-L do atual Código, especialmente que, caso alegue excesso de execução, o executado deverá declarar o valor que entende correto.

A defesa do executado, como regra, não é dotada de efeito suspensivo, permitindo que, mesmo que apresentada a defesa, ocorram atos de execução. A exceção é se o próprio juiz lhe atribuir o efeito suspensivo.

Questões posteriores à penhora e relativa aos atos executivos são alegadas por mera petição nos autos.

Contudo, se o título a ser executado estiver fundado em lei ou ato normativo declarados inconstitucionais pelo Supremo Tribunal Federal, ou fundado em aplicação ou interpretação da lei ou ato normativo tidas pelo Supremo Tribunal Federal como incompatíveis com a Constituição Federal em controle concentrado de constitucionalidade ou quando a norma tiver sua execução suspensa pelo Senado Federal, ele não será exigível, não podendo ensejar atos executórios.

Por fim, a grande novidade no art. 511 está em seu último parágrafo, pois o artigo prevê expressamente a possibilidade de se modular os efeitos temporais de título em que estiver fundado nas hipóteses do § 5º, retratada acima, e que isso ocorra no curso da execução. Trata-se de postura que já vinha sendo adotada por nossos tribunais, mas que, expressa no texto legal, representa nítida homenagem à segurança jurídica.

O art. 512 do projeto trata da hipótese de o devedor comparecer em juízo e depositar o que entender devido. Nesse caso, o credor terá cinco dias para se manifestar sobre o valor depositado e, caso o juiz se manifeste pela insuficiência do depósito, incidirá a multa do art. 509 e os atos executórios ocorrerão para o cumprimento do restante da quantia. Por fim, o art. 513 aborda que se aplicam essas regras ao cumprimento provisório da sentença.

CAPÍTULO 4

Prestação alimentícia

4.1 INTRODUÇÃO

O direito material criou diversas classificações de verbas de natureza alimentar. A primeira delas é o alimento provisório, que é o estabelecido no início do processo em que se objetiva o recebimento de alimentos e que encontra fundamento no art. 4º da Lei n. 5.478/68. A outra são os alimentos definitivos, fixados por sentença já transitada em julgado, proferida em ação de alimentos.

Há, ainda, os alimentos provisionais, previstos nos arts. 852 a 854, CPC, os decorrentes de atos ilícitos e os convencionais, fixados por vontade das partes, como, por exemplo, em legado (art. 1.928, parágrafo único, CC).

A competência para a execução de alimentos se encontra no art. 100, inciso II, que estabelece a competência do foro do domicílio ou da residência do alimentando, para a ação em que se pedem alimentos.

A legitimidade ativa na execução de alimentos se vale da regra geral do art. 566. O credor de alimentos, na maioria das vezes, é um absolutamente ou relativamente incapaz, que será parte no processo, muito embora se faça necessária a representação ou a assistência. O Ministério Público também possui legitimidade ativa para a execução de alimentos, nas hipóteses previstas no art. 201, III, da Lei n. 8.069/90.

Já o polo passivo da obrigação alimentar será preenchido pelo devedor da obrigação, conforme o art. 568, inciso I. Há responsabilidade subsidiária dos parentes, nos termos do art. 1.698, CC, se o alimentante comprovar que não possui condições financeiras de arcar com os alimentos.

A execução de alimentos não possui estabilidade objetiva ou subjetiva. Assim sendo, reconhecido o dever de alimentar por outras pessoas, nada impedirá a inclusão das mesmas no polo passivo da execução.

4.2 PROCEDIMENTO

Caso o credor possua uma decisão reconhecendo seu direito a alimentos, poderá se valer do procedimento previsto no art. 475-J, CPC, que é aquele para recebimento de obrigações pecuniárias devidas por particulares.

Esse procedimento é utilizado para recebimento dos valores que são anteriores àqueles que são mencionados no verbete número 309[1] de Súmula do STJ. A razão é que, após vários meses, a verba não mais se destina à subsistência do credor.

Já se a cobrança é dos alimentos abrangidos pelo verbete de Súmula 309 do STJ, será observado o procedimento do art. 733. O executado é citado para pagar os valores ou justificar sua impossibilidade, pois, do contrário, poderá ser decretada sua prisão civil, conforme previsão do art. 5º, LXVII, CF.

A prisão civil só é motivada pela ausência de pagamento de alimentos. Dada a sua natureza civil, incabível a aplicação das medidas do art. 44, CPC, e eventual ação autônoma de *habeas corpus* será resolvida por um dos órgãos fracionários que exerça competência cível. Se o devedor não depositar apenas as custas e os honorários advocatícios do processo, o mesmo apenas se sujeitará à execução de tais valores, sem possibilidade de ser utilizado esse meio de coerção.

Essa prisão, que pode ser decretada de ofício pelo magistrado, tem seu prazo controvertido, em razão de suposta contradição entre o art. 19 da Lei n. 5.478/68, que prevê o prazo de sessenta dias, e o art. 733, § 1º, que estabelece o prazo de um a três meses.

1 Súmula 309 do STJ: "o débito alimentar que autoriza a prisão civil do alimentante é o que compreende as três prestações anteriores ao ajuizamento da execução e as que se vencerem no curso do processo".

Há quem entenda que o CPC tem aplicação quando se tratar de alimentos provisionais e que a lei especial é adotada na execução de alimentos provisórios ou definitivos.[2] Por outro lado, há quem entenda também que deve prevalecer a norma prevista na Lei n. 5.478/68, que traz menor sacrifício ao devedor.[3] Por fim, há, ainda, quem defenda que deve prevalecer o prazo previsto no CPC, por ser mais recente, devendo prevalecer em detrimento da anterior.[4]

Caso queira, o requerente poderá pleitear, no requerimento inicial ou no curso da execução, um meio de sub-rogação que consiste no desconto em folha de pagamento, medida esta prevista no art. 16 da Lei n. 5.478/68.

4.3 O PROJETO DO NOVO CPC

CAPÍTULO IV

DO CUMPRIMENTO DA OBRIGAÇÃO DE PRESTAR ALIMENTOS

Art. 514. No cumprimento de sentença que condena ao pagamento de prestação alimentícia ou de decisão interlocutória que fixa alimentos, o juiz mandará intimar pessoalmente o devedor para, em três dias, efetuar o pagamento das parcelas anteriores ao início da execução e, das que se vencerem no seu curso, provar que o fez ou justificar a impossibilidade de efetuá-lo.

§ 1º Se o devedor não pagar, nem se escusar, o juiz decretar-lhe-á a prisão pelo prazo de um a três meses.

§ 2º O cumprimento da pena não exime o devedor do pagamento das prestações vencidas e vincendas.

§ 3º Paga a prestação alimentícia, o juiz suspenderá o cumprimento da ordem de prisão.

Art. 515. Quando o devedor for funcionário público, militar, diretor ou gerente de empresa, bem como empregado sujeito à legislação do trabalho, o exequente poderá requerer o desconto em folha de pagamento da importância da prestação alimentícia.

---

2 Theodoro Júnior (2009b, p. 370).

3 Assis (2002, p. 1143).

4 Marinoni e Arenhart (2005, p. 382).

§ 1º Ao despachar a inicial, o juiz oficiará à autoridade, à empresa ou ao empregador, determinando, sob pena de crime de desobediência, o desconto a partir da primeira remuneração posterior do executado, a contar do protocolo do ofício.

§ 2º O ofício conterá os nomes e o número de inscrição no cadastro de pessoas físicas do exequente e do executado, a importância a ser descontada mensalmente, o tempo de sua duração e a conta na qual deva ser feito o depósito.

Art. 516. Não requerida a execução nos termos deste Capítulo, observar-se-á o disposto nos arts. 509 a 513, com a ressalva de que, recaindo a penhora em dinheiro, a concessão de efeito suspensivo à impugnação não obsta a que o exequente levante mensalmente a importância da prestação.

Art. 517. O disposto neste Capítulo aplica-se aos alimentos definitivos ou provisórios, independentemente de sua origem.

Art. 518. Quando a indenização por ato ilícito incluir prestação de alimentos, caberá ao executado, a requerimento do exequente, constituir capital cuja renda assegure o pagamento do valor mensal da pensão.

§ 1º Esse capital, representado por imóveis, títulos da dívida pública ou aplicações financeiras em banco oficial, será inalienável e impenhorável enquanto durar a obrigação do devedor.

§ 2º O juiz poderá substituir a constituição do capital pela inclusão do exequente em folha de pagamento de pessoa jurídica de notória capacidade econômica ou, a requerimento do executado, por fiança bancária ou garantia real, em valor a ser arbitrado de imediato pelo juiz.

§ 3º Se sobrevier modificação nas condições econômicas, poderá a parte requerer, conforme as circunstâncias, redução ou aumento da prestação.

§ 4º A prestação alimentícia poderá ser fixada tomando por base o salário mínimo.

§ 5º Finda a obrigação de prestar alimentos, o juiz mandará liberar o capital, cessar o desconto em folha ou cancelar as garantias prestadas.

O projeto do novo CPC trata como um dos procedimentos de cumprimento de sentença o título judicial que determina o pagamento de alimentos. Aqui tem-se uma grande novidade no projeto, que põe fim à regra abordada pelo enunciado da Súmula 309, STJ. De acordo com o projeto do novo Código, se os alimentos estiverem fixados em título executivo judicial, o procedimento será o de cumprimento de sentença. Já se os alimentos tiverem fixados em título executivo extrajudicial, o procedimento será o do processo de execução.

A previsão do processo de execução para os alimentos, da forma como previsto no PL n. 8.046/2010, será tratada junto com processo de execução. Aqui nos ateremos a abordar as disposições do NCPC sobre o cumprimento de sentença, isto é, segundo a regra trazida pelo projeto do novo Código, dos alimentos fixados por título executivo judicial.

O devedor será intimado para pagar os alimentos (art. 514), sendo que, se for funcionário público ou militar, terá desconto em folha (art. 515), e se não pagar está sujeito à prisão civil (art. 514, § 1º do projeto), sendo que a prisão não o eximirá do pagamento das prestações devidas.

O art. 517 do projeto prevê que o procedimento se aplica aos alimentos definitivos ou provisórios, independentemente de sua origem.

Já o art. 518 prevê a hipótese da indenização por ato ilícito prever alimentos, hipótese em que, a requerimento do exequente, poderá ser constituído capital cuja renda assegure o pagamento do valor mensal da pensão, que será liberado apenas quando cessar a obrigação.

CAPÍTULO 5

Quantia certa em face da Fazenda Pública

5.1 INTRODUÇÃO

O credor da Fazenda Pública poderá executá-la tanto se dispuser de um título executivo judicial como de um título extrajudicial, sendo que, por Fazenda Pública, entende-se que estariam abrangidas a União, os Estados, o Distrito Federal, os Municípios, as autarquias e as fundações autárquicas.[1]

Já teve quem defendesse que a execução em face da Fazenda Pública só poderia ser fundada em título judicial, em virtude da previsão do art. 100 da CF, que utiliza a expressão "pagamentos devidos em virtude de sentença judiciária".[2] Contudo, essa norma constitucional vem sendo interpretada

---

1 As sociedades de economia mista, como a Petrobras e o Banco do Brasil, e as empresas públicas, como a Caixa Econômica Federal, são executadas nos mesmos procedimentos dos particulares, uma vez que seus bens são considerados de natureza privada e, portanto, sujeitos à penhora. Contudo, a empresa pública ECT (Empresa Brasileira de Correio e Telégrafos) é uma exceção a essa regra, por força do antigo Decreto-Lei n. 509/69, tendo os mesmos privilégios que a Fazenda Pública para litigar em juízo. Dessa forma, uma execução de obrigação de pagar em face da ECT deverá observar o rito previsto nos arts. 730 e 731, CPC.

2 Nesse sentido, Vicente Greco Filho (2006, p. 105) dispõe que: "o texto constitucional é claro no sentido de que a disciplina de pagamento do seu artigo 100 refere-se a requisições ou precatórios resultantes de decisões judiciais. Ora, o pagamento de título executivo extrajudicial não decorre de decisão judicial, mas sim de força do próprio título. Ainda que haja embargos do devedor, no caso a Fazenda, não é a sentença dos embargos que se executa, mas sempre por título. Nestes termos, não podia o legislador ordinário (e parece-nos que não o fez) estender tal forma de pagamento, inclusive sob pena de intervenção federal nos Estados, e dos Estados nos Municípios, se houver descumprimento da forma financeira da inclusão do orçamento, aos créditos fundados em título extrajudicial".

de forma flexível, passando a permitir as execuções fundadas em título extrajudicial em face da Fazenda Pública, conforme, aliás, preceitua a Súmula 279, STJ: "é cabível execução por título extrajudicial contra a Fazenda Pública".

Quando o título executivo judicial dispuser de uma obrigação de pagar devida pela Fazenda Pública, o procedimento a ser observado é o previsto nos arts. 730 e 731, CPC, complementados pela Lei n. 9.494/97.

Se a obrigação constante no título judicial for de fazer, não fazer ou entregar coisa, o rito a ser observado é o mesmo que seria em face de um particular, independentemente de a Fazenda Pública figurar no polo passivo.

Já se o credor tiver apenas prova escrita, sem a força de título executivo, poderá se valer apenas do procedimento monitório, nos termos do art. 1.102-A, CPC, conforme preceitua a Súmula 339, STJ, ao dispor que "é cabível a ação monitória contra a Fazenda Pública".

5.2 INCIDÊNCIA DAS NOVAS LEIS

O procedimento de execução de pagar quantia em face da Fazenda Pública não foi modificado diretamente pelas novas leis, que reformaram a execução, trazendo um processo sincrético, em que a execução de título executivo judicial deixa de ser um processo autônomo e se torna apenas mais uma fase do processo.

Destaque-se que, como regra, a execução provisória em face da Fazenda Pública é vedada pelo art. 2º-B da Lei n. 9.494/97, sendo a maior parte das execuções em face da Fazenda Pública definitiva.

A antiga sistemática ainda permanece, ou seja, há a necessidade de se elaborar uma petição inicial, de se realizar nova citação da Fazenda Pública, já que está sendo criada uma outra relação jurídica processual.

5.3 PROCEDIMENTO

Para início dessa execução, haverá a necessidade de uma petição inicial, que deverá observar os requisitos do art. 282, CPC e vir acompanhada de uma planilha, nos termos do art. 475-B e 614, II, CPC, com o novo recolhimento de custas judiciais.

Verificada a regularidade da petição inicial, será determinada a citação da executada.

Questão que se impõe é se devem ser fixados os honorários advocatícios nessa fase, como preceitua o art. 652-A, CPC ou se deve se aplicar o art. 1º-D da Lei n. 9.494/97. Este último dispositivo preceitua que, caso a Fazenda Pública não ofereça resistência, serão indevidos os honorários fixados em sede de execução.

A questão já foi analisada pelo Supremo Tribunal Federal, no julgamento do Recurso Extraordinário 420.816-PR,[3] que reduziu a aplicação do art. 1º-D da Lei n. 9.494/97 às execuções vultosas que, no âmbito da Justiça Federal, seriam aquelas superiores a sessenta salários mínimos. Constou no referido julgado que os honorários realmente não são devidos, uma vez que a Fazenda Pública necessariamente terá de se sujeitar à execução forçada, ainda que concorde com os termos da decisão judicial, pois os pagamentos somente poderão ser requeridos no curso da execução.

Dessa forma, pode-se perceber que, considerando-se o entendimento fixado pelo STF, não haverá a fixação de honorários advocatícios ao se determinar a citação da Fazenda Pública em execuções que sejam de competência da Justiça Federal.

Já o Superior Tribunal de Justiça tem seu entendimento fixado apenas em relação às execuções individuais de sentença proferida em sede de ação coletiva, prevendo seu verbete número 345 da súmula desse tribunal, que dispõe que "são devidos honorários advocatícios pela Fazenda Pública nas execuções individuais de sentença proferida em ações coletivas, ainda que não embargadas".

---

3 Ementa: "Execução, contra a Fazenda Pública, não embargada: honorários advocatícios indevidos na execução por quantia certa (CPC, art. 730), excluídos os casos de pagamento de obrigações definidas em lei como de pequeno valor (CF/88, art. 100, *caput* e § 3º). Embargos de declaração: ausência de contradição a sanar no acórdão embargado: rejeição. 1. Na medida em que o *caput* do art. 100 condiciona o pagamento dos débitos da Fazenda Publica à "apresentação dos precatórios" e sendo estes provenientes de uma provocação do Poder Judiciário, é razoável que seja a executada desonerada do pagamento de honorários nas execuções não embargadas, às quais inevitavelmente se deve se submeter para adimplir o crédito. 2. O mesmo, no entanto, não ocorre relativamente à execução de quantias definidas em lei como de pequeno valor, em relação às quais o § 3º expressamente afasta a disciplina do *caput* do art. 100 da Constituição" (STF, Tribunal Pleno, RE 420.816-PR, rel. Min. Sepúlveda Pertence, *DJ*, 21-3-2007).

A situação é de sentença transitada em julgado que envolva direito individual homogêneo, que, de acordo com os arts. 95 e 97 da Lei n. 8.078/90, caberá a vítima promover a liquidação da sentença e sua posterior execução no juízo competente.

Após a realização da citação, a Fazenda Pública pode assumir a seguinte postura:

a) Permanecer em estado de inércia.

b) Reconhecer como devida a integralidade da dívida.

c) Reconhecer como devida apenas parcela da dívida.

d) Oferecer embargos.

Nas hipóteses "a" e "b", caberá ao magistrado analisar se está presente o título executivo e se estão preenchidas as formalidades processuais. Caso esteja tudo regular, será feito o pagamento, por precatório ou por RPV.

Já se a Fazenda Pública reconhece apenas parte da dívida, será analisada a totalidade do valor executado e não apenas a parcela controversa. Essa postura objetiva evitar o parcelamento do valor executado, o que é vedado pelo art. 100, § 4º, da Constituição Federal.

Por fim, se a Fazenda Pública apresentar defesa, esta poderá ser na forma de embargos à execução (art. 741) ou de exceção (art. 742). A defesa poderá ser rejeitada liminarmente. Não sendo, o embargado será citado para apresentar resposta, com posterior prolação de sentença. O recurso apto a impugná-la é o de apelação, que será recebido no duplo efeito, salvo quando os embargos forem liminarmente rejeitados ou quando o pedido nele contido tiver sido julgado improcedente (art. 520, V). Ainda que não haja recurso, se os embargos forem improcedentes, serão submetidos ao duplo grau obrigatório de jurisdição, nos termos do art. 475, § 2º, CPC.

Com o trânsito em julgado da sentença proferida em sede de embargos à execução, requisita-se o pagamento do credor, por meio de precatório ou RPV. A requisição de tais valores é usualmente realizada por meio eletrônico, com o preenchimento pelo magistrado de diversos dados, como nome das partes, valor e natureza do crédito, data do trânsito em julgado, dentre outros dados disciplinados, no âmbito da Justiça Federal, pelo art. 6º da Resolução n. 559/2007.

Esses dados serão transmitidos ao órgão da Presidência do Tribunal (art. 731, I), que, sem entrar no mérito, apenas realizará a atividade administrativa de verificar erros materiais ou de cálculos. Essa decisão não é passível de impugnação por meio de recurso extraordinário, de acordo com o verbete número 733 do STF.

O valor do pagamento é que definirá se ele ocorrerá por precatório ou por RPV. De acordo com o art. 87 do ADCT, os pagamentos serão feitos por precatório quando a dívida for superior a 60, 40 e 30 salários mínimos se estiver se tratando, respectivamente, de dívida da União, dos Estados e dos Municípios, sendo que esse montante deve ser apurado individualmente em caso de litisconsórcio. Já o crédito do advogado deve ser apurado conjuntamente para esse efeito, pois assim preceitua o art. 4º, parágrafo único, da Resolução n. 559/2007 do CNJ.

De acordo com o art. 100, § 1º, CF, as requisições encaminhadas até primeiro de julho serão incluídas na lei orçamentária e liquidadas no exercício financeiro seguinte. Já as que chegarem posteriormente, serão incluídas no exercício financeiro seguinte.

Já se o pagamento for por meio de RPV, o procedimento é simplificado, uma vez que basta que a Presidência do Tribunal comunique ao ente público para que seja disponibilizado o numerário em conta vinculada ao juízo, conforme prevê o art. 2º da Resolução n. 559/2007.

5.4 O PROJETO DO NOVO CPC (PL N. 8.046/2010)

CAPÍTULO V

DO CUMPRIMENTO DE OBRIGAÇÃO DE PAGAR QUANTIA CERTA PELA FAZENDA PÚBLICA

Art. 519. Transitada em julgado a sentença que impuser à Fazenda Pública o dever de pagar quantia certa, ou, se for o caso, a decisão que julgar a liquidação, o exequente apresentará demonstrativo discriminado e atualizado do crédito contendo:

I – o nome completo, o número do cadastro de pessoas físicas ou do cadastro nacional de pessoas jurídicas do exequente;

II – o índice de correção monetária adotado;

III – a taxa dos juros de mora aplicada;

IV – o termo inicial e o termo final dos juros e da correção monetária utilizados;

V – especificação dos eventuais descontos obrigatórios realizados.

§ 1º Havendo pluralidade de exequentes, cada um deverá apresentar o seu próprio demonstrativo, aplicando-se à hipótese, se for o caso, o disposto nos §§ 1º e 2º do art. 112.

§ 2º A multa prevista no § 1º do art. 509 não se aplica à Fazenda Pública.

Art. 520. A Fazenda Pública será intimada para, querendo, no prazo de trinta dias e nos próprios autos, impugnar a execução, cabendo nela arguir:

I – falta ou nulidade da citação, se o processo correu à revelia;

II – ilegitimidade de parte;

III – a inexigibilidade do título;

IV – o excesso de execução;

V – cumulação indevida de execuções;

VI – incompetência do juízo da execução, bem como suspeição ou impedimento do juiz;

VII – qualquer causa impeditiva, modificativa ou extintiva da obrigação, como pagamento, novação, compensação, transação ou prescrição, desde que supervenientes à sentença.

§ 1º Quando se alegar que o exequente, em excesso de execução, pleiteia quantia superior à resultante do título, cumprirá à executada declarar de imediato o valor que entende correto, sob pena de não conhecimento da arguição.

§ 2º Não impugnada a execução ou rejeitadas as arguições da executada: I – expedir-se-á, por intermédio do presidente do tribunal competente, precatório em favor do exequente, observando-se o disposto na Constituição da República; II – por ordem do juiz, dirigida à autoridade citada para a causa, o pagamento de obrigação de pequeno valor será realizado no prazo de sessenta dias contados da entrega da requisição, mediante depósito na agência mais próxima de banco oficial.

§ 3º Tratando-se de impugnação parcial, a parte não questionada pela executada será, desde logo, objeto de cumprimento.

§ 4º Para efeito do disposto no inciso III do *caput* deste artigo, considera-se também inexigível o título judicial fundado em lei ou ato normativo declarados inconstitucionais pelo Supremo Tribunal Federal, ou fundado em aplicação ou interpretação da lei ou ato normativo tidas

> pelo Supremo Tribunal Federal como incompatíveis com a Constituição da República em controle concentrado de constitucionalidade ou quando a norma tiver sua execução suspensa pelo Senado Federal.

O projeto do novo CPC inclui como cumprimento de sentença a execução do título executivo judicial que prevê obrigação de pagar quantia certa em face da Fazenda Pública. Dessa forma, o projeto retira a Fazenda Pública de exceção à regra de que a execução de títulos judiciais far-se-á através do cumprimento de sentença.

Trata-se de grande mudança em relação ao atual Código que, mesmo com as reformas da execução ocorridas em 2005 e 2006, ainda previa um procedimento próprio em face da Fazenda Pública, e não o cumprimento de sentença, mesmo que o credor dispusesse de um título judicial.

O projeto mantém, então, alguns institutos protetivos da Fazenda Pública em juízo, como o reexame necessário, que será tratado em momento oportuno, quando da análise dos recursos, mas a sentença que determina obrigação de pagar quantia certa em face da Fazenda Pública passa a ser cumprimento de sentença.

Destaque-se, porém, que não se encerra a previsão de processo de execução em face da Fazenda Pública, tanto que tal assunto será tratado em processo de execução.

A regra do projeto do novo Código é apenas que, se o título executivo for judicial, a execução far-se-á mediante cumprimento de sentença, aqui analisado. Se o título for extrajudicial, a execução far-se-á mediante processo de execução, que será tratado na parte de processo de execução.

O procedimento do cumprimento de sentença em face da Fazenda Pública é tratado em apenas dois artigos, pois é o mesmo que já foi abordado quando tratado do cumprimento de sentença que determina o pagamento de quantia certa.

CAPÍTULO 6

Condenação de fazer, não fazer ou entregar coisa

6.1 NOÇÕES GERAIS

O art. 644, CPC, com redação dada pela Lei n. 10.444/2002, prevê que a sentença que verse sobre obrigação de fazer ou de não fazer cumpre-se de acordo com o art. 461, CPC, o que significa que não há uma execução autônoma, mas sim que o processo continuaria a se desenvolver, só que em uma etapa executiva, em que o demandado será intimado para que cumpra o que foi decidido, sob pena de ser adotado algum meio executivo.

Destaque-se que este procedimento é adotado até mesmo quando a Fazenda Pública estiver no polo passivo, já que esta tem rito especial apenas quando se tratar de obrigação de pagar, em que se aplica a previsão do art. 730, CPC.

6.2 MEIOS EXECUTIVOS[1]

Os meios executivos são fixados pelo juízo, a requerimento da parte ou não, para assegurar que uma decisão judicial seja cumprida ou efetivada.

1 Esse tema ganha destaque na parte de processo de execução, a qual remetemos o leitor, deixando aqui apenas alguns conceitos fundamentais para o capítulo.

Podem ser de sub-rogação ou de coerção. Os meios de sub-rogação são aqueles que o Poder Judiciário prescinde da colaboração do executado para a efetivação da prestação devida, e por isso são também chamados de execução direta. O magistrado toma as providências que deveriam ter sido tomadas pelo devedor, sub-rogando-se na sua posição. Há substituição da conduta do devedor por outra do Estado-juiz, que gere a efetivação do direito do executado.

Já os meios de coerção se denominam "execução indireta", já que, por si só, não garantem o cumprimento da obrigação, apenas estimulam o cumprimento da obrigação pelo próprio executado. Em vez de o juiz tomar as providências que deveriam ser tomadas pelo executado, o poder coercitivo do Estado-juiz atua para que ele cumpra a obrigação.

Destaque-se que é admitida a fungibilidade entre tais meios, de forma a garantir o cumprimento da obrigação.

6.3 *ASTREINTES*

Para conceder a tutela específica, vigora na execução amplos poderes para o juiz, que só recorre às *astreintes* em sendo impossível conceder, desde logo, a utilidade esperada pelo devedor, denominada "resultado prático equivalente". As *astreintes* são, então, o meio de coerção mais empregado.

A multa pode ser fixada em decisão interlocutória ou na sentença e incide após prazo razoável fixado para o cumprimento do preceito, sem que tenha ocorrido. Não é usual sua fixação em obrigação de pagar, pois há outro meio executivo de sub-rogação mais eficiente, que seria a penhora.

As *astreintes* podem ser fixadas de ofício, assim como pode o magistrado proceder à revisão de seu valor. Sua fixação de plano pelo magistrado não viola o princípio da inércia, pois o magistrado não está inovando nos limites da provocação feita pelo demandante, mas apenas definindo o melhor mecanismo para cumprimento da obrigação.

Dúvida que surge é se a decisão que reduz o valor da *astreinte* possui ou não efeito retroativo. De um lado, há quem defenda que o valor poderá ser reduzido, mas a eficácia da decisão será *ex nunc*, pois o valor acumulado já integra o patrimônio do credor da prestação.[2] Por outro lado, há quem entenda que essa decisão teria caráter retroativo, questão esta que costuma prevalecer, pois o magistrado entendeu que esse mecanismo executivo seria ineficiente para atingir seus fins.[3] Logo, o juiz faria a retroatividade até o momento que percebeu o desvio de sua finalidade coercitiva.

O valor das *astreintes* pode ultrapassar o próprio conteúdo da obrigação, não devendo, apenas, ser fixada no mesmo patamar da obrigação principal. No próprio Juizado Especial Estadual, é comum se permitir que ultrapassem o teto de 40 salários mínimos, de acordo com o Enunciado n. 97 do Fonaje (Fórum Nacional de Juizados Especiais): "o art. 475-J do CPC – Lei n. 11.232/05 – aplica-se aos Juizados Especiais, ainda que o valor da multa somado ao da execução ultrapasse o valor de 40 salários mínimos".

A multa diária é cabível até mesmo em face da Fazenda Pública, sem que se esteja penalizando a própria sociedade,[4] já que se busca, por esse meio, a efetividade do processo e a execução da decisão contrária à Fazenda Pública, que deverá necessariamente se submeter ao procedimento previsto no art. 730, CPC.

Para que incidam as *astreintes*, o devedor deverá ser pessoalmente intimado da obrigação, não sendo suficiente a intimação do advogado, até mesmo porque será o próprio patrimônio do devedor que restará comprometido se a obrigação for cumprida e não de seu patrono. Nesse sentido, é o verbete de Súmula 410 do STJ, que dispõe que: "a prévia intimação pessoal do devedor constitui condição necessária para a cobrança de multa pelo descumprimento de obrigação de fazer ou de não fazer".[5]

Questão também controvertida é se as *astreintes* comportam execução imediata ou não. O art. 12, § 2º, da Lei n. 7.347/85, a Lei da Ação Civil Pública, dispõe que a multa só será exigível após o trânsito em julgado da decisão. Por isso, alguns doutrinadores trazem essa ideia para o plano

---

2 Câmara (2006, p. 55).

3 Marinoni (2004, p. 520-521).

4 Em sentido contrário, Vicente Greco Filho (2006, p. 73) defende que as *astreintes* não deveriam ser fixadas em face da Fazenda Pública, pois os recursos utilizados são os da própria sociedade, que acabaria penalizada.

5 No mesmo sentido, Alexandre Câmara (2006, p. 48) dispõe que: "ora, se é a parte, e não a seu advogado, que incumbe fazer, desfazer ou abster-se, não se pode admitir outro modo de intimação que não o pessoal".

individual, afirmam ser necessário o trânsito em julgado da decisão para que depois esta seja cobrada retroativamente, até mesmo porque o autor pode não ter o direito que alega possuir. Contudo, esse raciocínio gera desprestígio dos meios de coerção, já que são fontes autônomas e, por isso, dotados de exigibilidade imediata. As *astreintes*, de acordo com esse posicionamento, gerariam, então, execução provisória.

6.4 EXECUÇÃO DAS OBRIGAÇÕES DE FAZER

No cumprimento das obrigações de fazer ou de não fazer, o que se pretende não é uma coisa ou quantia, mas a atividade do devedor, consistente em uma ação ou em uma omissão. Portanto, nessa modalidade de execução, assume maior relevo a colaboração do devedor.

Consequentemente, busca-se a execução específica, com a possibilidade de fixação de multa em caso de atraso para o cumprimento da obrigação.

Caso não seja possível o cumprimento de obrigação *intuitu personae*, surge a regra de que o inadimplemento das obrigações de fazer enseja, quase sempre, a simples indenização.

Há casos, porém, em que a atividade de terceiro pode produzir resultado idêntico, pecuniariamente, à do obrigado; ou então hipóteses acontecem em que o conteúdo da obrigação de fazer está em proporcionar meios para que o titular do direito obtenha certo resultado. Quando isso se verifica, diz-se que a obrigação de fazer é fungível, pelo que, em processo de execução forçada, possível será obter a sua realização *in natura*.

Feitas tais considerações, passa-se à análise do procedimento.

6.4.1 Cumprimento de sentença

A condenação nas obrigações de fazer e de não fazer passou a ser considerada autoexecutável, quando oriundas de sentença, sendo realizadas na própria relação de onde proveio o preceito condenatório.

O juiz, na própria sentença, poderá fixar multa para o caso de atraso no cumprimento da obrigação, como forma de assegurar seu cumprimento, valor este que poderá ser modificado pelo juiz no curso da execução (art. 644, CPC). Não é necessário o requerimento do interessado para início da execução, muito embora possa ser feito.

Nas obrigações de fazer com prestação infungível, impossível de ser implementada por outrem que não o devedor, não é possível que terceiro realize a prestação.

Assim, se cumprida a obrigação, extingue-se o processo. Caso o credor pretenda impugnar seu cumprimento, a impugnação não possuirá efeito suspensivo previsto pela lei, mas pode ser esse determinado pelo juízo (art. 475-M, CPC).

Se não cumprida, poderá incidir multa diária ou a prestação se converterá em perdas e danos, alterando-se o rito.

Nessas obrigações infungíveis, os meios de sub-rogação não funcionam, já que se necessita da colaboração do devedor para implementar-se a prestação.

Já no caso das obrigações de fazer com prestação fungível, o devedor, na forma do art. 475-I, transitada em julgado a sentença e transcorrido o prazo para satisfazer a obrigação, é lícito ao credor, nos próprios autos, requerer que seja cumprida pelo vencido, ou haver perdas e danos, quando se converterá no procedimento de execução de quantia certa (art. 633, CPC).

O credor, preferindo o cumprimento às custas de terceiro, impõe-se aplicar subsidiariamente a regra de execução extrajudicial.

Resumidamente, pode-se concluir que, se após o trânsito em julgado, não for cumprida obrigação fungível, abre-se para o devedor:

I. A possibilidade do juiz se utilizar das medidas de apoio previstas no art. 461, §§ 2º e 4º, CPC;

Essa primeira opção é consectário lógico da fungibilidade da prestação e somente dever ser eleita pelo credor ao observar a suficiência patrimonial do devedor, haja vista que adiantará a importância para cobrá-la depois.

II. Escolher um terceiro para fazer, às expensas do devedor.

Essa opção somente dever ser eleita pelo credor ao observar a suficiência patrimonial do devedor, haja vista que adiantará a importância para cobrá-la depois.

III. O próprio credor a realiza, exercendo sua opção no prazo do art. 637, parágrafo único, CPC.

IV. Converte a obrigação em perdas e danos e inicia a execução por quantia certa.

V. Aguarda a realização da prestação, incidindo multa diária por dia de atraso.

No caso da obrigação poder ser prestada por terceiro, o juiz pode determinar que se realize às custas do devedor, na forma do art. 634, CPC. O exequente adianta as quantias e recobra sob forma de cumprimento da obrigação de entrega de soma. O terceiro que proceder à substituição do devedor na obrigação de fazer deve formalizar o *modus faciendi* em proposta submetida ao contraditório e decisão do juiz submetida a agravo de instrumento. A impugnação da proposta mediante recurso deve ser analisada sob o ângulo da economicidade para o devedor e da eficiência e satisfação para o credor.

6.5 EXECUÇÃO DA SENTENÇA DE EMISSÃO DE DECLARAÇÃO DE VONTADE

Os arts. 466-A a 466-C, CPC cuidam das obrigações de emitir declaração de vontade que são, do ponto de vista fático, infungíveis. No entanto, do ponto de vista jurídico, tais obrigações são fungíveis, pois é possível substituir a declaração negada por algo que produza os mesmos efeitos jurídicos. O interesse do credor não está voltado para a declaração em si, mas para o efeito jurídico dessa declaração. O que o credor deseja é que se forme situação jurídica igual à que resultaria da emissão espontânea, pelo devedor, da declaração de vontade sonegada. Em casos assim, estabelece o legislador que a sentença que condene o devedor a emitir declaração de vontade, uma vez transitada em julgado, produzirá todos os efeitos da declaração não emitida (CPC, art. 466-A). A sentença fará às vezes da declaração não emitida.

Não há necessidade de execução, nem de citação do devedor, para cumprir a obrigação. Do simples trânsito em julgado resulta a produção dos efeitos jurídicos iguais aos que resultariam da declaração não emitida.

A sentença judicial substitui a declaração de vontade do devedor, na produção dos efeitos almejados. É o que ocorre, por exemplo, nas ações de adjudicação compulsória. O compromissário comprador, que pagou todas as parcelas, tem direito de receber a escritura pública, tornando definitiva a compra e venda.

6.6 EXECUÇÃO DAS OBRIGAÇÕES DE NÃO FAZER

A obrigação de não fazer pode ser conceituada como a obrigação na qual o devedor assume, em benefício do credor ou terceiro, o compromisso de não praticar determinado ato, o qual poderia praticar caso não se houvesse obrigado a dele se abster.

Essas obrigações também revelam diversidade procedimental de acordo com sua natureza, se forem permanentes ou instantâneas.

As obrigações permanentes, também denominadas contínuas, admitem que o autor faça cessar a violação sem prejuízo do que já foi feito. Um exemplo é uma obrigação de não construir. O exequente poderá requerer ao juiz que determine prazo para desfazer a construção. Havendo recusa do devedor em cumprir tal determinação, o credor poderá pleitear ao juiz que desfaça às custas do devedor. Se não for possível desfazer o ato, a obrigação resolve-se em perdas e danos.

Surge, então, para o credor, as seguintes opções:

a) Optar por desfazer por terceiro, às custas do devedor. Nesse caso, segue-se a regra do cumprimento da obrigação por quantia certa.

b) Aguardar o desfazimento a partir da incidência da multa diária até seu efetivo desfazimento (arts. 642 a 644, CPC).

c) Requerer a conversão da obrigação em perdas e danos, iniciando-se a execução por quantia certa.

Já nas obrigações instantâneas, seu descumprimento resolve-se em perdas e danos.

Contudo, pode o credor ajuizar ação preventiva, obtendo tutela específica, que imponha ao devedor uma inibição a descumprir. Nesse caso, a tutela inibitória deverá vir acompanhada de uma expressiva multa para inibir a transgressão.

Dessa forma, condenado o devedor a não fazer e descumprida a determinação, incidirá a medida de apoio, como a multa e a força policial, de forma a coagi-lo a cumprir e, somente caso tal medida não logre êxito, a obrigação se converterá em perdas e danos.

Quando as medidas de coerção, estabelecidas nos arts. 461 e 14, parágrafo único, ambos do CPC, se mostrarem incapazes de compelir o devedor a cumprir a obrigação, então poderá haver conversão da obrigação em perdas e danos, executada na forma dos arts. 475-I e s., CPC.

A obrigação infungível, porém, jamais poderá ser prestada por terceiro, em virtude de sua própria natureza.

Quando a prestação for fungível, o credor pode optar pela execução específica, requerendo que ela seja executada por terceiro, à custa do devedor. A Lei n. 11.382/2006 facilitou o cumprimento da obrigação por terceiro, à custa do devedor, tomando-o viável.

O juiz, a requerimento do credor, nomeará terceiro idôneo, que preste o fato às custas do devedor. O terceiro pode ser nomeado livremente pelo juiz, que poderá acolher eventual indicação do credor. O terceiro apresentará a proposta para a realização dos serviços, que o juiz examinará, depois de ouvir as partes.

Cumpre ao exequente adiantar as despesas com o serviço. Prestado o fato, o juiz ouvirá as partes no prazo de 10 dias. Caso não haja impugnação, ou as apresentadas não sejam pertinentes, o juiz dará por cumprida a obrigação. Se o terceiro não prestar o fato, ou o fizer de forma incompleta, o credor pode pedir ao juiz que o autorize a concluir ou reparar a obra, à custa do terceiro.

A lei ainda atribui ao credor direito de preferência sobre o terceiro, caso ele próprio queira realizar o serviço, ou mandar executá-lo, sob sua direção e vigilância, desde que em igualdade de condições com o terceiro. Esse direito deve ser exercido no prazo de 5 dias, a contar da apresentação da proposta.

Apesar de a Lei n. 11.382/2006 tê-lo facilitado, continuam existindo dificuldades no procedimento da prestação de serviço por terceiro. Por isso, não há óbice a que o credor peça ao juiz que fixe multa diária para o caso de descumprimento da obrigação, ainda que ela seja fungível, embora o campo natural das *astreintes* sejam as obrigações infungíveis.

Quando a obrigação é infungível, não há como compelir o devedor, de forma direta, a satisfazê-la. A execução civil tem caráter estritamente patrimonial, e se o devedor não cumpre o que deve, não há como empregar a coerção pessoal. Resta ao credor a conversão em perdas e danos.

No entanto, tem-se buscado, mormente nos últimos anos, dar ao processo civil maior efetividade. Por meio do processo, o credor deve obter exatamente aquilo a que ele tem direito. A conversão em perdas e danos pode, muitas vezes, não satisfazer o credor da obrigação de fazer. A perspectiva de obter-se a execução específica da obrigação é, quase sempre, desejável. Na esteira desses raciocínios, a minirreforma de 1994 procurou aparelhar o credor de obrigação infungível com um instrumento que lhe permita pressionar o devedor a cumprir o que deve, tornando-se desnecessária a conversão em perdas e danos.

Tal instrumento consiste na fixação de uma multa diária, que incide enquanto durar o atraso no cumprimento da obrigação. A multa é uma forma de coação patrimonial do devedor, que se sentirá desestimulado a descumprir a obrigação. A execução pode estar fundada em um título executivo judicial (sentença proferida em ação cominatória, ação em que se pede a condenação de alguém a fazer ou abster-se – CPC, art. 287), ou em título extrajudicial. Se a sentença for omissa, o juiz da execução fixará a multa e a data a partir da qual ela incide. A fixação da multa independe de requerimento do interessado, cabendo ao juiz fixá-la de ofício.

Assim, seja a obrigação fungível ou infungível, será sempre possível ao credor optar pela conversão em perdas e danos, caso o devedor não satisfaça a obrigação. Se isso ocorrer, as perdas e danos serão apurados em liquidação incidente ao processo de execução.

As *astreintes* não estão limitadas pelo valor da obrigação principal. Em contrapartida, sempre que o juiz perceber que o seu valor atingiu montante demasiado elevado, erigindo-se em fonte de enriquecimento sem causa para o credor, ele deve reduzi-lo. O cumprimento da obrigação com atraso não exime o devedor de pagar a multa, que tenha incidido até então.

6.7 O PROJETO DO NOVO CPC: DISPOSIÇÕES SOBRE AS OBRIGAÇÕES DE FAZER E DE NÃO FAZER

CAPÍTULO VI

DA SENTENÇA CONDENATÓRIA DE FAZER, NÃO FAZER OU ENTREGAR COISA

Seção I

DO CUMPRIMENTO DA SENTENÇA CONDENATÓRIA DE FAZER E DE NÃO FAZER

Art. 521. Para cumprimento da sentença condenatória de prestação de fazer ou de não fazer, o juiz poderá, a requerimento, para a efetivação da tutela específica ou a obtenção do resultado prático equivalente, determinar as medidas necessárias à satisfação do credor.

§ 1º Para atender ao disposto no *caput*, o juiz poderá determinar, entre outras medidas, a imposição de multa por período de atraso, a busca e apreensão, a remoção de pessoas e coisas, o desfazimento de obras, a intervenção judicial em atividade empresarial ou similar e o impedimento de atividade nociva, podendo, caso necessário, requisitar o auxílio de força policial.

§ 2º O descumprimento injustificado da ordem judicial fará o executado incidir nas penas de litigância de má-fé, sem prejuízo de responder por crime de desobediência.

Art. 522. A multa periódica imposta ao devedor independe de pedido do credor e poderá se dar em liminar, na sentença ou na execução, desde que seja suficiente e compatível com a obrigação e que se determine prazo razoável para o cumprimento do preceito.

§ 1º A multa fixada liminarmente ou na sentença se aplica na execução provisória, devendo ser depositada em juízo, permitido o seu levantamento após o trânsito em julgado ou na pendência de agravo de admissão contra decisão denegatória de seguimento de recurso especial ou extraordinário.

§ 2º O requerimento de execução da multa abrange aquelas que se vencerem ao longo do processo, enquanto não cumprida pelo réu a decisão que a cominou.

§ 3º O juiz poderá, de ofício ou a requerimento, modificar o valor ou a periodicidade da multa vincenda ou excluí-la, caso verifique que:

I – se tornou insuficiente ou excessiva;

II – o obrigado demonstrou cumprimento parcial superveniente da obrigação ou justa causa para o descumprimento.

§ 4º A multa periódica incidirá enquanto não for cumprida a decisão que a tiver cominado.

§ 5º O valor da multa será devido ao exequente até o montante equivalente ao valor da obrigação, destinando-se o excedente à unidade da Federação onde se situa o juízo no qual tramita o processo ou à União, sendo inscrito como dívida ativa.

§ 6º Sendo o valor da obrigação inestimável, deverá o juiz estabelecer o montante que será devido ao autor, incidindo a regra do § 5º no que diz respeito à parte excedente.

§ 7º Quando o executado for a Fazenda Pública, a parcela excedente ao valor da obrigação principal a que se refere o § 5º será destinada a entidade pública ou privada, com finalidade social.

A regra da execução é dar ao credor tudo o que ele tem direito, observando-se, para tal, formas que imponham o menor sacrifício do devedor.

O art. 521 inicia prevendo equivalente específico, prevendo o § 1º multa para o cumprimento da obrigação, que já é litigância de má-fé (§ 2º), cujo valor poderá ser modificado de ofício pelo juiz (§ 3º).

O art. 522 prevê que a multa poderá ser fixada a qualquer tempo, sendo cabível até mesmo na execução provisória (§ 1º) e seu valor pode ser alterado a qualquer tempo, conforme o § 3º desse dispositivo.

O § 4º trata da duração da multa, que será fixada até o cumprimento da obrigação, e aqui cabe, porém, ressalvar que o texto legal, embora não traga previsão, a multa terá seu termo também com a conversão da obrigação em perdas e danos.

O § 5º prevê que o montante que ultrapassar o valor da obrigação será destinado à unidade da federação do juízo onde tramitar o processo. Trata-se de grande novidade pelo projeto, que trata do caráter coercitivo da multa, para forçar o executado a cumprir a obrigação, sem que, no entanto, represente um enriquecimento do devedor.

Quando o executado for a Fazenda Pública, o projeto prevê que a parcela excedente não irá para a unidade da federação do juízo onde tramitar o processo, mas sim à entidade com finalidade social (§ 7º).

A grande novidade do projeto foi, portanto, essa destinação do valor da multa que exceder o valor da obrigação principal, que não pertencerá mais ao exequente, mas sim à Fazenda Pública. No mais, o projeto do novo CPC mantém as regras atuais, preocupando-se com medidas coercitivas para garantir o cumprimento da obrigação.

6.8 EXECUÇÃO PARA A ENTREGA DE COISA

A execução para a entrega de coisa certa constitui forma de execução específica, para cumprimento de sanção que tenha por objeto dar alguma coisa. As obrigações de dar coisa certa são tratadas pelo sistema processual da mesma forma que as obrigações de fazer ou de não fazer.

Pressuposto da execução é a sentença condenatória, a qual poderá ter imposto a entrega em virtude da procedência da pretensão fundada em direito real ou o acolhimento de pretensão alicerçada em vínculo obrigacional. O devedor será acionado a fim de satisfazer a obrigação de entregar a coisa devida.

6.8.1 Cumprimento de sentença

O art. 475- L torna inequívoca a aplicação da nova execução judicial, sob a modalidade de cumprimento de sentença, à sentença que reconhece a obrigação de entrega de coisa.

À luz do já analisado art. 461-A, o cumprimento por execução para entrega de coisa recai sobre determinada coisa móvel ou imóvel, objeto da prestação assumida no título judicial. O procedimento dirige-se, então, à consecução da apreensão judicial do bem e sua subsequente entrega, o que justifica os meios de imissão na posse do imóvel e de apreensão de bens móveis para suprir a resistência do vencido em cumprir a obrigação constante do título.

O cumprimento de sentença implica que, transitada em julgado a decisão e não cumprida no prazo, expede-se em favor do credor, independentemente de requerimento, mandado de busca e apreensão se a coisa for móvel ou imissão na posse, se imóvel (art. 461, § 5º, CPC).

A eventual defesa faz-se por impugnação, nos mesmos moldes do art. 475-L, CPC.

Assim é que, esgotado o prazo da sentença transitada em julgado ou sob execução provisória, o devedor pode tomar as seguintes atitudes: a) entregar a coisa, hipótese em que se extingue o processo, salvo se ainda houver resíduos em favor do credor, quando se transmudará em execução por quantia certa dessas parcelas; b) manter-se inerte, hipótese em que o juízo se valerá dos meios de sub-rogação.

Além da sub-rogação, poderá o juiz, ainda, nos termos do art. 461-A, § 3º, CPC, fixar multa por dia de atraso no cumprimento da obrigação, ficando o valor sujeito à alteração, se acabar se revelando insuficiente ou excessivo.

A apreensão é provisória, mas pode se converter em definitiva ou se levantar, de acordo com o julgamento da defesa do julgamento do titular dos bens sub-rogados, em sede de impugnação.

Na apreensão, o exequente poderá ter de indenizar o executado pelas benfeitorias feitas na coisa apreendida nos autos do mesmo processo, podendo o executado interpor, com efeito suspensivo, até o pagamento delas, impugnação por retenção. Somente após o pagamento do valor pelas benfeitorias o exequente pode ser imitido na posse do bem, imediatamente.

6.9 O PROJETO DO NOVO CPC (PL N. 8.046/2010) E A ENTREGA DE COISA

> Seção II
>
> DO CUMPRIMENTO DA SENTENÇA CONDENATÓRIA DE ENTREGAR COISA
>
> **Art. 523.** Não cumprida a obrigação de entregar coisa no prazo estabelecido na sentença, será expedida em favor do credor mandado de busca e apreensão ou de imissão na posse, conforme se tratar de coisa móvel ou imóvel.
>
> Parágrafo único. Aplicam-se à ação prevista neste artigo, no que couber, as disposições sobre o cumprimento de obrigação de fazer e não fazer.

O projeto do novo Código determina que, à entrega de coisa, aplicam-se, subsidiariamente, as regras da obrigação de fazer e de não fazer (parágrafo único).

No *caput* do único artigo que dispõe sobre o cumprimento da sentença condenatória de entregar coisa, não há novidades: o procedimento é o mesmo já retratado ao abordarmos o atual CPC, com a expedição de mandado de busca e apreensão se a coisa for móvel ou de imissão na posse se for imóvel.

PARTE IV

Procedimentos Especiais

CAPÍTULO 1

Procedimentos especiais de jurisdição contenciosa

1.1 DISPOSIÇÕES GERAIS

O CPC contempla duas categorias procedimentais no processo de conhecimento: o procedimento[1] comum (art. 272), que pode ser ordinário (Livro I, Título VIII) ou sumário (Livro I, Título VII, Capítulo III), e o procedimento especial (Livro IV, Título I), que pode ser de jurisdição contenciosa ou de jurisdição voluntária.

Há ainda previsão de procedimentos em lei extravagantes, como o procedimento sumaríssimo, previsto não pelo CPC, mas pela Lei n. 9.099/95.

O procedimento comum sumário e o procedimento especial são aplicáveis a determinadas situações específicas previstas pelo próprio Código (arts. 271, 2ª parte, e 272, parágrafo único). Não havendo previsão legal expressa, aplica-se o procedimento comum ordinário.

1 Procedimento é "uma sequência de atos, em que cada ato é a causa do seguinte e consequência do anterior, todos se encadeando como instrumento de obtenção do resultado final" (CÂMARA, 2009, p. 263). Dessa forma, o procedimento é o aspecto puramente formal e exterior do fenômeno processual, que não se confunde com a noção de processo. Esse é o procedimento em contraditório, com participação ativa e necessária das partes na coleta e reconstrução dos pressupostos fáticos que motivarão e fundamentarão o provimento final. Alguns autores distinguem processo do procedimento por aquele estar ligado a uma noção puramente teleológica, caracterizando-se pela sua finalidade jurisdicional de composição de litígios (nesse sentido: MARCATO, 2004b, p. 72).

Assim, toda vez que se vai ajuizar uma demanda em que se manifesta pretensão de natureza cognitiva, é preciso se verificar se existe algum procedimento especial previsto. Não existindo, deverá se verificar se a demanda se enquadra em algumas das hipóteses previstas pelo Código para o procedimento comum sumário. Não estando lá prevista, aplica-se, então, o procedimento comum ordinário.[2]

As hipóteses de aplicação do procedimento comum sumário estão no art. 275, CPC, isto é, são causas cujo valor não ultrapasse sessenta salários mínimos, ou, independentemente do valor da causa, as hipóteses previstas no art. 275, II, CPC.

Já o procedimento especial, localizado no Livro IV do CPC, não se restringe ao processo de conhecimento[3] (art. 890 e s., CPC), sendo cabível também no processo de execução, quando tratado como processo autônomo (como exemplo há o procedimento das execuções de prestações alimentares – arts. 732 a 735, CPC) e no processo cautelar (procedimento sumário das cautelares inominadas – arts. 801 a 804, CPC), além dos previstos em legislação extravagante (como exemplo temos a ação de alimentos – Lei n. 5.478/68, ação de despejo – Lei n. 8.245/91, dentre outros).

Contudo, trataremos apenas do procedimento especial no processo de conhecimento, razão pela qual analisaremos apenas seu cabimento nas hipóteses dos arts. 890 e s., CPC.

2 No caso de utilização do procedimento incorreto, caberá ao juiz, em homenagem aos princípios da economia processual e da celeridade, determinar a conversão para o procedimento certo, aproveitando os atos já praticados que se revelem compatíveis com o procedimento que deveria ter sido utilizado. Apenas no caso de ser impossível o aproveitamento de qualquer ato é que deverá ser proferida sentença, indeferindo a petição inicial.

3 Alguns autores discutem se os procedimentos especiais seriam todos módulos do processo de conhecimento ou não. Quem se manifesta pela negativa, afirma que há atividade cognitiva e executiva em um só processo, podendo o comando da sentença ser efetivado no mesmo processo em que o provimento jurisdicional tenha sido proferido (neste sentido: THEODORO JÚNIOR, 2008, p. 4). Já para outros autores, os procedimentos especiais são manifestações extrínsecas dos processos cognitivos, ao fundamento de que a classificação dos procedimentos satisfativos de direitos deve ser feita com base na atividade preponderante desenvolvida pelo magistrado ao longo do processo (neste sentido, ver: CÂMARA, 2009, p. 266). Não vemos, porém, maior relevância nessa discussão, especialmente a partir de 2005, quando o processo de execução, antes autônomo, foi trazido para o processo de conhecimento, como simples complemento, não havendo mais a figura da execução de títulos executivos judiciais, mas apenas o cumprimento de sentença. Dessa forma, o processo atual tem fases cognitivas e uma última fase, ainda dentro do processo, de natureza executiva, o próprio cumprimento de sentença.

Esses procedimentos foram criados como uma tutela diferenciada tanto para atender a peculiaridades da relação jurídica de direito material[4] subjacente à de direito processual, como é o caso da ação de demarcação de terras e do inventário, como também para acelerar a prestação jurisdicional, através da diminuição de prazos (ex.: ação de depósito) ou da supressão de alguns atos que compõem o procedimento comum (ex.: ação monitória). Cabe, porém, ressalvar que esta última finalidade não impede que os procedimentos especiais possam, a partir de determinado ato, seguir as regras do procedimento ordinário.

Destaque-se que muitas vezes o legislador trata esses procedimentos especiais como ações. O uso da expressão ação, porém, se revela apenas como reminiscência do anacrônico e superado conceito civilístico de ação, segundo o qual a cada direito material corresponderia uma ação para protegê-lo na eventualidade de sua violação. Na verdade, o que se admite hoje são procedimentos variados para deduzir pretensões relativas a certos direitos materiais, pelo que o correto seria dizer "procedimento da consignação em pagamento", "procedimento de depósito", "procedimento da prestação de contas" etc.

Diferenciam-se do procedimento ordinário, por expressa previsão do legislador, nos seguintes termos, segundo sistematização feita por Vicente Greco Filho:[5]

1. altera prazos e a sequência de atos e suprime atos ou termos (ex.: arts. 938 e 939);

2. insere providências cautelares ou executivas (ex.: possessórias ou ação de busca e apreensão decorrente de alienação fiduciária);

3. estabelece normas especiais sobre sentenças, seus efeitos e cumprimento (ex.: despejo, possessórias);

4 Destaque-se que não se afirma aqui que a técnica processual deve resposta às diferentes necessidades de tutela do direito material, nem mesmo se pensar na criação de um procedimento adequado ao caso concreto, por existirem particularidades insuscetíveis de previsão, mas sim a possibilidade que o legislador deu às partes de adotarem, entre várias, a técnica processual que reputarem mais adequada às suas necessidades ou, ainda, que melhor demonstre a possibilidade da circunstância ocorrer no caso concreto, dentro de uma perspectiva de garantir o acesso à Justiça, ideia esta desenvolvida por Mauro Cappelletti quando verificou os pontos de estrangulamento judicial, identificando a necessidade de assistência jurídica gratuita, de tutela dos direitos coletivos e a necessidade de novos instrumentos jurídicos, seja dentro da estrutura da jurisdição, como fora dela (nesse sentido, ver: MARINONI; ARENHART, 2009, p. 38-39).

5 Greco Filho (2006, p. 215-216).

4. funde conhecimento e execução (própria e imprópria), podendo colocar o primeiro como eventual (ex.: ação de prestação de contas, ação de consignação em pagamento);

5. estabelece regras recursais próprias (ex.: despejo por falta de pagamento e Lei n. 6.830/80);

6. atribui à ação a natureza de dúplice ou excepciona o princípio de iniciativa da parte (ex.: possessória, inventário, prestação de contas);

7. altera a regra geral sobre legitimação ativa ou passiva e intervenção de terceiros (ex.: casos de substituição processual, citação de "terceiros interessados");

8. antecipa a ocorrência do interesse processual para o momento da ameaça da lesão (ex.: nunciação de obra nova);

9. condiciona o exercício da ação a pré-requisitos especiais, processuais e extraprocessuais (ex.: notificação prévia, justificação prévia);

10. atribui ao juiz poderes para atuar, independentemente de outra ação, diretamente no plano do direito material, eliminando ações futuras (ex.: a instituição de servidão pelo juiz da divisória);

11. excepciona o princípio de atuação por legalidade estrita e autoriza o julgamento por equidade;

12. estabelece regras especiais de competência.

Destaque-se que essas diferenças podem ser com maior ou menor intensidade, pois há procedimentos especiais que se diferenciam do procedimento ordinário apenas pelo acréscimo de um ato inicial, como ocorre nas ações possessórias de força nova, outros são inicialmente especiais, mas conversíveis ao ordinário, como na ação de reintegração de posse de bem alienado com reserva de domínio, e outros irredutivelmente especiais, como o inventário, e devem ser aplicadas no que for cabível, isto é, respeitadas as especialidades listadas, os princípios do processo e do procedimento da teoria geral.

Analisando as características supramencionadas dos procedimentos especiais, pode-se afirmar que há procedimentos com prazos maiores que o procedimento ordinário, como é o exemplo da ação de demarcação de terras, em que o prazo de resposta do demandado é de vinte dias, e prazos menores, como é o caso da ação de depósito, em que o prazo de resposta é de cinco dias.

Sabendo-se que, no procedimento ordinário, o réu pode contestar, apresentar exceção, reconvir, impugnar o valor da causa, realizar a nomeação à autoria ou, ainda, fazer o chamamento ao processo, a grande discussão que se põe na doutrina é se os prazos maiores ou menores do procedimento especial seriam apenas para contestação, aplicando-se para as demais modalidades de resposta do réu o prazo de quinze dias do procedimento ordinário ou se o prazo dos procedimentos especiais seriam, na verdade, para qualquer resposta do réu.

O prazo previsto para contestação nos procedimentos especiais deve, na verdade, ser aplicado para qualquer uma das modalidades de resposta do réu, aplicando-se apenas, quando for o caso, as prerrogativas da extensão dos prazos processuais prevista nos arts. 188 e 191, CPC.

Continuando a análise das peculiaridades dos procedimentos especiais, a inserção de fases cautelares e executivas está presente como unificação das fases procedimentais.

Enquanto no procedimento comum ordinário as fases postulatória (que se inicia com o ajuizamento da ação e vai até a resposta do réu – arts. 282 a 322, CPC), ordinatória (compreende as providências preliminares, a tentativa de conciliação e a audiência preliminar – arts. 323 a 328 e 331), instrutória (que compreende a produção de provas, antes e durante a audiência de instrução – arts. 322 a 455), decisória (representada pela prolação da sentença – arts. 456 a 466) e o cumprimento de sentença são facilmente distinguidas, no procedimento especial não se percebe essa diferença, muitas fases se interpenetram, podendo, em determinados procedimentos, estar fundidas as providências de caráter executório, cautelar, mais as de natureza cognitiva. Um exemplo é a ação de despejo; quando o juiz julga a procedência do pedido, já há a marcação da data do despejo, não sendo necessário o cumprimento daquela sentença.

A natureza dúplice está presente quando as partes, em alguns procedimentos especiais, assumem a natureza de demandante e de demandado, o que permite formular pedido em seu favor na própria contestação, como se dá, por exemplo, na ação de demarcação de terras e nas ações possessórias.

No que tange à alteração das regras relativas à legitimidade das partes, temos que a legitimidade será aferida com base na relação jurídica material controvertida. Contudo, há situações nos procedimentos especiais que se exige não apenas a citação do réu, mas também de terceiros interessados, os quais, quando citados, assumem também a posição de réu, como, por exemplo, o caso da ação de usucapião, em que devem ser citados todos os proprietários confrontantes com o imóvel usucapiendo. Por outro lado, pode ser afastada a iniciativa das partes em determinadas situações, pois a lei pode conferir ao juiz o poder de instaurar de ofício o procedimento, como ocorre no inventário.

Em relação à competência, como regra geral, as ações devem ser propostas no domicílio do réu. No caso dos procedimentos especiais, pode haver regras específicas de competência territorial, como é o caso da ação em consignação em pagamento, que a competência é do juízo do foro do cumprimento da obrigação.

O motivo relevante da adoção de procedimentos especiais[6] está diretamente relacionado à situação peculiar da relação material discutida no processo, sendo que tal especialidade não significa necessariamente o encurtamento de seu rito, mas da própria característica do litígio submetido à apreciação jurisdicional e das exigências das pretensões nele contidas.

Contudo, aplica-se aos procedimentos especiais, subsidiariamente, o procedimento ordinário, conforme dispõe o art. 272, parágrafo único, do CPC.

Destaque-se que muitos procedimentos especiais, em determinado ponto, passam a seguir as regras do procedimento ordinário, tanto que o parágrafo único do art. 272, CPC, se limita a estabelecer que as disposições relativas aos procedimentos especiais serão apenas nas suas diferenças em relação ao procedimento ordinário, sendo que a diferença ocorre, na maioria das vezes, apenas no início do procedimento.

Feita essas diferenças, cabe destacar que os procedimentos especiais podem ser de jurisdição contenciosa ou de jurisdição voluntária, divisão esta que causa divergências doutrinárias quando da classificação de alguns procedimentos especiais.

1.2 PROCEDIMENTOS ESPECIAIS DE JURISDIÇÃO CONTENCIOSA E DE JURISDIÇÃO VOLUNTÁRIA

Os procedimentos especiais podem ser de jurisdição contenciosa ou de jurisdição voluntária e representam a atuação da jurisdição com a autoridade do Poder Judiciário.

6 Marcato (2004b, p. 74).

Essa divisão foi criada com base no conceito de lide, definida por Carnelutti como o conflito de interesses qualificada por uma pretensão resistida. Diante da existência da lide, poderia haver renúncia de uma das partes à pretensão, a busca do Judiciário para ajuizar a lide, convertendo-a em uma demanda ou a busca de meios alternativos para solucioná-la, como a negociação, a mediação e a arbitragem.

De acordo com a existência ou não de lide, a jurisdição é contenciosa quando exercida em face de um litígio, quando há controvérsia entre as partes. Já a voluntária é exercida quando o Estado-juiz se limita a homologar a vontade dos interessados, não havendo interesses litigiosos.

O interesse de agir está presente na jurisdição contenciosa diante da proibição de se fazer justiça com as próprias mãos, figura tipificada como o crime de exercício arbitrário das próprias razões (art. 345, CP), e na jurisdição voluntária, pela própria lei impedir a prática de determinados atos sem a autorização judicial, ou seja, em se tratando de jurisdição voluntária, se a lei não obriga, falta interesse processual para ir ao Judiciário.

As diferenças entre a jurisdição contenciosa e a jurisdição voluntária estão no modo de atuação, na postura do juiz, na posição das partes ou interessados e nos efeitos da sentença, como passaremos a expor.

Na jurisdição contenciosa, as partes buscam solucionar um litígio, a sentença decide entre os litigantes, há sempre um demandado, pede-se ao Judiciário a solução de um litígio, sendo que a existência prévia desse litígio é a causa do processo e a sentença forma coisa julgada.

Já na voluntária, os interessados perseguem determinados efeitos materiais para si, o juiz pronuncia-se para os interessados, sendo que não há um julgamento a favor de uma parte e contra a outra, não há demandado, mas simples interessado, procura-se obter determinado efeito jurídico-material ou a legalidade de um ato, sem que se apresente ao juiz controvérsia ou litígio e a sentença não produz coisa julgada, sendo obrigatória enquanto não modificada, mas não sendo imutável.

A jurisdição voluntária, graciosa ou meramente voluntária é exercida quando o Estado-juiz se limita a homologar a vontade dos interessados, não havendo interesses litigiosos. Diante de suas características, muito se questionou se seria mesmo jurisdição e se seria voluntária.

Então, formaram-se duas teorias quanto à denominação jurisdição voluntária.

Para uma teoria, denominada teoria clássica ou administrativista, a doutrina nacional majoritária afirma que a jurisdição voluntária não constituiria típica função jurisdicional, nem ao menos seria voluntária,[7] eis que sua verificação decorreria de exigência legal, com o intuito de conferir validade a determinados negócios jurídicos escolhidos pelo legislador. Não havendo lide, não haveria processo. Nesse sentido, ela é definida como "administração pública de interesses privados".[8]

Dentre os argumentos levantados, destacam-se, em linhas gerais:

a) que o seu objeto não é a resolução da lide, mas a integração de um negócio jurídico com a participação do magistrado;

b) que não haveria atividade substitutiva, mas intervenção necessária do juiz;

c) que não haveria partes (com interesses contrapostos), mas interessados;[9] por fim,

d) ressaltam a inexistência de ação (e também de processo, devendo-se falar apenas em procedimento), eis que essa é o direito de provocar a atividade jurisdicional e não a administrativa, bem como de coisa julgada material, uma vez que se poderia rediscutir a decisão proferida sobrevindo novas circunstâncias (art. 1.111, CPC).[10]

Avançando consideravelmente na doutrina, uma segunda corrente, a teoria revisionista tem recebido a adesão de consagrados processualistas, que entendem ser a jurisdição voluntária verdadeiro exercício da função jurisdicional.

7 A inexistência de voluntariedade na jurisdição voluntária é aceita tanto pela teoria administrativista quanto pela revisionista, em razão de se tratar de atividade necessária. A controvérsia entre tais teorias reside em ser a jurisdição voluntária autêntica atividade jurisdicional ou atividade meramente administrativa.

8 Assim, Liebman (1984, p. 32).

9 Buscam seu fundamento no art. 1.105, CPC, que, regendo os procedimentos de jurisdição voluntária, aduz: "serão citados, sob pena de nulidade, todos os interessados, bem como o Ministério Público". Dessa forma, é corrente a terminologia *inter volentes* – *"entre os que querem"* – para designar as partes na jurisdição voluntária e *inter nolentes* – *"entre os que resistem"* – na jurisdição contenciosa.

10 Com base no art. 1.111, CPC, que dispõe: "a sentença poderá ser modificada, sem prejuízo dos efeitos já produzidos, se ocorrem circunstâncias supervenientes", essa parcela da doutrina sustenta que não haveria que se falar em coisa julgada material, mas tão somente em preclusão, ou seja, no encerramento da discussão apenas naquele processo. Nesse sentido, conferir Fernandes (2002, p. 30-31).

São exemplos de jurisdição voluntária, a saber: nomeação de tutores e curadores, homologação de separação judicial, emancipação e alienação judicial dos bens de menor, autenticação de livros comerciais, aprovação dos estatutos das fundações, retificação dos atos do registro civil etc.

Seus defensores argumentam, em última análise:

a) que a litigiosidade não deve ser considerada critério definidor, pois sequer seria essencial à jurisdição contenciosa, mas acidental;

b) que o juiz intervém decidindo como um terceiro imparcial, mantendo sua independência quanto aos efeitos produzidos por sua decisão;

c) que, além de constituir novos estados jurídicos, também possui função declaratória – típica da função jurisdicional; e atentam os mais radicais;

d) que só seria possível rediscutir a decisão prolatada em nova sede processual valendo-se de nova causa de pedir – circunstância superveniente – com ação diversa,[11] o que afastaria o argumento da não constituição da coisa julgada.[12]

Ademais, asseveram que essa atividade, como a jurisdição contenciosa, visa à pacificação social mediante a eliminação de situações incertas ou conflituosas, tendo sido este o entendimento adotado pelo CPC, que, além da redação do art. 1º, dedica-lhe todo um capítulo – art. 1.103 e s., cujos procedimentos obedecem às formas processuais conhecidas: petição, citação, resposta contraditória, provas, sentença e apelação.

Feitas essas distinções, será iniciada a análise dos procedimentos especiais previstos no CPC, iniciando-se pelos de jurisdição contenciosa, para após serem abordados os procedimentos de jurisdição voluntária.

---

11 A ação se caracteriza por três elementos: partes (autor e réu); causa de pedir (fatos e, para alguns, também fundamentos jurídicos); e pedido (exteriorização da pretensão).

12 Vale ressaltar o posicionamento do professor Ovídio Baptista, para quem, na jurisdição voluntária, assim como em alguns casos de jurisdição contenciosa, não haveria produção de coisa julgada, como na sentença de mérito proferida em processo cautelar, e nem por isso se diz que não há jurisdição (SILVA; GOMES, 1997, p. 79).

1.3 DISPOSIÇÕES NO PROJETO DO NOVO CPC

O projeto do novo CPC traz nítida redução na quantidade de procedimentos especiais previstos. Fica mantida a previsão de procedimentos especiais de jurisdição voluntária, mas são excluídos os seguintes procedimentos especiais de jurisdição contenciosa: ação de depósito, ações de anulação de substituição de títulos ao portador, ação de nunciação de obra nova, ação de usucapião e ação de oferecer contas, compreendidos no processo de conhecimento.

As disposições sobre cada procedimento será abordada em capítulo próprio.

CAPÍTULO 2

Ação de consignação em pagamento

2.1 NOÇÕES GERAIS

A Ação de Consignação em Pagamento é um instituto criado pelo direito processual apenas para regular o procedimento de eficácia liberatória do pagamento, sem que haja, de forma necessária, a transferência do bem ao credor, tanto que o pagamento por consignação é regulado nos arts. 334 a 345, CC.

Preceitua o art. 334, CC, que: "considera-se pagamento, e extingue a obrigação, o depósito judicial ou em estabelecimento bancário da coisa devida, nos casos e forma legais".

Esse instituto não pode ser utilizado para obrigações de fazer ou de não fazer e prescinde de acordo de vontades entre devedor e credor acerca de aceitação do pagamento pretendido, tendo como efeitos práticos o adimplemento da obrigação antes pactuada.

No direito civil brasileiro, pode ser feito através do depósito judicial ou em estabelecimento bancário. A alusão a depósito bancário, nos casos de obrigação pecuniária, teve previsão em nosso ordenamento a partir de 1994, por força da Lei n. 8.951/94.

2.2 NATUREZA DO INSTITUTO DA CONSIGNAÇÃO

A consignação é modalidade de extinção das obrigações e a ação de consignação em pagamento é o procedimento através do qual se exercita a pretensão de consignar em juízo.

A doutrina majoritária[1] a considerava como de natureza híbrida, pertencente ao direito processual no que tange à forma pela qual se realiza e ao direito material quanto aos efeitos de direito civil que produz (extinção da obrigação pelo pagamento).

Hoje resta solucionada a questão, visto que os efeitos da consignação extrajudicial, conferidos pela Lei n. 8.951/94, dirimiram a questão, possibilitando a autonomia dos efeitos da consignação, instituto de direito material que libera o devedor da obrigação, independentemente do procedimento especial judicial previsto.

2.3 NATUREZA PROCESSUAL DA AÇÃO DE CONSIGNAÇÃO

Os procedimentos especiais possuem essa peculiaridade porque não são institutos de natureza processual única (processo de conhecimento ou processo de execução), representam muito mais figuras híbridas, atos cognitivos e de execução em dosagens variáveis.

Há predominância de atividade de conhecimento nesse tipo de exercício do direito de ação. Esse predomínio de atividade de conhecimento se caracteriza pelo seu conteúdo amplamente declaratório. Contudo, a executividade também se faz presente através do depósito, ato material dentro da própria relação processual que culmina com a afetação de bens que migram de um patrimônio a outro, provocando a extinção, desde logo, da relação jurídica obrigacional deduzida em juízo.

Observe-se que não há condenação do credor, mas, pelo contrário, permissão a que o devedor provoque o credor a vir receber o que lhe é devido, sob pena de extinguir-se a dívida mediante o depósito judicial da *res debita* deferido judicialmente.

A sentença final, se procedente, declara a eficácia extintiva da obrigação (rompe-se o vínculo que constrangia juridicamente o devedor ao credor) através do depósito feito pelo devedor.

1 Nesse sentido: Theodoro Júnior (2008, p. 9).

A iniciativa do depósito é da parte e não do juízo, por isso considera-se a ação predominantemente declarativa. A sentença se limita a reconhecer a eficácia liberatória do depósito promovido pelo devedor.

A estrutura executiva consiste em que o credor não é convocado apenas para discutir a pretensão do devedor, mas sim para desde logo receber o que lhe é devido.

2.4 PRESTAÇÕES PASSÍVEIS DE CONSIGNAÇÃO

O art. 890, CPC preceitua: nos casos previstos em lei, poderá o devedor ou terceiro requerer, com efeito de pagamento, a consignação da quantia ou da coisa devida.

A ação de consignação em pagamento libera o devedor nos casos de depósito de quantia ou coisa devida, deixando o devedor de assumir os riscos pela mora da coisa consignada, que passam para o credor, até o julgamento da consignação. Não apenas as dívidas de dinheiro, mas também qualquer *coisa* fungível ou infungível, certa ou incerta, móvel ou imóvel. Somente se excluem da consignação em pagamento as prestações provenientes de obrigações negativas e as obrigações de fazer puramente, devido às suas próprias naturezas.

2.5 CABIMENTO DA CONSIGNAÇÃO

Retornando a disposição do art. 890, CPC, os casos previstos em lei a que alude o dispositivo são, como regra geral, os casos previstos no direito material.

Dispõe o art. 335, CC:

> "A consignação tem lugar:
>
> I – se o credor não puder, ou, sem justa causa, recusar receber o pagamento, ou dar quitação na devida forma;
>
> II – se o credor não for, nem mandar receber a coisa no lugar, tempo e condição devidos;
>
> III – se o credor for incapaz de receber, for desconhecido, declarado ausente, ou residir em lugar incerto ou de acesso perigoso ou difícil;

> IV – se ocorrer dúvida sobre quem deva legitimamente receber o objeto do pagamento;
>
> V – se pender litígio sobre o objeto do pagamento".

Dispõe, ainda, o art. 164 do Código Tributário Nacional:

> "A importância do crédito tributário pode ser consignada judicialmente pelo sujeito passivo, nos casos:
>
> I – de recusa de recebimento, ou subordinação deste ao pagamento de outro tributo ou de penalidade, ou cumprimento de obrigação acessória;
>
> II – de subordinação do recebimento ao cumprimento de exigência administrativa sem fundamento legal;
>
> III – de exigência, por mais de uma pessoa de direito público, de tributo idêntico sobre um mesmo fato gerador".

O CPC, no art. 900, institui mais um caso legal de consignação em pagamento fora do elenco criado pelo direito material, destinando-a, também, a instrumento de resgate do aforamento. No texto primitivo, o art. 900 permitia a consignação, ainda, para remição de hipoteca, penhor, anticrese e usufruto. A Lei n. 5.925/73, no entanto, suprimiu tal permissivo, restringindo o alcance do art. 900 apenas ao resgate da enfiteuse.

Admite-se, também, a consignação para pagamento de dívida sujeita a condição, desde que esta já esteja cumprida. Já no caso das obrigações sujeitas a termo, desde que ocorrido o termo para o cumprimento da obrigação, ela já seria exigível, tornando a consignação viável.

Por outro lado, nos casos de não cumprida a condição ou o termo, é possível a consignação, para que o credor possa recebê-la quando nascer a pretensão. Nesses casos, porém, os riscos pela coisa consignada só se transferem após a ocorrência da condição ou do termo, quando a dívida se tornaria exigível.

Há, ainda, casos de consignação previstos em leis extravagantes, como, por exemplo, o Decreto-Lei n. 58/37, art. 17, parágrafo único, e a Lei n. 6.766/79, art. 33, ambos relativos a contratos de compromisso de compra e venda de terrenos loteados, bem como no art. 58, II, da Lei n. 8.245/91, que dispõe sobre a ação consignatória de aluguéis e encargos.

Questão mais controvertida é a admissão de consignação em contrato sinalagmático, em que o devedor pretenda efetuar a consignação, condicionando seu levantamento à realização de contraprestação devida pelo credor. Embora o CPC não preveja tal hipótese, esta deve ser admitida, por possuir respaldo no direito material.O devedor pode exigir contraprestação para realizar a prestação por ele devida, decorrendo daí que pode consignar a prestação exigindo a contraprestação para extinção completa da obrigação.

A consignação em pagamento depende do preenchimento dos mesmos requisitos exigidos para o pagamento (art. 336, CC). Assim, para gerar efeito, é preciso que a consignação seja feita à disposição da pessoa a quem se deveria pagar, com o objeto que deveria ser prestado, no modo pactuado e no tempo estipulado. Admite-se, ainda, que sejam pactuadas outras condições para a consignação, porém, na falta de previsão expressa, as condições serão as mesmas do pagamento.

2.6 PRESSUPOSTOS PARA O PAGAMENTO EM CONSIGNAÇÃO

a) mora do credor:
- recusa injustificada do credor em receber;
- inércia, ausência, desconhecimento ou inacessibilidade do credor.

b) risco de pagamento ineficaz:
- recusa do credor em fornecer a quitação;
- dúvida quanto à pessoa do credor;
- litigiosidade em torno da prestação entre terceiros;
- falta de quem represente legalmente o credor incapaz, desconhecido, ausente ou em local inacessível.

Cabe ao devedor demonstrar na petição inicial e provar na fase de instrução processual a ocorrência de uma dessas hipóteses, sob pena de ver julgado improcedente seu pedido, sem que haja a eficácia liberatória do depósito.

2.7 LIQUIDEZ DA PRESTAÇÃO DEVIDA

O art. 974, CC, preceitua que: “para que a consignação tenha força de pagamento, será mister que concorram, em relação às pessoas, ao objeto, modo e tempo, todos os requisitos sem os quais não é válido o pagamento".

Dessa forma, o pagamento por consignação se sujeita aos mesmos requisitos de eficácia do pagamento voluntário.

Assim sendo, somente quando é possível o pagamento voluntário é que se pode alçar mão da consignatória como alternativa para aqueles casos em que o devedor não encontra meios de pagar sua dívida na forma natural. Se a dívida ainda tiver que ser liquidada, não é possível a consignação, eis que o devedor não teria como proceder ao pagamento voluntariamente, estaria pendente a sua liquidação e seria portanto inexigível ainda o pagamento.

De se ressaltar que somente a dívida líquida e certa se mostra exigível, de modo a tomar cabível o pagamento. Sem exigibilidade da dívida, inadmissível é *a mora creditoris,* um dos pressupostos fundamentais para a consignatória.

O conceito de mora pode assim ser extraído como sendo uma associação entre liquidez e vencimento. Há total impossibilidade de se pagar o ilíquido. Se o vínculo jurídico existente entre as partes não revela, *prima facie,* uma dívida líquida e certa, não tem condições o devedor de compelir o credor a aceitar ou reconhecer um depósito liminar como hábil a realizar a função de pagamento.

Contudo, modernamente, esse entendimento vem sendo atenuado, na medida em que a discussão a respeito da existência da dívida e do *quantum* devido passam a integrar o âmbito da ação consignatória, não mais constituindo a iliquidez da obrigação obstáculo ao seu ajuizamento.

Tal orientação tem por base legal o mesmo art. 899, CPC, que prevê que o valor da dívida pode ser objeto de impugnação e discussão. Logo, sendo o objetivo último liberar o devedor, e, não tendo a lei previsto nenhuma restrição, não seria razoável fazer exigências onde a lei não as fez.

2.8 CONSIGNAÇÃO PRINCIPAL E INCIDENTAL

A ação de consignação pode se dar por via principal ou por via incidental. A consignação incidental estabelece-se diante do permissivo do art. 292, CPC, podendo haver cumulação do pedido consignatório com outros pedidos diferentes, no mesmo processo, desde que desprezado o rito especial da ação de consignação e verificada a unidade da competência.

O pedido de depósito incidente, conforme as circunstâncias, pode ser tanto uma providência prévia, como é o caso do depósito preparatório para a ação, como *a posteriori*, como efeito da sentença e requisito da execução.

Em qualquer das hipóteses, a característica do depósito incidente será de procedimento acessório e secundário, não sendo tão relevante a liquidez e a certeza da obrigação, pois, no caso de cumulação de pedidos, a certeza jurídica e a liquidez da obrigação serão alcançadas, via de regra, com a solução do pedido principal.

Se o depósito for preparatório e estiver menor do que o débito proclamado na sentença, o autor poderá completar a consignação, na fase executória, se a tanto não se opuser preceito de direito material. Já no caso do depósito ocorrer na fase de execução, esses requisitos já estarão acertados.

Ressalte-se que, na generalidade das prestações ilíquidas ou incertas, é sempre cabível a cumulação sucessiva de apuração e declaração do *quantum debeatur* com o pedido consequente de autorização para depósito liberatório *a posteriori*, através do procedimento ordinário.

Abordaremos, nos próximos itens, a consignação por via principal e suas peculiaridades.

2.9 CONSIGNAÇÃO EM PAGAMENTO DE TÍTULO CAMBIÁRIO E CAMBIARIFORME

Outro objeto de controvérsia doutrinária e jurisprudencial é a consignação em pagamento de títulos cambiários e títulos cambiariformes. Aqueles que não admitem a ação de consignação desses títulos alegam como obstáculo a impossibilidade de se identificar o credor, vez que, em razão da natureza abstrata e autônoma desses documentos, pode haver infinitos endossos, o que impediria ou, no mínimo, dificultaria a identificação do legitimado passivo. No entanto, tal impedimento poderia ser removido pela citação editalícia, nos termos do art. 231, CPC.

2.10 COMPETÊNCIA

Segundo os arts. 891, CPC, e 337 e 341, ambos do CC, o foro competente para o ajuizamento da ação de consignação é o do local do pagamento, que pode ser o do domicílio do devedor, se a dívida for quesível, ou o do domicílio do credor, se a dívida for portável.

Já no caso do local designado para pagamento ter se tornado inacessível ou perigoso (art. 335, III, CC), a competência poderá ser livremente escolhida pelo devedor, desde que não haja prejuízo para o credor.

Embora essa seja uma regra específica para o procedimento da consignatória, não há contradição com a regra geral do procedimento ordinário, expressa no art. 100, IV, *d*, CPC, que determina que o foro do local onde deverá ser satisfeita a obrigação é o competente para a ação relativa ao seu cumprimento.

O objetivo dessa previsão legal específica é excluir a possibilidade do devedor optar pelo foro de eleição ou do domicílio do demandado, como ocorre no procedimento ordinário. Assim, na consignatória, o credor tem o direito de exigir que o depósito se faça no local de pagamento, sem prejuízo do foro convencionado entre as partes.

Ressalte-se, porém, que essa competência é relativa, podendo ser prorrogada, caso não alegada pelo credor em tempo hábil. Constitui exceção a essa regra a ação consignatória incidente, cuja competência determinar-se-á com base na ação principal.

Quando as prestações tiverem que ser remetidas, o local de pagamento e, portanto, o foro competente para o ajuizamento da consignatória serão o do destino, quando o devedor assumir o risco de remeter por sua conta a mercadoria, e o da expedição, quando a remessa for feita por conta e risco do credor.

A regra do parágrafo único do artigo em questão só vem confirmar a regra do *caput*, estabelecendo que "quando a coisa for corpo que deva ser entregue no lugar em que está, poderá o devedor requerer a consignação no foro em que ela se encontra", já que, nesse caso, o local em que ela se encontra é o mesmo do pagamento. A diferença está em que, aqui, o lugar do pagamento é estabelecido não pelo acordo de vontades das partes contratantes, mas pela própria natureza da obrigação. Seria o caso, por exemplo, de um rebanho ou de um imóvel.

A competência para a consignação é, em síntese, sempre a do lugar de pagamento, seja este previsto em cláusula expressa, deduzido da natureza da obrigação ou das circunstâncias do negócio ou simplesmente apurado pelas regras de direito material a respeito do cumprimento das obrigações.

2.11 LEGITIMAÇÃO *AD CAUSAM*

Como se sabe, em princípio, os sujeitos da relação jurídica de direito material são os que têm a legitimação para figurarem nos polos da relação processual. É a chamada legitimação ordinária. No caso, em uma primeira análise, teríamos como legitimados quem pode realizar a prestação e quem pode dar quitação, ou seja, o devedor (autor) e o credor (réu).

Assim, temos que o art. 304, CC, nada mais fez que confirmar essa regra ao estabelecer que:

> "Qualquer interessado na extinção da dívida pode pagá-la, usando, se o credor se opuser, dos meios conducentes à exoneração do devedor.
>
> Parágrafo único. Igual direito cabe ao terceiro não interessado, se o fizer em nome e à conta do devedor, salvo oposição deste".

Isso significa que as condições subjetivas para a eficácia da consignação são as mesmas do pagamento.

2.11.1 Legitimidade ativa

Estabelece o art. 890 CPC que "nos casos previstos em lei poderá o devedor ou terceiro requerer, com efeito de pagamento, a consignação de quantia ou coisa devida".

Percebe-se, portanto, que a lei amplia a legitimação ativa para, além do devedor, alcançar também o terceiro. Entretanto, deve-se conjugar esse artigo com os arts. 304 a 312 do CC, que elencam quem pode pagar.

Pelas supracitadas regras, percebe-se que o terceiro juridicamente interessado na extinção da dívida (art. 304, *caput*, CC), bem como o terceiro não interessado que aja em nome e à conta do devedor (art. 304, parágrafo único), podem extinguir a obrigação pelo pagamento.

O terceiro não interessado, agindo em seu próprio nome, também tem direito de pagar.[2] Nesse caso, ele terá direito regressivo contra o devedor mas, ao contrário dos dois casos ventilados no parágrafo anterior, ele não se sub-rogará nos direitos de credor do devedor em favor de quem foi quitada a dívida.

Destaque-se que a mora do devedor não lhe retira a legitimidade ativa para ajuizar a ação, desde que o inadimplemento seja possível – seja porque é faticamente viável, seja porque ainda existe interesse no recebimento da prestação. Nesses casos, caberá ao devedor consignar o valor devido, acrescidos dos prejuízos decorrentes, de juros, correção monetária e honorários advocatícios (art. 395, CC). Já no caso de inadimplemento absoluto, quando o fato não puder mais ser prestado ou houver desinteresse do credor, não haverá mais legitimidade ativa do devedor para consignação, devendo a obrigação se resolver em perdas e danos.

2.11.2 Legitimidade passiva

Quem tem legitimidade passiva é o credor que se recusou a receber o pagamento ou que se absteve de tomar as providências necessárias à sua concretização, por força dos arts. 336 e 308 a 312, CC.

Se houver mais de um credor e eles forem solidários, estaremos diante da hipótese do art. 267, CC, segundo o qual qualquer deles pode exigir do devedor a prestação por inteiro. Então, todos eles têm legitimidade para responder à consignação, restando, assim, configurado caso de litisconsórcio passivo facultativo, podendo o autor mover a ação contra apenas um deles ou contra todos (art. 46, CPC).

Porém, em caso de dúvida quanto ao credor legítimo, têm legitimidade para ser réus todos os pretensos credores, nos termos do art. 895 CPC, em litisconsórcio passivo eventual. Nesse último caso, se ao devedor não for possível identificar todos os pretensos credores, haverá lugar para a citação por edital, em conformidade com os arts. 231 e s., CPC.

2 Em sentido contrário, afirmando que o terceiro não interessado só poderia ajuizar a ação em nome do devedor, na condição de legitimado extraordinário, mas não em nome próprio, Marinoni e Arenhart (2009, p. 50).

Já no caso de mandatário do credor, apesar de este poder receber e dar quitação, não poderá ser réu da demanda, não o tornando parte legítima.

2.12 PRESTAÇÕES PERIÓDICAS

Dispõe o art. 892 do CPC, no que tange às prestações periódicas:

> Tratando-se de prestações periódicas, uma vez consignada a primeira, pode o devedor continuar a consignar, no mesmo processo e sem mais formalidades, as que forem se vencendo, desde que os depósitos sejam efetuados até 5 (cinco) dias contados da data do vencimento.

O dispositivo dá direito ao devedor de utilizar-se de um só processo para promover o depósito das várias prestações em que se divide uma só obrigação, desde que os referidos depósitos sejam feitos em até cinco dias após o vencimento de cada prestação. Por isso, prima no princípio da economia processual, mas não só em tal fonte e na regra de direito material que estabelece a liberação da obrigação pactuada em cotas somente quando a última destas for solvida.

Ultrapassado o prazo do artigo, os depósitos não possuirão mais a eficácia liberatória, não mais podendo ser feitos nos mesmos autos, sem prejuízo dos depósitos anteriores.

O fato, todavia, não importará por si só na improcedência da ação, cuja sentença ficará restrita ao reconhecimento da eficácia liberatória dos depósitos feitos em tempo útil.

Não haverá, também, impedimento que seja ajuizada nova consignatória para o depósito das prestações que não chegaram a ser recolhidas judicialmente, em tempo hábil, no primeiro feito. Isso decorre do fato de não haver litispendência entre ações consignatórias referentes a períodos distintos.

A admissibilidade dos depósitos contínuos é condicionada ao requerimento pelo interessado no ato da propositura da ação.

Ressalte-se que a incidência da regra pressupõe negócio jurídico, material único com preço desdobrado em sucessivas prestações. É importante destacar a diferença entre as prestações de trato sucessivo, isto é, que se renovam em dívidas sucessivas singulares ao fim de períodos consecutivos, e as dívidas de preço parcelado, que são fracionadas, mas que nasceram quando da celebração do negócio jurídico, não dependendo sua existência de sua duração no tempo.

Assim, faz-se crer que o permissivo do depósito de prestações periódicas pode ter duração diferente, conforme os termos da inicial da ação de consignação.

O autor da consignação não está obrigado a consignar as prestações que se vençam após o ajuizamento da ação, o depósito é uma faculdade que a lei lhe atribui. Mas há regras específicas sobre a matéria, como a nova Lei de Locações, que em seu art. 67, III, impõe ao consignante a "promoção dos depósitos nos respectivos vencimentos", não sendo, portanto, uma faculdade do locatário ou terceiro legitimado a consignação periódica, como se processa com a regra geral.

Não há necessidade de nova citação do credor nem tampouco de novo requerimento ao juiz a cada prestação vencida. Ocorre que, com o depósito inicial, o autor já obtém a abertura da conta judicial onde serão efetuados os depósitos periódicos; assim, basta que o consignante requeira ao escrivão a expedição de guia para depósito, ao seu respectivo tempo, que ele o fará de imediato, seguindo-se, então, por conta do autor o referido depósito.

Discute-se qual seria o limite dessa consignação, se seria até o trânsito em julgado da sentença ou até sua prolação. Considerando-se que a sentença da ação consignatória é predominantemente declaratória, na medida em que declara extinta obrigação pelo caráter liberatório do depósito, o melhor entendimento é que a consignação de prestações periódicas deve ocorrer até sua prolação, pois não se poderia admitir que houvesse declaração com eficácia para o futuro.[3]

2.13 CAUSA DE PEDIR

A causa de pedir na ação consignatória está intimamente ligada ao cabimento desta, ou seja, ao interesse de agir (condição genérica para o regular exercício do direito de ação), muito embora não sejam estes exatamente a mesma coisa.

3 Em sentido contrário, afirmando que, por economia processual, a consignação de prestações periódicas deve ser admitida até o trânsito em julgado da sentença, ver Marinoni e Arenhart (2009, p. 56).

Menciona o art. 890, CPC, que a consignação terá lugar nos casos previstos em lei. Esses permissivos legais encontram-se principalmente no Código Civil – art. 335 –, e no Código Tributário Nacional – art. 164.

Continuando, há duas situações nas quais haverá a possibilidade do depósito judicial liberatório, sendo, portanto, estas as duas possíveis causas de pedir:

1. impossibilidade real do pagamento voluntário;
2. risco do pagamento ineficaz.

A primeira pode ocorrer por recusa injusta de receber a prestação por parte do credor (mora do credor) ou por ausência, desconhecimento, ou inacessibilidade do sujeito ativo da obrigação.

A segunda ocorrerá quando houver: por parte do credor recusa de fornecer a quitação devida de acordo com o art. 940, CC; dúvida fundada quanto à pessoa do credor; litigiosidade em torno da prestação entre terceiros ou falta de quem represente legalmente o credor incapaz.

Cumpre esclarecer que estas serão sempre a causa de pedir na consignatória e que são ônus do autor, pois sem elas não haverá interesse de agir e o processo será julgado extinto, *ex officio*, sem julgamento do mérito, como previsto no art. 267, VI, e § 3º, CPC.

2.14 PEDIDO

Prevê o art. 890, CPC, que o devedor ou terceiro poderá requerer a consignação da coisa devida, com efeito de pagamento. O pedido será para que tenha a consignação força de pagamento a fim de que seja declarado extinto o vínculo obrigacional.

Entretanto, através da leitura dos arts. 893 e 894, CPC, resta claro que o autor pedirá também na peça exordial:

a) o depósito da coisa devida, a ser efetivado no prazo de cinco dias contados do deferimento;

b) a citação do réu para levantar o depósito ou oferecer resposta. Neste último caso, em se tratando de obrigação alternativa ou genérica cuja escolha for do credor, o autor pedirá a citação do credor para, no prazo estipulado no contrato ou, se nada houver sido avençado, em cinco dias, exercer o seu direito de escolha sob pena de decadência do mesmo.

Destaque-se que o fato de ter o réu se decidido por determinada prestação não significa que este não possa discutir dúvidas existentes em torno da obrigação.

No caso de incerteza do credor, pedirá o autor para serem citados todos os que disputam esse *status* jurídico para provarem o seu direito, obedecendo ao mandamento do art. 895, CPC.

Estivemos tratando até agora da ação consignatória principal, que é a que tem por único objetivo o depósito da *res debita* para extinção da dívida do autor.

Contudo, há que se falar também na ação consignatória incidental. É a que se verifica quando o depósito em consignação é postulado em pedido cumulado com outras pretensões do devedor, observando-se as disposições do art. 292, CPC.

O pedido de depósito incidente tanto pode referir-se a uma providência prévia como a uma medida final sendo que, naquele caso, o depósito será preparatório e, neste, um requisito para a execução da sentença.

Em qualquer hipótese, o pedido consignatório tem aspecto acessório e secundário, dependendo a sua subsistência da sorte do pedido principal. Por esse motivo não é tão relevante, na espécie, a certeza jurídica e a liquidez da obrigação, visto que elas serão alcançadas, via de regra, pela solução do pedido principal.

É de ser considerado, afinal, que na generalidade das prestações ilíquidas ou incertas, é sempre cabível a cumulação sucessiva de apuração e declaração do *quantum debeatur* com o pedido consequente de autorização para depósito liberatório *a posteriori*. Nessas ações, que seguem o rito ordinário por força do art. 292, § 2º, CPC, nada impede que o autor, desde logo, deposite em juízo o valor em que provisoriamente estima a sua dívida, o qual estará sujeito a reajustes na sentença definitiva, mas que poderá muito bem ser aceito pelo demandado, com antecipação para o desate da lide, como modalidade de autocomposição.

2.15 EFEITOS DA CONSIGNAÇÃO

Os efeitos da consignação, basicamente, referem-se à exclusão dos efeitos da mora para o devedor, deixando este de assumir os riscos pela demora da coisa consignada, que passam a ser do credor, ao menos até o julgamento da consignação.

Julgada procedente a consignação, tornam-se definitivos os efeitos provisórios. Julgada improcedente a medida, retornam para o devedor os riscos e os efeitos da mora existentes.

Dessa forma, os efeitos da consignação são apenas provisórios, tornando-se definitivos com a aceitação da prestação pelo credor ou com a decisão final da causa. Por isso a previsão do art. 338, CC, que, enquanto não se verificar a aceitação da prestação pelo credor ou sua impugnação, pode o devedor requerer o levantamento da prestação consignada, desde que pague as despesas respectivas, subsistindo a obrigação.

2.16 PROCEDIMENTO DA CONSIGNAÇÃO EM PAGAMENTO

2.16.1 Procedimento extrajudicial

Sem alterar o *caput*, cuja redação permanece a original, a Lei n. 8.951/94 acrescentou parágrafos ao art. 890. Talvez essa seja, das alterações, a de maior peso porque interfere no modo como a própria ação de consignação em pagamento se insere entre os meios destinados à tutela contra a *mora debitoris*.

As alterações nesse sentido consistiram em abrir para o devedor de obrigação pecuniária a faculdade de efetuar um depósito bancário em nome do credor, com o mesmo objetivo liberatório que o depósito feito em juízo, contornando com isso a necessidade de ingresso nas vias judiciárias. Essa novidade é reflexo das modernas tendências a valorizar os meios alternativos de acesso à Justiça, possibilitando a extinção das obrigações através de um depósito extrajudicial.

Os novos dispositivos criam como alternativa ao processo judicial, um procedimento extrajudicial para a consignação em pagamento, quando se tratar de obrigação em dinheiro.

O devedor da obrigação cujo objeto é uma soma em dinheiro, ou o terceiro, legitimado a pagar pelas regras de direito material, não está obrigado a se valer do procedimento de que cuidam o § 1º e os seguintes. Trata-se de uma opção do devedor ou do terceiro para liberar-se da obrigação, mera faculdade, vez que a lei menciona "poderá o devedor ou terceiro optar pelo depósito da quantia devida", o que não impede que se opte pelo ajuizamento da ação de consignação em pagamento.

O depósito tem a finalidade de eliminar ou impedir a incidência da mora, independentemente da aceitação do credor, mas esse depósito, para gerar efeitos, deverá ser integral e que observe a pessoa, o objeto, o modo e o tempo, requisitos necessários à efetivação do pagamento. Caso o depósito seja parcial, os efeitos da mora serão evitados apenas no limite da quantia consignada.

A lei não deixa dúvidas quanto à aplicação dos parágrafos apenas aos casos de obrigação em dinheiro, ficando excluída no tocante à consignação de coisa, quando deverá ser utilizado o sistema tradicional, de depósito judicial da coisa devida. Parte da doutrina, com a qual, *data venia*, não concordamos, entende que essa norma é de natureza material, não se aplicando, portanto, às relações fiscais e locatícias.

Não a consideramos de natureza material, mas, sim, processual, regulando apenas nova maneira de se proceder a consignação. Voltamos à velha regra de hermenêutica, pela qual onde a lei específica nada prevê aplica-se o regulado pela norma geral. O procedimento ao qual nos dedicamos aqui é, repita-se, extrajudicial, tanto que se efetiva sem qualquer ato de jurisdição. Esse procedimento, entretanto, é preparatório da ação de consignação em pagamento, no caso do § 3º. O depósito da soma devida consubstancia a oferta real, que não precisa ser antecedida de outra. Não quer dizer isso que o credor não possa recusar-se ao levantamento do depósito e alegar, uma vez proposta a ação, a inexistência da *mora accipiendi*. Demonstrada que ela não ocorreu, torna-se evidente a falta de interesse processual do autor da ação.

O referido depósito deverá, de acordo com a lei, se dar em estabelecimento bancário oficial, em conta com correção monetária, cientificando-se o credor para vir receber a prestação.

Destaque-se que, nesse ponto, merece cautela a leitura do art. 890, § 1º, pois pode, aparentemente, dar a impressão de que só seria possível a consignação extrajudicial se houvesse estabelecimento bancário oficial. Contudo, o melhor entendimento é que, se não houver banco oficial na comarca, poderá o juiz designar banco privado para a consignação. Tratando-se de prestações periódicas, far-se-á o depósito, repetindo-se o procedimento.

Efetuado o depósito extrajudicial, em conta bancária, com o acréscimo de correção monetária, deverá ser cientificado o credor, por carta com aviso de recepção, tendo ele o prazo de dez dias para manifestar a recusa, que se presumirá renunciada em caso de silêncio, ficando o devedor liberado da obrigação e a quantia depositada a favor do credor.

Sendo imprescindível a ciência do credor, pressupõe-se que ele seja determinado, excluindo-se assim a possibilidade nos casos de dúvida sobre quem deva receber o pagamento (art. 895, CPC).

A controvérsia se instaura, diante da omissão da lei, em relação a quem deverá cientificar o credor da existência do depósito. Há autores que afirmam que o encargo cabe ao consignante, enquanto outros sustentam que a cientificação caberia ao estabelecimento bancário perante o qual se efetuou o depósito, por afirmarem que se estabeleceria um sistema mais seguro de comunicação, evitando-se a possibilidade de se ter um comprovante de que o aviso de recebimento tratava-se de um envelope vazio.[4]

Na carta que será enviada ao credor deverá constar, obrigatoriamente, o prazo de dez dias para a manifestação da recusa, que, feita além do decêndio, contado, via de regra, da data do recebimento desta, não impedirá a incidência do art. 890, § 2º.

Decorridos dez dias do recebimento da carta, documentado no respectivo aviso de recebimento (o prazo se conta da data do recebimento e não do dia do retorno do AR ao banco), sem que o credor manifeste sua recusa, "reputar-se-á o devedor liberado da obrigação", reza o § 2º, criando uma presunção relativa, a qual cede à prova em contrário. Portanto, a falta de recusa não obsta à propositura das ações, que o credor tiver contra o devedor, incumbindo ao primeiro opor ao segundo a alegação de que não se manifestou devido ao não recebimento da carta, de inexistência da *mora accipiendi*, ou de insuficiência do depósito.

Cientificado do depósito, o credor pode comparecer ao banco e levantá-lo, imediatamente ou em qualquer tempo. O levantamento do depósito faz presumir a mora do credor e exonera o devedor quanto à soma depositada. Não pode o credor fazer o levantamento mediante ressalva, reserva, ou protesto, pois o banco não tem competência para conhecer de tais manifestações.

Destaque-se, que, como exigência para a consignação extrajudicial, o beneficiário do depósito deverá ser conhecido, certo, capaz, solvente,

4 Nesse sentido: Câmara (2009, p. 275).

inequivocamente titular do crédito e com domicílio conhecido pelo depositante.

Se, cientificado dele, o credor pretender manifestar sua recusa ao depósito, deverá fazê-lo, no prazo de dez dias contados do recebimento da carta (§ 1º), em correspondência dirigida ao banco,e não ao consignante, conforme se depreende do § 3º.

Ressalte-se que o credor não carece dar razões de recusa, bastando-lhe identificar seu objeto de modo suficiente.

Manifestada a recusa do credor, o devedor ou o terceiro pode propor, em trinta dias a ação consignatória (§ 3º). A petição inicial será necessariamente instruída com a prova do depósito e da recusa, que se reputam documentos indispensáveis à sua propositura (art. 283 e 284, CPC).

No que concerne ao prazo de trinta dias conferido pela lei para que o depositante fundamente sua ação no depósito e na recusa, não especificando a legislação o início de sua contagem, parece-nos mais prudente o entendimento de que a contagem de tal termo inicia-se na data em que o estabelecimento bancário certifica a recusa, protocolando-a, já que é a única data oficial existente, não se podendo impor ao banco uma obrigação que a lei não lhe atribuiu, obrigando-o a dar ciência ao depositante da recusa aposta pelo credor.

Não proposta a ação nos trinta dias do § 3º, o depósito não tem efeito liberatório (§ 4º), a menos que o credor, que pode levantá-lo a qualquer tempo, vá ao estabelecimento bancário e o retire antes que o faça o depositante.

Se o credor manifestar recusa e, ainda assim, o devedor não quiser propor a ação, bastará que se dirija ao banco e declare o seu propósito, bem como que não fora ajuizada ação, levantando o dinheiro antes mesmo do decurso do prazo de trinta dias. Se o credor quedar silente, o depositante só poderá levantar o depósito decorridos os trinta dias, devendo-se interpretar o § 4º como regra estipuladora de um prazo mínimo, durante o qual o depósito deve permanecer à disposição do credor.

Parece-nos que o legislador não deve ter pretendido que o devedor levantasse o depósito e fizesse outro posteriormente, querendo propor a demanda em juízo após os trinta dias, e carecendo, portanto, de eficácia o prazo de trinta dias para propositura da ação, uma vez que ela poderá ser intentada a qualquer tempo, bem como a expressão "ficando sem efeito o depósito" (§ 3º).

O depositante poderá levantar imediatamente o depósito, se provar que não ajuizou ação e que a mesma fora proposta, tendo com causa de pedir o mesmo crédito, por pessoa diferente dele, *v. g.*, o depósito foi de terceiro.

Destaque-se apenas que, mesmo transcorrido o prazo de trinta dias, sem que seja proposta a ação consignatória, nada impede a realização de novo depósito ou o ajuizamento da ação consignatória, só que o depósito anteriormente realizado não terá efeitos de elisão da mora.

2.16.2 Procedimento judicial em caso de mora do credor

2.16.2.1 Petição inicial

O procedimento inicial de consignação em juízo se inicia com a petição inicial, que observará os requisitos dos art. 282 e 283, CPC.

O autor deverá, ainda, requerer o depósito da quantia ou da coisa devida(art. 893, I, CPC).

Ressalte-se que o requerimento de depósito da quantia ou coisa devida só poderá ser dispensado nos casos em que se tenha previamente realizado a consignação extrajudicial, em até trinta dias antes do ajuizamento da ação, caso em que a petição inicial deverá vir acompanhada da prova do depósito bancário e da recusa do credor.

Em seguida, requererá, na norma vestibular, a citação do réu para, no prazo de 5 dias, vir levantar o depósito ou oferecer resposta, cujo prazo é de 15 dias e não mais de 10 como no direito anterior.

2.16.2.2 Valor da causa

Onde a regra específica silenciar devemos utilizar os dispositivos da norma geral. É o que ocorre ao buscarmos o dispositivo relativo ao valor da causa na ação de consignação em pagamento.

De acordo com o art. 260, CPC, o valor da causa na consignatória corresponde à importância pecuniária ou ao valor da coisa que o autor entende devida. Se o autor protesta pelo depósito de prestações vincendas, o valor da causa deve corresponder ao equivalente a doze vezes a primeira prestação.

Cabe lembrar que, inobstante a pluralidade de prestações, pode a ação ser ajuizada visando apenas a uma delas especificamente, o que, certamente, não ampliará o valor da causa além do *quantum* apontado na peça exordial.

A regra estabelecida pelo art. 259, V, não obriga a que a consignação tenha valor correspondente ao do contrato inteiro, se o depósito pretendido é de apenas uma ou algumas prestações nele estipuladas.

Norma específica, porém, existe no tocante à consignatória de aluguel que, mesmo antes da nova Lei do Inquilinato, já era regulada, quanto ao valor da causa, pela Súmula 449 do STF, a qual hoje encontra-se superada, na medida em que o art. 58, II, da Lei n. 8.245/91 (Lei do Inquilinato) tratou integralmente da questão.

2.16.2.3 Depósito

O despacho que deferir a inicial determinará o depósito requerido pelo autor e fixará data para o levantamento pelo devedor, desde logo considerando o tempo necessário para a devida citação do réu. O depósito deverá ser feito em cinco dias a contar do deferimento, salvo no caso de consignação extrajudicial.

É comum o juiz determinar, no mesmo despacho, a citação do réu para resposta e o depósito pelo autor. Apesar de não existir disposição legal em contrário, tal procedimento pode levar a inconvenientes, sobretudo se o réu contestar antes da realização do depósito.

O prazo fixado no art. 893 tem natureza decadencial, já que o direito (ou faculdade) de depositar nasce condicionado ao seu exercício. Sem o depósito, o processo fica sem objeto e deve ser extinto sem julgamento de mérito (art. 267, XI), tendo em vista que a sentença tem a função de declarar sua eficácia liberatória.

Contudo, uma vez comprovado justo impedimento, deve ser aplicada a regra geral e devolvido o prazo ao devedor.

Como o depósito é ato do consignante, ele próprio pode revogá-lo, se assim quiser. Uma vez que o pedido é a declaração da natureza liberatória do depósito, seu levantamento pelo próprio autor corresponde à desistência da ação, regulamentada pelo art. 267, VIII. Isso significa que o autor pode livremente retirar o depósito antes da citação ou da contestação, encerrando o procedimento. Depois da contestação, contudo, tal medida encontra-se condicionada à concordância do réu e importa condenação em custas e honorários.

2.16.2.4 Obrigação alternativa

Tratando-se de obrigação alternativa, em que a escolha é do devedor, em nada fica alterado o procedimento, tendo em vista que na inicial o devedor indicará a prestação escolhida, oferecendo-a ao credor.

Se a escolha couber ao credor, a citação passará a ter caráter tríplice. Além das duas funções anteriores, terá o credor cinco dias, se outro prazo não for estabelecido na lei ou no contrato, para escolher. Não o fazendo, caberá a escolha ao devedor. O juiz deverá marcar, no mesmo despacho que determinar a escolha, a data do recebimento, computado o tempo necessário para a realização do depósito.

A escolha pelo credor de uma das obrigações alternativas não significa reconhecimento da procedência do pedido, sendo-lhe permitido contestar ao invés de aceitar o pagamento escolhido.

2.16.2.5 Citação

O sistema brasileiro exige que, antes do depósito judicial, o devedor tenha feito oferta particular, recusada pelo credor. O depósito, pelo sistema introduzido com a reforma (Lei n. 8.951, de 13-12-1994, que alterou o art. 893, II), deve ser feito antes da citação, requerido na inicial.

Logo, a citação requerida pelo devedor tem duplo objetivo: convocá-lo para receber a prestação devida e dar-lhe oportunidade de contestar a ação, caso não aceite o depósito.

Se ocorrer dúvida fundada do devedor sobre quem deva legitimamente receber o pagamento, o autor requererá o depósito e a citação de todos os que disputam para provarem seu direito (art. 895).

2.16.2.6 Resposta do demandado

Diante da citação o demandado pode assumir três condutas:

a) aceitar a prestação devida, sem ressalva, gerando a extinção do processo, com resolução do mérito, ante o reconhecimento do pedido;

b) responder, admitindo-se, com as alterações introduzidas pela Lei n. 8.951/94, qualquer modalidade de resposta: exceção, contestação ou reconvenção;

c) conserva-se inerte (revelia).

2.16.2.6.1 *Contestação*

Antes das alterações introduzidas pela Lei n. 8.951/94, a contestação deveria ser oferecida no prazo de 10 dias, contados da data designada para o recebimento. A nova redação é omissa acerca do prazo, entendendo-se ser caso de aplicação do prazo geral de 15 dias.

O art. 896 enumera as matérias que podem ser utilizadas pelo réu na sua defesa. Tal enumeração representa apenas os temas típicos da consignação. Isso não impede que se alegue, preliminarmente, outras matérias de direito processual, como a falta de uma condição da ação ou de um pressuposto processual.

Já no mérito há divergência se poderá incidir limitação. Alguns autores sustentam que o art. 896 limitaria as alegações de mérito, tornando o processo de consignação em pagamento de cognição limitada em sua amplitude.[5] Porém, há quem sustente que a ação de consignação em pagamento seria de cognição plena, podendo o demandado alegar qualquer outra matéria, não prevista no art. 896, CPC, especialmente ligadas a questões de direito material, como a existência da obrigação.

Na verdade, o que se pretende com o art. 896 é limitar o objeto do processo, o mérito da causa. O juiz poderá conhecer de qualquer alegação de direito processual ou de direito material feita pelo réu, mas apenas as questões do art. 896, CPC terão a força de coisa julgada material.

Destaque-se que a insuficiência do depósito poderá ser alegada em contestação, pela natureza dúplice do procedimento, não se admitindo, nesse caso, a reconvenção. Caso seja alegada a insuficiência do depósito, o demandado deverá explicitar a quantia que entende ser devida e poderá

5 Nesse sentido: Câmara (2009, p. 281).

levantar a quantia depositada, prosseguindo o processo para se verificar se o depósito foi ou não suficiente, admitindo-se, portanto, a possibilidade de se discutir, em sede de ação consignatória, a liquidez da obrigação.

2.16.2.6.2 *Não comparecimento e revelia*

O não comparecimento do credor para receber a prestação equivale a recusa tácita da oferta de pagamento. Porém, essa recusa não tem força de contestação, nem de revelia. Registrada a ausência do réu o escrivão certificará a ocorrência nos autos e a coisa devida continuará sob custódia, à ordem do juiz da causa.

O prazo de contestação começa a fluir desde a juntada do mandado de citação. A regra é a mesma quer o réu deixe de comparecer, quer o réu compareça para declarar sua recusa (art. 896, CPC).

O não comparecimento no prazo não impede que, mais tarde, venha requerer nos autos o levantamento do depósito, havendo reconhecimento do pedido. A qualquer tempo, enquanto permanecer consignada judicialmente a prestação, será faculdade do credor o seu recebimento, eis que o depósito em consignação é precisamente despacho a favor do credor.

Sempre que se autorizar tal levantamento o réu firmará nos autos o recibo e termo lavrado por escrivão. Se o pedido do autor não tiver ainda sido julgado por sentença, com o recebimento do credor o juiz decretará de pleno a extinção do processo com declaração de extinção da obrigação e condenação do réu nas custas e honorários advocatícios.

A revelia do demandado só ocorrerá quando o prazo de resposta transcorrer sem que haja resposta do réu, nos termos do art. 319, CPC. Quanto aos efeitos da revelia na consignatória, a regra do art. 897, CPC não deve ser interpretada de forma restritiva, levando à conclusão de que, ocorrendo a revelia, a única opção do juiz é atuar conforme o disposto no referido artigo.

Reconhecendo, porém, a força liberatória do depósito, terá o juiz de condenar o réu, revel ou não, no pagamento de custas e honorários. Salvo nas hipótese em que, ocorrendo impugnação do réu no que tange ao *quantum* depositado, o autor proceder à complementação da diferença, quando os ônus sucumbenciais se inverterão.

2.16.2.7 Complementação do depósito

Por medida de economia processual, o art. 899 faculta ao devedor, quando a defesa se fundar exclusivamente na insuficiência do depósito, a possibilidade de complementação em dez dias. Esse prazo tem natureza decadencial.

A complementação é permitida independentemente do motivo que levou o consignante a, inicialmente, depositar valor incorreto. O autor não pode ser compelido a efetivar a complementação, por se tratar de mera faculdade. Contudo, uma vez manifestada sua vontade nesse sentido, não pode o depósito ser indeferido pelo juiz, tendo em vista constituir direito subjetivo do consignante.

O CPC exige dois requisitos para que a complementação do depósito seja eficaz. Primeiramente, ele deve ser feito no prazo de dez dias, a contar da intimação do autor dos termos da resposta do réu. Além disso, é necessário que o simples inadimplemento do devedor não cause, necessariamente, a resolução do negócio jurídico. A oferta insuficiente caracteriza a mora do devedor e, portanto, não será mais possível a emenda se essa mora provocar a resolução da obrigação.

Realizado o depósito complementar, se a única matéria de defesa tiver sido o *quantum* ofertado, o juiz deverá extinguir o processo com resolução do mérito, acolhendo o pedido consignatório.

Surge, então, uma particularidade no que se refere à condenação nos ônus da sucumbência. Apesar do acolhimento do pedido, prevaleceu, em última análise, a posição do réu. Ao complementar o depósito o autor simplesmente reconheceu a procedência da contestação. A emenda do pedido após a contestação constitui exceção admitida pelo legislador nesse caso. Portanto, os encargos da sucumbência devem ser atribuídos ao devedor.

Ao arguir a insuficiência do depósito, o réu pode levantar desde logo a quantia depositada, tendo em vista que sobre ela não pesa qualquer controvérsia. O autor ficará, então, apenas parcialmente liberado, prosseguindo o processo quanto à parcela controvertida.

Esse levantamento já era admitido antes da reforma e podia ser feito mesmo antes do trânsito em julgado da sentença. Contudo, era interpretado como uma concordância pelo réu das alegações do autor. Aplicava-se o art. 503, CPC pelo qual a parte que aceita, expressa ou tacitamente a sentença ou a decisão, não poderá recorrer. A aceitação tácita das alegações do autor era visto como um ato incompatível com a vontade de recorrer. O levantamento parcial antecipado só é admitido na hipótese de insuficiência do depósito (art. 896, IV).

No caso da defesa do réu ter fundamento em outras matérias além da insuficiência do depósito, mesmo que efetuada a complementação, não será admitido o levantamento parcial. O processo não será extinto, mas prosseguirá com redução do conteúdo da lide a ser solucionada.

O § 2º do art. 899 estabelece que a sentença que concluir pela insuficiência do depósito determinará, sempre que possível, o montante devido, mesmo que não tenha havido reconvenção por parte do réu. Para tanto poderá servir-se, se necessário, do auxílio de perito. A sentença, nesse caso, valerá como título executivo, podendo a execução ser promovida nos próprios autos.

A determinação constitui medida de economia processual e deve ser proferida até mesmo de ofício, cabendo ao réu decidir se vai promover ou não a execução.

Com essa inovação, a consignatória assumiu, nessa hipótese do art. 899, natureza dúplice, visto que o autor pode vir a ser condenado, independentemente de reconvenção pelo réu. A sentença deixou de ser mera declaratória negativa para transformar-se em condenatória quanto à parcela não depositada.

Portanto, se for possível a determinação do montante devido, o juiz deverá fazê-lo, incidindo o art. 899, § 2º. A falta de elementos para a fixação do valor do débito, hipótese que deverá ser rara, determina a procedência parcial da ação, pois terá havido recebimento e quitação quanto à parcela depositada. Será necessária liquidação judicial para viabilizar a execução. As custas e os honorários poderão ser compensados tendo em vista a sucumbência recíproca.

2.16.2.8 Sentença

De acordo com o art. 897, CPC, ao acolher o pedido do consignante, o juiz declarará extinta a obrigação e condenará o réu ao pagamento das custas judiciais e honorários advocatícios.

Observe-se que, quanto ao mérito, não é a sentença que constitui nem que desconstitui a obrigação, mas, sim, o depósito feito em juízo pelo autor, resultando na extinção do vínculo que existia. A estrutura do procedimento especial da ação de consignação em pagamento, portanto, conduz a uma sentença declaratória, que apenas reconhece a eficácia do ato da parte, constando no dispositivo da sentença a extinção da obrigação.

Já as discussões que venham a surgir no curso do processo, a respeito da existência e do modo de ser da obrigação, serão apenas conhecidas na fundamentação da sentença, e não em seu dispositivo, não alcançando a coisa julgada material.

2.16.3 Procedimento judicial com risco de pagamento ineficaz

Como já vimos, a ação consignatória é cabível nos casos de *mora creditoris* e quando não tiver o devedor certeza quanto a quem deva legitimamente receber o pagamento. Isso significa que a lei visa a solucionar situações como a da impossibilidade real do pagamento voluntário, seja por injusta recusa por parte do credor ou por ausência, desconhecimento ou inacessibilidade deste, e a da insegurança ou risco de ineficácia do pagamento voluntário.

Esse tipo de consignação, *a priori*, não envolve uma controvérsia entre o devedor e o possível credor. Há, na verdade, uma insegurança jurídica para o devedor.

As hipóteses de impossibilidade real do pagamento voluntário foram abordadas anteriormente.

Vejamos agora os casos de risco de pagamento ineficaz que ensejam o pagamento por consignação: a recusa do credor em fornecer a quitação devida, a dúvida fundada quanto à pessoa do credor, a litigiosidade em torno da prestação entre terceiros, e a falta de quem represente legalmente o credor incapaz.

Sempre que o credor, sujeito ativo da obrigação, se recusar a dar quitação pelo pagamento efetuado pelo devedor, tem esse o direito de pleitear judicialmente sua liberação da obrigação, consignando o valor. Obtém, dessa forma, a quitação do seu débito.

A dúvida sobre a quem pagar existirá quando se desconhecer o credor atual, bem como se houver disputa entre os vários pretendentes ao crédito. Existirá dúvida quanto ao credor, por exemplo, nos casos de sucessão do devedor morto, que não deixar herdeiros conhecidos, nos títulos ao portador etc.

Em se tratando de desconhecimento do credor, a citação se fará por editais, observando-se o disposto nos arts. 231 e 232, CPC, e será nomeado curador especial se vier a ser decretada a revelia (art. 9º, II).

Caso típico de consignação por ignorância de a quem pagar é o do incapaz sem representação legal, quando deverá funcionar o Ministério Público (art. 82, I) e será nomeado curador especial.

De acordo com o art. 895, sempre que houver litigiosidade quanto à titularidade do crédito, o devedor promoverá a ação citando aos que o disputam para "provarem o seu direito".

Em todas as hipóteses de consignação por dúvida quanto a quem pagar há particularidades quanto ao procedimento da consignatória.

A primeira peculiaridade é que o depósito deve anteceder a citação, de modo que o juiz, ao despachar a inicial, não irá designar dia, local e hora para o recebimento, sob pena de depósito.

Efetuado o depósito preparatório, os interessados serão citados para "provarem o seu direito". Entretanto, o juiz designará, uniformemente, para todo e qualquer pretendente, dia e hora para o comparecimento em juízo. Caso sejam todos conhecidos, a citação far-se-á pessoalmente; sendo desconhecidos ou havendo incerteza quanto a sua identidade, haverá citação editalícia.

Observe-se, contudo, que não fica excluída a possibilidade de contestação, eis que a dúvida que justifica e autoriza a consignação em pagamento não é nem pode ser a dúvida infundada, mas a dúvida séria, que possa levar o devedor a um estado de perplexidade. Portanto, pode ser matéria de contestação a falta de interesse jurídico por inexistência de dúvida séria a justificar a consignação. Destarte, não havendo dúvida séria e fundada quanto a quem deva legitimamente receber, o devedor decai do pedido e terá que suportar os ônus da sucumbência.

Conjugando-se os arts. 896 e 895, CPC, conclui-se que aos interessados é dado o prazo de quinze dias para contestar, contados não da citação, mas da data marcada para o comparecimento e comprovação do direito creditício.

Feita a citação dos credores incertos, pode ocorrer uma das seguintes situações: não comparecer qualquer pretendente, comparecimento de um apenas, ou comparecimento de mais de um.

Caso, na data e hora assinaladas para o comparecimento dos interessados em juízo, não se registrar presença alguma, determina o art. 898, CPC que se proceda à arrecadação do depósito do consignante, confiando-o a um curador. Dessa feita, perdurará o depósito à ordem judicial, até que algum interessado solicite seu levantamento, mediante comprovação do seu direito.

O devedor se libera desde logo, declarando o juiz extinta a obrigação, ao determinar a arrecadação, na forma do art. 897. Isso significa o reconhecimento da procedência do pedido, sendo os ônus da sucumbência abatidos do depósito, antes da arrecadação, que se processará apenas sobre o valor líquido restante.

Esse procedimento depende da revelia de todos os possíveis interessados, devendo-se, portanto, aguardar o transcurso do prazo para contestar. Somente após verificada a ausência de contestação e a preclusão da faculdade de promovê-la, poderá o magistrado julgar o pedido do devedor e arrecadar o depósito como bem de ausente.

Por outro lado, comparecendo em juízo apenas um pretendente para se habilitar ao depósito feito pelo consignante, ao juiz caberá apreciar suas alegações e provas, para proferir, de plano, decisão em torno da pretensão de levantar o depósito (art. 898, CPC).

Ou seja, o simples comparecimento não permite o levantamento do depósito. Preciso é que o interessado prove seu direito de modo a eliminar a dúvida que ensejou a consignação.

Ademais, respeitando o princípio do contraditório, deve o juiz ouvir o autor sobre o pedido do pretendente.

Finalmente, vejamos o que ocorre quando mais de um pretendente comparece em juízo, avocando para si o direito ao crédito que o autor procura solver.

Nesse caso, o processo é desmembrado, estabelecendo-se uma relação processual entre o devedor e o bloco dos pretensos credores e outra entre os diversos disputantes do pagamento.

O só fato de haver diversos pretendentes em disputa no processo atesta a existência do interesse jurídico do devedor ao lançar mão do pagamento por consignação.Todavia, pode seu pedido ser julgado de pronto, independente da disputa entre os diversos pretendentes.

Assim, diante do disposto no art. 898, CPC, "o juiz declarará efetuado o depósito e extinta a obrigação, continuando o processo a correr unicamente entre os credores", nos mesmos autos da consignatória, observado o rito ordinário e admitindo-se nova contestação da parte dos réus, uns em relação aos outros.

Os ônus da sucumbência serão deduzidos do depósito já existente, eis que, vitorioso, não cabe ao autor suportá-los.

Inobstante, podem os interessados oferecer contestação em face do devedor, isoladamente ou em conjunto, sob a alegação, por exemplo, de insuficiência do depósito ou de inexistência de dúvida quanto ao verdadeiro credor (quando todos os demandados reconhecem que apenas um deles é o credor). Nesse caso, acolhida a defesa, sucumbente será o devedor, a quem caberá arcar com o encargo das custas e dos honorários advocatícios.

Por outro lado, caso não haja contestação, ou sendo esta repelida, passa-se à segunda fase do procedimento, reservada exclusivamente aos pretensos credores. O rito é o ordinário.

Julgada extinta a obrigação em face do consignante, o juiz determinará que, em quinze dias, os concorrentes contestem as pretensões em conflito. Ao vencedor, a sentença do concurso autorizará o levantamento do depósito, cabendo ao vencido ou aos vencidos o ressarcimento de todos os gastos do processo efetuados ou suportados pelo verdadeiro credor.

É preciso que fique bem claro: na sentença da segunda fase, deve o juiz não só condenar o pretendente vencido a pagar a sucumbência dela, como também a repor a da primeira. Do contrário, o credor legítimo levantaria o valor não integral do depósito, eis que deste fora descontada a sucumbência devida ao consignante.

Situação especial ocorrerá quando houver prévio ajuizamento de ação entre os interessados a respeito da titularidade do crédito. Cabível será a consignação; entretanto, não haverá a segunda fase supracitada, eis que a disputa entre os pretensos credores é objeto da ação principal e a consignatória se dá por via incidente. Destarte, o juiz se restringirá à sentença de extinção da dívida do autor, e o levantamento do depósito ficará condicionado ao desfecho do processo principal.

Todavia, se houver intromissão de outro pretendente ao crédito, além dos que já figuravam na ação primitiva, ou se o depósito sofrer contestação, surgirá uma conexão de causas, que forçará a reunião dos dois processos, para julgamento simultâneo da consignatória e da ação de disputa do crédito, com ampliação do *thema decidendum* de cada um dos feitos.

2.17 RESGATE DA ENFITEUSE

O procedimento da ação de consignação é aplicável, no que for compatível, ao resgate do aforamento (art. 900, CPC). Aforamento, enfiteuse ou emprazamento é um direito real de posse, uso e gozo de imóvel alheio, alienável e transmissível por herança ao enfiteuta, obrigado a pagar uma pensão anual variável ao senhorio direto.

Dessa forma, a enfiteuse faz surgir uma relação entre o nu-proprietário, titular do domínio direto do imóvel, e o enfiteuta, que pode usar, fruir e dispor do bem, mas não tem direito de propriedade, que permanece com o senhorio direto. O enfiteuta tem a obrigação de pagar ao senhorio direto a obrigação de pagar uma renda anual, o foro.

O Código Civil de 1916, em seu art. 693, dispunha que:

> Art. 693. Todos os aforamentos, inclusive os constituídos anteriormente a este Código, salvo acordo entre as partes, são resgatáveis 10 (dez) anos depois de constituídos, mediante pagamento de um laudêmio, que será de 2,5% (dois e meio por cento) sobre o valor atual da propriedade plena, e de 10 (dez) pensões anuais pelo foreiro, que não poderá no seu contrato renunciar ao direito de resgate, nem contrariar as disposições imperativas deste Capítulo. (Redação dada pela Lei n. 5.827, de 23.11.1972).

Pode-se perceber que o enfiteuta tem direito potestativo a resgatar a enfiteuse após dez anos de sua constituição. Nesses casos, deverá se dirigir ao nu-proprietário do imóvel sujeito a aforamento para lhe oferecer o valor de um laudêmio e dez foros. Recusado o recebimento ou ocorrendo algumas das hipóteses em que se admite a extinção da obrigação por consignação, poderá ajuizar a ação de consignação, depositando a quantia necessária para o resgate.

A competência para processar a ação será da comarca da situação do bem enfitêutico, por se tratar de ação imobiliária (art. 95, CPC).

Destaque-se que a não há maiores diferenças entre a ação de consignação em pagamento e o procedimento de resgate da enfiteuse, ressalvando-se, apenas, que a sentença que julgue procedente o pedido, declarando extinta a enfiteuse pelo depósito do valor necessário para seu resgate, servirá como título de remição do aforamento, hábil a permitir seu cancelamento junto ao Oficial do Registro de Imóvel.

2.18 CONSIGNAÇÃO DE ALUGUÉIS E ACESSÓRIOS NA LOCAÇÃO

A Lei de Locação de Imóveis Urbanos (Lei n. 8.245/91) regula procedimento um pouco diferente do previsto no CPC para a ação de consignação em pagamento, quando o objeto é aluguel ou acessórios da locação, como, por exemplo, as despesas ordinárias de condomínio.

A competência para a ação de consignação de aluguéis é o foro do imóvel, salvo se outro houver sido eleito pelas partes (art. 58, Lei n. 8.245/91). A ação se inicia com a petição inicial que, além dos requisitos previstos para a ação de consignação em pagamento no CPC, deverá trazer a especificação dos valores dos aluguéis e acessórios da locação.

A legitimidade ativa para ajuizá-la é do próprio inquilino, seu cônjuge ou companheiro (art. 12), o ocupante de habitação coletiva multifamiliar (art. 2º, parágrafo único), o sublocatário, o fiador e terceiro, interessado ou não.

Figurarão no polo passivo o locador, o sublocador, o espólio ou a massa, no caso de falência ou insolvência civil. Caso haja dúvida fundada quanto à titularidade do crédito, todos os que se dizem credores deverão figurar no polo passivo.

Deferida a citação do réu, o autor será intimado a depositar em vinte e quatro horas o valor da obrigação apontado na inicial, sob pena de extinção do processo sem resolução do mérito. Caso já tenha sido feito o depósito extrajudicial, ficarão evidentemente dispensados tanto sua intimação quanto o depósito judicial, devendo, nesse caso, a inicial vir instruída com comprovante do depósito e da recusa.

O depósito das prestações vencidas no curso do processo, aqui, não depende de pedido expresso na inicial e deve ser feita até a data do vencimento, podendo os depósitos serem feitos até a prolação da sentença de primeiro grau, conforme expressa previsão legal do art. 67, III, da Lei n. 8.245/91.

Se não houver contestação, o pedido do locatário será desde logo julgado procedente, com a competente declaração de quitação, condenando-se o locador ao pagamento das custas processuais e aos honorários advocatícios, no percentual de 20% sobre o valor do depósito (art. 67, IV).

Havendo contestação, o réu poderá alegar as matérias do art. 67, V, da Lei n. 8.245/91, disposições semelhantes às do art. 896, CPC e que, como já tivemos a oportunidade de abordar, não consideramos exaustivas.

Feitas essas diferenças, as demais disposições serão semelhantes à ação de consignação em pagamento prevista no CPC.

2.19 A CONSIGNAÇÃO EM PAGAMENTO NO PROJETO DO NOVO CPC

A ação de consignação em pagamento é o primeiro procedimento especial previsto no projeto do novo CPC, estando previsto logo no Capítulo I do Título III, que trata dos procedimentos especiais.

O texto do projeto traz poucas alterações em relação à previsão do atual CPC, como destacamos:

TEXTO DO CPC ATUAL	TEXTO DO PROJETO DO NCPC (PL N. 8.046/2010)
Art. 890. Nos casos previstos em lei, poderá o devedor ou terceiro requerer, com efeito de pagamento, a consignação da quantia ou da coisa devida. § 1º Tratando-se de obrigação em dinheiro, poderá o devedor ou terceiro optar pelo depósito da quantia devida, em estabelecimento bancário, oficial onde houver, situado no lugar do pagamento, em conta com correção monetária, cientificando-se o credor por carta com aviso de recepção, assinado o prazo de 10 (dez) dias para a manifestação de recusa. § 2º Decorrido o prazo referido no parágrafo anterior, sem a manifestação de recusa, reputar-se-á o devedor liberado da obrigação, ficando à disposição do credor a quantia depositada. § 3º Ocorrendo a recusa, manifestada por escrito ao estabelecimento bancário, o devedor ou terceiro poderá propor, dentro de 30 (trinta) dias, a ação de consignação, instruindo a inicial com a prova do depósito e da recusa. § 4º Não proposta a ação no prazo do parágrafo anterior, ficará sem efeito o depósito, podendo levantá-lo o depositante.	**Art. 524.** Nos casos previstos em lei, poderá o devedor ou terceiro requerer, com efeito de pagamento, a consignação da quantia ou da coisa devida. § 1º Tratando-se de obrigação em dinheiro, poderá o devedor ou terceiro optar pelo depósito da quantia devida em estabelecimento bancário, oficial onde houver, situado no lugar do pagamento, em conta com correção monetária, cientificando-se o credor por carta com aviso de recebimento, assinado o prazo de dez dias para a manifestação de recusa. § 2º Decorrido o prazo do § 1º, contado do retorno do aviso de recebimento, sem a manifestação de recusa, considerar-se-á o devedor liberado da obrigação, ficando à disposição do credor a quantia depositada. § 3º Ocorrendo a recusa, manifestada por escrito ao estabelecimento bancário, o devedor ou terceiro poderá propor, dentro de um mês, a ação de consignação, instruindo a inicial com a prova do depósito e da recusa. § 4º Não proposta a ação no prazo do § 3º, ficará sem efeito o depósito, podendo levantá-lo o depositante.
Art. 891. Requerer-se-á a consignação no lugar do pagamento, cessando para o devedor, tanto que se efetue o depósito, os juros e os riscos, salvo se for julgada improcedente. Parágrafo único. Quando a coisa devida for corpo que deva ser entregue no lugar em que está, poderá o devedor requerer a consignação no foro em que ela se encontra.	**Art. 525.** Requerer-se-á a consignação no lugar do pagamento, cessando para o devedor, à data do depósito, os juros e os riscos, salvo se for julgada improcedente.

TEXTO DO CPC ATUAL	TEXTO DO PROJETO DO NCPC (PL N. 8.046/2010)
Art. 892. Tratando-se de prestações periódicas, uma vez consignada a primeira, pode o devedor continuar a consignar, no mesmo processo e sem mais formalidades, as que se forem vencendo, desde que os depósitos sejam efetuados até 5 (cinco) dias, contados da data do vencimento.	**Art. 526.** Tratando-se de prestações sucessivas, consignada uma delas, pode o devedor continuar a consignar, no mesmo processo e sem mais formalidades, as que se forem vencendo, desde que os depósitos sejam efetuados até cinco dias contados da data do respectivo vencimento.
Art. 893. O autor, na petição inicial, requererá: I – o depósito da quantia ou da coisa devida, a ser efetivado no prazo de 5 (cinco) dias contados do deferimento, ressalvada a hipótese do § 3º do art. 890; II – a citação do réu para levantar o depósito ou oferecer resposta.	**Art. 527.** Na petição inicial, o autor requererá: I – o depósito da quantia ou da coisa devida, a ser efetivado no prazo de cinco dias contados do deferimento, ressalvada a hipótese do art. 524, § 3º; II – a citação do réu para levantar o depósito ou oferecer contestação.
Art. 894. Se o objeto da prestação for coisa indeterminada e a escolha couber ao credor, será este citado para exercer o direito dentro de 5 (cinco) dias, se outro prazo não constar de lei ou do contrato, ou para aceitar que o devedor o faça, devendo o juiz, ao despachar a petição inicial, fixar lugar, dia e hora em que se fará a entrega, sob pena de depósito.	**Art. 528.** Se o objeto da prestação for coisa indeterminada e a escolha couber ao credor, será este citado para exercer o direito dentro de cinco dias, se outro prazo não constar de lei ou do contrato, ou para aceitar que o devedor o faça, devendo o juiz, ao despachar a petição inicial, fixar lugar, dia e hora em que se fará a entrega, sob pena de depósito.
Art. 895. Se ocorrer dúvida sobre quem deva legitimamente receber o pagamento, o autor requererá o depósito e a citação dos que o disputam para provarem o seu direito.	**Art. 532.** Se ocorrer dúvida sobre quem deva legitimamente receber o pagamento, o autor requererá o depósito e a citação dos possíveis titulares do crédito para provarem o seu direito.
Art. 896. Na contestação, o réu poderá alegar que: I – não houve recusa ou mora em receber a quantia ou coisa devida; II – foi justa a recusa; III – o depósito não se efetuou no prazo ou no lugar do pagamento; IV – o depósito não é integral. Parágrafo único. No caso do inciso IV, a alegação será admissível se o réu indicar o montante que entende devido.	**Art. 529.** Na contestação, o réu poderá alegar que: I – não houve recusa ou mora em receber a quantia ou coisa devida; II – foi justa a recusa; III – o depósito não se efetuou no prazo ou no lugar do pagamento; IV – o depósito não é integral. Parágrafo único. No caso do inciso IV, a alegação somente será admissível se o réu indicar o montante que entende devido.

TEXTO DO CPC ATUAL	TEXTO DO PROJETO DO NCPC (PL N. 8.046/2010)
Art. 897. Não oferecida a contestação, e ocorrentes os efeitos da revelia, o juiz julgará procedente o pedido, declarará extinta a obrigação e condenará o réu nas custas e honorários advocatícios. Parágrafo único. Proceder-se-á do mesmo modo se o credor receber e der quitação.	**Art. 531.** Não oferecida a contestação e ocorrendo os efeitos da revelia, o juiz julgará procedente o pedido, declarará extinta a obrigação e condenará o réu nas custas e nos honorários advocatícios. Parágrafo único. Proceder-se-á do mesmo modo se o credor receber e der quitação.
Art. 898. Quando a consignação se fundar em dúvida sobre quem deva legitimamente receber, não comparecendo nenhum pretendente, converter-se-á o depósito em arrecadação de bens de ausentes; comparecendo apenas um, o juiz decidirá de plano; comparecendo mais de um, o juiz declarará efetuado o depósito e extinta a obrigação, continuando o processo a correr unicamente entre os credores; caso em que se observará o procedimento ordinário.	**Art. 533.** No caso do art. 513, não comparecendo pretendente algum, converter-se-á o depósito em arrecadação de coisas vagas; comparecendo apenas um, o juiz decidirá de plano; comparecendo mais de um, o juiz declarará efetuado o depósito e extinta a obrigação, continuando o processo a correr unicamente entre os presuntivos credores, observado o procedimento comum.
Art. 899. Quando na contestação o réu alegar que o depósito não é integral, é lícito ao autor completá-lo, dentro em 10 (dez) dias, salvo se corresponder a prestação, cujo inadimplemento acarrete a rescisão do contrato. § 1º Alegada a insuficiência do depósito, poderá o réu levantar, desde logo, a quantia ou a coisa depositada, com a consequente liberação parcial do autor, prosseguindo o processo quanto à parcela controvertida. § 2º A sentença que concluir pela insuficiência do depósito determinará, sempre que possível, o montante devido, e, neste caso, valerá como título executivo, facultado ao credor promover-lhe a execução nos mesmos autos.	**Art. 530.** Alegada a insuficiência do depósito, é lícito ao autor completá-lo, em dez dias, salvo se corresponder a prestação cujo inadimplemento acarrete a rescisão do contrato. § 1º No caso do ***caput***, poderá o réu levantar, desde logo, a quantia ou a coisa depositada, com a consequente liberação parcial do autor, prosseguindo o processo quanto à parcela controvertida. § 2º A sentença que concluir pela insuficiência do depósito determinará, sempre que possível, o montante devido e valerá como título executivo, facultado ao credor promover-lhe o cumprimento nos mesmos autos, após liquidação, se necessária.
Art. 900. Aplica-se o procedimento estabelecido neste Capítulo, no que couber, ao resgate do aforamento.	**Art. 534.** Aplica-se o procedimento estabelecido neste Capítulo, no que couber, ao resgate do aforamento.

Logo no primeiro artigo referente à consignação em pagamento, percebemos que houve pequenas alterações na redação do texto. O legislador optou por retirar as referências à expressão parágrafo anterior, fazendo menção expressa ao número do parágrafo, até como forma de garantir a clareza do texto, esclarecendo qual seria a referência, caso sobrevenham reformas legislativas. A referência a trinta dias foi substituída por um mês (§ 3º), o que modifica o prazo para propositura da ação. Contudo, não houve alterações no procedimento previsto, apenas pequenos ajustes na redação existente, sendo, talvez, a alteração do prazo para um mês a mais relevante dentro do procedimento de consignação em pagamento.

No artigo seguinte (art. 525), o projeto do novo Código retira o parágrafo único, prevista no CPC atual, que prevê que, quando a coisa devida for corpo que deva ser entregue no lugar em que está, poderá o devedor requerer a consignação no foro em que ela se encontra.

Essa regra existia também no Código Civil de 1916 e foi reproduzida pelo Código Civil de 2002 (art. 327, *caput*), ao permitir que a própria lei trouxesse casos que excepcionassem a regra do pagamento no domicílio do devedor. Era a preocupação de tornar a obrigação de prestar corpo certo *quérable,* independente do que tenha sido anteriormente pactuado, diante da natureza da obrigação.

O novo Código traz apenas a regra: a consignação deverá ocorrer no lugar do pagamento. Dessa forma, a obrigação de prestar corpo *quérable* deixa de ser uma exceção, passando a adotar também a regra geral, por não haver mais lei excepcionando.

No artigo seguinte (art. 526), a referência do CPC atual a prestações periódicas é alterada para prestações sucessivas.

Já os arts. 527 e 528, NCPC, não trazem alterações em relação à previsão atual. A partir daqui, que o novo CPC apenas inverte a sequência das disposições. Explicamos. O novo Código, antes de tratar da dúvida sobre quem deva receber o pagamento, como faz o atual CPC, passa a tratar das matérias que podem ser alegadas em contestação na ação de consignação em pagamento (art. 529, NCPC). O rol de matérias que podem ser alegadas, aliás, é o mesmo do art. 896 do atual CPC.

Em seguida, o novo CPC passa a tratar da alegação pelo réu, em contestação, da questão da insuficiência do depósito, que consta no rol do art. 530. Tal previsão está no art. 899 do atual CPC.

A partir de então, o projeto passa a tratar de a hipótese do réu da ação consignatória não oferecer contestação, tendo-se os efeitos da revelia (art. 531). Nesse caso, tal como a previsão do art. 897 do atual CPC, o juiz julgará procedente o pedido inicial, sendo extinta a obrigação;

Em seguida, o projeto trata da consignação na hipótese de dúvida de quem seja o legítimo credor (art. 532), previsão idêntica ao art. 892 do atual CPC.

O art. 533 do projeto corresponde ao art. 898 do atual CPC, apenas com algumas alterações na redação: aqui, optou o legislador a fazer referência a outro artigo do Código, sem explicitar seu conteúdo e, em vez de manter a redação de procedimento ordinário, substituiu por procedimento comum.

Por fim, o art. 534 reproduz fielmente o art. 900 do atual CPC.

CAPÍTULO 3

Ação de depósito

3.1 NOÇÕES GERAIS

A ação de depósito não objetiva a efetivação do contrato de depósito, mas, sim, que o depositante possa obter a restituição do bem depositado (art. 901, CPC), exaurindo o contrato de depósito.

A fim de compreender tal medida, cabe realizar algumas considerações sobre o contrato de depósito, regulado pelo Direito Civil, para que se possam, então, expor as peculiaridades do procedimento de restituição do bem depositado, denominado pelo legislador, reminiscência do anacrônico e superado conceito civilístico de ação,[1] ação de depósito.

O contrato de depósito está regulado nos arts. 627 a 652, CC, e se presta para que alguém deixe objeto móvel com outrem, pessoa capaz, na plena administração de seu patrimônio,[2] até que o depositante reclame (art. 627, CC). Quanto à classificação, é real, só se aperfeiçoando com a efetiva entrega da coisa e presume-se gratuito, salvo convenção em contrário (art. 628, CC).

O depositário possui o dever de guarda e conservação da coisa, tendo que restituí-la tão logo lhe seja exigida, independentemente do prazo para

1 Remetemos à análise feita nas disposições gerais dos procedimentos de jurisdição contenciosa.

2 Perdendo o depositário a sua capacidade, deverá ser assumida a administração de seus bens, com a restituição imediata da coisa depositada.

a duração do contrato (art. 633, CC), caso contrário, será ajuizada a ação de depósito, requerendo-se a restituição do bem.

A restituição deve ser da própria coisa, excepcionados apenas os casos de impossibilidade por caso fortuito ou por força maior, pois, se o guardião da coisa se permite, previamente, uma prestação alternativa, estará desnaturado o contrato de depósito.

Como regra, apenas os bens móveis são sujeitos a depósito, mas pode ocorrer que se estenda a bens imóveis nos casos de depósito de coisa litigiosa ou de sequestro judicial, figuras equiparadas ao depósito voluntário.

O depósito pode ser voluntário ou contratual, quando decorre da vontade das partes; necessário, quando decorre de imposição de dever legal ou em razão da ocorrência de calamidade pública, quando recebe a denominação de depósito miserável ou o depósito pode ser judicial, que é o praticado por determinação judicial, para permitir a prática de certos atos processuais, a exemplo do depósito de bens penhorados (art. 666, CPC) ou de bens sequestrados (art. 842, CPC).

O depósito contratual pode ser regular ou irregular. O primeiro se refere à figura clássica do depósito, de coisas móveis, infungíveis e inconsumíveis, quando o bem que deverá ser restituído será o mesmo dado em depósito. Já o último é para os bens fungíveis, em que a restituição não será do mesmo objeto dado em depósito, mas por bens do mesmo gênero, qualidade e quantidade. Para esta última figura, o art. 645, CC, preceitua que são aplicáveis a este último tipo de depósito as regras do contrato de mútuo, e não as alusivas ao contrato de depósito,[3] embora permaneça a obrigação do depositário de devolver a coisa assim que lhe seja exigido (art. 633, CC).

Contudo, na hipótese de coisa fungível em que haja expressa previsão de que a devolução se dá do exato bem depositado, embora se trate de coisa fungível, a classificação será como depósito regular.

3 Luiz Guilherme Marinoni afirma que há posicionamentos na doutrina que sustentam que, ainda no caso de depósito de bens fungíveis, devem ser aplicadas as regras do depósito (MARINONI; ARENHART, 2009, p. 68). Na jurisprudência, esse entendimento é divergente, havendo decisões que aplicam as regras do depósito aos bens fungíveis (nesse sentido: STJ, 3ª T., AgRg no REsp 430.849-RS, rel. Min. Ari Pargendler, *DJ*, 13-11-2008 e STJ, 3ª T., REsp 877.503, rel. Min. Sidnei Beneti, *DJ*, 11-11-2009), como também que aplicam as regras do mútuo (nesse sentido: STJ, 2ª T., RHC 19.739-TO, rel. Min. Humberto Martins, *DJ*, 31-8-2006, e STJ, 4ª T., AGA 1.074.364, rel. Min. Aldir Passarinho Junior, *DJ*, 14-12-2009).

Essas classificações muito podem ter perdido sua relevância prática, principalmente a partir de 2002, com a criação de técnicas de proteção específica das prestações de fazer, não fazer e entregar coisa (arts. 461 e 461-A, CPC), pois, se tinha o rito especial da ação de depósito a possibilidade de meios de coerção e de sub-rogação, para que o depositário entregue a coisa depositada, tais medidas, atualmente, podem ser obtidas pelos instrumentos gerais da tutela específica.

Dessa forma, no sistema atual não há diferenciação entre a propositura de uma ação de depósito ou de uma ação de restituição de coisa com base no art. 461-A, CPC, sendo a proteção judicial, em ambos os casos, em torno da eficácia judicial da medida expedida.

3.2 NATUREZA DA AÇÃO

A ação de depósito refere-se à pretensão de ser restituída a coisa depositada e, diante da negativa de quem está, por acordo ou por determinação legal ou judicial, na guarda da coisa, provoca a instauração de um processo de conhecimento,[4] em busca de uma sentença que imponha ao réu a obrigação de restituir a coisa anteriormente confiada pelo autor.

Caso seja acolhida a pretensão autoral, a sentença não se limita a extinguir a relação processual, determinando a expedição de mandado de entrega da coisa, em 24 horas, ou de seu equivalente em dinheiro (art. 904, CPC).

Dessa forma, acolhida a pretensão autoral, torna-se nítida a pretensão executiva da ação, objetivando a restituição, ainda que forçada, do bem dado em depósito, a fim de executar o comando contido na sentença.

Pode-se, então, afirmar que a "ação de depósito" possui natureza sincrética, sendo composta por duas fases: uma cognitiva, até a prolação da sentença, destinada a averiguar se a coisa deverá ser devolvida ao demandante, e outra executiva, que se inicia com a sentença de procedência do pedido, objetivando a imediata restituição da coisa.

---

4 Em sentido contrário, Ovídio Batista e Antônio Carlos Marcato defendem que a ação de depósito é uma ação executiva (SILVA, 2002, p. 253 e MARCATO, 2004b, p. 130). Preferimos adotar, aqui, o posicionamento majoritário na doutrina, que a "ação de depósito" enseja um processo de conhecimento, com uma fase cognitiva e outra executiva, que se inicia imediatamente com a prolação da sentença de procedência do pedido autoral.

3.3 LEGITIMIDADE

Poderá ajuizar a ação de depósito, requerendo a devolução da coisa depositada, o depositante, ainda que não seja proprietário do bem. Os herdeiros e os sucessores do depositante também possuem legitimidade para essa ação, sendo legitimados todos os que possuem a pretensão à restituição da coisa depositada.

Já no polo passivo estará o depositário, pessoa natural ou jurídica. No caso de pessoa jurídica, gerentes e diretores, como representantes das pessoas jurídicas, ou, ainda, a pessoa física que possuía, na empresa, a atribuição do depósito, podem ser sofrer as sanções coercitivas para a devolução do bem.

Não é correto dizer que a ação é intransmissível. A obrigação de restituir a coisa dada em depósito não é personalíssima e, por isso, aplicam-se as regras das obrigações patrimoniais. Então, no caso de falecimento da pessoa física, poderá ocupar o polo passivo seus herdeiros ou sucessores que, ainda que não tenham condições de devolver o bem dado em depósito, serão responsáveis pelo seu equivalente pecuniário.

3.4 COMPETÊNCIA

A ação de depósito é pessoal e, por isso, sujeita-se à regra de competência comum do foro de domicílio do réu (art. 94), havendo, porém, a possibilidade de foro de execução de contrato ou, ainda, de eleição caso o contrato de depósito faça tal previsão.

3.5 PROCEDIMENTO

A ação de depósito se inicia com a petição inicial, que deverá, além de obedecer aos arts. 282 e 283, CPC, as disposições do art. 902, CPC, contendo a descrição completa da coisa depositada, sua estimativa de valor, a fim de permitir a entrega do equivalente pecuniário do bem depositado, o requerimento da citação do réu para que, em cinco dias, entregue a coisa, realize seu depósito em juízo ou a consignação judicial do seu equivalente, podendo, ainda, nesse prazo, oferecer resposta.

A petição inicial deverá, ainda, vir acompanhada de prova literal do depósito, sendo esse documento considerado essencial. Questionamento que já se pôs na doutrina é se a ausência de prova literal do depósito imporá o indeferimento da petição inicial. Durante muito tempo entendeu-se que sim, por ser a prova literal do depósito documento essencial da ação de depósito, seguindo-se a disposição do art. 283, CPC.[5] Assim, se o documento comprobatório não estivesse presente, a petição inicial seria liminarmente indeferida, não podendo a parte se valer do procedimento especial da ação de depósito.

Contudo, após as alterações no CPC, com vistas a tornar o processo um instrumento para a efetividade do direito material, a falta de prova do depósito apenas inviabilizaria a propositura da ação de depósito, mas não impede a propositura de ação de tutela específica, com base no art. 461-A, CPC.

Dessa forma, parece não ter mais razão tal questionamento, já que, havendo prova literal do depósito, poderá o depositante se valer da ação de depósito e, não havendo, do procedimento do art. 461-A, sem essa exigência.

Apresentada a petição inicial, com a prova do depósito, já que aqui trataremos especificamente do procedimento da ação de depósito, o réu será citado no prazo de cinco dias e poderá entregar a coisa demandada, depositá-la ou consignar sua importância em dinheiro ou oferecer resposta à ação (art. 902, § 1º).

As atitudes do demandando poderão ser:

a) entregar exatamente a coisa depositada;

b) entregar coisa diversa da depositada;

c) depositar exatamente a coisa demandada;

d) depositar o equivalente em dinheiro;

e) contestar a ação;

f) tornar-se revel.

---

5 Nesse sentido, Humberto Theodoro Júnior e Nelson Nery Junior defendem que a prova literal exigida pela lei tem o sentido de admitir apenas a prova escrita do depósito, que pode ser tanto um contrato particular como uma ficha, um cartão ou um recibo de depósito (THEODORO JÚNIOR, 2008, p. 51 e NERY JUNIOR; NERY, 2007, p. 1156). Já Alexandre Câmara e Antônio Carlos Marcato afirmam que o contrato de depósito é não solene, devendo ser provado, mas tal prova pode se dar por qualquer forma admitida em direito (nesse sentido: CÂMARA, 2009, p. 298, e MARCATO, 2004b, p. 131).

Entregue exatamente a coisa demandada, tem-se por satisfeita a pretensão do autor, sendo lavrado o termo de entrega da coisa e o processo extinto com resolução do mérito, por reconhecimento do pedido, sendo o réu condenado ao pagamento das custas e dos honorários advocatícios.

A exceção é quando o autor rejeitá-la, por esta possuir danos ou desfalques. Nesse caso, a rejeição do autor deverá vir acompanhada de vistoria da coisa a fim de que se comprove seu estado. Apurados os danos, o autor levantará a coisa, ficando ressalvado o seu direito ao ressarcimento, a ser demandado em ação indenizatória comum.

Caso tenha sido outra coisa oferecida, poderá o autor aceitar o bem apresentado ou, se possível, insistir na entrega exata da coisa depositada ou pleitear perdas e danos.[6] Se houver insistência no recebimento da coisa originalmente entregue, serão aplicáveis ao réu as medidas coercitivas e sub-rogatórias admissíveis, a fim de forçar-lhe a restituição do bem ou, ao menos, a consignação de sua importância em dinheiro.

Poderá o réu depositar exatamente a coisa demandada, a fim de exercer seu direito de defesa, sem estar sujeito aos ônus pelo possível não cumprimento da prestação assumida. Somente o oferecimento de resposta autorizará o depósito do bem, revelando-se uma verdadeira garantia do réu, enquanto exerce seu direito de defesa na ação.

Caso o bem estiver desaparecido ou não for possível entregá-lo, por outro motivo, o réu deverá oferecer resposta, demonstrando que a coisa pereceu, sendo impossível restituí-la. Se o autor aceitar o valor consignado, resolve-se o feito, com a extinção do processo com resolução do mérito. Já na hipótese do valor não ser aceito, seja pelo réu autor entender que seria possível a restituição do próprio bem, seja por entender que não seria suficiente o valor depositado, o feito prosseguirá, avaliando-se, na sentença, o valor adequado.

Ressalva-se, aqui, a hipótese de o réu alegar que o bem pereceu por caso fortuito ou força maior. Nesse caso, não será necessário o depósito prévio do valor, mas o feito prosseguirá, para se avaliar se foi ou não adequada sua conduta. Se verificado que o bem pereceu por caso fortuito ou força

6 Em sentido contrário, Humberto Theodoro Júnior afirma que nunca será possível a oferta de coisa diversa da depositada, o que prevemos ser possível mediante a realização de transação entre autor e réu (nesse sentido: THEODORO JÚNIOR, 2008, p. 56).

maior, não restará sequer a obrigação de depositar o equivalente em dinheiro, vez que restará excluída sua responsabilidade.

A resposta do réu poderá ser oferecida, ainda, independentemente do depósito em juízo da coisa litigiosa e de alegação de caso fortuito ou força maior, mas, nesse caso, os riscos em relação ao bem serão atribuídos ao réu, que optou por ficar com a coisa em sua posse.

As respostas do réu não se restringem à contestação, sendo admissíveis as exceções e a reconvenção. Na contestação, poderá ser alegada qualquer matéria prevista na lei civil (art. 902, § 2º, CPC), que significa qualquer argumento de direito material, além do cabimento das defesas processuais.

As matérias de defesa mais comuns, segundo Humberto Theodoro Júnior,[7] são:

a) a extinção da obrigação de restituir, porque já cumprida a obrigação ou por alteração do título da posse, ou por perecimento da coisa depositada, sem culpa do depositante (art. 1.277, CC, art. 642);

b) compensação, mas apenas se fundada em outro depósito (art. 638, CC), hipótese que ocorrerá através do oferecimento da reconvenção;

c) divisibilidade do depósito e a inexistência de solidariedade, no caso de depósito sob a guarda de várias pessoas(art. 1.274, CC, art. 639);

d) direito de retenção por gastos e prejuízos provenientes do depósito (art. 1.278, CC, art. 643). Nesse caso, não estará o depositário eximido da obrigação de restituir, mas deverá ocorrer o prévio ressarcimento do depositário.

Não apresentada contestação, o réu será revel, mas, em todo o caso, a partir do oferecimento da resposta, segue-se o rito ordinário.

Contudo, se o réu não apresentar resposta e se verificar que sua citação foi realizada por hora certa ou por edital (citação ficta) ou se o réu estiver preso, quando lhe será nomeado curador especial pelo juiz, que apresentará a contestação.

Caberá a sentença dirimir a controvérsia entre as partes. Sendo julgada procedente a demanda, e não estando a coisa depositada em juízo, será ordenada a expedição de mandado para que o réu, no prazo de vinte e quatro horas (art. 904), proceda à entrega do bem ou do seu valor equivalente em dinheiro.

7 Theodoro Júnior (2008, p. 57).

A exceção a tal determinação será a interposição de recurso (apelação) com efeito suspensivo, quando não será possível a expedição de mandado de busca e apreensão até que os recursos cabíveis não possuam efeito suspensivo ou se transitada em julgado a sentença.

Trata-se de sentença com força executiva/mandamental imediata que, em caso de não ser cumprida a ordem judicial, ensejará a busca e apreensão da coisa. A sentença deverá determinar, ainda, o valor da coisa a ser restituída, a fim de cumprir o comando do art. 904, CPC, que afirma "a entrega, em 24 horas, da coisa ou do equivalente em dinheiro". Esse valor fixado é, em geral, o estimado na petição inicial ou o arbitrado pelo juiz nos autos, na hipótese de o réu discordar do valor arbitrado pelo autor.

Contudo, a entrega da quantia, e não do bem, não é mera faculdade do demandado, só sendo possível a entrega de quantia certa quando não mais possível a devolução do bem.

Essa natureza, porém, não é mais privativa da ação de depósito, sendo também cabível, desde 2002, com o advento da Lei n. 10.444, que inseriu o art. 461-A, CPC, impondo que, caso o condenado não realize a prestação no prazo previsto na sentença, ocorrerá a expedição de mandado de busca e apreensão ou imissão na posse, sem depender da instauração da *actio iudicati* (art. 461-A, § 2º).

Caso o bem não seja localizado, nem tenham suficientes as medidas coercitivas realizadas, poderá o autor prosseguir, para buscar o recebimento da quantia equivalente do bem (art. 906, CPC), utilizando-se da sentença como título executivo, para liquidar sua importância e prosseguir em uma execução por quantia certa, nos termos do art. 475-J e s., CPC.

3.6 PRISÃO CIVIL DO DEPOSITÁRIO INFIEL

Segundo prevê o art. 902, § 2º, CPC, em caso de descumprimento do mandado judicial de devolução do bem, poderá ser imposta ao réu medida coercitiva, de prisão por até 1 ano. Não se trata de prisão como pena, mas de medida coercitiva para que o réu entregue a coisa.

Questão que já se pôs é se tal medida deveria ser requerida pela parte ou poderia ser determinada de ofício pelo juiz. Alguns autores sustentaram que a prisão do depositário infiel, pelo prazo máximo de um ano, independeria de requerimento,[8] uma vez que o art. 461, § 5º, CPC, permite que as medidas coercitivas sejam aplicadas de ofício pelo juiz, como uma forma de dar efetividade ao direito da parte, protegendo a função jurisdicional, apesar da dicção do dispositivo sugerir que só poderia ser aplicado a partir de expresso requerimento da parte,[9] sem que, necessariamente, esse requerimento tenha que ser feito já na petição inicial. Outros afirmam que, se não requerida expressamente pela parte autora, se constituiria em julgamento *extra petita*.[10]

A prisão civil do depositário infiel sempre foi objeto de muita controvérsia na doutrina e na jurisprudência. O art. 5º, LXVII, CF, prevê a possibilidade de prisão. Todavia, a doutrina há muito tempo critica a admissão dessa técnica, tendo em vista a opinião de que os ideais de liberdade e de dignidade da pessoa humana inviabilizam a possibilidade de empregar o corpo como garantia de obrigações. Afirma-se, ainda, que nada justifica a outorga dessa proteção apenas ao contrato de depósito, em desprestígio a outras obrigações igualmente importantes.

Em 1992, o Brasil ratificou o Pacto de São José da Costa Rica, que, em seu art. 7º, n. 7, prevê que ninguém será detido por dívidas, salvo se a dívida for em virtude do inadimplemento de obrigação alimentar.

Dessa forma, a partir de 1992, passaram a coexistir duas disposições no ordenamento jurídico brasileiro: o art. 5º, LXVII, CF, que admitia a prisão civil do depositário infiel, e o art. 7º, n. 7, do Pacto de São José da Costa Rica, que só admitia a prisão civil para o devedor de alimentos.

Durante muito tempo o Supremo Tribunal Federal admitiu a prisão civil do depositário infiel, ao argumento que prevaleceria o disposto na Constituição Federal, tanto que foi editado o verbete de Súmula 619, que previa que "a prisão do depositário judicial pode ser decretada no próprio processo em que se constituiu o encargo, independentemente da propositura da ação de depósito".

Embora a referida súmula se refira apenas ao depósito judicial, o STF vinha admitindo a prisão civil do depositário infiel independentemente da modalidade de depósito.

Contudo, em 2006, começaram a surgir decisões monocráticas não admitindo mais a prisão civil do depositário infiel, trazendo nítidas alterações no entendimento da Corte.

---

8 Nesse sentido: Marinoni e Arenhart (2009, p. 71) e Marcato (2004b, p. 131).

9 Nesse sentido: Theodoro Júnior (2008, p. 54).

10 Câmara (2009, p. 300).

Em 3 de dezembro de 2008, no julgamento do HC 92.566, de relatoria do Ministro Marco Aurélio, por maioria, a Súmula 619 foi revogada, não se admitindo mais a prisão civil do depositário infiel.

As teses dos Ministros favoráveis à prevalência do Pacto de São José da Costa Rica não permitindo a prisão civil foram diversas, argumentando-se que prisão civil por dívida é um preceito constitucional não autoaplicável, que dependeria de legislação para regulamentar, e o pacto, que veda a prisão nessa hipótese, teria *status* de lei ordinária,[11] a prevalência dos tratados de direitos humanos sobre as normas constitucionais[12] e a tese de supralegalidade[13] do pacto, que, versando sobre direitos humanos, prevê que deve ser dada interpretação mais benéfica ao indivíduo, vedando-se a prisão civil do depositário infiel.[14]

Contudo, o entendimento foi que não caberia mais a prisão civil do depositário infiel, tanto que, em 23-12-2009, esse entendimento se transformou na Súmula Vinculante 25, dispondo que "é ilícita a prisão civil de depositário infiel, qualquer que seja a modalidade do depósito".

Em consonância com esse entendimento, o Superior Tribunal de Justiça, em março de 2010, editou a Súmula 419, que prevê que "descabe a prisão civil do depositário judicial infiel".

Destaque-se que a súmula do STJ é menos abrangente que a súmula vinculante do STF, pois o STJ trata apenas do depositário judicial, enquanto o STF menciona qualquer modalidade de depósito.

A questão, porém, não nos parece mais objeto de discussão a partir da previsão da Súmula Vinculante 25.

Assim, caso não entregue o bem dado em depósito, após a expedição de mandado de entrega, caberá a expedição de mandado de busca e apreensão e, caso esta não seja possível, nos autos da ação de depósito, se iniciará uma execução por quantia certa, para que o autor receba valor equivalente ao da coisa dada em depósito.

---

11 Fundamento do voto do Ministro Marco Aurélio no HC 92.566.

12 Tese do Ministro Sepúlveda Pertence, em voto proferido no RHC 79.785-RJ, e citada no julgamento dos HCs que vedaram a prisão civil do depositário infiel.

13 Tese defendida pelo Ministro Gilmar Mendes, que já havia exposto essas ideias no julgamento dos REs 349.703-RS e 466.343-SP.

14 Voto do Ministro Celso de Mello, proferido no julgamento do HC 90.450-5-MG, que vedou a prisão civil do depositário infiel.

3.7 ALIENAÇÃO FIDUCIÁRIA EM GARANTIA

Demonstradas as peculiaridades da ação de depósito, cabe destacar que, hoje, este procedimento tem se tornado mais frequente a partir da equiparação realizada pela legislação do mercado de capitais do contrato de alienação fiduciária em garantia ao de depósito.

O mecanismo da ação fiduciária em garantia, regulada pelo Decreto n. 911/69 quanto às suas disposições processuais e prevista nos arts. 1.361 a 1.368 do Código Civil, que aborda as previsões de direito material, traz, porém, alguns condicionamentos ao credor fiduciário para o manejo da ação de depósito.

Direito real sobre coisa alheia, a propriedade fiduciária confere ao credor (fiduciário), para a garantia de seu crédito, a propriedade resolúvel de bem adquirido pelo devedor (fiduciante), assumindo este a qualidade de possuidor direto e depositário.

O fiduciante não é proprietário do bem alienado fiduciariamente, assumindo, porém, a condição de possuidor direto. Contudo, em caso de mora ou de inadimplência do devedor (fiduciante), não poderá o credor (fiduciário) ingressar direto com a ação de depósito. Deverá, primeiro, haver a busca e apreensão e, somente após comprovado o desvio do bem gravado, poderá se ingressar com a ação de depósito (art. 4º do Decreto n. 911/69).

Contudo, fracassada a busca e apreensão, não haverá a necessidade de se ajuizar um novo processo para a pretensão do depositante, pois, através de requerimento do credor,[15] a própria ação será convertida em ação de depósito, em que se seguirá o rito descrito.

3.8 A AÇÃO DE DEPÓSITO NO PROJETO DO NOVO CPC

O projeto do novo CPC não traz a previsão da ação de depósito como procedimento especial. Dessa forma, se aprovado o novo CPC com a redação do PL n. 8.046/2010, a partir de sua vigência, na falta de previsão expressa de procedimento especial, adotar-se-á as regras de procedimento comum previstas no texto legal.

---

15 Nesse sentido, defendendo que o procedimento não poderá ser determinado de ofício pelo juízo, sendo necessário o pedido expresso na petição inicial: Theodoro Júnior (2008, p. 62) e Marcato (2004b, p. 137).

CAPÍTULO 4

Ação de anulação e de substituição de títulos ao portador

4.1 NOÇÕES GERAIS

A ação de anulação e de substituição de título ao portador está prevista nos arts. 907 a 913, CPC e traduz três pretensões distintas de "reivindicar", de "anular" e de "substituir", todas relacionadas com a posse e com a propriedade de títulos ao portador.

Chama-se título ao portador o título de crédito que traduz uma obrigação dirigida a um credor anônimo. Sendo anônimo o credor, a prestação deverá ser cumprida a quem apresentar o título, liberando o devedor da obrigação.

O título pode ser desde a sua constituição ao portador, isto é, já surgir dirigido a um credor anônimo, sendo transferido pela simples tradição, ou pode ser nominativo, tendo inicialmente um credor determinado, e depois passar a ser ao portador, através da aposição de endosso em branco.

Atualmente, os títulos ao portador são raros, uma vez que a Lei n. 8.021/90 extinguiu a maior parte deles, em seu art. 4º, e muitas operações hoje são feitas através da *internet*, de modo que não há contato físico com o título.

Dessa forma, a ação de anulação e de substituição de títulos ao portador acabou se tornando de pouca importância, até mesmo porque não é aplicável aos títulos cambiais e cambiformes, como as letras de câmbio, as notas promissórias e cheques ao portador, que são regulados pelo art. 36 da Lei n. 2.044/1908 (Lei Cambiária Uniforme), nem ao *warrant*, regulado pelo art. 27 do Decreto n. 1.102/1903 e nem aos títulos da dívida pública, que são regulados pelo Decreto n. 83.974/79 e pelo art. 71 da Lei n. 4.728/65 (Lei de Mercado de Capitais).

A utilização da ação de anulação e de substituição de títulos ao portador se restringe aos casos regidos pela lei civil, de raríssima utilização prática, e de signos ao portador, que são promessas de prestar a pessoa indeterminada, com todas as características do título ao portador, mas sem sua forma, como no caso de bilhetes de ingresso a espetáculos. Ainda neste último caso, porém, sua utilização se torna rara, seja pelo pequeno valor da maioria dos signos, seja pela brevidade de tempo entre sua aquisição e o cumprimento da prestação prometida.

Como já definido, suas pretensões são três distintas: a de reivindicação do título ou, mais precisamente, de vindicação de sua posse; de anulação, cuja nomenclatura parece equivocada, já que o título não possui vício no plano da validade, mas sim da eficácia e, por isso, alguns autores sugerem que o mais correto seria ação de desvitalização do título, no sentido de retirar-lhe a vida;[1] e de substituição do título, que seria a mera substituição da cártula.

Contudo, só se aplica o procedimento especial nos casos da pretensão de anulação ou de substituição de título, tanto que o título da ação adotado pelo Código é menor do que o conteúdo regulamentado, não se referindo à reivindicação, que, na ausência de procedimento específico, será processada e julgada segundo o procedimento comum.

O fundamento do procedimento especial para a anulação e para a substituição do título se encontra no art. 909, CC, que dispõe que, por meio de intervenção judicial, o proprietário injustamente desapossado de título ao portador pode impedir que seu valor seja pago ao ilegítimo detentor e obter novo título em juízo.

Com o procedimento especial, busca-se a dupla tutela dos interesses, protegendo tanto credor como devedor, pois o primeiro será restituído de documento indispensável ao exercício de seu direito, enquanto o segundo terá a possibilidade de pagar ao verdadeiro credor, sem o risco de ter de renovar a prestação perante terceiro que eventualmente venha a se apresentar como portador da antiga cártula.

1 Nesse sentido: Câmara (2009, p. 312).

A missão fundamental será o aniquilamento do título jurídico que saiu da posse do credor, para, em uma segunda etapa, restaurar a documentação indispensável ao exercício de seu direito de crédito perante o devedor.

Na hipótese de anulação, será utilizado o procedimento especial previsto no art. 907, II, CPC por aquele que, tendo perdido o título ao portador ou sendo injustamente desapossado, perecendo totalmente a cártula, pretende retirar-lhe sua eficácia, obtendo sua substituição por outra, que passe a produzir efeitos que decorriam do título perdido.

No caso de substituição de título ou destruição parcial, não ocorre sua desvitalização, razão pela qual aplica-se o procedimento previsto no art. 912, CPC, apenas pleiteando-se sua substituição por outra, íntegra.

Dessa forma, o procedimento da ação de anulação e de substituição do título ao portador só será adequado quando tenha sido perdido, total ou parcialmente, a cártula, ou injustamente retirada da posse do demandante.

No caso de reivindicação, que pressupõe a perda da posse do título pelo autor e a posse do título pelo demandado, sem o concurso da vontade do desapossado, aplicar-se-á, necessariamente, o procedimento comum ordinário ou o sumário, conforme o valor do título,[2] uma vez que o legislador, embora tenha previsto essa pretensão, não estipulou procedimento específico para a demanda.

O objetivo dessa demanda não será a imissão de um novo título, como ocorre nas pretensões que se utilizam do procedimento especial, mas apenas que a posse do título original retorne à parte autora.

Como autor, teremos aquele que possuía a cártula e a perdeu contra a sua vontade e, como réu, o atual detentor do título. O foro competente será o do domicílio do réu e a sentença declarará a propriedade do título.

O art. 913, CPC determina que o autor da ação reivindicatória indeniza o adquirente do título comprado em Bolsa de Valores ou em leilão público o preço que pagou, ressalvado o direito de reavê-lo do vendedor, direito este que poderá ser exercido através da denunciação da lide ao alienante (art. 70, III, CPC).

Ignorando o autor que o título reivindicado foi adquirido em Bolsa de Valores ou leilão público, fará o reembolso tão logo comprove tal circuns-

2 Em sentido contrário, entendendo que o procedimento especial também se aplicará à pretensão de reivindicação do título: Silva (1993, p. 132).

tância, mas não poderá denunciar a lide a quem alienou o título, pois, ultrapassado o momento adequado (art. 71, 1ª parte), restará apenas o ajuizamento de uma ação com a finalidade de obter ressarcimento.

Nesse momento, se tratará apenas do procedimento especial para anulação e substituição do título. Não se abordará o procedimento comum para a pretensão de reivindicar o título, pois seguirá o trâmite do procedimento comum, já detalhado em momento anterior.

4.2 LEGITIMAÇÃO

Legitimado ativo para a ação anulatória e de substituição do título ao portador é aquele que possuía a cártula e a perdeu contra a sua vontade.

Já os legitimados passivos são o detentor do título, seja ele conhecido ou não, e, ainda, eventuais terceiros interessados, que serão citados através de edital, para que qualquer pessoa que venha a possuir o título ou tenha interesse a resguardar em face de sua circulação pretérita ou futura apresente defesa, uma vez que toda e qualquer pretensão referente à cártula deverá ser discutida no curso da ação anulatória.

Na ação anulatória, o devedor não é réu, como explicaremos quando da análise do seu procedimento, vindo a assumir essa posição apenas se estiver na posição de possuidor atual do título. Já na ação de substituição de título parcialmente destruído, o devedor é sempre réu, porque é de sua recusa que nasce a pretensão de obter em juízo a recuperação do título danificado.

4.3 COMPETÊNCIA

Para as ações de anulação e de substituição do título, prevalece a regra especial do art. 100, III, CPC, que atribui a competência do foro do domicílio do devedor (emitente), mesmo que não seja ele réu no processo.

4.4 PROCEDIMENTO DE ANULAÇÃO DO TÍTULO

Inicia-se o procedimento em questão com a apresentação da petição inicial em juízo. Esta deve, além de atender a todos os requisitos do art. 282,

CPC, os do art. 908, CPC, expondo todos os elementos do título ao portador a ser recuperado, como a quantidade, espécie, valor nominal do título e atributos que o individualizem, época e lugar em que o adquiriu, as circunstâncias que o perdeu e quando recebeu, na hipótese de tê-lo recebido, além de requerer a citação do detentor atual do título e, por edital, de terceiros interessados, para que contestem o pedido, a intimação do devedor, para que deposite em juízo o capital quando do vencimento da obrigação, bem como a intimação da Bolsa de Valores, para conhecimento de que seus membros não negociem os títulos cuja desvitalização se pede.

O valor da causa será o valor nominal do título (art. 295, V).

Justificadas liminarmente as alegações feitas na petição inicial (art. 909), o juiz requererá, então, a citação dos réus e a intimação da bolsa de valores. O juiz exerce, diante da prova juntada à petição inicial e antes de determinar a citação, com base na cognição sumária, um juízo de probabilidade das alegações do demandante. Esse, aliás, deverá comprovar *in limine litis* todo o alegado na inicial. Não se trata de impor ao demandante uma prova pré-constituída, cabal e definitiva, o que acontecerá no curso da instrução, mas apenas que a petição inicial venha acompanhada de elementos a autorizarem um sumário juízo da plausibilidade.

Essa análise é necessária diante da facilidade de circulação de títulos ao portador, sendo que qualquer tentativa de retirar sua eficácia só pode ser admitida em casos excepcionais, de probabilidade de direito do demandante demonstrada logo no início do processo. Caso a plausibilidade dos argumentos do demandante não seja demonstrada, o juiz extinguirá, de plano, o processo, por falta de pressuposto processual. Porém, caso reste demonstrada, serão determinadas as citações e intimações.

A citação pessoal do detentor só ocorrerá quando este for conhecido do demandante. Sendo desconhecido, sua citação correrá por edital, nos termos do art. 231, I, CPC, quando, no mesmo edital, serão citados também os terceiros interessados. Esses terceiros interessados não são tecnicamente terceiros, mas, sim, partes da demanda, réus, tanto que, caso tomem conhecimento da citação, poderão vir a se manifestar por escrito sobre a pretensão do demandante, através da contestação.

A intimação do devedor do título, para que deposite em juízo o valor da dívida, acrescido de juros, não representa o vencimento antecipado da obrigação, mas apenas a necessidade de se afastar o risco de que o devedor pague a quem não era credor, o que poderia levá-lo de ter que pagar novamente, ao credor legítimo. Tem, assim, caráter nitidamente preventivo. O devedor não é parte do processo,[3] razão pela qual não é citado, mas apenas intimado da existência do feito, para, quando do vencimento da obrigação, efetuar o depósito, razão pela qual não oferecerá contestação, salvo se for também o detentor do título, quando, aí, estará contestando não pelo fato de ser devedor, mas por estar como detentor.

Caso o devedor pague a quem lhe apresentar o título antes de ser intimado, o pagamento feito ao portador é considerado válido, em prejuízo do autor, uma vez que o devedor está obrigado a cumprir a prestação, na data do vencimento, perante quem lhe apresente a cártula. Caso pague depois de intimado, porém, reputar-se-á o pagamento feito de má-fé, sendo inválida a quitação.

Já a intimação da Bolsa de Valores é para que os seus membros não negociem, pelo menos até o julgamento do feito, os títulos que poderão ser desvitalizados. A Bolsa de Valores também não será ré, sendo sua intimação apenas preventiva, com o escopo de evitar que outras pessoas possam, no curso do processo, adquirir a cártula.

O prazo aplicável para resposta, na ausência de regra específica, será o do procedimento ordinário. Sendo certo que existe um litisconsórcio passivo necessário, não se poderá considerar que houve revelia dos interessados antes de ultrapassado o dobro do prazo de resposta, nos termos do art. 191, CPC.

Admite-se como resposta do réu e as exceções, mas não a reconvenção, que tornaria necessária a repetição das citações e das intimações previstas no art. 908, violando o comando do parágrafo único do art. 910, CPC.[4]

Afirma o art. 910, CPC que a contestação só será admitida se vier acompanhada do título cuja desvitalização se pretende, bastando que apenas um dos réus tenha juntado a cártula. É uma hipótese rara prevista no CPC de juntada de documento essencial pelo réu.

Contudo, não se pode atribuir o rigorismo formal a esse dispositivo, devendo se admitir a contestação independentemente da juntada da cártula se um dos réus alegar que nunca foi detentor do título ou, ainda, se alegar que já deteve o título mas não o detém mais.

3 Em posição minoritária, Nelson Nery Junior afirma que o devedor, na hipótese do art. 907, II, CPC, também será condenado pela sentença a uma obrigação de fazer. (NERY JUNIOR; NERY, 2007, p. 1160).

4 Nesse sentido: Câmara (2009, p. 316) e Theodoro Júnior (2008, p. 72).

O requisito do art. 910, CPC só se faz necessário quando o réu admitir, em sua contestação, que é o atual detentor do título. Somente nessa hipótese, ainda que conteste, se nenhum réu juntar o título, haverá revelia.

Já no caso de a contestação não ser oferecida por terceiro interessado, não lhe será nomeado curador especial, uma vez que, publicado o edital de citação dos hipotéticos interessados, e ninguém comparecendo, presume-se que não há interessados.

A disposição do art. 9º, II, CPC só será aplicável ao réu conhecido que, citado por edital ou por hora certa, não oferecer contestação.

Oferecida a contestação, segue-se o rito do procedimento ordinário.

A sentença proferida, se for de improcedência, terá caráter meramente declaratório da inexistência do direito afirmado pelo demandante, mas, se de procedência, tem natureza constitutiva, declarando caduco o título reclamado e ordenará sua substituição por outro. Aqui a lei não distingue se a declaração de caducidade ocorreria até mesmo se o título estivesse nos autos, juntado pelo réu ao contestar o feito,[5] ou se só seria necessária se o título não fosse encontrado.

Transitada em julgado a sentença, de acordo com a disposição do art. 911, o título perece, onde quer que se encontre, até mesmo se estiver nos autos, juntada por seu detentor ao oferecer contestação. Além da desvitalização da cártula original, a sentença determinará sua substituição por outro título, a ser emitido pelo devedor. Essa substituição só não ocorrerá se a dívida tiver vencido no curso do processo, tendo o devedor efetuado o depósito do valor, quando o juiz apenas autorizará que se levante o depósito.

Contudo, o devedor não era réu no processo, não se podendo interpretar tal comando da sentença como condenatório. Impõe-se, então, a questão se o devedor se recusa a emitir nova cártula. Não tendo havido condenação do devedor a emitir nova cártula, não se poderia ajuizar uma "ação de execução de obrigação de fazer" e nem mesmo se considerar que a sentença substituiria o título.

Melhor entendimento será considerar que, recusando-se o credor a emitir novo título, poderá o credor, independente da apresentação da cártula, exercitar a "ação de cobrança" em face do devedor, pois somente assim se estará admitindo que a sentença foi capaz de tutelar o bem

5 Theodoro Júnior (2008, p. 73).

da vida que o demandante queria proteção, assegurando a efetividade do processo.[6]

4.5 PROCEDIMENTO DE SUBSTITUIÇÃO E DESTRUIÇÃO PARCIAL DO TÍTULO

Como já abordado, a destruição da cártula poderá ser total ou parcial. Se a destruição for total, aplicar-se-á o procedimento analisado, presente nos arts. 908 a 911, CPC. Já no caso de substituição ou destruição parcial do título, aplica-se o procedimento do art. 912, CPC, sendo necessária a substituição do título parcialmente destruído por outro, citando-se o devedor para se manifestar em dez dias. Enquanto na "ação de desvitalização e substituição de títulos ao portador" o devedor não figura na relação processual, aqui ele é parte legítima para figurar no polo passivo, já que a instauração da demanda ocorrerá em razão de sua recusa em substituir naturalmente a cártula.

A controvérsia aqui, porém, não necessitará do procedimento edital, a fim de avaliar se há oposição de terceiros interessados, restringindo-se ao possuidor e ao devedor. O remanescente do título é a prova de sua posse pelo autor e deverá vir juntada à inicial. Contudo, os resíduos do título devem ser suficientes para demonstrar e identificar o título do autor. Caso a parte desaparecida seja tão grande que absorva os principais elementos da cártula, o procedimento adequado não será o do art. 912, CPC, mas o previsto nos arts. 908 a 911.

Citado, o réu, no prazo de dez dias, substituirá o título por outro, o que representa o reconhecimento do pedido, ou contestará a demanda, podendo, ainda, apresentar exceção ou reconvenção, seguindo-se o procedimento ordinário.[7]

Se o réu foi citado fictamente ou se ele estiver preso, sendo ele parte da demanda, será nomeado curador especial, nos termos do art. 9º, II, CPC.

A sentença de procedência aqui será de natureza condenatória, impondo ao réu o cumprimento de uma obrigação de fazer: a de emitir novo

6 No mesmo sentido: Câmara (2009, p. 319) e Theodoro Júnior (2008, p. 74).

7 Há quem entenda que, na hipótese de destruição parcial do título, o procedimento será o comum: Silva (1993, p. 153).

título[8] que substitua o parcialmente destruído. A execução se fará com base no art. 461, CPC, que se refere às obrigações de fazer.

4.6 O PROJETO DO NOVO CPC

O projeto do novo CPC não traz a previsão da ação de substituição e de anulação de títulos ao portador como procedimento especial. Dessa forma, se aprovado o novo CPC com a redação do PL n. 8.046/2010, a partir de sua vigência, na falta de previsão expressa de procedimento especial, adotar-se-á as regras de procedimento comum previstas no texto legal.

8 Em sentido contrário, Nelson Nery Junior, defendendo o posicionamento de Ovídio Baptista, afirma que a sentença proferida substituirá o título parcialmente destruído, substituindo a emissão de vontade do devedor de reconfeccionar a cártula (NERY JUNIOR; NERY, 2007, p. 1161).

CAPÍTULO 5

Ação de prestação de contas

5.1 NOÇÕES GERAIS

Determinadas pessoas, em razão da função de administração de certos bens ou interesses, estão obrigadas a dar satisfação de seus atos de gestão. Essa obrigação pode ser cumprida voluntariamente ou pode ser imposta ao administrador mediante pedido do interessado.

As contas, apresentadas voluntariamente ou impostas, deverão ser demonstradas e justificadas, para que se possa conferir a destinação dada ao patrimônio do administrado e a razoabilidade da atividade do administrador.

A obrigação de prestar contas consiste, aliás, "no relacionamento detalhado e na apresentação de documentação comprobatória de todas as receitas e de todas as despesas referentes a uma administração de bens, valores ou interesses de outrem, realizada por força de relação jurídica emergente de lei ou de contrato".[1]

No caso das contas serem apresentadas voluntariamente haverá a prestação de contas passiva ou o procedimento de dar contas. Já no caso das contas não serem prestadas, elas poderão ser impostas, através da prestação de contas ativa ou também denominado procedimento de exigir contas.

A prestação pode ocorrer incidentalmente, no curso do processo principal, como muitas vezes ocorre com o inventariante (art. 991, VII,

1 Nesse sentido: Theodoro Júnior (2008, p. 79).

e 995, V, CPC), com o tutor (arts. 1.755 a 1.762, CC), com o curador (arts. 1.774 e 1.783, CC), com o depositário e com o administrador (art. 728, III, CPC), hipóteses em que se terá a competência do juízo da causa originária para a prestação de contas, ou através de ação autônoma, a ação de prestação de contas, que não possui disposição especial de competência, seguindo as disposições do art. 94, CPC.

A ação de prestação de contas, prevista nos arts. 914 e s., CPC, se revela, então, como medida judicial autônoma destinada a veicular a pretensão daquele que pretende que as contas lhe sejam prestadas como àquele que busca prestar contas a quem de direito.

Percebe-se, assim, que a demanda para provocar a apresentação, a discussão e a aprovação das contas pode partir da iniciativa de quem tem a obrigação de dar contas como daquele a quem cabe o direito de exigi-las. Diz-se, por isso, que a ação possui natureza dúplice, já que qualquer um dos sujeitos da relação litigiosa pode ocupar indistintamente a posição ativa ou passiva da relação processual, formulando pedidos referentes às verbas e seus respectivos montantes, independente de reconvenção.

Seu objetivo principal é apurar, com exatidão, a existência ou não da pretensão às contas (de prestá-las ou de exigir que sejam prestadas), sem a necessidade de se invocar suposto crédito ou desfalque pelo requerido. Basta a comprovação do direito a ter as contas prestadas para que a demanda seja julgada procedente. Contudo, na hipótese de, prestadas as contas, ser apurada a existência de saldo, este será conteúdo de título executivo judicial, prosseguindo o feito para impor ao réu o ressarcimento dos prejuízos causados, como medida acidental.

Assim, há, sempre, duas pretensões: a de exercitar o direito à prestação de contas e a de acertar o conteúdo patrimonial das contas. Contudo, a ação é uma, porque o que se demanda através da tutela jurisdicional é o acerto econômico entre os litigantes, sendo a elaboração e a aprovação das contas apenas o caminho para se atingir a meta final.

5.2 NATUREZA JURÍDICA

A ação de prestação de contas é um processo de conhecimento com predominante função condenatória, porque a meta última da sentença é dotar aquele a que se reconhece a qualidade de credor de um título executivo, em que conste o balanço final aprovado em juízo, para que se possa executar eventuais saldos apurados.

5.3 CABIMENTO

O procedimento especial de prestação de contas foi concebido com a destinação específica de compor litígios em que a pretensão se volte para o esclarecimento de certas situações resultantes da administração de bens alheios.

Isso porque, como já ressaltamos, todos os que têm ou tiveram bens alheios em sua guarda e administração devem prestar contas ou até a inexistência de saldo, caso as despesas tenham se igualado às receitas.

Se é certo que a obrigação de prestar contas resulta do princípio universal de que todos aqueles que administram ou têm bens alheios sob sua guarda têm o dever de acertar o fruto de sua gestão com o titular dos direitos administrados, também é certo que, de antemão, é impossível se determinar todos os casos em que uma pessoa é administradora de bens alheios, podendo, sua administração, afetar a esfera jurídica de outrem.

A ação de prestação de contas é cabível, então, em qualquer hipótese em que o resultado de uma administração pode afetar a esfera jurídica de outrem.

O procedimento especial, porém, não abrange situações complexas, como atos de decretação de rescisão ou de resolução contratual ou de anulação de negócios jurídicos, e tampouco a condenação por atos ilícitos. Essas pretensões deverão ser realizadas pela via ordinária, relegando-se à ação especial de prestação de contas apenas as questões de puro levantamento de débitos gerados durante a gestão de bens ou negócios alheios.

5.4 LEGITIMAÇÃO E INTERESSE

O procedimento de prestação de contas compete, indistintamente, tanto a quem tem a obrigação de dá-las (administrador ou gestor) como a quem tem o direito de exigi-las (titular do interesse, bem ou negócio – art. 914, CPC). Assim, o autor pode vir a juízo tanto para exibir as contas e pedir sua aprovação por sentença, como para compelir o réu a apresentá-las e sujeitá-las à deliberação judicial.

Esse caráter dúplice faz com que não seja relevante a distinção entre legitimação ativa e passiva, vez que qualquer dos sujeitos da relação jurídica material, geradora da obrigação de prestar contas, pode ocupar indistintamente o polo ativo ou passivo da relação tendente ao acertamento delas.

O importante é a indagação da existência efetiva do poder daquele que se diz credor das contas, para sujeitar o demandado a prestá-las.

Em certos casos, a lei dispõe sobre o destinatário das contas, limitando-o a certos órgãos de representação coletiva, como se dá nas sociedades e nos condomínios. Nesses casos, o sócio ou condômino, embora titular do interesse gerido por outrem, não têm legitimidade para, individualmente, reclamar contas do administrador ou do síndico.[2]

No caso especial de sociedades, quando as contas são aprovadas pela assembleia ou órgão equivalente, quitado se acha o gestor da obrigação de prestar contas e descabível será a pretensão de algum sócio de novo acerto de contas em juízo, não importando a situação de regularidade ou de irregularidade de instituição da sociedade.

Raciocínio semelhante se aplica aos condôminos, que só poderão exigir do síndico o dever de prestar contas caso estas não tenham sido aprovadas em assembleia geral de condomínio.

Já quanto aos cônjuges, dissolvida a sociedade conjugal, os bens comuns deverão ser partilhados. Caso haja um interregno entre a dissolução da sociedade conjugal e a partilha, aquele que conservar a posse dos bens do casal estará sujeito à prestação de contas, sem que possa argumentar a autorização do ex-cônjuge para a administração do patrimônio comum para a escusa do dever de prestar contas, por existir o dever de prestar contas sempre que haja a administração de bens ou negócios alheios, independentemente de mandato entre as partes.

Em relação ao interesse na prestação de contas, este existe quando haja recusa na dação ou aceitação das contas particulares ou quando ocorra controvérsia quanto à composição das verbas que devam integrar o acerto de contas.

Contudo, não se pode considerar que inexiste interesse à propositura da ação de prestação de contas caso as partes possam prestá-las extrajudi-

2 Nesse sentido: Theodoro Júnior (2008, p. 83).

cialmente, pois adotar esse entendimento representaria uma violação ao acesso à justiça. Ainda que as partes possam solicitar ou prestar contas extrajudicialmente, nada impede que procurem o Poder Judiciário para tal tarefa, até mesmo na finalidade de obter dados mais precisos e de já apurar se os valores apresentados estão corretos.[3]

Ademais, há casos em que a prestação de contas deve, necessariamente, ser feita em juízo, como ocorre com o inventariante, com o tutor e com o curador.

5.5 ORGANIZAÇÃO E PROVA DAS CONTAS

As contas prestadas tanto pelo autor (art. 916) como pelo réu (art. 915) devem ser elaboradas em forma mercantil, especificando-se as receitas e aplicação das despesas, bem como o respectivo saldo (art. 917).

A forma mercantil, também denominada contábil,[4] exige a organização das diversas parcelas que compõem as contas em colunas distintas para débito e crédito, com a discriminação de cada uma das parcelas da conta, fazendo-se todos os lançamentos por meio de histórico que indique e esclareça a origem de todos os recebimentos e o destino de todos os pagamentos, com as respectivas datas. Deve haver também a sequência lógica dos dados lançados, podendo o demonstrativo ser incluído no próprio corpo da petição do interessado.

As contas devem vir acompanhadas de documentos comprobatórios de créditos e débitos, mas estes não são imprescindíveis, isto é, as contas não devem ser fundamentadas, necessariamente, em prova pré-constituída. Devem, apenas, ser comprovadas através de qualquer meio probatório (admite-se tanto a prova documental como a perícia contábil), a ser produzido no momento da prestação de contas em juízo.

3 No mesmo sentido: STJ, 3ª T., REsp 706.372, rel. Min. Nancy Andrighi, *DJ*, 1º-7-2005, p. 531. Já em sentido contrário, defendendo que, se as partes dispõem de acerto direto ou de meio extrajudicial para a prestação de contas, haveria carência de ação, pela pretensão ser facilmente atingível sem a intervenção do Poder Judiciário e sem os ônus da sucumbência processual: Theodoro Júnior (2008, p. 83) e Marcato (2004b, p. 152).

4 Preferindo a denominação contábil: Câmara (2009, p. 323).

O que importa é que as parcelas, se não determinadas, sejam pelo menos determináveis no curso da instrução processual. Diante de controvérsias não esclarecidas, o juiz se utilizará das regras de ônus da prova (art. 333, CPC).

As irregularidades formais na prestação de contas não geram a nulidade do processo, cabendo ao juiz ordenar o saneamento dos defeitos formais e as diligências necessárias ao levantamento do saldo existente.

5.6 A PRESTAÇÃO DE CONTAS ATIVA OU AÇÃO DE EXIGIR CONTAS

A ação de prestação de contas ativa é medida judicial autônoma em que se objetiva impor a prestação de contas não realizada pelo réu. Seu fundamento é o mero direito ou não de exigir contas, sem que seja necessário que se invoque alguma desconfiança sobre o trabalho exercido pelo administrador ou algum saldo supostamente existente em razão deste.

A ação tem início através de petição dirigida ao juiz, que deve observar o disposto nos arts. 282 e 283, CPC. Nela, o autor deverá requerer a citação do réu, para que, no prazo de cinco dias, apresente as contas devidas ou ofereça resposta e identificar a obrigação de onde se origina o dever de prestar contas, para que se tenha como suficiente a indicação da causa de pedir.[5]

O CPC prevê apenas a possibilidade do réu oferecer contestação, mas é admissível também a exceção. Quanto à reconvenção, esta será, em princípio, inviável, em razão do caráter dúplice da medida, mas pode veicular outras espécies de pretensão que não sejam a prestação de contas, uma vez que o rito, após a contestação, é o ordinário, não impedindo que se discuta na reconvenção questões como a rescisão do contrato.

No prazo de resposta, o réu pode apresentar as seguintes posturas:

1) Prestar contas, sem oferecer defesa em relação ao autor. Essa atitude, consistente em reconhecimento do pedido, determinará a simplificação do procedimento, passando-se a verificar a regularidade das contas apresentadas (art. 915, § 1º, CPC).

5 No caso da ação de prestação de contas ser proposta em face de estabelecimento bancário, não é necessário discriminar na petição inicial os lançamentos que se pretende ver justificados. Nesse sentido: STJ, 4ª T., AgRg no Ag 1.003.498-PR, rel. Min. Aldir Passarinho Jr., *DJe*, 17-11-2008 e STJ, 4ª T., AgRg no Ag 691.760-PR, rel. Min. Fernando Gonçalves, *DJU*, 10-12-2007.

2) Não prestar contas, nem contestar, caso em que se operará a revelia, com autorização do julgamento antecipado da lide (art. 915, § 2º, c/c o art. 330, I, CPC). Nessa hipótese, se for julgada procedente a pretensão do autor, o juiz determinará que o réu apresente as contas pertinentes no prazo de 48 horas, sob pena de não poder impugnar as contas prestadas pelo autor.

3) Não prestar contas, mas oferecer defesa. Embora a lei não trate especificamente dessa hipótese, nesse caso, o processo seguirá a fase instrutória e, posteriormente, decisória, em que o juiz avaliará a existência de motivos ou não para a recusa na prestação de contas. Se for julgada procedente a medida, determinará, então, o magistrado ao réu que exiba as contas, em quarenta e oito horas, sob pena de não poder impugnar as contas trazidas pelo autor.

4) Apresentar as contas e contestar. Pode ocorrer quando o réu jamais se recusou a prestar contas. Nesse caso, poderia apresentar contestação, alegando, por exemplo, a falta de interesse processual do autor na medida, cabendo ao juiz analisar a procedência das alegações do autor, caso em que imporá a sucumbência da demanda. Caso entenda pela procedência, como as contas já foram apresentadas, passará o processo para sua análise.

Determinada a apresentação de contas, deverá o réu cumprir tal determinação mandamental, no prazo de 48 horas, contado do trânsito em julgado da sentença, independentemente de citação ou intimação. Havendo descumprimento, as contas apresentadas pelo autor serão reputadas como corretas.

Se na primeira se buscou a apreciação do direito que o autor possuía de exigir contas, agora passará a se avaliar a adequação ou não das contas prestadas, impondo-se, quando for o caso, a condenação do administrador a restituir eventual saldo credor.

Há, portanto, duas pretensões: a de exercitar o direito à prestação de contas e de acertar o conteúdo patrimonial das contas.

Percebe-se, então, que, na ação de prestação de contas, o mérito é cindido, havendo duas sentenças distintas: a primeira[6] de imediata exe-

6 Há divergência doutrinária se esse primeiro pronunciamento judicial teria a natureza jurídica de uma sentença. Há autores que defendem que o pronunciamento teria natureza de decisão interlocutória, por estar mais harmonizada com o conceito que o CPC traz de sentença, previsto

cutividade, que imporá ao réu o dever de prestar contas no prazo de 48 horas, sob pena de dar ao autor a faculdade de elaborar as contas, ou analisará que não possui o autor tal direito e, no caso que entenda as contas serem devidas, haverá uma outra sentença, que será proferida após a análise se as contas prestadas estão corretas ou não e, consequentemente, poderá impor ao administrador o ressarcimento de eventuais prejuízos por ele ocasionados.

Destaque-se que, nesse procedimento, é inviável retornar, na fase seguinte, ao que já foi decidido na fase anterior.

Caso, nesse segundo momento, o réu apresente as contas, deverá fazê-lo na forma mercantil (art. 917), com a documentação demonstrativa.

Dessas contas, o autor terá vista no prazo de cinco dias, para, caso deseje, impugná-las (art. 915, § 1º, CPC).

Havendo divergência sobre elas, caberá a apreciação da impugnação do autor, abrindo, se necessário, a instrução probatória para, então, proferir nova sentença. Se a sentença apurar erro nas contas e, portanto, a existência de saldo a ser restituído, servirá ela de título executivo judicial, que inaugurará a fase de cumprimento de sentença para restituição dos valores devidos (art. 918, CPC), obedecendo as disposições dos arts. 475-J e s., CPC.

Caso o réu deixe de prestar contas, faculta-se ao autor a apresentação de contas no prazo de dez dias (art. 915, § 3º, CPC). As contas apresentadas pelo autor serão, então, avaliadas pelo juiz, que poderá examinar sua adequação se utilizando de prova pericial contábil. Dessa forma, apesar de o autor não poder oferecer impugnação, após a realização da perícia contábil, deverá ter vista dos autos, podendo formular quesitos e nomear assistente técnico.

Entendendo regulares as contas apresentadas pelo autor e, havendo saldo em seu favor, o juiz proferirá sentença que ordenará o réu ao paga-

no art. 162, § 1º, CPC, vinculando-a ao encerramento de uma das fases do processo e porque o recurso para atacá-la seria o agravo que, por chegar ao Tribunal através de instrumento próprio, não impediria o prosseguimento do processo na segunda fase. Prevalece, porém, o entendimento de que esse pronunciamento judicial é uma sentença, ao fundamento que encerra uma fase do processo, só que com a particularidade de que a fase que se encerra não é o processo de conhecimento, mas apenas uma das fases em que se desdobra, nesse procedimento, o conhecimento do mérito. Daí a conclusão de que o ato judicial é sentença e desafia a apelação (nesse sentido, ver: MARINONI; ARENHART, 2009, p. 83, e CÂMARA, 2009, p. 328-329).

mento dessa importância, servindo a sentença também como título executivo que iniciará a fase do cumprimento de sentença.

Caso a sentença não seja cumprida no prazo legal, o administrador se sujeitará, ainda, à destituição do cargo, ao sequestro dos bens sob sua guarda e a glosa do prêmio ou gratificação a que tem direito (art. 919, 2ª parte), sanções estas que não eliminarão o cabimento do cumprimento de sentença.

5.6.1 Sucumbência

Visto que a ação de prestação de contas ativa possui duas fases distintas, cabe, agora, analisar a sucumbência (custas e honorários advocatícios), que também podem se desdobrar em duas decisões distintas.

Quando o processo se extingue na primeira fase, a parte vencida arcará com todos os encargos.

Já quando o processo percorre todos os seus trâmites, tendo duas sentenças, saindo vencedora a mesma parte nos dois procedimentos, haverá a ampliação da verba de honorários advocatícios, desde que respeitado o percentual de 20% sobre o valor da causa ou da condenação, conforme o caso, nos termos do art. 20, § 4º, CPC.

Se a parte vencedora na primeira etapa for sucumbente na segunda, haverá sucumbência única, apenas a estabelecida na primeira fase.

5.7 A PRESTAÇÃO DE CONTAS PASSIVA OU DE DAR CONTAS

Caso o administrador, que deva prestar contas, resolva fazê-lo espontaneamente e por meio de ação autônoma, deverá se utilizar da ação de prestação de contas passiva.

A ação de dar contas, mais do que uma obrigação do administrador, é um direito de livrar-se da sujeição.

Esse procedimento tem início com a apresentação da petição inicial, que deverá observar o requisito dos arts. 282 e 283, CPC, devendo, necessariamente, ser acompanhada das contas a serem apresentadas, sob a forma mercantil, especificando a receita e a aplicação das despesas e, ainda, o saldo, tudo acompanhado da documentação respectiva, que comprove seus lançamentos (art. 916 e 917, CC). O autor deverá requerer na petição inicial, ainda, a citação do réu para que, no prazo de cinco dias, apresente resposta (art. 916, *caput*, CPC).

A resposta do réu não se cinge à contestação, podendo ele apresentar exceção ou reconvenção, esta, porém, limitada a questões que não estariam abrangidas pela própria solução da prestação de contas, que tem natureza dúplice.

O réu poderá ter uma das seguintes posturas:

1) aceitar as contas prestadas, quando haverá o reconhecimento do pedido, extinguindo-se o processo com a imposição de ônus de sucumbência ao réu;

2) impugnar as contas oferecidas. Nessa hipótese, o réu demonstra que discorda das contas oferecidas, mas não do ajuizamento da ação. A doutrina entende esse caso como uma hipótese de revelia, já que o réu não oferece defesa propriamente dita, embora traga impugnação ao processo. A discussão versará estritamente sobre o conteúdo das contas, sem que se questione sobre a validade da conduta deste em apresentar regularmente as contas ou sobre a regularidade do processo instaurado. Caberá ao juiz decidir sobre a regularidade das contas, apoiando-se, quando necessário, em provas, especialmente a pericial, a serem produzidas na instrução da causa (art. 916, § 2º, CPC);

3) oferecer resposta sem impugnar as contas. Aqui a discordância do réu não se dá em relação às contas prestadas, mas à conduta do autor em ajuizar medida judicial para prestar contas, ou respeito a vícios do procedimento. O feito terá, então, sua fase instrutória, para o juiz apreciar a regularidade da conduta do autor em ajuizar a medida. Concluindo-se que foi adequado o ajuizamento da ação, as contas apresentadas serão tidas como aceitas;

4) oferecer resposta e impugnar as contas. Tem-se a insurgência do réu quanto a tudo que foi apresentado pelo autor. Não apenas ele discorda do autor se valer da via judicial para apresentar contas como, ainda, entende que as contas apresentadas não estão corretas. O feito comportará, em regra, dilação probatória, para que o juiz julgue a resposta e a impugnação apresentada. Acolhida a resposta do réu, a impugnação às contas restará prejudicada, não sendo sequer analisadas. As contas só serão analisadas, na hipótese de o juiz acolher a arguição do réu

de impropriedade da via eleita, caso a sua incorreção seja alegada não por meio de impugnação, mas por meio de resposta;

5) manter-se silente, sem deduzir resposta e nem impugnar as contas. Nesse caso, o magistrado deverá analisar as contas apresentadas pelo autor e proferir sentença.

Não havendo o reconhecimento da procedência do pedido, o processo seguirá pelo rito ordinário, terminando o processo com uma sentença que, caso apure eventual saldo em favor de qualquer uma das partes, a própria sentença valerá como título executivo, dando início à fase de cumprimento de sentença, que se desenvolverá nos termos dos arts. 475-J e s., CPC.

5.7.1 Sucumbência

Se o procedimento se encerra sendo acolhidas as contas do autor, os ônus da sucumbência serão arcados pelo réu.

Já se a resposta do réu for acolhida, de modo a eliminar a pretensão do autor, os ônus da sucumbência serão imputados ao autor.

No entanto, há casos de sucumbência recíproca, quando, por exemplo, a impugnação atinge apenas parte das contas.

5.8 O PROJETO DO NOVO CPC (PL N. 8.046/2010)

O projeto do novo CPC não traz mais a ação de prestação de contas em suas duas modalidades: de exigir contas e de prestá-las. O Código trata apenas da ação de exigir contas como um procedimento especial.

Dessa forma, passaremos a analisar o procedimento previsto no novo Código, de forma comparativa com o Código atual, apenas no que tange ao direito de exigir as contas.

CPC ATUAL	PROJETO DO NOVO CPC (PL N. 8.046/2010)
Art. 914. A ação de prestação de contas competirá a quem tiver: I – o direito de exigi-las; II – a obrigação de prestá-las.	**Art. 535.** É parte legítima para promover a ação de prestação de contas quem tiver o direito de exigi-las.

CPC ATUAL	PROJETO DO NOVO CPC (PL N. 8.046/2010)
Art. 915. Aquele que pretender exigir a prestação de contas requererá a citação do réu para, no prazo de 5 (cinco) dias, as apresentar ou contestar a ação. § 1º Prestadas as contas, terá o autor 5 (cinco) dias para dizer sobre elas; havendo necessidade de produzir provas, o juiz designará audiência de instrução e julgamento; em caso contrário, proferirá desde logo a sentença. § 2º Se o réu não contestar a ação ou não negar a obrigação de prestar contas, observar-se-á o disposto no art. 330; a sentença, que julgar procedente a ação, condenará o réu a prestar as contas no prazo de 48 (quarenta e oito) horas, sob pena de não lhe ser lícito impugnar as que o autor apresentar. § 3º Se o réu apresentar as contas dentro do prazo estabelecido no parágrafo anterior, seguir-se-á o procedimento do § 1º deste artigo; em caso contrário, apresentá-las-á o autor dentro em 10 (dez) dias, sendo as contas julgadas segundo o prudente arbítrio do juiz, que poderá determinar, se necessário, a realização do exame pericial contábil.	**Art. 536.** Aquele que pretender que lhe sejam prestadas contas requererá a citação do réu para, no prazo de quinze dias, prestá-las ou contestar o pedido. § 1º Prestadas as contas, o autor terá cinco dias para se manifestar sobre elas, prosseguindo-se na forma do Capítulo IX do Título I deste Livro. § 2º Se o réu não contestar o pedido, observar-se-á o disposto no art. 341. § 3º A sentença que julgar procedente o pedido condenará o réu a prestar as contas no prazo de quinze dias, sob pena de não lhe ser lícito impugnar as que o autor apresentar. § 4º Se o réu apresentar as contas dentro do prazo estabelecido no § 3º, seguir-se-á o procedimento do § 1º deste artigo; em caso contrário, apresentá-las-á o autor dentro de dez dias, sendo as contas julgadas segundo o prudente arbítrio do juiz, que poderá determinar, se necessário, a realização do exame pericial contábil.
Art. 917. As contas, assim do autor como do réu, serão apresentadas em forma mercantil, especificando-se as receitas e a aplicação das despesas, bem como o respectivo saldo; e serão instruídas com os documentos justificativos.	**Art. 537.** As contas, assim do autor como do réu, serão apresentadas em forma mercantil, especificando-se as receitas e a aplicação das despesas, bem como o respectivo saldo, e serão instruídas com os documentos justificativos.
Art. 918. O saldo credor declarado na sentença poderá ser cobrado em execução forçada.	**Art. 538.** A sentença apurará o saldo e constituirá título executivo judicial.
Art. 919. As contas do inventariante, do tutor, do curador, do depositário e de outro qualquer administrador serão prestadas em apenso aos autos do processo em que tiver sido nomeado. Sendo condenado a pagar o saldo e não o fazendo no prazo legal, o juiz poderá destituí-lo, sequestrar os bens sob sua guarda e glosar o prêmio ou gratificação a que teria direito.	**Art. 539.** As contas do inventariante, do tutor, do curador, do depositário e de outro qualquer administrador serão prestadas em apenso aos autos do processo em que tiver sido nomeado. Sendo condenado a pagar o saldo e não o fazendo no prazo legal, o juiz poderá destituí-lo, sequestrar os bens sob sua guarda e glosar o prêmio ou a gratificação a que teria direito e determinar as medidas executivas necessárias à recomposição do prejuízo.

Retomando a explicação anterior, nesse quadro excluíamos apenas o art. 916 do atual CPC, pois trata da prestação de contas, e não de sua exigência.

Abordando o direito de exigir contas, o novo Código modifica a abordagem do CPC atual, tratando da legitimidade para se valer de tal procedimento, que será de quem tiver o direito de exigi-las (art. 535, NCPC).

O procedimento é previsto no art. 536, NCPC. A mudança é que, após a citação, o réu terá o prazo de quinze dias para prestar contas ou contestar o pedido, e não mais cinco dias, como previsto no atual CPC (art. 915). Dessa forma, deixa-se de adotar um prazo diferenciado, como pode acontecer nos procedimentos especiais, para se passar à regra dos quinze dias do procedimento comum.

Mantém-se a previsão da prestação de contas na forma mercantil (art. 537), bem como a sentença que apura a inconsistência do cálculo se torna título executivo judicial (art. 538). Por fim, o art. 539, NCPC, destaca que as contas prestadas pelo legitimado passivo devem ficar apensadas aos autos principais.

Trata-se de regra, aliás, já prevista no atual CPC, art. 919, e traz as medidas cabíveis após a prestação de contas, quando se apura saldo devido.

CAPÍTULO 6

Ações possessórias

6.1 NOÇÕES GERAIS

A existência das ações possessórias inspira-se no objetivo de resolver rapidamente a questão da posse dos bens, sem necessidade de debater a fundo a relação dominial.

A previsão de procedimento especial para a proteção possessória deve-se principalmente ao fato de que tais ações inauguram-se com uma primeira fase tipicamente cautelar.[1]

O direito civil prevê a posse como poder de fato sobre uma coisa. Há vários tipos de posse, sejam elas direta, indireta, precária, clandestina etc. Porém, focando especificamente as ações possessórias, faz-se necessário conceituar e diferenciar o direito de posse (*jus possessionis*), que é o direito de exercer as faculdades de fato sobre a coisa, do direito à posse (*jus possidendi*), que é o direito de ser possuidor.

Importante destacar que, na ação possessória, discutir-se-á, apenas, o direito de exercício dos poderes de fato sobre a coisa (direito de posse). Se a pretensão é a declaração judicial do direito à posse, a discussão do domínio, portanto, a ação não será possessória, mas, sim, reivindicatória ou petitória.

1 Nesse sentido, defendendo que a medida visa assegurar a efetividade do ressarcimento do dano: Marinoni e Arenhart (2009, p. 97). Em sentido contrário, afirmando que o inicio do procedimento seria uma fase típica do processo de conhecimento: CÂMARA (2009, p. 356).

O objeto da ação possessória é exatamente o pedido para que o juiz assegure o exercício dos poderes de fato sobre a coisa. A questão do direito à posse pode surgir como prejudicial, mas não pode ser objeto da ação.

O direito à posse enseja ação petitória, que é reivindicatória, porque declara a existência do direito à posse e manda entregar a coisa ao proprietário que tenha esse direito.

O fundamento de proteção à posse é a propriedade, mas tal proteção é autônoma, tanto que há meios de proteção do possuidor contra o proprietário.

6.2 PROCEDIMENTO ESPECIAL

As ações possessórias, com caráter próprio e rito especial, visam a proteger o poder sobre a coisa, sem se debater a questão da propriedade. São fundadas na posse, objetivando a sua proteção.

A competência, se a ação versar sobre coisas móveis, será o foro do domicílio do réu, seguindo-se a regra geral do art. 94, CPC. Já se versar sobre bens imóveis, a competência será do foro da situação da coisa litigiosa (art. 95), aplicando-se a prevenção quando ela se estender pelo território de mais de uma comarca ou estado (art. 107).

A legitimação ativa será de quem é possuidor, isto é, detém, de fato, poderes inerentes ao domínio. No caso da posse de bens públicos de uso comum, a posse pode ser tanto defendida em juízo pelo Poder Público como pelos particulares que se valem dos bens, sendo cabível, inclusive, o litisconsórcio.

Réu será aquele que realiza o ato de moléstia ao ato do autor, sendo aquele que ameaça, turva ou esbulha a posse alheia, por iniciativa própria ou por ordem de outrem.

Caso o autor afirme que houve esbulho de sua posse por pessoa ou pessoas determináveis, ainda que não mencione qualificação e nome completo, a petição inicial não poderá ser indeferida.

Caso seja um grupo, mas o autor saiba qualificar apenas um, como ocorre nos casos de invasões a lotes de terra, será citado o líder do movimento, e a citação dos demais integrantes ocorrerá por edital.

Em se tratando de ação de força nova (aquela proposta dentro de um ano e dia da violação ou da ameaça) e versando sobre bem imóvel, será observado o procedimento especial previsto nos arts. 926 a 931, CPC. Contrariamente, se a força for velha (aquela proposta após um ano e dia da violação ou ameaça) e versando sobre bem imóvel, o procedimento poderá ser o ordinário ou o sumário, dependendo do valor da causa (art. 275, I), mantendo a ação seu caráter possessório. Em se tratando de bem móvel, o procedimento será o comum, ordinário ou sumário, dependendo do valor da causa.

Questão mais complexa é o contrato de *leasing*. Sustenta-se a possibilidade de se utilizar a proteção possessória nesse caso diante de cláusula resolutiva expressa, sendo o simples inadimplemento da prestação suficiente para a resolução do contrato, ensejando a reintegração da posse e, na ausência de tal previsão, que deveria ocorrer a notificação do devedor, caracterizando-se a mora e, então, surgindo a oportunidade da ação de reintegração de posse.

Contudo, o uso da ação possessória no *leasing* é, na verdade, opção processual do demandado, vez que a principal característica da ação possessória é a sua cognição restrita à questão possessória. E, nesse caso, o fundamento da ação possessória é mais o inadimplemento do contrato do que a violação da posse.

Dessa forma, mais adequado será o autor se utilizar do procedimento para restituição de coisa, nos termos do art. 461-A, CPC.

Iniciam-se as ações possessórias através de petição, que deve conter todos os requisitos genéricos do art. 282, CPC. Na inicial, o autor requer a concessão da medida interdital, provando a existência de sua posse, a turbação, o esbulho ou a mera ameaça de turbação ou esbulho, a data destes e a continuação na posse, se turbada; e sua perda, se esbulhada.

Além disso, a petição inicial possui requisitos específicos, como a especificação da posse do autor, sua duração e seu objeto, a turbação ou esbulho imputados ao demandado, a data da moléstia e a continuação da posse, no caso de turbação.

A data da moléstia é de grande relevância nas ações possessórias. A ação possessória será sempre fundada no fato jurídico posse e almejará a tutela possessória. Contudo, o que varia com o decurso do tempo são as técnicas processuais cabíveis para a tutela do direito à posse.

Como regra, sendo a violação da posse recente (inferior a um ano e um dia) e documentalmente comprovada, o procedimento será possessório e o juiz poderá conceder a liminar. Passado esse prazo, porém, o procedimento será o ordinário, mas ressaltamos que não perde a ação a natureza e o conteúdo possessórios (art. 924).

Isso porque, pelo art. 523 do Código Civil de 1916, o rito das ações possessórias intentadas dentro do prazo de um ano e um dia da turbação ou esbulho, que seriam as denominadas ações de força nova, seria sumário, enquanto que, se esse prazo fosse ultrapassado, tais ações seguiriam o rito ordinário.

Art. 523 (CC/16): "as ações de manutenção e as de esbulho serão sumárias quando intentadas dentro em ano e dia da turbação ou esbulho; e, passado esse prazo, ordinárias, não perdendo, contudo, o caráter possessório".

Entretanto, o art. 924, CPC modificou essa norma do Código Civil, estabelecendo que não basta que a turbação seja recente para que se conceda a liminar, sendo necessário que se encontre nos autos prova documental da posse, da turbação e da data desta, suficiente para convencer o juiz do ocorrido.

Destaque-se que não há mais a previsão de posse de força velha e posse de força nova no CC/2002, contudo, permanece a proteção liminar da posse, com base no procedimento previsto no CPC.

Assim sendo, prevalece hoje que, se intentado no prazo inferior a um ano e um dia, o pedido de liminar é possível, mesmo sem que o réu seja ouvido, bastando a demonstração da posse, já que o risco da demora é presumido pelo legislador. A única dificuldade que surge é no sentido de se provar que a posse é realmente nova através de prova documental. Isso porque não bastam as alegações, sendo necessário que se prove a existência do direito deduzido em juízo.

Vale ressaltar, que se a prova for testemunhal, a outra parte terá que ser necessariamente ouvida, em função do Princípio Constitucional do Contraditório.

Desse modo, só excepcionalmente poderá ser concedida a medida liminar sem audiência da outra parte, pois mesmo a prova documental, em geral, é insuficiente.

A lei exige, então, alguma instrução probatória para que se possa conceder a liminar, sendo a cognição de natureza sumária.

Já se a posse é de força velha, não estará vedada a concessão de medida liminar, porém, será necessário que o autor demonstre a coexistência dos requisitos do art. 273, CPC, de modo que deve demonstrar não apenas a probabilidade do seu direito, mas ainda a existência de *periculum in mora* ou do abuso do direito de defesa do demandado para que lhe seja outorgada a posse provisória.

Há quem defenda o cabimento da tutela antecipada apenas se esta for baseada no art. 273, II, CPC, isto é, em caso de abuso do direito de defesa.

Contudo, prevalece o cabimento da tutela antecipada em qualquer uma das hipóteses do art. 273, CPC, até mesmo porque se aplica a previsão genérica de cabimento da tutela antecipada no procedimento comum.[2]

Ressalte-se que o prazo de ano e dia conta da seguinte forma: o primeiro dia, da violação ou da turbação, não se conta; no caso de lesão continuada, conta-se do início da lesão; se a lesão é repetida, conta-se do último ato. Caso o possuidor tenha retomado a posse, só se conta o prazo de nova turbação ou esbulho.

Se não houver prova documental, poderá o autor fazer justificação para provar a violação de sua posse, sendo o réu citado para comparecer a essa audiência de justificação.

Concedida ou não a liminar, o réu é citado no prazo de cinco dias, a contar da decisão que a deferiu ou indeferiu, para se manifestar.

Destaque-se que, para a concessão de tutela, poderá ser ordenada a prestação de caução, através de requerimento feito no bojo da ação possessória, independentemente do procedimento dos arts. 826 a 838, CPC, sob pena de ser depositada a coisa litigiosa.

Com a concessão da liminar, será desde logo deferida a manutenção ou reintegração da posse, deferindo-se, desde logo, a proteção possessória pretendida.

Após essas breves considerações sobre o procedimento das ações possessórias, passaremos a uma análise mais minuciosa acerca deles.

Na petição inicial das ações possessórias, segundo o art. 921, CPC, o autor pode cumular o pedido possessório com:

a) o pedido de condenação em perdas e danos, devendo-se provar o prejuízo à posse;

b) a determinação de pena para o caso de nova turbação ou esbulho. Esta é a figura das *astreintes*, que constitui uma pena pecuniária para o

2 Nesse sentido: Câmara (2009, p. 347).

caso de a pessoa fazer o que tinha a obrigação de não fazer. Essa determinação independe de prova do eventual prejuízo da posse;

c) o pedido de desfazimento de construção ou plantação feita em detrimento de sua posse, sem qualquer ônus para o autor, onde se deve provar que a posse está sendo efetivamente prejudicada.

Na contestação o réu pode alegar que foi ofendido em sua posse e demandar proteção possessória e indenização pelos prejuízos resultantes da turbação ou do esbulho cometido pelo autor, art. 922, CPC.

Esse pedido pode perfeitamente ser feito em contestação, independentemente de reconvenção, por isso as ações possessórias têm natureza dúplice.

É válido ressaltar que o pedido formulado pelo réu, embora liberado de especiais formalidades, tem de ser explícito. Assumindo a postura de autor, cabe a ele o ônus de pedir, alegar e provar, como se autor o fosse.

Já a exceção representa todo meio invocado por uma das partes, principalmente o réu, para afastar uma demanda judicial, sem discutir o princípio do direito sobre o qual se funda.

Nas ações possessórias, o juiz poderia se deparar com a defesa do réu fundada no domínio (*exceptio domini*). Entretanto, nas ações possessórias, discute-se a posse e não o domínio (propriedade).

Sendo assim, para se propor a ação, o autor tem que provar que tinha a posse do bem e não a propriedade. Consequentemente, a apresentação da certidão do Registro Geral de Imóveis não prova se a pessoa tem direito à ação possessória.

A *exceptio domini* estava consagrada na segunda parte do art. 505, CC, o qual, após declarar não constituir a alegação de domínio um obstáculo à manutenção, ou reintegração na posse, afirmava que não se devia, entretanto, julgar a posse em favor daquele a quem evidentemente não pertencer o domínio.

O art. 505, CC/16, previa que: "não obsta à manutenção, ou reintegração da posse, a alegação de domínio, ou de outro direito sobre a coisa. Não se deve, entretanto, julgar a posse em favor daquele a quem evidentemente não pertence o domínio".

O art. 923, CPC de 1973, admitia a *exceptio domini*, determinando que: "a posse será julgada em favor daquele a quem evidentemente pertencer o domínio". Contudo, com a Lei n. 6.820/80, tal artigo teve sua redação modificada, passando-se a repelir essa forma de exceção.

A Súmula 487, STF, esclarece que: "será deferida a posse a quem evidentemente tiver o domínio, se com base neste for ela disputada".

A princípio, a partir da modificação na redação dada ao art. 923, CPC, poder-se-ia entender que essa súmula não está mais em vigor, por contradizer a ideia de que não se discute a propriedade nas ações possessórias; entretanto, seu objetivo é deixar claro que só se aplica a Súmula 487 quando se estiver discutindo o domínio, ou seja, o autor pede a recuperação da posse fundada no domínio e o réu contesta com base na propriedade. Sendo assim, só se aplica a Súmula 487 quando se estiver discutindo o domínio.

Portanto, o art. 923, CPC contempla a ideia da Súmula, uma vez que proíbe a concomitância do possessório e do petitório. Na ação possessória, não se discute a propriedade, mas, se isso acontecer, não é preciso requerer ação de reconhecimento de domínio, bastando provar a propriedade no curso da ação de reintegração de posse. Contudo, cabe destacar que, para que isso seja possível, o domínio tem que ser discutido desde o início do processo.

O Código Civil atual, no art. 1.210, § 2º, embora não proíba a discussão da propriedade no processo possessório, torna totalmente irrelevante essa discussão para a procedência da ação possessória.

Desse modo, ao se promover uma ação possessória, em regra, não é permitida a defesa com fundamento no domínio. A referida regra é para a proteção do possuidor, vez que, na hipótese de ser possível o ajuizamento de demanda petitória no curso do processo possessório, acabaria sempre vencendo o proprietário, pondo fim às vantagens da prática da tutela possessória.

Todavia, excepcionalmente, admite-se essa defesa em três hipóteses:

a) quando duas pessoas disputam a posse a título de proprietário;

b) quando é duvidosa a posse de ambos os litigantes; nesse caso, reconhece-se a posse daquele a quem está mais bem averiguada;

c) pendência de ação de usucapião especial.

Nos dois primeiros casos, contudo, não será reconhecida a qualidade de proprietária à parte vencedora (a não ser incidentalmente, na motivação da sentença – CPC, art. 469, III), mas simplesmente lhe defere a tutela possessória, por haver demonstrado, com base no domínio, ser a legítima possuidora.

Assim, como regra geral, não mais se admite a discussão a respeito do domínio da coisa no juízo possessório, somente discutindo-se questões ligadas ao domínio, salvo quando duas pessoas discutem a posse a título de proprietário ou é duvidosa a posse de ambos.

Já o terceiro caso está previsto no art. 11 do Estatuto da Cidade (Lei n. 10.257/2001), que prevê que, "na pendência de ação de usucapião especial, ficarão sobrestadas quaisquer outras ações petitórias ou possessórias, que venham a ser propostas relativamente ao imóvel usucapiendo".

O referido dispositivo significa que, ajuizada uma ação de usucapião especial urbano, serão suspensos todos os processos petitórios ou possessórios que estejam em curso.

Em relação ao procedimento das ações possessórias, o art. 925, CPC prevê a possibilidade de uma medida cautelar inserida na ação.

Entretanto, para isso, o réu tem que provar, em qualquer tempo, que o autor provisoriamente mantido ou reintegrado na posse carece de idoneidade financeira para, no caso de decair a ação, responder por perdas e danos. Sendo assim, o juiz determinará a prestação de uma caução, sob pena de ser depositada a coisa litigiosa em mãos de terceiro.

Vale ressaltar que a caução será prestada na forma do processo cautelar, de acordo com os arts. 826 e s., CPC.

6.3 O PROCEDIMENTO COMUM E O PROCEDIMENTO SUMÁRIO DO JUIZADO ESPECIAL

O foro competente para a propositura de uma ação possessória, seja qual for o procedimento adotado, é o foro da situação da coisa (art. 95, CPC). Caso o imóvel esteja situado em mais de um estado ou foro, a competência será determinada pela prevenção.

Cabe ressaltar que os Juizados Especiais Cíveis Estaduais também têm competência para o julgamento das ações possessórias (arts. 3º, IV, e 4º da Lei n. 9.099/95). Nesse caso, o art. 3º, IV, da Lei n. 9.099 é expresso que às ações possessórias sobre bens imóveis com valor não superior a 40 salários mínimos pode ser aplicado o procedimento simplificado do juizado especial.

Entretanto, a Lei n. 9.009/95 não faz menção ao caso de ação possessória versando sobre bens móveis, o que nos leva a concluir que tal caso se enquadra na regra geral do art. 3º, I, da Lei dos Juizados Especiais, que estabelece a competência desses Juizados para o julgamento das causas cujo valor não exceda a quarenta vezes o salário mínimo.

Há uma corrente doutrinária, contrária a tal entendimento, que defende a possibilidade de interposição de ação possessória sobre bem móvel perante o Juizado Especial independentemente do valor da causa.

De fato, o art. 3º, II, da Lei n. 9.099/95 dispõe que as causas enumeradas no art. 275, II, CPC, que trata das questões que, em razão da matéria, seguem o rito sumário na Justiça comum, podem ser de competência dos Juizados Especiais independentemente do valor da causa, tratando o referido art. 275, II, de hipóteses taxativas.

Todavia, as ações possessórias sobre bens móveis não mais estão incluídas no rol do art. 275, II, CPC, por força da alteração procedida pela Lei n. 9.245/95, não se justificando a afirmação de que nas ações possessórias sobre bens móveis é cabível o procedimento sumaríssimo independentemente do valor da causa.

Assim, diante da alteração legislativa, entendemos que os Juizados Especiais são competentes para as ações possessórias que versem tanto sobre bens imóveis quanto sobre bens móveis, desde que respeitado o limite de quarenta salários mínimos. Nesses casos, as ações se beneficiam do procedimento mais célere do Juizado. Caso contrário, a competência será do Juízo comum.

6.4 A LIMINAR E SUA NATUREZA JURÍDICA

A liminar concedida em ação possessória tem caráter de adiantamento do resultado do pedido de proteção possessória, funcionando como se o juiz tivesse julgado procedente o pedido antecipada e provisoriamente, até que seja feita a instrução e sobrevenha a sentença.

Afirma-se então que a liminar possui natureza jurídica de tutela antecipada da posse, vez que sua única semelhança com uma cautelar é o atributo da provisoriedade, já que o juiz pode revogar a liminar e concedê-la, novamente, se for o caso, ou através de juízo de retratação ou através de interposição de agravo de instrumento.

Estando a petição inicial devidamente instruída e provados os requisitos indicados no art. 927, CPC, o juiz poderá deferir, *inaudita altera parte*, em atenção do requerimento formulado pelo autor, a expedição de mandado liminar de manutenção da posse ou de reintegração (art. 928, 1ª parte).

Concedida ou não, sumária e provisoriamente, a tutela possessória pelo autor pretendida, assegura-se ao réu o direito de se defender.

Para a concessão da medida, deve-se, contudo, preencher os requisitos do art. 927, CPC, que são o ajuizamento da ação possessória até um ano e dia após a turbação ou esbulho (após esse prazo tratar-se-á de posse de força velha e a liminar passará a ter os requisitos do art. 273, CPC).

6.5 A AÇÃO DE NATUREZA DÚPLICE

Proposta uma ação, o réu pode se defender através de contestação, mas também pode deduzir pretensão em face do autor, através da reconvenção, quando cabível (arts. 315 a 318).

Havendo reconvenção, não há necessidade de instauração de processo autônomo, sendo que o juiz julga em uma só sentença os pedidos original e reconvencional.

Contudo, no caso das ações possessórias, a lei abre a possibilidade de vir o réu a obter tutela jurisdicional ativa favorável, sem necessidade de reconvenção. Na própria contestação o réu pode alegar que foi ofendido em sua posse e demandar proteção possessória e indenização pelos prejuízos resultantes da turbação ou do esbulho cometido pelo autor, art. 922, CPC.

Tal pedido, embora não formal, tem que ser explícito e cabe ao réu o ônus de pedir, alegar e provar, como se autor o fosse.

A natureza dúplice deve-se, então, ao fato de que, mesmo sem reconvenção, o provimento pode ser invertido, fazendo-se com que o réu, além de se defender, volte-se contra o autor. Desse modo, como o réu pode se valer da contestação, sem precisar interpor a reconvenção, se assim o fizer, será carecedor do direito de ação por falta de interesse processual.

Destaque-se, porém, que o procedimento das ações possessórias só está presente até a audiência de justificação e a possibilidade do juiz conceder ou não a liminar, quando se dispensará, a reconvenção, podendo o pedido ser formulado no bojo da contestação. Após essa fase, intimado o réu da decisão que concede ou nega a liminar, poderá ele oferecer resposta, seguindo-se, a partir daí, o procedimento ordinário, que não obsta a reconvenção.

6.6 FUNGIBILIDADE DOS PROCEDIMENTOS

Não é tarefa simples distinguir esbulho e turbação, razão pela qual o Código adota o princípio da conversibilidade dos interditos, segundo o qual a propositura de uma ação possessória em vez de outra não obsta a que o juiz conheça do pedido e outorgue a proteção legal correspondente àquela, cujos requisitos estejam provados.

O CPC, no art. 920, consagra o princípio da fungibilidade entre as ações possessórias: "a propositura de uma ação possessória em vez de outra não obstará a que o juiz conhecerá do pedido e outorgue a proteção legal correspondente àquela, cujos requisitos estejam provados".

Dessa forma, o ajuizamento de uma demanda possessória não impede o juiz de conceder medida diferente da postulada, mas que se revele adequada à proteção da posse no caso concreto, desde que os requisitos para essa concessão estejam provados nos autos.

É, na verdade, uma só ação possessória, com variantes determinadas pelas condições de fato.

Justifica a regra a sutil diferença que pode existir entre uma situação de esbulho e uma situação de turbação ou entre esta e a simples ameaça, devendo o juiz dar o provimento correto, ainda que a descrição inicial não corresponda exatamente à realidade colhida pelas provas.

Para uma parte da doutrina, essa regra seria uma exceção aos princípios consagrados nos arts. 459 e 460, CPC – proibição de julgamento *ultra petita* –; entretanto, parece mais razoável compreendê-la como decorrência lógica do princípio da economia processual, segundo o qual não seria de nenhum benefício extinguir o processo, sem a solução da lide, por haver sido feita uma incorreta qualificação legal.

O princípio da fungibilidade, entretanto, tem aplicação restritiva, só cabendo entre as ações possessórias e não entre o pedido possessório e o petitório. A propositura de ação possessória, quando só cabe a reivindicatória, ou vice-versa, leva à carência da ação por falta de interesse processual adequado. Não há possibilidade de o juiz aceitar uma pela outra.

6.7 ESPÉCIES DE PROTEÇÃO POSSESSÓRIA

A razão de ser da proteção legal à posse, sem indagar de sua origem jurídica, está em que ela é uma situação de fato, componente da estabilidade social. Se muda de titular, tal mudança não pode resultar em desequilíbrio social, em perturbação da ordem. Impõe-se que a passagem da posse de um a outro titular se dê sem quebra da harmonia social, por exemplo, pelo contrato ou pela sucessão. Quando surge a disputa pela posse, ela deve cessar através do processo.

O direito aos interditos é efeito que se produz independentemente da qualidade da posse. A proteção possessória pode ser invocada tanto pelo que tem posse justa, como injusta, de boa ou de má-fé, direta ou indireta.

Todo possuidor tem direito a ser mantido na posse em caso de turbação, e restituído, no caso de esbulho.

Os interditos são a manutenção, a reintegração e a proibição (arts. 920 a 923, CPC).

Defende-se a posse por meio de ações especiais tradicionalmente chamadas de interditos. Em caráter excepcional, admite-se a autodefesa, quando a agressão à posse realiza-se em circunstâncias que exigem pronta, enérgica e imediata repulsa – desforço *in continenti* (art. 1.210, § 1º, CC).

Não há uniformidade no tocante à qualificação das ações possessórias. Para os que se colocam em posição mais favorável à ampliação do sistema defensivo da posse, constituiriam meio de protegê-la as seguintes ações:

a) Imissão de posse;

b) Manutenção de posse;

c) Reintegração de posse;

d) Interdito proibitório;

e) Nunciação de obra nova;

f) Dano infecto;

g) Embargos de terceiro senhor e possuidor.

Algumas dessas ações não são consideradas, entretanto, possessórias, sob o fundamento de que visam à defesa da propriedade. Essas seriam a nunciação de obra nova, os embargos de terceiro senhor e possuidor e a ação de dano infecto. Para muitos, a ação de imissão de posse também não seria remédio possessório, porque tem por fim investir alguém na qualidade de possuidor. Para os que se colocam contra a ampliação do sistema defensivo da posse, os meios de protegê-la ficariam restritos à reação contra a turbação ou esbulho através dos interditos: manutenção, reintegração e interdito proibitório (finalidade defensiva).

As pretensões possessórias consistem fundamentalmente no direito do possuidor de ser mantido na posse, em caso de turbação, e restituído no de esbulho.

6.8 A NATUREZA DAS AÇÕES POSSESSÓRIAS: REAL OU PESSOAL?

É importante fixar a natureza das ações possessórias, principalmente quando o bem litigioso for imóvel, para definir a necessidade ou não de ambos os cônjuges integrarem a relação processual, em face do art. 10 do CPC.

> "Art. 10. O cônjuge somente necessitará do consentimento do outro para propor ações que versem sobre direitos reais imobiliários.
>
> § 1º Ambos os cônjuges serão necessariamente citados para as ações:
>
> I – que versem sobre direitos reais imobiliários;
>
> [...]
>
> IV – que tenham por objeto o reconhecimento, a constituição ou a extinção de ônus sobre imóveis de um ou de ambos os cônjuges".

O objetivo do art. 10, *caput* e § 1º, I e IV, é a defesa do patrimônio do casal, no sentido de que as ações devem ser propostas, e devem ser sujeitos passivos das ações, marido e mulher, nos casos elencados pelo legislador.

Na doutrina, não há grandes divergências, entendendo a maioria pela natureza real das ações possessórias. A jurisprudência, no entanto, tem se mostrado instável a respeito do tema.

Segundo parcela da doutrina civilista, a posse é um direito de natureza real.[3] Logo, quando a pessoa casada quiser propor ação possessória necessitará da presença ou do consentimento do cônjuge e, para que tenham legitimidade passiva, que haja litisconsórcio necessário.

Na verdade, não há razão para questionar a natureza real da ação possessória em face do direito positivo. É o próprio CPC que, ao cuidar da competência para as ações reais imobiliárias, em seu art. 95, inclui expressamente entre essas as ações possessórias.

3 Nesse sentido: Theodoro Júnior (2008, p. 128).

Na prática, como o regime matrimonial de bens generalizado no Brasil é o da comunhão, a propriedade e posse dos bens é comum enquanto durar a sociedade conjugal. Logo, na maioria dos casos, os cônjuges serão possuidores comuns, tornando obrigatório o litisconsórcio ativo e passivo, se a posse disputada versa sobre imóvel.

A Lei n. 8.952, de 13-12-1994, adotando um critério prático para solucionar o problema da natureza da ação possessória, introduziu o § 2º ao art. 10, dispondo o seguinte: "§ 2º Nas ações possessórias, a participação do cônjuge do autor ou do réu somente é indispensável nos casos de composse ou de ato por ambos praticados".

Assim, de acordo com esse texto legal, é a composse como fato ou a moléstia à posse de outrem por ambos os cônjuges que irá determinar a necessidade de outorga conjugal ou de litisconsórcio passivo nas ações possessórias imobiliárias.

6.9 INCIDENTES NAS AÇÕES POSSESSÓRIAS

6.9.1 Embargos de terceiro

Os embargos de terceiro estão previstos no art. 1.046, CPC. São o remédio processual de defesa do estranho ao processo, contra o esbulho judicial. A jurisprudência tem divergido a seu respeito.

Há uma posição minoritária de que os embargos são cabíveis apenas nos casos de apreensão judicial.[4] Assim, em face de mandados de despejo ou de reintegração da posse não seria cabível a defesa de terceiros pelo meio dos embargos previstos no art. 1.046, CPC.

O outro posicionamento é no sentido de que os casos de apreensão judicial elencados no art. 1.046, CPC são apenas exemplos de hipóteses em que se pode aplicar o procedimento, mas não os únicos.

Tanto é assim que no próprio elenco do artigo já referido está a hipótese de simples descrição de imóvel alheio em inventário ou arrolamento. Nesses casos, não ocorre nenhuma restrição física sobre o bem do terceiro, não havendo como negar os embargos a quem sofre privação direta e

4 Theodoro Júnior (2008, p. 134).

imediata de sua posse, sem ser parte no processo, como ocorre no cumprimento de mandado de reintegração.

Assim, admitem-se embargos de terceiro contra qualquer ato de apreensão judicial, praticado em qualquer ação ou execução, desde que resulte prejudicial ao embargante ou seja incompatível com um seu direito, sendo os embargos de terceiro via ampla de tutela do terceiro estranho ao processo.

Prevalece, então, que tal remédio pode ser utilizado no caso de execução *lato sensu* de sentença possessória, caso haja moléstia a quem não foi parte do interdito.

Quanto ao prazo para oposição dos embargos de terceiro, deve ser contado da data em que houver o terceiro sofrido o alegado esbulho, ou seja, na data em que se cumpriu o mandado de reintegração.

6.9.2 Embargos de retenção

Já que as ações possessórias são procedimentos especiais unitários, ou seja, englobam numa só relação processual toda a atividade jurisdicional, da cognição à execução, inexistindo a execução de sentença, como processo separado, não se aplicam às ações de manutenção e reintegração as regras pertinentes à execução forçada e seus embargos.

Dessa forma, se o demandado tem benfeitorias a indenizar, e pretende exercer o direito de retenção, não deve fazê-lo via embargos de retenção, posto que lhe falta seu pressuposto básico – o processo de execução – e, sim, por meio da contestação.

6.9.3 Nomeação à autoria e denunciação da lide

É possível que ocorra nas ações possessórias tanto a nomeação à autoria como a denunciação à lide, modalidades de intervenção de terceiros.

Cabe nomeação à autoria quando o réu da ação possessória não for realmente o possuidor, mas o detentor do bem litigioso. Com a nomeação, o demandado visa a ser excluído do processo e substituído pelo possuidor, em nome de quem exerce a detenção.

Já a denunciação da lide só tem cabimento quando o réu da ação possessória for possuidor direito, e houver possuidor indireto. Nessa situação, o possuidor indireto, como, por exemplo, o locador, pode ser chamado pelo possuidor direto, o locatário, para a ação principal.

6.10 PROCEDIMENTO DE MANUTENÇÃO, DA REINTEGRAÇÃO DA POSSE E DO INTÉRDITO PROIBITÓRIO – PECULIARIDADES DOS PROCEDIMENTOS

6.10.1 Ação de manutenção de posse

A ação de manutenção de posse é uma espécie de ação possessória, tendo, portanto, como objeto de discussão a posse, e não o domínio. É utilizada como defesa possessória contra quem pratica atos de turbação, a fim de que o possuidor continue mantido em sua posse (art. 926, CPC). Através desta, assim como das demais ações possessórias, postula-se o direito de posse, ou seja, o direito de exercer as faculdades de fato sobre a coisa.

Para que seja ajuizada, é necessário que tenha ocorrido a chamada turbação na posse.

Turbação é o ato pelo qual se dá uma violação ao exercício da posse de alguém, sem, contudo, excluir totalmente a posse deste. Configura-se uma moléstia à posse, embora esta continue existindo. Seria como um "esbulho parcial", de acordo com Vicente Greco Filho.[5]

O objeto dessa ação é ser o possuidor turbado mantido em sua posse, fazendo com que não a perca – pretensão possessória primária. Como pretensão secundária, tem-se a indenização e a reposição do estado anterior à lide.

Busca-se com a ação de manutenção de posse a cessação dos atos do turbador sobre a posse alheia.

Cabe ainda mencionar o fato de que a causa que originou a posse não pode sofrer qualquer alteração, isto é, o caráter da posse deve ser mantido.

Para propor tal ação, não tem legitimidade o detentor e quem detém a coisa a mando de outrem.

Tem legitimidade para figurar no polo passivo da relação processual o agente que comete turbação.

5 Greco Filho (2006).

Cabe nomeação à autoria quando o réu da ação possessória não for de fato o possuidor, mas somente o detentor do bem em litígio. O demandado objetiva sua exclusão do processo e sua substituição pelo verdadeiro possuidor, em nome de quem exerce a detenção.

A denunciação à lide é cabível quando o réu da ação possessória for possuidor, tendo a posse própria a defender, embora esta seja apenas direta e sem a exclusão da posse indireta do outro possuidor. Aqui, não se objetiva a exclusão do demandado da relação processual. O possuidor indireto é chamado pelo possuidor direto para responder à ação principal junto com ele.

Versando sobre coisas móveis, a ação possessória correrá no foro do domicílio do réu, segundo a regra geral do art. 94, CPC.

Se a disputa recai sobre bem imóvel, observar-se-á a competência do *forum rei sitae*, ou seja, a causa competirá ao foro da situação da coisa litigiosa (art. 95, CPC), aplicando-se a prevenção nos casos em que a gleba estender-se por território de mais de uma comarca ou estado (art. 107, CPC).

A prova dos fatos, pelo autor da ação, deve ser clara, cabal e *ab initio*, demonstrando:

a) a posse;

b) a turbação praticada pelo réu;

c) a data em que se iniciou a turbação;

d) a continuação de sua posse, mesmo turbada.

Sendo a posse matéria de fato, e não de direito, é necessário que se faça prova dos fatos, com a devida fase instrutória do processo, tornando-se impossível o julgamento antecipado da lide.

A prova da continuação da posse é essencial, à medida que, a partir daí, classifica-se a ação como possessória (manutenção) ou petitória (reivindicatória).

A diferença está no fato de que, se a posse nunca foi exercida, a ação cabível é a reivindicatória, de natureza petitória. Por outro lado, se a posse já existe, a ação que deve ser proposta é a possessória. Nesse caso, operando-se um erro quanto à escolha entre uma ação possessória ou petitória, não se aplica a Fungibilidade das Possessórias, pois esse princípio somente se aplica entre as ações possessórias. Haveria, nessa hipótese, carência de ação, por falta de interesse processual adequado.

Vale ressaltar que o ônus da prova da posse e da turbação ocorrida cabe ao autor da ação possessória.

6.10.2 Ação de reintegração de posse

Esse interdito tem por finalidade a recuperação da posse perdida ou esbulhada; a recuperação da coisa e a restituição do possuidor na posse em caso de esbulho.

No caso de atos clandestinos praticados na ausência do possuidor, não se considera perdida a posse. Nos casos de ausência do possuidor, só se considera perdida a posse quando o ausente, tendo notícia da agressão, abstém-se de retornar à coisa, ou, tentando recuperá-la, é violentamente repelido.

A ação de reintegração de posse pressupõe ato praticado por terceiro que importe para o possuidor perda da posse contra sua vontade.

A perda total da posse pode decorrer:

a) de violência sobre a coisa, de modo a tirá-la do poder de quem a possuía;

b) constrangimento suportado pelo possuidor, diante do fundado temor de violência iminente;

c) de ato clandestino ou abuso de confiança.

Os pressupostos da ação reintegratória acham-se enumerados no art. 927, CPC, são eles:

a) a posse do autor;

b) o esbulho praticado pelo réu;

c) a data do esbulho;

d) a perda da posse, na ação de reintegração.

Este último requisito é fundamental para a caracterização do pedido como possessório. Se o autor nunca teve a posse, seu pedido não pode ser possessório; deve ser petitório. Quem nunca teve a posse e precisa que esse direito lhe seja outorgado, deve ingressar com ação reivindicatória, no procedimento ordinário.

Entenda-se que a expressão "nunca teve posse" embasa-se no fato de que a posse é transmissível. Logo, se alguém recebeu, juridicamente, a posse de um imóvel, de outrem que a tinha, não está em situação de quem nunca exerceu posse, pois sua posse soma-se à posse de seu antecessor.

Cabe destacar que esbulho é o ato pelo qual o possuidor vê-se privado da posse, violenta ou clandestinamente, por constrangimento suportado pelo possuidor, diante do fundado temor de violência iminente, e ainda por abuso de confiança; é a injusta e total privação da posse, sofrida por alguém que a vinha exercendo.

Não é necessário que a perda da posse tenha se dado por violência, como era exigido pelo sistema legal anterior; atualmente, em razão da perda da posse por qualquer vício, cabe a ação reintegratória.

A regra é, portanto, que se caracteriza o esbulho não só pela violência, como também por toda e qualquer moléstia aos direitos do possuidor.

Além da restituição da coisa, o possuidor esbulhado tem direito a ser indenizado pelos prejuízos que sofreu com o esbulho.

Aplicam-se as mesmas regras já enumeradas no tocante à ação de manutenção de posse, ou seja, versando sobre coisas móveis, a ação possessória correrá no foro do domicílio do réu; se a disputa recai sobre bem imóvel, a causa competirá ao foro da situação da coisa litigiosa.

Quem detém, de fato, o exercício de algum dos poderes do domínio é, juridicamente, possuidor, e, como tal, tem legitimidade para propor ação possessória sempre que temer ou sofrer moléstia em sua posse (CC, art. 1.228, *caput*).

Não se considera parte legítima para propor ação possessória aquele que conserva a coisa em nome de outrem, ou aquele que cumpre ordens ou ainda, o detentor (art. 1.198, CC), que é aquele que ocupa a coisa alheia por mera permissão ou tolerância do verdadeiro possuidor.

O réu, na ação possessória é o agente do ato representativo da moléstia à posse do autor. Pode ser o autor do esbulho ou o terceiro que recebeu a coisa, sabendo que era esbulhada, neste último caso, possuidor de má-fé.

Nos casos em que alguém pratica ato lesivo à posse de outra pessoa, obedecendo ordens, a parte legítima para ser demandada é aquela que deu a ordem. Se for demandado o autor imediato do esbulho, caberá nomeação à autoria.

Outra forma de intervenção de terceiro no processo é a denunciação à lide, que tem cabimento na ação de possessória, quando esta é intentada contra o possuidor direto, por exemplo, o locatário, e este chama ao processo o possuidor direto, o locador, para a defesa da posse.

6.10.3 Interdito proibitório

O interdito proibitório está previsto no art. 932 do CPC e no art. 1.210 do CC, que dão suas características.

O art. 933 do CPC, por sua vez, dispõe sobre a aplicação do procedimento das ações de manutenção e reintegração de posse também ao interdito proibitório.

Art. 932, CPC: "o possuidor direto ou indireto, que tenha justo receio de ser molestado na posse, poderá impetrar ao juiz que o segure da turbação ou esbulho iminente, mediante mandado proibitório, em que se comine ao réu determinada pena pecuniária, caso transgrida o preceito".

Art. 933, CPC: "aplica-se ao interdito proibitório o disposto na seção anterior".

Art. 1.210, CC: "o possuidor tem direito a ser mantido na posse em caso de turbação, restituído no de esbulho, e segurado de violência iminente, se tiver justo receio de ser molestado".

O interdito proibitório é uma ação possessória só que com um caráter preventivo e cominatório, aplicável quando ainda não ocorreu moléstia.

Preventivo porque, diante de uma ameaça de turbação ou esbulho, o possuidor busca o Poder Judiciário a fim de obter um mandado proibitório para segurar sua posse, impedindo que a moléstia da posse de fato ocorra.

Cominatório porque, no mandado proibitório, será fixada uma pena pecuniária para o caso de transgressão ao preceito.

Dessa forma, fala-se em justo receio, que nada mais é do que a necessidade de o autor demonstrar a probabilidade de iminente agressão à posse, que não pode ser um temor meramente subjetivo, devendo ser caracterizado por elemento objetivo a demonstração da possível ocorrência de moléstia na posse ou para se evitar a repetição de atos de agressão.

Tanto o possuidor direto quanto o possuidor indireto têm legitimidade para propor a ação, sendo que o réu é todo aquele que ameaça a posse de alguém.

No que tange à competência, em se tratando de bens móveis, o foro competente é o foro do domicílio do réu. Sendo bens imóveis, competente é o foro da situação do bem.

Para a ação, além do requisitos do art. 282 e 283, CPC, devemos observar também o art. 287, CPC:

> Se o autor pedir a condenação do réu a abster-se da prática de algum ato, a tolerar alguma atividade, ou a prestar fato que possa ser realizado por terceiro, constará da petição inicial a cominação da pena pecuniária para o caso de descumprimento da sentença (arts. 644 e 645).

Assim, o autor deve estipular na inicial uma pena que entenda suficiente para coibir o réu de efetivar a turbação ou ameaça. Caso não o faça, o juiz determinará a emenda da inicial, nos termos do art. 284, CPC.

Como se trata de pena pecuniária que tem por finalidade evitar que a moléstia da posse realmente ocorra, deve ser ela fixada em um valor tal que de fato aflija o réu, impedindo a concretização da ameaça.

Dessa forma, se o juiz entender que a pena fixada pelo autor na inicial é exagerada ou insuficiente, poderá adequá-la ao que considerar justo e suficiente.

Incumbe ao autor provar:

a) sua posse;

b) a continuação da posse, uma vez que vem sendo apenas ameaçado, ainda não há efetiva turbação ou esbulho;

c) a ameaça que deve ser demonstrada através de dados concretos passíveis de aferição pelo juiz, não sendo suficiente o temor subjetivo do autor;

d) a data da ameaça a fim de se fixar o prazo de ano e dia para verificar-se a possibilidade da concessão de liminar.

De acordo com o art. 933, aplicam-se ao interdito proibitório as mesmas regras que às ações de manutenção e reintegração de posse e que já foram anteriormente apreciadas.

No entanto, cumpre-nos ressaltar que a maior parte da doutrina entende ser possível a concessão de liminar de plano ou após a audiência de justificação dentro do prazo de ano e dia. Nesse caso, o prazo é contado a partir da ameaça.

Como o interdito proibitório também é uma ação possessória, aplica-se a ele o princípio da fungibilidade já explicado.

Assim, se no curso da ação a posse vem a ser de fato turbada ou esbulhada, o autor por simples petição nos autos comunica a ocorrência ao juiz, e a ação que era de interdito proibitório passa a ser de manutenção ou reintegração conforme o caso. Isso ocorre sem prejuízo da pena pecuniária que passa a ser devida já que houve infringência ao mandado proibitório.

Se a turbação ou o esbulho ocorrem após o trânsito em julgado da ação de interdito proibitório, o réu incide na pena pecuniária, cabendo ao autor promover uma ação de execução por quantia certa para recebê-la. Caberá, também, ao autor, para reaver a sua posse mansa e tranquila, propor nova ação possessória, só que dessa vez de manutenção ou reintegração de posse.

6.11 A SENTENÇA NAS AÇÕES DE MANUTENÇÃO DE POSSE, DE REINTEGRAÇÃO DE POSSE E NO INTERDITO PROIBITÓRIO

Prolatada, ao final, sentença de procedência nas ações possessórias, ela comportará cumprimento tão logo transite em julgado. Pendendo contra ela recurso de apelação, ficará obstado o seu pronto cumprimento, ressalvada, contudo, a hipótese prevista no art. 520, VII, CPC.

A autoexecutoriedade da sentença deferitória da reintegração ou manutenção é característica da proteção interdital e independente do rito, assim como independente de haver decorrido tempo maior ou menor de ano e dia desde a ofensa à posse até o ajuizamento da ação

A sentença na ação possessória tem, portanto, eficácia executiva *lato sensu*, ou seja, o julgado impõe por si mesmo os seus efeitos, sem necessidade de um ulterior processo de execução.

O juiz não condena, propriamente, o esbulhador a devolver a coisa, e sim ordena a imediata expedição de um mandado a ser cumprido coativamente pelos órgãos auxiliares do juízo contra o esbulhador e em favor do esbulhado, sem necessidade de outra citação ou formalidades outras, inexistindo, portanto, dicotomia entre cognição e execução.

6.12 A FASE DE EXECUÇÃO DO JULGADO

Transitada em julgado, a execução da sentença se faz por mandado, independente do processo de execução, porque a sentença tem força executiva, salvo a condenação em perdas e danos, que se executa por execução por quantia após liquidação.

De sua força executiva *lato sensu* decorre ainda *o* efeito importantíssimo da inadmissibilidade de embargos à execução.

Também não há mais possibilidade de usar os embargos de retenção em face do título judicial. Toda a defesa do réu deverá ser manejada na contestação, pois, não havendo *actio iudicati*, não haverá oportunidade para qualquer tipo de embargos, salvo apenas a hipótese de terceiro prejudicado (embargos de terceiro).

6.13 AÇÕES POSSESSÓRIAS NO PROJETO DO NOVO CPC

CAPÍTULO III

DAS AÇÕES POSSESSÓRIAS

Seção I

DISPOSIÇÕES GERAIS

Art. 540. A propositura de uma ação possessória em vez de outra não obstará a que o juiz conheça do pedido e outorgue a proteção legal correspondente àquela cujos requisitos estejam provados.

Art. 541. É lícito ao autor cumular ao pedido possessório o de:

I – condenação em perdas e danos;

II – cominação de pena para caso de nova turbação ou esbulho;

III – desfazimento de construção ou plantação feita em detrimento de sua posse.

Art. 542. É lícito ao réu, na contestação, alegando que foi o ofendido em sua posse, demandar a proteção possessória e a indenização pelos prejuízos resultantes da turbação ou do esbulho cometido pelo autor.

Art. 543. Na pendência de ação possessória é vedado, assim ao autor como ao réu, propor ação de reconhecimento do domínio.

Art. 544. Regem o procedimento de manutenção e de reintegração de posse as normas da Seção II deste Capítulo quando proposta dentro de ano e dia da turbação ou do esbulho; passado esse prazo, será comum, não perdendo, contudo, o caráter possessório.

Art. 545. Se o réu provar, em qualquer tempo, que o autor provisoriamente mantido ou reintegrado na posse carece de idoneidade financeira para, no caso de decair da ação, responder por perdas e danos, o juiz assinar-lhe-á o prazo de cinco dias para requerer caução sob pena de ser depositada a coisa litigiosa.

Seção II

DA MANUTENÇÃO E DA REINTEGRAÇÃO DE POSSE

Art. 546. O possuidor tem direito a ser mantido na posse em caso de turbação e reintegrado no de esbulho.

Art. 547. Incumbe ao autor provar:

I – a sua posse;

II – a turbação ou o esbulho praticado pelo réu;

III – a data da turbação ou do esbulho;

IV – a continuação da posse, embora turbada, na ação de manutenção; a perda da posse, na ação de reintegração.

Art. 548. Estando a petição inicial devidamente instruída, o juiz deferirá, sem ouvir o réu, a expedição do mandado liminar de manutenção ou de reintegração; no caso contrário, determinará que o autor justifique previamente o alegado, citando-se o réu para comparecer à audiência que for designada.

Parágrafo único. Contra as pessoas jurídicas de direito público não será deferida a manutenção ou a reintegração liminar sem prévia audiência dos respectivos representantes judiciais.

Art. 549. Julgada procedente a justificação, o juiz fará logo expedir mandado de manutenção ou de reintegração.

Art. 550. Concedido ou não o mandado liminar de manutenção ou de reintegração, o autor promoverá, nos cinco dias subsequentes, a citação do réu para contestar a ação.

Parágrafo único. Quando for ordenada a justificação prévia, o prazo para contestar será contado da intimação da decisão que deferir ou não a medida liminar.

Art. 551. Aplica-se, quanto ao mais, o procedimento comum.

Seção III

DO INTERDITO PROIBITÓRIO

Art. 552. O possuidor direto ou indireto que tenha justo receio de ser molestado na posse poderá requerer ao juiz que o segure da turbação ou esbulho iminente, mediante mandado proibitório, em que se comine ao réu determinada pena pecuniária, caso transgrida o preceito.

Art. 553. Aplica-se ao interdito proibitório o disposto na Seção II deste Capítulo.

Nesse ponto, apenas destacamos os artigos do projeto do novo Código, já que não há alterações significativas das disposições do CPC atual para a disposição do projeto. Com pequena adequação no vocabulário, o legislador apenas se refere a procedimento comum no art. 551, NCPC, quando o atual art. 931 se refere a procedimento ordinário, que é, na verdade, o procedimento comum, e, em vez de se referir à seção anterior, como faz o art. 933 do atual CPC, o projeto prevê no art. 553 o disposto na seção II, que já é a seção anterior.

Dessa forma, sem alterações em relação às ações possessórias, optou o legislador apenas por aprimorar detalhes na linguagem, sem novidades no procedimento das ações possessórias.

CAPÍTULO 7

Ação de nunciação de obra nova

7.1 NOÇÕES GERAIS

A proteção da propriedade não se faz apenas por meio de ações dirigidas a evitar que esse direito seja diretamente violado por terceiros. Pode acontecer que um terceiro adote medidas em sua propriedade que possam prejudicar o direito do vizinho, seja pelo risco a que expõe o bem deste, seja porque devassa sua propriedade, reduzindo-lhe o uso. Para evitar tais atitudes, há diversas regras que disciplinam a relação de vizinhança e o direito de construir, especialmente para evitar risco a bens alheios.

A ação de nunciação de obra nova, prevista no art. 934, CPC, tem origem no direito romano (*iactus lapilii*), em que o prejudicado pela obra lançava pedras na construção. Hoje, é uma das medidas cabíveis quando se tem o interesse de impedir o prosseguimento da obra vizinha, a fim de se manter a incolumidade ou a utilidade do imóvel do interessado (art. 1.277, CC).

Comporta, então, o interesse de buscar um provimento jurídico que embargue ou impeça o seguimento de obra prejudicial a terceiros, por violarem o direito de vizinhos, sendo um procedimento de natureza cognitiva.

Para essa medida, pouco importa que o imóvel em que se realizam as obras sejam contíguos ao do interessado. Desde que a obra se realize em bem vizinho e possa prejudicar o imóvel alheio ou desrespeite a norma legal ou desrespeite ainda convenção entre os interessados, está o titular deste autorizado a promover a medida.

Destaque-se, porém, que se trata de violação à norma legal e não de defesa da violação de meras posturas administrativas, isto é, a simples irregularidade no cumprimento de uma norma administrativa, como a caducidade do alvará ou a falta de aprovação do projeto, não será causa justificadora da ação de nunciação de obra nova.

A expressão obra não se refere necessariamente a uma construção, ou edificação, como se refere o art. 934, I, CPC, sendo possível a utilização do procedimento de nunciação de obra nova para combater edificações, remodelagem, escavações, demolições, extração de minérios ou de madeiras (art. 936, parágrafo único, CPC) ou qualquer outra atividade que exponha a risco o imóvel alheio.

Já a expressão nova é qualquer obra que altere o estado da coisa antes existente. É preciso que haja trabalhos já iniciados, não sendo suficiente a intenção de realizá-los para que seja proposta a medida.

A ação pode ser ajuizada do início dos trabalhos até a obra ser concluída. Se a obra for encerrada antes do ajuizamento da demanda ou restarem apenas trabalhos secundários, como trabalhos estéticos ou a limpeza do local, não há mais espaço para a ação de nunciação de obra nova, devendo ser ajuizada a ação demolitória.[1]

Caso a obra, por algum motivo, já esteja paralisada e se prossiga a construção, não será adequada a figura da nunciação da obra nova, mas, sim, do atentado, previsto no art. 879, II, CPC.

Assim, pode-se perceber que a ação de nunciação de obra nova possui caráter preventivo, evitando a lesão a direito. Trata-se de típica tutela inibitória,[2] em que não se cogita a demonstração de dolo ou culpa do realizador da obra, bastando a mera demonstração da probabilidade de ocorrência de lesão para haver o direito de embargar a obra nova.

---

1 Se a obra já estiver concluída, deve o autor ajuizar a ação demolitória, e não a ação de nunciação de obra nova. Caso, porém, o autor se equivoque, admite-se a fungibilidade entre as medidas. Nesse sentido: STJ, 4ª T., REsp 851.013, rel. Min. Hélio Quaglia Barbosa, *DJ*, 5-2-2007, p. 49 e STJ, 4ª T., REsp 27.993, rel. Min. Aldir Passarinho Júnior, *DJ*, 6-5-2002, p. 293. Admite-se, ainda,a cumulação da ação de nunciação de obra nova com a ação demolitória. Nesse sentido: STJ, 4ª T., REsp 524.963, rel. Min. César Asfor Rocha, *DJ*, 3-11-2003, p. 323.

2 Luiz Guilherme Marinoni ressalta que não se trata de medida cautelar, pois esta é autônoma e dispensa o ajuizamento de outra ação, e não objetiva a proteção contra o dano (MARINONI; ARENHART, 2008, p. 112).

7.2 LEGITIMIDADE

A legitimidade ativa está no art. 934, CPC, sendo legitimados o possuidor, o proprietário, o condômino ou o município.

Vale ressaltar que o texto legal trata apenas do município como legitimado ativo, mas tal interpretação não deve ser restritiva, de forma a se admitir que União e estado,[3] cada um dentro da sua política disciplinadora do direito de construir, também podem apresentar o embargo em questão em relação à violação de suas normas.[4]

Também o loteador, ainda que tenha alienado todos os lotes, pode ajuizar a medida sempre que houver construção em desacordo com restrições legais ou contratuais (art. 45 da Lei n. 6.766/79).

Sendo a ação de nunciação de obra nova incluída, por expressa previsão legal, entre as ações reais imobiliárias, torna-se necessária a intervenção de ambos os cônjuges sempre que a ação for ajuizada por pessoa casada.

No polo passivo figurará sempre o dono da obra, ainda que não seja dono do imóvel em que a obra é realizada. Discutível é o cabimento da ação de nunciação de obra nova em face de pessoa jurídica de direito público. Entende-se que, quando a obra é realizada pelo ente público em local público e no interesse público, ela não estará sujeita ao controle pela via da nunciação.

Contudo, se o Poder Público atua equiparado ao particular, realizando obras em imóvel de seu domínio, no interesse exclusivo da Administração Pública, então deve ser admitida tal via se a obra puser em risco bem alheio ou se realizada em infração à norma legal.

O art. 938, CPC traz a necessidade de intimação do construtor e dos proprietários da obra. Essas pessoas não devem figurar no polo passivo. São terceiros que serão intimados apenas para não prosseguirem com a obra.

---

3 Nesse sentido: Theodoro Júnior (2008, p. 147). Em sentido contrário, através de uma interpretação literal, atribuindo legitimidade somente ao município: Marcato (2004b, p. 183).

4 Nesse sentido, Alexandre Câmara menciona que o Município só teria legitimidade para ajuizar a ação de nunciação de obra nova por violação às suas normas. Caso a violação seja a regras estaduais, a legitimidade será do estado. Já se as normas forem federais, a legitimidade será da União. Admite, porém, o referido autor que se estabeleça o litisconsórcio entre mais de um ente público (CÂMARA, 2009, p. 364). Em sentido contrário, Luiz Guilherme Marinoni afirma que o município seria legitimado seja quanto à infração de normas de outros entes públicos (MARINONI; ARENHART, 2008, p. 113).

7.3 EMBARGO EXTRAJUDICIAL

Há casos em que a obra pode gerar risco tal que o simples recurso ao Judiciário poderá concretizar prejuízo irreparável. Nesses casos de urgência, que não possa o interessado aguardar a via jurisdicional, admite-se que se valha dos embargos extrajudiciais, realizados por ele mesmo, através da notificação verbal, na presença de duas testemunhas, feita ao proprietário da obra ou, na sua falta, ao construtor, para que não prossiga na obra (art. 935, *caput*, CPC).

Trata-se de verdadeira autotutela, sendo excepcional no direito brasileiro, tanto que, realizada a providência de urgência, esta deve ser ratificada em juízo, no prazo de três dias, sob pena de perecimento do efeito do embargo extrajudicial.

Ratificado, em juízo, o ato, os efeitos do embargo retroagem à data em que a atividade foi realizada pelo particular. Entende-se que é possível até mesmo caracterizar a existência de atentado se prosseguirem na obra embargada.

O embargo extrajudicial não se confunde com o poder de polícia da administração pública, que pode ser efetivada em qualquer momento que se verifique a infração à regra jurídica. Enquanto o embargo extrajudicial é providência decorrente do poder de autotutela do particular, somente admitido em casos urgentes, essa medida é realizada de ofício pelo Poder Público ou a requerimento do interessado e independe de urgência.

7.4 COMPETÊNCIA

O juízo competente é o foro da situação da coisa (art. 95, CPC). A regra é de competência territorial absoluta e, portanto, improrrogável, pouco importando se o dono do imóvel ou autor da obra tenha domicílio em lugar distinto.

7.5 CUMULAÇÃO DE PEDIDOS

Embora a ação de nunciação de obra se destine à obtenção de ordem que proíba a obra irregular no imóvel objeto da demanda, essa não é a única pretensão veiculada por essa via.

Ainda que a causa de pedir seja a paralisação da obra, nada impede que o requerente pleiteie, também, outras medidas em conjunto com a pretensão de abstenção. Não há vedação à cumulação de pedidos, desde que se observe o art. 292, CPC.

Sem alterar o rito, prevê o art. 936, CPC a possibilidade de se cumular pedido de embargo liminar com embargo da obra com restituição final da coisa ao seu estado anterior, cominação de pena para a inobservância do preceito, condenação em perdas e danos eventualmente existentes, demolição e apreensão e depósito dos materiais e produtos já retirados. Destaque-se que o pedido de cominação de pena não precisa ser pleiteado pela parte, devendo o magistrado, de ofício, impor meio de indução ou de sub-rogação para impor sua decisão ao réu. Deve o magistrado se valer do § 4º e do § 5º do art. 461, CPC, para eleger a técnica de indução ou de subrogação mais adequada ao caso concreto.

O pedido de embargo liminar deverá ser realizado,[5] sendo esse único pedido que é ônus, e não faculdade do demandante. Se não o for, poderá o juiz, com base na fungibilidade, converter demanda em ação demolitória.

Já o pedido de perdas e danos é complementar ao pedido de restituição da coisa ao seu estado anterior. Caso haja necessidade de indenização porque a obra não pode ser mais desfeita, trata-se, na verdade, de pretensão indenizatória comum, mas não de ação de nunciação de obra nova.[6]

Caso, porém, no curso do processo de nunciação seja aferida a impossibilidade de restituição da coisa ao seu estado anterior, a prestação específica será convertida em perdas e danos, prosseguindo-se para apurar o valor da indenização.

7.6 PROCEDIMENTO

A ação se inicia por uma petição inicial, que deve preencher os requisitos dos arts. 282 e 283, CPC, podendo haver cumulação de pedidos, como analisado (art. 936, CPC).

---

5 Luiz Guilherme Marinoni ressalta que, se o pedido de liminar não for realizado, a ação de nunciação de obra nova restará descaracterizada, transformando-se o pleito em ação demolitória (MARINONI; ARENHART, 2008, p. 115).

6 Marcato (2004b, p. 184).

Tendo havido embargo extrajudicial, requerer-se-á, na inicial, sua ratificação. Não tendo havido tal embargo, deverá ser requerido o embargo judicial da obra nova.

Recebida a inicial, pode o magistrado deferir a medida antecipatória, com a documentação trazida pelo autor ou após realização de audiência de justificação prévia. A concessão da medida será anterior à citação do demandado, mas deve o réu ser intimado dessa audiência de justificação para dela participar. Não é o momento que apresentará sua defesa, mas poderá acompanhar a produção de prova pelo autor para fazer prova da existência dos requisitos para deferimento da tutela antecipada.

A liminar, embora prevista no art. 937, CPC, sujeita-se aos requisitos previstos no art. 273, CPC, isto é, a existência da aparência do direito e o risco da ineficácia do provimento final.

Se a liminar for indeferida, não será citado o réu, devendo o magistrado proferir sentença de extinção do feito sem resolução do mérito.

Deferida a liminar, cumpre ao oficial de Justiça ir à obra embargada, lavrando auto circunstanciado em que descreverá o estado em que se encontra a obra. Feito isso, o oficial intimará o construtor e os operários, para que não mais prossigam com a obra, sob pena de desobediência (art. 330, CP).

O embargo liminar é providência concedida com base em cognição sumária, devendo o juiz fundar-se em um juízo de probabilidade e há divergência sobre sua natureza, se seria ressarcitória ou inibitória,[7] por buscar impedir a realização de lesão ao imóvel vizinho.

Após a análise da liminar, cita-se o réu para que, no prazo de cinco dias, apresente sua resposta.

Não apresentada a contestação no prazo legal, serão decretados os efeitos da revelia.

Poderá o juiz, se necessário, designar audiência de instrução e julgamento, para a produção de provas (art. 939 c/c o art. 803, parágrafo único, CPC).

---

7 Em sentido contrário, Alexandre Câmara afirma que o embargo liminar poderá ter natureza cautelar ou de tutela antecipada. Para o autor, a natureza será antecipatória quando a ação de nunciação de obra nova é ajuizada antes da prática de qualquer ato de efetiva modificação da realidade, tendo o dono da obra se limitado a coletar material ou a demarcar o terreno onde a obra será feita. Nesse caso, o embargo permitirá ao demandante o acesso ao gozo da situação final pretendida, gerando os mesmos efeitos práticos da sentença. Já a natureza cautelar estará presente quando se objetiva o desfazimento do que tenha sido irregularmente construída, por assegurar a efetividade do provimento final (CÂMARA, 2009, p. 368-369).

Em qualquer estágio do processo, se a nunciação de obra nova não tiver mais sentido, é possível sua conversão em ação demolitória ou, se não for mais possível o desfazimento da obra ou não fizer sentido, diante do grande vulto da obra, em ação indenizatória.

A qualquer tempo e grau de jurisdição, pode o réu pedir o prosseguimento da obra embargada, desde que preste caução, a ser fixada em processo apenso aos autos principais, e demonstre prejuízo em razão da suspensão da atividade (art. 940, *caput,* CPC). O prosseguimento da obra, ainda que se preste a caução, nunca será viável se o motivo do embargo for a violação de norma jurídica que regule o direito de construir (art. 940, § 2º, CPC). Contudo, a determinação do prosseguimento ou não será um poder do réu, mas uma análise do magistrado, diante das circunstâncias do caso concreto.

A sentença de procedência do pedido tem função inibitória, limitando-se a impedir a prática de atos ilícitos pelo demandado. Nesse caso, a sentença tem natureza condenatória e sua efetivação se dá pelos meios de coerção.

Nos casos de paralisação do pedido com desfazimento do que foi irregularmente construído, a sentença possui natureza condenatória, impondo ao demandado o dever de demolir o que construiu, bastando, para isso, a mera expedição de mandado ao réu, para que desfaça o que construiu.

Por fim, se a sentença condenar o réu ao pagamento de perdas e danos, a sentença terá natureza condenatória e se fará necessária a instauração do procedimento previsto nos arts. 475-I a 475-R, CPC, para efetivar-se o capítulo da sentença que condenou ao pagamento em dinheiro.

7.7 O PROJETO DO NOVO CPC

O projeto do novo CPC não traz a previsão da ação de nunciação de obra nova como procedimento especial. Dessa forma, se aprovado o novo CPC com a redação do PL n. 8.046/2010, a partir de sua vigência, na falta de previsão expressa de procedimento especial, adotar-se-á as regras de procedimento comum previstas no texto legal.

CAPÍTULO **8**

Ação de usucapião de terras particulares

8.1 NOÇÕES GERAIS

A usucapião é modo originário de aquisição do domínio particular, mediante a posse mansa e pacífica, por determinado tempo fixado em lei. Outros meios de aquisição da propriedade são a transcrição (registro) do título de sua transferência no Registro de Imóveis (arts. 1.245 a 1.247, CC), a acessão (1.248 a 1.259, CC) e o direito hereditário (art. 1.784, CC).

Contudo, no caso da usucapião inexiste vínculo entre o atual e o antigo proprietário do bem usucapido, não se transmitindo ao novo proprietário eventuais vícios sobre a cadeia dominial do bem.

Dessa forma, afirma-se que a usucapião é forma originária de aquisição da propriedade, sendo eventuais vícios existentes sobre a cadeia dominial do bem não transmissíveis ao novo proprietário.

Já nas demais hipóteses mencionadas, que são modos derivados de aquisição, existirá uma relação de causalidade entre o domínio do adquirente e do alienante, representada por um fato jurídico.

8.2 ESPÉCIES DE USUCAPIÃO DE BENS IMÓVEIS

A lei contempla duas espécies de usucapião: uma, ordinária, prevista no art. 1.242, e outra, extraordinária, que tem seu fundamento no art. 1.238.

A primeira se caracteriza pelo menor lapso temporal exigido para a aquisição da propriedade, mas há a necessidade de comprovação de justo título e de boa-fé por parte do interessado. Já a segunda exige maior tempo de posse, mas, em compensação, dispensa a prova de justo título e de boa-fé.

Há, também, as modalidades especiais, que são: a usucapião indígena (art. 33 da Lei n. 6.001/73), a coletiva (art. 10 da Lei n. 10.257/2001), a urbana (art. 183, CF, art. 1.240, CC, e art. 9º da Lei n. 10.252/2001 – Estatuto da Cidade) e a rural (art. 191, CF, art. 1.239, CC).

Em relação à usucapião *pro-labore*, esta estava prevista na Lei n. 6.969/81 e atualmente tem sua previsão no art. 1.239, CC, dispondo que aquele que, não sendo proprietário de imóvel rural ou urbano, possua como sua, por cinco anos ininterruptos, sem oposição, área de terra em zona rural não superior a cinquenta hectares, tornando-a produtiva por seu trabalho ou de sua família, tendo nela sua moradia, adquirir-lhe-á a propriedade.

A particularidade dessa mudança é que não mais subsiste a previsão de que essa modalidade tivesse por objeto as terras públicas (devolutas), até mesmo porque, em 1988, a Constituição Federal já dispunha que os imóveis públicos não poderiam ser adquiridos por usucapião (art. 183, § 3º, e art. 191, parágrafo único) e nem mesmo os pertencentes às comunidades indígenas (art. 231, § 4º, CF).

8.3 REQUISITOS DA USUCAPIÃO DE BEM IMÓVEL

Para que seja possível a usucapião, há requisitos fundamentais para que ocorra a usucapião:

a) *Res habilis*: o bem possuído deve ser passível de aquisição. Os bens públicos (de uso comum, de uso especial ou dominial) e as terras devolutas ou pertencentes às comunidades indígenas não terão esse requisito, ainda que estejam na posse de particulares.

b) Justo título: quem pretende usucapir deve ter justo título, que é aquele que seria hábil ao registro da propriedade no registro competente, se não fosse o fato de emanar de quem não é proprietário do bem, ou, ainda, de padecer de vício ou defeito que lhe retire a idoneidade para tanto. A comprovação de tal requisito é dispensável apenas no caso de usucapião extraordinária, prevista no art. 1.238, CC.

c) *Tempus*: outro requisito é o tempo do exercício da posse. Na denominada usucapião urbano, o usucapiente deve estar na posse do imóvel por pelo menos cinco anos (art. 183, CF; 1.240, CC, arts. 9º e 10 da Lei n. 10.252/2001 – Estatuto da Cidade). Já no caso de usucapião ordinária o prazo será de 5 ou 10 anos, dependendo de estarem presentes os requisitos previstos no art. 1.242, parágrafo único, e na usucapião extraordinária, o prazo exigido é de 15 anos, reduzido para 10 anos se o possuidor houver estabelecido no imóvel sua residência habitual (art. 1.238, CC).

d) posse mansa e de boa-fé: exige a lei que a posse seja mansa e pacífica e que esteja o possuidor de boa-fé. Posse mansa e pacífica é aquela que vem sendo exercida no tempo pelo possuidor sem qualquer oposição por parte do proprietário do bem ou de terceiro. O exercício da posse deve ser com *animus domni* pelo possuidor, ou seja, com comportamento de dono. A boa-fé também é exigida, salvo quando se tratar de usucapião extraordinária, caso em que é presumida (arts. 1.201 e 1.238, CC). A posse deve, ainda, ser justa, pois, enquanto perdurarem violência ou clandestinidade, não será possível a ocorrência de usucapião, enquanto a precariedade impossibilita permanentemente.

Nesse requisito reside a essência da usucapião: a situação de que alguém se mantém na posse de um bem, agindo como se fosse proprietário, por longo período de tempo, sem ser contestado por outrem, o que faz presumir que seja titular da coisa, legitimando seu domínio.

Pode, ainda, ser necessária a demonstração de requisitos especiais, como a que a área que se pretende usucapir não tem mais do que 250 metros quadrados e de que é utilizada para a moradia do requerente ou de sua família, além de não ter sido adquirido outro imóvel por usucapião, para que seja possível a usucapião constitucional urbana.

Já no caso da área rural, deve-se demonstrar que a área não supera cinquenta hectares e de que é produtiva e constitui morada, a fim de possibilitar a usucapião constitucional rural.

8.4 PROCEDIMENTO PARA A AÇÃO DE USUCAPIÃO

Vistos os requisitos para a usucapião, cabe destacar que o procedimento está previsto nos arts. 941 a 945, CPC e é restrito à usucapião comum (ordinária e extraordinária).

Para a usucapião constitucional urbana, inclusive a coletiva, será aplicável o procedimento sumário, previsto no art. 14 da Lei n. 10.257/2001 – Estatuto da Cidade – e, em relação à usucapião constitucional rural, ainda teria incidência apenas as regras processuais da Lei n. 6.969/81.

Já o procedimento para a usucapião de coisas móveis é o comum, sumário ou ordinário, dependendo do valor da causa.

Preenchidos os requisitos de direito material para a ocorrência da usucapião, o possuidor já tem o domínio, mas necessita de declaração judicial, obtendo, assim, o título que lhe falta; daí a natureza declaratória da ação de usucapião, pois a sentença de procedência ao final apenas declara em favor do autor.

8.5 CONDIÇÕES DE PROCEDIBILIDADE

8.5.1 Legitimidade ativa

É legitimado ativo para a ação de usucapião o possuidor, que pode ser pessoa natural, jurídica ou formal, como dispõe o art. 941, CPC, *in verbis*: "compete a ação de usucapião ao possuidor para que se lhe declare, nos termos da lei, o domínio do imóvel ou a servidão".

A posição jurídica do possuidor direto e do simples detentor não é a de titular de posse *ad usucapionem*. Contudo, saber se existe ou não, em concreto, a posse *ad usucapionem* não constitui matéria preliminar da ação, mas o seu próprio mérito.

Como destaca Humberto Theodoro Júnior:[1]

> Se o promovente invoca claramente, com fundamento do pedido, uma posse direta ou uma simples detenção, o que ocorre é a inépcia do pedido, por impossibilidade jurídica, já que do fato narrado não decorre, evidentemente, o efeito pretendido (art. 295, parágrafo único, inciso II). Não será caso, porém, de ilegitimidade *ad causam*, porque outra não seria a parte que, na defesa do pretenso direito, poderia estar em juízo.

1 Theodoro Júnior (2008, p. 165).

No caso de usucapião constitucional, pode o autor ser representado pela associação de moradores da comunidade, desde que regularmente constituída e com personalidade jurídica, e conquanto explicitamente autorizada para esse fim (art. 12, III, da Lei n. 10.257/2001).

Já no caso de composse, isto é, de vários possuidores para uma só gleba, sem que a posse possa ser localizada individualmente, só em conjunto os compossuidores poderão exercer a pretensão de usucapir.

A aquisição dominial beneficia a todos e não pode um só deles, individualmente, promover a ação de usucapião, sob pena de nulidade, por se tratar de um litisconsórcio ativo necessário. Também não se pode pretender que a manifestação de vontade de um compossuidor supra a dos demais, como se incidisse o art. 623, II, CC: esse dispositivo diz com o condomínio e só se refere à reivindicação.

Compossuidores não podem usucapir uns contra os outros, o que seria contrassenso: enquanto a posse for exercida conjuntamente, falha o requisito da exclusividade, e os compossuidores só podem usucapir em comum; desde o momento em que a posse de um compossuidor passe a excluir a de outro, composse já não haverá entre eles.

Na constância do casamento a regra é ser comum a posse entre os cônjuges, regra esta que também se aplica no caso de união estável, de sorte que a ação de usucapião é de ser proposta em nome de ambos os consortes. A mulher é litisconsorte necessário na ação de usucapião intentada pelo marido; porém, a nulidade decorrente de falta de sua anuência à propositura da causa não deve ser dada como absoluta e irremediável; só a ela competirá a iniciativa da arguição, e a acolhida dependerá evidentemente de prova de juízo (art. 249, §§ 1º e 2º).

8.5.2 Legitimidade passiva

Dispõe o art. 942, *in litteris*:

> O autor, expondo na petição inicial o fundamento do pedido e juntando planta do imóvel, requererá a citação daquele em cujo nome estiver registrado o imóvel usucapiendo, bem como dos confinantes e, por edital, dos réus em lugar incerto e dos eventuais interessados, observado quanto ao prazo o disposto no inciso IV do art. 232.

Portanto, a relação processual na ação de usucapião se aperfeiçoa com a citação de réus certos e dos eventuais interessados, sendo os primeiros citados pessoalmente e os últimos por edital. No entanto, poder-se-á ter casos de réus certos, citados por edital, que é na hipótese de réus certos em lugar incerto.

No polo passivo, formar-se-á, portanto, um litisconsórcio necessário, determinado por força de lei.

a) Réus certos

São as pessoas em cujo nome o imóvel estiver transcrito no Registro Imobiliário, os confinantes do prédio usucapiendo e o possuidor atual, devendo serem citados por mandado, pessoalmente, como dispõem as Súmulas 263 (já citada) e 361 do STF: "Súmula 361: "O confinante certo deve ser citado pessoalmente para a ação de usucapião".

Vale ressaltar, que o art. 942 teve sua redação modificada pela Lei n. 8.951, de 13 de dezembro de 1994, e uma das modificações é que a redação anterior continha o inciso II, que estipulava "a citação pessoal daquele em cujo nome esteja transcrito o imóvel usucapiendo, bem como dos confinantes e, por edital, dos réus ausentes, incertos e desconhecidos, observando quanto ao prazo o disposto no art. 232, item IV".

Com a nova redação, se suprimiu a palavra pessoal, mas continua-se a entender que os réus certos, devem ser citados pessoalmente, até porque, o artigo quando fala da citação por edital se refere apenas aos réus em lugar incerto[2] (bem entendido: réu certo em lugar incerto) e aos eventuais interessados.

Além disso, o emprego da palavra pessoal atende ao que mais frequentemente ocorre, mas não exclui a possibilidade de emprego de modalidades fictas de citação relativamente às pessoas aí contempladas.

Se ocorrerem os pressupostos legais correspondentes, elas podem ser citadas com hora certa, ou por via postal, ou mesmo por edital, se o réu, embora certo, está em lugar ignorado ou inacessível. Pessoal está no sen-

---

2 Nesse sentido, destaca Nelson Nery Junior que: "aperfeiçoou-se a redação antiga, de modo a evitar a confusão que reinava na doutrina e jurisprudência a respeito dos réus que devem ser litisconsortes necessários passivos na ação de usucapião. Agora apenas os réus certos que se encontrarem em lugar incerto é que serão citados e não mais os réus 'ausentes, incertos e desconhecidos" (NERY JUNIOR; NERY, 2007, p. 1185).

tido de nominal: pode-se inclusive aproveitar, para a citação de réu certo, o mesmo edital expedido para a citação dos eventuais interessados.

O que não se pode fazer é confundir os réus não identificados, cuja própria existência é apenas uma hipótese, aqueles cuja identidade é conhecida, apenas estão em lugar incerto. Estes hão de ser individualmente referidos, quando tal seja o caso, no edital, com os dados identificativos de praxe.

Os réus em lugar incerto são os próprios legitimados passivos (proprietário titulado, confinantes) quando desconhecido seu paradeiro. Incidem as regras ordinárias da citação por edital (arts. 231 e 232) e a rigor sequer seria necessária essa previsão do art. 942.

Em se tratando de ação real imobiliária, é absolutamente indispensável serem citados também os cônjuges dos litisconsortes passivos necessários, independentemente do regime de bens do casamento (art. 10, § 1º, I, CPC).

Da falta de citação dos réus certos, ou de alguns deles, decorre a completa ineficácia do processo e a impossibilidade de a sentença atingir a plena autoridade da *res iudicata*, por se tratar de litisconsórcio necessário por disposição de lei, de acordo com o art. 47, CPC. O título de propriedade do antigo dono remanescerá oponível *erga omnes* e a sentença será passível de rejeição, seja em embargos de execução, seja em ação rescisória, seja em qualquer outra ação comum de feitio declaratório (*querela nullitatis*).

b) Eventuais interessados

São todas aquelas pessoas que poderão talvez ter alguma pretensão incompatível com a do usucapiente e com a do próprio proprietário legitimado. Seriam réus incertos.

A citação desses eventuais interessados se fará por edital, e representa apenas uma genérica e abstrata convocação de parte eventual. São réus em potencial.

Antes da Lei n. 8.951/94, que modificou o art. 942, este em seu inciso II, já mencionado, mandava citar por edital os réus ausentes e desconhecidos.

Em boa hora, a jurisprudência dispensou por completo a estranha figura do curador especial (CPC, art. 9º, II) nomeado para a defesa desses verdadeiros fantasmas toda vez que ficassem revéis (e eram todas), deixando de atender ao chamamento geral contido nos editais de citação:

Cabe frisar, contudo, que quanto aos réus certos, uma vez impossibilitando-se as outras formas de citação e lançando-se mão da editalícia, caso ocorra a revelia é, sim, obrigatória a nomeação do curador especial, ou todo o processo quedará nulo.

Com a Lei n. 8.951/94, o art. 942, distinguiu apenas duas categorias de pessoas a serem citadas por edital: réus em lugar incerto e os eventuais interessados.

Dispõe ainda o art. 943, CPC: "serão intimados por via postal, para que manifestem interesse na causa, os representantes da Fazenda Pública da União, dos Estados, do Distrito Federal, dos Territórios e dos Municípios".

Aqui não há precisamente uma citação, mas apenas uma cientificação ou, mais tecnicamente, intimação. A Fazenda Pública não é parte necessária, é apenas possível interessada, como qualquer outro terceiro eventualmente titular de algum direito sobre o imóvel usucapiendo. Sua condição de parte só será configurada se se der seu comparecimento aos autos para contestar a pretensão do autor. Se fosse uma citação, esta suporia a condição de "réu necessário", na ação de usucapião, de todas as pessoas de Direito Público mencionadas, e acarretaria o deslocamento da competência, relativamente a todas essas ações, para a Justiça Federal, caso a interessada fosse a Fazenda Federal, como será melhor abordado no item "competência". Na verdade, na maioria das vezes não haverá qualquer interesse daquelas entidades a ser defendido.

Todavia, se, ao serem intimadas, manifestarem seu interesse na causa, essa intimação terá natureza e efeito de citação. A Fazenda Pública ter-se-á por citada, operando-se, consequentemente, todos os seus efeitos.

A comunicação é apenas, portanto, para manifestar eventual interesse. Nem por isso se há de considerar dispensável: sua omissão é causa de nulidade, e não de mera irregularidade, como vêm decidindo os tribunais:

Porém, sendo feita a comunicação do art. 943, CPC, ficando silente a Fazenda, entende-se que não houve interesse por parte desta, devendo o processo seguir seu curso. O andamento do feito não fica condicionado a que a União se manifeste.

No caso de ser o Poder Público parte certa, como confinante, por exemplo, impõe-se, desde logo, sua citação regular, por mandado, e não apenas sua cientificação postal.

8.6 COMPETÊNCIA

Dispõe o art. 95, CPC: "nas ações fundadas em direito real sobre imóveis é competente o foro da situação da coisa. Pode o autor, entretanto, optar pelo foro do domicílio ou de eleição, não recaindo o litígio sobre direito de propriedade, vizinhança, servidão, posse, divisão e demarcação de terras e nunciação de obra nova".

Diante dos termos do art. 95, competente é o foro da situação do bem usucapiendo.

Observa-se, portanto, que, recaindo o litígio sobre direito de propriedade, será indeclinável o foro de situação da coisa, uma vez que, nesse caso, a competência é *funcional*, não podendo ser modificada ou prorrogada.

Diversa será a situação, entretanto, se se tratar de ação de usucapião de direito real sobre coisa alheia que não o de servidão, como, por exemplo, de enfiteuse (domínio útil), usufruto, uso e habitação, pois em tais casos será possível verificar-se a opção a que alude a segunda parte do art. 95, podendo o autor intentar a ação no foro do domicílio do réu ou de um dos réus, ou estabelecer prévia e contratualmente foro de eleição; sendo caso de competência relativa.

Haverá deslocamento da competência, porém, se qualquer daquelas pessoas de direito público do art. 943, CPC, quando simplesmente cientificada, oferecer contestação, assumindo papel de parte no processo. Ocorrendo, por exemplo, interesse da União na causa, o processo será deslocado da competência da Justiça Estadual para a da Justiça Federal, por força do art. 109, I, CF. Questionada a alegação da Fazenda Federal, o processo deverá ser prontamente remetido à Justiça Federal, pois somente a ela compete apreciar a legitimidade, ou não, do ingresso da União na causa.

Assim como também reza a Súmula 13 do extinto TFR: "a Justiça Federal é competente para o processo e julgamento da ação de usucapião, desde que o bem usucapiendo confronte com imóvel da União, autarquias ou empresas públicas federais".

Cabe lembrar, outrossim, que, no caso da usucapião especial, é competente a Justiça Estadual, diante do art. 109, § 3º, da CF, que recepcionou a Lei n. 6.969/81 em se tratando de direito processual, como já retratado com a Súmula 11, STJ.

8.7 CONEXÃO E LITISPENDÊNCIA

A propositura de mais de uma ação de usucapião por pretendentes diversos sobre o mesmo imóvel não é razão para trancar a segunda demanda a pretexto de litispendência (art. 267, V).

Só ocorrerá identidade entre duas ações se todos os seus elementos identificadores forem os mesmos. Entre ações que apresentem apenas alguns elementos comuns (como objeto do pedido ou a causa de pedir), a relação que se estabelece não é de litispendência, mas a de conexidade, que impõe a unidade de processamento e julgamento, para evitar decisões contraditórias (arts. 103 e 105).

Sobre o tema, cabe destacar o ensinamento de Humberto Theodoro Júnior:[3] "assim, duas ações de usucapião sobre o mesmo imóvel, intentadas por autores diferentes, não são ações iguais, e devem ser reunidas segundo as regras próprias da conexão de causas".

8.8 PROCEDIMENTO DA USUCAPIÃO COMUM

O procedimento especial da ação de usucapião está regulado pelos arts. 941 a 945, CPC, e aplica-se tanto à usucapião ordinária como à extraordinária. À usucapião especial corresponde o procedimento sumário.

No mais, o capítulo específico da ação de usucapião de terras particulares discorre sobre o conteúdo da tutela que se postula por essa via (art. 941), sobre a legitimidade ativa (do possuidor, ainda art. 941), sobre a intervenção do Ministério Público (art. 944), sobre a eficácia da sentença que julga procedente a demanda do autor (art. 945) etc.

Esse procedimento, desde a Lei n. 8.951/94, que eliminou a previsão da audiência de justificação prévia da posse, que se realizava logo no início do procedimento e declarava justificada ou não a posse, perdeu muito a razão de ser do rito especial em questão. Hoje, suas particularidades residem na imposição de litisconsórcio passivo e da comunicação de todos os interessados, bem como da Fazenda Pública e do Ministério Público para sua intervenção.[4]

3 Theodoro Júnior (2008, p. 171).

4 Nesse sentido: Marcato (2004b, p. 181), Marinoni e Arenhart (2009, p. 123).

8.8.1 Petição inicial

Além dos requisitos gerais do art. 282, a ação de usucapião deverá ser iniciada por petição que contenha os requisitos específicos dos arts. 941 e 942, que são:

a) Fundamento do pedido

Consistirá na explicitação da origem e características da posse, de sua duração e do tipo de usucapião que se pretende configurar. Se há acessão ou sucessão, há de ser referida, e constando aquela de algum documento, este acompanhará a inicial

Fundamento jurídico do pedido não é o dispositivo de lei em que se apóie o pedido do autor. Ao autor compete apenas relatar os fatos; ao juiz cumpre dizer o direito aplicável a esses mesmos fatos. São a causa de pedir, são a indicação da natureza do direito pleiteado: direito real ou obrigacional e respectiva espécie.

b) Individualização do imóvel

É necessário caracterizar com toda a precisão o imóvel usucapiendo, daí a lei exigir que se instrua a petição inicial com a planta do imóvel. À parte a necessidade de correspondência entre *petitum* e *decisum*, e, portanto, de ser o imóvel descrito com suas características e confrontações, para poder ser ao fim individualizado com exatidão na sentença, há mais a ponderar a particulariedade de ser esta transcritível, donde a inarredável necessidade de se conterem na inicial, pelo menos, os elementos identificadores exigíveis para o registro. Pode-se aduzir, mais, que a descrição das linhas divisórias serve não apenas à individualização da coisa, mas também à identificação dos confrontantes, que são réus certos.

Quanto à planta, grande parte da doutrina[5] entende que é de exigir-se documento elaborado com rigor técnico, por profissional habilitado, não se admitindo sua substituição por esboço ou *croquis*. Sua omissão, não suprida a tempo, é, outrossim, causa de nulidade do processo, que, todavia, não será declarada de ofício nem sem prova de prejuízo, por não se tratar de nulidade cominada pela lei.

5 Theodoro Júnior (2008, p. 174).

Costuma-se também exigir a juntada de certidão do Registro Imobiliário para comprovar o nome da pessoa em que se acha matriculado o imóvel, bem como para identificar seus confrontantes, ou certidão negativa de registro, quando se tratar de bem imóvel não transcrito. A providência é salutar, mas não pode sua falta se erigir em barreira ao processamento da causa porque, em muitos casos, os próprios Registros Públicos não dispõem de indicador real adequado para certificar, com precisão, se o terreno está ou não transcrito em nome de alguém.

A ausência de transcrição do imóvel não faz presumir que o imóvel é bem público, como já ficou salientado, e não é empecilho à declaração de usucapião e, não se sabendo quem é o dono, por impossibilidade de localizar, positiva ou negativamente, a transcrição no cartório do foro da situação do bem, o caso é de considerar-se o réu como desconhecido ou incerto, eventual interessado, operando-se a sua citação por edital, nos termos dos arts. 231, I, e 942, parte final.

O que não é correto nem razoável é indeferir liminarmente a pretensão do usucapiente somente porque não consegue ele (nem o próprio Registro Público) identificar a pessoa em cujo nome eventualmente esteja transcrito o imóvel usucapiendo.

c) Objeto do pedido

Diz o art. 941 que o possuidor usará a ação de usucapião para pedir a declaração do domínio do imóvel ou de servidão predial.

Compreende-se, porém, na expressão domínio, não apenas a propriedade plena, mas também seus desdobramentos, de sorte que o pedido de usucapião pode se referir tanto à propriedade como a outros direitos reais menores (enfiteuse, usufruto, uso, habitação).

d) Valor da causa

No tocante ao usucapião de direitos reais outros que não o de propriedade (servidão predial, usufruto, domínio útil na enfiteuse, uso habitação), não se poderá falar propriamente em valor de mercado, sendo mais adequado falar-se mesmo em proveito econômico perseguido pelo autor, como critério a ser seguido para a fixação do valor da causa.

Outros documentos necessários para a propositura da ação, além da planta do imóvel (ou qualquer outro documento hábil a individualizar o imóvel pela corrente mais liberal) que é documento indispensável:

- Certidão do Registro de Imóveis precisando o titular do domínio do imóvel usucapiendo e os imóveis confrontantes (certidão de inteiro teor do imóvel, de ônus reais e de confrontações do imóvel).
- Certidão dos Ofícios de Distribuição, abrangendo o prazo prescricional, a fim de provar a inexistência de ações possessórias ou reivindicatórias em nome do autor.
- Documentos que possam comprovar a posse prolongada, tais como: carnês de IPTU, contas de luz e de água, notas fiscais com endereço do imóvel ou de materiais utilizados na realização de benfeitorias e acessões, dentre outros.
- Fotos do local.
- Declaração dos vizinhos afirmando a ocupação pacífica e prolongada.

Em se tratando de usucapião ordinária, deve-se juntar também o *justo título* indispensável à usucapião e ainda, se possível, algum documento que possa comprovar a sua *boa-fé*.

8.8.2 Citação

Recebida a petição inicial, será determinada a citação dos réus e a comunicação dos eventuais interessados.

A citação poderá ocorrer também de forma ficta, quando não se souber quem é o réu ou ele não puder ser localizado (art. 231, CPC).

Será realizada, ainda, a intimação das Fazendas Públicas (Federal, Estadual e Municipal) para que manifestem interesse na causa, para proteger o patrimônio público. Destaque-se que a Fazenda Pública não será parte e, por isso, não se usa o termo intimação.

O Ministério Público também deverá participar da causa.

8.8.3 Resposta do réu

O prazo para a resposta rege-se pelas normas ordinárias do CPC. Sua duração é de quinze dias (art. 297). E, como é necessário o litisconsórcio no lado passivo do processo de usucapião, dar-se-á a duplicação do prazo sempre que os litisconsortes estiverem representados por patronos diferentes (art. 191); e com efeito, no procedimento ordinário, ocorrendo litisconsórcio passivo e findando o prazo de quinze dias sem que algum dos réus tenha contestado, não se poderá tê-lo como revel ainda: ou os réus têm ou não procuradores diversos, e isso só se pode verificar *a posteriori*; enquanto tal constatação não se fizer, perdura a possibilidade de incidir o art. 191, e ao juiz cabe aguardar que se escoe o prazo em dobro.

Aplicado esse raciocínio à ação de usucapião, que hoje com a supressão da justificação, passou a ter o procedimento ordinário, na qual sempre há pluralidade de réus, resulta necessário aguardar, o curso do prazo de trinta dias.

No tocante aos editais que se publicarão (para citação de réus certos em lugar incerto ou de eventuais interessados), manda o art. 942 que se atenda ao disposto no art. 232, IV – publicação do edital por prazo entre 20 e 60 dias, segundo determinação discricionária do juiz. De todo modo, essa disposição impor-se-ia por força própria e a remissão teve a utilidade de clareza.

É necessário também ter-se em mente que a União, o Estado ou o Município podem ser réus certos no processo de usucapião, na condição de confrontantes do imóvel usucapiendo ou de titulares da transcrição existente, ou ainda na de possuidores atuais. Em tais hipóteses, a pessoa jurídica de Direito Público não é apenas cientificada, mas citada, como parte que é, e como tal gozará do prazo privilegiado de sessenta dias para contestar (art. 188).

Pode ocorrer que mesmo quando tenham sido apenas cientificadas, algum daqueles entes públicos tenha contestação a oferecer. Também nessa hipótese o privilégio do prazo em quádruplo tem de ser-lhes assegurado.

Porém, como tais pessoas apenas são cientificadas para que manifestem interesse, não é indispensável aguardar sempre o curso de sessenta dias, ao invés dos trinta aludido; para tanto, se algum interesse tiverem, e de tal natureza que enseje contestação, devem comunicá-lo ao juízo, para que, então sim, lhes seja garantido o prazo especial, fazendo-se a comunicação até o momento em que deva esgotar-se o prazo para a contestação dos demais réus.

Em face da citação ampla de todos os terceiros interessados para contestar a ação, tem-se entendido em jurisprudência ser descabido contra a ação de usucapião o manejo de embargos de terceiros e de oposição.

8.9 PROCEDIMENTO DA USUCAPIÃO ESPECIAL

A usucapião especial, além de sua regulamentação constitucional, está prevista nas Leis n. 6.969/81 (usucapião rural, que se considera aplicável apenas em termos de direito processual) e 10.257/2001 (Estatuto da Cidade, que regula à usucapião urbana).

Retrataremos, agora, apenas as peculiaridades desses procedimentos.

Antes da edição do Estatuto da Cidade, discutia-se se seriam aplicáveis à usucapião urbana as disposições processuais da usucapião rural, prevista na Lei n. 6.969/81, dúvida esta que não mais subsiste.

No caso da usucapião rural, não é necessária a apresentação, junto com a petição inicial, de planta do imóvel usucapiendo (art. 5º, § 1º, da Lei n. 6.969/81).

Na ação de usucapião rural pode ser requerida a designação de audiência preliminar, desde que seja requerida pelo autor. Aqui, porém, deve o autor provar sua posse atual, não sendo possível que já tenha perdido sua posse. Já no caso da usucapião urbana, não há que se falar em audiência de justificação para prova da posse atual do imóvel.

No caso de usucapião coletiva, o Estatuto da Cidade confere legitimidade a qualquer dos copossuidores ou pela associação de moradores para demandar a aquisição da propriedade para os membros da comunidade.

8.10 PENDÊNCIA DE POSSESSÓRIA

Questão controvertida é a possibilidade de ajuizamento da ação de usucapião na pendência de ação possessória.

O art. 923, CPC/73, dispôs que, na pendência de processo possessório, é defeso, assim ao autor como ao réu, intentar a ação de reconhecimento do domínio. Quer isso dizer que o possessório repele o petitório, embora, sucessivamente, o julgamento da ação dominial possa a vir retirar a eficácia do interdito possessório já julgado.

Aplicada a norma processual supracitada em sua literalidade, será inadmissível a propositura de ação de usucapião na pendência de possessória.

O que não quer a lei processual civil é que a tutela contra o esbulho possessório seja anulada pelo concomitante exercício da tutela dominial.

Quem esbulha deve, em suma, primeiro restituir, para depois cuidar da defesa da propriedade.

Vigorava, então, a regra de que, no curso da possessória, não poderia o réu excepcionar com a defesa fundada em usucapião.

Com o advento do Estatuto da Cidade (Lei n. 10.257/2001), o art. 11 passou a prever que "na pendência de ação de usucapião especial, ficarão sobrestadas quaisquer outras ações petitórias ou possessórias, que venham a ser propostas relativamente ao imóvel usucapiendo".

A fim de compatibilizar as disposições em vigor do CPC e do Estatuto da Cidade, melhor seria pensar que seria cabível o ajuizamento de ação de usucapião na pendência de ação possessória se estivermos tratando de usucapião urbana, pelo Estatuto da Cidade ser lei especial, mas não se estivermos tratando de usucapião ordinária, vez que, embora seja lei posterior, o Estatuto da Cidade não regula tal modalidade de usucapião.

8.11 MINISTÉRIO PÚBLICO

O Ministério Público funciona como *custos legis*, em todos os atos do processo de usucapião, em função do interesse público presente na causa, porque é uma ação dirigida, a princípio, contra todos, contra a coletividade.

Participando do feito, o órgão do Ministério Público dispõe de amplos poderes, tanto de prova como de recurso, não havendo praticamente distinção entre os poderes de parte e *custos legis* (art. 83 e 499, § 2º).

8.12 INSTRUÇÃO E JULGAMENTO

Como hoje, a ação de usucapião, na sua totalidade, rege-se pelo procedimento ordinário, dependerá dos termos em que a causa houver sido posta na fase de litiscontestação para definir-se a necessidade ou não de audiência de instrução e julgamento.

A falta de contestação ou a ausência de controvérsia sobre o tema que reclame prova oral pode, portanto, conduzir ao julgamento antecipado da causa.

Se, não obstante a falta de contestação, incidir um dos casos em que a lei não permite a presunção de veracidade dos fatos arrolados pelo autor, caberá ao juiz ordenar-lhe que especifique as provas a produzir em audiência (art. 324), designando, em seguida, dia e hora para a sua realização.

Se os autores são casados, e um dos cônjuges reconhece fato que prejudica a pretensão de usucapir, não pode sua unilateral confissão ser acolhida pelo juiz antes de confirmada pelo outro consorte. É que a ação de usucapião é ação real imobiliária e, nessa categoria de ações, "a confissão de um cônjuge não valerá sem a do outro" (art. 350, parágrafo único, CPC).

8.13 SENTENÇA E COISA JULGADA

Na ação de usucapião, conforme dispõe o art. 941, CPC, o pedido é de declaração do domínio ou outro direito real sobre o imóvel. A sentença possui, portanto, teor declaratório, apenas declarando o direito real formado, desde que cumpridos os requisitos legais. Logo, a configuração dos requisitos legais da posse *ad usucapionem* deve necessariamente anteceder a propositura da ação.

Como leciona Humberto Theodoro Júnior.[6]

> "Com a sentença, o que consegue o autor é, pois, o título, que lhe permite transcrever o imóvel no Registro Público e, consequentemente, lhe dá meios de legalizar o poder de dispor dele (art. 1.238, *caput*, do CC e art. 167, I, da Lei n. 6.015/73 – Lei dos Registros Públicos)".

Ademais, a sentença de procedência na ação de usucapião é título, e título hábil para a transcrição imobiliária (art. 945, CPC), servindo o registro como prova e publicidade ao título aquisitivo da propriedade.

A sentença de procedência do pedido fará coisa julgada material limitadamente ao autor e aos réus certos, além de eventuais interessados que tenham intervido no processo.

Sobre o tema, Alexandre Câmara[7] acrescenta que:

6 Theodoro Júnior (2008, p. 178).

7 Câmara (2009, p. 381).

"A falta de citação daquele em cujo nome o imóvel está registrado faz com que a sentença seja absolutamente ineficaz, *inutiliter data*. A falta de citação de algum confinante, de outro lado, faz com que seja ineficaz a sentença apenas no que concerne à demarcação da área usucapienda. Pessoas que não fossem réus certos, e que não tenham intervido no processo na qualidade de interessados (daqueles que são citados por edital como réus incertos) poderão, por não terem participado do processo, buscar, em processo posterior, o reconhecimento de algum direito que eventualmente invoquem".

Já se a sentença for de improcedência do pedido, haverá também a formação da coisa julgada material. Porém, o autor poderá ajuizar nova ação de usucapião referente ao imóvel, só que com suporte fático diverso da primeira demanda, isto é, poderá, por exemplo, basear-se em um decurso maior de prazo para a usucapião.

8.14 REGISTRO DE IMÓVEIS

A sentença que julgar procedente o pedido de usucapião será transcrita, mediante mandado, no Registro de Imóvel, satisfeitas as obrigações fiscais, dispõe o art. 945, CPC.

Esse registro não pode tecnicamente ser havido como execução forçada. Seu objetivo é apenas dar publicidade ao título dominial do autor e facilitar-lhe a disponibilidade do direito respectivo.

Não é preciso, outrossim, que o juiz determine na sentença a transcrição do imóvel no Registro Imobiliário. Trata-se de efeito natural e lógico do julgado, que, por isso mesmo, independe de pedido do autor na inicial e deferimento expresso no julgamento da causa.

8.15 USUCAPIÃO COMO MATÉRIA DE DEFESA

Questão importantíssima é a de se saber se a usucapião pode ser alegada em defesa.

É evidente que sim e nesse sentido há a Súmula 237, STF: "o usucapião pode ser arguido em defesa".

Como já salientado, a usucapião como forma de aquisição da propriedade se aperfeiçoa independentemente da ação destinada a declará-la. Assim, o possuidor se torna proprietário desde o momento em que se conseguem todos os requisitos legais da usucapião. E, por isso demandado pelo antigo dono para restituir o imóvel, pode o possuidor se defender com invocação do direito que lhe adveio da usucapião, mesmo que ainda não tenha obtido sentença para matriculá-lo em seu nome no Registro de Imóvel.

Deve-se advertir, porém, que a acolhida da exceção de usucapião acarretará a improcedência da reivindicação do antigo dono, mas não gerará sentença hábil à matrícula do imóvel em nome do excipiente; a sentença em tal caso não declarará a propriedade do excipiente, tal como se ele tivesse proposto ação de usucapião. A declaração judicial a respeito é exarada *incidenter tantum*, alinhando-se entre os motivos da sentença e não produzindo coisa julgada material; só produzindo efeitos entre as partes litigantes, não estendendo seus efeitos a terceiros, que não foram citados para a lide e não puderam apresentar suas defesas.

Isso decorre da circunstância de que, na ação reivindicatória, o que julga, como objeto da sentença e para formação da coisa julgada, é apenas o direito do autor, e não do réu. O que faz o demandado é apenas oferecer resistência passiva à pretensão do autor, por meio de sua contestação. Daí que, ao julgar a lide, o juiz só pode usar a defesa do réu como argumento lógico para repelir o pedido do autor. Nunca, porém, lhe será permitido julgar a contestação, como fora reconvenção, para deferir "pedidos" ao demandado, já que tais pedidos simplesmente inexistem como objeto de julgamento.

Além disso, a usucapião como remédio processual destinado a formar título para o Registro Público, envolve, ao lado das partes da reivindicatória, outros interessados necessários, como a Fazenda Pública e os confinantes, que devem figurar obrigatoriamente no procedimento da usucapião regulada no CPC.

Em relação, porém, à usucapião especial, a Lei n. 6.969/81 criou uma espécie de ação dúplice, em que a usucapião *pro labore*, sempre que reconhecida, em ação ou exceção, autorizará a expedição de título para inscrição no Registro Imobiliário.

Outro aspecto que merece atenção é o de que a prescrição extintiva pode ser arguida, como defesa, em qualquer fase do processo, e mesmo em segunda instância (CC, art. 162). Não ocorre, porém, o mesmo com a exceção de usucapião. Para essa defesa de mérito, inexiste regra excepcional como a da prescrição ordinária, de sorte que sua oposição ao pedido reivindicatório somente pode ser formulada na contestação, sob pena de preclusão (art. 303, CPC).

8.16 AÇÃO DE USUCAPIÃO E O PROJETO DO NOVO CPC

O projeto do novo CPC não traz a previsão da ação de usucapião como procedimento especial. Dessa forma, se aprovado o novo CPC com a redação do PL n. 8.046/2010, a partir de sua vigência, na falta de previsão expressa de procedimento especial, adotar-se-á o procedimento comum.

Contudo, ficará mantido o litisconsórcio passivo, necessário e simples, entre o proprietário e os confinantes, admitindo-se para terceiros o procedimento edital, para participação de interessados incertos ou desconhecidos.

O denominado procedimento edital insere-se dentro do capítulo das Comunicações dos Atos, após as seções dedicadas à citação e intimação. Assim, admitir-se-á o edital, como regra nos casos elencados no parágrafo anterior, tanto para citação como para intimação.

CAPÍTULO 9

Ação de demarcação e ação de divisão de terras particulares

9.1 NOÇÕES GERAIS

As ações de divisão e de demarcação têm origem no Direito Romano, respctivamente, na *finium regundorum* e na *communi dividundo*.[1]

A primeira permitia ao proprietário obter em juízo a fixação de uma linha divisória entre dois imóveis cujos limites se confundiam. O objetivo era restaurar a linha original, mas, sendo isso impossível, o juiz decidia com base no trabalho de agrimensores e depois de consultar os registros públicos, podendo variar a linha que deveria existir.

Já na segunda a divisão era feita em partes iguais, adjudicando um quinhão a cada comunheiro. Sua finalidade era estabelecer limites, dirimindo incertezas a respeito deles. Se um quinhão fosse superior ao outro, o que ficasse com o maior era condenado a pagar à outra parte uma quantia em dinheiro. Se a coisa fosse indivisível, era adjudicada a um dos comunheiros, que era condenado a pagar às outras partes.

Atualmente, as ações de demarcação e de divisão de terras possuem finalidades semelhantes aos institutos retratados e estão previstas nos arts. 946 a 981, CPC.

1 Antônio Carlos Marcato inclui, ainda, na origem dos referidos procedimentos a *familiae erciscundae*, que seria uma ação de partilha, objetivando a extinção da comunhão sobre o bem (MARCATO, 2004b, p. 200).

A ação demarcatória tem por fim aviventar a linha divisória entre dois terrenos, ou fixar o limite entre eles, no caso da linha divisória ter se apagado ou se há confusão entre imóveis.

Já a ação de divisão tem por fim extinguir o condomínio existente sobre uma área de terra, dividindo-se a coisa originalmente comum em quinhões, que serão adjudicados aos comunheiros, passando a cada um deles a exercer propriedade exclusiva sobre o novo imóvel, desmembrado da área unificada.

A ação de divisão será incabível se o bem for indivisível ou que a divisão o torne impróprio para seu destino e, se a propriedade for rural, só será possível sua divisão se os quinhões forem maiores que o módulo de propriedade rural (art. 65 da Lei n. 4.504/64 – Estatuto da Terra).

O Código, porém, só trata das ações de demarcação e de divisão de terras particulares, porque, em se tratando de terras devolutas, a questão é resolvida pela ação discriminatória, nos termos da Lei n. 6.383/76, ajuizada pelo Poder Público e processada no rito sumário, com o objetivo de reconhecer o domínio público, ainda incerto, em relação a imóvel não suficientemente extremado do domínio do particular e demarcar área discriminada.

9.2 LEGITIMIDADE

A ação de demarcação de terras cabe ao proprietário, para obrigar seu confinante a estremar os respectivos prédios, fixando-se novos limites entre eles ou aviventando-se os já apagados.

Prevalece que é legitimado ativo também quem possui direito de gozo sobre a coisa, como o usufrutuário, o enfiteuta e o promitente comprador, embora uma parcela da doutrina critique essa posição, afirmando que a legitimidade seria exclusiva do proprietário.

Carece de legitimidade o mero possuidor, pois a disputa tem caráter dominial, e não meramente possessório.

Assim, a legitimidade ativa deve abranger não apenas o pleno proprietário, mas também o proprietário limitado, como tal compreendido o nu-proprietário, o usufrutuário, o usuário, o enfiteuta e o titular da servidão, além do coproprietário e do proprietário com domínio resolúvel.

Questão mais controvertida surge quando sobre o imóvel do demandante existe um condomínio, tendo sido a ação proposta por apenas um dos condôminos. Afirma a doutrina que, ajuizada a ação demarcatória por um dos condôminos, os demais serão citados como seus litisconsortes ativos necessários. Para Alexandre Câmara,[2] porém, os demais serão citados como litisconsortes passivos necessários, pelo Código se referir à citação dos coproprietários, sendo a citação ato pelo qual o réu se torna parte no processo.

Já a legitimidade passiva é do proprietário do imóvel confinante. Humberto Theodoro Júnior[3] defende que a demarcação não tem a característica de ser um procedimento entre proprietários e, por isso, deve se colocar no polo passivo não só o possuidor como também o proprietário.

Já a ação de divisão, nos termos do inciso II do art. 946, cabe ao condômino, para obrigar os demais consortes a partilhar a coisa comum. O espólio, quando figurar como condomínio de imóvel divisível, poderá ser autor ou réu na ação divisório, atuando por meio do inventariante não dativo ou dos herdeiros.

A legitimidade passiva é de todos os coproprietários do imóvel cuja divisão o autor pretende, que formarão um litisconsórcio passivo necessário e unitário, nos termos do art. 47, CPC.

Tanto na ação de divisão como na de demarcação de terras incide as disposições do art. 10 do CPC, sendo necessário, para integrar a legitimidade do demandante casado, que tenha autorização de seu cônjuge, havendo litisconsórcio necessário.

9.3 NATUREZA DÚPLICE DAS AÇÕES DIVISÓRIA E DEMARCATÓRIA

Essas duas ações têm natureza dúplice, pois comum a pretensão divisória ou demarcatória de ambas as partes, poderão autor e réu assumirem, recíproca e simultaneamente, as posições ativa e passiva.

9.4 FORO COMPETENTE

A competência para as referidas ações, de natureza real, é do foro da situação do imóvel, nos termos do art. 95, 1ª parte, CPC, tendo natureza absoluta.

2 Câmara (2009, p. 390).

3 Theodoro Júnior (2008, p. 192).

Situando-se o imóvel em mais de um estado ou comarca, o foro competente será determinado pela prevenção (art. 219), estendendo-se sua competência sobre a totalidade do imóvel (art. 107).

9.5 PROCEDIMENTO

9.5.1 Disposições gerais

Inicialmente, deve-se aferir a existência ou não do direito à demarcação ou à divisão (primeira fase) para, só então, caso existente, efetivar o direito, realizando-se as operações técnicas de demarcação ou de divisão (segunda fase, chamada, impropriamente, de fase executória, por não se tratar, na verdade, de execução da primeira sentença). O procedimento é, portanto, dividido em duas fases distintas.

É possível, segundo o art. 947, CPC, a cumulação dos procedimentos de demarcação e de divisão de terras em um só processo. Nesse caso, deverá primeiro ser realizada a demarcação e só então feita a divisão, por não poder se admitir divisão de terras de limites indeterminados.

Na contestação, poderá o contestante incluir matérias como inexistência de domínio do autor, inocorrência de contiguidade entre os prédios, ilegitimidade da linha perimétrica pretendida pelo autor, desnecessidade de demarcação, por já existirem limites certos, usucapião em seu favor, inexistência de comunhão etc., que levarão o juiz a decidir sobre questões estranhas à divisão ou à demarcação na primeira fase, mas que lhe serão prejudiciais.

Assim que é feita a demarcação, os proprietários dos imóveis confinantes se retiram do processo, sendo tratados como terceiros em relação à divisão (art. 948, CPC).

Pode acontecer, porém, da linha demarcatória ser desrespeitada, invadindo-se o imóvel vizinho quando da distribuição dos quinhões. Nesse caso, o confinante prejudicado deverá se dirigir ao juiz do processo, requerendo a adoção de medidas coercitivas para se respeitar a coisa julgada.

Não tendo o confinante participado do processo e havendo invasão em sua área, poderá ele ajuizar a demanda prevista no art. 948, CPC, reivindicando a área invadida ou a condenação do invasor ao pagamento de indenização. Se a demanda for ajuizada antes do trânsito em julgado da sentença homologatória da divisão, serão citados, como litisconsortes passivos necessários, todos os coproprietários do imóvel dividendo. Caso a demanda seja ajuizada após o trânsito em julgado da sentença homologatória da divisão, será legitimado passivo a quem couber o quinhão que invade o terreno do demandante, tendo a sentença eficácia exclusiva em face do réu.

9.5.2 Ação de demarcação

O procedimento da ação demarcatória começa com a apresentação, ao juízo, da petição inicial, que deverá atender, genericamente, a todos os requisitos dos arts. 282 e 39, I, ambos do CPC. Deverá vir acompanhada dos títulos de propriedade ou outro título de direito sobre o imóvel, como, por exemplo, o usufruto e da descrição do imóvel, a ser feita com base em sua situação e denominação, bem como a descrição dos limites por constituir, aviventar ou renovar, devendo-se, ainda, nomear os proprietários da linha demarcanda e não necessariamente todos os confinantes dos imóveis.

A descrição dos limites não precisa ser minuciosa, até mesmo porque nem sempre o autor terá condições para tanto.

Com base no art. 951, CPC, afirma a doutrina que a demarcação poderá ser simples, quando tem por objeto única e exclusivamente a demarcação, ou qualificada, quando, além da demarcação, o autor formula pedido de reintegração de posse ou reivindicatório de domínio. Requisito essencial para essa cumulação de pedidos é que o proprietário do imóvel confinante seja também o atual possuidor da área cuja reivindicação ou reintegração de posse se pretende e que a posse já exista antes do ajuizamento da ação demarcatória. Eventual esbulho ou turbação após esse processo constituirá atentado, nos termos do art. 879, III, CPC.

O requerimento de demarcação poderá ser feito a partir de queixa de esbulho ou turbação, formulando-se, também, pedido de restituição do terreno invadido, mais todos os rendimentos dele oriundos ou indenização pelo usucapião verificado. A alegação aqui não seria meramente com base na posse, mas, sim, fundada na pretensão de domínio que tem sobre a área turbada ou esbulhada, para se permitir a reclamação de frutos e danos anteriores à propositura da ação, ou seja, desde o esbulho ou da turbação, o que não entra, normalmente, nos pedidos de demarcação pura e simples e o julgamento do pedido se dá na sentença que encerra a primeira fase do procedimento.

Cumpridos esses requisitos, será determinada a citação dos demandados, sendo que apenas os réus que residirem na comarca onde estiver tramitando o feito serão citados pessoalmente. Os que residirem em outras comarcas serão citados por edital. Prevalece,[4] porém, que o art. 953 se refere que, ainda que esteja em outra comarca, o demandado que tenha endereço certo será citado pessoalmente.

Feitas as citações, os demandados terão um prazo de vinte dias para resposta, não se aplicando o prazo em dobro no caso de advogados distintos, sendo admissível, além da contestação, exceções rituais.

Sendo oferecida ou não contestação por qualquer demandado, segue-se o procedimento ordinário. Esse será o procedimento a ser observado na primeira fase da ação demarcatória.

Contrariamente à disposição do art. 955, CPC, em caso de revelia, não se julga, desde já, o mérito, já que o art. 956, CPC determina que, em qualquer caso, antes de ser proferida sentença que encerrará a primeira fase do procedimento, se nomeiam dois arbitradores e um agrimensor para levantarem o traçado da linha demarcanda. Na ação demarcatória, a prova pericial é essencial para o julgamento do mérito, ainda que seja decretada a revelia dos demandados.

Após, será apresentado laudo sobre o traçado da linha demarcanda, nos termos do art. 957, CPC, anexando-se planta da região e o memorial das operações de campo. Juntados os laudos, as partes terão dez dias para se pronunciar sobre eles. Decorrido o prazo sem manifestação ou com a prestação de esclarecimentos, o juiz proferirá sentença.

Sendo a sentença sem resolução de mérito ou de improcedência, o procedimento se encerrará.

Caso a sentença seja de procedência, terá natureza meramente declaratória ou constitutiva, conforme o caso. Será meramente declaratória quando o juiz, ao estabelecer o traçado da linha demarcanda, limitar-se a reconhecer os limites preexistentes, com base nos marcos destruídos ou arruinados. Será constitutiva quando jamais houver qualquer marcação entre os imóveis, desfazendo a sentença a confusão entre os prédios.

4 Câmara (2009, p. 392).

Em face da sentença, cabe recurso de apelação, recebido, como regra geral, em seu duplo efeito: devolutivo e suspensivo. Apenas após o trânsito em julgado da sentença iniciar-se-á a segunda fase do procedimento. O agrimensor efetuará, então, em observância ao art. 960, CPC, a demarcação, colocando os marcos necessários à fixação do limite, sendo as operações consignadas em planta, observando-se o disposto no art. 961, CPC, e em memorial descritivo, com as referências para identificação, conforme art. 962.

A linha demarcanda será percorrida por arbitradores, que examinarão os marcos e rumos, consignando em relatório escrito a exatidão do memorial e da planta. Juntado aos autos o relatório dos arbitradores, as partes poderão se manifestar no prazo de dez dias. Efetuadas eventuais modificações ou correções, será lavrado o auto de demarcação, assinado pelo juiz, pelos arbitradores e pelo agrimensor, em que os limites demarcandos serão minuciosamente descritos, de acordo com o memorial e com a planta.

Após, será proferida sentença homologatória de demarcação (art. 966), em face da qual caberá apelação, a ser recebida apenas no efeito devolutivo (art. 520, I, CPC).

Encerrada a segunda fase do procedimento, tem-se o fim do processo demarcatório, devendo a sentença ser levada a registro.

9.5.3 Ação de divisão

Esse procedimento também possui duas fases, só sendo instaurada a segunda se a sentença que puser fim à primeira for de procedência ao menos parcial do pedido.

O procedimento da ação de divisão começa com a apresentação, ao juízo, da petição inicial, que deverá atender, genericamente, a todos os requisitos dos arts. 282 e 39, I, ambos do CPC. Além disso, a petição inicial deverá vir acompanhada de títulos do domínio e indicar a origem da comunhão e a denominação, situação, limites e características do imóvel; o nome, estado civil, profissão e residência de todos os condôminos, especificando-se, ainda, as benfeitorias comuns.

O juiz determinará a citação dos réus, aplicando-se as mesmas questões retratadas na ação demarcatória, bem como o prazo de vinte dias para resposta.

A partir daí, segue-se o procedimento ordinário. Aqui, porém, é possível presumir verdadeiras as alegações do demandante em caso de revelia. Não é obrigatória a realização de prova pericial.

Ao fim do procedimento, o juiz proferirá sentença que, se for de procedência, dará início à segunda fase do procedimento.

A sentença de procedência reconhecerá a divisão do imóvel, podendo ser atacada por apelação recebida em seu duplo efeito, pela sentença se limitar a reconhecer a existência do direito à divisão do prédio, o que caracteriza sua natureza meramente declaratória.

Transitada em julgado a sentença, terá início a segunda fase do procedimento, com a realização de prova pericial, nomeando o juiz um agrimensor e dois arbitradores.

As partes terão dez dias para apresentar o título de propriedade, caso ainda não o tenham feito, e formular seus pedidos de quinhão. Os peritos iniciarão os trabalhos pela medição do imóvel, sendo, então, ouvidas as partes pelo prazo de dez dias.

Não havendo impugnações ou sendo elas solucionadas, o juiz determinará a divisão do imóvel.

Concluídos os trabalhos, o agrimensor levantará a planta do imóvel, observando o disposto nos arts. 960 a 963, CPC, bem como o art. 975, §§ 1º e 2º. Serão avaliadas as benfeitorias feitas no imóvel e os peritos farão uma proposta da forma de divisão do bem.

Ouvidas as partes no prazo de dez dias, o juiz deliberará sobre a forma de realização da partilha. Em cumprimento a essa decisão, o agrimensor, assistido pelos arbitradores, realizará a divisão do terreno, demarcando os quinhões, em observância às regras dos arts. 963, 964 e 979, CPC. Terminados os trabalhos, o agrimensor realizará memorial descritivo.

Em seguida, será lavrado auto de divisão, com observância aos requisitos do art. 980, § 1º, CPC. Assinado pelo juiz, será proferida sentença homologatória da divisão.

A sentença poderá ser impugnada por meio de apelação, sem efeito suspensivo legal, podendo ser imediatamente levada a registro, e sua natureza jurídica é controvertida. O CC de 1916, em dispositivo não reproduzido no CC de 2002, afirmava a natureza meramente declaratória da divisão. Porém, há quem afirme, ainda, a natureza constitutiva de tal sentença, pois cada parte passará a ser proprietária exclusiva de um imóvel, sendo certo que, antes da sentença, cada um tinha, em seu patrimônio, uma fração ideal do condomínio.

9.6 O PROJETO DO NOVO CPC (PL N. 8.046/2010)

9.6.1 Disposições gerais

CÓDIGO DE PROCESSO CIVIL ATUAL	PROJETO DO NOVO CPC (PL N. 8.046/2010)
Art. 946. Cabe: I – a ação de demarcação ao proprietário para obrigar o seu confinante a estremar os respectivos prédios, fixando-se novos limites entre eles ou aviventando-se os já apagados; II – a ação de divisão, ao condômino para obrigar os demais consortes, a partilhar a coisa comum.	**Art. 554.** Cabe: I – ao proprietário ação de demarcação, para obrigar o seu confinante a estremar os respectivos prédios, fixando-se novos limites entre eles ou aviventando-se os já apagados; II – ao condômino a ação de divisão, para obrigar os demais consortes a estremar os quinhões.
Art. 947. É lícita a cumulação destas ações; caso em que deverá processar-se primeiramente a demarcação total ou parcial da coisa comum, citando-se os confinantes e condôminos.	**Art. 555.** É lícita a cumulação dessas ações, caso em que deverá processar-se primeiramente a demarcação total ou parcial da coisa comum, citando-se os confinantes e os condôminos.
Sem correspondente.	**Art. 556.** A demarcação e a divisão poderão ser realizadas por escritura pública, desde que maiores, capazes e concordes todos os interessados, observando-se, no que couber, os dispositivos deste Capítulo.
Art. 948. Fixados os marcos da linha de demarcação, os confinantes considerar-se-ão terceiros quanto ao processo divisório; fica-lhes, porém, ressalvado o direito de vindicarem os terrenos de que se julguem despojados por invasão das linhas limítrofes constitutivas do perímetro ou a reclamarem uma indenização pecuniária correspondente ao seu valor.	**Art. 557.** Fixados os marcos da linha de demarcação, os confinantes considerar-se-ão terceiros quanto ao processo divisório; fica-lhes, porém, ressalvado o direito de vindicar os terrenos de que se julguem despojados por invasão das linhas limítrofes constitutivas do perímetro ou de reclamar indenização correspondente ao seu valor.
Art. 949. Serão citados para a ação todos os condôminos, se ainda não transitou em julgado a sentença homologatória da divisão; e todos os quinhoeiros dos terrenos vindicados, se proposta posteriormente. Parágrafo único. Neste último caso, a sentença que julga procedente a ação, con-	**Art. 558.** No caso do art. 557, serão citados para a ação todos os condôminos, se ainda não transitou em julgado a sentença homologatória da divisão, e todos os quinhoeiros dos terrenos vindicados, se proposta posteriormente. Parágrafo único. Nesse último caso, a sentença que julga procedente a ação, con-

CÓDIGO DE PROCESSO CIVIL ATUAL	PROJETO DO NOVO CPC (PL N. 8.046/2010)
denando a restituir os terrenos ou a pagar a indenização, valerá como título executivo em favor dos quinhoeiros para haverem dos outros condôminos, que forem parte na divisão, ou de seus sucessores por título universal, na proporção que lhes tocar, a composição pecuniária do desfalque sofrido.	denando a restituir os terrenos ou a pagar a indenização, valerá como título executivo em favor dos quinhoeiros para haverem dos outros condôminos que forem parte na divisão ou de seus sucessores por título universal, na proporção que lhes tocar, a composição pecuniária do desfalque sofrido.
Sem correspondente.	**Art. 559.** Tratando-se de imóvel georreferenciado, com averbação no Registro de Imóveis, pode o juiz dispensar a realização de prova pericial.

O projeto do novo CPC traz poucas, mas relevantes alterações nas disposições gerais. O primeiro artigo (554) apenas modifica o atual 946 para afirmar, no inciso II, que é para estremar os quinhões, ressaltando a ideia da fixação de limites, ínsita a essas ações.

O art. 555 do projeto apenas repete a redação do art. 947, autorizando a cumulação da ação de divisão com a de demarcação de terras.

O art. 556 talvez seja a grande inovação do projeto nessa parte. Ele autoriza que tal procedimento seja feito por escritura pública, desde que os envolvidos sejam maiores, capazes e estejam de acordo. Trata-se de dispositivo sem previsão no Código atual, mas que segue a tendência de desjudicialização de determinados procedimentos, como forma de contribuir para desabarrotar o Poder Judiciário. Não havendo litígio e sendo todos os envolvidos maiores e capazes, o procedimento seguirá no cartório, observando as disposições do CPC.

Os arts. 557 e 558 apenas repetem as disposições dos arts. 948 e 949 do atual CPC, respectivamente, que já foram abordados ao longo do capítulo.

Por fim, nas disposições gerais, o art. 559 do novo CPC não tem previsão no Código atual. Caso o imóvel já tenha suas referências, será desnecessária a realização da prova pericial, podendo o juiz se basear em tais dados para o processo. Trata-se não apenas de nítida preocupação com a celeridade do procedimento, já que, muitas vezes, o procedimento até a marcação da perícia não é rápido, mas também de redução dos custos no processo.

9.6.2 Ação de demarcação

Art. 560. Na petição inicial, instruída com os títulos da propriedade, designar-se-á o imóvel pela situação e pela denominação, descrever-se-ão os limites por constituir, aviventar ou renovar e nomear-se-ão todos os confinantes da linha demarcanda.

Art. 561. Qualquer condômino é parte legítima para promover a demarcação do imóvel comum, requerendo a intimação dos demais para intervir no processo, querendo.

Art. 562. Os réus serão citados observando-se o disposto no art. 216. Frustrada a citação das pessoas domiciliadas na comarca onde corre a demarcatória, estas serão citadas na forma dos arts. 218 e 225, e por edital, com prazo de vinte dias a dois meses, todas as demais pessoas residentes no Brasil ou no estrangeiro.

Art. 563. Feitas as citações, terão os réus o prazo comum de vinte dias para contestar.

Art. 564. Havendo contestação, observar-se-á o procedimento comum; não havendo, o juiz julgará antecipadamente a lide.

Art. 565. Em qualquer dos casos do artigo anterior, antes de proferir a sentença definitiva, o juiz nomeará um ou mais peritos para levantar o traçado da linha demarcanda.

Art. 566. Concluídos os estudos, os peritos apresentarão minucioso laudo sobre o traçado da linha demarcanda, considerando os títulos, os marcos, os rumos, a fama da vizinhança, as informações de antigos moradores do lugar e outros elementos que coligirem.

Art. 567. A sentença que julgar procedente o pedido determinará o traçado da linha demarcanda.

Parágrafo único. A sentença proferida na ação demarcatória determinará a restituição da área invadida, se houver, declarando o domínio ou a posse do prejudicado, ou uma e outra.

Art. 568. Transitada em julgado a sentença, o perito efetuará a demarcação e colocará os marcos necessários. Todas as operações serão consignadas em planta e memorial descritivo com as referências convenientes para a identificação, em qualquer tempo, dos pontos assinalados.

Art. 569. As plantas serão acompanhadas das cadernetas de operações de campo e do memorial descritivo, que conterá:

I – o ponto de partida, os rumos seguidos e a aviventação dos antigos com os respectivos cálculos;

II – os acidentes encontrados, as cercas, os valos, os marcos antigos, os córregos, os rios, as lagoas e outros;

III – a indicação minuciosa dos novos marcos cravados, dos antigos aproveitados, das culturas existentes e da sua produção anual;

IV – a composição geológica dos terrenos, bem como a qualidade e a extensão dos campos, das matas e das capoeiras;

V – as vias de comunicação;

VI – as distâncias a pontos de referência, tais como rodovias federais e estaduais, ferrovias, portos, aglomerações urbanas e polos comerciais;

VII – a indicação de tudo o mais que for útil para o levantamento da linha ou para a identificação da linha já levantada.

Art. 570. É obrigatória a colocação de marcos assim na estação inicial, dita marco primordial, como nos vértices dos ângulos, salvo se algum desses últimos pontos for assinalado por acidentes naturais de difícil remoção ou destruição.

Art. 571. A linha será percorrida pelos arbitradores, que examinarão os marcos e rumos, consignando em relatório escrito a exatidão do memorial e planta apresentados pelo agrimensor ou as divergências porventura encontradas.

Art. 572. Juntado aos autos o relatório dos peritos, o juiz determinará que as partes se manifestem sobre ele no prazo comum de vinte dias. Em seguida, executadas as correções e as retificações que o juiz determinar, lavrar-se-á o auto de demarcação em que os limites demarcandos serão minuciosamente descritos de acordo com o memorial e a planta.

Art. 573. Assinado o auto pelo juiz e pelos peritos, será proferida a sentença homologatória da demarcação.

Em relação à demarcação de terras particulares, o projeto, no art. 560, assim como o art. 950 do atual CPC, inicia com os requisitos da petição inicial na ação de demarcação. Em seguida, sem reproduzir o art. 951 do atual CPC, o projeto, no art. 561, passa a tratar da legitimidade, que é de qualquer condômino, que deverá requerer a intimação dos demais condôminos para, caso queiram, intervirem no processo (art. 952 do atual CPC). A diferença é que o projeto afirma que o autor deverá requerer a intimação dos demais condôminos para, caso queiram, intervirem no processo, enquanto o atual CPC, no art. 952, afirma que os demais condôminos deverão ser citados como litisconsortes. Dessa forma, o projeto retira a obrigatoriedade de atuação dos demais condôminos no feito.

De acordo com o art. 562 do projeto, a citação dos réus se fará através de oficial de Justiça quando residentes na comarca. Os não residentes na comarca serão citados por carta ou por edital. Citados, os réus terão o prazo de vinte dias para contestar (art. 563) e, caso não haja contestação, o juiz julgará antecipadamente a lide (art. 564). Trata-se de regras previstas nos arts. 953 a 955 do atual CPC.

Os arts. 565 e 566 tratam do traçado da linha demarcada pelos peritos. Tal previsão está nos arts. 956 e 957 do atual CPC, só que o projeto retira a nomenclatura agrimensores, utilizando peritos.

O art. 567 trata das providências que estarão na sentença, caso julgado procedente o pedido inicial. O projeto acrescenta à previsão do art. 958 do atual CPC que, se houver área invadida, a sentença determinará, ainda, a sua restituição.

O art. 568 trata de providência executiva após o trânsito em julgado da sentença, com a colocação de marcos. Trata-se da mesma disposição do art. 959, CPC atual, apenas substituindo a denominação agrimensor por perito.

Sem descrever o trabalho dos agrimensores, tal como faz o CPC atual nos arts. 960 e 961, o projeto do novo Código, no art. 569, trata direto das plantas, disposição prevista no art. 962 do atual CPC.

Os arts. 570 e 571 do projeto abordam a colocação dos marcos, tornando obrigatória a colocação dos marcos iniciais (arts. 963 e 964 do atual CPC). Já o art. 572 do projeto apenas alterou o prazo previsto no art. 965 do atual CPC de 10 para 20 dias e o art. 573 reproduz o atual art. 966, que trata da sentença homologatória da demarcação.

9.6.3 Ação de divisão

Art. 574. A petição inicial será instruída com os títulos de domínio do promovente e conterá:

I – a indicação da origem da comunhão e a denominação, a situação, os limites e as características do imóvel;

II – o nome, o estado civil, a profissão e a residência de todos os condôminos, especificando-se os estabelecidos no imóvel com benfeitorias e culturas;

III – as benfeitorias comuns.

Art. 575. Feitas as citações como preceitua o art. 562, prosseguir-se-á na forma dos arts. 563 e 564.

Art. 576. O juiz nomeará um ou mais peritos para promover a medição do imóvel e as operações de divisão.

Parágrafo único. O perito deverá indicar as vias de comunicação existentes, as construções e as benfeitorias, com a indicação dos seus valores e dos respectivos proprietários e ocupantes, as águas principais que banham o imóvel e quaisquer outras informações que possam concorrer para facilitar a partilha.

Art. 577. Todos os condôminos serão intimados a apresentar, dentro de dez dias, os seus títulos, se ainda não o tiverem feito, e a formular os seus pedidos sobre a constituição dos quinhões.

Art. 578. O juiz ouvirá as partes no prazo comum de vinte dias.

Parágrafo único. Não havendo impugnação, o juiz determinará a divisão geodésica do imóvel; se houver, proferirá, no prazo de dez dias, decisão sobre os pedidos e os títulos que devam ser atendidos na formação dos quinhões.

Art. 579. Se qualquer linha do perímetro atingir benfeitorias permanentes dos confinantes feitas há mais de um ano, serão elas respeitadas, bem como os terrenos onde estiverem, os quais não se computarão na área dividenda.

Art. 580. Os confinantes do imóvel dividendo podem demandar a restituição dos terrenos que lhes tenham sido usurpados.

§ 1º Serão citados para a ação todos os condôminos, se ainda não transitou em julgado a sentença homologatória da divisão, e todos os quinhoeiros dos terrenos vindicados, se proposta posteriormente.

§ 2º Nesse último caso terão os quinhoeiros o direito, pela mesma sentença que os obrigar à restituição, a haver dos outros condôminos do processo divisório ou de seus sucessores a título universal a composição pecuniária proporcional ao desfalque sofrido.

Art. 581. Os peritos proporão, em laudo fundamentado, a forma da divisão, devendo consultar, quanto possível, a comodidade das partes, respeitar, para adjudicação a cada condômino, a preferência dos terrenos contíguos às suas residências e benfeitorias e evitar o retalhamento dos quinhões em glebas separadas.

Art. 582. Ouvidas as partes, no prazo comum de dez dias, sobre o cálculo e o plano da divisão, o juiz deliberará a partilha. Em cumprimento dessa decisão, o perito procederá a demarcação dos quinhões, observando, além do disposto nos arts. 570 e 571, as seguintes regras:

I – as benfeitorias comuns que não comportarem divisão cômoda serão adjudicadas a um dos condôminos mediante compensação;

II – instituir-se-ão as servidões que forem indispensáveis em favor de uns quinhões sobre os outros, incluindo o respectivo valor no orçamento para que, não se tratando de servidões naturais, seja compensado o condômino aquinhoado com o prédio serviente;

III – as benfeitorias particulares dos condôminos que excederem à área a que têm direito serão adjudicadas ao quinhoeiro vizinho mediante reposição;

IV – se outra coisa não acordarem as partes, as compensações e as reposições serão feitas em dinheiro.

Art. 583. Terminados os trabalhos e desenhados na planta os quinhões e as servidões aparentes, o perito organizará o memorial descritivo. Em seguida, cumprido o disposto no art. 572, o escrivão lavrará o auto de divisão, seguido de uma folha de pagamento para cada condômino. Assinado o auto pelo juiz e pelo perito, será proferida sentença homologatória da divisão.

§ 1º O auto conterá:

I – a confinação e a extensão superficial do imóvel;

II – a classificação das terras com o cálculo das áreas de cada consorte e a respectiva avaliação ou a avaliação do imóvel na sua integridade, quando a homogeneidade das terras não determinar diversidade de valores;

III – o valor e a quantidade geométrica que couber a cada condômino, declarando-se as reduções e as compensações resultantes da diversidade de valores das glebas componentes de cada quinhão.

§ 2º Cada folha de pagamento conterá:

I – a descrição das linhas divisórias do quinhão, mencionadas as confinantes;

II – a relação das benfeitorias e das culturas do próprio quinhoeiro e das que lhe foram adjudicadas por serem comuns ou mediante compensação;

III – a declaração das servidões instituídas, especificados os lugares, a extensão e o modo de exercício.

Art. 584. Aplica-se às divisões o disposto nos arts. 561 a 564.

O art. 574 do projeto, reproduzindo o art. 967, CPC trata dos requisitos da petição inicial. O artigo seguinte remete ao procedimento já previsto para a ação de demarcação.

O art. 576 trata da medição do imóvel para fins de divisão. O parágrafo único traz especificações sobre as funções do perito, que não estão previstas no art. 969 do atual CPC.

O art. 577 reproduz o atual 970, mantendo, inclusive, o prazo de 10 dias. Já o art. 578 reproduz o texto do atual 971, mas amplia o prazo de oitiva das partes para 20 dias.

O art. 579 reproduz o art. 973, mas elimina o preciosismo de seu parágrafo único, que explica o que são benfeitorias. O texto do projeto apenas prevê que, se a linha de divisão atingir benfeitorias feitas há mais de um ano, as benfeitorias serão respeitadas.

O art. 580 trata do direito dos confrontantes de demandar os terrenos que eventualmente lhe tenham sido usurpados, e o art. 581 que os peritos devem procurar consultar os condôminos para dividir de forma que, se possível, consigam lhe atribuir terrenos contíguos às suas residências e onde tenham feito benfeitorias.

Sem a minúcia da descrição do atual CPC, no art. 582, o projeto já tem seu correspondente no art. 979 do atual CPC, com a previsão de oitiva das partes antes da demarcação dos quinhões.

Por fim, o projeto trata da lavratura do auto de divisão, com a homologação por sentença, final do procedimento de divisão, previsto também no art. 980 do atual CPC.

CAPÍTULO **10**

Ação de dissolução parcial de sociedade

10.1 CONSIDERAÇÕES

A dissolução societária corresponde à decisão de se buscar a extinção da sociedade. O ajuste negocial que originou a sociedade será sempre resolúvel, ou seja, passível de um término.

A dissolução de uma sociedade pode ter seus efeitos parciais, com a retirada de um ou de algum dos sócios, conservando-se o vínculo primitivo entre os remanescentes e a existência da pessoa jurídica, ou totais, acarretando o fim da sociedade, com a extinção da pessoa jurídica.

10.2 O PROCEDIMENTO DE DISSOLUÇÃO DAS SOCIEDADES

Atualmente, o procedimento judicial para dissolução das sociedades encontra-se, "em tese", disciplinado pelo CPC de 1939, arts. 655 a 674 (Decreto-Lei n. 1.608/39).

Nas disposições finais e transitórias do CPC de 1973 – Livro V – e mais especificamente no *caput* do seu art. 1.218, estabeleceu-se que o procedimento para dissolução e liquidação das sociedades continuaria em vigor pela antiga regra processual até futura elaboração de lei especial que o regulamentasse.

Ocorre que, até hoje, nenhuma lei especial nesse sentido foi promulgada.

Daí uma problemática se instaura sobre o tema: naquela época não se discutia a possibilidade de dissolução parcial das sociedades. A jurisprudência não havia, até então, enfrentado uma questão que hoje é corriqueira e frequente em nosso judiciário, qual seja, a dissolução parcial de uma sociedade.

Ressalte-se, ainda, que o princípio da preservação da empresa, pela função social que exerce, difundiu-se após a década de setenta e, na época em que o procedimento para dissolução das sociedades foi criado (1939), qualquer atividade econômica era valorada sob a percepção de interesses exclusivamente capitalistas, o que, de certo, hoje não ocorre devido à importância e a função social que a empresa exerce em relação a toda a sociedade.[1]

Assim, o procedimento previsto no CPC de 1939, precisa passar por adaptações para ser aplicado à realidade.

Vale lembrar que sobre dissolução societária o direito material brasileiro contempla dois diferentes regimes, um sob a égide da Lei das Sociedades por Ações (arts. 206 e s.) e outro previsto no Código Civil (arts. 1.033 a 1.038) para as sociedades contratuais.

Nos dois casos, não há, porém, diferenças relevantes no processo de dissolução da sociedade. O juiz deve nesse tipo de processo, desde o início da apuração de haveres, garantir-lhe racionalidade, celeridade e segurança jurídica.

10.3 O PROJETO DO NOVO CPC

Nesse ponto, o projeto do novo CPC está permeado de discussões, que consistem em sopesar se a ação de dissolução de sociedade, em vista dessas decisões iniciais indispensáveis à sua adequada tramitação, merece

1 "De acordo com o art. 47 da Lei 11.101/05, a recuperação judicial tem por objeto viabilizar a superação da situação de crise econômico-financeira do devedor, a fim de permitir a manutenção da fonte produtora, do emprego dos trabalhadores e dos interesses dos credores, promovendo, assim, a preservação da empresa, sua função social e o estímulo à atividade econômica" (MAMEDE, 2009, p. 449).

observar um procedimento especial, ou se o ordinário atenderia suficientemente suas características.

O senador Valter Pereira, em relatório apresentado em 24 de novembro de 2010, convencido da importância do procedimento especial para a ação de dissolução parcial de sociedade, incorporou-o ao futuro Código (projeto, arts. 585 a 595), que até então não existia no anteprojeto elaborado pela comissão de juristas para um novo CPC.

O texto legal do PL n. 8.046/2010 prevê que:

> **Art. 585.** A ação de dissolução parcial de sociedade pode ter por objeto:
>
> I – a resolução da sociedade empresária contratual ou simples em relação ao sócio falecido, excluído ou que exerceu o direito de retirada ou recesso; e
>
> II – a apuração dos haveres do sócio falecido, excluído ou que exerceu o direito de retirada; ou
>
> III – somente a resolução ou a apuração de haveres.
>
> Parágrafo único. A petição inicial será necessariamente instruída com o contrato social.
>
> **Art. 586.** A ação pode ser proposta:
>
> I – pelo espólio do sócio falecido, quando a totalidade dos sucessores não ingressar na sociedade;
>
> II – pelos sucessores, após concluída a partilha do sócio falecido;
>
> III – pelos sócios sobreviventes, se não admitirem o ingresso do espólio ou dos sucessores do falecido na sociedade, quando esse direito decorrer do contrato social;
>
> IV – pelo sócio que exerceu o direito de retirada ou recesso, se não tiver sido providenciada, pelos demais sócios, a alteração contratual formalizando o desligamento, depois de transcorridos dez dias do exercício do direito;
>
> V – pela sociedade, nos casos em que a lei não autoriza a exclusão extrajudicial; ou
>
> VI – pelo sócio excluído.
>
> Parágrafo único. O cônjuge ou companheiro do sócio cujo casamento, união estável ou convivência terminou poderá requerer a apuração de seus haveres na sociedade. Os haveres assim apurados serão pagos à conta da quota social titulada por este sócio.

Art. 587. O juiz determinará à sociedade ou aos sócios que nela permanecerem que depositem em juízo a parte incontroversa dos haveres devidos.

§ 1º O depósito poderá ser, desde logo, levantando pelo ex-sócio, pelo espólio ou pelos seus sucessores.

§ 2º Se o contrato social estabelecer o pagamento dos haveres, será observando o que nele se dispôs no depósito judicial da parte incontroversa.

Art. 588. Os sócios e a sociedade serão citados para, no prazo de quinze dias, concordarem com o pedido ou apresentarem contestação.

§ 1º A sociedade não será citada se todos os seus sócios o forem, mas ficará sujeita aos efeitos da decisão e à coisa julgada.

§ 2º A sociedade poderá formular pedido de indenização compensável com o valor dos haveres a apurar.

Art. 589. Havendo manifestação expressa e unânime pela concordância da dissolução, o juiz a decretará, passando-se imediatamente à fase de liquidação.

§ 1º Na hipótese prevista no *caput*, não haverá condenação em honorários advocatícios de quaisquer das partes.

§ 2º Havendo contestação, observar-se-á o procedimento comum

Art. 590. Para apuração dos haveres, o juiz:

I – fixará a data da resolução da sociedade;

II – definirá o critério de apuração dos haveres à vista do disposto no contrato social; e

III – nomeará o perito.

Art. 591. A data da resolução da sociedade será:

I – no caso de falecimento do sócio, a do óbito;

II – na retirada imotivada, o sexagésimo dia seguinte ao do recebimento, pela sociedade, da notificação do sócio retirante;

III – no recesso, o dia do recebimento, pela sociedade da notificação do sócio dissidente; e

IV – na retirada por justa causa de sociedade por prazo determinado e na exclusão judicial de sócio, a do trânsito em julgado da decisão que dissolver a sociedade.

Art. 592. Em caso de omissão do contrato social, o juiz definirá, como critério de apuração de haveres, o valor patrimonial apurado em balanço de determinação, tomando-se por referência a data da resolução e avaliando-se bens e direitos do ativo a preço de saída.

§ 1º Para elaboração da perícia, o juiz nomeará perito contador.

§ 2º Se o contrato social estabelecer como critério o valor econômico da sociedade ou outro fundado em projeção de resultados futuros, a nomeação recairá preferencialmente sobre especialista, em avaliação de sociedades.

§ 3º Os honorários do perito nomeado serão arcados pelos sócios, na proporção de sua participação no capital social da sociedade.

Art. 593. A data da resolução e o critério de apuração de haveres podem ser revistos pelo juiz, a pedido da parte, a qualquer tempo antes do início da perícia.

Art. 594. Até a data da resolução, integra o valor devido ao ex-sócio, ao espólio ou aos seus sucessores a participação nos lucros ou os juros sobre o capital próprio declarados pela sociedade e, se for o caso, a remuneração como administrador.

Parágrafo único. Após a data da resolução, o ex-sócio, o espólio ou seus sucessores terão direito apenas à correção monetária dos valores apurados e aos juros contratuais ou legais.

Art. 595. Apurados os haveres do sócio retirante, serão os mesmos pagos conforme disciplinar o contrato social e, no silêncio deste, nos termos do art. 1.031 do Código Civil.

O art. 585 trata do cabimento do procedimento especial de dissolução de sociedade e o artigo seguinte, o art. 586, trata dos legitimados ativos. Em seguida, o texto legal traz a regra para a apuração de haveres, com a retirada de um ou mais sócios da sociedade, conservando a existência da sociedade e sua personalidade jurídica, já que a dissolução parcial, como já destacado, não extingue a sociedade. Os prazos processuais previstos no procedimento de dissolução parcial são os mesmos do procedimento comum, sem qualquer peculiaridade.

Há quem afirme que a previsão como procedimento especial pelo novo CPC, na verdade, representará um enorme avanço para a solução em juízo dos conflitos entre os sócios.[2]

---

2 Nesse sentido: COELHO, Fábio Ulhoa. Parecer disponível em: http://supremoemdebate.blogspot.com/2010/12/dissolucao-de-sociedade-e-o-novo-cpc.html/. Acesso em: 14 abr. 2011.

CAPÍTULO 11

Ação de inventário e partilha

11.1 NOÇÕES GERAIS

Os procedimentos de inventário e partilha se iniciam toda vez que se abre uma sucessão de *mortis causa*, para determinar a totalidade de bens e direitos pertencentes ao falecido, e têm natureza especial, adotando-se o rito previsto nos arts. 982 e s., CPC.

Em um primeiro momento, proceder-se-á à apuração minuciosa do acervo patrimonial do *de cujus*, incluindo-se também as dívidas que tenha eventualmente contraído. Essa primeira etapa será vencida através do procedimento de inventário. Caso haja mais de um herdeiro, necessário será dividir-se o acervo, adjudicando-se um quinhão certo para cada um. Instaurar-se-á, então, a segunda etapa, o procedimento de partilha.

Enunciava o art. 982, CPC que "proceder-se-á ao inventário judicial, ainda que todas as partes sejam capazes". A Lei n. 5.925, de 1º-10-1973, revogou os §§ 1º a 5º do art. 982, suprimindo, assim, a possibilidade de que o inventário se aperfeiçoasse mediante acordo extrajudicial, desde que fossem capazes todos os herdeiros. Tinha-se, portanto, a regra de que o inventário seria sempre judicial.

A única exceção a tal sistema estava no art. 1º da Lei n. 6.858, de 24 de janeiro de 1980, que não eliminou propriamente a necessidade de inventário ou arrolamento, mas apenas excluiu a necessidade de tal procedimento para os valores devidos pelos empregadores aos empregados e para os montantes das contas individuais do Fundo de Garantia do Tempo de

Serviço e do Fundo de Participação PIS-Pasep. A doutrina mencionou, então, que a legislação criou uma forma de transmissão anômala ou imprópria para valores, dentro de certos limites, pois, como ressaltado, a regra geral era o inventário judicial.

Contudo, a Lei n. 11.441, de 4 de janeiro de 2007, estabeleceu a possibilidade de inventário e partilha por via cartorária, nos seguintes termos:

> Art. 982. Havendo testamento ou interessado incapaz, proceder-se-á ao inventário judicial; se todos forem capazes e concordes, poderá fazer-se o inventário e a partilha por escritura pública, a qual constituirá título hábil para o registro imobiliário.
> Parágrafo único. O tabelião somente lavrará a escritura pública se todas as partes interessadas estiverem assistidas por advogado comum ou advogados de cada uma delas, cuja qualificação e assinatura constarão do ato notarial.

Posteriormente, a Lei n. 11.965/2009 apenas explicitou a possibilidade de as partes estarem assistidas por defensor público e a concessão da gratuidade de justiça, dando a atual redação do art. 982:

> Art. 982. Havendo testamento ou interessado incapaz, proceder-se-á ao inventário judicial; se todos forem capazes e concordes, poderá fazer-se o inventário e a partilha por escritura pública, a qual constituirá título hábil para o registro imobiliário.
> § 1º O tabelião somente lavrará a escritura pública se todas as partes interessadas estiverem assistidas por advogado comum ou advogados de cada uma delas ou por defensor público, cuja qualificação e assinatura constarão do ato notarial.
> § 2º A escritura e demais atos notariais serão gratuitos àqueles que se declararem pobres sob as penas da lei.

Dessa forma, excepcionou-se a regra de que o inventário será sempre judicial, admitindo-se a possibilidade do inventário se realizar extrajudicialmente, por via cartorária, através de escritura pública, quando, não existindo testamento, todos os sucessores tiverem plena capacidade civil e estiverem de pleno acordo quanto à forma de partilhar os bens deixados pelo autor da herança.

Já a partilha poderá ser judicial ou não. Será extrajudicial, com o procedimento regulado nos arts. 1.031 a 1.036, CPC, desde que cumpridos os mesmos requisitos do inventário extrajudicial, isto é, que todos os interessados sejam maiores e capazes e que se estabeleça um acordo entre eles (art. 1.031, *caput*, CPC).

O procedimento especial do inventário e da partilha é de natureza documental, o que significa dizer que nele só poderão ser decididas questões em que o convencimento judicial possa se formar com base em prova exclusivamente documental. Qualquer questão que exija, para a sua decisão, outro meio de prova, deverá ser resolvida em processo autônomo, como se percebe do art. 984, CPC.

Embora a finalidade principal do inventário seja a declaração da transmissão dos bens decorrentes da morte, a instauração de inventário não pressupõe a existência de bens deixados pelo *de cujus*.

11.2 INVENTÁRIO NEGATIVO

Mesmo não reconhecido expressamente por nosso diploma processual, a doutrina e jurisprudência vem admitindo o chamado inventário negativo.[1] Trata-se de expediente que sempre teve utilidade prática, por declarar a inexistência de bens a partilhar.

No Código Civil, o inventário negativo tem sido admitido a partir da inteligência do art. 1.997, *caput*: "a herança responde pelo pagamento das dívidas do falecido, mas, feita a partilha, só respondem os herdeiros, cada qual em proporção da parte que na herança lhe coube". Nesse caso, buscam os herdeiros também se salvaguardar de dívidas deixadas pelo *de cujus*.

Tal procedimento também põe fim a certas restrições de direito material. Por exemplo, a pessoa viúva, que tenha filho do falecido, para se casar novamente, enquanto não realizar o inventário, deverá adotar o regime da separação total de bens, a fim de evitar a confusão do patrimônio (art. 1.523, I, CC/2002). Nesse caso, mesmo que o falecido não tenha deixado bens a partilhar, emprega-se o inventário negativo para demonstrar essa

1 Paulo Cezar Pinheiro Carneiro (2009) não admite tal possibilidade.

situação, permitindo-se ao cônjuge supérstite a escolha do regime do novo casamento.

Há divergência se tal procedimento seria de jurisdição voluntária ou de jurisdição contenciosa, defendendo Alexandre Câmara sua natureza de jurisdição contenciosa, por objetivar o acertamento de que inexistem bens a inventariar e a sentença ser meramente declaratória.[2]

A praxe forense indica que o procedimento de inventário negativo instaura-se através de petição comunicando ao magistrado o falecimento do indivíduo e solicitando a citação de eventuais interessados.

Será obrigatória a audiência do Ministério Público e da Fazenda Pública. Caberá ao requerente o papel de inventariante. O juiz tomará por termo as declarações do demandante, de ausência total de bens a inventariar, e ouvirá os demais interessados (herdeiros e cônjuge sobrevivente). Em seguida, serão ouvidos o Ministério Público e a Fazenda Pública. Não havendo discordância dos demais convocados ao processo, encerra-se o feito com a sentença homologatória do declarado pelo inventariante.

11.3 COMPETÊNCIA

Na área da competência internacional, compete à Justiça brasileira com exclusão de qualquer outra "proceder a inventário e partilha de bens, situados no Brasil, ainda que o autor da herança seja estrangeiro e tenha residido fora do território nacional" (art. 89, II, CPC).

No plano da competência interna, competente para o processamento do inventário e partilha é o foro do domicílio do autor da herança (art. 96, *caput*, CPC). Entretanto, se o autor da herança não possuía domicílio certo, competente será o foro da situação dos bens (art. 96, parágrafo único, I). Se o autor da herança não tinha domicílio certo e possuía bens em lugares diferentes competirá a causa ao juiz do lugar em que ocorreu o óbito (art. 96, parágrafo único, II).

Como se pode verificar, a competência interna para as questões sucessórias é definida por critérios territoriais, evidenciando a sua natureza relativa, e, portanto, é prorrogável. O extinto Tribunal Federal de Recursos

2 Câmara (2009, p. 403).

definiu, por intermédio da Súmula 58, que "não é absoluta a competência definida no art. 96, do Código de Processo Civil, relativamente à abertura de inventário, ainda que existente interesse de menor, podendo a ação ser ajuizada em foro diverso do domicílio do inventariado".

11.4 UNIVERSALIDADE DE FORO DA SUCESSÃO

Define o *caput* do art. 96, CPC que a competência do foro do domicílio do autor da herança não se resume aos procedimentos de inventário e partilha, incluindo também todas as ações em que o espólio for réu. O referido artigo, além de estabelecer critérios de fixação da competência para o processo de inventário e de partilha, cria também a regra de universalidade de foro de sucessão.

Discute-se se essa universalidade do foro sucessório, consagrada pelo dispositivo mencionado supra, é absoluta, conforme poder-se-ia depreender a uma primeira leitura.

Entendemos que não. O espólio, embora não tenha personalidade jurídica, tem a capacidade de ser parte, o que o faz "pessoa formal". O art. 96, CPC estabelece que será competente o foro do inventário para todos os processos em que o espólio for réu. A universalidade do foro de sucessão não abrange os casos em que o espólio seja autor, nem mesmo as que a competência seja fixada, por critério absoluto, no foro da situação da coisa (art. 95, CPC).

Além disso, a universalidade fixada pelo art. 96, CPC, é de foro e não de juízo. Em outros termos, a demanda ajuizada em face do espólio deverá ser proposta no foro onde se processam o inventário e a partilha, mas não necessariamente no mesmo juízo. A competência de juízo é determinada com base nas regras de organização judiciária.

Exemplificando a questão, Alexandre Câmara[3] afirma que, pretendendo se ajuizar uma demanda em face do espólio, para condenação ao pagamento de certa quantia em dinheiro, será competente o juízo de direito da vara cível, sendo que, dentre as varas cíveis, a competência será por distribuição.

3 Câmara (2009, p. 405).

Concluindo a análise sobre a universalidade de foro de sucessão, Humberto Theodoro Júnior cuida da lei de uma competência de foro e não de juízo, "de sorte que se na mesma comarca em que se abriu o inventário houver mais de uma Vara com igual competência, a ação contra o espólio poderá, eventualmente, ser distribuída a juízo diverso, desde que integrante da mesma comarca". Acresce o autor que

> [...] a universalidade do foro do inventário não é, outrossim completa, visto que não atinge os casos em que o espólio seja autor nem prejudica o foro das ações reais imobiliárias, previsto no art. 95 (*forum rei sitae*), que deverá prevalecer sobre o sucessório, ainda quando o espólio seja réu.[4]

11.5 QUESTÕES DE ALTA INDAGAÇÃO

Enuncia o art. 984, CPC que "o juiz decidirá todas as questões de direito e também as questões de fato, quando este se achar provado por documento, só remetendo para os meios ordinários as que demandarem alta indagação ou dependerem de outras provas".

Portanto, a regra é a de que caberá ao juiz do inventário a resolução de todos os incidentes que se verificarem no curso do procedimento, como pressupostos lógicos para o julgamento de partilha, estando, portanto, o juiz autorizado a resolver todas as questões relativas à sucessão, sejam as questões de direito, sejam as de fato, quando esta estiver provada por documento. Isso significa que no inventário só se admite a produção de prova documental.

Se a prova documental não constituir meio suficiente para a composição do conflito ou se depender de outras provas (art. 984), não poderá a questão ser resolvida pelo juiz do inventário, remetendo-se para as vias ordinárias. Trata-se de um limite cognitivo do inventário.

Assim também se a questão demandar alta indagação, que são as que envolvam fato ou fatos cuja demonstração imponha a produção de prova em outro processo, será decidida por procedimento autônomo.

Exemplo de questões de alta indagação são a discussão sobre a qualidade de herdeiro (art. 1.000, III e parágrafo único), a petição de herança

4 Theodoro Júnior (2008, p. 269).

(art. 1.001), a questão relativa às colações (art. 1.016, § 2º), a discordância sobre o pedido de pagamento feito pelo credor (art. 1.018, *caput)*, a petição de legado, a nulidade de testamento, entre outras.

Ao determinar a remessa às vias ordinárias, o magistrado profere decisão de natureza interlocutória, que desafia, portanto, o recurso de agravo de instrumento.

11.6 ADMINISTRADOR PROVISÓRIO E INVENTARIANTE

Entre a morte do indivíduo e a efetivação da partilha há certa indefinição quanto à titularidade dos bens que compõem o acervo. Para que tal acervo não sofra nenhuma depreciação durante esse lapso temporal, o legislador criou duas figuras: no art. 985, CPC, o administrador provisório; no art. 990 do referido diploma legal, o inventariante.

Cabe ao administrador provisório dar continuidade à posse do *de cujus*, enquanto não se verifica a investidura de inventariante nas tarefas que lhe são cometidas pela lei, representando o espólio ativa e passivamente (arts. 985 e 986). Dessa forma, afirma-se que o administrador provisório é uma figura e um encargo que se intercalam entre o morto, inventariado, e o inventariante e o acervo patrimonial não fica sem administração no período de tempo que decorre entre a morte do *de cujus* e a efetiva abertura do inventário. Nomeado o inventariante, cessa a sua função no procedimento.

Os poderes do administrador provisório estão delineados no art. 986, CPC. Como é gestor de coisas alheias, o administrador provisório não tem poder de disposição sobre elas, devendo trazer ao acervo os frutos que percebeu desde a abertura da sucessão, respondendo por eventuais danos que tenha causado por dolo ou culpa. Quanto às despesas decorrentes da administração dos bens, terá direito a reembolso das despesas necessárias e úteis que realizar, o que será efetuado pelo espólio.

Destaque-se, ainda, que o administrador provisório poderá ser legítimo ou dativo. Será legítimo quando for nomeado entre as pessoas elencadas no rol do art. 990, incisos I a IV, CPC e dativo quando não houver inventariante legítimo que possa cumprir as funções, deverá o juiz nomear inventariante dativo. Nos locais em que há inventariante judicial (art. 990, V e VI, CPC), este é que atuará, não sendo necessário nomear um inventariante dativo.

Embora o inventariante dativo ou o judicial tenham a atribuição de administrar o patrimônio deixado pela falecido, não tem a faculdade de representar o espólio, competindo essa tarefa a todos os herdeiros, em litisconsórcio (art. 12, § 1º, CPC).

Ao inventariante compete colaborar com o juízo para o desenvolvimento do inventário (art. 991, CPC.) até que culmine com a partilha do acervo. Exerce a função dentro do processo, é nomeado pelo juiz e presta compromisso perante a autoridade judiciária.

A escolha de inventariante não é fruto de ato discricionário do juiz, devendo este obedecer à ordem estabelecida pelo parágrafo único do art. 990, CPC. Para que se invista na administração do espólio é necessário que o indivíduo seja capaz. Se o preferente for incapaz, a escolha deverá passar para a classe seguinte. Nesse caso, há a inventariança legítima.

Inexistindo qualquer das pessoas indicadas, ou, caso existindo, não seja idônea, tenha sido removida da inventariança (art. 995, CPC) ou não possa, por motivo comprovadamente justo, desincumbir-se do encargo, a nomeação recairá no inventariante judicial, caso exista na comarca (art. 990, V), ou, em sua falta ou impedimento, o juiz nomeará pessoa estranha ao acervo, porém, idônea para o exercício da inventariança dativa.

Os encargos do inventariante estão arrolados no art. 991, CPC. A exemplo do administrador provisório, age como gestor de coisas alheias, não tendo poder de disposição. Para que validamente pratique atos que ultrapassem a mera administração deverão ser ouvidos todos os herdeiros, com a posterior autorização do juiz. Conforme se depreende da leitura do que enuncia o art. 992, CPC, o consentimento unânime dos herdeiros não é pressuposto para que o juiz autorize a realização do ato. O que a lei exige é que todos os interessados sejam ouvidos.

Dispõe o inciso VII do art. 991, CPC que o inventariante deverá prestar contas de sua gestão ao deixar o cargo ou sempre que o juiz lhe determinar. Quando tais contas são apresentadas espontaneamente ou a requerimento do juiz, não há propriamente uma ação de prestação de contas. Trata-se de simples incidente do procedimento sucessório. Caso as contas sejam reclamadas por algum interessado, deverá ser observado o procedimento especial da ação de prestação de contas (art. 915 e s.).

Disciplina o art. 995, CPC as hipóteses de remoção do inventariante. Tal remoção será necessariamente antecedida por defesa do inventariante. O procedimento de remoção obedecerá ao disposto no art. 996 e s. Embora, em regra, tal requerimento se faça por herdeiro, nada impede que o juiz provoque o incidente.

Vale ressaltar que a simples demora na conclusão do inventário não basta para que se configure causa de remoção. É necessário que a demora decorra de comportamento malicioso, seja comissivo, seja omissivo, do inventariante para que este seja licitamente removido.

Saliente-se também que doutrina e jurisprudência vem entendendo que a enumeração de causas estabelecida no art. 995, CPC não é exaustiva, admitindo-se outras hipóteses.

Com a remoção, além de perder o cargo e continuar responsável pelos atos da administração até então praticados, o removido deverá proceder à imediata entrega dos bens do espólio ao seu substituto, sob pena de não o fazendo ser compelido mediante mandado de busca e apreensão, em se tratando de bem móvel, ou de imissão na posse, se o bem for imóvel.

Questiona-se qual a natureza jurídica da decisão proferida do procedimento de remoção do inventariante. Há quem entenda que é decisão interlocutória, assinalando que o próprio parágrafo único do art. 996 define que a remoção é um simples incidente.

Contudo, a remoção é diferente da destituição, pois esta ocorre por fato externo ao inventariante, como, por exemplo, a condenação criminal, que retira a idoneidade, e a falência, que pode envolver idoneidade moral e técnica.

11.7 LEGITIMIDADE

É legitimado para requerer a abertura do inventário, em primeiro lugar, o administrador provisório, conforme enuncia o art. 987, CPC. Não se trata de legitimação exclusiva, pois tal iniciativa também pode ser tomada pelas pessoas indicadas no art. 988, CPC. Tais pessoas não necessitam aguardar o transcurso do prazo estabelecido no art. 983 para que se caracterize a inércia do administrador provisório e requeiram a abertura do inventário

Por ser procedimento de interesse público, cumprirá ao juiz instaurar o procedimento de inventário caso nenhuma das pessoas arroladas pela lei promova (art. 989, CPC), de ofício. Nessa hipótese, temos uma exceção ao princípio da inércia da jurisdição, substituindo-se a petição inicial por uma portaria do juiz.

11.8 CUMULAÇÃO DE AÇÕES NO INVENTÁRIO

O procedimento de inventário, como regra, não admite cumulação com outras demandas (art. 292, III, CPC).

Porém, excepcionalmente, admite-se a cumulação de inventários sempre que haja relação entre os autores da herança. Assim, admite-se a cumulação de inventários entre os cônjuges, quando um deles falecer no curso do inventário do outro, ou de herdeiro falecido na pendência do inventário.

Havendo o falecimento de cônjuge supérstite na pendência do inventário do outro, antes da partilha dos bens, pode-se inventariar e partilhar as duas heranças conjuntamente sempre que os herdeiros forem os mesmos (art. 1.043, CPC). Nesse caso, haverá um só inventariante para dois inventários, distribuindo-se o segundo por dependência ao primeiro, que será autuado em apenso.

Se houver falecimento do herdeiro no curso do inventário, se esse herdeiro só tiver a inventariar o quinhão que receberia no feito, também é admitida que a partilha seja feita juntamente com a do falecido. Nesse caso, não há a formação de dois processos a serem reunidos, mas apenas o aditamento do primeiro inventário, incluindo-se a partilha do quinhão do falecido, sem a necessidade de nomeação de novo inventariante ou da autuação em apartado desse incidente.

11.9 PROCEDIMENTO DO INVENTÁRIO

Vicente Greco Filho define como sendo um procedimento especial de jurisdição contenciosa que tem por finalidade declarar a transmissão da herança e a atribuição de quinhões dos sucessores.[5]

Concluir-se-á que o inventário é uma atividade processual que tem por escopo legalizar a transferência do patrimônio do *de cujus* elencando-os individualizadamente em um rol, a seus herdeiros e sucessores, ou seja, consiste na lista discriminada de todos os bens móveis e imóveis, além de suas dívidas e quaisquer direitos deixados pelo morto.

5 Greco Filho (2006, p. 187).

O inventário é um processo que pode ser judicial, já que vimos a atual possibilidade de ser feito via cartorária, e necessário, pois a lei expressamente dispõe no art. 982, CPC e há um interesse de ordem pública – o juiz ordenará de ofício abertura do inventário se nenhuma das pessoas previstas em lei requererem; a inicial será então substituída por uma portaria.

O inventário pode ser classificado em pleno ou propriamente dito, o arrolamento e o arrolamento sumário.

O procedimento do inventário pleno ou propriamente dito divide-se basicamente nos seguintes termos: petição inicial; nomeação do inventariante; primeiras declarações; citação dos interessados; avaliação do acervo; últimas declarações e liquidação do imposto da transmissão da herança.

11.9.1 Petição inicial

O art. 983, CPC determina que o inventário e a partilha devem ser requeridos dentro de sessenta dias da abertura da sucessão, ultimando-se nos doze meses subsequentes.

O requerimento, conforme dispõe o parágrafo único do art. 987, CPC, deverá ser instruído com a certidão de óbito do autor da herança; o referido requerimento trata-se da petição inicial.

O mencionado prazo só tem sanção tributária, que é a multa sobre o imposto *causa mortis* no caso do atraso, como dispõe a Súmula 542, STF. Decorridos sessenta dias, se os legitimados não promoverem a abertura do inventário, o procedimento poderá se iniciar *ex officio*, o que é uma exceção à inércia da jurisdição, e é muito raro de ocorrer.

Quanto ao segundo prazo, não há nenhuma sanção e pode o juiz dilatá-lo, se necessário, de ofício ou a requerimento das partes. Trata-se de prazo impróprio, não havendo consequências processuais.

A legitimidade para requerer o inventário é ampla e concorrente não sucessiva; tem legitimidade para requerê-lo quem estiver na posse e administração do espólio; herdeiro, cônjuge supérstite, o legatário, o testamenteiro; credor do herdeiro, síndico da falência do herdeiro, do autor da herança, do legatário, o MP se houver incapazes e a Fazenda Pública, em razão da necessidade de apuração e recebimento do imposto *causa mortis*; enfim as pessoas elencadas no art. 988 do CPC.

Dispõe o art. 96, CPC que o Brasil será competente para o inventário e partilha dos bens deixados aqui, ainda que tenha falecido ou residido no exterior e lá deixado bens; o foro será o do domicílio do autor.

11.9.2 Primeiras declarações

Após receber a inicial em ordem devidamente acompanhada da certidão de óbito, o juiz nomeará o inventariante, obedecendo à ordem preferencial elencada no art. 988, CPC.

É relevante fazer as seguintes observações:

- O cônjuge sobrevivente será legitimado se estiver convivendo com o outro ao tempo da morte;
- Herdeiro que se achar na posse e administração do espólio, se não houver ou não puder ser nomeado cônjuge sobrevivente;
- Qualquer herdeiro, desde que não esteja na posse ou administração do espólio;
- Pessoa estranha idônea, onde não houver inventariante judicial (art. 990, CPC).

Se o juiz violar a ordem legal é cabível agravo de instrumento já que se trata de decisão interlocutória.

Dispõe o art. 990, parágrafo único, CPC, que, após ser intimado da nomeação, prestará em cinco dias o compromisso de bem e fielmente desempenhar tal múnus processual e terá vinte dias da data do referido compromisso, para apresentar suas primeiras declarações, conforme prevê o art. 993, *caput*, CPC.

As primeiras declarações são informações indispensáveis à instauração e ao processamento do inventário, com a posterior partilha da herança (ou sua adjudicação, ao herdeiro único).

O conteúdo dessas declarações se encontra previsto no mencionado art. 993, que, em síntese, compreende: a identificação do morto, dia, lugar e circunstâncias em que faleceu, se deixou testamento, qualificação dos herdeiros e do cônjuge sobrevivente bem como o regime de bens do casamento, a relação completa e individuada de todos os bens que formam a herança, com os respectivos valores etc.

Independentemente de requerimento expresso, o juiz ordenará que se proceda ao balanço do estabelecimento comercial, se o autor da herança era comerciante individual, ou à apuração de haveres, se sócio de sociedade não anônima (CPC, art. 993, parágrafo único).

11.9.3 Citações e interveniências

Dispõe o art. 999, CPC que, feitas as primeiras declarações, o juiz mandará citar todos os interessados para os termos do inventário e partilha. A citação do artigo retromencionado será pessoal ou com hora certa apenas para as pessoas residentes na comarca (art. 999, § 1º, c/c os arts. 224 a 230); citando-se por edital as demais que não tenham domicílio no foro onde se processa o inventário.

Não obstante encontre defensores, tal disposição encontra críticas em sede doutrinária. Vicente Greco Filho[6] acha que tal dispositivo viola o principio constitucional do contraditório, não podendo então prevalecer.

Já a Fazenda Pública e o Ministério Público deverão ser intimados, e não citados, na pessoa de seus respectivos representantes legais, a Fazenda Pública, para os fins do art. 1.002, CPC, e o Ministério Público, por força do art. 82 do mesmo diploma legal.

É relevante acrescentar a necessidade da citação do cônjuge herdeiro para os termos do inventário, mesmo depois da separação judicial, se os bens hereditários se referem ao óbito anterior à dissolução da sociedade conjugal e sobre as quais há de incidir a meação do interveniente.

Dispõe o art. 1.000, CPC que, concluídas as citações, abre-se vista às partes, pelo prazo de dias para as impugnações, sempre ouvido o inventariante.

As impugnações elencadas no art. 1.000, CPC poderão ter conteúdo de tríplice natureza, previstos nos três incisos do referido artigo, ou seja, erros e omissões; impugnar a nomeação do inventariante; contestar a qualidade de quem foi incluído no título de herdeiro.

As impugnações não irão ensejar o aumento do prazo para produção de prova pericial ou oral; nesse caso a jurisprudência que deva ser remetida às vias ordinárias por serem questões de alta indagação conforme prevê o art. 984, CPC, pois toda e qualquer impugnação deve se fundamentar em questões de direito ou prova documental.

6 Greco Filho (2006, p. 190).

O art. 1.001, CPC, determina que não é necessária uma propositura de ação ordinária para participar do juízo sucessório aquele que não tenha sido incluído como herdeiro; se a partilha ainda não tiver se realizado, basta demandar diretamente sua inclusão ao juízo, e, no caso de o juiz remeter às vias ordinárias, é conferida uma medida cautelar garantindo-lhe o quinhão através de reserva de bens ao espólio; a doutrina e a jurisprudência são oscilantes no caso da concubina que pleiteia a meação em virtude da sociedade de fato.

Em seguida, como dispõe o art. 1.002, se o inventariante não juntou cópia dos comprovantes dos impostos que tragam o valor dos bens segundo o cadastro imobiliário, a Fazenda Pública informará tais valores.

11.9.4 Avaliação judicial

Decorrido o prazo de dez dias estabelecido no art. 1.000, sem que as primeiras declarações sofram impugnação, ou, após as impugnações, ocorrerá a avaliação judicial que será feita, se necessário, por avaliador oficial ou o juiz nomeará um perito conforme o art. 1003, CPC.

Essa providência tem por finalidade a apuração do exato valor da herança líquida (arts. 1.846 e 1.847, CC/2002), possibilitando a justa partilha entre os herdeiros

O objeto da avaliação é basicamente definir o valor dos bens para efeito de partilha e para a incidência do imposto de transmissão *causa mortis* sobre todos os bens do espólio, móveis ou imóveis. Tal avaliação realizar-se-á em contraditório.

Os arts. 1.007 e 1.008, CPC trazem os casos em que não será obrigatória a avaliação que são respectivamente quando a Fazenda Pública concorda com o valor atribuído aos bens do espólio nas primeiras declarações; quando os sucessores concordarem com os valores dos bens declarados pela Fazenda Pública ou quando houver avaliação recente realizada em outro processo, como é o caso da avaliação dos bens deixados pelo cônjuge supérstite, se pouco tempo sobreviveu ao cônjuge pré-morto.

Contudo, realizada a avaliação e entregue o laudo, as partes terão o prazo de dez dias para manifestação, podendo impugnar o valor atribuído a qualquer dos bens avaliados. Nesse caso, o juiz decidirá de plano a impugnação (art. 1.009, CPC). Caso a acolha, através de decisão interlocutória e, portanto, passível de agravo, determinará ao perito a retificação, ou até mesmo a repetição da perícia, sustentando alguns, ainda, que haverá repetição da perícia, além dos casos do art. 1.010, CPC quando o valor atribuído ao bem for irreal ou se o bem avaliado for objeto de tombamento.

11.9.5 Últimas declarações

Aceito o laudo e resolvidas as impugnações, suscitadas a seu respeito será lavrado o termo das últimas declarações (art. 1.011, CPC). Nestas serão feitas as alterações necessárias às primeiras declarações, ou seja, o inventariante irá emendar, aditar ou complementá-las retratando a situação definitiva da herança, sendo então as partes ouvidas em dez dias; decidindo o juiz de plano qualquer eventual impugnação.

11.9.6 Cálculo do imposto

Ouvidas as partes sobre as últimas declarações no prazo comum de dez dias, procede-se ao cálculo do imposto (art. 1.012).

A CF/88 atribui competência aos Estados-Membros a cobrança do imposto de transmissão *causa mortis* incidente sobre quaisquer bens ou direito, ou seja, todo e qualquer bem que integre o acervo deixado pelo de cujos.

A lei estadual é que disciplinará a abrangência da incidência e a adoção, ou não, de critérios objetivos de determinação de valor.

É de extrema relevância fazer algumas observações: o imposto incidirá sobre o valor líquido da herança, ou seja, do valor dos bens inventariados deduzidos das dívidas passivas, taxa judiciária, custas do processo, funeral do *de cujus* etc.), nem incidirá sobre os honorários do advogado contratado pelo inventariante (Súmula 115). Após a elaboração do cálculo pelo contador do juízo serão abertos prazos sucessivos, para os interessados e a Fazenda Pública, de cinco dias. Havendo impugnações, se indeferidas, é cabível Agravo de Instrumento por se tratar de decisão interlocutória do juiz. Se deferida, serão remetidos os autos ao contador e feita a reforma do cálculo.

O imposto *causa mortis* não será exigível antes da homologação do cálculo pelo juiz (Súmula 331, STF).

11.9.7 Colações

Disciplinada nos arts. 2.002 a 2.012, CPC, a colação consiste, na definição de Antônio Carlos Marcato,[7] no ato judicial de reconstituição do acervo hereditário, por meio de adição dos bens doados em vida aos descendentes do patrimônio deixado no momento da morte do *de cujus*, para que a partilha se faça segundo a justa e precisa equalização de todas as legítimas de todos os herdeiros descendentes.

Está sujeito à colação de bem o herdeiro descendente que recebeu doação do ascendente, devendo trazer o bem doado, sob pena de sonegação.

Após as citações, o herdeiro é obrigado a trazer à colação os bens que recebeu como adiantamento da legítima. Não existindo mais o bem, trará seu equivalente em valor, ainda que tenha renunciado à herança (art. 1.014).

Se o herdeiro não trouxer o bem, qualquer uma das partes poderá requerer que o faça, e o juiz, depois de ouvi-lo, poderá sequestrar os bens necessários à conferência (art. 1.016, § 1º).

Se a parte que ultrapassar a legítima recair sobre bem imóvel indivisível, poderá repor a diferença em dinheiro ou será feita licitação em que o herdeiro terá preferência em igualdade de condições (art. 1.105, § 2º).

Se a doação se fez em dinheiro, necessária será a correção monetária.

Caso o herdeiro negue haver recebido o bem reclamado à colação ou sua obrigação de colacioná-lo, o juiz, ouvidas as partes no prazo de cinco dias, proferirá decisão. Caso rejeite a oposição feita pelo herdeiro, a colação deverá ser realizada no prazo de cinco dias, sob pena de, permanecendo omisso o herdeiro, serem sequestrados os bens sujeitos à colação, para serem inventariados e partilhados.

Se a matéria referente às colações for de alta indagação, o juiz remeterá as partes às vias ordinárias e bloqueará a entrega do quinhão do herdeiro em questão, salvo se prestar caução que atenda a eventual perda da demanda (art. 1.016, § 2º).

7 Marcato (2004b, p. 235).

11.9.8 Sonegação

É relevante informar ainda a figura da sonegação a que consiste no ato ilícito pelo qual herdeiro oculta intencionalmente certos bens, para que estes não se submetam ao inventário ou à colação; é uma ocultação maliciosa, a punição para o referido ilícito encontra-se prevista nos arts. 1.992 a 1.996 do CC e 995, VII, CPC, em ação ordinária e não incidentalmente no inventário.

A sonegação somente poderá ser arguida no prazo de 10 anos após encerrada a descrição dos bens, com a declaração feita pelo inventariante de não existirem outros bens a inventariar (art. 1.196, CC, e art. 994, CPC), pois, antes disso, poderão ser aditadas as primeiras declarações.

Se o sonegador for o herdeiro, perderá o direito que lhe caiba sobre o bem sonegado ou pagará o valor e mais perdas e danos, caso já não o tenha mais em seu poder (arts. 1.192 e 1.195, CC) Caso inventariante, sofrerá também com a remoção do cargo (art. 1.193 CC e 995, VI, CPC).

11.9.9 Pagamento das dívidas

O CPC prevê nos arts. 1.017 a 1.021 um procedimento administrativo paralelo ao inventário que é o requerimento ao juízo do pagamento das dívidas do espólio, vencidas e exigíveis, antes da partilha; tal requerimento é feito através de uma petição autuada em apenso aos autos do inventário com prova literal da dívida, os interessados terão vistas e é indispensável a unanimidade do acordo, pois a habilitação não é contenciosa, não havendo o credor remetido aos meios ordinários.

Havendo impugnação ao pagamento, o credor poderá propor ação cautelar se o crédito estiver comprovado e o juiz mandará o inventariante reservar bens.

No caso de existência de dívidas, os credores deverão ser habilitados nos autos, lembrando que nem todos os credores necessitam de tal habilitação, como é o caso da Fazenda Pública (art. 187, CTN) e dos credores com garantia real. Concordando as partes, o juiz habilitará o crédito, mandando que se faça a reserva de bens para o futuro pagamento (art. 1.019, CPC). Discordando as partes, no caso de dívida vincenda, poderá o credor, assim que vencer a dívida, se habilitar.

Ainda que venha a ocorrer a penhora no rosto dos autos (art. 674, CPC), os bens já reservados para a garantia do crédito questionado em juízo é que serão, preferencialmente, objeto de constrição (penhora) em futura execução.

11.10 A PARTILHA

11.10.1 Conceito e espécies

O procedimento disciplinado no Capítulo IX do Título I do Livro IV, CPC pode ser dividido em duas fases bem nítidas: o inventário e a partilha. Na primeira, o morto é qualificado, são arrolados, descritos e avaliados os bens deixados por ele e é feita a indicação dos sucessores. Encerrado o inventário com a sua homologação e o cálculo do imposto *causa mortis* devido, chega-se à segunda fase do procedimento judicial da sucessão hereditária, que é a partilha.

A partilha é a divisão entre os sucessores do falecido dos bens do espólio que permaneceram livres e desembargados após o pagamento das dívidas. Ela faz cessar a comunhão sobre a universalidade dos bens da herança, não podendo ser considerada um ato de transferência dos bens aos herdeiros, pois a estes já havia sido transferida a herança por força do direito de *saisine*. Assim, a partilha tem efeito declaratório e não atributivo da propriedade.

Havendo um só herdeiro, com direito à totalidade da herança, não há o que partilhar, e o juiz proferirá sentença adjudicando os bens ao único herdeiro. Deixando, porém, o *de cujus* vários sucessores, torna-se necessária a partilha, para determinar os respectivos quinhões.

Diferentemente do inventário, que é sempre judicial, a partilha (arts. 2.013 a 2.022, CC) pode ser feita por três modalidades: amigável, em vida e judicial (arts. 1.022 a 1.030, CPC).

A partilha amigável é aquela pela qual os próprios interessados, se capazes, por acordo de vontades, determinam o modo de distribuição dos bens da herança. Ela exige um acordo unânime entre os sucessores e só pode ser realizada quando estes forem maiores e capazes (art. 2.015, CC).

O cônjuge de um herdeiro que manifeste dissenso obstará a partilha amigável. Pode ser feita por escritura pública, termo nos autos do inventário ou escrito particular homologado pelo juiz. A lei não determinou forma especial para esses instrumentos, de forma que basta que o conteúdo desses atos defina com exatidão o que toca a cada um dos herdeiros. Só pode ser realizada após a morte do autor da herança, pois o CC veda qualquer contrato que tenha por objeto a herança de pessoa viva. A partilha amigável é feita por escritura pública independentemente de homologação. Se for feita por instrumento particular deve ser juntada aos autos, ratificada por termo e, a seguir, homologada pelo juiz.

A partilha em vida ocorre quando o autor da herança reparte seus bens entre seus descendentes mediante doação ou testamento (art. 2.018, CC), desde que não prejudique a legítima dos herdeiros necessários.

11.10.2 Partilha judicial. Petição de quinhão. Deliberação. Princípios

O primeiro ato da partilha judicial é o pedido de quinhão pelos interessados, o qual deverá ser feito no prazo comum de dez dias (art. 1.022, CPC).

Presentes nos autos os requerimentos dos interessados quanto à forma de dividir os bens ou certificado pelo escrivão que as partes não se manifestaram, deverá o juiz proferir, no prazo de dez dias, o chamado despacho de deliberação da partilha, no qual, considerando o pedido das partes, designa os bens que constituirão os quinhões de cada herdeiro e legatário (art. 1.022, CPC), bem como a meação do cônjuge sobrevivente.

Além disso, deve o juiz dizer quais são os herdeiros que sucedem e se sucedem por cabeça ou por estirpe, verificando se as verbas testamentárias podem ser cumpridas integralmente ou devem ser reduzidas para que sejam respeitadas as legítimas. Ainda nessa fase, o juiz disporá sobre a necessidade ou conveniência da venda de bens para pagamento de dívidas do espólio ou para partilha do preço, quando se tratar de coisas insuscetíveis de divisão cômoda e não for pedida a sua adjudicação por um dos sucessores (art. 2.019, CC).

O despacho de deliberação da partilha é, em verdade, decisão, já que o juiz resolve os pedidos das partes e determina os bens que irão constituir o quinhão de cada sucessor. Dessa forma, seria cabível agravo de instrumento.

No entanto, a doutrina e a jurisprudência, em sua maioria, não têm admitido recurso contra a deliberação da partilha, pois é ela um ato de mero impulso processual, podendo ser modificada a qualquer instante. Não se trata de decisão definitiva parcial e, por isso, a lei não prevê nenhum recurso dessa decisão, até porque ela requer que o processo de inventário se ultime no prazo de seis meses, não se justificando a sua interrupção a qualquer momento. A parte deverá manifestar sua discordância através de apelação interposta da sentença de partilha, pois esta põe fim ao processo com julgamento do mérito.

A partilha deve observar três princípios básicos. O primeiro deles é o da igualdade na composição dos quinhões, tanto na quantidade quanto na qualidade, de modo que se propicie aos herdeiros bens iguais. Entretanto, não é necessária a participação de todos os sucessores em todos os bens deixados pelo autor da herança. O que se exige é a igualdade econômica, conforme a avaliação dos bens.

Devem-se observar as qualidades pessoais dos herdeiros na distribuição dos bens, atendendo aos interesses profissionais, de vizinhança, etários etc. Assim, um imóvel rural não deve ser atribuído a uma senhora idosa de hábitos urbanos, mas sim a um agricultor. Do mesmo modo, um comerciante urbano tem preferência para receber mercadorias ligadas ao seu ramo de atividade.

O terceiro princípio é o da prevenção de litígios, pelo qual devem ser evitados a comunhão sobre os bens da herança, a criação de servidões desnecessárias, a distribuição de terras sem continuidade, o excessivo retalhamento de glebas isoladas a um só herdeiro.

Esse princípio aconselha que se dê, na partilha, a extinção de condomínios pela venda dos bens que não comportem divisão, de regra os imóveis e estabelecimentos comerciais, toda vez que o bem não couber no quinhão de um herdeiro ou do meeiro. Essa venda pode ser pedida ao juiz, ouvidos os herdeiros, que são interessados na manutenção ou extinção do condomínio.

11.10.3 Esboço e lançamento da partilha

Deliberada a partilha, cabe ao partidor do juízo, serventuário da Justiça, a execução material do esboço da partilha. Nas comarcas onde não houver partidor, nomeia-se pessoa idônea.

O esboço é um projeto ou plano da partilha, antes de ser reduzida a termo nos autos.

O partidor deverá ater-se à determinação da partilha feita pelo juiz na deliberação da partilha, bem como à ordem de pagamentos prevista no art. 1.023. Esse artigo estabelece apenas um critério, um método de trabalho para o partidor. Não se trata de estabelecer a partilha definitiva, mas um projeto, que poderá ser impugnado pelas partes, sendo, portanto, uma peça provisória, experimental.

O esboço definirá a formação dos quinhões, da metade do cônjuge, além de determinar a metade disponível do falecido e as dívidas atendidas.

O primeiro elemento do esboço é a explicitação de todos os bens do espólio. Feito isso, devem ser abatidas as dívidas atendidas que são aquelas relacionadas pelo inventariante (art. 993, IV, *f*), as que foram apresentadas pelos credores e admitidas pelos sucessores (art. 1.017), as que, a princípio controvertidas, foram reconhecidas por sentença (art. 1.018, *caput*) e as que, representadas por título executivo extrajudicial, importaram a reserva ou penhora de bens para seu pagamento (arts. 1.018, parágrafo único, 1.019 e 1.021). Devem ser abatidas também as despesas de funeral, as custas e os honorários do advogado contratado pelo inventariante.

A seguir deve o partidor separar a meação do cônjuge sobrevivente, que não integra a herança, pois já lhe pertencia uma vez que era condômino do inventariado.

Separada a meação, o partidor deverá repartir em duas partes a metade do inventariado. Uma delas é a legítima e a outra a metade disponível. Aqui, considera-se se há ou não testamento e se o falecido deixou ou não herdeiros necessários.

Por fim, o partidor indicará os bens que integrarão o quinhão de cada herdeiro. Manda a lei (inc. IV do art. 1.023) que se comece pelo herdeiro mais velho, mas isso não passa de um critério de trabalho, de modo que não atribui mais direitos a ele.

Depois que o esboço é posto nos autos, dele têm vista as partes, em cartório, no prazo comum de cinco dias, no qual poderão impugná-lo (art. 1.024). Todos os eventuais defeitos devem ser alegados como, por exemplo, a inobservância ao despacho de deliberação do juiz ou aos princípios da partilha.

Também terá vista o representante da Fazenda Pública, quando poderá requerer o pagamento de tributos eventualmente devidos.

Nessa fase podem ser feitos os pedidos de adjudicação de bens e a licitação. Se as partes concordarem com a adjudicação, esta será feita, mas, havendo discordância, deverá ser realizado leilão, assegurando aos herdeiros preferência, em igualdade de condições com estranhos.

Solucionadas as eventuais reclamações, lançar-se-á a partilha nos autos (art. 1.024). O escrivão lavra um termo nos autos em que se descrevem os elementos essenciais da partilha esboçada e modificada por determinação do juiz em razão das impugnações feitas pelas partes.

A partilha que se lança nos autos não tem forma livre, pois o art. 1.025 dispõe que ela constará de duas partes distintas: de um auto de orçamento e de uma folha de pagamento para cada parte.

O auto de orçamento conterá o nome das partes, o ativo e o passivo da herança e o valor de cada quinhão. A folha de pagamento de cada parte declarará a quota a pagar-lhe, assim como os bens que a compõem.

Como determinação de ordem formal, essas peças são imprescindíveis ao procedimento e sobre elas incidirá a sentença da partilha.

11.10.4 Sentença da partilha

Findo o prazo previsto no art. 1.024 sem impugnações ou resolvidas as apresentadas e modificado o esboço, a partilha lançada nos autos será julgada por sentença.

Entretanto, conforme o art. 192 do CTN, nenhuma sentença de julgamento de partilha será proferida sem a prova da quitação de todos os tributos relativos aos bens do espólio ou de suas rendas. Não só o imposto de transmissão *causa mortis* deve ser pago, mas também os impostos territorial e predial sobre os imóveis, o imposto sobre a renda e outros, conforme a atividade do falecido. Daí a exigência da certidão negativa requerida pelo art. 1.026.

O julgamento é homologatório da partilha lançada nos autos, porém a sentença não é meramente homologatória porque o procedimento é contencioso e resultante de amplo contraditório e de deliberação judicial, de forma que a sentença é de mérito e faz coisa julgada material.

A sentença que julga a partilha, mesmo a de homologação, tem natureza constitutiva porque por ela opera-se a transformação na propriedade sobre os bens, extinguindo-se a comunhão de natureza hereditária, e faz nascer a propriedade individuada de cada herdeiro e meeiro. Os herdeiros terão, após a partilha, a propriedade plena e exclusiva dos bens que compõem o seu quinhão.

Com a sentença, cessam as funções do inventariante, pois, se o inventário está encerrado e a partilha homologada, não é mais dado falar-se em espólio, e qualquer ação terá que ser proposta contra os herdeiros.

Pode ocorrer que a partilha faça nascer uma comunhão quando um bem for indivisível e não couber na metade do meeiro ou no quinhão de qualquer herdeiro ou, cabendo, for antieconômica sua divisão e fique deliberado que ele permaneça em propriedade comum.

Da sentença cabe apelação, mesmo daquela que adjudica os bens ao único sucessor. Questão controvertida é a do cabimento da apelação interposta por terceiro prejudicado. A sentença não o prejudica, uma vez que não foi parte no processo, ficando ressalvados os seus direitos. Por esse motivo alguns doutrinadores não a admitem. Entretanto, a sentença de partilha define direitos, constitui uma nova situação jurídica, de modo que pode acarretar prejuízos para terceiros. Por outro lado, o recurso de terceiro prejudicado é da tradição do nosso Direito.

Passado em julgado a sentença que julga a partilha, tem lugar a sua execução. Trata-se de uma execução imprópria ou administrativa. É feita por providências administrativas, como a transcrição no Registro de Imóveis dos atos a eles relativos.

Ultimada a partilha, os interessados fazem jus não só à posse dos bens que lhes foram atribuídos como também a um título para documentação e conservação de seus direitos. A causa jurídica da aquisição da propriedade é a sucessão *causa mortis*, que se opera com a morte. O título que serve como documento comprobatório da aquisição é o formal de partilha, modalidade de carta de sentença que é extraída dos autos do procedimento sucessório, firmada pelo escrivão e pelo juiz, e que deve conter as peças exigidas pelo art. 1.027. As omissões nulificam o formal, impedindo que ele surta os efeitos que lhe são próprios, como a inscritibilidade no registro público (Lei n. 6.015/73, art. 167, I, 24 e 25), mas elas podem ser sanadas através de aditamento.

O formal de partilha é, portanto, o instrumento extraído dos autos do processo que exterioriza e documenta a partilha. Ele vale como título executivo judicial (art. 584, V e parágrafo único) para fundamentar execução forçada do quinhoeiro contra o inventariante ou contra sucessores visando à entrega dos bens partilhados.

O formal de partilha pode ser substituído por uma certidão de pagamento do quinhão hereditário contendo a sentença transitada em julgado, quando o quinhão hereditário não exceder a cinco vezes o salário mínimo vigente na sede do juízo (parágrafo único do art. 1.027).

11.10.5 Pacto de não partilhar

O estado de indivisão, consequência da sucessão hereditária, é estabelecido em caráter provisório, pois ele durará apenas até a partilha.

No entanto, a partilha, sendo maiores e capazes todos os herdeiros, é apenas facultativa, podendo ser relegada para o futuro. Os herdeiros, inventariados os bens e pagos os impostos, são livres para permanecer em estado de comunhão, só que agora comunhão ordinária, *inter vivos*.

Como a lei não tolera a comunhão perpétua, pois está em confronto com o direito de propriedade exclusivo que é de ordem pública, a convenção de não partilhar não pode ser estipulada por prazo indeterminado.

A doutrina admite a convenção de não partilhar, não sendo obrigatória a partilha logo após a morte do autor da herança, que, desse modo, não pode ser imposta pelo juiz, uma vez manifestado o acordo entre os interessados.

11.10.6 A emenda ou retificação da partilha

A regra é a imutabilidade da sentença para o seu prolator, após a sua publicação (art. 463, *caput*).

O art. 1.028 permite correções na partilha julgada por sentença, mesmo após o trânsito em julgado, nos mesmos autos do inventário. Essa norma é uma especificação da regra geral prevista no art. 463, I.

Duas hipóteses figurou o legislador. A primeira é a retificação, quando contiver inexatidões materiais em relação aos demais termos e documentos do processo. Nesse caso, pode o juiz corrigir os erros, até mesmo de ofício. A segunda é a emenda, que trata da correção dos erros verificados na descrição dos bens, que está condicionada à anuência de todas as partes, que pedirão ao juiz a retificação. Havendo discordância de algum herdeiro, impossível será a emenda, e a correção só poderá ser feita por ação ordinária ou rescisória. Acordes os herdeiros, não há limites para as emendas.

Não é qualquer erro que pode ser emendado, mas apenas os atinentes à descrição dos bens. Assim, se o equívoco for substancial, como a atribuição de quinhão maior a um dos herdeiros, será necessária a propositura de ação anulatória da partilha.

Humberto Theodoro Júnior[8] entende que

> [...] a ratificação gerada pelo total acordo das partes faz surgir um novo procedimento, em sequência à partilha, cuja natureza é de jurisdição voluntária, em face da total ausência de conflito ou litígio entre os interessados. Nessa altura, mesmo fatos graves e relevantes, como a exclusão ou inclusão de herdeiros na reforma da partilha, não devem ser condicionados à ação rescisória da sentença anterior.

Feita a correção, serão os primitivos formais recolhidos e substituídos por outros, adaptados à emenda ou retificação.

11.10.7 A partilha e as ações de investigação de paternidade, de petição de herança e de nulidade de testamento

Os filhos ilegítimos do autor da herança geralmente ingressam em juízo após a morte deste para buscar o quinhão hereditário. Em regra, cumulam ação de investigação de paternidade, de petição de herança e, eventualmente, de nulidade de testamento.

Reconhecida a sua qualidade de herdeiro é indiscutível o direito dele à uma parte da herança.

Ajuizada a ação de investigação de paternidade, deve o postulante pedir, nos autos do inventário, a reserva de seu quinhão. Esse pedido poderá ser contestado pelos demais interessados, mas a reserva se impõe para evitar maiores gastos, em caso de procedência da ação de investigação, com o eventual desfazimento da partilha ou com uma ação de reivindicação a ser proposta pelo reconhecido contra aqueles que houverem recolhido a herança.

8 Theodoro Júnior (2008, p. 247).

Caso a partilha ainda não tenha sido julgada, o herdeiro reconhecido deverá buscar sua parte na herança nos próprios autos do procedimento sucessório através de sua habilitação, mesmo que não tenha sido feita a reserva de bens, porque a partilha ainda não julgada pode ser refeita para se adaptar à realidade hereditária.

A procedência da ação de investigação de paternidade não invalida a partilha realizada antes do ingresso do herdeiro reconhecido em juízo. Feita a partilha, ela só poderá ser anulada se ocorrer um dos vícios ou defeitos que invalidam os atos jurídicos em geral, o que não é o caso de o herdeiro ainda não reconhecido não figurar na partilha. Antes do reconhecimento, não tinha o herdeiro capacidade para adquirir por herança. Mesmo que quisesse não poderia o inventariante arrolar filho ilegítimo não reconhecido pelo autor da herança. O art. 1.030, III, refere-se aos herdeiros não contemplados quando, ao tempo da elaboração da partilha, já estavam legitimados a suceder.

Se a partilha se realizou antes do reconhecimento e se não foi oportunamente pedida a reserva de quinhão, o reconhecido deve reivindicar sua parte através da execução da sentença que lhe deu ganho de causa na petição de herança, citando todos os herdeiros contemplados para que componham seu quinhão.

Dessa forma, a partilha feita com desconhecimento da existência de herdeiro não é invalida, mas ineficaz quanto a ele.

11.10.8 Invalidação da partilha

A partilha, uma vez feita e julgada só pela ação de nulidade ou rescisória, intentada dentro do prazo legal, comporta invalidação.

Inicialmente, vale ressaltar que o tema ganhou novo enfoque após a vigência do atual CPC, que eliminou as controvérsias até então existentes no tocante à ação cabível para invalidar a partilha homologada em juízo e ao prazo para a sua propositura.

Tais controvérsias foram dirimidas no momento em que o atual CPC, dando um tratamento mais específico ao tema, distingue as hipóteses de anulação e de rescisão da partilha, contemplando as suas duas modalidades (amigável e judicial), conforme se verifica da leitura dos seus arts. 1.029 e 1.030, que dispõem:

> Art. 1.029. A partilha amigável, lavrada em instrumento público, reduzida a termo nos autos do inventário ou constante de escrito particular homologado pelo juiz, pode ser anulada por dolo, coação, erro essencial ou intervenção do incapaz.
>
> Art. 1.030. É rescindível a partilha julgada por sentença:
>
> I – Nos casos mencionados no artigo antecedente.
>
> II – Se feita com preterição de formalidades legais.
>
> III – Se preteriu herdeiro ou incluiu quem não o seja.

Assim, a ação de anulação somente é cabível diante da partilha amigável, enquanto a partilha judicial possui como meio próprio para a sua invalidação a ação rescisória.

Consequentemente, há prazos distintos para a propositura de ações que visem à invalidação da partilha já que no caso da ação rescisória ele é de dois anos, enquanto a ação de anulação prescreve em um ano.

Portanto, se faz mister nesse momento caracterizar os institutos da partilha amigável e da partilha judicial, para melhor compreensão do tema.

11.10.9 Partilha amigável e partilha judicial

A partilha amigável é fruto da autonomia da vontade e representa um negócio jurídico.

A partilha amigável é feita por um dos meios apontados no art. 2.015 do Código Civil, que dispõe: "se os herdeiros forem maiores e capazes, poderão fazer partilha amigável, por escritura pública, termo nos autos do inventário, ou escrito particular, homologado pelo juiz".

Para que se configure tal modalidade de partilha, é necessário que se esteja diante de herdeiros maiores e capazes. Acrescenta-se a tal requisito o fato de que não poderá haver divergência entre os herdeiros, pois a simples possibilidade de controvérsia na partilha, por si só, enseja a atuação judicial.

Em relação à forma pela qual se institui a partilha amigável, pode esta ser lavrada por escritura pública ou reduzida a termo nos autos do inventário, hipóteses em que sequer se exige a atuação do juiz, bem como por escrito particular que deverá ser devidamente homologada pelo juiz.

Tal homologação manifesta-se tão somente como ato integrativo de eficácia, sem qualquer interferência do juiz no negócio jurídico firmado pelas partes interessadas, sendo a jurisdição, nesse caso, graciosa ou voluntária.

No que tange à anulabilidade da Partilha Amigável, esta pode ser anulada, de acordo com o art. 486 do diploma processual civil, quando viciada por erro essencial, dolo ou coação na manifestação de vontade dos herdeiros ou intervenção de incapaz.

Quanto ao dolo, pode consistir, por exemplo, em atos que de alguma forma possam diminuir o quinhão de alguns dos herdeiros, a compra de algum bem por preço superfaturado, fictício ou injustificável, bem como qualquer espécie de violação ao princípio da igualdade da partilha.

A anulabilidade por coação configura-se quando esta é exercida contra algum herdeiro ou mesmo contra todos.

O erro de que trata o artigo supracitado diz respeito ao fato de figurar na partilha pessoa que não tinha direito, assim como aquele que é considerado herdeiro sem que possua tal título ou ainda no caso de ter-se partilhado um bem que não fazia parte da herança. Vale salientar que não deve ser inserido na classe dos erros causa de anulabilidade, o *error iuris*, ou seja, o erro de direito.

No que pertine à anulabilidade por incapacidade, esta só ocorrerá se estivermos diante de incapacidade relativa, pois no caso da absoluta a ação própria será de nulidade, que será explanada neste trabalho, mais a frente.

Portanto, quando o art. 1.029, *in fine*, se refere à incapacidade, de modo nenhum abrange a incapacidade absoluta.

A doutrina afirma, ainda, que, embora não previsto no art. 1.029, o CC/2002 traz mais duas outras hipóteses de vício de consentimento, que podem viciar a partilha, sendo eles o estado de perigo (art. 156, CC) e a lesão (art. 157, CC).

O parágrafo único do referido artigo dispõe em seus três incisos sobre o prazo para a propositura da ação anulatória de partilha amigável como sendo de um ano, contado da seguinte forma:

> I – no caso de coação, no dia em que esta cessou;
>
> II – no de erro ou dolo, do dia em que se realizou o ato;

III – quanto ao incapaz, do dia em que cessar a incapacidade.

Já quanto à Partilha Judicial, ao contrário da partilha amigável, possui como base a vontade do juiz e não a das partes, decorrendo de um processo contencioso no qual o juiz pode e deve ouvir as partes, não se excluindo a hipótese de seja acolhida a vontade de qualquer uma delas. A solução final, no entanto, será fruto da atuação judicial

Pode-se dizer que a natureza da intervenção do juiz é distinta da que ocorre na partilha amigável, pois o juiz, além de verificar a regularidade dos atos processuais praticados, irá acima de tudo decidir sobre a partilha, praticando atos de jurisdição contenciosa.

Desde que não tenha havido a partilha nos moldes do art. 2.015, CC, será ela sempre julgada por sentença.

É o que se depreende do art. 1.774, CPC, que preceitua: "será sempre judicial a partilha, se os herdeiros divergirem, assim como se algum deles for menor, ou incapaz".

Portanto, deflui-se de tão respeitável entendimento que a partilha judicial jamais é anulável, mas, sim, a sentença que lhe determinou pode sofrer os efeitos da ação rescisória, motivada por vícios que lhe digam respeito ou ainda sejam concernentes ao processo.

Após isso, torna-se necessário discorrermos sobre a ação própria para a invalidação da partilha judicial.

11.10.10 Ação rescisória de partilha

O art. 485 do CPC enumera as hipóteses gerais em que cabe a ação rescisória da sentença de mérito, transitada em julgado.

Além das hipóteses comuns de rescindibilidade mencionadas no art. 485, CPC, há também os casos especiais contemplados no art. 1.030 do mesmo diploma legal, que dizem respeito à rescindibilidade da sentença de mérito no processo contencioso de partilha. São eles, em primeiro lugar, quando presentes qualquer uma das circunstâncias ensejadoras da anulação da partilha amigável, isto é, o erro, dolo e coação, que podem dizer respeito tanto à atividade das partes no que pertine, por exemplo, ao fornecimento de dados ao processo, como também aos atos do próprio magistrado que julgou a partilha (tais como prevaricação, concussão ou corrupção).

Em relação à incapacidade, para que esta autorize a ação rescisória é necessário que seja relativa, pois como já vimos a absoluta dará ensejo à ação de nulidade.

Assim, conclui-se que, se a ação é contra a sentença (não apenas homologatória), os pressupostos constantes do parágrafo único do art. 1.029, CPC são suficientes para que se rescinda a sentença de partilha. Em segundo lugar, a preterição de formalidades legais também pode ensejar a rescisão da partilha judicial, o que fica bem claro se nos reportarmos à regra contida no inciso V do art. 485, CPC, que é uma causa geral de rescisão da sentença, a violação literal de disposição de lei. O inciso II do art. 1.030, CPC apenas ratifica tal disposição legal.

Finalmente, arrola-se a preterição de herdeiro ou inclusão de quem não o seja, como outra causa ensejadora de rescisória.

Nesse caso, só se considera ser parte legítima para propor ação rescisória de que cuida o inciso III do art. 1.030, CPC o herdeiro que sofreu os efeitos da coisa julgada, ou seja, que foi parte no processo onde a partilha se julgou, pois como se sabe a *res judicata* não prejudica nem beneficia terceiros.

Em relação ao prazo para a propositura da ação rescisória será o disposto no art. 495, CPC, ou seja, dois anos a contar do trânsito em julgado da decisão.

Assim, na hipótese do fundamento para a invalidação da partilha ser o constante do art. 1.029, ou o do inciso I do art. 1.030 ambos do CPC, se porventura expirar o prazo para a interposição da ação anulatória, ainda restará a chance de se propor a ação rescisória.

Portanto, a sentença de partilha pode ser objeto de ação rescisória se nasceu com qualquer dos vícios enumerados no art. 485, CPC, ou ainda se estiverem presentes qualquer dos motivos enumerados no art. 1.030 do mesmo diploma legal.

Por derradeiro, vale ainda salientar que a partilha pode ser invalidada a partir da Ação de Nulidade quando presentes os vícios previstos no art. 145, CC, tais como incapacidade do agente, inobservância de forma essencial e ilicitude do objeto.

A importância de tal distinção reside no fato de que os prazos para a propositura destas são distintos, no momento em que a ação de nulidade podia ser proposta, para a maioria da doutrina, no prazo de dez anos, enquanto a anulatória, como já visto anteriormente, prescreve em um ano (art. 1.029, CPC).

Tanto a ação de nulidade quanto a ação anulatória são de competência do juízo de 1º grau, ao contrário da ação rescisória, que é de competência originária do Tribunal.

Alguns autores sustentam que mesmo a partilha judicial pode sofrer os efeitos da nulidade absoluta, desde que esta atinja toda a relação processual, como no caso da falta de participação ou de citação do herdeiro interessado, hipótese em que a declaração de nulidade pode ser obtida mediante ação ordinária em primeira instância e não por ação rescisória, já que esta pressupõe a existência de coisa julgada material que, por seu turno, exige relação processual válida.

11.11 O ARROLAMENTO

A seção que trata do arrolamento foi reformulada pela Lei n. 7.019, de 31 de agosto de 1982, que procurou simplificar esse processo judicial de transmissão de bens.

O procedimento de inventário e de partilha deverá ser adotado exclusivamente quando o valor da herança ultrapassar 2.000 OTNs (ressalva-se que esse referencial deve ser substituído e atualizado pelo índice existente na ocasião da propositura da ação) e existir incapaz entre os herdeiros ou qualquer um deles discordar da partilha amigável.

Nos demais casos, o procedimento adequado é o arrolamento, que dispensa termos, cálculos do contador, sendo mais célere e econômico. É, portanto, o procedimento mais adequado para inventariar e partilhar a herança quando os herdeiros requererem a partilha amigável, se for o caso de adjudicação da herança líquida a herdeiro único ou o valor dos bens do espólio for inferior a 2.000 OTNs (arts. 1.031 a 1.038, CPC).

O arrolamento pode ser na modalidade sumária (arts. 1.032 a 1.035) e comum (art. 1.036).

11.11.1 Procedimento do arrolamento sumário

Embora incluído nos procedimentos de jurisdição contenciosa, a doutrina entende que seria um procedimento de jurisdição voluntária, devendo ser adotado, qualquer que seja o valor da herança, quando todos os herdeiros forem capazes e estiverem de acordo com a partilha amigável e, ainda, no caso de adjudicação da herança a um único herdeiro.

O procedimento se inicia com a apresentação da petição inicial ao juízo competente (art. 982, CPC), acompanhada da certidão de óbito e do comprovante do recolhimento das custas, se devidas (art. 1.034, § 1º, CPC), contendo histórico elaborado de acordo com o art. 993, I a III, CPC.

Nomeado o inventariante, independente de termo de compromisso, será feito o plano de partilha amigável ou requerida a adjudicação dos bens, no caso de um único herdeiro.

Provada a quitação dos tributos relativos ao espólio e suas rendas, o juiz homologará a partilha, ou a adjudicação, determinando a expedição do formal de partilha e, após, ordenará o arquivamento dos autos.

Destaque-se que o arrolamento dispensa a lavratura de termos, inclusive o da inventariança, a avaliação dos bens do espólio (exceto se credor habilitado impugnar a estimativa feita pelos herdeiros – arts. 1.033 e 1.035, CPC) e a remessa dos autos ao contador e ao partidor, uma vez que a partilha é elaborada pelos próprios herdeiros. O imposto de transmissão *causa mortis* é lançado e recolhido administrativamente (art. 1.034, § 2º).

O procedimento do arrolamento sumário não é adequado à resolução de questões envolvendo a correção do valor estimado dos bens do espólio e o pagamento dos tributos ou de taxas judiciárias. Fazendo-se necessário resolver tais questões, deverá a Fazenda Pública valer-se da via administrativa (art. 1.034, CPC).

Não é cabível, também, impedir a homologação judicial da partilha ou da adjudicação, apenas em virtude da existência de credores do espólio, uma vez que o pagamento das dívidas será garantido pela reserva de bens já levada a termo antes da homologação, sendo que tal reserva considera o valor dos bens estimados pelos próprios herdeiros, razão pela qual, somente em caso de discordância da estimativa, será necessária a sua avaliação (art. 1.033, CPC).

Como prevê o § 2º do art. 1.031, CPC, antes da entrega do formal de partilha ou da carta de adjudicação dos bens, deve haver a prévia demonstração nos autos do arrolamento do pagamento dos tributos devidos. Cabe à Fazenda Pública verificar a correção do pagamento dos tributos devidos, sendo que, não obstante entendimento em contrário, ela deverá ser intimada para tanto. Sua intervenção, portanto, deve se limitar à verificação do recolhimento dos tributos, pois as questões como ao valor atribuído aos bens ou quanto à integralidade do pagamento de impostos devidos deve, como já ressaltado, ocorrer administrativamente.

Destaque-se, ainda, que é possível a conversão do inventário em arrolamento sumário, no caso dos herdeiros virem a compor amigavelmente ou do incapaz adquirir capacidade plena.

11.11.2 Procedimento do arrolamento comum

O arrolamento comum, procedimento de jurisdição contenciosa, quando o valor da herança for igual ou inferior a 2.000 OTNs e existir herdeiro incapaz ou, sendo capazes, não concordarem com a partilha (art. 1.036, CPC).

A petição inicial deve observar os requisitos do art. 993, CPC, instruída com a certidão de óbito e comprovante de recolhimento das custas, se devidas.

Instaurado o procedimento, no prazo de vinte dias a contar da nomeação deverão ser prestadas declarações, atribuindo valor aos bens e apresentando o plano de partilha.

Em seguida, serão intimados o Ministério Público, que irá sempre atuar no feito, acautelando o interesse dos incapazes, e a Fazenda Pública, na forma do art. 999, CPC, para que se manifestem sobre as declarações (art. 1.000, CPC).

Caso haja impugnação por qualquer uma das partes ou pelo Ministério Público, o juiz nomeará avaliador, que apresentará o laudo em dez dias. Então, será designada audiência decidindo todas as reclamações e impugnações apresentadas a respeito do plano de partilha e da avaliação e do pagamento das dívidas. Serão pagas as não impugnadas e serão reservados bens suficientes para o pagamento das dívidas impugnadas, a serem cobradas posteriormente pelos credores (art. 1.018, parágrafo único). Serão remetidos os autos às vias ordinárias para serem resolvidas questões de alta indagação (art. 984, CPC), cabendo, da decisão, agravo.

Quitados os tributos relativos aos bens do espólio e suas rendas, o juiz julgará a partilha ou determinará sua adjudicação por sentença. Operado o trânsito em julgado, será expedido o formal de partilha ou a carta de adjudicação.

11.12 DAS DISPOSIÇÕES COMUNS

Os arts. 1.039 a 1.046, CPC tratam das disposições comuns às seções precedentes. São elas: Medidas cautelares; Sobrepartilha; Curatela especial ao herdeiro; e Inventários cumulados. Além dessas, falaremos sobre: Honorários de advogado; Extinção do processo por paralisação da causa; Assistência Judiciária; e Terceiros prejudicados.

11.12.1 Medidas cautelares (art. 1.039)

Prevê-se nesse artigo medidas cautelares próprias do juízo sucessório a serem adotadas tanto no curso do inventário como do arrolamento em caso de: exclusão de herdeiro (art. 1.000, parágrafo único); reserva de quinhão de herdeiro não admitido (art. 1.001); e credor não admitido no inventário (art. 1.018).

A eficácia dessa medida cessará em trinta dias se não for proposta a ação principal (respectivamente a petição de herança, a de impugnação da qualidade de herdeiro ou a de cobrança) ou se, dentro desse prazo, o juiz decretar a extinção do processo com ou sem julgamento do mérito.

O prazo, decadencial é contado da data em que da decisão foi intimada a parte interessada. Trata-se de aplicação da regra geral do art. 808, I, CPC, que confirma a razão de acessoriedade entre a medida cautelar e o processo principal.

Discute-se em doutrina se a cautela necessita ser postulada pelas partes ou se pode ser decretada *ex officio* pelo juiz. Se aceita esta última, a medida cautelar não poderá ser revogada.

11.12.2 Sobrepartilha (art. 1.040)

É uma nova partilha, referente ao mesmo espólio, de bens que ficaram fora da descrição no inventário, ou fora da partilha geral realizada. A ação para pedir sobrepartilha tem pressupostos rígidos, que constam dos incisos I a IV do art. 1.040.

Bens sonegados são os que foram ocultados ou desviados dolosamente do processo sucessório. Normalmente, os vícios da vontade autorizam a anulação da partilha, mas no caso de sonegados não se valoriza o dolo e se permite a realização de sobrepartilha. É preciso que nenhum dos herdeiros saiba que o bem era da herança, para que se configure a sonegação. Portanto, se o bem foi omitido da partilha por erro, é caso de anulação.

Bens desconhecidos ao tempo da partilha e que só vieram a ser descobertos depois de sua homologação.

Bens litigiosos e os de liquidação difícil ou morosa – por bens litigiosos entendem-se aqueles cuja posse ou domínio se acha envolvido em disputa judicial.

Bens de liquidação difícil ou morosa são os que se encontram em zonas remotas, longe da sede do inventário ou, ainda, aqueles que, por sua própria natureza, reclamam operações complexas.

À sobrepartilha aplicam-se as mesmas regras do inventário ou arrolamento, visto que corre nos próprios autos destes (art 1.041).

11.12.3 Curatela especial ao herdeiro (art. 1.042)

Os incapazes são representados pelos seus pais, tutores ou curadores (art. 8º). Entretanto, quando o interesse do incapaz colidir com o do seu representante, ou seja, quando ambos concorrerem na partilha, o juiz nomeará um curador especial, apenas para os atos do processo.

Dar-se-á, também, curador especial ao ausente e ao citado por edital que permaneça revel (arts. 9º, II, e 1.042, I).

Essa curadoria parece restringir-se tão somente ao procedimento do inventário ou arrolamento, de modo que cumpre indagar o que sucederá com a efetivação da partilha. É evidente que a melhor solução é o curador especial ficar como curador provisório até que se defira uma curadoria específica, ocasião em que lhe serão transmitidos os bens.

11.12.4 Inventários acumulados (arts. 1.043 e 1.044)

Prevê o Código dois casos de cumulação de inventários, a saber:

1) a do falecimento do cônjuge meeiro supérstite antes da partilha dos bens do pré-morto;

2) a do falecimento do herdeiro no curso do inventário.

Para a configuração da primeira, é necessário que os herdeiros do cônjuge meeiro supérstite e do pré-morto sejam os mesmos. Esclarece o artigo que haverá um só inventariante, sendo que o segundo inventário será distribuído por dependência ao primeiro. Aproveitam-se praticamente todos os atos já praticados, e, sendo os bens os mesmos, até a avaliação, em princípio, é mantida. Os dois processos serão apensados e a partilha será única. Ocorrerá, todavia, nova petição para o segundo inventário.

Quanto à segunda hipótese, é pressuposto específico que o herdeiro que faleceu não possua outros bens além do seu quinhão na herança. Nesse caso, os herdeiros do falecido simplesmente ocupam seu lugar no processo pendente e partilham seu quinhão com o todo da herança já inventariada. Aqui também não há necessidade de renovação das declarações do inventariante, exceto se ocorrer inclusão de bens novos.

11.12.5 Honorários de advogado

A verba do advogado, quando contratado pelo inventariante, no interesse da comunhão, deve sair do monte da herança. Isso é correto tanto para efeito do cálculo do imposto *causa mortis* (Súmula 115, STF), como para efeito do rateio desses honorários entre os diversos sucessores contemplados na herança.

Quando, porém, há interesses conflitantes entre os sucessores, cada um pagará o advogado próprio pelo qual se fez representar no processo sucessório.

11.12.6 Extinção do processo por paralisação da causa

A definição do processo sucessório é do interesse não só dos sucessores, mas também da Fazenda Pública, dos eventuais credores e, enfim, de toda a sociedade, tanto que até de ofício o juiz deve instaurar o respectivo procedimento (art. 989).

Portanto, ensina a doutrina, com pacífico respaldo jurisprudencial, que as causas de extinção do processo previstas no art. 267, II e III, não são cabíveis no inventário ou arrolamento. A paralisação do processo, por negligência ou culpa da parte, não justifica seja decretada a extinção do processo.

Se o inventariante for negligente, deixando o feito paralisado indevidamente por mais de trinta dias, deverá o juiz, de ofício ou a requerimento a parte, removê-lo e nomear outro em substituição (arts. 995, II, e 996).

11.12.7 Assistência judiciária

Muitas vezes, famílias pobres não dispõem de outro bem que a própria morada deixada pelo *de cujus*. Exigir que se venda o imóvel para custear o processo sucessório seria suprema injustiça.

11.12.8 Terceiros prejudicados (art. 1.046)

A inclusão indevida, no inventário ou arrolamento, de bens de terceiros pode ser atacada por embargos de terceiros, onde o requerente terá que provar a posse e o domínio da coisa descrita no acervo hereditário como pertencente ao espólio.

11.13 O PROJETO DO NOVO CPC

CAPÍTULO VI

DO INVENTÁRIO E DA PARTILHA

Seção I

DISPOSIÇÕES GERAIS

Art. 596. Havendo testamento ou interessado incapaz, proceder-se-á ao inventário judicial; se todos forem capazes e concordes, o inventário e a partilha poderão ser feitos por escritura pública, a qual constituirá documento hábil para qualquer ato de registro, bem assim para levantamento de importância depositada em instituições financeiras.

§ 1º O tabelião somente lavrará a escritura pública se todas as partes interessadas estiverem assistidas por advogado comum ou advogados de cada uma delas ou por defensor público, cuja qualificação e assinatura constarão do ato notarial.

§ 2º A escritura e os demais atos notariais serão gratuitos àqueles que se declararem hipossuficientes economicamente, na forma e sob as penas da lei.

Art. 597. O processo de inventário e de partilha deve ser aberto dentro de dois meses a contar da abertura da sucessão, ultimando-se nos doze meses subsequentes, podendo o juiz prorrogar esses prazos, de ofício ou a requerimento de parte.

Art. 598. O juiz decidirá todas as questões de direito desde que os fatos relevantes estejam provados por documento, só remetendo para os meios ordinários as questões que dependerem de outras provas.

Art. 599. Até que o inventariante preste o compromisso, continuará o espólio na posse do administrador provisório.

Art. 600. O administrador provisório representa ativa e passivamente o espólio, é obrigado a trazer ao acervo os frutos que desde a abertura da sucessão percebeu, tem direito ao reembolso das despesas necessárias e úteis que fez e responde pelo dano a que, por dolo ou culpa, der causa.

Seção II

DA LEGITIMIDADE PARA REQUERER O INVENTÁRIO

Art. 601. O requerimento de inventário e partilha incumbe a quem estiver na posse e na administração do espólio, no prazo estabelecido no art. 597.

Parágrafo único. O requerimento será instruído com a certidão de óbito do autor da herança.

Art. 602. Têm, contudo, legitimidade concorrente:

I – o cônjuge ou companheiro supérstite;

II – o herdeiro;

III – o legatário;

IV – o testamenteiro;

V – o cessionário do herdeiro ou do legatário;

VI – o credor do herdeiro, do legatário ou do autor da herança;

VII – o Ministério Público, havendo herdeiros incapazes;

VIII – a Fazenda Pública, quando tiver interesse.

Seção III

DO INVENTARIANTE E DAS PRIMEIRAS DECLARAÇÕES

Art. 603. O juiz nomeará inventariante na seguinte ordem:

I – o cônjuge ou companheiro sobrevivente, desde que estivesse convivendo com o outro ao tempo da morte deste;

II – o herdeiro que se achar na posse e administração do espólio, se não houver cônjuge ou companheiro sobrevivente ou estes não puderem ser nomeados;

III – o cônjuge sobrevivente, qualquer que seja o regime do casamento;

IV – qualquer herdeiro, quando nenhum deles estiver na posse e na administração do espólio;

V – o herdeiro menor, por seu representante legal;

VI – o testamenteiro, se lhe foi confiada a administração do espólio ou toda a herança estiver distribuída em legados;

VII – o cessionário do herdeiro ou do legatário;

VIII – o inventariante judicial, se houver;

IX – a pessoa estranha idônea, quando não houver inventariante judicial.

Parágrafo único. O inventariante, intimado da nomeação, prestará, dentro de cinco dias, o compromisso de bem e fielmente desempenhar o cargo.

Art. 604. Incumbe ao inventariante:

I – representar o espólio ativa e passivamente, em juízo ou fora dele, observando-se, quanto ao dativo, o disposto no art. 75, § 1º;

II – administrar o espólio, velando-lhe os bens com a mesma diligência como se seus fossem;

III – prestar as primeiras e as últimas declarações pessoalmente ou por procurador com poderes especiais;

IV – exibir em cartório, a qualquer tempo, para exame das partes, os documentos relativos ao espólio;

V – juntar aos autos certidão do testamento, se houver;

VI – trazer à colação os bens recebidos pelo herdeiro ausente, renunciante ou excluído;

VII – prestar contas de sua gestão ao deixar o cargo ou sempre que o juiz lhe determinar;

VIII – requerer a declaração de insolvência.

Art. 605. Incumbe ainda ao inventariante, ouvidos os interessados e com autorização do juiz:

I – alienar bens de qualquer espécie;

II – transigir em juízo ou fora dele;

III – pagar dívidas do espólio;

IV – fazer as despesas necessárias com a conservação e o melhoramento dos bens do espólio.

Art. 606. Dentro de vinte dias contados da data em que prestou o compromisso, o inventariante fará as primeiras declarações, das quais se lavrará termo circunstanciado. No termo, assinado pelo juiz, pelo escrivão e pelo inventariante, serão exarados:

I – o nome, o estado, a idade e o domicílio do autor da herança, o dia e o lugar em que faleceu e bem ainda se deixou testamento;

II – o nome, o estado, a idade e a residência dos herdeiros e, havendo cônjuge ou companheiro supérstite, o regime de bens do casamento;

III – a qualidade dos herdeiros e o grau de seu parentesco com o inventariado;

IV – a relação completa e individualizada de todos os bens do espólio, inclusive aqueles que devem ser conferidos à colação e dos alheios que nele forem encontrados, descrevendo-se:

a) os imóveis, com as suas especificações, nomeadamente local em que se encontram, extensão da área, limites, confrontações, benfeitorias, origem dos títulos, números das matrículas e ônus que os gravam;

b) os móveis, com os sinais característicos;

c) os semoventes, seu número, espécies, marcas e sinais distintivos;

d) o dinheiro, as joias, os objetos de ouro e prata e as pedras preciosas, declarando-se-lhes especificadamente a qualidade, o peso e a importância;

e) os títulos da dívida pública, bem como as ações, as quotas e os títulos de sociedade, mencionando-se-lhes o número, o valor e a data;

f) as dívidas ativas e passivas, indicando-se-lhes as datas, os títulos, a origem da obrigação, bem como os nomes dos credores e dos devedores;

g) direitos e ações;

h) o valor corrente de cada um dos bens do espólio.

§ 1º O juiz determinará que se proceda:

I – ao balanço do estabelecimento, se o autor da herança era empresário individual;

II – à apuração de haveres, se o autor da herança era sócio de sociedade que não anônima.

§ 2º As declarações podem ser prestadas mediante petição, firmada por procurador com poderes especiais, à qual o termo se reportará.

Art. 607. Só se pode arguir de sonegação ao inventariante depois de encerrada a descrição dos bens, com a declaração, por ele feita, de não existirem outros por inventariar.

Art. 608. O inventariante será removido:

I – se não prestar, no prazo legal, as primeiras e as últimas declarações;

II – se não der ao inventário andamento regular, suscitar dúvidas infundadas ou praticar atos meramente protelatórios;

III – se, por culpa sua, se deteriorarem, forem dilapidados ou sofrerem dano bens do espólio;

IV – se não defender o espólio nas ações em que for citado, deixar de cobrar dívidas ativas ou não promover as medidas necessárias para evitar o perecimento de direitos;

V – se não prestar contas ou as que prestar não forem julgadas boas;

VI – se sonegar, ocultar ou desviar bens do espólio.

Art. 609. Requerida a remoção com fundamento em qualquer dos incisos do art. 608, será intimado o inventariante para, no prazo de quinze dias, defender-se e produzir provas.

Parágrafo único. O incidente da remoção correrá em apenso aos autos do inventário.

Art. 610. Decorrido o prazo com a defesa do inventariante ou sem ela, o juiz decidirá. Se remover o inventariante, nomeará outro, observada a ordem estabelecida no art. 603.

Art. 611. O inventariante removido entregará imediatamente ao substituto os bens do espólio; deixando de fazê-lo, será compelido mediante mandado de busca e apreensão ou de imissão na posse, conforme se tratar de bem móvel ou imóvel, sem prejuízo da multa a ser fixada pelo juiz em montante não superior a três por cento do valor dos bens inventariados.

Seção IV
DAS CITAÇÕES E DAS IMPUGNAÇÕES

Art. 612. Feitas as primeiras declarações, o juiz mandará citar, para os termos do inventário e da partilha, o cônjuge, o companheiro, os herdeiros, os legatários, a Fazenda Pública, o Ministério Público, se houver herdeiro incapaz ou ausente, e o testamenteiro, se o finado deixou testamento.

§ 1º Serão citados, conforme o disposto no art. 216, o cônjuge ou o companheiro, o herdeiro e o legatário. Frustrada a citação das pessoas domiciliadas na comarca onde corre o inventário, estas serão citadas na forma dos arts. 218 e 225, e por edital, com prazo de vinte dias a dois meses, todas as demais residentes no Brasil como no estrangeiro.

§ 2º Das primeiras declarações extrair-se-ão tantas cópias quantas forem as partes.

§ 3º A citação será acompanhada de cópia das primeiras declarações.

§ 4º Incumbe ao escrivão remeter cópias à Fazenda Pública, ao Ministério Público, ao testamenteiro, se houver, e ao advogado, se a parte já estiver representada nos autos.

Art. 613. Concluídas as citações, abrir-se-á vista às partes, em cartório e pelo prazo comum de dez dias, para se manifestarem sobre as primeiras declarações. Cabe à parte:

I – arguir erros, omissões e sonegações de bens;

II – reclamar contra a nomeação do inventariante;

III – contestar a qualidade de quem foi incluído no título de herdeiro.

§ 1º Julgando procedente a impugnação referida no inciso I, o juiz mandará retificar as primeiras declarações.

§ 2º Se acolher o pedido de que trata o inciso II, o juiz nomeará outro inventariante, observada a preferência legal.

§ 3º Verificando que a disputa sobre a qualidade de herdeiro a que alude o inciso III demanda produção de provas que não a documental, o juiz remeterá a parte para os meios ordinários e sobrestará, até o julgamento da ação, a entrega do quinhão que na partilha couber ao herdeiro admitido.

Art. 614. Aquele que se julgar preterido poderá demandar a sua admissão no inventário, requerendo-o antes da partilha.

§ 1º Ouvidas as partes no prazo de dez dias, o juiz decidirá.

§ 2º Se para solução da questão for necessária a produção de provas que não a documental, remeterá o requerente para os meios ordinários, mandando reservar, em poder do inventariante, o quinhão do herdeiro excluído até que se decida o litígio.

Art. 615. A Fazenda Pública, no prazo de vinte dias, após a vista de que trata o art. 613, informará ao juízo, de acordo com os dados que constam de seu cadastro imobiliário, o valor dos bens de raiz descritos nas primeiras declarações.

Seção V

DA AVALIAÇÃO E DO CÁLCULO DO IMPOSTO

Art. 616. Findo o prazo do art. 613, sem impugnação ou decidida a que houver sido oposta, o juiz nomeará, se for o caso, um perito para avaliar os bens do espólio, se não houver na comarca avaliador judicial.

Parágrafo único. No caso previsto no art. 606, § 1º, o juiz nomeará um contador para levantar o balanço ou apurar os haveres.

Art. 617. Ao avaliar os bens do espólio, o perito observará, no que for aplicável, o disposto nos arts. 827 e 828.

Art. 618. Não se expedirá carta precatória para a avaliação de bens situados fora da comarca onde corre o inventário, se eles forem de pequeno valor ou perfeitamente conhecidos do perito nomeado.

Art. 619. Sendo capazes todas as partes, não se procederá à avaliação, se a Fazenda Pública, intimada pessoalmente, concordar expressamente com o valor atribuído, nas primeiras declarações, aos bens do espólio.

Art. 620. Se os herdeiros concordarem com o valor dos bens declarados pela Fazenda Pública, a avaliação cingir-se-á aos demais.

Art. 621. Entregue o laudo de avaliação, o juiz mandará que as partes se manifestem sobre ele no prazo de dez dias, que correrá em cartório.

§ 1º Versando a impugnação sobre o valor dado pelo perito, o juiz a decidirá de plano, à vista do que constar dos autos.

§ 2º Julgando procedente a impugnação, o juiz determinará que o perito retifique a avaliação, observando os fundamentos da decisão.

Art. 622. Aceito o laudo ou resolvidas as impugnações suscitadas a seu respeito, lavrar-se-á em seguida o termo de últimas declarações, no qual o inventariante poderá emendar, aditar ou completar as primeiras.

Art. 623. Ouvidas as partes sobre as últimas declarações no prazo comum de dez dias, proceder-se-á ao cálculo do tributo.

Art. 624. Feito o cálculo, sobre ele serão ouvidas todas as partes no prazo comum de cinco dias, que correrá em cartório e, em seguida, a Fazenda Pública.

§ 1º Se houver impugnação julgada procedente, o juiz ordenará nova remessa dos autos ao contador, determinando as alterações que devam ser feitas no cálculo.

§ 2º Cumprido o despacho, o juiz julgará o cálculo do tributo.

Seção VI

DAS COLAÇÕES

Art. 625. No prazo estabelecido no art. 613, o herdeiro obrigado à colação conferirá por termo nos autos ou por petição à qual o termo se reportará os bens que recebeu ou, se já não os possuir, trar-lhes-á o valor.

Parágrafo único. Os bens que devem ser conferidos na partilha, assim como as acessões e as benfeitorias que o donatário fez, calcular-se-ão pelo valor que tiverem ao tempo da abertura da sucessão.

Art. 626. O herdeiro que renunciou à herança ou o que dela foi excluído não se exime, pelo fato da renúncia ou da exclusão, de conferir, para o efeito de repor a parte inoficiosa, as liberalidades que houve do doador.

§ 1º É lícito ao donatário escolher, dos bens doados, tantos quantos bastem para perfazer a legítima e a metade disponível, entrando na partilha o excedente para ser dividido entre os demais herdeiros.

§ 2º Se a parte inoficiosa da doação recair sobre bem imóvel que não comporte divisão cômoda, o juiz determinará que sobre ela se proceda entre os herdeiros à licitação; o donatário poderá concorrer na licitação e, em igualdade de condições, preferirá aos herdeiros.

Art. 627. Se o herdeiro negar o recebimento dos bens ou a obrigação de os conferir, o juiz, ouvidas as partes no prazo comum de cinco dias, decidirá à vista das alegações e das provas produzidas.

§ 1º Declarada improcedente a oposição, se o herdeiro, no prazo improrrogável de cinco dias, não proceder à conferência, o juiz mandará sequestrar-lhe, para serem inventariados e partilhados, os bens sujeitos à colação ou imputar ao seu quinhão hereditário o valor deles, se já os não possuir.

§ 2º Se a matéria exigir dilação probatória diversa da documental, o juiz remeterá as partes para os meios ordinários, não podendo o herdeiro receber o seu quinhão hereditário, enquanto pender a demanda, sem prestar caução correspondente ao valor dos bens sobre que versar a conferência.

Seção VII

DO PAGAMENTO DAS DÍVIDAS

Art. 628. Antes da partilha, poderão os credores do espólio requerer ao juízo do inventário o pagamento das dívidas vencidas e exigíveis.

§ 1º A petição, acompanhada de prova literal da dívida, será distribuída por dependência e autuada em apenso aos autos do processo de inventário.

§ 2º Concordando as partes com o pedido, o juiz, ao declarar habilitado o credor, mandará que se faça a separação de dinheiro ou, em sua falta, de bens suficientes para o seu pagamento.

§ 3º Separados os bens, tantos quantos forem necessários para o pagamento dos credores habilitados, o juiz mandará aliená-los, observando-se as disposições deste Código relativas à expropriação.

§ 4º Se o credor requerer que, em vez de dinheiro, lhe sejam adjudicados, para o seu pagamento, os bens já reservados, o juiz deferir-lhe-á o pedido, concordando todas as partes.

§ 5º Os donatários serão chamados a pronunciar-se sobre a aprovação das dívidas, sempre que haja possibilidade de resultar delas a redução das liberalidades.

Art. 629. Não havendo concordância de todas as partes sobre o pedido de pagamento feito pelo credor, será ele remetido para os meios ordinários.

Parágrafo único. O juiz mandará, porém, reservar em poder do inventariante bens suficientes para pagar o credor quando a dívida constar de documento que comprove suficientemente a obrigação e a impugnação não se fundar em quitação.

Art. 630. O credor de dívida líquida e certa, ainda não vencida, pode requerer habilitação no inventário. Concordando as partes com o pedido, o juiz, ao julgar habilitado o crédito, mandará que se faça separação de bens para o futuro pagamento.

Art. 631. O legatário é parte legítima para se manifestar sobre as dívidas do espólio:

I – quando toda a herança for dividida em legados;

II – quando o reconhecimento das dívidas importar redução dos legados.

Art. 632. Sem prejuízo do disposto no art. 816, é lícito aos herdeiros, ao separarem bens para o pagamento de dívidas, autorizar que o inventariante os nomeie à penhora no processo em que o espólio for executado.

Seção VIII

DA PARTILHA

Art. 633. Cumprido o disposto no art. 628, § 3º, o juiz facultará às partes que, no prazo comum de dez dias, formulem o pedido de quinhão;

em seguida proferirá, no prazo de dez dias, o despacho de deliberação da partilha, resolvendo os pedidos das partes e designando os bens que devam constituir quinhão de cada herdeiro e legatário.

Parágrafo único. O juiz poderá, em decisão fundamentada, deferir antecipadamente a qualquer dos herdeiros o exercício dos direitos de usar e fruir de determinado bem, com a condição de que, ao término do inventário, tal bem integre a cota desse herdeiro. Desde o deferimento do exercício dos direitos de usar e fruir do bem, cabe ao herdeiro beneficiado todos os ônus e bônus decorrentes do exercício daqueles direitos.

Art. 634. Na partilha, serão observadas as seguintes regras:

I – a maior igualdade possível, seja quanto ao valor, seja quanto à natureza e à qualidade dos bens;

II – a prevenção de litígios futuros;

III – a maior comodidade dos co-herdeiros, do cônjuge ou do companheiro, se for o caso.

Art. 635. Os bens insuscetíveis de divisão cômoda que não couberem na parte do cônjuge ou companheiro supérstite ou no quinhão de um só herdeiro serão licitados entre os interessados ou vendidos judicialmente, partilhando-se o valor apurado, a não ser que haja acordo para serem adjudicados a todos.

Art. 636. Se um dos interessados for nascituro, o quinhão que lhe caberá será reservado em poder do inventariante até o seu nascimento.

Art. 637. O partidor organizará o esboço da partilha de acordo com a decisão, observando nos pagamentos a seguinte ordem:

I – dívidas atendidas;

II – meação do cônjuge;

III – meação disponível;

IV – quinhões hereditários, a começar pelo co-herdeiro mais velho.

Art. 638. Feito o esboço, as partes se manifestarão sobre ele no prazo comum de cinco dias. Resolvidas as reclamações, a partilha será lançada nos autos.

Art. 639. A partilha constará:

I – de um auto de orçamento, que mencionará:

a) os nomes do autor da herança, do inventariante, do cônjuge ou companheiro supérstite, dos herdeiros, dos legatários e dos credores admitidos;

b) o ativo, o passivo e o líquido partível, com as necessárias especificações;

c) o valor de cada quinhão;

II – de uma folha de pagamento para cada parte, declarando a quota a pagar-lhe, a razão do pagamento, a relação dos bens que lhe compõem o quinhão, as características que os individualizam e os ônus que os gravam.

Parágrafo único. O auto e cada uma das folhas serão assinados pelo juiz e pelo escrivão.

Art. 640. Pago o imposto de transmissão a título de morte e juntada aos autos certidão ou informação negativa de dívida para com a Fazenda Pública, o juiz julgará por sentença a partilha.

Parágrafo único. A existência de dívida para com a Fazenda Pública não impedirá o julgamento da partilha, desde que o seu pagamento esteja devidamente garantido.

Art. 641. Transitada em julgado a sentença mencionada no art. 640, receberá o herdeiro os bens que lhe tocarem e um formal de partilha, do qual constarão as seguintes peças:

I – termo de inventariante e título de herdeiros;

II – avaliação dos bens que constituíram o quinhão do herdeiro;

III – pagamento do quinhão hereditário;

IV – quitação dos impostos;

V – sentença.

Parágrafo único. O formal de partilha poderá ser substituído por certidão do pagamento do quinhão hereditário, quando este não exceder a cinco vezes o salário mínimo; caso em que se transcreverá nela a sentença de partilha transitada em julgado.

Art. 642. A partilha, mesmo depois de transitada em julgado a sentença, pode ser emendada nos mesmos autos do inventário, convindo todas as partes, quando tenha havido erro de fato na descrição dos bens; o juiz, de ofício ou a requerimento da parte, poderá, a qualquer tempo, corrigir-lhe as inexatidões materiais.

Art. 643. A partilha amigável, lavrada em instrumento público, reduzida a termo nos autos do inventário ou constante de escrito particular homologado pelo juiz, pode ser anulada, por dolo, coação, erro essencial ou intervenção de incapaz.

Parágrafo único. O direito de propor ação anulatória de partilha amigável prescreve em um ano, contado esse prazo:

I – no caso de coação, do dia em que ela cessou;

II – no de erro ou dolo, do dia em que se realizou o ato;

III – quanto ao incapaz, do dia em que cessar a incapacidade.

Art. 644. É rescindível a partilha julgada por sentença:

I – nos casos mencionados no art. 640;

II – se feita com preterição de formalidades legais;

III – se preteriu herdeiro ou incluiu quem não o seja.

Seção IX
DO ARROLAMENTO

Art. 645. A partilha amigável, celebrada entre partes capazes, nos termos da lei, será homologada de plano pelo juiz, com observância dos arts. 646 a 649.

§ 1º O disposto neste artigo aplica-se, também, ao pedido de adjudicação, quando houver herdeiro único.

§ 2º Transitada em julgado a sentença de homologação de partilha ou adjudicação, será lavrado o respectivo formal, bem como expedidos os alvarás referentes aos bens e rendas por ele abrangidos, intimando-se o Fisco para lançamento administrativo do imposto de transmissão e de outros tributos porventura incidentes, conforme dispuser a legislação tributária, não ficando as autoridades fazendárias adstritas aos valores dos bens do espólio atribuídos pelos herdeiros.

Art. 646. Na petição de inventário, que se processará na forma de arrolamento sumário, independentemente da lavratura de termos de qualquer espécie, os herdeiros:

I – requererão ao juiz a nomeação do inventariante que designarem;

II – declararão os títulos dos herdeiros e os bens do espólio, observado o disposto no art. 606;

III – atribuirão o valor dos bens do espólio, para fins de partilha.

Art. 647. Ressalvada a hipótese prevista no parágrafo único do art. 649, não se procederá à avaliação dos bens do espólio para qualquer finalidade.

Art. 648. No arrolamento, não serão conhecidas ou apreciadas questões relativas ao lançamento, ao pagamento ou à quitação de taxas judiciárias e de tributos incidentes sobre a transmissão da propriedade dos bens do espólio.

§ 1º A taxa judiciária, se devida, será calculada com base no valor atribuído pelos herdeiros, cabendo ao Fisco, se apurar em processo administrativo valor diverso do estimado, exigir a eventual diferença pelos meios adequados ao lançamento de créditos tributários em geral.

§ 2º O imposto de transmissão será objeto de lançamento administrativo, conforme dispuser a legislação tributária, não ficando as autoridades fazendárias adstritas aos valores dos bens do espólio atribuídos pelos herdeiros.

Art. 649. A existência de credores do espólio não impedirá a homologação da partilha ou da adjudicação, se forem reservados bens suficientes para o pagamento da dívida.

Parágrafo único. A reserva de bens será realizada pelo valor estimado pelas partes, salvo se o credor, regularmente notificado, impugnar a estimativa, caso em que se promoverá a avaliação dos bens a serem reservados.

Art. 650. Quando o valor dos bens do espólio for igual ou inferior a mil salários mínimos, o inventário se processará na forma de arrolamento, cabendo ao inventariante nomeado, independentemente da assinatura de termo de compromisso, apresentar, com suas declarações, a atribuição do valor dos bens do espólio e o plano da partilha.

§ 1º Se qualquer das partes ou o Ministério Público impugnar a estimativa, o juiz nomeará um avaliador, que oferecerá laudo em dez dias.

§ 2º Apresentado o laudo, o juiz, em audiência que designar, deliberará sobre a partilha, decidindo de plano todas as reclamações e mandando pagar as dívidas não impugnadas.

§ 3º Lavrar-se-á de tudo um só termo, assinado pelo juiz, pelo inventariante e pelas partes presentes ou seus advogados.

§ 4º Aplicam-se a essa espécie de arrolamento, no que couberem, as disposições do art. 648, relativamente ao lançamento, ao pagamento e à quitação da taxa judiciária e do imposto sobre a transmissão da propriedade dos bens do espólio.

§ 5º Provada a quitação dos tributos relativos aos bens do espólio e às suas rendas, o juiz julgará a partilha.

Art. 651. Processar-se-á também na forma do art. 650 o inventário, ainda que haja interessado incapaz, desde que concordem todas as partes e o Ministério Público.

Art. 652. Independerá de inventário ou arrolamento o pagamento dos valores previstos na Lei n. 6.858, de 24 de novembro de 1980.

Art. 653. Aplicam-se subsidiariamente a esta Seção as disposições das Seções VII e VIII.

Seção X

DAS DISPOSIÇÕES COMUNS A TODAS AS SEÇÕES DESTE CAPÍTULO

Art. 654. Cessa a eficácia das medidas cautelares previstas nas Seções deste Capítulo:

I – se a ação não for proposta em trinta dias contados da data em que da decisão foi intimado o impugnante, o herdeiro excluído ou o credor não admitido;

II – se o juiz declarar extinto o processo de inventário com ou sem resolução de mérito.

Art. 655. Ficam sujeitos à sobrepartilha os bens:

I – sonegados;

II – da herança que se descobrirem depois da partilha;

III – litigiosos, assim como os de liquidação difícil ou morosa;

IV – situados em lugar remoto da sede do juízo onde se processa o inventário.

Parágrafo único. Os bens mencionados nos incisos III e IV serão reservados à sobrepartilha sob a guarda e a administração do mesmo ou de diverso inventariante, a consentimento da maioria dos herdeiros.

Art. 656. Observar-se-á na sobrepartilha dos bens o processo de inventário e partilha.

Parágrafo único. A sobrepartilha correrá nos autos do inventário do autor da herança.

Art. 657. O juiz dará curador especial:

I – ao ausente, se o não tiver;

II – ao incapaz, se concorrer na partilha com o seu representante, desde que exista colisão de interesses.

Art. 658. É lícita a cumulação de inventários para a partilha de heranças de pessoas diversas quando haja:

I – identidade de pessoas por quem devam ser repartidos os bens;

II – heranças deixadas pelos dois cônjuges ou companheiros;

III – dependência de uma das partilhas em relação à outra.

Parágrafo único. No caso previsto no inciso III, se a dependência for parcial, por haver outros bens, o juiz pode ordenar a tramitação separada, se melhor convier ao interesse das partes ou à celeridade processual.

Art. 659. Nos casos previstos no art. 658, inciso II, prevalecerão as primeiras declarações, assim como o laudo de avaliação, salvo se se alterou o valor dos bens.

Destacados os dispositivos sobre o assunto no projeto do novo CPC e explicado o procedimento judicial ao longo do capítulo, dada à extensão do tema, destacaremos, agora, apenas as inovações no projeto do novo CPC.

O projeto não traz mais a previsão de que o processo poderá se iniciar de ofício pelo juiz, pondo fim ao clássico exemplo de exceção ao princípio da inércia da jurisdição. O inventário somente se iniciará a partir de provocação dos interessados.

No projeto, as dívidas com a Fazenda Pública em qualquer esfera (municipal, estadual e federal) não serão mais impedimento para finalizar o processo de inventário, com a partilha de bens, desde que haja comprovação de que o espólio tem condições de reservar bens para a quitação dos débitos (art. 640 do substitutivo).

Trata-se de uma medida para tentar pôr fim aos inventários que se arrastam por muitos anos sem solução por conta de dívidas, já que, atualmente, o processo só avança quando a dívida for paga.

Outro dispositivo institui a possibilidade de o juiz fixar multa de até 3% do valor dos bens inventariados quando o inventariante for relapso (art. 611). O Código atual prevê apenas que ele seja removido, mas o projeto prevê que, além de ser removido, ainda pague multa. Tal medida visa estimular a atuação dos inventariantes para dar andamento ao processo de inventário, tentando, mais uma vez, evitar que os inventários se eternizem.

Outra novidade do projeto é em relação ao arrolamento de bens: o procedimento do arrolamento, que simplifica e agiliza os inventários, poderá ser adotado mesmo quando envolver interesses de menores, desde que o Ministério Público e todos os demais interessados estejam de acordo.

Dessa forma, o projeto traz algumas medidas para tentar retirar alguns dos grandes entraves ao fim dos processos de inventário que tramitam hoje no Poder Judiciário brasileiro.

CAPÍTULO 12

Embargos de terceiro

12.1 NOÇÕES GERAIS

Como regra, apenas as partes poderão sofrer algum prejuízo jurídico com a decisão judicial, estando, em uma execução, apenas os seus bens sujeitos à penhora e à expropriação.

Contudo, pode ser que, em determinadas situações, também o patrimônio de terceiro seja tomado para a satisfação de certas obrigações como efeitos reflexos e indiretos da sentença. Se esse terceiro não guardar nenhuma relação com o processo, com a lide ou com as partes nela envolvidas, a atividade jurisdicional terá extrapolado seus limites legais, atingindo, ainda que indiretamente, pessoas que não poderiam ser prejudicadas pela decisão judicial.

Diante de tal situação, a lei confere aos terceiros um instrumento próprio, habilitando-os a proteger seus interesses e liberar seus bens. Essa medida é a ação de embargos de terceiros, que está regulada nos arts. 1.046 a 1.054, CPC.

12.2 NATUREZA JURÍDICA

Os embargos de terceiro têm natureza de ação própria, mesmo quando se ligam ao processo de execução. São sempre processo autônomo contra atos praticados no processo executivo, mas possuem caráter nitidamente acessório, pois só existem e se justificam diante de demanda que tenha emitido ordem para a apreensão do patrimônio de terceiro.

Dessa forma, não se confundem com as formas de intervenção de terceiros de assistência e nem de oposição.

Como regra geral, na intervenção de terceiros alguém que não é parte ingressa, voluntária ou coativamente, no processo, enquanto nos embargos de terceiro sempre haverá a formação de um processo novo, autônomo em relação àquele em que praticou o ato lesivo ao interesse de terceiro.[1]

Em relação às formas de intervenção, enquanto na assistência simples o terceiro ingressa em processo alheio para tutelar direito de outrem, na esperança de, imediatamente, obter uma sentença que, ainda que indiretamente, lhe seja útil, nos embargos o terceiro tem uma ofensa direta ao seu direito ou à sua posse, ilegitimamente atingidos em um processo entre estranhos, tutelando posição jurídica autônoma em relação aos litigantes

Distinguem-se os embargos de terceiro também da oposição, já que esta é típica do processo de conhecimento e está ligada a discutir o direito ou coisa disputada pelas partes da causa primitiva. O opoente ataca diretamente a pretensão das partes e procura contrapor-lhes um outro direito, formulando pretensão própria, capaz de excluir, em caráter prejudicial, tanto o do autor como o do réu. Já nos embargos, o objetivo não é o direito das partes em litígio, mas o ato estatal do juízo que indevidamente constringiu ou ameaçou constringir bem de quem não era parte no processo.

A finalidade dos embargos de terceiro é a proteção possessória, dominial ou de qualquer outro direito ao bem objeto de constrição, isto é, a proteção de patrimônio de terceiro que, não sendo parte em um processo, vê seu bem atingido por uma constrição judicial.

Os embargos de terceiro, porém, não se confundem com o interdito possessório, usado no âmbito das turbações ou esbulhos judiciais. Seu âmbito é maior, por não se limitar à tutela puramente possessória, tutelando qualquer direito material incompatível com o ato executivo, e não simplesmente a posse.

1 Greco Filho (2006, p. 252).

Essa forma de proteção de terceiros constitui processo de conhecimento, com predominante função mandamental, já que sua finalidade é fazer cessar a eficácia de outro mandado judicial, que gerou a constrição indevida, protegendo o direito de terceiro e reconhecendo a incompatibilidade da medida judicial em curso com tal direito.

12.3 CABIMENTO E CONTEÚDO

Os embargos de terceiro são admissíveis sempre que alguém sofrer violação possessória (esbulho ou turbação) em seus bens por ato judicial (art. 1.046, CPC). A proteção se dá sobre a posse do bem, mas pode ser formulada pelo possuidor ou pelo proprietário.

Os embargos de terceiro podem ser empregados, ainda, para a proteção da posse nos casos de ações de divisão ou de demarcação de terra quando o imóvel seja sujeito a atos materiais, preparatórios ou definitivos, de partilha ou fixação de muros e por credor com garantia real, a fim de impedir a alienação judicial que constitui a sua garantia (art. 1.047, I e II, CPC).

Já no caso de embargos de terceiro opostos por credor com garantia real, cabe destacar que, como regra geral, não se deve admitir a expropriação do bem dado em garantia real, salvo no processo instaurado por demanda do próprio credor em cujo favor se instituiu a garantia, tanto que o CPC permite a substituição da penhora quando esta recair sob bem gravado com hipoteca, penhor ou anticrese (art. 667, III).

Contudo, pode ser que em determinado caso tal situação seja a mais aconselhável, como no de devedor insolvente, em que não restará ao credor outra possibilidade a não ser buscar o bem gravado com a garantia.

Nessas hipóteses, nos termos do art. 615, II, CPC, o credor que tenha a garantia real deverá ser intimado da penhora que incide sobre o bem objeto da hipoteca, do penhor ou da anticrese.

Há quem sustente[2] ser possível ao credor com garantia real obstar a expropriação do bem sobre o qual recai a garantia. Há, porém, posicionamento[3] defendendo que o credor com garantia real que tenha sido de-

2 Theodoro Júnior (2008, p. 279-280).

3 Nesse sentido, remetemos a Câmara (2009, p. 425).

vidamente intimado da penhora não poderá se opor à expropriação do bem por embargos de terceiro, limitando-se a exercer sua preferência no momento do pagamento por entrega em dinheiro. De acordo com este último posicionamento, os embargos de terceiro seriam reservados aos credores com garantia real que por acaso não tivessem sido regularmente intimados da penhora ou da hasta pública.

12.4 LEGITIMIDADE

Os embargos de terceiro podem ser ajuizados por qualquer pessoa que ostente a condição de terceiro, isto é, que não foi parte, em relação à demanda de onde provém a decisão judicial de constrição do bem. A condição de terceiro, porém, nem sempre é de tão simples avaliação.

Essa condição, para ser aferida, dispensa a formalização de eventual transferência do bem, no caso de alienação. Assim, a legitimidade para os embargos de terceiro está caracterizada para quem tenha domínio e posse ou apenas posse, tanto que, embora o Supremo Tribunal Federal tivesse jurisprudência pacífica no sentido de que o titular de promessa de compra e venda não levada a registro não poderia se valer dos embargos de terceiro, por sua inoponibilidade ao exequente, hoje tal tese sofreu mudança, sendo pacífico no Superior Tribunal de Justiça a possibilidade do titular de promessa de compra e venda não registrada se valer de embargos de terceiro (Súmula 84, STJ). O fundamento é que o confronto entre a penhora e a posse não atinge o nível do direito real, já que tanto o credor como o promissário comprador agem em juízo apenas com base em relação obrigacional apenas.

Os embargos de terceiro podem ser manejados, ainda, para a defesa da posse quando, nas ações de divisão e de demarcação, for o imóvel sujeito a atos materiais, preparatórios ou definitivos, da partilha ou da fixação de rumos. É o caso, por exemplo, de uma ação divisória para fixar os rumos dos imóveis em que o prédio dividendo acaba por invadir o imóvel confrontante. Não sendo o imóvel confrontante parte no juízo divisório, através de embargos de terceiro, buscar proteção para sua posse, molestada, ou em vias de ser molestada, pelo ato judicial.

Também é legitimado ativo para os embargos de terceiro o credor com garantia real, para a proteção de seus terceiros (art. 1.047, II, CPC), obstando a alienação judicial de imóvel objeto de hipoteca, penhor e anticrese. Trata-se de caso em que os embargos de terceiro não têm índole possessória.

Já o depositário do bem pode opor embargos de terceiro, salvo em relação ao processo de onde resultado o depósito.

A parte tem, ainda, legitimidade para os embargos de terceiro sempre que ela for equiparável a terceiro na condição em que defende a posse do bem ou pela qualidade da posse (art. 1.046, § 2º, CPC). É o caso, por exemplo, dos bens alienados fiduciariamente. O possuidor desses bens, que não é proprietário, já que os bens foram alienados ao credor fiduciário, pode opor embargos de terceiro para vê-los liberados de eventual penhora.

São legitimados, também, por equiparação a terceiros, o substituto processual, que é aquele que litiga em nome próprio, mas na defesa de direito alheio, já que a eficácia do ato deve atingir a parte em sentido material; o assistente, que figura no processo, mas defende os direitos do assistido e, por fim, quem figurou como parte no processo, mas defende bens que, pelo título de sua apreensão ou pela qualidade de quem os possuir, não pode ser atingido pela apreensão judicial (art. 1.046, § 2º, CPC). É o caso do devedor que sofre a penhora de bens inalienáveis ou bens cuja posse é detida em nome de terceiro, como a do credor pignoratício ou do arrendatário.

O sócio solidário, não sendo corresponsável, também poderá se valer dos embargos de terceiro, para impedir que sejam penhorados bens particulares na execução do débito da sociedade.

A sociedade também poderá se valer dos embargos para impedir que seus bens sejam constritos em uma execução judicial em face do sócio.

Além disso, o cônjuge do executado, quando busca defender a posse de bens reservados de sua meação, também é legitimado, nos termos da Súmula 134, STJ e do art. 1046, § 3º, CPC.

Tal posicionamento era pacífico até 2006, quando a Lei n. 11.382 insere o art. 655-B ao CPC, dispondo que a meação do cônjuge alheio à execução recairá sobre o produto da alienação do bem, instaurando-se controvérsia na doutrina.

Sobre o tema, Nelson Nery Junior[4] afirma que o art. 655-B, CPC tornou mais célere a execução ao esvaziar a legitimidade do cônjuge para os

4 Nery Junior e Nery (2007, p. 1039).

embargos de terceiro, retirando-lhe o interesse de agir, já que, quando o bem for vendido, a meação do cônjuge estará reservada.

Dessa forma, o cônjuge não mais poderia se valer dos embargos de terceiro, devendo aguardar a venda do bem para resgatar o equivalente pecuniário a sua meação;

Luiz Guilherme Marinoni[5] afirma que o cônjuge possui dois meios de defesa de seus interesses: pode opor embargos à execução (ou impugnação ao cumprimento de sentença), como apresentar embargos de terceiro. Quando entende que seus bens, em tese, estariam sujeitos à execução, pela dívida ter sido contraída a bem da família, deve se valer dos embargos à execução para salvaguardar seus interesses, discutindo o valor apurado da dívida.

Já se, sob sua ótica, os bens não estão sujeitos à responsabilidade patrimonial da execução, por serem de seu patrimônio, sem integrar o patrimônio comum da família, então, deve-se valer dos embargos de terceiro.

Humberto Theodoro Júnior[6] sustenta que, se o cônjuge figurar como parte desde o início do processo, não é possível sua legitimidade para agir como terceiro. Sua defesa será apenas em torno da existência ou não do débito, feita por embargos do devedor.

Porém, se, recaindo a penhora sobre o bem dos cônjuges, veio a integrar o processo por força da intimação, o que seria a hipótese a que se refere o art. 655, § 2º, CPC, o cônjuge terá legitimidade para se valer dos embargos do devedor, pois terá relação jurídica autônoma, que não se confundirá com a estabelecida entre o outro cônjuge e o credor.

Já a jurisprudência do Superior Tribunal de Justiça, mesmo após 2006, mantém seu posicionamento de legitimidade do cônjuge, mesmo que intimado da penhora, para os embargos de terceiro sempre que não for respeitada sua meação, nos termos de sua Súmula 134, cabendo-lhe, porém, a prova de que a dívida contraída, que ensejou a execução, não foi em benefício da família.

Discute-se sobre a condição daquele que adquire bem litigioso e que, embora seja considerado como terceiro, não tem a prerrogativa de defender seus interesses pelos embargos de terceiro, salvo se não sabia nem

5 Marinoni e Arenhart (2008, p. 151).

6 Theodoro Júnior (2008, p. 282).

poderia saber da litigiosidade da coisa. Se sabia do litígio do bem, sujeita-se ao regime do art. 42, CPC, estando sujeito à decisão proferida entre as partes.

Quanto ao polo passivo, deverá assumir a condição de réu a parte beneficiária da decisão guerreada. Se, porém, a apreensão de bens se deu por iniciativa do requerido de algum processo, como no caso em que o devedor nomeia bens à penhora, então, os embargos de terceiros deverão conter no polo passivo autor e réu da demanda, em litisconsórcio passivo necessário.

12.5 PRAZO

O prazo está previsto no art. 1.048, CPC, podendo ser opostos enquanto não transitada em julgado a sentença do processo de conhecimento ou, no processo de execução, em até cinco dias depois da arrematação, adjudicação ou remição, mas sempre antes da assinatura da respectiva carta.

Há, então, duas formas de se contar o prazo: no processo de conhecimento, a qualquer tempo, enquanto não transitada em julgado a sentença, e, em processo originário de execução ou em fase de cumprimento de sentença, em até cinco dias após a arrematação, a adjudicação ou a remição de bens, mas sempre antes da respectiva carta.

No processo de conhecimento, a expressão enquanto não transitada em julgado a sentença significa que a medida é admissível mesmo na pendência de recurso. Assim, ainda que possa se valer do recurso de terceiro prejudicado, nada obsta o cabimento dos embargos de terceiro.

Após esse prazo, estará facultado ao terceiro, ainda, o uso da via ordinária para reivindicar o bem constrito judicialmente.

Já no processo de execução, se o terceiro não tinha ciência do ato que gerava a arrematação, a adjudicação ou a remição de bens, admite-se que o prazo seja contado da efetiva turbação ou esbulho.

Há quem admita[7] que os embargos de terceiro podem ser opostos após esse prazo, sem, porém, gerar a suspensão do processo principal. Dessa forma, para alguns autores, o decurso do prazo de cinco dias para o ajuizamento da medida só impediria a suspensão da ação principal, mas não o direito de discutir a constrição tida como ilegítima.

7 Marinoni e Arenhart (2008, p. 153).

Destaque-se, ainda, que a lei faz referência apenas aos atos de expropriação próprios da execução por quantia certa, mas os embargos de terceiro são cabíveis também nas execuções das obrigações de dar. Nesse caso, o prazo para os embargos será de até cinco dias do ato final de entrega do bem ao credor.

Em se tratando de embargos de terceiro preventivo,[8] que visem obstar a constrição ilegal, buscando-se a obtenção da tutela inibitória, não há problema para o prazo, pois ela sempre será ajuizada antes dos momentos descritos na lei processual.

12.6 COMPETÊNCIA

A ação de embargos de terceiros será ajuizada, por dependência (art. 1049, CPC), perante o mesmo juízo que ordenou a apreensão do bem. O termo juiz a que se refere o dispositivo legal é alvo de muitas críticas, tanto que a doutrina se refere apenas a juízo, por não haver qualquer vinculação da pessoa do magistrado que ordenou a apreensão judicial de bens ao processo instaurado pelo ajuizamento dos embargos de terceiro.

Trata-se de competência funcional e, portanto, inderrogável, sendo absolutamente incompetente qualquer outro juízo para conhecer dos embargos de terceiro.

Sendo a ação principal de competência do juízo de primeiro grau, é dele também a competência para os embargos. Já se a competência originária é do Tribunal, os embargos serão dirigidos ao Tribunal, mas, ainda que os autos estejam em segundo grau, para julgamento de recurso pendente, ou que o próprio Tribunal, ao julgar o recurso, tenha determinado a constrição, a competência será do juízo de primeiro grau.

Caso o processo original, de onde se originou o ato, tenha corrido perante vários juízos, como ocorre, por exemplo, na execução por carta, predomina[9] que será competente para examinar os embargos o juízo de onde provém a ordem de apreensão atacada.

---

8 Admitindo os embargos de terceiro preventivos: STJ, 1ª T., *Informativo STJ* n. 425, REsp 1.019.314-RS, rel. Min. Luiz Fux, *DJ*, 16-3-2010.

9 Há posição minoritária afirmando que, nesses casos, a competência seria sempre do juízo deprecante (nesse sentido, remetemos a CÂMARA, 2009, p. 427).

Assim, se a apreensão for ordenada pelo juízo deprecado, perante ele devem se processar os embargos. Se, ao contrário, a ordem de apreensão for do juízo deprecante, ou no juízo deprecado, mas por decisão do juízo deprecante, então, este será o juízo competente para processar e julgar os embargos de terceiro.

Em se tratando de juízo estadual no exercício de competência federal (art. 109, § 3º, CF), se o ato é por aquele ordenado, perante ele devem ser opostos os embargos de terceiro, e não perante o juízo federal.

Nesse sentido, explica Humberto Theodoro Júnior[10] que

> [...] se a ordem deprecada através de carta foi genérica, como a citação do devedor para pagar em 24 horas sob pena de penhora, a escolha e a apreensão de certos e determinados bens do devedor é, sem dúvida, ato ordenado e presidido pelo juiz que dá cumprimento à deprecação. Logo, se houver violação à posse ou domínio de terceiro, os embargos deverão ser dirimidos pelo juízo deprecado, pois o ato de apreensão dele partiu. Quando, porém, a carta precatória já é expedida pelo deprecante com a especificação do bem a ser apreendido, como, *v. g.*, nas execuções hipotecárias e nas buscas e apreensões, o deprecado age, na verdade, como simples executor material de deliberação do deprecante. Então, os embargos de terceiro terão se ser aforados e dirimidos perante o juízo de origem.

Já no caso de carta de ordem, será incompetente o destinatário da carta de ordem para processar e julgar os embargos.

12.7 PROCEDIMENTO

Os embargos de terceiro se iniciam por petição escrita, dirigida ao juiz competente, com observância dos requisitos dos arts. 39, I, 282 e 283, CPC. Deve ser demonstrado, ainda, a prova sumária da posse e a condição de terceiro, apresentando desde logo prova documental e trazendo rol de testemunhas (art. 1.050, *caput,* CPC).

10 Theodoro Júnior (2008, p. 286).

O valor da causa é, como regra, o dos bens disputados pelo embargante e, em se tratando de imóvel, corresponderá à estimativa para lançamento de imposto. Contudo, surge questionamento quando o valor do bem for extremamente elevado em relação ao valor do crédito.

Nesses casos, a jurisprudência predomina que seria o valor do bem,[11] mas há posicionamento[12] de que seria mais razoável estipular-se o valor do crédito.

Os embargos de terceiro, ressalvadas as peculiaridades de seu rito próprio, seguem, subsidiariamente, o rito da cautelar (art. 1.053, CPC) e por isso se justifica a apresentação, desde logo, do rol de testemunhas.

Ajuizada a ação, ela será distribuída por dependência aos autos principais e autuada em apartado.

A prova da condição de terceiro se faz por certidão extraída dos autos em que se determinou a apreensão do bem. Há quem sustente[13] ser formalismo exagerado o juiz exigir tal prova nos casos em que a competência para os embargos de terceiro seja do juízo da causa principal, pois nesse juízo seria fácil se comprovar a condição de terceiro do embargante.

Caso o requerente não tenha como demonstrar documentalmente sua posse, poderá fazê-lo em audiência preliminar, designada pelo juiz (art. 1.050, § 1º, CPC), com ou sem a presença do réu. Caso o réu participe, aqui, porém, não será o momento para oferecer resposta, mas apenas para acompanhar a produção de provas sumárias pelo autor.

Se o magistrado se convencer da existência da posse em favor de terceiro, deverá determinar, liminarmente: a) expedição de ordem de manutenção ou reintegração na posse, em favor do embargante – que, entretanto, só receberá os bens depois de prestar caução ou devolver com os seus rendimentos, para a eventualidade de improcedência final (art. 1.051, CPC); b) em caso de embargos totais, isto é, que tratem de todos os bens tomados no processo, a suspensão do outro feito; c) em

11 Nesse sentido: STJ, 4ª T., REsp 187.429-DF, rel. Min. Sálvio de Figueiredo Teixeira, j. 10-11-1998, *DJ*, 22-3-1999.

12 Souza (1984, p. 248).

13 Câmara (2009, p. 427).

caso de embargos parciais, o impedimento do prosseguimento do processo principal no que tange aos bens afetados, de modo que somente prosseguirá o processo principal em relação aos bens não discutidos (art. 1.052, CPC).

Essa liminar se sujeita aos requisitos gerais da antecipação de tutela (art. 273, CPC)[14] e, concedida ou não, haverá o prazo de dez dias para a apresentação de resposta (art. 1.053, CPC). Em regra, esse prazo é contado de acordo com o art. 241, CPC, mas, no caso da convocação do requerido para a audiência preliminar, será computado a partir da ciência da decisão que examinou o pedido de liminar, de forma semelhante ao procedimento possessório (art. 930, CPC).

Em seguida, será o embargado citado para, no prazo de dez dias, contestar. Discutia-se sobre a forma de citação, havendo quem afirme serem necessários os meios genericamente utilizados no processo de conhecimento, enquanto outros autores afirmam que bastaria que a citação fosse feita na pessoa do advogado, através de publicação no órgão oficial, como se dá nos embargos do executado e na oposição.[15]

Contudo, com a Lei n. 12.125/2009, o art. 1.050, § 3º, CPC passou a dispor que a citação será sempre pessoal, salvo se o embargado tiver constituído nos autos, casos em que a citação será feita na pessoa do advogado. A controvérsia sobre a citação foi, então, encerrada.

Embora o Código se refira a contestar, apenas a reconvenção não é admitida, exatamente em razão de sua sumariedade formal, pois esta só é admitida no rito ordinário.

Na contestação, como regra, poderá ser alegada qualquer matéria de defesa, sendo o processo de cognição plena.

Não se admitirá apenas que o embargado alegue em sua defesa que a apreensão recaiu sobre o bem onerado ou alienado em fraude contra credores (Súmula 195, STJ), por ser negócio jurídico anulável. Apenas em ação própria, a ação pauliana, é que se permitirá a penhora de bens onerados fraudulentamente.

---

14 Nesse sentido: Nery Junior e Nery (2007, p. 1227). Em sentido contrário, afirmando que tal medida teria natureza cautelar: Marinoni e Arenhart (2008, p. 155).

15 Câmara (2009, p. 428) e Theodoro Júnior (2009, p. 336).

Tal restrição não se aplica à alegação de fraude contra a execução, já que nesses casos a ineficácia é originária, o que significa que o ato, desde sua origem, é incapaz de retirar o bem alienado ou onerado da responsabilidade patrimonial, sendo possível se reconhecer o vício na alienação.

Quando, porém, os embargos de terceiros se fundarem em direito real de garantia, o processo terá cognição limitada, sendo a resposta do embargado limitada às alegações elencadas no art. 1.054, CPC: que o devedor comum é insolvente, que o título é nulo ou não obriga a terceiro ou outra coisa é dada em garantia.

Não apresentada a contestação, o réu será revê, sujeitando-se aos efeitos daí decorrentes.

Terminada a fase postulatória, o processo seguirá o rito cautelar, o que não significa que o processo terá natureza cautelar. Desse modo, admitirá o julgamento antecipado da lide ou a designação de audiência de instrução e julgamento, quando haja prova oral a ser produzida.

Encerra-se o procedimento com a sentença que, se for terminativa ou de improcedência, nada terá de peculiar, liberando os bens apreendidos.

Já em relação à sentença que julgar procedente a demanda, há divergência sobre sua natureza. Há quem defenda que tem natureza meramente declaratória, enquanto outros autores consideram sua natureza constitutiva, e outros, os quais consideramos mais acertado, afirmam sua natureza condenatória ou mandamental, neste último caso adotando-se a classificação quinária das sentenças.

No caso de sentença de procedência em embargos repressivos, esta confirmará a liminar inicialmente concedida, determinando o levantamento da caução. A sentença irá, então, desconstituir a constrição pendente, tendo, a nosso ver, natureza constitutiva.

Já no caso de sentença de procedência em embargos preventivos, esta contém ordem para que não se efetive a constrição judicial do bem de terceiro, tendo, a nosso ver, natureza nitidamente mandamental.

A sentença condenará o sucumbente ao pagamento das custas processuais e dos honorários advocatícios. Como regra, os ônus de sucumbência caberão ao vencido. Contudo, surge a dúvida quanto a quem recairá o ônus da sucumbência, no caso de procedência do pedido do terceiro, se ao devedor, se ao credor ou mesmo se à responsabilidade do Estado.

12.8 O PROJETO DO NOVO CPC

CPC ATUAL	PROJETO DO NOVO CPC (PL N. 8.046/2010)
Art. 1.046. Quem, não sendo parte no processo, sofrer turbação ou esbulho na posse de seus bens por ato de apreensão judicial, em casos como o de penhora, depósito, arresto, sequestro, alienação judicial, arrecadação, arrolamento, inventário, partilha, poderá requerer lhe sejam manutenidos ou restituídos por meio de embargos. § 1º Os embargos podem ser de terceiro senhor e possuidor, ou apenas possuidor. § 2º Equipara-se a terceiro a parte que, posto figure no processo, defende bens que, pelo título de sua aquisição ou pela qualidade em que os possuir, não podem ser atingidos pela apreensão judicial. § 3º Considera-se também terceiro o cônjuge quando defende a posse de bens dotais, próprios, reservados ou de sua meação.	**Art. 660.** Quem, não sendo parte no processo, sofrer constrição sobre bens que possua ou sobre os quais tenha direito incompatível com o ato constritivo, poderá requerer o seu desfazimento por meio de embargos de terceiro. § 1º Os embargos podem ser de terceiro proprietário e possuidor ou apenas proprietário. § 2º Considera-se terceiro, para ajuizamento dos embargos: I – o cônjuge ou companheiro quando defende a posse de bens próprios ou de sua meação, salvo no caso do art. 799, parágrafo único; II – o adquirente de bens que foram constritos em razão da decretação de fraude à execução; III – quem sofre constrição judicial de seus bens por força de desconsideração da personalidade jurídica e que não é parte no processo em que realizado o ato constritivo;
Art. 1.047. Admitem-se ainda embargos de terceiro: I – para a defesa da posse, quando, nas ações de divisão ou de demarcação, for o imóvel sujeito a atos materiais, preparatórios ou definitivos, da partilha ou da fixação de rumos; II – para o credor com garantia real obstar alienação judicial do objeto da hipoteca, penhor ou anticrese.	IV – o credor com garantia real para obstar expropriação judicial do objeto de direito real de garantia, caso não tenha sido intimado, nos termos legais dos atos expropriatórios respectivos.
Art. 1.048. Os embargos podem ser opostos a qualquer tempo no processo de conhecimento enquanto não transitada em julgado a sentença, e, no processo de execução, até 5 (cinco) dias depois da arrematação, adjudicação ou remição, mas sempre antes da assinatura da respectiva carta.	**Art. 661.** Os embargos podem ser opostos a qualquer tempo no processo de conhecimento enquanto não transitada em julgado a sentença, e, no processo de execução, até cinco dias depois da adjudicação, alienação por iniciativa particular ou da arrematação, mas sempre antes da assinatura da respectiva carta.

CPC ATUAL	PROJETO DO NOVO CPC (PL N. 8.046/2010)
Art. 1.049. Os embargos serão distribuídos por dependência e correrão em autos distintos perante o mesmo juiz que ordenou a apreensão.	**Art. 662.** Os embargos serão distribuídos por dependência e correrão em autos distintos perante o mesmo juízo que ordenou a apreensão. Parágrafo único. Nos casos de ato de constrição realizado por carta, os embargos serão oferecidos no juízo deprecado, salvo se o bem constrito tiver sido determinado pelo juízo deprecante ou se a carta já tiver sido devolvida.
Art. 1.050. O embargante, em petição elaborada com observância do disposto no art. 282, fará a prova sumária de sua posse e a qualidade de terceiro, oferecendo documentos e rol de testemunhas. § 1º É facultada a prova da posse em audiência preliminar designada pelo juiz. § 2º O possuidor direto pode alegar, com a sua posse, domínio alheio. § 3º A citação será pessoal, se o embargado não tiver procurador constituído nos autos da ação principal.	**Art. 663.** Na petição inicial, o embargante fará a prova sumária de sua posse ou domínio e a qualidade de terceiro, oferecendo documentos e rol de testemunhas. § 1º É facultada a prova da posse em audiência preliminar designada pelo juiz. § 2º O possuidor direto pode alegar, com a sua posse, domínio alheio. § 3º A citação será pessoal, se o embargado não tiver procurador constituído nos autos da ação principal. § 4º Será legitimado passivo o sujeito a quem o ato de constrição aproveita. Também o será seu adversário no processo principal quando for sua a indicação do bem para a constrição judicial.
Art. 1.051. Julgando suficientemente provada a posse, o juiz deferirá liminarmente os embargos e ordenará a expedição de mandado de manutenção ou de restituição em favor do embargante, que só receberá os bens depois de prestar caução de os devolver com seus rendimentos, caso sejam afinal declarados improcedentes.	**Art. 664.** A decisão que reconhecer suficientemente provada a posse determinará a suspensão das medidas constritivas sobre os bens litigiosos, objeto dos embargos, bem como a manutenção ou a restituição provisória da posse, se o embargante a houver requerido. Parágrafo único. O juiz poderá condicionar a ordem de manutenção ou restituição provisória de posse à prestação de caução pelo requerente.
Art. 1.052. Quando os embargos versarem sobre todos os bens, determinará o juiz a suspensão do curso do processo principal; versando sobre alguns deles, prosseguirá o processo principal somente quanto aos bens não embargados.	*Sem correspondente.*

CPC ATUAL	PROJETO DO NOVO CPC (PL N. 8.046/2010)
Art. 1.053. Os embargos poderão ser contestados no prazo de 10 (dez) dias, findo o qual proceder-se-á de acordo com o disposto no art. 803.	**Art. 665.** Os embargos poderão ser contestados no prazo de quinze dias, findo o qual se seguirá o procedimento comum.
Art. 1.054. Contra os embargos do credor com garantia real, somente poderá o embargado alegar que: I – o devedor comum é insolvente; II – o título é nulo ou não obriga a terceiro; III – outra é a coisa dada em garantia.	**Art. 666.** Contra os embargos do credor com garantia real, o embargado somente poderá alegar que: I – o devedor comum é insolvente; II – o título é nulo ou não obriga a terceiro; III – outra é a coisa dada em garantia.
Sem correspondente.	**Art. 667.** Acolhido o pedido inicial, o ato de indevida constrição judicial será cancelado, com a manutenção da posse ou restituição definitiva do bem ou direito ao embargante.

O primeiro artigo do projeto a tratar sobre embargos de terceiros, isto é, o art. 660, traz disposições contidas nos arts. 1.046 e 1.047 do Código atual. O artigo trata dos legitimados, quem pode se valer dos embargos de terceiro.

O artigo seguinte (661), trata do momento de oposição dos embargos, repetindo a redação do CPC atual, e o art. 662 trata que os embargos serão oferecidos perante o juízo que ordenou sua apreensão.

O projeto traz um parágrafo único ao art. 662, sem previsão do CPC atual. Se, atualmente, os embargos podem ser oferecidos, no caso de carta, no juízo deprecado ou no deprecante, o projeto traz regra expressa de que, nos casos de ato de constrição realizado por carta, os embargos serão oferecidos no juízo deprecado, salvo se o bem constrito tiver sido determinado pelo juízo deprecante ou se a carta já tiver sido devolvida.

O art. 663 do projeto trata dos requisitos específicos da petição inicial, enquanto o art. 664 trata da decisão liminar que determine que cesse a constrição sobre o bem, por reconhecer que é de terceiro. Nesse caso, poderá ser exigida caução.

O projeto, em seu art. 665, traz uma inovação: amplia de dez (prazo do art. 1.053 do atual CPC) para quinze dias o prazo para oferecimento de resposta dos embargos, sendo que estes, após o oferecimento da resposta, seguirão o procedimento comum.

O art. 666 trata das matérias que poderão ser alegadas em contestação nos embargos, e no art. 667, do pronunciamento judicial que reconhece a constrição sobre bem de terceiro, fazendo com que cesse. Por se tratar de cognição exauriente, aqui não há mais que se tratar da necessidade de caução.

CAPÍTULO 13

Habilitação

13.1 NOÇÕES GERAIS

A relação processual tem uma configuração mínima, triangular, composta por autor, réu e Estado juiz, em constante interação, o que não impede que outros sujeitos ingressem no processo.

Com o falecimento do autor ou do réu, sendo sua presença essencial para o processo e sendo intransmissível a posição jurídica por ele ocupada, por envolver direitos intransmissíveis aos herdeiros, não há outra solução que não a imediata extinção do processo sem resolução do mérito, com base no art. 267, IX, CPC.

Contudo, há situações em que a posição jurídica ocupada pela parte falecida é transmissível, que são a grande maioria dos direitos subjetivos, devendo o feito ser suspenso para a habilitação do espólio, quando representado por inventariante não dativo, ou de seus sucessores, nos termos do art. 265, I, CPC, para que o processo retome seu curso normal. Somente quando a representação for irregular, deverá o juiz extinguir o processo.

Esse procedimento, através do qual os sucessores da parte falecida ingressam em juízo para recompor a relação processual afetada pela morte de um dos sujeitos que a integraram em sua formação inicial,[1] é o que se denomina habilitação, tratado nos arts. 1.055 a 1.062, CPC.

1 Nesse sentido: Theodoro Júnior (2008, p. 291).

Sua função é possibilitar a continuação do processo interrompido pela morte da parte, no estado em que se encontra o feito. Com a habilitação, o terceiro assume a causa no estado em que se encontra, aproveitando os atos já praticados e se sujeitando às facetas do procedimento então em curso.

Prevê o Código dois tipos de procedimento para realizar a habilitação, que são:

a) sob a forma de ação incidente, correndo em autos próprios e sujeitando-se a uma sentença (arts. 1.057 e 1.058, CPC);

b) sob a forma de habilitação direta nos autos da causa principal e independentemente de sentença (art. 1.060).

Na primeira hipótese, tem-se um procedimento contencioso, paralelo ao processo originário suspenso.

Na segunda, há uma simplificação do procedimento e o ingresso se dá no próprio bojo da ação principal, por meio de uma decisão interlocutória.

13.2 NATUREZA JURÍDICA

A ação de habilitação, que se ocorre paralelamente ao processo originário, é um procedimento de jurisdição contenciosa, através do qual se desenvolve um processo de conhecimento incidental ao processo principal. A pretensão manifestada na demanda de habilitação é a de modificação da relação processual, com o ingresso do sucessor no lugar da parte falecida. Busca-se uma sentença constitutiva, destinada a modificar, quanto a um de seus sujeitos, a relação processual.

Já a habilitação no bojo do procedimento principal é um procedimento simplificado, que ocorre nos autos principais, em que não há qualquer litigiosidade.

13.3 CABIMENTO

O procedimento de habilitação, por meio da ação de habilitação ou por procedimento simplificado, é utilizado apenas no caso de sucessão *mortis causa*, de uma das partes no processo, sendo transmissível a posição jurídica por ela ocupada.

Não apenas o autor e o réu se substituem pelo procedimento previsto nos arts. 1.055 a 1.062, CPC. Qualquer parte poderá ser substituída pelo sucessor *mortis causa*, como o opoente, o denunciado à lide e o nomeado à autoria. A exceção é apenas o assistente, que não chega a se qualificar como parte da relação processual pendente, e a relação processual independe de sua presença para prosseguir.

Não se utiliza a habilitação para os casos de sucessão *inter vivos*, porque, quando alienado o direito litigioso a terceiro, permanece a parte no processo, como substituto processual do adquirente. A exceção é apenas no caso do adversário concordar, quando o adquirente do direito litigioso ingressa em seu lugar na relação processual.

Se, porém, o alienante ou cedente falece no curso do processo, não há razão para só permitir sua substituição pelos herdeiros. Provado o negócio translatício do bem ou direito litigioso, admite a lei que a habilitação seja feita pelo adquirente ou cessionário, a quem competirá prosseguir na causa. Para tanto, deverá juntar documentos que demonstrem seu título de cessionário ou adquirente, bem como sua identidade (art. 1.061, CPC). Essa habilitação se fará diretamente nos autos do processo principal, na forma do art. 1.060, CPC, que abordaremos em seguida.

13.4 LEGITIMIDADE

Tem legitimidade, segundo o art. 1.056, CPC, tanto a parte, em relação aos sucessores do falecido, como os sucessores do falecido, em relação à parte.

Assim, a habilitação pode ser ajuizada tanto pela parte adversária da falecida, em face de seus sucessores ou espólio, como pode também ser ajuizada em face dos sucessores do falecido em face de seu adversário no processo pendente.

Verifica-se, assim, que pode qualquer um dos sujeitos ocupar a posição de demandante e de demandado. Essa duplicidade de legitimados ativos é explicável porque da mesma forma que eventualmente não interessa à parte sobrevivente providenciar a habilitação dos sucessores da falecida, poderão estes não demonstrar qualquer intenção de se habilitarem no processo, motivo pelo qual a lei confere a um e outros legitimidade ativa.

O que não se admite é a habilitação de ofício, observando-se a regra de que ninguém pode ser compelido a ser autor, nem pode ser qualquer pessoa obrigada a demandar em face de quem não escolheu.

13.5 COMPETÊNCIA

A competência para o procedimento de habilitação é do juízo da causa principal, aplicando-se o disposto no art. 108, CPC.

Trata-se de competência funcional e, portanto, inderrogável, sendo qualquer outro juízo incompetente para o procedimento de habilitação.

Se a habilitação ocorrer enquanto o processo estiver no Tribunal, pendente do julgamento de recurso, ocorrerá, nos termos do art. 1.059, CPC, perante o relator do processo principal, na forma do regimento interno. Atuará o relator como juiz instrutor, preparando o processo para o julgamento no colegiado.

Caso já tenha sido proferida sentença, mas a causa estiver ainda em primeiro grau, a competência será, por um critério residual, do juízo de primeira instância.

13.6 AÇÃO DE HABILITAÇÃO

Quando houver resistência ou controvérsia à substituição da parte falecida, o procedimento para forçar a habilitação será o previsto nos arts. 1.057 e 1.058, CPC.

Inicia-se o procedimento de habilitação com petição inicial, que deve atender aos requisitos do art. 39, I, 282 e 283, CPC.

A petição inicial será distribuída por dependência e autuada em apenso.

Determinará o juiz a citação dos demandados, que se fará pelas formas do processo de conhecimento, sendo feita de forma pessoal, mas admitindo-se a citação por hora certa e por edital, quando cabíveis (arts. 227 e 231, CPC). Em se tratando de parte que já tenha advogado constituído nos autos principais, a citação será feita através de intimação do causídico.

Sendo a habilitação demandada em face dos sucessores, e havendo herdeiros desconhecidos, eles serão citados por edital, nos termos do art. 231, CPC.

O prazo para oferecimento de resposta é de cinco dias, admitindo-se como resposta a contestação e a exceção, mas é vedada a reconvenção. As respostas devem versar sobre questões meramente processuais, como ilegitimidade *ad causam* e a intransmissibilidade do direito, já que as questões substanciais dizem respeito à demanda principal.

Decorrido o prazo de resposta, será observado o prazo comum, previsto no procedimento cautelar, não obstante a natureza cognitiva do procedimento de habilitação.

A sentença acolherá ou não o pedido de habilitação dos sucessores do litigante morto. Julgado procedente o pedido, por sentença de natureza constitutiva, e transitada em julgado a decisão, o processo principal, que estava suspenso desde a notícia do óbito, volta a tramitar, agora com o sucessor no lugar anteriormente ocupado pelo falecido.

13.7 HABILITAÇÃO NOS AUTOS DO PROCESSO PRINCIPAL

A ação de habilitação pressupõe litigiosidade a respeito do litigante morto. Se não existe resistência ou se as provas da qualidade de sucessor são evidentes, não é preciso se utilizar da índole litigiosa para obter a habilitação.

Prevê o art. 1.060, CPC casos em que a habilitação se faz nos autos do processo principal, sem a necessidade de instauração de processo autônomo.

A simplificação procedimental se dá quando promovida pelo cônjuge e pelos herdeiros necessários, desde que provem por documento de óbito do falecido a sua qualidade, quando outro processo tiver sentença transitada em julgado atribuindo ao habilitando a qualidade de sucessor do falecido, quando o herdeiro for incluído, sem qualquer oposição, no processo de inventário e partilha do falecido, quando for declarada a ausência ou determinada a arrecadação da herança jacente da parte original no processo, e quando oferecida a demanda de habilitação pelos sucessores, a parte adversária reconhecer a procedência dela.

Nesses casos, feita a citação e findo o prazo para contestação sem qualquer oposição, o magistrado, à luz dos documentos exibidos, admitirá de plano a habilitação, sem necessitar de uma sentença, sendo proferida apenas uma decisão interlocutória para admissão da habilitação.

13.8 O PROJETO DO NOVO CPC

CPC ATUAL	PROJETO DO NOVO CPC (PL N. 8.046/2010)
Art. 1.055. A habilitação tem lugar quando, por falecimento de qualquer das partes, os interessados houverem de suceder-lhe no processo.	**Art. 668.** A habilitação tem lugar quando, por falecimento de qualquer das partes, os interessados houverem de suceder-lhe no processo.
Art. 1.056. A habilitação pode ser requerida: I – pela parte, em relação aos sucessores do falecido; II – pelos sucessores do falecido, em relação à parte.	**Art. 669.** A habilitação pode ser requerida: I – pela parte, em relação aos sucessores do falecido; II – pelos sucessores do falecido, em relação à parte.
Art. 1.057. Recebida a petição inicial, ordenará o juiz a citação dos requeridos para contestar a ação no prazo de 5 (cinco) dias. Parágrafo único. A citação será pessoal, se a parte não tiver procurador constituído na causa.	**Art. 671.** Recebida a petição, o juiz ordenará a citação dos requeridos para se pronunciarem no prazo de cinco dias. Parágrafo único. A citação será pessoal, se a parte não tiver procurador constituído nos autos.
Art. 1.058. Findo o prazo da contestação, observar-se-á o disposto nos arts. 802 e 803.	**Art. 672.** Se o pedido de habilitação for impugnado e houver necessidade de dilação probatória diversa da documental, o juiz determinará que o pedido seja autuado em apenso e disporá sobre a instrução. Caso contrário, decidirá imediatamente.
Art. 1.059. Achando-se a causa no tribunal, a habilitação processar-se-á perante o relator e será julgada conforme o disposto no regimento interno.	**Art. 670.** Proceder-se-á à habilitação nos autos da causa principal e na instância em que ela se encontrar, cuja suspensão será determinada.
Art. 1.060. Proceder-se-á à habilitação nos autos da causa principal e independentemente de sentença quando: I – promovida pelo cônjuge e herdeiros necessários, desde que provem por documento o óbito do falecido e a sua qualidade; II – em outra causa, sentença passada em julgado houver atribuído ao habilitando a qualidade de herdeiro ou sucessor; III – o herdeiro for incluído sem qualquer oposição no inventário;	*Sem correspondente.*

CPC ATUAL	PROJETO DO NOVO CPC (PL N. 8.046/2010)
IV – estiver declarada a ausência ou determinada a arrecadação da herança jacente; V – oferecidos os artigos de habilitação, a parte reconhecer a procedência do pedido e não houver oposição de terceiros.	
Art. 1.061. Falecendo o alienante ou o cedente, poderá o adquirente ou o cessionário prosseguir na causa, juntando aos autos o respectivo título e provando a sua identidade.	*Sem correspondente.*
Art. 1.062. Passada em julgado a sentença de habilitação, ou admitida a habilitação nos casos em que independer de sentença, a causa principal retomará o seu curso.	**Art. 673.** Transitada em julgado a sentença de habilitação, a causa principal retomará o seu curso, juntando-se aos autos respectivos cópia da sentença de habilitação.

Mais uma vez, as disposições do projeto não seguem a sequência do CPC atual.

O projeto inicia a parte de habilitação com o seu cabimento: com a morte de qualquer das partes, abre-se para os interessados sucederem no processo. Em seguida, no art. 669, passa a tratar dos legitimados para se habilitarem nos autos. Esses dispositivos são mera reprodução dos arts. 1.055 e 1.056 do texto do atual CPC.

Em seguida, no art. 670, o projeto traz redação mais apurada do que o art. 1.059 do atual CPC, que trata apenas da possibilidade da habilitação ocorrer no Tribunal, já que o texto do Código atual já se refere à habilitação realizada perante o juiz.

O projeto, em redação aprimorada, apenas prevê que a habilitação ocorrerá nos autos principais e se dará na instância que a causa se encontrar, suspendendo-se o processo para se realizar a habilitação requerida.

Em seguida, o art. 671 do projeto volta a ter correspondente no art. 1.057 do atual CPC, trazendo a previsão de recebimento da inicial e citação do requerido.

Em redação mais ampla que o art. 1.058, CPC atual, que prevê apenas o procedimento após a contestação, o art. 672 do projeto trata da hipótese de ser oferecida impugnação à habilitação. Nesse caso, se houver necessidade de dilação probatória, o juiz autuará em apenso para conduzir a instrução.

Por fim, reduzindo o número de artigos em relação ao CPC atual, o projeto encerra o procedimento com o art. 673, que já trata do trânsito em julgado do procedimento de habilitação, com a retomada do curso da causa principal, disposição prevista também no art. 1.062 do atual CPC.

CAPÍTULO **14**

Restauração de autos

14.1 NOÇÕES GERAIS

Embora corriqueiramente utilizados como sinônimo, autos e processo são terminologias que não se confundem.

O processo é uma entidade jurídica complexa, cujo aspecto intrínseco é a relação jurídica e extrinsecamente se apresenta como um procedimento que se desenvolve em contraditório.

Já os autos são a documentação escrita dos atos do processo. Documentam não só a existência do processo, como cada ato que o compõe.

Pode ocorrer que os autos desapareçam. Para esses casos, criou-se o procedimento de restauração de autos.

A restauração é um procedimento especial contencioso tendente a recompor os atos e termos do processo e a propiciar a retomada do curso do feito paralisado em razão do desaparecimento dos respectivos autos.[1] Objetiva-se tão somente a restauração ou recomposição dos autos desaparecidos (art. 1.063, CPC). Enquanto não for feita a restauração, o processo não prosseguirá, sendo o desaparecimento dos autos motivo de suspensão do processo por força maior (art. 265, V, CPC).

1 Theodoro Júnior (2008, p. 348).

14.2 NATUREZA JURÍDICA E CABIMENTO

Trata-se de procedimento especial do processo de conhecimento, de jurisdição contenciosa, cabível toda vez que os autos de um processo desaparecerem, qualquer que seja a razão do sumiço.

A restauração de autos é cabível tanto para os autos físicos como para os eletrônicos.

No primeiro caso, a restauração se processará quando não houver autos suplementares ou quando estes também desaparecerem. Autos suplementares são a duplicata dos autos originais, para evitar destruição ou extravio (art. 1.063, parágrafo único).

Caso existam autos suplementares, o processo prosseguirá com base neles, não sendo cabível a restauração (art. 159, CPC), por ausência do binômio interesse e necessidade para a instauração do procedimento. Os autos suplementares deverão ser restituídos ao cartório assim que os autos principais aparecerem.

Já no caso de processo eletrônico, regulado pela Lei n. 11.419/2006, apesar de pouco comum, a restauração será cabível no caso de falhas no sistema.

Em qualquer das hipóteses, não será necessário o procedimento de restauração de autos se for o caso de conversão de separação judicial em divórcio, nos termos do art. 47 da Lei n. 6.515/77 (Lei do Divórcio), quando os autos da separação judicial tiverem sido extraviados, pois o pedido poderá ser instruído com a certidão da carta de sentença ou por sua averbação no assento do casamento.

14.3 LEGITIMIDADE

A ação de restauração de autos pode ser proposta por qualquer das partes do processo original, não sendo cabível sua instauração de ofício pelo juiz. A ação é, portanto, de natureza dúplice, sendo que, uma delas tomando a iniciativa, a outra ficará como sujeito passivo do procedimento

Há quem afirme que teria legitimidade também o assistente litisconsorcial, mas não o assistente simples. Atribui-se legitimidade também ao Ministério Público, quando atua como parte no processo.

Para Alexandre Câmara,[2] o conceito de parte deve ser o mais amplo, o de partes no processo, e não apenas o de partes da demanda, que seriam apenas autor e réu. Dessa forma, o autor afirma que todos os que participam do procedimento em contraditório teriam legitimidade.

No mesmo sentido, Nelson Nery Junior[3] afirma que, ajuizada a ação de restauração de autos, todos os que na causa intervierem serão citados, considerando que todas as partes do processo são legitimados ativos e passivos.

14.4 COMPETÊNCIA

Aplica-se a regra do art. 108, CPC, sendo a competência do juízo do processo principal, isto é, daquele cujos autos desapareceram. Trata-se de critério absoluto de fixação da competência.

14.5 PROCEDIMENTO

O procedimento tem início com a apresentação da petição inicial, contendo todos os requisitos dos arts. 39, I, 282 e 283, CPC. A petição inicial deverá vir acompanhada de certidões de atos constantes do protocolo de audiências do cartório do juízo, de cópias de petições dirigidas pelo demandante ao juízo no processo principal e de quaisquer outros documentos que facilitem a restauração.

A parte contrária será citada para no prazo de cinco dias oferecer resposta. Admite-se o oferecimento de contestação e de exceção, mas não de reconvenção, dado o caráter dúplice do procedimento.

Cabe ao demandado na contestação exibir as cópias, contrafés e mais reproduções dos atos e documentos do processo que estiverem em seu poder.

Na defesa, a questão de mérito limita-se à pesquisa da definição do conteúdo dos diversos documentos que compunham os autos originais.

---

2 Câmara (2009, p. 439).

3 Nery Junior e Nery (2007, p. 1233).

A controvérsia que pode se levantar é apenas a idoneidade das peças e elementos apresentados, ou inexequibilidade da restauração por falta de peça no processo. Questões de fato ou de direito que pertençam à causa principal são estranhas à ação de restauração de autos, cuja sentença apenas declarará restaurados ou não os autos do processo principal.

Temas como prescrição, decadência, preclusão ou coisa julgada também só poderão ser analisados nos autos principais, cabendo a parte aguardar o julgamento da restauração e a retomada do curso do processo, com sua recomposição.

Caso o demandado concorde com a restauração de autos, será lavrado o termo de restauração que, assinado pelas partes e homologado por sentença, suprirá os autos desaparecidos.

Não havendo concordância com a restauração ou houver concordância parcial, observar-se-á o disposto no procedimento cautelar. Se depender de prova oral, nos termos do art. 803, CPC, haverá a designação de audiência de instrução e julgamento. Se a questão for unicamente de direito ou depender de prova documental, a sentença será desde logo proferida.

Se os autos forem extraviados após a produção de provas em audiência, o juiz mandará repeti-las, nos termos do art. 1.066, CPC. Serão reinquiridas as mesmas testemunhas e somente se alguma houver falecido ou estiver impossibilitada de depor poderá haver substituição (art. 1.066, § 1º, CPC). Essa repetição só não se fará necessária se tiver sido juntada aos autos cópia do termo escrito de depoimento. Na audiência, será vedado ao juiz colher provas para o processo principal.

O mesmo se aplica à prova pericial. Não havendo cópia do laudo pericial que constava nos autos extraviados, o juiz determinará a realização de nova perícia, nomeando, se possível, o mesmo perito.

Os documentos sem certidão serão reconstituídos mediante a apresentação de cópias e, em sua falta, pelo meio ordinário de prova.

Sendo o extravio posterior à sentença, deverá ela ser levada aos autos da restauração por cópia, que terá a mesma autoridade do original.

Julgado procedente o pedido de restauração, o processo principal seguirá nos autos restaurados. Caso apareçam depois os autos principais, que estavam extraviados, nestes prosseguirá o feito, apensando-se os autos da restauração. Essa regra, porém, deve ser vista com cautela, já que, se os autos principais se perderam logo no início do processamento e se a causa prossegue adiantada nos autos restaurados ou nos autos suplementares, não teria sentido se retornar aos autos originais, por afronta ao princípio da economia processual.

14.6 SENTENÇA

Vicente Greco Filho[4] afirma que a sentença da ação de restauração teria conteúdo declaratório e condenatório, porque não só declararia o extravio dos autos, bem como sua substituição, como também condenaria a parte responsável pelo desaparecimento, ainda que seja o autor da ação de restauração, ao pagamento de custas processuais e honorários advocatícios (art. 1.069, CPC).

Já Alexandre Câmara[5] afirma que a sentença possui natureza constitutiva da sentença, declarando que os autos existiam e se extraviaram, bem assim que os novos autos substituem os desaparecidos, substituindo os autos extraviados por novos, sem retirar-lhes a eficácia.

14.7 RESTAURAÇÃO DOS AUTOS NO TRIBUNAL

Ocorrendo o desaparecimento dos autos no Tribunal, aplica-se o disposto no art. 1.068, CPC, distribuindo-se a ação de restauração de autos ao relator do processo cujos autos se extraviaram. O relator deverá determinar ao juízo de origem que pratique os atos necessários à restauração dos autos, referente ao que tenha acontecido em primeiro grau de jurisdição.

Depois, retornam os autos do processo ao Tribunal, para que se complete o procedimento e se proceda ao julgamento, que será realizado pelo órgão colegiado que seria competente para julgar os autos extraviados.

4 Greco Filho (2006, p. 441).

5 Câmara (2009, p. 441).

14.8 RESPONSABILIDADE CIVIL DO CAUSADOR DO DESAPARECIMENTO DOS AUTOS

O art. 1.069, CPC preceitua que quem houver dado causa ao desaparecimento dos autos responderá pelas custas da restauração e pelos honorários do advogado, sem prejuízo da responsabilidade civil e penal.

A primeira parte do dispositivo apenas determina a aplicação do princípio da causalidade: quem houver dado causa ao extravio dos autos, responde pelas despesas processuais e honorários advocatícios do processo de restauração, que é independente do principal.

Pode ocorrer, então, que se atribua responsabilidade ao autor da ação de restauração, desde que fique demonstrado que foi ele o responsável pelo extravio.

Além disso, determina a lei responsabilidade civil (arts. 186 e 927, CC) e criminal (art. 356, CP). Essa responsabilidade não será apurada no processo de restauração de autos, por se tratar de matéria estranha ao objeto da lide, mas em processo próprio em que o lesado pelo desaparecimento dos autos deverá pleitear a condenação do respectivo responsável ao pagamento da indenização devida.

Pode haver, ainda, responsabilidade funcional, se o desaparecimento dos autos principais ocorreu por culpa ou dolo do Ministério Público, dos servidores ou dos juízes, responsabilidade esta que vem regulada nas leis relativas a cada categoria profissional. No caso do processo desaparecer tendo sido entregue a advogados, deve ele comunicar ao juiz e à OAB tal ocorrência tão logo tenha notícia do ocorrido, para evitar as providências previstas no art. 196 e parágrafo único, CPC.

14.9 O PROJETO DO NOVO CPC

CPC ATUAL	PROJETO DO NOVO CPC (PL N. 8.046/2010)
Art. 1.063. Verificado o desaparecimento dos autos, pode qualquer das partes promover-lhes a restauração. Parágrafo único. Havendo autos suplementares, nestes prosseguirá o processo.	**Art. 674.** Verificado o desaparecimento dos autos, pode o juiz, de ofício, qualquer das partes ou o Ministério Público, se for o caso, promover-lhes a restauração.

CPC ATUAL	PROJETO DO NOVO CPC (PL N. 8.046/2010)
Art. 1.064. Na petição inicial declarará a parte o estado da causa ao tempo do desaparecimento dos autos, oferecendo: I – certidões dos atos constantes do protocolo de audiências do cartório por onde haja corrido o processo; II – cópia dos requerimentos que dirigiu ao juiz; III – quaisquer outros documentos que facilitem a restauração.	**Art. 675.** Na petição inicial declarará a parte o estado da causa ao tempo do desaparecimento dos autos, oferecendo: I – certidões dos atos constantes do protocolo de audiências do cartório por onde haja corrido o processo; II – cópia das peças que tenha em seu poder; III – qualquer outro documento que facilite a restauração.
Art. 1.065. A parte contrária será citada para contestar o pedido no prazo de 5 (cinco) dias, cabendo-lhe exibir as cópias, contrafés e mais reproduções dos atos e documentos que estiverem em seu poder. § 1º Se a parte concordar com a restauração, lavrar-se-á o respectivo auto que, assinado pelas partes e homologado pelo juiz, suprirá o processo desaparecido. § 2º Se a parte não contestar ou se a concordância for parcial, observar-se-á o disposto no art. 803.	**Art. 676.** A parte contrária será citada para contestar o pedido no prazo de cinco dias, cabendo-lhe exibir as cópias, as contrafés e mais as reproduções dos atos e dos documentos que estiverem em seu poder. § 1º Se a parte concordar com a restauração, lavrar-se-á o respectivo auto que, assinado pelas partes e homologado pelo juiz, suprirá o processo desaparecido. § 2º Se a parte não contestar ou se a concordância for parcial, observar-se-á o procedimento comum.
Art. 1.066. Se o desaparecimento dos autos tiver ocorrido depois da produção das provas em audiência, o juiz mandará repeti-las. § 1º Serão reinquiridas as mesmas testemunhas; mas se estas tiverem falecido ou se acharem impossibilitadas de depor e não houver meio de comprovar de outra forma o depoimento, poderão ser substituídas. § 2º Não havendo certidão ou cópia do laudo, far-se-á nova perícia, sempre que for possível e de preferência pelo mesmo perito. § 3º Não havendo certidão de documentos, estes serão reconstituídos mediante cópias e, na falta, pelos meios ordinários de prova. § 4º Os serventuários e auxiliares da justiça não podem eximir-se de depor como testemunhas a respeito de atos que tenham praticado ou assistido. § 5º Se o juiz houver proferido sentença da qual possua cópia, esta será junta aos autos e terá a mesma autoridade da original.	**Art. 677.** Se a perda dos autos tiver ocorrido depois da produção das provas em audiência, o juiz, se necessário, mandará repeti-las. § 1º Serão reinquiridas as mesmas testemunhas; não sendo possível, poderão ser substituídas de ofício ou a requerimento da parte. § 2º Não havendo certidão ou cópia do laudo, far-se-á nova perícia, sempre que for possível pelo mesmo perito. § 3º Não havendo certidão de documentos, estes serão reconstituídos mediante cópias e, na falta, pelos meios ordinários de prova. § 4º Os serventuários e os auxiliares da justiça não podem eximir-se de depor como testemunhas a respeito de atos que tenham praticado ou assistido. § 5º Se o juiz houver proferido sentença da qual ele próprio ou o escrivão possua cópia, esta será juntada aos autos e terá a mesma autoridade da original.

CPC ATUAL	PROJETO DO NOVO CPC (PL N. 8.046/2010)
Art. 1.067. Julgada a restauração, seguirá o processo os seus termos. § 1º Aparecendo os autos originais, nestes se prosseguirá sendo-lhes apensados os autos da restauração. § 2º Os autos suplementares serão restituídos ao cartório, deles se extraindo certidões de todos os atos e termos a fim de completar os autos originais.	**Art. 678.** Julgada a restauração, seguirá o processo os seus termos. Parágrafo único. Aparecendo os autos originais, nestes se prosseguirá sendo-lhes apensados os autos da restauração.
Art. 1.068. Se o desaparecimento dos autos tiver ocorrido no tribunal, a ação será distribuída, sempre que possível, ao relator do processo. § 1º A restauração far-se-á no juízo de origem quanto aos atos que neste se tenham realizado. § 2º Remetidos os autos ao tribunal, aí se completará a restauração e se procederá ao julgamento.	**Art. 679.** Se o desaparecimento dos autos tiver ocorrido no tribunal, o processo de restauração será distribuído, sempre que possível, ao relator do processo. § 1º A restauração far-se-á no juízo de origem quanto aos atos que se tenham realizado neste. § 2º Remetidos os autos ao tribunal, aí se completará a restauração e se procederá ao julgamento.
Art. 1.069. Quem houver dado causa ao desaparecimento dos autos responderá pelas custas da restauração e honorários de advogado, sem prejuízo da responsabilidade civil ou penal em que incorrer.	**Art. 680.** Quem houver dado causa ao desaparecimento dos autos responderá pelas custas da restauração e pelos honorários de advogado, sem prejuízo da responsabilidade civil ou penal em que incorrer.

A alteração no procedimento de restauração de autos está logo no primeiro artigo sobre o tema no novo CPC: o art. 674. Enquanto o art. 1.063, CPC atual afirma que a restauração depende da iniciativa das partes, o projeto prevê a possibilidade do procedimento se iniciar por provocação das partes, do Ministério Público e, até, de ofício pelo juiz. A restauração passará a ser, então, mais um procedimento que excepcionará a regra da inércia da jurisdição.

No artigo seguinte, o projeto trata do conteúdo da petição inicial quando esse procedimento for provocado pela parte (art. 675) e tratará da citação do réu (art. 676), previsões idênticas aos arts. 1.064 e 1.065, CPC atual, já tratados ao longo deste capítulo.

O art. 677 descreve o procedimento a ser realizado se a perda dos autos houver ocorrido após a produção de provas em audiência, procedimento este idêntico ao art. 1.066, CPC atual.

Já o art. 978 destaca que, após o julgamento da restauração, os autos seguirão os termos normais. O parágrafo único destaca que, se aparecerem os autos originais, os autos restaurados seguirão em apenso. Esse artigo parece nitidamente seguir a dicção do atual art. 1.067, CPC, se não fosse a supressão de seu § 2º, que trata dos autos suplementares. O novo CPC não trata da restituição dos autos suplementares em cartório, com o fim da restituição.

Trata-se, na verdade, de prática comum atualmente, já que alguns atos são praticados por meio eletrônico, não havendo mais a prática de armazenar autos físicos suplementares na secretaria. Dessa forma, o projeto já elimina tal previsão.

O art. 679 do projeto prevê que, se a restauração ocorrer no tribunal, será conduzida pelo relator, o que mantém a ideia de que a restauração poderá ocorrer a qualquer tempo e grau de jurisdição.

E, por fim, o último dispositivo do projeto reproduz o atual art. 1.069, CPC, que quem deu causa à restauração arcará com suas custas e honorários advocatícios, independentemente da responsabilidade civil e penal.

CAPÍTULO 15

Homologação de penhor legal

15.1 CONCEITUAÇÃO DE PENHOR

Penhor pode ser definido como um direito real que consiste na tradição de uma coisa móvel ou mobilizável, suscetível de alienação, realizada pelo devedor ou por terceiro ao credor, a fim de garantir o pagamento do débito.[1]

A propriedade das coisas móveis é adquirida com a tradição. A tradição é a entrega ou a transferência da coisa, bastando, para tanto, não a declaração de vontade, mas a intenção da transferência do domínio do que opera a tradição e daquele que recebe a coisa móvel.

O penhor consiste em um direito real de garantia. Por restringir os direitos do proprietário, segue os princípios da taxatividade e o da tipicidade.

O penhor pode ser constituído pela vontade das partes ou pela imposição da lei. O penhor convencional é o derivado da vontade das partes, elaborado por escrito e registrado em cartório. O penhor legal, por sua vez, é o expressamente determinado em lei.

Destaque-se que o penhor não se confunde com a penhora, característica dos atos de execução. Penhor é o direito real de garantia que recai sobre coisas móveis, quando os bens são empenhados. A penhora, por sua

1 Diniz (2005).

vez, é um ato processual do processo de execução, de constrição de bens do devedor. Na penhora, os bens são penhorados.

15.2 PENHOR LEGAL NO CPC

O penhor legal é uma medida cautelar no CPC atual, mas que é tratado como um procedimento especial no projeto do novo Código, e, por isso, já discutimos junto com tais disposições. É um direito real de garantia concedido por lei a alguns credores, sobre coisas móveis, em situações especiais. Uma vez que restringe os direitos do proprietário, deve seguir os princípios da taxatividade e da tipicidade. Dessa forma apenas é possível utilizar-se do recurso nas hipóteses expressamente previstas na lei. As hipóteses de penhor legal estão elencadas no Código Civil e também na Lei n. 6.533/78, que regulamenta a profissão de artista e técnico de espetáculos.

A *finalidade* do penhor é a *garantia do pagamento*. A posse direta dos bens passará para o credor, mas não sua propriedade, uma vez que se trata apenas de meio lícito de garantir a dívida, que será cobrada em juízo, se não for paga voluntariamente.

Tomado o penhor legal, em ato contínuo, o credor deve requerer a sua homologação em juízo.

O termo *ato contínuo* vem expresso tanto no Código Civil, no art. 1.471, como no CPC, no art. 874, e enseja o entendimento de que deverá o credor ingressar com o pedido de homologação no primeiro dia útil após a efetivação do penhor legal.

Tal procedimento disciplina a atitude daquele que se afirma credor quando pretende pleitear o apossamento daquele que reputa devedor, isto é, pleiteia a posse do bem até posterior satisfação da dívida.

A homologação significa, então, a confirmação do ato urgente praticado, independentemente de processo jurisdicional, isto é, o juiz se limita a afirmar que o procedimento do suposto credor está correto, estabilizando o apossamento realizado. Se não for realizada a homologação, a posse de quem realizou o penhor perderá o caráter de boa-fé.

O juízo que julgar a cautelar fica prevento para o processo principal.

A petição inicial deve vir instruída com a tabela de preços e com os objetos retidos, tomado como garantia, e deve ser descrita a hipótese legal em que ocorreu o penhor.

Deferida a inicial, o réu será citado, para pagar a dívida, somada de seus acréscimos legais, de modo a levantar o penhor, oferecer caução idônea da dívida, inviabilizando a continuação do penhor legal ou apresentar defesa, no prazo de vinte e quatro horas, o que se trata de regra excepcional.

Superada a fase instrutória e a probatória, será proferida sentença, que homologará o ato praticado pelo autor no plano de direito material, reconhecendo sua correção, ou não homologará o penhor e determinará a devolução dos bens ao réu. Na hipótese dos bens não serem devolvidos ao réu, o magistrado poderá determinar mandado de busca e apreensão, como dispõe o art. 840, CPC.

A sentença proferida não é título judicial, limitando-se a reconhecer ou não a correção do ato do penhor legal, sem dispor sobre a existência de crédito entre as partes.

Homologado o penhor, estará a posse do credor legitimada, sendo ele depositário do bem, e os autos deverão ser entregues ao requerente em 48 horas, independentemente de translado, podendo o credor ajuizar desde logo execução por quantia certa, garantida pelo direito real sobre o bem.

Desse modo, homologado o penhor cria-se um título executivo extrajudicial, a habilitar o autor ao ajuizamento imediato da execução, que não precisa ser realizada no prazo de trinta dias. Caso a dívida não esteja liquidada ou pender sobre ela condição ou termo, poderá aguardar o óbice criado.

15.3 PENHOR LEGAL NO PROJETO DO NOVO CPC

A homologação de penhor legal, prevista como um procedimento cautelar no CPC atual, passa, no procedimento do novo CPC, a ser um procedimento especial de jurisdição contenciosa.

Passaremos a tratar, então, de seus dispositivos.

CPC ATUAL	PROJETO DO NOVO CPC (PL N. 8.046/2010)
Art. 874. Tomado o penhor legal nos casos previstos em lei, requererá o credor, ato contínuo, a homologação. Na petição inicial, instruída com a conta pormenorizada das despesas, a tabela dos preços e a	**Art. 681.** Tomado o penhor legal nos casos previstos em lei, requererá o credor, ato contínuo, a homologação. Na petição inicial, instruída com o contrato de locação ou a conta pormenorizada das despesas, a

CPC ATUAL	PROJETO DO NOVO CPC (PL N. 8.046/2010)
relação dos objetos retidos, pedirá a citação do devedor para, em 24 (vinte e quatro) horas, pagar ou alegar defesa. Parágrafo único. Estando suficientemente provado o pedido nos termos deste artigo, o juiz poderá homologar de plano o penhor legal.	tabela dos preços e a relação dos objetos retidos, pedirá a citação do devedor para pagar ou contestar na audiência preliminar que for designada.
Art. 875. A defesa só pode consistir em: I – nulidade do processo; II – extinção da obrigação; III – não estar a dívida compreendida entre as previstas em lei ou não estarem os bens sujeitos a penhor legal.	**Art. 682.** A defesa só pode consistir em: I – nulidade do processo; II – extinção da obrigação; III – não estar a dívida compreendida entre as previstas em lei ou não estarem os bens sujeitos a penhor legal; IV – alegação de haver sido ofertada caução idônea, rejeitada pelo credor.
Sem correspondente. Trata-se de procedimento cautelar, e não especial.	**Art. 683.** A partir da audiência preliminar, seguir-se-á o procedimento comum.
Art. 876. Em seguida, o juiz decidirá; homologando o penhor, serão os autos entregues ao requerente 48 (quarenta e oito) horas depois, independentemente de traslado, salvo se, dentro desse prazo, a parte houver pedido certidão; não sendo homologado, o objeto será entregue ao réu, ressalvado ao autor o direito de cobrar a conta por ação ordinária.	**Art. 684.** Homologado o penhor, consolidar-se-á a propriedade do autor sobre o objeto; negada a homologação, o objeto será entregue ao réu, ressalvado ao autor o direito de cobrar a conta pela via ordinária, salvo se acolhida a alegação de extinção da obrigação. Parágrafo único. Da sentença caberá apelação; na pendência do recurso, poderá o juiz ou o relator ordenar que a coisa permaneça depositada ou em poder do autor.

Tratando a homologação de penhor legal como procedimento especial, o projeto começa no art. 681, com o pedido de homologação do penhor legal, através de petição inicial dirigida ao juízo. Ao contrário do que prevê o atual art. 874, no procedimento cautelar, não está mais contemplada na letra da lei a homologação de plano do penhor legal, independentemente da oitiva da parte contrária, se a documentação juntada à petição inicial for suficiente.

Citada, a matéria de defesa do réu está prevista no art. 682 do projeto. Esse artigo acrescenta um inciso em relação ao atual 875, CPC, possibilitando que o réu alegue como defesa que ofereceu caução idônea, para que não ocorresse o penhor, mas o autor não a aceitou.

O art. 683 do projeto não tem previsão no CPC atual e determina que, a partir da audiência preliminar, sigam-se as disposições do procedimento comum.

Por fim, o art. 684 do projeto trata da homologação ou não do penhor pelo juízo.

CAPÍTULO **16**

Vendas a crédito com reserva de domínio

16.1 NOÇÕES GERAIS

Necessário se faz analisar o contrato de compra e venda com pacto adjeto de reserva de domínio antes de se abordar o procedimento previsto nos arts. 1.070 e 1.071, CPC.

O contrato de compra e venda, nos termos do art. 481, CC, é aquele mediante o qual um dos contraentes se compromete a transferir o domínio de certa coisa e outro se compromete a lhe pagar o preço em dinheiro.

O referido contrato pode vir acompanhado de um pacto, denominado de pacto acessório ou adjeto, que lhe atribui características peculiares, por ser possível fixar a garantia ao devedor de se reservar a propriedade da coisa alienada até o momento em que se completar o pagamento integral do preço.

Os pactos adjetos podem ser a retrovenda, a venda a contento, o pacto de melhor comprador, pacto de reserva de domínio etc. e não eram sequer mencionados à época do Código Civil de 1916.

A primeira referência ao pacto de reserva de domínio foi com o Decreto n. 869, de 1938, que, em seu art. 3º, IV, previa como crime contra a economia popular violar contrato de venda a prestações, deixando de entregar a coisa vendida ou devolver as prestações pagas.

Posteriormente, o Decreto-Lei n. 1.027/39 exigiu o registro do contrato para que ele fosse oponível a terceiros, e o CPC de 1939, nos arts. 343 e 344, previu o procedimento em caso de inadimplemento do devedor. O referido diploma foi sucedido pelo CPC de 1973, que tratou do procedimento nos arts. 1.070 e 1.071.

Já a referência expressa ao pacto de reserva de domínio foi apenas com o advento do Decreto n. 917, de 1990, nossa primeira lei de falências, cujo art. 68 incluía entre os credores reivindicantes o vendedor antes da entrega da coisa vendida a crédito.

Até então, não havia qualquer regulamentação substancial do referido pacto, tendo o instituto seu contorno definido pela doutrina e pela jurisprudência. Só com o Código Civil de 2002 essa lacuna foi suprida, havendo previsão do instituto nos arts. 521 a 528.

O que tem contrato de compra e venda com pacto adjeto de reserva de domínio é um contrato de compra e venda em prestações, no qual desde logo se transfere ao comprador a posse da coisa vendida, reservando o vendedor, porém, para si a propriedade da coisa, que só se transfere ao comprador quando o preço for integralmente pago.

O comprador receberá, então, a posse do bem adquirido, mas não o domínio, que persiste com o vendedor, no aguardo do pagamento integral do preço.

A venda a crédito com reserva de domínio não se confunde com a alienação fiduciária, já que na primeira a alienação é suspensa, conservando o credor a propriedade do bem, até que se realize o pagamento integral do preço, enquanto na última é transmitida a propriedade do bem, que retorna ao patrimônio do transmitente quando a dívida é paga.

A compra e venda só poderá ser celebrada com pacto acessório de reserva de domínio quando a coisa vendida for bem móvel. Reforça esse entendimento a alusão do art. 1.070, § 1º, CPC à coisa vendida em leilão, que é a designação de hasta pública aos bens móveis.

Os seus aspectos processuais estão previstos no CPC, através de uma ação de procedimento especial de jurisdição contenciosa, *Das vendas a crédito com reserva de domínio*, cujo procedimento está previsto a partir do art. 1.070, CPC, resguarda o direito do credor que, diante de um inadimplemento do devedor, portando o primeiro de título executivo, poderá promover a imediata execução das quantias não pagas, a penhora e o leilão da coisa alienada; alternativamente, pode o credor protestar o título e, *in limine* e sem audiência do comprador, requerer a apreensão e o depósito da coisa. A escolha é do comprador, não podendo ser determinada de ofício pelo juiz e, feita a escolha de uma dessas opções, estará excluída a possibilidade de outra.

16.2 PROCEDIMENTO DE EXECUÇÃO DO PREÇO

O art. 1.070, CPC regula a primeira opção, a execução do preço. Optando pela manutenção do contrato, utiliza a execução do preço para cobrar as prestações em atraso.

Estando o crédito representado por título executivo, poderá o credor ajuizar demanda executiva, por quantia certa, que levará a instauração de processo de execução que observará o procedimento padrão daquela espécie de execução.

Caso não possua o título executivo, a cobrança será demandada pelo processo de conhecimento, de procedimento comum, ordinário ou sumário, para, depois da obtenção do título executivo, promover a execução nos termos do art. 1.070, CPC.

A penhora poderá recair sobre qualquer bem que se encontre no patrimônio do executado, podendo recair, inclusive, sobre a coisa vendida, por ainda pertencer ao vendedor.

Incidindo a penhora sobre bem diverso do direito de aquisição à coisa vendida, a execução se processa pelo procedimento padrão da execução por quantia certa contra devedor solvente, sem qualquer modificação.

Penhorado o direito de aquisição à coisa vendida, art. 1.070, § 1º, o procedimento se simplifica, sendo possível que qualquer dar partes requeira sua alienação em leilão judicial, independentemente da avaliação da coisa, caso em que, apurado o preço, se sub-rogará na penhora, com o dinheiro obtido com a expropriação, que será depositado à disposição do juízo. Isso significa que os embargos do executado não terão efeito suspensivo, permitindo-se que, mesmo com os embargos pendentes, se efetive a alienação do bem penhorado. Após, seguirá o procedimento seus trâmites normais (art. 1.070, § 2º).

16.3 PROCEDIMENTO PARA RECUPERAÇÃO DA COISA VENDIDA

A segunda opção nos casos de mora do comprador é pedir a recuperação da coisa vendida, em procedimento previsto no art. 1.071, CPC, vez que a coisa vendida com reserva de domínio continua pertencendo ao vendedor.

Esse procedimento tem como peculiaridade a possibilidade de obter *in limine litis* a apreensão e o depósito do bem gravado, providência que a lei prevê independentemente de citação do devedor (art. 1.071, *caput*). A finalidade da ação é rescindir a venda e reintegrar o vendedor na posse do bem que não chegou a sair de seu patrimônio.

Nesse caso, deverá o autor juntar à petição inicial prova de que o título, isto é, o contrato de reserva de domínio, foi protestado (art. 525, CC, c/c o art. 1.070, CPC), requerendo a concessão de liminar, para que se efetive a apreensão e o depósito da coisa vendida.

Trata-se de medida com caráter cautelar, destinada a impedir o perecimento da coisa vendida, assegurando-se a efetividade do processo.

Caso seja concedida a liminar, não se obterá uma pronta reintegração de posse para o credor, pois a medida liminar consta apenas da apreensão e do depósito judicial.

Após analisar a liminar, a coisa será submetida à vistoria para a verificação de seu estado e o arbitramento de seu valor, estabelecendo-se, assim, a base para eventual acerto de contas entre o autor e o réu (art. 1.071, § 3º). Paralelamente, o réu será citado para, no prazo de cinco dias, apresentar contestação, mas é admissível também a exceção. Apenas a reconvenção não é admitida, em razão da sumariedade do procedimento.

Nesse prazo, caso o demandado já tenha pago mais de 40% do preço da coisa, poderá requerer ao juiz a concessão de prazo, não excedente a trinta dias, para purgar a mora, pagando a totalidade das prestações vencidas, acrescidas de juros, honorários advocatícios e de despesas processuais.

Depositado o montante apurado, a coisa apreendida será restituída ao devedor, declarando-se purgada a mora e extinto o processo. O contrato continuará em vigor, até o cumprimento das demais prestações vincendas.

Ficando revel o demandado ou requerendo a concessão do prazo e não realizado o pagamento, poderá o demandante, mediante a apresentação dos títulos vencidos e vincendos, bem como o montante da dívida remanescente, requerer a reintegração imediata da posse da coisa vendida e o juiz proferirá sentença julgando antecipadamente a lide.

Apresentada contestação, o processo terá o curso ordinário, prevalecendo, porém, a apreensão e o depósito deferidos.

A sentença tem natureza condenatória, condenando não só o réu a restituir a coisa ao autor e a diferença entre o valor da coisa, fixado pelo perito nomeado pelo juízo e o valor da dívida, acrescido das despesas judiciais e extrajudiciais, como as referentes ao protesto do título.

Havendo saldo em favor do devedor, deverá o credor depositá-lo judicialmente no próprio processo da recuperação da coisa, sem a necessidade de ajuizamento da ação de consignação, sendo este depósito condição para a execução da sentença que defere a reintegração de posse ao credor.

16.4 O PROJETO DO NOVO CPC

O projeto do novo CPC não traz a previsão da ação de vendas a crédito com reserva de domínio como procedimento especial. Dessa forma, se aprovado o novo CPC com a redação do PL n. 8.046/2010, a partir de sua vigência, na falta de previsão expressa de procedimento especial, adotar-se-ão as regras de procedimento comum previstas no texto legal.

CAPÍTULO 17

Juízo arbitral

O penúltimo procedimento especial de jurisdição contenciosa previsto no nosso CPC atual é o *Do juízo arbitral*, que desde a independência do Brasil tem previsão no ordenamento jurídico.

De início, impunha-se como obrigatória a arbitragem em questões relativas a seguro e locações de serviços. Mais tarde, o Código Comercial obrigou à adoção do juízo arbitral para a adoção de controvérsias relativas à mercancia, especialmente na relação entre sócios de sociedades mercantis e de locação mercantil.

Em 1850, o Regimento n. 737 passou a disciplinar também a submissão do conflito entre comerciantes ao juízo arbitral.

Contudo, o juízo arbitral nunca chegou a ser uma realidade no país, e a explicação para essa situação é que o Decreto n. 3.900/1867 teria inviabilizado tal instituto ao prever que a cláusula de compromisso, sem a nomeação do árbitro, ou relativa a questões eventuais, não valeria senão como promessa e ficaria dependente de novo acordo entre as partes para sua efetividade.

O sistema do referido decreto só considerava, então, obrigatório o juízo arbitral quando o compromisso viesse a ser firmado, com toda a solenidade, depois de já concretizado o litígio, tornando a cláusula compromissória de um pacto *contrahendo* desprovida de eficácia. E, nesse ponto, quando eclodido o litígio, era evidente que não havia mais condições favoráveis à formalização do compromisso e à renúncia da Justiça oficial.

Mesmo assim, o CC e o CPC continuaram a tratar da cláusula compromissória como figura inócua, seguindo as disposições do Decreto n. 3.900. O juízo arbitral era, então, pouco utilizado no Brasil, não se tendo notícias que compromissos, tal como previstos nos arts. 1.072 a 1.102, CPC, tivessem papel relevante na pacificação de litígios. Tornava-se necessário, então, modernizar a legislação sobre a arbitragem, advindo a Lei n. 9.307/1996, que revogou expressamente toda a disciplina localizada no CC e no CPC que tratava do tema.

Desde então, o Juízo Arbitral passou a ser objeto de lei especial, a Lei n. 9.307/96, tanto no que diz respeito à matéria de fundo como à de natureza processual, a ser tratada na parte VI, Arbitragem. Não estão mais em vigor, portanto, os arts. 1.072 a 1.102, CPC, não havendo sequer previsão no projeto do novo CPC (PL n. 8.046/2010).

CAPÍTULO 18

Ação monitória

18.1 NOÇÕES GERAIS

A ação monitória ou procedimento de injunção é um procedimento misto, com características de conhecimento, de execução e de cautelar, distinguindo-se, por isso, das ações tradicionais, pensado como alternativa para a tempestividade do processo, "abreviando a solução definitiva do litígio".[1] Sua técnica propicia a aceleração da realização dos direitos, com a redução do custo inerente à demora do procedimento comum.

Sistematiza-se no direito brasileiro em capítulo acrescentado ao CPC pela Lei n. n. 9.079/95:

> Art. 1.102. A ação monitória compete a quem pretender, com base em prova escrita, sem eficácia de título executivo, pagamento de soma em dinheiro, entrega de coisa fungível ou de determinado bem móvel.

Visa essa nova modalidade a beneficiar credores e a própria Justiça, dando rito especial às pretensões de pagar soma em dinheiro, entregar coisa fungível ou determinável bem móvel que, em face de prova escrita, sem eficácia executiva de seu crédito, fazem supor que o devedor não vá se opor ao cumprimento da ordem.

1 Essa expressão é utilizada por Humberto Theodoro Júnior (2008, p. 328) como a característica do procedimento monitório.

18.2 CARACTERÍSTICAS

Como, na ação monitória, o autor aparentemente tem um direito evidenciado mediante prova escrita, o ordenamento jurídico autoriza que a ordem de prestação seja expedida *inaudita altera parte* e sem cognição completa, sendo que a possibilidade de exceções é posterior ao provimento do juiz.

Caso o réu se defenda, fica a ordem destituída de seu valor, já que foi expedida na suposição de que o réu não excepcionaria.

Não havendo defesa do réu, torna-se a ordem definitiva, possibilitando a execução e determinando a declaração do direito como uma sentença.

Já se o autor entender que não tenha prova escrita suficiente para a ação monitória, isto é, prova escrita sem a eficácia de título executivo (pois, caso contrário, poderia se valer diretamente da execução), poderá optar pelo procedimento comum.

18.3 NATUREZA JURÍDICA

No processo civil brasileiro, o procedimento monitório corresponde aos procedimentos especiais de jurisdição contenciosa.

O juiz decide com base numa cognição sumária e incompleta do direito e da obrigação correspondente, fundada unicamente na prova escrita do fato constitutivo do direito do autor, sem o exame dos fatos que o suposto obrigado poderia suscitar como fundamento de sua defesa, ao largo do contraditório, sem esgotar seu dever de decidir sobre o fundo do litígio.

Visa-se com essa tutela jurisdicional a uma condenação, posto que o titular do direito quer obter uma ordem dirigida ao presumível obrigado para pagar uma soma líquida em dinheiro, entregar uma coisa móvel determinada ou entregar uma quantidade de coisas fungíveis, evitando percorrer a larga e dispendiosa via da cognição plena em contraditório, como acontece num juízo normal de conhecimento e de condenação.

Entre a ação ordinária e a executiva, aparece a ação monitória para suprir essa lacuna, apesar de o credor não dispor de um título com eficácia executiva (arts. 584 e 585), impossibilitando-o de fazer uso do processo de execução (art. 583), não está mais obrigado a percorrer o procedimento ordinário, podendo lançar mão do procedimento monitório se presentes os requisitos para o regular exercício desse direito de ação.

Somente se o devedor resistir à pretensão do autor, oferecendo embargos, o feito se converte em ordinário.

18.4 OBJETO E ALCANCE DA AÇÃO MONITÓRIA

Dispõe o art. 1.102-A, CPC que: "a ação monitória compete a quem pretender, com base em prova escrita sem eficácia de título executivo, pagamento em soma de dinheiro, entrega de coisa fungível ou de determinado bem móvel".

O art. 1.102-A compreende tanto o pagamento de soma em dinheiro (quantia certa), como a entrega de coisa fungível (coisa incerta) ou de determinado bem móvel (coisa certa). Ressalte-se que a noção de *bem* é mais ampla do que a de *coisa*, entendendo-se por *bem* tudo quanto possa ser objeto de um direito, mesmo sem conteúdo econômico, ao passo que *coisa* é o bem que possui valor pecuniário (coisa móvel compreende tanto um bem corpóreo quanto um bem incorpóreo).

O procedimento monitório não se aplica a determinadas prestações, estando excluídas certas prestações dessa tutela jurisdicional específica:

- prestações de fazer e de não fazer;
- prestações de entregar coisa infungível;
- prestações de entregar coisa imóvel.

O Direito brasileiro alude à soma líquida de dinheiro ou de uma determinada quantidade de coisas fungíveis, ou à entrega de uma coisa móvel determinada.

Nesses casos, o procedimento é admissível até mesmo em face da Fazenda Pública, conforme dispõe o enunciado da Súmula 339, STJ: "é cabível ação monitória contra a Fazenda Pública".

18.5 REQUISITO ESPECÍFICO DA AÇÃO MONITÓRIA

18.5.1 Prova escrita

A ação monitória requer como toda ação todos os requisitos genéricos para o seu regular exercício (legitimidade das partes, possibilidade jurídica do pedido, interesse de agir) e, ainda, um requisito específico à sua natureza: a prova escrita, responsável pela instrução inicial do processo, que deve ser apresentada junto com a inicial, possibilitando o juízo de sua admissibilidade e a consequente liberação do mandado de pagamento ou entrega.

Embora o legislador não tenha definido o conceito de prova escrita, a prova escrita para fins monitórios somente é considerada *stricto sensu*, ou seja, as provas pré-constituídas (são aquelas preparadas anteriormente com vistas à demonstração do fato probando) e as causais (entende-se estas como aquelas que não são feitas com a intenção direta, por parte do seu autor, de ser empregada como prova jurídica, tais como as cartas, as notas, um diário privado etc.). Portanto, para a ação monitória é imprescindível que a prova seja escrita, grafada.

Da mesma forma, a prova escrita da ação monitória não se equipara àquela que constitui simples "começo de prova" escrita. O "começo (ou princípio) de prova" pode encontrar-se no escrito a que falte algum requisito de ordem formal, ou deixe alguma coisa a desejar sobre o mérito da pretensão que sobre ela se funda. Assim, o escrito que contém o reconhecimento de uma dívida, sem alusão ao seu valor, prova a existência do débito, e estamos diante de uma prova escrita, mas não pode embasar uma ação monitória, pois precisa ser complementada por outras provas que não têm espaço no curso do processo monitório. Nesses casos, deverá o credor se valer do processo de conhecimento.

Prova escrita se entende pelo escrito emanado da pessoa contra quem se faz o pedido, ou de quem a represente, tornando-o verossímil ou suficientemente provável, sendo ao mesmo tempo possível e exigível. É aquela reconhecidamente idônea para formar a convicção do juiz sobre provável existência do direito firmado, mediante comprovação sumária. Tudo será avaliado pelo juiz no momento de expedir o mandado inicial e, se entender que não estão preenchidos os requisitos legais, deverá indeferir a petição inicial, após ouvir a parte autora, que poderá dispor de outros elementos (escritos) capazes de completar a prova; nesse sentido o art. 284 tem inteira aplicação.

Sobre o tema, Luiz Guilherme Marinoni[2] comenta que:

2 Marinoni e Arenhart (2009, p. 160).

A prova escrita não é a prova que deve surgir do direito líquido e certo, isto é, não é a prova que deve demonstrar, por si só, o fato constitutivo do direito afirmado pelo autor. A prova escrita relaciona-se apenas a um juízo de probabilidade. Não há que se falar em certeza quando se está diante de prova escrita.

Exemplos de prova escrita a ensejar a ação monitória são o cheque prescrito, a duplicata sem aceite, a carta confirmando a aprovação do orçamento e a execução dos serviços, a duplicata sem aceite protestada e o documento eletrônico sem eficácia executiva.

O credor que pode se valer da ação executiva está impedido de se valer da ação monitória.

Contudo, o titular da prova escrita não é obrigado a se valer do procedimento monitório, sendo-lhe apresentada apenas a mera faculdade.

Também caso haja necessidade de maior dilação probatória para a demonstração do direito, poderá o credor optar pelo procedimento comum, ainda que possa a prova escrita ser exigida pela lei.

18.5.2 Prova testemunhal

O Código Civil brasileiro sempre ofereceu restrições à prova exclusivamente testemunhal, só admitindo-a nos contratos de valor não superior a dez cruzeiros em moeda da época (art. 141, *caput*, CC/16).

O CPC manteve essa restrição elevando o limite para o décuplo do maior salário mínimo vigente no país, ao tempo da sua celebração (art. 401, CPC). Qualquer que seja o valor do contrato é admissível a prova testemunhal quando houver começo de prova escrita, mas essa hipótese não comporta a ação monitória.

Da mesma forma, aqueles credores a que o Código se refere no art. 402, II (aqueles que não podiam moral ou materialmente obter a prova escrita da obrigação, em casos como de parentesco, depósito necessário ou hospedagem em hotel), por não dispor de prova escrita da obrigação, não podem cobrar seu crédito por via monitória; deverá o credor buscar as vias ordinárias, ainda que por outros meios de prova pudesse comprovar a relação originária de que decorre a relação obrigacional.

18.6 LEGITIMIDADE PARA A AÇÃO MONITÓRIA

Poderá propor a ação monitória qualquer pessoa que se pretenda titular de uma prestação consistente em pagar ou entregar coisa fungível ou bem móvel (apoiado em prova escrita).

No caso de credores solidários, qualquer um estará habilitado à propositura da ação monitória. Já se a coisa for indivisível, qualquer um dos credores poderá exigir a prestação, devendo o requerido proceder à entrega do bem, desde que o credor apresente caução de ratificação dos outros credores (art. 260, II, CC).

Como legitimado passivo temos aquele que se supõe ser o devedor da prestação. Havendo vários devedores, a demanda deverá ser ajuizada em face de todos eles, ou então ficará o suposto credor limitado à fração da dívida correspondente ao réu citado.

O falido ou o insolvente civil não poderão ser demandados através do procedimento monitório, porque não poderá haver execução em face de tais devedores fora do concurso universal.

18.7 JUÍZO SUMÁRIO

Na primeira fase do processo monitório, não existe instrução probatória oral, porquanto a prova tem que ser necessariamente escrita e deve instruir a petição inicial.

Em uma segunda, fase em que o rito de transforma naturalmente em ordinário devido à interposição de embargos, são admissíveis quaisquer meios de prova. Fica, a partir desse momento, assegurado ao réu a iniciativa de abrir o pleno contraditório sobre a pretensão do autor, eliminando todo e qualquer risco de prejuízo que pudesse ocorrer a sumariedade ocorrida na primeira fase.

18.8 COMPETÊNCIA NO PROCESSO MONITÓRIO

No processo monitório, não há qualquer particularidade quanto à competência, aplicando-se as regras gerais do CPC.

A competência da Justiça Estadual é residual. Vale dizer, sempre que a causa não couber na competência da Justiça Federal, determinada pelo art. 109, I, CF, caberá, de modo residual, à Justiça Estadual, compreendida aí a do Distrito Federal.

A ação monitória, em que não seja ré a Fazenda Pública, poderá também ser proposta perante os Juizados Especiais Cíveis, desde que o pedido não exceda o limite de quarenta salários mínimos, ressalvadas as ações relativas a obrigações de fazer, sobre imóveis, embora haja posicionamento no sentido de sua impossibilidade, no sentido de que seria incompatível o oferecimento de embargos com o procedimento mais célere do juizado.

Nesta última hipótese, poderá a parte optar por ajuizar a ação monitória em um Juizado Cível ou em uma Vara Cível, mas deverá ajuizá-la em uma vara cível se o valor da causa superar quarenta salários mínimos.

Já quando a ação monitória for proposta em face da Fazenda Pública Municipal ou Estadual, deverá ser proposta em um Juizado da Fazenda Pública, também se não superar sessenta salários mínimos, a partir de sua instalação, pois a Lei n. 12.153/2009, que instituiu os Juizados Especiais da Fazenda Pública, com sua competência, é absoluta.

A competência para processar e julgar a ação monitória se reparte, de regra, segundo a qualidade das pessoas envolvidas na lide, como credor ou devedor, e o valor da causa, observada a competência territorial, e no tocante a essa a regra geral e a especial de foro, inclusive o foro de eleição, estabelecido no contrato.

A competência territorial firma-se em razão do lugar do pagamento, ou seja, onde deve ser cumprida a obrigação, ou onde se encontrem os sujeitos da relação jurídica controvertida, devedor ou credor. Não havendo foro de eleição, a demanda monitória deverá ser proposta no domicílio do réu como forma de se privilegiar o autor.

Outrossim, são aplicáveis ao procedimento monitório as normas relativas à prorrogação de competência. Entretanto, cabe lembrar que apenas a competência territorial ou de foro (eis que estabelecida no interesse das partes) pode ser modificada, pois a competência de juízo, em função da qualidade das partes ou do valor da causa, não admite modificação.

18.9 PETIÇÃO INICIAL. MANDADO DE PAGAMENTO OU DE ENTREGA

A petição inicial da ação monitória deverá observar os requisitos dos arts. 39, I, e 282, CPC e vir acompanhada da prova escrita.

O juiz mandará expedir, então, o mandado de pagamento ou de entrega da coisa, nos termos do art. 1.102-B, CPC, *ipsis literis*: "estando a petição inicial devidamente instruída, o juiz deferirá de plano a expedição do mandado de pagamento ou de entrega da coisa no prazo de quinze dias". Essa decisão judicial deverá ser fundamentada, aludindo à prova escrita, justificando ser ela merecedora de fé quanto à sua autenticidade e eficácia probatória.

A princípio, pode parecer que a ação monitória não tem contraditório. Todavia, isso não é verdade, apenas tem o contraditório eventual e diferido para a fase da defesa, consistente nos embargos. Assim, dúvida não há de que é necessária a citação do réu. Entretanto, a citação não é para contestar, mas para pagar ou entregar, devendo constar do mandado citatório que, se não forem opostos embargos, no prazo de quinze dias, constituir-se-á o título executivo judicial, convertendo-se o mandado inicial em mandado executivo, quando o réu estará isento do pagamento de custas e de honorários advocatícios.

Admite-se, então, que a prova escrita e a inércia do devedor são suficientes para a formação do título executivo.

Havendo vários réus, com advogados distintos, o prazo de quinze dias será dobrado e, sendo a ré a Fazenda Pública, o prazo será contado em quádruplo, como preceitua o art. 188, CPC.

Ademais, ainda que a lei não fale em citação, pela tradição do nosso sistema, não se pode prescindir dela. A citação pode ser até por hora certa,[3] desde que presentes as hipóteses legais (art. 227, CPC) e, não comparecendo o devedor, ser-lhe-á nomeado curador legal, nos termos do art. 9º, II, CPC. Do mesmo modo, é cabível citação por edital, quando presentes as hipóteses do art. 231, CPC.

18.10 NATUREZA DO MANDADO LIMINAR. EXTENSÃO DE SUA EFICÁCIA

O ato jurídico processual que contém o mandado de pagamento ou

3 Há, na doutrina, quem não admita a citação ficta, por edital ou por hora certa no procedimento monitório, argumentando que a formação do título executivo depende da manifestação de vontade, que não pode ser a do curador especial (nesse sentido: MARCATO, 2004b; DINAMARCO, 1997a, p. 241; e CÂMARA, 2009, p. 468).

de entrega é de índole jurisdicional, mas não é fácil determinar sua natureza jurídica.

A ação monitória, como qualquer outra ação, se inicia por uma demanda, cujo rito é especial, de cognição sumária, na sua primeira fase, podendo prosseguir, numa segunda fase, com o rito ordinário, dependendo do comportamento do réu-devedor.

A peculiaridade do procedimento monitório está justamente na possibilidade de o credor obter liminarmente um mandado de pagamento ou entrega, que poderá se converter em título executivo, caso não seja embargado pelo devedor.

Na primeira fase, restringe-se a atividade jurisdicional ao juízo de admissibilidade, ou seja, à verificação dos pressupostos processuais e condições da ação, além daquele específico do processo monitório, concernente à valoração da prova escrita. Nesse momento, cabe ao juiz decidir sobre o reconhecimento da prova exibida pelo autor para instruir a ação monitória como hábil para tal. Em caso positivo, emite decisão que importa no reconhecimento, o qual pode ser ou não final, da existência do crédito e, portanto, do mérito da pretensão substancial. Essa decisão, sob o aspecto processual, é interlocutória, mas do ponto de vista material tem conteúdo de decisão definitiva, tudo dependendo do comportamento do devedor.

O mandado liminar de pagamento ou de entrega, quando impugnado ou embargado, perde temporariamente sua força monitória, conservando apenas a eficácia de um ato citatório do devedor. Nesse caso, tem natureza de decisão não terminativa do feito. Vale dizer, não oferecidos os embargos, transmuda-se na decisão extintiva do processo, com julgamento do mérito.

A ação monitória pode ser enquadrada na classe dos ritos especiais, pelos quais, verificada certa condição, perdem essa qualidade e passam a obedecer ao trâmite ordinário, o que corresponde à suprarreferida transmutação da relação processual. Isso porque, se vierem a ser interpostos embargos, a eficácia do mandado inicial fica suspensa e o rito converte-se em ordinário, consoante o art. 1.102-C, *caput* e § 2º. Se não forem opostos, constituir-se-á, de pleno direito, o título executivo judicial, convertendo-se o mandado inicial em mandado executivo.

Na ação monitória, a decisão decorre de cognição sumária na primeira fase do procedimento. Tanto assim que, na ausência de embargos, pode se constituir no único ato jurisdicional da causa, definitivo e com eficácia de coisa julgada material.

Entretanto, o que enseja a constituição de pleno direito do título executivo judicial, operada com a conversão do mandado inicial em mandado executivo, não é somente a decisão inicial, mas o reconhecimento tácito do pedido do autor pelo réu ao deixar de impugná-lo tempestivamente. Isso explica a letra do art. 1.102-C. O deferimento do mandado injuncional, acolhendo o pedido do autor, encerra apenas a primeira fase do procedimento monitório, provisoriamente, se houver embargos, quando prosseguirá pelo rito ordinário, ou definitivamente, caso não os interponha o réu, passando-se, imediatamente, à execução por título judicial.

Pode-se dizer que o mandado de pagamento ou de entrega confere à ordem judicial o caráter de um ato sujeito ao implemento de condição suspensiva, de teor negativo, consistente na falta de interposição de embargos. Vale dizer, constitui um ato de eficácia diferida, que só advirá se e quando decorrido o prazo de quinze dias, sem que tenham sido opostos embargos. Até então, há apenas um mandado dirigido ao réu, cujo cumprimento não pode ainda ser exigido pelo credor.

Não obstante dizer o art. 1.102-C que os embargos suspenderão a eficácia do mandado inicial, impedindo que o processo caminhe para a fase executiva. Na verdade, ele já nasce neutralizado pelo prazo de quinze dias, e, pois, condicionando a sua eficácia à não interposição de embargos ou a sua rejeição, caso sejam opostos. Assim não fosse, poderia o autor, logo que expedida a ordem, exigir o seu cumprimento imediato, o que ele só pode pretender quando o mandado adquirir eficácia executiva, promovendo nova citação do réu.

A parte autora deverá dispor de prova escrita, sem a eficácia executiva, que lhe assegure o pagamento de soma em dinheiro, entrega de coisa fungível ou de determinado bem móvel, devendo instruir a petição inicial com essa prova documental, sem a qual a indeferirá o juiz a inicial e extinguirá o processo sem julgamento de mérito, caso não seja possível adaptar-se ao tipo de procedimento legal (art. 295, CPC). Se, por esquecimento, não foi juntado, nada impede que o juiz faculte ao autor fazê-lo, no prazo que assinar.

18.11 FORMAÇÃO DO TÍTULO EXECUTIVO

Prescreve o art. 1.102-C, CPC:

> Art. 1.102-C. No prazo previsto no artigo anterior, poderá o réu oferecer seus embargos, que suspenderão a eficácia do mandado inicial. Se os embargos não forem opostos, constituir-se-á, de pleno direito, o título executivo judicial, convertendo-se o mandado inicial em mandado executivo, prosseguindo-se na forma prevista no Livro II, Título II, Capítulos II e IV.
>
> § 1º. Cumprindo o réu o mandado, ficará isento de custas e honorários advocatícios.
>
> § 2º. Os embargos independem de prévia segurança do juízo e serão processados nos próprios autos pelo procedimento ordinário.
>
> § 3º. Rejeitados os embargos, constituir-se-á, de pleno direito, o título executivo judicial, intimando-se o devedor e prosseguindo-se na forma prevista no Livro II, Título II, Capítulos II e IV.

Os embargos, portanto, não revogam de plano o mandado inicial. Têm apenas o condão de suspender a sua eficácia, através da conversão do rito especial em ordinário, com contraditório regular. Agora, decidirá o juiz, com base nas alegações do réu, após regular instrução do feito, se há ou não fundamento para a subsistência do mandado. Na verdade, a ação monitória e os embargos se desenvolvem num mesmo processo de conhecimento. Todavia, na primeira fase esse processo é informado por uma cognição sumária e, na segunda, por uma cognição aprofundada dos fatos e da prova.

Uma vez oferecidos os embargos, os quais se sujeitam à observância dos pressupostos próprios da defesa, mormente a tempestividade, deve o processo extinguir-se com julgamento do mérito, consoante o art. 269, ou, eventualmente, sem julgamento de mérito, nos termos do art. 267.

Tendo em vista o disposto no § 3º do art. 1.102-C, a expedição do mandado de pagamento ou de entrega da coisa nasce com sua eficácia neutralizada ou suspensa, embora o *caput* leve a crer que o momento da suspensão é o do oferecimento dos embargos. Obviamente, não poderia ser dessa forma, eis que no momento da expedição do mandado liminar não se sabe ainda se o réu citado irá ou não embargar. Isso explica por que não pode o autor requerer a execução provisória do mandado antes que o réu tenha a oportunidade de voluntariamente cumprir a obrigação.

18.12 ÔNUS DA PROVA NO PROCESSO MONITÓRIO

De modo geral, como dispõe o art. 333, *caput*, CPC, o ônus probatório consiste no encargo que pesa sobre as partes de fazer prova dos fatos que alegam como fundamento das pretensões que deduzem no processo.

Para fins monitórios, essencial é a prova escrita. Entretanto, não é necessário fazer prova de todos os fatos da causa, mas tão somente daqueles concernentes à existência do crédito e à natureza das prestações, que constituem os pressupostos específicos dessa modalidade procedimental e que embasam a demanda monitória. O ônus probatório se concentra nesses limites. Portanto, deve o autor provar apenas o fato constitutivo de seu crédito, com as qualidades de fungibilidade e liquidez. Se o crédito for ilíquido, não terá cabimento a ação monitória.

Pode ocorrer de, feita a prova do crédito, com as características de liquidez, e devendo, e expedido o mandado de pagamento ou de entrega, vir o devedor a questionar a liquidez do crédito, por ocasião dos embargos. Tal defesa, fundada em fato modificativo do direito do autor, e cuja prova é ônus do réu, em nada interfere no procedimento que, nessa etapa, já estará tramitando pelo rito ordinário.

A repartição do ônus probatório, no procedimento monitório, não foge à regra do art. 333, I e II, incumbindo ao autor a prova do fato constitutivo específico do seu direito, prova essa que deve produzir, necessariamente, com a petição inicial, na primeira fase do procedimento. Todavia, na segunda fase do processo, a prova dos fatos impeditivos, modificativos ou extintivos do direito do autor é encargo do réu.

Nesse sentido, o regime da prova escrita no procedimento injuncional não difere de modo algum do regime que esse meio de prova tem no rito ordinário. Com efeito, encontra-se o juiz, diante da prova e à valoração de sua eficácia, na mesma e idêntica situação em que se encontraria no procedimento ordinário, ante a prova produzida pelo autor à revelia.

O simples fato de a defesa se fazer através de "embargos" não implica supor que haja inversão do ônus da prova. A prova continua a cargo de cada uma das partes, tal como no procedimento ordinário, em que, aliás, se converte o rito com a oposição de embargos pelo devedor.

18.13 PROCEDIMENTO

O rito da ação monitória compõe-se de duas fases.

A primeira é não contraditória e corresponde à fase em que o autor, com base em prova escrita, se diz credor, com base na simples cognição sumária dos fatos, culminando com o mandado de entrega ou de pagamento, conforme a obrigação tenha por objeto coisa ou dinheiro. De acordo com o art. 1.102-B, CPC, se a petição inicial estiver devidamente instruída com prova escrita, o juiz deferirá, de plano, a expedição de mandado de pagamento ou de entrega de coisa no prazo de quinze dias.

Ao deferir a expedição do mandado, o juiz determina a citação do devedor, advertindo que, em caso de cumprimento, estará isento do pagamento de custas processuais e dos honorários de advogado e que, no caso de não cumprimento em quinze dias, o mandado será convertido em título executivo.

O prazo sujeita-se às regras de prorrogação e de modificação do CPC, sendo o prazo dobrado no caso de vários réus e em quádruplo no caso da Fazenda Pública.

A citação poderá ser feita por quaisquer das formas admissíveis pela legislação processual civil.

A segunda, que poderá ou não ocorrer, de acordo com a posição adotada por aquele em face do qual é expedido o mandado, será pautada pelas garantias constitucionais do contraditório e do devido processo legal. Essa fase corresponde à oposição de embargos pelo suposto devedor, com a conversão do rito para o comum, ou seja, o ordinário.

Percebe-se nitidamente a posição do legislador ao dispor dessa forma dúplice o procedimento monitório. É que ao suposto devedor foi outorgada uma faculdade processual. Por um lado ele pode cumprir espontaneamente a ordem mandamental, isentando-se dos ônus sucumbenciais. Por outro lado, todavia, poderá embargar e arcar com o risco de, se perder, pagar os encargos processuais (art. 1.102-C, § 1º, CPC).

Isso, certamente, fará com que o devedor analise com bastante senso de conveniência se embargará ou não, só o fazendo se estiver convicto de vir a obter uma decisão diversa daquela contida no monitório, posto que a ação só é admitida mediante apresentação de prova escrita e verossímil.

Na primeira fase, a prova da relação creditícia consiste num escrito que, na prática, quase sempre é um título demonstrativo do crédito. Ela deve convencer o juiz, assim como no procedimento ordinário quando da ausência de contestação do réu a revelia produz seus efeitos.

Destarte, a vantagem para o credor não repousa no ônus da prova, mas, sim, no fato de que, não sobrevindo embargos do devedor, a prova do fato constitutivo resta unilateral, sem que o juiz possa criticá-la ou valorá-la à luz dos resultados de contraprova do devedor.

Assim, se o juiz admite o procedimento monitório ele está reconhecendo a existência do crédito; é uma espécie de julgamento antecipado e hipotético do mérito, na dedução de que o devedor não fará oposição à eficácia da prova apresentada pelo credor. E não é por outro motivo que, precluso o prazo para os embargos, emerge o direito do credor quanto ao mérito do próprio pedido.

Cabe, porém, destacar que, na primeira fase, se ocorrer uma das hipóteses previstas no art. 485, CPC, cabe ação rescisória contra a coisa julgada.

Já na segunda fase, cabe destacar que, se o devedor oferece embargos, entretanto, reabre-se a discussão sobre todas as questões que poderiam ser discutidas na primeira fase, como se desde o início o feito fosse ordinário.

Dispõe o art. 1.102-B CPC que o devedor tem um prazo de quinze dias para cumprir o mandado, prazo este preclusivo para que o devedor possa, ao revés, opor embargos, que operarão efeito suspensivo no mandado inicial, transformando o feito em ordinário.

A diferença para os embargos à execução é que aqui, segundo o § 2º do art. 1.102-C CPC, os embargos independem de prévia segurança do juízo, além de serem processados nos próprios autos, e não em apenso.

18.14 EMBARGOS MONITÓRIOS

O réu, se quiser discutir a pretensão do credor, deverá embargar a ação monitória, dispondo do prazo de quinze dias conforme o art. 1.102, CPC, contados da juntada aos autos do comprovante.

Pelos embargos, o devedor se opõe ao mandado monitório, à constituição do título executivo e à pretensão do direito material do autor, podendo se utilizar de todas as alegações e provas.

Não se fala em contestação, porque o mandado de citação não o convida a defender-se. Sua convocação é feita, de forma injuntiva, visando a compeli-lo a realizar, desde logo, o pagamento da dívida em prazo que lhe é liminarmente assinado.

Através da resistência pelos embargos, o devedor inicia uma ação de conhecimento, de natureza construtiva negativa, tendo por objetivo desfazer o título monitório e a condenação nele contida.

A instauração do contraditório é, portanto, eventual e parte do devedor. Daí a denominação "embargos", ao invés de contestação, pois se cumpre a um só tempo as funções de defesa e recurso contra o ato judicial. Toda impugnação que o devedor entenda opor à decisão liminar deve conter-se nos embargos, que são o único meio de impugnação admitidos nessa primeira fase do processo.

Uma vez apresentados os embargos, suspende-se a eficácia do mandato injuntivo ou título judicial não executório, uma vez que são recebidos no efeito suspensivo (art. 1.102-C, CPC).

O processo monitório, ao contrário do processo de execução, não comporta qualquer restrição de defesa nos embargos, podendo ser formulada toda alegação que se destine a demonstrar a improcedência do pedido inicial, de rito ou de mérito, inclusive as exceções processuais. Enfim, toda exceção, material ou processual, que tiver pertinência com uma ação ordinária de cobrança poderá ser aventada na resposta à ação monitória.

Também indo ao contrário do que se passa na execução, os embargos aqui não são autuados à parte. São processados nos próprios autos, como a contestação no procedimento ordinário, excluindo assim a autuação em apenso (art. 736).

Em princípio, fica afastada a rejeição liminar dos embargos, devendo toda e qualquer matéria nele arguida (seja de índole processual, seja de natureza substancial) ser resolvida através de decisão ou sentença. Apenas se forem os embargos intempestivos, deve o juízo, através da decisão (interlocutória) determinar seu desentranhamento, autuando-o por linha, para a hipótese de haver recurso, prosseguindo-se na execução do mandado monitório transitado em julgado. É aconselhável sejam as partes denominadas "autor" e "réu", reservando-se a denominação "embargante" e "embargado" para os embargos à execução.

Ao "embargado" ou autor da monitória confere o prazo de quinze dias para oferecer resposta aos embargos. No mais, prossegue-se pelas regras do procedimento ordinário, inclusive audiência de conciliação (art. 351, CPC) e pelas disposições gerais dos embargos do devedor (art. 736 a 740).

No curso do julgamento dos embargos, poderá ser deferida a tutela antecipada, prevista no art. 273, CPC, com base no abuso do direito de defesa, quando o juiz constate que os embargos são infundados ou protelatórios. Contudo, a tutela antecipada poderá, ainda, ser deferida caso o autor demonstre que seu direito pode ser prejudicado de forma irreparável.

Esta última hipótese é quando está presente um fundado receio de dano irreparável ou de difícil reparação, realizando antecipadamente o direito de crédito para permitir a efetiva tutela de um direito que lhe é conexo e merece proteção especial.

Caso, porém, a necessidade seja de assegurar a viabilidade da realização do direito de crédito, também não haverá impedimento à tutela cautelar de arresto para a proteção do credor no curso do julgamento dos embargos.

Os embargos serão decididos necessariamente por sentença podendo ocorrer três situações distintas, quais sejam:

a) Sendo totalmente rejeitados, o mandado contido na decisão recupera a sua eficácia, que fora suspensa, nos termos do art. 1.102-C, tornando-se definitivo tão logo a sentença passe em julgado. A rejeição dos embargos se equipará àquela em que não foram interpostos, sendo o título executivo judicial constituído, decorrendo o prazo de quinze dias para pagamento, sob pena de multa de 10%, acrescida de honorários advocatícios e de despesas processuais;

b) Sendo acolhidos na sua totalidade, por uma questão processual ou de mérito, o mandado revoga (desconstitui) integralmente a decisão, de modo que, sobre o prisma substancial, a relação entre as partes fica regida pela sentença, e, sob o prisma processual, perde (definitivamente) a sua eficácia;

c) Sendo parcialmente acolhidos, o que importa em rejeição também parcial, o mandado perde, da mesma forma, passando a situação jurídica das partes a ser regulada pela sentença.

Caso queira contestar a subsistência do mandado inicial, se totalmente rejeitados os embargos (à semelhança do que acontece com a rejeição dos embargos à execução), o que se mostra mais razoável, é que o juiz, em vez de rejeitar simplesmente os embargos, julgou procedente o pedido monitório, com o que não deixa dúvida de que a sentença substitui o mandado. E nada mais é isso que ocorre nas ações de mandado como a consignação em pagamento, por exemplo.

Da sentença que julgou os embargos cabe apelação que possuirá o duplo efeito se forem julgados procedentes e com efeito apenas devolutivo, se rejeitados liminarmente, extintos sem julgamento de mérito ou improcedentes.

Para a corrente doutrinária que sustenta o recebimento da apelação apenas no efeito devolutivo apresenta-se um problema prático: a necessidade de autos tanto para o procedimento recursal como para posteriores atos de execução em primeira instância. A questão é por eles solucionada por extração de carta que se quedará em primeira instância, para que se proceda a execução enquanto o processo seria enviado ao tribunal para o julgamento do recurso.

Na técnica monitória, a matéria que constituiria objeto do processo de conhecimento fica superada com a ausência dos embargos, produzindo a contumácia do réu; na hipótese do art. 1102-C, produz efeitos diversos daqueles previstos no art. 319.

Nos termos do art. 319, CPC, se o réu não contestar a ação, reputar-se-ão verdadeiros os fatos afirmados pelo autor.

Já nos termos do art. 1.102-C do mesmo diploma legal, se os embargos não forem opostos, constituir-se-á, de pleno direito, o titulo judicial, convertendo-se o mandado inicial em mandado executivo.

Como a ação monitória independe de prévia segurança do juízo, só por ocasião da constrição judicial, poderá o patrimônio de devedor revelar-se insuficiente para assegurar o cumprimento da obrigação.

Portanto, à luz da disciplina disposta à ação monitória no ordenamento jurídico brasileiro, concluímos que uma vez formado o título executivo (seja pela ausência de embargos, na primeira fase do procedimento, seja por sua rejeição, na segunda fase), abre-se ao devedor uma nova oportunidade de impugnação, dessa vez na forma do art. 475-L, CPC, podendo se insurgir contra o título executivo judicial. É defeso, no entanto, discutir questões que foram ou deveriam ter sido objetivo de discussão na fase do conhecimento.

O mandado inicial ou a sentença de rejeição dos embargos são títulos executivos judiciais aplicando-se todas as regras legais destinadas a essa modalidade de execução.

18.15 RECONVENÇÃO E EXCEÇÃO

Conforme já fora dito, com o oferecimento de embargos o feito converte-se em ordinário. Temos, portanto, uma ação de conhecimento, sendo possível o aparecimento de reconvenção, também em peça autônoma e no mesmo prazo de quinze dias.

Todavia, só poderá o devedor reconvir ao credor, na medida em que ofereça embargos. Se defendida a reconvenção, será julgada na mesma sentença que decidir os embargos. A reconvenção, por ser cumulação de ações, observará as regras do art. 292, CPC: compatibilidade entre os pedidos, mesma competência do juízo e mesmo procedimento.

Contudo, o devedor poderá, ainda, oferecer exceções, com o mesmo procedimento e eficácia que teria no procedimento comum, independentemente de qualquer outra conduta que adote, podendo se valer das exceções mesmo que não se utilize dos embargos.

18.16 ASSISTÊNCIA E LITISCONSÓRCIO

O procedimento monitório não rejeita as regras sobre litisconsórcio, necessário ou facultativo, admitindo-se também a assistência.

A assistência simples vem disciplinada no art. 54, tanto ativa quanto passiva.

Em tese, inexiste obstáculo à admissão da assistência na primeira fase do procedimento monitório, embora na prática possa não ser de ocorrência costumeira, dada a natureza sumária do rito; na segunda fase, poderá ocorrer com mais frequência, em razão da conversão do rito em ordinário com a interposição de embargos.

O litisconsórcio, tanto ativo quanto passivo, inicial ou ulterior, tem igualmente lugar no processo monitório. Observadas as peculiaridades pertinentes a cada fase do procedimento. Assim, não achando vedado o litisconsórcio facultativo ulterior porque já temos constituído contra esse litisconsorte um título executivo.

Quando expedido mandado monitório contra vários devedores solidários, cabe distinguir a hipótese de virem a ser interpostos embargos apenas por um deles, ou de virem a ser acolhidos os embargos de um deles.

Prevalece, na doutrina, a opinião de que o mandado não embargado adquire eficácia de título executivo em relação a todos os devedores e, havendo embargos, a extensão da defesa depende da natureza de seu fundamento; se os embargos disserem respeito apenas ao embargante, não se estende aos demais.

A intervenção de terceiros, em todas as suas modalidades, é também admissível no processo monitório, observadas igualmente as peculiaridades do rito concernente à primeira e segunda fases do procedimento.

Especialmente no que tange ao chamamento ao processo, dizemos que ele não é obrigatório, porém faculdade do devedor monitório, para que, julgada procedente a ação, fique decidida a responsabilidade de todos. Essa faculdade do réu se equipara ao direito potestativo do credor de exigir e receber de um ou de alguns dos devedores, parcial ou totalmente, a dívida comum.

18.17 REVELIA NO PROCESSO MONITÓRIO

É de conhecimento monitório no mundo jurídico que revelia é a situação do réu que deixou transcorrer *in albis* o prazo para apresentar a contestação. No procedimento ordinário, os efeitos da revelia são diversos, conforme se trate de interesse material ou simplesmente processual, bem assim de questão fática ou simples questão jurídica. Isso porque ela só alcança as questões de fato e não as questões de direito.

O procedimento monitório goza de curta especificidade nessa matéria na medida em que a revelia tem aqui maior intensidade, pois a simples ausência dos embargos tem força de transformar, de pleno direito, o mandado inicial em título executivo, habilitando o credor a promover, desde logo, a sua execução. A ausência de embargos não gera apenas a confissão quanto à matéria de fato, mas reconhecimento tácito do próprio direito material do credor.

Não terá o devedor que não embarga a mínima possibilidade de intervir no curso do processo, a não ser uma qualidade de recorrente (com exceção da primeira fase, que não admite recurso), ou de embargante na execução, caso entenda defender-se por essa via.

Ressalte-se que, não propostos os embargos, opera-se a preclusão e a decisão transita em julgado formal e materialmente.

Se limitar-se o réu, por exemplo a constituir procurador nos autos, será tão revel como se nada tivesse feito, sofrendo as consequências da revelia.

Confere-se, assim, ao mandado monitório a autoridade da coisa julgada, como se tivesse havido o efetivo contraditório e a decisão do litígio. Pode-se também dizer que o título inicial estava com a eficácia executória suspensa durante o prazo para o devedor exercer o direito aos embargos.

Convertido o mandado inicial em mandado executivo, e transcorrido o prazo inicial de cumprimento voluntário, segue-se a expedição de mandado de penhora ou de busca e apreensão, conforme se trate de obrigação de quantia certa ou de entrega de coisa, dentro da sistemática de cumprimento de sentença da Lei n. 11.232/2005.

A revelia provoca a transformação da ação monitória em execução por título judicial, motivo pelo qual, uma vez efetuada a segurança do juízo, não caberão mais embargos do devedor, mas apenas eventual impugnação, nos limites do art. 475-L, CPC.

18.18 NATUREZA DOS EMBARGOS

Os embargos da ação monitória não são aqueles característicos da resposta na execução, são, sim, verdadeira ação do réu em face do credor.

Os embargos constituem simples defesa do injuncionado, pois do contrário seria neutralizada a rapidez que se pretendeu imprimir ao procedimento.

Se entendêssemos os embargos do processo monitório como sendo os mesmos do processo de execução, teríamos a consequência negativa da autuação em separado que demandaria tempo, embora tenha sido propósito da reforma evitar tardanças.

Por visar à desconstituição de relação jurídica líquida e certa retratada no título é que se diz que os embargos são uma ação constitutiva, uma nova relação processual em que o devedor é autor e o credor é réu.

Isso porque o mandado de citação não convida o réu a se defender. Sua convocação é feita, de forma injuntiva, visando a obrigá-lo, desde logo, a realizar o pagamento da dívida em prazo que lhe é liminarmente assinado.

18.19 ANTECIPAÇÃO DE TUTELA

Caso o réu se valha dos embargos com fins meramente protelatórios, abusando do seu direito de defesa, será cabível a concessão de tutela antecipada, nos termos do art. 273, CPC.

A tutela antecipada também poderá ser concedida caso o autor demonstre, no procedimento monitório, que precisa desde logo do bem da vida perseguido para não ter seu direito prejudicado de forma irreparável.

18.20 CABIMENTO DE AUDIÊNCIA DE CONCILIAÇÃO

Como com o oferecimento dos embargos o procedimento passa de monitório a ordinário, é possível a tentativa de conciliação aplicando-se, inclusive, o art. 125, IV, CPC.

18.21 LITISPENDÊNCIA. COISA JULGADA. QUESTÕES PROCESSUAIS E DE MÉRITO

No processo monitório, a distinção entre a rejeição dos embargos por questão processual e por questão de mérito tem incontestável importância prática pois, na primeira hipótese, pode o autor acorrer de novo ao juízo – pela via monitória ou ordinária –, desde que satisfeitos os pressupostos legais; na segunda, a decisão passada em julgado sepulta definitivamente a pretensão se a sentença reconhecer a inexistência do direito invocado pelo autor.

Assim acontece, por exemplo, se, diante da contraprova produzida pelo devedor, não lograr o credor ver declarada, na segunda fase do procedimento, a certeza e liquidez do crédito, porque, no direito brasileiro, uma vez oferecidos os embargos, o rito se converte em ordinário, o que permite ao autor fazer prova plena do fato constitutivo do seu direito, podendo fazê-lo por todos os meios probatórios a seu alcance. Se não lograr produzir essa prova na segunda fase do procedimento monitório, contrapondo-se às provas produzidas pelo devedor, de que seja realmente titular de um crédito exigível, líquido e vencido, dificilmente conseguiria fazê-lo no âmbito de uma ação ordinária, vez que a extensão probatória em ambas é idêntica. Não ocorre aqui como sucede no mandado de segurança, em que a falta de liquidez e certeza do direito não interdita necessariamente as vias ordinárias.

Em princípio, a coisa julgada, no processo monitório, alcança tanto a decisão judicial que contém o mandado liminar, se o devedor não oferecer embargos – o que importa em reconhecimento do pedido – quanto a sentença – de acolhimento ou rejeição, total ou parcial – se opostos os embargos. A distinção que se deve fazer liga-se ao conteúdo da sentença e ao resultado do processo:

a) se extinto sem julgamento do mérito nada obsta a propositura de nova ação pela mesma via ou outra, a critério do credor, desde que atendidos os pressupostos legais, salvo os casos em que a lei interdita novo acesso ao judiciário (arts. 267 e 268);

b) se extinto o processo com julgamento de mérito, resolvida estará a lide pelo que, precluso o prazo para recurso, o manto protetor da *res iudicata* cobrirá o julgado.

Não fica afastado o acolhimento parcial dos embargos, com o que a sentença será igualmente de procedência, em parte, não impedindo que adquira autoridade de coisa julgada prosseguindo-se, dessa forma, na execução.

No que tange à litispendência, o que é proibido é ajuizar ação monitória para obter mandado liminar de pagamento ou de entrega contra o devedor e propor, concomitantemente, ação ordinária para haver a mesma condenação, pois haverá obstáculo no art. 301, CPC.

É preciso observar que se o credor ajuíza ação monitória contra o devedor, obtendo mandado liminar, ao mesmo tempo que o devedor ajuíza contra o credor ação negatória do débito reclamado, a hipótese, sob o aspecto processual, é análoga àquela em que o requerente obtém contra a requerida medida cautelar, *initio litis*, ao mesmo tempo que este ajuíza contra aquele uma ação ordinária, questionando a validade do título. Como a decisão proferida na ação monitória contém um preceito, que é mandado de pagamento ou de entrega, o que não sucede com a ação ordinária, a não ser que se tenha obtido nessa liminar incidente ou preparatória, cumpre ao devedor, autor da ação ordinária, oferecer tempestivamente embargos monitórios sob pena de o mandado liminar converter-se, *pleno iure*, em título executivo. É que não opostos os embargos a decisão transita em julgado, não se abrindo ao revel possibilidade de recorrer da decisão pois não cabe recurso nessa fase do processo. Se, eventualmente, houver vício contaminando a decisão, vício este que não possa ser alegado na impugnação ao título judicial, a única alternativa será o mandado de segurança contra ato judicial. Mesmo porque, ainda que se admitisse a apelação, tanto esta quanto os embargos têm prazo peremptório para ser interpostos.

18.22 HONORÁRIOS ADVOCATÍCIOS. DESPESAS PROCESSUAIS. ISENÇÃO

Conforme dispõe o art. 1.102-C, o réu, cumprindo o mandado, fica isento das custas e honorários advocatícios.

Tal disposição é característica do procedimento monitório brasileiro que se louvou na experiência da lei do inquilinato. Em outros países não existe a previsão de isenção, cabendo ao juiz decidir a respeito.

Como, ao proferir o despacho liminar, *inaudita altera parte*, não sabe o juiz se haverá ou não embargos, deve condenar o réu ao pagamento das custas e honorários, isentando-o de pagá-los se houver cumprimento voluntário do mandado.

18.23 AÇÃO MONITÓRIA CONTRA A ADMINISTRAÇÃO PÚBLICA

Não existe qualquer incompatibilidade entre a ação monitória e a pretensão de pagamento de soma de dinheiro contra o Poder Público, compreendidas as autarquias, nos mesmos moldes em que podem ser demandados na via ordinária para a satisfação de suas obrigações.

Da mesma forma que a Administração Pública está sujeita à disciplina dos arts. 273 e 461, CPC, podendo também ser ré na ação cautelar ou sujeito passivo na ação mandamental, não há por que não possa ser injuncionada através de ação monitória.

Assim como o procedimento ordinário, o procedimento monitório dá lugar à cognição plena, desde que a Fazenda Pública ofereça embargos. Dispondo o credor de um cheque emitido pela Fazenda Pública, que tenha perdido a eficácia de título executivo, pode ele se valer da ação monitória para receber seu crédito, bem como aquele que dispõe de um empenho ou qualquer documento de crédito que atenda aos requisitos legais tem documento idôneo para instruir o pedido monitório.

Não oferecidos os embargos, converte-se o mandado inicial em mandado executivo formando o título executivo judicial. Prossegue-se, então, na forma prevista no Livro II, Título II, Capítulos II e IV, cumprindo distinguir-se se trata de execução para a "entrega de coisa" (arts. 621 a 631) ou por "quantia certa" (arts. 730 e 731). Nada impede, portanto, que a Fazenda Pública possa ser demandada através da ação monitória da mesma forma que está sujeita à disciplina dos arts. 273 e 461, podendo também ser requerida na ação cautelar ou figurar no polo passivo na ação mandamental representada pela autoridade coatora.

Sobre o tema, Nelson Nery Junior[4] salienta que:

> A ação monitória pode ser dirigida, em tese, contra a Fazenda Pública (entrega de coisa certa ou incerta; pagamento de quantia certa), com as limitações impostas pela CF 100 e CPC 730 s. Isto é possível quando se tratar de execução por quantia certa, não aparelhada por título hábil, ou quando o objeto do pedido for entrega de coisa certa ou incerta, por exemplo. O óbice de que não haveria título executivo contra a Fazenda Pública não pode ser aceito porque a decisão que defere a expedição do mandado tem eficácia de título executivo judicial, caso não haja interposição de embargos.

A admissão, aliás, é questão mais aceita atualmente, até mesmo pelo posicionamento do Superior Tribunal de Justiça, na Súmula 339, que preceitua ser cabível a ação monitória contra a Fazenda Pública.

4 Nery Junior e Nery (2007, p. 1242).

18.24 O PROJETO DO NOVO CPC

O projeto do novo CPC não traz a previsão da ação monitória como procedimento especial. Dessa forma, se aprovado o novo CPC com a redação do PL n. 8.046/2010, a partir de sua vigência, na falta de previsão expressa de procedimento especial, adotar-se-ão as regras de procedimento comum previstas no texto legal. Não podemos deixar de expor, porém, que isso parece um retrocesso, introduzida pela Lei n. 9.079/95, representa a ação monitória solução para diversos litígios, como, por exemplo, o caso do cheque prescrito, admitido, inclusive pelo STJ, em face da Fazenda Pública.

CAPÍTULO **19**

Disposições gerais de procedimentos especiais de jurisdição voluntária

19.1 CARACTERÍSTICAS DA JURISDIÇÃO VOLUNTÁRIA

O CPC dividiu os procedimentos especiais em dois grupos: de jurisdição contenciosa e de jurisdição voluntária.

A jurisdição voluntária, graciosa ou meramente voluntária é exercida quando o Estado-juiz se limita a homologar a vontade dos interessados, não havendo interesses litigiosos. Diante de suas características, muito se questionou se seria mesmo jurisdição e se seria voluntária.

Então, formaram-se duas teorias quanto à denominação jurisdição voluntária.

Para uma teoria, denominada teoria clássica ou administrativista, a doutrina nacional majoritária afirma que a jurisdição voluntária não constituiria típica função jurisdicional, nem ao menos seria voluntária,[1] eis que sua verificação decorreria de exigência legal, com o intuito de conferir validade a determinados negócios jurídicos escolhidos pelo legislador. Nesse sentido, ela é definida como "administração pública de interesses privados".[2]

---

1 A inexistência de voluntariedade na jurisdição voluntária é aceita tanto pela teoria administrativista quanto pela revisionista, em razão de se tratar de atividade necessária. A controvérsia entre tais teorias reside em ser a jurisdição voluntária autêntica atividade jurisdicional ou atividade meramente administrativa.

2 Assim, Liebman (1984, p. 32).

Dentre os argumentos levantados, destacam-se, em linhas gerais:

a) que o seu objeto não é a resolução da lide, mas a integração de um negócio jurídico com a participação do magistrado;

b) que não haveria atividade substitutiva, mas intervenção necessária do juiz;

c) que não haveria partes (com interesses contrapostos), mas interessados;[3] por fim,

d) ressaltam a inexistência de ação (e também de processo, devendo-se falar apenas em procedimento), eis que essa é o direito de provocar a atividade jurisdicional e não a administrativa, bem como de coisa julgada material, uma vez que se poderia rediscutir a decisão proferida sobrevindo novas circunstâncias (art. 1.111, CPC).[4]

Avançando consideravelmente na doutrina, uma segunda corrente, a teoria revisionista, tem recebido a adesão de consagrados processualistas, que entendem ser a jurisdição voluntária verdadeiro exercício da função jurisdicional.

São exemplos de jurisdição voluntária, a saber: nomeação de tutores e curadores, homologação de separação judicial, emancipação e alienação judicial dos bens de menor, autenticação de livros comerciais, aprovação dos estatutos das fundações, retificação dos atos do registro civil etc.

Seus defensores argumentam, em última análise:

a) que a litigiosidade não deve ser considerada critério definidor, pois sequer seria essencial à jurisdição contenciosa, mas acidental;

b) que o juiz intervém decidindo como um terceiro imparcial, mantendo sua independência quanto aos efeitos produzidos por sua decisão;

---

3 Buscam seu fundamento no art. 1.105, CPC, que, regendo os procedimentos de jurisdição voluntária, aduz: "serão citados, sob pena de nulidade, todos os interessados, bem como o Ministério Público". Dessa forma, é corrente a terminologia *inter volentes* – "entre os que querem" – para designar as partes na jurisdição voluntária e *inter nolentes* – "entre os que resistem" – na jurisdição contenciosa.

4 Com base no art. 1.111, CPC, que dispõe: "a sentença poderá ser modificada, sem prejuízo dos efeitos já produzidos, se ocorrem circunstâncias supervenientes", essa parcela da doutrina sustenta que não haveria que se falar em coisa julgada material, mas tão somente em preclusão, ou seja, no encerramento da discussão apenas naquele processo. Nesse sentido, conferir Fernandes (2002, p. 30-31).

c) que, além de constituir novos estados jurídicos, também possui função declaratória – típica da função jurisdicional; e, atentam os mais radicais;

d) que só seria possível rediscutir a decisão prolatada em nova sede processual valendo-se de nova causa de pedir – circunstância superveniente – com ação diversa,[5] o que afastaria o argumento da não constituição da coisa julgada.[6]

Ademais, asseveram que essa atividade, como a jurisdição contenciosa, visa à pacificação social mediante a eliminação de situações incertas ou conflituosas, tendo sido esse o entendimento adotado pelo CPC, que, além da redação do art. 1º, dedica-lhe todo um capítulo – arts. 1.103 e s., cujos procedimentos obedecem às formas processuais conhecidas: petição, citação, resposta contraditória, provas, sentença e apelação. Compartilha dessa doutrina Leonardo Greco:[7]

> A função jurisdicional não se resume a solucionar litígios reais ou potenciais. Serve também para tutelar interesses dos particulares, ainda que não haja litígio [...] desde que exercida por órgãos e funcionários revestidos das garantias necessárias a exercer essa tutela com absolutas independência e impessoalidade, exclusivamente no interesse dos seus destinatários. Assim, o que caracteriza a função jurisdicional é o fato de ser ela exercida com independência e impessoalidade, e, em nosso direito, somente o juiz está amparado por garantias que possibilitem o agir independente e impessoal.

19.2 PROCEDIMENTO

Exposta as críticas à denominação jurisdição voluntária, a doutrina reconhece três categorias de atos nesse procedimento, que são os atos mera-

5 A ação se caracteriza por três elementos: partes (autor e réu); causa de pedir (fatos e, para alguns, também fundamentos jurídicos); e pedido (exteriorização da pretensão).

6 Vale ressaltar o posicionamento do prof. Ovídio Baptista, para quem, na jurisdição voluntária, assim como em alguns casos de jurisdição contenciosa, não haveria produção de coisa julgada, como na sentença de mérito proferida em processo cautelar, e nem por isso se diz que não há jurisdição. Silva e Gomes (1997, p. 79).

7 Greco (2003, p. 18-19).

mente receptivos, os simplesmente certificantes e os pronunciamentos judiciais propriamente ditos.

O ato meramente receptivo se dá quando o juiz apenas recebe alguma coisa, como ocorre no caso de um testamento particular a ser utilizado posteriormente em um inventário (art. 1.877, CC). No certificante, o juiz apenas confere autenticidade a alguma coisa e os pronunciamentos propriamente ditos são os atos judiciais no procedimento de jurisdição voluntária.

Em relação ao procedimento da jurisdição voluntária, este terá início por iniciativa do interessado, cabendo-lhe formular o pedido ao juiz, por meio de petição inicial, que preencha os requisitos do art. 282, CPC, instruída com os documentos necessários e da indicação da providência jurisdicional desejada, além das exigências das condições da ação (art. 1.104).

O Ministério Público também poderá ter a iniciativa, que, nos termos do art. 81, só poderá ocorrer quando autorizada em lei ou nas hipóteses em que o juiz pode agir de ofício, como nos casos da alienação de bens depositados sujeitos à deterioração (art. 1.113, CPC), a intimação para apresentar testamento (art. 1.129), a arrecadação de bens (art. 1.170) e a suspensão de tutor ou curador (art. 1.197).

Ressalte-se que não significa que não sejam observados, na jurisdição voluntária, os princípios da inércia e da iniciativa das partes, mas apenas atenuados, uma vez que a iniciativa continua sendo das partes, restringindo-se a atuação do juiz de ofício apenas aos casos expressamente previstos em lei.

Todos os titulares da relação jurídica em face de quem a providência judicial é pretendida deverão ser citados, sob pena de nulidade (art. 1.105), e o Ministério Público e a Fazenda Pública deverão ser intimados para intervir no processo.

Quanto ao Ministério Público, cabe destacar que sua função pode ser de órgão agente, quando é legitimado para promover determinada ação, como ocorre na ação civil pública, na ação de nulidade de casamento (art. 1.549, CC) e na ação de interdição (art. 1.177, III, CC), quer de órgão interveniente, quando atua como fiscal da lei, como ocorre nos casos de interesse de incapazes (art. 82, I, c/c o art. 84, ambos do CPC), ações relativas ao estado das pessoas, nas causas em que haja interesse público envolvido e nos procedimentos de jurisdição voluntária (art. 1.105).

Quando o Ministério Público funcionar como órgão interveniente, assumindo assim a função de parte, não há dúvida de que deve ter ciência de todos os atos processuais. A divergência ocorre nos casos que atua como órgão interveniente, se é necessária sua intimação[8] para todos os procedimentos de jurisdição voluntária, sob pena de nulidade, ou apenas nos casos em que estaria legitimado para atuar, que seriam as hipóteses do art. 82 ou com previsão expressa em lei.

É comum encontrar entendimentos no sentido de que a intimação e a intervenção do Ministério Público são obrigatórias em todos os procedimentos de jurisdição voluntária, pelos seguintes fundamentos:

a) o texto do art. 1.105 é expresso em falar de nulidade no caso de falta de citação;

b) em todo procedimento de jurisdição voluntária haveria interesse público, porque a intervenção judicial só se justifica quando há um interesse público a se proteger;

c) o Ministério Público deve fiscalizar o processo contra o abuso colusivo e também recorrer em caso de ilegalidade de decisão que prejudique a terceiros não participantes.

Outra parte da doutrina, que consideramos mais apropriada, defende que seria caso de intimação do membro do Ministério Público apenas nas hipóteses em que for necessária sua participação, nos termos do art. 82, vez que a Constituição Federal veda aos integrantes da Instituição o exercício de funções que sejam incompatíveis com sua finalidade (art. 129, IX, CF).

Em relação à Fazenda Pública, esta será intimada e não citada para intervir em todos os procedimentos em que possua interesse na causa (arts. 1.105 e 1.108, CPC). Seu interesse no resultado da causa, normalmente econômico, está presente nos procedimentos em que há a transferência de bens, para garantir a integralidade da arrecadação de tributos, ou pela possibilidade dos bens virem a ser incorporados ao patrimônio público.

Feita a citação, o interessado terá o prazo de dez dias para oferecer resposta (art. 1.106). Nem sempre haverá necessidade de oferecimento de resposta, por não haver na jurisdição voluntária conflito de interesses

8 O termo citação é utilizado pelo art. 1.105, CPC, mas a doutrina aponta o equívoco na redação do artigo, defendendo que o correto seria a intimação do Ministério Público (nesse sentido: CÂMARA, 2009, p. 491; e MARCATO, 2004b, p. 340).

materiais, mas pode haver controvérsia ou dissenso quanto à autorização a ser concedida ou providência a ser tomada. Nesse caso, deve-se instaurar o contraditório, como se houvesse partes, vez que uma pretende uma medida resistida pela outra parte. Qualquer um dos interessados poderá se valer ainda, nesse prazo, de exceção para arguir a incompetência relativa do órgão jurisdicional ou a suspeição do juiz (arts. 304 a 315).

Na jurisdição voluntária há também a distribuição do ônus da prova, incumbindo ao requerente provar os fatos alegados na petição inicial e ao requerido fato impeditivo, modificativo ou extintivo do direito (art. 333). Contudo, pode o juiz investigar livremente os fatos, mesmo os não alegados pelos interessados, e ordenar a produção de provas de ofício (art. 1.107), para a exata administração dos interesses privados, investigando o interesse público que pode estar oculto atrás da alegação dos interessados. Nesse aspecto, destaca-se que é maior o poder inquisitivo do juiz, diferente do processo contencioso.

Após o prazo de resposta é que se desenvolve essa atividade probatória, com audiência, se necessário, devendo o juiz proferir sentença em dez dias (art. 1.109).

O juiz, ao julgar, não fica vinculado à legalidade estrita, podendo adotar, em cada caso concreto, a solução que repute mais conveniente e adequada, ou seja, enquanto no processo contencioso cabe ao juiz aplicar à causa em debate o direito constituído, nos procedimentos de jurisdição voluntária pode o juiz aplicar ao caso concreto a norma de direito ou orientar-se pela equidade, dando ao juiz maior liberdade de atuação.

Destaque-se, contudo, que deve o magistrado observar o juízo de conveniência e oportunidade, devendo apenas se utilizar da equidade em situações discricionárias. O juiz também não pode fugir da legalidade estrita, vez que não lhe é autorizado o julgamento *contra legem*.

As decisões judiciais devem ser sempre fundamentadas, para possibilitar a via recursal. Da sentença, cabe apelação (art. 1.110). Ressalte-se que o entendimento é que a apelação não é o único recurso cabível na jurisdição voluntária, sendo cabíveis também, mesmo diante do teor restritivo do art. 1.110, embargos de declaração (arts. 535 a 538) e agravo de instrumento contra decisões interlocutórias (arts. 162, § 2º, e 522 a 529).

A sentença não faz coisa julgada, podendo ser modificada, sem prejuízo dos efeitos já produzidos, se *ocorrerem* circunstâncias supervenientes. Contudo, ocorre a preclusão das questões já decididas, e por circunstância superveniente entende-se não só aquela ocorrida posteriormente, mas também a que o interessado já tinha ciência, mas que, por força maior, não pôde ser levado ao conhecimento do juiz.

Contrariamente ao que acontece nos procedimentos de jurisdição contenciosa, nos quais o juiz, após proferida a sentença, esgota o ofício jurisdicional, só podendo a sua decisão ser alterada pelo Tribunal, através do recurso, nos procedimentos de jurisdição voluntária, pode o juiz modificar seu julgamento, diante de circunstâncias supervenientes. (art. 1.111).

Como não transitam materialmente em julgado, pode o juiz modificá-la a requerimento do interessado, respeitados os efeitos produzidos.

19.3 A JURISDIÇÃO VOLUNTÁRIA NO CPC

A partir do art. 1.103, CPC, uma série de procedimentos especiais de jurisdição voluntária, no título denominado "dos procedimentos especiais de jurisdição voluntária". Divide-se esse título em onze capítulos, sendo o primeiro dedicado às disposições gerais e os demais a regular os procedimentos especiais.

No primeiro capítulo há a regulamentação de um procedimento comum, a ser usado em todos os procedimentos de jurisdição voluntária, para os quais não haja procedimento especificamente previsto.

O art. 1.112, CPC menciona seis casos que adotarão o procedimento comum descrito, que são:

a) emancipação, que pode ser voluntária, por ato dos pais, por escritura e, portanto, sem intervenção judicial; legal, diante das hipóteses do art. 5º, parágrafo único, CC, ou judicial, quando o tutor pretende emancipar o tutelado que já tenha 16 anos completos. Neste último caso, o juiz, ouvido previamente o Ministério Público, proferirá sentença, cabendo ao interessado promover seu registro, para que seja eficaz (art. 91, parágrafo único, da Lei de Registros Públicos);

b) sub-rogação, que deve ser feita respeitando-se a vontade do instituidor, sendo que, se implicar alienação, aplicar-se-ão os arts. 1.113 e s.;

c) alienação, arrendamento ou oneração de bens dotais, de menores, de órfãos ou de interditos, que só podem ocorrer em situações especiais e dependem de autorização judicial, que só pode ser concedida por meio do procedimento previsto nos arts. 1.104 a 1.111, CPC;

d) alienação, locação e administração da coisa comum, quando, em virtude de desacordo entre os condôminos, não for possível o uso e o gozo da coisa em comum, resolvendo eles se a coisa vai ser administrada, vendida ou alugada. Decidida uma dessas hipóteses ou não havendo acordo quanto ao destino do bem, deve haver pronunciamento judicial, com a citação de todos em condôminos em desacordo e ouvido previamente o Ministério Público;

e) alienação de quinhão em coisa comum, em que, quem deseja alienar a coisa comum deve citar todos os outros comunheiros para que, se desejarem, exerçam o direito de preferência;

f) extinção de usufruto e fideicomisso, previsto no art. 1.112, VI, CPC.

Esses casos seguirão o procedimento comum já descrito, com petição inicial, citação dos interessados e intimação do Ministério Público para intervenção, oitiva dos interessados e sentença.

O rol, porém, não deve ser entendido como taxativo.[9] Muitas outras situações previstas no ordenamento jurídico ainda reclamam a interferência judicial para a administração dos interesses privados não contenciosos, ainda que se esteja em uma fase de desjudicialização de alguns procedimentos. Alguns exemplos de situações não previstas no rol do art. 1.112, CPC, mas que podem ser procedimento comum de jurisdição voluntária, é o caso de suprimento de consentimento para fins matrimoniais (arts. 1.517, parágrafo único, e 1.631, parágrafo único, CC) e o pedido de suprimento de outorga uxória ou autorização marital (arts. 1.647 e 1.648, CC).

Dessa forma, sempre que houver a necessidade de interferência judicial e não existir previsão de rito especial próprio, será utilizado o procedimento comum.

Os demais capítulos do Código regulam os vários procedimentos especiais de jurisdição voluntária, nos arts. 1.113 a 1.210.

9 Nesse sentido: Theodoro Júnior (2008, p. 347).

19.4 DISPOSIÇÕES NO PROJETO DO NOVO CPC

CPC ATUAL	PROJETO DO NOVO CPC (PL N. 8.046/2010)
Art. 1.103. Quando este Código não estabelecer procedimento especial, regem a jurisdição voluntária as disposições constantes deste Capítulo.	**Art. 685.** Quando este Código não estabelecer procedimento especial, regem os procedimentos não contenciosos as disposições constantes desta Seção.
Art. 1.104. O procedimento terá início por provocação do interessado ou do Ministério Público, cabendo-lhes formular o pedido em requerimento dirigido ao juiz, devidamente instruído com os documentos necessários e com a indicação da providência judicial.	**Art. 686.** O procedimento terá início por provocação do interessado, do Ministério Público ou da Defensoria Pública, cabendo-lhes formular o pedido devidamente instruído com os documentos necessários e com a indicação da providência judicial.
Art. 1.105. Serão citados, sob pena de nulidade, todos os interessados, bem como o Ministério Público. **Art. 1.106.** O prazo para responder é de 10 (dez) dias.	**Art. 687.** Serão citados todos os interessados, bem como intimado o Ministério Público, para que se manifestem, querendo, no prazo de dez dias.
Art. 1.107. Os interessados podem produzir as provas destinadas a demonstrar as suas alegações; mas ao juiz é licito investigar livremente os fatos e ordenar de ofício a realização de quaisquer provas.	*Sem correspondente.*
Art. 1.108. A Fazenda Pública será sempre ouvida nos casos em que tiver interesse.	**Art. 688.** A Fazenda Pública será sempre ouvida nos casos em que tiver interesse.
Art. 1.109. O juiz decidirá o pedido no prazo de 10 (dez) dias; não é, porém, obrigado a observar critério de legalidade estrita, podendo adotar em cada caso a solução que reputar mais conveniente ou oportuna.	**Art. 689.** O juiz decidirá o pedido no prazo de dez dias. Parágrafo único. O juiz não é obrigado a observar critério de legalidade estrita, podendo adotar em cada caso a solução que considerar mais conveniente ou oportuna.
Art. 1.110. Da sentença caberá apelação.	**Art. 690.** Da sentença caberá apelação.
Art. 1.111. A sentença poderá ser modificada, sem prejuízo dos efeitos já produzidos, se ocorrerem circunstâncias supervenientes.	*Sem correspondente.*

CPC ATUAL	PROJETO DO NOVO CPC (PL N. 8.046/2010)
Art. 1.112. Processar-se-á na forma estabelecida neste Capítulo o pedido de: I – emancipação; II – sub-rogação; III – alienação, arrendamento ou oneração de bens dotais, de menores, de órfãos e de interditos; IV – alienação, locação e administração da coisa comum; V – alienação de quinhão em coisa comum; VI – extinção de usufruto e de fideicomisso.	**Art. 691.** Processar-se-á na forma estabelecida nesta Seção o pedido de: I – emancipação; II – sub-rogação; III – alienação, arrendamento ou oneração de bens, de menores, de órfãos e de interditos; IV – alienação, locação e administração da coisa comum; V – alienação de quinhão em coisa comum; VI – extinção de usufruto e de fideicomisso; VII – expedição de alvará judicial. Parágrafo único. As normas desta Seção aplicam-se, no que couber, aos procedimentos regulados nas seções seguintes.

O projeto do novo CPC substitui a nomenclatura jurisdição voluntária por jurisdição não contenciosa. O art. 686 apenas inclui a Defensoria Pública no rol dos que podem provocar o procedimento, mantendo, no mais, a redação do art. 1.104, CPC atual. Destaque-se que a Defensoria Pública, embora não prevista no CPC atual, já pode provocar o procedimento, até porque patrocinava os interesses dos hipossuficientes.

O art. 687 do projeto do novo CPC prevê a citação dos interessados e a intimação do Ministério Público no prazo de dez dias, correspondendo aos atuais arts. 1.105 e 1.106 do atual CPC.

Suprimindo o atual art. 1.107, CPC, o projeto passa a tratar da Fazenda Pública no art. 688. Já no art. 689 prevê que o juiz decidirá no prazo de dez dias e não será obrigado a observar a legalidade estrita, reproduzindo os termos do atual 1.109, CPC.

O art. 690 do projeto mantém a disposição que é a regra do CPC: da sentença cabe apelação.

Suprimindo o atual art. 691 do CPC, reproduzindo o art. 1.112, CPC, acrescentando a hipótese de alvará judicial, trata de alguns procedimentos de jurisdição não contenciosa.

CAPÍTULO 20

Das notificações e das interpelações

20.1 NOÇÕES GERAIS

As notificações e as interpelações são instrumentos de comunicação da vontade, podendo se fazer judicialmente ou não. A notificação comunica a alguém determinado fato e a interpelação destina-se à expressão da vontade do requerente que, em si, não produz efeitos jurídicos, estando condicionados esses efeitos à ação ou omissão do interpelado.

Essas figuras possuem o mesmo procedimento e neles não se espera nenhuma providência do órgão judicial, a não ser o encaminhamento da manifestação apresentada pelo autor. Não há, portanto, decisão judicial nessas medidas, não cabendo ao magistrado se pronunciar sobre a dívida.

Eventual recusa em proceder à notificação ou à interpelação deve ser tomada pela inadequação da medida ao seu fim, não devendo tais instrumentos serem utilizados para manifestações de vontade que não atingirão o fim almejado pelo requerente ou pela apuração, ainda que superficial, feita pelo magistrado sobre a idoneidade e juridicidade do pedido formulado pelo requerente, devendo ser a medida indeferida se destinada a fim ilícito.

20.2 PROCEDIMENTO

No atual CPC, trata-se de uma medida cautelar específica que está aqui localizada por se transformar em um procedimento especial pelo projeto do novo CPC (PL n. 8.046/2010), mas no projeto do novo CPC é tratado como um procedimento especial de jurisdição voluntária.

Em relação ao procedimento, deverá ser formulada petição escrita, demonstrando os fatos e fundamentos da manifestação (art. 868). Deferida a petição inicial, o réu será citado,[1] mas não há espaço para defesa, até mesmo porque nem sempre há um destinatário para o protesto, podendo-se publicar editais para que se dê conhecimento ao público em geral.

Apenas no caso de protesto contra a alienação de bens, antes da publicação de editais, o magistrado poderá ouvir aquele contra quem o protesto é dirigido, quando lhe parecer que o pedido do protesto é emulativo.

Contudo, tal oportunidade não significa a antecipação do litígio entre as partes no plano material.

Qualquer outra resistência do réu será exercida no âmbito de processo distinto.

Feita a comunicação ao requerido ou ao público em geral, conforme o caso, tem-se por exaurido o procedimento.

20.3 O PROJETO DO NOVO CPC

De forma simplificada, no PL n. 8.046/2010, os dez artigos referentes ao tema, localizados como medidas cautelares específicas (arts. 867 a 876, CPC), são deslocadas para os procedimentos especiais de jurisdição não contenciosa, com apenas quatro artigos tratando sobre o tema, como se destaca:

> **Art. 692.** Quem tiver interesse em manifestar formalmente sua vontade a outrem sobre assunto juridicamente relevante poderá notificar pessoas participantes da mesma relação jurídica para dar-lhes ciência de seu propósito. Se a pretensão for a de dar conhecimento geral ao público, mediante edital, o juiz só a deferirá se a tiver por fundada e necessária ao resguardo de direito.

1 Embora o Código utilize a expressão intimação (art. 870), trata-se de citação, uma vez que o réu é convocado para sujeitar-se a um processo. Contudo, cabe destacar que há entendimento de que seria intimação mesmo, pela ausência de espaço para defesa.

Art. 693. Também poderá o interessado interpelar, no caso do art. 692, para que o requerido faça ou deixe de fazer aquilo que o requerente entenda do seu direito.

Art. 694. O requerido será previamente ouvido antes do deferimento da notificação ou do respectivo edital:

I – se houver suspeita de que o requerente, por meio da notificação ou do edital, pretende alcançar fim ilícito;

II – se tiver sido requerida a averbação da notificação em registro público.

Art. 695. Deferida e realizada a notificação ou interpelação, os autos serão entregues ao requerente.

Destaque-se que não há inovações nesse procedimento em relação ao texto do atual CPC. Não há oportunidade de oferecimento de defesa, mas, enquanto o CPC atual afirma que o interpelado ou o requerido poderá ser ouvido (art. 870, parágrafo único, CPC atual), o projeto afirma que o requerido deverá ser ouvido antes de ser realizada a notificação. Dessa forma, pelo novo Código, o juiz deverá ouvir o requerido antes de realizar a medida, o que não acontece no CPC atual.

CAPÍTULO 21

Alienações judiciais

21.1 NOÇÕES GERAIS

O primeiro dos procedimentos especiais de jurisdição voluntária de acordo com a disposição do CPC atual está previsto nos arts. 1.113 a 1.119, como *Das alienações judiciais*.

Esse procedimento é utilizado em três situações distintas:

a) por meio cautelar: quando os bens constritos judicialmente (em um arresto, sequestro, em uma penhora ou em outra medida análoga) forem de fácil deterioração, estiverem avariados ou exigirem grande despesa para sua guarda;

b) como meio de resguardar interesses de incapazes ou outros interesses que mereçam atenção especial do ordenamento jurídico;

c) como meio de extinção do condomínio de coisas móveis: também será a hipótese de aplicação da alienação judicial quando a coisa é indivisível; quando, uma vez dividida, se torne imprópria ao seu destino ou, ainda, quando houver necessidade da alienação dos imóveis que, em decorrência da partilha de herança, não couberem no quinhão de um só herdeiro. Será o único caso em que não se tratará de um incidente ao processo, mas, sim, de um processo autônomo.

Há, ainda, outras hipóteses de alienação judicial além das enumeradas, que se fazem em juízo, para se realizar a execução forçada por quantia certa. Porém, estas não são reguladas pela sistemática do procedimento especial de jurisdição voluntária, mas, sim, pelas regras específicas do processo de execução, nos arts. 680 a 707, CPC.

Em cada uma das hipóteses assinaladas devemos atentar para as peculiaridades que se aplicam e que restam expressamente dispostas em lei nos artigos que tratam de alienação judicial.

21.2 PROCEDIMENTO

Trata-se de uma medida que pode ser iniciada de ofício ou a requerimento do interessado, seja esse o depositário ou qualquer das partes. Requerida a avaliação, deverá o juiz ouvir todos os interessados e, em seguida, o Ministério Público. Também a Fazenda Pública, se tiver interesse na causa, deverá ser ouvida.

Depois de colher as manifestações a respeito da alienação judicial do bem, deverá o juiz determinar sua avaliação, que será feita por um perito nomeado pelo juiz, tanto em caso de alteração de valor do bem, como na hipótese de não ter havido avaliação prévia.

Feita a avaliação, o bem será alienado em leilão público, pelo maior lanço, ainda que inferior à alienação (art. 1.115, CPC). Aqui, em que pese o silêncio do Código, o leilão será precedido de publicidade, com a publicação de editais (arts. 704 a 707).

Nesse ponto, há, ainda, duas considerações: a primeira é que, sendo incapaz o interessado, o bem não poderá ser adquirido em leilão por valor inferior a 80% da avaliação (art. 701, CPC)[1] e a outra é que, sendo capazes todos os interessados e estando de acordo com a dispensa do leilão, a alienação do bem poderá ocorrer independentemente de leilão.

Alienado o bem, serão descontadas as despesas de sua avaliação, depositando-se o preço à disposição do juízo, em banco oficial, ou qualquer outra casa bancária, se não existir entidade daquela espécie no local, nele sub-rogando-se os ônus ou responsabilidades a que o bem alienado estivesse sujeito (art. 1.116, CPC).

---

1 Embora nos demais casos não haja um valor mínimo para a arrematação do bem no leilão, cabe ao Judiciário determinar que a alienação não se faça por valor vil (nesse sentido: NERY JUNIOR; NERY, 2007, p. 1.257).

Caso o depósito não seja levantado pelos interessados no prazo de trinta dias, o juiz determinará a aplicação do produto da alienação em obrigações ou títulos, de modo a evitar a depreciação monetária e até mesmo permitir o aumento do capital depositado (art. 1.116, parágrafo único).

Após levantado o depósito, o processo será extinto, por sentença. Ocorrendo a alienação da coisa sem oposição por qualquer dos interessados, descaberá a condenação do requerente em honorários advocatícios. Caso, porém, haja oposição, o vencido responderá pelas despesas processuais.

21.3 EXTINÇÃO DO CONDOMÍNIO

O procedimento das alienações judiciais também é utilizado para promover a alienação de bem indivisível sujeito a condomínio ou para alienação de imóvel que, na partilha, não couber no quinhão de um único herdeiro ou quando a divisão do bem for prejudicial a um dos herdeiros (art. 1.117, I a III, CPC). Será o único caso de processo autônomo e, por isso, abordado em separado.

Nessas situações, terá preferência, em igualdade de condições, o condômino ou herdeiro, dependendo de qual será a hipótese, ao estranho. Em relação aos condôminos ou herdeiros, terá preferência aquele que tiver realizado benfeitoria de maior valor no bem e, em não havendo benfeitoria, no caso do condômino, o que tiver maior fração ideal (arts. 1.118, CPC, e 1.332, CC). Conseguindo os condôminos quinhões iguais, terão a coisa os condôminos que a quiserem, depositando previamente o preço (art. 504, parágrafo único, CC).

Desrespeitada essa regra de preferência prevista no art. 1.118, CPC, o prejudicado poderá ajuizar demanda objetivando a adjudicação do bem, mediante depósito do preço. Tal demanda será ajuizada antes da assinatura da carta de arrematação, devendo ser citados o adquirente e todos os demais condôminos, que terão o prazo de dez dias para contestar (art. 1.106, CPC), observando-se, a partir daí, o procedimento estabelecido para o processo cautelar (art. 1.119, parágrafo único, CPC).[2] Acolhida a

2 Dispondo que o prazo para contestar nesses casos é de dez dias, previsto no art. 1.106, CPC, e não de cinco dias, do art. 802, CPC, pois só a partir da resposta dos réus observa-se o disposto no procedimento cautelar, a partir do art. 803: NERY JUNIOR; NERY, 2007, p. 1258).

demanda do condômino, o bem será a ele adjudicado. Rejeitada, confirmar-se-á a adjudicação ou a arrematação anteriormente realizada. Após a arrematação, a garantia do direito de preferência só poderá ser exercida por meio de processo de conhecimento que se faça no prazo de seus meses a contar da transcrição do título no Registro de Imóveis.[3]

Caso, porém, um condômino ou um herdeiro exerçam seu direito de preferência no curso do processo, o bem não será levado à hasta pública, bastando que, para isso, seja depositado o dinheiro das parcelas dos demais, o que deve ser feito após a avaliação, na forma do art. 2.019, § 1º, CC/2002.

21.4 O PROJETO DO NOVO CPC

O projeto do novo CPC (PL n. 8.046/2010) trata da disposição em um único artigo, que dispõe que:

> Seção III
>
> DAS ALIENAÇÕES JUDICIAIS
>
> **Art. 696.** Nos casos expressos em lei, não havendo acordo entre os interessados sobre o modo como deve se realizar a alienação do bem, o juiz, de ofício ou a requerimento dos interessados ou do depositário, mandará aliená-los em leilão, observando-se o disposto na Seção I deste Capítulo e, no que couber, o disposto nos arts. 834 e s..

Com menos disposições do que os sete artigos do CPC atual, trata da possibilidade do procedimento especial de jurisdição não contenciosa ocorrer de ofício ou por provocação, seguindo, após, a fase de expropriação típica da execução, prevista no art. 834.

3 Nesse sentido: Theodoro Júnior (2008, p. 356).

CAPÍTULO 22

Separação consensual

22.1 NOÇÕES GERAIS

O segundo procedimento especial de jurisdição voluntária previsto no CPC atual é a separação consensual, regulado nos arts. 1.120 a 1.124.

A terminologia separação veio substituir, por determinação da Lei do Divórcio (Lei n. 6.515/73), a antiga denominação "desquite". Na separação, desfaz-se o vínculo conjugal, colocando-se fim aos deveres de coabitação, fidelidade recíproca, mas mantém-se íntegro o vínculo matrimonial.

Esse procedimento teve uma significativa inserção textual legal que permite que seja realizado judicialmente ou extrajudicialmente.

Nesse momento, trataremos apenas do procedimento realizado através da via judicial.

A separação judicial[1] pode ser prévia ou principal. A separação prévia se dá pela medida cautelar de separação de corpos, prevista no art. 7º, § 1º,

1 A partir da Emenda Constitucional n. 66/2010, surgiram inúmeras divergências no direito civil, que influenciam nos procedimentos judicial e extrajudicial de separação e de divórcio.

Alguns civilistas afirmam que teria acabado a separação no Brasil, enquanto outros acreditam que não se colocou fim à separação, mas apenas suprimiu os requisitos de 1 ano de separação judicial para o requerimento do divórcio ou de 2 anos de separação de corpos para o divórcio direto.

Surgiu, então, grande dúvida de como ficaria a previsão dos procedimentos extrajudiciais a partir da Emenda Constitucional n. 66, até que o Instituto Brasileiro de Direito de Família fez um pedido de providência ao Conselho Nacional de Justiça, que recebeu o número 0005060-

da Lei n. 6.515/77, retratada no capítulo das cautelares, típica medida preparatória para a separação litigiosa. Já se for principal, poderá ser litigiosa ou consensual.

Se a separação for litigiosa,[2] havendo, por meio do provimento jurisdicional, a ruptura forçada do vínculo conjugal, o procedimento será o comum ordinário. Já se a separação for consensual, isto é, nos casos em que os cônjuges desejam obter a homologação de um negócio jurídico bilateral, destinado a desfazer a sociedade conjugal, o procedimento será o especial de jurisdição voluntária, denominado "separação consensual".

O procedimento da separação consensual é o mesmo do divórcio consensual e, em que pesem as diferenças estabelecidas pelo Direito Civil entre separação e divórcio,[3] o procedimento visa a atender diversas situações, que são:

a) a separação consensual;

b) o divórcio de comum acordo, já tendo havido separação. Nesse caso, o procedimento romperá de vez com o vínculo matrimonial;

32.2010.2.00.0000, solicitando que a Resolução n. 35 do CNJ, que regulamenta os procedimentos extrajudiciais, fosse adequada à emenda constitucional.

Como resposta ao pedido de providência, em 14 de setembro de 2010, o Conselho Nacional de Justiça (CNJ) decidiu alterar a Resolução n. 35, que regulamenta a realização de separação e divórcio consensual por via administrativa. Por unanimidade, os conselheiros aprovaram parcialmente o pedido feito pelo Instituto Brasileiro de Direito da Família (IBDFAM), e decidiram retirar o art. 53 da Resolução, que trata do lapso temporal de dois anos para o divórcio direto e dá nova redação ao art. 52, que passa a prever que "os cônjuges separados judicialmente, podem, mediante escritura pública, converter a separação judicial ou extrajudicial em divórcio, mantendo as mesmas condições ou alterando-as. Nesse caso, é dispensável a apresentação de certidão atualizada do processo judicial, bastando a certidão da averbação da separação no assento do casamento".

Dessa forma, pode-se perceber que o Conselho Nacional de Justiça se posicionou pela manutenção da possibilidade de se requerer tanto a separação como o divórcio direto pela via extrajudicial, o que, em consequência, também não vedaria a manutenção da possibilidade conversão de separação em divórcio pela via extrajudicial, independente do requisito temporal.

2 Esclarecendo a separação litigiosa, Antônio Carlos Marcato (2004b, p. 360) destaca que: "a separação judicial litigiosa pode vir fundada (a) na grave violação de dever judicial, que torne insuportável a vida em comum (separação sanção – art. 1.572, *caput*), (b) na ruptura da vida em comum por mais de um ano, aliada à impossibilidade de sua reconstituição (separação-falência – art. 1.572, § 1º) e, finalmente, c) no fato de um dos cônjuges ser portador de doença mental grave e de cura improvável, que se manifestou após o casamento e perdure há mais de dois anos (separação-remédio – art. 1.572, § 2º)".

3 Na separação, não se põe fim ao vínculo matrimonial, apenas cessando os deveres conjugais de fidelidade e coabitação, enquanto no divórcio há o rompimento do vínculo matrimonial.

c) o divórcio direto, opção esta última que se tornou possível, independente de já existir procedimento de separação há mais de um ano ou separação de fato há mais de dois anos, a partir da Emenda Constitucional n. 66, que deu nova redação ao art. 226, § 6º, da Constituição Federal.[4]

d) a conversão da separação litigiosa em separação consensual. Não obstante as partes terem dado início à separação litigiosa, a qualquer tempo, no curso da ação ordinária de separação judicial, os cônjuges podem requerer a conversão dessa em procedimento especial de jurisdição voluntária de separação consensual.

e) dissolução consensual de união estável,[5] situação que, apesar de não expressa na lei, não teria razão para ser diferenciada do casamento.

22.2 LEGITIMIDADE E COMPETÊNCIA

A separação consensual só pode ser pleiteada por ambos os cônjuges, de acordo. Se um dos cônjuges for incapaz, poderá ser representado por curador, ascendente ou irmão, conforme dispõe o art. 3º, § 1º, da Lei n. 6.515 (Lei do Divórcio) e o art. 1.576, parágrafo único, CC.

A competência para a separação é o foro da residência da mulher (art. 100, I), mas se trata de competência relativa, que pode ser prorrogada, ainda mais nesse caso, em que os cônjuges ajuízam a ação de acordo.

22.3 PROCEDIMENTO

O procedimento se inicia com a apresentação de petição inicial ao juízo, assinada por ambos os cônjuges e seus advogados, que deverá preencher os requisitos do art. 282, CPC. Não há a necessidade de indicação de qualquer causa para a separação na petição inicial ou em qualquer outro ato do processo. Dispensam-se, ainda, o requerimento de produção de provas e a citação, já que ambos os cônjuges que pleiteiam a providência jurisdicional estão de acordo.

4 Sobre a possibilidade de divórcio direto: Gagliano (2010).

5 Nesse sentido, Marcato (2004b, p. 361).

A petição inicial deverá vir instruída com a certidão de casamento e com o pacto antenupcial, se houver. Caso alguém não saiba assinar ou não puder fazê-lo, é lícito que um dos presentes fique responsável pela assinatura a rogo e que se utilize a procuração por instrumento público (art. 1.120, § 1º).

Poderá, ainda, trazer a descrição completa dos bens do casal e a respectiva partilha, o acordo referente à guarda do filho menor, se houver, o regime de visitas e o valor dos alimentos e o nome que a mulher adotará após a separação. Se houver acordo em relação a esses temas, eles já serão homologados em juízo. Contudo, caso não haja acordo, poderá ser realizada a separação consensual, através do procedimento de jurisdição voluntária e, futuramente, tais questões poderão ser discutidas em demandas autônomas.

Caso haja acordo de partilha, não há a necessidade absoluta de quinhões, podendo até mesmo um dos consortes abrir mão de seu patrimônio em prol do outro. O acordo de partilha também não estará ordinariamente sujeito à tributação, mas, havendo a partilha desigual de bens imóveis, incidirá o imposto de transmissão sobre a parte excedente, que corresponderá a uma doação feita a outro cônjuge.

Estando em termos a petição inicial, o juiz designará audiência para ouvir os cônjuges sobre o motivo da separação consensual, tentando a reconciliação e esclarecendo-lhes das consequências no caso de separação.

Se a conciliação for obtida, não se prosseguirá o feito.

Caso, porém, não compareça um dos cônjuges a uma das audiências, ou no caso de não haver ratificação do acordo, o juiz mandará arquivar os autos (art. 1.122, § 2º, CPC).

No caso de dúvida sobre as intenções do casal, será remarcada outra audiência, com intervalo de quinze a trinta dias, até que se pondere melhor sobre a decisão a ser tomada.

Já se estiver convencido o magistrado das intenções de separação ou divórcio, mandará reduzir a termos as declarações dos cônjuges e, em seguida, ouvirá o Ministério Público. Após, a separação será homologada por sentença.

O juiz deverá negar homologação à separação se verificar que o acordo das partes não protege adequadamente o interesse dos filhos menores do casal ou de um dos cônjuges (art. 1.574, parágrafo único, CC), sendo exemplo deste último caso quando verificar que a diferença nos quinhões foi fruto de erro ou dolo, ficando a circunstância positivada antes do pronunciamento judicial.

22.4 SENTENÇA

A sentença que homologar a separação consensual terá natureza constitutiva e, assim que transitada em julgado, será averbada ao Registro Civil a fim de produzir seus efeitos, bem como será averbada no Registro de Imóveis, caso haja bens imóveis partilhados. Lembramos que a separação não exige a imediata partilha dos bens, posto que, em havendo discordância entre os cônjuges quanto a ela, poderá a partilha ser feita após a homologação da separação consensual.

Se um dos cônjuges for empresário, a sentença será também averbada no Registro Público de Empresa Mercantil, para que produza seus efeitos nas relações empresariais (art. 980, CC).

A sentença, no tocante a alimentos e à partilha, é título executivo judicial, que, na falta de adimplemento voluntário, se cumprirá por meio de execução por quantia certa, em se tratando de alimentos, ou de entrega de coisa, em se tratando de bens (arts. 475-I e 475-N).

Em não havendo filhos menores ou incapazes do casal, observados os requisitos legais, poderão ser feitos por meio de escritura pública e independe de homologação judicial para surtir os efeitos, bem como a escritura ser averbada no Registro Civil e de Imóveis. Nessa hipótese, da escritura pública constarão a partilha dos bens comuns, os termos da pensão alimentícia e a possível retomada do uso do nome de solteiro.

Mesmo com a averbação no registro competente, em se tratando de separação, quando o vínculo matrimonial não está rompido, é possível aos cônjuges, a qualquer tempo, restabelecer a capacidade conjugal, sem estarem sujeitos a um novo casamento. Para isso, será suficiente que ambos os consortes formulem um requerimento ao juiz, nos autos da separação (art. 46 da Lei n. 6.515).

Já no caso de divórcio, ou em separação já convertida em divórcio, tal procedimento não será possível, já que o vínculo matrimonial ter-se-á se rompido. Nesse caso, será necessária a realização de novo casamento.

22.5 REVISÃO E RESCISÃO DO ACORDO DE SEPARAÇÃO

Em se tratando de um procedimento de jurisdição voluntária, não suscetíveis de ser acobertadas pela coisa julgada material, o acordo de separação voluntária não poderá ser rescindido através da ação rescisória.

Nesse caso, para se rescindir o acordo todo ou apenas uma de suas cláusulas, como a partilha, deverá o cônjuge interessado se valer da ação anulatória, prevista no art. 486, CPC.

Além disso, há a possibilidade de ação revisional dos efeitos que a separação projeta para o futuro, como a guarda dos filhos, o direito de visitas e os alimentos, desde que alteradas as razões determinantes daquelas condições, através de ação de revisão, cujo procedimento é o ordinário.

22.6 O PROJETO DO NOVO CPC

O projeto do novo CPC trata, como procedimento de jurisdição não contenciosa, denominado no CPC atual jurisdição voluntária, do divórcio consensual e da alteração de regime de bens do matrimônio.

Em relação ao divórcio, observa-se que o projeto não trata mais da separação, mas apenas do divórcio. A partir da EC n. 66/2010, instaurou-se a controvérsia se a separação havia ou não sido abolida de nosso ordenamento. O Conselho Nacional de Justiça já se manifestou, no mesmo ano, pela possibilidade de se requerer tanto o divórcio como a separação pela via extrajudicial, o que significa uma manifestação de que a referida emenda teria mantido a separação em nosso ordenamento.

Contudo, o projeto do novo CPC explicitamente trata, como procedimento especial de jurisdição voluntária, apenas do divórcio, o que parece considerar o projeto que a separação foi abolida de nosso ordenamento a partir da Emenda Constitucional n. 66/2010.

Outra alteração relevante do projeto foi a possibilidade da mudança de alteração de bens do casamento, desde que haja consenso entre os cônjuges, por meio de um procedimento especial de jurisdição não contenciosa.

Nesse ponto, deve-se ter cautela, pois, ainda que seja de comum acordo dos cônjuges, deve-se observar que tal procedimento não será admitido quando o próprio Código Civil determina um regime legal obrigatório, conforme previsto no art. 1.641, CC.

Dessa forma, a alteração de regime de bens previsto no projeto do novo CPC só será utilizado caso haja consenso entre os cônjuges e caso não haja impedimento legal, isto é, que o regime do casamento não tenha sido imposto por lei ou caso as causas que impuseram determinado regime tenham desaparecido.

Feitas essas considerações, destacamos o trecho do PL n. 8.046/2010 sobre o tema:

> Seção IV
>
> DO DIVÓRCIO E DA EXTINÇÃO DE UNIÃO ESTÁVEL CONSENSUAIS E DA ALTERAÇÃO DO REGIME DE BENS DO MATRIMÔNIO
>
> **Art. 697.** Do divórcio consensual, observados os requisitos legais, poderá ser requerido em petição assinada por ambos os cônjuges, da qual constarão:
>
> I – as disposições relativas à descrição e à partilha dos bens comuns;
>
> II – as disposições relativas à pensão alimentícia entre os cônjuges;
>
> III – o acordo relativo à guarda dos filhos menores e ao regime de visitas; e
>
> IV – o valor da contribuição para criar e educar os filhos.
>
> Parágrafo único. Se os cônjuges não acordarem sobre a partilha dos bens, far-se-á esta depois de homologado o divórcio, na forma estabelecida nos arts. 633 a 644.
>
> **Art. 698.** Recebida a petição inicial, o juiz designará audiência para ouvir os cônjuges, esclarecendo-lhes as consequências da manifestação de vontade.
>
> § 1º Convencendo-se o juiz de que ambos desejam o divórcio, mandará reduzir a termo as declarações e, depois de ouvir o Ministério Público no prazo de cinco dias, o homologará;
>
> § 2º Se qualquer dos cônjuges não comparecer à audiência designada ou não ratificar o pedido, o juiz extinguirá o feito e mandará arquivar o processo.
>
> **Art. 699.** O divórcio e a extinção de união estável consensuais, não havendo filhos menores ou incapazes e observados os requisitos legais, serão realizados por escritura pública, da qual constarão as disposições de que trata o art. 697.
>
> § 1º A escritura não depende de homologação judicial e constitui título hábil para qualquer ato de registro, bem assim para levantamento de importância depositada em instituições financeiras.
>
> § 2º O tabelião somente lavrará a escritura se os interessados estiverem assistidos por advogado comum ou advogados de cada um deles ou

por defensor público, cuja qualificação e assinatura constarão do ato notarial.

§ 3º A escritura e os demais atos notariais serão gratuitos àqueles que se declararem hipossuficientes economicamente, na forma e sob as penas da lei.

Art. 700. A alteração do regime de bens do casamento, observados os requisitos legais, poderá ser requerida, motivadamente, em petição assinada por ambos os cônjuges, na qual serão expostas as razões que justificam a alteração, ressalvados os direitos de terceiros.

CAPÍTULO **23**

Testamentos e codicilos

23.1 NOÇÕES GERAIS

Outro procedimento especial de jurisdição voluntária é o tema *Dos testamentos e codicilos*[1], previsto a partir dos arts. 1.125 a 1.141, CPC.

O testamento é o ato pelo qual uma pessoa dispõe de seus bens após sua morte e o codicilo ato de pequenas disposições de vontade, a ser elaborado pelo próprio testador, como nomear ou substituir testamenteiro, fazer disposições especiais sobre o enterro ou sobre esmolas de pouca monta, legar móveis, roupas ou joias não muito valiosos, de uso pessoal.

Determina a norma que, para terem eficácia, os testamentos necessitam ser registrados ou confirmados, a fim de assegurar a sua integridade e verificar se restaram devidamente respeitadas as formalidades inerentes ao ato.

O procedimento de jurisdição voluntária deve, então, ser observado para cumprimento dos atos de disposição de última vontade e se destina a conhecer a declaração de última vontade do morto, verificar a regularidade formal do testamento e ordenar seu cumprimento.

As questões de alta indagação não entram no procedimento, podendo ser discutidas pela via ordinária, e nem as interpretações das cláusulas testamentárias são feitas nesse processo gracioso. O juiz deverá apenas negar

1 Sobre a temática "Sucessão Testamentária", conferir no Código Civil, arts. 1.857 a 1.990.

o cumprimento quando não for observado o número de testemunhas ou violação do invólucro do testamento cerrado.[2]

É um procedimento que antecede o inventário. A abertura do testamento é um ato solene e deve ser realizado diante do juiz, que, observando estar este intacto, lavrará o ato de abertura no qual devem constar informações como a data e o local em que o testamento foi aberto, o nome de quem o apresentou, e a data e o lugar do falecimento do testador, entre outros.[3]

23.2 COMPETÊNCIA

A competência é do juízo do lugar onde se achar o apresentador do documento. Trata-se de medida urgente, razão pela qual não há qualquer vinculação entre o juízo do cumprimento do testamento ou codicilo e o juízo do inventário e da partilha.

23.3 PROCEDIMENTO

Inicia-se o procedimento com a apresentação, em juízo, do testamento. Essa apresentação é ato que independe de requerimento escrito e não tem a necessidade de interferência de advogado. Pode ser feito, inclusive, no curso das férias forenses (art. 173, II).

A partir daí, seguem-se procedimentos diversos de acordo com o ato de última vontade apresentado.

Tratando-se de testamento cerrado,[4] o juiz verificará se está intacto, abrirá e mandará o escrivão lê-lo na presença de quem o integrou. Em seguida, será lavrado o autor de abertura de testamento (art. 1.125, CPC)

---

2 Excepcionalmente, não se considera violado o testamento cerrado aberto. É o caso do testamento ser aberto por algum particular ou autoridade incompetente, quando pode-se admitir em juízo a justificação do fato, com citação dos interessados de modo que se conclua não ter sido aberto com a intenção de revogá-lo (nesse sentido: Theodoro Júnior, 2008, p. 370).

3 Parágrafo único do art. 1.125, CPC.

4 Cerrado é o testamento escrito pelo próprio testador, ou por outra pessoa a seu rogo, e posteriormente entregue, na presença de duas testemunhas, ao tabelião ou seu substituto, que o lacrará após a elaboração e leitura do auto de aprovação (arts. 1.868 a 1.875, CC).

que, rubricado pelo juiz e assinado pelo representante, mencionará a data e lugar da abertura; o nome do apresentante e como obteve o testamento; a data e lugar do falecimento do testador e qualquer outra circunstância digna de nota encontrada no testamento.

Esse auto será a peça inicial do procedimento, devendo o escrivão iniciar com ele a autuação de praxe. Após o auto de abertura, será ouvido o Ministério Público para que, em seguida, o juiz profira sentença, mandando registrar, arquivar e cumprir o testamento se não encontrar vício externo que o torne suspeito de falsidade ou de nulidade.(art. 1.126, CPC). O testamento será, então, registrado em cartório e, no prazo de oito dias, será enviada uma cópia à repartição fiscal.

Feito o registro, será intimado o testamenteiro para que assine, em cinco dias, a testamentária. Não havendo testamenteiro nomeado, estando ele ausente ou recusando o encargo, o escrivão certificará tal fato, levando os autos à conclusão. O juiz nomeará testamenteiro dativo, observando-se a seguinte ordem: cônjuge supérstite, herdeiro escolhido pelo juiz, um estranho (se não houver testamenteiro judicial). Assinado o termo da testamentária, o escrivão extrairá cópia autêntica do testamento, para ser juntada aos autos de inventário e partilha ou de arrecadação da herança.

Tratando-se de testamento público,[5] qualquer interessado poderá requerer ao juiz que determine seu cumprimento, exibindo, para isso, translado ou certidão do ato de última vontade (art. 1.128, CPC). Caso não seja exibido, competirão ao juiz, de ofício ou a requerimento de qualquer interessado, ordenar ao detentor que apresente, podendo ocorrer, se não o fizer, além das sanções do art. 330 do CP, a busca e apreensão do testamento.

Destaque-se, porém, que, sendo público o testamento, não há que se cogitar de sua abertura, mas, ainda assim, é necessário o "cumpra-se" judicial. Uma vez apresentado o testamento em juízo, será ouvido o Ministério Público e, em seguida, por sentença, o juiz determinará o cumprimento do ato de última vontade, se não observado qualquer vício de nulidade ou de

5 É o lavrado pelo tabelião (ou seu substituto) no livro próprio, de acordo com as declarações do testador, com a leitura do respectivo instrumento perante duas testemunhas e posterior coleta das assinaturas destas, do tabelião e do testador, ou a rogo deste último, não sabendo ou podendo assinar (CC, arts. 1.864 a 1.867).

falsidade no ato. Nota-se, então, que o procedimento é o mesmo, só que o ato inicial é de apresentação, e não de abertura do testamento.

Tratando-se de testamento particular,[6] este deverá ser confirmado em juízo. Nesse caso, tendo algum herdeiro, legatário ou testamenteiro requerido a publicação, em juízo, do testamento particular, serão inquiridas testemunhas que tenham ouvido a leitura do ato e assinaram o testamento (art. 1.130, CPC).

Para a audiência, serão intimados a quem caberia a sucessão legítima: o testamenteiro, os herdeiros e os legatários que não tiverem requerido a publicação do testamento e o Ministério Público.

Após inquirição das testemunhas, os interessados terão o prazo comum de cinco dias para se manifestarem sobre o testamento. Tendo o testamento sido confirmado por três testemunhas, o juiz, ouvido o Ministério Público, o confirmará.

Destaque-se, porém, que esse procedimento de oitiva das testemunhas não é requisito de validade ou de eficácia do testamento, já que a diligência destina-se apenas a assegurar a autenticidade da declaração de última vontade do autor da herança. Se os interessados não discutirem a fidelidade do documento à vontade do testador, ou se esta se achar demonstrada por outros meios idôneos de prova, não perde eficácia o testamento mesmo que não confirmado por um número mínimo de testemunhas.[7]

O mesmo procedimento previsto para o testamento particular será observado nos testamentos especiais e nos codicilos.

Após a prolação da sentença determinando o cumprimento de tais atos de última vontade, caberá ao testamenteiro, que é pessoa previamente compromissada para executar o testamento, cumprir tais determinações e prestar contas, ainda que o testador o tenha dispensado desse dever (art. 1.135, CPC).

Incumbirá, ainda, ao testamenteiro cumprir as obrigações do testamento, propugnar pela validade das disposições testamentárias, defender

6 É aquele escrito e assinado pelo testador, que o lê na presença de três testemunhas (art. 1.876, CC).

7 Nesse sentido: Theodoro Júnior (2008, p. 372). Em sentido contrário, considerando fundamental a oitiva das testemunhas, ao fundamento de que elas deverão confirmar se, no momento em que testou, o testador tinha pelo discernimento do ato e manifestou livremente a sua vontade: Marcato (2004b, p. 375).

a posse dos bens da herança, requerer ao juízo que lhe conceda os meios necessários para executar as disposições testamentárias e executar o testamento perante o juízo do inventário. Pelo desempenho de sua função, tem o testamenteiro direito a um prêmio que, se não tiver sido fixado pelo legislador, será arbitrado pelo juiz, e não será superior a 5% do acervo hereditário e nem inferior a 2% (art. 1.987, CC). Não fará jus ao prêmio, porém, o testamenteiro que seja casado em regime de comunhão de bens com herdeiro ou legatário, salvo se preferir receber o prêmio à herança ou legado(art. 1.138, § 2º, CPC).

O testamenteiro poderá ser removido nos casos do art. 1.140, CPC, quando perderá o direito ao prêmio e pode se demitir do cargo por escusa legítima (art. 1.141).

23.4 SENTENÇA

O procedimento se encerra com a prolação da sentença determinando o cumprimento do testamento ou do codicilo. A sentença, porém, não é capaz de impedir que, em procedimento autônomo, se verifique a validade do testamento ou do codicilo, porque a pretensão aqui não é de validade das normas, mas de integração do negócio para que ele produza efeitos. Dessa forma, a sentença do "cumpra-se" a disposição de última vontade não importa declaração definitiva de regularidade ou perfeição do testamento, mas apenas a autorização estatal para que se inicie a execução da vontade do testador, permitindo que os interessados possam pleitear, pelas vias contenciosas, o reconhecimento de invalidade do testamento.

23.5 O PROJETO DO NOVO CPC

Reduzindo as disposições relativas a testamentos e codicilos, o projeto do novo CPC trata em única seção sobre o tema, enquanto o atual CPC dividia em quatro seções: Seção I – "Da Abertura, do Registro e do Cumprimento", Seção II – "Da Confirmação do Testamento Particular", Seção III – "Do Testamento Militar, Marítimo, Nuncupativo e do Codicilo", e Seção IV – "Da Execução dos Testamentos".

Prevê o projeto:

Seção V

DOS TESTAMENTOS E CODICILOS

Art. 701. Recebendo testamento cerrado, o juiz, se nele não achar vício externo que o torne suspeito de nulidade ou falsidade, o abrirá e mandará que o escrivão o leia em presença de quem o entregou.

§ 1º Do termo de abertura constarão o nome do apresentante e como houve ele o testamento, a data e o lugar do falecimento do testador, como comprovados pelo apresentante e qualquer circunstância digna de nota.

§ 2º Depois de ouvido o Ministério Público, não havendo dúvidas a serem esclarecidas, o juiz mandará registrar, arquivar e cumprir o testamento.

§ 3º Feito o registro, será intimado o testamenteiro para assinar o termo da testamentária. Se não houver testamenteiro nomeado, estiver ausente ou não aceitar o encargo, o juiz nomeará testamenteiro dativo, observando-se a preferência legal.

§ 4º O testamenteiro deverá cumprir as disposições testamentárias e prestar contas em juízo do que recebeu e despendeu, observando-se o disposto na lei.

Art. 702. Qualquer interessado, exibindo o traslado ou a certidão de testamento público, poderá requerer ao juiz que ordene o seu cumprimento, observando-se, no que couber, o disposto nos parágrafos do art. 701.

Art. 703. A publicação do testamento particular poderá ser requerida, depois da morte do testador, pelo herdeiro, pelo legatário ou pelo testamenteiro, bem como pelo terceiro detentor do testamento, se impossibilitado de entregá-lo a algum dos outros legitimados para requerê-la.

§ 1º Serão intimados os herdeiros que não tiverem requerido a publicação do testamento.

§ 2º Verificando a presença dos requisitos da lei, ouvido o Ministério Público, o juiz confirmará o testamento.

§ 3º Aplica-se o disposto neste artigo ao codicilo e aos testamentos marítimo, aeronáutico, militar e nuncupativo.

§ 4º Observar-se-á, no cumprimento do testamento, o disposto nos parágrafos do art. 701.

Sem trazer as minúcias do Código atual, o projeto trata apenas do cumprimento do testamento, que deverá ocorrer em juízo, pelo procedimento de jurisdição não contenciosa descrito nos artigos supramencionados.

CAPÍTULO **24**

Herança jacente

24.1 NOÇÕES GERAIS

A quarta modalidade de procedimento especial de jurisdição voluntária prevista no CPC, nos arts. 1.1.42 a 1.158, é "Da herança jacente".

A herança jacente teve grande modificação em seu conceito na passagem do direito romano para o direito moderno. Em Roma, enquanto não adjudicada ao sucessor, a herança era vista como pessoa jurídica capaz de contrair direitos e obrigações. Sem a transferência imediata do patrimônio do falecido aos sucessores, dizia-se jacente a herança no espaço compreendido entre a abertura da sucessão e sua aceitação pelos sucessores.

Hoje, a herança jacente não possui mais esse sentido. Entende-se que, com o falecimento, os bens do *de cujus* transmitem-se desde logo a seus sucessores, nos termos do art. 1.784, CC.

Em consequência, considera-se jacente a herança apenas quando não há herdeiro determinado, não se sabe de sua existência ou houve renúncia à herança.

Difere-se a herança jacente da herança vacante, já que essa última é judicialmente declarada como não pertencendo a ninguém. Nesse sentido, diferencia Marcato[1] que: "a jacência é situação de fato; a va-

1 Marcato (2004b, p. 386).

cância, situação jurídica de grande relevância, na medida em que os bens que integram a respectiva herança serão, como já dito, oportunamente incorporados ao patrimônio público".

O procedimento regulado no CPC busca, então, promover a "arrecadação dos bens", que ficarão sob a guarda e a administração do curador até a localização de herdeiro ou a declaração de vacância, quando não houver testamento, herdeiros ou sucessores conhecidos, ou ainda quando todos renunciarem à herança.

Nesse caso, somente após a declaração de vacância os bens se transformarão em herança vacante e, transcorrido o prazo de cinco anos da sucessão, sem que haja manifestação de herdeiros, tais bens se transmitirão ao Município onde estes tiverem localizados ou à União, no caso de bens localizados no Distrito Federal, nos termos do art. 1.822, CC.

24.2 COMPETÊNCIA

A competência para o procedimento de herança jacente é o foro do último domicílio do autor da herança (art. 1.142, CPC).

Havendo bens em outros lugares, será determinada a expedição de carta precatória, para que se proceda à arrecadação dos bens localizados no foro deprecado.

Já no caso do falecido ter vários ou nenhum domicílio, a competência será firmada por prevenção, através do juízo que primeiro iniciar a arrecadação.

24.3 LEGITIMIDADE

O procedimento pode ser instaurado de ofício, por determinação do juiz em exercício no juízo competente. A autorização para que se excepcione a regra da inércia da jurisdição está no art. 1.142, CPC.

Pode, ainda, o procedimento ter início por provocação do Ministério Público, da Fazenda Pública ou de qualquer outro interessado, como, por exemplo, um credor do finado, que tenham conhecimento da morte de alguém que tenha deixado bens sem herdeiros conhecidos.

24.4 PROCEDIMENTO

Instaurado o procedimento, de ofício ou por um legitimado, deve o juiz determinar a arrecadação dos bens que compõem a herança jacente, marcando dia e hora para tal diligência, e nomear um curador, a quem caberá a guarda e administração da herança.

A arrecadação poderá ser realizada pessoalmente pelo juiz ou, como é mais comum, por autoridade policial, acompanhada por duas testemunhas (art. 1.148, CPC). O Ministério Público e a Fazenda Pública deverão ser intimados da diligência, mas não precisarão estar presentes para sua validade (art. 1.145, § 2º, CPC). Na diligência, os bens do falecido serão arrecadados e descritos em um termo circunstanciado. O curador acompanhará a diligência ou, no caso de sua impossibilidade, os bens serão entregues a um depositário provisório, mediante termo nos autos (art. 1.145, § 1º).

Durante a diligência, o juiz examinará reservadamente os papéis, as cartas missivas, os livros domésticos e quaisquer outros documentos encontrados, separando o que é importante para o processo. Verificando que não há interesse, o juiz os lacrará e os guardará.

Se a diligência não for encerrada no mesmo dia, serão apostos selos, que serão levantados à medida que forem arrolados os bens, mencionando-se seu estado. A referência a selos, aliás, é anacrônica, sendo essencial que os bens móveis fiquem guardados em local adequado.

Ainda durante a diligência, serão inquiridos moradores de casas vizinhas sobre qualificação do falecido, o paradeiro dos sucessores e a existência de outros bens, lavrando-se auto de inquirição e informação (art. 1.150, CPC).

A arrecadação não será feita (ou será suspensa, se já iniciada) se aparecer cônjuge, herdeiro ou testamenteiro para reclamar os bens do falecido e não houver oposição do curador, do Ministério Público e da Fazenda Pública.

Encerrada a arrecadação, o juiz determinará a expedição de edital, que será publicado três vezes, com intervalo de trinta dias entre cada publicação, no Diário Oficial e na imprensa local.[2] A finalidade do edital é

2 Para Alexandre Câmara (2009, p. 514), a publicação não precisa ser necessariamente em jornais da comarca de onde tramita o processo, bastando que seja estampado em jornal de ampla circulação.

convocar os sucessores do finado, para que venham a se habilitar no prazo de seis meses, contado da publicação. Se for verificada a existência de herdeiro ou testamenteiro em local certo, será feita a sua citação pessoal. Se este for estrangeiro, será feita comunicação à autoridade consular.

Habilitado algum herdeiro, reconhecida a qualidade de testamenteiro ou provada a identidade de cônjuge, o juiz determinará a conversão do processo de arrecadação da herança em inventário e partilha (art. 1.153, CPC). Os credores da herança poderão se habilitar, então, no inventário.

Prosseguindo a arrecadação, o juiz determinará a alienação dos bens móveis cuja conservação seja difícil ou dispendiosa, de títulos e papéis de crédito em que haja receio de depreciação e de bens imóveis que ameacem ruína.

Não serão alienados antecipadamente bens com valor de afeição, como as obras de arte e livros, que só poderão ser vendidos após a declaração de vacância (art. 1.156, CPC).

Passado um ano da primeira publicação de edital, e não havendo herdeiro habilitado, será proferida sentença de declaração de vacância da herança. Transitada em julgado a sentença de vacância, os herdeiros e credores só poderão postular seus direitos por demandas autônomas, como a ação de petição de herança, no caso dos herdeiros, e a ação de cobrança, no caso dos credores. Essas demandas deverão ser ajuizadas em face do Município, ou da União, no caso de arrecadação no Distrito Federal, perante o juízo que seja competente para julgar causas em que seja parte a Fazenda Pública.

24.5 ADMINISTRAÇÃO DA HERANÇA

A administração da herança compete ao curador, nomeado pelo juiz no início do processo. O curador permanece com a guarda, administração e conservação dos bens que compõem a herança até que haja sucessores regularmente habilitado ou até a declaração de vacância, quando os bens serão entregues ao patrimônio público.

Incumbe ao curador representar a herança jacente, em juízo ou fora dele, com assistência do Ministério Público, atuando como *custos legis*.

Também incumbe ao curador a guarda e conservação dos bens arrecadados, bem como promover a arrecadação de outros porventura existentes, complementando a arrecadação já realizada, e prestar contas ao final do processo.

Aplica-se, ao curador a mesma disciplina prevista para o depositário e para o administrador de bens penhorados. Trata-se, assim, de função remunerada e que deve ser reembolsada pelas despesas que tiver no exercício do encargo, sujeita à responsabilidade por reparação civil de atos danosos praticados culposa ou dolosamente.

24.6 DECLARAÇÃO DE VACÂNCIA

O procedimento de arrecadação da herança jacente é uma preparação da incorporação, pelo Poder Público, dos bens do morto sem herdeiros.

A Administração dos bens pela Fazenda Pública, após declaração de vacância, não prejudica o interesse dos sucessores que, nos cinco anos seguintes ao trânsito em julgado da sentença, ajuízem ação com pretensão de receber o que têm direito, mas não mais contra o espólio ou seu curador, mas em face do Estado. Somente após cinco anos do trânsito em julgado da sentença de vacância é que se poderá considerar que os bens estão, em definitivo, incorporados ao patrimônio público, sendo que isso ocorre em caráter retroativo à data da sucessão.

Questão que se impõe é a influência da declaração de vacância de bem usucapiendo ou usucapido. No caso de ser aberta a sucessão hereditária do titular do domínio sobre o bem usucapiendo, antes da ocorrência do usucapião, a eficácia retroativa da sentença declaratória de vacância fadará a pretensão de usucapião ao insucesso.

Já no caso de serem implementados os requisitos de usucapião antes da abertura da sucessão hereditária do proprietário do bem usucapiendo, a declaração de vacância não afetará o direito do usucapiente, ainda que a sentença proferida em favor deste seja posterior àquela de declaração.

Os papéis, as cartas missivas, os livros domésticos e quaisquer outros documentos encontrados que foram considerados sem importância para o processo serão, nesse momento, queimados pelo não comparecimento de sucessor.

24.7 O PROJETO DO NOVO CPC (PL N. 8.046/2010)

Seção VI

DA HERANÇA JACENTE

Art. 704. Nos casos em que a lei considere jacente a herança, o juiz em cuja comarca tiver domicílio o falecido procederá imediatamente à arrecadação de todos os seus bens.

Art. 705. A herança jacente ficará sob a guarda, a conservação e a administração de um curador até a respectiva entrega ao sucessor legalmente habilitado ou até a declaração de vacância.

§ 1º Incumbe ao curador:

I – representar a herança em juízo ou fora dele, com assistência do Ministério Público;

II – ter em boa guarda e conservação os bens arrecadados e promover a arrecadação de outros porventura existentes;

III – executar as medidas conservatórias dos direitos da herança;

IV – apresentar mensalmente ao juiz um balancete da receita e da despesa;

V – prestar contas ao final de sua gestão.

§ 2º Aplica-se ao curador o disposto nos arts. 138 a 140.

Art. 706. O juiz ordenará que o oficial de Justiça, acompanhado do escrivão e do curador, arrole os bens e descreva-os em auto circunstanciado.

§ 1º Não podendo comparecer ao local, o juiz requisitará à autoridade policial que proceda à arrecadação e ao arrolamento dos bens, com duas testemunhas, que assistirão às diligências.

§ 2º Não estando ainda nomeado o curador, o juiz designará um depositário e lhe entregará os bens, mediante simples termo nos autos, depois de compromissado.

§ 3º Durante a arrecadação o juiz ou a autoridade policial inquirirá os moradores da casa e da vizinhança sobre a qualificação do falecido, o paradeiro de seus sucessores e a existência de outros bens, lavrando-se de tudo um auto de inquirição e informação.

§ 4º O juiz examinará reservadamente os papéis, as cartas missivas e os livros domésticos; verificando que não apresentam interesse, mandará empacotá-los e lacrá-los para serem assim entregues aos sucessores do falecido ou queimados quando os bens forem declarados vacantes.

§ 5º Se constar ao juiz a existência de bens em outra comarca, mandará expedir carta precatória a fim de serem arrecadados.

§ 6º Não se fará a arrecadação ou suspender-se-á esta quando, iniciada, apresentarem-se para reclamar os bens o cônjuge ou companheiro, o herdeiro ou o testamenteiro notoriamente reconhecido e não houver oposição motivada do curador, de qualquer interessado, do Ministério Público ou do representante da Fazenda Pública.

Art. 707. Ultimada a arrecadação, o juiz mandará expedir edital, que será publicado no sítio do tribunal a que estiver vinculado o juízo, onde permanecerá por três meses, ou, não havendo, no órgão oficial e na imprensa da comarca, por três vezes com intervalos de um mês, para que venham a habilitar-se os sucessores do finado no prazo de seis meses contados da primeira publicação.

§ 1º Verificada a existência de sucessor ou testamenteiro em lugar certo, far-se-á a sua citação, sem prejuízo do edital.

§ 2º Quando o finado for estrangeiro, será também comunicado o fato à autoridade consular.

§ 3º Julgada a habilitação do herdeiro, reconhecida a qualidade do testamenteiro ou provada a identidade do cônjuge ou companheiro, a arrecadação converter-se-á em inventário.

§ 4º Os credores da herança poderão habilitar-se como nos inventários ou propor a ação de cobrança.

Art. 708. O juiz poderá autorizar a alienação:

I – de bens móveis, se forem de conservação difícil ou dispendiosa;

II – de semoventes, quando não empregados na exploração de alguma indústria;

III – de títulos e papéis de crédito, havendo fundado receio de depreciação;

IV – de ações de sociedade quando, reclamada a integralização, não dispuser a herança de dinheiro para o pagamento;

V – de bens imóveis:

a) se ameaçarem ruína, não convindo a reparação;

b) se estiverem hipotecados e vencer-se a dívida, não havendo dinheiro para o pagamento.

§ 1º Não se procederá, entretanto, à venda se a Fazenda Pública ou o habilitando adiantar a importância para as despesas.

§ 2º Os bens com valor de afeição, como retratos, objetos de uso pessoal, livros e obras de arte, só serão alienados depois de declarada a vacância da herança.

Art. 709. Passado um ano da primeira publicação do edital e não havendo herdeiro habilitado nem habilitação pendente, será a herança declarada vacante.

§ 1º Pendendo habilitação, a vacância será declarada pela mesma sentença que a julgar improcedente. Sendo diversas as habilitações, aguardar-se-á o julgamento da última.

§ 2º Transitada em julgado a sentença que declarou a vacância, o cônjuge, o companheiro, os herdeiros e os credores só poderão reclamar o seu direito por ação direta.

O projeto do novo Código não traz alterações procedimentais em relação à herança jacente, são apenas pequenos acertos terminológicos.

A expressão "sem perda de tempo", do art. 1.142 do atual CPC é substituída por imediatamente, expressando que o juiz deve proceder logo à arrecadação dos bens (art. 704). O papel do curador, em vez de ser um artigo à parte, o atual art. 1.144 se torna parágrafos do art. 705 do projeto.

O projeto prevê, ainda, no art. 704, § 1º, como se dará a arrecadação dos bens caso o juiz não possa comparecer. Nesse caso, ela será feita pela força policial. Por fim, o art. 707 do projeto substitui a expressão trinta dias, prevista no atual art. 1.152, CPC, por um mês. São pequenas alterações, apenas de redação, sem mudança no procedimento.

CAPÍTULO **25**

Bens do ausente

25.1 NOÇÕES GERAIS

O procedimento especial que cuida *Dos bens de ausentes* está regulado nos arts. 1.159 a 1.169 do CPC. Ausente é aquele que desaparece de seu domicílio sem deixar representante a quem caiba administrar-lhe os bens (art. 22, CC, e art. 1.159, CPC). A figura da ausência objetiva disciplinar a sucessão sobre os bens da pessoa desaparecida, bem como a administração desses bens.

Dessa forma, o procedimento previsto no Código é o meio pelo qual se busca a "declaração da ausência" quando alguém houver desaparecido sem deixar representantes habilitados a administrar os bens; ou, em havendo a figura do representante (mandatário), esse não queira ou não possa administrá-los.

São, portanto, três requisitos para a arrecadação dos bens do ausente:

1) que a pessoa tenha desaparecido de seu domicílio sem deixar notícia;

2) que o desaparecido tenha deixado bens;

3) que não haja administrador para gerir esses bens, seja por não ter sido nomeado, seja porque o nomeado não pode ou não quis aceitar o encargo.

Preenchidos os requisitos, o procedimento se desenvolverá em três etapas distintas, que são:

1) nomeação de curador[1] e arrecadação de bens abandonados, bem como na convocação editalícia do ausente para retomar a posse de seus bens (arts. 1.160 e 1.161);

2) não comparecendo o ausente, procede-se à abertura da sucessão provisória entre seus herdeiros (art. 1.163 a 1.166);

3) não comparecendo o ausente e não restando comprovada a sua morte efetiva, converte-se a sucessão provisória em definitiva, com a presunção de morte do desaparecido (art. 1.167).

25.2 COMPETÊNCIA

É competente para a arrecadação dos bens do ausente o juízo do foro de seu último domicílio (art. 97, CPC). Sendo incerto seu último domicílio, será o lugar da situação dos bens (art. 96, parágrafo único, CPC).

Havendo bens em outro foro, o juiz determinará a expedição de precatória para a arrecadação dos bens pelo juízo deprecado.

25.3 PROCEDIMENTO

Instaura-se o procedimento por meio de petição inicial, elaborada por qualquer interessado ou pelo Ministério Público, informando ao juízo a ocorrência do desaparecimento de alguém de seu domicílio, deixando bens sem representante para administrá-los (art. 1.159). A instauração também poderá ocorrer de ofício, se o juiz tiver ciência da ocorrência.

Instaurado o procedimento, o juiz declarará a ausência e mandará arrecadar os bens, nomeando curador para o ausente, na forma do estabelecido para a arrecadação da herança jacente.

Feita a arrecadação, o juiz mandará publicar editais durante um ano, devendo estes ser divulgados a cada dois meses, anunciando a arrecadação e chamando o ausente para retomar a posse de seus bens.

---

1 O curador do ausente, denominado curatela do ausente, não se confunde com a curadoria do ausente. Enquanto este está previsto no art. 9º, CPC, e se destina a atuar processualmente em prol do réu revel fictamente citado, aquele é instituto de direito material, que se destina a administrar os bens do ausente, impedindo o perecimento de seus bens (sobre o tema: MARCATO, 2004b, p. 395).

Se, nesse prazo, comparecer o ausente, seu procurador ou representante, estará cessada a curadoria, sendo extinto o processo por sentença. Estará encerrada também pela certeza de sua morte ou pela sucessão provisória (art. 1.162, CPC). Nesta última hipótese, terá início o procedimento de inventário e partilha (art. 1.162, II, CPC).

Após um ano da publicação do primeiro edital sem notícia do ausente ou de representante, poderá ser iniciada, a requerimento dos interessados, a abertura da sucessão provisória. São considerados interessados, nos termos dos arts. 1.163, § 1º, CPC e 27, CC, o cônjuge não separado judicialmente, os herdeiros legítimos, aquele que tiver sobre os bens do ausente direito subordinado à condição morte e testamentários, os credores de obrigações vencidas e não pagas.

Ultrapassado o prazo de um ano e não havendo interessados na sucessão provisória, caberá ao Ministério Público requerer sua abertura.

A abertura da sucessão provisória se inicia com o requerimento de citação pessoal dos herdeiros presentes e do curador do ausente e de citação por edital dos ausentes, para se habilitarem (art. 1.164, CPC). Por presentes, entendem-se os residentes na comarca e por ausentes os não residentes na comarca ou que estão em local incerto e não sabido.

A habilitação dos herdeiros obedecerá ao procedimento do art. 1.057, CPC, devendo os herdeiros juntar prova de sua qualidade de herdeiro no prazo de cinco dias (art. 1.057), contados da data da juntada do último mandado de citação aos autos ou termo final do prazo do edital. Após a juntada da petição de habilitação, segue-se o rito do art. 803, CPC.

Proferida sentença determinando a abertura da sucessão provisória, ela deverá ser registrada no Registro Civil e só será eficaz após 180 dias da intimação das partes pelo órgão oficial de imprensa, para que se imitam os herdeiros na posse dos bens do ausente, o que será condicionado à prestação de caução (art. 1.066).

Assim que a sentença transitar em julgado, porém, terá início o procedimento de inventário e partilha. Passados trinta dias do trânsito em julgado sem que apareçam os herdeiros, a herança será considerada jacente.

A sucessão provisória cessará pelo reaparecimento do ausente ou por sua conversão em sucessão definitiva, que se dá nos casos de:

1) certeza da morte do ausente;

2) dez anos após o trânsito em julgado da sentença de abertura da sucessão provisória;

3) se o ausente já tiver mais de 80 anos, se já houver mais de cinco anos sem notícias suas.

Na hipótese de reaparecimento do ausente nos primeiros dez anos após a abertura da sucessão definitiva, poderá ele pleitear a entrega dos bens no estado em que se encontram, sem direito a frutos, rendimentos ou a compensação por deteriorações.

Para isso, serão citados para contestar o pedido os sucessores, o Ministério Público e a Fazenda Pública. Se ninguém contestar, o juiz apreciará a situação e decidirá de plano, com base nos elementos dos autos. Já se houver contestação, seguir-se-á o procedimento ordinário (art. 1.169, parágrafo único), surgindo, a partir de um procedimento de jurisdição voluntária, um incidente contencioso.

Passados mais de dez anos da sucessão definitiva, nenhum direito poderá mais ser reclamado, pelo ausente, dos herdeiros beneficiados pela partilha com a presunção de morte.

A sentença que declara a ausência definitiva gera os seguintes efeitos:

1) o ausente é considerado morto, transformando-se em definitiva a sucessão, com o levantamento da caução prestada pelos herdeiros por ocasião da imissão na posse do bem;

2) caso o ausente compareça, receberá os bens no estado em que se acharem, os sub-rogados em seu lugar ou o preço que os herdeiros e demais interessados houverem recebido pelos alienados depois daquele tempo;

3) os filhos menores do ausente ficarão submetidos ao poder familiar do outro genitor. Caso este outro tenha falecido ou não possa, por qualquer razão, exercer o poder familiar, será nomeado curador aos menores;

4) averbada a sentença no Registro Civil, presumir-se-á a morte do desaparecido para todos os fins, inclusive matrimoniais, sucessórios e previdenciários (art. 74, III, da Lei n. 8.213/91).

25.4 O PROJETO DO NOVO CPC (PL N. 8.046/2010)

Seção VII

Dos bens dos ausentes

Art. 710. Declarada a ausência nos casos previstos em lei, o juiz mandará arrecadar os bens do ausente e nomear-lhe-á curador na forma estabelecida na Seção VI, observando-se o disposto na lei.

Art. 711. Feita a arrecadação, o juiz mandará publicar editais no sítio do tribunal a que estiver vinculado, onde permanecerá por um ano; não havendo, a publicação se fará durante um ano, reproduzida de dois em dois meses, anunciando a arrecadação e chamando o ausente a entrar na posse de seus bens.

§ 1º Findo o prazo previsto no edital, poderão os interessados requerer a abertura da sucessão provisória, observando-se o disposto na lei.

§ 2º O interessado, ao requerer a abertura da sucessão provisória, pedirá a citação pessoal dos herdeiros presentes e do curador e, por editais, a dos ausentes para requererem habilitação, na forma dos arts. 670 a 673.

§ 3º Presentes os requisitos legais, poderá ser requerida a conversão da sucessão provisória em definitiva.

§ 4º Regressando o ausente ou algum dos seus descendentes ou ascendentes para requerer ao juiz a entrega de bens, serão citados para contestar o pedido os sucessores provisórios ou definitivos, o Ministério Público e o representante da Fazenda Pública, seguindo-se o procedimento comum.

O projeto do novo CPC traz nítida redução nas disposições sobre os bens dos ausentes, passando a tratar, em dois artigos e seus incisos, as disposições dos onze artigos (1.159 a 1.169, CPC atual). Contudo, não há alterações procedimentais, os artigos do CPC atual foram apenas inseridos, de forma simplificada, em incisos dos artigos do projeto.

O projeto inicia com a previsão de que, declarada a ausência, os bens do ausente serão arrecadados e será nomeado curador (art. 710 do projeto). Após, será feita a comunicação da arrecadação por meio de edital (art. 711).

Findo o prazo de publicação dos editais sem manifestação do ausente, os interessados poderão requer a abertura da sucessão provisória com a citação dos herdeiros do ausente e do curador, para requererem a habilitação (§§ 1º e 2º do art. 711).

Caso estejam presentes os requisitos legais, a sucessão provisória poderá ser transformada em definitiva (§ 3º). Caso o ausente apareça, requerendo a entrega de seus bens, o projeto prevê que serão citados para contestar, além dos herdeiros e do curador, o Ministério Público e a Fazenda Pública (§ 4º), seguindo-se aí o procedimento comum.

CAPÍTULO **26**

Coisas vagas

26.1 NOÇÕES GERAIS

Coisa vaga é a coisa perdida pelo dono e achada por outrem (arts. 1.233 a 1.237 a 1.264 a 1.266, CC). Aquele que acha a coisa perdida (inventor) não se transforma em dono, devendo restituir a coisa encontrada ao dono ou ao seu legítimo possuidor.

O procedimento *Das coisas vagas* está previsto nos arts. 1.170 a 1.176, CPC e objetiva permitir a entrega, arrecadação, devolução ou alienação de coisa perdida ao seu dono ou legítimo possuidor.

Aplica-se a coisas móveis, isto é, joias, títulos de crédito, veículos etc., mas, segundo o art. 1.175, CPC, também é aplicável aos objetos deixados nos hotéis, oficinas ou outros estabelecimentos, que não forem reclamados dentro de um mês. O requisito geral é o desconhecimento do dono do objeto.

Ao achar coisa perdida de pessoa desconhecida, o possuidor deverá entregá-la às autoridade judicial ou policial, que deverá lavrar o auto e remeter a coisa ao juiz competente; uma vez depositada a coisa, determinará a publicação de edital para que seja oportunizado ao legítimo dono ou possuidor reclamar a coisa. Suspeitando-se que a coisa é fruto de subtração criminosa, a autoridade policial converterá a arrecadação em inquérito.

26.2 LEGITIMIDADE E COMPETÊNCIA

O procedimento tem início por aquele que encontrou a coisa (art. 1.170).[1]

Será competente para processar e julgar o feito o local onde ocorreu a descoberta (art. 1.233, parágrafo único, CC).[2] Havendo suspeita de que a coisa seja produto de crime, será competente o juízo criminal do foro da descoberta.

26.3 PROCEDIMENTO

Quem acha a coisa perdida e desconhece seu dono ou possuidor deve comparecer à autoridade policial ou judiciária da comarca para fazer a respectiva entrega. Caso se saiba quem é o dono, não haverá que tratar deste procedimento, devendo entregá-la diretamente a ele.

No ato da entrega a dono desconhecido à autoridade policial, o escrivão lavrará auto de arrecadação, no qual constarão a descrição da coisa e as declarações sobre as circunstâncias da descoberta (art. 1.170).

Após, serão enviados o bem e o auto de arrecadação lavrado pela autoridade policial ao juízo competente, sendo este entregue a um depositário.

Caso, porém, o dono apareça quando a coisa ainda estiver em sede policial, poderá ser-lhe diretamente entregue, dando-se o procedimento por encerrado.

Quando for entregue diretamente à autoridade judiciária, aqui se inicia o procedimento ora em estudo, nomeando-se o depositário.

Efetivado o depósito, o juiz mandará publicar edital, por duas vezes, no órgão oficial, com intervalo de dez dias entre cada publicação, para que o dono ou possuidor a reclame. O edital conterá a descrição da coisa e as

---

1 Antônio Carlos Marcato afirma que o procedimento se inicia de ofício, devendo começar pelo juiz quando receber o auto de arrecadação. Nesse sentido: "nesse procedimento, ficam afastados os princípios dispositivo e da iniciativa da parte (CPC arts. 2º e 262), pois o juiz, recebendo o auto da arrecadação, acompanhado da coisa achada, procederá ex officio" (MARCATO, 2004b, p. 405). Esse, porém, não nos parece o posicionamento mais adequado, pois o procedimento só se instaura quando o inventor, que encontrou a coisa, a leva à autoridade judiciária ou policial.

2 Há quem afirme que o foro competente seria do domicílio do dono da coisa achada, se este for conhecido.(nesse sentido, remetemos a CÂMARA, 2009, p. 524) Contudo, não inserimos essa hipótese já que, se o dono for conhecido, a coisa lhe será entregue diretamente, sem a necessidade do procedimento previsto no CPC.

circunstâncias em que fora encontrada. Sendo de baixo valor, a publicação do edital não se dará na imprensa, mas apenas no fórum (art. 1.171, § 2º).

Comparecendo o dono ou o legítimo possuidor, e provando seu direito, o juiz, após ouvir o Ministério Público e a Fazenda Pública, mandará que a coisa lhe seja entregue, extinguindo-se, assim, o processo (art. 1.172).

O dono ou legítimo possuidor poderá abrir mão do bem em favor do possuidor, se seu valor for diminuto (art. 1.237, parágrafo único, CC de 2002).

Poderá, ainda, apenas abandonar a coisa, quando serão tomadas por termo suas declarações, e o inventor, isto é, quem a encontrou, poderá requerer lhe seja adjudicada, já que sobre esta a ocupação do inventor é forma de aquisição do domínio (art. 1.263, CC).

Não havendo requerimento de alienação pelo inventor ou não sendo reclamada a coisa no prazo do edital, o juiz determinará sua avaliação e alienação em hasta pública. Uma vez alienada, deverá o juiz deduzir do valor as despesas processuais, as despesas do depósito e a recompensa de quem a encontrou. O saldo será do município ou do Distrito Federal (art. 1.237, CC).

Serão, ainda, direitos do inventor uma recompensa não inferior a 5% do valor da coisa, que será arbitrada pelo juiz, nos termos do art. 1.234 do CC e indenização pelas despesas que houver feito com a sua conservação e com o seu transporte (art. 1.234, CC).

Havendo fundada suspeita de que a coisa não foi perdida, mas subtraída por ato criminoso, a arrecadação deverá ser convertida em inquérito policial, caso em que caberá mandar entregá-la a quem provar ser o proprietário ou possuidor (art. 1.176, CPC).

26.4 O PROJETO DO NOVO CPC

CPC ATUAL	PROJETO DO NOVO CPC (PL N. 8.046/2010)
Art. 1.170. Aquele que achar coisa alheia perdida, não lhe conhecendo o dono ou legítimo possuidor, a entregará à autoridade judiciária ou policial, que a arrecadará, mandando lavrar o respectivo auto, dele constando a sua descrição e as declarações do inventor.	**Art. 712.** Recebendo do descobridor coisa alheia perdida, o juiz mandará lavrar o respectivo auto, dele constando a descrição do bem e as declarações do descobridor. § 1º Recebida a coisa por autoridade policial, este a remeterá em seguida ao juízo competente.

CPC ATUAL	PROJETO DO NOVO CPC (PL N. 8.046/2010)
Parágrafo único. A coisa, com o auto, será logo remetida ao juiz competente, quando a entrega tiver sido feita à autoridade policial ou a outro juiz.	§ 3º Observar-se-á, quanto ao mais, o disposto na lei.
Art. 1.171. Depositada a coisa, o juiz mandará publicar edital, por duas vezes, no órgão oficial, com intervalo de 10 (dez) dias, para que o dono ou legítimo possuidor a reclame. § 1º O edital conterá a descrição da coisa e as circunstâncias em que foi encontrada. § 2º Tratando-se de coisa de pequeno valor, o edital será apenas afixado no átrio do edifício do fórum.	**§ 2º** Depositada a coisa, o juiz mandará publicar edital no sítio do tribunal a que estiver vinculado ou, não havendo, no órgão oficial, para que o dono ou o legítimo possuidor a reclame. Tratando-se de coisa de pequeno valor e não sendo possível a publicação no sítio do tribunal, o edital será apenas afixado no átrio do edifício do fórum.
Art. 1.172. Comparecendo o dono ou o legítimo possuidor dentro do prazo do edital e provando o seu direito, o juiz, ouvido o órgão do Ministério Público e o representante da Fazenda Pública, mandará entregar-lhe a coisa.	*Sem correspondente.*
Art. 1.173. Se não for reclamada, será a coisa avaliada e alienada em hasta pública e, deduzidas do preço as despesas e a recompensa do inventor, o saldo pertencerá, na forma da lei, à União, ao Estado ou ao Distrito Federal.	*Sem correspondente.*
Art. 1.174. Se o dono preferir abandonar a coisa, poderá o inventor requerer que lhe seja adjudicada.	*Sem correspondente.*
Art. 1.175. O procedimento estabelecido neste Capítulo aplica-se aos objetos deixados nos hotéis, oficinas e outros estabelecimentos, não sendo reclamados dentro de 1 (um) mês.	*Sem correspondente.*
Art. 1.176. Havendo fundada suspeita de que a coisa foi criminosamente subtraída, a autoridade policial converterá a arrecadação em inquérito; caso em que competirá ao juiz criminal mandar entregar a coisa a quem provar que é o dono ou legítimo possuidor.	*Sem correspondente.*

De forma simplificada, no art. 712, o projeto do novo Código trata apenas do procedimento, que já estava previsto nos arts. 1.170 a 1.176, CPC atual. Não há alterações procedimentais.

Dessa forma, o projeto trata apenas do procedimento, remetendo as hipóteses não previstas à lei civil, isto é, os arts. 1.233 a 1.237, CC.

CAPÍTULO **27**

Curatela dos interditos

27.1 NOÇÕES GERAIS

O procedimento especial de jurisdição voluntária *Da curatela de interditos*, também denominado interdição, está previsto a partir do art. 1.177 a 1.186, CPC, e visa a declarar a interdição e a curatela daqueles que, em razão de deficiência mental ou outra causa de incapacidade, não estejam hábeis a exercer os atos da vida civil. Aplica-se também aos viciados em tóxico, aos ébrios habituais, aos deficientes mentais, dentre outras hipóteses previstas no Código Civil, que não seja por idade.

Dessa forma, trata-se de procedimento judicial adequado ao reconhecimento da incapacidade de quem não consiga enunciar com precisão sua vontade, com o fim de instituir-lhe um curador.

Discute-se a natureza jurídica da atividade exercida pelo Estado-juiz na interdição. Há quem defenda ser um procedimento de jurisdição voluntária,[1] afirmando que, nesse procedimento, o juiz não decidiria diante de duas partes, mas, sim, a um único interesse, o do incapaz; há quem afirme ser de jurisdição contenciosa,[2] pois haveria a pretensão de submeter uma pessoa à curatela, e há quem diga que seria um procedimento híbrido, processo misto de jurisdição voluntária e de jurisdição contenciosa.

1 Theodoro Júnior (2008, p. 445).

2 Lacerda (1998, p. 430-432).

27.2 LEGITIMIDADE

Nos termos dos arts. 1.177, CPC e 1.768, CC, tem legitimidade para propor a ação o pai, a mãe, o tutor, o cônjuge ou algum parente próximo e o Ministério Público, quando não houver qualquer das pessoas referidas anteriormente, se as que houver forem incapazes ou, ainda, se as pessoas que houver não a promoverem.

Para o cônjuge, não importa o regime de bens, nem a condição de separado para o requerimento de curatela. Tais questões só são relevantes para o exercício da atribuição de curador.

O tutor só poderá requerer a interdição do órfão de mais de 16 anos ou do tutelado que atinja os 18 anos.

Quando o Ministério Público propuser a ação, deverá o julgador nomear ao interditando curador à lide, também conhecido como curador especial.

Há quem admita, ainda, que a ação seja proposta pelo próprio interditando, ao fundamento de que ele mesmo poderia defender seus próprios interesses.[3] Essa alternativa, porém, não é admitida como possível pela maioria da doutrina. O interditando é apenas o legitimado passivo.

27.3 COMPETÊNCIA

Não havendo no CPC regra específica para competência, prevalece a regra geral, do art. 94 do Código, sendo competente o juízo do domicílio do interditando. Esse critério é relativo, o que significa dizer que, sendo a demanda de interdição proposta em outra comarca, e não oferecida a exceção de incompetência, prorrogar-se-á a competência do juízo originariamente incompetente.

27.4 PROCEDIMENTO

Inicia-se o procedimento pela apresentação, em juízo, da petição inicial. Além dos requisitos genéricos, o demandante deverá afirmar sua legitimidade, especificar os fatos que revelam a incapacidade de quem pretende

3 Theodoro Júnior (2008, p. 394).

interditar e assinalará a impossibilidade de reger sua pessoa e seus bens. É sempre conveniente, ainda, a juntada de atestados médicos, para evitar procedimentos infundados.

Estando em termos a petição inicial, o interditando será citado para comparecer pessoalmente perante o juiz, em dia e hora designados pelo magistrado. Poderá, ainda, nomear advogado para patrociná-lo ou ter advogado constituído por qualquer parente sucessível, quando o patrono terá todos os poderes, como se tivesse sido constituído pelo interditando (art. 1.182, § 2º, CPC).

Não se aplica o art. 1.770, CC, que afirma que, no caso de ser a interdição proposta pelo Ministério Público, deverá o juiz nomear defensor para o interditando. Independentemente de quem tenha proposto a interdição, o interditando poderá escolher qualquer advogado que o defenda. Sendo outro o demandante, o Ministério Público atuará como *custos legis*.

Esse comparecimento perante o juiz é a audiência prévia, em que o magistrado pode interrogar o interditando quanto aos seus bens, vida, negócios etc.

Após a audiência, o interditando terá cinco dias para impugnar o pedido. Permanecendo inerte ou não, o juiz nomeará perito para proceder ao exame do interditando. Apresentando o laudo e ouvidas as partes, será designada a audiência de instrução e julgamento.

Sendo julgado procedente o pedido de interdição, o juiz, na sentença, nomeará curador para o interditando. Em face dessa sentença é cabível o recurso de apelação, sem efeito suspensivo (arts. 1.184, CPC e 1.173 do CC de 2002), devendo esta ser inscrita em registro civil e publicada pela imprensa local e pelo órgão oficial por três vezes, com intervalo de dez dias entre cada publicação, constando o nome do interdito e de seu curador, a causa de interdição e os limites da curatela.

27.5 SENTENÇA

Discute-se a natureza da sentença que julga procedente o pedido de interdição, havendo quem afirme ser meramente declaratória[4] e quem afirme ser constitutiva.[5]

4 Pereira (1997, p. 257).

5 Oliveira (1999, p. 133-134).

A incapacidade mental decorre de anomalia psíquica, e não de sentença, nos termos do art. 3º, II, CC/2002. O objeto da interdição não é a constituição do estado de incapaz. Esse estado já existe e permanece mesmo após a sentença. A discussão está apenas e tão somente no fundamento da sentença, sendo o seu objeto a instituição de um curador para o interdito, ou se o objeto de sua parte dispositiva é realmente a declaração da incapacidade.

Na sentença, o juiz poderá decretar a interdição parcial ou total do promovido. Seus efeitos serão:

a) nomeação de curador e assunção da curatela;
b) inscrição no Registro Civil;
c) publicação de editais.

A sentença não é objeto de ação rescisória, podendo se renovar o pedido com base em provas novas e mediante demonstração do atual estado do paciente.

27.6 LEVANTAMENTO DA INTERDIÇÃO

A curatela é disposição que se protrai no tempo, devendo ser interpretada *rebus sic stantibus*, ou seja, ocorrendo fato novo, pode ser que constitua a causa de pedir de demanda nova, sendo necessário o levantamento da interdição. Basta que a anomalia desapareça para que se possa pedir tal levantamento. Tal possibilidade é fenômeno idêntico ao que acontece na exoneração de alimentos ou no pedido de revisão de aluguel.

Essa a interdição com o levantamento dela, cujo pedido poderá ser feito pelo interditando, será apensado aos autos de interdição. O juiz nomeará perito para examinar o interditando e, após a apresentação do laudo, designará audiência de instrução e julgamento. Após, será proferida sentença. A sentença que levantar a interdição também deverá ser publicada e averbada no Registro de Pessoas Naturais.

27.7 O CURADOR

Nomeado o curador, ele será intimado para prestar compromisso no prazo de cinco dias. Prestado o compromisso, deverá o curador requerer a especialização da hipoteca legal, procedimento que ainda será abordado, para acautelar os bens imóveis acautelados à sua administração. Não sendo demandada a hipoteca legal pelo curador, caberá ao Ministério Público promovê-la.

O Ministério Público regerá o incapaz até que seja promovida a hipoteca legal ou deixar o curador, desde que este preste, desde logo, caução, dispensando-a após a instituição da hipoteca legal.

O curador poderá, ainda, ser removido, a pedido do MP ou de outros interessados, nos casos previstos em lei, dispostos nos arts. 1.735 e 1.766, CC. Nesse caso, o curador será citado para responder à remoção no prazo de cinco dias. Após, seguir-se-á o procedimento comum previsto para o processo cautelar, sendo permitido ao juiz, em caso de extrema gravidade, suspender o exercício das funções do curador, nomeando outro que o substitua.

27.8 DISPOSIÇÕES COMUNS À TUTELA E À CURATELA

Só as pessoas têm aptidão para praticar os atos da vida civil. Os incapazes são tutelados por meio da representação ou da assistência. O CPC regula, em seus arts. 1.187 a 1.198, uma série de disposições comuns a tutores e curadores. Materialmente e processualmente, o múnus da curatela se equipara ao da tutela. Assim, todo o regramento de investidura e remoção do curador do interdito é aplicável, também, aos tutores.

A nomeação de curador é ato que o juiz pratica, na sentença de interdição. Já a nomeação de tutor pressupõe o falecimento ou a ausência de ambos os cônjuges, ou, ainda perda ou destituição do poder familiar, nem sempre necessitando de interferência judicial.

Caso a nomeação de tutor seja judicial, tanto tutor como curador devem prestar compromisso perante a autoridade judicial, no prazo de cinco dias. A nomeação de tutor ou curador ficará sem efeito se eles não puderem garantir a sua gestão.

A investidura de ambos está sujeita à mesma disciplina legal, prevista nos arts. 1.187 a 1.198, CPC e, para isso, está sujeita a requererem a especialização da hipoteca legal, salvo se forem pessoas de reconhecida idoneidade. Mesmo reconhecida a idoneidade, poderá ocorrer de o juiz, à luz do caso concreto, exigir que se preste a caução devida. Exigida a garantia e não sendo ela prestada, a nomeação do tutor ou do curador ficará sem efeito.

Qualquer escusa do encargo deverá ser apresentada ao juiz, no prazo de cinco dias, a contar da intimação para prestar compromisso, se a escusa for anterior à aceitação do encargo, ou do dia em que sobrevier o motivo da escusa, se for após sua entrada em exercício. O pedido de escusa será decidido de plano pelo juiz e, não sendo aceito, o nomeado permanecerá no exercício do cargo até ser deliberado por sentença transitada em julgado, já que o recurso[6] não possui efeito suspensivo.

Algumas pessoas, porém, são proibidas de exercer tal encargo. Não se trata de mera escusa, mas, sim, de circunstância pessoal, moral ou profissional que as impedem da função e, caso estejam exercendo, deverão ser removidas, por ocasião do requerimento do Ministério Público ou de qualquer interessado.

São os casos previstos nos arts. 1.735, 1.764, III, 1.766 e 1.774, CC, que são:

a) as pessoas que também sejam incapazes;

b) os credores ou devedores do tutelado ou curatelado, bem como as pessoas que tenham pais, filhos ou cônjuges demandando contra o incapaz;

c) os inimigos do incapaz;

d) as pessoas condenadas por crime de furto, roubo, estelionato, falsidade, crime contra a família ou contra os costumes, tenham ou não cumprido pena;

e) as pessoas de mau procedimento ou falhas em probidade e as culpadas de abuso em tutoriais ou curadorias anteriores;

f) aquelas que exerçam função pública incompatível com a boa administração da tutela ou da curatela.

Será também caso de remoção quando o tutor ou curador praticarem atos sem a prévia autorização judicial (arts. 1.748 e 1.774, CC) ou, ainda, deixarem de praticar qualquer ato a que estavam legalmente obrigados.

Formulado o requerimento de remoção, o tutor ou curador será citado para contestá-lo, no prazo de cinco dias, ficando assegurado seu direito à ampla defesa. Permanecendo inerte, presumir-se-ão verdadeiros os fatos que lhe são imputados, devendo o juiz decidir em cinco dias.

---

6 Embora o Código se refira à sentença, Antônio Carlos Marcato explica que o ato de rejeição do motivo apresentado para escusa possui natureza de decisão interlocutória, já que o processo prosseguirá e o nomeado permanecerá no encargo. Portanto, tal pronunciamento judicial deverá ser atacado por meio de agravo de instrumento (MARCATO, 2009, p. 420-421).

Se oferecida a contestação, será designada audiência de instrução e julgamento e produzidas as provas pertinentes, sendo, após, julgado o pedido.

A função do tutor e do curador possui duração de dois anos. Decorrido o prazo, poderá ser requerida sua dispensa, no prazo de dez dias, contados da data que expirou o prazo de exercício (arts. 1.765 e 1.774, CC).

Sendo interesse do tutor ou do curador – e também conveniente para o incapaz –, poderá haver continuação do mesmo tutor ou curador após consumado o biênio.

27.9 O PROJETO DO NOVO CPC (PL N. 8.046/2010)

Seção IX

DOS INTERDITOS E SUA CURATELA

Art. 713. Na petição em que se requerer a interdição, o requerente provará a sua legitimidade, especificará os fatos que revelam a anomalia psíquica, juntando laudo médico para fazer prova de suas alegações ou informando a impossibilidade de fazê-lo, e assinalará a incapacidade do interditando para reger a sua pessoa e administrar os seus bens.

Art. 714. O interditando será citado para, em dia designado, comparecer perante o juiz, que o examinará, assistido por especialista, interrogando-o minuciosamente acerca de sua vida, seus negócios, seus bens e do que mais lhe parecer necessário para ajuizar do seu estado mental, reduzidas a auto as perguntas e as respostas.

Parágrafo único. Não podendo o interditado deslocar-se, o juiz o ouvirá e examinará no local onde estiver.

Art. 715. Dentro do prazo de cinco dias contados da audiência de interrogatório, o interditando poderá impugnar o pedido.

§ 1º O Ministério Público oficiará como fiscal da ordem jurídica.

§ 2º O interditando poderá constituir advogado para defender-se, sem prejuízo da defesa obrigatória pelo curador especial.

§ 3º Caso o interditando não constitua advogado para defendê-lo, o seu cônjuge, companheiro ou qualquer parente sucessível poderá intervir como assistente.

Art. 716. Decorrido o prazo a que se refere o art. 715, o juiz nomeará perito para proceder ao exame do interditando. Apresentado o laudo, produzidas as demais provas e ouvidos os interessados, o juiz decidirá.

§ 1º Decretando a interdição, o juiz nomeará curador ao interdito.

§ 2º A sentença de interdição será inscrita no Registro de Pessoas Naturais e publicada no sítio do tribunal a que estiver vinculado o juízo, onde permanecerá por um mês, ou pela imprensa local e pelo órgão oficial por três vezes, com intervalo de dez dias, constando do edital os nomes do interdito e do curador, a causa da interdição e os limites da curatela.

§ 3º A sentença e as demais decisões que contiverem qualquer restrição sobre a capacidade civil, quando implicarem suspensão dos direitos políticos do interdito, serão registradas na Justiça Eleitoral.

Art. 717. Levantar-se-á a interdição cessando a causa que a determinou.

§ 1º O pedido de levantamento poderá ser feito pelo interditado ou pelo Ministério Público e será apensado aos autos da interdição. O juiz nomeará perito para proceder ao exame de sanidade no interditado e, após a apresentação do laudo, designará audiência de instrução e julgamento.

§ 2º Acolhido o pedido, o juiz decretará o levantamento da interdição e mandará publicar a sentença, após o trânsito em julgado na forma do art. 716, § 2º, ou, não havendo, pela imprensa local e pelo órgão oficial por três vezes, com intervalo de dez dias, seguindo-se a averbação no Registro de Pessoas Naturais.

Seção X
DAS DISPOSIÇÕES COMUNS À TUTELA E À CURATELA

Art. 718. O tutor ou o curador será intimado a prestar compromisso no prazo de cinco dias contados da:

I – nomeação feita na conformidade da lei;

II – intimação do despacho que mandar cumprir o testamento ou o instrumento público que o houver instituído.

Parágrafo único. O tutor ou o curador prestará o compromisso por termo em livro próprio rubricado pelo juiz.

Art. 719. O tutor ou o curador poderá eximir-se do encargo apresentando escusa ao juiz no prazo de cinco dias. Contar-se-á o prazo:

I – antes de aceitar o encargo, da intimação para prestar compromisso;

II – depois de entrar em exercício, do dia em que sobrevier o motivo da escusa.

§ 1º Não sendo requerida a escusa no prazo estabelecido neste artigo, considerar-se-á renunciado o direito de alegá-la.

§ 2º O juiz decidirá de plano o pedido de escusa. Se não a admitir, exercerá o nomeado a tutela ou a curatela enquanto não for dispensado por sentença transitada em julgado.

Art. 720. Incumbe ao Ministério Público ou a quem tenha legítimo interesse requerer, nos casos previstos na lei, a remoção do tutor ou do curador.

Parágrafo único. O tutor ou o curador será citado para contestar a arguição no prazo de cinco dias. Findo o prazo, observar-se-á o procedimento comum.

Art. 721. Em caso de extrema gravidade, o juiz poderá suspender o tutor ou o curador do exercício de suas funções, nomeando-lhe interinamente substituto.

Art. 722. Cessando as funções do tutor ou do curador pelo decurso do prazo em que era obrigado a servir, ser-lhe-á lícito requerer a exoneração do encargo; não o fazendo dentro dos dez dias seguintes à expiração do termo, entender-se-á reconduzido, salvo se o juiz o dispensar.

O projeto do novo CPC, logo em seu primeiro artigo sobre o tema (art. 713), trata da petição inicial referente ao procedimento. Além da descrição da anomalia, cuja exigência já consta no art. 1.177, CPC atual, é acrescida no projeto a exigência de se juntar laudo médico para prova das alegações. No caso da impossibilidade de fazê-lo, o próprio texto legal determina que deverá ser informado na própria inicial.

O interditando será citado para comparecer perante o juiz (arts. 714 do projeto e 1.181, CPC atual), mas o Código acrescenta que o interditando deverá ser examinado não apenas pelo juiz, mas também por um especialista. O projeto prevê, ainda, no parágrafo único do mesmo artigo, que, caso o interditando não possa se deslocar, o juiz irá ao local.

O art. 715 do projeto traz grande inovação no § 1º, prevendo a atuação do Ministério Público não mais como representante do interditando (art. 1.182, § 1º, CPC atual), mas como fiscal da ordem jurídica. Ao interditando caberá contestar por meio da constituição de um advogado, além de ter o auxílio do curador especial. Caso o interditando não constitua advogado, independentemente do curador especial, o projeto, no § 3º do mesmo artigo, inova ao permitir que um parente atue como seu assistente.

Destaque-se que a curadoria especial deve ser exercida por defensor público ou por advogado dativo, na ausência do primeiro. Este dispositivo está em consonância com o art. 4º, inciso XVI, da Lei Complementar n. 80/94, com redação dada pela Lei Complementar n. 132/2009.

O art. 716 do projeto trata do perito e da apresentação do laudo que servirá para, junto com as demais provas produzidas, formar o convencimento do juiz sobre o pedido de interdição. O CPC atual, no art. 1.183, afirma que, apresentado o laudo, o juiz designará audiência, enquanto o projeto afirma que o juiz decidirá, proferindo a sentença.

O projeto prevê, no § 3º do mesmo artigo, como inovação, que a sentença que implicar restrição de direitos deverá ser registrada na Justiça Eleitoral.

Por fim, outro ponto que merece destaque neste capítulo é o art. 717 do projeto, já que o CPC atual, no art. 1.186, prevê a legitimidade apenas do próprio interditado para requerer o levantamento de sua interdição, enquanto o projeto admite que o pedido seja feito pelo próprio interditando ou pelo Ministério Público.

CAPÍTULO **28**

Organização e fiscalização das fundações

28.1 NOÇÕES GERAIS

O procedimento *Da organização e da fiscalização das fundações* destina-se àqueles que buscam constituir uma fundação, pelo que o instituidor deverá elaborar um estatuto ou deverá designar quem o faça.

Fundações "são pessoas jurídicas criadas por uma pessoa denominada instituidor, que, através de escritura pública ou testamento, faz a dotação especial de bens livres, especificando o fim a que se destina, e declarando, se quiser, a maneira de administrá-la".[1]

Percebe-se, então, que as fundações possuem dois requisitos essenciais para a sua existência: a) o patrimônio, que, uma vez instituído, ficará afetado às suas finalidades e b) finalidade específica, que deve ser dirigida ao interesse geral. Uma vez inscrita no Registro Civil competente, a fundação adquire a qualidade de pessoa jurídica de direito privado (art. 45, CC/2002).

Tais pessoas jurídicas, com exceção das instituídas e mantidas pelo Poder Público e das que se caracterizem como entidade fechada de previdência privada,[2] por sua relevância no meio social, são fiscalizadas pelo Ministério Público do estado onde se situarem.

---

1 Oliveira (2001, p. 168-169).

2 As fundações de previdência privada ficam submetidas ao controle exclusivo do Ministério da Previdência e Assistência Social, como previsto no art. 86 da Lei n. 6.435/77.

28.2 PROCEDIMENTO

Cabe ao instituidor da fundação, ao criá-la, elaborar seu estatuto ou designar quem o faça (art. 1.199, CPC). Na ausência de previsão, o encargo caberá ao Ministério Público (art. 1.202, I, CPC).

No primeiro caso, o estatuto será apreciado pelo Ministério Público, que deverá, dentro de um prazo de quinze dias, aprovar o estatuto, denegar a sua aprovação ou indicar as modificações que entender necessárias, observando sempre se os bens que compõem a fundação são suficientes para alcançar os fins a que se destina.

Se houver a aprovação pelo Ministério Público, o estatuto será levado ao Registro Civil das Pessoas Jurídicas para que se dê a aquisição da personalidade (arts. 114 a 121 da Lei n. 6.015/73).

Na hipótese de o Ministério Público indicar modificações a serem feitas no estatuto ou rejeitar sua aprovação, o interessado poderá demandar em juízo o suprimento de sua aprovação, através de demanda autônoma, e não de recurso ao juiz, como previsão equivocada do art. 65, CC.

Já se o estatuto for elaborado pelo Ministério Público, a função de aprovação do estatuto se desloca para o juiz (art. 1.202, CC).

A demanda em juízo terá início, então, um procedimento de jurisdição voluntária, cujo objeto é o suprimento da autorização do Ministério Público ao estatuto da fundação. Em tal procedimento, o juiz poderá determinar que se façam alterações no estatuto, para adaptá-lo ao objetivo do instituidor. O ato que aprecia o pedido, acolhendo ou rejeitando-o, é sentença em face do qual cabe recurso de apelação.

28.3 EXTINÇÃO DAS FUNDAÇÕES

A fundação poderá ser extinta a requerimento de qualquer interessado ou do Ministério Público quando se tornar ilícito o seu objeto, quando se tornar impossível a sua manutenção ou quando vencer o prazo da sua existência. O Código Civil traz, ainda, mais uma hipótese de extinção, em seu art. 69: quando a existência da fundação for inútil.

Em face do interesse público que envolve a fundação, as hipóteses de sua extinção são taxativas e deverão ser verificadas judicialmente.

A extinção deve ser decretada por sentença, proferida em procedimento comum de jurisdição voluntária, previsto nos arts. 1.104 a 1.111, CPC. Extinta a fundação, seu patrimônio será incorporado ao de outra fundação que se proponha a fins semelhantes ao da extinta, salvo se houver disposição estatutária expressa a respeito.

28.4 O PROJETO DO NOVO CPC

CPC ATUAL	PROJETO DO NOVO CPC (PL N. 8.046/2010)
Art. 1.199. O instituidor, ao criar a fundação, elaborará o seu estatuto ou designará quem o faça.	*Sem correspondente.*
Art. 1.200. O interessado submeterá o estatuto ao órgão do Ministério Público, que verificará se foram observadas as bases da fundação e se os bens são suficientes ao fim a que ela se destina.	*Sem correspondente.*
Art. 1.201. Autuado o pedido, o órgão do Ministério Público, no prazo de 15 (quinze) dias, aprovará o estatuto, indicará as modificações que entender necessárias ou lhe denegará a aprovação. § 1º Nos dois últimos casos, pode o interessado, em petição motivada, requerer ao juiz o suprimento da aprovação. § 2º O juiz, antes de suprir a aprovação, poderá mandar fazer no estatuto modificações a fim de adaptá-lo ao objetivo do instituidor.	**Art. 723.** O juiz decidirá sobre a aprovação do estatuto das fundações e de suas alterações sempre que o requeira o interessado, quando negada previamente pelo Ministério Público ou por este sejam exigidas modificações com as quais aquele não concorde. Parágrafo único. Antes de suprir a aprovação, o juiz poderá mandar fazer no estatuto modificações a fim de adaptá-lo ao objetivo do instituidor.
Art. 1.202. Incumbirá ao órgão do Ministério Público elaborar o estatuto e submetê-lo à aprovação do juiz: I – quando o instituidor não o fizer nem nomear quem o faça; II – quando a pessoa encarregada não cumprir o encargo no prazo assinado pelo instituidor ou, não havendo prazo, dentro em 6 (seis) meses.	**Art. 724.** O Ministério Público submeterá à aprovação judicial os estatutos por ele elaborados, nos casos em que essa atribuição lhe caiba na forma da lei.

CPC ATUAL	PROJETO DO NOVO CPC (PL N. 8.046/2010)
Art. 1.203. A alteração do estatuto ficará sujeita à aprovação do órgão do Ministério Público. Sendo-lhe denegada, observar-se-á o disposto no art. 1.201, §§ 1º e 2º. Parágrafo único. Quando a reforma não houver sido deliberada por votação unânime, os administradores, ao submeterem ao órgão do Ministério Público o estatuto, pedirão que se dê ciência à minoria vencida para impugná-la no prazo de 10 (dez) dias.	*Sem correspondente.*
Art. 1.204. Qualquer interessado ou o órgão do Ministério Público promoverá a extinção da fundação quando: I – se tornar ilícito o seu objeto; II – for impossível a sua manutenção; III – se vencer o prazo de sua existência.	**Art. 725.** Qualquer interessado ou o Ministério Público promoverá em juízo a extinção da fundação quando: I – se tornar ilícito o seu objeto; II – for impossível a sua manutenção; III – se vencer o prazo de sua existência.

O projeto do novo CPC não trata da elaboração do estatuto da fundação por seu instituidor, nem mesmo de sua submissão ao Ministério Público, como faz o CPC atual, em seus arts. 1.199 e 1.200.

O projeto trata apenas do suprimento pelo juiz (art. 723 do projeto), que, atualmente, está previsto nos parágrafos do art. 1.201. Tal suprimento só ocorrerá quando o Ministério Público negar previamente a aprovação do estatuto ou com ele não concordar, sendo que o próprio juiz poderá realizar modificações no estatuto antes de fazer tal suprimento.

Mantém-se a previsão do art. 1.202, CPC atual, que, caso o Estatuto seja elaborado pelo próprio Ministério Público, ele será submetido ao juiz (art. 724 do projeto).

Por fim, o art. 725 do projeto trata da extinção da fundação, apenas reproduzindo a redação do atual art. 1.204, CC.

CAPÍTULO **29**

Posse em nome do nascituro

29.1 OBJETIVOS E PROCEDIMENTO

A medida prevista nos arts. 877 e 878, CPC é tratada no CPC atual como uma medida cautelar específica, mas já é prevista no projeto do novo Código como um procedimento especial de jurisdição não contenciosa. Objetiva resguardar os direitos do nascituro, demonstrando-se não só a viabilidade da existência do nascituro como, principalmente, outorgando à pessoa viva o poder de proteger seus interesses até que nasça. Trata-se de medida com natureza de jurisdição voluntária, sendo procedimento declaratório, que constitui a prova da gravidez e habilita a mãe à proteção dos interesses do nascituro.

A medida não comporta discussões sobre a filiação da criança e a existência de quaisquer direitos seus, devendo tais questões serem debatidas em outras medidas jurisdicionais.

A legitimação é da mãe grávida, tanto que, na petição inicial, ela exporá a pretensão de documentar, perante o Estado-juiz, sua gravidez.

Embora o Código não mencione, há interessados a serem citados, como todos os herdeiros, quando se tratar de direito sucessório, ou como o doador, quando se tratar de doação feita ao nascituro. Os interessados não apresentaram defesa, mas aceitarão a gravidez ou, não o fazendo, acompanharão o exame médico para constatar ou não a gravidez.

O Ministério Público será ouvido, como fiscal da lei, e a mãe será examinada por médico, sem se tratar de perícia, mas mero exame voltado à constatação da gravidez, razão pela qual não devem ser formulados quesitos nem deverá haver nomeação de assistente técnico.

A sentença investirá a autora na posse dos direitos que caberão ao nascituro, não havendo coisa julgada a respeito da existência da extensão dos direitos do nascituro ou mesmo da relação de parentesco, mas formando-se a coisa julgada em relação à outorga de poderes de eventuais direitos do nascituro à mãe.

29.2 O PROJETO DO NOVO CPC

CPC ATUAL	PROJETO DO NOVO CPC (PL N. 8.046/2010)
Art. 877. A mulher que, para garantia dos direitos do filho nascituro, quiser provar seu estado de gravidez, requererá ao juiz que, ouvido o órgão do Ministério Público, mande examiná-la por um médico de sua nomeação. § 1º O requerimento será instruído com a certidão de óbito da pessoa, de quem o nascituro é sucessor. § 2º Será dispensado o exame se os herdeiros do falecido aceitarem a declaração da requerente. § 3º Em caso algum a falta do exame prejudicará os direitos do nascituro.	**Art. 726.** A mulher que, para garantia dos direitos do filho nascituro, quiser provar seu estado de gravidez requererá ao juiz, juntando a certidão de óbito da pessoa de quem afirma ser o nascituro sucessor, que mande examiná-la por um médico de sua nomeação. Parágrafo único. Intervirá em todos os atos do procedimento o Ministério Público.
Sem correspondente.	**Art. 727.** Será citado o inventariante ou os herdeiros do falecido para que se manifestem, no prazo de cinco dias, quanto à aceitação ou à negativa do que declarado pela requerente. § 1º Ocorrendo aceitação, o juiz deferirá o pedido independentemente de exame; no caso contrário, nomeará médico e assinar-lhe-á prazo para apresentação do laudo. § 2º Em nenhum caso a falta do exame prejudicará os direitos do nascituro.

CPC ATUAL	PROJETO DO NOVO CPC (PL N. 8.046/2010)
Art. 878. Apresentado o laudo que reconheça a gravidez, o juiz, por sentença, declarará a requerente investida na posse dos direitos que assistam ao nascituro. Parágrafo único. Se à requerente não couber o exercício do pátrio poder, o juiz nomeará curador ao nascituro.	**Art. 728.** Apresentado o laudo que reconheça a gravidez, o juiz, por sentença, declarará a requerente investida na posse dos direitos que assistam ao nascituro; sendo o laudo negativo, indeferirá o pedido. Parágrafo único. Deferido o pedido, se à requerente não couber o exercício do poder familiar, o juiz nomeará curador ao nascituro.

A posse em nome de nascituro é mais um procedimento cautelar específico que o projeto transforma em procedimento especial, dessa vez de jurisdição não contenciosa.

O projeto, em seus arts. 726 e 728, reproduz as disposições dos arts. 877 e 878, CPC atual. A inovação ocorre por conta do art. 727, o verdadeiro responsável por retirar a natureza cautelar do procedimento e lhe inserir como procedimento especial: segundo o referido dispositivo serão citados os herdeiros do falecido ou o inventariante, para contestar o pedido. Se houver concordância com o pedido, independentemente do exame, ele será deferido. Havendo discordância, será feito o exame médico.

O § 2º do art. 727 afirma que a falta de exame não prejudicará os direitos do nascituro, prevendo a precariedade para a realização de exames em determinadas regiões do país.

CAPÍTULO 30

Justificação

30.1 CARACTERÍSTICAS E PROCEDIMENTO

A justificação também é um procedimento cautelar no CPC atual que se transforma em procedimento especial de jurisdição não contenciosa no projeto do NCPC e, de acordo com o art. 861, CPC, visa à formalização de algum ato ou relação jurídica, para servir de prova a processo administrativo ou judicial. É uma medida de constituição imediata de prova de determinado fato, seja para simples fim de documentação, seja para ulterior utilização em processo judicial ou administrativo.

Nos termos do art. 863, CPC, a justificação se limita à inquirição de testemunhas, sobre fatos alegados na petição inicial, buscando transformar em documento a prova testemunhal utilizada.

A medida não se confunde com a produção antecipada de provas, por ser verdadeiro procedimento probatório, que objetiva imediata prova do interesse do requerente, quer para resguardo, quer para utilização posterior, em que a atividade do juiz se destina apenas à prova de fato ou pretensão de direito material.[1] Não há aqui, portanto, qualquer elemento litigioso.

Há quem afirme que o interessado não seria aqui citado,mas apenas cientificado, para exercer a ampla defesa.[2] Caso não possa ser encontrado

1 Nesse sentido: Greco (2003, p. 28).

2 Bueno (2009, p. 299-300).

o interessado, haverá atuação da Defensoria Pública no procedimento, como curadora dos ausentes.

A petição inicial justificará a razão pela qual a parte autora pretende produzir a prova, estando excluída a possibilidade de produção de prova pericial, inspeção judicial e depoimento das partes e o interesse processual presente pela simples afirmação de que se pretende produzir a prova e a demonstração da adequação em tese do meio de prova para a demonstração do fato envolvido. A peça pode vir acompanhada de documentos, sem haver exigência que o rol de testemunhas seja apresentado logo na inicial, devendo-se fixar o prazo para que o rol seja apresentado.

Em seguida, cita-se o réu e realiza-se a oitiva de testemunhas em audiência.

A proibição de defesa no âmbito da justificação é coerente com a finalidade da medida e, ao prevê-la, o legislador impediu a antecipação de qualquer discussão que se realizará, oportunamente, no âmbito administrativo ou judicial.

O réu poderá, contudo, contraditar as testemunhas e verificar se as testemunhas ouvidas esbarram em alguma das vedações legais.

A sentença proferida se limitará a homologar a prova oral produzida, sendo que a valoração de tal prova não é questão que se põe ao magistrado na justificação, sendo esta apenas mais um meio de prova.

Proferida a sentença, os autos serão entregues ao interessado no prazo de 48 horas, independentemente de translado (art. 866) para a guarda do documento ou para sua utilização futura.

30.2 O PROJETO DO NOVO CPC

CPC ATUAL	PROJETO DO NOVO CPC (PL N. 8.046/2010)
Art. 861. Quem pretender justificar a existência de algum fato ou relação jurídica, seja para simples documento e sem caráter contencioso, seja para servir de prova em processo regular, exporá, em petição circunstanciada, a sua intenção.	**Art. 729.** Quem pretender justificar a existência de algum fato ou relação jurídica, para simples documento e sem caráter contencioso, exporá, em petição circunstanciada, a sua intenção. Parágrafo único. Observar-se-á, na justificação, o procedimento previsto na produção antecipada de provas.

CPC ATUAL	PROJETO DO NOVO CPC (PL N. 8.046/2010)
Art. 862. Salvo nos casos expressos em lei, é essencial a citação dos interessados. Parágrafo único. Se o interessado não puder ser citado pessoalmente, intervirá no processo o Ministério Público.	*Sem correspondente.*
Art. 863. A justificação consistirá na inquirição de testemunhas sobre os fatos alegados, sendo facultado ao requerente juntar documentos.	*Sem correspondente.*
Art. 864. Ao interessado é lícito contraditar as testemunhas, reinquiri-las e manifestar-se sobre os documentos, dos quais terá vista em cartório por 24 (vinte e quatro) horas.	*Sem correspondente.*
Art. 865. No processo de justificação não se admite defesa nem recurso.	*Sem correspondente.*
Art. 866. A justificação será afinal julgada por sentença e os autos serão entregues ao requerente independentemente de traslado, decorridas 48 (quarenta e oito) horas da decisão. Parágrafo único. O juiz não se pronunciará sobre o mérito da prova, limitando-se a verificar se foram observadas as formalidades legais.	*Sem correspondente.*

A justificação é outro procedimento cautelar específico que o projeto do novo CPC insere no rol dos procedimentos especiais de jurisdição não contenciosa.

Simplificando a abordagem, o projeto apenas reproduz o art. 861 do atual CPC, dispondo que, no mais, o procedimento de justificação no novo CPC seguirá as disposições da produção antecipada de provas.

CAPÍTULO **31**

Especialização da hipoteca legal

31.1 NOÇÕES GERAIS

O último dos procedimentos especiais de jurisdição voluntária previsto nos arts. 1.205 a 1.210, CPC é o tema *Da especialização da hipoteca legal*. A hipoteca é uma forma de garantia real imobiliária, que permite ao credor o direito de sequela e preferência sobre determinado imóvel do devedor na hipótese de necessidade de recorrer às vias da execução judicial como meio de garantir o seu crédito.

No direito brasileiro, pode ser convencional, que é a que decorre da vontade das partes; judiciária, que é o efeito secundário da sentença condenatória, prevista no art. 466, CPC, é legal.

A hipoteca legal é uma antecipação da penhora, decorrente de lei, estabelecida em garantia de certos credores, sendo assegurado o privilégio dos seguintes credores (art. 1.489, CC):

a) das pessoas jurídicas de direito público interno, sobre os bens imóveis pertencentes aos encarregados da cobrança, guarda ou administração dos respectivos fundos e rendas;

b) dos filhos, sobre imóveis do pai ou da mãe, que passar a outras núpcias, antes da partilha do bem do casal;

c) do ofendido ou de seus herdeiros em relação ao imóvel do delinquente, para satisfazer do dano causado pelo delito;

d) do coerdeiro, para a garantia de seu quinhão sobre imóvel adjudicado a outro herdeiro;

e) do credor de imóvel arrematado, para pagamento do restante do preço da arrematação.

A hipoteca legal só produz seus efeitos em relação a terceiros, nos termos do art. 1.497, CC, após sua especialização e registro. O ato de especializar a hipoteca legal visa a especificar o imóvel que representará a garantia real, fixando o seu valor e o montante da responsabilidade que deverá ser comportada pelo devedor.[1]

A via processual adequada para esse ato é de jurisdição voluntária e não poderá ser utilizada quando as partes forem capazes e a convencionarem por escritura pública, a ser registrada no Registro de Imóveis (art. 1.210, CPC).

31.2 COMPETÊNCIA

É competente para conhecer do pedido de especialização da hipoteca legal o juízo do lugar da situação do imóvel sobre o qual recairá o gravame (art. 95, CPC). Situando-se o imóvel em mais de um foro, em qualquer um deles poderá recair a especialização.

31.3 LEGITIMIDADE

É legitimado a demandar a especialização da hipoteca legal o devedor, sobre cujos bens incidir o gravame, bem como o credor. Admite-se, também, a instauração do processo pelo Ministério Público, quando a hipoteca legal for decorrente de tutela ou curatela (art. 1.188, parágrafo único, CPC) ou no caso de especialização da hipoteca sobre bens do delinquente (arts. 134 e 142, CPP).[2]

A intervenção do Ministério Público é obrigatória (art. 1.105, CCP).

1 Theodoro Júnior (2008, p. 448-449).

2 Em sentido contrário, Alexandre Câmara (2009, p. 541) não admite a especialização da hipoteca legal dos bens do delinquente.

31.4 PROCEDIMENTO

Inicia-se o procedimento com a apresentação de petição inicial que, além dos requisitos genéricos, deve ser instruída com prova do domínio dos bens, livres de ônus, sobre os quais recairá a hipoteca.

Serão citados os interessados e participará o Ministério Público. Após, o juiz designará perito para efetuar o arbitramento do valor da responsabilidade do devedor e avaliar os bens indicados. Sobre o laudo, se manifestarão os interessados, no prazo de cinco dias. Em seguida, o juiz homologará ou corrigirá o arbitramento e a avaliação.

É dispensada tal avaliação apenas se o montante já estiver identificado (art. 1.206, § 2º, CPC).

Havendo bens suficientes, será julgada por sentença a especialização, determinando-se que seja registrado o gravame. Na sentença, constarão o valor da hipoteca e os bens do responsável, com a especificação do nome, situação e característica, devendo ser registrada no Registro de Imóveis, quando passará a ter efeito perante terceiros.

No caso de interesse de menor ou de interdito, sendo insuficientes os bens do responsável oferecidos para hipoteca legal e não havendo reforço da garantia, o juiz ordenará a avaliação de outros bens, procedendo nos termos dos arts. 1.206 e 1.207, CPC. Não havendo mais bens, a especialização da hipoteca será julgada improcedente, podendo ser pleiteada a garantia pelos meios regulares.

No caso de outros interessados, mesmo diante da insuficiência de bens, nada impede o julgamento homologatório da especialização (art. 1.489, CC), mesmo que os bens sejam de valor inferior à responsabilidade, ficando ressalvada a oportunidade de promover, em outro procedimento, a complementação da garantia (art. 1.209).

31.5 O PROJETO DO NOVO CPC

O projeto do novo CPC não traz a previsão da especialização da hipoteca legal como procedimento especial. Dessa forma, se aprovado o novo CPC com a redação do PL n. 8.046/2010, a partir de sua vigência, na falta de previsão expressa de procedimento especial, adotar-se-ão as regras de procedimento comum previstas no texto legal.

PARTE V

Processo de Execução

CAPÍTULO 1

Teoria geral da execução

1.1 NOÇÕES GERAIS

Executar é satisfazer uma prestação devida, é cumprir uma obrigação prevista em um título executivo.[1]

A execução pode ser espontânea, quando o devedor cumpre voluntariamente a prestação, ou forçada, quando o Estado-Juiz, diante da lesão, atua para que a parte lesada não sofra as consequências do inadimplemento.

O processo de execução se diferencia do processo de conhecimento e do processo cautelar. O processo de conhecimento provoca o juízo, em sentido mais restrito: através de sua instauração, o órgão jurisdicional é chamado a julgar, declarando qual das partes tem razão. O objeto do processo de conhecimento é a pretensão ao provimento declaratório da sentença chamado sentença de mérito. Consiste, então, o processo de conhecimento no conhecimento dos fatos e na aplicação soberana da norma jurídica adequada ao caso concreto.[2]

O processo cautelar é auxiliar e subsidiário, pois é acrescido ao conhecimento e à execução, busca assegurar o êxito das primeiras etapas de conhecimento ou da execução. Seu resultado específico é um provimento acautelatório.

1 Didier Jr. et al. (2009, p. 28).

2 Fux (2009, p. 3).

O provimento cautelar evita que sejam frustrados os efeitos de um provimento futuro e pode ser requerido de forma autônoma, ou por via incidental, no curso do processo, quando este já houver iniciado. Para isso, verificando-se os pressupostos do *fumus bonis iuris* e do *periculum in mora*, o provimento cautelar opera imediatamente como instrumento provisório e antecipado do futuro provimento definitivo.

Já o processo de execução objetiva adotar medidas à satisfação do direito. Para que o credor possa mover o processo de execução, deverá possuir um título executivo judicial ou extrajudicial, que deverá ter certeza, liquidez e exigibilidade, a fim de que tenha sua pretensão satisfeita.

O processo de execução busca a satisfação do crédito e, por isso, qualquer medida de produção de provas é excepcional e ocorre apenas quando há a necessidade de se instaurar um incidente cognitivo. A atividade jurisdicional executiva delimita-se à satisfação do credor, obrigando o devedor a cumprir a obrigação, se não o fizer voluntariamente. Somente após já ter sido satisfeito o crédito em decorrência dos meios executivos empregados, como a coerção e a sub-rogação, é que será proferida sentença.

Para iniciar uma execução é necessário o título executivo, que pode ser judicial ou extrajudicial. É uma *conditio sine qua non*.

Os títulos executivos hoje estão presentes no art. 475-N, CPC. O art. 475 é o artigo que vai congregar todas as normas relativas à execução fundada em título judicial. Os títulos executivos extrajudiciais continuam previstos no art. 585, CPC, com algumas pequenas alterações.

Essa classificação é fundamental para se entender a execução.

A execução no sistema processual brasileiro tem sofrido alterações que almejam torná-la mais eficiente, ou seja, que pretendem conferir à atividade executiva maior aptidão para proporcionar ao credor tudo aquilo a que ele tem direito.

Em razão das reformas que ocorreram em 2005 e 2006, não há mais um procedimento único, mas, sim, um procedimento diferenciado para cada tipo de execução que depende da existência ou não do título executivo judicial, mas sim um processo sincrético,[3] como discorreremos a partir de um breve histórico da execução.

---

3 Sobre o tema, Barbosa Moreira (2007, p. 315) comenta que "o novo 'processo sincrético' – convicção assente nos meios jurídicos é a de que a novidade capital introduzida pela Lei n. 11.232, de 22-11-2005, consiste numa junção das atividades cognitiva e executiva, eliminando-se a diferenciação formal entre o processo de conhecimento e o de execução".

Em 1973, o ano de edição do CPC, a ideia do legislador era privilegiar o princípio da autonomia no processo de execução. O processo de execução era totalmente independente do processo de conhecimento, iniciando-se outro processo caso o réu não cumprisse voluntariamente a prestação.

Era necessário apresentar outra petição inicial, com citação, contraditório por parte do executado e prolação da sentença. O réu terá que ser citado novamente, apresentando nova defesa. Enfim, tinha que começar um segundo processo, só que enquanto no primeiro processo busca-se uma declaração do Estado juiz, no segundo processo o Estado declarava ao credor que na realização de todos os atos necessários o credor receba o que o réu lhe devia.

De 1973 a 2005 valia a regra do princípio da autonomia: para o credor executar um sujeito tem-se que ingressar com um processo próprio chamado processo de execução, que pode ter como base um título executivo judicial ou extrajudicial. De qualquer maneira, tinha-se que abrir um processo de execução contra o devedor para se rever o crédito.

A partir de 2001, foi elaborada uma comissão, presidida pelo então Ministro do STJ, Athos Gusmão Carneiro, que acabou ficando conhecido como Anteprojeto Athos. O projeto propunha a criação de uma fase executória dentro de um processo de conhecimento, para que o credor não fosse obrigado a ingressar com uma nova petição inicial e pagar custas novamente.

A ideia principal do Anteprojeto Athos era simplificar, tornar mais célere a execução para aquelas pessoas que já ostentavam um título executivo judicial.

Pela ideia original de Athos, teriam que ser alterados, muitos artigos do CPC. Para minimizar esse impacto, em 2004, o Anteprojeto Athos foi dividido em dois projetos de lei: o primeiro dizia respeito apenas aos títulos judiciais e ao procedimento de execução desses títulos; e o segundo, apenas aos títulos extrajudiciais.

O primeiro veio a ser sancionado e se transformou na Lei n. 11.232/2005 e o segundo foi sancionado exatamente um ano depois e transformado na Lei n. 11.832/2006, destinando-se a regular execução fundada em títulos extrajudiciais.

Essas leis não criaram o processo sincrético, este já existia em alguns procedimentos, como na ação de depósito, mas a referida legislação retirou a necessidade de o título executivo judicial ser executado em processo autônomo.

Essa é a realidade que se tem, hoje no CPC.

O Estado-juiz não presta a atividade jurisdicional de ofício. Vigora, com efeito, o princípio *nemo iudex sine actore* ou *ne procedat judex ex officio*. O mecanismo de provocação da atividade jurisdicional é a de ação, e, uma vez proposta a ação, inaugura-se o processo.

Assim é que, por força das Leis n. 10.444/2002 e 11.232/2005, a execução autônoma (também conhecida como *ex intervallo*), que tradicionalmente ocupava espaço preponderante em nosso ordenamento, cede lugar à execução imediata (também conhecida como *sine intervallo* ou processo sincrético).

Pelo novo sistema, a execução baseada em título executivo judicial (CPC, art. 475-N) ocorrerá, em regra, no mesmo processo em que se formou o título exequendo, não mais se fazendo necessária, portanto, a instauração de processo autônomo, destinado especificamente a promover a execução. Por isso, fala-se em execução imediata (ou *sine intervallo*).

Por outro lado, o processo autônomo de execução não desapareceu, apenas foi mitigado. Ele continuará a ser necessário quando a atividade executiva baseie-se em título executivo extrajudicial, ou nos casos em que haja expressa previsão legal, como os ressalvados no art. 475-N, parágrafo único do CPC ou quando a devedora é a Fazenda Pública.

A execução desenvolvida em processo autônomo continua a ser regida pelo Livro II do CPC. Já a execução imediata encontra sua disciplina no CPC, arts. 461 e 475-I (execução de obrigação de fazer ou de não fazer), 461-A e 475-I (execução para entrega de coisa) e 475-I a 475-Q (execução por quantia certa contra devedor solvente). Destaque-se, todavia, que as normas do Livro II se aplicam subsidiariamente à execução imediata, por força do disposto no CPC, art. 475-R.

1.2 CARACTERÍSTICAS DA EXECUÇÃO

Algumas características da execução são:

a) Substitutividade: na execução, a atuação do Estado-juiz para o cumprimento da obrigação prevista no título judicial substitui a atividade da parte, aplicando-se meios coercitivos e sub-rogatórios para o cumprimento da obrigação.

b) Definitividade: é bastante controvertido se a sentença proferida em execução, seja no processo autônomo ou na fase executiva, gera coisa julgada material. Há quem defenda a impossibilidade, eis que na execução se desenvolve a cognição sumária, sem necessidade de produção probatória. Porém, há quem defenda que existe um mérito na execução, que seria a prática de atos coercitivos e sub-rogatórios, e a sentença executiva teria o trânsito em julgado material, por gerar reflexos no direito material, não mais permitindo a discussão da matéria.

c) Subsidiariedade: a execução como processo autônomo ou como segunda etapa admite a aplicação de algumas regras do processo de conhecimento, ainda que não haja previsão expressa no CPC, se houver compatibilidade, tema este que terá destaque no próximo item.

1.3 APLICAÇÃO SUBSIDIÁRIA DAS NORMAS COGNITIVAS À EXECUÇÃO

Uma característica da execução é sua subsidiariedade, sendo-lhe aplicável, no que for compatível, as regras do processo de conhecimento.

O processo de execução está disposto no Livro II do CPC, tal Livro não esgota toda matéria referente ao procedimento e aos incidentes que podem surgir na execução, havendo lacuna no Livro II, deverá o intérprete recorrer ao Livro I, que trata do processo de conhecimento, no que lhe seja compatível.

Assim, o art. 475-R do CPC dispõe que se aplicam subsidiariamente ao cumprimento de sentença as regras que regem o processo de execução do título executivo extrajudicial. Desta forma, alcança-se o art. 598 do CPC, o qual determina a aplicação subsidiária das normas relativas ao processo de conhecimento à execução.

Assim, as diferentes estruturas denominadas "processos" se entrelaçam e não esgotam suas respectivas funções, eis que, por exemplo, há cognição na execução (art. 657) e execução no âmbito cautelar (art. 821).[4] Com as recentes reformas processuais, em que o cumprimento

4 Assis (2004, p. 276).

da sentença está disciplinado no Livro I (art. 475), destinado ao processo de conhecimento, as relações estruturais entre atividade de conhecimento e execução estão ainda mais entrelaçadas, chegando-se a falar em "processo sincrético".

1.4 PRINCÍPIOS DA EXECUÇÃO

Há divergência na doutrina quanto à enumeração dos princípios do processo de execução.

Theodoro Júnior,[5] por exemplo, cita os seguintes princípios como sendo os informativos do processo de execução: a) toda execução é real; b) toda execução tem por finalidade apenas a satisfação do direito de exequente; c) a execução deve ser útil ao credor; d) toda execução deve ser econômica; e) a execução deve ser específica; f) a execução corre às expensas do executado; g) a execução não deve levar o executado a uma situação incompatível com a dignidade da pessoa humana; h) o credor tem a livre disponibilidade do processo de execução.

De qualquer modo, seis princípios devem ser destacados em sede de execução. São eles:

1.4.1 Princípio da cartularidade

A pretensão executória deve estar consubstanciada em um título executivo. O título é o "bilhete de ingresso" ostentado pelo credor para se acudir do procedimento executivo, se o título executivo for extrajudicial, ou do cumprimento de sentença, se o título executivo for judicial.[6] A ausência de título gera nulidade cominada (*nulla executio sine titulo*).

Esse princípio não é eliminado nem mesmo nos provimentos antecipatórios, já que as decisões respectivas, fundadas nos arts. 273, 461 e 461-A, CPC antecipam o título.

5 Theodoro Júnior (2004, p. 61-63).

6 Assis (2002, p. 106).

1.4.2 Princípio da efetividade da execução

Esse princípio é sintetizado pela doutrina através da máxima segundo a qual o processo, dentro do que for concretamente possível, deve dar a quem tenha um direito tudo e exatamente aquilo que ele tenha o direito de conseguir.

O fim e o resultado da execução devem, como regra, coincidir no sentido de dar ao credor aquilo a que ele faz jus segundo o título executivo. O resultado prático equivalente, isto é, a conversão da obrigação em prestação pecuniária equivalente, deverá ocorrer apenas quando não for possível se alcançar a prestação específica prevista no título executivo.

Durante a execução, ou no curso da execução, o juiz deve se esforçar ao máximo para conceder ao exequente tudo e exatamente aquilo que ele tem direito.

Determina que o juiz empregue todo o esforço possível para conceder ao exequente tudo àquilo que ele tem direito, que está consubstanciado no título executivo, que será a base para a sentença.

Por outras palavras, o processo de execução deve ser um processo efetivo, que produza os resultados esperados pelo credor.

Nesse sentido, a finalidade da execução é, dentro do possível, restituir as coisas ao seu estado anterior. Justamente porque nem sempre isso é possível, fala-se em execução específica, na qual o processo concede ao credor exatamente aquilo que lhe havia sido indevidamente retirado.

1.4.3 Princípio do menor sacrifício possível para o executado

Também chamado de princípio da execução menos gravosa para o executado; está expressamente previsto no art. 620, CPC, o qual determina a necessidade de moderação nos meios processuais a serem utilizados e, consequentemente, a vedação dos meios excessivamente gravosos, ou seja, quando a execução puder ser realizada de diversas maneiras, o juiz determinará que ela se processe pela forma menos onerosa possível para o devedor.

Esse princípio não pode ser tomado de forma absoluta, caso contrário começa a validar qualquer ato do juiz. A execução não deve servir como instrumento de vingança para o exequente, ele não pode abusar da sua condição. E cabe ao juiz o papel de mediador desses dois princípios. Frequentemente, na execução, o juiz vai ter que ponderar esses dois princípios, são eles o princípio da efetividade que socorre o exequente e o princípio da execução menos gravosa que socorre o executado.

1.4.4 Princípio do contraditório

Na execução, há um contraditório peculiar, diante da impossibilidade de se analisarem questões que não foram tratadas no processo de conhecimento e que agora estão acobertadas pelos efeitos da coisa julgada, quando a execução se basear em título executivo judicial.[7]

Não é um contraditório amplo e absoluto, principalmente, porque, quando se está na modalidade de cumprimento de sentença, ou seja, quando se executa um título judicial, antes desse cumprimento de sentença existe a coisa julgada; logo, no curso do cumprimento de sentença não pode pretender ressuscitar uma discussão do processo de conhecimento. A coisa julgada blinda de forma absoluta tudo o que foi discutido no processo de conhecimento.

Após a coisa julgada só se podem rediscutir algumas pequenas hipóteses até o prazo de dois anos. Passados esses dois anos, não pode rediscutir o processo de conhecimento, salvo o vício de citação. Na fase de cumprimento, existe uma blindagem da coisa julgada, não podendo alegar questões que foram discutidas em momento anterior no processo de conhecimento.

Quando o título executivo extrajudicial está sendo executado, o sujeito pode discutir nesse processo de execução as circunstâncias da formação daquele título executivo. Pode-se alegar, por exemplo, os chamados vícios de consentimento.

1.4.5 Princípio do desfecho único

A execução existe para satisfação dos direitos do credor, sendo este o seu único desfecho possível.

Desse modo, esse princípio significa que a execução se destina à outorga de tutela executiva, o que não impede, porém, que durante o processo autônomo de execução (execução autônoma), ou durante a fase executiva

7 Há, porém, matérias que podem e devem ser rediscutidas, como a falta de citação do réu que pode ser invocada em sede de embargos do executado ou impugnação incidental.

de um processo sincrético (execução imediata), realize-se atividade cognitiva que venha a impedir a concessão de tutela executiva.

Nem por isso estará descaracterizado o princípio do desfecho único. Afinal, não se haverá concedido tutela executiva, mas sim declaratória ao devedor, lembrando-se uma vez mais que, pelo princípio ora comentado, a execução somente pode deferir tutela executiva ao credor.

1.4.6 Princípio do sincretismo

A expressão processo de execução refere-se a uma execução de título extrajudicial. A partir de 2005, não existe mais, no direito brasileiro, como regra, um processo de execução de títulos judiciais. Só é necessário abrir um processo de execução se o seu título for extrajudicial. Quando uma sentença está sendo executada na vara cível, por exemplo, fala-se em cumprimento de sentença.

Há, portanto, um gênero chamado execução, que pode ser usado em dois sentidos, isto é, tanto quando se refere a título judicial quanto a título extrajudicial. Como gênero se subdivide em cumprimento de sentença (que é aplicada aos títulos judiciais) e processo de execução (que é aplicada aos títulos extrajudiciais).

O cumprimento de sentença passa a ser uma etapa do processo de conhecimento, não mais um processo autônomo, mas, sim, uma continuação do processo de conhecimento.

Hoje, o processo de conhecimento ganhou mais uma fase, passando a ser composto por cinco fases, que são: postulatória, saneadora, instrutória, provisória e cumprimento de sentença.

A partir de 2005, passa-se a falar, no processo civil brasileiro, em *princípio do sincretismo*.

As atividades cognitivas e executivas são ligadas em um único processo por esse princípio. O processo é um só, mas contempla duas fases: uma destinada à investigação dos fatos e prolação de sentença e outra destinada à realização do direito.

O princípio do sincretismo rege a execução moderna, principalmente em relação ao cumprimento das sentenças condenatórias, seja para uma obrigação de dar, art. 461-A, CPC, fazer ou de não fazer, art. 461, CPC. Já em relação às obrigações de pagar importância pecuniária, o sincretismo está previsto no art. 475-J, CPC.

1.5 PRESSUPOSTOS DA EXECUÇÃO E DO CUMPRIMENTO DE SENTENÇA

O inadimplemento do devedor e o título executivo representam pressupostos para a realização da execução ou do cumprimento de sentença. Esses, aliás, são os denominados requisitos para a execução.

O título executivo comprova a obrigação, por isso há quem sustente ser o título um requisito formal, enquanto o inadimplemento é um pressuposto substancial. Entretanto, ambos são apreciados abstratamente para permitir o início da execução, sendo certo que tanto o título quanto o alegado inadimplemento podem ser infirmados no curso do processo.

Inexistindo o título ou inocorrente o inadimplemento, a execução será extinta.

A obrigação a termo ou sob condição ainda não implementada não pode ser objeto de execução, por falta de interesse processual do credor, matéria esta que poderá ser alegável a qualquer tempo, por ser relativa à carência de ação.

O inadimplemento significa que o devedor não satisfez a obrigação na forma e prazo previstos no título. Verificado o inadimplemento, inicia-se a execução, que desaparecerá no caso de adimplemento superveniente, que deverá incluir a obrigação principal e seus respectivos consectários, sob pena da execução prosseguir para se exigir o restante, ainda não adimplido.

Posteriormente, no curso da execução, é que se verificará concretamente se houve ou não o inadimplemento, podendo o devedor fazer tal alegação no cumprimento de sentença, no caso de título judicial, ou no processo de execução, se o título for extrajudicial.

1.6 ESPÉCIES DE EXECUÇÃO

1.6.1 Procedimentos executivos existentes

O termo "espécies de execução" é empregado para designar os diversos procedimentos executivos existentes, que levam em conta:

a) a origem do título executivo (se judicial ou se extrajudicial);

b) a natureza da obrigação constante no título (pagar dívida alimentar, pagar dívida não alimentar, fazer, não fazer ou entregar coisa);

c) a qualidade da parte envolvida (se é a Fazenda Pública ou o particular).

Os ritos da execução podem ser:

a) cumprimento de sentença que determina obrigação de pagar (art. 475-J, CPC e s.);

b) execução de título extrajudicial que reconhece obrigação de pagar (art. 652, CPC e s.);

c) execução de prestação pecuniária promovida em face da Fazenda Pública (art. 730, CPC);

d) execução de obrigação pecuniária inscrita em dívida ativa promovida pela Fazenda Pública (Lei n. 6.830/80);

e) execução de alimentos (arts. 737 a 735, CPC);

f) execução por quantia certa em face de devedor insolvente (arts. 748 a 786-A, CPC);

g) execução de título judicial ou extrajudicial em sede de Juizados Especiais (arts. 52 e 53 da Lei n. 9.099/95);

h) cumprimento de sentença que se impõe obrigação de fazer, não fazer ou de entregar coisa (art. 461, CPC);

i) execução de título extrajudicial que reconhece obrigação de fazer (arts. 632 a 638, CPC);

j) execução de título extrajudicial que reconhece obrigação de não fazer (arts. 642 e 643, CPC);

k) execução de título extrajudicial que reconhece a obrigação de entregar coisa certa ou incerta (arts. 621 a 631, CPC).

Além disso, há outras espécies de execução, que serão abordadas.

1.6.2 Execução provisória e definitiva

A execução definitiva é aquela promovida com base em um título executivo judicial, isto é, uma sentença, já transitada em julgado, ou com base em um título executivo extrajudicial.

Já a execução provisória é a realizada com base em título executivo judicial que ainda não transitou em julgado, em virtude da pendência de recurso recebido sem efeito suspensivo. Nem toda sentença pode ser submetida à execução provisória, como, por exemplo, a que condena a Fazenda Pública ao pagamento de soma em dinheiro, em virtude da previsão do art. 2º-B da Lei n. 9.494/97.

A execução provisória, que até 2005 era realizada por carta de sentença e regulada no art. 588, hoje está disciplinada no art. 475-O. Em prol da celeridade, hoje se realiza com a cópia de algumas peças processuais consideradas relevantes para a execução. Contudo, não está extinta a figura da carta de sentença, que ainda hoje se revela presente nos casos de homologação de sentença estrangeira, em que, embora a homologação ocorra no STJ, regulamentada pela Resolução n. 09/2005, a execução ocorre perante o juiz federal, na primeira instância (art. 109, X, CF), muito embora os embargos sejam julgados pelo presidente do STJ (art. 13, § 1º, da referida resolução).

A execução provisória permite que o exequente pratique alguns atos antes mesmo da decisão transitar em julgado, o que lhe traz uma enorme celeridade. Contudo, caso a execução provisória seja promovida e, posteriormente, a sentença reformada em instância recursal, ficará o exequente responsabilizado por eventuais prejuízos que eventualmente tenha sofrido o suposto devedor, com base nos arts. 475, I e II, e 574. É, portanto, um risco que deve ser ponderado.

Seu procedimento é idêntico ao da execução definitiva, só que, se o exequente, na execução provisória, pretender levantar depósito em dinheiro ou mesmo praticar algum ato que implique alienação dos bens, deverá prestar caução nos próprios autos (art. 475-O, III). Essa caução será dispensada nas hipóteses do § 2º desse inciso III do art. 475-O.

Isso ocorrerá quando se tratar de crédito de natureza alimentar, decorrente de ato ilícito até o limite de sessenta vezes o valor do salário mínimo ou quando estiver pendente o recurso de agravo da decisão que inadmitir o recurso especial ou extraordinário.

A execução provisória poderá se transformar em definitiva, mas o oposto não poderá ocorrer. A execução definitiva deve assim ser considerada até o fim. No caso de ser promovida execução fundada em título executivo extrajudicial em que esteja pendente recurso de apelação para impugnar a sentença de improcedência ou a rejeição liminar dos embargos que foram oferecidos, ainda assim a execução prosseguirá como definitiva, dispensando a caução, a teor do enunciado de Súmula 317 do STJ.[8]

Ocorre que a Lei n. 11.382/2006 trouxe uma nova redação ao art. 587, CPC, que, de acordo com sua interpretação literal, passou a possibilitar a transformação de uma execução definitiva em provisória. Contudo, o STJ mantém seu entendimento sumulado, de impossibilidade de conversão de execução definitiva em provisória, e continua a aplicá-lo, mesmo após a alteração normativa, posição esta que, de modo geral,[9] vem sendo seguida pela doutrina.[10]

1.7 MEIOS DE EXECUÇÃO

Os meios de execução são os meios pelos quais a execução realiza os seus fins e podem ser requeridos pela parte ou determinados pelo juiz.

No processo civil, a execução na maioria dos casos é patrimonial. Hoje, só há uma hipótese em que a execução civil pode recair sobre a pessoa do acusado, que é o caso da dívida por alimentos, só que o objetivo da prisão não é satisfazer o credor de alimentos, mas, sim, constrangê-lo a pagar mais rápido.

---

8 Súmula 317: "é definitiva a execução de título extrajudicial, ainda que pendente apelação contra sentença que julgue improcedentes os embargos".

9 Nesse sentido: "Agravo regimental. Agravo de instrumento. Contrato bancário. Súmula 284/STF. Dissídio jurisprudencial não comprovado. Execução definitiva. Súmula 317/STJ. Embargos julgados improcedentes. Apelação. Efeito apenas devolutivo. Decisão agravada mantida. I – Sem particularizar os dispositivos violados, tem-se como deficiente a fundamentação do recurso especial, inviabilizado na origem (Súmula 284/STF) II – Só se conhece do especial pela alínea 'c', se o dissídio jurisprudencial estiver comprovado nos termos exigidos pelos artigos 541, parágrafo único, do Código de Processo Civil e 255, §§ 1º e 2º, do Regimento Interno desta Corte, com a descrição da similitude fática e os pontos divergentes das decisões. III – Quanto à provisoriedade da execução, a discussão encontra-se superada no âmbito desta Corte, com a edição da Súmula 317, no sentido de que 'É definitiva a execução de título extrajudicial, ainda que pendente apelação contra sentença que julgue improcedentes os embargos'. Portanto, julgados improcedentes os embargos, a execução que iniciou com caráter definitivo prosseguirá como definitiva, mesmo que o embargante interponha recurso de apelação, cujo efeito é apenas devolutivo (Código Processo Civil, artigo 520, V). IV – Os agravantes não trouxeram nenhum argumento capaz de modificar a conclusão do julgado, a qual se mantém por seus próprios fundamentos. V – Agravo Regimental improvido" (STJ, 3ª T., AGA 1.268.923, rel. Min. Sidnei Beneti, *DJe*, 1º-7-2010).

10 Adotando o entendimento sumulado: Fux (2009, p. 116). Por outro lado, seguindo a alteração legislativa: Theodoro Júnior (2007, p. 25-26).

No processo penal, a execução é como regra, uma execução pessoal; a pena recai sobre a pessoa do acusado.

Para efetivar essa execução patrimonial, o Estado pode-se utilizar de dois instrumentos: a execução direta ou sub-rogação e a execução indireta, também chamada de coerção ou coação.

Nesse sentido, explica o Ministro Luiz Fux[11] que:

> A "execução" visa, em suma, à satisfação do credor e, para esse fim, utiliza-se de técnicas que se submetem a duas categorias, a saber: "técnicas de sub-rogação" e "técnicas de coerção". O Estado, no afã de satisfazer o credor, ou substitui o devedor e realiza a prestação devida às expensas do patrimônio do devedor, como, *v. g.*, quando expropria os seus bens para satisfazer o credor, ou escolhe um terceiro às expensas do devedor para prestar o serviço sonegado, ou pressiona o devedor ameaçando-lhe impor um sacrifício pessoal (prisão) ou patrimonial (multa diária), como ocorre com a determinação judicial de pagamento de pensão alimentícia sob pena de prisão ou no caso de incidência de multa diária até que se desfaça uma transgressão a um *non facere* previsto em lei. No primeiro caso, quando há atividade substitutiva, denomina-se essa técnica "meio de sub-rogação"; na segunda hipótese, em que há "pressão" sobre a pessoa ou o patrimônio do devedor, cognomina-se a técnica de "meio de coerção".

Quanto maior a flexibilidade conferida ao juízo em relação aos meios executivos utilizáveis à satisfação do credor, maior a possibilidade de se alcançar a execução específica, isto é, fornecer ao credor a prestação justamente a que anseia.

1.7.1 Sub-rogação (execução direta)

Trata-se de execução direta. Através desse meio, consegue-se para o credor exatamente aquilo que ele quer.

11 Fux (2009, p. 7).

Os meios de sub-rogação são aqueles que o Poder Judiciário prescinde da colaboração do executado para a efetivação da prestação devida e, por isso, são também chamados de execução direta. O magistrado toma as providências que deveriam ter sido tomadas pelo devedor, sub-rogando-se na sua posição. Há substituição da conduta do devedor por outra do Estado-juiz, que gere a efetivação do direito do executado.

1.7.2 Coerção ou coação (execução indireta)

O segundo meio de execução é a coação ou coerção, também denominado de execução indireta.

Esse meio, por si só, não garante o cumprimento da obrigação, apenas estimula o cumprimento da obrigação pelo próprio executado. Em vez de o juiz tomar as providências que deveriam ser tomadas pelo executado, o poder coercitivo do Estado-juiz atua para que ele cumpra a obrigação.

Por isso, parte da doutrina afirma que os atos coercitivos não são propriamente de execução.

Como muito bem citado por Marinoni e Arenhart:

> A distinção decorre do fato de a execução ser concebida como o ato jurisdicional que substitui a vontade do devedor, fazendo com que o direito seja realizado independentemente do adimplemento. Fala-se, nesse caso, de execução forçada, isto é, de realização forçada do direito, exatamente por ser alheia à vontade do devedor. Exemplo é a penhora e a alienação de bem do devedor, com a sua transformação em dinheiro para o pagamento do credor.
>
> A execução indireta, também chamada de coerção indireta, não realiza, por si só, o direito material, mas apenas atua sobre a vontade do devedor com o objetivo de convencê-lo a adimplir. Constitui exemplo de execução indireta o emprego da multa com a finalidade de constranger o demandado ao cumprimento. [12]

A coerção cessará tão logo se verifique o adimplemento da obrigação.

---

12 Marinoni e Arenhart (2007).

1.8 PROCEDIMENTO

O procedimento executivo somente pode ser instaurado se houver um documento a que a lei atribua a eficácia executiva, o título executivo. Não há execução sem título executivo. O título executivo é a prova mínima e suficiente de que deve valer-se o exequente para a instauração da atividade executiva.[13]

A falta de título executivo implica, sem dúvida, inadmissibilidade do procedimento executivo, em razão de defeito do instrumento da demanda, assim como a falta de documento indispensável à propositura da ação pode ensejar indeferimento da petição inicial.

Assim, para que o mérito da pretensão executiva seja apreciado, é necessário que, dentre outras coisas, seja providenciada a juntada do titulo executivo. Saber se a pretensão executiva deve ser julgada procedente ou improcedente já é outro passo. Para tanto é necessário analisar o título e verificar se, efetivamente, ele espelha um direito de prestação liquido, certo e exigível.

Essa regra foi forjada doutrinariamente para justificar a ideia de que não poderia haver execução sem a "certeza" quanto à existência do direito. Com isso, buscava-se impedir a execução de decisões fundadas em juízo de verossimilhança. Trata-se de ideia nascida das concepções liberais do processo do final do século XIX.[14]

A regra de que não há execução sem titulo impõe que a atividade executiva, provisória ou definitiva, somente pode ser instaurada se for apresentado um instrumento de um ato jurídico a que a lei atribua à eficácia executiva.

Se o título executivo for judicial, o direito de uma das partes resulta inequívoco de uma sentença, iniciando-se o cumprimento de sentença. Já se o título executivo for extrajudicial, a parte inaugurará uma nova relação processual, demonstrando, *prima facie*, seu direito constante do título executivo formado fora do juízo.

Então, na presença de um título executivo, judicial ou extrajudicial, iniciam-se os atos executivos, e a legitimidade dos mesmos é apurada *ex*

13 Didier Jr. et al. (2009, p. 61-63).

14 Marinoni e Arenhart (2007, p. 24-26).

post facto, diferente da cognição, já que vigora a presunção de que o título corresponde à realidade. Essa presunção, porém, pode não ser procedente, sendo demonstrada pelo devedor no curso da execução de título extrajudicial através dos embargos, que, uma vez julgados procedentes, levam à desconstituição da questão de fundo suplantada pelo título, ou no caso de impugnação, no cumprimento de sentença, ou, ainda, através de exceção de pré-executividade, nos próprios autos da execução, possibilidades estas que ainda serão retratadas.

Tanto que, não havendo título executivo ou não ocorrendo o inadimplemento do devedor, extingue-se a execução. O direito à execução, seja por cumprimento de sentença, seja pelo processo de execução, não é senão o poder de provocar o Estado para que, às custas do patrimônio do devedor, satisfaça o credor.

Outro procedimento é a disponibilidade da execução, art. 569, CPC. O credor pode dispor da execução, quer não executando o título executivo, quer desistindo, total ou parcialmente, da demanda executiva já proposta, quer desistindo de algum ato executivo já realizado, uma penhora por exemplo. A execução realiza-se para atender ao interesse do credor/exequente e, assim, cabe a ele o direito de dispor da execução.

O credor pode desistir de toda execução ou de algum ato executivo independentemente do consentimento do executado, mesmo que este tenha apresentado impugnação ou embargos à execução (defesa do executado), ressalvada a hipótese de essa defesa versar sobre questões relacionadas à relação jurídica material (mérito da execução), quando a concordância do executado/embargante se impõe. Nesses casos, se o executado não consentir com a desistência, a execução se extingue, mas a defesa ainda terá de ser examinada.

Se não for apresentada a defesa, ou quando esta restringir-se a questões processuais, não há necessidade do consentimento. O consentimento do executado impõe-se apenas se se tratar de desistência do procedimento executivo; se a desistência restringir-se a um ato executivo, e não a todo procedimento, não há necessidade de o executado dar a sua anuência, art. 569, parágrafo único, CPC.

Na fase executiva, o regramento da desistência é diferente daquele previsto na fase de conhecimento, em que a concordância do demandado é exigida sempre que houver resposta, não fazendo a lei referência a nenhum conteúdo especifico da defesa.

1.9 PROCESSO DE EXECUÇÃO NO PROJETO DO NOVO CPC

LIVRO III

DO PROCESSO DE EXECUÇÃO

TÍTULO I

DA EXECUÇÃO EM GERAL

CAPÍTULO I

DISPOSIÇÕES GERAIS E DEVER DE COLABORAÇÃO

Art. 730. Este Livro regula o procedimento da execução fundada em título extrajudicial. Suas disposições aplicam-se, também, no que couber, aos atos executivos realizados no procedimento de cumprimento de sentença, bem como aos efeitos de atos ou fatos processuais a que a lei atribuir força executiva.

Parágrafo único. Aplicam-se subsidiariamente à execução as disposições dos Livros I e II deste Código.

Art. 731. O juiz pode, em qualquer momento do processo:

I – ordenar o comparecimento das partes;

II – advertir o devedor de que o seu procedimento constitui ato atentatório à dignidade da justiça;

III – determinar que pessoas naturais ou jurídicas indicadas pelo credor forneçam informações em geral relacionadas ao objeto da execução, tais como documentos e dados que tenham em seu poder, assinando-lhes prazo razoável.

Art. 732. O juiz poderá, de ofício ou a requerimento, determinar as medidas necessárias ao cumprimento da ordem de entrega de documentos e dados.

Parágrafo único. Quando, em decorrência do disposto neste artigo, o juízo receber dados alheios aos fins da execução, adotará as medidas necessárias para assegurar a sua confidencialidade.

Art. 733. Considera-se atentatória à dignidade da justiça a conduta comissiva ou omissiva do executado que:

I – frauda a execução;

II – se opõe maliciosamente à execução, empregando ardis e meios artificiosos;

III – dificulta ou embaraça a realização da penhora;

IV – resiste injustificadamente às ordens judiciais;

V – intimado, não indica ao juiz quais são e onde estão os bens sujeitos à penhora e seus respectivos valores, não exibe prova de sua propriedade e, se for o caso, certidão negativa de ônus.

Parágrafo único. Nos casos previstos neste artigo, o juiz fixará multa ao executado em montante não superior a vinte por cento do valor atualizado do débito em execução, a qual será revertida em proveito do exequente, exigível na própria execução, sem prejuízo de outras sanções de natureza processual ou material.

Art. 734. O exequente tem a faculdade de desistir de toda a execução ou de apenas algumas medidas executivas.

Parágrafo único. Na desistência da execução, observar-se-á o seguinte:

I – serão extintos os embargos que versarem apenas sobre questões processuais, pagando o exequente as custas e os honorários advocatícios;

II – nos demais casos, a extinção dependerá da concordância do embargante.

Art. 735. O exequente ressarcirá ao executado os danos que este sofreu, quando a sentença, transitada em julgado, declarar inexistente, no todo ou em parte, a obrigação que ensejou a execução.

Art. 736. A cobrança de multa ou de indenizações decorrentes de litigância de má-fé ou de prática de ato atentatório à dignidade da justiça será promovida no próprio processo de execução, em autos apensos, operando-se o pagamento por compensação ou por execução.

Pela leitura do texto, é possível perceber a preocupação em sintonizar as regras legais com os princípios constitucionais, revelando a feição neoconstitucional do trabalho.

Logo em seu primeiro capítulo sobre execução, o Código já traz ínsito, no título, o dever de colaboração das partes, que vai funcionar como um formatador dos atos das partes, até que devem proceder com lealdade e boa-fé, abstendo-se de provocar incidentes desnecessários e procrastinatórios. O Código atual, enquanto isso, limita-se, nos arts. 598 a 601 a trazer "disposições gerais" sobre o processo de execução.

O primeiro artigo sobre execução do projeto já demonstra que se mantém a distinção existente desde 2006, entre processo de execução e cumprimento de sentença. Já tendo tratado do cumprimento de sentença, agora é a hora de trabalhar com o processo de execução.

Conforme o art. 730 do projeto, as regras do processo de execução aplicam-se subsidiariamente ao cumprimento de sentença.

Os arts. 731 e 732 tratam das medidas que podem ser adotadas pelo juiz, todas com a finalidade de que a prestação seja cumprida, dando-se, ao final, ao credor o que ele faz jus.

Já o art. 733, trazendo o dever de cooperação das partes na relação processual, aborda medidas atentatórias à dignidade da Justiça, que vão na contramão da efetividade do processo e, por isso, de acordo com o parágrafo único, a parte que tiver tal postura poderá ser sancionada com multa no curso do processo, em montante não superior a 20% do valor atualizado do débito em execução, a fim de punir sua conduta, mas também não ser em valor que cause o enriquecimento sem causa do exequente, pois tal multa se reverterá a seu favor.

O art. 734 traz a possibilidade de desistência da execução. Nesse passo, o artigo apenas reproduz o art. 569 do atual CPC, permitindo que o exequente desista da execução ou de apenas algumas medidas executivas. Contudo, se o executado houver oposto embargos e estes versarem apenas sobre questões processuais, deverá o exequente arcar com as custas e com os honorários advocatícios. Nos demais casos, a desistência dependerá da concordância do executado.

O art. 735 trata da responsabilidade do exequente, cabendo-lhe reparar todos os danos que tenha sofrido o executado caso a sentença declare inexistente a obrigação que ensejou a execução.

Por fim, o art. 736 trata da execução da multa da parte que viola o dever de cooperação e de boa-fé, atentando contra a dignidade da Justiça. Tal execução da multa se dará em apenso, durante a própria execução.

CAPÍTULO **2**

As partes na relação processual executiva

2.1 NOÇÕES GERAIS

Para postular a execução, por meio de ação, no caso de execução de título extrajudicial, é necessário estabelecer quem possui aptidão genericamente para ser parte.

Há diversos conceitos de parte em sede doutrinária.

Para Chiovenda,[1] parte é aquele que pede e aquele em face de quem se pede. Carnelutti[2] conceitua as partes como os sujeitos da lide. Há, ainda, orientação no sentido de que o termo "parte" tem um sentido puramente processual. Nesse caso, parte é aquele que está diante do contraditório perante o Magistrado.[3]

Contudo, o estudo aprofundado do conceito de parte deve ser objeto da teoria geral do processo.[4]

Na execução, o conceito de parte cinge-se à teórica identificação das pessoas legalmente tituladas à demanda executória, ou seja, examina-se a presença de dois requisitos: o inadimplemento do devedor, conforme

1 Chiovenda (1998, p. 51).

2 Carnelutti (1999, p. 78).

3 Greco Filho (2007, p. 91).

4 Sobre o tema, remetemos ao volume I desta obra, dedicado à Teoria Geral do Processo.

art. 580, CPC, e o título executivo[5] que contemple obrigação certa, líquida e exigível, art. 586, CPC.

Esses requisitos não se excluem, devendo ambos estar presentes. Se o credor tem título executivo, mas não há inadimplemento do devedor, não poderá requerer a execução. Da mesma forma, se o credor vê-se diante de uma situação de inadimplemento do devedor, mas sequer possui título executivo, não poderá manejar a *actio judicati*. Nesse caso, deverá valer-se de ação de conhecimento.

Assim, faz-se necessário analisar os quem são os legitimados para a execução.

2.2 LEGITIMAÇÃO

O legislador trata da legitimidade no art. 566, onde está explícito quem promove a execução. No inciso I encontra-se a figura do credor e no inciso II o Ministério Público. Para a doutrina, caso a execução seja ajuizada pelo credor este terá legitimidade ordinária, visto que o credor é o próprio titular do direito material que vai a juízo em nome próprio defender os seus direitos. A legitimidade será extraordinária quando o legitimado é o Ministério Público, pois este vai a juízo em nome próprio.

2.2.1 Legitimados ativos

Os legitimados para figurar no polo de uma relação jurídica processual, inaugurada por pedido de execução, estão arrolados nos arts. 566 e 567, CPC. Na verdade, o legislador adotou essa dicotomia, pois, no art. 566, foram arrolados os legitimados a promover a ação de execução. Já no art. 567, CPC, o legislador descreveu as hipóteses de sucessão processual, isto é, de legitimação ativa superveniente.

Tem-se, assim, uma legitimidade ordinária originária no art. 566, CPC e, no art. 567 do mesmo Código, uma legitimidade superveniente.

5 O título executivo é fonte mediata de legitimação, já que, como ainda será analisado, não basta a sua mera alegação de titularidade e, mais ainda, pode ser que o legitimado não coincida com a pessoa indicada no título. Nesse sentido: Assis (2002, p. 422).

Ou seja, o art. 567, CPC dispõe das figuras do sub-rogado, cessionário e dos herdeiros e sucessores, que em verdade está contemplando estas figuras do Direito Civil, sendo que o CPC apenas reconhece a legitimidade secundária para que possam ingressar com a execução.

A legitimidade passa a ser secundária, pois o sujeito não titulariza o crédito no primeiro momento; primeiro ocorre a transmissão do crédito, que pertenceu a outra pessoa que transferiu o crédito ao seu herdeiro ou sucessor, ou seja, a legitimidade é secundária porque inicia-se a execução mesmo o sujeito não sendo o titular originário daquele direito.

Em relação ao credor como legitimado ordinário, previsto no art. 566, I, CPC, temos que o credor é quem figura como tal em título executivo. Os títulos executivos estão previstos no CPC, nos arts. 585 e 475-N. Se uma pessoa figura em um desses títulos como credor, tem ela legitimidade ativa para promover a execução. Se o cheque, por exemplo, está nominal a "A", este poderá promover a execução.

A regra, de que o legitimado ordinário figura como parte, obrigatoriamente, no processo que originou o título judicial, porém, não é aplicável no caso do art. 23 da Lei n. 8.906/94, que assegurou "direito autônomo" ao advogado para executar o capítulo acessório da sucumbência. Dessa forma, ainda que não previsto como credor na sentença, terá o advogado a legitimidade para executar autonomamente os honorários de sucumbência.

Em relação ao Ministério Público, este pode promover a execução, como legitimado extraordinário, nos casos em que tiver essa legitimação extraordinária. A atribuição ao Ministério Público de legitimação extraordinária para a condução do processo de conhecimento implica, salvo expressa vedação legal, a atribuição da legitimação extraordinária para o procedimento executivo.[6]

Araken de Assis entende que, para a tutela dos interesses difusos e coletivos, o Ministério Público é legitimado ordinário, adotando o entendimento de parcela da doutrina brasileira. Assim, seria ordinária também a sua legitimação para a propositura das respectivas demandas executivas.[7]

Não é esse o posicionamento de parcela considerável da doutrina, que adota o entendimento de que a legitimação do Ministério Público para a

6 Didier Jr. et al. (2009, p. 204).

7 Assis (2002, p. 391).

tutela coletiva é sempre extraordinária, pois não há coincidências entre o legitimado e o titular da situação jurídica ativa objeto do processo (o grupo, a coletividade).[8]

O Ministério Público somente pode propor a ação de execução nos casos previstos em lei.[9] Por outras palavras: o Ministério Público não pode propor a ação de execução em qualquer situação, mas tão somente nos casos em que ele foi autorizado por lei. Exemplos: art. 16 da Lei n. 4.717/65 (LAP) e art. 15 da Lei n. 7.347/85 (LACP).

Podem promover a execução, ou nela prosseguir, como legitimados ativos supervenientes, o espólio e os herdeiros. Indaga-se quando um e outro poderão promover a execução.

O marco, *in casu*, é a sentença de partilha, art. 1.026, CPC. Antes de prolatada a sentença de partilha, a legitimidade ativa pertence ao espólio, que será representado em juízo pelo inventariante, art. 12, V, CPC. Contudo, uma vez prolatada a referida sentença de partilha, a legitimidade passa a pertencer aos herdeiros.[10]

Também é legitimado ativo para promover a execução ou nela prosseguir o cessionário, nos casos de cessão de crédito, art. 286, CC. Realmente, pode o credor transferir o seu crédito para outra pessoa.

Diz-se, então, que o primeiro é chamado de cedente, e os segundo de cessionário. No art. 567, II, CPC, o legislador esclareceu que o cessionário pode promover a execução, ou até mesmo prosseguir em execução que foi ajuizada pelo cedente. Nesse caso, inclusive, dispensa-se a aplicação do disposto no § 1º do art. 42, CPC.[11]

---

8 Veja-se a esse respeito o capítulo sobre tutela coletiva no volume I desta obra, dedicado ao estudo da Teoria Geral do Processo.

9 Obviamente, se o MP pode, em certa situação, propor a ação de conhecimento, nos termos do art. 81, CPC, também poderá o *Parquet* propor a ação de execução.

10 Havendo necessidade de substituição durante o curso da demanda, deverá ser utilizado o procedimento especial de habilitação, previsto nos arts. 1.055 c/c o art. 1.062, CPC.

11 Neste sentido: "Processual Civil. Art. 567, II, do CPC. Interpretação. 1. O art. 567, II, do CPC merece ser aplicado sem seguimento da regra posta no art. 42, § 1º, do CPC. 2. A aplicação subsidiária das regras do processo de conhecimento ao processo de execução só ocorre quando não há norma especifica regulando o assunto. 3. O art. 598 do CPC exige que as regras do processo de conhecimento só sejam aplicadas quando não existir incompatibilidade com o rito do processo de execução. 4. Recurso provido" (STJ, 1ª T., REsp 284.190-SP, rel. Min. José Delgado, j. 24-4-2001, *DJ*, 20-8-2001, p. 354).

No inc. III do art. 567, CPC, arrolou-se o sub-rogado como legitimado ativo. A sub-rogação está regulamentada no CC, nos arts. 346 *usque* 351. Exemplo típico de sub-rogação é o que se dá com o fiador que paga a dívida do seu afiançado, art. 346, III, CC. Na verdade, o fiador que paga a dívida do devedor se sub-roga nos direitos do credor do afiançado, podendo, então, promover a execução, se ainda não ajuizada, ou nela prosseguir, se já aforada.

Há, ainda, outras situações de legitimidade não previstas no CPC. Na Lei n. 4.717/65 (Lei da Ação Popular), por exemplo, o art. 16 prevê que qualquer cidadão, ainda que não tenha participado da condenação, será legitimado a executar a sentença condenatória proferida na ação popular.

2.2.2 Legitimados passivos

O art. 568, CPC trata da legitimação passiva no procedimento executivo. Dispõe que a execução pode ser proposta em face do: I – o devedor, reconhecido como tal no título executivo; II – o espólio, os herdeiros ou os sucessores do devedor; III – o novo devedor, que assumiu, com o consentimento do credor, a obrigação resultante do título executivo; IV – o fiador judicial; V – o responsável tributário, assim definido na legislação própria.

O primeiro legitimado passivo é o devedor reconhecido como tal no título executivo. Na verdade, aquele que figura como devedor em um título executivo tem legitimidade passiva para a execução. Sua condenação deve estar expressa no título executivo, já que, como explica Araken de Assis: "contra o sujeito do processo que não figura na qualidade de 'condenado', na parte dispositiva do provimento (art. 458, II), não cabe execução".[12]

O locatário, por exemplo, figura como devedor no contrato de locação – que é um titulo executivo, art. 585, IV, CPC; logo, tem legitimidade passiva para a execução. Da mesma forma, o devedor hipotecário figura como devedor em sede de contato de hipoteca e, como tal, pode figurar, outrossim, no polo passivo de execução.

Outro legitimado passivo para a execução é o espólio ou os herdeiros. Na verdade, o mesmo raciocínio que foi aplicado no estudo da legitimidade ativa,

12 Assis (2002, p. 434).

nesse particular, deve ser aplicado. Com efeito, antes de prolatada a sentença de partilha, a legitimidade passiva pertence ao espólio; mas, uma vez lançada nos autos a sentença de partilha, a legitimidade passiva passa a pertencer aos herdeiros, que responderão nos limites das forças da herança.[13]

O terceiro legitimado passivo para a execução, de acordo com o art. 568, III, CPC, é o novo devedor que assumiu com o consentimento do credor a dívida. Trata-se de preceito que dispõe sobre a legitimidade passiva nos casos de assunção de dívida, arts. 299-307, CC. Havendo cessão da dívida, o que é feito por meio de um contrato chamado de assunção de dívida, a legitimidade passiva para a execução passa a pertencer ao novo devedor.

O quarto legitimado passivo para a execução é o fiador judicial. Na verdade, o fiador judicial é aquele cujo encargo da fiança foi constituído nos autos de um determinado processo.

Há, portanto, de se fazer uma interpretação literal de que somente o fiador judicial poderia suportar a Execução. Entretanto, a maioria da doutrina considera que essa definição é incabível, pois não pode haver distinção entre o fiador judicial e o fiador convencional. A posição sustentada por Araken de Assis[14] quanto ao art. 568, IV, CPC, é no sentido de que deve haver uma interpretação extensiva desse dispositivo.

Não há uma justificativa plausível para se restringir a figura do fiador judicial. De modo que esse sentido dentro de uma interpretação extensiva deve compreender o fiador judicial e o fiador convencional. A única distinção que deve ser feita é que o fiador judicial poderá ser executado diretamente caso o interessado sofra algum prejuízo, enquanto o fiador convencional, para ser chamado no processo de execução, deverá ter integrado a relação processual de conhecimento para apresentar defesa.

Dessa forma, o verbete de Súmula 268, STJ, que dispõe que "o fiador que não integrou a relação processual na ação de despejo não responde pela execução do julgado", se aplica apenas ao fiador convencional, mas não ao fiador judicial.[15]

---

13 Como já ressaltado no estudo da legitimidade ativa, se a necessidade de substituição ocorrer durante o curso da demanda, deverá ser utilizado o procedimento especial de habilitação, previsto nos arts. 1.055 a 1.062, CPC.

14 Sobre o tema: Assis (2002, p. 440-441).

15 Nesse sentido: Hartmann (2010, p. 22).

Por fim, também tem legitimidade passiva o responsável tributário. Nesse particular, importante ressaltar que no estudo da sujeição passiva tributária analisa-se a situação do contribuinte e a do responsável tributário. O contribuinte é aquele que tem relação pessoal e direta com o fato gerador da obrigação tributária.

Tem-se, nesse caso, a sujeição passiva direta. Já o responsável tributário é aquele que, sem revestir a condição de contribuinte, por força de lei, pode ser obrigado a pagar o tributo, art. 121, parágrafo único, I e II, CTN. Neste último caso, tem-se a sujeição passiva indireta,[16] podendo, inclusive, no curso da execução, propor embargos do devedor, e não embargos de terceiros.[17]

A legitimidade do contribuinte decorre do art. 568, I, CPC. Já a legitimidade do responsável tributário decorre do art. 568, V, CPC e, embora a presença do contribuinte seja obrigatória na certidão de dívida ativa, não se exige que conste o responsável tributário neste documento, conforme firmado pela jurisprudência do Supremo Tribunal Federal e do Superior Tribunal de Justiça.[18]

2.3 REVELIA

A revelia é a situação em que se encontra a parte que, citada, não comparece em juízo para se defender.

---

16 A sujeição passiva indireta divide-se em: a) por transferência (em que a passagem ocorre por força de fato superveniente ao nascimento da obrigação) e pode ser, ainda, dividida em solidariedade, sucessão e responsabilidade; b) substituição (caso em que, independentemente de qualquer fato novo posterior ao surgimento da obrigação tributária, a lei desde logo a define como surgindo contra pessoa diversa da que auferiu a vantagem do ato, fato ou negócio tributário). Nesse sentido: Câmara (2010, p. 174).

17 Embora ainda se vá distinguir os embargos do devedor dos embargos de terceiro, esta já foi a decisão da Terceira Turma do STJ, no REsp 8.711-0-RS, de relatoria do Ministro Peçanha Martins, admitindo o caráter de parte do responsável tributário e não de terceiro.

18 Destaque-se que o STF e o STJ já se manifestaram no sentido da admissibilidade da execução fiscal em face do responsável tributário, posto que seu nome não conste expressamente da certidão de divida ativa. Nesse sentido: STF, RE 102807, RE 96.607-RJ e RTJ 103/1274. Essa tem sido a orientação dominante na jurisprudência dos Tribunais Superiores. De qualquer modo, uma crítica a essa postura foi tecida por Theodoro Júnior (2009b, p. 503).

Com a revelia, o intuito do legislador foi a aceleração processual e não uma abstrata punição ao revel, ficando o seu objetivo inteiramente satisfeito quando o juiz, dispensando a prova e antecipando o julgamento, oferece uma tutela jurisdicional mais rapidamente, e, para tanto, não teria utilidade alguma a adoção pura e simples das teses jurídicas do autor, indo-se além do que a própria lei dispõe.

2.4 LITISCONSÓRCIO

Embora não haja nenhuma previsão nos arts. 566 e 567, a doutrina diz que é cabível na execução o litisconsórcio. O litisconsórcio está previsto nos arts. 46 a 49, CPC. Consiste na pluralidade de pessoas em um dos polos da relação jurídica processual, ou mesmo em ambos.

Em sede de execução é perfeitamente admissível o litisconsórcio. Basta imaginar uma ação de execução de um contrato de locação, em que figuram como locadores marido e mulher. Nesse caso, ambos, em litisconsórcio ativo, poderão propor a ação em face do locatário.

Em principio, não há litisconsórcio necessário na execução. É difícil se conceber a necessidade de participação de todos os credores pleiteando execução, até porque cada credor pode executar, em separado, a parte a que faz jus.

Isso, porém, não significa que está vedado o litisconsórcio em casos especiais. Com efeito, nos termos do art. 47, CPC, aplicável subsidiariamente à execução por força do art. 598 do mesmo Código, o litisconsórcio necessário pode decorrer da lei ou mesmo da natureza da relação jurídica de direito material. Pode ocorrer, em sede de execução, por exemplo, na execução concursal, que tem a obrigatoriedade de abranger todos os credores, ou no caso de litisconsórcio passivo do marido com a mulher em caso da penhora do bem do casal.

Por fim é admissível a figura do litisconsórcio eventual na demanda executiva. Entende-se por litisconsórcio eventual aquele que se forma no polo passivo da demanda em função da formulação, pelo autor, de mais um pedido, em ordem sucessiva, a fim de que o segundo seja acolhido, em não o sendo o primeiro, art. 289, CPC. Isso é possível quando, por exemplo, a demanda principal executiva é dirigida à sociedade empresária, mas o exequente formula pedido subsidiário dirigido aos seus sócios, pugnando que, mediante a desconsideração da personalidade jurídica daquela, o patrimônio destes últimos passe a responder pela dívida.[19]

2.5 INTERVENÇÃO DE TERCEIROS

O maior problema para a doutrina está sobre a intervenção de terceiro. Os autores que tratam do tema dizem que as figuras da intervenção de terceiro não são cabíveis na execução porque normalmente essas figuras estão relacionadas a se declarar ou não a existência de um direito.

Na execução, não há atividade cognitiva e sim atividade executiva, por já existir sentença transitada em julgado.

Das modalidades típicas de intervenção de terceiros previstas no Livro I do CPC, apenas a assistência, na sua modalidade qualificada, e o recurso de terceiro são cabíveis no procedimento executivo. Nem mesmo a assistência em sua modalidade simples seria cabível, já que o objetivo do assistente simples é auxiliar a uma das partes a ter julgamento favorável, o que não existe na execução.

A doutrina entende, ainda, que o fiador é um dos legitimados passivos da execução e com isso haveria, ainda, uma outra modalidade de intervenção de terceiros presente na execução, na forma de chamamento ao processo.

Contudo, a posição majoritária entende que o fiador é uma forma peculiar de terceiro na execução, não se trata de chamamento ao processo, porque o chamamento ao processo é exclusivo do processo de conhecimento.

Já o cessionário pode intervir como assistente litisconsorcial no caso de cessão de crédito, caso o executado não consinta com a sucessão processual do exequente/cedente, art., 42, § 2º, CPC.

Cogita-se, ainda, do caso de terceiro, que deveria ter sido litisconsorte necessário unitário passivo na fase de conhecimento, vir a juízo para impugnar a sentença exequenda, que foi proferida em processo sem a sua citação; o terceiro, nesse caso, seria assistente litisconsorcial do executado, ambos cotitulares do direito potestativo de invalidar a sentença nula.

19 Didier Jr. et al. (2009, p. 210).

O recurso de terceiro na execução, sempre cabível quando for permitida a assistência, pode ainda ser vislumbrado no caso de litisconsorte necessário não citado, como na hipótese do cônjuge do executado, recaindo a penhora sobre imóvel.

Há, porém, modalidades especificas de intervenção de terceiro no procedimento executivo.[20]

a) Protesto pela preferência. O credor com titulo legal de preferência pode intervir na execução e protestar pelo recebimento do crédito, resultante da expropriação do bem penhorado, de acordo com a ordem de preferência, art. 711, CPC. O credor hipotecário ou pignoratício intervém na execução, com uma petição simples, informando e provando o seu crédito garantido, pedindo para ser informado sobre o andamento da execução, de modo a que se observe a sua preferência. Nesse caso o credor não precisa ter penhorado o bem expropriado: ele intervém no processo para pedir a preferência no recebimento do dinheiro produto da expropriação.

De tão simples, essa modalidade de intervenção de terceiro não implica alteração de competência, mesmo que o terceiro seja ente federal. É o que afirma o enunciado n. 270 da Súmula do STJ: "o protesto pela preferência de crédito, apresentado por ente federal em execução que tramita no Justiça Estadual, não desloca a competência para a Justiça Federal".

É por isso que o art. 615, II, CPC comete ao exequente a incumbência de requerer a intimação do "credor pignoratício, hipotecário, ou anticrético,

20 Há autores que não admitem nem mesmo a assistência na execução, por entenderem que faltaria o interesse jurídico a ensejar a intervenção como assistente simples, já que na execução há uma sentença de mérito, e que a assistência litisconsorcial seria, na verdade, um litisconsórcio. Contudo, ainda assim, admite-se que a execução possui modalidades próprias de intervenção de terceiros, como o protesto por preferência (nesse sentido: HARTMANN, 2010, p. 24. Nesse mesmo sentido já se manifestou o Superior Tribunal de Justiça, no julgamento do REsp 329.059-SP, de relatoria do Ministro Vicente Leal, 6ª T., j. 7-2-2002, e publicado em 4-3-2002, com a seguinte ementa: "Processual civil. Execução. Intervenção de terceiros. Assistência. Impossibilidade. Art. 50, parágrafo único do CPC.

– A assistência, na letra do artigo 50, *caput*, do Código de Processo Civil, consiste na intervenção voluntária de terceiro interessado em causa pendente com o objetivo de coadjuvar uma das partes a obter sentença favorável.

– Se a execução não tende à obtenção de sentença destinando-se apenas à realização de atos concretos para realização coativa do título, resulta inadmissível a assistência no processo executivo.

– Recurso especial não conhecido".

ou usufrutuário, quando a penhora recair sobre bens gravados por penhor, hipoteca, anticrese ou usufruto".

Ainda que o exequente tenha preferência de crédito em relação ao credor pignoratício, hipotecário ou anticrético, impõe-se a intimação desses últimos, a fim de que, havendo saldo decorrente da expropriação do bem gravado por penhor, hipoteca ou anticrese, ele seja atribuído ao credor com garantia real, e não devolvido ao devedor.

b) O concurso especial de credores. Se houver penhoras sucessivas sobre o mesmo bem, surge a necessidade de que todos credores penhorantes participem da fase de pagamento.[21] Cada um virá a juízo afirmando o seu credito e provando a respectiva penhora. Concorrerão pelo credito resultante da expropriação do bem penhorado.

c) Exercício do beneficio de ordem pelo fiador. Trata-se do beneficio de ordem, direito potestativo do fiador. Nessa situação o devedor, que eventualmente pode não ser parte da execução, necessariamente passará a dela fazer parte, já que um bem seu pode vir a ser penhorado. O contraditório impõe que se traga ao processo o devedor, sobre cujo patrimônio poderá recair a execução.

O terceiro ainda pode voltar-se contra a execução valendo-se dos embargos de terceiro, que é processo incidente e, portanto, não se configura como espécie de intervenção de terceiro, sempre um incidente do processo.[22]

2.6 CUMULAÇÃO DE EXECUÇÕES

Para se valer do processo de execução, além do inadimplemento do devedor, o credor deve possuir título executivo certo, líquido e exigível, conforme dispõe o art. 586, CPC.

Dessa forma, em observância ao princípio da economia processual, o art. 573, CPC permite que o credor se utilize de um único processo para realizar a execução com base em vários títulos executivos em face do mesmo devedor, desde que se objetive a mesma sanção.

21 Assis (2002, p. 387).

22 Didier Jr. et al. (2009, p. 212).

Trata-se da cumulação objetiva de execuções e, nesse caso, observa-se uma "pluralidade de lides ou de pretensões insatisfeitas solucionadas dentro do mesmo processo".[23]

Sua admissibilidade está condicionada à observância dos seguintes requisitos:

a) O credor deve ser o mesmo nos diversos títulos, não se admitindo a reunião em um único processo de credores diversos com base em títulos diferentes.

b) O devedor deve ser o mesmo em todos os títulos. Também não se admite a reunião em um único processo de devedores diversos com base em títulos diferentes.

c) O mesmo juiz deverá ser competente para todas as execuções.

d) Deve haver identidade da forma do processo, não se admitindo, por exemplo, cumulação da obrigação de dar com a de fazer.

Já o cúmulo subjetivo de execuções é o pelo qual respondem todos os coobrigados ou corresponsáveis. Trata-se de fenômeno diverso do anterior e é o caso de dívidas que possuem mais de um responsável, quando o devedor deverá autuá-los cumulativamente em uma única execução forçada, figurando todos em litisconsórcio passivo.

O cúmulo subjetivo das execuções, porém, assim como ocorre no cúmulo objetivo, não é obrigatório, não estando o credor obrigado a formá-lo quando houver mais de um responsável pela dívida; porém, tal sistema evita que gastos processuais se repitam em diversos feitos.

2.7 AS PARTES NO PROJETO DO NOVO CPC (PL N. 8.046/2010)

CAPÍTULO II

DAS PARTES

Art. 737. Podem promover a execução forçada:

I – o credor a quem a lei confere título executivo;

II – o Ministério Público, nos casos previstos em lei.

Parágrafo único. Podem promover a execução ou nela prosseguir:

23 Theodoro Júnior (2009b, p. 167).

I – o espólio, os herdeiros ou os sucessores do credor, sempre que, por morte deste, lhes for transmitido o direito resultante do título executivo;

II – o cessionário, quando o direito resultante do título executivo lhe foi transferido por ato entre vivos;

III – o sub-rogado, nos casos de sub-rogação legal ou convencional.

Art. 738. A execução pode ser promovida contra:

I – o devedor, reconhecido como tal no título executivo;

II – o espólio, os herdeiros ou os sucessores do devedor;

III – o novo devedor que assumiu, com o consentimento do credor, a obrigação resultante do título executivo;

IV – o fiador do débito constante em título extrajudicial;

V – o responsável, titular do bem vinculado por garantia real ao pagamento do débito;

VI – o responsável tributário, assim definido na lei.

Art. 739. O exequente pode cumular várias execuções, ainda que fundadas em títulos diferentes, quando o executado for o mesmo e desde que para todas elas seja competente o mesmo juízo e idêntico o procedimento.

O projeto do novo CPC, nos arts. 737 a 739, trata das partes no processo de execução, disposições que, atualmente, estão previstas nos arts. 566 a 574 do atual CPC.

O número menor de artigos já demonstra a simplificação do projeto: quando trata das partes, traz apenas os legitimados ativos e os legitimados passivos, bem como a possibilidade de cumular execuções.

As outras disposições que constam no Código atual foram tratadas em outro capítulo. Exemplos disso são o art. 569 do atual CPC, que aborda a desistência da execução e, no projeto, é tratado em disposições gerais sobre o processo de execução, e os arts. 734 e 574 do atual CPC, que traz a responsabilidade do exequente caso a sentença declare a inexistência da obrigação. Tal previsão se repete no projeto, mas também é tratada nas disposições gerais do processo de execução, no art. 735 que já foi abordado.

O art. 737 do projeto traz os legitimados ativos quem pode promover a execução. Os legitimados são enumerados pelo projeto e são os mesmos que estão previstos nos arts. 566 e 567 do atual Código.

O art. 738 traz os legitimados passivos no processo de execução. A previsão, que atualmente está no art. 568, CPC, sofre algumas alterações no projeto. O projeto trata do fiador do débito, que não necessariamente é o fiador judicial a que alude o atual CPC. O fiador judicial é o que garante a dívida mediante fiança judicial, enquanto o fiador do débito, por sua vez, é aquele que consta no título executivo extrajudicial como fiador. O projeto acrescenta, ainda, como legitimado passivo, o responsável, titular do bem vinculado por garantia real, ao pagamento do débito.

Por fim, o art. 739 trata da possibilidade de cumulação de execuções, ainda que com títulos diversos, quando for o mesmo legitimado passivo e a competência for do mesmo juízo. Trata-se, aliás, dos requisitos para cumulação de pedidos já analisados em âmbito cognitivo, que agora o legislador retoma no processo de execução, já que haverá uma petição inicial na qual o exequente formula o pedido de cobrança da dívida fundada no título executivo extrajudicial.

CAPÍTULO 3

Jurisdição e competência na relação processual executiva

3.1 NOÇÕES GERAIS

O sistema jurídico pátrio consagra o sistema da unidade de jurisdição. Jurisdição é a função estatal de resolver lides, nada importando com o conteúdo da causa deduzida perante o Poder Judiciário. A antiga distinção entre a jurisdição voluntária e a jurisdição contenciosa se desvaneceu, como explica Leonardo Greco,[1] aludindo a uma jurisdição constitucionalmente necessária e a uma jurisdição constitucionalmente não necessária, por meras atividades que a lei atribui ao Poder Judiciário.

A atribuição de competência a diversos órgãos do Poder Judiciário ocorre apenas por questões de ordem prática, de divisão de trabalho. Assim, todos os órgãos integrantes da estrutura do Poder Judiciário brasileiro têm poder jurisdicional, mas não seria lógico admitir que qualquer deles pudesse apreciar qualquer lide. Para fins de organização da distribuição da justiça faz-se necessária a divisão de trabalho entre os diversos órgãos jurisdicionais, fixando-se os limites de exercício do poder jurisdicional para cada um deles.[2]

A competência é, portanto, a medida da jurisdição.

1 Greco (2003. 23-25).

2 Sá (1999, p. 59 e 60).

3.2 LIMITES E CONTROLE DA JURISDIÇÃO NO PROCESSO EXECUTIVO

Em princípio, a jurisdição ignora limites lógicos, mas, como fenômeno entrelaçado à soberania do Estado, os limites extrínsecos da jurisdição no processo executivo são objetivos e subjetivos, impondo-se distinguir entre execução direta e execução indireta.

Na execução direta, realizada contra e independentemente da vontade do executado, é necessário que o patrimônio se localize no Brasil e concorram as hipóteses dos arts. 88, II e III, e 89, I e II, CPC. Na execução indireta, ao contrário, sendo indispensável a vontade do executado, é preciso, ainda, que o devedor esteja domiciliado no território brasileiro (art. 88, I, CPC).

Do ponto de vista subjetivo, a jurisdição brasileira atinge a todas as pessoas que se encontrem no Brasil, nacionais e estrangeiras, dotadas de personalidade processual, excetuando-se, apenas, as que gozem de imunidade instituída em lei, como ocorre, por exemplo, com a impenhorabilidade dos bens de Estados estrangeiros situados no Brasil.

3.3 COMPETÊNCIA

O legislador, quando tratou da competência na execução, o fez em dois artigos: o 475-P e o 576. Essa dualidade de regras foi adotada em virtude do tipo de título executivo que suscitará a execução. De fato, se se tratar de título executivo judicial, art. 475-N, a regra de competência deverá ser buscada no art. 475-P, CPC. Por outro lado, se se tratar de execução de título executivo extrajudicial, a regra de competência a ser adotada está prevista no art. 576, CPC.

A execução, em regra, segue as mesmas regras de competência do processo de conhecimento, o art. 475-P, CPC, consagra a regra da competência funcional. Significa que, uma vez instaurado o primeiro processo, todos os processos decorrentes ou derivados são mantidos no mesmo juízo.

Destaque-se que a competência para a execução será, então, do juízo que processou a causa em primeiro grau de jurisdição. Portanto, o juízo que processou a demanda em primeiro grau de jurisdição é o competente para executar a sua própria decisão, mesmo que seja conhecido e promovido algum recurso no Tribunal. Tem-se, aqui, autêntico caso de competência funcional. O juízo que processou a causa em primeiro grau de jurisdição tem, outrossim, a função de processar a execução da sua decisão.

Essa regra da competência funcional será excepcionada em três casos específicos, previstos no art. 475-N, parágrafo único. São as hipóteses da sentença penal condenatória, sentença estrangeira homologada pelo STJ e sentença arbitral não cumprida voluntariamente. A sentença estrangeira passa por três juízos diversos. É proferida por um juiz de outro país, é homologada pelo STJ e é executada pelo juiz federal da comarca em que a obrigação é devida (art. 109, X, CF). A sentença arbitral não cumprida e a sentença penal condenatória transitada em julgado vão à livre distribuição entre as varas cíveis. Essas três hipóteses são chamadas de Cisão da Competência Funcional. São as três hipóteses em que a execução não pode prosseguir no mesmo juízo que se deu a fase cognitiva.

3.4 A COMPETÊNCIA DOS TRIBUNAIS NAS CAUSAS DE COMPETÊNCIA ORIGINÁRIA

Tribunal é a designação do órgão jurisdicional de 2º grau e seus pronunciamentos, em regra colegiados, chamam-se acórdãos (art. 163, CPC). Se se tratar de ação de competência originária, a competência para execução pertencerá ao próprio Tribunal.

O Supremo Tribunal Federal é o único tribunal que tem competência para execução expressamente prevista na Constituição, no art. 102, I, *m*, executando os próprios julgados e até mesmo podendo delegar os atos de execução.

Se um Estado membro da Federação demandar a União Federal, essa ação tramitará originariamente no STF, por força do art. 102, I, *f*, da CR. Eventual decisão condenatória será executada naquele mesmo sodalício.

Há determinadas ações que já começam no Tribunal. Exemplo: ação rescisória, mandado de segurança impetrado contra chefe de poder. Se a ação começou no Tribunal, deverá continuar no Tribunal para manter a regra da competência funcional.

O art. 475-P, parágrafo único cria uma nova regra no Direito Brasileiro que permite a modificação da competência funcional. Em regra a competência funcional é de natureza absoluta, ou seja, ela não pode ser modificada entre as partes. Sempre que é competência funcional, ela é uma regra de ordem pública e não admite revogação entre as partes. Entretanto, o novo art. 475-P, parágrafo único, inserido pela Lei n. 11.232/2005, criou uma exceção. Se os bens do devedor estão em outra comarca não poderão ser enviadas precatórias para local diverso. Essa exceção ocorre em decorrência do princípio do acesso à justiça. É uma exceção que visa prestigiar os princípios do acesso à justiça e da duração razoável do processo. Estando os bens do devedor na mesma comarca da ação torna tudo mais simples e, consequentemente, mais rápido.

A partir desse dispositivo, para uma parcela da doutrina a competência na execução passou a ser relativa. Para outra parcela, continua sendo absoluta. O que se abriu, na verdade, foi a oportunidade de escolher determinados foros, que tem relação com a obrigação, mas não é qualquer foro, são apenas foros determinados, expressamente previstos no dispositivo.

Há, contudo, uma exceção: a homologação da sentença estrangeira. A sentença do juiz italiano, do juiz alemão, pode produzir efeitos no Brasil. No entanto, precisa ser previamente homologada. A competência para homologação das sentenças estrangeiras pertence ao STJ, por força do art. 105, I, *i*, CF. Mas a execução será feita na Justiça Federal de primeiro grau, nos termos do art. 109, X, CF, obedecendo ao sistema do CPC.

3.5 COMPETÊNCIA FUNCIONAL

A regra de competência funcional referente à execução de sentença foi relativizada pela Lei n. 11.232/2005. Por meio da Lei n. 11.232/2005, estabeleceu o parágrafo único do art. 475-P, CPC a possibilidade de a execução da sentença ser postulada no Juízo do local onde se encontram os bens do executado ou mesmo no atual domicilio do devedor.

Assim, o exequente terá três opções quanto à execução da sentença. Poderá requerê-la: a) no juízo que prolatou a sentença; b) no foro do atual domicilio do executado; c) no foro do domicilio do local onde estiverem situados os bens do devedor.[3] Optando por uma destas duas últimas alternativas, serão requisitados os autos ao juízo de origem.

3 Essas duas últimas alternativas que tem o exequente destinam-se a evitar a execução por meio de carta precatória (art. 475-R c/c o art. 658, CPC), expediente processual muitas vezes bastante moroso.

Já no caso de execução com base no formal ou certidão de partilha, a competência será funcional, do juízo da partilha.

Destaque-se, ainda, que, na hipótese prevista no parágrafo único do art. 475-P, CPC, tem-se verdadeira situação de concorrência eletiva de foros, dentre os previstos no dispositivo, para o cumprimento da sentença.[4]

3.6 COMPETÊNCIA PARA EXECUÇÃO DA SENTENÇA PENAL CONDENATÓRIA, DA SENTENÇA ARBITRAL E DA SENTENÇA ESTRANGEIRA

Há que se falar também que na sentença penal condenatória com trânsito em julgado projeta efeito na esfera cível. Um dos efeitos é o de tornar certa a obrigação do autor do crime em indenizar todos os prejuízos que a vítima experimentou. Esse é um efeito secundário da sentença penal condenatória, previsto no art. 91, I, CP.

Assim, a sentença penal condenatória com trânsito em julgado poderá ser executada na esfera cível pela vítima. De qualquer modo, a sentença penal condenatória, por ser título ilíquido, deverá ser previamente liquidada. Realmente, no bojo de uma sentença de natureza criminal não há previsão do *quantum debeatur* que é devido à vitima do crime. Essa análise será feita em sede de liquidação, conforme o disposto no art. 475-A, CPC.

De qualquer modo, a execução da sentença penal condenatória na esfera cível, assim como a sua liquidação, poderá ser feita em três foros: a) foro do domicílio do requerido, nos termos do art. 94, CPC; b) foro do local do fato ilícito; c) foro do local do domicilio do autor da ação (nesses dois últimos casos, conforme art. 100, parágrafo único, CPC). Caberá ao autor optar por um desses foros.

A competência, em princípio, será da Justiça Estadual. A Justiça Federal só será competente quando for parte, como exequente, a União, autarquia federal ou empresa pública federal. No mais, a competência será da Justiça Estadual, ainda que a sentença condenatória tenha sido proferida pela Justiça Federal.

4 Bueno (2006, p. 164).

A sentença arbitral é considerada, no CPC, um título executivo judicial, nos termos do art. 475-N, IV, e independente de qualquer homologação. A arbitragem é regulamentada pela Lei n. 9.307/96 e representada a possibilidade de duas pessoas envolvidas em um conflito instituírem um terceiro para dirimi-lo. Essa instituição é feita por meio da chamada convenção de arbitragem, art. 3º da Lei n. 9.307/96.

O foro competente para execução da sentença arbitral dependerá do que tiver sido estipulado na convenção de arbitragem. Instituído o foro de um determinado local para execução do titulo, será naquele local que a execução deverá ser processada. Por outro lado, não havendo qualquer estipulação quanto ao foro competente para a execução da sentença arbitral, seguir-se-á a regra geral: será competente o juízo que o seria para conhecer eventual ação de conhecimento que tivesse sido ajuizada.

A sentença estrangeira pode produzir efeitos no nosso país. Contudo, precisa ser previamente homologada. A competência para homologação da sentença estrangeira pertence ao STJ, nos termos do art. 105, I, *i*, CF. De qualquer modo, a execução de sentença estrangeira homologada será realizada na Justiça Federal de primeiro grau, em conformidade com o previsto no art. 109, X, CF. Essa competência da Justiça Federal é absoluta. Registre-se, ainda, que, nesse caso, para definição do foro competente, serão aplicadas as regras gerais de competência, art. 94 a 100, CPC.

No nosso sistema, o juiz criminal poderá fixar indenização mínima à vítima, que executará a sentença no juízo cível ou, caso não fixe tal indenização, cabe à vítima a propositura de ação condenatória na jurisdição civil ou a promoção da execução civil da sentença condenatória penal, que torna certa a obrigação do acusado de reparar o dano resultante da ação delituosa, nos termos do art. 91, I, CP.

A jurisdição, como se sabe, está intimamente relacionada à soberania dos Estados, de modo que, em princípio, os atos judiciais emanados de autoridade estrangeira não possuem força executiva em outros territórios. Não obstante, o tráfico jurídico e social entre os países reclama cooperação entre eles, impondo, consequentemente, o reconhecimento de atos judiciais proferidos fora do território nacional.

No Brasil adota-se o juízo de delibação, ou seja, concede-se eficácia à sentença estrangeira, mediante procedimento de jurisdição contenciosa, com citação de todos os interessados, que se restringe à verificação dos requisitos extrínsecos de homologabilidade estabelecidos na Lei brasileira, ante a inexistência de ofensa à soberania nacional, à ordem pública e aos bons costumes, sem, contudo, examinar o mérito ou a justiça da decisão.

3.7 COMPETÊNCIA NA EXECUÇÃO DE TÍTULO EXTRAJUDICIAL

A competência para a execução de título extrajudicial observa o enunciado do art. 576, CPC com cada um dos títulos previstos no art. 585. Seguirá as regras geras de competência prevista no Livro I do CPC.

Sendo assim, são aplicáveis os arts. 88 a 100, CPC. Com regra geral, o competente para a execução de título extrajudicial será o do domicilio do requerido, seguindo-se a regra inserta no art. 94, CPC. Mas há situações que demandarão análises mais detidas. Por exemplo: o contrato de locação com clausula de eleição de foro, art. 11, CPC, deverá ser executado no foro eleito.

3.7.1 Foro competente para a ação do cheque

A execução do cheque deverá ser realizada no foro do local de cumprimento da obrigação, ou seja, o local de pagamento. Na verdade, o cheque deverá ser executado no foro do local do banco sacado, conforme art. 2º, I, da Lei n. 7.657/85 e art. 100, IV, *d*, CPC. De qualquer sorte, ausente a designação do lugar ao lado do nome da banco sacado, será competente para a execução do cheque o foro da praça de sua emissão.

A citada competência é relativa, uma vez que é determinada em razão do território. Assim, caberá ao executado argui-la por meio de exceção de incompetência, nos termos do art. 112, CPC, sob pena de, não o fazendo, o Juízo que era inicialmente incompetente tornar-se competente, ocorrendo o fenômeno da prorrogação, *ex vi* do dispositivo no art. 114, CPC.

3.7.2 Foro competente para a duplicata

Quando o título extrajudicial for a duplicata, aplica-se o previsto no art. 17 da Lei n. 5.474/68, sendo competente o foro da praça de pagamento, ou do domicílio do comprador e, no caso de ação regressiva, o dos sacadores, o dos endossantes e dos respectivos avalistas.

3.7.3 Foro competente para a nota promissória

Na hipótese de nota promissória e de letra de câmbio, a execução deverá ser proposta no *forum destinatae solutionis* (art. 100, IV, *d*, CPC). Se tal dado não constar na cártula, subsidiariamente, incide o foro comum.

De outro lado, a debênture se executa no lugar do pagamento, mas, se existir garantia real, altera-se a competência para o local da coisa gravada.

3.7.4 Foro competente para a execução de hipoteca e de aluguéis

A execução de hipoteca se realiza nos termos do art. 95, 1ª parte, CPC, constituindo-se direito real, com ação no *fórum rei sitae.* Não se encontrando a hipoteca mencionada, porém, no art. 95, 2ª parte, ao credor se afigura admissível optar pelo foro do domicílio do devedor.

Já os aluguéis, originados pela locação de imóvel, e as despesas de condomínio, bem como outros encargos contratuais (art. 585, V), executar-se-ão no foro do lugar do cumprimento e, na sua falta, no domicílio do obrigado.

3.8 COMPETÊNCIA NA EXECUÇÃO FISCAL

A execução fiscal é regulamentada na Lei n. 6.830/80. A regra de competência para o processo executivo fiscal, contudo, está prevista no CPC, no art. 578. Na verdade, quando da edição do CPC na década de 1970, a execução fiscal seguia rito previsto no Código. Entretanto, em 1980, foi editada uma lei própria para estipular novo procedimento para a execução fiscal, permanecendo a regra de competência para essa modalidade de execução no CPC.

Duas situações devem ser analisadas: se na execução fiscal será apenas um o executado ou se haverá litisconsórcio.

Sendo executada apenas uma pessoa, a Fazenda Pública poderá propor a ação de execução fiscal: a) no foro do domicilio do executado[5] (ou, se não o tiver, no de sua residência ou no lugar onde foi encontrado); b) no foro do local de ocorrência do fato gerador da obrigação tributária; c) no foro do lugar onde estiver situado o bem que deu origem ao tributo.

Por outro lado, sendo executada duas ou mais pessoas, a Fazenda Pública poderá ingressar com a ação de execução fiscal no foro do domicilio de qualquer dos devedores.

Proposta a execução fiscal, de acordo com a Súmula 158, STJ, "a posterior mudança de domicílio do executado não desloca a competência já fixada".

Cumpre consignar, igualmente, que a competência para a execução fiscal variará conforme o tipo de tributo a ser executado.

Se tratar, por exemplo, de execução fiscal de imposto da competência da União Federal, será competente a Justiça Federal. Os impostos da competência da União estão definidos no art. 153, CF.

Por outro lado, tratando-se de processo executivo fiscal para cobrança de imposto da competência dos Estados membros da Federação, a competência será da Justiça Estadual. Existindo Juízo especializado, a execução fiscal deverá ser a este direcionada. Os impostos da competência dos Estados estão descritos no art. 155, CF.

Por fim, tratando-se de imposto da competência dos Municípios, a execução fiscal deverá também ser aforada na Justiça Estadual. Da mesma forma, havendo vara privativa para as execuções fiscais do Município, a competência para o processamento da ação pertencerá àquela. Os impostos da competência dos Municípios estão previstos no art. 156, CF.

3.9 COMPETÊNCIA NOS PROCESSOS INCIDENTAIS E MODIFICAÇÕES DA COMPETÊNCIA

A teor do art. 108, CPC, o juízo da execução atrai a oposição do devedor (art. 736, parágrafo único) e a impugnação (art. 475-L); os embargos

5 Registra Theodoro Júnior (2004, p. 125), invocando lição de Mendonça Lima, que o domicilio a que faz alusão o legislador, nesse particular, é o civil, e não o fiscal, ou seja, aquele definido pelas leis tributárias. Este tem relevância apenas para que, administrativamente, possa ser exigido o tributo.

de terceiro (art. 1.049), as cautelares incidentais (art. 800, 1ª parte); a ação reivindicatória do bem penhorado e a ação anulatória do título.

Contudo, essa nem sempre é a regra, pois o art. 474 possibilita que os embargos sejam ofertados no juízo deprecado no caso de carta precatória. Nessa situação, o juízo deprecado se limitará a recepcionar os embargos, sendo certo que não poderá julgar a pretensão neles ventilada, exceto se a pretensão versar sobre atos praticados no próprio juízo deprecado, como vícios ou defeitos na penhora.

Já o art. 475-M, § 2º, que cuida da impugnação, sinaliza que esta será processada e decidida no mesmo órgão jurisdicional em que tramita a execução, por estabelecer que, caso seja dotada de efeito suspensivo, a impugnação se localizará nos próprios autos da execução. E, mesmo quando o efeito suspensivo não seja deferido, ainda assim a competência será do mesmo juízo, com a ressalva de que essa modalidade de defesa ficará autuada em apenso.

3.10 COMPETÊNCIA NA INSOLVÊNCIA CIVIL

A competência será sempre da Justiça Estadual, ainda que a União, Autarquia ou empresa pública federal sejam credoras do insolvente.

O foro competente será do domicílio do devedor, critério este absoluto e inderrogável e, ainda que a insolvência seja requerida com base em título executivo judicial, não prevalece a competência funcional do juízo onde se formou o título. Isso porque a insolvência não é a continuação lógica do processo cognitivo, ainda que seja pleiteada após a execução infrutífera da sentença civil condenatória.

3.11 COMPETÊNCIA NO PROJETO DO NOVO CPC

CAPÍTULO III

DA COMPETÊNCIA

Art. 740. A execução fundada em título extrajudicial será processada perante o juízo competente, observando-se o seguinte:

I – a execução poderá ser proposta no foro do domicílio do executado ou da eleição constante do título;

II – tendo mais de um domicílio, o executado poderá ser demandado no foro de qualquer deles;

III – sendo incerto ou desconhecido o domicílio do executado, a execução poderá ser proposta no lugar onde for encontrado ou no domicílio do exequente;

IV – havendo mais de um devedor, com diferentes domicílios, a execução será proposta em qualquer deles, à escolha do exequente;

V – a execução poderá ser proposta no foro do lugar em que se praticou o ato ou ocorreu o fato que deu origem ao título, embora nele não mais resida o executado;

VI – a execução poderá ser proposta no foro da situação dos bens, quando o título deles se originar.

Art. 741. Não dispondo a lei de modo diverso, o juiz determinará os atos executivos e o oficial de justiça os cumprirá.

§ 1º O oficial de Justiça poderá cumprir os atos executivos determinados pelo juiz também nas comarcas contíguas, de fácil comunicação, e nas que se situem na mesma região metropolitana.

§ 2º Sempre que, para efetivar a execução, for necessário o emprego da força policial, o juiz a requisitará.

O projeto do novo CPC trata da competência para a execução de título executivo extrajudicial em apenas dois artigos: 740 e 741.

O art. 740 do projeto, em vez de aludir às regras gerais de competência no processo de conhecimento, como faz o atual art. 576 do atual CPC, traz as hipóteses e determina o juízo competente. Destaque-se que o projeto não traz a hipótese específica da competência na ação de execução fiscal, como o faz o art. 578 do atual CPC, deixando tal hipótese a ser regulada pela legislação específica sobre o tema.

Já o art. 741 traz o papel do oficial de Justiça no cumprimento dos atos de execução determinados pelo juiz.

CAPÍTULO **4**

Requisitos da execução

4.1 NOÇÕES GERAIS

Além de ter que atender, genericamente, aos pressupostos de existência, aos requisitos de admissibilidade e às condições da ação, a deflagração do procedimento executivo depende da observância de dois requisitos específicos, a saber:

a) a apresentação de um título executivo a partir do qual se possa aferir a existência de um direito a uma prestação líquida, certa e exigível. O título comprova a obrigação;

b) a afirmação, pelo exequente, de que houve inadimplemento do executado quanto ao dever jurídico que é correlato a esse direito de prestação. Daí a previsão normativa contida no Capítulo III do Título I do Livro II do CPC, que cuida "dos requisitos necessários para realizar qualquer execução".

Luiz Fux afirma que "o título comprova a obrigação e o inadimplemento, a violação; por isso, há quem sustente que o título é um requisito formal de realização da execução, ao passo que o inadimplemento, um pressuposto substancial",[1] mas ambos são comprovados apenas *in abstrato* para dar início à execução, sendo certo que são infirmados apenas no curso do processo.

1 Fux (2009, p. 33).

Esses são os requisitos específicos de admissibilidade de todo e qualquer procedimento executivo. A não apresentação do título executivo ou a não afirmação de que houve inadimplemento enseja a inadmissibilidade do procedimento.

4.2 INADIMPLEMENTO DO DEVEDOR

O primeiro requisito necessário para a execução é o inadimplemento do devedor. Ausente a situação de inadimplemento, o credor não terá interesse-necessidade em requerer a execução.

O inadimplemento é uma situação de descumprimento da obrigação ou mesmo de cumprimento perfeito, ou seja, há inadimplemento sempre que o devedor deixa de cumprir um dever jurídico, seja ele convencionado, legal ou estabelecido numa decisão judicial. É inadimplente o devedor que não satisfaz a obrigação na forma e prazos legais.

O credor deve mostrar que se verificou naquele caso concreto, sem qualquer dúvida, que está caracterizado o inadimplemento do devedor. Não deve haver dúvidas acerca desse inadimplemento.

Contudo, o próprio Código Civil explicita a impossibilidade de se prosseguir na execução se houver cumprimento da obrigação superveniente, uma vez que, nesse caso, desaparece a necessidade do processo.

Segundo Araken de Assis,[2] o inadimplemento é pressuposto de fato da execução.

Enquanto "pressuposto" da ação executória, o inadimplemento já foi localizado no campo do trinômio de questões – pressupostos processuais, condições da ação e mérito – que, no processo brasileiro, ao juiz é dado conhecer. O inadimplemento integra o objeto litigioso, ou mérito, da demanda. Fato constitutivo da execução, toca ao credor o ônus de alegar o descumprimento de obrigação constante no título.[3]

Em consequência, não é no bojo da execução que o devedor deve comprovar não ser inadimplente, mas, sim, nos embargos ou na impugnação ao cumprimento de sentença.

2 Assis (2002, p. 199).

3 Assis (2002, p. 200).

O inadimplemento pode ser culposo ou fortuito.

Diz-se culposo o inadimplemento quando a inexecução decorre de culpa *lato sensu* do devedor; é dizer, quando o não cumprimento do dever jurídico resulta de dolo ou de culpa *stricto sensu* (negligência, imprudência ou imperícia); trata-se de inadimplemento voluntário.

Diz-se fortuito o inadimplemento quando a inexecução decorre de fato alheio e não imputável ao devedor, como o caso fortuito ou força maior. A distinção tem grande importância, na medida em que o inadimplemento fortuito, em regra, exonera o devedor da necessidade de cumprimento do dever jurídico, salvo se, ao tempo do evento alheio à sua vontade, já estava ele em mora, art. 399, CC,[4] ou se o sujeito expressamente se responsabilizou por arcar com as consequências do caso fortuito ou da força maior, art. 393.[5]

O inadimplemento também pode ser absoluto ou relativo. É absoluto quando a inexecução do dever jurídico torna a prestação material ou juridicamente impossível, ou se ainda a torna inútil para o credor.

O inadimplemento é relativo quando, a despeito do retardamento ou do cumprimento imperfeito do dever jurídico, ainda é possível e útil a prestação. O inadimplemento relativo corresponde à mora do devedor, embora com ela não se confunda, visto que é possível também cogitar de mora do credor, art. 394, CC.[6]

A importância de distinguir entre inadimplemento absoluto e inadimplemento relativo está em que, se o objeto da prestação for um fazer, não fazer ou dar coisa distinta de dinheiro e ainda houver possibilidade / utilidade de cumprimento da prestação, o credor tem o direito subjetivo a que esse cumprimento se dê na forma específica, art. 461, CPC.

Em outras palavras, pode ele, credor, manejar execução buscando alcançar o próprio fazer, não fazer ou a coisa pretendida. Assim, somente o

4 Art. 399 do Código Civil: "o devedor em mora responde pela impossibilidade da prestação, embora essa impossibilidade resulte de caso fortuito ou de força maior, se estes ocorrerem durante o atraso; salvo se provar isenção de culpa, ou que o dano sobreviria ainda quando a obrigação fosse oportunamente desempenhada".

5 Art. 393 do Código Civil: "o devedor não responde pelos prejuízos resultantes de caso fortuito ou força maior, se expressamente não se houver por eles responsabilizado".

6 Art. 394 do Código Civil: "considera-se em mora o devedor que não efetuar o pagamento e o credor que não quiser recebê-lo no tempo, lugar e forma que a lei ou a convenção estabelecer".

inadimplemento absoluto ou a vontade do credor podem dar ensejo à conversão dessas prestações em perdas e danos, art. 461, § 1º, CPC.

Por fim, é preciso dizer que as classificações acima podem ser entrecruzadas. Assim, é possível que o inadimplemento absoluto seja culposo ou fortuito, o mesmo valendo para o inadimplemento relativo.[7]

Em matéria de inadimplemento, é necessário compreender, outrossim, as exceções, ou seja, as defesas que poderão ser evocadas envolvendo a matéria. Trata-se da *exceptio non rite adimpleti contractus* e da *exceptio non adimplenti contractus.*

4.2.1 *Exception non rite adimpleti contractus*

Exception non rite adimpleti contractus consiste na execução do contrato não cumprido de modo perfeito. Por outras palavras: é a defesa que pode evocar um dos contratantes quando o outro não cumpre o contrato regularmente, ou seja, quando há o cumprimento defeituoso. A citada exceção está prevista no art. 581, CPC.

A primeira parte do dispositivo não contempla a *exceptio non rite*. Diz apenas o óbvio: se o devedor cumprir a obrigação, não poderá o credor ajuizar a execução ou eventualmente nela prosseguir. Isso, inclusive, poderia até caracterizar litigância de má-fé, nos termos do art. 16, CPC.

A segunda parte do preceito é que trata da exceção em exame. Infere-se do dispositivo que o credor, nos casos de cumprimento defeituoso da obrigação, pode ensejar o objeto da prestação. Nesse caso, o credor, ato contínuo, manejará a execução para exigir o cumprimento da prestação na forma pactuada. Ao devedor, de qualquer sorte, queda reservado o direito de apresentar a sua tarefa, o que será feito por meio dos embargos.

A liberação do devedor (quitação) somente ocorre com o exato cumprimento da obrigação, de tal sorte que, se a prestação oferecida pelo devedor não for aquela apontada no título executivo, poderá o credor recusá-la, encetando demanda executiva, sem prejuízo de o executado, em embargos, demonstrar que se dispôs, a tempo e hora, a

7 Didier Jr. et al. (2009, p. 94).

cumprir a execução, sendo arbitrária a recusa do credor (e, portanto, ilegal a execução).[8]

4.2.2 *Exception non adimpleti contractus*

Exception non adimpleti contractus é a execução do contrato não cumprido e está previsto no Código Civil nos arts. 476 e 477. Na verdade, nos contratos bilaterais ou sinalagmáticos nenhum dos contratantes pode exigir o cumprimento da prestação do outro sem antes cumprir a sua, sob pena de a parte evocar, como matéria de defesa, a exceção ora em estudo, art. 476, CPC.

Assim, em um contrato bilateral, caso um dos contratantes venha a exigir o cumprimento da prestação do outro sem cumprir a sua, ensejará a arguição da exceção, art. 582, CPC.

4.2.3 Inadimplemento e interesse de agir

Para que o procedimento executivo, qualquer que seja ele, seja admissível e tenha prosseguimento, é necessário que o exequente, no instrumento da sua demanda executiva – petição inicial ou petição simples – afirme que houve inadimplemento por parte do executado. Daí se dizer que a afirmação do inadimplemento é requisito de admissibilidade do procedimento executivo.[9]

O CPC aponta, nos arts. 580 e s., os requisitos necessários para realizar qualquer execução, a saber: o inadimplemento do devedor (Seção I) e o título executivo (Seção II).

Em princípio, não é necessário demonstrá-lo, até porque isso nem sempre é possível, já que, normalmente, o inadimplemento constitui uma conduta omissiva do devedor (não fazer, não entregar a coisa, não pagar), o que torna difícil a prova documental dessa alegação de fato.

Quando se tratar, porém, de inadimplemento perpetrado por ato/conduta comissivo do devedor (por exemplo, o devedor praticou o ato em

8 Marcato (2004a, p. 1703).

9 Rodrigues (2007, p. 149).

relação ao qual tinha o dever jurídico de abster-se), além da afirmação do inadimplemento, cabe ao exequente a sua demonstração, porque aí é seu o ônus da prova.

É a afirmação do inadimplemento que impulsiona o interesse de agir do exequente. Se não há afirmação do inadimplemento, entende-se que falta interesse de agir ao exequente, que não tem necessidade de ir a juízo para invocar a atividade jurisdicional executiva. Com isso, não se está dizendo que o inadimplemento é condição da demanda executiva. Está-se dizendo apenas que o interesse de agir é impulsionado pela afirmação do inadimplemento; se há, ou não, efetivo inadimplemento, isso já é questão de mérito.

Estabelece o art. 580, CPC que "a execução pode ser instaurada caso o devedor não satisfaça a obrigação certa, líquida e exigível, consubstanciada em título executivo". O legislador utiliza a expressão "obrigação" em sentido amplo, pretendendo referir-se a "dever jurídico". Afora isso, é necessário compreender exatamente os termos do aludido dispositivo: a não satisfação do dever jurídico, que corresponde ao inadimplemento, é pressuposto de fato para o acolhimento, no mérito, da pretensão executiva (não o único, é bem verdade, mas é um dos pressupostos para tanto). A possibilidade de instauração do procedimento executivo, tal como se vem dizendo, independe do inadimplemento (não satisfação do dever jurídico); depende, sim, da afirmação do inadimplemento.

4.3 TÍTULO EXECUTIVO

O segundo requisito necessário para a execução é o título executivo.

Para que a execução inicie, o credor precisa ter o título executivo. Os atos do processo de execução devem ser praticados nos limites das necessidades reveladas pelo próprio título executivo. Além de o título estabelecer o *quantum* devido, também deve ser claro quanto ao vencimento e à existência da obrigação.

Ademais, *nulla executio sine titulo*, ou seja, é nula a execução se não há título executivo. O título executivo é de fundamental importância para a execução. Na verdade, não existe mesmo execução sem a presença de um título executivo.

Isso porque não se pode agredir de pronto o patrimônio do devedor se a obrigação é discutível ou aleatória.

O título executivo pode ser judicial ou extrajudicial. Os títulos executivos judiciais estão expressamente arrolado no art. 475-N. Já os títulos extrajudiciais estão previstos no art. 585, CPC. O título executivo deve consubstanciar de uma maneira clara a existência de uma obrigação. E essa obrigação deve preencher concomitantemente três predicados cumulativos: ser certa, exigível e líquida.

Certeza é a obrigação induvidosa, resultante de título executivo. A certeza que se exige deve estar revelada pelo título executivo, muito embora a natureza abstrata da execução permita a discussão da *causa debendi*. O título traduz, então, a certeza da obrigação quanto a sua existência, o *an debeatur*, muito embora o executado possa opor-se, sustentando fatos supervenientes à obrigação.

A exigibilidade é a obrigação vencida. Para a exigibilidade da obrigação, devem ser observadas as regras do Direito Civil, ou seja: se a obrigação é quesível, se é portável, se há termo etc. A exigibilidade se confunde com o requisito inadimplemento do devedor, por isso, inexigível a obrigação, é impossível a execução.

Já a liquidez é a obrigação individualizada no seu objeto. É o *quantum debeatur*, a indicação do conteúdo da prestação.

Existe a possibilidade da obrigação não ser líquida, ou seja, quando o autor faz um pedido genérico e é utilizado um dos incisos do art. 286, CPC. Importante ressaltar que o art. 286, *caput*, CPC exige um pedido certo e determinado. Um pedido certo e determinado leva a uma sentença líquida, porém os incisos I, II e III permitem que o autor excepcionalmente formule um pedido indeterminado. Caso o autor formule um pedido indeterminado ele poderá pedir uma licença especial para que o juiz profira uma decisão ilíquida.

Entretanto, ao iniciar a fase de cumprimento por execução, esses valores devem ser determinados para que se afira a extensão da execução e dos atos executivos necessários, como, por exemplo, os bens do devedor que devem ser alcançados para a satisfação do crédito.

Isso significa que, na condenação ou no reconhecimento da obrigação, impõe-se explicitar o *an debeatur* (o que é devido), postergando-se para a liquidação e o *quantum debeatur*, preparando-se, assim, para a execução.

Esse procedimento preparatório de liquidação, porém, será explicado em um capítulo à parte, antes de abordarmos o cumprimento de sentença.

4.3.1 Conceito

Registra Alexandre Câmara[10] que o título executivo é um dos temas mais controvertidos de toda a ciência processual. Realmente, as inúmeras teorias sobre os títulos executivos, assim como a diversidade de títulos existentes, dificultam sobremaneira o seu estudo.

Diante de uma visão instrumental do processo, mais relevante do que discutir o conceito de título executivo é compreender a sua aplicação pragmática, mormente apresentando uma caracterização minuciosa dos títulos em espécie. De qualquer modo, pode-se dizer que o título executivo é um documento que está previsto em lei e que permite o imediato manejo da execução.[11]

Note-se que os títulos executivos são regidos pelo princípio da tipicidade e constituem *numerus clausus*.[12] Somente é título executivo aquele documento que se subsume ao modelo previamente definido pelo legislador. Por exemplo: a nota promissória emitida por um particular é um título executivo, pois se amolda ao tipo definido no art. 585, I, CPC.

4.3.2 Natureza jurídica

O estudo da natureza jurídica de algum instituto representa uma análise da própria ontologia do instituto. Na verdade, estudar a natureza jurídica de um instituto jurídico consiste em analisar a sua essência, ou seja, no que ele realmente é. Quanto à natureza jurídica do título executivo existem várias correntes na doutrina.

Uma primeira vertente dogmática sustenta que o título executivo é um documento, isto é, uma prova. Nesse sentido, destaca-se:

10 Câmara (2010, p. 175). Esse mesmo autor apresenta o seguinte conceito de título executivo: "ato (ou fato) jurídico a que a lei atribui eficácia executiva, tornando adequada a utilização da via executiva como forma de fazer atuar a responsabilidade patrimonial".

11 Em sentido mais ou menos conforme: "é possível, pois, conceituar, em face de nosso sistema processual, o título executivo como o documento ou o ato documentado que consagra a obrigação certa e que permite a utilização direta da via executiva" (GRECO FILHO, 2006, p. 25).

12 Criticando essa classificação, Rodolfo Hartmann afirma que a decisão interlocutória que fixa alimentos provisórios e que possibilita a execução imediata não está prevista como título executivo no art. 475-N, CPC (nesse sentido: HARTMANN, 2010, p. 38).

> Assim é que parte da doutrina, ao definir o título executivo, afirma ser este o documento que consiste na prova legal da existência do crédito afirmado pelo exequente. Para a teoria documental do título executivo, este seria um documento representativo da existência do crédito exequendo. Tal documento representativo seria, assim, uma prova do crédito, cuja eficácia estaria estabelecida na lei, daí ser considerada uma prova legal.[13]

Uma segunda corrente considera que o título executivo tem natureza jurídica de um ato jurídico. Há, ainda, orientação no sentido de que o título executivo é um misto de documento e também de ato jurídico. O título, assim em sentido substancial, é o ato jurídico de que resulta a vontade concreta da lei; em sentido formal, é o documento em que o ato se contém.

De fato, o título executivo não deixa de ser um ato jurídico resultante da vontade concreta da lei, seja esta aplicada pelo Magistrado em sede de processo judicial ou mesmo, de modo espontâneo, diretamente pelas partes. Do mesmo modo, o título não deixa de ser um documento, considerando-se que no CPC de 1973 todos os títulos são escritos e, portanto, caracterizados como documento.[14]

4.3.3 Classificação

Os títulos executivos podem ser classificados em duas espécies: títulos executivos judiciais e títulos executivos extrajudiciais.

O título executivo judicial é aquele que tem origem, ou seja, que emana da manifestação de um magistrado. Esses títulos estão arrolados no art. 475-N, CPC.

Se no titulo judicial faltar alguma característica para que ele possa ser considerado um título executivo, é necessário instaurar uma liquidação de sentença de natureza jurídica de um incidente processual que tenha por

13 Câmara (2010, p. 175).

14 No CPC de 1939 nem todo título executivo era necessariamente escrito. O contrato de locação verbal, por exemplo, nos termos do art. 298, IX, CPC/39, era considerado título executivo.

objetivo atingir um valor determinado, suplementar, o que faltou na decisão, ou seja, a decisão que é sujeita a liquidação fixa o *an debeatur*, mas o juiz não foi capaz de determinar o *quantum debeatur*.

Nesse caso, instaura-se a liquidação de sentença com esta exclusiva finalidade, descobrir o *quantum debeatur*. Para que seja atribuído um valor a essa decisão, o Código permite utilizar um de dois procedimentos, são eles a liquidação por arbitramento ou liquidação por artigos, que são tratadas na parte de cumprimento de sentença.

Já o título executivo tem origem em um ajuste de intenções entre duas pessoas. Esses títulos estão previstos no art. 585, CPC. São exemplos de títulos extrajudiciais: o cheque, a nota promissória, o contrato de locação, o contrato de penhor, hipoteca etc.

Importante mencionar que, caso seja encaminhado ao juiz uma liquidação de título extrajudicial, onde, por exemplo, o título tenha uma obrigação certa e exigível, mas ilíquida, o juiz deverá rejeitar a petição inicial por ela não preencher todos os requisitos necessários.

Não existe no Direito Brasileiro como liquidar uma obrigação ilíquida prevista num título extrajudicial. Em determinados casos um título extrajudicial não se presta para a execução, normalmente é necessário ajuizar uma petição inicial e começar um processo de conhecimento.Contudo, o credor tem a faculdade de se valer da chamada ação monitória, prevista no art. 1.102, *a*, CPC, abordada nos procedimentos especiais de jurisdição contenciosa.

4.4 MODALIDADES DE TÍTULOS EXECUTIVOS JUDICIAL E EXTRAJUDICIAL

É corrente a classificação dos títulos executivos em judiciais e extrajudiciais, segundo tenham sido formados através de um provimento judicial ou por qualquer outro meio.

Reputam-se judiciais os títulos oriundos de um provimento emanado por juiz (ou órgão colegiado), que geram uma presunção, em princípio absoluta, de nascimento do crédito e, por essa razão, não permitem a alegação de qualquer matéria relativa à nulidade do título ou à inexistência da dívida em sede de impugnação, salvo a nulidade referente à citação no processo do qual resultou a formação do título, ou a extinção da dívida por fato superveniente à sua formação. Antes da reforma, eram previstos no art. 584, hoje revogado.

Com as reformas introduzidas no CPC pelas Leis n. 11.232/2005 e 11.382/2006, hoje a matéria é tratada por dispositivos diversos, além de seguir regras específicas.

4.4.1 Títulos judiciais

Atualmente, a matéria é exaustivamente tratada pelo art. 475-N, inserido no CPC pela já referida Lei n. 11.232/2005. A novel redação desse dispositivo não deixa dúvida de que o reconhecimento por sentença de obrigação de qualquer natureza inaugura o cumprimento por execução. Esse tema é tratado na parte de cumprimento de sentença deste volume.

4.4.2 Títulos extrajudiciais

Entende-se por título executivo extrajudicial documento ou ato a que a lei confere eficácia executiva, sem que a sua formação tenha se originado de um processo de conhecimento anterior. Dessa forma, nos embargos à execução, o devedor pode alegar todas as matérias de defesa admissíveis num processo de conhecimento (art. 745, CPC), e não apenas aquelas autorizadas na impugnação a título judicial, na forma do art. 475-L.

Na forma do art. 587, CPC o exequente poderá ingressar com uma execução de título extrajudicial contra o executado; esse executado intervém com embargos, virando embargante, e o credor, embargado. O juiz acolhe os embargos, e a decisão do juiz que acolhe os embargos tem natureza jurídica de sentença. Se o juiz acolher os embargos apresentados pelo executado, logo, o exequente vai apelar dessa sentença. Se o juiz rejeitar os embargos, o executado vai apelar da sentença dos embargos. Quando o executado apresenta os embargos o juiz pode suspender ou não a execução. Serão duas ações trafegando na mesma estrutura processual. Se o executado apresentou os embargos, o juiz atribuiu efeito suspensivo aos embargos, mandou suspender a execução, entretanto, no mérito ele rejeitou os embargos, ele julgou o pedido dos embargos improcedente, vem o executado e recorre dessa sentença através de apelação. Nesse caso apesar de ser fundada em um título extrajudicial ela será uma execução provisória.

Cabe destacar que, embora o nascimento dos títulos executivos esteja diretamente relacionado à vontade das partes, é preciso que o ato ou documento enquadre-se no modelo taxativamente prescrito pela lei (art. 585, CPC), sendo absolutamente ineficaz a cláusula executiva instituída voluntariamente em qualquer contrato ou negócio, se não configurar uma das situações fáticas descritas pela lei como caracterizadoras do título executivo. Isso porque, no Brasil, apenas a lei federal pode instituir títulos executivos.

4.4.2.1 Letra de câmbio, nota promissória, duplicata, debênture e cheque

O rol dos títulos extrajudiciais, elencado no art. 585 do diploma processual, inicia-se com os denominados títulos de crédito, cujas características são a literalidade, a abstração e a autonomia.

Em razão de tais características, o devedor não pode, nos embargos à execução, alegar quaisquer matérias relativas ao negócio jurídico subjacente, salvo se exequente e executado forem as próprias partes do negócio em discussão, ou se tratar de matéria relativa à relação pessoal direta entre eles.

A lei também não protege o terceiro adquirente de má-fé, vale dizer, aquele que adquiriu o título conscientemente em detrimento do devedor. Nesse caso, o terceiro adquire direito derivado, estando vulnerável às exceções que aquele possa arguir com base na relação causal.

4.4.2.2 Instrumento público ou privado de confissão de dívida

A atual redação desse inciso, resultante da Lei 8.953, de 1994, estendeu a confissão de dívida como título executivo, sendo cabível não apenas à obrigação de pagar quantia determinada ou entregar coisa fungível, mas a qualquer espécie de prestação, como também à entrega de coisa fungível, obrigação de fazer e não fazer.

Ademais, a forma exigida do documento – escritura pública ou outro documento público, documento particular assinado por duas testemunhas – soleniza o ato como garantia de que o reconhecimento foi prestado pelo devedor consciente de que estará se submetendo à via executiva em caso de inadimplemento da obrigação.

4.4.2.3 Contratos garantidos por hipoteca, penhor, anticrese e caução, bem como os de seguro de vida

O inciso III do art. 585 foi modificado pela Lei n. 11.382/2006. Além de mencionar as quatro figuras clássicas do direito civil, restringe os contratos de seguro, que agora ficam restritos apenas à proteção da vida. Significa dizer que um contrato de seguro de acidentes pessoais, por exemplo, não mais autoriza seu detentor a ingressar com o processo de execução, devendo submeter-se, previamente, a uma fase cognitiva.

4.4.2.4 Crédito decorrente de foro ou laudêmio

O inciso IV do art. 585, também modificado pela Lei n. 11.382/2006, restringe o enunciado original aos documentos comprobatórios de créditos emergentes de foro ou laudêmio, apenas.

4.4.2.5 Crédito, documentalmente comprovado, decorrente de aluguel de imóvel, bem como de encargos acessórios, tais como taxas e despesas de condomínio

Esse inciso V foi desmembrado a partir da redação original do inciso IV, tendo recebido cuidados técnicos do legislador.

4.4.2.6 Crédito de serventuário da Justiça, perito, intérprete ou tradutor

O inciso VI do artigo em questão permite o acesso à demanda executória aos auxiliares do juízo, art. 139, CPC, pelo valor das suas custas – remuneração fixada na lei respectiva – e emolumentos – remuneração, distinta das custas, arbitrada pelo juiz levando em consideração a extensão e proveito do trabalho.

Tais créditos, conforme ressalta o dispositivo, dependem de aprovação judicial para a cobrança sob o rito executivo. Quando a parte vencedora adianta custas e emolumentos, sub-roga-se no crédito e, nessa condição, tem legitimidade para propor a execução (art. 567, III, CPC).

4.4.2.7 Certidão da dívida ativa da Fazenda Pública

O inciso VII autoriza a execução baseada em certidão da dívida ativa da Fazenda Pública, ou seja, fundada em crédito, tributário ou não tributário, da União, do Distrito Federal, dos Municípios e suas autarquias. O ato de inscrição vem regulado no art. 202 do CTN e no art. 2º, § 5º, Lei n. 6.830/80.

Destaca-se o referido título pela anômala circunstância de ser criado unilateralmente, embora em atividade administrativa vinculada pelo credor, possuindo características e rito expropriatório específicos. A certidão da dívida, que instruirá a execução, diz respeito apenas aos créditos públicos de natureza pecuniária, e engloba não apenas o principal, mas também os juros, a correção monetária, a multa e outros encargos legais ou contratuais.

Dessa forma, a dívida tributária já nasce certa e líquida porque o lançamento gera tal presunção, o que não ocorre, todavia, com os créditos provenientes de responsabilidade civil, que somente adquirem esses atributos após acertamento judicial.

4.4.2.8 Outros títulos extrajudiciais

O inciso VIII, por sua vez, reporta-se a outras leis especiais, atribuindo eficácia executiva aos mais diversos documentos. Por essa forma, contudo, reafirma o legislador que somente lei expressa pode outorgar força executiva, vedando-se a criação de título executivo por pactuação contratual. Destarte, incluem-se na previsão do mencionado inciso, entre outros:

a) cédula rural pignoratícia, cédula rural hipotecária, nota de crédito rural, nota promissória rural e duplicata rural (art. 41, *caput*, Decreto-Lei n. 167/67);

b) honorários de advogado (art. 24, Lei n. 8.906/94);

c) multas e obrigações de fazer decorrentes de decisão do plenário do Conselho Administrativo de Defesa Econômica (art. 60, Lei n. 8.884/94);

d) compromisso arbitral que fixa os honorários do(s) árbitro(s) (art. 11, parágrafo único, Lei n. 9.307/96);

e) compromisso de ajustamento de conduta (art. 82, § 3º, Lei n. 8.078/90, e art. 5º, § 6º, Lei n. 7.347/85).

4.5 DISPOSIÇÕES DO PROJETO DO NOVO CPC

CAPÍTULO IV

DOS REQUISITOS NECESSÁRIOS PARA REALIZAR QUALQUER EXECUÇÃO

Seção I

DO TÍTULO EXECUTIVO

Art. 742. A execução para cobrança de crédito se fundará sempre em título de obrigação certa, líquida e exigível.

Art. 743. São títulos executivos extrajudiciais:

I – a letra de câmbio, a nota promissória, a duplicata, a debênture e o cheque;

II – a escritura pública ou outro documento público assinado pelo devedor;

III – o documento particular assinado pelo devedor e por duas testemunhas;

IV – o instrumento de transação referendado pelo Ministério Público, pela Defensoria Pública ou pelos advogados dos transatores;

V – os contratos garantidos por hipoteca, penhor, anticrese e caução, bem como os de seguro de vida;

VI – o crédito decorrente de foro e laudêmio;

VII – o crédito, documentalmente comprovado, decorrente de aluguel de imóvel, bem como de encargos acessórios, tais como taxas e despesas de condomínio;

VIII – a certidão de dívida ativa da Fazenda Pública, da União, dos Estados, do Distrito Federal, dos Territórios e dos Municípios, correspondente aos créditos inscritos na forma da lei;

IX – a parcela de rateio de despesas de condomínio edilício, assim estabelecida em convenção de condôminos ou constante de ata de reunião de condomínio convocada especialmente para tal fim;

X – todos os demais títulos a que, por disposição expressa, a lei atribuir força executiva.

§ 1º A propositura de qualquer ação relativa ao débito constante do título executivo não inibe o credor de promover-lhe a execução.

§ 2º Não dependem de homologação para serem executados, os títulos executivos extrajudiciais oriundos de país estrangeiro.

§ 3º O título estrangeiro só terá eficácia executiva quando satisfeitos os requisitos de formação exigidos pela lei do lugar de sua celebração e o Brasil for indicado como o lugar de cumprimento da obrigação.

Seção II

DA EXIGIBILIDADE DA OBRIGAÇÃO

Art. 744. A execução pode ser instaurada caso o devedor não satisfaça a obrigação certa, líquida e exigível consubstanciada em título executivo.

Parágrafo único. A necessidade de simples operações aritméticas para apurar o crédito exequendo não retira a liquidez da obrigação, constante do título.

Art. 745. Se o devedor não for obrigado a satisfazer sua prestação senão mediante a contraprestação do credor, este deverá provar que a adimpliu ao requerer a execução, sob pena de extinção do processo sem resolução de mérito.

Parágrafo único. O executado poderá eximir-se da obrigação, depositando em juízo a prestação ou a coisa, caso em que o juiz não permitirá que o credor a receba sem cumprir a contraprestação que lhe tocar.

Art. 746. O credor não poderá iniciar a execução ou nela prosseguir, se o devedor cumprir a obrigação; mas poderá recusar o recebimento da prestação, se ela não corresponder ao direito ou à obrigação estabelecidos no título executivo, caso em que poderá requerer a execução forçada, ressalvado ao devedor o direito de embargá-la.

O Código atual trata dos requisitos para o processo de execução nos arts. 580 a 587, iniciando pelo inadimplemento do devedor (seção I), para depois abordar, na seção II, o título executivo. Já o projeto, nos arts. 742 a 746, trata do tema, iniciando pelo título executivo, para, depois, abordar a exigibilidade da obrigação.

Em relação ao título executivo, o primeiro artigo do projeto, o art. 742, equivale ao atual art. 586, que exige que a obrigação a ser executada seja certa, líquida e exigível.

Em seguida, assim como o atual art. 585, o art. 743 do projeto enumera os títulos executivos extrajudiciais, que ensejarão o processo de execução. O projeto pouco modifica o rol do atual art. 585. Os destaques são que o projeto prevê, ainda, como título extrajudicial a parcela de rateio de despesas de condomínio edilício e retira a previsão do crédito dos serventuários, dos peritos e dos intérpretes como títulos extrajudiciais.

Os §§ 1º e 2º apenas reproduzem os mesmos dispositivos no art. 585, sendo inovação a previsão do § 3º do art. 74. O artigo seguinte do projeto trata da exigibilidade da obrigação que, atualmente, está como requisito de inadimplemento do devedor. O *caput* do art. 744 reproduz o atual art. 580, mas o parágrafo único do projeto destaca que a obrigação constante do título executivo não deixará de ser certa, líquida e exigível caso necessite de cálculos aritméticos para se apurar seu valor.

O art. 745 do projeto aborda obrigações com contraprestação, quando deverá ser provado o adimplemento da prestação. O parágrafo único do mesmo artigo prevê a possibilidade de depósito em juízo para a exoneração da obrigação.

Já o art. 746 traz o direito do credor de se utilizar da execução forçada caso o devedor queira cumprir a obrigação com o objeto diverso do constante no título e o credor assim não deseje.

A existência do título executivo e sua exigibilidade são os requisitos constantes no projeto do NCPC para ensejar o processo de execução.

CAPÍTULO 5

Responsabilidade patrimonial

5.1 NOÇÕES GERAIS

De acordo com as lições clássicas do direito obrigacional, aquele que tem o débito (*schuld*) responderá com o seu patrimônio para o cumprimento da obrigação (*haftung*).

A ação de execução é a atuação do Estado-juiz para a satisfação do direito subjetivo da *parte*, representado pelo título *executivo*. Essa satisfação sempre recai, salvo raras exceções, sobre o patrimônio / bens do devedor. É o chamado princípio da responsabilidade exclusivamente patrimonial. Porém, a lei proíbe que a execução recaia sobre alguns bens patrimoniais por motivos diversos, dando a eles a característica da impenhorabilidade (art. 649, CPC).

Inadimplida a prestação, o patrimônio do devedor (responsabilidade primária) ou o patrimônio de terceiros, desde que haja previsão (responsabilidade secundária), responderão pelo seu cumprimento, mediante execução forçada.

A responsabilidade patrimonial (ou responsabilidade executiva) seria, segundo a doutrina, o estado de sujeição do patrimônio do devedor, ou de terceiros responsáveis (art. 592, CPC), às providências executivas voltadas à satisfação da prestação devida. Seria a sujeição potencial[1] e genérica de seu patrimônio.

1 Dinamarco (2004, p. 321).

Nesse contexto, a grande preocupação dos processualistas é definir a massa patrimonial passível de execução – do devedor e de terceiro.

Para Araken da Assis,[2] o efeito do título executivo, à primeira vista, consiste em possibilitar a sujeição do devedor à ação executória. Ante o inadimplemento da obrigação, documentada no título, o órgão judiciário atuará, coativamente, utilizando os meios legais disponíveis para satisfazer o crédito.

Nesse sentido, o art. 591 representa norma fundamental do processo executivo. Ele afirma que "o devedor responde, para o cumprimento de suas obrigações, como todos os seus bens presentes e futuros, salvo as restrições estabelecidas em lei".[3]

O diploma processual civil indica que todos os bens do devedor, desde os que já existiam quando a dívida foi constituída, até os adquiridos posteriormente a esse momento são objetos de expropriação executiva.

O dispositivo parece abrigar comando genérico: a maioria dos atos executivos opera, efetivamente, sobre o patrimônio do devedor, ressalvados os bens impenhoráveis, recordados na sua cláusula final. Em principio, os atos executivos apenas serão dirigidos ao patrimônio do obrigado. O patrimônio do devedor (presente e futuro) figura como uma forma de garantia para o credor de cumprimento de obrigação. Contudo, os bens do devedor na posse de terceiros (art. 592, III) também podem vir a responder pelo cumprimento da obrigação.

5.2 BENS DO DEVEDOR

Na forma do art. 591, CPC,[4] o devedor responde, pela obrigação, com todos os seus bens, salvo restrições legais. Mas a submissão do seu patrimônio não é absoluta, afinal: i) nem todos os bens do devedor respondem pela dívida (o próprio texto legal ressalva as "restrições legais"), a exemplo dos casos de impenhorabilidade; ii) nem só os seus bens respondem pela

2 Assis (2002, p. 216-217).

3 O art. 391, CC/2002, dispõe: "pelo inadimplemento das obrigações respondem todos os bens do devedor".

4 Art. 591, CPC: "o devedor responde, para o cumprimento de suas obrigações, com todos os seus bens presentes e futuros, salvo as restrições estabelecidas em lei".

obrigação, pois a responsabilidade patrimonial secundária recai sobre bens de terceiros.[5]

São passíveis de execução os bens presentes e futuros do executado. No entanto, a regra geral é de que não estão sujeitos à execução dos bens que a lei considera impenhoráveis ou inalienáveis. Não obstante a *ratio essendi* do dispositivo seja a "impenhorabilidade", o casuísmo jurisprudencial tem excepcionado de tal maneira essa regra que se mitigou sobremodo essa garantia processual.

Assim é que se tem preconizado a aplicação retroativa da lei que instituiu a impenhorabilidade do bem de família, bem como a impossibilidade de renúncia a tal garantia,[6] além de estender os benefícios aos móveis que guarnecem a residência, o que deve ser entendido apenas para manutenção da funcionalidade do lar, não se justificando a impenhorabilidade de bens luxuosos.[7]

A impenhorabilidade absoluta e a relativa podem ser arguidas por impugnação ao cumprimento de sentença ou embargos à execução em caso de título executivo extrajudicial.

Surge dúvida, ainda, sobre qual é o momento para definir o que seja presente e o que seja futuro: é o momento da constituição da obrigação (como a conclusão de contrato ou o fato de ter causado um dano) ou momento da execução?

---

5 Zavascki (2000, p. 262-263).

6 "Processo civil e tributário – Execução fiscal – Lei 8.009/90 – Bem de família – Impenhorabilidade absoluta – Renúncia: impossibilidade.

1. A jurisprudência desta Corte firmou-se no sentido de que o bem de família é absolutamente impenhorável. A Lei 8.009/90 é norma de ordem pública, tendo como escopo dar segurança à família, e não o direito à propriedade. Por isso, não é possível haver renúncia pelo proprietário.

2. Recurso especial não provido" (STJ, 2ª T., REsp 828.375-RS, rel. Min. Eliana Calmon, j. 16-12-2008, *DJe*, 17-2-2009).

7 "Recurso especial. Execução fiscal. Penhora. Móveis que guarnecem residência (forno elétrico, freezer, videocassete, aparelho de ar-condicionado e forno de microondas). Lei 8.009/90. Impossibilidade. Precedentes.

1. Os eletrodomésticos que, a despeito de não serem indispensáveis, são usualmente mantidos em um imóvel residencial, não podem ser considerados de luxo ou suntuosos para fins de penhora.

2. Recurso especial a que se dá provimento" (STJ, 1ª T., REsp 488.820-SP, rel. Min. Denise Arruda, j. 8-11-2005, *DJ*, 28-11-2005, p. 190).

Há quem afirme que são presentes e futuros aqueles bens pertencentes ao devedor a partir do momento em que foi contraída a obrigação, isto é, tanto os bens existentes ao tempo da constituição da dívida como os adquiridos posteriormente. O que importa, a rigor, são os bens (ainda e já) existentes ao tempo da execução – ainda que adquiridos depois de assumida.[8]

Respondem os bens presentes em seu patrimônio no momento de executar, os adquiridos no momento da constituição da obrigação e os adquiridos depois disso.[9]

Outros autores afirmam serem os bens que respondem pela obrigação aqueles que venham a integrar seu patrimônio desde o momento da instauração da execução – os bens que incorporem ou passem a incorporar seu patrimônio daí em diante.[10]

Na verdade, toda essa discussão parece mais um jogo de palavras, pois o sentido dado à norma por todos eles parece ser o mesmo: respondem pela execução bens que integrem o patrimônio do devedor quando da sua realização – pouco importando quando foram adquiridos, se antes ou depois da constituição da obrigação, se antes ou depois de iniciada a atividade executiva.

Acrescentam à letra da lei que também respondem os bens pretéritos (transferidos para terceiro antes da execução), que tenham sido dados em garantia real (penhor ou hipoteca) ao credor ou alienados em fraude à execução ou fraude contra credores.[11]

Essa regra de sujeição dos bens do devedor à execução (art. 591) deve ser combinada com o art. 592, III,[12] que a complementa. Da leitura conjunta dos dispositivos se extrai: respondem pela execução os bens do devedor, ainda que em "poder" (posse ou detenção) de terceiros. O texto do § 1º do art. 659, CPC é bastante claro: "§ 1º Efetuar-se-á a penhora onde quer que se encontrem os bens, ainda que sob a posse, detenção ou guarda de terceiros".

Assim, verifica-se que a regra geral é a responsabilidade incidindo sobre os bens que integram o patrimônio do executado no momento da

---

8 Assis (2002, p. 199).

9 Theodoro Júnior (2009b, p. 178).

10 Marinoni e Arenhart (2007, p. 252-253).

11 Dinamarco (2009b, p. 329).

12 Art. 592, CPC: "ficam sujeitos à execução os bens: [...][...] III- do devedor, quando em poder de terceiros".

instauração da execução (bens presentes) e os que venham a ser adquiridos no curso do processo (bens futuros). No que tange aos bens passados que foram retirados do devedor antes de iniciado o processo executivo ficam, a princípio, excluídos da responsabilidade, excepcionando-se, aqui, os bens sobre os quais já se havia praticado algum ato de asseguração de penhora, como a hipoteca e os bens alienados fraudulentamente.

Em caso de detenção, não há qualquer restrição à atividade executiva sobre bem. O detentor é mero instrumento da posse do proprietário/devedor.

Já nos casos de posse, é preciso aferir se o novo dono tem o direito de tomar posse do terceiro ou não. Em caso de posse decorrente de vinculo contratual (como locação, comodato ou arrendamento), o terceiro possuidor deve ter seus direitos respeitados, nos limites da lei e de possíveis cláusulas contratuais.[13]

Existe controvérsia, no entanto, quando se trata de posse direta exercida por promissário. Registrada a promessa de compra e venda, o promissário titulariza direito real oponível *erga omnes* e sua posse é exercida a esse título, sendo devida sua proteção em face dos atos de constrição executiva.

Mas, se não foi registrada a promessa, subsistem duas hipóteses: a) o promissário dispõe de direito obrigacional, não obstante se lhe confira legitimidade para embargos de terceiro (Súmula 84, STJ), cujo êxito depende da demonstração de existência de direito incompatível com a pretensão executiva; b) mas, se ajuizou a ação prevista no art. 466-B, pleiteando a execução especifica da prestação de declarar vontade contida no contrato preliminar, qualquer penhora posterior será ineficaz diante desse direito já deduzido.[14]

Em nenhum caso, há simples posse imediata. Há posse com ânimo de propriedade, o que diferencia a situação.

5.3 FRAUDE À EXECUÇÃO E FRAUDE CONTRA CREDORES

O patrimônio do devedor é a garantia de satisfação do direito do credor, o que, porém, não impede que os bens sejam do patrimônio de terceiro,

13 Assis (2002, p. 203-204).

14 Assis (2002, p. 204).

desde que haja previsão, e sua ulterior alienação. Assim, qualquer alienação ou oneração de bens representa um potencial risco à execução, que pode vir a ser frustrada por tais atos.

Como mencionam Luiz Guilherme Marinoni e Sérgio Cruz Arenhart:[15]

> Buscando um equilíbrio entre as duas necessidades – a proteção dos credores e o prosseguimento da vida do devedor –, o ordenamento jurídico fixa condições para a validade e eficácia do negócio jurídico (que implique ônus sobre o patrimônio) praticado pelo executado e, *a contrario sensu*, estabelecem situações em que se presume o prejuízo aos credores com a consequente invalidade ou ineficácia do negocio jurídico diante da execução. Tem-se na fraude contra credores e na fraude à execução dois dos exemplos mais eloquentes destes instrumentos.

A fraude contra credores é instituto de direito material e tem sua previsão no art. 158, CC, quando o executado, dolosamente, aliena a integralidade de seu patrimônio para frustrar o pagamento dos credores.

Para a caracterização da fraude contra credores devem estar presentes os seguintes requisitos: a existência de dano aos credores, isto é, a alienação ou oneração do bem ocasiona a insolvência do devedor (*eventus damni*) e o propósito de fraudar os créditos por meio do negocio jurídico com a ciência do terceiro beneficiário (*consilium fraudis*).

Contudo, há quem afirme que o *consilium fraudis* não constitui mais elemento caracterizador da fraude contra credores, sendo relevante apenas para caracterizar o tipo penal do art. 168 da Lei n. 11.101/2005. De acordo com esse raciocínio, para a fraude contra credores, bastaria, então, que a disposição do patrimônio ensejasse a insolvência do devedor.

Nesse instituto, violam-se interesses privados dos seus credores, o que dá a essa figura tratamento menos severo do que o dispensado à fraude à execução. Portanto, a fraude contra credores constitui hipótese de anulabilidade do negócio jurídico.

O reconhecimento da fraude contra credores ocorre por meio da ação pauliana, quando é ônus do autor (credor quirografário) da ação pauliana demonstrar a existência de tais requisitos, não se presumindo sua existência.

15 Marinoni e Arenhart (2007, p. 259).

Reconhecida a fraude contra credores, não haverá a nulidade do ato entre o devedor e o terceiro, mas apenas sua ineficácia perante o credor.

Já a fraude à execução é vício muito mais grave, que afeta diretamente a autoridade do Estado concretizada no exercício jurisdicional.

Seu reconhecimento depende da existência de uma ação contemporânea ao ato de diminuição patrimonial. Portanto, a fraude à execução não se limita a gerar efeito no campo processual, sendo também tipificada como delito (art. 179, CP).

Pode ser reconhecida nos próprios autos, através de mera petição, sendo desnecessária a ação pauliana, como no caso da fraude contra credores.

A lei dispensa a prova da intenção de fraudar (*consilium fraudis*). Bastará a ocorrência do fato – estabelecido em lei – para estar configurada a fraude à execução.

O art. 593, CPC dispõe sobre a fraude á execução, entendendo-a ocorrente na alienação ou oneração de bens: "I – quando sobre eles pender ação fundada em direito real; II – quando, ao tempo da alienação ou oneração, corria contra o devedor demanda capaz de reduzi-lo à insolvência; III – nos demais casos expressos em lei". Em qualquer desses casos há presunção de prejuízo ao credor e de má-fé do devedor, dispensando-se a prova desses requisitos.

O art. 593, I, CPC, que tipifica a fraude à execução, menciona que ocorre a alienação ou oneração fraudulenta quando pendente a ação fundada em direito real e é reflexo do direito de sequela. Nesse caso, a configuração da fraude à execução independe da caracterização do estado de insolvência do devedor, pois a alienação ou a oneração diz respeito a bem sobre o qual pende ação fundada em direito real.

A hipótese do inciso II do art. 593 prevê que o devedor que aliena ou onera seus bens, ciente de demanda capaz de reduzi-lo à insolvência, está agindo para fraudar a execução.

Contudo, questão controvertida é o momento inicial para a caracterização da fraude à execução, diante da vagueza da redação desse dispositivo. Para uma parcela da doutrina,[16] basta a existência de um processo capaz de reduzir o devedor à insolvência para que a transferência seja frau-

16 Silva (2007).

dulenta. Já para outra parte da doutrina,[17] só poderá ocorrer após o início de uma execução, seja ela processo autônomo de execução ou cumprimento de sentença, posição esta que nos parece mais acertada. Por fim, para uma terceira corrente[18] não basta a alienação no curso da execução, devendo o executado ter sido citado.

Para a aplicação das consequências decorrentes da caracterização da fraude à execução, deve haver a ciência da demanda por parte do adquirente ou do terceiro beneficiário.

A Lei n. 11.382/2006, ao inserir o art. 615-A no CPC, previu que "o exequente poderá no ato da distribuição, obter certidão comprobatória do ajuizamento da execução, com identificação das partes e valor da causa, para fins de averbação no registro de imóveis, registro de veículos ou registro de outros bens sujeitos à penhora ou arresto". Essa conclusão já estava no verbete n. 375 do STJ, que preceitua que: "o reconhecimento da fraude de execução depende do registro da penhora do bem alienado ou da prova de má-fé do terceiro adquirente".

Tal dispositivo abrange não apenas a execução de título extrajudicial como também a ação de execução de título judicial e, inclusive, a execução da sentença condenatória que se processa como fase do processo. Neste último caso, embora não se possa "obter certidão comprobatória do ajuizamento da execução" (art. 615-A, *caput*), o exequente pode requerer certidão que comprove o requerimento da execução.

Somente após a efetivação da averbação, presume-se em fraude à execução a alienação ou a oneração de bens realizada a partir daí, incumbindo ao exequente comunicar ao juízo a efetivação da averbação, no prazo de dez dias da sua concretização (art. 615-A, *caput* e §§ 1º e 3º).[19]

O requerente da execução da sentença pode requerer a averbação da certidão no registro de imóveis, no registro de veículos ou no registro de outros bens sujeitos à penhora ou arresto. A única distinção é a de que, nessa hipótese, a certidão não é requerida ao distribuidor, mas, sim, ao cartório do juízo em que se processa a fase executiva.

17 Fux (2009, p. 99).

18 Câmara (2010, p. 220).

19 O exequente responderá por má-fé processual quando promover averbação manifestamente indevida, devendo indenizar o devedor – nos termos do art. 18, § 2º, CPC – em autos apartados à execução (art. 615-A, § 4º, CPC).

5.4 ALIENAÇÃO DE BEM PENHORADO

A alienação ou oneração do bem penhorado, embora não referida expressamente na legislação processual, é considerada pela maior parte da doutrina uma "espécie" de fraude à execução, ainda mais grave do que aquelas previstas no art. 593, CPC, porque o bem alienado já estava constrito, vinculado à execução.[20]

Embora o CPC não cuide do tema expressamente, qualquer ato de disposição desse bem será totalmente ineficaz para execução, sob pena de aniquilação da efetividade e a autoria da prestação jurisdicional.[21]

Para que reste caracterizada a fraude à execução em virtude de alienação ou oneração de bem penhorado, não se exige a prova da insolvência do devedor decorrente da venda, basta que tenha sido realizada a penhora e que haja evidência da alienação do bem constrito.

A fraude à alienação poderá ser alegada por mera petição nos autos e, uma vez reconhecida, será declarada a ineficácia da transferência perante o credor.

Enquanto não registrada a penhora, a presunção de fraude é relativa, admitindo-se que o adquirente comprove que dela não tinha, nem razoavelmente dele se poderia exigir, que tivesse conhecimento. Por isso, é fundamental dar a máxima publicidade à penhora.

O registro não é exigido para o aperfeiçoamento da penhora, mas apenas para sua oponibilidade incondicionada *erga omnes*.

O principal problema ainda é a comprovação da ciência da penhora pelo terceiro.

Nesses casos em que o gravame não foi levado a registro, há fraude à execução quando se tem prova de que o terceiro adquirente sabia ou deveria saber da sua existência. E o ônus da prova recai sobre o credor que alegou a fraude.[22]

Mecanismo interessante e de grande importância prática foi previsto em nosso ordenamento pela Lei n. 11.382/2006, que inseriu o art. 615-A no CPC.

Esse dispositivo tem o objetivo de conferir maior proteção ao exequente, permitindo que, quando do ajuizamento da petição inicial exe-

---

20 Dinamarco (2009b, p. 371 e 398); Theodoro Júnior (2009b, p. 207).

21 Didier Jr. (2009, p. 311).

22 Didier Jr. (2009, p. 312).

cutória, obtenha uma certidão comprobatória desse ajuizamento, com o objetivo de averbá-la no Registro competente dos bens sujeitos à penhora ou arresto. Trata-se, na verdade, de forma de antecipação dos efeitos da penhora, que passam a retroagir ao momento da distribuição da ação.

De acordo o § 3º do art. 615-A, se houver alienação ou oneração posteriores à averbação, presumir-se-á a fraude. Já no caso de abuso de direito por parte do credor, com a averbação indevida, o executado fará jus a uma indenização na forma do § 4º.

5.5 REGISTRO DA PENHORA E SUA FINALIDADE

O art. 659, § 4º, CPC estabelece que, para haver "presunção absoluta de conhecimento por terceiros" da ocorrência da penhora de bens imóveis, deve o exequente providenciar a sua averbação junto à matrícula do bem.

De acordo com o dispositivo, o registro é para gerar "presunção absoluta de conhecimento de terceiros". Percebe-se, então, que o registro da penhora de bens imóveis tem como finalidade sua publicidade. O registro impede, portanto, que eventual adquirente do bem venha a alegar desconhecimento da penhora.

O registro da penhora, de acordo com a referida regra, cabe ao exequente.[23] As despesas havidas com o registro são consideradas despesas processuais, devendo ser reembolsadas pelo executado.[24]

Já a ausência de registro faz presumir que se encontra de boa-fé o terceiro adquirente. Cumpre ao exequente desfazer tal presunção, demonstrando que o terceiro conhecia a penhora que incidia sobre o bem.[25]

Assim, no caso de alienação de bem penhorado, sendo a penhora levada a registro, tal alienação é ineficaz em relação ao exequente; ausente o registro, deverá o exequente demonstrar que o terceiro adquirente conhecia a penhora.[26]

---

23 STJ, 2ª T., REsp 178.016-RS, rel. Min. Eliana Calmon, *DJ*, 1º-12-2002.

24 STJ, 2ª T.,.REsp 300.044-SP, rel. Min. Menezes Direito, *DJ*, 25-2-2002.

25 Nesse sentido: STJ, 4ª T., REsp 753.384, rel. Des. Convocado Honildo Castro, *DJ*, 7-10-2010.

26 Medina (2008, p. 147).

5.6 O PROJETO DO NOVO CPC

CPC ATUAL	PROJETO DO NCPC (PL N. 8.046/2010)
Art. 591. O devedor responde, para o cumprimento de suas obrigações, com todos os seus bens presentes e futuros, salvo as restrições estabelecidas em lei.	**Art. 747.** O devedor responde, para o cumprimento de suas obrigações, com todos os seus bens presentes e futuros, salvo as restrições estabelecidas em lei.
Art. 592. Ficam sujeitos à execução os bens: I – do sucessor a título singular, tratando-se de execução fundada em direito real ou obrigação reipersecutória; (Redação dada pela Lei n. 11.382, de 2006) II – do sócio, nos termos da lei; III – do devedor, quando em poder de terceiros; IV – do cônjuge, nos casos em que os seus bens próprios, reservados ou de sua meação respondem pela dívida; V – alienados ou gravados com ônus real em fraude de execução.	**Art. 748.** Ficam sujeitos à execução os bens: I – do sucessor a título singular, tratando-se de execução fundada em direito real ou obrigação reipersecutória; II – do sócio, nos termos da lei; III – do devedor, ainda que em poder de terceiros; IV – do cônjuge ou companheiro, nos casos em que os seus bens próprios ou de sua meação respondem pela dívida; V – alienados ou gravados com ônus real em fraude à execução; VI – cuja alienação ou gravação com ônus real tenha sido anulada em razão do reconhecimento, em ação própria, de fraude contra credores.
Art. 593. Considera-se em fraude de execução a alienação ou oneração de bens: I – quando sobre eles pender ação fundada em direito real; II – quando, ao tempo da alienação ou oneração, corria contra o devedor demanda capaz de reduzi-lo à insolvência; III – nos demais casos expressos em lei.	**Art. 749**. Considera-se fraude à execução a alienação ou a oneração de bens: I – quando sobre eles pender ação fundada em direito real ou obrigação reipersecutória, desde que haja registro público; II – quando sobre eles existir a averbação da existência da ação, na forma do art. 785; III – quando sobre eles existir registro de hipoteca judiciária ou de ato de constrição judicial originário da ação onde foi arguida; IV – quando, ao tempo da alienação ou oneração, corria contra o devedor ação capaz de reduzi-lo à insolvência; V – nos demais casos expressos em lei. Parágrafo único. Não havendo registro, o terceiro adquirente tem o ônus da prova de que adotou as cautelas necessárias para a aquisição, mediante a exibição das certidões pertinentes, obtidas no domicílio do vendedor e no local onde se encontra o bem.

CPC ATUAL	PROJETO DO NCPC (PL N. 8.046/2010)
Art. 594. O credor, que estiver, por direito de retenção, na posse de coisa pertencente ao devedor, não poderá promover a execução sobre outros bens senão depois de excutida a coisa que se achar em seu poder.	**Art. 750.** O exequente que estiver, por direito de retenção, na posse de coisa pertencente ao devedor não poderá promover a execução sobre outros bens senão depois de excutida a coisa que se achar em seu poder.
Art. 595. O fiador, quando executado, poderá nomear à penhora bens livres e desembargados do devedor. Os bens do fiador ficarão, porém, sujeitos à execução, se os do devedor forem insuficientes à satisfação do direito do credor. Parágrafo único. O fiador, que pagar a dívida, poderá executar o afiançado nos autos do mesmo processo.	**Art. 751.** O fiador, quando executado, tem o direito de exigir que primeiro sejam executados os bens do devedor situados na mesma comarca, livres e desembargados, indicando-os à penhora. § 1º Os bens do fiador ficarão sujeitos à execução se os do devedor, situados na mesma comarca que os seus, forem insuficientes à satisfação do direito do credor. § 2º O fiador que pagar a dívida poderá executar o afiançado nos autos do mesmo processo.
Art. 596. Os bens particulares dos sócios não respondem pelas dívidas da sociedade senão nos casos previstos em lei; o sócio, demandado pelo pagamento da dívida, tem direito a exigir que sejam primeiro excutidos os bens da sociedade. § 1º Cumpre ao sócio, que alegar o benefício deste artigo, nomear bens da sociedade, sitos na mesma comarca, livres e desembargados, quantos bastem para pagar o débito. § 2º Aplica-se aos casos deste artigo o disposto no parágrafo único do artigo anterior.	**Art. 752.** Os bens particulares dos sócios não respondem pelas dívidas da sociedade, senão nos casos previstos em lei. § 1º O sócio demandado, quando responsável pelo pagamento da dívida da sociedade, tem o direito de exigir que primeiro sejam excutidos os bens da sociedade. § 2º Incumbe ao sócio que alegar o benefício do § 1º nomear quantos bens da sociedade situados na mesma comarca, livres e desembargados bastem para pagar o débito. § 3º O sócio que pagar a dívida poderá executar a sociedade nos autos do mesmo processo. § 4º Para a desconsideração da personalidade jurídica é obrigatória a observância do incidente previsto neste Código.
Art. 597. O espólio responde pelas dívidas do falecido; mas, feita a partilha, cada herdeiro responde por elas na proporção da parte que na herança lhe coube.	**Art. 753.** O espólio responde pelas dívidas do falecido, mas, feita a partilha, cada herdeiro responde por elas dentro das forças da herança e na proporção da parte que lhe coube.

O projeto do novo Código traz poucas alterações na responsabilidade patrimonial. O primeiro artigo do projeto, 747, reproduz o art. 591 do

Código atual, prevendo que todos os bens presentes e futuros responderão pela obrigação. A única exceção são as restrições previstas em lei e, aqui, o grande exemplo é o bem de família, tratado pelo direito civil, que, como regra, é impenhorável, embora o próprio legislador excepcione hipóteses em que pode ser penhorado.

O art. 748 do projeto traz o rol de bens que, mesmo em poder de terceiros, estão sujeitos à execução. Tratar-se-ia de mera reprodução do art. 592 do Código atual se não fosse o acréscimo de um inciso VI, acrescentando a esse rol os bens cuja alienação ou gravação com ônus real tenha sido anulada em razão do reconhecimento, em ação própria, de fraude contra credores.

O art. 749 traz as hipóteses de fraude à execução, esmiuçando a previsão do atual 593, CPC, que trata das hipóteses em apenas três incisos, e incluindo outras hipóteses como fraude à execução. O primeiro inciso do projeto traz as ações fundadas em direito real (inciso I do atual 1.593) e acrescenta a obrigação reipersecutória, desde que haja registro público, a fim de assegurar que o registro concederia publicidade àquela situação.

O inciso II trata de bens quando houver averbação da existência de ação e o inciso III quando sobre eles existir registro de hipoteca judiciária ou de ato de constrição judicial originário da ação onde foi arguida. O IV inciso apenas reproduz o inciso II do art. 593 do atual CPC e o último inciso do projeto, o inciso V, reproduz a técnica do atual CPC, deixando a possibilidade de a lei prever outras hipóteses de fraude à execução.

O parágrafo único do mesmo artigo do projeto traz regra importante relativa ao registro: o registro é responsável por trazer publicidade aos atos, a presunção de conhecimento.

Contudo, em uma postura extremamente rígida, o projeto prevê que, mesmo não havendo registro, ou seja, não havendo publicidade do ato, caberia ao terceiro adquirente a prova de sua boa-fé, de que adotou as cautelas necessárias para sua aquisição.

Ou seja: ainda que não haja registro, que não haja publicidade àquele ato, o projeto adota postura rigorosa o ônus de imputar ao terceiro adquirente a prova de que adquiriu de boa-fé, sem saber que aquele bem foi alienado com o objetivo de não garantir a execução. Trata-se de prova difícil, que mereceria uma análise mais cautelosa, que o legislador imputou ao terceiro em prol de garantir a efetividade da execução, com a satisfação do crédito.

O art. 750 do projeto apenas reproduz o já abordado art. 594, apenas trocando a nomenclatura credor por exequente. Já o artigo seguinte do projeto, o 751, trata do fiador, transformando a redação do art. 595 do atual Código em *caput* e dois parágrafos. O dispositivo trata do fiador, que poderá nomear bens do devedor à execução antes de garantir a dívida. Pagando a dívida com seu patrimônio, o fiador poderá executar o afiançado nos autos do mesmo processo.

Valendo-se de técnica semelhante à relatada, o art. 752 trata dos bens particulares dos sócios, que só respondem pelas dívidas das sociedades em situações excepcionais e previstas em lei, sendo regra que os bens particulares dos sócios não garantirão as dívidas da sociedade.

O sócio demandado no processo de execução tem o direito de exigir que primeiro sejam excutidos os bens da sociedade, sendo que o sócio que pagar a dívida tem autorização legal de executar a sociedade nos mesmos autos.

Por fim, o projeto inova ao prever que, no caso de desconsideração da personalidade da pessoa jurídica, quando a execução atinge os sócios, deve-se observar o incidente de desconsideração da personalidade, que abordamos quando da análise do processo de conhecimento e a ele remetemos.

Já o último artigo do projeto, o art. 753, reproduzindo o art. 597 do atual CPC, trata da responsabilidade do espólio, que responde pelas dívidas do falecido. Contudo, se feita a partilha, cada herdeiro responderá pelas dívidas desde que respeitado o limite de seu quinhão, não se podendo cobrar dívidas que ingressem no patrimônio pessoal de cada herdeiro.

CAPÍTULO 6

Espécies de execução

6.1 NOÇÕES GERAIS

Essa parte já foi tratada quando do cumprimento de sentença, em que antes trouxemos considerações relevantes sobre a natureza da obrigação e sobre a natureza do título. Agora, retomaremos algumas noções essenciais para a compreensão do tema, remetendo o leitor a uma leitura conjunta entre cumprimento de sentença e processo de execução.

O direito brasileiro segue o princípio da execução específica: o juiz deve dar ao exequente exatamente o que o exequente espera da prestação jurisdicional.

Por força do novo regime imposto pela Lei n. 11.232/2005 e em seguida pela Lei n. 11.382/2006, leis que reformaram o processo de execução, têm-se regimes diferenciados de procedimentos quanto à natureza do título, que pode ser judicial (art. 475-N, CPC), inaugurando uma etapa denominada cumprimento de sentença, se o título for formado no juízo, ou extrajudicial (art. 585, CPC), se for formado fora dele.

A diferença é que, na execução extrajudicial, como o título surge pela primeira vez em juízo, é lícito ao executado, em embargos, arguir toda a matéria que lhe seria lícito deduzir no processo de conhecimento (art. 745, CPC), enquanto na execução judicial, sendo o título formado por processo de cognição antecedente, seja ele processo de conhecimento ou de liquidação, a preclusão impede que se invoquem questões supervenientes ao trânsito em julgado da sentença, salvo a falta de citação no processo.

Cada título, judicial ou extrajudicial, consubstancia uma prestação e, quanto à natureza dessa prestação constante no título, correspondem procedimentos adequados a alcançar o resultado desejado, que apresentam suas próprias características e admitem mais de uma modalidade. São eles:

1) Execução para a entrega de coisa.
2) Execução das obrigações de fazer ou não fazer.
3) Execução por quantia certa.

Assim, pode-se perceber que o CPC regula o processo de execução, em duas partes: uma parte geral, aplicável a qualquer espécie de execução, e, outra, que trata, especificamente, das diversas espécies de execução. Trataremos, em seguida, do das diversas espécies de execução, conforme a natureza da prestação a ser obtida do devedor.

6.2 CLASSIFICAÇÃO DE ACORDO COM A NATUREZA DA OBRIGAÇÃO

Urge, inicialmente, distinguir a obrigação de dar e a de fazer, até porque os procedimentos executivos são diversos. Se se tratar de obrigação de dar, o procedimento executivo será o previsto nos arts. 621 e 631, CPC. Por outro lado, se se tratar de obrigação de fazer, o procedimento executório será o previsto nos arts. 632 e 638, CPC.

Dentre os vários critérios distintivos da obrigação de dar e de fazer, um deve ser destacado. Deve ser destacado, de fato, pela sua utilidade pragmática e facilitadora da distinção. Esse critério tem por base a existência ou não do objeto da prestação.

Na obrigação de dar, o objeto da prestação já foi previamente confeccionado. Na obrigação de fazer, o objeto da prestação ainda vai ser confeccionado. Há também a obrigação de não fazer permanente e instantânea.

A obrigação de não fazer é uma obrigação do tipo negativa, isto é, trata-se de uma obrigação que implica uma abstenção por parte do devedor. Imagine a obrigação que tem o devedor de abrir um fundo de comércio em uma determinada localidade. No não fazer do tipo permanente, mesmo havendo descumprimento da obrigação, haverá a possibilidade de se retornar ao estado anterior, ou seja, ao *statu quo ante*.

De outro lado, tem-se, ainda, o não fazer do tipo instantâneo. No não fazer do tipo instantâneo, havendo descumprimento da obrigação, não haverá a possibilidade de se volver, de se retroceder ao estado anterior. Há, de fato, uma impossibilidade física de retorno ao *statu quo ante*.

6.3 CLASSIFICAÇÃO DE ACORDO COM A NATUREZA DO TÍTULO (JUDICIAL OU EXTRAJUDICIAL)

Tendo sido proferida uma sentença condenatória, ou existindo contrato entre as partes, e, ademais disto, não tendo o condenado ou devedor satisfeito voluntariamente a sanção imposta naqueles, poderá o credor requerer a execução da sentença ou título extrajudicial.

Dos títulos executivos, judiciais ou extrajudiciais, consta a sanção cabível à hipótese de inadimplemento da obrigação por parte do devedor. Esta será aplicada por intermédio do órgão jurisdicional competente, por via do processo denominado execução forçada, ou simplesmente execução.

O título executivo, pressuposto lógico imprescindível do processo de execução, permite a identificação da obrigação assumida pelo executado e, consequentemente, a determinação da espécie de execução a ser levada a efeito pelo credor. Sendo a obrigação de dar, será cabível a execução para entrega de coisa; se obrigação de prestar fato, execução de obrigação de fazer; se obrigação de pagar soma em dinheiro, execução por quantia certa.

Como dito acima, as prestações positivas, também chamadas obrigações de fazer, podem ser de natureza fungível, quando a sua satisfação pode ser levada a efeito por outra pessoa que não o devedor, ou infungível, a qual somente poderá ser realizada por ato do próprio devedor.

Fungível ou infungível a obrigação de fazer, resultando ela de um título judicial ou extrajudicial, citado o devedor para satisfazer a obrigação, no prazo assinalado na sentença ou constante do próprio título extrajudicial, sendo ela por ele satisfeita, se dá a extinção do processo de execução pelo mérito.

Não satisfazendo o devedor a obrigação fungível no prazo fixado, ao credor é dado, nos próprios autos, requerer a sua execução específica, quando então será ela executada por terceira pessoa às custas do devedor, ou pedir a sua conversão em perdas e danos, o que converte a ação executiva em indenizatória.

Nesta última hipótese, liquidado o valor das perdas e danos, segue-se a execução por quantia certa.

Na hipótese de execução de obrigação de fazer fungível, não há de se falar em *astreintes*, posto que pode ser ela satisfeita por ato de terceira pessoa às custas do devedor, não se justificando, assim, a medida coativa. Já no caso das obrigações de fazer infungíveis, aí, sim, tem cabimento o pedido de fixação de *astreintes*, posto que apenas e tão somente o devedor poderá praticar o ato objeto da obrigação inadimplida. Aqui, a prática do ato por terceira pessoa não tem o condão de dar por satisfeita a obrigação.

As obrigações de fazer infungíveis são aquelas que somente se cumprem caso o ato a ser praticado seja levado a efeito pelo próprio obrigado. Dessa forma, é quase sempre impossível se obter o cumprimento específico da obrigação sem que se possa contar com a colaboração da vontade do devedor.

Como forma de quebrar a resistência do obrigado em cumprir o avençado, poderá o credor pedir a fixação de multa por dia de atraso, denominada *astreintes*.

Estas não se constituem em meio de se obter reparação dos danos decorrentes do inadimplemento, mas, antes, meio de coação que visa convencer o devedor a cumprir a obrigação. Dessa forma, ao contrário do art. 1.005, CPC, revogado, não há limite para o valor a ser atingido pelas *astreintes*, posto que possuem natureza coativa, e não indenizatória.

A outra opção possível dada ao credor de obrigação infungível é pedir a sua conversão em perdas e danos, quando o processo de execução prosseguirá na modalidade execução por quantia certa.

Em relação às obrigações de emitir declaração de vontade, espécies do gênero obrigações de fazer, o desejo do credor com a execução é de se ver posto na posição jurídica que adviria da emissão daquela, de forma que é perfeitamente possível que, sem violência à liberdade do devedor, se obtenha resultado equivalente àquela declaração de vontade recusada. Para tanto basta que se atribua a outro ato, a ser praticado por terceiro, a mesma eficácia jurídica atribuída à declaração de vontade do devedor.

Assim sendo, o novo instituto da tutela específica das obrigações de fazer e não fazer, previsto no CPC, em seu art. 641, atribui à sentença a ser proferida na execução de obrigação de emitir declaração de vontade, com trânsito em julgado, os mesmos efeitos da declaração de vontade recusada. Ocorre aqui uma pura equiparação de efeitos entre a declaração de vontade não emitida e a sentença a ser proferida pelo juiz.

Essa equiparação de efeitos traz algumas consequências de ordem processual. É sabido que as *astreintes* são devidas ou podem ser pleiteadas sempre que se vise ao cumprimento de obrigação de fazer ou não fazer.

Ao atribuir à sentença de procedência, com trânsito em julgado, os mesmos efeitos da declaração de vontade recusada, está-se possibilitando ao credor a satisfação integral da obrigação inadimplida. Dessa forma, nada mais resta a ser exigido do devedor, não existindo, pois, qualquer justificativa para a cominação de multa por dia de atraso pelo inadimplemento da obrigação, esta já satisfeita pelo trânsito em julgado da sentença de procedência.

Somente quando for impossível ao credor obter com a sentença efeitos idênticos aos da declaração de vontade recusada é que surgirá para aquele o interesse na cominação das *astreintes*, que visam unicamente coagir o devedor a adimplir a obrigação motivo do processo.

6.4 O PROJETO DO NOVO CPC (PL N. 8.046/2010)

CPC ATUAL	PROJETO DO NCPC (PL N. 8.046/2010)
Art. 612. Ressalvado o caso de insolvência do devedor, em que tem lugar o concurso universal (art. 751, III), realiza-se a execução no interesse do credor, que adquire, pela penhora, o direito de preferência sobre os bens penhorados.	**Art. 754.** Realiza-se a execução no interesse do credor que adquire, pela penhora, o direito de preferência sobre os bens penhorados.
Art. 613. Recaindo mais de uma penhora sobre os mesmos bens, cada credor conservará o seu título de preferência.	Parágrafo único. Recaindo mais de uma penhora sobre os mesmos bens, cada credor conservará o seu título de preferência.
Art. 614. Cumpre ao credor, ao requerer a execução, pedir a citação do devedor e instruir a petição inicial: I – com o título executivo extrajudicial; (Redação dada pela Lei n. 11.382, de 2006). II – com o demonstrativo do débito atualizado até a data da propositura da ação, quando se tratar de execução por quantia certa; (Redação dada pela Lei n. 8.953, de 13.12.1994) III – com a prova de que se verificou a condição, ou ocorreu o termo (art. 572). (Incluído pela Lei n. 8.953, de 13.12.1994)	**Art. 755.** Cumpre ao credor, ao requerer a execução: I – instruir a petição inicial com: *a*) o título executivo extrajudicial; *b*) o demonstrativo do débito atualizado até a data da propositura da ação, quando se tratar de execução por quantia certa; *c*) a prova, se for o caso, de que se verificou a condição ou ocorreu o termo; *d*) a prova, se for o caso, de que adimpliu a contraprestação que lhe corresponde ou que lhe assegura o cumprimento, se o executado não for obrigado a satisfazer a sua

CPC ATUAL	PROJETO DO NCPC (PL N. 8.046/2010)
	prestação senão mediante a contraprestação do credor. II – indicar a espécie de execução que prefere, quando por mais de um modo puder ser efetuada; III – pedir a citação do devedor. Parágrafo único. O demonstrativo do débito deverá conter: I – o nome completo, o número do cadastro de pessoas físicas ou do cadastro nacional de pessoas jurídicas do exequente e do executado; II – o índice de correção monetária adotado; III – a taxa dos juros de mora aplicada; IV – o termo inicial e o termo final dos juros e da correção monetária utilizados; V – especificação dos eventuais descontos obrigatórios realizados.
Art. 615. Cumpre ainda ao credor: I – indicar a espécie de execução que prefere, quando por mais de um modo pode ser efetuada; II – requerer a intimação do credor pignoratício, hipotecário, ou anticrético, ou usufrutuário, quando a penhora recair sobre bens gravados por penhor, hipoteca, anticrese ou usufruto; III – pleitear medidas acautelatórias urgentes; IV – provar que adimpliu a contraprestação, que lhe corresponde, ou que lhe assegura o cumprimento, se o executado não for obrigado a satisfazer a sua prestação senão mediante a contraprestação do credor. *Sem correspondente.*	**Art. 756.** Cumpre ainda ao credor: I – requerer a intimação do credor pignoratício, hipotecário, anticrético ou usufrutuário, quando a penhora recair sobre bens gravados por penhor, hipoteca, anticrese ou usufruto; II – pleitear, se for o caso, medidas urgentes; III – indicar, querendo, os bens a serem penhorados; IV – proceder à averbação em registro público, para conhecimento de terceiros, do ato de ajuizamento da execução e dos atos de constrição realizados. **Art. 757.** Nas obrigações alternativas, quando a escolha couber ao devedor, este será citado para exercer a opção e realizar a prestação dentro de dez dias, se outro prazo não lhe foi determinado em lei ou no contrato. § 1º Devolver-se-á ao credor a opção, se o devedor não a exercitou no prazo marcado. § 2º Quando couber ao credor, a escolha será feita na petição inicial da execução.

CPC ATUAL	PROJETO DO NCPC (PL N. 8.046/2010)
Art. 615-A. O exequente poderá, no ato da distribuição, obter certidão comprobatória do ajuizamento da execução, com identificação das partes e valor da causa, para fins de averbação no registro de imóveis, registro de veículos ou registro de outros bens sujeitos à penhora ou arresto. (Incluído pela Lei n. 11.382, de 2006) § 1º O exequente deverá comunicar ao juízo as averbações efetivadas, no prazo de 10 (dez) dias de sua concretização. (Incluído pela Lei n. 11.382, de 2006) § 2º Formalizada penhora sobre bens suficientes para cobrir o valor da dívida, será determinado o cancelamento das averbações de que trata este artigo relativas àqueles que não tenham sido penhorados. (Incluído pela Lei n. 11.382, de 2006) § 3º Presume-se em fraude à execução a alienação ou oneração de bens efetuada após a averbação (art. 593). (Incluído pela Lei n. 11.382, de 2006) § 4º O exequente que promover averbação manifestamente indevida indenizará a parte contrária, nos termos do § 2º do art. 18 desta Lei, processando-se o incidente em autos apartados. (Incluído pela Lei n. 11.382, de 2006) § 5º Os tribunais poderão expedir instruções sobre o cumprimento deste artigo. (Incluído pela Lei n. 11.382, de 2006)	***Observar o capítulo sobre responsabilidade patrimonial.***
Art. 616. Verificando o juiz que a petição inicial está incompleta, ou não se acha acompanhada dos documentos indispensáveis à propositura da execução, determinará que o credor a corrija, no prazo de 10 (dez) dias, sob pena de ser indeferida.	**Art. 758.** Verificando que a petição inicial está incompleta ou que não está acompanhada dos documentos indispensáveis à propositura da execução, o juiz determinará que o credor a corrija, no prazo de dez dias, sob pena de ser indeferida.
Art. 617. A propositura da execução, deferida pelo juiz, interrompe a prescrição, mas a citação do devedor deve ser feita com observância do disposto no art. 219.	**Art. 759.** A citação válida interrompe a prescrição na execução, desde que seja realizada com observância ao disposto no § 2º do art. 209. Parágrafo único. A interrupção da prescrição retroagirá à data da propositura da ação.

CPC ATUAL	PROJETO DO NCPC (PL N. 8.046/2010)
Art. 618. É nula a execução: I – se o título executivo extrajudicial não corresponder à obrigação certa, líquida e exigível (art. 586); (Redação dada pela Lei n. 11.382, de 2006) II – se o devedor não for regularmente citado; III – se instaurada antes de se verificar a condição ou de ocorrido o termo, nos casos do art. 572.	**Art. 760.** É nula a execução se: I – o título executivo extrajudicial não corresponder à obrigação certa, líquida e exigível; II – o devedor não for regularmente citado; III – instaurada antes de se verificar a condição ou de ter ocorrido o termo. Parágrafo único. A nulidade de que cuida este artigo será pronunciada pelo juiz, de ofício ou a requerimento da parte, independentemente de embargos à execução.
Art. 619. A alienação de bem aforado ou gravado por penhor, hipoteca, anticrese ou usufruto será ineficaz em relação ao senhorio direto, ou ao credor pignoratício, hipotecário, anticrético, ou usufrutuário, que não houver sido intimado.	**Art. 761.** A alienação de bem aforado ou gravado por penhor, hipoteca, anticrese ou usufruto será ineficaz em relação ao senhorio direto ou ao credor pignoratício, hipotecário, anticrético ou usufrutuário que não houver sido intimado.
Art. 620. Quando por vários meios o credor puder promover a execução, o juiz mandará que se faça pelo modo menos gravoso para o devedor.	**Art. 762.** Quando por vários meios o credor puder promover a execução, o juiz mandará que se faça pelo modo menos gravoso para o devedor.

Antes de tratar de cada espécie de execução, o projeto, assim como o CPC atual, trazem algumas disposições gerais, comuns a todas as espécies. Essas disposições são tratadas ao longo de toda a parte de execução deste livro, já que trazem informações que constantemente precisam ser resgatadas para se compreender o processo de execução.

Contudo, para já trabalharmos com a sequência de disposições do NCPC, resolvemos colocar seu marco nesta parte. Destacamos, apenas, que essa leitura não esgota o assunto, devendo ser compreendido dentro do contexto de cada etapa do processo de execução, até porque tais disposições são o início do processo e poderão ter consequência, por exemplo, como ainda trataremos, na suspensão ou na extinção da execução.

O art. 754 do projeto trata da finalidade da execução, que analisamos logo nos primeiros capítulos desta parte: a satisfação do crédito do exequente. Para isso, o credor terá o direito de preferência sobre os bens penhorados.

O parágrafo único do mesmo artigo, com correspondente no atual 613, CPC, dispõe que, havendo mais de uma penhora sobre o mesmo bem, cada credor conserva seu direito de preferência.

O art. 755 trata das providências do credor ao requerer a execução. Sua petição inicial deve vir instruída com o título executivo extrajudicial que, como tratamos em capítulos anteriores, é requisito de validade da execução, o demonstrativo do débito e a prova de que a dívida é exigível, que, aliás, foi outro requisito já abordado da execução. Deve-se, ainda, informar a espécie de execução, quando mais de uma for cabível, e se requerer a citação do devedor. Destaque-se que, no parágrafo único, o projeto traz uma inovação importante: especifica o que deve conter o demonstrativo do débito, como forma de informar ao juiz o valor que se considera devido e verificar ao executado como se chegou aos valores devidos, para que ele pague ou ofereça defesa, contestando o débito.

Tal dispositivo deve ser cotejado com o art. 756 também do projeto, que, reproduzindo o art. 615, CPC atual, trata de outras incumbências do exequente.

O art. 757 do projeto prevê a escolha da obrigação para sua execução no caso de prestação alternativa.

O art. 758 do projeto, sem ser o equivalente do art. 615-A, deve ser observado quando do estudo da responsabilidade patrimonial. O equivalente do art. 758 do projeto é o art. 616, CPC atual, que traz a possibilidade de emenda da petição inicial no prazo de dez dias, sob pena de indeferimento, caso esteja incompleta.

O art. 759 do projeto, melhorando a redação do art. 617 do atual CPC, esclarece que é a citação válida que interrompe a prescrição, mas que, uma vez ocorrida a citação válida, o momento de interrupção retroagirá à propositura da ação.

O art. 760, reproduzindo o atual art. 618, trata de hipóteses de nulidade da execução. A primeira é se o título não corresponder à obrigação certa, líquida e exigível que, aliás, como já ressaltado, seria a falta de um dos requisitos da execução. A segunda é a falta de citação do devedor, que, inclusive, é um vício tão grave que possa ser alegado a qualquer tempo. Já o terceiro é se não ocorrida a condição ou termo, pois a dívida não será exigível. O parágrafo único do artigo permite que, dada a gravidade do vício, possa ser reconhecido de ofício pelo juiz.

Por fim, o art. 762 do projeto traz mais um dos princípios da execução: que a satisfação do crédito do exequente ocorra de forma menos gravosa para o executado.

CAPÍTULO 7

Execução para a entrega de coisa

7.1 EXECUÇÃO PARA ENTREGA DE COISA CERTA

7.1.1 Noções gerais

A execução para a entrega de coisa certa constitui forma de execução específica, para cumprimento de sanção que tenha por objeto dar alguma coisa. Embora se consiga, com a entrega da coisa, o cumprimento da norma preceptiva, a verdade é que ela se funda no preceito sancionador.

As obrigações de dar coisa certa agora são tratadas pelo sistema processual da mesma forma que as obrigações de fazer ou de não fazer, ou, no dizer de Cândido Rangel Dinamarco, agora estão inseridas no estatuto da execução específica, mas, como adverte o ilustre doutrinador, "somente no que há de útil e racional"[1] nesse estatuto.

Como os atos coativos tendem a operar a entrega de coisa certa, não há que confundir essa forma de execução com a que condena o devedor à entrega de dinheiro, em que os atos expropriatórios, para a transformação de bens em pecúnia, constituem a nota específica.

É irrelevante, nesse tipo de execução, que a condenação tenha por base *ius in re* do autor, ou *obligatio dandi*. Pressuposto da execução é a sentença condenatória, a qual poderá ter imposto a entrega em virtude da

1 Dinamarco (2002a, p. 245).

procedência da pretensão fundada em direito real ou o acolhimento de pretensão alicerçada em vínculo obrigacional.

Coisa certa é coisa infungível, aquele bem que não pode ser substituído por outro. É aquela coisa que possui caracteres próprios. É individualizada por suas características. Pode ser um imóvel, móvel ou semovente.[2] O devedor será acionado a fim de satisfazer a obrigação de entregar a coisa devida.

7.1.2 Processo de execução

A entrega da coisa pode ser determinada por um documento nos termos do art. 585, II, CPC, ou por um documento particular assinado pelo devedor e por duas testemunhas onde conste a entrega da coisa infungível. Se a obrigação de entregar determinada coisa consta no título executivo extrajudicial, o credor passa a ter o direito subjetivo de iniciar a execução citando o devedor e este para, dentro de dez dias, satisfazer a obrigação ou, seguro o juízo, apresentar os embargos, isto é, uma oposição ao título executivo (CPC, art. 621).

O juiz, por sua vez, ao despachar a inicial, poderá fixar multa por dia de atraso no cumprimento da obrigação, ficando o respectivo valor sujeito a alteração, caso se revele insuficiente ou excessivo (parágrafo único do art. 621).

Esse foi, sem dúvida, um grande avanço no sentido da efetividade da tutela jurisdicional, mas o legislador não concedeu ao juiz nenhum outro poder nesse caso, preferindo deixar a tutela daquele que possui um título extrajudicial mais tímida do que a tutela oferecida nas hipóteses em que o credor não possui um título executivo judicial.

Assim, por exemplo, no caso de execução por título extrajudicial, o Juiz pode aplicar multa, mas não pode ordenar a remoção de pessoas ou coisas na forma prevista no § 5º do art. 461.

O devedor poderá depositar a coisa, em vez de entregá-la, quando quiser embargar (CPC, art. 622). Depositada a coisa, o exequente não poderá

2 Bens imóveis são aqueles que não podem ser removidos sem que se altere sua substância. Bens móveis são aqueles que, sem alteração da substância, podem ser removidos. Se eles se deslocam por força própria, são chamados de semoventes.

levantá-la antes do julgamento dos embargos (CPC, art. 623). Se o executado entregar a coisa, lavrar-se-á o respectivo termo e dar-se-á por finda a execução, salvo se esta tiver de prosseguir para o pagamento de frutos ou ressarcimento de prejuízos (CPC, art. 624).

Não sendo a coisa entregue ou depositada, nem admitidos embargos suspensivos da execução, expedir-se-á, em favor do credor, mandado de imissão na posse ou de busca e apreensão, conforme se tratar de imóvel ou de móvel (CPC, art. 625). Alienada a coisa quando já litigiosa, expedir-se-á mandado contra o terceiro adquirente que somente será ouvido depois de depositá-la (CPC, art. 626).

O credor tem direito a receber, além de perdas e danos, o valor da coisa, quando esta não lhe for entregue, se deteriorou, não for encontrada ou não for reclamada do poder de terceiro adquirente (CPC, art. 627).

Não constando do título o valor da coisa, ou sendo impossível a sua avaliação, o exequente far-lhe-á a estimativa, sujeitando-se ao arbitramento judicial (CPC,art. 627, § 1º). Serão apurados em liquidação o valor da coisa e os prejuízos (CPC, art. 627, § 2º).

Havendo benfeitorias indenizáveis feitas na coisa pelo devedor ou por terceiros, de cujo poder ela houver sido tirada, a liquidação prévia é obrigatória. Se houver saldo em favor do devedor, o credor o depositará ao requerer a entrega da coisa; se houver saldo em favor do credor, este poderá cobrá-lo nos autos do mesmo processo (CPC, art. 628).

A execução por coisa certa ou incerta ou em espécie pode ter por objeto a entrega de bem móvel ou de bem imóvel: no primeiro caso, a não entrega da coisa traz como consequência a expedição de mandado de busca e apreensão e, na última hipótese, a de mandado de imissão na posse, conforme art. 625.

Nas novas regras que estão no art. 461-A, CPC, o legislador inovou verdadeiramente, ao tratar da tutela que deve ser dada àqueles que buscam a condenação do devedor a entregar uma determinada coisa.

Adotando a terminologia usual na doutrina, chamou de tutela específica aquela prestada nesses casos (art. 461-A, *caput*) e tratou, logo no § 1º do dispositivo mencionado, de determinar que o credor deve individualizar a coisa pretendida na petição inicial, se lhe couber a escolha, mas, se essa escolha couber ao devedor, ele a entregará individualizada, no prazo fixado pelo juiz.

O mandado de busca e apreensão ou de imissão na posse, conforme se trate, respectivamente, de coisa móvel ou imóvel, será expedido imediatamente após o prazo fixado pelo juiz para o adimplemento da obrigação (art. 461-A, § 2º). Convém lembrar que o juiz pode conceder a tutela antecipada nesse caso, de maneira que o prazo para cumprimento da obrigação de entregar coisa certa pode ser fixado logo no início do processo.

O CPC não disciplina, nesse tipo de execução, a entrega de pessoas, dado que o ser humano não é coisa. Também não podem ser objeto do processo executivo em questão: a) o *crédito*, uma vez que não seja suscetível de posse em sentido técnico; b) o *dinheiro*, que é penhorado e distribuído, e que, como *é* essencialmente fungível, não presta a ser objeto de execução específica direta.

O sujeito passivo da execução é a pessoa condenada a fazer a entrega da coisa. No tocante quanto à classificação da obrigação na execução para a entrega de coisa certa, proposta a ação executiva, o devedor será citado para, dentro de dez dias, satisfazer o julgado ou, seguro o juízo, apresentar embargos, conforme art. 621. A Lei 10.444, de 7 de maio de 2002, acrescentou ao art. 621 o seguinte parágrafo único: "o juiz, ao despachar à inicial, poderá fixar multa por dia de atraso no cumprimento da obrigação, ficando o respectivo valor sujeito a alteração, caso se revele insuficiente ou excessivo".

Foi alterado ainda o art. 621, pela mesma lei, passando a ser este o seu teor: "o devedor de obrigação de entrega de coisa certa, constante de título executivo extrajudicial, será citado para, dentro de dez(10) dias, satisfazer a obrigação, ou, seguro o juízo (art. 737,II) apresentar embargos".

Firmou-se, assim, entendimento de que a execução para a entrega de coisa certa abrangeria apenas o título extrajudicial ou alcançaria obrigação firmada em título extrajudicial. Todavia, se nas redações anteriores poderia enxergar-se incompreensível restrição, dando a entender que aludia, apenas, ao título judicial, o art. 621, em seu novo texto, fala apenas em título extrajudicial, trazendo de volta a mesma indagação, de modo diverso: "como fica a obrigação constante de título judicial?".

Atualmente, entende-se que o procedimento descrito é aplicável à execução judicial e, subsidiariamente, ao cumprimento de sentença.[3]

Portanto, em se tratando de título extrajudicial, o devedor, depois de citado, poderá articular seus embargos, no prazo de quinze dias, a contar da data de juntada do mandado, na forma do art. 738, CPC.

3 Nesse sentido: Fux (2009, p. 361).

Se o executado entregar a coisa, lavrar-se-á o termo de entrega e dar-se-á a execução por finda, salvo se ainda houver crédito a favor do credor, quando se terá uma execução por quantia certa (art. 624, CPC).

Todavia, poderá a execução continuar para pagamento dos frutos ou ressarcimento dos prejuízos (art. 624). O exequente promoverá a liquidação do valor desse pagamento complementar. Se houver nele quantia líquida, iniciará a execução por quantia certa da parte líquida e, ulteriormente, também, da que ficar liquidada. Segundo o art. 622, o devedor poderá depositar a coisa, em vez de entregá-la, quando quiser opor embargos.

Poderá o devedor, ainda, manter-se inerte. Nesse caso, o juízo se valerá dos meios de sub-rogação, a requerimento do credor (art. 625, CPC). Nesse caso, o executado poderá embargar a execução, em um prazo de dez dias da juntada do mandado de intimação desses atos, na forma do art. 738, CPC.

Caso a entrega seja determinada pelo juízo sem o pagamento das benfeitorias, poderá o executado reclamar efeito suspensivo aos embargos, nos termos do art. 739-A, CPC.

Com o julgamento dos embargos, a apreensão provisória pode se converter em definitiva ou os bens apreendidos poderão ser devolvidos.

7.1.3 O projeto do novo CPC

Seção I

DA ENTREGA DE COISA CERTA

Art. 763. O devedor de obrigação de entrega de coisa certa, constante de título executivo extrajudicial, será citado para, dentro de três dias, satisfazer a obrigação.

§ 1º Ao despachar a inicial, o juiz poderá fixar multa por dia de atraso no cumprimento da obrigação, ficando o respectivo valor sujeito a alteração, caso se revele insuficiente ou excessivo.

§ 2º Do mandado de citação constará a ordem para imissão na posse ou busca e apreensão, conforme se tratar de imóvel ou de móvel, cujo cumprimento se dará de imediato, se o devedor não realizar a prestação no prazo que lhe foi designado.

Art. 764. Se o executado entregar a coisa, será lavrado o respectivo termo e dar-se-á por finda a execução, salvo se esta tiver de prosseguir para o pagamento de frutos ou o ressarcimento de prejuízos.

Art. 765. Alienada a coisa quando já litigiosa, será expedido mandado contra o terceiro adquirente, que somente será ouvido após depositá-la.

Art. 766. O credor tem direito a receber, além de perdas e danos, o valor da coisa, quando esta se deteriorar, não lhe for entregue, não for encontrada ou não for reclamada do poder de terceiro adquirente.

§ 1º Não constando do título o valor da coisa ou sendo impossível a sua avaliação, o exequente far-lhe-á a estimativa, sujeitando-se ao arbitramento judicial.

§ 2º Serão apurados em liquidação o valor da coisa e os prejuízos.

Art. 767. Havendo benfeitorias indenizáveis feitas na coisa pelo devedor ou por terceiros de cujo poder ela houver sido tirada, a liquidação prévia é obrigatória.

Parágrafo único. Se houver saldo em favor do devedor ou de terceiros, o credor o depositará ao requerer a entrega da coisa; se houver saldo em favor do credor, este poderá cobrá-lo nos autos do mesmo processo.

O projeto modifica a ordem dos dispositivos do CPC atual e traz pequenas alterações. Logo no primeiro artigo, uma vez citado, o projeto prevê que o executado terá três dias para satisfazer a obrigação, e não mais os dez dias previstos no art. 621. O projeto mantém a disposição do parágrafo único do art. 621 do atual CPC em seu § 1º, permitindo que o juiz fixe multa de forma que o devedor cumpra a obrigação. O § 2º do art. 763 do projeto traz a previsão de mandado de busca e apreensão no caso de bem imóvel, caso o devedor não cumpra a prestação.

O art. 764 do projeto, em previsão análoga ao art. 624 do atual CPC, trata da extinção da execução por ter ocorrido o cumprimento da obrigação.

O art. 765 do projeto trata da alienação da coisa litigiosa. Quando estiver em posse de terceiro, será expedido mandado para que terceiro a deposite e só depois esse terceiro será ouvido. Trata-se de previsão já abordada no art. 626 do atual CPC.

O art. 766, em previsão já existente no art. 627, CPC atual, traz a previsão de quando o credor não puder ter a prestação prevista no título, quando terá direito a receber, além das perdas e danos, o valor da coisa. Caso não conste no título o valor da coisa, este deverá ser arbitrado judicialmente.

Por fim, o art. 767 do projeto trata da indenização por benfeitorias feitas na coisa em favor do devedor ou de terceiro.

7.2 EXECUÇÃO PARA ENTREGA DE COISA INCERTA

Quando a execução recair sobre coisas determinadas pelo gênero e quantidade, o devedor será citado para entregá-las individualizadas, se lhe couber a escolha; mas se essa couber ao credor, este a indicará na petição inicial. (art. 629). Portanto, antes de se iniciarem os atos executivos, deverá ser individualizada a coisa entregue.

Qualquer das partes poderá, em 48 horas, impugnar a escolha feita pela outra, e o juiz decidirá de plano, ou, se necessário, ouvindo perito de sua nomeação (art. 630).

A coisa incerta é fungível por excelência. Pode ser substituída por outra, da mesma espécie, qualidade e quantidade. Quando a execução recair sobre coisas determinadas pelo gênero e quantidade, o devedor será citado para entregá-las individualizadas, se lhe couber a escolha, mas se essa couber ao credor, este a indicará na petição inicial (CPC, art. 629). Qualquer das partes poderá, em 48 horas, impugnar a escolha feita pela outra e o juiz decidirá de plano, ou, se necessário, ouvindo perito de sua nomeação (CPC, art. 630). Aplicar-se-á à execução para entrega de coisa incerta o estatuído na seção anterior (CPC, art. 631).

Como se vê no art. 629, execução para a entrega de coisa incerta é a que recai *sobre* coisas determinadas pelo gênero e quantidade, mas que o devedor entregará individualizadas.

Enquanto, na entrega de coisa certa, o bem a ser entregue é individualizado e infungível, na entrega de coisa incerta o que existe são coisas incertas, genéricas, indicadas somente pelo gênero e quantidade.

Imprescindível se faz, por isso, que o título executivo se complete, para tornar-se individualizada a prestação do devedor. Essa individualização opera-se por meio da escolha da coisa certa, escolha que pode caber ao devedor ou ao credor, conforme o que constar do título executivo. E, para essa escolha, há uma fase preliminar no processo executivo, conforme se vê nos arts. 629 e 630.

Quando a escolha couber ao credor, este a "indicará na petição inicial" (art. 629, *in fine*). Todavia, se o contrário ocorrer e a escolha couber ao devedor, este será citado para entregá-la individualizada (art. 629), o que se efetuará no prazo indicado no art. 621.

Feita a escolha, por uma das partes, a outra poderá impugná-la no prazo de 48 horas. Isso posto, incumbindo ao credor a escolha, o devedor, logo após ser citado, em vez de entregar a coisa ou depositá-la (art. 622), formulará a impugnação. Cabendo ao devedor a individualização da coisa, o credor poderá impugnar a escolha 48 horas após a respectiva entrega ou depósito.

O decurso do prazo de 48 horas, em qualquer dos casos, sem impugnação, torna esta preclusa e, em consequência: a) fica o credor obrigado a aceitar a coisa que o devedor entregou ou depositou; b) fica o devedor obrigado a fazer a entrega da coisa indicada na inicial.

Apresentada que seja a impugnação, o juiz decidirá de plano, sem maiores formalidades, a audiência. Poderá ser ouvida sobre a referida impugnação a parte que fez a escolha, como, também, se necessário, ouvirá o juiz, perito de sua nomeação (art. 630).

Se a parte a quem incumbia escolher ficar omissa; se a omissão for do credor, cumpre ao juiz ordenar que complete a inicial (art. 616); se a omissão for do devedor, ela traduzir-se-á, como é óbvio, em não entrega ou depósito da coisa. Nesse caso, o credor pedirá que expeça mandado de busca e apreensão ou de imissão na posse art. 625, pedido que indique a coisa por ele escolhida.

Após as diligências descritas, aplicam-se as normas concernentes à execução para a entrega de coisa certa, já abordada.

7.2.1 O projeto do NCPC (PL n. 8.046/2010)

CPC ATUAL	PROJETO DO NCPC (PL N. 8.046/2010)
Art. 629. Quando a execução recair sobre coisas determinadas pelo gênero e quantidade, o devedor será citado para entregá-las individualizadas, se lhe couber a escolha; mas se essa couber ao credor, este a indicará na petição inicial.	**Art. 768.** Quando a execução recair sobre coisas determinadas pelo gênero e pela quantidade, o devedor será citado para entregá-las individualizadas, se lhe couber a escolha, mas, se esta couber ao credor, este a indicará na petição inicial.
Art. 630. Qualquer das partes poderá, em 48 (quarenta e oito) horas, impugnar a escolha feita pela outra, e o juiz decidirá de plano, ou, se necessário, ouvindo perito de sua nomeação.	**Art. 769.** Qualquer das partes poderá, em três dias, impugnar a escolha feita pela outra, e o juiz decidirá de plano ou, se necessário, ouvindo perito de sua nomeação.
Art. 631. Aplicar-se-á à execução para entrega de coisa incerta o estatuído na seção anterior.	**Art. 770.** Aplicar-se-á à execução para entrega de coisa incerta, no que couber, o estatuído na Seção I deste Capítulo.

O projeto traz poucas alterações na previsão de execução para a entrega de coisa incerta. Se a individualização couber ao credor, este manifestará na inicial sua escolha. Já se couber ao devedor, este será citado para individualizá-la.

O projeto amplia o prazo para impugnação dessa escolha, em seu art. 769, de 48 horas do CPC atual para três dias.

Por fim, aplica-se a esta parte, no que couber, as regras para execução de coisa certa.

CAPÍTULO **8**

Execução das obrigações de fazer e de não fazer

8.1 EXECUÇÃO DAS OBRIGAÇÕES DE FAZER

No cumprimento das obrigações de fazer ou de não fazer, o que se pretende não é uma coisa ou quantia, mas a atividade do devedor, consistente em uma ação ou em uma omissão. Nessa modalidade de execução, assume maior relevo a colaboração do devedor. Com isso, os meios de sub-rogação têm maior alcance, assumindo maior relevo que os meios de coerção. Tais meios demonstram a busca pela execução específica, com a efetividade do processo, com a fixação da multa, como também sua redução ou aumento a critério do juiz.

Caso não seja possível o cumprimento de obrigação *intuitu personae*, surge a regra de que o inadimplemento das obrigações de fazer enseja, quase sempre, a simples indenização.

O art. 638, CPC, prescreve as obrigações infungíveis e a respectiva execução, quando descumpridas pelo devedor; e incluídas elas estão entre o que o texto legal denomina "obrigações de fazer", em que se convencionou que "o devedor a faça pessoalmente".

8.1.1 Processo de execução

Quando o objeto da execução for obrigação de fazer, o devedor será citado para satisfazê-la no prazo que o juiz lhe assinar, se outro não estiver determinado no título executivo. O devedor, no prazo fixado, pode cumprir a obrigação, caso em que o processo se extingue na forma do art. 794-I, CPC.

Se, no prazo fixado, o devedor não satisfizer a obrigação e a obrigação for fungível, é lícito ao credor, nos próprios autos do processo, requerer que ela seja executada à custa do devedor, ou haver perdas e danos; caso em que ela se converte em indenização. O valor das perdas e danos será apurado em liquidação, seguindo-se a execução para cobrança de quantia certa.

O devedor poderá, ainda, ser compelido a cumprir a obrigação, mediante a fixação de multa diária, ou *astreintes*, que visam a vencer a recalcitrância do devedor, substituindo as perdas e danos nas obrigações infungíveis. Contudo, o valor da multa poderá ser modificado pelo juiz do cumprimento ao verificar que se tornou insuficiente ou excessivo (art. 461, § 6º, CPC).

Se o título executivo já contiver a multa, restará ao magistrado apenas a possibilidade de reduzi-la.[1]

Se o fato puder ser prestado por terceiro, é lícito ao juiz, a requerimento do exequente, decidir que aquele o realize à custa do executado. O exequente adiantará as quantias previstas na proposta que, ouvidas as partes, o juiz houver aprovado.

Prestado o fato, o juiz ouvirá as partes no prazo de dez dias; não havendo impugnação, dará por cumprida a obrigação; em caso contrário, decidirá a impugnação.

Essa impugnação inaugura o contraditório para garantir o cumprimento da obrigação. O juiz pode refutar a alegação, decidindo concluída a obra ou, caso entenda que o fato não foi prestado no prazo ou, ainda, prestado de forma defeituosa, poderá o credor requerer ao juiz, no prazo de dez dias, que o autorize a concluí-lo, ou a repará-lo, por conta do contratante.

Ouvido o contratante no prazo de cinco dias, o juiz mandará avaliar o custo das despesas necessárias e condenará o contratante a pagá-lo.

Se o credor quiser executar, ou mandar executar, sob sua direção e vigilância, as obras e trabalhos necessários à prestação do fato, terá prefe-

1 Nesse sentido: Fux (2009, p. 382).

rência, em igualdade de condições de oferta, ao terceiro. O direito de preferência será exercido no prazo de cinco dias, contados da apresentação da proposta pelo terceiro (art. 634, parágrafo único).

Assim, se o devedor citado não realizar prestação fungível, quatro alternativas abrem-se para o exequente:

a) Escolher um terceiro para fazer.

b) O próprio credor realiza ou manda realizar a prestação sob sua responsabilidade em igualdade de condições com terceiro.

c) Converter a obrigação em perdas e danos e iniciar, por seu valor correspondente, execução por quantia certa.

d) Aguardar a prestação, incidindo multa diária de atraso.

Nas obrigações de fazer, quando for convencionado que o devedor a faça pessoalmente, ou seja, em obrigações que envolvam prestações infungíveis, o credor poderá requerer ao juiz que lhe assine prazo para cumpri-la. Havendo recusa ou mora do devedor, que embargue a execução, o juiz, ao decidir os embargos, poderá determinar que a obrigação pessoal do devedor se converta em perdas e danos, caso que se dará por indenização.

Neste último caso, os meios de sub-rogação são ineficientes, porque, para o adimplemento, necessita-se da colaboração do devedor.

À sentença relativa à obrigação de fazer ou não fazer, o juiz concederá a tutela específica da obrigação ou, se procedente o pedido, determinará providências que assegurem o resultado prático equivalente ao do adimplemento.

8.1.2 *Astreintes*

Para conceder a tutela específica, vigora na execução amplos poderes para o juiz, que só recorre às *astreintes* em sendo impossível em conceder, desde logo, a utilidade esperada pelo devedor, denominada "resultado prático equivalente". As *astreintes* são, então, o meio de coerção mais empregado.

A multa pode ser fixada em decisão interlocutória ou na sentença e incide após prazo razoável fixado para o cumprimento do preceito, sem que tenha ocorrido. Não é usual sua fixação em obrigação de pagar, pois há outro meio executivo de sub-rogação mais eficiente, que seria a penhora.

As *astreintes* podem ser fixadas de ofício, assim como pode o magistrado proceder à revisão de seu valor. Sua fixação de plano pelo magistrado não viola o princípio da inércia, pois o magistrado não está inovando nos limites da provocação feita pelo demandante, mas apenas definindo o melhor mecanismo para cumprimento da obrigação.

Dúvida que surge é se a decisão que reduz o valor da *astreinte* possui ou não efeito retroativo. De um lado, há quem defenda que o valor poderá ser reduzido, mas a eficácia da decisão será *ex nunc*, pois o valor acumulado já integra o patrimônio do credor da prestação.[2] Por outro lado, há quem entenda que essa decisão teria caráter retroativo, questão esta que costuma prevalecer, pois o magistrado entendeu que esse mecanismo executivo seria ineficiente para atingir seus fins.[3] Logo, o juiz faria a retroatividade até o momento que percebeu o desvio de sua finalidade coercitiva.

O valor das *astreintes* pode ultrapassar o próprio conteúdo da obrigação, não devendo, apenas, ser fixada no mesmo patamar da obrigação principal. No próprio Juizado Especial Estadual, é comum se permitir que ultrapassem o teto de 40 salários mínimos, de acordo com o Enunciado n. 97 do Fonaje (Fórum Nacional de Juizados Especiais): "o art. 475-J do CPC – Lei n. 11.232/05 – aplica-se aos Juizados Especiais, ainda que o valor da multa somado ao da execução ultrapasse o valor de 40 salários mínimos".

A multa diária é cabível até mesmo em face da Fazenda Pública, sem que se esteja penalizando a própria sociedade,[4] já que se busca, por esse meio, a efetividade do processo, e a execução da decisão contrária à Fazenda Pública deverá necessariamente se submeter ao procedimento previsto no art. 730, CPC.

Para que incidam as *astreintes*, o devedor deverá ser pessoalmente intimado da obrigação, não sendo suficiente a intimação do advogado, até porque será o próprio patrimônio do devedor que restará comprometido se a obrigação for cumprida e não de seu patrono.

---

2 Câmara (2006, p. 55).

3 Marinoni (2004, 520-521).

4 Em sentido contrário, Vicente Greco Filho (2006, p. 73) defende que as *astreintes* não deveriam ser fixadas em face da Fazenda Pública, pois os recursos utilizados são os da própria sociedade, que acabaria penalizada.

Nesse sentido, é o verbete da Súmula 410, STJ, que dispõe que: "a prévia intimação pessoal do devedor constitui condição necessária para a cobrança de multa pelo descumprimento de obrigação de fazer ou de não fazer".[5]

Questão também controvertida é se as *astreintes* comportam execução imediata ou não.O art. 12, § 2º, da Lei n. 7.347/85, Lei da Ação Civil Pública, dispõe que a multa só será exigível após o trânsito em julgado da decisão. Por isso, alguns doutrinadores trazem essa ideia para o plano individual, afirmam ser necessário o trânsito em julgado da decisão para que depois seja cobrada retroativamente, até porque o autor pode não ter o direito que alega possuir. Contudo, esse raciocínio gera desprestígio dos meios de coerção, já que são fontes autônomas e, por isso, dotadas de exigibilidade imediata. As *astreintes*, de acordo com esse posicionamento, gerariam, então, execução provisória.

8.1.3 Da conversão em perdas e danos

A obrigação fungível, quando não cumprida pelo devedor, em processo de execução pode dar lugar à conversão do fato em perdas e danos. E, nas obrigações infungíveis, é o que sempre deve ocorrer, se o credor quiser executar o julgado e o devedor a isso se recusar ou incorrer em mora, (art. 638, parágrafo único). Em ambos os casos, abre-se, no processo executivo, um parêntese de cognição, para que se proceda à liquidação (arts. 633, parágrafo único, e 638, parágrafo único).

A liquidação, por ser por arbitramento só por artigos, sendo que em qualquer dos casos, ela terá lugar nos próprios autos do processo principal, em seguida aos atos dês diligências preliminares já realizadas.

No caso, a liquidação se insere no processo executivo, em vez de complementar o de conhecimento, por destinar-se a substituir a prestação do fato, que é execução específica, pelo procedimento expropriatório ou execução genérica para a cobrança de quantia certa (art. 633, parágrafo único).

5 No mesmo sentido, Alexandre Câmara (2006, p. 48) dispõe que: "ora, se é a parte, e não a seu advogado, que incumbe fazer, desfazer ou abster-se, não se pode admitir outro modo de intimação que não o pessoal".

8.1.4 Prática do fato por terceiro

Se a prestação for impessoal, ou fungível, e o obrigado não a cumprir, pode o juiz, a pedido do credor, decidir que terceiro a realize à custa do devedor (art. 634, *caput*).

Requerida a prestação do fato por terceiro, e admitindo-a o juiz, nomeado será por este um perito para avaliar o custo da referida prestação. O laudo deverá ser apresentado no prazo em que o juiz determinar.

Feita a estimativa pelo perito, o juiz arbitrará a caução que deve ser feita pelo terceiro que se encarregue da obra ou serviço – arbitramento que atenderá, precipuamente, ao valor da prestação do fato e a outras circunstâncias relevantes.

A seguir, mandará o juiz que se expeça edital de concorrência pública, com o prazo máximo de trinta dias. Aberta a concorrência, as propostas devem vir acompanhadas de prova de depósito da quantia da caução arbitrada. Abertas as propostas, o juiz escolherá a mais vantajosa (art. 634, § 3º).

Dentro de cinco dias, o credor poderá exercer o direito de preferência para a execução da obra, nos termos previstos no art. 637. Se esse direito não for exercido no prazo mencionado, o concorrente, cuja proposta foi aceita, obrigar-se-á, dentro de cinco dias, por termos nos autos, a prestar o fato, sob pena de perder a quantia caucionada. E, ao assinar o referido termo, o concorrente vencedor fará nova caução de 25% sobre o valor do contrato (art. 634, §§ 4º e 5º).

Pode acontecer ainda de o concorrente desistir de prestar o fato: nesse caso, perderá a quantia da primeira caução (art. 634 § 4º). E perderá as duas cauções se descumprirem a obrigação assumida por termo nos autos. Em quaisquer desses casos, a caução sempre reverterá em benefício do credor (art. 634, § 6º).

O § 7º do art. 634 preceitua que "o credor adiantará ao contratante as quantias estabelecidas na proposta aceita". Poderá ele, no entanto, exigir, desde logo, do executado o total do custo, mediante execução por quantia certa, como dispunha o art. 1.001 do anterior CPC? Infelizmente, a omissão do CPC em vigor não deve ser coberta dessa maneira, uma vez que não há aí um título executivo. O que cabe ao credor, na hipótese de não pagamento pelo devedor, será pedir o pagamento do que houver desembolsado ao juiz da execução (art. 836).

8.1.5 Execução da obrigação pelo credor

O credor pode chamar para si a execução do fato à custa do devedor. No entanto, essa atitude ou posição somente poderá ser tomada pelo credor em meio à concorrência ou ao final do trabalho de terceiro ou contratante. Direito não se lhe dá de requerer que caiba a ele, credor, executar ou mandar executar as obras e trabalhos necessários à prestação do fato, sem concorrência.

Não sendo infungível a obrigação, terceiro poderá prestar o fato; mas, para tanto, será aberta a concorrência para a escolha da proposta mais vantajosa (art. 634). Feita essa escolha, então, sim, o credor terá direito a disputar a preferência com o vencedor, desde que exerça esse direito no prazo de cinco dias, contados da escolha da proposta, e desde que, também, haja igualdade de condições entre o que ele, credor, propuser e a proposta que saiu aprovada e vitoriosa (arts. 636 e 637).

Direito, igualmente, terá o credor de chamar a si a execução da obra, se o terceiro que contratou a prestação do fato não realizar no prazo marcado, ou cumpri-la de modo incompleto e defeituoso (art. 636, *caput*).

8.1.6 Cumprimento da obrigação

O devedor, ao ser citado, fica ciente de que lhe é ordenado para cumprir a obrigação em determinado prazo, conforme art. 632. Atendida a ordem judicial e realizado o fato no prazo designado, ouvirá o juiz o credor, em cinco dias. Se este impugnar, o juiz ouvirá ainda, em cinco dias, o devedor e decidirá, a seguir, sobre a impugnação.

Poderá o juiz, obviamente, antes de decidir, inspecionar a obra realizada, após o que (ou se desnecessária qualquer prova em seguida à resposta do devedor), o juiz decidirá, conforme art. 635. Se der a obrigação por cumprida, o juiz assim o declarará (art. 635).

Se a obra foi praticada de forma incompleta ou com defeito, pode o juiz aplicar o disposto no art. 636 ou, então, pedir o credor perdas e danos (art. 633).

Praticada a obra por terceiro e este se deu por cumprido, o juiz ouvirá as partes, em dez dias, e, se não houver impugnação, dará a obrigação por satisfeita e declarará extinto o processo executivo (art. 634 e 794).

Se, porém, impugnada a prestação do fato por terceiro e acolhida lhe seja a impugnação, direito terá o credor de requerer ao juiz, em dez dias, que o autorize a concluir a obra, ou a repará-la, por conta de terceiro contratante (art. 636). Nesse caso, ouvido este no prazo de cinco dias, "o juiz mandará avaliar o custo das despesas necessárias e condenará o contratante a pagá-lo" (art. 636, parágrafo único).

Se o credor nada pedir no prazo de dez dias a que se refere o art. 636, o juiz dará por cumprida a obrigação quanto ao devedor ou executado, se a impugnação tiver por objeto a prestação incompleta ou defeituosa do fato.

E, então, só restará ao credor o recebimento das cauções prestadas. Poderá, no entanto, instaurar, contra o contratante, processo de perdas e danos, pelo prejuízo financeiro sofrido com os adiantamentos feitos na forma autorizada pelo art. 634, § 7º.

Se o contratante nada fez no prazo em que devia prestar o fato, e o credor nada também requereu ao juiz, é claro que este não pode dar a obrigação de fazer por satisfeita, hipótese em que o credor receberá a importância das cauções e cobrará o restante, ou do devedor ou do contratante: quanto ao primeiro, o valor das perdas e danos será apurado na forma preconizada no art. 633, parágrafo único; e quanto ao segundo caso, a indenização será pedida em processo condenatório, pelo que só depois de satisfeita a condenação é que se dará por cumprida a *obligatio faciendi*.

8.1.7 O projeto do novo CPC e as obrigações de fazer

Seção I

DA OBRIGAÇÃO DE FAZER

Art. 771. Quando o objeto da execução for obrigação de fazer, o devedor será citado para satisfazê-la no prazo que o juiz lhe assinar, se outro não estiver determinado no título executivo.

Art. 772. Se, no prazo fixado, o executado não satisfizer a obrigação, é lícito ao exequente requerer, nos próprios autos do processo, que ela seja executada à custa do devedor ou haver perdas e danos, caso em que ela se converterá em indenização.

Parágrafo único. O valor das perdas e danos será apurado em liquidação, seguindo-se a execução para cobrança de quantia certa.

Art. 773. Se o fato puder ser prestado por terceiro, é lícito ao juiz autorizar, a requerimento do exequente, que aquele o realize à custa do executado.

Parágrafo único. O exequente adiantará as quantias previstas na proposta que, ouvidas as partes, o juiz houver aprovado.

Art. 774. Prestado o fato, o juiz ouvirá as partes no prazo de dez dias e, não havendo impugnação, dará por cumprida a obrigação; em caso contrário, decidirá a impugnação.

Art. 775. Se o terceiro contratado não prestar o fato no prazo ou se o praticar de modo incompleto ou defeituoso, poderá o credor requerer ao juiz, no prazo de dez dias, que o autorize a concluí-lo ou a repará-lo por conta do contratante.

Parágrafo único. Ouvido o contratante no prazo de cinco dias, o juiz mandará avaliar o custo das despesas necessárias e condenará o contratante a pagá-lo.

Art. 776. Se o credor quiser executar ou mandar executar, sob sua direção e vigilância, as obras e os trabalhos necessários à prestação do fato, terá preferência, em igualdade de condições de oferta, ao terceiro.

Parágrafo único. O direito de preferência deverá ser exercido no prazo de cinco dias, após aprovada a proposta do terceiro.

Art. 777. Na obrigação de fazer, quando se convencionar que o devedor a satisfaça pessoalmente, o credor poderá requerer ao juiz que lhe assine prazo para cumpri-la.

Parágrafo único. Havendo recusa ou mora do devedor, a obrigação pessoal do devedor será convertida em perdas e danos, caso em que se observará o procedimento de execução por quantia certa.

O projeto do novo CPC traz poucas modificações em relação ao previsto no atual CPC, que foi abordado ao longo deste capítulo. Sem qualquer alteração no procedimento e nos prazos fixados, deixaremos de fazer uma análise mais cautelosa, remetendo apenas à leitura dos artigos após o estudo deste capítulo

8.2 EXECUÇÃO DAS OBRIGAÇÕES DE NÃO FAZER

A obrigação de não fazer pode ser conceituada como a obrigação na qual o devedor assume, em benefício do credor ou terceiro, o compromisso de não praticar determinado ato, o qual poderia praticar sem embaraço caso não se houvesse obrigado a dele se abster.

Essas obrigações também revelam diversidade procedimental de acordo com sua natureza, se forem permanentes ou instantâneas.

As obrigações permanentes, também denominadas contínuas, admitem que o autor faça cessar a violação sem prejuízo do que já foi feito. Um exemplo é uma obrigação de não construir. O exequente poderá requerer ao juiz que determine prazo para desfazer a construção. Havendo recusa do devedor em cumprir tal determinação, o credor poderá pleitear ao juiz que desfaça às custas do devedor. Se não for possível desfazer o ato, a obrigação resolve-se em perdas e danos.

Surgem, então, para o credor, as seguintes opções:

a) Desfazer por terceiro, às custas do devedor. Nesse caso, segue-se a regra do cumprimento da obrigação por quantia certa.

b) Aguardar o desfazimento a partir da incidência da multa diária até seu efetivo desfazimento (arts. 642 a 644, CPC).

c) Requerer a conversão da obrigação em perdas e danos, iniciando-se a execução por quantia certa.

Já nas obrigações instantâneas, seu descumprimento resolve-se em perdas e danos.

Contudo, pode o credor ajuizar ação preventiva, obtendo tutela específica que imponha ao devedor uma inibição a descumprir. Nesse caso, a tutela inibitória deverá vir acompanhada de uma expressiva multa para inibir a transgressão.

Dessa forma, condenado o devedor a não fazer e descumprida a determinação, incidirá a medida de apoio, como a multa e a força policial, de forma a coagi-lo a cumprir e, somente caso tal medida não logre êxito,a obrigação se converterá em perdas e danos.

Na execução de obrigação de fazer ou não fazer, fundada em título extrajudicial, o juiz, ao despachar a inicial, fixará multa por dia de atraso no cumprimento da obrigação e a data a partir da qual será devida. Se o valor da multa estiver previsto no título, o juiz poderá reduzi-lo se excessivo.

A obrigação de não fazer é uma obrigação negativa, que implica uma abstenção por parte do devedor. Por obrigação negativa, concernente aos direitos reais, direito oponível *erga omnes*, temos que todos estão obrigados a não prejudicar um direito real alheio. Já nas obrigações de não fazer, a relação é de direito pessoal, de modo que vincula apenas o devedor, que espontaneamente limita a própria liberdade.

Havendo a instituição de uma obrigação negativa acerca de um dado imóvel, esta o acompanhará independentemente da mutação subjetiva que possa ocorrer no futuro quanto à titularidade do bem.

Todavia, existindo uma obrigação de não fazer referente a dado imóvel, esta perdurará enquanto o bem permanecer no patrimônio do devedor. Havendo alteração subjetiva na propriedade do objeto, estará extinta a relação obrigacional, posto que ela recaia sobre a pessoa que contrata e não sobre a coisa a qual versa o contrato.

Devemos ainda enfatizar que o descumprimento da obrigação de não fazer em decorrência de impossibilidade da abstenção do fato, sem que para isso haja concorrido o devedor, dá ensejo à resolução da obrigação e, por consequência, a exoneração daquele.

A obrigação de não fazer, uma vez descumprida, ou seja, uma vez inadimplida,[6] implicará o surgimento de uma outra obrigação para o devedor: a de desfazer o que ele não deveria ter feito. Assim, se o devedor tem a obrigação de não construir em uma determinada área e a descumpre, terá a obrigação de desfazer a construção. Em síntese: havendo inadimplemento da obrigação de não fazer, surgirá para o devedor a obrigação de desfazer.

Anote-se, ainda, que, em última análise, a obrigação de desfazer, que surge com o inadimplemento da obrigação de não fazer, representa a própria obrigação de fazer. Por outras palavras: se a obrigação de não fazer for inadimplida, surgirá para o devedor a obrigação de desfazer o que ele não deveria ter feito. E essa obrigação de desfazer representa a própria obrigação de fazer.

Na classificação da obrigação de fazer e não fazer, as obrigações podem ter origem em uma sentença ou contrato. A execução desse tipo de obrigação pode estar fundada, destarte, em título executivo judicial ou extrajudicial. A sentença que impõe uma obrigação de fazer ou não fazer

---

6 A obrigação de não fazer não comporta mora. Por outras palavras: nas obrigações de não fazer somente poderá ocorrer o inadimplemento do devedor, ou seja, o descumprimento da obrigação. Nesse sentido dispõe o art. 390, CC, o seguinte: "nas obrigações negativas o devedor é havido por inadimplente desde o dia em que executou o ato de que se devia abster".

é mandamental. Isso quer dizer que ela não apenas condena o devedor ao cumprimento da obrigação, mas também expede uma ordem, impondo-lhe esse cumprimento.

O devedor deverá cumprir a determinação, podendo o juiz, de ofício ou a requerimento, estabelecer as medidas necessárias para a efetivação da tutela específica, impondo multa por atraso, busca e apreensão, remoção de pessoas e coisas, desfazimento de obras e impedimento de atividade nociva, com requisição de força policial. O descumprimento, pelo devedor, das ordens judiciais e do comando expedido na sentença constituirá ato atentatório ao exercício da jurisdição, punido na forma do art. 14, parágrafo único, CPC.

A execução de obrigação de fazer e não fazer, na forma do art. 632, CPC, ficou restrita à hipótese de título extrajudicial. A regra, na execução de sentença, é que o juiz determine as providências e os meios de coerção que obriguem o devedor a cumprir o que foi determinado (art. 644, *caput*).

Quando as medidas de coerção, estabelecidas nos arts. 461 e 14, parágrafo único, ambos do CPC, se mostrarem incapazes de compelir o devedor a cumprir a obrigação, então poderá haver conversão da obrigação em perdas e danos, executada na forma dos arts. 475-I e s., CPC. Quando o objeto da execução por título extrajudicial for obrigação de fazer, o juiz deve mandar citar o devedor, para que cumpra a obrigação no prazo por ele fixado, se outro não constar do título. O juiz só fixará prazo para o cumprimento da obrigação se o título for omisso. Ao fazê-lo, deve atentar para a complexidade e a natureza da obrigação, determinando um prazo razoável.

Desde a juntada aos autos do mandado de citação, e sem prejuízo do prazo para cumprimento da obrigação, fluirá o prazo de quinze dias para o devedor embargar. De extrema relevância para o prosseguimento da execução será a natureza da obrigação de fazer. Elas podem ser fungíveis ou infungíveis. Nas primeiras, o fato pode ser prestado por terceiro, se o credor assim o desejar.

Ressalte-se que para que o fato seja prestado por terceiro é necessário que o credor o deseje, pois ele não é obrigado a aceitar de terceiro a prestação, quando for convencionado que o devedor a faça pessoalmente.

A obrigação infungível, porém, jamais poderá ser prestada por terceiro, em virtude de sua própria natureza. Assim, a obrigação de pintar um muro é fungível, pois o fato pode ser prestado por qualquer pessoa. No entanto, se determinado pintor, de muito talento e renome, comprometer-se a pintar um quadro, só ele poderá fazê-lo. Seja a obrigação fungível ou infungível, será sempre possível ao credor optar pela conversão em perdas e danos, caso o devedor não satisfaça a obrigação. Se isso ocorrer, as perdas e danos serão apurados em liquidação incidente ao processo de execução.

Quando a prestação for fungível, o credor pode optar pela execução específica, requerendo que ela seja executada por terceiro, à custa do devedor. A Lei n. 11.382/2006 facilitou o cumprimento da obrigação por terceiro, à custa do devedor, tornando-o viável. No sistema anterior, as dificuldades eram de tal ordem, que praticamente nunca o credor se valia dele. O custo da prestação do fato era avaliado por um perito, e o juiz mandava expedir edital de concorrência pública para que os interessados em prestar o fato formulassem suas propostas.

Além de demorado, em consequência da avaliação e publicação de editais, o procedimento acabava sendo oneroso em demasia. Pois, se é certo que todas as despesas eram carreadas ao devedor, também é certo que ao credor caberia antecipá-las, assumindo o risco de, mais tarde, não encontrar no patrimônio do devedor bens que permitissem a recuperação de tudo que foi despendido. Com a Lei n. 11.382/2006, não há mais concorrência pública. O juiz, a requerimento do credor, nomeará terceiro idôneo que preste o fato às custas do devedor. O terceiro pode ser nomeado livremente pelo juiz, que poderá acolher eventual indicação do credor. O terceiro apresentará a proposta para a realização dos serviços, que o juiz examinará, depois de ouvir as partes. Cumpre ao exequente adiantar as despesas com o serviço. Prestado o fato, o juiz ouvirá as partes no prazo de dez dias. Caso não haja impugnação, ou as apresentadas não sejam pertinentes, o juiz dará por cumprida a obrigação. Se o terceiro não prestar o fato, ou o fizer de forma incompleta, o credor pode pedir ao juiz que o autorize a concluir ou reparar a obra, à custa do terceiro.

A lei ainda atribui ao credor direito de preferência sobre o terceiro, caso ele próprio queira realizar o serviço, ou mandar executá-lo, sob sua direção e vigilância, desde que em igualdade de condições com o terceiro. Esse direito deve ser exercido no prazo de cinco dias, a contar da apresentação da proposta. Apesar de a Lei n. 11.382/2006 tê-lo facilitado, continuam existindo dificuldades no procedimento da prestação de serviço por terceiro. Por isso, não há óbice a que o credor peça ao juiz que fixe multa diária para o caso de descumprimento da obrigação, ainda que ela seja fungível, embora o campo natural das *astreintes* sejam as obrigações infungíveis.

Quando a obrigação é infungível, não há como compelir o devedor, de forma direta, a satisfazê-la. A execução civil tem caráter estritamente patrimonial, e se o devedor não cumpre o que deve, não há como empregar a coerção pessoal. Resta ao credor a conversão em perdas e danos. No entanto, tem-se buscado, mormente nos últimos anos, dar ao processo civil maior efetividade. Por meio do processo, o credor deve obter exatamente aquilo a que ele tem direito.

A conversão em perdas e danos pode, muitas vezes, não satisfazer o credor da obrigação de fazer. A perspectiva de obter-se a execução específica da obrigação é, quase sempre, desejável.

O devedor pode ser submetido a uma multa diária fixada pelo juiz, que incide enquanto durar o atraso no cumprimento da obrigação. A multa é uma forma de coação patrimonial do devedor, que se sentirá desestimulado a descumprir a obrigação. A execução pode estar fundada em um título executivo judicial (sentença proferida em ação cominatória, ação em que se pede a condenação de alguém a fazer ou abster-se – CPC, art. 287), ou em título extrajudicial.

Se a sentença for omissa, o juiz da execução fixará a multa e a data a partir da qual ela incide. A fixação da multa independe de requerimento do interessado, cabendo ao juiz fixá-la de ofício.

Quando o juiz perceber que a multa fixada em sentença tornou-se excessiva ou insuficiente, ele poderá reduzi-la ou aumentá-la. Na execução fundada em título extrajudicial, o juiz fixará a multa e a data a partir da qual ela é devida, se o título for omisso. Pode ainda o juiz reduzir o seu valor, se reputá-lo excessivo, mas a lei não autoriza o juiz a elevá-lo se o reputar insuficiente.

Percebe-se, assim, que o legislador, na busca da efetividade do processo, muniu o juiz de amplos poderes, no que se refere à multa diária. O cumprimento da obrigação com atraso não exime o devedor de pagar a multa que tenha incidido até então. Quando, apesar da incidência da multa, perceber-se que o devedor não irá cumprir a obrigação, nada restará, senão a conversão em perdas e danos, a ser apurada em liquidação incidente. O devedor deverá pagar as perdas e danos, sem prejuízo da multa que tenha incidido até então. O valor da multa reverterá sempre em favor do credor, que se verá, dessa forma, em parte recompensado pelo descumprimento, ou pelo atraso no cumprimento da obrigação.

As *astreintes* não estão limitadas pelo valor da obrigação principal. Em contrapartida, sempre que o juiz perceber que o seu valor atingiu montante demasiado elevado, erigindo-se em fonte de enriquecimento sem causa para o credor, ele deve reduzi-lo. Do contrário, o credor sentir-se-ia estimulado a retardar o requerimento de conversão em perdas e danos, para que as *astreintes* continuem incidindo *ad infinitum*.

O juiz deverá reduzir, então, o valor total das *astreintes*, tornando-o adequado à situação e evitando, com isso, a utilização indevida da multa diária. Ressalte-se, ainda uma vez, que, havendo conversão em perdas e danos, estes serão devidos sem prejuízo da multa.

Os arts. 466-A a 466-C, CPC cuidam das obrigações de emitir declaração de vontade que são, do ponto de vista fático, infungíveis. No entanto, do ponto de vista jurídico, tais obrigações são fungíveis, pois é possível substituir a declaração negada por algo que produza os mesmos efeitos jurídicos. O interesse do credor não está voltado para a declaração em si, mas para o efeito jurídico dessa declaração. O que o credor deseja é que se forme situação jurídica igual à que resultaria da emissão espontânea, pelo devedor, da declaração de vontade sonegada. Em casos assim, estabelece o legislador que a sentença que condene o devedor a emitir declaração de vontade, uma vez transitada em julgado, produzirá todos os efeitos da declaração não emitida (CPC, art. 466-A).

A sentença fará às vezes da declaração não emitida. Não há necessidade de execução, nem de citação do devedor, para cumprir a obrigação. Do simples trânsito em julgado resulta a produção dos efeitos jurídicos iguais aos que resultariam da declaração não emitida. A sentença judicial substitui a declaração de vontade do devedor na produção dos efeitos almejados. É o que ocorre, por exemplo, nas ações de adjudicação compulsória. O compromissário comprador, que pagou todas as parcelas, tem direito de receber a escritura pública, tornando definitiva a compra e venda.

A escritura pública é um acordo de vontades, solene, em que comprador e vendedor formalizam o negócio jurídico da compra e venda. Caso o promitente vendedor recuse-se a outorgar a escritura, o compromissário comprador ajuizará adjudicação compulsória. A sentença de procedência da adjudicação compulsória produzirá o mesmo efeito jurídico que a escritura sonegada, o que significa que, transitada em julgado, a compra e venda estará aperfeiçoada. Registrada a sentença de adjudicação, o compromissário comprador ter-se-á tornado proprietário do imóvel. Os efeitos jurídicos que se pretendem obter resultam do trânsito em julgado da sentença, independentemente da vontade do devedor, ou de execução. Claro que, para que o juiz profira sentença dessa natureza, é necessário que o credor faça jus a obter a declaração de vontade que está sendo recusada. Do contrário, a recusa será justa.

Assim, o compromissário comprador deverá demonstrar que pagou integralmente as parcelas que devia, para requerer a adjudicação compulsória (CPC, art. 466-A). Quando o devedor descumprir obrigação de não fazer, fundada em título extrajudicial, o juiz mandará citá-lo, para desfazer o ato, no prazo que fixar. Se o devedor não cumprir a obrigação, o juiz mandará que terceiro o desfaça às custas do devedor. Se não for possível desfazer o ato, ou quando o credor assim preferir, a obrigação de não fazer será convertida em perdas e danos.

Se a obrigação de fazer ou de não fazer estiver prevista em um título extrajudicial (art. 585, CPC), o procedimento para execução será o previsto nos arts. 632 *usque* 643, CPC.

Duas situações podem ser apartadas: se tratar de obrigação de fazer, o procedimento executivo a ser adotado será o previsto nos arts. 632 a 328, CPC; mas, se tratar de obrigação de não fazer, o procedimento destinado à execução será o previsto nos arts. 642 e 643, CPC.

Se a obrigação de fazer ou de não fazer estiver em um título judicial (art. 475-N, CPC), o procedimento executivo é o que está alinhavado no art. 461, CPC. Nesse caso, têm-se mais uma hipótese de processo sincrético, em que o cumprimento da decisão será feito como um prolongamento do processo já encetado.

Note-se que, nesse caso, o credor não precisará propor uma ação de execução. É que o cumprimento da sentença será realizado como uma etapa do processo cognitivo que já foi inaugurado. Tem-se, com efeito, um único processo, que contempla duas fases ou dois módulos: um destinado à cognição da lide e outro, à execução.

Disso não se conclua, contudo, que as regras relativas à execução das obrigações de fazer e de não fazer, previstas em título extrajudicial, não tenham, *in casu*, qualquer aplicação. Na verdade, as regras que tratam da execução de título extrajudicial serão aplicáveis subsidiariamente. Reza, com efeito, o art. 644, CPC o seguinte: "a sentença relativa à obrigação de fazer ou não fazer cumpre-se de acordo com o art. 641".

8.2.1 As disposições do projeto do novo CPC em relação às obrigações de não fazer

Seção II

DA OBRIGAÇÃO DE NÃO FAZER

Art. 778. Se o devedor praticou ato a cuja abstenção estava obrigado pela lei ou pelo contrato, o credor requererá ao juiz que assine prazo ao devedor para desfazê-lo.

Art. 779. Havendo recusa ou mora do devedor, o credor requererá ao juiz que mande desfazer o ato à custa do devedor, que responderá por perdas e danos.

Parágrafo único. Não sendo possível desfazer-se o ato, a obrigação resolve-se em perdas e danos, caso em que, após a liquidação, se observará o procedimento de execução por quantia certa.

O projeto do novo CPC não traz modificações nas disposições da obrigação de não fazer, e por isso apenas destacaremos seus artigos e remeteremos à leitura do item anterior, pois a abordagem do projeto está no mesmo sentido do atual Código.

Algumas considerações, entretanto, merecem as disposições comuns às obrigações de fazer e de não fazer:

CPC ATUAL	PROJETO DO NOVO CPC (PL N. 8.046/2010)
Art. 644. A sentença relativa à obrigação de fazer ou não fazer cumpre-se de acordo com o art. 461, observando-se, subsidiariamente, o disposto neste Capítulo. (Redação dada pela Lei n. 10.444, de 7.5.2002)	Verificar art. 488 do projeto do novo CPC, tratado na parte de recursos.
Art. 645. Na execução de obrigação de fazer ou não fazer, fundada em título extrajudicial, o juiz, ao despachar a inicial, fixará multa por dia de atraso no cumprimento da obrigação e a data a partir da qual será devida. (Redação dada pela Lei n. 8.953, de 13.12.1994) Parágrafo único. Se o valor da multa estiver previsto no título, o juiz poderá reduzi-lo se excessivo. (Incluído pela Lei n. 8.953, de 13.12.1994)	**Art. 780.** Na execução de obrigação de fazer ou não fazer fundada em título extrajudicial, ao despachar a inicial, o juiz fixará multa por período de atraso no cumprimento da obrigação e a data a partir da qual será devida. Parágrafo único. Se o valor da multa estiver previsto no título, o juiz poderá reduzi-lo se excessivo.

Enquanto o CPC atual traz dois artigos em disposições comuns, o projeto traz um único artigo, que trata da multa para cumprimento da obrigação. A disposição sobre multa é idêntica ao art. 645 do atual CPC, inclusive a redação prevê apenas a possibilidade de o juiz reduzir a multa no curso da execução, mas não aumentá-la, como já foi tratado ao longo do capítulo e discutida tal possibilidade.

Contudo, o legislador deixa de trazer correspondente ao art. 644 do atual CPC. A sentença dessas obrigações passa a ser tratada no art. 488 do projeto do atual CPC, que é abordado na parte de recursos, e ao qual remetemos o leitor por um motivo: o projeto traz sim previsão sobre a sentença, mas não sobre seus atos executivos.

CAPÍTULO 9

Execução por quantia certa

9.1 EXECUÇÃO POR QUANTIA CERTA CONTRA DEVEDOR INSOLVENTE

Quando no início do procedimento o credor tem fundadas razões para acreditar que o devedor não tem dinheiro para pagar a dívida, é iniciado o procedimento de execução por quantia certa contra devedor insolvente, sendo aplicados os arts. 948 e s., CPC. Porém, o devedor só é considerado juridicamente insolvente quando há uma sentença judicial. Sendo assim o credor deve requerer ao juiz que decrete a insolvência.

Decretada a insolvência o credor requer ao juiz que se designe um administrador dos bens do devedor afastando o devedor da administração dos bens e o patrimônio do devedor é congelado, é aberto um sistema de concurso universal de credores e publicado em editais; então o devedor paga aos credores de acordo com os bens disponíveis.

O processo de execução por quantia certa contra devedor insolvente é autônomo e independente, e não mero incidente da execução singular. Não se concebe que a execução contra devedor solvente convole-se em concurso de credores, pela decretação da insolvência civil. A insolvência civil guarda semelhanças com a falência, porque em ambas abre-se o concurso universal de credores, que partilharão, respeitadas as preferências, o produto da liquidação de bens do devedor. No entanto, só há insolvência do devedor civil, e falência do devedor comerciante. Tal como o processo de falência, o de insolvência tem duas fases distintas: a primeira, de natureza cognitiva, cuja finalidade é constatar a insolvência, a ser declarada por sentença; a segunda, de caráter propriamente executivo, em que haverá a instituição do concurso universal de credores, e posterior partilha do produto da liquidação dos bens.

A execução concursal está estruturada de forma diversa da execução singular, haja vista os seus objetivos específicos: enquanto nesta a penhora recai apenas sobre os bens suficientes para a satisfação do débito, naquela há arrecadação de todos os bens penhoráveis do devedor, para satisfação da comunidade de credores. Para que seja reconhecida a insolvência do devedor, é necessário que as dívidas excedam à importância dos bens do devedor. Ou seja, é necessário que o passivo do devedor supere o seu ativo. A declaração de insolvência pode ser requerida pelo credor, munido de título executivo não adimplido oportunamente, ou pelo próprio devedor ou seu espólio. O credor, munido de título executivo, poderá, porém, optar por ajuizar execução contra devedor solvente, ainda que esteja caracterizada a situação fática da insolvência. A primeira fase da execução contra devedor insolvente tem caráter cognitivo, e não executivo. Com efeito, não são praticados, nessa fase, atos executivos, mas atos de conhecimento destinados a comprovar se o devedor está ou não em situação de insolvência, que será presumida, nas hipóteses do art. 750, CPC. Nos processos de insolvência civil há interesse público justificando a intervenção do Ministério Público.

9.2 EXECUÇÃO POR QUANTIA CERTA CONTRA DEVEDOR SOLVENTE

No processo de execução por quantia certa contra devedor solvente, penhoram-se tantos bens quantos forem necessários para assegurar a execução. Destinam-se tais bens à execução do direito do credor. É com essa finalidade que se especializa a responsabilidade executória do devedor nos bens penhorados.

A execução de quantia certa contra devedor solvente pressupõe, em síntese, a existência de bens suficientes para que sejam pagos todos os credores, bem como a presença de título executivo líquido, certo, exigível e com eficácia condenatória. Assim porque a ação executiva é o poder de, por meios concretos, buscar o crédito.

Mas, na verdade, os bens do patrimônio do devedor são a garantia dos seus credores e não de um único ou de uns poucos. Os bens do patrimônio do devedor carregam consigo a responsabilidade executória deste, porque se destinam à satisfação dos seus credores. Por isso, o exequente poderá obter certidão comprobatória da execução para averbá-la no registro de imóveis, ou de outros bens sujeitos à penhora ou arresto, e comunicar ao juízo no prazo de dez dias, contados da averbação.

A garantia de todos não deve converter-se em segurança do direito de um só, ou de uns poucos, pelo exclusivo fato de tomar a iniciativa no tempo de exigir a satisfação do seu credito.

Condiciona-se o concurso de credores a que as dividas excedam à importância dos bens do devedor, ou seja, ao estado de insolvência deste.

Essa espécie de processo de execução tem semelhança com o da falência, mas dele se distingue sob vários aspectos. Aliás, a função de um e outro é a mesma, qual seja a de ratear o produto da totalidade dos bens do devedor entre todos os credores. O que se distingue principalmente é o sujeito passivo: enquanto na falência esse devedor é comerciante, no processo de execução contra devedor insolvente é devedor civil.

Condição fundamental para a execução por quantia certa contra devedor insolvente consiste no estado econômico deste (ser insolvente), o que deverá ser preliminarmente declarado pelo Estado-juiz.

A execução por quantia certa tem por objeto expropriar bens do devedor, salvo as restrições previstas em lei, a fim de satisfazer o direito do credor. É a mais comum na judicialidade.

Considerando-se que a apresentação ao devedor de um título executivo (judicial ou extrajudicial) pode não ser suficiente para o adimplemento voluntário do crédito, devem existir formas outras de se realizá-lo. O Estado age coativamente, expropriando bens, para assegurar concretamente a observância do direito, sendo especificamente esta a função desta tutela executiva.

A expropriação consiste na adjudicação em favor do exequente ou dos credores concorrentes, do cônjuge, dos descendentes ou ascendentes do executado.

O valor da multa poderá ser modificado pelo juiz da execução, verificado que se tornou insuficiente ou excessivo.

Não estão sujeitos à execução os bens que a lei considera impenhoráveis ou inalienáveis.

São absolutamente impenhoráveis:

a) Os bens inalienáveis e os declarados, por ato voluntário, não sujeitos à execução;

b) Os móveis, pertences e utilidades domésticas que guarnecem a residência do executado, salvo os de elevado valor ou que ultrapassem as necessidades comuns correspondentes a um médio padrão de vida;

c) Os vestuários, bem como os pertences de uso pessoal do executado, salvo se de elevado valor;

d) Os vencimentos, subsídios, soldos, salários, remunerações, proventos de aposentadoria, pensões, pecúlios e montepios; as quantias recebidas por liberalidade de terceiro e destinadas ao sustento do devedor e sua família, os ganhos de trabalhador autônomo e os honorários de profissional liberal;

e) Os livros, as máquinas, as ferramentas, os utensílios, os instrumentos ou outros bens móveis necessários ou úteis ao exercício de qualquer profissão;

f) O seguro de vida;

g) Os materiais necessários para obras em andamento, salvo se essas forem penhoradas;

h) A pequena propriedade rural, assim definida em lei, desde que trabalhada pela família;

i) Os recursos públicos recebidos por instituições privadas para aplicação compulsória em educação, saúde ou assistência social;

j) Até o limite de 40 (quarenta) salários mínimos, a quantia depositada em caderneta de poupança.

A impenhorabilidade não é oponível à cobrança do crédito concedido para a aquisição do próprio bem.

A penhora para pagamento de prestação alimentícia pode ser aplicada sobre os vencimentos, subsídios, soldos, salários, remunerações, proventos de aposentadoria, pensões, pecúlios e montepios; as quantias recebidas por liberalidade de terceiro e destinadas ao sustento do devedor e sua família, os ganhos de trabalhador autônomo e os honorários de profissional liberal.

Podem ser penhorados, à falta de outros bens, os frutos e rendimentos dos bens inalienáveis, salvo se destinados à satisfação de prestação alimentícia.

Antes de adjudicados ou alienados os bens, pode o executado, a todo tempo, remir a execução, pagando ou consignando a importância atualizada da dívida, mais juros, custas e honorários advocatícios.

9.2.1 Processo de execução

A execução por quantia certa visa a satisfazer o credor mediante a entrega de uma soma. É evidente que, se o Estado encontrar a soma no patrimônio do devedor, o caminho encurta-se. Entretanto, quando isso não ocorre, é preciso apurar fundos para satisfazer ao credor. Para isso, deve converter os bens do devedor em dinheiro para pagar o crédito exequendo.

Isso significa separar, do patrimônio do executado, bens suficientes para pagar o crédito exequendo para futura alienação e entrega do produto ao credor. A prática desses atos é conhecida como execução por expropriação.

Na espécie em exame, o devedor tem bens suficientes para a satisfação do crédito, sendo pago o crédito pela ordem de antiguidade da penhora. Caso os bens do devedor não fossem suficientes, seria a execução em face de devedor insolvente, já retratada.

Aqui a execução se baseia em soma prevista no título executivo extrajudicial e, por isso, a dívida deve ser líquida, certa e exigível. A execução deve ser distribuída onde houver mais de um juízo com competência concorrente ou despachada onde houver um único juízo, como nas comarcas do interior.

O exequente, para promover a execução, deve elaborar uma petição inicial, em que deve atentar para os requisitos do art. 282, CPC e juntar o título executivo extrajudicial original, que revela sua pretensão (art. 614, I, CPC). Além disso, deverá juntar, com a inicial, o demonstrativo do crédito atualizado até a propositura da execução (art. 614, II, CPC), na medida em que se permite que inicie a execução sem a remessa ao contador, esclarecendo a extensão do débito e os limites dos atos executivos.

Quando a execução estiver garantida por bem móvel ou imóvel, caberá indicar, na inicial, a intimação do credor pignoratício, hipotecário, anticrético ou usufrutuário, em função da preferência assentada no direito material em favor desses beneficiários do bem constrito.

A lei admite que na própria inicial se requeiram atos acautelatórios urgentes, sem a necessidade de medida cautelar autônoma (art. 615, I e II, CPC), justificando o pedido.

É lícito, ainda, prenotar a execução, onde quer que haja registro do bem do devedor, já que a alienação do bem será potencialmente lesiva aos interesses do credor. Essa diligência tutela os interesses do exequente e de terceiros de boa-fé.

Registrada a existência da execução, a aquisição do bem do executado fica sujeita ao resultado do processo. Assim, qualquer alienação no curso da execução torna-se ineficaz em relação ao exequente.

Finalmente, cumpre ao exequente requerer a citação do devedor, vedada a citação postal, por expressa disposição do art. 222, *d*, CPC.

Ao despachar a inicial, deverá o juiz fixar os honorários advocatícios, conforme prevê o art. 652-A, CPC, honorários estes fixados em caráter de provisoriedade, pois podem vir a ser cancelados no curso do processo se a execução for extinta.[1] Esses honorários são devidos em razão de o exequente necessitar recorrer ao Poder Judiciário para receber o que lhe é devido, através de prática de atos processuais e incidentes do processo de execução.

O devedor será citado, por meio de oficial de Justiça, nos termos da Súmula n. 196, STJ, terá três dias para efetuar o pagamento (art. 652, CPC), hipótese em que terá uma redução de 50% da verba honorária (art. 652-A, parágrafo único, CPC), ou, não pagando, o oficial de Justiça procederá de imediato à avaliação e penhora do bem, lavrando o respectivo auto e intimando o executado do ato.

Caso o devedor não seja encontrado, os bens serão arrestados, nos termos dos arts. 653 e 654, CPC. Competirá ao credor primeiramente indicar os bens que serão arrestados. Efetivado o arresto, o oficial de Justiça deverá procurar o devedor três vezes, em dias distintos, para configurar sua ausência.

1 Prevalece que deve ser fixado o percentual de honorários advocatícios tanto na execução como nos embargos, mas essa matéria não é pacífica, como esclarece Humberto Theodor Júnior (2007, p. 63-64): "discute-se no Superior Tribunal de Justiça sobre o cabimento de dois honorários advocatícios – um para a execução e outro para os embargos, quando sejam julgados improcedentes. Às vezes, decide-se que os honorários seriam únicos, de modo que aqueles arbitrado na sentença de embargos substituiriam definitivamente os que antes foram estipulados em caráter provisório para a citação executiva".

Encontrado o devedor, o mesmo deve ser citado e pode substituir o bem arrestado por outro indicado à penhora. Não encontrado o devedor e visando à manutenção do contraditório, o exequente deve, no prazo de dez dias, requerer a intimação do devedor daquela constrição e requerer a citação do devedor, pessoal ou por edital.

Desobedecido o prazo pelo exequente, o arresto perde sua eficácia.

O devedor poderá opor embargos e, caso estes sejam julgados procedentes, nulifica-se a verba honorária na execução, cabendo ao executado as despesas e os honorários. Já se o exequente sai vitorioso nos embargos, duplos serão os honorários, isto é, aqueles fixados inicialmente na execução e os fixados nos embargos.

A finalidade da citação do devedor é, então, dar-lhe ciência dos termos da ação, permitindo que:

a) não faça nada;

b) pague a integralidade da dívida, no prazo de três dias;

c) parcele a dívida, no prazo de quinze dias;

d) ofereça embargos à execução, no prazo de quinze dias.

A ausência de manifestação pode gerar a nomeação de um curador especial, nos termos do art. 9º, II, CPC. Já o pagamento integral no prazo de três dias tem previsão no parágrafo único do art. 652-A, CPC, e acarretará a extinção da execução, com fundamento no art. 794, I.

O parcelamento da dívida requerido é tratado pelo art. 745-A. Esse parcelamento, se deferido, impõe a observância de alguns requisitos objetivos, como o requerimento no prazo de quinze dias, o pagamento de 30% e o parcelamento do restante em seis parcelas com juros de 1% ao mês. Nessas condições, não há necessidade de concordância do exequente, mas, em condições distintas, impõe-se tal concordância.

Se optar por parcelas, o devedor fica impedido de posteriormente embargar, conforme previsão do art. 745-A, § 2º, CPC. Deferido o parcelamento, a execução ficará suspensa enquanto se aguarda o pagamento integral de todas as parcelas (art. 745-A, § 1º). Caso a penhora já tenha sido realizada antes do requerimento do parcelamento, esta não será desconstituída, para evitar que o parcelamento seja empregado como ardil para desfazimento da penhora. Aguarda-se o cumprimento do parcelamento para se desfazer a penhora, prevenindo-se para que, caso a execução retome seu curso normal, os pagamentos cessem antes da satisfação do crédito exequendo.[2]

Há discussão se esse parcelamento seria também aplicável ao cumprimento de sentença, procedimento retratado também neste item, havendo quem entenda que não há empecilhos para tal possibilidade[3], enquanto há quem defenda sua impossibilidade,[4] pois geraria uma incompatibilidade entre os procedimentos, trazendo morosidade ao procedimento mais célere do cumprimento de sentença.

Já na hipótese de oposição de embargos à execução, no prazo de dez dias contados da intimação da penhora, os embargos possuem natureza jurídica de processo de conhecimento. Trata-se de uma nova demanda, autuada em apenso nos autos da execução, conforme dispõe o art. 736, parágrafo único, CPC, em que o executado passa a ser o embargante e o exequente, o embargado. Trata-se de uma ação de defesa, que será mais bem retratada na abordagem das defesas do executado. A pretensão é de natureza desconstitutiva negativa, eis que se pretende a desconstituição do título executivo ou a revisão do valor nele contido.

Caso os embargos venham a ser acolhidos, estará extinta a execução. Do contrário, inicia-se uma etapa expropriatória, para alienar o patrimônio do devedor.

9.2.2 Disposições do projeto do NCPC (PL n. 8.046/2010)

Tratado o procedimento no atual Código de Processo Civil, traremos, agora, a previsão no projeto do novo CPC, com os atos até o momento anterior à penhora. Por serem disposições extremamente técnicas e sem novidades a serem destacadas, deixaremos apenas a transcrição dos dispositivos legais:

2 Nesse sentido, esclarece Humberto Theodoro Júnior (2007, p. 219) que, "já existindo a penhora, o parcelamento não a cancelará; não existindo, porém, não ficará o executado sujeito àquele ato executivo".

3 Marinoni (2004, p. 620).

4 Theodoro Júnior (2007, p. 217).

CAPÍTULO IV
DA EXECUÇÃO POR QUANTIA CERTA
Seção I
DISPOSIÇÕES GERAIS

Art. 781. A execução por quantia certa tem por objeto expropriar bens do devedor ou do responsável, a fim de satisfazer o direito do credor.

Art. 782. A expropriação consiste em:

I – adjudicação;

II – alienação;

III – apropriação de frutos e rendimentos de empresa ou estabelecimentos e de outros bens.

Art. 783. Antes de adjudicados ou alienados os bens, o executado pode, a todo tempo, remir a execução, pagando ou consignando a importância atualizada da dívida, mais juros, custas e honorários advocatícios.

Seção II
DA CITAÇÃO DO DEVEDOR E DO ARRESTO

Art. 784. Ao despachar a inicial, o juiz fixará, de plano, os honorários advocatícios de dez por cento, a serem pagos pelo executado.

§ 1º No caso de integral pagamento no prazo de três dias, a verba honorária será reduzida pela metade.

§ 2º Rejeitados os embargos eventualmente opostos pelo executado ou caso estes não tenham sido opostos, ao final do procedimento executivo, o valor dos honorários poderá ser acrescido até o limite de vinte por cento, em atenção ao trabalho realizado supervenientemente à citação.

Art. 785. O exequente poderá obter certidão de que a execução foi admitida pelo juiz com a identificação das partes e do valor da causa, para fins de averbação no registro de imóveis, no registro de veículos ou no registro de outros bens sujeitos a penhora, arresto ou indisponibilidade.

§ 1º O exequente deverá comunicar ao juízo as averbações efetivadas, no prazo de dez dias de sua concretização.

§ 2º Formalizada penhora sobre bens suficientes para cobrir o valor da dívida, o exequente providenciará o cancelamento das averbações relativas àqueles não penhorados, no prazo de dez dias.

§ 3º Presume-se em fraude à execução a alienação ou a oneração de bens efetuada após a averbação.

§ 4º O exequente que promover averbação manifestamente indevida ou não cancelar as averbações nos termos do § 2º, indenizará a parte contrária, processando-se o incidente em autos apartados.

Art. 786. O devedor será citado para pagar a dívida no prazo de três dias, contados da juntada do mandado de citação.

§ 1º Do mandado de citação constarão, também, a ordem de penhora e a avaliação a serem cumpridas pelo oficial de Justiça, tão logo verificado o não pagamento no prazo assinalado, de tudo lavrando-se auto, com intimação do executado.

§ 2º A penhora recairá sobre os bens indicados pelo exequente, salvo se outros forem indicados pelo executado e aceitos pelo juiz, mediante demonstração de que a constrição proposta lhe será menos onerosa e não trará prejuízo ao exequente.

Art. 787. Se o oficial de Justiça não encontrar o executado, arrestar-lhe-á tantos bens quantos bastem para garantir a execução.

§ 1º Nos dez dias seguintes à efetivação do arresto, o oficial de Justiça procurará o executado três vezes em dias distintos; havendo suspeita de ocultação, realizará a citação com hora certa, certificando pormenorizadamente o ocorrido.

§ 2º Incumbe ao exequente requerer a citação por edital, uma vez frustradas a pessoal e a com hora certa.

§ 3º Aperfeiçoada a citação e transcorrido o prazo de pagamento, o arresto se converterá em penhora, independentemente de termo.

9.3 CONSIDERAÇÕES SOBRE A PENHORA

A execução, quer se fundamente em título judicial, quer em título extrajudicial, tem como finalidade expropriar os bens do devedor para satisfazer ao credor.

Os bens submetidos à expropriação não são todos os bens do patrimônio do executado, senão aqueles suficientes para esse fim. Há, então, uma fase de individualização dos bens sujeitos à expropriação satisfativa. Essa é denominada "fase de apreensão" e o meio de afetar os bens do patrimônio do devedor à satisfação do credor denomina-se penhora.

A penhora deve recair sobre os bens necessários do devedor, evitando-se que para isso seja inútil ou excessiva. Os bens apreendidos devem ser alienáveis.

A penhora pode ser também *on-line*, com previsão no art. 655-A, §§ 1º e 2º, CPC, e é um dos mecanismos mais eficientes para a localização dos bens do executado. Para essa modalidade, é só o magistrado, após ter sido devidamente cadastrado, acessar o sistema, via internet, mediante senha individual e intransferível, e emitir as ordens judiciais, bem como solicitar informações sobre conta corrente e aplicações do executado para determinar o bloqueio delas. As informações que o magistrado recebe se restringem à existência ou não de valor em conta do executado indicado na execução.

A impenhorabilidade de um bem é medida excepcional e pode ser absoluta ou relativa. No primeiro caso, o bem não poderá ser apreendido e o vício é denunciável a qualquer tempo. É vício absoluto. Já no segundo caso, bens originariamente impenhoráveis poderão ser apreendidos na falta de outros bens e essa alegação deve se operar no momento da impugnação; quando se tratar de cumprimento de sentença, será alegado por meio da impugnação e, se for título executivo extrajudicial, através dos embargos à execução, consoante o art. 745, II, CPC. É vício que, se não alegado no momento da defesa do executado, preclui.

A Lei n. 11.382/2006 trouxe como inovação a não incidência da impenhorabilidade em bens que revelam caráter de ostentação, fato que deve ser avaliado pelo juiz à luz da razoabilidade e da dignidade da pessoa humana. Restringiu, ainda, a impenhorabilidade aos frutos e rendimentos dos imóveis, salvo se destinados à satisfação de prestação alimentícia (art. 650, CPC). Salários e vencimentos também se tornaram penhoráveis para o pagamento de pensão alimentícia (art. 649, IV, CPC).

A referida lei trouxe, ainda, a impenhorabilidade da pequena propriedade rural e buscou garantir a tutela do bem da família, como forma de proteger a dignidade da pessoa humana.

Essa novel disciplina da impenhorabilidade se aplica às penhoras realizadas mesmo antes do advento da Lei n. 11.382/2006, podendo ser desconstituída por simples petição se ainda não alienados os bens penhorados, na forma da Súmula 205 do STJ.[5]

5 Súmula 205, STJ: "a Lei n. 8.009/90 aplica-se à penhora realizada antes de sua vigência".

Pode incidir a multiplicidade de penhoras sobre o mesmo bem, desde que seu valor seja suficiente para a satisfação do crédito, observando-se, para isso, os requisitos processuais internos na ordem de preferência, independentemente do registro da penhora realizado para oponibilidade *erga omnes* da constrição.

O art. 655 e 656, CPC trazem uma ordem legal de bens penhoráveis, que deve ser observada à luz dos critérios de impenhorabilidade. A penhora deve recair, preferencialmente, na ordem estabelecida em lei, já que essa ordem considera a livre disponibilidade e a expressão econômica do bem. Se essa ordem não for seguida, poderá ser alegação utilizada na defesa do executado.

Se as penhoras forem contemporâneas, afere-se a prioridade pela antecedência no dia e na hora da propositura da execução como critério de desempate.

No caso de penhora sobre bem gravado com ônus real, a preferência no recebimento do preço pressupõe que o gravame seja anterior à penhora, aproveitando-se o saldo, se houver, para pagamento dos credores quirografários remanescentes (art. 711, CPC).

Como consequência da penhora, quando o devedor não é depositário do bem, perde a posse direta, que passa ao guardião judicial, sem, porém, perder a posse indireta. Processualmente, o credor ganha o direito de preferência no recebimento do produto da arrecadação do bem penhorado, aferida pela anterioridade de realização da penhora (art. 664, CPC), independentemente do registro.

Penhorados os bens, circunscreve-se a eles a base dos atos de execução. Entretanto, há fatos ensejadores de uma nova penhora, com a nulificação da anterior, ou reforço da já realizada.

Assim, somente se procede a uma segunda penhora se a primeira for anulada, se o produto da alienação não for suficiente para o pagamento do credor ou se os bens da primeira penhora já estiverem onerados.

No caso de nulidade da penhora ou dos bens penhorados estarem já onerados, eliminam-se os efeitos da penhora anterior. Já no caso de reforço da penhora para satisfação do credor, é viável a redução da nova penhora e bens suficientes, em homenagem ao princípio da economicidade.

Tanto a redução como a ampliação são espécies do gênero modificação quantitativa da penhora, sendo que podem ser modificações da penhora, ainda, a substituição do bem penhorado por outro bem ou por dinheiro, hipótese em que se agiliza a tutela executiva.

O pedido de substituição do bem penhorado está regulado pelo art. 668, CPC, que deverá ser observado para que seja possível a substituição. O pedido de substituição, feito a requerimento do credor ou do devedor, passa por decisão interlocutória agravável e, decidido, lavra-se o respectivo termo.

Em relação ao procedimento da penhora, este é influenciado pela natureza do bem. Se o bem for móvel, a penhora faz-se mediante sua apreensão e depósito. Se for crédito, aperfeiçoa-se com a intimação para que o devedor coloque a importância à disposição do juízo.

A penhora pode efetivar-se por nomeação do devedor, como é mais comum, ou por indicação do credor, conforme redação do art. 475-J. Tratando-se de execução extrajudicial, o art. 652, CPC estabelece o prazo de três dias para o devedor pagar.

A nomeação dos bens à penhora pelo credor, também chamada de nomeação por coerção, ocorre quando:

a) O devedor não nomeia os bens no prazo legal.

b) Não foi obedecida a ordem legal.

c) A nomeação não versa sobre os bens dispostos em lei, contrato ou ato judicial.

d) Nomeia bens que não estejam livres e desembaraçados, havendo bens em seu patrimônio em tais condições.

e) Indica bens insuficientes para garantir a execução.

f) Não indica o valor dos bens.

g) Omite quaisquer providências previstas nos arts. 600, IV, e 656, § 1º, CPC, consistente no dever do executado de indicar, no prazo fixado pelo juiz, onde se encontram os bens sujeitos à execução.

O devedor, quando intimado, além de nomear bens a penhora, deve atribuir-lhes valor, haja vista que o credor pode concordar com ele, evitando, assim, a avaliação (art. 668, V, CPC).

A avaliação é o primeiro ato preparatório da expropriação, fixando os limites para a alienação judicial do bem e impedindo que seja alienado por preço vil.

Caso não haja concordância com o valor do bem, será nomeado perito avaliador, que emitirá um laudo, em um prazo não superior a dez dias (art. 680, CPC).

Após a avaliação, a requerimento do interessado e ouvida a parte contrária, o juiz mandará reduzir a penhora aos bens suficientes ou transferi-la para outros que bastem à execução, se o valor do bem for considerado superior ao crédito. Poderá, ainda, ser ampliada a penhora como opção se o valor do bem for também superior ao crédito.

A penhora formaliza-se por termo nos autos. Mesmo que fosse necessária a precatória, se for apresentada a certidão de matrícula, a penhora de imóveis, independentemente de onde se localizem, é realizada por termo nos autos, da qual deve ser intimado o executado, pessoalmente ou através de seu advogado, e por esse ato constituído depositário (art. 659, § 5º, CPC).

A expedição de precatória permanece, nos termos do art. 657, CPC, quanto à avaliação e à expropriação.

A penhora deve ser realizada por oficial de Justiça, em horário e local autorizados por lei e deve haver a intimação do cônjuge do devedor. Caso o oficial de Justiça encontre resistência do devedor, o fato deverá ser comunicado ao juiz, que deferirá a ordem de arrombamento.

Deferido o arrombamento, dois oficiais de justiça devem cumprir o mandado, arrombando o local em que se presumir o bem, lavrando tudo no auto circunstanciado, que deverá ser assinado por duas testemunhas, presentes na diligência.

Poderá, ainda, ser requisitada a força policial a fim de auxiliar os oficiais de Justiça na penhora e na prisão de quem resistir à ordem. No caso de prisão, deve-se seguir a lavratura de auto de prisão em flagrante, com rol de testemunhas, como dispõem os arts. 660 a 663, CPC.

Efetivada a diligência da penhora, sem prejuízo da intimação do executado (art. 669, CPC), deverá ser feito o registro no ofício imobiliário, às custas do exequente. Assim, qualquer alienação será presumida em fraude à execução. Anteriormente a ela, caberá ao exequente comprovar a má-fé do terceiro.

Os bens que se situam fora da sede da execução são penhorados por carta, se houver pedido do exequente nesse sentido, por força da disposição do art. 659, § 5º, CPC. A carta é expedida quando atos importantes do processo, como penhora, avaliação ou expropriação devem ser praticadas alhures.

Intimado o executado da penhora, pode apresentar embargos sobre o processo ou sobre o crédito exequendo. Se a execução for por carta, os embargos só serão de competência do juízo deprecado se versarem sobre vícios em seus atos.

Os bens penhorados destinam-se à futura expropriação e, por isso, devem ficar custodiados até o advento dessa etapa. Em regra, a nomeação do depositário recai sobre o próprio devedor, salvo se o credor não concordar e o juiz assim decidir.

A expropriação nada mais é do que a alienação forçada dos bens penhorados, com o escopo de pagar ao credor. A expropriação importará, assim, perda da propriedade do executado.

Entretanto, pode ocorrer apenas a perda da faculdade temporária de fruir do bem, nos casos em que este se submete à exploração econômica paulatina, com o objetivo de gerar fundos necessários ao pagamento do crédito exequendo, é o que se denomina de usufruto de móvel ou imóvel (art. 647, IV, CPC).

9.3.1 Disposições sobre a penhora no projeto do novo CPC (PL n. 8.046/2010)

Seção III

DA PENHORA, DO DEPÓSITO E DA AVALIAÇÃO

Subseção I

Do objeto da penhora

Art. 788. A penhora deverá incidir em tantos bens quantos bastem para o pagamento do principal atualizado, dos juros, das custas e dos honorários advocatícios.

Art. 789. Não estão sujeitos à execução os bens que a lei considera impenhoráveis ou inalienáveis.

Art. 790. São absolutamente impenhoráveis:

I – os bens inalienáveis e os declarados, por ato voluntário, não sujeitos à execução;

II – os móveis, os pertences e as utilidades domésticas que guarnecem a residência do executado, salvo os de elevado valor ou que ultrapassem as necessidades comuns correspondentes a um médio padrão de vida;

III – os vestuários, bem como os pertences de uso pessoal do executado, salvo se de elevado valor;

IV – os vencimentos, os subsídios, os soldos, os salários, as remunerações, os proventos de aposentadoria, as pensões, os pecúlios e os montepios, bem como as quantias recebidas por liberalidade de terceiro e destinadas ao sustento do devedor e de sua família, os ganhos de trabalhador autônomo e os honorários de profissional liberal;

V – os livros, as máquinas, as ferramentas, os utensílios, os instrumentos ou outros bens móveis necessários ou úteis ao exercício da profissão do executado;

VI – o seguro de vida;

VII – os materiais necessários para obras em andamento, salvo se estas forem penhoradas;

VIII – a pequena propriedade rural, assim definida em lei, desde que trabalhada pela família;

IX – os recursos públicos recebidos por instituições privadas para aplicação compulsória em educação, saúde ou assistência social;

X – a quantia depositada em caderneta de poupança, até o limite de trinta salários mínimos;

XI – os recursos públicos do fundo partidário recebidos, nos termos da lei, por partido político.

§ 1º A impenhorabilidade não é oponível à cobrança do crédito concedido para a aquisição do próprio bem.

§ 2º O disposto no inciso IV do *caput* deste artigo não se aplica no caso de penhora para pagamento de prestação alimentícia, bem como relativamente as importâncias excedentes a cinquenta salários mínimos mensais.

§ 3º Incluem-se na impenhorabilidade prevista no inciso V do *caput* deste artigo os equipamentos, implementos e máquinas agrícolas, desde que pertencentes a pessoa física ou a empresa individual produtora rural, exceto nos casos em que esses bens tenham sido objeto de financiamento e estejam vinculados em garantia à operação ou quando respondam por dívida de natureza alimentar, trabalhista ou previdenciária.

Art. 791. Podem ser penhorados, à falta de outros bens, os frutos e os rendimentos dos bens inalienáveis.

Art. 792. A penhora observará, preferencialmente, a seguinte ordem:

I – dinheiro, em espécie ou em depósito ou aplicação em instituição financeira;

II – veículos de via terrestre;

III – bens móveis em geral;

IV – bens imóveis;

V – navios e aeronaves;

VI – ações e quotas de sociedades simples empresárias;
VII – percentual do faturamento de empresa devedora;
VIII – pedras e metais preciosos;
IX – títulos da dívida pública da União, dos Estados e do Distrito Federal com cotação em mercado;
X – títulos e valores mobiliários com cotação em mercado;
XI – outros direitos.

§ 1º Ressalvada penhora em dinheiro, que é sempre prioritária, a ordem referida nos incisos do *caput* deste artigo não tem caráter absoluto, podendo ser alterada pelo juiz de acordo com as circunstâncias do caso concreto.

§ 2º Na execução de crédito com garantia hipotecária, pignoratícia ou anticrética, a penhora recairá, preferencialmente, sobre a coisa dada em garantia; se a coisa pertencer a terceiro garantidor, este também será intimado da penhora.

Art. 793. Não se levará a efeito a penhora quando evidente que o produto da execução dos bens encontrados será totalmente absorvido pelo pagamento das custas da execução.

Parágrafo único. Quando não encontrar bens penhoráveis, o oficial de Justiça descreverá na certidão os que guarnecem a residência ou o estabelecimento do devedor.

Subseção II

Da documentação da penhora, de seu registro e do depósito

Art. 794. Obedecidas as normas de segurança instituídas sob critérios uniformes pelo Conselho Nacional de Justiça, a penhora de dinheiro e as averbações de penhoras de bens imóveis e móveis podem ser realizadas por meios eletrônicos.

Art. 795. A penhora será realizada mediante auto ou termo, que conterá:

I – a indicação do dia, mês, ano e lugar em que foi feita;
II – os nomes do credor e do devedor;
III – a descrição dos bens penhorados, com as suas características;
IV – a nomeação do depositário dos bens.

Art. 796. Considerar-se-á feita a penhora mediante a apreensão e o depósito dos bens, lavrando-se um só auto se as diligências forem concluídas no mesmo dia.

Parágrafo único. Havendo mais de uma penhora, lavrar-se-á para cada qual um auto.

Art. 797. Serão preferencialmente depositados:

I – as quantias em dinheiro, as pedras e os metais preciosos, bem como os papéis de crédito, no Banco do Brasil, na Caixa Econômica Federal ou em um banco de que o Estado ou o Distrito Federal possua mais de metade do capital social integralizado, ou, em falta desses estabelecimentos no lugar, em qualquer instituição de crédito designada pelo juiz;

II – os imóveis, em poder do executado;

III – os móveis, preferencialmente em poder do exequente, ou de depositário particular.

§ 1º Os bens poderão ser depositados em poder do executado nos casos de difícil remoção ou quando anuir o exequente.

§ 2º As joias, as pedras e os objetos preciosos deverão ser depositados com registro do valor estimado de resgate.

Art. 798. Formalizada a penhora por qualquer dos meios legais, dela será imediatamente intimado o executado.

§ 1º Se não localizar o executado para intimá-lo da penhora, o oficial certificará detalhadamente as diligências realizadas, caso em que o juiz, havendo suspeita de ocultação, poderá dispensar a intimação ou determinar novas diligências.

§ 2º Quando a penhora não tiver sido realizada na presença do executado, sua intimação será feita na pessoa de seu advogado ou na da sociedade de advogados a que este pertença, ou, não havendo procurador constituído, pessoalmente, de preferência por via postal.

Art. 799. Recaindo a penhora em bens imóveis, será intimado também o cônjuge do executado, salvo se for casado em regime de separação absoluta de bens.

Parágrafo único. Tratando-se de bem indivisível, a meação do cônjuge alheio à execução recairá sobre o produto da alienação do bem, reservando-se a esse a preferência na arrematação do bem em igualdade de condições

Art. 800. Cabe ao exequente providenciar, para presunção absoluta de conhecimento por terceiros, a averbação da penhora, quando se tratar de bens sujeitos a registro público. Cabe ao exequente providenciar, para presunção absoluta de conhecimento por terceiros, a averbação do arresto ou da penhora, quando se tratar de bens sujeitos a registro público, mediante a apresentação de cópia do auto ou termo, independentemente de mandado judicial.

Subseção III

Do lugar de realização da penhora

Art. 801. Efetuar-se-á a penhora onde quer que se encontrem os bens, ainda que sob a posse, a detenção ou a guarda de terceiros.

§ 1º A penhora de imóveis, independentemente de onde se localizem, quando apresentada certidão da respectiva matrícula, e a penhora de veículos automotores, quando apresentada certidão que ateste a sua existência, serão realizadas por termo nos autos.

§ 2º Se o devedor não tiver bens no foro da causa, não sendo possível a realização da penhora nos termos do § 1º, a execução será feita por carta, penhorando-se, avaliando-se e alienando-se os bens no foro da situação.

Art. 802. Se o devedor fechar as portas da casa a fim de obstar a penhora dos bens, o oficial de Justiça comunicará o fato ao juiz, solicitando-lhe ordem de arrombamento.

§ 1º Deferido o pedido, dois oficiais de justiça cumprirão o mandado, arrombando cômodos e móveis em que se presuma estarem os bens, e lavrarão de tudo auto circunstanciado, que será assinado por duas testemunhas presentes à diligência.

§ 2º Sempre que necessário, o juiz requisitará força policial, a fim de auxiliar os oficiais de justiça na penhora dos bens e na prisão de quem resistir à ordem.

§ 3º Os oficiais de justiça lavrarão em duplicata o auto de resistência, entregando uma via ao escrivão do processo, para ser juntada aos autos, e a outra à autoridade policial a quem couber a prisão.

§ 4º Do auto de resistência constará o rol de testemunhas, com sua qualificação.

Subseção IV

Das modificações da penhora

Art. 803. O executado pode, no prazo de dez dias contados da intimação da penhora, requerer a substituição do bem penhorado, desde que comprove que lhe será menos onerosa e não trará prejuízo ao exequente.

§ 1º O juiz só autorizará a substituição se o executado:

I – comprovar as respectivas matrículas e registros, por certidão do correspondente ofício, quanto aos bens imóveis;

II – descrever os bens móveis, com todas as suas propriedades e características, bem como seu estado e o lugar onde se encontram;

III – descrever os semoventes, com indicação de espécie, número, marca ou sinal e local onde se encontram;

IV – identificar os créditos, indicando quem seja o devedor, qual a origem da dívida, o título que a representa e a data do vencimento; e

V – atribuir, em qualquer caso, valor aos bens indicados à penhora, além de especificar os ônus e os encargos a que estejam sujeitos.

§ 2º Requerida a substituição da penhora, o executado deve indicar onde se encontram os bens sujeitos à execução, exibir a prova de sua propriedade e a certidão negativa ou positiva de ônus, bem como abster-se de qualquer atitude que dificulte ou embarace a realização da penhora.

§ 3º A penhora pode ser substituída por fiança bancária ou seguro garantia judicial, em valor não inferior ao do débito constante da inicial, mais trinta por cento.

§ 4º O executado somente poderá oferecer bem imóvel em substituição caso o requeira com a expressa anuência do cônjuge, salvo se o regime for o de separação absoluta de bens.

Art. 804. As partes poderão requerer a substituição da penhora se:

I – não obedecer à ordem legal;

II – não incidir sobre os bens designados em lei, contrato ou ato judicial para o pagamento;

III – havendo bens no foro da execução, outros tiverem sido penhorados;

IV – havendo bens livres, tiver recaído sobre bens já penhorados ou objeto de gravame;

V – incidir sobre bens de baixa liquidez;

VI – fracassar a tentativa de alienação judicial do bem; ou

VII – o devedor não indicar o valor dos bens ou omitir qualquer das indicações previstas na lei.

Art. 805. Sempre que ocorrer a substituição dos bens inicialmente penhorados, será lavrado novo termo.

Art. 806. Será admitida a redução ou a ampliação da penhora, bem como sua transferência para outros bens, se, no curso do processo, o valor de mercado dos bens penhorados sofrer alteração significativa.

Art. 807. Não se procede à segunda penhora, salvo se:

I – a primeira for anulada;

II – executados os bens, o produto da alienação não bastar para o pagamento do credor;

III – o credor desistir da primeira penhora, por serem litigiosos os bens ou por estarem submetidos a constrição judicial.

Art. 808. O juiz determinará a alienação antecipada dos bens penhorados quando:

I – se tratar de veículos automotores, de pedras e metais preciosos e de outros bens móveis sujeitos à depreciação ou à deterioração;

II – houver manifesta vantagem.

Art. 809. Quando uma das partes requerer alguma das medidas previstas nesta Subseção, o juiz ouvirá sempre a outra, no prazo de três dias, antes de decidir.

Parágrafo único. O juiz decidirá de plano qualquer questão suscitada.

Subseção V

Da penhora de dinheiro em depósito ou em aplicação financeira

Art. 810. Para possibilitar a penhora de dinheiro em depósito ou em aplicação financeira, o juiz, a requerimento do exequente, sem dar ciência prévia do ato ao executado, determinará às instituições financeiras, por meio de sistema eletrônico gerido pela autoridade supervisora do sistema financeiro nacional, que torne indisponíveis ativos financeiros existentes em nome do executado, limitando-se a indisponibilidade ao valor indicado na execução.

§ 1º No prazo de vinte e quatro horas a contar da resposta, de ofício, o juiz determinará o cancelamento de eventual indisponibilidade excessiva, o que deverá ser cumprido pela instituição financeira em igual prazo.

§ 2º Tornados indisponíveis os ativos financeiros do executado, este será intimado na pessoa de seu advogado ou, não o tendo, pessoalmente.

§ 3º Incumbe ao executado, no prazo de cinco dias, comprovar que:

I – as quantias indisponibilizadas são impenhoráveis;

II – ainda remanesce indisponibilidade excessiva de ativos financeiros.

§ 4º Acolhida qualquer das arguições dos incisos I e II do § 3º, o juiz determinará o cancelamento de eventual indisponibilidade excessiva, o que deverá ser cumprido pela instituição financeira em vinte e quatro horas.

§ 5º Rejeitada ou não apresentada a manifestação do executado, converter-se-á a indisponibilidade em penhora, e lavrar-se-á o respectivo termo, devendo o juiz da execução determinar à instituição financeira depositária que, no prazo de vinte e quatro horas, transfira o montante indisponível para conta vinculada ao juízo da execução.

§ 6º Realizado o pagamento da dívida por outro meio, o juiz determinará, imediatamente, à autoridade supervisora, a notificação da instituição financeira para que cancele a indisponibilidade, que deverá ser realizada em até vinte e quatro horas.

§ 7º As transmissões das ordens de indisponibilidade, de seu cancelamento e de determinação de penhora, previstas neste artigo far-se-ão por meio de sistema eletrônico gerido pela autoridade supervisora do sistema financeiro nacional.

§ 8º A instituição financeira será responsável pelos prejuízos causados ao executado em decorrência da indisponibilidade de ativos financeiros em valor superior ao indicado na execução ou pelo juiz, bem como na hipótese de não cancelamento da indisponibilidade no prazo de vinte e quatro horas, quando assim determinar o juiz.

§ 9º Quando se tratar de execução contra partido político, o juiz, a requerimento do exequente, determinará às instituições financeiras, por meio de sistema eletrônico gerido por autoridade supervisora do sistema bancário, que torne indisponíveis ativos financeiros somente em nome do órgão partidário que tenha contraído a dívida executada ou que tenha dado causa à violação de direito ou ao dano, ao qual cabe exclusivamente a responsabilidade pelos atos praticados, na forma da lei.

Subseção VI

Da penhora de créditos

Art. 811. Quando a penhora recair em crédito do devedor, o oficial de Justiça o penhorará. Enquanto não ocorrer a hipótese prevista no art. 819, considerar-se-á feita a penhora pela intimação:

I – ao terceiro devedor para que não pague ao seu credor;

II – ao credor do terceiro para que não pratique ato de disposição do crédito.

Art. 812. A penhora de crédito representado por letra de câmbio, nota promissória, duplicata, cheque ou outros títulos se fará pela apreensão do documento, esteja ou não este em poder do devedor.

§ 1º Se o título não for apreendido, mas o terceiro confessar a dívida, será este tido como depositário da importância.

§ 2º O terceiro só se exonerará da obrigação depositando em juízo a importância da dívida.

§ 3º Se o terceiro negar o débito em conluio com o devedor, a quitação que este lhe der caracterizará fraude à execução.

§ 4º A requerimento do credor, o juiz determinará o comparecimento, em audiência especialmente designada, do devedor e do terceiro, a fim de lhes tomar os depoimentos.

Art. 813. Feita a penhora em direito e ação do devedor, e não tendo este oferecido embargos ou sendo estes rejeitados, o credor ficará sub-rogado nos direitos do devedor até a concorrência do seu crédito.

§ 1º O credor pode preferir, em vez da sub-rogação, a alienação judicial do direito penhorado, caso em que declarará sua vontade no prazo de dez dias contados da realização da penhora.

§ 2º A sub-rogação não impede o sub-rogado, se não receber o crédito do devedor, de prosseguir na execução, nos mesmos autos, penhorando outros bens do devedor.

Art. 814. Quando a penhora recair sobre dívidas de dinheiro a juros, de direito a rendas ou de prestações periódicas, o credor poderá levantar os juros, os rendimentos ou as prestações à medida que forem sendo depositados, abatendo-se do crédito as importâncias recebidas, conforme as regras da imputação em pagamento.

Art. 815. Recaindo a penhora sobre direito a prestação ou restituição de coisa determinada, o devedor será intimado para, no vencimento, depositá-la, correndo sobre ela a execução.

Art. 816. Quando o direito estiver sendo pleiteado em juízo, será averbada no rosto dos autos a penhora que recair nele e na ação que lhe corresponder, a fim de se efetivar nos bens que forem adjudicados ou vierem a caber ao devedor.

Subseção VII

Da penhora das quotas ou ações de sociedades personificadas

Art. 817. Penhoradas as quotas ou as ações de sócio em sociedade simples ou empresária, o juiz assinará prazo razoável, não superior a três meses, para que a sociedade apresente balanço especial na forma da lei, proceda à liquidação das quotas ou das ações e deposite em juízo o valor apurado, em dinheiro.

§ 1º O disposto no *caput* não se aplica à sociedade anônima de capital aberto, cujas ações serão adjudicadas ao credor ou alienadas em bolsa de valores, conforme o caso.

§ 2º Para os fins da liquidação de que trata o *caput*, o juiz poderá, a requerimento do credor ou da sociedade, nomear administrador, que deverá submeter à aprovação judicial a forma de liquidação.

§ 3º O prazo previsto no *caput* poderá ser ampliado pelo juiz, se o pagamento das quotas ou das ações liquidadas colocar em risco a estabilidade financeira da sociedade simples ou empresária.

Subseção VIII

Da penhora de empresa, de outros estabelecimentos e de semoventes

Art. 818. Quando a penhora recair em estabelecimento comercial, industrial ou agrícola, bem como em semoventes, plantações ou edifícios em construção, o juiz nomeará um administrador-depositário, determinando-lhe que apresente em dez dias o plano de administração.

§ 1º Ouvidas as partes, o juiz decidirá.

§ 2º É lícito, porém, às partes ajustar a forma de administração, escolhendo o depositário; caso em que o juiz homologará por despacho a indicação.

Art. 819. A penhora de empresa que funcione mediante concessão ou autorização se fará, conforme o valor do crédito, sobre a renda, sobre determinados bens ou sobre todo o patrimônio, nomeando o juiz como depositário, de preferência, um dos seus diretores.

§ 1º Quando a penhora recair sobre a renda ou sobre determinados bens, o administrador-depositário apresentará a forma de administração e o esquema de pagamento, observando-se, quanto ao mais, o disposto quanto ao regime de penhora de frutos e rendimentos de coisa móvel e imóvel.

§ 2º Recaindo a penhora sobre todo o patrimônio, prosseguirá a execução nos seus ulteriores termos, ouvindo-se, antes da arrematação ou da adjudicação, o ente público que houver outorgado a concessão.

Art. 820. A penhora de navio ou aeronave não obsta a que estes continuem navegando ou operando até a alienação, mas o juiz, ao conceder a autorização para tanto, não permitirá que saiam do porto ou aeroporto antes que o devedor faça o seguro usual contra riscos.

Subseção IX

Da penhora de percentual de faturamento de empresa

Art. 821. Se o devedor não tiver outros bens penhoráveis ou se, tendo-os, estes forem de difícil alienação ou insuficientes para saldar o crédito executado, o juiz poderá ordenar a penhora de percentual de faturamento de empresa.

§ 1º O juiz fixará percentual que propicie a satisfação do crédito exequendo em tempo razoável, mas que não torne inviável o exercício da atividade empresarial.

§ 2º O juiz nomeará administrador-depositário, que submeterá à aprovação judicial a forma de sua atuação e prestará contas mensalmente, entregando em juízo as quantias recebidas, com os respectivos balancetes mensais, a fim de serem imputadas no pagamento da dívida.

§ 3º Na penhora de percentual de faturamento de empresa, observar-se-á, no que couber, o disposto quanto ao regime de penhora de frutos e rendimentos de coisa móvel e imóvel.

Subseção X

Da penhora de frutos e rendimentos de coisa móvel ou imóvel

Art. 822. O juiz pode ordenar a penhora de frutos e rendimentos de coisa móvel ou imóvel quando a considerar mais eficiente para o recebimento do crédito e menos gravosa ao executado.

Art. 823. Ordenada a penhora de frutos e rendimentos, o juiz nomeará administrador depositário, que será investido de todos os poderes que concernem à administração do bem e à fruição de seus frutos e utilidades, perdendo o executado o direito de gozo do bem, até que o exequente seja pago do principal, dos juros, das custas e dos honorários advocatícios.

§ 1º A medida terá eficácia em relação a terceiros a partir da publicação da decisão que a conceda ou de sua averbação no ofício imobiliário, em se tratando de imóveis.

§ 2º O exequente providenciará a averbação no ofício imobiliário mediante a apresentação de certidão de inteiro teor do ato, independentemente de mandado judicial.

Art. 824. O juiz poderá nomear administrador-depositário o credor ou o devedor, ouvida a parte contrária; não havendo acordo, o juiz nomeará profissional qualificado para o desempenho da função.

§ 1º O administrador submeterá à aprovação judicial a forma de administração, bem como a de prestar contas periodicamente.

§ 2º Havendo discordância entre as partes ou entre estas e o administrador, o juiz decidirá a melhor forma de administração do bem.

§ 3º Se o imóvel estiver arrendado, o inquilino pagará o aluguel diretamente ao exequente, salvo se houver administrador.

§ 4º O exequente ou o administrador poderá celebrar locação do móvel ou imóvel, ouvido o executado.

§ 5º As quantias recebidas pelo administrador serão entregues ao exequente, a fim de serem imputadas no pagamento da dívida.

§ 6º O exequente dará ao executado quitação, por termo nos autos, das quantias recebidas.

Subseção XI

Da avaliação

Art. 825. A avaliação será feita pelo oficial de Justiça.

Parágrafo único. Se forem necessários conhecimentos especializados e o valor da execução o comportar, o juiz nomeará avaliador, fixando-lhe prazo não superior a dez dias para entrega do laudo.

Art. 826. Não se procederá à avaliação quando:

I – uma das partes aceitar a estimativa feita pela outra;

II – se tratar de títulos ou de mercadorias que tenham cotação em bolsa, comprovada por certidão ou publicação oficial;

III – se tratar de títulos da dívida pública, de ações das sociedades e de títulos de crédito negociáveis em bolsa, cujo valor será o da cotação oficial do dia, provada por certidão ou publicação no órgão oficial;

IV – se tratar de veículos automotores ou de outros bens cujo preço médio de mercado possa ser conhecido por meio de pesquisas realizadas por órgãos oficiais ou de anúncios de venda divulgados em meios de comunicação, caso em que caberá a quem fizer a nomeação o encargo de comprovar a cotação do mercado.

Art. 827. A avaliação realizada pelo oficial de Justiça constará do auto de penhora ou, em caso de perícia realizada por avaliador, de laudo apresentado no prazo fixado pelo juiz, devendo-se, em qualquer hipótese, especificar:

I – os bens, com as suas características, e o estado em que se encontram;

II – o valor dos bens.

§ 1º Quando o imóvel for suscetível de cômoda divisão, a avaliação, tendo em conta o crédito reclamado, será realizada em partes, sugerindo-se, com a apresentação de memorial descritivo, os possíveis desmembramentos para alienação.

Art. 828. É admitida nova avaliação quando:

I – qualquer das partes arguir, fundamentadamente, a ocorrência de erro na avaliação ou dolo do avaliador;

II – se verificar, posteriormente à avaliação, que houve majoração ou diminuição no valor do bem; ou

III – houver fundada dúvida sobre o valor atribuído ao bem por uma das partes.

Art. 829. Após a avaliação, a requerimento do interessado e ouvida a parte contrária, o juiz poderá mandar:

I – reduzir a penhora aos bens suficientes ou transferi-la para outros, se o valor dos bens penhorados for consideravelmente superior ao crédito do exequente e dos acessórios;

II – ampliar a penhora ou transferi-la para outros bens mais valiosos, se o valor dos bens penhorados for inferior ao crédito do exequente.

Art. 830. Realizadas a penhora e a avaliação, o juiz dará início aos atos de expropriação de bens.

O projeto traz disposições minuciosas sobre a penhora, instituto que possui tratamento no CPC atual também, devido a esse instituto representar a constrição dos bens do devedor, um importante sacrifício patrimonial, para a satisfação do credor, de modo a garantir a efetividade da execução, sendo que deve acontecer da forma menos gravosa para o devedor.

No ponto da penhora, destacaremos, então, dois pontos específicos: a) ordem de preferência para a penhora e b) penhora de dinheiro em depósito ou em aplicação financeira.

Em relação ao primeiro, a ordem de preferência da penhora, o o projeto do novo CPC esclarece não ter caráter absoluto a ordem legal de preferência para a penhora, de modo a permitir sua alteração pelo juiz "de acordo com as circunstâncias do caso concreto" (art. 792, § 1º). Destaque-se que a única preferência prevista nas disposições do projeto é a da penhora em dinheiro, que, aliás, é disciplinada de forma mais detalhada, não havendo, portanto, qualquer outra.

Em relação à penhora de dinheiro, o juiz, a requerimento do credor, decidirá fundamentadamente a decisão de bloqueio, transmitindo-a, de preferência por meio eletrônico, à autoridade supervisora do sistema bancário (art. 810, *caput*). No prazo de vinte e quatro horas, será cancelada qualquer indisponibildiade excessiva, de acordo com determinação do juiz, devendo tal medida ser cumprida pela instituição financeira (art. 810, § 1º). Uma vez consumado o bloqueio, o executado será imediatamente intimado na pessoa de seu advogado, ou, não o tendo, pessoalmente (art. 810, § 2º).

Contudo, antes de converter o bloqueio em penhora, o devedor terá cinco dias (art. 810, § 3º) para:

I. comprovar que as quantias depositadas em conta corrente são *impenhoráveis;*

II. indicar bens à penhora para *substituir* os ativos financeiros bloqueados, mediante demonstração de que a substituição não trará prejuízos ao exequente e será menos onerosa ao executado.

No primeiro caso, poderá, por exemplo, comprovar que a conta bancária é alimentada apenas por valores impenhoráveis, como o salário. Na segunda hipótese, poderá, por exemplo, o devedor empresário demonstrar que a penhora virá a impedir a solução de seus compromissos.

Existindo outros bens penhoráveis, será o caso de preferi-los, para que não prive a empresa dos recursos, segundo o regime previsto no art. 789 do Projeto, seguindo-se o princípio da execução menos gravosa.

9.4 ETAPA EXPROPRIATÓRIA

A etapa expropriatória é aquela que ocorre no curso da execução, com o objetivo de promover a alienação dos bens do devedor que foram constritos para que o pagamento do credor seja viabilizado.

As regras que norteiam a expropriação são comuns ao título judicial e ao título extrajudicial, razão pela qual o procedimento aqui se uniformiza.

Em relação à expropriação, temos que a alienação do bem pode ocorrer por iniciativa do próprio exequente ou por intermédio de um corretor autorizado pela autoridade judiciária.

A primeira modalidade de expropriação tem previsão no art. 685-A e 685-B, ambos do CPC. É a mais simples de todas as modalidades, pois consiste na possibilidade de o exequente ficar com o bem penhorado para si, pelo valor que o mesmo tiver sido avaliado, sem impedir que o bem seja posteriormente vendido.

O art. 685-A, § 2º, também permite que o bem do devedor seja adjudicado aos credores concorrentes, como ao cônjuge, aos descendentes e ascendentes do executado. Em caso de concurso entre os legitimados para a adjudicação, o art. 685-A, § 3º, estabelece que será vencedor aquele que fizer a melhor oferta. Nesse caso, o credor recebe o que é devido e eventual diferença fica à disposição do executado.

A lei processual não estabelece o termo que os legitimados podem manifestar seu interesse pela adjudicação, prevendo o art. 685-A apenas que o exequente poderá requerer a adjudicação do bem penhorado por valor não inferior ao da avaliação. Nada impede, porém, que o magistrado intime o exequente para informar se pretende adjudicar o bem, tão logo a penhora e a avaliação sejam realizados.

A alienação pode ser, ainda, por iniciativa particular, hipótese trazida pela Lei n. 11.382/2006, com o art. 685-C, CPC. Apenas o exequente é legitimado para requerer essa execução e pode ser realizada imediatamente após a avaliação do bem penhorado, caso nenhum outro legitimado tenha requerido a adjudicação do bem. Ele deverá apresentar um plano de alienação dos bens constritos, com todas as previsões de despesas efetuadas e deverá ser autorizado pelo magistrado. Após deferir a medida, o magistrado deverá fixar como se dará a publicidade da alienação, o preço mínimo que o bem deverá ser vendido, assim como as condições de pagamento e de garantias.

Já a alienação por meio de autorização da autoridade judiciária poderá ser por praça ou por leilão. A praça se realiza no átrio do edifício do fórum e o leilão onde estiverem os bens (art. 686, § 2º, CPC). As despesas da praça somam-se ao débito do executado, enquanto as despesas do leilão correm por conta do arrematante (art. 705, IV, CPC). Ambos devem ser precedidos de publicidade e deve ser dado preferência a quem propuser arrematar os bens na sua totalidade. Não será aceito lanço que, em segunda praça ou leilão, ofereça preço vil, que é aquele muito inferior ao valor da alienação do bem, sendo a vileza do preço suscitada por mera petição para anulação da arrematação.

A arrematação passa, então, por três etapas: a publicidade, a realização e a formalização.

A publicidade significa fazer anunciar ao público que o bem será vendido em hasta pública, objetivo que se alcança com a publicação de editais em jornais de grande circulação, que segue as determinações do art. 687, CPC. Esses editais só serão dispensados se o valor do bem não exceder a sessenta vezes o valor do salário mínimo.

O edital deve conter todas as exigências do art. 686, com a informação do valor do bem, sua descrição, eventual existência de ônus reais, bem como alertar sobre a possibilidade de um segundo leilão caso o primeiro não tiver lanço pelo valor mínimo da avaliação.

O devedor é intimado para acompanhar a praça e, se desejar, substituí-la por dinheiro. A falta de intimação do devedor nulificará a arrematação, salvo se o mesmo estiver em local incerto, quando sua comunicação se dará pela publicação de editais.

Tratando-se de expropriação de bem imóvel, deverá ocorrer também a intimação do cônjuge, tendo em vista a possibilidade de adjudicação preferencial pelo mesmo.

Superada a fase da publicidade, inicia-se a fase da realização. Quem oferecer maior lanço poderá exigir que a arrematação lhe seja deferida.

Não será admitido lanço inferior ao valor da avaliação (art. 686, VI, CPC). Caso esse patamar não seja atingido, será realizado, então, segunda praça ou leilão, em que o lanço pode ser inferior, desde que não tenha preço vil, o que pode gerar, inclusive, nulidade da arrematação (art. 694, VI, CPC).

Não havendo um patamar para preço vil, a doutrina sustenta que o preço vil seria aquele que não atingisse 50% da avaliação, muito embora essa seja uma avaliação casuística.

Nem todas as pessoas podem participar da adjudicação, nos termos doa RT. 690-A, sendo vedada, por exemplo, a participação do magistrado. A arrematação do bem poderá ser realizada de modo isolado para cada bem penhorado ou a favor do interessado que propuser arrematar os bens globalmente (art. 691), cabendo ao magistrado decidir, inclusive, sobre a possibilidade de pagamento parcelado (art. 690), embora a regra seja o pagamento imediato do preço ou, no prazo de quinze dias, a apresentação de caução, que será perdida se o arrematante não exibir o preço.

Realizada a praça ou o leilão e assinado o auto, expede-se a carta de arrematação, documento destinado aos registros públicos.

Havendo pluralidade de penhoras e eventualmente dupla expropriação sem atendimento à regra do concurso de credores, a anterioridade do registro da carta confere a propriedade a quem engendrar a providência em primeiro lugar, em nome dos princípios registrais.

Realizada a expropriação do bem, será feito mandado de pagamento ao credor. A decisão que determina o pagamento é de natureza interlocutória e, portanto, agravável.

Contudo, há hipóteses em que se pode pleitear a nulidade da arrematação prevista no art. 694. A primeira é quando o executado não for intimado para ciência da sua realização, em desconformidade com o que prevê o art. 686, § 5º.

A segunda é quando o arrematante não paga o preço e nem presta caução. A terceira decorre da ausência de informação, no edital, de gravame sobre o imóvel. O quarto torna a arrematação sem efeito em hipóteses taxativas e o quinto cuida do preço vil. Já o último trata da necessidade de intimação dos credores com garantia real sobre o bem.

O primeiro meio para reconhecer a nulidade da arrematação é por meio dos embargos à arrematação (art. 746), que será tratado em defesa do executado. Seu prazo é de cinco dias, contados da assinatura do auto de arrematação pelo juiz (art. 694) e sua legitimidade é exclusiva do executado.

Eventuais prejudicados poderá, ainda, se valer de uma ação anulatória da arrematação, nos moldes do art. 486, CPC.

9.4.1 Etapa expropriatória no projeto do novo CPC

Seção IV

DA EXPROPRIAÇÃO DE BENS

Subseção I

Da adjudicação

Art. 831. É lícito ao exequente, oferecendo preço não inferior ao da avaliação, requerer lhe sejam adjudicados os bens penhorados.

§ 1º Requerida a adjudicação, será dada ciência ao executado, na pessoa de seu advogado.

§ 2º Se o valor do crédito for inferior ao dos bens, o adjudicante depositará de imediato a diferença, ficando esta à disposição do executado; se superior, a execução prosseguirá pelo saldo remanescente.

§ 3º Idêntico direito pode ser exercido pelo credor com garantia real, pelos credores concorrentes que hajam penhorado o mesmo bem, pelo cônjuge, pelo companheiro, pelos descendentes ou pelos ascendentes do executado.

§ 4º Se houver mais de um pretendente, proceder-se-á entre eles a licitação, tendo preferência, em caso de igualdade de oferta, o cônjuge, o companheiro, o descendente ou o ascendente, nessa ordem.

§ 5º No caso de penhora de quota realizada em favor de exequente alheio à sociedade, esta será intimada, ficando responsável por informar aos sócios a ocorrência da penhora, assegurando-se a estes a preferência.

Art. 832. Transcorrido o prazo de cinco dias contados da última intimação e decididas eventuais questões, o juiz mandará lavrar o auto de adjudicação.

§ 1º Considera-se perfeita e acabada a adjudicação com a lavratura e a assinatura do auto pelo juiz, pelo adjudicante, pelo escrivão e, se estiver presente, pelo executado, expedindo-se:

I – se bem imóvel, a carta de adjudicação e o mandado de imissão na posse;

II – se bem móvel, ordem de entrega ao adjudicante, se bem móvel.

§ 2º A carta de adjudicação conterá a descrição do imóvel, com remissão à sua matrícula e aos seus registros, a cópia do auto de adjudicação e a prova de quitação do imposto de transmissão.

Art. 833. Frustradas as tentativas de alienação do bem, será reaberta oportunidade para requerimento de adjudicação, caso em que também se poderá pleitear a realização de nova avaliação.

Subseção II

Da alienação

Art. 834. A alienação se fará:

I – por iniciativa particular;

II – em leilão judicial eletrônico ou presencial.

Art. 835. Não requerida a adjudicação, o exequente poderá requerer a alienação por sua própria iniciativa ou por intermédio de corretor ou leiloeiro público credenciado perante a autoridade judiciária

§ 1º O juiz fixará o prazo em que a alienação deve ser efetivada, a forma de publicidade, o preço mínimo, as condições de pagamento e as garantias, bem como, se for o caso, a comissão de corretagem, na forma deste Código.

§ 2º A alienação será formalizada por termo nos autos, com a assinatura do juiz, do exequente, do adquirente e, se estiver presente, do executado, expedindo-se:

I – se bem imóvel, a carta de alienação e o mandado de imissão na posse;

II – se bem móvel, ordem de entrega ao adquirente.

§ 3º Os tribunais poderão detalhar o procedimento da alienação prevista neste artigo, admitindo inclusive o concurso de meios eletrônicos, e dispor sobre o credenciamento dos corretores e leiloeiros públicos, os quais deverão estar em exercício profissional por não menos que três anos.

§ 4º Nas localidades em que não houver corretor ou leiloeiro público credenciado nos termos do § 3º, a indicação será de livre escolha do exequente.

Art. 836. A alienação judicial somente será feita caso não efetivada a adjudicação ou a alienação por iniciativa particular.

§ 1º O leilão do bem penhorado será realizado por leiloeiro, preferencialmente por meio eletrônico, salvo se as condições da sede do juízo não o permitirem, hipótese em que o leilão será presencial.

§ 2º Ressalvados os casos de alienação a cargo de corretores de bolsa de valores, todos os demais bens serão alienados em leilão público.

Art. 837. O leilão será precedido de publicação de edital, que conterá:

I – a descrição do bem penhorado, com suas características, e, tratando-se de imóvel, sua situação e suas divisas, com remissão à matrícula e aos registros;

II – o valor pelo qual o bem foi avaliado, o preço mínimo pelo qual poderá ser alienado, as condições de pagamento e, se for o caso, a comissão do leiloeiro designado;

III – o lugar onde estiverem os móveis, os veículos e os semoventes; e, em se tratando de créditos ou direitos, os autos do processo em que foram penhorados;

IV – o sítio eletrônico e o período em que se realizará o leilão, salvo se este se der de modo presencial, hipótese em que se indicarão o local, o dia e a hora de sua realização;

V – menção da existência de ônus, recurso ou causa pendente sobre os bens a serem leiloados.

Parágrafo único. No caso de títulos da dívida pública e títulos com cotação em bolsa, constará do edital o valor da última cotação

Art. 838. O leiloeiro oficial designado adotará providências para a ampla divulgação da alienação.

§ 1º A publicação do edital deverá ocorrer pelo menos cinco dias antes data marcada para o leilão.

§ 2º O edital será publicado em sítio eletrônico designado pelo juízo da execução e conterá descrição detalhada e, sempre que possível, ilustrada dos bens, informando expressamente se o leilão se dará de forma eletrônica ou presencial.

§ 3º Não sendo possível a publicação em sítio eletrônico ou considerando o juiz, em atenção às condições da sede do juízo, que esse modo de divulgação é insuficiente ou inadequado, o edital será afixado em local de costume e publicado, em resumo, pelo menos uma vez em jornal de ampla circulação local.

§ 4º Quando o valor dos bens penhorados não exceder a sessenta vezes o valor do salário mínimo vigente na data da avaliação, a publicação do edital será feita apenas no sítio eletrônico e no órgão oficial, sem prejuízo da afixação do edital em local de costume.

§ 5º Atendendo ao valor dos bens e às condições da sede do juízo, o juiz poderá alterar a forma e a frequência da publicidade na imprensa, mandar publicar o edital em local de ampla circulação de pessoas e divulgar avisos em emissora de rádio ou televisão local, bem como em sítios eletrônicos distintos dos indicados no § 2º.

§ 6º Os editais de leilão de imóveis e de veículos automotores serão publicados pela imprensa ou por outros meios de divulgação preferencialmente na seção ou no local reservados à publicidade de negócios respectivos.

§ 7º O juiz poderá determinar a reunião de publicações em listas referentes a mais de uma execução.

§ 8º Não se realizando o leilão por qualquer motivo, o juiz mandará publicar a transferência, observando-se o disposto neste artigo.

§ 9º O escrivão ou o leiloeiro que culposamente der causa à transferência responde pelas despesas da nova publicação, podendo o juiz aplicar-lhe a pena de suspensão por cinco dias a três meses, em procedimento administrativo regular.

Art. 839. Serão cientificados da alienação judicial, com pelo menos cinco dias de antecedência:

I – o executado, por meio de seu advogado ou, se não tiver procurador constituído nos autos, por carta registrada, mandado, edital ou outro meio idôneo;

II – o senhorio direto, o coproprietário de bem indivisível do qual tenha sido penhorada fração ideal, o credor com garantia real ou com penhora anteriormente averbada que não seja de qualquer modo parte na execução.

Parágrafo único. Tendo sido revel o executado, não constando dos autos seu endereço atual ou, ainda, não sendo ele encontrado no endereço constante do processo, a intimação considerar-se-á feita por meio do próprio edital de leilão.

Art. 840. Pode oferecer lance todo aquele que estiver na livre administração de seus bens, com exceção:

I – dos tutores, dos curadores, dos testamenteiros, dos administradores ou dos liquidantes, quanto aos bens confiados à sua guarda e à sua responsabilidade;

II – dos mandatários, quanto aos bens de cuja administração ou alienação estejam encarregados;

III – do juiz, do membro do Ministério Público e da Defensoria Pública, do escrivão e dos demais servidores e auxiliares da justiça;

IV – dos servidores públicos em geral, quanto aos bens ou aos direitos da pessoa jurídica a que servirem ou que estejam sob sua administração direta ou indireta;

V – dos leiloeiros e seus prepostos, quanto aos bens de cuja venda estejam encarregados;

VI – os advogados de qualquer das partes

Art. 841. Não será aceito lance que ofereça preço vil.

Parágrafo único. Considera-se vil o preço inferior a cinquenta por cento do valor da avaliação, salvo se outro for o preço mínimo estipulado pelo juiz para a alienação do bem

Art. 842. O juiz da execução estabelecerá o preço mínimo, as condições de pagamento e as garantias que poderão ser prestadas pelo arrematante.

§ 1º Salvo pronunciamento judicial em sentido diverso, o pagamento deverá ser realizado de imediato pelo arrematante.

§ 2º Se o exequente arrematar os bens e for o único credor, não estará obrigado a exibir o preço, mas, se o valor dos bens exceder ao seu crédito, depositará, dentro de três dias, a diferença, sob pena de tornar-se sem efeito a arrematação, e, nesse caso, os bens serão levados a novo leilão, à custa do exequente.

§ 3º Apresentado lance que preveja pagamento a prazo ou em parcelas, o leiloeiro o submeterá ao juiz, que dará o bem por arrematado pelo apresentante do melhor lance ou da proposta mais conveniente.

§ 4º No caso de arrematação a prazo, os pagamentos feitos pelo arrematante pertencerão ao exequente até o limite de seu crédito e os subsequentes, ao executado.

Art. 843. Se o leilão for de diversos bens e houver mais de um lançador, terá preferência aquele que se propuser a arrematá-los englobadamente, oferecendo, para os que não tiverem lance, preço igual ao da avaliação e, para os demais, preço igual ao do maior lance que, na tentativa de arrematação individualizada, tenha sido oferecido para eles.

Art. 844. Quando o imóvel admitir cômoda divisão, o juiz, a requerimento do devedor, ordenará a alienação judicial de parte dele, desde que suficiente para o pagamento do credor.

§ 1º Não havendo lançador, far-se-á a alienação do imóvel em sua integridade.

§ 2º A alienação por partes deverá ser requerida a tempo de permitir a avaliação das glebas destacadas e sua inclusão no edital; caso em que caberá ao executado instruir o requerimento com planta e memorial descritivo subscritos por profissional habilitado.

Art. 845. Tratando-se de bem imóvel ou de bem móvel de valor elevado, quem estiver interessado em adquiri-lo em prestações poderá apresentar por escrito sua proposta, com valor nunca inferior ao da avaliação, com oferta de pelo menos trinta por cento à vista, sendo o restante garantido por caução idônea.

§ 1º As propostas para aquisição em prestações, que serão juntadas aos autos, indicarão o prazo, a modalidade e as condições de pagamento do saldo.

§ 2º A apresentação da proposta prevista neste artigo não suspende o leilão cujo procedimento já se tenha iniciado.

Art. 846. Quando o imóvel de incapaz não alcançar em leilão pelo menos oitenta por cento do valor da avaliação, o juiz o confiará à guarda e à administração de depositário idôneo, adiando a alienação por prazo não superior a um ano.

§ 1º Se, durante o adiamento, algum pretendente assegurar, mediante caução idônea, o preço da avaliação, o juiz ordenará a alienação em leilão.

§ 2º Se o pretendente à arrematação se arrepender, o juiz impor-lhe-á multa de vinte por cento sobre o valor da avaliação, em benefício do incapaz, valendo a decisão como título executivo.

§ 3º Sem prejuízo do disposto nos §§ 1º e 2º, o juiz poderá autorizar a locação do imóvel no prazo do adiamento.

§ 4º Findo o prazo do adiamento, o imóvel será submetido a novo leilão.

Art. 847. O fiador do arrematante que pagar o valor do lance e a multa poderá requerer que a arrematação lhe seja transferida.

Art. 848. Se o arrematante ou seu fiador não pagar o preço no prazo estabelecido, o juiz impor-lhe-á, em favor do exequente, a perda da caução, voltando os bens a novo leilão, do qual não serão admitidos a participar o arrematante e o fiador remissos.

Art. 849. Será suspensa a arrematação logo que o produto da alienação dos bens for suficiente para o pagamento do credor.

Art. 850. Incumbe ao leiloeiro:

I – publicar o edital, anunciando a alienação;

II – realizar o leilão onde se encontrem os bens ou no lugar designado pelo juiz;

III – expor aos pretendentes os bens ou as amostras das mercadorias;

IV – receber do arrematante a comissão estabelecida em lei ou arbitrada pelo juiz;

V – receber e depositar, dentro de um dia, à ordem do juiz, o produto da alienação;

VI – prestar contas nos dois dias subsequentes ao depósito.

Art. 851. Caberá ao juiz a designação do leiloeiro público, que poderá ser indicado pelo exequente.

Art. 852. A alienação judicial por meio eletrônico será realizada, observando-se as garantias processuais das partes, de acordo com regulamentação específica do Conselho Nacional de Justiça.

Parágrafo único. A alienação judicial por meio eletrônico deverá atender aos requisitos de ampla publicidade, autenticidade e segurança, com observância das regras estabelecidas na legislação sobre certificação digital.

Art. 853. Não sendo possível a realização de leilão por meio eletrônico, este se dará de modo presencial.

Art. 854. O leilão presencial será realizado no local designado pelo juiz.

Art. 855. O leilão prosseguirá no dia útil imediato, à mesma hora em que teve início, independentemente de novo edital, se for ultrapassado o horário de expediente forense.

Art. 856. A arrematação constará de auto que será lavrado de imediato e poderá abranger bens penhorados em mais de uma execução, nele mencionadas as condições pelas quais foi alienado o bem.

Parágrafo único. A ordem de entrega do bem móvel ou a carta de arrematação do bem imóvel, com o respectivo mandado de imissão na posse, será expedida depois de efetuado o depósito ou prestadas as garantias pelo arrematante, bem como realizado o pagamento da comissão do leiloeiro.

Art. 857. Qualquer que seja a modalidade de leilão, assinado o auto pelo juiz, pelo arrematante e pelo serventuário da justiça ou pelo leiloeiro, a arrematação será considerada perfeita, acabada e irretratável, ainda que venham a ser julgados procedentes os embargos do executado.

§ 1º A arrematação poderá, no entanto, ser tornada sem efeito:

I – por vício de nulidade;

II – se não observado o disposto no art. 761;

III – se não for pago o preço ou se não for prestada a caução;

IV – quando realizada por preço vil;

V – nos demais casos previstos neste Código.

§ 2º O juiz decidirá nos próprios autos da execução acerca dos vícios referidos no § 1º, enquanto não for expedida a carta de arrematação ou a ordem de entrega.

§ 3º Expedida, após dez dias, a carta de arrematação ou a ordem de entrega, o vício deverá ser arguido em ação autônoma, na qual o arrematante figurará como litisconsorte necessário.

§ 4º Julgado procedente o pedido da ação autônoma, as partes serão restituídas ao estado anterior, ressalvada a possibilidade de reparação de perdas e danos.

§ 5º O arrematante poderá desistir da arrematação, sendo-lhe imediatamente devolvido o depósito que tiver feito:

I – se provar, nos dez dias seguintes, a existência de ônus real ou gravame não mencionado no edital;

II – se, antes de expedida a carta de arrematação ou a ordem de entrega, o executado suscitar algum dos vícios indicados no § 1º.

§ 6º Considera-se ato atentatório à dignidade da justiça a suscitação infundada de vício com o objetivo de ensejar a desistência do arrematante.

Art. 858. A carta de arrematação conterá a descrição do imóvel, com remissão à sua matrícula e aos seus registros, a cópia do auto de arrematação e a prova de quitação do imposto de transmissão.

Seção V

DA SATISFAÇÃO DO CRÉDITO

Art. 859. A satisfação do crédito exequendo far-se-á:

I – pela entrega do dinheiro;

II – pela adjudicação dos bens penhorados.

Art. 860. O juiz autorizará que o credor levante, até a satisfação integral de seu crédito, o dinheiro depositado para segurar o juízo ou o produto dos bens alienados, bem como do faturamento de empresa ou de outros frutos e rendimentos de coisas ou empresas penhoradas, quando:

I – a execução for movida só a benefício do credor singular, a quem, por força da penhora, cabe o direito de preferência sobre os bens penhorados e alienados;

II – não houver sobre os bens alienados outros privilégios ou preferências instituídos anteriormente à penhora.

Art. 861. Ao receber o mandado de levantamento, o credor dará ao devedor, por termo nos autos, quitação da quantia paga.

Parágrafo único. A expedição de mandado de levantamento poderá ser substituída pela transferência eletrônica do valor depositado em conta vinculada ao juízo para outra indicada pelo credor.

Art. 862. Pago ao credor o principal, os juros, as custas e os honorários, a importância que sobrar será restituída ao devedor.

Art. 863. Concorrendo vários credores, o dinheiro lhes será distribuído e entregue consoante a ordem das respectivas preferências.

§ 1º No caso de adjudicação ou alienação, os créditos que recaem sobre o bem, inclusive os de natureza *propter rem*, sub-rogam-se sobre o respectivo preço, observada a ordem de preferência.

§ 2º Não havendo título legal à preferência, o dinheiro será distribuído entre os concorrentes, observando-se a anterioridade de cada penhora.

Art. 864. Os credores formularão as suas pretensões, que versarão unicamente sobre o direito de preferência e a anterioridade da penhora. Apresentadas as razões, o juiz decidirá.

Art. 865. Caso qualquer dos credores alegue a insolvência do devedor, o juiz, ouvidos os demais credores concorrentes e o executado, determinará que o dinheiro, respeitadas as preferências legais, seja partilhado proporcionalmente ao valor de cada crédito.

Parágrafo único. A decisão do juiz poderá ser impugnada por agravo de instrumento.

Mais uma vez, dadas as minúcias e a relevância das disposições, optamos por transcrever todos os artigos do projeto, mas trabalharemos com alguns aspectos específicos.

Iniciaremos pela abolição do usufruto como meio expropriatório e pelo aprimoramento das formas de alienação dos bens penhorados.

Nesse ponto, é atribuído à execução por quantia certa o objetivo de expropriar bens do devedor para satisfação do direito do credor (CPC, art. 646; Projeto, art. 781), o Código vigente prevê quatro modalidades de expropriação (art. 647).

O Projeto refaz esse elenco, reduzindo-o a três: a) adjudicação; b) alienação; c) apropriação de frutos e rendimentos de empresa ou estabelecimento e de outros bens.

A adjudicação, como forma de transferência forçada do bem penhorado ao exequente ou outras pessoas, não sofreu maiores alterações no projeto. Cabe ressaltar porém, alguns acréscimos relativos à observância do contraditório e à oportunidade para se requerer a adjudicação.

O § 1º do art. 831, nesse sentido, ordena que, após o requerimento de adjudicação por algum legitimado (o executado é o primeiro deles, mas não o único), "será dada ciência ao executado, na pessoa de seu advogado". Proceder-se-á, também à intimação dos demais interessados na forma da lei, segundo o mesmo dispositivo.

Os demais interessados são os mesmos mencionados no art. 839 do projeto, quando se cogita da alienação forçada em leilão ou por iniciativa particular. Ou seja: I – o executado; e II – o senhorio direto, o coproprietário de bem indivisível do qual tenha sido penhorada fração ideal, o credor com garantia real ou com penhora anteriormente averbada.

O executado, como já se dispôs no art. 839, § 1º, é intimado na pessoa de seu advogado. Sendo revel, será intimado por carta no endereço constante dos autos, por mandado, edital ou outro meio idôneo, a critério do juiz.

Serão intimados pessoalmente, pelas vias indicadas para ciência do executado, os titulares de direito real ou de penhora sobre o bem a ser adjudicado, desde que haja assento ou averbação no registro público ou tenha o interessado feito a devida comunicação no processo da execução.

Outro caso de intimação de terceiro interessado na adjudicação ocorre quando o bem penhorado seja quota de sócio. Nesse caso a sociedade será intimada, "ficando responsável por informar aos sócios a ocorrência da penhora, assegurando-se a estes a preferência na adjudicação (art. 839, § 5º).

A intimação, em todos os casos, deverá ser promovida de modo a permitir tempo hábil à manifestação do interessado. Observar-se-á, após a intimação, a exemplo do leilão ou da venda por iniciativa particular, o prazo mínimo de cinco dias, antes de se deferir a adjudicação (Projeto, art. 807, *caput*).

Já o art. 833 do projeto dispõe que não ocorre preclusão do direito do exequente a requerer a adjudicação. Mesmo que, de início, tenha optado pelas formas expropriatórias de alienação do bem penhorado, se estas afinal se frustrarem "será reaberta oportunidade para requerimento de adjudicação".

Por fim, o projeto procura superar as dificuldades técnicas e práticas do usufruto judicial, como forma expropriatória, substituindo-o pela figura da "apropriação de frutos e rendimentos de empresa ou estabelecimento e de outros bens" (art. 782, III).

Essa modalidade de satisfação forçada do direito do exequente ocorrerá naquelas hipóteses em que a penhora não atinge necessariamente o bem constrito, mas se volta apenas, ou predominantemente, para os frutos e rendimentos que ele tem aptidão de produzir. Quando isso se dá, o depositário-administrador procede à transferência periódica dessas receitas para o credor até que o seu direito seja inteiramente satisfeito.

Passando para o segundo ponto que merece destaque, o projeto elimina a praça como meio expropriatório. O atual CPC prevê duas modalidades de *hasta pública* para praticar a expropriação executiva: (i) a *praça,* para os bens imóveis, e (ii) o *leilão*, para os móveis (CPC, art. 686, IV). O Projeto elimina essa dicotomia, para adotar apenas o *leilão,* que se pretende seja praticado de forma *eletrônica* ou *presencial* (art. 802, II). Aponta, outrossim, para o caráter preferencial do meio eletrônico (art. 804, § 1º).

Aos Tribunais é atribuído o detalhamento do procedimento da alienação com o concurso de meios eletrônicos (art. 835 do projeto), de modo que apenas quando as condições da sede do juízo não permitirem o uso de tal técnica é que o leilão será presencial (art. 836 do projeto).

O próximo ponto de destaque é o preço vil. Assim como o atual CPC (art. 692), o projeto não permite que na hasta pública o bem penhorado seja arrematado por "preço vil" (art. 841). Destaque-se que, para evitar a discussão do que seria o preço vil, o próprio projeto do NCPC dispõe, em seu parágrafo único do art. 841, que "considera-se vil o preço inferior a cinquenta por cento do valor da avaliação, salvo se outro for o preço mínimo estipulado pelo juiz para a alienação do bem".

Por fim, ocorrerá a eliminação dos embargos à arrematação. Pelo projeto do NCPC, as arguições de vícios invalidantes serão feitas em *ação autônoma,* "na qual o arrematante figurará como litisconsorte necessário" (art. 857, § 3º).

CAPÍTULO 10

Execução em face da Fazenda Pública

10.1 NOÇÕES GERAIS

Algumas modalidades de execução, embora se adequem à classificação de obrigações de pagar, possuem determinadas peculiaridades em seu procedimento, que torna necessário tratá-las em separado.

Para isso, passaremos a tratar da execução em face da Fazenda Pública, da execução fiscal e da execução de prestação alimentícia, quando, já tendo sido abordado o procedimento geral das obrigações de pagar, ficará mais clara a especialidade em cada um dos procedimentos que serão abordados.

10.2 EXECUÇÃO EM FACE DA FAZENDA PÚBLICA

10.2.1 Introdução

O credor da Fazenda Pública poderá executá-la tanto se dispuser de um título executivo judicial como de um título extrajudicial, sendo que, por Fazenda Pública, entende-se que estariam abrangidas a União, os Estados, o Distrito Federal, os Municípios, as autarquias e as fundações autárquicas.[6]

6 As sociedades de economia mista, como a Petrobras e o Banco do Brasil, e as empresas públicas, como a Caixa Econômica Federal, são executadas nos mesmos procedimentos dos particulares, uma vez que seus bens são considerados de natureza privada e, portanto, sujeitos

Já teve quem defendesse que a execução em face da Fazenda Pública só poderia ser fundada em título judicial, em virtude da previsão do art. 100 da Constituição Federal, que utiliza a expressão "pagamentos devidos em virtude de sentença judiciária".[7] Contudo, esta norma constitucional vem sendo interpretada de forma flexível, passando a permitir as execuções fundadas em título extrajudicial em face da Fazenda Pública, conforme, aliás, preceitua a Súmula 279, STJ: "é cabível execução por título extrajudicial contra a Fazenda Pública".

Quando o título executivo judicial dispuser de uma obrigação de pagar devida pela Fazenda Pública, o procedimento a ser observado é o previsto nos arts. 730 e 731, CPC, complementados pela Lei n. 9.494/97.

Se a obrigação constante no título judicial for de fazer, não fazer ou entregar coisa, o rito a ser observado é o mesmo que seria em face de um particular, independentemente da Fazenda Pública figurar no polo passivo.

Já se o credor tiver apenas prova escrita, sem a força de título executivo, poderá se valer apenas do procedimento monitório, nos termos do art. 1.102-A, CPC, conforme preceitua a Súmula 339, STJ, ao dispor que "é cabível a ação monitória contra a Fazenda Pública".

10.2.2 Incidência das novas leis

O procedimento de execução de pagar quantia em face da Fazenda Pública não foi modificado diretamente pelas novas leis, que reformaram a execução, trazendo um processo sincrético, em que a execução de título

---

à penhora. Contudo, a empresa pública ECT (Empresa Brasileira de Correio e Telégrafos) é uma exceção a essa regra, por força do antigo Decreto-Lei n. 509/69, tendo os mesmos privilégios que a Fazenda Pública para litigar em juízo. Dessa forma, uma execução de obrigação de pagar em face da ECT deverá observar o rito previsto nos arts. 730 e 731, CPC.

7 Nesse sentido, Vicente Greco Filho dispõe que: "o texto constitucional é claro no sentido de que a disciplina de pagamento do seu artigo 100 refere-se a requisições ou precatórios resultantes de decisões judiciais. Ora, o pagamento de título executivo extrajudicial não decorre de decisão judicial, mas sim de força do próprio título. Ainda que haja embargos do devedor, no caso a Fazenda, não é a sentença dos embargos que se executa, mas sempre o título. Nestes termos, não podia o legislador ordinário (e parece-nos que não o fez) estender tal forma de pagamento, inclusive sob pena de intervenção federal nos Estados, e dos Estados nos Municípios, se houver descumprimento da forma financeira da inclusão do orçamento, aos créditos fundados em título extrajudicial" (GRECO FILHO, 2006, p. 105).

executivo judicial deixa de ser um processo autônomo e se torna apenas mais uma fase do processo.

Destaque-se que, como regra, a execução provisória em face da Fazenda Pública é vedada pelo art. 2º-B da Lei n. 9.494/97, sendo a maior parte das execuções em face da Fazenda Pública definitivas.

A antiga sistemática ainda permanece, ou seja, há a necessidade de se elaborar uma petição inicial, de se realizar nova citação da Fazenda Pública, já que está sendo criada uma outra relação jurídica processual.

10.2.3 Procedimento

Para início dessa execução, haverá a necessidade de uma petição inicial, que deverá observar os requisitos do art. 282, CPC e vir acompanhada de uma planilha, nos termos dos arts. 475-B e 614, II, CPC, com o novo recolhimento de custas judiciais.

Verificada a regularidade da petição inicial, será determinada a citação da executada.

Questão que se impõe é se devem ser fixados os honorários advocatícios nessa fase, como preceitua o art. 652-A, CPC ou se deve se aplicar o art. 1º-D da Lei n. 9.494/97. Este último dispositivo preceitua que, caso a Fazenda Pública não ofereça resistência, serão indevidos os honorários fixados em sede de execução.

A questão já foi analisada pelo Supremo Tribunal Federal, no julgamento do Recurso Extraordinário 420.816-PR,[8] que reduziu a aplicação do art. 1º-D da Lei n. 9.494/97 às execuções vultosas que, no âmbito da

8 Ementa: "Execução, contra a Fazenda Pública, não embargada: honorários advocatícios indevidos na execução por quantia certa (CPC, art. 730), excluídos os casos de pagamento de obrigações definidas em lei como de pequeno valor (CF/88, art. 100, *caput* e § 3º). Embargos de declaração: ausência de contradição a sanar no acórdão embargado: rejeição. 1. Na medida em que o *caput* do art. 100 condiciona o pagamento dos débitos da Fazenda Publica à 'apresentação dos precatórios' e sendo estes provenientes de uma provocação do Poder Judiciário, é razoável que seja a executada desonerada do pagamento de honorários nas execuções não embargadas, às quais inevitavelmente deve se submeter para adimplir o crédito. 2. O mesmo, no entanto, não ocorre relativamente à execução de quantias definidas em lei como de pequeno valor, em relação às quais o § 3º expressamente afasta a disciplina do *caput* do art. 100 da Constituição" (STF, Tribunal Pleno, RE 420.816-PR, rel. Min. Sepúlveda Pertence, *DJ*, 21-3-2007).

Justiça Federal, seriam aquelas superiores a sessenta salários mínimos. Constou no referido julgado que os honorários realmente não são devidos, uma vez que a Fazenda Pública necessariamente terá de se sujeitar à execução forçada, ainda que concorde com os termos da decisão judicial, pois os pagamentos somente poderão ser requeridos no curso da execução.

Contudo, pode-se observar que, sendo as demandas no valor de até sessenta salários mínimos de competência absoluta dos Juizados Especiais Federais, em que não há previsão de fixação de honorários advocatícios, salvo na previsão do art. 55 da Lei n. 9.099/95, que não se enquadra na hipótese tratada.

Dessa forma, pode-se perceber que, considerando-se o entendimento fixado pelo STF, não haverá a fixação de honorários advocatícios ao se determinar a citação da Fazenda Pública em execuções que sejam de competência da Justiça Federal.

Já o Superior Tribunal de Justiça tem seu entendimento fixado apenas em relação às execuções individuais de sentença proferida em sede de ação coletiva, prevendo seu verbete n. 345 da súmula desse tribunal que dispõe que "são devidos honorários advocatícios pela Fazenda Pública nas execuções individuais de sentença proferida em ações coletivas, ainda que não embargadas". A situação é de sentença transitada em julgado que envolva direito individual homogêneo, que, de acordo com os arts. 95 e 97 da Lei n. 8.078/90, caberá a vítima promover a liquidação da sentença e sua posterior execução no juízo competente.

Após a realização da citação, a Fazenda Pública pode assumir a seguinte postura:

a) Permanecer em estado de inércia.

b) Reconhecer como devida a integralidade da dívida.

c) Reconhecer como devida apenas parcela da dívida.

d) Oferecer embargos.

Nas hipóteses "a" e "b", caberá ao magistrado analisar se está presente o título executivo e se estão preenchidas as formalidades processuais. Caso esteja tudo regular, será feito o pagamento, por precatório ou por RPV.

Já se a Fazenda Pública reconhece apenas parte da dívida, será analisada a totalidade do valor executado e não apenas a parcela controversa. Essa postura objetiva evitar o parcelamento do valor executado, o que é vedado pelo art. 100, § 4º, CF.

Por fim, se a Fazenda Pública apresentar defesa, esta poderá ser na forma de embargos à execução (art. 741) ou de exceção (art. 742). A defesa poderá ser rejeitada liminarmente. Não sendo, o embargado será citado para apresentar resposta, com posterior prolação de sentença. O recurso apto a impugná-la é o de apelação, que será recebido no duplo efeito, salvo quando os embargos forem liminarmente rejeitados ou quando o pedido nele contido tiver sido julgado improcedente (art. 520, V). Ainda que não haja recurso, se os embargos forem improcedentes, serão submetidos ao duplo grau obrigatório de jurisdição, nos termos do art. 475, § 2º, CPC.

Com o trânsito em julgado da sentença proferida em sede de embargos à execução, requisita-se o pagamento do credor, por meio de precatório ou RPV. A requisição de tais valores é usualmente realizada por meio eletrônico, com o preenchimento pelo magistrado de diversos dados, como nome das partes, valor e natureza do crédito, data do trânsito em julgado, dentre outros dados disciplinados, no âmbito da Justiça Federal, pelo art. 6º da Resolução n. 559/2007.

Esses dados serão transmitidos ao órgão da Presidência do Tribunal (art. 731, I), que, sem entrar no mérito, apenas realizará a atividade administrativa de verificar erros materiais ou de cálculos. Essa decisão não é passível de impugnação por meio de recurso extraordinário, de acordo com a Súmula 733, STF.

O valor do pagamento é que definirá se ele ocorrerá por precatório ou por RPV. De acordo com o art. 87, ADCT, os pagamentos serão feitos por precatório quando a dívida for superior a sessenta, quarenta e trinta salários mínimos se estiver se tratando, respectivamente, de dívida da União, dos Estados e dos Municípios, sendo que esse montante deve ser apurado individualmente em caso de litisconsórcio. Já o crédito do advogado deve ser apurado conjuntamente para esse efeito, pois assim preceitua o art. 4º, parágrafo único, da Resolução n. 559/2007 do CNJ.

De acordo com o art. 100, § 1º, CF, as requisições encaminhadas até primeiro de julho serão incluídas na lei orçamentária e liquidadas no exercício financeiro seguinte. Já as que chegarem posteriormente, serão incluídas no exercício financeiro seguinte.

Já se o pagamento for por meio de RPV, o procedimento é simplificado, uma vez que basta que a Presidência do Tribunal comunique ao ente público para que seja disponibilizado o numerário em conta vinculada ao juízo, conforme prevê o art. 2º da Resolução n. 559/2007.

10.2.4 O projeto do novo CPC

CAPÍTULO V

DA EXECUÇÃO CONTRA A FAZENDA PÚBLICA

Art. 866. Na execução fundada em título extrajudicial, a Fazenda Pública será citada para opor embargos em trinta dias.

§ 1º Não opostos embargos ou transitada em julgado a decisão que os rejeitar, expedir-se-á precatório ou requisição de pequeno valor em favor do exequente, observando-se o disposto no art. 100 da Constituição da República.

§ 2º Nos embargos, a Fazenda Pública poderá alegar qualquer matéria que lhe seria lícito deduzir como defesa no processo de conhecimento.

§ 3º Aplica-se a este Capítulo, no que couber, o disposto nos arts. 519 e 520.

Tendo transformado a execução em face da Fazenda Pública fundada em título judicial em cumprimento de sentença, ou seja, apenas mais uma fase do processo que, inclusive, já tratamos quando da análise do cumprimento de sentença, o projeto trata, em sede de processo de execução, apenas da execução de título extrajudicial em face da Fazenda Pública, em um único artigo. Destaque-se que a execução de título extrajudicial em face da Fazenda Pública há muito tempo já foi admitida por nossos tribunais.

No caso de execução de título extrajudicial, a Fazenda será citada para opor embargos, no prazo de trinta dias. Nos embargos poderão ser alegadas quaisquer matérias que poderiam ser deduzidas no processo de conhecimento.

Decidido os embargos, o pagamento do credor ocorre na forma de precatório ou RPV, respeitado o valor de cada um.

Dessa forma, pode-se perceber que o procedimento é análogo ao procedimento especial de execução da Fazenda Pública previsto no atual CPC, sendo a grande novidade do projeto, na verdade, a execução de sentença em face da Fazenda Pública que, como já ressaltado, se submeterá às regras do cumprimento de sentença.

CAPÍTULO 11

Execução fiscal

11.1 INTRODUÇÃO

Sempre que o Estado for titular de um crédito, seja o mesmo oriundo ou não de uma relação tributária, a via processual adequada para a satisfação deste direito será a promoção de uma execução fiscal, que possui procedimento específico previsto pela Lei n. 6.830/80, que permite a aplicação subsidiária do CPC no que for compatível.

Por isso, a execução fiscal é o meio adequado para que a Fazenda Pública possa receber suas dívidas, caso já possua um título executivo. Caso não o possua, deverá se utilizar do processo de conhecimento.

O título executivo geralmente é extrajudicial e denominado certidão de dívida ativa. A CDA, aliás, é um documento que corporifica a dívida, criado de forma unilateral, e deve integrar a petição inicial da execução fiscal, conforme o art. 6º, § 1º, da Lei.

A CDA poderá vir a ser substituída no curso da execução fiscal, conforme preceitua o art. 2º, § 8º e, com sua substituição ou emenda, será assegurada ao executado a devolução do prazo para embargos à execução.

A legitimação para propor a execução fiscal se encontra prevista no art. 1º da Lei n. 6.830/80 e, embora não haja previsão no referido artigo, os conselhos de fiscalização profissional, como a OAB, também são legitimados para ajuizar a execução fiscal.

Já a legitimação passiva é tratada no art. 4º da referida lei, admitindo-se, até, o litisconsórcio passivo necessário, como ocorrerá, por exemplo, nos casos de execução fiscal em face do espólio, em que há inventariante dativo.

O Ministério Público não atua como fiscal da lei nas execuções fiscais, já que o interesse primário é meramente arrecadatório. Nesse sentido é a previsão da Súmula 189, STJ: "é desnecessária a intervenção do Ministério Público nas execuções fiscais".

11.2 PROCEDIMENTO

A petição inicial poderá indicar bens passíveis de constrição judicial (art. 652, § 2º, CPC c/c o art. 1º, LEF), sendo os autos conclusos ao magistrado que, verificando os requisitos de regularidade da demanda, ordenará a citação do executado.

A petição inicial, porém, pode ser indeferida se for verificado, além do não preenchimento dos requisitos, que foi reduzido o valor do crédito tributário, o que configuraria falta de interesse processual (art. 295, III) e não compensaria o custo decorrente da movimentação da máquina judiciária. São os casos previstos no art. 20 da Lei n. 11.033/2004, específica para a União, e na Lei n. 9.441/94, art. 1º, específica para o INSS, embora haja quem critique este entendimento.[1]

Recebida a petição inicial, será determinada a citação do executado. A citação mais comum é pelo correio, permitida pela Lei de Execuções Fiscais, malgrado a proibição do art. 222, *d*, CPC. Se a citação por correio não tiver sido realizada ou ficar dúvida no ato, a citação deverá ocorrer por oficial de Justiça;

Somente se frustradas as modalidades de citação pessoal é que poderá ocorrer a citação ficta, sendo cabível, inclusive, a citação por edital, nos termos da Súmula 414, STJ.

A Lei n. 11.382/2006 permitiu que o executado, com base em execuções de título extrajudicial, pudesse manifestar seu interesse em parcelar o débito, observando-se os requisitos previstos no art. 745-A, CPC. Esse dispositivo, porém, não é aplicável em execução fiscal que se cobra uma dívida

1 Nesse sentido: Lopes (2002, p. 37), destacando que o juiz não deveria indeferir a petição inicial nesses casos, por ser "direito subjetivo do credor ver satisfeita a sua pretensão pelo devedor, ainda que de reduzida expressão econômica".

tributária, diante da redação do art. 155-A do CTN, que exige lei específica para o parcelamento de débitos tributários. Contudo, caso a CDA contemple dívida de natureza não tributária, o obstáculo desaparece e o CPC se torna perfeitamente aplicável.

Citado o executado, o mesmo tem o prazo de cinco dias para efetuar o pagamento ou indicar bens à penhora (art. 8º da Lei de Execuções Fiscais). Caso permaneça inerte, nos termos do art. 185-A, CTN, o juiz determinará a indisponibilidade de seus bens e direitos.

Como a Lei de Execuções Fiscais é específica, prevalece sobre as regras gerais do CPC. Embora o art. 736, CPC tenha dispensado a penhora para admissibilidade dos embargos, esse dispositivo não tem aplicação em sede de execução fiscal.

Na execução fiscal, o art. 16, § 1º, determina que somente após a garantia do juízo se iniciará o prazo para oferecimentos dos embargos, que será de trinta dias, na forma do art. 16. Se ultrapassado tal prazo, os embargos deverão ser rejeitados liminarmente, eis que intempestivos. E igualmente deverá ser a ação anulatória que tiver sido ajuizada após o transcurso do prazo para embargos, pois, do contrário, esse meio estaria sendo empregado não só para afastar o prazo dos embargos, como também da exigência de garantia do juízo para que seja veiculada qualquer tese defensiva que não seja pronunciada de ofício.[2] Já se a ação anulatória for ajuizada antes da execução fiscal, os embargos só poderão conter tese defensiva distinta dessa ação. Nesse caso, embora não seja correto se tratar de conexão entre os embargos e a ação anulatória, o STJ tem jurisprudência no sentido de reunião desses processos, em razão dos reflexos de que um pode gerar no outro.

Caso exista mais de um executado na relação processual, se atingido o patamar da execução com a penhora dos bens de um dos executados, os outros poderão oferecer embargos independentemente da penhora de seus bens também, pois já haverá garantia da satisfação do crédito cobrado.[3]

Diante da prévia garantia do juízo, a exceção de pré-executividade também tem sido instrumento de defesa do executado muito utilizado nas execuções fiscais.

---

2 Lopes (2002, p. 230-234).

3 Nesse sentido: Câmara (2010, p. 408).

A etapa expropriatória na execução fiscal não difere muito da promovida nas execuções por particulares, o que permite a aplicação das mesmas regras no que houver compatibilidade. O tratamento dado ao tema se encontra nos arts. 22 a 24 da Lei de Execuções Fiscais e a adjudicação pode ser realizada após a arrematação, quando a adjudicação só pode ser considerada perfeita e irretratável após o decurso do prazo de trinta dias, previsto no art. 24, II, *b*.

Caso não sejam localizados os bens passíveis de penhora, a execução ficará suspensa, nos termos do art. 40. Com a suspensão, inicia-se, então, a contagem do prazo prescricional, que estava interrompido.

A sistemática recursal da execução também não difere da prevista no CPC. A exceção é que, quando o valor da execução fiscal não ultrapassar o equivalente a 50 OTNs, o art. 34 da LEF prevê que só serão cabíveis os embargos infringentes. Esses embargos nada se assemelham com os de mesmo nome previstos no CPC. Seu prazo para interposição é de quinze dias e são apreciados pelo próprio juízo prolator da decisão, razão pela qual mais se assemelham a um pedido de retratação. O recurso cabível em face de seu julgamento são apenas os embargos de declaração e o recurso extraordinário, nos termos da Súmula 640, STF.

Trata-se de hipótese de difícil ocorrência atualmente, já que, como supramencionado, não são admitidas execuções de pequeno valor, diante do custo de movimentação da máquina judiciária acabar se tornando maior do que o da própria dívida.

11.3 O PROJETO DO NOVO CPC

O projeto do novo CPC (PL n. 8.046/2010) optou por não mais trazer previsão sobre a execução fiscal, deixando a regulação do tema por conta da lei específica de execução fiscal (atualmente, a Lei n. 6.830/80).

CAPÍTULO **12**

Execução de prestação alimentícia

12.1 INTRODUÇÃO

O direito material criou diversas classificações de verbas de natureza alimentar. A primeira delas é o alimento provisório, que é o estabelecido no início do processo em que se objetiva o recebimento de alimentos e que encontra fundamento no art. 4º da Lei n. 5.478/68. A outra são os alimentos definitivos, fixados por sentença já transitada em julgado, proferida em ação de alimentos.

Há, ainda, os alimentos provisionais, previstos nos arts. 852 a 854, CPC, os decorrentes de atos ilícitos e os convencionais, fixados por vontade das partes, como, por exemplo, em legado (art. 1.928, parágrafo único, CC).

A competência para a execução de alimentos se encontra no art. 100, II, que estabelece a competência do foro do domicílio ou da residência do alimentando, para a ação em que se pedem alimentos.

A legitimidade ativa na execução de alimentos se vale da regra geral do art. 566. O credor de alimentos, na maioria das vezes, é um absolutamente ou relativamente incapaz, que será parte no processo, muito embora se faça necessária a representação ou a assistência. O Ministério Público também possui legitimidade ativa para a execução de alimentos, nas hipóteses previstas no art. 201, III, da Lei n. 8.069/90.

Já o polo passivo da obrigação alimentar será preenchido pelo devedor da obrigação, conforme o art. 568, I. Há responsabilidade subsidiária dos parentes, nos termos do art. 1.698, CC, se o alimentante comprovar que não possui condições financeiras de arcar com os alimentos.

A execução de alimentos não possui estabilidade objetiva ou subjetiva. Assim sendo, reconhecido o dever de alimentar por outras pessoas, nada impedirá a inclusão destas no polo passivo da execução.

12.2 PROCEDIMENTO

Caso o credor possua uma decisão reconhecendo seu direito a alimentos, poderá se valer do procedimento previsto no art. 475-J, CPC, que é aquele para recebimento de obrigações pecuniárias devidas por particulares.

Esse procedimento é utilizado para recebimento dos valores que são anteriores àqueles que são mencionados no verbete n. 309[1] da súmula do STJ. A razão é que, após vários meses, a verba não mais se destina à subsistência do credor.

Já se a cobrança é dos alimentos abrangidos pelo verbete de Súmula 309, STJ, será observado o procedimento do art. 733. O executado é citado para pagar os valores ou justificar sua impossibilidade, pois, do contrário, poderá ser decretada sua prisão civil, conforme previsão do art. 5º, LXVII, CF.

A prisão civil só é motivada pela ausência de pagamento de alimentos. Dada a sua natureza civil, incabível a aplicação das medidas do art. 44, CPC, e eventual ação autônoma de *habeas corpus* será resolvida por um dos órgãos fracionários que exerça competência cível. Se o devedor não depositar apenas as custas e os honorários advocatícios do processo, este apenas se sujeitará à execução de tais valores, sem possibilidade de ser utilizado esse meio de coerção.

Essa prisão, que pode ser decretada de ofício pelo magistrado, tem seu prazo controvertido, em razão de suposta contradição entre o art. 19 da Lei n. 5.478/68, que prevê o prazo de sessenta dias, e o art. 733, § 1º, que estabelece o prazo de um a três meses.

Há quem entenda que o CPC tem aplicação quando se tratar de alimentos provisionais e que a lei especial é adotada na execução de alimentos

1 Súmula 309, STJ: "o débito alimentar que autoriza a prisão civil do alimentante é o que compreende as três prestações anteriores ao ajuizamento da execução e as que se vencerem no curso do processo".

provisórios ou definitivos.[2] Por outro lado, há quem entenda também que deve prevalecer a norma prevista na Lei n. 5.478/68, que traz menor sacrifício ao devedor.[3] Por fim, há, ainda, quem defenda que deve prevalecer o prazo previsto no CPC, por ser mais recente, devendo prevalecer em detrimento da anterior.[4]

Caso queira, o requerente poderá pleitear, no requerimento inicial ou no curso da execução, um meio de sub-rogação que consiste no desconto em folha de pagamento, medida esta prevista no art. 16 da Lei n. 5.478/68.

12.3 O PROJETO DO NOVO CPC (PL N. 8.046/2010)

> CAPÍTULO VI
>
> **DA EXECUÇÃO DE ALIMENTOS**
>
> **Art. 867.** À execução fundada em título executivo extrajudicial que contém obrigação alimentar, o juiz mandará citar o devedor para, em três dias, efetuar o pagamento das parcelas anteriores ao início da execução e das que se vencerem no seu curso, provar que o fez ou justificar a impossibilidade de efetuá-lo.
>
> § 1º Se o devedor não pagar, nem se escusar, o juiz decretar-lhe-á a prisão pelo prazo de um a três meses.
>
> § 2º O cumprimento da pena não exime o devedor do pagamento das prestações vencidas e vincendas.
>
> § 3º Paga a prestação alimentícia, o juiz suspenderá o cumprimento da ordem de prisão.
>
> **Art. 868.** Quando o devedor for funcionário público, militar, diretor ou gerente de empresa, bem como empregado sujeito à legislação do trabalho, o exequente poderá requerer o desconto em folha de pagamento a importância da prestação alimentícia.
>
> § 1º Ao despachar a inicial, o juiz oficiará à autoridade, à empresa ou ao empregador, determinando, sob pena de crime de desobediência, o desconto a partir da primeira remuneração posterior do executado, a contar do protocolo do ofício.

2 Theodoro Júnior (2009b, p. 370).

3 Assis (2002, p. 1143).

4 Marinoni e Arenhart (2008, p. 382).

> § 2º O ofício conterá os nomes e o número de inscrição no cadastro de pessoas físicas do exequente e do executado, a importância a ser descontada mensalmente, o tempo de sua duração e a conta na qual deva ser feito o depósito
>
> **Art. 869.** Não requerida a execução nos termos desta Seção, observar-se-á o disposto no art. 781 e s., com a ressalva de que, recaindo a penhora em dinheiro, a concessão de efeito suspensivo aos embargos à execução não obsta a que o exequente levante mensalmente a importância da prestação.

A execução de alimentos já foi tratada quando da análise do cumprimento de sentença. Na verdade, o projeto do novo CPC traz duas previsões sobre a execução de alimentos: uma no cumprimento de sentença e outra no processo de execução.

No cumprimento de sentença, trata-se da execução dos alimentos fixados em sentença judicial, que serão pagos mediante o processo de cumprimento de sentença, com todo o seu procedimento.

Já se os alimentos estiverem fixados em título executivo extrajudicial, a execução se dará por meio de processo de execução. Nesse caso, a execução iniciar-se-á mediante petição inicial, com todos os requisitos já retratados como necessários para o processo de execução.

O devedor será citado para, no prazo de três dias, pagar, sob pena de prisão civil, pelo prazo de um a três meses, que não o exonera do cumprimento da obrigação.

Este procedimento assume todas as características do processo de execução, inclusive quanto ao instrumento de defesa utilizado pelo devedor (embargos). Já a defesa do devedor que tenha o dever de prestar alimentos consignado em sentença ocorrerá por meio da impugnação.

CAPÍTULO **13**

Defesa do executado no processo de execução

13.1 NOÇÕES GERAIS

O executado pode reagir à execução por ação ou apresentando a sua defesa (exceção).

Quando houver processo de execução de título executivo extrajudicial ou execuções que, por previsão legal, ainda que fundadas em título executivo judicial, se procedam mediante processo de execução, é possível a apresentação de embargos à execução (arts. 741 e 745, CPC), que é espécie de ação de conhecimento.

Também é possível o ajuizamento de ação autônoma para discutir o título executivo, como a ação rescisória, a ação de invalidade do título ou ação declaratória de inexistência de relação jurídica. Nessas hipóteses, o executado defende-se contra a execução, impugnando o título por meio de uma ação autônoma, que se revela como prejudicial à pretensão executiva.

No processo de execução das sentenças arbitral, estrangeira e penal condenatória, e na fase executiva dos demais títulos executivos judiciais, pode o executado defender-se apresentando a sua impugnação, defesa típica regulada pelos arts. 475-J a 475-M, CPC.

Em qualquer espécie de execução, cabe o oferecimento da exceção de pré-executividade, defesa atípica, em que se alegam questões que podem ser comprovadas documentalmente, independentemente de prévia penhora.

13.2 DA DEFESA DO EXECUTADO NA EXECUÇÃO EXTRAJUDICIAL

Diferentemente da impugnação, os Embargos de Executado constituem ação de conhecimento que resta por gerar um processo incidental e autônomo, através do qual o executado tem a oportunidade de impugnar a pretensão creditícia do exequente e a validade da relação processual executiva. Trata-se de uma nova demanda, que fica autuada em autos em apenso da execução (art. 736, parágrafo único), em que o executado passa a ser o demandante/embargante e o exequente, o demandado/embargado.

O conhecimento a que se refere é limitado ao exame dos pressupostos gerais e específicos da ação e do processo executivo, dos aspectos da validade dos atos processuais, e à solução de específicos incidentes diretamente vinculados ao andamento da execução e limitado a uma pretensão de natureza negativa, a desconstituição do título,[1] mas também podem pretender corrigir defeitos do processo de execução.

O prazo para embargos é de quinze dias, contados da juntada do mandado citatório (art. 738, *caput* e § 1º), mesmo que haja litisconsórcio facultativo, quando não será necessário se aguardar a juntada do último mandado cumprido para início do prazo.

Não há exigência do prévio depósito ou penhora da coisa para admissão dos embargos, salvo no caso do procedimento de execução fiscal, por disposição expressa do art. 16 da Lei n. 6.830/80.

São previstas espécies distintas de embargos pela lei conforme o momento em que devam ser propostos e as matérias que, diante da autoridade do título executivo, possam veicular.

Quanto ao momento de propositura os embargos subdividem-se em Embargos à Execução, que são oponíveis assim que o executado, uma vez citado, ingressa na relação processual; e Embargos à Arrematação e à adjudicação, que são cabíveis apenas na execução por quantia certa, entre a expropriação dos bens penhorados e o encerramento, mediante sentença, do processo executivo. Há, ainda, uma subdivisão dentro dos embargos à execução, quais sejam: Embargos à execução fundada em título judicial, que não podem abordar matérias que foram ou deveriam ter sido objeto

1 Nesse sentido: Câmara (2010, p. 402).

do procedimento que levou à formação do título; e os Embargos à execução fundada em título executivo extrajudicial, que prestam-se a veicular toda e qualquer matéria de defesa, previsão do art. 475, V, além daquelas expressamente discriminadas nos incisos I a IV do art. 745.

Para que tenha aceitação faz-se necessário o atendimento de alguns requisitos, tais como: Os embargos do devedor só poderão ser recebidos se forem tempestivos. Os embargos serão propostos no prazo de quinze dias, contados da juntada aos autos do mandado de citação; se feita mediante carta precatória, caberá ao juízo deprecado comunicar ao deprecante da realização da citação. Poder-se-á ainda fazer a citação por meio de edital.

Os embargos devem ainda observar os requisitos gerais para deferimento da inicial (arts. 739, II, e 282 c/c o art. 598).

Tal como na impugnação, os embargos não terão efeito suspensivo (art. 739-A *caput*), podendo o magistrado, a requerimento do embargante, atribuir efeito suspensivo aos embargos, sendo relevantes os motivos e ainda suscetíveis de causar ao executado grave dano e de difícil reparação, desde que a execução já esteja garantida por penhora, depósito ou caução suficientes (§ 1º do art. 739-A).

Serão tidas como causas de rejeição liminar dos embargos, pelo juiz, a intempestividade, a inépcia da petição inicial e ainda quando forem os embargos manifestamente protelatórios, sendo imposto, nesse caso, pelo juiz, em favor do exequente, multa ao embargante em valor não superior a 20% do valor em execução, regra do parágrafo único do art. 740.

Bem como na impugnação, nos embargos do executado, como o próprio nome diz, os embargos serão do executado, não cabendo intervenção de terceiros seja na forma de assistência, oposição, nomeação à autoria, denunciação da lide ou chamamento ao processo.

13.3 DA DEFESA DO EXECUTADO CONTRA ARREMATAÇÃO, ADJUDICAÇÃO E ALIENAÇÃO

Dispõe o art. 746, CPC que: "é licito ao executado, no prazo de 5 (cinco) dias, contados da adjudicação, alienação ou arrematação, oferecer embargos fundados em nulidade da execução, ou em causa extintiva da obrigação, desde que supervenientes à penhora [...]".

O dispositivo acima transcrito faz alusão à eventos supervenientes à penhora; no entanto, com o advento da Lei n. 11.382/2006, isso não se faz mais necessário, uma vez que não há mais nenhuma vinculação entre a realização da penhora e o cabimento dos embargos de primeira fase, sendo perfeitamente possível que a penhora venha a ocorrer depois do momento de oposição dos embargos de primeira fase. Deve-se, então, interpretar como "superveniente à penhora" como sendo superveniente ao momento de interposição dos embargos de primeira fase.

Pode o adquirente do bem desistir da aquisição quando da interposição dos embargos à arrematação, à alienação ou à adjudicação, com previsão do § 1º do art. 746.

Tais embargos são cabíveis apenas na execução por quantia certa. A diferença dos embargos denominados "de primeira fase", e os embargos à execução incide na eficácia preclusiva, uma vez que, nestes, a parte somente pode arguir fato superveniente à penhora. Assim, é lícito arguir nesses embargos nulidade da execução, pagamento, novação, transação ou prescrição, desde que superveniente à penhora.

Já os embargos de terceiro são ação de rito especial utilizável não só na execução, mas em todo processo em que a constrição dos bens que não pertençam ao executado, mas à terceira pessoa.

13.4 EXCEÇÃO DE PRÉ-EXECUTIVIDADE

Sem previsão expressa no CPC, a "Exceção de Pré-Executividade" ou ainda "Objeção de Pré-Executividade", surge como modalidade de resposta à execução fundada em título que não cumpra os requisitos básicos para a ação executória, ou seja, a liquidez, a certeza e a exigibilidade.

Há quem defenda que sua expressão mais adequada seria "objeção de não executividade", já que as objeções seriam matérias que o magistrado pode conhecer de ofício, enquanto as exceções demandam alegação por parte do interessado para seu reconhecimento. Da mesma forma, não executividade seria para evitar o prosseguimento do processo, enquanto pré-executividade daria a ideia de ser antes da execução. Contudo, essa diferenciação terminológica não traz maiores discussões.

A exceção de pré-executividade vem a ser um dos instrumentos utilizados no processo de execução pelo devedor, através da provocação do órgão jurisdicional, com o intuito de suspender a ação executiva, mediante a arguição de uma nulidade processual, quer através de matérias de ordem pública, como as contidas nos arts. 267, § 3º, 301, § 4º, e 219, § 5º, embora o STJ tenha recentemente admitido, também, defesas de mérito indiretas extintivas, como o pagamento, desde que não haja dilação probatória.

Sua utilização ainda é muito discutida, pela simples inexistência de previsão legal. Porém, também não existe óbice a sua utilização, até porque, muito embora caiba ao juiz se manifestar de ofício a respeito de determinados vícios, é também direito do devedor se pronunciar sobre a existência de uma nulidade processual.

13.4.1 Procedimento

13.4.1.1 Da legitimidade

É legitimado a oferecer a exceção de pré-executividade, em primeiro lugar, o(s) executado(s), ou seja, toda pessoa que figurar no polo passivo da execução. Também os terceiros, que sofrem constrições patrimoniais, legitimam-se a oferecer a exceção de pré-executividade. É o caso de alguém que, não obstante seja estranho ao processo, sofre constrição patrimonial.

Araken de Assis[2] destaca, em relação a esse ponto, que:

> É de todo descabido, por outro lado, legitimar ativamente o exequente. A exceção de pré-executividade constitui um meio de reação contra a execução, e, não, um movimento a favor da sua regularidade. As alegações do exequente – por exemplo, pleiteando a nulidade da penhora realizada pelo oficial de Justiça, o que, no fundo, expressa uma forma de desistência, a teor do art. 569, *caput* – inserem-se no âmbito da iniciativa geral atribuída a quem provoca a atividade judiciária, assegurando a validade dos atos processuais em seu próprio proveito.

2 Assis (2002, p. 1157).

13.4.1.2 Do prazo

A exceção de pré-executividade poderá ser arguida a qualquer tempo. Tal instituto poderá ser utilizado sem a necessidade da segurança do juízo e, evidentemente, sem a necessidade de embargos.

Em se tratando de alegação de nulidade do processo por falta da inexecutabilidade do título, a interposição da arguição da exceção de pré-executividade não está sujeita aos prazos preclusivos e nem, tampouco, poderiam os bens do suposto devedor ser penhorados por uma dívida inexistente.

13.4.1.3 Efeitos

13.4.1.3.1 *Da apresentação*

A oferta da exceção de pré-executividade não trava a marcha do processo executivo devido à taxatividade imposta no CPC aos casos de suspensão do processo em geral (art. 265), e da execução, em particular (art. 791).

Assim, o art. 791, I, do CPC, outorga efeito suspensivo apenas aos embargos. A impugnação não ostenta essa característica, cabendo ao magistrado suspender o processo tão somente nas hipóteses especificamente previstas no art. 475-M.

13.4.1.4 Da obrigatoriedade do contraditório

Ao se tratar da exceção de pré-executividade, muitos doutrinadores acertadamente apoiam-se, para defendê-la, no princípio do contraditório e da ampla defesa para garantir ao devedor o direito de questionar a validade da ação desde o seu nascedouro pela falta de pré-requisitos fundamentais existentes no título executivo.

Contudo, o princípio do contraditório deve ser oportunizado tanto ao requerente, para oferecer a exceção de pré-executividade, quanto ao requerido, para que possa se manifestar sobre seu oferecimento, não podendo, portanto, o juiz omitir-se de oferecer ao exequente a oportunidade de manifestar-se no tocante à alegação de que o título motivador de tal ação seja nulo.

Nesse sentido, manifesta-se Araken de Assis:[3]

> A possibilidade de o executado oferecer exceção de pré-executividade, suscitando questões que o juiz deve conhecer de ofício, e, de modo geral, as exceções substantivas dotadas de prova pré-constituída, representa uma expressiva manifestação do princípio da bilateralidade de audiência ou do contraditório. Em contrapartida, também o exequente deve ser ouvido.

13.4.1.5 Do acolhimento

Por questionar a validade do título e, portanto, a nulidade da ação, o seu acolhimento resulta da extinção do processo. Se faz necessário esclarecer, entretanto, que desta decisão cabe apelação por parte do exequente e que, no caso da execução fiscal, tal decisão estará sujeita ao reexame necessário, posto tratar-se, a parte exequente, da Fazenda Pública.

Araken de Assis[4] refere-se aos efeitos do julgamento procedente da exceção:

> Deduzindo a exceção de executividade, o devedor daria incidente, cuja rejeição enseja agravo; do acolhimento, porque ato extintivo da execução cabe apelação. Além disso, cuidando-se de execução fiscal, a sentença sujeitar-se-á a reexame necessário, pois não há dúvida que se julgou improcedente, na hipótese de acolhimento de alguma exceção substantiva, a pretensão executória da Fazenda Pública, embora sem o oferecimento dos embargos (art. 475, II).

Complementa o raciocínio dizendo que, "no caso de extinção, o juiz condenará o credor nas despesas do processo e em honorários, observada, em relação à última verba, a diretriz do art. 20, § 4º", e termina com a explicação de que, "na fixação dos honorários, o órgão judiciário utilizará a equidade, 'haja vista, inclusive, a subsistência do débito, cuja cobrança não se ultima por simples vício formal'".

---

3 Assis (2002, p. 1160).

4 Assis (2002, p. 1161).

13.4.2 Do projeto do novo CPC

Nesse ponto, a defesa dos embargos à execução, defesa mais associada ao processo de execução, embora, como já tenhamos visto ao longo do capítulo, outras são as possibilidades de defesa.

TÍTULO III

DOS EMBARGOS À EXECUÇÃO

Art. 870. O executado, independentemente de penhora, depósito ou caução, poderá opor-se à execução por meio de embargos.

§ 1º Os embargos à execução serão distribuídos por dependência, autuados em apartado e instruídos com cópias das peças processuais relevantes, que poderão ser declaradas autênticas pelo próprio advogado, sob sua responsabilidade pessoal.

§ 2º Na execução por carta, os embargos serão oferecidos no juízo deprecante ou no juízo deprecado, mas a competência para julgá-los é do juízo deprecante, salvo se versarem unicamente sobre vícios ou defeitos da penhora, avaliação ou alienação dos bens.

Art. 871. Os embargos serão oferecidos no prazo de quinze dias, contados da data da juntada aos autos do mandado de citação.

§ 1º Quando houver mais de um executado, o prazo para cada um deles embargar conta-se a partir da juntada do respectivo mandado de citação, salvo se se tratar de cônjuges ou de companheiros.

§ 2º Nas execuções por carta precatória, a citação do executado será imediatamente comunicada pelo juiz deprecado ao juiz deprecante, inclusive por meios eletrônicos, contando-se o prazo para embargos a partir da juntada aos autos dessa comunicação.

§ 3º Aos embargos à execução não se aplica a regra especial de contagem dos prazos prevista para os litisconsortes.

Art. 872. No prazo para embargos, reconhecendo o crédito do exequente e comprovando o depósito de trinta por cento do valor em execução, inclusive custas e honorários de advogado, o executado poderá requerer seja admitido a pagar o restante em até seis parcelas mensais, acrescidas de correção monetária e juros de um por cento ao mês.

§ 1º Sendo a proposta deferida pelo juiz, o exequente levantará a quantia depositada e serão suspensos os atos executivos; caso seja indeferida, seguir-se-ão os atos executivos, mantido o depósito.

§ 2º O não pagamento de qualquer das prestações acarretará cumulativamente:

I – o vencimento das prestações subsequentes e o prosseguimento do processo, com o imediato início dos atos executivos;

II – a imposição ao executado de multa de dez por cento sobre o valor das prestações não pagas.

§ 3º A opção pelo parcelamento de que trata este artigo importa renúncia ao direito de opor embargos.

Art. 873. Nos embargos à execução, o executado poderá alegar:

I – nulidade da execução, por não ser executivo o título apresentado;

II – penhora incorreta ou avaliação errônea;

III – excesso de execução ou cumulação indevida de execuções;

IV – retenção por benfeitorias necessárias ou úteis, nos casos de título para entrega de coisa certa;

V – qualquer matéria que lhe seria lícito deduzir como defesa em processo de conhecimento.

§ 1º Há excesso de execução quando:

I – o credor pleiteia quantia superior à do título;

II – recai sobre coisa diversa daquela declarada no título;

III – esta se processa de modo diferente do que foi determinado no título;

IV – o credor, sem cumprir a prestação que lhe corresponde, exige o adimplemento da do devedor;

V – o credor não prova que a condição se realizou.

§ 2º Nos embargos de retenção por benfeitorias, o exequente poderá requerer a compensação de seu valor com o dos frutos ou dos danos considerados devidos pelo executado, cumprindo ao juiz, para a apuração dos respectivos valores, nomear perito, fixando-lhe breve prazo para entrega do laudo.

§ 3º O exequente poderá a qualquer tempo ser imitido na posse da coisa, prestando caução ou depositando o valor devido pelas benfeitorias ou resultante da compensação.

§ 4º A incorreção da penhora ou da avaliação poderá ser impugnada por simples petição.

§ 5º Quando o excesso de execução for fundamento dos embargos, o embargante deverá declarar na petição inicial o valor que entende correto, apresentando memória do cálculo, sob pena de rejeição liminar dos embargos ou de não conhecimento desse fundamento.

Art. 874. O juiz rejeitará liminarmente os embargos quando:

I – intempestivos ou ineptos;

II – manifestamente protelatórios.

Art. 875. Os embargos à execução não terão efeito suspensivo.

§ 1º O juiz poderá, a requerimento do embargante, atribuir efeito suspensivo aos embargos quando verificados os requisitos para a concessão da tutela de urgência ou da evidência, e desde que a execução já esteja garantida por penhora, depósito ou caução suficientes.

§ 2º A decisão relativa aos efeitos dos embargos poderá, a requerimento da parte, ser modificada ou revogada a qualquer tempo, em decisão fundamentada, cessando as circunstâncias que a motivaram.

§ 3º Quando o efeito suspensivo atribuído aos embargos disser respeito apenas a parte do objeto da execução, esta prosseguirá quanto à parte restante.

§ 4º A concessão de efeito suspensivo aos embargos oferecidos por um dos executados não suspenderá a execução contra os que não embargaram, quando o respectivo fundamento disser respeito exclusivamente ao embargante.

§ 5º A concessão de efeito suspensivo não impedirá a efetivação dos atos substituição, reforço ou redução da penhora e de avaliação dos bens.

Art. 876. Recebidos os embargos, o exequente será ouvido no prazo de quinze dias; a seguir, o juiz julgará imediatamente o pedido ou designará audiência, proferindo sentença.

Parágrafo único. Considera-se conduta atentatória à dignidade da justiça o oferecimento de embargos manifestamente protelatórios.

O projeto, entre outras medidas, mantém os embargos à execução como defesa do executado de cognição ampla, podendo-se alegar diversas matérias, eis que não houve um processo de conhecimento prévio, mas simplifica a defesa do executado, quando esta verse sobre "incorreção da penhora ou da avaliação". Essas arguições podem ser incluídas nos embargos do devedor, conforme prevê o art. 873, II. Não é, porém, obrigatório que tal defesa só se faça por meio da referida ação incidental. A situação é a mesma da nulidade do título executivo, que tanto pode figurar nos embargos (art. 873, I), como em arguição avulsa. A respeito da nulidade, o juiz está até mesmo autorizado a pronunciar-se de ofício, como esclarece o último dispositivo. Não há necessidade de embargos nem mesmo de requerimento da parte.

Nessa perspectiva, o art. 873, § 4º, permite que a incorreção na penhora seja alegada por simples petição.

As demais disposições são semelhantes aos arts. 744 a 746 do atual CPC, razão pela qual convidamos o leitor a uma leitura dos dispositivos destacados.

Por fim, ressalte-se apenas que o projeto do novo CPC retira a previsão do capítulo específico dos embargos à execução por carta, mas traz uma previsão importante em relação ao atual CPC no art. 876, parágrafo único do projeto, reconhecendo o que se denomina de "embargos meramente protelatórios", que são previstos como conduta atentatória à dignidade da justiça e, por isso, passível de sanção processual. Tal medida representa um nítido avanço em prol da celeridade e da efetividade do processo de execução.

CAPÍTULO 14

Suspensão e extinção da execução

14.1 NOÇÕES GERAIS

A suspensão da execução é uma situação temporária, em que esta deixa de se desenvolver por algum motivo. Por ser uma situação excepcional, suas normas devem ser interpretadas restritivamente.

Enquanto a execução estiver suspensa, de acordo com o art. 793, apenas os atos processuais considerados urgentes poderão ser praticados. Se outro ato for praticado, ele não será considerado viciado, devendo o juiz examiná-lo à luz da instrumentalidade das formas (art. 244, CPC).

A suspensão da execução pode ser própria ou imprópria. Na primeira, há a paralisação total da execução, como ocorre quando é concedida a tutela de urgência no bojo da ação rescisória para desconstituir o julgado exequendo, sobrestando a execução (art. 489).

Já a suspensão imprópria é a que paralisa a tramitação de parte do processo, como acontece na exceção de impedimento (art. 742), uma vez que o processo continuará a tramitar, ainda que uma parte fique suspensa.

Em relação à extinção da execução, essa ocorre por sentença, com fundamento em alguma situação prevista no art. 794, CPC, embora se admita também seu fundamento no art. 267. Essa sentença, em princípio, deveria conter todos os elementos do art. 458, CPC, embora isso nem sempre seja observado.

Até a extinção da execução as questões de ordem pública poderão ser alegadas pelas partes, podendo a prescrição até mesmo ser reconhecida de ofício.

Passaremos à análise dos casos de suspensão e de extinção da execução.

14.2 HIPÓTESES DE SUSPENSÃO DA EXECUÇÃO

O art. 791 enumera as hipóteses de suspensão da execução, que são:

a) A suspensão "no todo ou em parte, quando recebidos com efeito suspensivo os embargos à execução"(art. 739-A).

b) Suspensão para as partes viabilizarem um acordo ou aguardando o cumprimento do que foi acordado. Nesta última hipótese, não haveria prazo máximo para a sua suspensão.

c) Quando o devedor não possuir bens penhoráveis. Essa solução é diversa da prevista para os Juizados Especiais, já que nestes, quando o devedor não possui bens suficientes para a execução, há sua extinção, nos termos do art. 53, § 4º, da Lei n. 9.099/95.

Outras hipóteses de suspensão da execução previstas no CPC são:

a) Suspensão da execução definitiva em decorrência da concessão de tutela de urgência no bojo da ação rescisória (art. 489).

b) Suspensão da execução provisória em decorrência do exequente não dispor de patrimônio para prestar a caução, no momento em que vai se levantar o dinheiro depositado ou alienar os bens constritos (art. 475-O, III).

c) Suspensão da execução provisória em decorrência da concessão de efeito suspensivo ao recurso pelo relator (art. 558, parágrafo único).

d) Suspensão da execução provisória ou definitiva em razão da concessão de efeitos suspensivo aos embargos (art. 739-A, § 1º) ou impugnação (art. 475-M).

e) Suspensão da execução provisória ou definitiva, em razão da admissão dos embargos de terceiros (art. 1.052).

f) Suspensão em razão da obtenção de parcelamento (art. 745-A).

O Superior Tribunal de Justiça[1] tem decidido que, enquanto perdurar a causa de suspensão, o prazo prescricional não volta a correr.[2] Contudo, há quem defenda que esta não seria a melhor solução, pois criaria uma hipótese em que a obrigação se tornaria eterna.[3] Apenas se não fossem localizados os bens passíveis de penhora é que o credor iria requerer, ao magistrado, a suspensão do processo, o que, uma vez autorizado, faria cessar o andamento da execução e colocaria o credor em estado de inércia, motivando o reinício da contagem do prazo prescricional, seguindo, nesse sentido, para contagem do prazo prescricional, a Súmula 150, STF, que afirma que "prescreve a execução no mesmo prazo de prescrição da ação".

14.3 SENTENÇA E COISA JULGADA NA EXECUÇÃO

A execução, desenvolvida por processo autônomo ou apenas como uma fase do processo, tem um fim com a prolação de uma sentença, em razão de uma das situações previstas no art. 794, embora se admita seu fundamento também no art. 267, CPC.

A natureza jurídica da sentença que encerra a execução é declaratória, com efeito retroativo (*ex tunc*), pois declara a extinção do vínculo obrigacional desde o momento em que ocorreu a causa de extinção.

Há, portanto, preclusão máxima gerada pela sentença proferida em sede de execução. Esta gera coisa julgada forma e material,[4] aplicando-se,

1 Nesse sentido: "Processo civil. Execução. Suspensão. Não localização de bens penhoráveis. Art. 791-III, CPC. Prazo. Vinculação à prescrição do débito. Precedentes. Orientação do tribunal. Recurso parcialmente provido. – O prazo de suspensão da execução, com base no art. 791-III, CPC, vincula-se à prescrição do débito exequendo, cujo prazo, em regra, não tem curso durante a suspensão, ainda que se trate de prescrição intercorrente, sendo de ressalvar-se, todavia, que flui o prazo prescricional se o credor não atender às diligências necessárias ao andamento do feito, uma vez intimado a realizá-las" (stj, 4ª T., REsp 327.329-RJ, rel. Min. Sálvio de Figueiredo Teixeira, j. 13-8-2001, *DJ*, 24-9-2001).

2 Nesse sentido, também: Câmara (2010, p. 451).

3 Nesse sentido, Humberto Theodoro Júnior (2009b, p. 452) destaca que: "a melhor solução é,manter suspenso sine die o processo, arquivando-o provisoriamente à espera de que o credor encontre bens penhoráveis.Vencido o prazo prescricional, será permitido ao devedor requerer a declaração de prescrição e a consequente extinção da execução forçada, o que, naturalmente, não será feito sem prévia audiência do credor" e, ainda, Fux (2008, p. 136) e Assis (2002, p. 512).

4 Nery Júnior e Nery (2007, p. 1.104).

em consequência, o art. 474, que dispõe que serão repelidas todas as alegações de defesa.

Contudo, há quem defenda que a sentença proferida em execução seria acobertada apenas pela coisa julgada formal.[5] Não haveria na execução aprofundamento da cognição e, além disso, uma nova demanda seria perfeitamente admissível.

Deve-se, porém, ressaltar que, independentemente do aprofundamento da cognição, a norma do art. 794 guarda silogismo com as hipóteses do art. 269, CPC, que resolvem o mérito, o que é indicativo de formação tanto da coisa julgada material como da coisa julgada formal. Em consequência, impede-se a discussão posterior em sede de qualquer processo autônomo.

Contudo, poderá o juiz extinguir a execução com base também no art. 267, CPC, quando perceber que falta, por exemplo, uma condição da ação.

14.4 HIPÓTESES DE EXTINÇÃO DA EXECUÇÃO

O art. 794 enumera hipóteses de extinção da execução, muito embora esta possa ocorrer, ainda, por outros fundamentos, como a desistência da ação (arts. 267, VIII, e 569) ou quando o exequente deixa de promover atos que lhe competem, ocasionando o abandono da causa por mais de trinta dias (art. 267, III, CPC).

No art. 794, o inciso I cuida da hipótese de pagamento voluntário do débito, enquanto o inciso II trata da remissão, que deve ser entendida como perdão da dívida. Já o inciso III trata da renúncia ao crédito, que se difere da remissão, pois a renúncia é ato unilateral, enquanto a remissão é ato bilateral.

5 Nesse sentido, "a sentença que extingue a execução, a teor do art. 795, não assume a autoridade de coisa julgada material, a respeito do direito do credor, porque este em nenhum momento esteve em litígio dentro da execução forçada, mesmo porque não gera um processo de índole contraditória, nem se destina ao julgamento ou acertamento de relações jurídicas controvertidas... na ausência de embargos, contudo, nada há que impeça o devedor de vir a juízo, em ação de repetição de indébito, reclamar a reposição do prejuízo que lhe acarretou uma execução injusta" (THEODORO JÚNIOR, 2008, p. 455).

14.5 SISTEMA RECURSAL NA EXECUÇÃO

No curso da execução, o magistrado pode proferir atos de natureza diversa. Caso profira despachos, os mesmos serão irrecorríveis, nos termos do art. 162, § 3º, CPC.

As decisões interlocutórias são as mais frequentes, com a peculiaridade de que, na execução, as decisões interlocutórias possuem a possibilidade de ditar os rumos seguintes, podendo ter carga decisória mais ampla que a sentença. Por exemplo, uma decisão interlocutória proferida no curso da execução pode reconhecer que um ato de transferência foi praticado em fraude à execução, sendo ineficaz em relação ao exequente (art. 593).

Por isso, uma decisão interlocutória na execução pode ter uma potencialidade lesiva elevada, a qualquer das partes. Sua impugnação, por tal razão, desafia o recurso de agravo, na modalidade de instrumento.

Já o agravo retido objetiva impedir a preclusão da matéria decidida, permitindo seu posterior exame em momento próprio, sendo incompatível com a urgência da questão, como na execução.

Contudo, o agravo retido pode ser usado em situação excepcional na execução, que é o caso de recurso especial ou extraordinário, decisão proferida em face de agravo de instrumento interposto para impugnar decisão interlocutória proferida em embargos à execução, por possuírem natureza de processo de conhecimento esses embargos à execução. Necessário, porém, se faz reiterar que este é um caso excepcional, sendo as decisões interlocutórias na execução impugnadas por meio do recurso de agravo, na modalidade de instrumento.

Já a sentença proferida em sede de execução desafia o recurso de apelação, recebida no duplo efeito.

14.6 DISPOSIÇÕES DO PROJETO DO NOVO CPC

14.6.1 Suspensão da execução

CPC ATUAL	PROJETO DO NCPC (PL N. 8.046/2010)
Art. 791. Suspende-se a execução: I – no todo ou em parte, quando recebidos com efeito suspensivo os embargos à	**Art. 877.** Suspende-se a execução: II – no todo ou em parte, quando recebidos com efeito suspensivo os embargos à

CPC ATUAL	PROJETO DO NCPC (PL N. 8.046/2010)
execução (art. 739-A); (Redação dada pela Lei n. 11.382, de 2006) II – nas hipóteses previstas no art. 265, I a III; III – quando o devedor não possuir bens penhoráveis.	execução; I – nas hipóteses previstas de suspensão do processo, no que couber; III – quando o devedor não possuir bens penhoráveis; IV – se a alienação dos bens penhorados não se realizar por falta de licitantes e o exequente, em dez dias, não requerer a adjudicação nem indicar outros bens penhoráveis.
Art. 792. Convindo as partes, o juiz declarará suspensa à execução durante o prazo concedido pelo credor, para que o devedor cumpra voluntariamente a obrigação. Parágrafo único. Findo o prazo sem cumprimento da obrigação, o processo retomará o seu curso. (Incluído pela Lei n. 8.953, de 13.12.1994)	**Art. 878.** Convindo as partes, o juiz declarará suspensa a execução durante o prazo concedido pelo credor, para que o devedor cumpra voluntariamente a obrigação. Parágrafo único. Findo o prazo sem cumprimento da obrigação, o processo retomará o seu curso.
Art. 793. Suspensa a execução, é defeso praticar quaisquer atos processuais. O juiz poderá, entretanto, ordenar providências cautelares urgentes.	**Art. 879.** Suspensa a execução, não serão praticados atos processuais, podendo o juiz, entretanto, ordenar providências urgentes.

Iniciaremos tratando da suspensão da execução, para só depois tratar da sua extinção. Cabe destacar que iniciamos o projeto invertendo a sequência de seus incisos. Explicamos: o art. 877 do projeto traz as hipóteses de suspensão da execução. O inciso II do projeto corresponde logo à primeira hipótese do art. 791, CPC atual: os embargos à execução ser recebidos com efeito suspensivo. Nesse ponto, a execução ficará suspensa, sem se proceder a um ato executivo, para se analisar a defesa do executado. Destaque-se que, como regra, os embargos à execução não possuem efeito suspensivo, sendo tal efeito concedido pelo juiz, justamente por entender que pode haver tal plausibilidade nas alegações do executado, o que justifica não serem praticados atos executórios até que sejam julgadas as alegações. Já o inciso I do projeto corresponde ao inciso II do CPC atual, que é pela morte de uma das partes, perda de capacidade, convenção das próprias partes ou quando se oferece exceção de incompetência, quando se suspende o processo até que a situação seja sanada. O inciso II do projeto reproduz o inciso III do CPC atual, quando os bens não forem suficientes à execução.

Por fim, o inciso IV do art. 877 do projeto é que representa inovação do projeto, quando não houver interessados em adquirir os bens penhorados e o exequente, no prazo de dez dias, não indicar outros bens penhoráveis, hipótese em que se suspenderá a execução por não ser possível satisfazer o credor com o valor devido.

O art. 878 do projeto, reproduzindo o art. 792, CPC atual, trata da suspensão por convenção das partes, hipótese em que, findo o prazo convencionado, o processo voltará a ter o seu curso normal.

Por fim, o art. 879 determina que, suspensa a execução, não serão praticados atos processuais, salvo os urgentes. Trata-se de reprodução do art. 793, CPC atual, retirando o legislador apenas a referência à expressão "cautelares".

14.6.2 Extinção da execução

CPC ATUAL	PROJETO DO NCPC (PL N. 8.046/2010)
Art. 794. Extingue-se a execução quando: I – o devedor satisfaz a obrigação; II – o devedor obtém, por transação ou por qualquer outro meio, a remissão total da dívida; III – o credor renunciar ao crédito.	**Art. 880.** Extingue-se a execução quando: I – a petição inicial é indeferida; II – o devedor satisfaz a obrigação; III – o devedor obtém, por transação ou por qualquer outro meio, a remissão total da dívida; IV – o credor renuncia ao crédito; V – ocorrer a prescrição intercorrente; VI – o processo permanece suspenso, nos termos do art. 877, incisos III e IV, por tempo suficiente para perfazer a prescrição. Parágrafo único. Na hipótese de prescrição intercorrente, deverá o juiz, antes de extinguir a execução, ouvir as partes, no prazo comum de cinco dias.
Art. 795. A extinção só produz efeito quando declarada por sentença.	**Art. 881.** A extinção só produz efeito quando declarada por sentença.

O projeto do novo Código mantém o tratamento da matéria de extinção da execução em apenas dois artigos, mas o faz de forma mais detalhada. Iniciando o tratamento da matéria no art. 880, logo a primeira hipótese de extinção da execução não era prevista no CPC atual, embora sempre ocorresse: o indeferimento da petição inicial que requer a execução de título executivo extrajudicial ocasiona a extinção da execução. A satisfação da obrigação, a remissão da dívida e a renúncia ao crédito são as três hipóteses dos incisos seguintes e previstas no atual CPC. Os incisos V e VI do projeto tratam de hipótese de extinção da execução já reconhecida pela jurisprudência do STJ, mas sem previsão no texto legal atual. Trata-se, na primeira hipótese, na demora para iniciar a execução e na outra hipótese a suspensão do processo por um longo período de tempo, superior ao que se possuía para a ação, que também acarreta a prescrição.

Destaque-se que, de acordo com o parágrafo único, mesmo que se constate a prescrição, não poderá o juiz extinguir a execução de ofício, cabendo-lhe, antes, ouvir as partes, no prazo de cinco dias, para que se manifestem sobre esse ponto.

Por fim, o art. 881 do projeto, reproduzindo a previsão do atual art. 795, prevê que a execução deverá ser extinta por sentença.

PARTE VI

Recursos. O Processo nos Tribunais

CAPÍTULO 1

Da ordem dos processos no tribunal

1.1 NOÇÕES PRELIMINARES

"Dos Processos nos Tribunais" é o primeiro título do Capítulo VI do projeto do novo CPC, embora seja o Capítulo VII do CPC atual. Esta parte não se limita a tratar do procedimento recursal, abrangendo poucas regras relativas aos recursos, com a incidência da maioria nas causas de competência originária dos Tribunais. As normas trazidas em relação aos recursos são gerais, estando as normas específicas tratadas no Regimento Interno dos Tribunais.

Nos recursos, não obstante o julgamento caiba a um órgão colegiado, o trabalho de presidir seu processamento será de um dos magistrados que o integram, o relator, com amplas e diversas atribuições.

Quando o processo é recebido no Tribunal, será feita a anotação relativa à sua movimentação em um livro de protocolo. Em seguida, será distribuído a um órgão competente para julgá-lo, remetendo-se, ainda, dentro do órgão, a um magistrado competente para relatá-lo, o que, em geral, ocorre em uma única etapa.

Escolhido o relator, os autos lhe subirão nas 48 horas subsequentes à distribuição, sendo que, apenas no caso dos embargos infringentes, os autos só irão conclusos ao relator dos embargos após admitidos pelo relator do acórdão embargado.

O relator, após estudar os autos, abrirá vista ao membro do Ministério Público que atue junto ao Tribunal (art. 82) e, retornado os autos, fará a restituição destes à secretaria com o seu visto e a exposição dos pontos controvertidos do recurso (art. 549, parágrafo único). Ressalte-se que não há prazo fixado para este exame,[1] sendo a matéria disposta no Regimento Interno de cada Tribunal.

Somente em dois casos eram previstos recursos da decisão do relator: no caso de embargos infringentes, para indeferir, de plano, os embargos (art. 532) e do julgamento monocrático do recurso (art. 557), ou nos casos de agravo de instrumento, para rejeitar liminarmente o agravo; deferir ou indeferir o efeito suspensivo ou, ainda, converter o agravo de instrumento em agravo retido

Posteriormente, o Regimento Interno de cada Tribunal passou também a prever recurso caso o relator decida monocraticamente um recurso, o que acabou consolidado com o advento da Lei n. 8.038/90, que, no art. 39, dispôs sobre a possibilidade de agravo da decisão monocrática do relator para a Seção, Turma ou até mesmo para o Presidente do Tribunal, no prazo de cinco dias.

Onde não haja recurso específico, será cabível ainda o mandado de segurança em face da decisão do relator.[2]

1.2 PROCEDIMENTO

Não se aplicando o disposto no art. 557, o relator, após colocar seu visto nos autos, ou apresentará o feito ao presidente do colegiado, para que designe dia para julgamento (art. 552, *caput*), ou fará conclusão a outro componente do órgão, para que faça a revisão, sendo esta última a hipótese da apelação e dos embargos infringentes e da ação rescisória, bem como do reexame necessário (art. 475).

Destaque-se que, escolhido o relator, a designação do revisor é automática, cabendo-lhe concordar com o relatório escrito ou retificá-lo. Após, deve o revisor apor seu visto, pedindo dia para o julgamento.

A falta de revisão, nas hipóteses de rigor, constitui motivo de nulidade, não se submetendo à preclusão. Devem ser declarados nulos todos os atos

1 A exceção encontra-se apenas no procedimento sumário, casos em que os recursos interpostos deverão ser julgados em até quarenta dias e nunca haverá revisor (de se registrar que no Projeto do Novo CPC não há mais referência ao procedimento sumário).

2 Destaque-se que, quando há a possibilidade de interposição do agravo interno ou regimental, o entendimento tem sido de descabimento do mandado de segurança, pela previsão de recurso próprio, ainda que disposto no Regimento Interno dos Tribunais.

posteriores ao momento em que a revisão deveria ter ocorrido, encaminhando-se o feito ao revisor.

Os embargos de declaração não possuem essa sistemática, estando nos termos do art. 537, segunda parte.

O conjunto de feitos irá se submeter a julgamento na mesma pauta, observando-se a lista de prioridade dos idosos e a igualdade numérica de processos em que o juiz funcione como relator e como revisor (art. 120 da Loman).

A pauta deverá ser publicada no Diário Oficial com antecedência de 48 horas e fixada na sala onde se realizar a sessão, sendo que a não publicação em 48 horas implica nulidade do julgamento, salvo se as partes comparecerem à sessão. Há nulidade também caso se omita o nome de algumas das partes ou de seu advogado, hipótese suprida apenas no comparecimento do advogado.

O juiz que apôs o visto nos autos terá participação obrigatória, sob pena de nulidade do julgamento, salvo se deixar suas funções. A conversão do feito em diligência, inclusive, não desvincula o juiz, uma vez que, cumprida a diligência, retornará a quem apôs o visto.

Será distribuído relatório entre os julgadores, sendo que caso um dos membros não tenha recebido a cópia do relatório, pode requerer que se adie o julgamento para que a falha seja suprida.

O pedido de preferência na pauta de julgamento pode ser feito por escrito ou verbalmente, antes da sessão, pressupondo-se que o processo já esteja incluído em pauta e que se abra ensejo à sustentação oral, limitando-se a preferência àquela sessão.

A exposição dos pontos controvertidos será feita pelo relator no julgamento, a fim de que os demais membros do órgão colegiado se inteirem do que será discutido, podendo o relator, inclusive, fazer acréscimos a seu relatório na sessão, e sendo autorizado a qualquer dos membros do órgão colegiado solicitar esclarecimentos ao relator.

A votação do órgão colegiado é precedida da sustentação dos procuradores de ambas as partes, por quinze minutos cada, defendendo-se o prazo em dobro no caso de litisconsortes.

Encerrada a sustentação oral,[3] passará o órgão colegiado a discutir sobre a matéria submetida a sua cognição, votando primeiro o relator,

3 A sustentação oral feita pelo advogado das partes não ocorrerá nos casos de embargos de declaração e de agravo de instrumento, uma vez que não se está questionando o mérito da causa, mas sim questões incidentais da decisão do juiz.

após o revisor e, em seguida, observa-se a ordem que o regimento interno de cada tribunal indicar.

Haverá ordem para as matérias serem apreciadas, devendo todas as preliminares serem analisadas antes do mérito. Somente se superadas as preliminares, serão analisadas as questões prejudiciais e, após, o mérito do recurso, uma vez que a preliminar, se acolhida, pode impedir o exame do mérito, ser suprida ou ser rejeitada.

Havendo divergência nos votos, o pronunciamento adotado será aquele manifestado por um número de juízes superior à metade. Pode ser, porém, que nenhum voto revele a opinião da maioria.

Nesses casos, a divergência poderá ser apenas quantitativa ou qualitativa.

Sendo quantitativa e estando presente a continência, isto é, perquirindo-se qual das quantidades fixadas nos diferentes votos se acha contida no menor número de pronunciamentos suficientes para compor a maioria, verificando-se os votos em ordem de grandeza decrescente, de acordo com o *quantum* indicado em cada qual, prevalecerá o *quantum* fixado no último voto necessário para atingi-lo. Exemplificando: A condenou em 80, B em 50, C em 30, D em 20 e E em 10. A condenação 30 está contida em A, B e C, bastante para formar a maioria e condenar o réu em 30.

Ainda quantitativamente, podem-se somar as várias quantidades e dividir pelo número de votantes. No exemplo acima, a conclusão seria uma condenação a 38.

Contudo, no caso de divergências qualitativas, necessário se fará obrigar os juízes a aderirem a uma das correntes mais numerosas, determinar a convocação de outros juízes para participarem do julgamento ou até se proceder a nova votação entre duas soluções conflitantes, excluindo-se a que for vencida e, depois, uma votação entre a solução vencedora e uma outra. Deverá se repetir este processo até que só restem duas, sendo que a adotada será a que tiver maior número de sufrágios.

Contudo, quando forem apresentadas diversas soluções, poderá o órgão colegiado parar a votação e enviar o caso ao Plenário ou ao Órgão Especial do Tribunal, na forma disposta no Regimento Interno, para que ele decida a causa.

Pode ser, ainda, que um dos juízes peça vista dos autos durante o julgamento, não ficando excluída a possibilidade de vista do próprio relator ou do revisor, não podendo ser indeferido pelo presidente do órgão. Dessa forma, o julgamento ficará suspenso até a primeira sessão ordinária subsequente à devolução dos autos, sendo dispensada a publicação da pauta e tendo o feito preferência.

Os juízes, quando votam, podem ainda modificar o pronunciamento emitido, mas tal possibilidade não deve se alongar de modo a prejudicar a celeridade no julgamento. Cabe ao regimento interno determinar quando o voto deixa de ser modificável, sendo em geral, disposto que seria até o momento em que o presidente do Tribunal anuncia o resultado do julgamento. Esse anúncio, aliás, deve ser feito analisando-se os votos em cada parte da deliberação, se cada preliminar e o mérito foram por maioria ou por unanimidade e o nome dos juízes que ficaram vencidos, bem como o sentido em que se manifestaram. O equívoco poderá ser alertado por qualquer dos votantes ou dos advogados presentes.

O presidente designará o redator do acórdão, aquele que deve registrar a peça, cujas conclusões serão publicadas no Diário Oficial, sendo o redator o autor do primeiro voto vencedor, caso o relator fique vencido. O acórdão poderá ser feito eletronicamente, de modo que os registros possam consistir em gravação de som e de imagem. Caso o processo não seja eletrônico, as peças serão obrigatoriamente impressas para juntada aos autos.

A redação do acórdão deve conter o relatório, com o nome das partes, feito pelo relator, a quem o processo foi distribuído, a fundamentação, em que será analisada a questão de fato e de direito, e o dispositivo, em que o colegiado resolverá as questões que as partes lhe submeterem. Destaque-se que a fundamentação do voto não se confunde com a fundamentação do acórdão, sendo a fundamentação do acórdão a vencedora. O acórdão do julgamento, bem como a ementa, a qual consiste no resumo do acórdão, serão submetidos para conferência na sessão seguinte ao julgamento.

A falta de ementa consistirá em omissão, sanável mediante provocação das partes, por embargos de declaração, ou até mesmo poderá ser solucionada de ofício, pelo próprio relator que, ao constatar o ocorrido, levará o feito à próxima sessão de julgamento, por meio de questão de ordem. A contradição entre a ementa e o corpo do acórdão deverá ser resolvida pela prevalência do que constar no neste último.

Lavrado o acórdão, necessária se faz a publicação de seu dispositivo, que deve refletir com fidelidade o julgamento. A publicação deve ocorrer no prazo de dez dias a contar da restituição do processo à Secretaria, mas não é fixado prazo para a devolução dos autos com o acórdão.

1.3 O RELATOR

O novo texto do art. 557, CPC prevê a possibilidade de que, em determinadas hipóteses, o recurso seja julgado diretamente pelo relator, sem a necessidade de que seja submetido ao órgão colegiado.[4]

Com o objetivo de minorar o trabalho dos órgãos colegiados, presume o legislador, na maioria dos casos, que o interessado se conformará com o pronunciamento do relator, atuando como o porta-voz do colegiado.

Caso não se sinta satisfeito com tal pronunciamento, o interessado poderá, no prazo de cinco dias, a contar da intimação da decisão do relator, através do recurso de agravo regimental ou agravo interno, recurso previsto no art. 557, § 1º, levar o recurso à apreciação do órgão colegiado.

Compete hoje ao relator negar seguimento a recurso manifestamente inadmissível, isto é, quando é infundado; improcedente, em razão do mérito; prejudicado ou em confronto com súmula ou jurisprudência dominante do STF ou de Tribunal Superior.[5] Embora o texto legal trate de recurso, poderá o relator também ter a mesma atitude em relação à ação rescisória e à remessa necessária.

---

4 A Súmula 253, STJ concede ao relator poderes para também julgar monocraticamente as hipóteses de remessa necessária.

5 Destaca Barbosa Moreira (2008, p. 681-682) que: "alude o *caput* do art. 557 a quatro classes de recursos: inadmissíveis, improcedentes, prejudicados e contrários à súmula ou à jurisprudência dominante do tribunal competente para julgamento, do Supremo Tribunal Federal ou de Tribunal Superior. O art. 38 da Lei n. 8.038 não falava em recurso 'inadmissível': em vez do gênero, mencionava duas espécies: recurso 'intempestivo' e recurso 'incabível'. Nitidamente superior, no particular, desde a Lei n. 9.139, é a redação do dispositivo sob exame, que não deixa dúvidas sobre a respectiva incidência em qualquer caso de inadmissibilidade (deserção, falta de legitimidade ou de interesse em recorrer etc.). 'Improcedente' é o recurso quando o recorrente carece de razão no mérito, isto é, quando infundados os motivos por que pugna a decisão recorrida. Para os fins que ora se têm em vista, a lei equipara as hipóteses de recurso inadmissível e de recurso infundado – ou seja, respectivamente, de recurso do qual, se viesse a julgá-lo, não deveria conhecer o colegiado, e de recurso a que este deveria negar provimento. [...] Diz-se prejudicado o recurso quando a impugnação perde o objeto e por conseguinte cai no vazio o pedido de reforma ou anulação [...] Resta a hipótese de recurso 'em confronto com súmula ou com jurisprudência dominante do respectivo tribunal, do Supremo Tribunal Federal ou de Tribunal Superior. Neste ponto é menos feliz a redação. A rigor, o que pode contrariar súmula, pondo-se em contraste (não 'em confronto') com qualquer das proposições nela incluídas, é a tese jurídica sustentada pelo recorrente, não o recurso em si".

A ocasião adequada para que o relator profira a decisão monocraticamente é a que se segue à conclusão dos autos, não devendo deixar para momento posterior. Caso já tenha encaminhado o relatório ao revisor ou tenha pedido dia para julgamento, não mais lhe é permitido voltar atrás e aplicar o art. 557, CPC.

Já no caso de interposição do agravo interno, levado o recurso à apreciação do colegiado, concebe-se que este, acompanhando o voto do relator, não conheça do recurso, transitará em julgado a decisão monocrática recorrida na data em que o agravo não foi conhecido pelo colegiado.

Com o evidente intuito de desestimular tais agravos, permite o CPC, no § 2º, que o Tribunal condene o agravante a pagar multa, caso o recurso seja considerado manifestamente inadmissível ou infundado, sendo tal disposição análoga aos embargos de declaração protelatórios, que ainda serão abordados.

1.4 O RECURSO DE AGRAVO DE INSTRUMENTO

A interposição do agravo de instrumento, em regra, não suspende a eficácia da decisão agravada, porém, em certos casos, pode tornar inútil o eventual provimento do agravo, pois já haveria dano de difícil reparação ao agravante.

Então, até para evitar a indevida impetração de mandados de segurança em face das decisões agravadas, os quais, tecnicamente, servem apenas para combater atos ilegais, o CPC passou a prever a possibilidade de o relator, salvo nos casos de agravo da decisão que inadmite recurso extraordinário ou especial, mediante requerimento formulado pelo agravante na petição inicial do agravo ou em separado, atribuir efeito suspensivo ao agravo, comunicando tal fato ao juízo que proferiu a decisão agravada.

A lei, porém, não obriga o relator a deferir tal medida e tampouco estabelece pressupostos para que isso ocorra. A atribuição de efeito suspensivo ao agravo de instrumento é poder discricionário do relator, devendo a decisão ser fundamentada nas razões que o conduziram a concluir pela relevância do recurso. Esse poder do relator é também conhecido como antecipação de tutela recursal, podendo o relator reconsiderar sua decisão, de ofício ou a requerimento do agravado, mas sem qualquer previsão de recurso em face dessa decisão que defere ou indefere o efeito suspensivo.

Após, haverá o julgamento do agravo pela Câmara ou Turma, a partir da exposição do recurso feita pelo relator, perdurando, caso deferida, a suspensão concedida pelo relator ao agravo.

Caso sobrevenha outro recurso enquanto o agravo não tenha sido julgado, o recurso só entrará em pauta após o julgamento do agravo. Caso assim não se proceda, a irregularidade deverá ser corrigida, de ofício ou mediante provocação do interessado.

Contudo, não há óbice a que os recursos sejam julgados na mesma pauta, caso em que o agravo terá prioridade.

1.5 CORREIÇÃO PARCIAL

Verifica-se que o CPC não elenca, de forma expressa, o instituto da correição parcial. A adoção, bem como o disciplinamento da matéria têm sido objeto nos códigos de organização judiciária locais e nos regimentos internos dos tribunais.

Fredie Didier Jr. e Leonardo José Carneiro da Cunha[6] ao conceituar o instituto da correição parcial, assim definem:

> Esta constitui medida administrativa tendente a apurar uma atividade tumultuária do juiz, não passível de recurso. Ao que tudo indica, sua utilização era mais frequente sob os auspícios do Código de Processo Civil de 1939. É que, na sistemática do Código de Processo Civil de 1939, havia decisões interlocutórias irrecorríveis, sendo, em razão disso, utilizada, como meio de impugnação, a correição parcial ou a reclamação correicional. De fato, naquela época, o agravo de instrumento era o recurso cabível contra as decisões interlocutórias expressamente indicadas, significando dizer que não era qualquer decisão interlocutória que poderia ser alvo de um agravo de instrumento, mas apenas aquelas expressamente discriminadas no art. 842 do CPC/39 ou em dispositivo de lei extravagante. Com o advento do Código de Processo Civil de 1973, o agravo de instrumento passou a ser cabível contra qualquer decisão interlocutória. Diante disso, restou esvaziada a re-

6 Didier Jr. e Cunha (2006, p. 323-324).

clamação correicional ou a correição parcial, não devendo ser utilizada como meio de impugnação de decisões judiciais, por haver recurso com tal finalidade. E isso porque um mecanismo administrativo, em razão do princípio da separação dos poderes, não deve conter aptidão para atacar um ato judicial. Trata-se, enfim, de medida administrativa de caráter disciplinar, à qual não se pode permitir o condão de produzir, cassar ou alterar decisões jurisdicionais no seio do processo.

Pode-se perceber que a doutrina a reconhece, de forma mais acentuada, como medida administrativa / disciplinar, não havendo como qualificá-la como recurso, mesmo porque essas espécies são taxativas e exaustivamente arroladas em lei. Dessa forma, o rol dos recursos é *numerus clausus,* entendendo-se como recurso somente aquele como tal previsto em lei, não sendo, pois, criado por interpretação analógica ou extensiva.

A correição parcial, no âmbito das leis de organização judiciária, é meio de impugnação que se volta contra as omissões do juízo ou contra despachos irrecorríveis, que alteram a ordem natural do processo, gerando "tumulto processual".

Partindo desses pressupostos, resta evidente que a correição parcial não é recurso, mas medida de natureza administrativa, como o próprio nome sugere, correicional.

Contudo, em alguns casos, a correição parcial, ainda que de natureza administrativa, pode estar revestida de caráter jurisdicional, que consiste no poder atribuído ao órgão julgador de dirimir conflitos e decidir as controvérsias que refletem direta ou indiretamente na ordem jurídica.

Como consequência, torna-se relevante analisar a tramitação da correição parcial no tribunal.

Não havendo disposição expressa no atual CPC, prevalece que a correição parcial seguirá, no tribunal, o mesmo trâmite processual do agravo de instrumento, que já foi abordado.

Todavia, devem-se fazer algumas ressalvas quanto às diferenças entre os institutos.

Na correição parcial, corrigido é o juiz; corrigente, o Ministério Público ou qualquer das partes. No agravo de instrumento, agravante pode ser o Ministério Público, a parte vencida ou terceiro prejudicado; agravado é o outro polo *do processo em curso*, que arcará com o ônus de responder ao recurso.

O agravo de instrumento é dirigido diretamente ao tribunal, na forma de instrumento. A correição, por sua vez, é encaminhada ao juiz de origem, instruída com a cópia dos documentos que formarão o instrumento da correição, que só então seguirá ao tribunal. Será ofertado prazo à outra parte para que ofereça contrarrazões, e então o juiz pronunciar-se-á, acolhendo o pedido da correição ou negando o tumulto processual. Neste último caso, encaminhará o processo ao tribunal.

Contudo, ambos são endereçados ao tribunal competente.

O prazo para a interposição do agravo de instrumento é de dez dias; o da correição parcial, cinco dias. Um como o outro têm o seu prazo contado a partir da intimação ou do conhecimento do ato impugnado.

No tribunal, quando incluído em pauta para julgamento, não cabe sustentação oral, tanto nas correições parciais quanto nos agravos de instrumento.

Ambos admitem juízo de retratação, que será comunicado ao relator no tribunal por meio de informações do juízo, só que na correição tal juízo ocorrerá antes de ser remetida ao tribunal e, no agravo de instrumento, ocorrerá a qualquer momento, a partir da ciência da interposição do recurso.

Além dos pressupostos exigíveis para o agravo, a correição exige a presença de erro ou abuso da decisão, de maneira a traduzir inversão tumultuária a ordem legal do processo e inexistência de recurso apto a emendar tal erro ou abuso.

Em regra, nenhum dos dois institutos tem o condão de suspender o andamento do feito ou da decisão atacada. Porém, em ambos, pode ser suspensa liminarmente a decisão que deu motivo ao pedido, se relevante o motivo em que se arrima, quando do ato impugnado puder resultar a ineficácia da medida.

1.6 AS SÚMULAS NO DIREITO BRASILEIRO E AS LEIS N. 11.276/2006 E 11.417/2007

Tendo o relator poderes para, monocraticamente, negar seguimento a recurso em confronto com súmula ou jurisprudência do STF ou de Tribunal Superior, cabe-nos agora passar à análise das súmulas no direito brasileiro.

A palavra súmula, criada no direito brasileiro no ano de 1963, pelo então Ministro Victor Nunes Leal, passa a ganhar agora um duplo sentido.

Podemos falar em súmula persuasiva, ou seja, aquela que tem por objetivo influenciar outras decisões, e em súmula vinculante, entendida como aquela dotada de força obrigatória para os demais órgãos do Poder Judiciário e para o Poder Executivo.

Antes de iniciarmos o estudo da súmula vinculante, importante entendermos os aspectos históricos do *precedente judicial*, a começar pelo Direito Lusitano onde se originou, no Século XII, tendo, mais tarde, influenciado a adoção do instituto no Brasil.

Ainda em Portugal, no Século XII, as então denominadas *"façanhas"* eram as sentenças que passariam a ter força de lei e deveriam ser aplicadas em hipóteses futuras e semelhantes.

No ano de 1521, foi estabelecida pelas Ordenações Manuelinas que os *"assentos"*, que eram decisões tomadas pela Casa de Suplicação de Lisboa, teriam valor vinculativo e funcionariam em auxílio à interpretação da norma escrita. Naquela época o Rei de Portugal, D. Manuel I, que até então detinha com exclusividade o poder de interpretar leis, decidiu por conferir ao Judiciário português poderes para solucionar dúvidas interpretatativas sobre o direito escrito.

O poder para proferir assentos de observância obrigatória, conferido à Casa de Suplicação, foi extinto em 1822, quando esta passou a exercer função tipicamente legislativa, pois, em referida fase, houve influência de novos ideais de liberalismo e de separação de Poderes.

Em 1832, ocorrera a Reforma Judiciária em Portugal, com a criação do Supremo Tribunal de Justiça exercendo funções semelhantes às da antiga Casa de Suplicação, cabendo-lhe, pois, uniformizar a interpretação e a aplicação legislativas, ainda que sem força vinculante.

Já em 1926, por meio do Decreto n. 12.353, foi determinado que teriam eficácia vinculante os processos solucionados em conflito de jurisprudência, não tendo sido utilizada a expressão "assentos". Hoje, no Direito Português, o CPC dispõe do art. 732-A para se referir aos acórdãos para uniformização de jurisprudência.

Passemos agora a observar o tema no Direito Pátrio. Os assentos proferidos no Rio de Janeiro e na Bahia deveriam seguir os assentos da Casa de Suplicação de Lisboa, por determinação da "Lei da Boa Razão", de 1769.

Em 1808, com a chegada da Corte Portuguesa, foi criada no Brasil uma casa de suplicação, que, igualmente, detinha competência para estabelecer assentos com força vinculante.

Com a independência do Brasil em relação a Portugal, a criação do Supremo Tribunal de Justiça (posteriormente denominada Supremo Tribunal Federal), durante o Brasil-Império, não foi suficiente para realizar a função de uniformizar a jurisprudência, já que sua função se restringia à de mero tribunal de cassação, que verificava a legalidade das deciões proferidas pelos Tribunais de Relação das Províncias.

Em 1876, por meio dos Decretos 2.684, de 23 de outubro de 1875, e 6.142, de 10 de março de 1876, fora autorizado ao Supremo Tribunal de Justiça tomar assentos, tal como realizado pela Casa de Suplicação da fase colonial brasileira.

Em 1891, inspirada no modelo Norte-Americano de controle difuso de constitucionalidade, a primeira Constituição da República repeliu a aplicação de assentos novos ou pré-existentes ao argumento de incompatibilidade dos mesmos com o regime constitucional que se estabelecera naquele ano.

Em fase mais recente do Direito Brasileiro, nos anos 1960, Haroldo Valadão e Alfredo Buzaid[7] participaram ativamente de tentativas de instituição de uma figura jurídica que se assemelhasse aos assentos.

Pelo primeiro, foi criado o Anteprojeto da denominada "Lei Geral de Aplicação de Normas Jurídicas", para que as decisões do STF tivessem autoridade vinculante.

Já pelo segundo, foi elaborado o Anteprojeto de CPC, que, posteriormente, deu origem ao atual CPC, no qual previu-se a possibilidade de uniformidade de jurisprudência, mediante assentos com força obrigatória (arts. 516 a 520 do Anteprojeto).

O legislador recebeu severas críticas doutrinárias, sendo os dispositivos do projeto, que tratavam da matéria, tachados de inconstitucionais. A uniformização de jurisprudência foi mantida, mas perdeu o seu caráter vinculante, assemelhando-se a redação do CPC, em seu art. 476, à figura do "prejulgado" do CPC de 1939, figura essa que será tratada mais adiante.

Antes disso, vamos passar ao estudo de duas importantes inserções no ordenamento jurídico brasileiro, por meio da Emenda Constitucional n.

---

7 Streck (1998, p 110).

07/77, que, sem dúvida, também exerceram influência em uniformizar a jurisprudência; são elas a "avocatória" e a "representação interpretativa".

A avocatória foi inserida dentre as competências originárias do STF para permitir que, em havendo pedido do Procurador-Geral da República, a corte pudesse chamar para si o julgamento de qualquer causa que estivesse em curso em outro órgão do Judiciário. A seleção era influenciada por questões estritamente políticas. A avocatória não tinha natureza recursal, mas tão somente traduzia-se em uma típica ação constitucional.

O referido instituto guarda certa correlação com a atual arguição de descumprimento de preceito fundamental.[8] Diferem-se, contudo, em razão de que, na avocatória, o STF poderia ser provocado e se pronunciaria somente no tocante às questões de cunho constitucional consideradas como fundamentais para a ordem jurídica, resguardando-se o princípio do juiz natural do caso.[9]

Ainda em razão da EC n. 07/77, restava autorizado ao Supremo processar e julgar originariamente a representação oferecida pelo Procurador-Geral da República ao argumento de inconstitucionalidade, ou mesmo para a interpretação de lei ou ato normativo federal ou estadual. Era a chamada "representação interpretativa".

Uma vez enunciada a correta interpretação da norma pelo STF, era formulado um entendimento que detinha eficácia vinculante aos demais órgãos do Judiciário; quanto ao Supremo, esse não ficaria vinculado e poderia rever seu entendimento. Essa modalidade não foi recepcionada pelo constituinte de 1988, ficando extinta.

Após conhecermos as figuras das "façanhas", dos "assentos", da "avocatória" e da "representação legislativa", adentremos a partir de agora no estudo dos chamados *"prejulgados"* e *"revista"*. O primeiro reflete um modelo que antecedeu o que hoje denominamos uniformização de jurisprudência (arts. 476 ao 479, CPC), já que ambos foram criados com a finalidade de evitar divergência de interpretação entre diferentes turmas ou câmaras do mesmo tribunal.

8 Lei n. 9.882/99: "dispõe sobre o processo e julgamento da arguição de descumprimento de preceito fundamental, nos termos do § 1º do art. 102 da Constituição Federal". Constituição Federal: "Artigo 102. Compete ao Supremo Tribunal Federal, precipuamente, a guarda da Constituição, cabendo-lhe: [...] § 1º A arguição de descumprimento de preceito fundamental, decorrente desta Constituição, será apreciada pelo Supremo Tribunal Federal, na forma da lei".

9 Bastos e Vargas (2000).

O instituto da "revista" foi previsto no texto normativo do Diploma de 1939, arts. 853 ao 860. Era o "recurso de revista", que detinha a nítida função de uniformizar a jurisprudência interna do tribunal, e era admissível sempre que decisões finais de duas ou mais turmas, câmaras ou grupos de câmaras divergissem entre si quanto ao modo interpretativo do direito em análise; ou ainda quando algum julgado contrariasse entendimento das "Câmaras Cíveis Reunidas" ou "Grupo de Câmaras".

Destacamos que o Recurso de Revista foi parcialmente abolido do nosso sistema, subsistindo somente para aplicação no Direito do Trabalho – art. 869, CLT –, cabendo ao Tribunal Superior do Trabalho a competência para a apreciação; e para aplicação no Direito Eleitoral, cuja redação da Lei n. 4.717/65 autoriza: "Art. 263. No julgamento de um mesmo pleito eleitoral, as decisões anteriores sobre questões de direito constituem prejulgados para os demais casos, salvo se contra a tese votarem dois terços dos membros do Tribunal"; por fim, quanto ao Direito Processual Civil, destacamos que o recurso de revista se assemelha à figura dos embargos de divergência, previstos no art. 546, CPC.

Passadas as observações dos institutos anteriomente criados, desde longa data, a fim de estabelecer uma uniformidade das decisões prolatadas pelos tribunais, chegamos por fim às súmulas do Supremo Tribunal Federal.

Em primeira análise, temos as denominadas "súmulas de jurisprudência predominante", que foram criadas com o objetivo de desafogar o Judiciário, que contava com grande volume de feitos desde os anos 1960 do século XX, período de criação do instituto.

Essa técnica de julgamento é utilizada até os dias atuais e resta prevista no art. 102 do Regimento Interno do Supremo, funcionando como um texto sintetizado, tornando mais céleres as atividades dos Ministros, que, fazendo referência à súmula, podem fundamentar suas decisões de maneira sucinta, além do que evita os julgados conflitantes, e enseja, por consequência, a criação de uma jurisprudência da corte.[10]

A palavra súmula significa o diminutivo de suma, originada do latim, que quer dizer "pequeno resumo". Deveria se tratar de uma única súmula com diversos enunciados, mas a terminologia "súmula", embora seja me-

10 Demo (2004).

nos técnica, acabou sendo adotada tanto na legislação processual como no próprio texto constitucional.

Em 1962, o Plenário do Supremo aprovou 370 enunciados, sendo introduzidos por meio de emenda regimental no ano seguinte e tendo passado a vigorar somente em 1964. Nos anos seguintes, outros Tribunais passaram a adotar o sistema, tais como o Tribunal de Justiça do Estado do Rio de Janeiro, o Superior Tribunal de Justiça e o extinto Tribunal Federal de Recursos. Foi só no ano de 2003, após longo período sem editar enunciados, que o STF aprovou mais 99 novos verbetes sumulares.

A súmula de jurisprudência dominante foi idealizada com o intuito de facilitar as atividades dos magistrados e dos advogados das partes, eis que teriam como fundamentar suas teorias em casos análogos.[11]

Todavia, embora seja um mecanismo de orientação aos demais profissionais do direito, não impede que as partes tragam novos entendimentos e argumentos a serem fomentados pelo Supremo, que, por sua vez, pode alterar o seu posicionamento sobre determinado objeto. Destacamos, inclusive, que há permissão no Regimento Interno do Supremo no sentido de admitir que qualquer Ministro daquele órgão proponha "revisão de súmula".[12]

Os enunciados das súmulas de jurisprudência dominante, em regra, não têm efeito vinculante, bem como não podem ser vistos como ato normativo, mas possuem importantes efeitos processuais.

Contudo, vale lembrar que nenhuma das súmulas editadas pelo STF até o advento da Lei n. 11.417/2006 tem efeito vinculante. Para que sejam vinculantes, as súmulas terão de seguir todo o procedimento previsto nesse diploma, a começar pelo quórum de aprovação de dois terços dos membros do STF.

A base teórica da súmula vinculante repousa na doutrina norte-americana conhecida como *stare decisis*, fundamentando-se nos princípios da isonomia, respeito à coisa julgada, economicidade e previsibilidade das decisões judiciais.

---

11 O idealizador da utilização da súmula foi o Ministro Victor Nunes Leal. Conferir seus argumentos em: Leal (1981, p. 1).

12 "Art. 103. Qualquer dos Ministros pode propor a revisão da jurisprudência assentada em matéria constitucional e da compendiada na Súmula, procedendo-se ao sobrestamento do feito, se necessário". Regimento Interno do STF. Disponível em: http://www.stf.gov.br/arquivo/cms/legislacaoRegimentoInterno/anexo/RISTF_2008.pdf. Acesso em: 16 abr. 2008.

Ainda segundo a doutrina norte-americana, mais importante do que criar o precedente é disciplinar a sua utilização. Nesse sentido, ao se invocar um precedente é necessário demonstrar que a *ratio decidendi*, ou seja, o argumento jurídico que embasa o precedente, pode ser adotado no caso que se diz análogo.

Importante ressaltar que somente o núcleo do precedente pode ser invocado em outros casos e terá, portanto, efeito vinculante. Não raras vezes os juízes tecem considerações de caráter secundário, incidental, e que, portanto, ficam restritas àquele caso. É o que se chama de *obter dicta*. Tais comentários não têm nenhum caráter vinculante.

Ainda quanto à aplicação dos precedentes, a doutrina norte-americana identifica três possíveis figuras: a primeira é chamada de *distinguishing*, que é a atividade de diferenciar o caso concreto que está sob julgamento do precedente que se pretende invocar. A segunda figura é denominada *overruling* e ocorre na hipótese em que o precedente existe e seu fundamento é, em tese, aplicável ao caso concreto, mas o juiz o rejeita por ser obsoleto, absolutamente injusto, ou ainda inexequível do ponto de vista prático. A terceira figura é o *overstatement*, segundo a qual o precedente é aplicado, porém em uma nova perspectiva, com o objetivo de se tornar mais efetivo.

A súmula vinculante, tal como prevista no art. 2º da Lei n. 11.417/2006, tem características bem peculiares em relação ao sistema estadunidense do precedente.

A súmula vinculante pode ser editada de ofício ou por provocação de qualquer dos legitimados previstos no art. 3º da Lei, mas somente o STF poderá aprová-la. O dispositivo fala ainda em reiteradas decisões, não precisando o número, mas deixando claro que não deve ser uma situação casuística, mas, sim, uma hipótese que tenha despertado entendimentos diversos nos órgãos do Poder Judiciário.

A súmula necessariamente versará sobre matéria constitucional, embora seja complicado delimitar o âmbito dessa expressão, na medida em que a Carta de 1988 avança sobre os diversos ramos do direito e regula questões que não precisariam estar previstas na Lei Maior.

A súmula será expressa por meio de um enunciado, sobre questão de direito, devidamente publicado na imprensa oficial, e terá por objeto a validade, a interpretação e a eficácia de normas jurídicas que gerem controvérsia entre órgãos do Poder Judiciário e da Administração Pública. São previstos ainda dois requisitos para a edição da súmula, a saber: a controvérsia deve acarretar (i) grave insegurança jurídica e (ii) relevante multiplicação de processos sobre uma mesma questão.

A súmula vinculará os órgãos do Poder Judiciário (juízes, tribunais e até mesmo as turmas do próprio STF), bem como a Administração Pública direta ou indireta, nas esferas federal, estadual e municipal.

Entretanto, a súmula não vinculará o Pleno do STF e nem o Poder Legislativo.[13] O Pleno do STF pode revisar ou mesmo cancelar uma súmula vinculante por ele editada, desde que respeitado o quórum mínimo de 2/3 do tribunal. O Poder Legislativo tem a outorga constitucional para a edição das leis, base do nosso sistema romano-germânico, e que não estão sujeitas aos posicionamentos e entendimentos manifestados pelo STF, salvo quando as súmulas editadas se referirem ao Legislativo em sua atividade atípica (de administração).

Vinculante não é somente o teor interpretativo-descritivo e imperativo da súmula, mas também os fundamentos invocados na sua edição, com relação ao núcleo do precedente.

A súmula representa a grande valorização do precedente, típico do modelo da *common law* e hoje também adotado no direito brasileiro.

A possibilidade de modulação dos efeitos da jurisprudência, embora pouco comum nos Tribunais Superiores, como já tivemos a oportunidade de analisar, mostra-se aqui presente, já que a Lei n. 11.417/2006, que trata da súmula vinculante, regulamenta, em seu art. 4º, o procedimento de sua edição, revisão e cancelamento, permitindo que o Supremo Tribunal Federal possa modular o momento a partir do qual incidirá o teor sumular, permitindo, assim, uma cultura de prestígio e construção linear da jurisprudência, em um sistema que, em sua origem, não era tido como de adoção de precedentes.

Seu principal objetivo é atribuir a uma série de decisões idênticas caráter cogente, ou seja, concedendo força suficiente para que todas as demais

13 Em relação às súmulas vinculantes no direito brasileiro, Luiz Guilherme Marinoni (2008, p. 624) comenta que: "o uso indiscriminado da súmula vinculante pode conduzir à estagnação da jurisprudência, que dificilmente acompanhará a evolução social. Por outro lado, a timidez no uso desta medida estimulará a litigância temerária e o uso do processo como meio de protelar a satisfação de direitos. É, portanto, preciso sabedoria para bem empregar a medida, evitando-se ambos os radicalismos possíveis".

instâncias do Judiciário e dos outros Poderes do Estado sejam compelidas a cumprir tal determinação judicial, que, a partir da publicação do enunciado sumulado, detém eficácia *erga omnes*.

Em caso de desrespeito a uma súmula vinculante, seja por membros do Judiciário, seja por membros da Administração Pública, será cabível o uso da reclamação (arts. 156 a 162 do Regimento Interno do STF e art. 7º da Lei n. 11.417/2006), junto ao Supremo Tribunal Federal, a fim de restaurar a força de sua decisão.

A autoridade que descumpre súmula vinculante não fica sujeita a sanções administrativas, penais ou civis (ao menos imediatamente, uma vez que a responsabilização nessas esferas será pessoal a quem prolatou a decisão apenas no caso de reiteradas decisões ofendendo súmula vinculante), mas seu ato poderá ser diretamente questionado junto ao Supremo Tribunal Federal, que poderá cassá-la imediamente, por ofensa à sua deliberação imperativa.

No caso de decisão judicial, o uso da reclamação independe do eventual uso de outro recurso para atacar o ato desobediente (art. 7º, Lei n. 11.417/2006). Já quando se tratar de decisão da Administração Pública, somente será admitida a reclamação após o esgotamento das vias administrativas (art. 7, § 1º).

Voltando ao estudo da súmula persuasiva, poderá ela ter uma destinação específica de acordo com o § 1º do art. 518,[14] CPC. Esse dispositivo inseriu em nosso ordenamento jurídico a denominada súmula impeditiva de recurso, por força da alteração imposta pela Lei n. 11.276/2006.

Trata-se da utilização da súmula persuasiva com efeito obstativo.

Para Flávio Cheim Jorge, a inovação trazida ao art. 518 é manifestamente inconstitucional por afrontar o inciso LV do art. 5º, CF, que garante às partes litigantes o contraditório e a ampla defesa, na medida em que impede o controle das decisões judiciais pelas partes quando essas lhes são desfavoráveis e causam prejuízos.[15]

---

14 "Art. 518. Interposta a apelação, o juiz, declarando os efeitos em que a recebe, mandará dar vista ao apelado para responder. § 1º O juiz não receberá o recurso de apelação quando a sentença estiver em conformidade com súmula do Superior Tribunal de Justiça ou do Supremo Tribunal Federal. § 2º Apresentada a resposta, é facultado ao juiz, em cinco dias, o reexame dos pressupostos de admissibilidade do recurso".

15 Jorge, Didier Jr. e Rodrigues (2006, p. 214).

1.7 "PROCESSOS NOS TRIBUNAIS" NO PROJETO DO NOVO CPC (PL N. 8.046/2010)

O Livro IV do projeto do novo CPC trata dos processos nos tribunais, iniciando o título I sobre os "Processos nos Tribunais".

O primeiro capítulo traz as disposições gerais, prevendo que:

LIVRO IV

DOS PROCESSOS NOS TRIBUNAIS E DOS MEIOS DE IMPUGNAÇÃO DAS DECISÕES JUDICIAIS

Título I

DOS PROCESSOS NOS TRIBUNAIS

CAPÍTULO I

DISPOSIÇÕES GERAIS

Art. 882. Os tribunais, em princípio, velarão pela uniformização e pela estabilidade da jurisprudência:

I – sempre que possível, na forma e segundo as condições fixadas no regimento interno, deverão editar enunciados correspondentes à súmula da jurisprudência dominante;

II – os órgãos fracionários seguirão a orientação do plenário, do órgão especial ou dos órgãos fracionários superiores aos quais estiverem vinculados, nesta ordem;

III – a jurisprudência pacificada de qualquer tribunal deve orientar as decisões de todos os órgãos a ele vinculados;

IV – a jurisprudência do Supremo Tribunal Federal e dos tribunais superiores deve nortear as decisões de todos os tribunais e juízos singulares do país, de modo a concretizar plenamente os princípios da legalidade e da isonomia;

V – na hipótese de alteração da jurisprudência dominante do Supremo Tribunal Federal e dos tribunais superiores ou daquela oriunda de julgamento de casos repetitivos, pode haver modulação dos efeitos da alteração no interesse social e no da segurança jurídica.

§ 1º A mudança de entendimento sedimentado observará a necessidade de fundamentação adequada e específica, considerando o imperativo de estabilidade das relações jurídicas.

§ 2º Os regimentos internos preverão formas de revisão da jurisprudência em procedimento autônomo, franqueando-se inclusive a realização de audiências públicas e a participação de pessoas, órgãos ou entidades que possam contribuir para a elucidação da matéria.

Art. 883. Para os fins deste Código, considera-se julgamento de casos repetitivos:

I – o do incidente de resolução de demandas repetitivas;

II – o dos recursos especial e extraordinário repetitivos.

Em apenas dois artigos nas disposições gerais, o projeto demonstra a preocupação com a uniformização da jurisprudência, notadamente dos tribunais superiores, como um mecanismo de segurança jurídica. Logo no primeiro artigo, o 882, a redação já traz a referência à uniformização e demonstra a preocupação com a estabilidade da jurisprudência, nitidamente dos tribunais superiores. O inciso I trata das súmulas, já analisadas ao longo deste capítulo, e os incisos II e III que a orientação pacificada deve ser seguida por todo o tribunal.

Já o inciso IV traz especificamente a retratada preocupação com a uniformização do entendimento dos tribunais superiores, para que oriente todos os demais tribunais do país. E, no inciso V, o legislador traz nítida preocupação com a segurança jurídica e com os efeitos da decisão judicial na sociedade. A previsão é expressa de que, no caso de recursos repetitivos, poderá haver modulação dos efeitos temporais do recurso, tema que, para facilitar a compreensão, será tratado junto com os efeitos dos recursos, na teoria geral dos recursos.

Já o § 1º desse artigo prevê que a mudança da orientação do tribunal deverá ser fundamentada. No Estado contemporâneo, o dever de fundamentação ganha uma especial relevância, tendo em vista o agigantamento dos poderes dos magistrados, bem como a utilização de cláusulas gerais e conceitos jurídicos indeterminados nos textos legais.

A partir das técnicas utilizadas na hermenêutica constitucional, torna-se imperativo que o magistrado revele em sua decisão mais do que uma simples adequação da norma ao caso concreto.

Até porque essa técnica, puramente positivista, hoje não é mais capaz de resolver grande parte dos conflitos.

Se não se pode mais falar em um direito processual alheio à Constituição, me parece que também não pode haver atividade hermenêutica sem levar em conta as técnicas advindas com o neoconstitucionalismo.

Agora o Código disporá de forma expressa que a mudança de entendimento deve ser por uma fundamentação adequada e específica. É a fundamentação analítica. Não basta que se indique que houve mudança de entendimento. Devem ficar expressas as razões dessa mudança de entendimento, o motivo do motivo, para evitar as inseguranças sociais que as mudanças de entendimento podem provocar.

Por fim, o § 2º trata que a revisão de jurisprudência se dará em processo autônomo e de acordo com o regimento interno dos tribunais. Permite-se a realização de audiências publicas e a atuação de *amicus curiae* nesse processo, dado ao grande impacto que uma revisão de entendimento pode trazer. Contudo, ainda se poderia questionar a representatividade dos atuantes na audiência pública.

De qualquer forma, esse parágrafo deve ser conjugado com o inciso V do mesmo artigo, aplicando-se a modulação dos efeitos temporais, caso seja necessário preservar efeitos sociais relevantes já produzidos e prestigiar a segurança jurídica.

Já o segundo e último artigo das disposições gerais revela uma nítida norma interpretativa, que esclarece o significado da expressão "julgamento de casos repetitivos" de que trata o inciso V do art. 882, e quando é permitida a modulação dos efeitos temporais do recurso. É o caso do incidente de resolução de demandas repetitivas e dos recursos especial e extraordinário repetitivos.

Em seguida, o projeto passa a tratar da ordem dos processos no tribunal, nos seguintes termos:

> CAPÍTULO **II**
>
> **DA ORDEM DOS PROCESSOS NO TRIBUNAL**
>
> **Art. 884.** Os autos serão registrados no protocolo do tribunal no dia de sua entrada, cabendo à secretaria verificar-lhes a numeração das folhas e ordená-los para distribuição.
>
> Parágrafo único. Os serviços de protocolo poderão, a critério do tribunal, ser descentralizados, mediante delegação a ofícios de justiça de primeiro grau.
>
> **Art. 885.** Far-se-á a distribuição de acordo com o regimento interno do tribunal, observando-se os princípios da publicidade, da alternatividade e do sorteio.
>
> **Art. 886.** O recurso de um dos litisconsortes torna prevento o relator para os interpostos pelos demais, na forma do regimento interno do tribunal.

Art. 887. Distribuídos, os autos serão submetidos imediatamente à apreciação do relator, que, depois de estudá-los, os restituirá à secretaria com o seu "visto", cabendo-lhe fazer exposição dos pontos controvertidos sobre os quais versar a causa.

Art. 888. Incumbe ao relator:

I – dirigir e ordenar o processo no tribunal;

II – apreciar o pedido de tutela de urgência ou da evidência nos recursos e nos processos de competência originária do tribunal;

III – negar seguimento a recurso inadmissível, prejudicado ou que não tenha atacado especificamente os fundamentos da decisão ou sentença recorrida;

IV – negar provimento a recurso que contrariar:

a) súmula do Supremo Tribunal Federal, do Superior Tribunal de Justiça ou do próprio tribunal;

b) acórdão proferido pelo Supremo Tribunal Federal ou pelo Superior Tribunal de Justiça em julgamento de casos repetitivos;

c) entendimento firmado em incidente de resolução de demandas repetitivas ou de assunção de competência.

V – dar provimento ao recurso se a decisão recorrida contrariar:

a) súmula do Supremo Tribunal Federal, do Superior Tribunal de Justiça ou do próprio tribunal;

b) acórdão proferido pelo Supremo Tribunal Federal, ou pelo Superior Tribunal de Justiça em julgamento de casos repetitivos;

c) entendimento firmado em incidente de resolução de demandas repetitivas ou de assunção de competência;

VI – exercer outras atribuições estabelecidas nos regimentos internos dos tribunais.

Art. 889. Tratando-se de apelação e de ação rescisória, os autos serão conclusos ao revisor, sempre que possível por meio eletrônico.

§ 1º Será revisor o juiz que se seguir ao relator na ordem descendente de antiguidade.

§ 2º O revisor aporá nos autos o seu "visto", cabendo-lhe pedir dia para julgamento.

§ 3º Nos casos previstos em lei e na hipótese de indeferimento liminar da petição inicial, não haverá revisor.

Art. 890. Os autos serão, em seguida, apresentados ao presidente, que designará dia para julgamento, mandando, em todos os casos tratados neste Livro, publicar a pauta no órgão oficial.

§ 1º Entre a data da publicação da pauta e a sessão de julgamento mediará, pelo menos, o prazo de três dias.

§ 2º Afixar-se-á a pauta na entrada da sala em que se realizar a sessão de julgamento.

§ 3º Salvo caso de força maior, participará do julgamento do recurso o juiz que houver lançado o "visto" nos autos.

Art. 891. Ressalvadas as preferências legais, os recursos serão julgados na seguinte ordem:

I – em primeiro lugar, aqueles nos quais for realizada sustentação oral, observada a precedência de seu pedido;

II – depois aqueles cujo julgamento tenha iniciado na sessão anterior;

III – depois os pedidos de preferência apresentados até o início da sessão de julgamento;

IV – por último, os demais casos.

Art. 892. Na sessão de julgamento, depois da exposição da causa pelo do relator, o presidente dará a palavra, sucessivamente, ao recorrente e ao recorrido, pelo prazo improrrogável de quinze minutos para cada um, a fim de sustentarem as razões nas seguintes hipóteses:

I – no recurso de apelação;

II – no recurso especial;

III – no recurso extraordinário;

IV – no agravo interno originário de recurso de apelação ou recurso especial ou recurso extraordinário;

V – no agravo de instrumento interposto de decisões interlocutórias que versem sobre tutelas de urgência ou da evidência;

VI – nos embargos de divergência;

VII – no recurso ordinário;

VIII – na ação rescisória.

§ 1º A sustentação oral no incidente de resolução de demandas repetitivas observará o disposto no art. 993.

§ 2º Os procuradores que desejarem proferir sustentação oral poderão requerer, até o início da sessão, que seja o feito julgado em primeiro lugar, sem prejuízo das preferências legais.

Art. 893. As questões preliminares suscitadas no julgamento serão solucionadas antes do mérito, deste não se conhecendo se incompatível com a decisão.

§ 1º Verificada a ocorrência de nulidade sanável, o relator deverá determinar a realização ou a renovação do ato processual, no próprio tribunal ou em primeiro grau, intimadas as partes; cumprida a diligência, sempre que possível, prosseguirá o julgamento do recurso.

§ 2º Reconhecida a necessidade de produção de prova, o relator deverá, sem anular o processo, converter o julgamento em diligência para a instrução, que se realizará na instância inferior. Cumprida a determinação, o tribunal decidirá.

Art. 894. Rejeitada a preliminar ou se com ela for compatível a apreciação do mérito, seguir-se-ão a discussão e o julgamento da matéria principal, sobre a qual deverão se pronunciar os juízes vencidos na preliminar.

Art. 895. Qualquer juiz, inclusive o relator, que não se considerar habilitado a proferir imediatamente seu voto, poderá pedir vista pelo prazo máximo de dez dias, após o que o recurso será reincluído em pauta para julgamento na sessão seguinte à data da devolução.

Parágrafo único. Se os autos não forem devolvidos tempestivamente, nem for solicitada prorrogação do prazo pelo juiz, o presidente do órgão fracionário os requisitará para julgamento do recurso na sessão ordinária subsequente, com publicação em pauta.

Art. 896. Proferidos os votos, o presidente anunciará o resultado do julgamento, designando para redigir o acórdão o relator ou, se vencido este, o autor do primeiro voto vencedor.

§ 1º Os votos poderão ser alterados até o momento da proclamação do resultado pelo presidente.

§ 2º No julgamento de apelação ou de agravo de instrumento, a decisão será tomada, no órgão fracionário, pelo voto de três juízes.

§ 3º O voto vencido será necessariamente declarado e considerado parte integrante do acórdão para todos os fins legais, inclusive de prequestionamento.

Art. 897. Os votos, os acórdãos e os demais atos processuais podem ser registrados em documento eletrônico inviolável e assinados eletronicamente, na forma da lei, devendo ser impressos para juntada aos autos do processo, quando este não for eletrônico.

§ 1º Todo acórdão conterá ementa.

§ 2º Lavrado o acórdão, serão as suas conclusões publicadas no órgão oficial dentro de dez dias.

§ 3º Não publicado o acórdão no prazo de um mês, contado da data da sessão de julgamento, as notas taquigráficas o substituirão, para todos os fins legais, independentemente de revisão.

Art. 898. Havendo recursos de vários litisconsortes versando a mesma questão de direito, a primeira decisão favorável proferida prejudica os demais recursos.

Art. 899. A apelação não será julgada antes do agravo de instrumento interposto no mesmo processo.

Parágrafo único. Se ambos os recursos houverem de ser julgados na mesma sessão, terá precedência o agravo

Art. 900. Ocorrendo relevante questão de direito, que faça conveniente prevenir ou compor divergência entre órgãos fracionários do tribunal, deverá o relator, de ofício ou a requerimento das partes ou do Ministério Público, propor seja o recurso julgado pelo órgão colegiado que o Regimento Interno indicar; reconhecendo o interesse público na assunção de competência, esse órgão colegiado dará conhecimento ao Presidente do Tribunal e julgará o recurso.

§ 1º Cientificado da assunção da competência, o Presidente do Tribunal, dando-lhe ampla publicidade, determinará a suspensão dos demais recursos que versem sobre a mesma questão.

§ 2º A decisão proferida com base neste artigo vinculará todos os órgãos fracionários, salvo revisão de tese, na forma do regimento interno do tribunal.

Já na parte de processos no Tribunal, o art. 884 do projeto apenas aprimora a redação do art. 547 do atual CPC, trazendo disposição sobre o registro nos autos do protocolo no tribunal, quando a secretaria numerará e ordenará a distribuição, que será feita entre os membros do tribunal, sendo escolhido, dessa forma, o denominado "relator" do processo.

Os arts. 885 e 886 devem ser lidos em conjunto. O art. 885 trata da distribuição entre os membros do Tribunal, questão que fica a cargo do regimento interno de cada tribunal. Já o art. 886 traz a exceção; é o caso do recurso de litisconsorte, em que o relator do primeiro recurso distribuído ficará prevento, ou seja, será o responsável por julgar todos os demais, a fim de evitar decisões conflitantes.

Os arts. 887 e 888 tratam das funções do relator e determinam como este deve proceder após receber os autos.

O art. 889 traz previsão em consonância com as inovações tecnológicas dispondo que a apelação e a ação rescisória, sempre que possível, serão conclusas ao relator como processo eletrônico. Trata-se de disposição do projeto em que se nota, de um lado, a preocupação de não desprezar os avanços tecnológicos, mas, por outro, de não desconhecer a realidade de cada tribunal do país, já que muitos ainda não ingressaram no processo de informatização e, por isso, o projeto ressalva "sempre que possível".

Os parágrafos desse artigo tratam de quem será o revisor, o qual receberá os autos do relator para análise antes de serem postos para julgamento pelo colegiado.

Nos arts. 890 a 900, o projeto prevê todo o procedimento do julgamento, que se assemelha ao atual CPC e já foi tratado ao longo deste capítulo.

Nesse ponto, destacaremos apenas dois aspectos: o art. 899 do projeto põe fim a uma prática corriqueira em alguns dos nossos tribunais que, ao receberem a apelação para julgamento e havendo agravo de instrumento pendente, costumam julgar a apelação e decidir pela perda de objeto do agravo de instrumento.

O projeto vem justamente impedir isso, afirmando que o agravo pendente deverá necessariamente ser julgado e preceder o julgamento da apelação interposta.

Por fim, o art. 900 trata, mais uma vez, de nítida preocupação com a jurisprudência: se o recurso contiver matéria divergente entre órgãos fracionários do tribunal, poderá ser requerido que a questão seja julgada pelo órgão colegiado do tribunal previsto no regimento interno.

Tal procedimento servirá para uniformizar a jurisprudência do tribunal quanto à questão de direito suscitada e, uma vez decidida esta, os autos retornarão ao órgão fracionário competente para que seja julgada a questão fática à luz do entendimento firmado. Cumpre destacar que a decisão do órgão colegiado do tribunal vinculará todos os seus órgãos fracionários.

CAPÍTULO 2

Processos, incidentes e ações

2.1 NOÇÕES PRELIMINARES

O Título IX do CPC atual, denominado *"Dos Processos nos Tribunais"*, não aborda o trâmite processual nos Tribunais, mas disciplina eventos que podem interferir em um processo; é o caso dos incidentes processuais, das ações autônomas e dos recursos,[1] sendo que estes últimos serão analisados a partir do próximo capítulo.

Os incidentes processuais são manifestações que impugnam uma decisão dentro do próprio processo e durante seu curso, para que sobre ela se manifeste um órgão colegiado.

Já as ações autônomas são manifestações mais profundas e radicais, que dão lugar à instauração de um outro processo, isto é, de uma nova relação jurídica processual, pressupondo a irrecorribilidade da decisão

1 Os recursos são uma espécie de incidentes processuais, uma vez que representam manifestações no curso do processo que possuem o fim específico de reformar, invalidar, integrar ou esclarecer uma decisão judicial. Sobre essa comparação entre os recursos e os incidentes processuais, Alexandre Câmara (2009, p. 4) esclarece que: "além disso, há que se afirmar que entre os diversos incidentes do processo no tribunal, há que se distinguir os recursos dos demais incidentes, o que se faz de forma bastante simples, eis que será considerado recurso todo remédio (que surja na mesma relação processual onde foi proferida a decisão impugnada) destinado a atacar decisão judicial, pretendendo – como se verá mais detalhes adiante – sua reforma, invalidação, esclarecimento ou integração. Assim, quando o incidente processual for destinado a atacar uma decisão judicial, apontando algum defeito que a mesma tenha, estar-se-á diante de um recurso".

nela questionada. A nova relação jurídica processual formada possuirá petição inicial, citação do réu, contestação, produção de provas e sentença.

Os Capítulos I e II do referido título trazem dois incidentes processuais, suscetíveis de ocorrer tanto no julgamento de recursos ou das causas que estejam sujeitas ao duplo grau obrigatório de jurisdição, como também nas ações da competência originária dos Tribunais.

Tais incidentes são, respectivamente, a uniformização de jurisprudência (arts. 476 a 479, CPC), pronunciamento que visa a estabelecer uma interpretação diante de divergência no tribunal, e a arguição de inconstitucionalidade de lei ou de outro ato normativo do Poder Público (arts. 480 a 482, CPC), analisada como questão prejudicial.

Os Capítulos III e IV disciplinam ações autônomas, sendo que o primeiro traz um pequeno número de regras referentes à homologação de sentença estrangeira (arts. 483 e 484, CPC) que, até a Emenda Constitucional n. 45, era de competência originária do Supremo Tribunal Federal, passando, posteriormente, à competência do Superior Tribunal de Justiça, e o segundo disciplina a ação rescisória (arts. 485 e s.), que pode ser de competência originária de um Tribunal estadual ou federal, mas deve ser sempre ajuizada em uma instância superior à prolatora da sentença ou do acórdão que se pretende rescindir.

O sistema desse título deve ser interpretado com a complementação das normas de organização judiciária e dos regimentos internos dos tribunais competentes, que, muitas vezes, disciplinam procedimentos para as ações e incidentes processuais abordados.

Já o projeto do novo CPC (PL n. 8.046/2010) traz, ainda, outras previsões de procedimentos que não seriam propriamente meios de impugnação de decisões judiciais, mas não deixam de ser processos nos tribunais. Por estarmos fazendo uma abordagem comparativa, analisaremos neste capítulo.

2.2 UNIFORMIZAÇÃO DE JURISPRUDÊNCIA

A uniformização de jurisprudência, prevista nos arts. 476 a 479, CPC, objetiva a criação de identidade entre os julgamentos de um mesmo Tribunal, evitando que os litigantes fiquem na dependência exclusiva da distribuição do feito ou do recurso a determinado órgão do Tribunal.

Destaque-se que tal procedimento não objetiva constatar divergências entre Tribunais,[2] o que representaria impor uma camisa de força aos órgãos judicantes, mas criar a figura do precedente, evitando que demandas idênticas sejam julgadas de forma distinta.[3]

Também não caberá uniformização de pronunciamentos de qualidade distinta, como de decisão monocrática desconforme de acórdão, pois, nesse caso, a decisão do órgão colegiado deverá prevalecer.[4]

Contudo, caso a divergência ocorra entre tribunais distintos, no tocante ao direito federal, utiliza-se o recurso especial[5] (art. 105, III, *c*, CF/88).

Nesse sentido, a técnica da uniformização busca tanto prevenir como corrigir a desarmonia entre teses jurídicas. A prevenção está presente na própria fixação de uma tese jurídica, excluindo o risco de que, fixada a tese, venha a se configurar, posteriormente, um dissídio jurisprudencial. A correção, por sua vez, ocorre com o dissídio já configurado, abrindo-se via para a revisão do julgamento, com a solução da *quaestio iuris*.

Não possui natureza de recurso, mas de incidente suscetível de ocorrer em julgamento no tribunal, tanto em grau de recurso, como na hipó-

---

2 No sentido da uniformização de jurisprudência não ser cabível para uniformizar o entendimento de Tribunais distintos: AgRg no REsp 620.276-RS, rel. Min. Pádua Ribeiro, j. 5-8-2004, *DJU*, 8-11-2004, p. 229.

3 Nesse sentido, Alexandre Câmara (2009, p. 43) destaca que: "como se sabe, todo juiz é livre para interpretar a lei conforme sua consciência. Isto implica, porém, a existência de diversas interpretações diferentes para a mesma norma, o que acarreta a incômoda possibilidade de que duas pessoas, em situações em tudo e por tudo idênticas, vejam suas demandas julgadas de forma diversa (e, muitas vezes, antagônicas). Barbosa Moreira (2008, p. 5) destaca também que: "não se trata, nem seria concebível que se tratasse, de impor aos órgãos judicantes uma camisa de força, que lhes tolhesse o movimento em direção a novas maneiras de entender as regras jurídicas, sempre que a anteriormente adotada já não corresponda mais às necessidades cambiantes do convívio social. Trata-se, pura e simplesmente, de evitar, na medida do possível, que a sorte dos litigantes e afinal a própria unidade do sistema jurídico vigente fiquem na dependência exclusiva da distribuição do feito ou do recurso a este ou àquele órgão".

4 1ª S., AgRg na MC 3.601-RO, rel. Min. Franciulli Neto, j. 8-5-2001, *DJU*, 10-9-2001, p. 365.

5 O STJ tem o papel de uniformizar normas federais infraconstitucionais, não lhe cabendo apenas o exame de recurso especial contra decisão proferida por Juizado Especial. Nesse caso, no âmbito federal, a competência para analisar decisão que contrarie jurisprudência dominante do STJ é da Turma Nacional de Uniformização, criada pela Lei n. 10.259/2001. No caso dos Juizados Especiais Estaduais, não tendo sido criada, até o momento, Turma de Uniformização de Jurisprudência, o próprio STJ afastará a divergência. Nesse sentido: STF, Plenário, RE 571.572 QO-ED-BA, rel. Min. Ellen Gracie, *Informativo STF*, n. 557.

tese das ações de competência originária do tribunal ou do art. 475, CPC (reexame necessário). Isso porque o CPC, no art. 476, faz menção tanto a julgamento recorrido, no sentido de que seria em grau recursal (art. 476, II), como possui redação genérica quando menciona a ocorrência de divergência (art. 476, I), não especificando se ocorreria apenas em determinado grau de jurisdição.

Destaque-se que o Tribunal, ao fixar uma tese jurídica, resolvendo a *quaestio iuris, acaba por* julgar matéria do recurso que ensejou o incidente de uniformização, uma vez que, ao escolher uma dentre as possíveis interpretações para a regra jurídica, a fixação da tese jurídica passa a integrar o julgamento do recurso.

2.2.1 Pressupostos do incidente

De acordo com o art. 476, CPC, o incidente pressupõe, inicialmente, que haja julgamento perante órgão do Tribunal, devendo ser esses órgãos "turma, câmara ou grupo de câmaras", cabendo acrescentar-se as seções e que haja diversidade de interpretações dadas à mesma regra jurídica pela decisão da qual recorreu para o órgão julgador e, por alguma decisão, anterior ou posterior, de outra turma, câmara ou grupo de câmaras.

Dessa forma, incabível o incidente se o julgamento ocorrer no plenário ou no órgão especial do Tribunal.

Essa decisão pode se dar tanto em matérias submetidas ao duplo grau de jurisdição como de competência originária dos Tribunais. Contudo, deve ser sempre confirmatória, pois, caso o próprio Tribunal tenha reformado a decisão que se pretende invocar como padrão, descabe a fixação do incidente.

O julgamento também não precisa necessariamente versar sobre o mérito da questão, podendo ser realizado até para discutir questões preliminares, como, por exemplo, a ocorrência de deserção, quando o preparo do recurso é realizado logo após o término do prazo, uma vez que basta a divergente interpretação jurídica, seja da regra de direito material ou de direito processual.

Não há óbice à espécie de recurso em que pode ocorrer, podendo ser tanto em sede de apelação, como de agravo, e até de embargos de declaração, desde que a divergência seja nos limites em que é lícito modificar a decisão embargada.[6] Contudo, só é cabível o incidente quando o julgamento ainda estiver em curso no tribunal, o chamado julgamento pendente, uma vez que, além de o instituto não possuir natureza recursal, o art. 476, *caput,* menciona a expressão "pronunciamento prévio".

O inciso I do art. 476 preceitua, genericamente, a divergência, cabível até mesmo nos casos de causa de competência originária, quando, segundo leciona o Professor Barbosa Moreira,[7] puder se verificar, no julgamento do recurso, que a decisão sobre a tese jurídica seja incompatível com outra, emanada de órgão diverso; isto é, pelo número de votos proferidos já puder se verificar a prevalência de interpretação diferente da fixada em outro julgamento de outra "turma, câmara ou grupo de câmaras" do tribunal.

A divergência já ocorre quando haja sido objeto de soluções diferentes em acórdãos proferidos por órgãos distintos do tribunal.

No caso de divergência parcial entre as teses jurídicas, o incidente deve se limitar à parte em que as teses divergem.

Destaque-se, ainda, que não se trata de mera divergência entre votos, mas de dissídio entre julgamentos de órgãos distintos de um mesmo Tribunal.

2.2.2 Legitimidade para suscitar o incidente

De acordo com o *caput* do art. 476, o incidente pode ser suscitado, de ofício, por qualquer integrante do órgão fracionário que haja participado da decisão, sem distinguir se é membro efetivo ou não do corpo de julgamento, desde que possua voto e não esteja impedido de participar do julgamento.

---

6 "De maneira alguma fica excluído *a priori* o cabimento do incidente no julgamento dos embargos de declaração. Mas é óbvio que só poderá pleitear a uniformização quanto a alguma tese jurídica relativa a esse recurso" (BARBOSA MOREIRA, 2008, p. 11).

7 "É certo que o art. 476, inciso I, fala na verificação de que 'ocorre divergência', enquanto o art. 861 do Código de 1939 usava as expressões 'ocorre, ou poderá ocorrer divergência'. Mas, mesmo no sistema do novo Código, *a ratio legis*, a finalidade política do instituto, autoriza o entendimento acima proposto. Se o que se quer é evitar a quebra da homogeneidade jurisprudencial, e no julgamento em curso a maioria dos julgadores já se manifestou em sentido contrário à tese jurídica fixada noutra decisão, só o pronunciamento prévio do tribunal acerca da *quaestio iuris* pode eventualmente afastar o risco, servindo ao fim que a lei tem em vista" (BARBOSA MOREIRA, 2008, p. 12-13).

Se o pronunciamento prévio do Tribunal for solicitado por um dos juízes, mas for rejeitado pelo órgão julgador, pode outro juiz, ao votar posteriormente, renová-lo, desde que ainda não haja razão para se prever a consumação da divergência, pois, caso contrário, a questão fica preclusa.

A parte também pode suscitar a uniformização de jurisprudência, abrangendo o conceito de parte qualquer um que ocupe tal posição no processo de competência originária, sendo autor, réu, o próprio Ministério Público, tenha ou não recorrido,[8] e qualquer um dos litisconsortes ou o assistente.

Nesse caso, incumbe à parte formular o requerimento, de forma fundamentada, a qualquer tempo, enquanto pendente o recurso, sendo cabível sua formulação até mesmo na sessão de julgamento, por meio de sustentação oral, não sendo cabível tal arguição quando já publicado o acórdão.

A fundamentação consiste na confrontação da tese jurídica da qual dependa, no todo ou em parte, o julgamento, e a interpretação divergente a ela emprestada por outra câmara, turma, grupo ou sessão do tribunal.

Pode consistir, pois, na existência de julgado de outro órgão fracionário que adote solução distinta a respeito da questão jurídica a ser enfrentada no julgamento, devendo a divergência ser demonstrada através da certidão do julgado que a parte invoca, ou pela indicação do número, do volume e da página do repertório de jurisprudência em que esteja publicado, não havendo como acolher o pedido do incidente sem a prova cabal da divergência.

Constando o requerimento nos autos, cabe ao relator, na sessão de julgamento, fazer a exposição da causa (art. 554, CPC), dando conhecimento ao órgão julgador, para que o aprecie preliminarmente. O relator pode se manifestar sobre o questionamento, mas descabe deferi-lo ou indeferi-lo ou até ocultar sua existência, sob pena de nulidade do acórdão.

2.2.3 Procedimento

A previsão da uniformização de jurisprudência normalmente ocorre no Regimento Interno de cada Tribunal. O art. 477, CPC não traz o procedimento a ser seguido no caso de o incidente ser suscitado. Contudo,

8 A jurisprudência tem entendido ser possível ao Ministério Público suscitar o incidente de uniformização, desde que seja parte, tendo ou não recorrido. Nesse sentido: *RT*, 568/74 e *RJTJSP*, 74/193.

fica suspenso o julgamento do recurso, da matéria devolvida *ex vi legis* ou da causa de competência originária do Tribunal, até que se delibere sobre a solicitação do juiz ou sobre o requerimento da parte.

Em caso de dúvidas sobre os requisitos de admissibilidade do incidente, o julgamento deverá ser adiado, para a realização das diligências cabíveis.

Se o órgão negar a existência da divergência, será retomado o julgamento suspenso.

Caso reconhecido o incidente, deverá ser lavrado acórdão, reconhecendo a divergência e acolhendo a solicitação.

Dessa decisão que rejeita ou acolhe o incidente, não cabe recurso.[9]

No caso de acolhimento do incidente, de acordo com o art. 556, CPC, o presidente do órgão designará o relator da causa para redigir o acórdão ou, caso ele seja vencido, o juiz que proferiu o primeiro voto vencedor.

Serão então remetidos os autos ao presidente do Tribunal, que, de acordo com o art. 522, CPC, deverá designar sessão de julgamento, com o lapso mínimo de 48 horas, incluindo o feito em pauta, a ser publicada no diário oficial e fixada na entrada da sala em que irá se realizar o julgamento, além de remeter a todos os juízes do Tribunal cópia do acórdão que reconheceu a divergência.

A sessão poderá ser adiada caso um dos juízes informe que não recebeu a cópia oportunamente, mas não haverá nulidade pela simples distribuição irregular das cópias.

O Ministério Público exerce função de *custos legis* no incidente, cabendo-lhe zelar pela correta interpretação da norma jurídica, sendo-lhe dada a oportunidade de examinar a matéria e oferecer parecer.[10]

No julgamento, o Tribunal não está adstrito ao juízo do órgão suscitante da questão, cabendo-lhe reconhecer a divergência ou não de interpretações de acordo com seu livre convencimento.

---

9 Nesse sentido: STJ, 6ª T., REsp 52.255-SP, rel. Min. Adhemar Maciel, *DJU*, 9-9-1996, p. 32412. Contudo, Barbosa Moreira (2008, p. 20) admite a hipótese de oposição de embargos de declaração: "a deliberação do órgão julgador, quer acolha, quer rejeite a solicitação ou o requerimento é irretratável após a proclamação do resultado pelo presidente. É também irrecorrível, exceto, naturalmente, por embargos de declaração".

10 Embora a referência legal seja a expressão "será ouvido", a doutrina majoritariamente entende não ser suficiente a manifestação oral, na sessão de julgamento, uma vez que expressão idêntica é utilizada no art. 626, CPC, com sentido diverso.

Não reconhecida a divergência pelo Tribunal, os autos retornam ao órgão suscitante, para prosseguir o julgamento. Por outro lado, se reconhecida a divergência, caberá ao Tribunal decidir a interpretação a ser observada, limitando-se a fixar, dentre as teses jurídicas contrastantes, a que deve prevalecer.

Em relação ao quórum para essa votação, diante da redação genérica do art. 479, CPC, a doutrina abre a possibilidade de dois entendimentos. Um deles no sentido de que o art. 479, *caput,* contém regra exigível para a própria deliberação, isto é, o Tribunal só poderia decidir o incidente suscitado com o voto de mais da metade dos seus membros.

O segundo entendimento preconiza que o quórum descrito seria exigido para atribuir efeito de súmula e constituir precedente na uniformização de jurisprudência, que se desdobraria na hipótese de bastar a simples votação pelo referido quórum para a produção do efeito indicado ou em só produzir o efeito de precedente se houver votado pela tese vitoriosa número de juízes superior à metade da composição do Tribunal.

Barbosa Moreira defende a última posição, no sentido de que a formação do precedente só ocorreria se a tese vitoriosa fosse adotada por mais da metade dos juízes do Tribunal presentes na votação.[11]

A decisão do tribunal também é irrecorrível, ressalvada a oposição de embargos de declaração, mas qualquer outro recurso poderá caber da decisão do órgão suscitante.

Restituídos os autos, retoma-se o julgamento, incorporando-se a matéria decidida pelo Tribunal ao julgamento. Nesse momento, caso seja verificada outra questão, para a qual estejam presentes os pressupostos do art. 476 e que não tenha sido incluída na solicitação, pode ser solicitado novo pronunciamento. Contudo, em homenagem à celeridade processual, deve-se evitar tal procedimento, submetendo-se todas as questões de uma única vez ao Tribunal.

11 "Em resumo: a norma do art. 479, *caput,* não impõe que participem do 'julgamento' membros em número superior à metade do total, mas exclui a produção do efeito ali indicado quer na hipótese de não votarem tantos membros, quer ainda na de a tese vitoriosa não obter o sufrágio da maioria absoluta. A eficácia da deliberação, em casos tais, cingir-se-á ao processo em que o incidente houver sido suscitado: o órgão suscitante tem de julgar o recurso ou a causa à luz da solução dada pelo tribunal à *quaestio iuris,* mas nenhum outro efeito se produz" (BARBOSA MOREIRA, 2008, p. 26).

A tese jurídica adotada pelo tribunal será objeto de súmula e constituirá precedente na uniformização de jurisprudência no próprio Tribunal, não vinculando os demais Tribunais e nem o Juízo de primeiro grau.

Atualmente, com a grande valorização de precedentes dos Tribunais Superiores e com a jurisprudência constante da súmula, como será em seguida abordado, verifica-se uma importância histórica para o incidente de uniformização de jurisprudência.

Isso porque, até no STF, o Regimento Interno prevê que as súmulas podem ser alteradas por iniciativa de qualquer Ministro e os precedentes dos Tribunais Superiores efetivamente podem gerar um impacto concreto, principalmente após a edição da súmula vinculante, nos termos do art. 103-A da Constituição Federal, e da súmula impeditiva de recursos, prevista no art. 518, § 1º, CPC, Neste último caso se o juiz se baseia em uma súmula do STJ ou do STF, não cabe recurso de apelação.

2.2.4 Súmula

A súmula é o conjunto das teses jurídicas reveladoras da jurisprudência reiterada e predominante no tribunal.

No caso da uniformização de jurisprudência, a súmula será formada a partir da fixação da tese jurídica vencedora, quando do julgamento pelo voto da maioria absoluta dos membros do tribunal, e só vincula os membros do órgão que a produziu, não vinculando nem mesmo os juízes de primeiro grau que estejam na jurisdição do tribunal.

Isso porque a edição de súmulas[12] pelos tribunais corresponde a súmulas não vinculantes, que não convertem a opinião da maioria de seus membros em normas legais, podendo tais súmulas serem até revisadas, por iniciativa de qualquer membro do tribunal, por disposição expressa do regimento interno.

Essas súmulas tornam mais célere o trabalho no tribunal, uma vez que, fazendo referência à súmula, podem fundamentar suas decisões de maneira sucinta, além do que evita os julgados conflitantes.

12 As súmulas serão abordadas com maior precisão quando da análise dos recursos, expondo-se, inclusive, sobre as súmulas impeditivas de recursos, previstas no art. 518, § 1º, CPC.

Contudo, no caso do Supremo Tribunal Federal, pode haver súmula vinculante e não vinculante. As súmulas não vinculantes podem ser editadas por qualquer tribunal e representam uma tendência de julgamento, sem qualquer caráter impositivo. O regimento interno do STF prevê a possibilidade de revisão de seus enunciados por qualquer ministro (art. 103).

Já as súmulas vinculantes, tratadas no item acima, versam sobre matéria constitucional, com sua edição, revisão e cancelamento regulado pela Lei n. 11.417, de 2006 e podem ser editada de ofício ou por provocação de qualquer dos legitimados previstos no art. 3º da lei, mas somente o STF poderá aprová-las. O dispositivo fala ainda em reiteradas decisões, não precisando o número, mas deixando claro que não deve ser uma situação casuística, mas sim uma hipótese que tenha despertado entendimentos diversos nos órgãos do Poder Judiciário.

2.2.5 Mecanismo de prevenção ou composição de divergência

A Lei n. 10.352/2001, acrescentando o § 1º no art. 555, CPC, criou o que se denomina de mecanismo de prevenção ou composição de divergência, objetivando a composição de dissídios jurisprudenciais internos de um tribunal.

Percebe-se, portanto, que, embora seja um mecanismo diverso da uniformização de jurisprudência, sua função a ela é equivalente. Contudo, é visto pela doutrina como mecanismo mais eficiente do que a própria uniformização, por não haver cisão da competência funcional,[13] isto é, um órgão responsável por resolver a questão de direito, resolvendo a tese a ser aplicável na decisão, e outro com a função de julgar a causa. Na uniformização de jurisprudência, o órgão fracionário remete os autos ao pleno.

Com a assunção da competência por um único órgão, a resolução da causa se torna mais célere.

Tal mecanismo, até o momento, já está previsto no regimento interno do STJ, permitindo que questões controvertidas em um tribunal venham

---

13 "E é, a nosso sentir, mecanismo ainda mais eficiente na prevenção ou composição de dissídios. Isto porque, ao contrário do que se dá no incidente de uniformização de jurisprudência, aqui não ocorre uma cisão de competência, mas a assunção dela" (CÂMARA, 2009, p. 47).

a ser resolvidas por colegiados maiores, servindo a decisão como precedente não vinculante para julgamentos colegiados futuros.

Somente a partir da previsão desse mecanismo no regimento interno dos demais tribunais será possível concluir se ele também contribuirá, de forma significativa, para a uniformização de jurisprudência.

2.2.6 A uniformização de jurisprudência no projeto do novo CPC (PL n. 8.046/2010)

O projeto do novo CPC não traz um título específico sobre a uniformização de jurisprudência nos tribunais, embora a todo tempo se preocupe com a uniformidade e com a estabilidade da jurisprudência, especialmente dos tribunais superiores, como forma de garantir a segurança jurídica.

Nesse sentido, cabe destacar alguns artigos do projeto, contidos tanto na disposição geral como no "Processos no Tribunal" que, embora não tenham o rótulo da uniformização de jurisprudência, abordam o tema:

> **Art. 882.** Os tribunais, em princípio, velarão pela uniformização e pela estabilidade da jurisprudência, observando-se o seguinte:
>
> I – sempre que possível, na forma e segundo as condições fixadas no regimento interno, deverão editar enunciados correspondentes à súmula da jurisprudência dominante;
>
> II – os órgãos fracionários seguirão a orientação do plenário, do órgão especial ou dos órgãos fracionários superiores aos quais estiverem vinculados, nesta ordem;
>
> III – a jurisprudência pacificada de qualquer tribunal deve orientar as decisões de todos os órgãos a ele vinculados;
>
> IV – a jurisprudência do Supremo Tribunal Federal e dos tribunais superiores deve nortear as decisões de todos os tribunais e juízos singulares do país, de modo a concretizar plenamente os princípios da legalidade e da isonomia;
>
> V – na hipótese de alteração da jurisprudência dominante do Supremo Tribunal Federal e dos tribunais superiores ou daquela oriunda de julgamento de casos repetitivos, pode haver modulação dos efeitos da alteração no interesse social e no da segurança jurídica.

§ 1º A mudança de entendimento sedimentado observará a necessidade de fundamentação adequada e específica, considerando o imperativo de estabilidade das relações jurídicas.

§ 2º Os regimentos internos preverão formas de revisão da jurisprudência em procedimento autônomo, franqueando-se inclusive a realização de audiências públicas e a participação de pessoas, órgãos ou entidades que possam contribuir para a elucidação da matéria.

Art. 900. Ocorrendo relevante questão de direito, que faça conveniente prevenir ou compor divergência entre órgãos fracionários do tribunal, deverá o relator, de ofício ou a requerimento das partes ou do Ministério Público, propor seja o recurso julgado pelo órgão colegiado que o Regimento Interno indicar; reconhecendo o interesse público na assunção de competência, esse órgão colegiado dará conhecimento ao Presidente do Tribunal e julgará o recurso.

§ 1º Cientificado da assunção da competência, o Presidente do Tribunal, dando-lhe ampla publicidade, determinará a suspensão dos demais recursos que versem sobre a mesma questão.

§ 2º A decisão proferida com base neste artigo vinculará todos os órgãos fracionários, salvo revisão de tese, na forma do regimento interno do tribunal.

O primeiro dispositivo destacado se localiza nas disposições gerais desse título e dele já tivemos a oportunidade de tratar. Aqui, ressaltaremos apenas a importância que o projeto traz para a uniformização da jurisprudência, de modo a proporcionar a segurança jurídica, tratando dos enunciados de súmula que devem ser fixados por cada tribunal e orientar as decisões de todos os órgãos do tribunal, sendo que a jurisprudência dos tribunais superiores orientará a todos os outros tribunais. Trata-se de uma tendência de fortalecimento e vinculação aos precedentes, que era típica do *common law* e se torna cada vez mais presente no *civil law*.

Já o art. 900 do projeto do novo CPC trata especificamente do incidente de uniformização de jurisprudência, embora não lhe tenha atribuído esse nome. Quando houver divergência sobre questão de direito entre os órgãos fracionários do tribunal, a questão poderá ser suscitada de ofício pelo relator, pelas partes ou pelo Ministério Público, para que seja remetida ao órgão colegiado do Tribunal, nos termos do regimento interno.

Os processos que versem sobre a matéria ficarão suspensos e, uma vez decidida, a decisão vinculará todos os órgãos do tribunal.

2.3 DECLARAÇÃO DE INCONSTITUCIONALIDADE

O direito brasileiro consagra o sistema misto de controle de constitucionalidade, possuindo duas modalidades de controle: o difuso e o concentrado. No controle difuso, pode o órgão judiciário apreciar, *incidenter tantum,* a questão da constitucionalidade como prejudicial, não declarando a constitucionalidade ou inconstitucionalidade de uma norma, mas apenas dela se conhecendo.

Tratando-se de processo no tribunal, sempre que, em um recurso ou em uma causa de competência originária, parecer fundada uma arguição de inconstitucionalidade de lei ou outro ato normativo do Poder Público, relacionados ou não com o mérito, não será lícito ao órgão fracionário apreciar tal alegação, uma vez que a declaração de inconstitucionalidade subordina-se à cláusula da reserva de plenário (*full bench)*, prevista no art. 97 da Constituição Federal e na Súmula Vinculante 10.

Destaque-se que não há qualquer restrição ao incidente ser relativo à lei ou ato emanado de órgão da União, do Estado-membro ou do Município, também não se distinguindo se a inconstitucionalidade é formal ou material e se baseada na Constituição Federal ou dos Estados.

Dessa forma, o termo "lei" abrange todas as espécies do art. 59, I a VII, da Constituição e a expressão "ato normativo" abrange decretos e regimentos de toda natureza.

A declaração de inconstitucionalidade, prevista nos arts. 480 a 482, CPC, será instaurada toda vez que, perante o órgão fracionário de um tribunal, estiver sendo questionada a constitucionalidade de lei ou ato normativo do Poder Público.

Nesses casos, deve haver a cisão da competência funcional entre o órgão julgador do recurso ou da causa e o órgão a que vai caber o exame da questão suscitada como premissa da decisão.[14] A causa ou o re-

14 Destaque-se que tal cisão de competência funcional ocorre apenas no Tribunal, não se preocupando o CPC em regular o controle difuso perante os juízes de primeira instância.

curso são, portanto, julgados por dois órgãos distintos e a decisão final é subjetivamente complexa, isto é, resultante da integração de ambos os pronunciamentos.

2.3.1 Iniciativa e momento da arguição da inconstitucionalidade

Podem arguir a inconstitucionalidade o relator, de ofício, e qualquer das partes, incluindo o assistente simples e o litisconsorcial, cujo processo esteja em órgão fracionário.

O Ministério Público, sempre que for parte, também estará no rol dos legitimados para a arguição, mas entende-se que poderia arguir até mesmo na posição de *custos legis*.[15]

A arguição poderá ocorrer em qualquer momento, sem que haja preclusão, podendo ser logo na petição inicial, na contestação, nas razões, em petição avulsa ou até na sessão de julgamento, oralmente, ou em parecer, no caso do Ministério Público, desde que o processo esteja em trâmite perante órgão fracionário do Tribunal. Nesses casos, a arguição será submetida ao órgão fracionário, pelo relator, durante a sessão de julgamento.

Já o relator poderá arguir na sessão de julgamento, enquanto o presidente não anunciar o resultado deste.

Se a arguição for feita pela parte, deverá ser aberto vista dos autos ao Ministério Público para parecer. Caso a alegação seja superveniente, a vista ao Ministério Público deve ser aberta assim que formulada, sendo que, caso ocorra na sessão de julgamento, deverá ser suspenso.

Portanto, feita a arguição, é obrigatória a oitiva do membro do Ministério Público, prévia à deliberação do órgão fracionário, diante da presença de interesse público, salvo se a arguição houver sido feita pelo mesmo órgão do Ministério Público, em parecer.

---

15 "O Ministério Público, quando parte – inclusive na hipótese de haver recorrido da decisão no qual anteriormente funcionava como fiscal da lei –, naturalmente se legitima à arguição, mas também se lhe deve reconhecer qualidade para formulá-la em parecer que porventura haja de emitir, como *custus legis*, sobre o recurso ou a causa" (BARBOSA MOREIRA, 2008, p. 37).

2.3.2 Órgão perante o qual se argui

A competência para declarar a inconstitucionalidade de uma lei ou ato normativo do Poder Público é do órgão especial do Tribunal ou o plenário, conforme disposição do art. 93, XI, da Constituição. No caso dos Juizados Especiais, essa arguição ocorre perante o órgão colegiado que julga os recursos.

Algumas são as hipóteses em que não será submetida a arguição ao pleno: se a lei é de efeitos concretos, se a lei foi editada anteriormente à Constituição, se já existe pronunciamento de um dos órgãos do Tribunal sobre o processo ou se o plenário do STF já se pronunciou sobre a questão em ação direta, pois, nesse caso, o precedente do STF será trazido para os autos, decidindo a questão da constitucionalidade.

Na primeira hipótese, a lei de efeitos concretos é insuscetível de qualquer modalidade de controle de constitucionalidade.

No caso de a lei ser anterior à vigência da Constituição, a questão deverá ser resolvida pelas regras de direito intertemporal.

Quanto ao pronunciamento do Supremo Tribunal Federal, cabe destacar que a vedação não é ao pronunciamento em sede de declaração incidental de inconstitucionalidade, sem que o Senado Federal tenha suspendido a eficácia da norma, uma vez que, nesses casos, não há óbice ao exame pelo Pleno.

2.3.3 Procedimento

Submetida ao órgão fracionário a arguição, o julgamento fica suspenso até que se delibere sobre a questão. Se a maioria dos votantes se manifestar contrariamente à arguição, por entendê-la inadmissível, quando o curso da causa não dependa da decisão, ou improcedente, quando não for reconhecida a incompatibilidade entre a lei e a Constituição, ela será rejeitada.

Neste caso, prosseguirá o julgamento no órgão fracionário. Contudo, a questão estará prequestionada para fins de recurso extraordinário (art. 102, III, CF).

Acolhida a arguição, não se trata da declaração de inconstitucionalidade, mas de sua submissão ao órgão pleno ou especial. Será então lavrado o acórdão e submetida a questão ao pleno, nos termos do art. 93, XI, da Constituição e do art. 481, *caput,* CPC, cabendo ao plenário ou órgão especial se pronunciar sobre a constitucionalidade ou a inconstitucionalidade e ao órgão fracionário posteriormente decidir a partir da questão prejudicial suscitada.

Caso o órgão fracionário não suspenda o julgamento, prosseguindo na apreciação da questão, o acórdão será passível de anulação ou de rescisão e, uma vez anulado, não subsistem os julgamentos do órgão fracionário, devendo ser feito novo exame da arguição de inconstitucionalidade.

Ademais, na hipótese de o órgão fracionário decidir a inconstitucionalidade, desprezando a cláusula da reserva de plenário, tal procedimento pode ser questionado através de recurso extraordinário ou ação rescisória, se transitado em julgado o acórdão (art. 485, V, CPC).

Isso porque a reserva de plenário é uma norma constitucional, não podendo o regimento interno do Tribunal discrionariamente prever o contrário.

Transcorrido o prazo para a oposição de embargos de declaração do acórdão que acolheu a declaração, será submetida, portanto, a arguição ao pleno, devendo a matéria ser analisada, em sessão, por quem o regimento interno do Tribunal indicar (sempre que possível, é o juiz que redigiu o acórdão do órgão fracionário).

Será feita a remessa de cópia do acórdão que acolheu o incidente a todos os membros do pleno e o intervalo de tempo entre a publicação da pauta em que conste o processo e a sessão segue a disposição do art. 552, § 1º e § 2º, e para os demais procedimentos será observado o regimento interno de cada tribunal.

Os §§ 1º e 2º do art. 482 preveem, ainda, a manifestação do Ministério Público no procedimento, além de ser cabível a intervenção de pessoas jurídicas de direito público, as pessoas legitimadas para propor ação direta de inconstitucionalidade (art. 103, CF) e outros órgãos ou entidades, a critério do relator (art. 482, § 3º).

As pessoas jurídicas de direito público são aquelas responsáveis pela edição da norma, ou seja, a União, os Estados e os Municípios. A intervenção da União, como incidente, não desloca a competência para a Justiça Federal, a teor do art. 109, I, CF.

As pessoas legitimadas para propor ação direta de inconstitucionalidade, elencadas no art. 103, CF, também possuem a faculdade de ser intervenientes, podendo se manifestar, por escrito, nos autos em que se processa o incidente, a favor ou contra a declaração de inconstitucionalidade.

A terceira hipótese mencionada diz respeito à admissão, por despacho irrecorrível, da intervenção de *amicus curiae*, subordinado à relevância da matéria e à representatividade adequada do órgão ou entidade postulante. Essa admissão poderá se dar, na verdade, por decisão irrecorrível, e não por despacho, consoante entendimento doutrinário.[16]

O plenário ou órgão especial se manifesta apenas sobre a questão prejudicial da inconstitucionalidade de lei ou ato normativo, não lhe cabendo analisar o que não foi acolhido na arguição, uma vez que o acolhimento da arguição pelo órgão fracionário é pressuposto inafastável do conhecimento da questão pelo Tribunal.

Contudo, a cognição do Tribunal será plena na apreciação da questão prejudicial, tanto no exame da admissibilidade da arguição, que não fica precluso para o plenário, como para o próprio mérito, o exame de constitucionalidade.

Extrai-se, portanto, que também não está o plenário vinculado aos fundamentos indicados na arguição, podendo declarar a inconstitucionalidade da norma por razão diversa da apontada, se assim entender, devendo os votos dos juízes serem computados por fundamento.

Dessa forma, a declaração de inconstitucionalidade só ocorre se houver o voto da maioria por um mesmo fundamento. Se, por exemplo, alguns juízes votaram pela inconstitucionalidade se utilizando do fundamento A e outros concordam que a norma é inconstitucional, mas pelo fundamento B, não pode se somar o número de juízes que votaram pelo fundamento A com os que votaram pelo fundamento B para se chegar à maioria necessária para se declarar a inconstitucionalidade da norma.

Ademais, não é preciso estarem presentes no julgamento todos os membros do Tribunal, a teor do art. 97 da Constituição Federal, podendo a deliberação ocorrer com qualquer número de juízes, desde que corresponda a um número de votantes igual ou superior à maioria absoluta dos membros do Tribunal.

---

16 "Por fim, autoriza o § 3º do art. 482 do CPC que o relator do incidente de inconstitucionalidade, tendo em vista a relevância da matéria e a representatividade das partes (fala a lei em 'postulantes', mas não parece adequado interpretar literalmente o texto, o que levaria a considerar que apenas aquele que provocou o incidente deveria ter sua representatividade examinada), poderá admitir, por decisão – e não por 'despacho', como diz a lei – irrecorrível, a manifestação de outros órgãos ou entidades além daquelas já referidas (outros quaisquer, ao alvedrio do relator)" (CÂMARA, Alexandre Freitas, 2009, p. 40).

A decisão do plenário tem natureza constitutiva negativa e vincula não só o órgão fracionário, incorporando-se como prejudicial ao julgamento da causa, como todos os órgãos fracionários do Tribunal, no caso de julgamento futuro.

Assim como na uniformização de jurisprudência, a decisão é irrecorrível,[17] salvo por embargos de declaração, uma vez que os defeitos previstos no art. 535, CPC podem, em tese, estar presentes no julgado. Os demais recursos são cabíveis apenas em face do acórdão do órgão fracionário que julgar a causa.

Por fim, cabe destacar que, a exemplo da uniformização de jurisprudência, a declaração de inconstitucionalidade hoje tem se tornado cada vez menos frequente, já que, na maioria das vezes, procura-se diretamente o STF via ação direta de inconstitucionalidade, ação declaratória de constitucionalidade, arguição de descumprimento de preceito fundamental, e o STF decide a questão da constitucionalidade.

2.3.4 Declaração de inconstitucionalidade no projeto do novo CPC

CPC ATUAL	PROJETO DO NCPC (PL N. 8.046/2010)
Art. 480. Arguida a inconstitucionalidade de lei ou de ato normativo do poder público, o relator, ouvido o Ministério Público, submeterá a questão à turma ou câmara, a que tocar o conhecimento do processo.	**Art. 901.** Arguida a inconstitucionalidade de lei ou de ato normativo do poder público, o relator, ouvido o Ministério Público, submeterá a questão à turma ou à câmara, a que tocar o conhecimento do processo.
Art. 481. Se a alegação for rejeitada, prosseguirá o julgamento; se for acolhida, será lavrado o acórdão, a fim de ser submetida a questão ao tribunal pleno. Parágrafo único. Os órgãos fracionários dos tribunais não submeterão ao plenário, ou ao órgão especial, a arguição de inconstitucionalidade, quando já houver pronunciamento destes ou do plenário do Supremo Tribunal Federal sobre a questão.	**Art. 902.** Se a alegação for rejeitada, prosseguirá o julgamento; se acolhida, será submetida a questão ao plenário do Tribunal ou ao órgão especial, onde houver. Parágrafo único. Os órgãos fracionários dos tribunais não submeterão ao plenário ou ao órgão especial a arguição de inconstitucionalidade, quando já houver pronunciamento destes ou do plenário do Supremo Tribunal Federal sobre a questão.

17 Súmulas 293, 455 e 513, STF.

CPC ATUAL	PROJETO DO NCPC (PL N. 8.046/2010)
Art. 482. Remetida a cópia do acórdão a todos os juízes, o presidente do tribunal designará a sessão de julgamento. § 1º O Ministério Público e as pessoas jurídicas de direito público responsáveis pela edição do ato questionado, se assim o requererem, poderão manifestar-se no incidente de inconstitucionalidade, observados os prazos e condições fixados no Regimento Interno do Tribunal. (Incluído pela Lei n. 9.868, de 10.11.1999) § 2º Os titulares do direito de propositura referidos no art. 103 da Constituição poderão manifestar-se, por escrito, sobre a questão constitucional objeto de apreciação pelo órgão especial ou pelo Pleno do Tribunal, no prazo fixado em Regimento, sendo-lhes assegurado o direito de apresentar memoriais ou de pedir a juntada de documentos. (Incluído pela Lei n. 9.868, de 10.11.1999) § 3º O relator, considerando a relevância da matéria e a representatividade dos postulantes, poderá admitir, por despacho irrecorrível, a manifestação de outros órgãos ou entidades. (Incluído pela Lei n. 9.868, de 10.11.1999)	**Art. 903.** Remetida cópia do acórdão a todos os juízes, o Presidente do Tribunal designará a sessão de julgamento. § 1º O Ministério Público e as pessoas jurídicas de direito público responsáveis pela edição do ato questionado, se assim o requererem, poderão manifestar-se no incidente de inconstitucionalidade, observados os prazos e as condições fixados no Regimento Interno do Tribunal. § 2º Os titulares do direito de propositura referidos no art. 103 da Constituição da República poderão manifestar-se, por escrito, sobre a questão constitucional objeto de apreciação, no prazo fixado pelo regimento interno, sendo-lhes assegurado o direito de apresentar memoriais ou de pedir a juntada de documentos. § 3º O relator, considerando a relevância da matéria e a representatividade dos postulantes, poderá admitir, por despacho irrecorrível, a manifestação de outros órgãos ou entidades.

O projeto do novo Código, nos arts. 901 a 903, reproduz a sistemática do Código atual sobre o incidente de declaração de inconstitucionalidade, previsto nos arts. 480 a 482.

2.4 CONFLITO DE COMPETÊNCIA

Embora não seja propriamente um recurso, o conflito de competência tramita no Tribunal e assume a natureza jurídica de incidente processual.

O conflito de competência surge a partir de um impasse entre os órgãos jurisdicionais. Pode ocorrer de órgãos possivelmente competentes para determinadas causas rejeitarem essa condição, ou mais de um órgão dar-se como competente para a demanda ou, ainda, haver disputa entre órgãos a respeito da separação ou da reunião de processos.

O conflito de competência sempre representa uma divergência entre mais de um órgão jurisdicional, e aí está sua diferença fundamental com relação à exceção de incompetência, já que, enquanto nesta se busca apenas apontar a incompetência de certo órgão, naquele dois órgãos jurisdicionais têm sua competência questionada, havendo necessidade de se determinar quem é o competente para processar e julgar determinado feito.

Pode ser instaurado por iniciativa de qualquer das partes, pelo Ministério Público ou, ainda, de ofício, por qualquer das autoridades jurisdicionais envolvidas (art. 116, CPC). A restrição é que a parte que ofereceu, antes da instauração do conflito, exceção de incompetência, fica proibida de provocar esse incidente, já que estaria, por via transversa, se utilizando do incidente apenas para repetir alegação já exposta (se a exceção tivesse sido rejeitada) ou provocando medida já acobertada pela preclusão, no caso de a exceção ter sido acolhida e os autos encaminhados ao juízo suscitado).

Quanto à classificação, pode ser positivo, quando dois ou mais juízes se consideram competentes para certa causa; negativo, quando dois ou mais juízes se reputarem incompetentes para a demanda judicial ou, ainda, pode ocorrer quando surgir controvérsia sobre a reunião ou a separação de processos entre dois ou mais juízes.

O exame do conflito compete sempre a um tribunal de maior hierarquia em relação aos órgãos jurisdicionais envolvidos, cabendo, portanto, o seu julgamento:

a) ao Supremo Tribunal Federal, quando envolver divergência entre Tribunais Superiores entre si ou em face de outros tribunais (art. 102, I, *o*, CF);

b) ao Superior Tribunal de Justiça, quando se tratar de juízes vinculados a tribunais diversos ou entre tribunal e juízes a ele não vinculados[18] (art. 105, I, *d*, CF);

18 Durante algum tempo prevaleceu o entendimento que caberia ao STJ o julgamento de conflito de competência entre juiz do Juizado Especial Federal e juiz da vara federal. Contudo, tal entendimento foi modificado pelo Plenário do Superior Tribunal de Justiça, sendo, em 13-5-2010, editada a Súmula 428, STJ, que dispõe: "compete ao Tribunal Regional Federal decidir os conflitos de competência entre juizado especial federal e juízo federal da mesma seção judiciária". Dessa forma, adota-se, agora, o entendimento de que a competência para julgamento desse conflito é do Tribunal Regional Federal.

c) Tribunais Regionais Federais, quando nos conflitos entre juízes a ele vinculados (art. 108, I, *e*, CF) ou no caso de conflito entre juiz federal e juiz estadual investido de jurisdição federal (Súmula 3, STJ);

d) Tribunal de Justiça, quando o conflito envolver juízes a ele pertencentes.

O Ministério Público que oficiar no tribunal será sempre ouvido.

O conflito tem início por meio de petição dirigida ao tribunal competente, quando suscitado pelas partes ou pelo Ministério Público, ou de ofício, quando suscitado diretamente pelos juízes envolvidos, devendo estar instruído com a demonstração dos fatos envolvidos no incidente (art. 118, parágrafo único, CPC).

Encaminhado ao tribunal competente, será distribuído a um relator. Como primeira providência, o relator determinará a oitiva dos juízes envolvidos, em prazo designado, ou apenas a oitiva do juízo suscitado, quando o incidente se der de ofício, por provocação de um juiz. Em seguida, será aberto vista ao Ministério Público para que, na condição de *custos legis*, manifeste-se no prazo de cinco dias (arts. 119 e 121, CPC).

Tomadas essas providências, o relator apresentará o feito na sessão, para julgamento. Entre o conflito ter sido suscitado e o dia do seu julgamento, poderá surgir a necessidade de tomar medidas urgentes. Por isso, o relator tem poderes para paralisar o processo em discussão, que originou o conflito, e fixar um juízo provisório, que não será necessariamente o que deverá atribuir a competência, apenas para decidir as questões urgentes.

Ao julgar o conflito, o tribunal não apenas determinará o órgão jurisdicional competente (encaminhando-lhe os autos em que foi suscitado o conflito), como ainda decidirá a validade dos atos praticados pelo juiz incompetente (art. 122, CPC).

Se o conflito envolver órgãos de um mesmo tribunal, a competência para seu julgamento observará as regras do regimento interno do próprio tribunal.

O conflito de competência, porém, só envolve a discussão da competência jurisdicional das autoridades. Caso a discussão seja sobre a competência administrativa, estará se tratando de conflito de atribuições, que não seguirá as regras aqui expostas, mas as previstas no regimento interno do tribunal competente (art. 124, CPC).

2.4.1 Conflito de competência no projeto do novo CPC

CAPÍTULO IV

DO CONFLITO DE COMPETÊNCIA

Art. 904. O conflito pode ser suscitado por qualquer das partes, pelo Ministério Público ou pelo juiz.

Parágrafo único. O Ministério Público será ouvido em todos os conflitos de competência, mas terá qualidade de parte naqueles que suscitar.

Art. 905. Não pode suscitar conflito a parte que, no processo, arguiu incompetência.

Parágrafo único. O conflito de competência não obsta, porém, a que a parte que não o arguiu, suscite a incompetência.

Art. 906. O conflito será suscitado ao presidente do tribunal:

I – pelo juiz, por ofício;

II – pela parte e pelo Ministério Público, por petição.

Parágrafo único. O ofício e a petição serão instruídos com os documentos necessários à prova do conflito

Art. 907. Após a distribuição, o relator mandará ouvir os juízes em conflito ou, se um deles for suscitante, apenas o suscitado; dentro do prazo assinado pelo relator, caberá ao juiz ou juízes prestar as informações.

Art. 908. O relator poderá, de ofício ou a requerimento de qualquer das partes, determinar, quando o conflito for positivo, seja sobrestado o processo, mas nesse caso, bem como no de conflito negativo, designará um dos juízes para resolver, em caráter provisório, as medidas urgentes.

Parágrafo único. Havendo jurisprudência dominante do tribunal sobre a questão suscitada, o relator poderá decidir de plano o conflito de competência, cabendo agravo interno para o órgão recursal competente, no prazo de quinze dias, contado da intimação da decisão às partes.

Art. 909. Decorrido o prazo determinado pelo relator, ainda que as informações não tenham sido prestadas, será ouvido, em cinco dias, o Ministério Público; em seguida o relator apresentará o conflito em sessão de julgamento.

Art. 910. Ao decidir o conflito, o tribunal declarará qual o juiz competente, pronunciando-se também sobre a validade dos atos do juiz incompetente.

Parágrafo único. Os autos do processo em que se manifestou o conflito serão remetidos ao juiz declarado competente.

Art. 911. No conflito entre órgãos fracionários dos tribunais, juízes de segundo grau e desembargadores, observar-se-á o que dispuser a respeito o regimento interno do tribunal.

Art. 912. Os regimentos internos dos tribunais regularão o processo e julgamento do conflito de atribuições entre autoridade judiciária e autoridade administrativa.

Logo no primeiro artigo, o projeto traz quem pode suscitar o conflito de competência: o próprio juiz, as partes ou o Ministério Público, que atuará sempre como fiscal da lei, manifestando-se nos conflitos e, ainda, sendo parte nos que suscitar. A restrição a esse rol está no artigo seguinte, o art. 905 do projeto: não poderá suscitar o conflito a parte que tiver arguído a incompetência.

O art. 906 esclarece que o conflito de competência será suscitado pelo juiz de ofício, mas as partes e o Ministério Público o arguirão por petição.

O art. 907 trata da oitiva dos juízos envolvidos, sendo que, se um deles for o suscitante e já houver exposto suas razões, ouvirá apenas o outro juízo envolvido, o suscitado. Já o art. 908 trata da fixação de um juízo para resolver as medidas urgentes enquanto o conflito não for decidido.

Após a manifestação do suscitado, os autos do conflito serão encaminhados para o Ministério Público, que emitirá parecer, e, depois, serão encaminhados para o relator, para julgamento (art. 909).

O art. 910 determina que, no julgamento, ficará definido não apenas qual o juízo competente, como também a validade dos atos processuais praticados pelo juízo incompetente.

Por fim, os arts. 911 e 912, NCPC tratam do conflito de competência entre desembargadores no tribunal e conflitos de atribuição, que ocorrem entre autoridade judiciária e administrativa. Nos dois casos, a previsão ficará a cargo do regimento interno dos tribunais.

2.5 HOMOLOGAÇÃO DE SENTENÇA ESTRANGEIRA

Sendo proferida uma sentença no exterior,[19] para que ela seja válida no Brasil, deve haver um ato formal de reconhecimento, o cumpra-se, *exequatur*

19 Admite-se que a sentença a ser homologada tenha sido proferida também em jurisdição voluntária. Nesse sentido: STF, Pleno, SE 2315-EUA e 2316-EUA, rel. Min. Thompson Flores.

ou homologação. Tal reconhecimento restringe-se a prescrever o controle da observância de algumas formalidades, correspondente a um sistema que visa a impedir que surtam efeitos no país sentenças estrangeiras contrárias "à soberania nacional, à ordem pública e aos bons costumes".

Homologar significa adequar um ato ao que deveria ser. A homologação de sentença estrangeira, procedimento previsto nos arts. 483 e 484, CPC, tem como modelo a sentença brasileira. Esta última, sim, é capaz de produzir efeitos no território nacional, enquanto a sentença estrangeira depende do ato formal de reconhecimento para a produção de efeitos.

A homologação é um processo de conhecimento, uma ação de natureza constitutiva, porque a sentença estrangeira só produzirá efeitos no Brasil após ser homologada.

Segundo a doutrina, a homologação é, ainda, acontecimento futuro e incerto a que a lei subordina a eficácia, no território nacional, da sentença estrangeira, atribuindo-lhe a função de condição legal.

O objeto da homologação, segundo o art. 483, *caput,* é a sentença estrangeira, que, não importa a denominação que receba no país de origem, deve ter características que permitam ser incluída na concepção nacional de sentença.[20]

Essa sentença pode ter tanto natureza civil (*lato sensu*), como natureza penal, desde que se deseje que produza no país efeitos civis (art. 790, CPP) e desde que tenha a natureza de mérito, uma vez que esta produz eficácia fora do processo e tem repercussão que pode ultrapassar os limites territoriais de um Estado.

Todavia, em determinados casos, não há óbice à homologação de sentença estranha ao mérito, como exemplifica Barbosa Moreira a possibilidade de se executar no Brasil sanção pecuniária por ilícito processual.[21]

---

20 Barbosa Moreira (2008, p. 65) traz hipóteses de sentenças estrangeiras proferidas por órgãos estranhos ao Poder Judiciário, mas no exercício da função judicante, que foram homologadas: sentenças proferidas pelo rei da Dinamarca, por autoridades administrativas norueguesas e dinamarquesas e, ainda, sentenças registradas perante o prefeito do Japão.

21 "Em regra, a homologação será de sentença de mérito (inclusive, é claro, a de improcedência), já que por essa, por sua natureza mesma, é que se destina a repercutir fora do processo, e pode ter repercussão que haja de ultrapassar os limites territoriais do Estado de origem. Não se exclui de modo absoluto, contudo, a homologabilidade de decisão estranha ao mérito, até porque é perfeitamente concebível que se tenha de executar no Brasil sanção pecuniária por ilícito processual, acaso imposta à parte em interlocutória, ou então algum capítulo acessório, qual a condenação em custas e / ou em honorários de advogado, que não se liga necessariamente a um pronunciamento de meritis" (BARBOSA MOREIRA, 2008, p. 67).

Não se exclui a necessidade de homologação de sentença proferida em processo cautelar, concessivas de providências que tenham de ser cumpridas em território nacional (arresto ou sequestro de bens no Brasil) e não há diferença entre sentenças proferidas no processo de conhecimento e no processo de execução e no primeiro grau ou em grau superior de jurisdição, desde que satisfeitos os requisitos de homologabilidade e tendo ocorrido o trânsito em julgado, uma vez que, no art. 483, sentença e tribunal são empregados em sentido genérico.

2.5.1 Competência para a homologação

O art. 102, I, *h*, da Constituição de 1988 traz a competência originária do Supremo Tribunal Federal para a homologação de sentença estrangeira, sendo que o procedimento de homologação era previsto no regimento interno do próprio Tribunal.

Contudo, o art. 105, I, *i*, trazido pela Emenda Constitucional n. 45, transferiu para o STJ a atribuição para homologar sentença estrangeira, que pode ser exercida pelo presidente ou pela "Corte Especial", a teor do art. 4º da Resolução n. 9, que passou a disciplinar o procedimento de homologação no âmbito do STJ.

Com essa alteração, todas as disposições legislativas em que ainda estão escritas Supremo Tribunal Federal deverão ser lidas como Superior Tribunal de Justiça.

2.5.2 Homologação parcial

Se a sentença é composta por capítulos distintos, cada capítulo deverá ser considerado separadamente para fins de homologação, podendo ser requerida a homologação de apenas alguns capítulos ou requerida a homologação de toda a sentença, mas acolhida apenas a homologação de alguns capítulos se faltar ao restante o requisito de homologabilidade.

2.5.3 Decisões arbitrais

A partir de 1996, com a Lei n. 9.307, as decisões arbitrais passaram a ter uma regulamentação específica.

A sentença arbitral possui a mesma força de uma sentença judicial, tanto que no art. 475-N é apresentada como um título executivo judicial.

Em relação à sua homologação, a orientação predominante na jurisprudência do Supremo Tribunal Federal[22] é que seria admitida a homologação de laudo arbitral estrangeiro, desde que já homologado por Tribunal do Estado de origem.

Isso porque, até 1996, o que havia era o laudo arbitral, mas não uma sentença arbitral, sendo que o laudo só tinha validade após ser homologado por uma decisão judicial, passando, só a partir daí, a existir no mundo jurídico.

Diante desse requisito, a doutrina passou a criar distinções para a homologação de sentença estrangeira, admitindo que, se o país de origem exigisse a prévia homologação judicial do laudo arbitral para que este pudesse produzir efeitos internamente, o ato estrangeiro a ser homologado no Brasil seria, em verdade, a sentença homologatória do laudo arbitral e não propriamente este último.

Todavia, caso o Estado de origem atribuísse ao laudo eficácia de sentença, independentemente de homologação, desnecessário o Brasil exigir a homologação pelo Tribunal do país de origem.

A Lei n. 9.307/96, trouxe a sentença do árbitro como autônoma, não sujeita à homologação judicial, tendo o mesmo valor da sentença judicial.

Antes, a sentença arbitral estrangeira tinha que ser homologada no Poder Judiciário do país de origem e, após, no Poder Judiciário do país de destino (sistema da dupla homologação).

Com a vigência da lei, tal sistema é quebrado.

Isso porque o art. 35 não exige mais homologação na origem, mas apenas a homologação no destino, ou seja, no STJ, que é o órgão competente, após a Emenda Constitucional n. 45.[23]

Os arts. 37, 38 e 39 enumeram casos em que a decisão arbitral não deve ser homologada. A despeito do "unicamente" previsto no art. 35 da referida lei, prevalece ainda a distinção de casos em que o ordenamento do

---

22 Até a Emenda Constitucional n. 45, de 2004, era o STF que homologava as sentenças estrangeiras. Posteriormente, a homologação passou a ser feita pelo STJ, nos termos de sua Resolução n. 09.

23 *Informativo STF*, n. 173, SE 5847, rel. Min. Maurício Corrêa.

Estado de origem subordina a eficácia judicial à homologação pelo Tribunal e o que não subordina.

Outra questão é saber se alguma parte da sentença estrangeira pode ter efeito no país, independentemente de homologação. Isso é importante na distinção entre o efeito executivo da sentença, peculiar à sentença condenatória, e o efeito da coisa julgada, que impede que se pleiteie de órgão nacional novo pronunciamento sobre a lide e vinculação do juiz nacional à coisa julgada da sentença estrangeira.

O CPC, na redação do art. 525, ao não mencionar a palavra execução, parece ter resolvido a questão que permaneceu durante anos no direito brasileiro, o que passou a ser repetido pelo art. 4º da Resolução n. 09 do STJ.

Tal Resolução, no art. 4º, § 1º, trata que mesmo em se tratando de provimento não judicial, é necessária a homologação pelo STJ.

Em geral, é toda a eficácia da sentença como ato decisório, e não apenas como ato executivo, que depende de homologação. Portanto, toda sentença como ato-decisão depende de homologação, inclusive para se invocar a autoridade de coisa julgada perante órgão nacional.

Contudo, a sentença estrangeira pode ser utilizada para fins probatórios no território nacional, independentemente de ato formal de reconhecimento.

Como ato de decisão, seus requisitos para homologação estão previstos no próprio art. 35 da Lei n. 9.307, que fala de sua homologação, e os arts. 38 e 39, que abordam os requisitos, já que o art. 5º da Resolução n. 09 traz apenas os requisitos de homologação para a sentença judicial.

2.5.4 A homologação da sentença

O processo de homologação de sentença estrangeira tem natureza jurisdicional e muito se discute se teria natureza de jurisdição voluntária.

Aos que defendem que seria jurisdição voluntária, a base argumentativa está na inexistência de composição de uma lide, limitando-se o processo a averiguar a existência de determinados pressupostos atinentes à decisão a ser homologada, sem se discutir o mérito desta. A pretensão é deduzida em juízo para se alcançar a segurança jurídica.

Contudo, há doutrinadores, como Barbosa Moreira, que afirmam não se tratar de um procedimento de jurisdição voluntária, baseando-se na circunstância de a sentença estrangeira não poder produzir efeito no Brasil sem ser homologada, vislumbrando nessa oposição de interesse de se desejar que a sentença produza efeitos no país e na necessidade de homologação o conceito carneluttiano de lide. Destaca-se, nesse ponto ainda, que o simples fato de não haver impugnação do réu não é suficiente para caracterizar a jurisdição voluntária, pois, caso o fosse, toda revelia seria jurisdição voluntária.

O contraditório nesse procedimento limita-se à satisfação ou não dos requisitos de homologabilidade, sendo que aquele que requer a homologação da sentença estrangeira propõe verdadeira ação, distinta da proposta no Estado de origem.

O órgão nacional não reexamina o mérito da causa processada perante a Justiça estrangeira, mas, satisfeitos os pressupostos processuais e as condições do legítimo exercício da ação de homologação, cabe-lhe julgar o mérito da ação de homologação, acolhendo o pedido ou rejeitando-o.

Dessa forma, o nosso sistema é de um "juízo de delibação",[24] respeitando-se a decisão proveniente do estrangeiro, sem julgá-la novamente, verificando apenas os aspectos formais já descritos e a adequação à ordem pública e aos bons costumes.

Qualquer pessoa é legitimada a propor a ação de homologação, podendo ser parte no processo estrangeiro, seus sucessores e até terceiros passíveis de ser atingidos em suas esferas jurídicas, de acordo com a regra do ordenamento de origem sobre a eficácia subjetiva da sentença.

Os legitimados podem agir em conjunto, pois, excetuando o caso de sentença objetivamente complexa, isto é, a sentença em capítulos, em que a homologação poderá ser parcial, obrigatoriamente se concederá ou se negará a homologação para todos os coautores.

A legitimidade passiva é de todos em face de quem se fará valer a sentença homologanda.

2.5.5 Procedimento

O procedimento de homologação da sentença estrangeira está hoje regulado na Resolução n. 9, de 2005, STJ.

24 Nesse sentido: STJ, Corte Especial, SEC 1210, rel. Min. Fernando Gonçalves, *DJ*, 6-8-2007, p. 444

A petição inicial deve conter as indicações exigidas pela lei processual e ser instruída com certidão ou cópia autêntica da sentença homologanda e outros documentos indispensáveis, traduzidos e autenticados, obedecendo aos arts. 3º e 4º da referida resolução.

Deferida a petição inicial, cita-se o requerido para contestar, no prazo de quinze dias (art. 8º da Resolução n. 09). A contestação só versará sobre a autenticidade dos documentos, a inteligência da sentença e a observância dos requisitos de homologabilidade, não alcançando o mérito da decisão a ser homologada.

No que tange à homologação, pode ser contestada, ainda, a própria ação de homologação, por falta de legitimidade *ad causam*, por exemplo, e o processo desta ação, como a possível alegação de um vício de citação.

Há casos, porém, em que pode não haver contestação, como, por exemplo, em um divórcio consensual, em que as partes já estavam de comum acordo no país de origem. Nesta hipótese, as duas irão assinar a petição inicial.

O deferimento da inicial não é preclusivo para a análise, a qualquer tempo, das condições da ação e dos requisitos de validade do processo.

O art. 5º, § 3º, vai admitir expressamente a tutela de urgência na homologação de sentença estrangeira. Pode ser solicitado ao juiz um provimento cautelar ou um provimento antecipatório, lembrando que tutela de urgência é um gênero, do qual são espécies a tutela cautelar, a tutela antecipatória e a tutela inibitória. Então, o artigo menciona que a qualquer momento pode ser solicitada uma liminar, pedir a própria tutela antecipada, que daria origem a uma execução provisória, um arresto ou mesmo um sequestro, e aí cabe ao STJ examinar a conveniência e a oportunidade dessa providência.

O art. 5º, § 2º, diz que pode ser pretendida a homologação parcial. Pode ser que naquela sentença exista um comando que é incompatível com a ordem jurídica e uma segunda parte em consonância com a soberania e a ordem pública, e, nessa hipótese, nada impede que o STJ homologue apenas uma parte da sentença.

Caso o requerido seja revel ou incapaz, será nomeado curador especial, que será pessoalmente notificado e, em seguida, aberta vista ao Ministério Público, que poderá impugnar o pedido.

Nos Tribunais Superiores, cabe relembrar que a atuação será do Ministério Público Federal e se dará nos termos do art. 10 da Resolução do STJ.

Passa-se, então, à análise do pedido.

O pedido pode ser até improcedente se não estiverem presentes os requisitos de homologabilidade. Tais requisitos são: a sentença a ser homologada ter sido proferida por juiz competente, terem sido as partes legalmente citadas, a decisão a ser homologada ter transitado em julgado e passado pelas formalidades necessárias, estar traduzida por intérprete autorizado e não ofender a ordem pública, a soberania nacional e os bons costumes.

Analisando esses requisitos, o primeiro evita que se homologue no Brasil ato estrangeiro que desrespeite as regras de competência internacional exclusiva previstas por nosso ordenamento no art. 89, CPC.

Já o segundo requisito prestigia a garantia constitucional do contraditório, uma vez que não se pode admitir a homologação de sentença proferida em processo de que não tiveram a oportunidade de participar os sujeitos que estarão submetidos à sentença homologada.

Em relação ao requisito do intérprete, evita-se apenas exigir dos julgadores o conhecimento do idioma da sentença a ser homologada.

Em relação a não poder homologar se na decisão houver previsão que ofenda a soberania brasileira e a ordem pública, o STJ vem interpretando tais requisitos no sentido de não poder autorizar a homologação de uma sentença estrangeira se por esta pretenda realizar no Brasil algo que não poderia ser determinado por um juiz brasileiro, ou seja, um comando vedado pela legislação interna. Exemplo: uma sentença que condene à pena de morte ou à prisão civil por dívida, salvo na hipótese de alimentos.

Tais requisitos são semelhantes aos do art. 15 da Lei de Introdução às Normas do Direito Brasileiro. Durante algum tempo, alguns ministros do STF, que na época era competente, discutiam se deveria ser aplicado o teor do art. 15, porque não existia a Resolução n. 9. Até que o STF, em decisão noticiada no Informativo n. 121, da lavra do Ministro Celso de Mello, disse que o art. 483, CPC revogou o art. 15, LICC.

Dessa forma, hoje, os requisitos para homologação estão no art. 483 e no art. 5º da Resolução n. 09/2005.

É preciso analisar se o decurso de prazo é capaz de tornar não homologável a sentença estrangeira, ou pelo menos, ministrar ao réu defesa oponível ao pedido, sendo que a doutrina majoritariamente se posiciona pela total irrelevância do decurso do tempo.

A decisão que acolhe o pedido de homologação da decisão é constitutiva necessária, criando uma situação jurídica nova: a sentença produzida no estrangeiro renderá efeitos totais ou parciais no Brasil.

Já a decisão que rejeita a homologação, por falta de um dos seus requisitos, é declaratória negativa. Nesse caso, forma-se a *res judicata*, inclusive na não homologação por falta de provas.

Não está, contudo, excluída a ação rescisória, que pode ser proposta desde que haja documento novo sobre a decisão denegatória da homologação. Afastado o óbice da coisa julgada, não há impedimento que no *ius rescissorium* se reexamine e até se acolha o pedido.

No caso de superveniente trânsito em julgado da decisão, não há óbice a que o autor volte a pleitear a homologação. Isso porque a superveniência do requisito antes insatisfeito importa modificação da causa de pedir.

2.5.6 Homologação de sentença e lide nacional

São distintos os casos em que se pleiteia a homologação de sentença estrangeira sobre uma lide e a ação em que se pretende ver a mesma lide julgada por órgão nacional.

A pendência do processo de homologação não impede, portanto, a instauração de ação em que venha a se postular o direito que está analisado na sentença estrangeira a ser homologada.

Contudo, caso homologada a sentença estrangeira, poderá haver interferência no plano da coisa julgada no Brasil, pois a sentença homologada produz a sua própria coisa julgada.

Nesses casos, se a decisão do Tribunal brasileiro transitar em julgado antes da homologação, não será possível se obter a homologação da sentença estrangeira, sob pena de colidir com a lide brasileira, importando em ofensa à coisa julgada da sentença nacional.

Se a homologação transitar em julgado antes da lide ser julgada pela justiça brasileira, não será mais lícito o pronunciamento sobre a matéria, sob a preliminar de ofensa à coisa julgada, a qual o juiz pode conhecer de ofício. Extingue-se, assim, o processo sem resolução do mérito. Se porventura a coisa julgada da sentença estrangeira homologada passar despercebida, caberá ação rescisória em face do julgamento brasileiro, com base no art. 485, IV, CPC.

Ressalte-se que esses efeitos são apenas em relação à decisão que homologa a sentença estrangeira, pois, caso não haja homologação, não há óbice a que a justiça brasileira decida a lide.

2.5.7 Execução da sentença homologada

Na homologação de sentença estrangeira, o procedimento é fracionado, porque há uma fase de processo de conhecimento e, após, uma segunda fase, de cumprimento da sentença estrangeira homologada.

Essa primeira fase é a única no direito brasileiro em que uma sentença homologa uma sentença.

A sentença estrangeira homologada passa a produzir, no território nacional, todos os efeitos que tinha no país de origem, exceto se forem excluídos da homologação, tendo sido a sentença convertida em título executivo.

Realizada a homologação, a execução da sentença, segundo o art. 475-I, será da Justiça Federal (art. 109, X, CF e art. 12 da Resolução n. 09 do STJ). Nessa fase, ocorre a quebra da competência funcional, uma vez que o processo de conhecimento ocorreu no STJ, mas a execução ocorrerá na primeira instância.

A regra da execução da sentença estrangeira homologada é a mesma aplicada às sentenças prolatadas por tribunais brasileiros.

A peculiaridade está presente apenas na execução por quantia certa, na qual o mandado inicial obedecerá o art. 475-N, parágrafo único, CPC, incluindo a ordem de citação do devedor.

O devedor pode impugnar a execução, valendo-se dos mesmos fundamentos utilizáveis no caso de uma sentença brasileira, sendo que a ausência de citação que pode ser alegada refere-se somente ao processo de homologação, e não ao processo que gerou a sentença homologada, uma vez que, neste último processo, a matéria já está preclusa, por ter sido analisada como requisito de homologabilidade.

A execução se fará por carta de sentença, extraída dos autos da homologação, mediante requerimento ao Presidente do Tribunal ou Relator (art. 307, CPC, e art. 2º c/c o art. 9ª da Resolução n. 9 do STJ).

Dentre as peças necessárias para a carta de sentença estão a sentença ou acórdão exequendo (art. 475-O, § 3º, I), composto por sentença estrangeira e decisão de homologação, as procurações outorgadas pelas partes (inc. III) e a decisão de habilitação, se for o caso (inc. IV).

A carta será autenticada pelo funcionário encarregado e cabe ao exequente apresentá-la ao juiz federal para iniciar a execução.

Destaque-se que o juízo competente para a execução obedecerá aos critérios dos arts. 94 e 95, CPC.

2.5.8 Homologação de sentença estrangeira no projeto do novo CPC

CPC ATUAL	PROJETO DO NCPC (PL N. 8.046/2010)
Art. 483. A sentença proferida por tribunal estrangeiro não terá eficácia no Brasil senão depois de homologada pelo Supremo Tribunal Federal. Parágrafo único. A homologação obedecerá ao que dispuser o Regimento Interno do Supremo Tribunal Federal.	**Art. 913.** A homologação de decisões estrangeiras será requerida por carta rogatória ou por ação de homologação de decisão estrangeira. Parágrafo único. A homologação obedecerá ao que dispuser o Regimento Interno do Superior Tribunal de Justiça.
Sem correspondente no CPC.	**Art. 914.** As decisões estrangeiras somente terão eficácia no Brasil após homologadas. § 1º São passíveis de homologação todas as decisões, interlocutórias ou finais, bem como as não judiciais que, pela lei brasileira, teriam natureza jurisdicional. § 2º As decisões estrangeiras poderão ser homologadas parcialmente. § 3º A autoridade judiciária brasileira poderá deferir pedidos de urgência, assim como realizar atos de execução provisória, nos procedimentos de homologação de decisões estrangeiras. § 4º Haverá homologação de decisões estrangeiras, para fins de execução fiscal, quando prevista em tratado ou em promessa de reciprocidade apresentada à autoridade brasileira.
Sem correspondente no CPC.	**Art. 915.** São passíveis de homologação as decisões estrangeiras concessivas de medidas de urgência, interlocutórias e finais.

CPC ATUAL	PROJETO DO NCPC (PL N. 8.046/2010)
	§ 1º O juízo sobre a urgência da medida compete exclusivamente à autoridade jurisdicional requerente. § 2º A decisão que denegar a homologação da sentença estrangeira revogará a tutela de urgência.
Sem correspondente no CPC.	**Art. 916.** Constituem requisitos indispensáveis à homologação da decisão: I – ser proferida por autoridade competente; II – ser precedida de citação regular, ainda que verificada a revelia; III – ser eficaz no país em que foi proferida; IV – estar autenticada pelo cônsul brasileiro e acompanhada de tradução oficial; V – não haver manifesta ofensa à ordem pública. Parágrafo único. As medidas de urgência, ainda que proferidas sem a audiência do réu, poderão ser homologadas, desde que garantido o contraditório em momento posterior.
Sem correspondente no CPC.	**Art. 917.** Não serão homologadas as decisões estrangeiras nas hipóteses de competência exclusiva da autoridade judiciária brasileira.
Art. 484. A execução far-se-á por carta de sentença extraída dos autos da homologação e obedecerá às regras estabelecidas para a execução da sentença nacional da mesma natureza.	**Art. 918.** O cumprimento da sentença estrangeira far-se-á nos autos do processo de homologação, perante o juízo federal competente, a requerimento da parte e conforme as normas estabelecidas para o cumprimento da sentença nacional

Primeiramente, cabe destacar que, em se tratando de homologação de sentença estrangeira, deve ser observado, atualmente, não apenas o CPC, mas também a Resolução n. 09 do STJ, que trata do procedimento para homologação.

Destaque-se que, desde a alteração feita pela EC n. 45/2004, o texto do atual CPC não foi alterado para prever a competência do STJ para tal medida, ainda constando equivocadamente no texto a competência do STF.

O projeto do novo CPC, logo no parágrafo único de seu primeiro artigo, o art. 913, já traz a previsão que se impõe desde 2004, da competência do Superior Tribunal de Justiça e, ainda, prevê no *caput* que a homologação de decisões estrangeiras poderá ser requerida não apenas pela ação de homologação, como também por carta.[25]

O art. 914 do projeto traz expressamente a previsão de que a homologação é uma condição de eficácia da decisão estrangeira no Brasil: somente se homologada poderá produzir seus efeitos.

O § 1º do referido artigo põe fim a uma grande controvérsia na doutrina internacionalista, prevendo que poderá ser homologada qualquer decisão, ainda que não judiciais, desde que tenham natureza jurisdicional.[26] Já o § 2º traz a previsão de homologação parcial da decisão estrangeira, isto é, homologa-se apenas a parte da decisão que não ofender a soberania e a ordem pública, como já analisado neste capítulo. O § 3º traz previsão hoje já admitida na doutrina, mas que há algum tempo foi controvertida: a possibilidade de concessão de medidas de urgência e de execução provisória durante a homologação da decisão. Por fim, o § 4º prevê a homologação para fins de execução fiscal.

O art. 915 trata de forma mais detalhada a possibilidade de concessão de medidas de urgência no curso da homologação, a autoridade competente para tal e seus efeitos.

O art. 916 traz os requisitos indispensáveis para a homologação da decisão e o parágrafo único prevê que também as medidas de urgência concedidas no curso do procedimento estrangeiro serão homologadas, mas ressalva que deverão ser submetidas ao contraditório posterior. Ainda que se trate de um contraditório postergado, trata-se de nítida preocupação do legislador com o direito de defesa.

---

25 O art. 7º da Resolução 09 do STJ já previa o cumprimento de decisões interlocutórias estrangeiras no Brasil através da concessão de *exequatur* a carta rogatória. Portanto, o projeto de novo CPC apenas vem agasalhar a inovação contemplada na Resolução do STJ. Na verdade, sentença será passível de homologação e decisão interlocutória será passível de carta rogatória, embora ambas tenham basicamente o mesmo objetivo, ou seja, permitir o prévio exercício do juízo de delibação pelo STJ.

26 Sobre o tema, remetemos à obra de Dolinger (2002).

O art. 917 prevê que não serão homologadas as decisões de competência exclusiva da autoridade judiciária brasileira e, por fim, o art. 918 prevê que a execução se dará de acordo com o procedimento de cumprimento de sentença, já que a homologação gerará um título executivo judicial, seguindo-se tal procedimento após a citação do devedor perante o juízo federal.

2.6 AÇÃO RESCISÓRIA

A ação rescisória, prevista nos arts. 485 a 495, CPC, é a ação autônoma de impugnação, e não um recurso, por meio da qual se pede a desconstituição da sentença trânsita em julgado, com eventual rejulgamento, a seguir, da matéria nela julgada.

Sua admissibilidade diz respeito apenas às decisões passíveis de rescisão, que são as sentenças de mérito (art. 485, CPC) nas quais se vislumbra uma das cinco hipóteses do art. 269, CPC, sendo estas as sentenças sobre as quais se formará a coisa julgada material.[27] Aqui também cabe incluir a decisão do presidente do Superior Tribunal de Justiça, que acolhe ou rejeita o pedido de homologação de sentença estrangeira.

Tais sentenças não significam sentenças inexistentes, que são aquelas, por exemplo, que não possuem dispositivo, que sejam proferidas em processo em que falte pressuposto de existência ou instaurado perante órgão não investido de jurisdição e que devem ser declaradas por qualquer juiz, sempre que alguém invoque, sem ser necessário outra providência para desconstituí-las ou, até mesmo, sentenças nulas, como são as sentenças que julgam *extra petita*. Contudo, cabe destacar que a nulidade, após o trânsito em julgado, converte-se em rescindibilidade.

Ressalte-se que atinente ao mérito precisa ser a decisão rescindenda, mas não necessariamente o vício que se imputa, isto é, o mérito diz respeito ao objeto (a sentença a ser rescindida), mas não ao fundamento do pedido de rescisão.

27 Entende-se incabível ação rescisória para desconstituir sentença proferida em jurisdição voluntária. Nesse sentido: STF, RE 86.348, STF, AR 828, e STF, RE 63.894. Contudo, nem todas as sentenças de mérito em jurisdição contenciosa produzem coisa julgada material. Como exemplos, podemos citar a sentença que julga improcedente o pedido por falta de provas na ação civil pública ou na ação popular.

A sentença portadora de um dos vícios do art. 485 não deixa de se revestir da autoridade da coisa julgada, uma vez que esta tem efeito de sanar todas as invalidades extrínsecas ao processo (inclusive nulidades absolutas, relativas e anulabilidade), enquanto não for rescindida, produzindo efeitos como se nenhum vício contivesse.

Tanto que a sentença é exequível e, decorrido o prazo de dois anos do art. 485, ela faz coisa soberanamente julgada, prevalecendo em caráter definitivo.

O único vício que subsiste ao período de dois anos após o trânsito em julgado consiste no caso de o processo haver transcorrido sem citação inicial ou com citação nula.

No julgamento da ação rescisória, estão presentes duas fases, o juízo rescindente (*iudicium rescidens*), quando se julga a pretensão da rescisão da decisão atacada, e o juízo rescisório (*iudicium rescissorium*), quando, após ser procedente a primeira fase, passa-se à análise do que foi objeto de apreciação pela sentença rescindenda.

Ressalte-se que essas duas fases podem ou não estar presentes, dependendo do fundamento do pedido de rescisão da sentença, como ainda será analisado.

Já no caso de reiteração de ação rescisória, a segunda ação tem que se referir à decisão sobre a primeira, e não sobre a anterior.

2.6.1 Sentenças de mérito e cabimento da ação rescisória

As sentenças de mérito podem surgir nos processos cognitivos incidentes ou na execução. Nesta última hipótese, cabe destacar que não há, em princípio, mérito a ser julgado, embora se encerre por sentença. Todavia, pode se reconhecer na execução a ocorrência da prescrição e essa sentença extinguirá o processo nos termos do art. 269, CPC.

A nomenclatura decisão interlocutória por si só não impede que seja ajuizada a ação rescisória. Para se ter certeza sobre o cabimento da ação rescisória, é preciso atentar para o conteúdo da decisão, que é mais importante que o seu título.

Quanto ao processo cautelar, a sentença de mérito não se confunde com o processo principal. Nele, o juiz profere sentença de mérito toda vez que defere ou indefere a providência cautelar pleiteada. Contudo, é pacífico que não é cabível ação rescisória em face de sentença proferida em processo cautelar, porque não forma coisa julgada material, ressalvados apenas os casos de prescrição e decadência, previstos no art. 810, CPC.

As sentenças proferidas em jurisdição voluntária, por opção legislativa, também não formam coisa julgada material e, por isso, são insuscetíveis de ser atacadas através da ação rescisória.

A expressão sentença utilizada pelo art. 485 possui sentido amplo, abrangendo não só sentença como também acórdãos, ou seja, não só as decisões proferidas pelos juízes em primeira instância como também as decisões dos Tribunais e se caracteriza pela sua imutabilidade.

Contudo, acórdãos ou sentenças rescindíveis são aqueles que julgarem o mérito da causa, em competência originária ou em duplo grau de jurisdição, desde que tenham conhecido do recurso, não importando que tenham confirmado ou reformado a decisão anterior, substituindo-a. Já o acórdão que julga recurso contra decisão interlocutória não é passível de rescisão.

No que tange aos Juizados Especiais, há exceção expressa à regra do art. 485, *caput*, CPC, prevista no art. 59 da Lei n. 9.099/95. Para as causas sujeitas a tal procedimento, julgadas por um juiz monocrático ou pela turma recursal, não se admite ação rescisória. Nesse caso, a solução é se ingressar com ação anulatória ou até com mandado de segurança, sendo esta última hipótese excepcional, já que é discutível o cabimento de mandado de segurança em face de decisão transitada em julgado.

Também não é cabível ação rescisória em face de decisão do Supremo Tribunal Federal, que declara a constitucionalidade ou a inconstitucionalidade de lei em ação direta (art. 26 da Lei n. 9.868) e que julga procedente ou improcedente o pedido em arguição de descumprimento de preceito fundamental (art. 12 da Lei n. 9.882).

2.6.2 Impugnação de descumprimento de súmula vinculante

Afirma-se que as hipóteses de rescindibilidade são previstas em lei e devem ser interpretadas restritivamente, pelo ataque à coisa julgada ser hipótese excepcional em nosso ordenamento.

E, no caso de desobediência à súmula vinculante, a Lei n. 11.417/2006 cria um remédio próprio, a reclamação, que é a forma pela qual se cientifica o STF que uma decisão do próprio tribunal está sendo desobedecida por um juiz hierarquicamente inferior.

Alguns autores têm afirmado que, se a decisão judicial já transitou em julgado e somente após se percebeu que desobedeceria a uma súmula vinculante, haveria mais uma hipótese de cabimento de ação rescisória, além das nove elencadas do art. 485.

Essa posição, defendida por Alexandre Câmara,[28] representa uma única e verdadeira exceção à existência de um rol taxativo no art. 485, CPC.

2.6.3 Legitimidade para a ação rescisória e intervenção de terceiros

A legitimidade para a ação rescisória é de quem é parte no processo primitivo ou de seu sucessor, estendendo a legitimidade ao terceiro juridicamente interessado e ao Ministério Público. Os legitimados podem agir em conjunto e o litisconsórcio será unitário, pois não poderá haver decisão heterogênea.

Não importa, portanto, se o legitimado figurou na relação processual desde o início ou só ingressou no curso do feito. Contudo, quem já não era mais parte à época da sentença, não possui tal legitimidade.

Em relação aos terceiros, estes não são alcançados pela coisa julgada, que se restringe àqueles que foram parte no processo onde se proferiu a decisão. Contudo, pode haver terceiro com interesse jurídico na sentença, e não meramente de fato. O terceiro juridicamente interessado poderá então intervir como assistente.

Considera-se também legitimado a propor a ação rescisória aquele que esteve ausente no processo principal, embora devesse ter participado na condição de litisconsorte necessário.

O Ministério Público tem legitimidade para a ação rescisória, seja como parte, seja como fiscal da lei, principalmente nas hipóteses em que não tenha sido ouvido como *custos legis,* embora obrigatória sua intervenção (art. 82, I a II, CPC, além dos casos previstos em leis especiais) e quando a sentença for produto de colusão entre as partes, para fraudar a lei.

---

28 Câmara (2009, p. 55).

A legitimidade passiva, de acordo com o princípio do contraditório, é de todos que foram parte na ação anterior. Se faltar um legitimado passivo que houvesse de figurar no litisconsórcio necessário, caberá ao juiz ordenar a integração ao polo passivo, nos termos do art. 47, parágrafo único, desde que não tenha transcorrido o prazo decadencial em relação ao faltante, pois, caso essa seja a hipótese, impossível a alteração, devendo se extinguir o feito sem resolução do mérito.

No que tange à intervenção de terceiros, só são cabíveis a assistência e o recurso de terceiro prejudicado.

2.6.4 Depósito de 5% do valor da causa

O art. 488, II, determina o depósito pelo autor de 5% do valor da causa, salvo se o autor for União, Estado, Município ou Ministério Público, casos em que esse depósito não ocorrerá. A Súmula 265, STJ, estende tal benefício ao INSS.

Durante algum tempo, a doutrina indagou qual a natureza jurídica desse valor de 5%. Hoje é pacífico que a natureza jurídica é de uma condição específica para o exercício do direito de ação.

Alguns autores entendem que se trata de condição de procedibilidade. Contudo, as expressões condição específica para o regular exercício do direito de ação ou condição de procedibilidade são sinônimas.

Essa quantia é perdida em favor do réu, se a ação rescisória for declarada inadmissível ou improcedente, por acórdão transitado em julgado, sem caráter indenizatório, não possuindo intuito de recompor prejuízos, mas reprimir o abuso do direito de ação.

O depósito é inexigível de quem faça jus ao benefício da justiça gratuita, por se entender que seria uma violação ao art. 5º, XXXV, CF.[29]

O deferimento da petição inicial já pressupõe a realização do depósito. Devem os tribunais prever em seus regimentos internos se a petição só será encaminhada ao relator após depositada a importância ou esgotado o prazo para depósito ou se ela será logo distribuída, mas só será

29 Nesse sentido: STF, Pleno, AR 1376-PR. rel. Min. Gilmar Mendes, *DJU*, 9-11-2005.

despachada após o depósito, sendo o prazo para depósito de cinco dias, a contar da expedição da guia (art. 185).

Se, no curso do processo, houver modificação do valor da causa, de ofício ou mediante impugnação do réu, o depósito terá de ser complementado.

2.6.5 Competência

O art. 102, I, CF, traz a competência do Supremo Tribunal Federal para processar e julgar a ação rescisória dos seus julgados e o art. 105, I, *e*, traz competência análoga ao Superior Tribunal de Justiça.

Ao STJ cabe também a ação rescisória em face de pedido de homologação de sentença estrangeira.

A rescisão dos julgados dessas cortes compete a elas próprias, desde que seja conhecido o recurso, para confirmar ou reformar a decisão impugnada, ou até se o recurso não tenha sido conhecido, quando, em verdade, signifique negar provimento, empregando-se má técnica.

Já o art. 108, I, *b*, CF, afirma que compete aos Tribunais Regionais Federais julgar ação rescisória de seus julgados ou de juízes federais da região.

No que tange aos tribunais dos estados, também a competência da ação rescisória é a eles conferida em relação aos acórdãos que profiram e aos julgamentos dos juízes estaduais. O órgão competente será o delimitado pelo regimento interno.

Assim, quando a ação rescisória for em face de decisão da primeira instância, a competência será sempre da instância superior.

No caso de o órgão *ad quem* não conhecer de um recurso, por entendê-lo inadmissível, a decisão impugnada transitou em julgado, porque é claro que o recurso obstou o trânsito em julgado, mas este veio a ocorrer quando o recurso foi julgado inadmissível, sendo competente o juízo em que ocorreu o trânsito em julgado.[30]

A competência para processar, se for o caso, a execução do acórdão da ação rescisória é do órgão julgador da própria rescisória.

30 Nesse sentido: STF, 1ª Seção, AR 1015 e STJ, AR 354-0-BA. rel. p/acórdão Min. Peçanha Martins, *DJ*, 8-11-1994.

2.6.6 Prazo para propor a ação

Em nosso Código, seja qual for o fundamento da ação rescisória, o prazo para ser proposta é sempre o mesmo, de dois anos, nos termos do art. 495, CPC, uma vez que se objetiva alcançar a segurança das relações sociais, ainda que o julgamento seja eivado de vícios graves.

O prazo começa a correr do dia em que a sentença rescindenda transitou em julgado, podendo a coisa julgada ter se formado em momentos distintos para os legitimados e, nesse caso, apura-se para cada um deles o *dies a quo*.[31]

A rigor, o decurso do prazo não extingue o direito de propor a ação rescisória, pois este sempre existirá, como manifestação do direito de ação. O que se extingue é, na verdade, o direito à rescisão da sentença viciada.

A doutrina majoritária já se posicionou que a natureza desse prazo é decadencial, não se suspendendo ou interrompendo e nem se prorrogando o prazo para o dia seguinte se o último dia for sábado ou domingo.[32]

A citação válida obsta à consumação da decadência (arts. 219 e 220), retroagindo o efeito obstativo à data da propositura da ação (art. 219, § 1º), desde que observados os preceitos dos §§ 2º e 3º e a ação tenha sido proposta dentro do prazo de dois anos, não importando se o réu for citado fora do biênio.[33]

Já se a citação não se realizar com base nos prazos dos §§ 2º e 3º, será preciso, para impedir a consumação da decadência, que o réu seja efetivamente citado no biênio.

No caso do direito intertemporal, já que o prazo anterior para a ação rescisória era de cinco anos, sendo o prazo decadencial, deve ser regulado pela lei vigente à época, uma vez que o direito subjetivo, já nascido para

---

31 Em sentido oposto, temos o entendimento do STJ, que afirma que o trânsito em julgado de uma decisão judicial não pode ocorrer em capítulos, sendo único para todas as partes do processo, independentemente de haverem elas recorrido ou não. (STJ, REsp 639.233-DF. rel. Min. José Delgado, *DJ*, 6-12-2005)

32 Em sentido oposto, admitindo a prorrogação do prazo para o primeiro dia útil, inclusive no caso de recesso forense: STJ, Corte Especial, EREsp 200701608890, rel. Min. José Delgado, *DJE*, 26-6-2008.

33 Nesse sentido: STJ, REsp 12001-RJ.

alguém, desde a ocorrência do fato que o gerou, fica imune à lei superveniente, não podendo ser atingido pela redução.[34]

Consumada a decadência,[35] a sentença fica imune a posteriores ataques à coisa julgada, tornando-se irrescindível, irrelevante o vício pelo qual seja eivada.

No caso de ofensa à coisa julgada, com duas sentenças, contraditórias, a análise se torna complexa. No direito brasileiro, não há como obstar a produção de efeitos pela segunda sentença após o prazo extintivo. A questão seria que determinação seguir.

A solução trazida por Barbosa Moreira é que a segunda sentença, violadora da *res judicata*, não rejulgou a lide, mas está subordinada à primeira sentença que decidira, não gerando questão principal. Um exemplo é se a primeira sentença declara que a obrigação não é devida, enquanto a segunda sentença fixa os juros a serem pagos. Nesse caso, não cabendo rediscutir a obrigação principal, não se poderá acolher a obrigação acessória de pagamento de juros.[36]

Contudo, Alexandre Câmara traz um exemplo ainda mais complexo, no caso de a primeira sentença condenar o réu a pagar ao autor quantia certa, enquanto a segunda sentença declarar que inexiste tal obrigação, tendo ambas transitado em julgado e transcorrido o prazo para a ação rescisória. Nesse caso, a solução trazida é que a segunda sentença prevalecerá sobre a primeira, respeitados os efeitos que a primeira já tenha produzido, no caso, obstando a execução, caso ela ainda não tenha se efetivado, mas sem a possibilidade de se reaver os valores caso a execução já tenha ocorrido.[37]

---

34 "Nessa perspectiva, continuarão rescindíveis, até o fim do quinquênio, as decisões transitas em julgado antes da entrada em vigor do novo diploma" (BARBOSA MOREIRA, 2008, p. 223).

35 De acordo com a Súmula 401, STJ: "o prazo decadencial da ação rescisória só se inicia quando não for cabível qualquer recurso do último pronunciamento judicial". Esse posicionamento trata da inexistência de trânsito em julgado da sentença por capítulos e que o trânsito em julgado ocorreria em um mesmo momento para todas as partes, evitando-se, assim, de acordo com os pronunciamentos do Tribunal Superior, uma confusão processual. O prazo para propositura da ação rescisória deve, então, ser contado do trânsito em julgado da última decisão do processo, excetuando-se essa regra apenas na hipótese de que o recurso é extemporaneamente apresentado ou que fique evidenciada a má-fé da parte que recorre.

36 BARBOSA MOREIRA (2008, p. 225-228).

37 Nesse sentido: "diante do direito objetivo, porém, melhor é considerar que a segunda sentença prevalece sobre a primeira, respeitando-se, porém, os efeitos que aquela já tenha produzido" (CÂMARA, 2010, p. 26).

2.6.7 Pressupostos da rescisão

Só será rescindida a sentença de mérito transitada em julgado, que esteja prevista nas hipóteses do art. 485, CPC.

Tais hipóteses são taxativas e não deve haver recurso à analogia, mas pode se invocar mais de um inciso do art. 485 como causa de pedir da ação rescisória. Nesta última hipótese, haverá cumulação de ações rescisórias, conexas pelas partes e pelo pedido.

Para a procedência do *ius rescindens,* basta que se prove um dos fundamentos dentre os invocados, mas a indicação errônea de um dos fundamentos do art. 485 não vincula o julgador, que pode examinar o pedido e acolhê-lo à luz do dispositivo adequado.

Observando o rol do art. 485, pode-se verificar que a maioria das hipóteses previstas é de julgamento defeituoso, cujo defeito, em regra, seja *ex parte iudicis*, podendo resultar de vício que se atribui à máquina judiciária ou ao próprio juízo emitido pelo órgão julgador.

Contudo, o defeito apontado na sentença poderá se relacionar ao comportamento de alguma das partes, ou mais de uma, havendo desconformidade à lei na conduta do litigante e tendo tal incorreção repercutido em relação ao desfecho da causa.

A decisão pode não ter ainda nenhum defeito, mas, à luz de fato superveniente, pode se mostrar desconforme com o direito. É o caso de descobrimento subsequente de documento novo, decisivo para a reconstituição dos fatos.

Cabe destacar que, qualquer que seja o vício, o pedido de rescisão deve se referir à decisão rescindenda.

O primeiro caso previsto no art. 485 é de prevaricação, concussão ou corrupção do juiz. O CPC de 1939, no art. 799, I, *a*, já dizia que era nula a sentença proferida por juiz peitado. A doutrina já entendia o conceito de juiz peitado em sentido amplo, sem ligação necessária com os arts. 316, 317 e 319, CP.

Na redação do atual CPC, o comportamento do juiz deve corresponder a um desses tipos penais, mas não se exige sequer a preexistência de processo penal contra ele instaurado, cabendo ao órgão julgador da ação rescisória verificar a ocorrência de uma dessas figuras delituosas invocadas.

Caso, após encerrada a ação rescisória, haja processo criminal em face do juiz que proferiu a sentença rescindida, a princípio, não haverá qualquer repercussão. Contudo, pode acontecer que surja qualquer pressuposto capaz de provocar nova rescisão do julgado na ação rescisória, o que deverá ser impugnado através de nova rescisória.

Caso o processo criminal tenha se encerrado antes de se pedir a rescisão, a sentença criminal transitada em julgado vinculará o órgão julgador da rescisória, não podendo ser rejeitada.

Já no caso de o juiz ser absolvido na esfera criminal, por inexistência material do fato, fica pré-excluída a possibilidade de acolher-se o pedido da rescisória.

Se houver simultaneidade do processo criminal com a ação rescisória, incide o art. 110, *caput,* podendo ficar sobrestada a ação rescisória até que haja um pronunciamento sobre a questão criminal.[38]

A prevaricação, concussão ou corrupção do juiz podem ocorrer não apenas nos juízos monocráticos. No caso da decisão do Tribunal, para a admissibilidade da rescisória basta que se aleguem tais atitudes de um dos membros do colegiado, cujo voto haja concorrido para a formação da maioria ou unanimidade do julgamento, não sendo possível a anulação com fundamento em sua mera participação, através de voto vencido, por não haver nulidade sem prejuízo.

A segunda hipótese ensejadora da ação rescisória (art. 485, II) é o caso de impedimento ou incompetência absoluta, previstos nos arts. 134 o impedimento, 135 a suspeição e 136, ainda caso de impedimento.

Em relação à incompetência, só a absoluta, não suprível mediante prorrogação, constitui causa de rescisão. Sendo o juízo incompetente, a sentença é nula até o trânsito em julgado e rescindível após transitar em julgado.

Já o impedimento não pode ser interpretado extensivamente como suspeição, sendo considerado apenas o impedimento.

A falta de lealdade ou boa-fé pela parte vencedora, dificultando a atuação processual do adversário ou afastando o magistrado da verdade, também é causa de rescisão (art. 485, III). Nesse aspecto, não basta a afirmação de fato inverídico, sem má-fé, nem o silêncio sobre fato desfavorável relevante, nem a abstenção de produzir prova capaz de beneficiar a parte contrária. É necessário nexo causal entre o dolo e o pronunciamento do

38 Nesse sentido: Barbosa Moreira (2008, p, 122).

órgão judicial, sendo o resultado do processo obtido em razão de comportamento doloso.

O dolo da parte é equiparado ao de seu representante legal, e do advogado, através do qual atua em juízo. No caso de litisconsórcio, basta o dolo de um dos litisconsortes para ser rescindível a sentença. Apenas no caso de capítulos autônomos para cada um dos coautores é que a rescisão se limitará ao capítulo de quem manifestou comportamento doloso.

A colusão entre as partes em fraudar a lei é outra causa de rescindibilidade. Pode-se identificar a colusão, algumas vezes, em casos como reconhecimento do pedido, feito pelo réu para a rápida formação do título executivo, e a revelia voluntária. Nessa hipótese, é necessário que tenha havido prévio entendimento entre as partes, com propósito fraudatório, uma vez que a colusão, ao contrário do dolo, é sempre bilateral.

A coisa julgada impossibilita o juiz de novo pronunciamento sobre matéria já decidida. A ofensa à coisa julgada, hipótese de causa de ação rescisória, ocorre quando há novo pronunciamento judicial, em conformidade ou em desconformidade com o primeiro, uma vez que o vício está no fato de o juiz ser impedido de rejulgar a matéria.

Destaque-se que é irrelevante que a preliminar de ofensa à coisa julgada tenha sido suscitada no segundo processo ou apreciada *ex officio* no processo em que se proferiu a sentença rescindenda.

A violação de literal disposição de lei também é fundamento para a ação rescisória, sendo que a expressão lei deve ser entendida em sentido amplo, compreendendo, por exemplo, a própria Constituição, lei complementar, lei ordinária, lei delegada, medida provisória, decreto legislativo, resolução, decreto emanado do Legislativo, normas editadas pela União, Estados-membros ou Municípios e até mesmo as normas de direito internacional.

Uma sentença que julgue *extra petita* ou *ultra petita* também será rescindível.

Durante algum tempo, a doutrina discutiu qual lei seria violada. Alguns autores, seguindo Pontes de Miranda, sustentavam que essa ilegalidade seria apenas uma ilegalidade material se a decisão do juiz violasse, por exemplo, uma norma do Código Comercial. Não seria uma ilegalidade processual, mas apenas material, porque eles sustentavam que a ilegalidade processual ficaria preclusa com os próprios efeitos da coisa julgada.

Contudo, tal não foi o posicionamento que prevaleceu, admitindo-se qualquer violação, seja de norma de natureza material, seja de natureza processual.

Cabe destacar que a jurisprudência já se firmou no sentido de excluir a rescisão quando houver interpretação controvertida nos tribunais da norma violada pela decisão rescindenda, exceto se essa norma for o texto constitucional.

A decisão que se afaste da jurisprudência não terá de ser vista também, só por isso, como violadora da lei, nos termos da Súmula 343, STJ, ainda que o entendimento adotado divirja de súmula. Ressalva-se apenas o art. 103-A, CF, uma vez que a mera inclusão em súmula não torna a decisão vinculante.

Analisando então a falsidade da prova, importante examinar se a conclusão a que chegou o órgão judicial, ao sentenciar, se sustentaria ou não sem base na prova falsa. Portanto, não é rescindível a sentença se havia outro fundamento para a mesma conclusão.

A prova falsa pode ser de qualquer natureza, não se distinguindo entre falsidade material e ideológica. Contudo, se a sentença houver declarado autêntico documento cuja falsidade se pretende questionar em sede de ação rescisória, fica excluída a possibilidade de se rescindir com fundamento no art. 485, VI.

A apuração da falsidade pode ser feita em processo criminal, mas só após seu trânsito em julgado poderá fundamentar a ação rescisória. Nessa hipótese, não pode se discutir no cível a existência da falsidade, devendo-se limitar o réu, em contestação, a alegar que houve outro fundamento para embasar a decisão.

Contudo, não é preciso uma ação penal para se pedir a rescisão com base nesse fundamento, uma vez que a prova da falsidade é possível no próprio processo da ação rescisória.

Havendo sentença civil proferida em processo autônomo de ação declaratória ou em processo de incidente de falsidade surgido no curso de outro feito, sobre o mesmo documento em que houver se fundado a sentença rescindenda, não estará excluída a necessidade da prova da falsidade em ação rescisória, tendo o órgão julgador da ação rescisória integral liberdade de apreciação, mas a sentença civil será importante elemento de convicção.

O documento novo também é fundamento para a ação rescisória. O autor a que se refere o inciso VII do art. 485 é o autor da ação rescisória, não importando se era autor ou réu no feito anterior. Já a expressão "documento novo" significa o fato de que só agora ele é utilizado, não a ocasião em que veio a se formar, podendo ser documento cuja existência a parte ignorava ou que, na época, não poderia fazer uso, mas já existia. Qualquer que seja a razão da impossibilidade de utilização do documento, esta deve se dar por motivo estranho à vontade da parte.

A expressão "após a sentença" deve ser interpretada com o sentido genérico de sentença, podendo ser após acórdão, ou seja, significando após o último momento em que seria lícito à parte utilizar o documento no feito onde se proferiu a decisão rescindenda.

Ademais, o documento deve ser, por si só, capaz de assegurar à parte pronunciamento favorável, isto é, ser prova documental suficiente a, se fosse produzida a tempo, formar a convicção do órgão julgador.

O dispositivo se refere, ainda, a documento novo e não a fato cuja existência a parte ignorava. Nesse caso, não haverá a possibilidade de rescisão.

O inciso VIII do art. 485 fala na possibilidade de rescisão em casos de confissão, desistência ou transação.

Inicialmente, cabe observar que se autoriza a rescisão da sentença independentemente da prévia invalidação do ato em que ela tenha se baseado.

A confissão há de ser interpretada abrangendo também a figura do reconhecimento. A confissão deve ser lida em conjunto com o art. 352, CPC, e ação rescisória não objetiva anular a confissão, mas rescindir a sentença que nela se fundou. Não só erro, dolo e coação podem acarretar a invalidade da confissão, devendo-se lembrar da hipótese de falta de procurador (art. 38, CPC) e outras de que trata o Código nos meios de prova (arts. 350, parágrafo único, e 351).

A confissão deve ter sido utilizada como principal fundamento da sentença, para que seja passível de rescisão.

A desistência extingue o processo sem resolução do mérito, nos termos do art. 267, VIII, CPC. Como o cabimento da ação rescisória é em casos de sentença com resolução do mérito, deve-se interpretar a desistência como renúncia, nos termos do art. 269, V, CPC, ou reconhecimento do pedido.

Dessa forma, onde está escrito "confissão, desistência ou transação", deve-se ler "confissão, reconhecimento do pedido, renúncia, transação".

Isso porque o entendimento majoritário, nesse caso, é de erro material do legislador, uma vez que a renúncia é que está prevista no art. 269, CPC.

O inciso IX do art. 485 prevê como última forma de rescisão o erro de fato. Trata-se de erro de fato suscetível de ser verificado à vista dos autos do processo e dos documentos dele constantes, porque, se fosse erro de fato a que o Judiciário fosse induzido em consequência de documento ou de outras provas nos autos, significaria prova falsa a hipótese do inciso VI.

Em regra, o erro de fato acontece por considerar inexistente um fato ocorrido ou existente um fato não ocorrido. Não se trata, pois, de qualificação errônea do fato. O erro deve incidir sobre o fato em si, sobre a ocorrência ou não do acontecimento.

Para que o erro de fato dê causa à rescindibilidade, deve a sentença nele ser fundada, o erro deve ser perceptível diante do exame de documentos e peças dos autos que não tenha havido controvérsia sobre o fato e que não tenha havido pronunciamento judicial.

No caso, a expressão "não tenha havido controvérsia" se mostra presente para caracterizar o erro de fato quando as partes não alegaram, mas o órgão judicial poderia conhecer de ofício, como é o caso da prescrição, quando as partes alegaram, mas o juiz entendeu ser inexistente o fato ou no caso de fato não contestado em que haja a presunção de veracidade absoluta.

Ao se exigir que não tenha havido pronunciamento judicial sobre o fato, exclui-se a possibilidade de se rescindir sentença cuja fundamentação contenha expressamente a errônea consideração do fato como existente ou inexistente. A questão deve não ter sido resolvida pelo juiz, isto é, havia nos autos elemento que indicava que determinada questão ocorreu, mas o *decisum* não considerou sua existência, sem que esta tenha sido também negada, uma vez que, caso tenha analisado a hipótese, não será causa de rescisão fundamentada em tal dispositivo.

A razão de tal dispositivo é que, caso o juiz tivesse atentado para a prova, não teria decidido dessa maneira, não se confundindo com a má apreciação da prova.

O erro de fato não se confunde, então, com o erro de julgamento, uma vez que no erro da fato o julgador parte da premissa de que não aconteceu algo que efetivamente aconteceu ou que aconteceu algo que não aconteceu.

Já o erro de julgamento ocorre quando o juiz tem de julgar diante das parcas provas dos autos.

Destaque-se que somente o erro de fato é passível de rescisão, uma vez que no erro de julgamento a fragilidade probatória já foi discutida no curso do processo.

2.6.8 Tutela de urgência na ação rescisória

A atual redação do art. 489 admite a concessão de medidas antecipatórias na ação rescisória, casos imprescindíveis e sob os pressupostos previstos em lei.

Contudo, a redação anterior do art. 489 dizia que não era cabível a concessão de nenhuma medida de urgência na ação rescisória, e durante muito tempo a jurisprudência brasileira se mostrou controversa sobre isso.

O primeiro registro sobre o tema, ainda na década de 1980, a súmula 234,[39] do já extinto Tribunal Federal de Recursos, dizia que não era cabível nenhum tipo de medida de urgência na ação rescisória, e essa posição foi predominante durante décadas.

Em 2002, o STF, no *Informativo STF* n. 84, afirma que essa regra não pode ser absoluta, até porque o art. 798 confere ao juiz o poder geral de cautela, que está intimamente ligado ao art. 5º, XXXV, CF.

Então, caso haja necessidade de uma liminar em uma rescisória, não se poderia interpretar o art. 489, CPC desconsiderando o que expressa a norma constitucional, porque ela prevalece sempre.

Todavia, até então a jurisprudência não deferia uma medida antecipatória.

No *Informativo STF* n. 258, a Min. Ellen Gracie defere uma medida antecipatória e afirma que, se cabe cautelar, cabe antecipatória. Dessa forma, se conclui que a redação anterior do art. 489 entrava em desuso, devendo a interpretação a ser feita ter base constitucional, sendo deferida a antecipatória no caso em tela.

39 Súmula 234: "não cabe medida cautelar em ação rescisória para obstar os efeitos da coisa julgada".

Pouco tempo após, com a Lei n. 11.280/2006, altera-se a redação do art. 489 e admitem-se as tutelas de urgência na ação rescisória.

2.6.9 Procedimento

A petição inicial deverá conter todos os requisitos do art. 282, exigidos para o procedimento ordinário.

No caso de indicação a órgão diverso do órgão julgador, aquele a que se dirigiu a petição se declara incompetente e remete os autos a quem lhe pareça competente.

A petição deve ser instruída com os documentos indispensáveis à propositura da ação, devendo o autor, como em qualquer outra ação, produzir prova documental (art. 396), como a certidão do trânsito em julgado da decisão rescindenda.

Destaque-se que nenhum documento probatório estranho aos autos do feito onde surgiu a decisão rescindenda poderá ser juntado à inicial quando o pedido se fundar em erro de fato.

No pedido, que pode ocorrer apenas em relação a um capítulo da sentença, devem ser cumulados os pedidos de rescisão, não podendo o Tribunal suprir o que não foi pedido, e, se for o caso, o de novo julgamento da causa.

Em algumas ocasiões, basta o pedido de *iudicium rescidens*, como ocorre na ofensa à coisa julgada anterior. Em outros casos, é necessária a segunda etapa, o *iudicium rescissorium*, isto é, à rescisão deve se seguir novo julgamento da causa,[40] tornando necessária a remessa da causa para que o órgão competente a rejulgue.

O valor da causa é importante não só porque deve ser indicado na inicial, como também porque serve de base de cálculo para saber quanto deve ser depositado pelo autor. Se a causa não tiver valor econômico, ser-lhe-á atribuído valor estimativo, sendo a mesma hipótese de não se pedir o rejulgamento da causa.

A competência originária da ação rescisória é do Tribunal e a distribuição a um relator obedecerá ao regimento interno (art. 548).

---

40 A Súmula 252, STF esclarece que não estarão impedidos no julgamento da ação rescisória os juízes que participaram do julgamento rescindendo.

Os autos serão conclusos ao relator em 48 horas (art. 549, *caput*), cabendo-lhe exarar o despacho preliminar, deferindo ou indeferindo a citação do réu, não devendo o relator indeferir a inicial sem conceder ao autor a oportunidade de correção do defeito, nos termos do art. 284, *caput*.

Nos casos de indeferimento da petição inicial, pode ocorrer por inépcia (art. 295, I), por escolha de rito que não seja compatível com a natureza da causa (art. 295, V), pela inobservância dos requisitos da petição inicial (art. 282), pela falta de instrumento de mandato outorgado ao advogado do autor, quando exigível (art. 254) e pela falta de indicação de endereço do advogado do autor.

Pode ainda ocorrer o indeferimento da petição inicial com fundamento na inadmissibilidade da ação, como o autor não ter interesse processual, pelo pedido ser juridicamente impossível, pela não efetivação do depósito prévio ou pelo reconhecimento da decadência.

O despacho liminar de conteúdo negativo, que indefere a petição inicial, põe fim à ação rescisória e é de competência do relator, não sendo submetido ao órgão colegiado.

No caso de deferimento, além de determinada a citação do réu, deve o relator fixar prazo, não inferior a quinze dias e não superior a trinta dias, para o réu responder.

À data do despacho liminar de conteúdo positivo retroage o efeito de impedir a consumação do prazo extintivo. Todavia, tal efeito fica condicionado ao autor promover a citação do réu em dez dias, subsequentes à prolação do despacho, admitida a prorrogação até no máximo noventa dias. Caso a citação não se efetue nesses prazos, a consumação da decadência ocorrerá apenas na data da própria citação, se até lá não estiver extinto o direito.

No que tange à citação do réu, a disciplina da matéria é comum, realizando-se pelas mesmas formas utilizáveis em outros processos.

O prazo para resposta, fixado pelo relator, obedece ao prazo comum no que diz respeito a contagem, suspensão, interrupção e restituição. O prazo dos litisconsortes passivos é comum, mas conta-se em dobro no caso de procuradores diferentes (art. 191).

Quanto à possibilidade de reconvenção, entende-se que esta seria cabível, desde que competente o mesmo órgão e satisfeitos os pressupostos do art. 315.

Não verificadas as hipóteses de extinção do processo e verificado não caber o julgamento antecipado da lide, o relator proferirá decisão de saneamento (art. 331), deferindo ou indeferindo a realização de provas, que deverá ser realizada junto ao juízo de primeiro grau,[41] no prazo de quarenta e cinco a noventa dias para a devolução dos autos, contado da data do seu recebimento, mas sendo passível de pedido de prorrogação,[42] e, após, designando um dia para julgamento.

Cabe destacar que, na ação rescisória, dois pedidos em regra se cumulam: o de rescisão da sentença *(iudicium rescindens)* e o novo julgamento da causa *(iudicium rescissorium)*, caso seja rescindida a sentença, sendo os dois apreciados pelo tribunal na mesma sessão, do dia designado para julgamento, nessa ordem.

Quanto ao *iudicium rescindens*, admite-se a atividade de instrução que, como visto, será determinada pelo relator e se realizará junto ao juiz de primeiro grau. Essa instrução probatória será realizada em bloco, quer no tocante aos fatos do *iudicium rescindens*, quer quanto à necessidade do *iudicium rescissorium*, e ocorre paralelamente, na mesma fase do procedimento.

Contudo, não há óbice a que o tribunal converta o julgamento em diligência, antes de passar à análise do *iudicium rescissorium*, esclarecendo a *quaestio facti* relativa a este, se considerar que ainda não foi suficientemente esclarecido.

Concluída a instrução, o feito retorna ao tribunal de origem, mediante a abertura de vista ao autor e ao réu pelo prazo de dez dias, aplicável o art. 191 em caso de litisconsórcio, facultando-se às partes o oferecimento de razões finais.

Após esse prazo, o processo atinge a fase de julgamento, restituindo o relator o processo à secretaria, com o visto, extraindo a Secretaria cópias dos pontos controvertidos da causa, autenticando e distribuindo aos membros do órgão competente para julgar a rescisória (art. 553).

Os autos serão então conclusos ao revisor, que poderá apor seu visto e pedir dia para julgamento (art. 551, § 2º).

---

41 A referência aqui é a realização de audiência de instrução e julgamento, para esclarecimento dos fatos, uma vez que a prova documental é realizada perante o próprio relator, no tribunal. Destaque-se que não é necessária a existência de contestação, podendo o relator determinar qualquer diligência probatória que considere importante quanto ao fato alegado pelo autor.

42 Nesse sentido: Barbosa Moreira (2008, p. 199), comentando que, no art. 801, § 3º, CPC de 1939, poderia o juiz pedir a prorrogação do prazo nos casos de força maior. Dessa forma, embora haja o silêncio da legislação atual, defende que tal regra continua sendo válida.

O Ministério Público oficiará obrigatoriamente nas ações rescisórias, na qualidade de *custos legis*, ainda que nada disponha a legislação atual, diante da hipótese do art. 82, III, dado o interesse público evidenciado pela natureza da lide.

O julgamento da ação rescisória possui três etapas: a verificação da admissibilidade da ação, o exame do pedido de rescisão, em que o tribunal decide rescindir ou não a sentença impugnada (*ius rescindens*) e o eventual rejulgamento da matéria que for decidida (*ius rescissorium*), sendo os dois últimos o julgamento de mérito da ação rescisória, e cada etapa será iniciada apenas após a anterior ter sido admitida, mas a conclusão da etapa anterior não influi sobre a seguinte, sendo possível, por exemplo, ser considerada admissível a ação, mas não se convencer o tribunal da necessidade de rescisão da sentença.

A admissibilidade da ação rescisória ocorre no caso de a causa de pedir estar enquadrada no rol taxativo do art. 485 e na satisfação dos demais requisitos para o seu exercício.

Destaque-se que não tem relevância para sua admissibilidade a equivocada qualificação jurídica do fato narrado, bastando que um dos fatos do art. 485 seja reconhecido pela maioria dos juízes votantes.[43]

Julgado procedente o *iudicium rescindens*, será analisado o novo julgamento do feito, caso haja necessidade.

Nessa primeira etapa do julgamento, não preclui a análise da admissibilidade do recurso, principalmente se ocorreu a decadência para a sentença ser rescindida ou não.

A decisão que julga procedente o pedido, rescindindo a sentença, é constitutiva, com eficácia apenas *ex nunc*, e a que julga improcedente o pedido é declaratória negativa.

Ao julgar, fica decidido também o destino do depósito de 5%, pois, a teor do art. 488, II, CPC, o autor só perde o valor depositado em prol do réu caso seja unânime o julgamento de inadmissibilidade ou improcedência do *ius rescindens*.

Em face dessa decisão, poderão ser opostos embargos de declaração, embargos infringentes, no caso de julgamento não unânime, apenas na par-

43 Para o acolhimento do pedido de rescisão, não se podem somar votos que acolham o pedido por fundamentos distintos.

cela não unânime, recurso especial e recurso extraordinário, no caso de estarem presentes os requisitos dos art. 105, III, e 102, III, respectivamente.

Destaque-se ainda que, desconstituída a coisa julgada, pode o Tribunal determinar a remessa dos autos para a primeira instância, para que a causa seja rejulgada, sob pena de supressão de instância.

2.6.10 Execução da sentença rescindenda

A regra é que a propositura da ação rescisória não suspende a execução.

Antes, vinha-se entendo que a execução de sentença rescindenda não poderia ser obstada sequer mediante cautelar requerida pelo autor da rescisória. Contudo, a Medida Provisória n. 1.577 modificou a Lei n. 8.437/92, permitindo que a cautelar suspendesse os efeitos da decisão rescindenda.

Dessa forma, pode ocorrer agora a suspensão por antecipação de tutela ou até mesmo por medida cautelar.

Caso sobrevenha, no curso do processo executório, o trânsito em julgado do acórdão que rescindir a sentença exequenda, deverá extinguir-se a execução, desfazendo-se todos os atos já realizados, mas sem haver obrigação de indenizar, consoante o art. 588, I.

Caso ainda não tenha se iniciado a execução e houver a rescisão, a execução não começará, pois não existirá título executivo para lhe embasar. Na hipótese de a execução ser instaurada, ela será nula.

2.6.11 A ação rescisória no projeto do novo CPC (PL n. 8.046/2010)

Seção I

DA AÇÃO RESCISÓRIA

Art. 919. A sentença ou o acórdão de mérito, transitados em julgado, podem ser rescindidos quando:

I – se verificar que foram proferidos por força de prevaricação, concussão ou corrupção do juiz;

II – proferidos por juiz impedido ou absolutamente incompetente;

III – resultarem de dolo da parte vencedora em detrimento da parte vencida ou de colusão entre as partes, a fim de fraudar a lei;

IV – ofenderem a coisa julgada;

V – violarem manifestamente a norma jurídica;

VI – se fundarem em prova cuja falsidade tenha sido apurada em processo criminal, ou venha a ser demonstrada na própria ação rescisória;

VII – o autor, posteriormente ao trânsito em julgado, obtiver prova nova, cuja existência ignorava ou de que não pôde fazer uso, capaz, por si só, de lhe assegurar pronunciamento favorável;

VIII – fundada em erro de fato verificável do exame dos autos.

Parágrafo único. Há erro quando a decisão rescindenda admitir um fato inexistente ou quando considerar inexistente um fato efetivamente ocorrido, sendo indispensável, num como noutro caso, que não tenha havido controvérsia, nem pronunciamento judicial sobre o fato.

Art. 920. Têm legitimidade para propor a ação rescisória:

I – quem foi parte no processo ou o seu sucessor a título universal ou singular;

II – o terceiro juridicamente interessado;

III – o Ministério Público:

a) se não foi ouvido no processo em que lhe era obrigatória a intervenção;

b) quando a decisão rescindenda é o efeito de colusão das partes, a fim de fraudar a lei.

Art. 921. A petição inicial será elaborada com observância dos requisitos essenciais do art. 293, devendo o autor:

I – cumular ao pedido de rescisão, se for o caso, o de novo julgamento da causa;

II – depositar a importância de cinco por cento sobre o valor da causa, a título de multa, caso a ação seja, por unanimidade de votos, declarada inadmissível ou improcedente.

§ 1º Não se aplica o disposto no inciso II à União, ao Estado, ao Distrito Federal, ao Município, respectivas autarquias e fundações de direito público, ao Ministério Público, e aos que tenham obtido o benefício da gratuidade de justiça.

§ 2º Será indeferida a petição inicial nos casos previstos no art. 305 ou quando não efetuado o depósito exigido pelo inciso II deste artigo, ou rejeitada liminarmente a demanda nos casos do art. 307.

Art. 922. A propositura da ação rescisória não impede o cumprimento da sentença ou do acórdão rescindendo, ressalvada a concessão de tutelas de urgência ou da evidência.

Art. 923. O relator mandará citar o réu, assinando-lhe prazo nunca inferior a quinze dias nem superior a um mês para, querendo, contestar. Findo o prazo, com ou sem contestação, observar-se-á no que couber o procedimento comum.

Art. 924. Na ação rescisória, devolvidos os autos pelo relator, a secretaria do tribunal expedirá cópias do relatório e as distribuirá entre os juízes que compuserem o órgão competente para o julgamento.

Parágrafo único. A escolha de relator e de revisor recairá, sempre que possível, em juiz que não haja participado do julgamento rescindendo.

Art. 925. Se os fatos alegados pelas partes dependerem de prova, o relator poderá delegar a competência ao órgão que proferiu a sentença ou o acórdão rescindendo, fixando prazo de um a três meses para a devolução dos autos.

Art. 926. Concluída a instrução, será aberta vista, sucessivamente, ao autor e ao réu, pelo prazo de dez dias, para razões finais. Em seguida, os autos serão conclusos ao relator, procedendo-se ao julgamento pelo órgão competente.

Art. 927. Julgando procedente o pedido, o tribunal rescindirá a sentença, proferirá, se for o caso, novo julgamento e determinará a restituição do depósito; declarando inadmissível ou improcedente o pedido, a importância do depósito reverterá a favor do réu, sem prejuízo do disposto no art. 87.

Art. 928. O direito de propor ação rescisória se extingue em um ano contado do trânsito em julgado da decisão.

Parágrafo único. Se fundada no art. 919, incisos I e VI, primeira parte, o termo inicial do prazo será computado do trânsito em julgado da sentença penal.

O projeto do novo Código inicia as disposições sobre ação rescisória tratando de seu cabimento. Logo no primeiro artigo, há duas modificações em relação ao art. 485 do atual CPC: o art. 919, V, aprimora a sua redação para se referir à norma jurídica, em vez de "disposição literal de lei", como consta no atual art. 485, V.

Nesse ponto, como lembrou Barbosa Moreira, "nem é menos grave o erro do julgador na solução da *quaestio iuris* quando afronta norma que integra o ordenamento sem constar literalmente de texto algum".[44] Era necessário que se afastasse o vocábulo "literal" para que tivesse lugar a interpretação que permita a rescisória quando houver ofensa ao "direito em tese", porque como assevera o respeitado jurista "o ordenamento jurídico evidentemente não se exaure naquilo que a letra da lei revela à primeira vista".

A outra modificação é que a hipótese do inciso VII do art. 485 do atual CPC, que se refere a "houver fundamento para invalidar confissão, desistência ou transação em que se baseou a sentença", não está mais contemplada no rol previsto no projeto do NCPC para cabimento de ação rescisória, passando a ser passível de ação anulatória.

Em seguida, o projeto passa a tratar direto do rol de legitimados para a ação rescisória, reproduzindo o art. 487 do atual CPC.

Já os arts. 921 a 928 do projeto vão abordar o procedimento da ação rescisória, desde o ajuizamento da petição inicial e seus requisitos, até o seu julgamento. Destaque-se, nesses artigos, que o prazo para a propositura da ação rescisória foi reduzido para um ano, a contar do trânsito em julgado da decisão ou, nos casos em que há sentença penal condenatória, do trânsito em julgado da decisão penal.

2.7 AÇÃO ANULATÓRIA

O art. 486, CPC não se refere à ação rescisória, mas à ação anulatória, que possibilita a desconstituição de atos judiciais.

Embora se chame de atos judiciais, a lei se refere a atos das partes, cabendo a ação anulatória para atacar atos das partes excluído o erro de fato, que, como visto, é atacável por ação rescisória.

Através da ação anulatória podem-se atacar atos que não dependam de sentença de mérito e sentenças meramente homologatórias, ou seja, sentenças que se limitam a imprimir a atos não oriundos do órgão judicial força igual à que eles teriam se de tal órgão emanassem, sendo que podem ser atacados imediatamente, sem necessidade de se rescindir a decisão homologatória.

44 Barbosa Moreira (2008, p. 131).

Também é possível pensar na hipótese de ação anulatória em face de decisão interlocutória, caso haja transcorrido o prazo do agravo, e de sentença proferida em jurisdição voluntária.

A ação anulatória é utilizada, portanto, no curso do processo, antes do trânsito em julgado da sentença e sempre que não for cabível ação rescisória.

Os fundamentos da ação anulatória não abrangem os do art. 485, CPC, uma vez que o fundamento da ação anulatória é ato da parte, eventualmente homologado por sentença, e é competente o juízo que esteja processando a causa.

Como a ação anulatória é proposta no curso do feito originário, pode ser que este venha a ficar suspenso caso seu julgamento dependa do julgamento da ação anulatória.

O prazo para ingressar com a ação anulatória não é previsto no Código. Há quem defenda que se aplica o prazo genérico de prescrição do Código Civil, utilizado quantitativamente como prazo decadencial.

Já a competência para a ação anulatória é do próprio juiz que está com a causa, havendo conexão com ela.

A ação anulatória também é cabível em caso de vício de citação, destacando a doutrina que, nesses termos, ela não estaria sujeita a um prazo, em razão do vício grave existente.

2.7.1 A ação anulatória no projeto do novo CPC (PL n. 8.046/2010)

CPC ATUAL	PROJETO DO NCPC (PL N. 8.046/2010)
Art. 486. Os atos judiciais, que não dependem de sentença, ou em que esta for meramente homologatória, podem ser rescindidos, como os atos jurídicos em geral, nos termos da lei civil.	**Art. 929.** Os atos de disposição de direitos, praticados pelas partes ou por outros participantes do processo e homologados pelo juízo estão sujeitos à anulação, nos termos da lei. Parágrafo único. São anuláveis também atos homologatórios praticados no curso do processo de execução.

O projeto do novo CPC mantém o tratamento da ação anulatória, mas agora em uma seção específica. Adotou-se solução simples e objetiva para distinguir a ação anulatória da ação rescisória nos casos de sentenças homologatórias.

Foram afastadas dúvidas sobre o cabimento da ação anulatória. Esclareceu-se, pela primeira vez, claramente, no direito legislado, que cabe ação anulatória nos casos de sentenças homologatórias proferidas no processo de execução. Por outro lado, se houver fundamento para invalidação de confissão, desistência ou transação, em que se baseou a sentença, caberá ação anulatória.

2.8 O INCIDENTE DE RESOLUÇÃO DE DEMANDAS REPETITIVAS

O incidente de resolução de demandas repetitivas, que não possui previsão no CPC atual, mas é uma das inovações do projeto do novo CPC, demonstra uma tendência à implantação de mecanismos legais hábeis a propiciar a entrega da prestação jurisdicional de forma célere.

Tal tendência se coaduna com o novo panorama que vem se construindo nos países de *civil law* (Europa Continental e América Latina): a consagração de filtros com o objetivo de conter a litigiosidade de massa, dentre eles, a eleição de um caso piloto, cujo julgamento repercutirá sobre o dos demais processos que versem questão de direito (tese) símile ao paradigma.

A sistemática atualmente vigente no Brasil conta com algumas ferramentas aptas à contenção do avanço de multifárias ações massificadas como, por exemplo, a previsão de súmula vinculante no âmbito do Supremo Tribunal Federal (art. 103-A, CF/1988), de repercussão geral da matéria constitucional em sede de recurso extraordinário (art. 543-A e 543-B, CPC), de julgamento de recurso especial por amostragem (art. 543-C, CPC), de súmulas de jurisprudência dominante e de julgamento do mérito da lide antes mesmo da citação do réu (art. 285-A, CPC).

O referido incidente ocorrerá nos casos que gerem multiplicação de processos de questões de direito, embora possa se cogitar da dificuldade de se separar a questão fática do direito[45] e deverá ser instaurado perante o Tribunal local, com a pretensão dirigida ao seu Presidente: a) seja por

45 Segundo Lênio Streck (2007), a tentativa de identificar somente a questão do "direito" nada mais é do que uma ficção jurídica. O que se pode afirmar é que questão é predominante de fato ou predominantemente de direito (WAMBIER; WAMBIER; MEDINA, 1998, p. 25-28).

meio de ofício expedido pelo juiz da causa ou pelo relator (art. 930, § 1º, I, do projeto); b) seja mediante petição protocolizada pelas partes, pelo Ministério Público ou pela Defensoria Pública (art. 930, § 1º, II, do projeto). Sua instauração e julgamento deverão ser amplamente noticiados e veiculados eletronicamente pelo Cadastro a ser criado pelo Conselho Nacional de Justiça (art. 931 do projeto) e o Ministério Público deverá intervir no incidente (art. 930, § 3º do projeto).

Caberá ao plenário do tribunal ou ao órgão especial, onde houver, a realização do juízo de admissibilidade e o julgamento do incidente (art. 933 do projeto), sendo que a eficácia da decisão que o admitir ficará limitada à área de competência do órgão prolator, devendo o teor de mencionado decisório ser observado pelos juízes e demais órgãos fracionários no âmbito de sua competência territorial (art. 933, § 2º, do projeto).

Há a previsão de oitiva das partes, do Ministério Público, dos interessados e a possibilidade de juntada de documentos, para que se esclareça a questão (arts. 935 e 936 do projeto).

Julgado o incidente, estender-se-á a solução, isto é, a tese jurídica, a todos os demais processos que versarem idêntica questão de direito (art. 938 do projeto). O prazo limite para a realização do julgamento é de seis meses, devendo o incidente ter preferência sobre os demais feitos, à exceção dos que envolverem réu preso e *habeas corpus*, porquanto por dizerem respeito ao valor liberdade têm prevalência sobre todos os outros processos (art. 939 do projeto).

O recurso especial e/ou extraordinário aviado por qualquer das partes, pelo Ministério Público ou por *amicus curiae*, serão dotados de efeito suspensivo e, com relação à questão constitucional eventualmente discutida, haverá presunção de sua repercussão geral (art. 940 do projeto).

Por fim, se não for observada a tese jurídica firmada no julgamento, será cabível reclamação ao tribunal competente, cujo julgamento deverá ser regulado pelo regimento interno do respectivo tribunal (art. 941 do projeto).

Feita esta breve explanação sobre o mecanismo que objetiva a celeridade processual e o desafogamento do Poder Judiciário das demandas de massa, trazemos os artigos do projeto que disciplinam o incidente, que tem sofrido críticas por poder ser preventivo, quando o juiz já percebe que aquela demanda poderá se tornar de massa, ou repressiva, quando a questão já é massificada.

CAPÍTULO VII

DO INCIDENTE DE RESOLUÇÃO DE DEMANDAS REPETITIVAS

Art. 930. É admissível o incidente de demandas repetitivas sempre que identificada controvérsia com potencial de gerar relevante multiplicação de processos fundados em idêntica questão de direito e de causar grave insegurança jurídica, decorrente do risco de coexistência de decisões conflitantes.

§ 1º O pedido de instauração do incidente será dirigido ao Presidente do Tribunal:

I – pelo juiz ou relator, por ofício;

II – pelas partes, pelo Ministério Público ou pela Defensoria Pública, por petição.

§ 2º O ofício ou a petição a que se refere o § 1º será instruído com os documentos necessários à demonstração da necessidade de instauração do incidente.

§ 3º Se não for o requerente, o Ministério Público intervirá obrigatoriamente no incidente e poderá assumir sua titularidade em caso de desistência ou de abandono.

Art. 931. A instauração e o julgamento do incidente serão sucedidos da mais ampla e específica divulgação e publicidade, por meio de registro eletrônico no Conselho Nacional de Justiça.

Parágrafo único. Os tribunais promoverão a formação e atualização de banco eletrônico de dados específicos sobre questões de direito submetidas ao incidente, comunicando, imediatamente, ao Conselho Nacional de Justiça, para inclusão no cadastro.

Art. 932. Após a distribuição, o relator poderá requisitar informações ao órgão em cujo juízo tem curso o processo originário, que as prestará em quinze dias; findo esse prazo improrrogável, será solicitada data para admissão do incidente, intimando-se o Ministério Público.

Art. 933. O juízo de admissibilidade e o julgamento do incidente competirão ao plenário do tribunal ou, onde houver, ao órgão especial.

§ 1º Na admissibilidade, o tribunal considerará a presença dos requisitos do art. 930 e a conveniência de se adotar decisão paradigmática.

§ 2º Rejeitado o incidente, o curso dos processos será retomado; admitido, o tribunal julgará a questão de direito, lavrando-se o acórdão, cujo teor será observado pelos demais juízes e órgãos fracionários situados no âmbito de sua competência, na forma deste Capítulo.

Art. 934. Admitido o incidente, o presidente do tribunal determinará, na própria sessão, a suspensão dos processos pendentes, em primeiro e segundo graus de jurisdição.

Parágrafo único. Durante a suspensão poderão ser concedidas medidas de urgência no juízo de origem.

Art. 935. O Relator ouvirá as partes e os demais interessados, inclusive pessoas, órgãos e entidades com interesse na controvérsia, que, no prazo comum de quinze dias, poderão requerer a juntada de documentos, bem como as diligências necessárias para a elucidação da questão de direito controvertida; em seguida, no mesmo prazo, manifestar-se-á o Ministério Público.

Art. 936. Concluídas as diligências, o relator pedirá dia para o julgamento do incidente.

§ 1º Feita a exposição do incidente pelo relator, o presidente dará a palavra, sucessivamente, ao autor e ao réu do processo originário, e ao Ministério Público, pelo prazo de trinta minutos, para sustentar suas razões.

§ 2º Em seguida, os demais interessados poderão se manifestar no prazo de trinta minutos, divididos entre todos, sendo exigida inscrição com quarenta e oito horas de antecedência.

Art. 937. As partes, os interessados, o Ministério Público e a Defensoria Pública, visando à garantia da segurança jurídica, poderão requerer ao tribunal competente para conhecer de eventual recurso extraordinário ou especial a suspensão de todos os processos em curso no território nacional que versem sobre a questão objeto do incidente.

Parágrafo único. Aquele que for parte em processo em curso no qual se discuta a mesma questão jurídica que deu causa ao incidente é legitimado, independentemente dos limites da competência territorial, para requerer a providência prevista no *caput*.

Art. 938. Julgado o incidente, a tese jurídica será aplicada a todos os processos que versem idêntica questão de direito e que tramitem na área de jurisdição do respectivo tribunal.

Parágrafo único. Se houver recurso e a matéria for apreciada, em seu mérito, pelo plenário do Supremo Tribunal Federal ou pela corte especial do Superior Tribunal de Justiça, que, respectivamente, terão competência para decidir recurso extraordinário ou especial originário do incidente, a tese jurídica firmada será aplicada a todos os processos que versem idêntica questão de direito e que tramitem em todo o território nacional.

Art. 939. O incidente será julgado no prazo de seis meses e terá preferência sobre os demais feitos, ressalvados os que envolvam réu preso e os pedidos de *habeas corpus*.

§ 1º Superado o prazo previsto no *caput*, cessa a eficácia suspensiva do incidente, salvo decisão fundamentada do relator em sentido contrário.

§ 2º O disposto no § 1º aplica-se, no que couber, à hipótese do art. 937.

Art. 940. O recurso especial ou extraordinário interposto por qualquer das partes, pelo Ministério Público ou por terceiro interessado será dotado de efeito suspensivo, presumindo-se a repercussão geral de questão constitucional eventualmente discutida.

Parágrafo único. Na hipótese prevista no *caput*, interpostos os recursos, os autos serão remetidos ao tribunal competente, independentemente da realização de juízo de admissibilidade na origem.

Art. 941. Não observada a tese adotada pela decisão proferida no incidente, caberá reclamação para o tribunal competente.

Parágrafo único. O processamento e julgamento da reclamação observará o Capítulo VIII deste Livro.

2.9 RECLAMAÇÃO

A chamada Reclamação, de competência originária do STF e do STJ, está prevista, atualmente, nos arts. 102, I, e 105, I, da Constituição Federal, respectivamente.

Como bem observa Cândido Rangel Dinamarco,[46]

> [...] o vocábulo reclamação é ao menos ambíguo no direito brasileiro. Ora é empregado como sinônimo de correição parcial, designando o remédio processual destinado a impugnar atos ou omissões do juiz de primeiro grau de jurisdição, insuscetíveis do recurso de agravo; ora designa o meio mediante o qual se leva ao Supremo Tribunal Federal

46 Dinamarco (2010).

ou ao Superior Tribunal de Justiça a notícia da usurpação de sua competência ou desobediência a julgado seu, cometida por juiz ou tribunal inferior (Const., art. 102, inc. I, letra *l*, e art. 105, inc. I, letra *f*).

Muito se discute se a reclamação seria ou não um recurso.

Nesse ponto, primeiro tem-se de destacar o caráter jurisdicional da Reclamação, e não meramente administrativo, já que o STF ou o STJ – aquele que for competente, de acordo com a matéria discutida – afastará a eficácia de ato de juiz ou tribunal inferior invasivo de sua competência ou em desacordo com anterior julgamento seu.

Quando os Tribunais Superiores realizam o controle esperado através da reclamação, temos que esse controle irá atingir o litígio e os litigantes. Mais ainda: prevê o Regimento Interno do STF (art. 161), que o Plenário, ao acolher a reclamação, poderá avocar o processo e chamar a si com urgência o eventual recurso interposto, além de cassar a decisão exorbitante ou impor o respeito à sua competência, o que retira o caráter meramente administrativo da reclamação, já que, fosse assim entendido, seria absurdo admitir medida administrativa que pudesse banir a eficácia de atos jurisdicionais, numa flagrante invasão de competência.

Ademais, realiza-se o controle mencionado via provocação da parte ou do Ministério Público, conforme previsão dos arts. 156 do Regimento Interno do STF e 187 do Regimento Interno do STJ, o que reafirma o caráter jurisdicional da reclamação.

Em consequência, conclui-se que os pressupostos e efeitos da reclamação são regidos pelas normas processuais, bem assim os critérios que determinam a sua admissibilidade.

Antes do Código de 1973, o qual ampliou a admissibilidade do recurso de agravo contra as decisões interlocutórias, era comum a confusão que se fazia entre a reclamação e a *correição parcial*, já que esta destinava-se à impugnação de atos ou omissões de juiz de primeiro grau de jurisdição que fossem insuscetíveis de agravo de instrumento. Após o Código de 1973 dissociou-se a imagem da correição da reclamação, e restou a dúvida se a reclamação seria ou não uma espécie de recurso.

Contudo, ela se afasta de um recurso.

O primeiro ponto que fundamenta a afirmação é a taxatividade dos recursos, característica que significa que os recursos cabíveis estão previstos em lei. Ademais, seu destino é diverso daquele próprio dos recursos.

Acima de tudo, o processamento da reclamação difere da maneira como são julgados os recursos, como passaremos a demonstrar.

Admitida a reclamação, o tribunal cuja autoridade tenha sido violada pela decisão inferior, condena o ato à *ineficácia total*, sem reformá-lo ou anulá-lo para que outro seja proferido, negando, assim, o poder daquele órgão que realizou o ato. Ou seja, o vício do ato reside especificamente na ausência de poder para realizá-lo. E não há recurso sem que se substitua o ato recorrido e sem a devolução do processo para que outro ato seja proferido na origem. O âmbito da reclamação é bem mais restrito que o dos recursos em geral e, em particular, do agravo.

Quando do julgamento da reclamação, temos que não se reputa desobediente ao STF ou ao STJ decisão sobre pedido já soberanamente decidido quando essa nova decisão pronunciar-se sobre novos fundamentos ainda não versados.

Por isso, a reclamação tem como finalidade corrigir desvio processual, em atenção ao interesse das partes, razão pela qual torna-se indispensável sua provocação.

Pode-se, então, perceber que, muito embora possua caráter jurisdicional, o mais correto é, portanto, classificá-la como um remédio processual, mas não como um recurso, na medida em que garante a manutenção do direito da parte, colocando-o a salvo de arbítrio da autoridade judiciária de instância inferior. Garante, ainda, a autoridade das decisões proferidas pelas cortes maiores do País, condenando o ato de desobediência à ineficácia total.

Por isso, Cândido Rangel Dinamarco destaca que:

> A reclamação enquadra-se comodamente na categoria dos remédios processuais, que é muito ampla e abriga em si todas as medidas mediante as quais, de algum modo, se afasta a eficácia de um ato judicial viciado, se retifica o ato ou se produz sua adequação aos requisitos da conveniência ou da justiça (Carnelutti). As medidas qualificadas como remédios produzem, conforme o caso, a retificação, a convalidação ou a cassação do ato.[47]

47 Dinamarco (2010).

2.9.1 A reclamação no projeto do novo CPC

O projeto do novo CPC prevê expressamente a reclamação como meio de impugnação das decisões judiciais, nos arts. 942 a 947, pondo fim a qualquer dúvida se seria ou não um recurso, já que é tratada imediatamente antes dos recursos.

> **Art. 942.** Caberá reclamação da parte interessada ou do Ministério Público para:
> I – preservar a competência do Tribunal;
> II – garantir a autoridade das decisões do Tribunal;
> III – garantir a observância de súmula vinculante;
> IV – garantir a observância da tese firmada em incidente de resolução de demandas repetitivas;
> V – garantir a observância da tese firmada em incidente de assunção de competência.
> Parágrafo único. A reclamação, dirigida ao Presidente do Tribunal, instruída com prova documental, será autuada e distribuída ao relator da causa principal, sempre que possível.
> **Art. 943.** Ao despachar a reclamação, o relator:
> I – requisitará informações da autoridade a quem for imputada a prática do ato impugnado, que as prestará no prazo de dez dias;
> II – ordenará, se necessário, para evitar dano irreparável, a suspensão do processo ou do ato impugnado.
> **Art. 944.** Qualquer interessado poderá impugnar o pedido do reclamante.
> **Art. 945.** O Ministério Público, nas reclamações que não houver formulado, terá vista do processo, por cinco dias, após o decurso do prazo para informações.
> **Art. 946.** Julgando procedente a reclamação, o Tribunal cassará a decisão exorbitante de seu julgado ou determinará medida adequada à preservação de sua competência.
> **Art. 947.** O Presidente determinará o imediato cumprimento da decisão, lavrando-se o acórdão posteriormente.

Prevendo a reclamação como meio de impugnação, o primeiro artigo do projeto traz as finalidades da reclamação, o que deixa claro que esta não possui natureza recursal.

O art. 943 trata das funções do relator, que pedirá informações à autoridade que praticou o ato impugnado e, após, se entender necessário, poderá suspender provisoriamente o ato, até o julgamento da reclamação.

O art. 944 permite que qualquer interessado impugne o pedido, não podendo esquecer que o interesse demonstrado aqui deverá ser o jurídico.

O art. 945 prevê a atuação do Ministério Público para se manifestar na reclamação, e o art. 946, que, julgada procedente a reclamação, a medida atacada não terá mais efeito, tendo a decisão cumprimento imediato, nos termos já do art. 947 do projeto.

CAPÍTULO 3

Teoria geral dos recursos

3.1 NOÇÕES PRELIMINARES

Visando a assegurar a justiça das decisões judiciais sem, no entanto, sacrificar a segurança jurídica, prevê a lei, com base no princípio do duplo grau de jurisdição, a possibilidade de realização de dois ou mais exames sucessivos das decisões.

Em regra, o ordenamento restringe-se a permitir a provocação do reexame das decisões judiciais, dentro de limites e de acordo com certas exigências preestabelecidas.

Em certos casos, no entanto, a existência de interesse público relevante torna obrigatória a reapreciação da causa, tal como ocorre nas hipóteses do art. 475, CPC, em que as sentenças proferidas contra determinadas pessoas jurídicas de direito público não produzem efeitos senão após a confirmação pelo órgão jurisdicional superior, havendo necessidade de sujeição ao duplo grau de jurisdição obrigatório.[1]

Mesmo nos casos de duplo grau de jurisdição obrigatório, nada obsta a que a parte, voluntariamente, interponha o recurso cabível para impugnar a decisão que lhe desfavorece, caso em que o órgão jurisdicional superior realizará dois exames distintos.

1 Barbosa Moreira (2008, p. 114). As mitigações ao reexame necessário encontram-se previstas no próprio art. 475, CPC, em seus §§ 2º e 3º.

Assim, havendo a possibilidade de impugnação da decisão proferida, podem as partes ou, em alguns casos, outras pessoas juridicamente interessadas (CPC, art. 499), pleitear a emissão de outra decisão por órgão jurisdicional diverso ou, por exceção, pelo mesmo órgão, com a consequência de fazer prosseguir o processo em curso, evitando, pois, a ocorrência de preclusão ou, conforme o caso, de coisa julgada.

São os recursos, portanto, meios de impugnação de decisões judiciais exercitáveis dentro do mesmo processo em que surge a decisão impugnada, mas não necessariamente nos mesmos autos, objetivando impedir a formação da coisa julgada. Nesse sentido, diferem das ações autônomas de impugnação de decisão judicial, tais como o mandado de segurança e a ação rescisória que, além de darem lugar à instauração de um outro processo, isto é, de uma nova relação jurídica processual, pressupõem a irrecorribilidade da decisão.[2] Daí por que se diz que os recursos são *interpostos* e as ações autônomas de impugnação são *propostas* ou *impetradas*.

Visto isso, o recurso pode ser conceituado como o remédio voluntário, incidental a um processo, que manifesta a insatisfação daquele que vê seus interesses contrariados por um provimento jurisdicional que possua conteúdo decisório. Dessa forma, todo recurso nasce da iniciativa de um interessado em impugnar a decisão.

O mais comum dos resultados almejados com a interposição do recurso é a reforma da decisão judicial impugnada, com a prolação de uma nova decisão pelo órgão julgador do recurso sobre a mesma questão decidida no provimento recorrido, que ocorre quando houver neste último um *error in judicando,* isto é, erro de julgamento ou vício de conteúdo.

O *error in judicando* verifica-se quando a declaração judicial contraria a vontade concreta da norma, seja ela de direito material ou de direito processual.

Havendo, no entanto, *error in procedendo,* o vício atacado dirá respeito à forma e, por isso, estará sempre relacionado ao descumprimento de uma norma de natureza processual que acarretará a nulidade da decisão.

Nesse caso, o resultado almejado será a invalidação do provimento judicial, ou seja, a prolação de uma decisão pelo órgão julgador do recurso que

2 Além dos recursos e das ações autônomas de impugnação, são também meios de impugnação os incidentes processuais, tais como o incidente de uniformização de jurisprudência, previsto no art. 476, CPC, e a declaração de inconstitucionalidade, prevista no art. 480, CPC, que ensejam o reexame da matéria decidida por instância superior a pedido, em regra, do próprio órgão jurisdicional.

anule o pronunciamento atacado, com a determinação de que o órgão prolator da decisão anulada profira nova decisão sobre a mesma questão.

Nos casos em que a decisão do órgão judicial é contraditória ou obscura, o resultado almejado pela interposição do recurso será o esclarecimento ou a integração da decisão pelo próprio juízo prolator da decisão reafirmando, de forma mais clara, o que havia sido anteriormente decidido.

Por outro lado, tratando-se de decisão na qual exista omissão de questão sobre a qual o órgão prolator deveria ter se pronunciado, visar-se-á, através da interposição do recurso, à integração da decisão judicial impugnada, com o fim de que o juiz reproduza o que havia dito, com atenção à questão que não havia sido anteriormente apreciada.

Assim, o recurso é um remédio voluntário que objetiva a reforma, a invalidação, o esclarecimento ou a integração da decisão judicial impugnada.

3.2 NATUREZA JURÍDICA DOS RECURSOS

A maior parte da doutrina conceitua o recurso como uma extensão do direito de ação exercido no processo, por iniciar uma nova fase do processo, no segundo grau de jurisdição.

Destaque-se que o entendimento majoritário não obsta a que o réu, o Ministério Público ou até mesmo terceiro prejudicado interponham recurso, destacando Barbosa Moreira, em relação ao réu, o caráter bilateral da ação, e, em relação aos demais legitimados para recorrer, que nesses casos estar-se-ia exercendo o direito abreviado de ação.[3]

A interposição do recurso é caracterizada, ainda, como um ônus processual, por sujeitar quem o interpõe à revisão da matéria por órgão superior.

3.3 DUPLO GRAU DE JURISDIÇÃO

Os recursos asseguram exames sucessivos da decisão, permitindo que juízes mais experientes, em regime colegiado, analisem argumentos que,

3 Barbosa Moreira (2008, p. 227).

no primeiro momento, não se tenha atribuído o justo peso. Dessa forma, garante-se maior probabilidade de acerto no pronunciamento jurisdicional, sendo consectário do devido processo legal.

Indaga-se a amplitude dos poderes cognitivos do órgão *ad quem*, se lhe seria lícito examinar todos os aspectos da causa, inclusive aqueles sobre os quais não tenha se pronunciado o órgão *a quo* ou se estaria vinculado, e em que medida, aos limites da cognição efetivamente exercida em primeiro grau.

A questão depende da delimitação do efeito devolutivo a que se atribui ao recurso ou ao expediente análogo previsto na lei.

A decisão sujeita a recurso, ainda que reúna todos os requisitos de validade, não tem ainda eficácia desde logo. Sua eficácia só surgirá com o trânsito em julgado, que apenas ocorrerá ao final do prazo para interposição do recurso. No caso de ter sido interposto recurso inadmissível, o trânsito em julgado remeterá ao *dies ad quem* do prazo de interposição, decorrido *in albis*.

Apenas nos casos de *error in judicando*, ou nas hipóteses de aplicação do art. 515, § 3º, a decisão proferida em sede recursal substituirá a decisão recorrida.

Ressalte-se que essa substituição poderá ser total ou parcial, se for impugnada toda a matéria em sede de recurso ou não e pode haver uma sucessão de substituição de decisões, até que a mesma se torne irrecorrível.

No caso de *error in procedendo*, a decisão recorrida simplesmente será anulada, para que o órgão *a quo* profira nova decisão, prosseguindo em sua atividade cognitiva.

3.4 ATOS SUJEITOS A RECURSO

Os arts. 162 e 163, CPC, classificam os pronunciamentos judiciais em sentenças,[4] decisões interlocutórias,[5] despachos[6] e acórdãos.[7]

4 Nos termos do art. 162, § 1º, CPC, sentença é o ato juiz que implica alguma das situações previstas no art. 267 ou 269, CPC.

5 Ato pelo qual o juiz, no curso do processo, resolve questão incidente (art. 162, § 2º, CPC).

6 Todos os demais atos do juiz, praticados no processo, de ofício ou a requerimento da parte, a cujo respeito a lei não estabelece outra forma (art. 162, § 3º, CPC).

7 Julgamento proferido pelos Tribunais (art. 163, CPC).

O CPC aborda as expressões "despacho",[8] "despacho de mero expediente" e "despacho de expediente", podendo-se inferir que existiriam vários tipos de despacho.

Os despachos são compreendidos como atos de conteúdo decisório, que não se limitam à função de impulsionar o processo, tendo, portanto, alguns despachos, natureza de decisão interlocutória, ajustando-se perfeitamente à definição do art. 162, § 2º, de atos pelos quais resolve o órgão judicial questões incidentes, decidindo no curso do processo. Independentemente do nome que lhe seja atribuído, esse pronunciamento judicial tem natureza jurídica de decisão interlocutória, o que o torna passível do recurso de agravo.

Já os despachos de mero expediente(art. 189, I), a teor do art. 504, CPC, por não possuírem conteúdo decisório, são irrecorríveis.

A Lei n. 8.952, de 1994, que acrescentou o § 4º ao art. 162, dispõe que "os atos meramente ordinatórios, como a juntada e a vista obrigatória, independem de despacho, devendo ser praticados de ofício pelo servidor e revistos pelo juiz quando necessário".

Quanto aos demais pronunciamentos judiciais, as sentenças, resolvendo o mérito da causa (nos termos do art. 269, CPC) ou não (art. 267, CPC) são impugnáveis mediante apelação (art. 513).

As decisões interlocutórias, por decidirem questões incidentes ao processo, são impugnáveis através de agravo (art. 522), seja na modalidade retida, seja na modalidade de instrumento, como será posteriormente analisado.

Em face de acórdãos podem ser cabíveis embargos infringentes (art. 530), recurso ordinário (no caso das hipóteses previstas nos arts. 102, II, *a*, e 105, II, *b*, da Constituição), recurso extraordinário (102, III, CF) ou recurso especial (105, III, CF). Outros recursos podem, ainda, ser cabíveis no procedimento de grau superior quando a decisão é proferida por um membro do colegiado, como os agravos regimentais ou internos, previstos nos arts. 532 e 557, § 1º, em face de decisões monocráticas dos relatores e o agravo contra decisão do presidente de seção, de turma ou de relator no STF ou no STJ (art. 39 da Lei n. 8.038).

8 Em face dos despachos poderão ser opostos embargos de declaração e, caso o despacho seja teratológico, será cabível a impetração de mandado de segurança.

Destaque-se, ainda, que qualquer decisão, em qualquer grau de jurisdição, poderá, ser atacável por meio de embargos de declaração, caso ocorra uma das hipóteses do art. 535, CPC.

3.5 PRAZO PARA INTERPOSIÇÃO DO RECURSO

O *dies a quo* para interposição do recurso é aquele em que se realiza a intimação da decisão recorrida,[9] sendo que, no caso das sentenças proferidas em audiência, o prazo correrá da leitura (art. 506, I), reputando-se a intimação feita na própria audiência. É irrelevante a parte não ter comparecido à audiência, desde que ciente desta. Contudo, se não houver prévia comunicação do dia e da hora, dever-se-á proceder de acordo com os arts. 236 e 237, CPC, sendo o *dies a quo* contado da intimação da sentença.

Já no caso das sentenças não proferidas em audiência, o prazo flui da intimação, mediante a inserção da sentença no órgão oficial, salvo para as partes em que é necessária a intimação pessoal, como ocorre para o Ministério Público, para a Defensoria Pública, para as Procuradorias e para a Advocacia Geral da União.

Quanto às decisões interlocutórias e aos acórdãos, o prazo flui da intimação no órgão oficial, desde que não seja necessária a republicação, quando o prazo começará a fluir desta.

O art. 506 poderia trazer uma aparente incongruência, uma vez que aborda intimação dos advogados (inciso I) e intimação das partes (inciso II). A doutrina, contudo, entende que as partes deverão ser intimadas na pessoa de seu advogado.

No caso de revelia, o *dies a quo* será sempre o mesmo de qualquer outro litigante, correndo o prazo da leitura na audiência de instrução e julgamento ou da data designada para publicação, cabendo ao revel conferir

9 A Lei n. 11.419/2006, que trata do processo eletrônico, prevê que a publicação eletrônica substitui qualquer outro meio de publicação, sendo que se considera como dia da publicação o primeiro dia útil seguinte ao da disponibilização da informação no *Diário de Justiça eletrônico* (art. 4º, § 3º), iniciando-se a contagem do prazo recursal a partir do primeiro dia útil que se seguir ao considerado como data da publicação (art. 4º, § 4º). Contudo, no caso de o interessado realizar consulta eletrônica ao teor da intimação, certifica-se nos autos a sua realização e o prazo, nesse caso, começará a correr no momento em que se realizar a consulta (art. 5º, § 1º). O recurso pode ser interposto até às 24:00 horas do último dia do prazo (art. 10, § 1º).

a data em cartório. Caso haja sido nomeado curador especial, o prazo começará a fluir da intimação do curador especial.

Na contagem será excluído o dia do começo, isto é, o dia em que é realizada a intimação e incluir-se-á o do vencimento (art. 184, *caput*), prorrogando-se para o primeiro dia útil se for feriado.

Afigura-se relevante para a contagem do prazo a data do protocolo do recurso no Tribunal, sendo que tem se entendido que o carimbo ilegível obsta o conhecimento do recurso, pois impede a verificação da tempestividade.[10]

O prazo recursal, contudo, poderá ser suspenso ou interrompido, sendo que as causas são expressamente as previstas na lei. Ressalte-se que o pedido de reconsideração da decisão judicial não suspende e nem interrompe o prazo para recurso.

A suspensão do prazo recursal não se confunde com a suspensão do processo, havendo hipóteses em que se suspende o prazo recursal, mas se interrompe o processo, como ocorre quando do falecimento do advogado. A suspensão do prazo recursal pode ocorrer por superveniência do recesso forense (art. 179), obstáculo criado por outra parte (art. 180), perda de capacidade processual de qualquer das partes (art. 265, I, c/c o art. 180) ou recebimento de exceção (art. 265, III, c/c o art. 180).

Já a interrupção do prazo poderá ocorrer pela morte da parte ou de seu advogado, desde que não haja outro constituído nos autos e a ocorrência de motivos de força maior.

Quanto ao momento da interrupção, o melhor entendimento é de que ele ocorrerá por força do próprio fato, não se escoando, pois, o lapso da lei para a interposição do recurso. O pronunciamento judicial terá, então, natureza meramente declaratória, fazendo certo que o prazo se interrompeu e o processo se suspendeu desde a respectiva ocorrência.

Havendo litisconsórcio, nenhum dos litigantes poderá interpor o recurso enquanto estiver suspenso o processo. Retomado o prazo, aquele que deu causa à suspensão do processo precisa ser intimado da sua fluência, enquanto para os demais a fluência recomeça de pleno direito.

10 Barbosa Moreira (2008, p. 366) defende que, nos casos do carimbo estar ilegível, não poderia se atribuir à parte a consequência do defeito do Poder Judiciário, devendo ser cabível a possibilidade de suprir a falha por meio da comprovação de que o recurso foi interposto a tempo.

Fluído o prazo para recorrer, a consequência normal é o trânsito em julgado da decisão. Ocorre, porém, que essa consequência pode ser eliminada caso se prove que houve justa causa para a omissão em se recorrer tempestivamente, definida a justa causa pelo art. 183, § 1º, que não se confunde com o de força maior, previsto no art. 507, sendo esta última

Isso porque a força maior tem caráter transindividual, não restrita à figura do litigante, enquanto a justa causa tem conotação particular, bastando que tenha atingido individualmente quem a invoca, sem perturbar o feito de forma geral, desde que não possa ser imputada ao advogado do próprio litigante que a invoca.

Assim, a justa causa não interrompe o prazo, mas o prejudicado terá direito à devolução do prazo para recorrer.

No que tange aos prazos processuais, cabe, ainda, destacar que possuem prazo em dobro para recorrer o Ministério Público, seja como parte, terceiro prejudicado ou fiscal da lei (art. 188), bem como a Fazenda Pública (art. 188), a Defensoria Pública (Lei n. 7.871), as autarquias e fundações públicas (art. 10, Lei n. 9.469).

O simples fato de haver litisconsórcio não amplia o prazo para recorrer, salvo se os litisconsortes tiverem procuradores distintos, hipótese em que os prazos serão contados em dobro (art. 191).

Transcorrido o prazo recursal, sobrevém o trânsito em julgado do acórdão. Cinco dias após tal fato, caberá ao escrivão promover a baixa dos autos à vara de origem. Se não for respeitado tal prazo, poderá ser instaurado procedimento administrativo, por autoridade competente (arts. 193 e 194), podendo eventualmente ocorrer a responsabilidade civil (art. 144, I) e até a responsabilidade penal (art. 319 do CP) do escrivão.

O *dies a quo* do prazo de cinco dias, de acordo com o art. 510, CPC, é do trânsito em julgado do acórdão, sendo que esse prazo deve ser contado a partir do termo final do prazo para interposição do último recurso que, em tese, se poderia admitir contra o acórdão, abstraindo-se a indagação sobre a admissibilidade do recurso *in concreto*.

3.6 LEGITIMIDADE E INTERESSE PARA RECORRER

A legitimação para recorrer é requisito de admissibilidade do recurso.

A teor do art. 499, podem recorrer a parte vencida, o terceiro prejudicado e o membro do Ministério Público. Nesse ponto, deve-se diferenciar legitimidade para recorrer e interesse em recorrer.

Legitimam-se a recorrer como parte o autor primitivo ou o réu, ainda que revel. No caso de litisconsórcio, qualquer um dos litisconsortes legitima-se ao recurso, não importando a espécie de litisconsórcio e o momento em que ele se constituiu, desde que seja anterior à decisão impugnada, uma vez que, se posterior, o recurso é de terceiro prejudicado. A legitimação para recorrer pode, inclusive, ser extraordinária, como nos casos dos sucessores, a título universal ou singular, desde que o façam no prazo do recurso.

O assistente, tanto do art. 54 como do 50, também pode recorrer, ainda que não o faça o assistido. O assistente litisconsorcial poderia recorrer, sem dúvida, por possuir os mesmos poderes do assistido. A discussão ficaria se o assistente simples poderia recorrer. Nas hipóteses de reconhecimento do pedido, desistência e transação, não há sentido em admitir seu recurso, mas, se estiver ele legitimado a recorrer como terceiro prejudicado, não há motivo para seu recurso não ser admitido.

No que tange à legitimação de terceiro, cumpre destacar que terceiro é aquele que não é parte, quer nunca o tenha sido, quer haja deixado de sê-lo em momento anterior à decisão. A sua legitimação está ligada ao prejuízo que a decisão pode lhe causar, confundindo-se com o próprio interesse em recorrer.

Diverge a doutrina, ainda, se esse prejuízo seria meramente fático ou se deve ser jurídico. O melhor entendimento, resgatando os princípios gerais da intervenção de terceiros, é o da necessária existência de interesse jurídico, bastando que sua esfera jurídica seja atingida reflexamente pela decisão.[11]

O advogado também poderá recorrer, conforme disposição do art. 23 da Lei n. 8.906/94, na parte dos honorários advocatícios, como terceiro prejudicado.

Já o Ministério Público possui os mesmos recursos das partes, sem diferença quanto aos pressupostos de cabimento. Apenas lhe é vedado o

11 Excepciona-se, nesse caso, a Lei n. 9.469/97, em especial seu art. 5º, parágrafo único, que permite que as pessoas jurídicas de direito público intervenham se presente seu interesse econômico.

recurso adesivo (na condição de fiscal da lei). Caso recorra de decisão proferida em processo em que funcionava como fiscal da lei, possuirá ônus e poderes iguais aos das partes, sendo dispensado apenas do preparo dos recursos.

O Ministério Público poderá até recorrer do processo em que não tenha sido intimado para atuar como fiscal da lei.

Vista a legitimidade, o interesse é tratado pelo binômio utilidade e necessidade, utilidade da providência judicial pleiteada e necessidade da via que se escolhe para obter a providência, devendo-se buscar uma situação mais vantajosa, sendo o recurso essencial para se buscar tal vantagem.

O interesse estará presente quando a parte for vencida, isto é, quando a decisão houver lhe causado prejuízo ou a tenha posto em situação menos favorável do que ela gozava antes do processo, acolhendo a pretensão do adversário, ou até, quando a decisão não houver lhe proporcionado tudo o que ela poderia esperar, sendo, portanto, o recurso necessário para que o recorrente tente atingir o resultado prático que tem em vista.[12]

Destaque-se que até nos casos de a sentença estar sujeita ao duplo grau obrigatório pode estar presente o interesse do recorrente, uma vez que seu recurso voluntário lhe dará a oportunidade de arrazoar, de criticar a sentença, de aduzir argumentos a favor da respectiva reforma ou invalidação.

No caso dos terceiros, deverá ser demonstrado o interesse jurídico no recurso, caracterizado pela relação jurídica, de que esse terceiro é titular, ser ou poder ser atingida por decisão proferida em processo do qual ele não faz parte.

Quanto ao Ministério Público, quando atua como parte, o interesse em recorrer estará nos eventuais prejuízos sofridos, caracterizando-se a regra da sucumbência. Já na qualidade de fiscal da lei, seu interesse em recorrer fica demonstrado pela defesa de eventual disposição legal não observada.

Contudo, questão que se mostra controversa é se o juiz e seus auxiliares, não previstos no rol do art. 499, CPC, poderiam recorrer. O entendimento majoritário é que não seria possível, uma vez que, em relação ao

12 Barbosa Moreira (2008, p. 303) exemplifica se o pedido é julgado improcedente, mas, logo após a prolação da sentença, o réu oferece pagamento da quantia cobrada, mais os acessórios, *in totum*, não possuiria mais o autor interesse em apelar.

auxiliar do juiz, o prejuízo provocado pelo ato decisório deve se resolver em ação própria.[13] Em relação ao próprio juiz, o art. 499, *caput*, significa que ele não pode recorrer, salvo nos casos de exceção de suspeição e de impedimento.

3.7 PRINCÍPIOS RELATIVOS AOS RECURSOS

a) Princípio do duplo grau de jurisdição:[14] o duplo grau de jurisdição é não só o fundamento do sistema recursal, possibilitando o reexame da decisão por instância superior, como também um princípio dos recursos.[15]

Por força desse princípio, qualquer decisão judicial da qual possa resultar prejuízo jurídico a alguém admite revisão judicial por órgão jurisdicional hierarquicamente superior. O princípio, embora não garantido expressamente na Constituição,[16] consiste em garantia processual oriunda do princípio do devido processo legal; este, sim, previsto em sede constitucional.

Suas premissas são a criação de um controle interno ao ato judicial, por meio de instâncias e graus de jurisdição, a experiência dos tribunais e o princípio da colegialidade, uma vez que a decisão monocrática, proferida em primeira instância, será examinada por um órgão colegiado, salvo

13 Araken de Assis (2002, p. 154) defende que os auxiliares do juiz deveriam recorrer como terceiros e destaca algumas hipóteses de admissão pelo Superior Tribunal de Justiça: "a respeito, assentou a 4ª Turma do STJ: 'O perito judicial não possui legitimidade para recorrer, visando ao aumento da sua remuneração. E a 2ª Turma negou legitimidade ao depositário. Em sentido contrário, em hipótese análoga à primeira, admitiu a legitimidade do assistente técnico a 2ª Turma do STJ, sob fundamento de que o ato, reflexamente, atingiu direito do próprio auxiliar.' E a 4ª Turma admitiu recurso da empresa de banco investida na qualidade de depositária de dinheiro (art. 666,I)".

14 A exceção ao duplo grau de jurisdição é a Lei n. 6.830/80, que, quando o valor da causa é baixo, não prevê a possibilidade de recurso. Contudo, o Supremo Tribunal Federal tem decidido que, nas hipóteses em que não há um recurso previsto, seria cabível o recurso extraordinário.

15 A Lei n. 9.099/95 só prevê como recursos os embargos de declaração e a apelação. Contudo, a ausência de previsão recursal para impugnar as decisões interlocutórias não é visto como violação ao princípio do duplo grau de jurisdição, uma vez que o entendimento predominante é que, embora essas decisões não sejam recorríveis de imediato, podem ser suscitadas na apelação. A irrecorribilidade não é, portanto, absoluta, mas apenas imediata.

16 Nelson Nery Junior (2004a, p. 163) adverte que, no Brasil, a única Constituição que previu expressamente esse princípio foi a Constituição do Império, de 1824, em seu art. 158.

nos casos de decisão monocrática proferida pelo relator do processo no Tribunal.

Cabe ressaltar que o duplo grau de jurisdição sofre atenuações em virtude do princípio do duplo exame que, afastando o duplo grau, determina que o juízo de mérito em certos recursos caberá ao próprio órgão que proferiu a decisão impugnada.

b) Princípio da taxatividade: somente são considerados recursos aqueles expressamente determinados e regidos por lei nacional (art. 22, I, CF), ou seja, o rol previsto no CPC e em outras leis processuais é *numerus clausus.*[17] Nesse sentido, são recursos, de acordo com o art. 496, CPC, a apelação, o agravo, os embargos infringentes, os embargos de declaração, o recurso ordinário, o recurso especial, o recurso extraordinário e os embargos de divergência em recurso especial e em recurso extraordinário.[18] Não são recursos, portanto, a correição parcial, a remessa necessária e o pedido de reconsideração.

c) Princípio da unirrecorribilidade ou unicidade: cada recurso previsto em lei possui uma função determinada e uma hipótese específica de cabimento. Assim é que, "*para cada espécie de ato judicial a ser recorrido, deve ser cabível um único recurso*".[19] Este princípio não impede que seja interposto mais de um tipo de recurso em face da mesma decisão judicial, como, por

17 Os abusos na utilização dos meios de impugnação previstos na lei pode ensejar a aplicação de sanção pecuniária, que pode ocorrer tanto no caso de embargos de declaração protelatórios, a teor do art. 538, CPC, de agravo interno, de agravo de instrumento, bem como a condenação do litigante de má-fé a ressarcir os danos causados. A multa é requisito de admissibilidade de qualquer outro recurso e é exigível até mesmo nos casos de a parte gozar do benefício da gratuidade de Justiça, além de o STJ já ter decidido que União, Estados, Municípios e respectivas Autarquias, embora isentos de custas, também devem pagar a multa.

18 "Além destes recursos, disciplinados diretamente pelo Código de Processo Civil, outros também correspondem ao princípio da taxatividade, porque previstos em lei federal. É o caso dos embargos infringentes, disciplinados pelo art. 34 da Lei 6.830/80 [...]; do recurso inominado (arts. 41 a 43 da Lei 9.099/95); ou ainda do agravo inominado, disciplinado, entre outros, pelo art. 4º da Lei 8.437/92" (MARINONI; ARENHART, 2006, p. 507-508).

19 "Costuma-se apontar exceções a este princípio, especialmente referentes aos embargos de declaração e à hipótese descrita no art. 498 do CPC – em que seriam cabíveis, contra uma mesma decisão, concomitantemente, embargos infringentes, recurso especial e recurso extraordinário. É verdade que tais casos permitem a interposição, contra uma mesma decisão judicial, de mais de uma espécie recursal. Todavia não se deve esquecer que cada um dos recursos cabíveis contra tais decisões tem uma função específica, que não se confunde com a finalidade prevista para a outra espécie recursal. Assim, compreendendo que o princípio da unicidade preconiza que, para certa finalidade, contra certo ato judicial deve ser cabível apenas uma modalidade recursal, parece ser correto concluir que o princípio tem plena aceitação no direito brasileiro" (MARINONI; ARENHART, 2006, p. 508).

exemplo, se o acórdão tiver uma parcela unânime e uma parcela não unânime, poderão ser interpostos embargos infringentes em face da parte não unânime e recurso especial em face da unânime.

d) Princípio da fungibilidade: nas hipóteses em que exista maior dificuldade na determinação do provimento proferido, gerando dúvidas quanto ao recurso cabível, não sendo caso de erro grosseiro ou má-fé, permite-se a aplicação do princípio da fungibilidade dos recursos, como extensão do princípio da instrumentalidade e em homenagem ao princípio da economia processual. Nesse caso, o recurso inadequado poderá ser admitido como se adequado fosse em virtude da dúvida objetiva – decorrente de divergência doutrinária ou jurisprudencial acerca da matéria – quanto à natureza do provimento atacado, desde que interposto no prazo adequado para o recurso correto.[20]

e) Princípio da proibição da *reformatio in pejus*: o sistema processual brasileiro proíbe que o julgamento do recurso interposto exclusivamente por uma das partes piore a sua situação. O tribunal estará limitado, ao mínimo, ao que o juiz de primeiro grau tenha julgado e, ao máximo, ao que o recorrente haja pedido no recurso, exceto as questões de ordem pública e os pedidos implícitos (juros, correção monetária, custas, honorários advocatícios e prestações vincendas em obrigações de trato sucessivo), hipóteses que o Tribunal poderá conhecer de ofício. Nesse sentido, "não se aplica a ideia de reforma prejudicial quando há recurso interposto por ambos os polos do processo – onde, evidentemente, o acolhimento de um dos recursos virá em prejuízo da outra parte também recorrente –, nem no caso em que o tribunal entenda por alterar a fundamentação da decisão recorrida, mantendo, porém, sua conclusão".[21] Tal princípio está

20 Nelson Nery Junior destaca que o entendimento jurisprudencial é que, caso o prazo do recurso correto seja menor do que o prazo do recurso interposto equivocadamente, só haverá a fungibilidade se o prazo menor for respeitado. Contudo, destaca ser flagrante o desrespeito ao acesso à Justiça nessas situações (NERY JUNIOR; NERY, 2007, p. 809).

21 Embora não se trate de recurso, uma vez que desprovido de voluntariedade, é importante examinar, nesse ponto, o reexame necessário. O Superior Tribunal de Justiça, pela Súmula 45, fixou o entendimento de que no reexame necessário se aplica a vedação da *reformatio in pejus*, determinando que "No reexame necessário, é defeso, ao Tribunal, agravar a condenação imposta à Fazenda Pública". Na doutrina, essa posição vem sendo combatida veementemente por Nelson Nery Junior (2004a, p. 62-63), que, defendendo a constitucionalidade do reexame necessário, sustenta a inconstitucionalidade do entendimento consagrado pela Súmula 45, por ofender o princípio da isonomia.

expresso na Súmula 45, STJ, sendo aplicável também nos casos de remessa necessária.[22]

3.8 CLASSIFICAÇÃO DOS RECURSOS

Os recursos podem ser classificados em total ou parcial de acordo com a extensão da matéria impugnada.

Assim, total será o recurso que compreende todo o conteúdo impugnável da decisão recorrida – não necessariamente o seu conteúdo integral –, enquanto parcial será o recurso que não abrange todo o conteúdo impugnável do provimento, limitando-se o conteúdo efetivamente impugnado a uma fração do que se poderia recorrer.

Essa limitação da matéria impugnável poderá ser voluntária, quando o próprio recorrente decide se limitar a impugnar apenas uma parcela da decisão judicial, ou legal, quando a própria lei restringe a matéria impugnável.

Esta última hipótese é exemplificada pelos embargos infringentes, quando, no julgamento de apelação ou de ação rescisória, ocorreu divergência parcial entre os julgadores, apenas o alvo da divergência será atacável por embargos. No caso de silêncio do recorrente quanto à especificação da parte em que impugna a decisão e não havendo qualquer determinação legal, entende-se ser o recurso total.

No caso de recurso parcial, apenas quando se tornar inadmissível a impugnação do restante da decisão operar-se-á o trânsito em julgado da parcela não impugnada, ficando precluso seu reexame.

Quanto à parcela impugnada, caberá ao órgão *ad quem* decidir em seus limites, não sendo cabível conceder à parte mais do que pedira (art. 460).

22 Em sentido contrário, destacamos o entendimento de Nelson Nery Junior, que destaca ser cabível se agravar a situação da Fazenda Pública em sede de remessa necessária, como se destaca: "assim, é lícito ao tribunal, no reexame obrigatório, modificar total ou parcialmente a sentença reexaminanda, da forma como enenteder adequada, podendo piorar a situação da Fazenda Pública sem incidir na proibição da reformatio *in pejus*, que atua somente nos recursos e não na remessa necessária, que, como já visto, não é recurso. O equívoco do STJ 45 está em interpretar a remessa necessária como sendo objeto de efeito devolutivo, que só ocorre nos recursos, como consequência do princípio dispositivo, que não é o caso do instituto aqui examinado, regido pelo princípio oposto: o inquisitório" (NERY JUNIOR; NERY, p. 810).

Destaque-se que tal classificação não considera os capítulos meramente acessórios da decisão, como as custas, os juros de mora, a correção monetária, os honorários advocatícios e as obrigações vincendas nas prestações de trato sucessivo, uma vez que, mesmo que o recorrente silencie a tal respeito, serão abrangidas pelo recurso.

Em relação à forma de interposição, os recursos podem ser classificados em principal ou independente e adesivo. quando a decisão proferida for favorável em parte a um dos litigantes e em parte ao outro, tendo apenas um deles interposto recurso no prazo para recorrer, pode a parte contrária interpor recurso adesivo no prazo para oferecimento das contrarrazões.

O recurso adesivo é, então, um recurso contraposto ao da parte adversa, interposto por aquela que inicialmente não se dispunha a impugnar a decisão, e só veio a impugná-la, no prazo para oferecer contrarrazões ao recurso principal, porque o fizera o outro litigante.

A legitimidade para o recurso adesivo é da parte, sendo que, ressalvado o caso de litisconsórcio unitário, o recurso se endereça a um único coautor ou corréu vencido.

O assistente também possui legitimação para recorrer adesivamente naquilo que tenha sido desfavorável ao assistido. Já o opoente poderá aderir ao recurso interposto por qualquer uma das partes em face de quem litigava, caso tenha ocorrido sucumbência recíproca em relação àquela que primeiro recorreu.

Não há recurso adesivo de quem não tenha feito parte do processo originariamente, uma vez que o art. 500, CPC menciona vencidos autor e réu.

Deve se fazer a distinção do recurso adesivo para o recurso independente ou principal, sendo este o recurso interposto autonomamente por qualquer das partes interessadas, sem relação com o adversário, objetivando-se impugnar a decisão em qualquer hipótese, quer a outra parte recorra, quer não.

Destaque-se, ainda, que não há impedimento a que, sendo a decisão parcialmente favorável a um dos litigantes e também em parte favorável ao outro, cada um recorra parcialmente da decisão, no aspecto que lhe interesse, sendo os recursos independentes.

Se, no entanto, uma das partes se abstiver da possibilidade de recorrer, quedando-se inerte, ao ser intimado do recebimento do recurso interposto pelo adversário, poderá interpor recurso adesivo no mesmo prazo de que dispõe para responder ao recurso principal, mas somente quando se tratar de apelação, embargos infringentes, recurso especial, recurso extraordinário ou, por interpretação jurisprudencial, recurso ordinário constitucional.

A inércia é um requisito implícito para o recurso adesivo, uma vez que, se ambas as partes interpuseram recursos, não tendo sido admitido um deles,, não poderá a parte que interpôs o recurso inadmitido impugnar a decisão por recurso adesivo.

O recurso adesivo fica subordinado ao da outra parte (art. 500, CPC), já que o recorrente só resolveu interpô-lo porque a decisão, na parte que lhe favorecia, foi impugnada pelo adversário.[23] Assim, o recurso adesivo só será julgado se admitido o recurso principal, aplicando-se a regra segundo a qual o acessório segue o principal. Dessa forma, se não subsistir o recurso principal, a mesma sorte segue o recurso adesivo.

Contudo, não é requisito para a admissão do recurso adesivo a existência de vínculo substancial entre a matéria nele discutida e a suscitada no recurso principal. O interesse em recorrer no recurso adesivo está presente pela necessidade de se levar ao conhecimento do órgão *ad quem* matéria não abrangida pelo efeito devolutivo do recurso principal, que restaria preclusa.

Se o órgão *ad quem* já poderia conhecer da matéria ao julgar o primeiro recurso, em princípio, deve ser negado o recurso adesivo, por falta de necessidade.

É interessante observar a perspicácia do legislador ao possibilitar a interposição de recurso adesivo. Ao contrário do que se possa imaginar, a figura não representa um estímulo à interposição de recursos. De modo diverso, constitui uma técnica que tem por finalidade diminuir o número de recursos interpostos.

Explica-se: em muitas situações, havendo uma das partes sucumbido, porém em parcela mínima de sua pretensão, não estará ela, a princípio, disposta a recorrer; todavia, se não existisse a figura do recurso adesivo, maiores seriam as chances de que essa parte, diante da eventualidade de

---

23 "Isso significa que, para chegar a ser apreciada pelo órgão *ad quem* a impugnação do recorrente adesivo, não basta que o seu próprio recurso preencha todos os respectivos requisitos de admissibilidade: é necessário, além disso, que também do recurso principal possa conhecer o órgão *ad quem*. Se o recorrente principal desistir do seu recurso, caducará o adesivo; se o recurso principal for julgado deserto ou, por outra razão, inadmissível, tampouco se conhecerá do adesivo" (BARBOSA MOREIRA, 2009, p. 115).

seu adversário adotar a mesma postura, viesse a manejar a espécie recursal adequada ao caso. Ao possibilitar a interposição de recurso adesivo, a lei confere àquele que sucumbiu em parcela mínima a tranquilidade de aguardar a atitude de seu adversário para, só então, decidir se recorrerá. Desse modo, procura-se evitar a interposição de recursos por mero temor de semelhante atitude da parte contrária.

Interposto o recurso adesivo, o mesmo terá seus requisitos de admissibilidade analisados pela autoridade competente para conhecer do recurso principal. Se não recebido, o recurso cabível será o mesmo do recurso principal, o agravo de instrumento.

Se recebidos, o recurso principal e o adesivo serão remetidos para análise do órgão *ad quem*. No Tribunal, os recursos serão analisados como diversos, mas em face de uma mesma decisão.

Caso o recorrente desista do recurso principal, o recurso adesivo deverá ser inadmitido, pois este último pressupõe um recurso principal.

Se o caso for de desprovimento do recurso principal, apreciando-se seu mérito, não há óbice a que se conheça do recurso adesivo.

No julgamento, serão analisados na mesma sessão o recurso principal e o recurso adesivo, sendo que o principal será julgado primeiro, pois, somente se conhecido,[24] será feita a análise do recurso adesivo.

Finalmente, quanto à matéria impugnada, os recursos classificam-se em ordinários e extraordinários ou excepcionais. Segundo essa forma de classificação, seriam ordinários os recursos que admitem rediscussão de matéria de fato e de direito, e extraordinários (ou excepcionais) aqueles nos quais podem ser discutidas apenas questões de direito.

Barbosa Moreira lembra antiga classificação, utilizando a mesma nomenclatura, mas tendo como ponto de distinção a ocorrência ou não da coisa julgada. Ocorre, porém, que no direito brasileiro todos os recursos só serão admissíveis antes da formação da coisa julgada e, sob tal prisma, todos os recursos seriam ordinários.[25]

24 Nesse sentido, cabe diferenciar o não conhecimento do desprovimento do recurso principal, uma vez que o não provimento impede que se conheça do recurso adesivo. Já o desprovimento não exclui que se possa conhecer do adesivo, desde que satisfeitos seus requisitos de admissibilidade.

25 Dessa forma, segundo Barbosa Moreira, "a distinção entre recursos ordinários e recursos extraordinários, a que faz referência o art. 467, parte final, não tem no ordenamento brasileiro relevância teórica nem prática. A rigor, não existe entre nós uma classe de recursos a que se

De se observar que o denominado recurso ordinário no ordenamento jurídico brasileiro em nada se confunde com a classificação aludida, sendo cabível nas hipóteses previstas no art. 102, II, e 105, II, CF).

3.9 JUÍZO DE ADMISSIBILIDADE E JUÍZO DE MÉRITO

O julgamento dos recursos encontra-se dividido em duas fases. Na primeira, denominada juízo de admissibilidade, verifica-se a existência dos requisitos de admissibilidade dos recursos, isto é, verificam-se as condições impostas pela lei para que o órgão possa apreciar todo o conteúdo da postulação.

Presentes tais requisitos o recurso será admitido, passando-se, imediatamente, para a segunda fase do julgamento, denominada juízo de mérito, na qual será examinada a procedência ou não da pretensão recursal deduzida, para dar ou não provimento ao recurso.

Ausentes os requisitos de admissibilidade, o órgão responsável pelo julgamento do recurso declarará ser o mesmo inadmissível, fundamentando sua decisão nas razões pelas quais deixou de conhecer do recurso.

Nesse sentido, o juízo de admissibilidade será sempre preliminar ao juízo de mérito, pois, caso o recurso seja considerado inadmissível, não será conhecido o mesmo e, consequentemente, não existirá a segunda fase do julgamento.

A interposição do recurso é, em regra, feita perante o órgão *a quo*, isto é, perante o órgão prolator da decisão recorrida, que irá exercer um primeiro juízo de admissibilidade recursal, declarando se recebe ou não o recurso.[26]

Conhecendo o órgão *a quo* do recurso, é o mesmo remetido ao órgão *ad quem*, o qual também realizará um juízo de admissibilidade sobre o recurso e, caso também o conheça, será competente para o imediato juízo de mérito.

Ressalte-se que a competência atribuída ao órgão perante o qual se interpõe o recurso, para aferir-lhe a admissibilidade, não exclui a compe-

---

possa aplicar a denominação genérica de extraordinários: há, sim, um recurso assim denominado, que tem – como, aliás, todos eles – as suas peculiaridades, mas insuficientes para fundamentar uma classificação de valor científico" (BARBOSA MOREIRA, 2009, p. 116).

26 O agravo de instrumento, conforme a disciplina que hoje lhe é conferida pelo CPC, constitui exceção a essa regra, uma vez que é interposto diretamente no juízo *ad quem*.

tência do órgão *ad* quem nesse ponto. Somente após o conhecimento do recurso pelo órgão *ad quem,* isto é, apenas depois desse duplo controle da admissibilidade, passa-se ao juízo de mérito.

Frise-se, ainda, que, embora se reconheça ao órgão *a quo* competência para verificar a admissibilidade do recurso, esta não lhe é dada para examinar o mérito, salvo quando a lei expressamente o permitir.

Assim, havendo nítida separação entre os juízos de admissibilidade e de mérito, não poderá o órgão perante o qual foi o recurso interposto indeferi-lo por entendê-lo infundado, já que a procedência não é requisito de admissibilidade.

Por outro lado, qualquer que seja o recurso, sendo ele considerado inadmissível pelo juízo *a quo,* não pode a questão da admissibilidade ser subtraída à apreciação do órgão *ad quem*.

Com isso, salvo expressa exceção legal, não poderá o juízo perante o qual o recurso foi interposto rejeitá-lo como inadmissível, sem que haja um outro recurso ou remédio análogo capaz de garantir ao recorrente o direito de ver a admissibilidade recursal apreciada pelo órgão competente para o seu julgamento.[27] Nesse caso, poderá o recorrente interpor, para o órgão que competiria o julgamento do recurso denegado, outro recurso, o agravo de instrumento ao órgão *ad quem*, em face de decisão que lhe barra a via recursal.

A doutrina diverge quanto à natureza jurídica do juízo de admissibilidade do recurso. Para uma primeira corrente, defendida por Barbosa Moreira[28] e Nelson Nery Junior,[29] o juízo de admissibilidade, positivo ou negativo, tem natureza essencialmente declaratória, reconhecendo a existência ou a inexistência dos pressupostos de admissibilidade do recurso.

Já para uma segunda corrente, a natureza dependerá do teor da decisão.Se o juízo de admissibilidade for positivo, a natureza da decisão será declaratória, com eficácia *ex tunc.* Caso não estejam presentes os requisitos, a natureza da decisão é constitutiva negativa, reconhecendo-se o vício na interposição do recurso, produzindo efeitos *ex nunc*, ou seja, a partir da decisão que decreta sua inadmissibilidade.

---

27 Barbosa Moreira (2009, p. 120).

28 Barbosa Moreira (2009, p. 264).

29 Nery Junior (2000, p. 228-229).

Admitido o recurso pelo órgão *a quo*, o órgão *ad quem* faz novo exame da admissibilidade do recurso. Proferida a admissibilidade do recurso pelo órgão *ad quem*, apenas se viabiliza o juízo de mérito, sendo preliminar a este, sem significar que, quando da análise do mérito, a parte terá seu pleito reconhecido.

No caso do juízo de admissibilidade positivo proferido tanto pelo juízo *a quo* como pelo órgão *ad quem*, ficou obstada a formação da coisa julgada. Porém, se o recurso for admitido pelo órgão *a quo* e só depois o órgão *ad quem* verificou que veio a faltar um dos requisitos de admissibilidade, a interposição foi eficaz e a coisa julgada só irá se formar no momento em que se verificou o fato superveniente, que tornou inadmissível o recurso. Se, todavia, a inadmissibilidade já for verificada pelo juízo *a quo*, a interposição do recurso não obstará a formação da coisa julgada.

Destarte, interposto o recurso, dá-se início à sua apreciação através do juízo de admissibilidade. Nessa fase, será examinada a presença ou não dos requisitos de admissibilidade do recurso necessários à legítima apreciação de seu mérito, os quais podem ser classificados em requisitos *intrínsecos* – concernentes à existência do direito de recorrer – e *extrínsecos* – concernentes ao exercício do direito de recorrer.[30]

Em relação aos requisitos intrínsecos, que dizem respeito à própria existência do poder de recorrer, temos:

a) Cabimento: trata-se de requisito vinculado ao princípio da unirrecorribilidade ou unicidade. Assim é que, para um recurso ser cabível, é preciso que o ato atacado seja, em tese, impugnável através dele. Nesse sentido, por exemplo, contra as sentenças o recurso cabível, para obter sua reforma ou invalidação, é a apelação (art. 513, CPC), enquanto contra decisões interlocutórias o recurso adequado, para obter semelhantes finalidades, é o agravo (art. 522, CPC).[31] Observe-se que o rigor desse requisito

30 Marinoni e Arenhart (2006, p. 513). Outros autores, como Sergio Bermudes, preferem classificar os requisitos em objetivos e subjetivos, sendo os primeiros relativos ao recurso em si e os segundos à pessoa que o interpõe (BERMUDES, 1977).

31 A redação do *caput* do art. 522 foi alterada pela Lei n. 11.187/2005, que marca o início do novo ciclo de reformas do CPC, a partir das diretrizes apontadas pela EC 45/2004, bem como pelo Pacto de Estado em favor de um Judiciário mais rápido e republicano. A intenção do legislador é restringir ao máximo o cabimento de agravo na forma instrumental. A regra no nosso Código, em matéria de agravo, passa a ser, portanto, a forma retida, salvo nos casos em que o próprio legislador admita exceções, como as hipóteses de decisão que gera lesão grave e de difícil reparação e aquela relativa à inadmissão de apelação ou que regule os efeitos em que essa apelação é recebida.

é atenuado pelo princípio da fungibilidade. Por fim, registre-se que, em virtude desse requisito e por expressa determinação do CPC, art. 504,[32] contra os despachos não cabe recurso algum.[33]

b) Legitimação para recorrer: são legitimados a recorrer, de acordo com o art. 499, CPC, a parte vencida, o terceiro prejudicado e o Ministério Público, quer no processo em que atua como parte, como naquele em que oficia, como fiscal da lei.

c) Interesse em recorrer: para que seja possível a interposição de recurso, é preciso que o recorrente possa obter, em tese, através de seu julgamento, situação mais vantajosa do que aquela em que se encontra em virtude da decisão impugnada e que somente através da via recursal seja possível alcançar esse objetivo, configurando, respectivamente, a utilidade e a necessidade do recurso. Assim, exige-se que a decisão não tenha proporcionado à parte tudo aquilo a que tinha direito.

d) Inexistência de fato impeditivo ou extintivo do poder de recorrer: Podem ser citados como exemplos a renúncia ao direito de recorrer[34] e a aceitação da decisão que, por sua vez, poderá ser expressa ou tácita. Outro impedimento recursal é a desistência do recurso, que difere da renúncia por ser, necessariamente, posterior à sua interposição. A desistência pode ser total ou parcial, desde que divisível a matéria objeto de impugnação, podendo ocorrer desde a interposição do recurso até o momento imediatamente anterior ao julgamento. Ela não torna inadmissível o recurso mas, simplesmente, inexistente, fazendo transitar em julgado a decisão recorrida.

---

32 A redação do art. 504, CPC foi modificada pela Lei n. 11.276/2006. O legislador suprimiu a expressão "de mero expediente", que agora passa a ser chamada apenas de despacho. De acordo com o § 3º do art. 162, despacho é o ato do juiz que não configura nem sentença nem decisão interlocutória, e sim ato de impulso processual. A Lei n. 11.276/2006 aplicou uma correção formal para se adequar à sistemática do art. 162, § 4º, pois não cabe ao juiz proferir despacho de mero expediente. O juiz profere despachos, assim identificados os provimentos que não têm conteúdo decisório. O que antes se chamava de despacho de mero expediente, hoje é chamado de ato meramente ordinatório e desse o juiz não se ocupa. Ele o delega ao seu escrivão através de portaria ou qualquer outro ato administrativo de caráter interno do Juízo.

33 Esses podem ser impugnados por correição parcial, figura que não possui, todavia, natureza recursal.

34 De acordo com a doutrina dominante, não se admite renúncia prévia ao recurso, isto é, renúncia a recurso contra decisão ainda não preferida. Nesse sentido, Barbosa Moreira (2008, p. 306) e Bermudes (1977).

Quanto aos requisitos extrínsecos, isto é, aos requisitos referentes ao exercício do direito de recorrer, podemos apontar:

a) Tempestividade: todo recurso deve ser interposto dentro do prazo estabelecido pela lei, sob pena de preclusão temporal e trânsito em julgado do provimento irrecorrido. O cômputo do prazo deve ser realizado com observância das regras gerais sobre contagem de prazos processuais, previstas nos arts. 184, 242 e 506,[35] CPC, podendo haver suspensão ou interrupção do prazo de interposição do recurso nas hipóteses dos arts. 179, 180, 265, 507 e 538, CPC.[36]

b) Regularidade formal: os preceitos de forma a serem observados nos diferentes recursos variam de acordo com cada figura recursal. Não obstante, é preciso que em todos eles seja respeitada a forma escrita (com exceção do agravo retido interposto oralmente contra as decisões interlocutórias proferidas na audiência de instrução e julgamento, na forma do art. 523, § 3º, com a redação determinada pela Lei n. 11.187/2005[37]), bem como a exigência de fundamentação do recurso na petição de interposição.

c) Preparo: consiste no pagamento prévio das despesas referentes ao processamento do recurso a ser comprovado no ato da sua interposição. À falta de preparo, aplica-se a pena de deserção, salvo se a falta de comprovação ou realização ocorrer por motivo justo e legítimo devidamente justificado. A deserção opera-se de pleno direito, sendo causa puramente objetiva de inadmissibilidade e cabendo ao órgão judicial declará-la de ofício

35 Outra correção formal realizada pela Lei n. 11.276/2006 foi a modificação da redação do inciso III do art. 506, CPC. A redação antiga se referia a "publicação da súmula do acórdão no órgão oficial" agora consta "publicação do dispositivo do acórdão no órgão oficial". A adoção da palavra "dispositivo" se motivou diante da moderna conotação atribuída à súmula dos julgados que representam a jurisprudência dos tribunais.

36 Já em relação à Fazenda Pública e ao Ministério Público, o prazo para recorrer é computado em dobro, conforme estabelece o art. 188, CPC, o mesmo ocorrendo em caso de litisconsortes com diferentes procuradores (art. 191, CPC), bem como quando o recorrente esteja assistido pela Defensoria Pública (Lei 1.060/50, art. 5º, § 5º).

37 A Lei n. 11.187/2005 imprimiu nova redação ao art. 523, § 3º, CPC, deixando claro que qualquer impugnação ou insatisfação com ato de natureza decisória emitida pelo Juízo deve ser imediatamente manifestada na própria audiência. Dessa forma, extingue-se antigo posicionamento jurisprudencial que permitia a interposição do agravo em caráter suplementar no prazo de dez dias após a audiência, de acordo com a opção discricionária do advogado. Agora vale o princípio da preclusão consumativa na sua extensão máxima.

ou mediante provocação do interessado.[38] Esse requisito, em algumas situações, pode ser dispensado. Não dependem de preparo, por exemplo, o agravo retido nem os embargos de declaração, além de estarem isentos de pagamento prévio de despesas os recursos interpostos pela União, Estados e Municípios e respectivas autarquias (art. 511, § 1º).

Dessa forma, ultrapassado o juízo de admissibilidade,[39] isto é, presentes todos os requisitos necessários ao julgamento do recurso e assim declarado pelo órgão *ad quem*, passa-se imediatamente ao exame do seu mérito, cujo objeto consiste no próprio conteúdo da impugnação à decisão atacada, verificando-se a existência ou inexistência de fundamento para o que se postula. No mérito, pode se denunciar *error in judicando*, pedindo-se, em consequência, a reforma da decisão injusta ou *error in procedendo,* pleiteando-se a invalidação da decisão, averbada como ilegal.

Nesses casos, o mérito recursal é o mesmo da atividade cognitiva no grau inferior de jurisdição.

Contudo, o mérito recursal pode ou não se confundir com o mérito da causa, podendo-se, por exemplo, ter como mérito do recurso uma preliminar da demanda e até mesmo, com base no art. 515, § 3º, pode o Tribunal analisar questão ainda não posta à cognição do juízo. Nesse momento, compete ao órgão *ad quem* verificar se a impugnação é ou não fundada, de modo a dar-lhe ou negar-lhe provimento.

Nega-se provimento ao recurso por se entender infundada a impugnação, mas dá-se provimento por se entender fundada a impugnação, reformando a decisão recorrida ou simplesmente anulando-a, conforme tenha reconhecido *error in judicando*, hipótese em que o julgamento do recurso pelo Tribunal irá substituir a decisão recorrida, ou *error in procedendo*, em

38 A lei pode afastar a exigência de preparo em relação a determinados recursos com base em critérios objetivos ou subjetivos. No primeiro caso, a própria natureza do recurso justifica a dispensa do pagamento, como ocorre nos casos de agravo retido e embargos de declaração. Já o segundo critério leva em consideração a qualidade do recorrente, o que se verifica nos recursos interpostos pelo Ministério Público – esteja ele atuando no processo como parte ou como fiscal da lei –, União, Estados e Municípios e suas respectivas autarquias, bem como pelo recorrente amparado pela assistência judiciária. Nessas hipóteses, uma vez dispensado o preparo, não há que se falar em deserção.

39 Ressalta-se que, no caso do agravo de instrumento e dos embargos de declaração o juízo de admissibilidade é imediato e não dúplice, uma vez que os recursos vão direto para o órgão encarregado do exame do próprio mérito.

que o julgamento proferido pelo tribunal limita-se a cassar a decisão proferida pelo órgão *a quo*, para que seja proferida nova decisão.

3.10 EFEITOS DOS RECURSOS

Os recursos produzem efeitos relativos à sua interposição e ao seu julgamento.

Em relação aos efeitos da interposição, temos:

a) Efeito obstativo: impedimento do trânsito em julgado da decisão impugnada ou, no caso de agravo, impedimento da ocorrência de preclusão. Para Barbosa Moreira,[40] esse efeito vai impedir a preclusão ou a coisa julgada, pois a decisão será substituída pelo acórdão do tribunal, sendo o acórdão acobertado pela preclusão ou pela coisa julgada. Já para Nelson Nery Junior,[41] esse efeito vai apenas retardar a ocorrência da preclusão ou da coisa julgada, pois, em algum momento, a decisão recorrida irá precluir ou transitar em julgado.

b) Efeito regressivo: em regra, somente o órgão *ad quem* possui competência para apreciar o mérito do recurso. Todavia, em certas hipóteses, a lei confere ao órgão prolator da decisão impugnada o poder de se retratar. Tal possibilidade é conhecida como *juízo de retratação*. Esse poder é conferido ao juiz quando interposta apelação contra sentença que indeferiu liminarmente a petição inicial (CPC, art. 296), bem como quando interposto agravo, seja ele retido ou de instrumento. O art. 285-A, CPC que disciplina a figura da "sentença liminar", também admite que, uma vez interposto o recurso de apelação, o magistrado poderá exercer o juízo de retratação (reformando sua própria decisão). Nesse caso, não mais remeterá os autos à instância superior, mas determinará que seja dado prosseguimento ao feito ainda em primeiro grau de jurisdição. Assim também ocorre nas disposições legislativas do Estatuto da Criança e do Adolescente (art. 198, VII, da Lei n. 8.069/90). Por outro lado, o julgamento dos embargos de declaração é feito exclusivamente pelo órgão do qual emanou a decisão embargada, podendo isto acontecer também em relação aos embargos infringentes, de acordo com as normas regimentais.

40 Barbosa Moreira (2008, p. 256).

41 Nery Junior (2000, p. 367).

c) Efeito devolutivo: o conhecimento da matéria impugnada é transferido para órgão diverso daquele que proferiu a decisão atacada, isto é, leva-se ao órgão *ad quem* o conhecimento daquilo que foi objeto de impugnação.[42] A extensão e a profundidade do efeito devolutivo[43] variam de acordo com o recurso interposto, não podendo, no entanto, sua extensão ultrapassar os limites da própria impugnação,[44] isto é, não podendo o órgão jurisdicional julgar além das razões do inconformismo. Dessa forma, a dimensão horizontal do efeito devolutivo diz respeito à matéria objeto de impugnação e a dimensão vertical trata da "profundidade" do efeito devolutivo, aos fundamentos que o tribunal poderá examinar para decidir o mérito do recurso.

Trata-se de manifestação do princípio dispositivo, permitindo à parte determinar os limites dentro dos quais o órgão *ad quem* apreciará a pretensão recursal e proibindo, com isso, o julgamento *extra, ultra* ou *citra petita*. A transferência da matéria para exame do órgão *ad quem* pode se dar imediatamente, como no caso do agravo de instrumento, ou pode se dar em diferentes momentos e graus de jurisdição, como é a regra. Esse é o caso, por exemplo, da apelação, que é interposta no juízo de primeiro grau e lá se realiza o juízo de admissibilidade, sendo, se admitida, encaminhada a um relator no tribunal.

Dessa forma, a matéria é gradualmente levada até o órgão competente. O efeito devolutivo poderá ser, ainda, diferido, hipótese em que um determinado recurso fica sujeito a outro ou a uma condição, como ocorre no agravo retido que, para ser analisado pelo Tribunal, dependerá da admissibilidade do recurso de apelação.

---

42 A esse efeito relaciona-se o brocardo romano *tantum devolutum quantum apellatum*.

43 "Todo recurso é limitado por uma precisa dimensão *horizontal*, estabelecida pela matéria em relação à qual nova decisão é pedida; a uma dimensão *vertical*, representada pelo conjunto de questões suscetíveis de ser apreciadas; e a uma dimensão *subjetiva*, representativa dos sujeitos envolvidos a serem possivelmente beneficiados ou prejudicados pelo novo julgamento. Ao cuidar das duas primeiras dessas dimensões, que dão o desenho dos limites objetivos dos recursos, fala Barbosa Moreira em *extensão e profundidade* da devolução recursal" (DINAMARCO, 2002b).

44 "Quando a lei, a título de exceção, atribui competência ao próprio órgão a quo para reexaminar a matéria impugnada, o efeito devolutivo ou inexiste (embargos de declaração), ou fica condicionado a que não se reforme a decisão antes do julgamento do recurso: assim no agravo (art. 529). Fora dessas hipóteses, ao órgão a quo é vedado praticar qualquer ato que importe modificação, total ou parcial, do julgamento, ressalvada a possibilidade de corrigir, *ex officio* ou a requerimento da parte, inexatidões materiais ou erros de cálculo (art. 463, I)" (BARBOSA MOREIRA, 2009, p. 123).

d) Efeito translativo: trata-se de efeito semelhante ao devolutivo e, consequentemente, também concernente à cognição do tribunal sobre a causa, mas que dele se difere na medida em que o efeito devolutivo depende de expressa manifestação da parte, devolvendo ao tribunal apenas a matéria impugnada, enquanto o translativo se opera mesmo diante da ausência de expressa manifestação da vontade do recorrente. Assim, enquanto o efeito devolutivo impõe limites à cognição do tribunal, o translativo vem atenuar o rigor de referidos limites, permitindo que certas matérias, por serem de ordem pública (não sujeitas, portanto, à preclusão), possam ser examinadas pelo tribunal, conquanto não tenham sido objeto da impugnação do recorrente.[45]

e) Efeito suspensivo: nos recursos dotados de tal efeito, a decisão recorrida não produz efeitos antes do julgamento da impugnação. A suspensão, via de regra, é de toda a eficácia da decisão, e não apenas de sua eficácia como título executivo. Embora esse efeito seja incluído entre aqueles produzidos pela interposição dos recursos, esta não cessa eventuais efeitos da decisão que já estivessem se produzindo, tão somente prolongando o estado de ineficácia da decisão – e de toda ela – porque sujeita à impugnação. Nesse sentido, o efeito suspensivo não é, em verdade, efeito da interposição do recurso e sim efeito da *recorribilidade*.

Esse é o efeito mais comum dos recursos, paralisando a decisão proferida e impedindo sua execução provisória. Contudo, há recursos que possuem apenas o efeito devolutivo, como no caso da apelação nas hipóteses do art. 520, CPC, o que não impede que o recorrente pleiteie tal efeito ao relator de seu recurso, através do denominado efeito suspensivo ativo ou tutela antecipada em grau recursal.

f) Efeito expansivo: ocorre quando o julgamento do recurso dá ensejo a uma decisão mais ampla do que o reexame da matéria impugnada propiciaria. Esse efeito pode ser tanto objetivo, quando diz respeito à causa de pedir, cujo julgamento pode ser mais amplo do que a própria matéria impugnada, acarretando efeito dentro do próprio processo, como nos casos de acórdãos terminativos, que reconhecem, por exemplo, a falta de uma condição da ação, ou fora dos autos, ou subjetiva, quando quem não recorre também é atingido pelos efeitos da decisão.

45 Nery Junior e Nery (2007, nota 28 ao art. 496).

g) efeito substitutivo – refere-se à substituição da decisão recorrida pela decisão do juízo *ad quem*, ainda que seja mantido o mesmo teor (art. 512, CPC). O efeito substitutivo não ocorrerá apenas nos casos em que o Tribunal dá provimento ao recurso com base em *error in procedendo*, uma vez que será proferido novo julgamento pelo órgão *a quo*.

No que tange aos efeitos do julgamento, o não conhecimento do recurso pelo órgão *ad quem* torna certa sua inadmissibilidade e, nesse caso, a decisão recorrida terá transitado em julgado na data de sua publicação, se a decisão era irrecorrível, ou no momento em que ocorreu o fato causador da inadmissibilidade.

Havendo, no entanto, julgamento do mérito do recurso pelo órgão *ad quem*, este, entendendo infundada a impugnação, negar-lhe-á provimento ou, considerando-a fundada, dar-lhe-á provimento. Nesse caso, conforme visto, tratando-se de *error in judicando*, o órgão *ad quem* reformará a decisão recorrida, enquanto que, sendo reconhecido *error in procedendo*, procederá à sua anulação.

Em qualquer caso, sendo o recurso julgado no mérito, a decisão recorrida não transita em julgado, nem mesmo quando é confirmada. Havendo pronunciamento do órgão *ad quem*, é este que será indicado como o que passou em julgado.

3.11 MODULAÇÃO DOS EFEITOS TEMPORAIS DA DECISÃO NOS RECURSOS

É grande a preocupação do legislador brasileiro em combater a morosidade da prestação jurisdicional. Como demonstração dessa preocupação, de 2006 até hoje, novos institutos foram introduzidos no Direito Processual Civil, como a súmula impeditiva de recursos (Lei n. 11.276/2006), a improcedência *prima facie* (Lei n. 11.277/2006), a súmula vinculante (Lei n. 11.480/2006), a repercussão geral no recurso extraordinário (Lei n. 11.418/2006) e o julgamento dos recursos especiais repetitivos (Lei n. 11.672/2008). Também ocorreram modificações no Regimento Interno dos Tribunais, para que fossem adequados às novas reformas.

Contudo, a preocupação com uma prestação jurisdicional mais célere e efetiva não se esgota aqui. Com a elaboração de um projeto para um novo CPC, a comissão responsável pelo texto legal vem realizando estudos e audiências públicas a fim de elaborar a melhor redação para o diploma processual.

Diante de tantas mudanças, pode-se perceber também a alteração no entendimento dos tribunais. Os novos instrumentos jurídicos que surgiram no ordenamento brasileiro e a constante renovação da composição dos tribunais têm gerado inúmeras mudanças no posicionamento dos tribunais ao adequarem o texto frio da lei à realidade dos processos existentes.

Tal alteração traz também grande insegurança jurídica. Pode-se pensar em um caso em que a decisão de primeira instância é baseada em precedentes dos Tribunais Superiores e a decisão do tribunal, em segunda instância, também. Porém, ao ser julgado o recurso interposto perante o STF ou o STJ, os Tribunais Superiores podem mudar sua orientação e reformar a decisão recorrida, com base em sua jurisprudência, aplicando um novo posicionamento. Nesses casos, instaura-se uma grande incerteza para as partes, que acabam surpreendidas pela decisão e, mais ainda, uma grande descrença no Poder Judiciário.

Ocorrendo a revisão da jurisprudência, melhor seria se o tribunal, apesar de informar a revisão da sua jurisprudência, aplicasse, no caso em que publicizou sua mudança de posicionamento, seu entendimento anterior. O novo paradigma deveria ser aplicado apenas aos casos ocorridos após o momento em que deu publicidade ao seu novo entendimento.

Tal situação, embora pouco comum, denomina-se modulação temporal da jurisprudência. A prática de se modular os efeitos das decisões judiciais no Controle de Constitucionalidade é recente no mundo jurídico. No Brasil, ela somente fora legalizada com o advento da Lei n. 9.868/99, que regulamentou as ações diretas de inconstitucionalidade e constitucionalidade.

Tal surgimento adveio da necessidade de se flexibilizar os efeitos provocados pela declaração de inconstitucionalidade do ato normativo, a qual, em razão do dogma da nulidade da lei inconstitucional, operaria efeitos *ex tunc*, retroagindo à origem da lei.

O Supremo Tribunal Federal ao exteriorizar inúmeras vezes em seus julgados a clara preferência pela teoria da nulidade, entendendo ser a lei inconstitucional um ato nulo e sem qualquer efeito e, portanto, operando efeitos *ex tunc*, acabou por alçar a nulidade da lei inconstitucional à condição de dogma, consolidando o chamado dogma da supremacia constitucional.

Todavia, recentemente, a nossa Corte superior vem presenciando uma gradativa flexibilização de tal supremacia constitucional por meio da eclosão de várias dissidências entre seus ministros, buscando questionar o caráter absoluto da teoria da nulidade e da consequente atribuição de efeitos *ex tunc* à declaração de inconstitucionalidade.

Marco dessa flexibilização é sem dúvida o julgamento do RE 79.343-BA do ano de 1977, no qual o então relator, Ministro Leitão de Abreu, asseverou a necessidade de se temperar o dogma da supremacia constitucional para melhor aplicá-lo à conjuntura da situação, não obstante, ao fim, ter-se decidido pela retroatividade.

Em sua argumentação, o Ministro Leitão de Abreu entabulou uma comparação entre a orientação de que a lei inconstitucional é lei morta (ideal americano) e uma orientação mais flexível na qual a lei inconstitucional produz efeitos enquanto não decretado seu vício (ideal austríaco). Baseado nas ideias de Kelsen, entendeu o Ministro que a lei, ao adentrar o ordenamento jurídico, impõe obediência ao destinatário até que porventura advenha uma decretação de inconstitucionalidade.

Tal ponderação é tão significativa para uma abertura do STF que encontra nessas argumentações o embrião da tese para a utilização do instituto da modulação temporal tanto no controle concentrado quanto difuso de constitucionalidade, ponderações mais adiante analisadas.

Posteriormente, outras decisões consolidaram a possibilidade de se mitigar os efeitos retroativos da declaração de inconstitucionalidade, sem, contudo, afastar a teoria da nulidade absoluta, como propusera anteriormente o eminente ministro Leitão de Abreu.

É o caso do julgamento do Recurso Especial 796.488-CE, em que o STJ, diante da mudança de sua jurisprudência, passou a analisar a tempestividade dos recursos interpostos pelo Ministério Público a partir da data em que ingressavam na instituição e não a partir da aposição de ciente por seu membro.

Houve, porém, nesse caso, a ressalva de que esse novo entendimento deveria ser aplicado apenas aos recursos interpostos após a formação dessa nova posição. Nos recursos interpostos antes da referida alteração, a tempestividade deveria ser superada.

Percebe-se, então, que se instaura uma nova visão, no sentido de que sempre que o Tribunal notar que a restrição dos efeitos da decisão será essencial para a segurança jurídica, deverá estabelecer critérios para a modulação dos efeitos da decisão ali proferida.

Para isso, tais parâmetros devem ser a inexistência de solução menos gravosa para proteger o referido interesse e a constatação de que o benefício alcançado com a restrição à eficácia retroativa da decisão compensa o grau de sacrifício imposto ao interesse que seria integralmente prestigiado, caso a decisão surtisse seus efeitos naturais.

A modulação dos efeitos da decisão transparece no recurso extraordinário, embora o projeto do novo CPC preveja que a sentença também poderá ter seus efeitos suspensos caso o juiz perceba que o posicionamento do Tribunal, e aqui será melhor entender o novo posicionamento do Tribunal, poderá reformá-la, evitando, assim, uma surpresa às partes.

Como consequência desse panorama, reitera-se a percepção de que a função do Supremo nos recursos extraordinários – ao menos de modo imediato – não é a de resolver litígios exclusivos das partes, nem a de revisar todos os pronunciamentos das Cortes inferiores. O processo entre as partes, trazido à Corte via recurso extraordinário, deve ser visto apenas como pressuposto para uma atividade jurisdicional que transcende os interesses subjetivos.

3.12 DESISTÊNCIA DO RECURSO

A desistência do recurso é a manifestação feita pelo recorrente no sentido de que o recurso, após interposto, não seja julgado.

Diferencia-se da renúncia na medida em que na desistência abre-se mão do recurso interposto, enquanto na renúncia abre-se mão do direito de impugnar a decisão.

A desistência manifesta-se por simples petição dirigida ao relator ou até mesmo oralmente e poderá ocorrer a qualquer tempo, até o instante imediatamente anterior ao voto proferido no julgamento.

A desistência não comporta nem condição e nem termo e independe da oitiva do recorrido. Contudo, o desistente equipara-se ao vencido para fins das despesas do recurso.

No caso de litisconsórcio, a desistência independente da anuência dos demais litisconsortes. Para o desistente, sobrevirá o trânsito em julgado da decisão. Para os demais litisconsortes que tiverem interposto recurso, a teor do art. 48, CPC, subsiste a possibilidade de novo julgamento do recurso pelo órgão *ad quem*, abrindo-se a possibilidade de quebra da uniformização da solução do litígio em relação aos litisconsortes.

Todavia, no caso de litisconsórcio unitário tal solução não é cabível. Ainda que um dos litisconsortes desista do recurso, se um deles permanecer com seu recurso, não será produzido o efeito do trânsito em julgado em relação ao desistente, sendo a solução una para todos os litisconsortes.[46]

Ainda nas hipóteses de litisconsórcio unitário, no caso de um único litisconsorte haver recorrido e, posteriormente, desistir do recurso, a decisão transitará em julgado para o desistente no momento em que houver se esgotado o prazo para o último dos co-litigantes recorrer, quando se formará a coisa julgada para todos os litisconsortes.

3.13 RENÚNCIA AO DIREITO DE RECORRER

A renúncia ao direito de recorrer é o ato pelo qual a parte manifesta sua vontade de não interpor recurso contra determinada decisão. A principal diferença entre renúncia e desistência consiste em que esta pressupõe o recurso já interposto, enquanto aquela é prévia à interposição, tornando inadmissível o recurso, independentemente da efetiva análise sobre sua admissibilidade.

A renúncia é fato extintivo do direito de recorrer e só poderá ocorrer quando o recurso já puder ser interposto.[47]

46 Em relação ao litisconsórcio unitário, bem destaca Barbosa Moreira que: "a única solução consiste em negar à desistência, nestas hipóteses, o efeito normal de produzir o trânsito em julgado para o desistente. Em outras palavras: se o teor da decisão impugnada tem de ser igual para os vários litisconsortes, a desistência do recurso não faz passar em julgado a não ser que todos os litisconsortes recorrentes desistam. Caso desista um só, ou desistam alguns, essa desistência surte efeitos unicamente no que concerne à responsabilidade pelas custas processuais e pelos honorários do advogado da parte contrária: confirmada a decisão do órgão *a quo*, ao(s) desistente(s) caberá parcela menor nas condenações acessórias, que em relação a ele(s) devem ser reduzidas em *quantum* proporcional ao que ocorreu após a sua manifestação. No mais, o(s) desistente(s) conserva(m) a posição de parte(s) e fica(m) sujeito(s) ao julgamento que venha a proferir o órgão *ad quem*" (BARBOSA MOREIRA, 2008, p. 338-339).

47 Nesse sentido, destaca Barbosa Moreira: "renunciar ao direito de recorrer antes de proferida a decisão é renunciar a um direito que ainda não se tem e, a rigor, nem sequer se sabe se nascerá – o que depende, como é intuitivo, do sentido em que venha a pronunciar-se o órgão judicial. Sem dúvida se pode conceber aí a renúncia, no plano dogmático, à maneira de ato praticado sob condição suspensiva (tácita), cujos efeitos se produzirão caso o renunciante, à vista da decisão, adquira, na verdade, o direito de recorrer. Tal construção, porém, só se tornaria aceitável se, ao praticar o ato, pudesse o renunciante prever-lhe as eventuais consequências com todas a precisão, em ordem a ter a noção exata da extensão do seu possível prejuízo; repugna admitir que se renuncie a um (futuro) direito não apenas incerto, senão também indeterminado no conteúdo" (BARBOSA MOREIRA, 2008, p. 343).

Não há forma especial para a renúncia, mas, em geral, é feita na forma de petição dirigida ao órgão perante o qual pende o feito, sem necessidade de lavratura de termo para homologação judicial.

Em consequência, torna inadmissível o recurso que porventura interponha o renunciante, transitando imediatamente em julgado a decisão.

Questão importante é a análise se a renúncia impediria também o recurso adesivo. No silêncio da lei, é razoável aplicar o art. 503, *caput*, CPC, que trata da aquiescência, aplicando-se os seus efeitos sem se distinguir entre recurso principal e adesivo.

Contudo, poderia haver limitação a esse direito de recorrer, renunciando-se tão somente ao recurso pela via independente, o que se reservaria à hipótese de recorrer em caráter adesivo, caso a parte contrária venha a impugnar a decisão, tendo-se uma renúncia parcial ao direito de recorrer.

A renúncia também não se sujeita à aceitação da parte contrária, tampouco se subordina à aceitação dos demais litisconsortes do renunciante, que também têm interesse na impugnação da decisão, se o litisconsórcio for comum.

No caso do litisconsórcio unitário, a renúncia não faz transitar em julgado a decisão, a menos que renunciem todos os litisconsortes. Exoneram-se apenas os renunciantes da parcela de custas e honorários advocatícios correspondentes à fase do processo posterior à sua manifestação, na hipótese de não ter êxito o recurso do(s) litisconsorte(s).

3.14 AQUIESCÊNCIA

A aquiescência consiste na manifestação de vontade, expressa, se dirigida a órgão judicial ou a outro litigante, ou tácita, em se conformar com a decisão, abstendo-se de se utilizar do recurso.

A aquiescência pode ser total ou parcial, se fizer referência, respectivamente, a todo o conteúdo impugnável da decisão ou a só uma parte dele.

Pode ser manifestada desde o momento em que o órgão judicial se pronuncia até o momento em que o julgado começa a produzir efeitos quanto à pessoa que se está considerando.

Sua manifestação se dá por escrito ou verbalmente, sendo tal ato praticado sem reserva alguma.

Em consequência, torna inadmissível o recurso porventura interposto.

No que tange ao litisconsórcio, aplicam-se as mesmas disposições da renúncia e da desistência.

3.15 TEORIA GERAL DOS RECURSOS NO PROJETO DO NOVO CPC (PL N. 8.046/2010)

TÍTULO II

DOS RECURSOS

CAPÍTULO I

DAS DISPOSIÇÕES GERAIS

Art. 948. São cabíveis os seguintes recursos:

I – apelação;

II – agravo de instrumento;

III – agravo interno;

IV – embargos de declaração;

V – recurso ordinário;

VI – recurso especial;

VII – recurso extraordinário;

VIII – agravo de admissão;

IX – embargos de divergência.

§ 1º Excetuados os embargos de declaração, o prazo para interpor e para responder os recursos é de quinze dias.

§ 2º No ato de interposição de recurso ao Supremo Tribunal Federal ou ao Superior Tribunal de Justiça, o recorrente deverá comprovar a ocorrência de feriado local.

Art. 949. Os recursos, salvo disposição legal em sentido diverso, não impedem a eficácia da decisão.

§ 1º A eficácia da decisão poderá ser suspensa pelo relator se demonstrada a probabilidade de provimento do recurso, ou, sendo relevante a fundamentação, houver risco de dano grave ou difícil reparação, observado o art. 968.

§ 2º O pedido de efeito suspensivo do recurso será dirigido ao tribunal, em petição autônoma, que terá prioridade na distribuição e tornará prevento o relator.

§ 3º Quando se tratar de pedido de efeito suspensivo a recurso de apelação, o protocolo da petição a que se refere o § 2º impede a eficácia da sentença até que seja apreciado pelo relator.

§ 4º É irrecorrível a decisão do relator que conceder o efeito suspensivo.

Art. 950. O recurso pode ser interposto pela parte vencida, pelo terceiro prejudicado e pelo Ministério Público, seja como parte ou fiscal da ordem jurídica.

Parágrafo único. Cumpre ao terceiro demonstrar a possibilidade de a decisão sobre a relação jurídica submetida à apreciação judicial atingir direito de que seja titular

Art. 951. Cada parte interporá o recurso, independentemente, no prazo e observadas as exigências legais. Sendo, porém, vencidos autor e réu, ao recurso interposto por qualquer deles poderá aderir o outro.

Parágrafo único. O recurso adesivo fica subordinado ao recurso principal, aplicando-se-lhe as mesmas regras do recurso independente quanto aos requisitos de admissibilidade, preparo e julgamento no tribunal, salvo disposição legal diversa, observado o seguinte:

I – será dirigido ao juízo da sentença ou acórdão recorrido, no prazo de que a parte dispõe para responder;

II – será admissível na apelação, no recurso extraordinário e no recurso especial;

III – não será conhecido, se houver desistência do recurso principal ou se for ele declarado inadmissível ou deserto.

Art. 952. O recorrente poderá, a qualquer tempo, sem a anuência do recorrido ou dos litisconsortes, desistir do recurso.

Parágrafo único. No julgamento de recurso extraordinário cuja repercussão geral já tenha sido reconhecida e no julgamento de recursos repetitivos afetados, a questão ou as questões jurídicas objeto do recurso representativo de controvérsia de que se desistiu serão decididas pelo Superior Tribunal de Justiça ou pelo Supremo Tribunal Federal.

Art. 953. A renúncia ao direito de recorrer independe da aceitação da outra parte.

Art. 954. A parte que aceitar expressa ou tacitamente a sentença ou a decisão não poderá recorrer.

Parágrafo único. Considera-se aceitação tácita a prática, sem reserva alguma, de um ato incompatível com a vontade de recorrer.

Art. 955. Dos despachos não cabe recurso.

Art. 956. A sentença ou a decisão pode ser impugnada no todo ou em parte.

Art. 957. O prazo para a interposição do recurso, aplicável em todos os casos o disposto no art. 192, contar-se-á da data:

I – da leitura da sentença ou da decisão em audiência;

II – da intimação das partes, quando a sentença ou a decisão não for proferida em audiência;

III – da publicação do dispositivo do acórdão no órgão oficial.

Parágrafo único. No prazo para a interposição do recurso, a petição será protocolada em cartório ou segundo a norma de organização judiciária, ressalvado o disposto no art. 970.

Art. 958. Se, durante o prazo para a interposição do recurso, sobrevier o falecimento da parte ou de seu advogado ou ocorrer motivo de força maior que suspenda o curso do processo, será tal prazo restituído em proveito da parte, do herdeiro ou do sucessor, contra quem começará a correr novamente depois da intimação.

Art. 959. O recurso interposto por um dos litisconsortes a todos aproveita, desde que comuns as questões de fato e de direito.

Art. 960. Transitado em julgado o acórdão, o escrivão, independentemente de despacho, providenciará a baixa dos autos ao juízo de origem, no prazo de cinco dias.

Art. 961. No ato de interposição do recurso, o recorrente comprovará, quando exigido pela legislação pertinente, o respectivo preparo, inclusive porte de remessa e de retorno, sob pena de deserção, observado o seguinte:

I – são dispensados de preparo os recursos interpostos pelo Ministério Público, pela União, pelo Distrito Federal, pelos Estados, pelos Municípios, e respectivas autarquias, e pelos que gozam de isenção legal;

II – a insuficiência no valor do preparo implicará deserção, se o recorrente, intimado, não vier a supri-lo no prazo de cinco dias.

Art. 962. O julgamento proferido pelo tribunal substituirá a decisão interlocutória ou a sentença impugnada no que tiver sido objeto de recurso.

O art. 948 do projeto do novo CPC, reproduzindo o art. 496 do atual Código, traz um rol de recursos. O projeto, porém, amplia esse rol, com a previsão do recurso de agravo interno, cabível em face da decisão monocrática do relator no tribunal e que antes tinha previsão no regimento interno dos tribunais e acrescenta, ainda, o agravo de admissão ao rol de recursos, que será tratado em capítulo próprio quando da análise dos tribunais superiores, mas exclui os embargos infringentes da previsão de recursos.

O § 1º do referido artigo trata da unificação dos prazos recursais: com exceção dos embargos de declaração, todos os demais recursos deverão ser interpostos no prazo de quinze dias. Tal modificação, no que se refere à unificação dos prazos para interposição de recursos, é de extrema importância para a prática processual no país.

Dessa forma, o novo CPC dá mais efetividade à norma Constitucional que assegura a todos o direito à ampla defesa e ao contraditório, vez que aumenta o prazo para interposição de alguns recursos, alargando assim, o período para a produção das peças. Além disso, influi no princípio da fungibilidade recursal, porquanto não existirá mais diferença de prazo (excetuados os embargos de declaração) entre os diversos recursos a serem interpostos.

Por fim, o § 2º do mesmo artigo prevê que, no caso de interposição do recurso ao STJ ou ao STF, deve-se comprovar o feriado local, como forma de assegurar a tempestividade do recurso, com sua interposição no prazo correto.

O art. 949 do projeto amplia a regra do art. 497 do atual CPC, que só trata do recurso especial e do extraordinário. Pelo projeto do novo Código, a regra passará a ser de os recursos não possuírem efeito suspensivo, fazendo com que a impugnação da decisão não impeça sua execução provisória.

O efeito suspensivo, porém, não deixará de existir. A teor do art. 949, § 1º, do projeto, ele poderá ser concedido pelo relator sempre que verificar a probabilidade de provimento do recurso ou verificar risco de dano grave ou de difícil reparação, obstando a eficácia da sentença e sua execução provisória, se ainda não houver iniciado, ou paralisando, se já tiver sido iniciada

Seu requerimento ao relator, de acordo com o art. 949, § 2º, do projeto, deve ser feito por petição autônoma e o seu mero protocolo, nos termos do § 3º já suspende a eficácia da sentença, sendo que melhor seria se o projeto tivesse se utilizado da expressão pronunciamento judicial recorrido, pois nem sempre a natureza do pronunciamento recorrido será de sentença.

Caso o relator conceda o efeito suspensivo, continua impedida a execução provisória. Caso não conceda, não será obstado o efeito da sentença ou da decisão, mesmo com a pendência do recurso. Destaque-se que, segundo o § 4º, mantém-se a previsão de que essa decisão do relator é irrecorrível.

O art. 950 traz os legitimados para recorrer, que são os já previstos no art. 499 do atual CPC, e acrescenta que o terceiro deve demonstrar interesse jurídico, que pode ser afetado por aquela decisão.

O art. 951 trata do denominado "recurso adesivo". O atual CPC contempla, em seu art. 500, a possibilidade de interposição de recurso na forma adesiva, permitindo, nos casos de sucumbência recíproca, e nas hipóteses previstas em lei, que, interpondo recurso uma das partes sucumbentes, a parte contrária, mesmo vencido o prazo comum, interponha recurso adesivo no prazo de que dispõe para contrarrazoar.

O recurso adesivo fica subordinado ao principal no que diz respeito a "admissibilidade, preparo e julgamento no tribunal superior".

O Projeto de Lei do Novo CPC (PLS n. 166/2010) reafirma a importância do instituto ao contemplá-lo no seu art. 951, modificando-o apenas no que diz respeito aos embargos infringentes, instituto recursal suprimido pelo Projeto de Lei, que, juntamente com a apelação, recurso extraordinário e especial, formam, atualmente, o rol dos recursos em que se permite a utilização desse mecanismo.

O art. 952 do projeto, reproduzindo o art. 501 do atual CPC, trata da desistência do recurso, questão já trabalhada ao longo do capítulo e que, a teor do art. 953, independe da aceitação do recorrido. A inovação do projeto é que, em se tratando de recurso extraordinário cuja repercussão geral já tenha sido reconhecida e no julgamento de recursos repetitivos afetados, a questão ou as questões jurídicas objeto do recurso representativo de controvérsia de que se desistiu ainda assim serão decididas pelo Superior Tribunal de Justiça ou pelo Supremo Tribunal Federal.

Nesse caso, poder-se-ia se acrescentar que figura semelhante ocorre no incidente de resolução de demandas repetitivas. Embora não seja um recurso, a desistência da causa eleita como "piloto" da controvérsia, não impede a análise da questão pelo tribunal.

O art. 954 trata da aceitação tácita da decisão, o que, em respeito ao instituto da preclusão, geraria incompatibilidade com o ato de recorrer, previsão que só foi repetida do CPC atual, no art. 503. O art. 955 do projeto, em mera reprodução ao atual art. 504, afirma que os despachos não são recorríveis. Essa é a regra, mas não se pode ignorar que uma parte da doutrina sustenta a possibilidade de oposição de embargos de declaração em face de despachos, situação que será abordada com mais cautela no tema "embargos de declaração".

O art. 956 do projeto reproduz o art. 505 do atual CPC, permitindo que a sentença seja atacada em todo ou em parte pelo recurso, considerando em que parcela do pedido o recorrente sucumbiu.

O art. 957 do projeto trata da data inicial para a contagem do prazo recursal, reproduzindo o art. 506 do atual CPC. Contudo, na época da informatização, o texto legal perdeu a oportunidade de tratar do início do prazo recursal em se tratando de processo eletrônico.

Já o art. 958 trata da hipótese de falecimento da parte no prazo recursal. Em benefício dos herdeiros, o prazo começará a correr novamente após a intimação dos próprios herdeiros.

O art. 959 prevê que o recurso interposto por um dos litisconsortes a todos aproveita, salvo se os interesses forem diversos, e o art. 960 do projeto trata da baixa do recurso ao juízo de origem após o julgamento e trânsito em julgado do recurso.

Por fim, o art. 961 do projeto trata do preparo para recorrer, e o art. 962 traz o caráter substitutivo dos recursos, que abordamos ao longo do capítulo.

CAPÍTULO **4**

Recursos em espécie

Abordada a teoria geral dos recursos, passa-se à análise dos recursos em espécie.

4.1 APELAÇÃO

4.1.1 Cabimento do recurso

A apelação é o recurso cabível contra qualquer sentença,[1] sem distinção se terminativa ou definitiva.

O cabimento do recurso de apelação só fica excluído quando a lei assim expressamente prevê. Nessa hipótese temos o art. 41 da Lei n. 9.099/95, que, ao invés de apelação, prevê um recurso sem denominação especial, interponível para uma turma composta por três juízes em exercício no primeiro grau de jurisdição, e o art. 34 da Lei n. 6.830/80, que prevê, na hipótese de a sentença ser de valor inferior ou igual a 50 OTNs (entre R$ 300,00 e R$ 400,00 em valores atuais), que o recurso cabível são os embargos infringentes de alçada, que não possuem qualquer relação com os embargos infringentes.

1 Art. 162, § 1º, CPC: "sentença é o ato do juiz que implica alguma das situações previstas nos arts. 267 e 269 desta Lei".

No caso de sentença definitiva, isto é, em que há julgamento do mérito, nos termos do art. 269, CPC, pode-se interpor o recurso de apelação objetivando-se denunciar vícios de juízo, isto é, injustiças no julgamento (*error in judicando*) para que o tribunal substitua a decisão do órgão *a quo*, ou para alegações concernentes à invalidade da sentença, denunciando-se vícios na própria atividade, que se apontam no processo ou na própria sentença (*error in procedendo*). Nesta última hipótese, se verificar o erro, o tribunal deverá se limitar a anular a sentença, devendo os autos retornar à instância inferior, para que se refaça o julgamento. Essas questões podem ser alegadas cumulativamente, caso em que o Tribunal só analisará a alegação de *error in judicando* após superada a alegação de *error in procedendo*.

Ressalte-se que, existindo nulidade que possa ser reconhecida de ofício, não haverá *reformatio in pejus* se o tribunal, ao conhecer apelação do autor, anular sentença ou extinguir o feito por reconhecer uma nulidade.

Ainda no caso de apelação em face de sentença definitiva, o mérito do recurso pode não se confundir com o mérito da causa.

No caso de sentenças terminativas, isto é, que não contêm resolução do mérito, nos termos do art. 267, CPC, jamais se esperaria, até a Lei n. 10.352, que o Tribunal, ao conhecer do recurso de apelação, julgasse o mérito da causa, cabendo a ele apenas decidir se o processo deveria se encerrar sem julgamento. Em caso de achar que o processo deveria se encerrar, negaria provimento ao recurso. Caso discordasse do órgão *a quo*, daria provimento ao recurso, reformaria a sentença e o processo retornaria ao primeiro grau de jurisdição para rejulgamento.

Contudo, a Lei n. 10.352, ao acrescentar o § 3º ao art. 515, alterou a disciplina da matéria, permitindo que, ainda que a sentença tenha sido sem julgamento do mérito, se a questão for unicamente de direito, possa o tribunal julgar a lide. Nesse caso, haverá a substituição de uma sentença terminativa por um acórdão de mérito.

Já na hipótese de sentença definitiva, a apelação devolve ao tribunal o conhecimento do mérito da causa, em todos os seus aspectos, inclusive se o juiz não chegou a examinar todo o conteúdo da lide.

4.1.2 Prazo para interposição

A interposição da apelação deve ocorrer no prazo de quinze dias, a contar da intimação da sentença, sempre por petição escrita e pode ser interposta em cartório ou como dispuser a norma de organização judiciária, por fax ou outro sistema similar de transmissão, com observância do disposto na Lei n. 9.800/99. Nessas hipóteses, o recurso não será conhecido se houver discordância entre o teor do fax e o original apresentado.

Tal prazo pode sofrer alteração por força do disposto nos arts. 188 e 191, CPC.

A petição deverá conter a identificação das partes, o apelante e o apelado, e as razões de apelação, ou seja, as razões de inconformismo com a sentença, com a indicação de *error in judicando, error in procedendo* ou ambos, sendo que as invocações devem guardar relação com a sentença e, se forem suscitadas novas questões de fato, cabe ao apelante demonstrar que a decisão apelada se revela injusta à luz dos elementos agora trazidos aos autos, conquanto pudesse estar em harmonia com o contexto em que o juiz *a quo* apreciou.

A lei não contemplou a possibilidade de as razões de apelação serem oferecidas posteriormente no tribunal. A fundamentação da apelação deve ser apresentada no momento da interposição do recurso, ainda que anexa à peça de interposição.

A tempestividade do recurso se dá por seu protocolo, e a apelação pode abarcar todo o conteúdo da decisão ou apenas parte dela, sendo que, se a parte não especificar, deve-se entender que a impugnação é feita de toda a decisão.

A competência para o julgamento do recurso está fixada na lei e, em caso de encaminhamento errado, quem recebe deve encaminhar ao órgão competente.

O recurso interposto deverá estar assinado por procurador habilitado, sendo que a falta de assinatura prejudica o recurso. Releva-se, porém, a omissão em subscrever as razões, caso a petição de interposição esteja assinada. O tribunal fica adstrito ao julgamento da matéria objeto de recurso, exceto se for questão de ordem pública, que poderá ser conhecida de ofício, independentemente de provocação da parte, a qualquer tempo e grau de jurisdição.

4.1.3 Efeitos da apelação

O recurso de apelação caracteriza-se por devolver ao tribunal a matéria objeto do recurso. Esse efeito devolutivo é a manifestação direta do princípio dispositivo, cabendo ao apelante fixar os limites de seu recurso e diz respeito tanto à extensão da matéria a ser conhecida pelo Tribunal, isto é, o que se submete, por força do recurso, ao julgamento do órgão *ad quem*, como também por sua profundidade, ou seja, com que material o órgão *ad quem* vai trabalhar para julgar.

A extensão do efeito devolutivo se caracteriza pela extensão da impugnação, a regra *tantum devolutum quantum apellatum*, devolvendo, via de regra, ao Tribunal toda a matéria efetivamente impugnada pelo apelante nas suas razões de recurso, relacionada ao conteúdo da sentença, não podendo inovar na causa. Tanto que, no sistema originário do CPC, se a sentença fosse terminativa, isto é, pusesse fim ao processo sem julgar o mérito, não era lícito ao órgão *ad quem*, ao dar provimento ao recurso, passar ao exame do mérito da causa.

A Lei n. 10.352 modificou tal regime, acrescentando o art. 515, § 3º,[2] que permite que uma sentença meramente terminativa seja substituída por um acórdão de mérito, ampliando o efeito devolutivo da apelação. Contudo, para que uma sentença terminativa possa vir a ser substituída por uma sentença de mérito, alguns requisitos devem estar presentes:

1) a apelação deve ser conhecida, caso contrário, estará exaurida a atividade cognitiva do órgão *ad quem*;

2) a sentença deve ser terminativa e não deve conter vício totalmente invalidante, como, por exemplo, um juiz absolutamente incompetente, pois, neste caso, o Tribunal devolverá a causa ao juiz competente. No caso de o vício ser parcialmente invalidante, como uma sentença *ultra petita*, pode o Tribunal corrigi-lo, com o simples corte do excesso;

3) a causa deve estar em condições imediatas de julgamento, versando sobre questão unicamente de direito e não havendo impedimento para o exame do mérito, isto é, que não se necessite mais produzir provas.

Caracteriza-se, ainda, o efeito devolutivo da apelação pela impossibilidade de se inovar na causa em sede de apelação, sendo vedado à parte

---

2 A doutrina diverge se o Tribunal poderia aplicar o art. 515, independentemente de requerimento da parte. Fredie Didier Jr. afirma que o Tribunal não pode aplicar o referido dispositivo sem o requerimento da parte, mas prevalece o entendimento de Cândido Rangel Dinamarco, segundo o qual o julgamento da causa pelo Tribunal é um poder discricionário, que independe de requerimento da parte, sendo tal dispositivo uma decorrência da duração razoável do processo.

pedir ao órgão *ad quem* o que não pedira ao órgão *a quo* e pela proibição da *reformatio in pejus.*

Há *reformatio in pejus* quando o órgão *ad quem*, no julgamento do recurso, profere decisão mais desfavorável ao recorrente, quantitativa ou qualitativamente. A decisão é qualitativamente desfavorável quando o Tribunal substitui a providência jurisdicional por outra, de teor diverso, menos vantajosa ao recorrente e quantitativa quando se onera o recorrente com um *plus*, ou se lhe retira algo que fora concedido pelo órgão *a quo.*

A possibilidade de recurso adesivo, contudo, contrabalança a vedação a *reformatio in pejus*, uma vez que, em se tratando de sucumbência recíproca e havendo adesão, o litigante que interpõe o recurso principal assume o papel de recorrente e de recorrido, situação que não é diversa se a parte contrária tivesse interposto recurso independente.

A aplicação do art. 515, § 3º, CPC é tida, por uma parte da doutrina, como uma *reformatio in pejus* excepcional ou extraordinária, uma vez que, dando provimento ao recurso, o Tribunal poderá julgar improcedente o pedido inicial.

Analisando, agora, a profundidade do efeito devolutivo, tem-se em que medida competirá ao Tribunal a apreciação do recurso de apelação, dentro dos limites da matéria impugnada. Como resulta do art. 515, §§ 1º e 2º, a devolução é amplíssima em profundidade, não se cingindo às questões resolvidas na sentença apelada. Abrange, também, as questões que poderiam ter sido resolvidas, como as examinadas de ofício, as questões que deixaram de ser apreciadas pelo órgão *a quo,*[3] embora suscitadas pelas partes e discutidas,[4] isto é, não basta que tenham sido suscitadas, devendo a outra parte ter impugnado a arguição.

3 José Carlos Barbosa Moreira (2008, p. 449-452) se refere ao art. 516, CPC como questões incidentes não decididas pelo juiz, Nelson Nery Junior afirma que são questões de ordem pública devolvidas ao Tribunal, uma vez que o juiz não poderia deixar de decidir e Nelson Luiz Pinto afirma que o art. 516 trata apenas de argumentos não analisados pelo juiz.

4 Para Nelson Nery Junior, a possibilidade de exame pelo Tribunal de questões suscitadas e discutidas pelas partes, embora não apreciadas pelo juiz, não é expressão do efeito devolutivo do recurso, mas de seu efeito translativo, como se destaca: "mesmo que a sentença não tenha apreciado todas as questões suscitadas e discutidas pelas partes, interessados e MP no processo, o recurso de apelação transfere o exame destas questões ao Tribunal. Não por força do efeito devolutivo, que exige comportamento ativo do recorrente (princípio dispositivo), mas em virtude do efeito translativo do recurso" (NERY JUNIOR; NERY, 2007, p. 857).

As questões novas não podem ser suscitadas em sede de apelação, salvo no caso de recurso de terceiro prejudicado, que até então não havia participado do processo, ou se, tendo a mesma *causa petendi*, o apelante comprove que deixou de argui-la antes por motivo de força maior, por não ter ciência dela ou estar impedido, por motivo alheio à sua vontade, de comunicá-la ao juízo. Provado o motivo de força maior, abre-se então a produção de prova do fato a que se refere a arguição. No caso de a prova ser documental, abre-se vista à parte contrária, em homenagem ao princípio do contraditório, para que se manifeste sobre a documentação juntada. Já nos demais casos, aplica-se analogicamente o art. 492, CPC, podendo o Tribunal delegar a competência dos atos ao juiz da comarca onde se deva produzir a prova, com a fixação do prazo de 45 a 90 dias para devolução dos autos, quando a apelação deverá ser julgada pelo Tribunal.

Então, a princípio, o órgão julgador fica adstrito, no exame das questões de fato, ao material carreado nos autos, já posto à disposição do juízo inferior, mas não ao fundamento da causa. A apelação possui, então, função de controle, cabendo ao órgão *ad quem* corrigir eventuais erros cometidos pelo juízo inferior.

Contudo, a sentença apelada não é o objeto da atividade cognitiva do Tribunal. O órgão *ad quem*, desde que conheça a apelação, não julga a sentença, mas rejulga a matéria nela decidida e impugnada pelo apelante.

Há, ainda, como outro efeito da apelação, o suspensivo. Via de regra, a apelação é recebida no efeito suspensivo e no devolutivo, suspendendo-se os efeitos da sentença com sua recorribilidade. Contudo, há hipóteses taxativas, previstas nos arts. 520 e 1184, CPC, em que o recurso possuirá apenas o efeito devolutivo. Ainda nesses casos em que a apelação não possui efeito suspensivo, pode o relator da apelação atribuir tal efeito quando necessário para evitar um dano irreparável, caso o apelante faça o pedido (art. 558, CPC).

As hipóteses que são exceção à regra, isto é, que a apelação não possui efeito suspensivo, estão previstas nos arts. 520 e 1.184, CPC e nas Leis n. 6.014 e 6.071, que adaptaram ao sistema do Código os recursos previstos em lei extravagante.

4.1.4 Recebimento da apelação

Ao juízo *a quo* compete apenas controlar a admissibilidade do recurso de apelação, sem se pronunciar sobre seu mérito.

O § 1º do art. 518, CPC prevê hipóteses em que o recurso não será recebido. Esse dispositivo foi inserido pela Lei n. 11.276/2006, que cria a figura da súmula impeditiva de recurso. É o caso de a sentença apelada estar em consonância com súmula do STJ ou do STF, quando o juiz não receberá a apelação.[5]

Também no caso de faltar algum dos requisitos, a apelação não será recebida.[6] Nesse caso, cabe agravo, na modalidade de instrumento, uma vez que a retenção nos autos se tornaria inútil. Explica-se: não subindo a apelação, tampouco o agravo subiria.

Nesse caso, se o Tribunal, ao julgar o agravo de instrumento, não receber a apelação, a sentença apelada terá transitado em julgado quando se verificou a inadmissibilidade do recurso de apelação. Já na hipótese de o Tribunal dar provimento ao agravo, recebendo o recurso de apelação, esta será processada nos termos legais.

Enquanto o agravo ainda estiver para ser julgado no Tribunal, pode o juiz exercer o juízo de retratação, recebendo o recurso de apelação, hipótese em que o agravo de instrumento interposto ficará prejudicado.

Caso o juiz receba a apelação, não será admissível recurso de agravo, mas haverá a possibilidade de o juiz exercer o juízo de retratação, após verificar as razões do apelado para o não recebimento dela. Nesse caso, deve o juiz declarar em que efeitos recebe o recurso de apelação, se suspensivo e devolutivo, impedindo a execução provisória da sentença, ou somente devolutivo, se houver na sentença hipótese prevista no art. 520, CPC.

Destaque-se que não há margem de discricionariedade do juiz, tendo de se cingir estritamente ao que a lei estabelece.

---

5 Deve-se ressaltar que, no caso de a sentença ser parcialmente fundada em súmula, o recurso deverá ser admitido. Nelson Nery Júnior destaca ainda que, quando o mérito da pretensão recursal for justamente a aplicação ou não da súmula, será vedado ao juiz indeferir a apelação (NERY JÚNIOR; NERY, 2007, p. 864).

6 Uma das hipóteses de não recebimento da apelação é a deserção. Ao interpor o recurso, o apelante precisa comprovar o preparo. Caso não comprove, cabe ao juiz negar seguimento ao recurso, cabendo, nesse ponto, destacar que a deserção pode ser declarada ex officio e suscitada a qualquer tempo. Contudo, pode o apelante interpor agravo de instrumento a fim de comprovar que não realizara o preparo em razão de "justo impedimento", isto é, um evento alheio à sua vontade e que o impediu de recolher as custas, requerendo que se releve a deserção. Caso isso ocorra, deve ser sempre ouvida a outra parte e, relevando-se a deserção, será fixado um prazo para o recolhimento das custas.

Se o órgão judicial erra no efeito atribuído, cabe agravo, na modalidade agravo de instrumento, que não obsta a que o próprio juízo corrija o erro.

Nos casos de a apelação ser recebida apenas no efeito devolutivo, o apelado poderá promover a execução provisória da sentença, através da extração da denominada carta de sentença, enquanto os autos vão ao Tribunal para o julgamento do recurso. Destaque-se que essa hipótese não se confunde com o não recebimento da apelação, uma vez que, se não for recebido o recurso, ocorrerá o trânsito em julgado da sentença, podendo-se iniciar a execução definitiva.

Contudo, o apelante poderá requer ao relator a concessão de efeito suspensivo à sua apelação, nos termos do art. 558, parágrafo único, CPC.

Recebida a apelação pelo órgão *a quo* e definido o efeito que será recebida, será dada vista ao apelado para responder. O prazo para resposta é de quinze dias (art. 508 CPC) e começa a correr do dia em que o apelado é intimado.

Caso ambas as partes tenham apelado, o prazo de resposta é autônomo.

Na hipótese de não ser aberta vista ao apelado, sendo tal ato uma recusa do juiz ou até de não serem juntadas as contrarrazões, será cabível a interposição de agravo, na modalidade retida.

Nas contrarrazões, embora haja semelhança com a contestação, não é necessária a impugnação específica dos fatos e é dispensável que se reiterem todos os pedidos e defesas que já se processaram nos autos.

Se, além das contrarrazões, ocorrer a adesão, isto é, a interposição do recurso adesivo pela parte contrária, o que ocorre nos mesmos quinze dias do prazo para contrarrazoar o recurso de apelação, deve ser aberta vista à outra parte, para contrarrazoar a apelação adesiva.

O recebimento da apelação pelo órgão *a quo* não vincula o órgão *ad quem*, que tem total liberdade, podendo, inclusive deixar de conhecer do recurso ou conhecer e julgá-lo, concedendo-lhe ou negando-lhe provimento.

4.1.5 A apelação no projeto do novo CPC

CAPÍTULO II

DA APELAÇÃO

Art. 963. Da sentença cabe apelação.

Parágrafo único. As questões resolvidas na fase cognitiva, se a decisão a seu respeito não comportar agravo de instrumento, não ficam cobertas pela preclusão e devem ser suscitadas em preliminar de apelação, eventualmente interposta contra a decisão final, ou nas contrarrazões.

Art. 964. A apelação, interposta por petição dirigida ao juízo de primeiro grau, conterá:

I – os nomes e a qualificação das partes;

II – os fundamentos de fato e de direito;

III – o pedido de nova decisão.

Art. 965. A apelação devolverá ao tribunal o conhecimento da matéria impugnada.

§ 1º Serão, porém, objeto de apreciação e julgamento pelo tribunal todas as questões suscitadas e discutidas no processo, resolvidas ou não pela sentença.

§ 2º Quando o pedido ou a defesa tiver mais de um fundamento e o juiz acolher apenas um deles, a apelação devolverá ao tribunal o conhecimento dos demais.

§ 3º Se a causa versar sobre questão exclusivamente de direito ou estiver em condições de imediato julgamento, o tribunal deve decidir desde logo a lide quando:

I – reformar sentença fundada no art. 472;

II – declarar a nulidade de sentença por não observância dos limites do pedido;

III – declarar a nulidade de sentença por falta de fundamentação;

IV – reformar sentença que reconhecer a decadência os prescrição

Art. 966. A apelação será interposta e processada no juízo de primeiro grau; intimado o apelado e decorrido o prazo para resposta, os autos serão remetidos ao tribunal, onde será realizado o juízo de admissibilidade.

Art. 967. As questões de fato não propostas no juízo inferior poderão ser suscitadas na apelação, se a parte provar que deixou de fazê-lo por motivo de força maior.

Art. 968. A atribuição de efeito suspensivo à apelação obsta a eficácia da sentença

O art. 963 do projeto já explicita a regra do direito processual: a apelação é o recurso cabível em face de sentença. Contudo, o projeto passa a permitir que, na apelação, sejam suscitadas matérias que não foram passíveis de se atacar por meio do agravo de instrumento no curso do processo.

Como regra, o projeto prevê que as decisões proferidas no curso do processo não sejam mais atacadas imediatamente, para homenagear a celeridade processual. A única exceção são as decisões que podem causar danos de difícil reparação à parte, em relação às quais mantém-se a previsão do agravo de instrumento, como ainda será tratado.

Contudo, com esse novo sistema, todas as matérias decididas no curso do processo e não passíveis de impugnação pelo agravo de instrumento passarão a ser suscitadas em sede de apelação.

O art. 964 do projeto descreve o conteúdo do recurso de apelação. Já o art. 965 trata do efeito translativo da apelação, que permite que o juízo *ad quem* conheça de toda a matéria que foi posta ao juízo *a quo*, quer essa matéria tenha sido decidida ou não pela sentença. Ou seja: ainda que o juiz não tenha se pronunciado sobre a matéria alegada pela parte no curso do processo, poderá a parte pedir que o tribunal se pronuncie sobre ela, independentemente de ter oposto embargos de declaração para que o próprio juízo *a quo* se pronuncie.

O § 3º permite que o tribunal decida logo a lide, o que significa que, ao dar provimento à apelação, mesmo que a sentença não tenha analisado o mérito, o tribunal poderá fazê-lo em casos excepcionais, notadamente quando a causa for de questão exclusivamente de direito. Em que pesem as críticas à expressão questão exclusivamente de direito, já que, muitas vezes, não se pode dissociar o direito dos fatos, o projeto traz nos quatro incisos do art. 465 os casos em que a reforma de determinada sentença que não tenha analisado a controvérsia posta em juízo levará o tribunal a analisá-la.

Já o art. 966 trata da interposição da apelação que, ao contrário do processo penal, deverá ter sua petição de interposição e também suas razões já oferecidas perante o juízo *a quo*, onde também será processada e, em seguida, o juízo intimará o recorrido para o oferecimento de contrarrazões ao recurso e remeterá os autos ao tribunal, onde será realizado o juízo de admissibilidade.

O art. 967 trata da exceção: matérias que não foram suscitadas no juízo *a quo* poderão ser alegadas, em caso de força maior, no juízo *ad quem*.

Por fim, o art. 968 retoma o efeito suspensivo que pode ser concedido pelo relator, já que, como regra, a apelação não possui tal efeito.

4.2 AGRAVO

O agravo no CPC é uma nomenclatura utilizada para diversas situações, havendo o agravo comum e o agravo interno ou regimental. O agravo que se chama de comum é cabível em face de todas as decisões interlocutórias de primeiro grau, em qualquer fase do processo, não importando o nome que possua, mas apenas que tenha conteúdo decisório, a menos que lei especial o exclua.[7]

Pode ser de duas modalidades, submetidas a regimes diversos: o agravo de instrumento e o agravo retido. O agravo de instrumento é diretamente apresentado ao órgão *ad quem*, mediante petição, instruído com as peças arroladas no art. 525, CPC, e é utilizado apenas excepcionalmente quando a decisão tiver aptidão de causar lesão grave à parte ou dano de difícil reparação, requisitos estes que devem ser analisados pelo relator, que, caso não os entenda presentes, deve converter o agravo de instrumento em agravo retido.

Também era agravo de instrumento o recurso interposto em face da decisão do presidente do Tribunal, que não recebe recurso extraordinário ou recurso especial. Contudo, a Lei n. 12.322, de 9 de setembro de 2010, que prevê uma *vacatio legis* de noventa dias e está em vigor desde dezembro de 2010, alterou a sistemática desse tipo de agravo, transformando-o em agravo retido nos próprios autos.

Dessa forma, o recurso interposto em face da decisão do presidente do Tribunal, que não recebe recurso extraordinário ou recurso especial, agora segue a sistemática do agravo retido, conforme exporemos em seguida.

A grande mudança é que, como tais recursos não possuem efeito suspensivo, se antes cabia à parte tirar cópia das peças que considerasse essenciais nos autos para instruir o agravo para os tribunais inferiores, enquanto se poderia iniciar, na instância inferior, a execução nos próprios autos, agora os autos são remetidos aos tribunais superiores, passando a execução provisória a se dar por instrumento, a partir de cópia dos autos principais autenticadas pelo próprio advogado do exequente.

A outra modalidade, o agravo retido, regra no direito brasileiro, fica retido nos autos, a fim de que preliminarmente dele se conheça, quando

7 Como exemplo temos o art. 5º da Lei n. 10.259, dos Juizados Especiais Federais, que prevê que só cabe recurso em face de sentença.

do julgamento de eventual recurso de apelação. Nesse caso, não há interesse na revisão imediata da decisão pelo órgão *ad quem*, mas impede-se a preclusão da questão.

O agravo não pode ser confundido com o pedido de reconsideração, que não é recurso, não suspendendo nem interrompendo o prazo recursal. O pedido de reconsideração deve preencher todos os requisitos formais do agravo (fundamentação, pedido de nova decisão e indicação de peças) e é dirigido ao juiz que proferiu a decisão.

A sistemática do agravo em face de toda e qualquer decisão interlocutória acabou esvaziando o cabimento da correição parcial ou reclamação, que eram utilizadas no CPC de 1939 para impugnar decisão irrecorrível, quando teratológica ou causasse tumulto à ordem processual.

Já o agravo interno (ou regimental) não se confunde com as modalidades de agravo expostas, embora receba o mesmo nome recursal. O agravo interno é o que questiona a decisão monocrática do relator perante o órgão colegiado, caso em que o processo já estará no Tribunal. Deve ser interposto no prazo de cinco dias e a competência para julgá-lo é do mesmo órgão que teria competência para julgar o recurso monocraticamente resolvido pelo relator.

4.2.1 Prazo para interposição

Ressalvada a hipótese do art. 523, § 3º, o prazo para interposição do agravo é de dez dias, na modalidade de instrumento ou retido, não sendo tal prazo suspendido ou interrompido pelo pedido de reconsideração da decisão.

Apenas no caso do agravo interno que o prazo será de cinco dias.

Ressalta-se, contudo, que, em qualquer dos casos, o Ministério Público, a Fazenda Pública, as autarquias, as fundações públicas e a Defensoria Pública possuem prazo em dobro para recorrer (art. 188).

4.2.2 Efeitos do agravo

O agravo tem efeito devolutivo diferido: a matéria transfere-se ao conhecimento do órgão *ad quem* sem deixar de submeter-se, antes, ao reexame do órgão *a quo*. A devolução limita-se à questão resolvida pela decisão de que se recorreu, na medida de sua impugnação.

Como regra, tal recurso não é dotado de efeito suspensivo, mas o art. 558, parágrafo único, prevê a possibilidade de se atribuir efeito suspensivo ao agravo de instrumento, através de pedido direcionado ao relator.

4.2.3 Agravo retido

O agravo retido se tornou a regra no direito brasileiro. Sua interposição ocorre mediante petição dirigida ao juiz que proferiu a decisão impugnada, devendo o agravante expor as razões pelas quais se insurge contra ela. No caso de decisão proferida em audiência de instrução, a interposição passou a ser oral.

Como o agravo fica retido nos autos, não há a necessidade de indicação de peças e não haverá a suspensão do andamento do processo.

No caso de audiência preliminar, se proferida decisão e a parte pretender recorrer, não havendo restrição legal, o recurso pode ser interposto oralmente ou por escrito.

O agravo retido é julgado quando do julgamento da apelação, mediante pedido expresso de apreciação como preliminar da apelação independente ou adesiva, podendo o pedido ser feito até em contrarrazões, mas pode ser analisado, ainda, independentemente de requerimento, quando os autos subam para remessa necessária, por força do efeito translativo da remessa necessária, que transfere ao Tribunal toda a matéria decidida pela sentença, independentemente de requerimento da parte.

O agravo retido não está sujeito à deserção, mas, se ficar deserta a apelação e não subir ao tribunal, tampouco subirá o agravo. Contudo, ainda que a apelação suba, o agravo retido poderá não ser considerado como admissível pelo Tribunal.

Sujeita-se ao juízo de retratação, podendo o juízo, após ouvido o agravado, em homenagem ao princípio do contraditório, reconsiderar sua decisão, sem previsão de prazo, devendo-se, portanto, aplicar a norma geral, de dez dias.

Não é cabível a aplicação da fungibilidade com o agravo de instrumento, dada a diversidade de ritos procedimentais, bem como de órgãos destinatários (juízo *ad quem* para o agravo de instrumento e o juízo prolator da decisão para o retido).

4.2.4 Agravo de instrumento

O agravo de instrumento é diretamente endereçado ao próprio Tribunal.

A petição de interposição deve conter todos os requisitos do art. 524, CPC: exposição dos fatos e do direito, as razões do pedido de reforma da decisão, o nome e o endereço completo dos advogados constantes no processo, bem como cópia da decisão agravada e demais documentos necessários ao julgamento do agravo, isto é, as peças necessárias e outras que o agravante queira juntar. É dever do agravante formar o instrumento do agravo, enumerando todas as peças e documentos que acompanham a minuta do recurso, quando de sua interposição, de sorte a evitar o extravio das peças, sob pena de não conhecimento do agravo pelo Tribunal, por ausência de pressuposto de admissibilidade: a regularidade formal.

A ausência de juntada das peças essenciais, previstas no art. 524, CPC, impede o conhecimento do recurso. Contudo, mesmo sendo também encargo do agravante, caso o Tribunal considere necessários mais documentos não obrigatórios, a regra será diversa: poderá converter o julgamento do agravo em diligência, para a respectiva juntada, o que não impede o conhecimento do recurso.

O agravante deverá juntar, ainda, com a petição de interposição do recurso, a prova de pagamento das custas do preparo e do porte de retorno do instrumento, quando isso for exigível.

O agravo de instrumento pode ser interposto com o protocolo no órgão *ad quem*, através de protocolo nos correios ou por outro meio indicado em lei estadual.

No caso de ser entregue diretamente no Tribunal, deve ser protocolado até o fechamento do expediente. Já pelos correios, a prova de interposição do agravo, como de sua tempestividade, se faz pelo recibo de remessa ou pelo protocolo de aviso de recebimento. A postagem simples não invalida o recurso, mas não traz ao agravante comprovante de sua tempestividade, que se afere pela data aposta no recibo dos correios, e não pela chegada do recurso ao Tribunal.

Deve o agravante comunicar nos autos principais a interposição do recurso, para que o próprio órgão *a quo* saiba que sua decisão foi agravada, podendo reconsiderá-la, sem que se sujeite à preclusão.

Caso não haja tal comunicado, pode o agravado arguir tal questão, não devendo ser conhecida de ofício pelo juízo, pois, caso não comunique a interposição do agravo e não se insurja o agravado, só não haverá a possibilidade de reconsideração da decisão, podendo o juiz se retratar apenas caso comunicado pelo tribunal.

Ocorre que, caso reconsiderada a decisão, o agravo ficará prejudicado e a decisão não mais poderá ser alterada pelo órgão prolator.

Recebido o agravo no Tribunal, ele será distribuído a um relator, cabendo aos regimentos internos dos Tribunais disciplinar a matéria.

Concluso a um relator, cabe-lhe de ofício, indeferir liminarmente o agravo ou tomar as providências arroladas no art. 527.

Caso converta o agravo de instrumento em agravo retido, o relator mandará remeter os autos ao juízo de origem, submetendo-se, então, o recurso ao regime da retenção nos autos em que fora interposto. Essa decisão só é passível de reforma se o relator a reconsiderar.

O relator poderá, ainda, atribuir efeito suspensivo ao agravo de instrumento e pedir informações ao órgão prolator da decisão agravada, que terá dez dias para se manifestar, especificando os pontos que deseja ser informado. Em seguida, deverá ser intimado o agravado, que terá o prazo de dez dias para responder, podendo juntar as peças que considerar convenientes.

Será então ouvido o Ministério Público e os autos serão conclusos, pedindo-se dia para julgamento.

O agravo de instrumento recebeu, ainda, previsão específica na Lei n. 12.431/2011, que veio a regulamentar, dentre outras questões, as inovações trazidas pela EC n. 62, cuja constitucionalidade está sendo debatida.

A referida lei, em seu art. 30, inicia a regulamentação do art. 100, §§ 9 e 10, CF, que prevê a possibilidade de compensação de débito com a Fazenda Pública e o crédito proveniente de precatório, desde que seja em face do mesmo ente da Federação. A Fazenda Pública, antes da requisição do precatório, será intimada para informar sobre eventuais débitos, cuja exigibilidade não esteja suspensa.

A partir dessa informação, o beneficiário do precatório será intimado pelo juízo para se manifestar no prazo de quinze dias (art. 31 da Lei n. 12.431/2011), só podendo alegar como matéria de defesa erro aritmético no valor do débito a ser compensado, suspensão ou extinção do débito e suspensão da execução do débito, todas essas matérias listadas no § 1º do referido artigo.

Após, a Fazenda Pública será intimada para se manifestar no prazo de trinta dias (art. 32), e o juiz, então, decidirá a questão. A decisão judicial será passível da interposição do recurso de agravo de instrumento (art. 34).

A inovação é que o agravo de instrumento possui um efeito suspensivo *ope legis*, até mesmo porque será necessário paralisar a requisição do precatório até que a questão sobre a compensação do débito com a Fazenda Pública em face do crédito constante do precatório/RPV seja definitivamente decidida.

O agravo seguirá a regra geral, cabendo ao agravante juntar a cópia da petição do agravo de instrumento e do comprovante de sua interposição, assim como a relação dos documentos que instruíram o recurso (art. 34, § 2º) e após informar ao Tribunal (art. 34, § 3º). Só que, no caso específico dessa lei, cada uma dessas funções atribuídas ao agravante deverá ser cumprida no exíguo prazo de três dias.

4.2.5 O agravo no projeto do novo CPC

O projeto do novo CPC traz a previsão de dois tipos de agravo: o agravo de instrumento, já previsto no CPC atual, e o agravo interno, que não possuía previsão no CPC atual, apenas no regimento interno dos tribunais em face de decisão monocrática do relator.

Já o agravo retido é retirado do Código, trazendo o projeto que as decisões não passíveis de agravo de instrumento não restarão preclusas, podendo ser novamente alegadas em sede de apelação da sentença.

4.2.5.1 Agravo de Instrumento

CAPÍTULO III

DO AGRAVO DE INSTRUMENTO

Art. 969. Cabe agravo de instrumento contra as decisões interlocutórias que versarem sobre:

I – tutelas de urgência ou da evidência;

II – o mérito da causa;

III – rejeição da alegação de convenção de arbitragem;

IV – o incidente de resolução de desconsideração da personalidade jurídica;

V – a gratuidade de justiça;

VI – a exibição ou posse de documento ou coisa;

VII – exclusão de litisconsorte por ilegitimidade;

VIII – a limitação de litisconsórcio;

IX – a admissão ou inadmissão de intervenção de terceiros;

X – outros casos expressamente referidos em lei.

Parágrafo único. Também caberá agravo de instrumento contra decisões interlocutórias proferidas na fase de liquidação de sentença, cumprimento de sentença, no processo de execução e no processo de inventário

Art. 970. O agravo de instrumento será dirigido diretamente ao tribunal competente, por meio de petição com os seguintes requisitos:

I – a exposição do fato e do direito;

II – as razões do pedido de reforma da decisão e o próprio pedido;

III – o nome e o endereço completo dos advogados constantes do processo.

Art. 971. A petição de agravo de instrumento será instruída:

I – obrigatoriamente, com cópias da decisão agravada, da certidão da respectiva intimação ou outro documento oficial que comprove a tempestividade e das procurações outorgadas aos advogados do agravante e do agravado;

II – facultativamente, com outras peças que o agravante entender úteis.

§ 1º Acompanhará a petição o comprovante do pagamento das respectivas custas e do porte de retorno, quando devidos, conforme tabela publicada pelos tribunais.

§ 2º No prazo do recurso, a petição será protocolada no tribunal, postada no correio sob registro com aviso de recebimento ou interposta por outra forma prevista na lei local.

§ 3º A falta de peça obrigatória não implicará a inadmissibilidade do recurso se o recorrente, intimado, vier a supri-la no prazo de cinco dias.

Art. 972. O agravante poderá requerer a juntada aos autos do processo, de cópia da petição do agravo de instrumento e do comprovante de sua interposição, assim como a relação dos documentos que instruíram o recurso, com exclusivo objetivo de provocar a retratação.

Parágrafo único. Se o juiz comunicar que reformou inteiramente a decisão, o relator considerará prejudicado o agravo.

Art. 973. Recebido o agravo de instrumento no tribunal e distribuído imediatamente, se não for o caso de julgamento monocrático, o relator:

I – poderá atribuir efeito suspensivo ao recurso ou deferir, em antecipação de tutela, total ou parcialmente, a pretensão recursal, comunicando ao juiz sua decisão;

II – mandará intimar o agravado, na mesma oportunidade, por ofício dirigido ao seu advogado, sob registro e com aviso de recebimento, para que responda no prazo de quinze dias, facultando-lhe juntar a documentação que entender conveniente, sendo que, nas comarcas sede de tribunal e naquelas em que o expediente forense for divulgado no diário oficial, a intimação far-se-á mediante publicação no respectivo órgão;

III – determinará a intimação, preferencialmente por meio eletrônico, do Ministério Público, quando for caso de sua intervenção para que se pronuncie no prazo de dez dias.

Parágrafo único. A decisão liminar, proferida na hipótese do inciso I, é irrecorrível.

Art. 974. Em prazo não superior a um mês da intimação do agravado, o relator pedirá dia para julgamento.

O art. 969 do projeto do novo CPC trata das hipóteses em que as decisões interlocutórias podem ser atacadas por agravo de instrumento. As demais hipóteses de decisões interlocutórias deverão ser suscitadas em sede de apelação, já que não há mais previsão de agravo retido no projeto.

O parágrafo único do mesmo artigo mantém a previsão do CPC atual de que, em sede de liquidação ou de processo de execução, as decisões serão atacadas por agravo de instrumento e acrescenta, ainda, que fica mantida a impugnação de decisões interlocutórias proferidas durante o inventário pelo agravo de instrumento.

O art. 970 trata dos requisitos do agravo de instrumento e o art. 971 do projeto das peças facultativas e obrigatórias que instruirão o agravo de instrumento.

Destaque-se, nesse ponto, que o projeto traz disposição em nítido prestígio à valorização da finalidade, em vez da forma, e da efetividade do processo, ao prever que, a falta de peça obrigatória na instrução do agravo não gera, de plano, a inadmissibilidade do recurso. O recorrente deverá ser intimado para suprir a irregularidade no prazo de cinco dias e, apenas se não o fizer, o agravo será inadmitido (art. 970, § 3º, do projeto).

Já o art. 972 traz a previsão de que o agravante deverá juntar a cópia do agravo no juízo *a quo*, com a finalidade de que ele exerça ou não o juízo de retratação. Caso haja retratação, o agravo restará prejudicado.

Por fim, os arts. 973 e 974 do projeto trazem o procedimento do agravo de instrumento, sem modificações em relação ao que já abordamos no capítulo.

4.2.5.2 Agravo interno

Sem previsão no CPC atual, com disposição apenas no regimento interno dos tribunais, o agravo interno é a segunda e última modalidade de agravo previsto no projeto e serve para atacar decisões monocráticas do relator, fazendo com que, caso o relator não exerça o juízo de retratação em relação ao que decidiu, se submeta a questão ao colegiado.

Dispõe o projeto:

> **DO AGRAVO INTERNO**
>
> **Art. 975.** Ressalvadas as hipóteses expressamente previstas neste Código ou em lei, das decisões proferidas pelo relator caberá agravo interno para o respectivo órgão fracionário, observadas, quanto ao processamento, as regras dos regimentos internos dos tribunais.
>
> § 1º O recurso será dirigido ao órgão colegiado competente, e, se não houver retratação, o relator o incluirá em pauta para julgamento colegiado, na primeira sessão.
>
> § 2º Quando manifestamente inadmissível o agravo interno, assim declarado em votação unânime, o tribunal condenará o agravante a pagar ao agravado multa fixada entre um e dez por cento do valor corrigido da causa, ficando a interposição de qualquer outro recurso condicionada ao depósito prévio do respectivo valor, ressalvados os beneficiários da gratuidade de justiça que, conforme a lei, farão o pagamento ao final.

O projeto traz poucas disposições sobre o recurso, expressando que manterá as especificidades a cargo do regimento interno dos tribunais. Contudo, cabe destacar que o § 2º do art. 975 prevê a imposição de multa caso seja inadmissível o agravo. Tal disposição deve ser vista com cautela, eis que a interposição do agravo leva a decisão ao colegiado e se insere no exercício do direito de defesa, no direito a uma decisão colegiada, eis que a própria característica dos recursos seria levar a questão ao órgão colegiado.

Dessa forma, a multa deverá ser aplicada com parcimônia pelos tribunais e será impeditiva ao recurso aos tribunais superiores enquanto não for paga. Os beneficiários da Justiça gratuita não sofrerão tal impedimento, mas não estarão isentos da multa, apenas deverão recolhê-la ao final.

4.3 EMBARGOS DE DECLARAÇÃO

Qualquer decisão judicial comporta embargos de declaração,[8] uma vez que é inconcebível que fiquem sem remédio a obscuridade, a contradição ou a omissão existentes no pronunciamento.

É cabível até a interposição de embargos de declaração em embargos de declaração, desde que subsista o vício apontado nos embargos iniciais ou que haja na decisão dos embargos de declaração novos vícios.

Os embargos de declaração são um recurso, embora haja quem defenda que seriam apenas uma forma de integração da decisão, sujeitando-se aos requisitos de admissibilidade da teoria geral do recurso, e não possuem, como regra, caráter substitutivo da decisão embargada, objetivando apenas aclará-la, dissipando obscuridades ou contradições.

A obscuridade abrange desde a simples ambiguidade até a completa ininteligibilidade da decisão. Já a omissão ocorre quando não se apreciam questões relevantes para o julgamento, suscitadas por qualquer das partes ou examinadas de ofício, sendo necessário o suprimento da omissão até para a interposição de recurso extraordinário (Súmula 283, STF), uma vez

8 A jurisprudência admite os embargos de declaração em face de sentença, acórdão (art. 555, CPC), ampliando a hipótese de cabimento também a decisão interlocutória, mas veda seu cabimento em face de despacho, pelo fato de ele não possuir conteúdo decisório, embora seja pertinente a tese do cabimento dos embargos de declaração até em face dos despachos, dependendo do caso concreto.

que, para que seja admissível o recurso a tribunal superior, a questão deve ter sido ventilada nas instâncias inferiores. Nesse ponto, cabe ressaltar, contudo, que deve o julgador se pronunciar sobre as questões de fato e de direito que sejam relevantes, sem a necessidade de se manifestar sobre todos os argumentos utilizados pelas partes. Se a omissão já existia na decisão recorrida, mas a questão se devolveu ao exame do Tribunal e ele não o fez, o acórdão comportará embargos de declaração.

A contradição ocorre quando a decisão possui proposições inconciliáveis, seja na motivação, seja na parte decisória. É arguível, ainda, a contradição entre proposições constantes da ementa do acórdão ou entre o teor do acórdão e a votação.

Caso sejam providos os embargos, seu julgamento passará a completar a decisão embargada.

4.3.1 Prazo para interposição

Os embargos de declaração devem ser opostos no prazo de cinco dias, a contar da intimação da decisão. É interposto por meio de petição dirigida a quem proferiu a decisão, sendo que os embargos de declaração não estão sujeitos a preparo.

Não há necessidade de preparo, mas deve obedecer aos requisitos de admissibilidade dos demais recursos.

Não há sustentação oral do embargante e seu julgamento, no Tribunal, comporta o mesmo procedimento de qualquer recurso. O pronunciamento em sede de embargos de declaração objetiva esclarecer o pronunciamento do julgamento anterior.

O acórdão proferido em julgamento de embargos de declaração também não está imune aos embargos, podendo padecer de vício, não se admitindo apenas reproduzir nos segundos embargos as críticas feitas no primeiro, que não foram acolhidas pelo Tribunal.

4.3.2 Efeitos dos embargos de declaração

Os embargos possuem efeito devolutivo, devolvendo ao órgão prolator da decisão a questão embargada.

Os embargos de declaração suspendem a eficácia da decisão recorrida. Sua oposição afeta, ainda, o prazo para interposição de outros recursos. O prazo é interrompido na data de interposição dos embargos e perdura até a data de publicação do acórdão que os julgue.

Essa afetação no prazo recursal ocasiona, contudo, alguns embargos meramente protelatórios, que apenas objetivam retardar o andamento do feito. No caso da oposição de tais embargos, pode o julgador, de ofício, condenar a parte ao pagamento de multa, que não excederá 1% do valor da causa, sendo aplicável até aos beneficiários da justiça gratuita. O produto da multa será entregue ao embargado.

A reiteração de tais embargos eleva o *quantum* da multa, que poderá alcançar até 10% do valor da causa e fica subordinada ao seu pagamento a admissibilidade de qualquer outro recurso, cabendo ao órgão judicial fundamentar as razões de aplicação da multa e seu patamar de fixação.

Os embargos podem ter, contudo, efeitos infringentes, quando o suprimento da omissão, contradição ou obscuridade ocasiona modificação no julgamento do pronunciamento judicial. Nessa hipótese, o embargante não pode ter como pretensão pedir a infringência do julgado, isto é, a reforma da decisão embargada. A infringência ocorrerá como consequência necessária do julgamento dos embargos.

4.3.3 Os embargos de declaração no projeto do novo CPC (PL n. 8.046/2010)

CAPÍTULO V

DOS EMBARGOS DE DECLARAÇÃO

Art. 976. Cabem embargos de declaração contra qualquer decisão monocrática ou colegiada para:

I – esclarecer obscuridade ou eliminar contradição;

II – suprir omissão de ponto sobre o qual devia pronunciar-se o juiz ou tribunal;

III – corrigir erro material.

Parágrafo único. Eventual efeito modificativo dos embargos de declaração somente poderá ocorrer em virtude da correção do vício, desde que ouvida a parte contrária no prazo de cinco dias.

Art. 977. Os embargos serão opostos, no prazo de cinco dias, em petição dirigida ao juiz ou relator, com indicação do ponto obscuro, contraditório ou omisso, não estando sujeitos a preparo.

Art. 978. O juiz julgará os embargos em cinco dias; nos tribunais, o relator apresentará os embargos em mesa na sessão subsequente, proferindo voto. Não havendo julgamento nessa sessão, será o recurso incluído em pauta.

Parágrafo único. Quando os embargos de declaração forem opostos contra decisão proferida na forma do art. 888, o relator os decidirá monocraticamente.

Art. 979. Consideram-se incluídos no acórdão os elementos que o embargante pleiteou, para fins de prequestionamento, ainda que os embargos de declaração não sejam admitidos, caso o tribunal superior considere existentes omissão, contradição ou obscuridade.

Art. 980. Os embargos de declaração não têm efeito suspensivo e interrompem o prazo para a interposição de outros recursos por qualquer das partes.

§ 1º A eficácia da decisão monocrática ou colegiada poderá ser suspensa pelo respectivo juiz ou relator se demonstrada a probabilidade de provimento do recurso, ou, sendo relevante a fundamentação, houver risco de dano grave ou difícil reparação.

§ 2º Quando intempestivos, a interrupção do prazo não aproveitará ao embargante.

§ 3º Se, ao julgar os embargos de declaração, o juiz, relator ou órgão colegiado não alterar a conclusão do julgamento anterior, o recurso principal interposto pela outra parte antes da publicação do resultado será processado e julgado independente de ratificação.

§ 4º Quando manifestamente protelatórios os embargos, o juiz ou o tribunal condenará o embargante a pagar ao embargado multa não excedente a cinco por cento sobre o valor da causa.

§ 5º Não serão admitidos novos embargos declaratórios, se os anteriores houverem sido considerados protelatórios.

§ 6º A interposição de qualquer outro recurso fica condicionada ao depósito do valor de cada multa, ressalvados os beneficiários da gratuidade de justiça que a recolherão ao final, conforme a lei.

O art. 976 do projeto traz a hipótese de cabimento dos embargos de declaração. Além das hipóteses já previstas no art. 535 do atual CPC, o projeto traz previsão já amplamente admitida: a correção de erro material. Se o erro material pode ser corrigido até de ofício pelo juiz, não haveria razão para não ser alegado pelas partes através dos embargos de declaração.

Já o parágrafo único do mesmo artigo consolida entendimento jurisprudencial aplicado nos últimos anos para a hipótese de acolhimento dos embargos com efeito infringente. Nesse ponto o projeto não inova, mas sedimenta legislativamente uma prática jurisprudencial de afirmação do direito fundamental ao devido processo legal.

O art. 977 traz um prazo especial para a oposição dos embargos: cinco dias, sendo este o único recurso que possui prazo diferenciado. E, segundo o artigo seguinte (art. 978), os embargos deverão ser julgados no mesmo prazo.

Já o art. 979 dispõe acerca dos embargos de declaração não admitidos com o intuito prequestionador. Embora não se encontre expressamente previstos na Constituição, entende-se o prequestionamento como fruto dos preceitos constitucionais que erigem o recurso extraordinário e o recurso especial.

Na legislação atual, parte da jurisprudência no Supremo Tribunal Federal[9] adota o entendimento no sentido de considerar prequestionado o recurso mesmo com a negativa de admissibilidade aos embargos de declaração, o chamado "prequestionamento ficto", enquanto o Superior Tribunal de Justiça[10] julga necessária a interposição dos embargos de declaração e, no caso de inadmissibilidade deste recurso, caberia a interposição de Recurso Especial sob a negativa de vigência ao art. 535, II, do CPC atual.

A partir desse novo dispositivo dirime-se o conflito de jurisprudências, entre Supremo Tribunal Federal e Superior Tribunal de Justiça, e no mesmo sentido garante-se a uniformização de procedimentos nos Tribunais. Portanto, com esse novo texto haveria a supressão do Recurso Especial com simples intuito de discutir a negativa de vigência ao dispositivo previsto no Código atual referente aos embargos de declaração, trazendo maior celeridade ao processo e extinguindo, ainda, a possibilidade de utilização do Recurso Especial com o intuito protelatório.

9 STF, 1ª T., RE 220.120, rel. Min. Sepúlveda Pertence, *DJ*, 22-5-1998.

10 STJ, EREsp 866.299, rel. Min. Felix Fischer, *DJ*, 8-3-2010.

Nesse sentido, entende-se que as disposições trazidas no projeto do Novo Código acerca do prequestionamento nas instâncias superiores mostram-se acertadas e devem ser mantidas visando a uma maior efetividade da prestação jurisdicional.

Por fim, o art. 980 trata do que passará a ser a regra: que os embargos de declaração, como qualquer outro recurso, não possuirão efeito suspensivo, porém, o juiz poderá conceder tal efeito se verificar que há risco de lesão de difícil reparação (§ 1º).

Embora a oposição dos embargos interrompa o prazo recursal, isso não acontecerá se forem intempestivos (§ 2º).

Já o § 3º inova ao prever que se o julgamento dos embargos de declaração não alterar a conclusão do julgamento anterior e a outra parte tiver recorrido também, com recurso diverso dos embargos de declaração, em homenagem ao princípio da celeridade processual, o outro recurso poderá ser julgado, sem a necessidade de sua ratificação pelo recorrente, após a publicação do julgamento dos embargos.

O § 4º prevê a aplicação de multa no caso de os embargos de declaração serem meramente protelatórios, multa esta que é reduzida de 10% do valor da causa (patamar do atual CPC) para o percentual de 5%. Já o § 5º impede a oposição de novos embargos de declaração se os anteriores forem protelatórios e, por fim, o § 6º condiciona o recurso ao pagamento da multa imposta no caso de embargos de declaração considerados protelatórios.

4.4 EMBARGOS INFRINGENTES

Os embargos infringentes são cabíveis apenas em face de acórdão proferido no julgamento da apelação[11] ou da ação rescisória, quando não haja unanimidade na votação. Com efeito, são cabíveis, em grau de apelação,[12] na decisão de reforma[13] da sentença, ou de procedência da ação

11 Os embargos infringentes não são cabíveis em remessa necessária.

12 As súmulas 597, STF e 169, STJ afirmam que não cabem embargos infringentes de julgamento de apelação em mandado de segurança, embora parte da doutrina, como Barbosa Moreira e Nelson Nery Junior, defenda seu cabimento.

13 Na hipótese de cabimento de embargos infringentes no caso de decisão não unânime que, no julgamento da apelação, anula a sentença, há divergência doutrinária. José Carlos Barbosa

rescisória,[14] isto é, em sede de juízo rescindendo, equiparando-se a essas hipóteses o julgamento de agravo regimental em face de decisão do relator[15] e têm por finalidade fazer prevalecer o voto vencido. Apura-se o requisito da ausência de unanimidade de acordo com a conclusão do pronunciamento de cada votante e não das razões que invoque para fundamentá-lo, bastando votos diferentes.[16]

O recurso objetiva, então, obter a revisão da matéria decidida sem unanimidade, sendo que a extensão dos embargos se mede pela extensão da divergência.

Quanto à hipótese de cabimento de embargos infringentes em agravo de instrumento e em agravo retido, a doutrina diverge. Em relação ao agravo de instrumento, uma corrente, fazendo interpretação literal do art. 530, CPC, afirma não serem cabíveis, mas uma segunda corrente afirma serem cabíveis, desde que seu julgamento acarrete extinção do processo. Já quanto ao agravo retido, uma corrente não o admite, também sob o fundamento de ausência de previsão legal, enquanto a outra afirma ser possível, desde que o objeto do agravo retido seja matéria de mérito.

4.4.1 Efeitos dos embargos

Os embargos infringentes possuem efeito devolutivo, nem sempre sendo julgados por quem proferiu a decisão embargada (tal definição ocorrerá através do Regimento Interno do Tribunal).

Moreira interpreta restritivamente o art. 530, CPC, afirmando que só cabem embargos infringentes quando a sentença é reformada, estando presente o "error in judicando". Tal entendimento prevalece no Superior Tribunal de Justiça. Contudo, fazendo uma interpretação extensiva da expressão reforma, Sérgio Shimura admite os embargos infringentes se a hipótese for de anulação da sentença.

Já se o Tribunal anula a sentença, mas, aplicando o art. 515, § 3º, CPC, julga o mérito, o Superior Tribunal de Justiça já decidiu que são cabíveis embargos infringentes (REsp 832370-MG, *Informativo STJ* n. 326).

14 No julgamento da ação rescisória, se o Tribunal analisa apenas o juízo rescidens, não são cabíveis os embargos infringentes.

15 Não são cabíveis embargos infringentes em face de decisão monocrática do relator.

16 Há divergência se votos divergentes no julgamento dos embargos de declaração são hipótese de cabimento de embargos infringentes.

Como o recurso não é cabível fora dos limites da divergência ocorrida,[17] a extensão de seu efeito devolutivo se dá pela diferença entre o decidido no acórdão e a solução que preconizava o voto vencido. Em seu julgamento, permanece a proibição da *reformatio in pejus,* não podendo o Tribunal piorar a situação do embargante.

Contudo, no julgamento dos embargos, não se está adstrito aos fundamentos do voto vencido: embora não possa ultrapassar este, pode dar provimento aos embargos, acolhendo outros argumentos que não foram utilizados para lastrear o pronunciamento minoritário.

Pode, também, haver confirmação do acórdão embargado por fundamentos diversos dos que foram invocados, desde que não se passe a uma causa de pedir estranha ao âmbito dos embargos.

No entanto, cabe destacar que as questões de ordem pública, como não suscetíveis de preclusão, ficam transferidas ao Tribunal, que sobre elas deverá se pronunciar quando do julgamento dos embargos infringentes.

No silêncio da lei, entende-se, ainda, que os embargos infringentes terão ou não efeito suspensivo em função do recurso que ensejou seu cabimento. Se for em face de apelação com efeito suspensivo, estará obstada a produção de efeitos do acórdão embargado naquilo que constitui objeto dos embargos. Contudo, se a apelação não possuía efeito suspensivo, os embargos também não o terão, não obstando a execução provisória. Já na hipótese de ação rescisória, os embargos infringentes só terão efeito suspensivo se esta estiver na hipótese do art. 489, CPC.

4.4.2 Interposição dos embargos

A petição dos embargos deve ser dirigida ao relator do acórdão embargado, que não é, necessariamente, o relator da apelação ou da ação rescisória e deve ser interposto no prazo de quinze dias (art. 508, CPC), contado da publicação do acórdão.

O preparo dos embargos é de disposição das normas de organização judiciária e do regimento interno dos tribunais.

17 A exceção são as questões de ordem pública, que podem ser suscitadas a qualquer tempo e grau de jurisdição, por força do art. 267, § 3º, CPC.

Os embargos serão admitidos ou não pelo relator do acórdão embargado e, após, sendo admitidos, serão encaminhados ao órgão competente para julgamento. A escolha do relator obedecerá ao regimento interno.

O embargado terá quinze dias para oferecer contrarrazões, podendo impugnar o recurso quer do ponto de vista da admissibilidade, quer do mérito.

No caso de sucumbência recíproca, caso só uma das partes interponha os embargos, a outra poderá aderir ao recurso, pleiteando, em seu próprio benefício, a reforma do acórdão, nos termos do voto vencido que lhe favoreça.

No caso de o relator do acórdão embargado inadmitir os embargos, cabe recurso, o agravo interno ou regimental, que deve ser dirigido ao relator que inadmitiu o recurso. Caso não seja interposto o agravo, ficará a decisão de indeferimento dos embargos preclusa.

No julgamento dos embargos, não é necessário que participem os juízes que hajam funcionado no julgamento da apelação ou da ação rescisória. Pode o colegiado não conhecer dos embargos, embora tenham sido admitidos pelo relator, salvo se os tiver admitido através do julgamento do agravo, hipótese em que a questão se torna preclusa, e pode o colegiado, ainda, examinar as questões de ordem pública.

No caso de número par de votantes e empate na votação, deve se verificar a solução de acordo com as disposições do Regimento Interno do Tribunal.

4.4.3 Embargos infringentes no projeto do novo CPC

O PL n. 8.046/2010 não trouxe a previsão para os embargos infringentes, retirando-os do rol de recursos do art. 948 do projeto. Dessa forma, ainda que o julgamento no Tribunal não seja unânime, caberá direto o acesso aos Tribunais Superiores, não mais se discutindo a matéria no âmbito do órgão *a quo*.

CAPÍTULO 5

Recursos para o Supremo Tribunal Federal e para o Superior Tribunal de Justiça

5.1 RECURSO ORDINÁRIO CONSTITUCIONAL

5.1.1 Natureza e definição

O recurso ordinário surgiu após a Proclamação da República, como meio de impugnação dos atos decisórios proferidos pelos juízes de primeiro grau para o Supremo Tribunal Federal.

Transformou-se na Lei n. 221/1894, nos recursos ordinários previstos para recorrer de decisões e sentenças. Seu simples exame revela que se tratou de expediente transitório para suprir uma Corte de segundo grau.

Com a Constituição de 1937, foi derrogada a Lei n. 221/1894, ficando tal recurso omisso até o CPC de 1973.

A Constituição de 1988 recepcionou-o na função de recurso, instrumento hábil a analisar as questões de fato e de direito, sendo possível sua motivação livre, ao contrário do recurso extraordinário e do recurso especial, que, como será tratado, tem fundamentação vinculada.

Dessa forma, atualmente ele não se equipara à apelação e ao agravo de instrumento, possuindo diferenças marcantes quanto à admissibilidade e ao procedimento.

Sua definição atual é de um recurso previsto na Constituição, de fundamentação livre e não vinculada,[1] dirigido ao Supremo Tribunal Federal ou ao Superior Tribunal de Justiça, com o objetivo de reformar ou anular acórdãos ou sentença proferidos nos casos previstos nos arts. 102, II, e 105, II, CF.

Sua previsão, no art. 539, CPC, é taxativa e, segundo a Súmula 272, STF,[2] não se admite a fungibilidade entre recurso ordinário e recurso extraordinário no caso de decisão denegatória de mandado de segurança.

5.1.2 Competência

A Constituição da República, ao utilizar a denominação recurso ordinário, refere-se a uma série de remédios heterogêneos, tanto de competência do Superior Tribunal de Justiça (art. 105, II, CF), como do Supremo Tribunal Federal (art. 102, II, CF).

Os recursos ordinários constitucionais de competência do Supremo Tribunal Federal são em face de decisão denegatória em *habeas corpus*, mandado de segurança, *habeas data* e mandado de injunção, quando decidido em única instância, isto é, em competência originária, pelo STF ou em face de sentença proferida por juiz de primeiro grau que tenha julgado crime político, sendo que esta última hipótese de cabimento não será aqui analisada.

Os recursos ordinários de competência do Superior Tribunal de Justiça são cabíveis em sede de mandados de segurança e *habeas corpus*, em que a ordem seja denegada e a competência originária seja dos Tribunais Regionais Federais ou dos Tribunais de Justiça e nas causas em que sejam parte Estados estrangeiros e município ou pessoa domiciliada no país.

Destaque-se que, em ambos os casos, a decisão deve ser denegatória, não sendo cabível tal recurso se a decisão for concessiva. Sendo a hipótese de decisão concessiva, o recurso cabível será o especial, destinado ao Superior Tribunal de Justiça, ou o extraordinário, destinado ao Supremo Tribunal Federal.

1 Contrariamente ao recurso ordinário constitucional, os recursos especial e extraordinário, dirigidos aos Tribunais Superiores, possuem fundamentação vinculada, só sendo admitidos se demonstrados os requisitos presentes nos dispositivos legais.

2 Não se admite como ordinário, recurso extraordinário de decisão denegatória de mandado de segurança.

No que tange ao requisito "decisão denegatória", entende-se tal decisão não só como aquela que julga improcedente o pedido, como também a que extingue o processo sem apreciação do mérito.

Também não cabe se a decisão recorrida for monocrática. É imprescindível que a decisão impugnada provenha de órgão colegiado.

Caso o relator profira decisão monocrática, deve-se ingressar com o agravo interno, levando-se a decisão para o órgão colegiado, e só depois poderá ingressar com o recurso ordinário constitucional. Dessa forma, descabe a interposição de recurso ordinário constitucional se a causa for julgada já em grau recursal pelo Tribunal Superior.

Tal recurso não possui limitações, podendo ser alegadas matérias de fato e de direito, sem a necessidade de prequestionamento e da demonstração de repercussão geral.

5.1.3 Requisitos de admissibilidade e procedimento

O recurso ordinário constitucional está sujeito à teoria geral dos recursos cíveis, aplicando-se a ele, quanto aos pressupostos de admissibilidade, o mesmo regime jurídico da apelação.

É de quinze dias o prazo para interposição do recurso ordinário constitucional, no Supremo Tribunal Federal ou no Superior Tribunal de Justiça (art. 540, CPC).

Sua interposição se dá de forma livre e autônoma, principal ou independente, não sendo cabível recurso ordinário adesivo.[3]

José Carlos Barbosa Moreira[4] afirma que se aplica a regra geral: no silêncio da lei, deve-se admitir que o recurso tenha efeito suspensivo. No entanto, o Supremo Tribunal Federal[5] e o Superior Tribunal de Justiça[6]

3 Em sentido contrário, Nelson Nery Junior afirma ser cabível o recurso ordinário constitucional adesivo, por lhe ser aplicável o regime jurídico da apelação, mas desde que estejam presentes os requisitos do art. 500, CPC e demais requisitos de admissibilidade do recurso (NERY JUNIOR; NERY, 2007, p. 921).

4 Barbosa Moreira (2008, p. 578).

5 "*Habeas corpus*. Falta de efeito suspensivo. O recurso ordinário em *habeas corpus* não tem eficácia suspensiva, de modo a impedir, por si só, que a autoridade coatora pratique ato que estima legítimo" (STF, 2ª T., RHC 65.009-RJ, rel. Min. Francisco Rezek, *DJ*, 29-9-1987).

6 "Agravo regimental. Medida cautelar. Efeito suspensivo a recurso ordinário em mandado de segurança. Descabimento. Ausência dos requisitos autorizadores de medida excepcional. 1.

vêm entendendo que, em regra, o recurso ordinário não possui efeito suspensivo, por ser esta a regra aplicável aos recursos dirigidos aos tribunais superiores, salvo se o recorrente, em caráter excepcional, demonstrar os requisitos do *fumus boni iuris* e do *periculum in mora*.

Seu efeito devolutivo não se limita às questões de direito, mas também envolve às questões de fato, seguindo o modelo da apelação. O Tribunal *ad quem* poderá, portanto, apreciar as questões que podem ser conhecidas de ofício e apreciar todas as questões de fato e de direito, fazendo as vezes do tribunal de apelação e, até mesmo, poderá ser apreciada a matéria constitucional pelo STJ, sem afronta à competência do STF.

Quanto ao procedimento de tramitação nos tribunais, devem-se observar os regimentos internos do STF e do STJ[7], especialmente porque este último prevê o procedimento a ser adotado para o recurso ordinário em mandado de segurança (arts. 247 e 248), que é complementado pelas normas de processo e garantias constitucionais das partes.

Dessa forma, o recurso ordinário em face de acórdãos de tribunais regionais e locais e sentenças de primeiro grau é interposto perante o órgão que proferiu o provimento. Caberá a esse órgão admitir ou não o recurso.

Caso não seja admitido, caberá agravo de instrumento para o STF ou para o STJ, conforme o caso.

O órgão *ad quem*, ao receber o recurso, seguirá, então, o procedimento previsto em seu regimento interno.

Em sede de recurso ordinário, será cabível agravo de todas as decisões do STF ou do STJ.

Será aplicável, no julgamento do recurso ordinário constitucional, o mesmo regime jurídico da apelação, podendo, inclusive, como leciona Nelson Nery Junior,[8] os Tribunais Superiores, no caso de anular a sentença

A concessão de efeito suspensivo a recurso da competência constitucional desta Corte deve sempre estar adstrita a circunstâncias excepcionais, nas quais restem configurados os requisitos do *fumus boni iuris* e do *periculum in mora*. 2. Na hipótese dos autos, não restou evidenciada, de forma clarividente, como se faz necessário na tutela cautelar, a plausibilidade da questão de fundo arguida, especialmente depois de já examinada minuciosamente a controvérsia objeto do *mandamus* no âmbito da Terceira Seção desta Corte. 3. Agravo regimental desprovido" (STF, 5ª T., AgRg na MC 14.558-DF, rel. Min. Laurita Vaz, j. 25-9-2008, *DJe*, 20-10-2008).

7 Disponível em: http://www.stj.gov.br/portal_stj/publicacao/download.wsp?tmp.arquivo=84

8 Nery Junior e Nery (2007, p. 921).

e de estar a causa em condições de imediato julgamento, aplicar o art. 515, § 3º, julgando, desde já, a questão que lhe foi submetida.[9]

5.1.4 O recurso ordinário constitucional no projeto do novo CPC (PL n. 8.046/2010)

CPC ATUAL	PROJETO DO NCPC (PL N. 8.046/2010)
Art. 539. Serão julgados em recurso ordinário: (Redação dada pela Lei n. 8.950, de 13.12.1994) I – pelo Supremo Tribunal Federal, os mandados de segurança, os *habeas data* e os mandados de injunção decididos em única instância pelos Tribunais superiores, quando denegatória a decisão; (Redação dada pela Lei n. 8.950, de 13.12.1994) II – pelo Superior Tribunal de Justiça: (Redação dada pela Lei n. 8.950, de 13.12.1994)	**Art. 981.** Serão julgados em recurso ordinário: I – pelo Supremo Tribunal Federal, os mandados de segurança, os *habeas data* e os mandados de injunção decididos em única instância pelos tribunais superiores, quando denegatória a decisão; II – pelo Superior Tribunal de Justiça: a) os mandados de segurança decididos em única instância pelos Tribunais Regionais Federais ou pelos Tribunais dos

9 A jurisprudência do STF e do STJ divergem sobre o tema, podendo-se apontar dois posicionamentos,, a saber: (1) STF. O Pleno do STF enfrentou expressamente essa questão no julgamento do RMS 26.959, julgado em 26-3-2009, entendendo não ser aplicável a teoria da causa madura em sede de recurso ordinário. Os defensores dessa tese argumentam que, apesar de haver semelhança entre o recurso ordinário e a apelação, fato é que o primeiro se encontra regulado na Constituição. Portanto, não tendo a CF previsto a aplicabilidade da teoria da causa madura em sede de recurso ordinário, não caberia aos tribunais superiores aplicá-la por analogia. (2) Por outro lado, o STJ vinha se posicionando majoritariamente no sentido de considerar aplicável a teoria da causa madura em sede de recurso ordinário, dadas as semelhanças existentes entre o recurso ordinário e a apelação. Julgados favoráveis do STJ: RMS 27.017-SP (rel. Min. Eliana Calmon), RMS 19.658-CE, RMS 27.368-PE, RMS 21.133-BA. No entanto, a Quinta Turma, em julgamento realizado em 22-6-2010, manifestou-se contrariamente à aplicação da causa madura em sede de recurso ordinário, dando nova guinada. Segue a ementa deste acórdão: "Recurso ordinário em mandado de segurança. Administrativo. Processual civil. Decadência. Afastamento. Mérito. Análise. Supressão de instâncias. Art. 515, 3º, CPC. Analogia. Aplicação. Teoria da causa madura. Impossibilidade. Retorno dos autos à origem. Precedentes do C. STF. [...] II – No recurso ordinário em mandado de segurança, não se admite a aplicação analógica da regra do § 3º do art. 515 do Código de Processo Civil e, por consequência, a adoção da denominada 'Teoria da Causa Madura', sob pena de supressão de instâncias judiciais. Precedentes do e. STF e deste c. STJ. Recurso ordinário parcialmente provido para, afastada a preliminar de decadência, determinar-se a remessa dos autos à instância de origem para análise do mérito da impetração" (5ª T., RMS 28.099-DF, rel. Min. Arnaldo Esteves Lima, rel. p/ acórdão Min. Felix Fischer, j. 22-6-2010, *DJe*, 3-11-2010).

CPC ATUAL	PROJETO DO NCPC (PL N. 8.046/2010)
a) os mandados de segurança decididos em única instância pelos Tribunais Regionais Federais ou pelos Tribunais dos Estados e do Distrito Federal e Territórios, quando denegatória a decisão; (Incluído pela Lei n. 8.950, de 13.12.1994) b) as causas em que forem partes, de um lado, Estado estrangeiro ou organismo internacional e, do outro, Município ou pessoa residente ou domiciliada no País. (Incluído pela Lei n. 8.950, de 13.12.1994) Parágrafo único. Nas causas referidas no inciso II, alínea *b*, caberá agravo das decisões interlocutórias. (Incluído pela Lei n. 8.950, de 13.12.1994)	Estados e do Distrito Federal e Territórios, quando denegatória a decisão; b) as causas em que forem partes, de um lado, Estado estrangeiro ou organismo internacional e, do outro, Município ou pessoa residente ou domiciliada no País. Parágrafo único. Nas causas referidas no inciso II, alínea *b*, caberá agravo das decisões interlocutórias.
Art. 540. Aos recursos mencionados no artigo anterior aplica-se, quanto aos requisitos de admissibilidade e ao procedimento no juízo de origem, o disposto nos Capítulos II e III deste Título, observando-se, no Supremo Tribunal Federal e no Superior Tribunal de Justiça, o disposto nos seus regimentos internos. (Redação dada pela Lei n. 8.950, de 13.12.1994)	**Art. 982.** Ao recurso mencionado no art. 981 aplica-se, quanto aos requisitos de admissibilidade e ao procedimento no juízo de origem, as disposições relativas à apelação, observando-se, no Supremo Tribunal Federal e no Superior Tribunal de Justiça, o disposto nos seus regimentos internos.

Como se pode perceber em análise comparativa, o projeto não faz qualquer modificação em relação ao recurso ordinário, mantendo-se as mesmas disposições do atual CPC, que foram trabalhadas no item anterior.

5.2 RECURSO ESPECIAL E RECURSO EXTRAORDINÁRIO

5.2.1 Histórico

Os recursos especial e extraordinário no direito brasileiro não são interpostos em face de uma decisão já transitada em julgado, como ocorre em alguns países.

A coisa julgada, em nosso ordenamento, só se forma quando a decisão não estiver mais sujeita a recurso.

Anteriormente à Constituição de 1988, os objetivos de tais recursos, que, na verdade, eram um único recurso, o recurso extraordinário, eram a validade, a autoridade e a uniformidade da interpretação da Constituição e das leis federais, pressupondo a pluralidade de fontes normativas e de órgãos judicantes, edição de regras jurídicas por um poder central e a possibilidade de controle judiciário da legalidade das normas editadas pelos órgãos legiferantes.

A Constituição de 1988 cingiu, todavia, as hipóteses reservadas ao recurso extraordinário, ficando este reservado às questões relativas à própria Constituição Federal (art. 102, III, *a*, *b* e *c*, CF), enquanto as restantes passaram a ser suscitáveis por meio de recurso especial, cujo julgamento se tornou competência do Superior Tribunal de Justiça (art. 105, III, *a*, *b* e *c*).

O recurso extraordinário e o recurso especial não ensejam o novo reexame da causa, mas apenas discutem as *quaestiones iuris*, relativas ao direito federal.

Dessa forma, trata-se de forma excepcional de recursos, não configurando terceiro ou quarto grau de jurisdição, tampouco instrumento processual para a correção de injustiça.

Tais recursos não devem ser interpostos antes da publicação do julgamento dos embargos de declaração pelo Tribunal e, caso uma das partes tenha interposto recurso especial ou extraordinário e a outra parte tenha oposto embargos de declaração, os embargos de declaração serão julgados pelo Tribunal, ficando o recurso especial ou extraordinário nos autos.

Nesse caso, para que seja remetido ao Tribunal Superior competente para seu julgamento, caberá à parte interessada reiterar seu recurso após a publicação do acórdão que julgar os embargos de declaração (Súmula 418, STJ[10]).

Atualmente, os Tribunais Superiores têm implementado a tramitação eletrônica de seus recursos, sendo a tendência que os processos passem a tramitar eletronicamente, seguindo toda a sistemática do CPC. A prática de atos por meio eletrônico está prevista na Lei n. 11.419/2006, que deve ser analisada conjuntamente com as resoluções do Conselho Nacional de Justiça (CNJ).

---

10 Súmula 418: "É inadmissível o recurso especial interposto antes da publicação do acórdão dos embargos de declaração, sem posterior ratificação".

Os recursos destinados ao Superior Tribunal de Justiça ou ao Supremo Tribunal Federal foram os primeiros a terem a opção de interposição já por meio eletrônico, mas, caso se interponha na forma física, serão digitalizados e realizado o juízo de admissibilidade, para se verificar se serão remetidos a esses tribunais já pela forma eletrônica. Chegando aos tribunais, seu trâmite, poderes do relator e inclusão para julgamento seguirão as mesmas regras dos processos físicos previstas no CPC, apenas com regras específicas de garantia da autenticidade das informações e dos documentos necessários e de cada etapa da tramitação eletrônica previstas em resoluções.

Dessa forma, o processo eletrônico não é um novo processo, mas apenas uma forma de tramitação do processo. Físico ou eletrônico, observa as regras do CPC, que serão analisadas, sendo as resoluções de relevante consulta para a segurança das informações transmitidas e para que se compreenda como são transmitidas.

5.2.2 Recurso especial

Com a Constituição de 1988, ocorreu a bipartição do antigo recurso extraordinário, reestruturando-se a cúpula do Poder Judiciário, e atribuindo ao recurso especial a disciplina no art. 105, III, da Constituição:

> Compete ao Superior Tribunal de Justiça: [...] III – julgar, em recurso especial, as causas decididas, em única ou última instância, pelos Tribunais Regionais Federais ou pelos tribunais dos Estados, do Distrito Federal e Territórios, quando a decisão recorrida:
>
> *a*) contrariar tratado ou lei federal, ou negar-lhes vigência;
>
> *b*) julgar válido ato de governo local contestado em face de lei federal;
>
> *c*) der a lei federal interpretação divergente da que lhe haja atribuído outro tribunal.

Tal recurso objetiva preservar a autoridade da lei federal no país e uniformizar seu entendimento. Só é cabível quando o recorrente alegue que a decisão recorrida contrarie lei federal e quando a decisão já não comporte mais recurso no Tribunal inferior. Se uma parte da decisão ainda for impugnável por embargos infringentes e outra parte se tornar irrecorrível, só da parte irrecorrível já poderá se interpor o recurso especial.

Dessa forma, o recurso possui fundamentação vinculada, devendo estar presente, no caso, uma das hipóteses previstas em seu embasamento constitucional.

A expressão contrariar lei federal significa deixar de aplicar tratado ou lei federal,[11] quando cabível, aplicar incorretamente tratado ou lei federal ou interpretar inequivocamente tratado ou lei federal, em desconformidade com o entendimento do STJ.

No caso de ofensa indireta à lei federal, isto é, se a matéria for examinada apenas sob a ótica constitucional, o STJ tem entendimento que não é cabível o recurso especial, pois a afronta deve ser direta.

Como mencionado, a decisão impugnada deve ser, ainda, irrecorrível, já devendo ter sido esgotadas todas as possibilidades recursais nas instâncias ordinárias, como menciona a Súmula 207, STJ,[12] mas não necessariamente todas as formas de impugnação.

Também só será cabível em face de decisões de tribunais regionais federais e de tribunais de Justiça, não sendo admitido em face de decisões proferidas por juízes singulares, bem como de turmas recursais de Juizados Especiais cíveis.

No caso de o relator do recurso no tribunal inferior negar-lhe seguimento ou der-lhe provimento, em decisão monocrática, só será cabível recurso para Tribunal Superior a partir de decisão de órgão colegiado de tribunal inferior e não do próprio relator.

Dessa forma, o recorrente deveria, antes, interpor agravo interno, para que seu recurso fosse examinado por órgão colegiado e, só assim, caso ainda tivesse interesse, interpor recurso ao STJ ou ao STF.

A matéria deve estar prequestionada, ou seja, devem ter sido provocados os tribunais inferiores, como será abordado nos requisitos para a admissibilidade do recurso extraordinário.

Também não precisa ser de mérito, desde que haja adotado, no tocante à disposição da lei processual, entendimento diferente do consagrado em decisão de tribunal diverso.

---

11 Deve-se destacar que não são abrangidas pela expressão lei federal o Regimento Interno dos Tribunais Superiores, as resoluções, as portarias ministeriais, as súmulas de tribunais, os provimentos autárquicos e as leis locais, estaduais ou municipais.

12 Súmula 207, STJ: "inadmissível recurso especial quando cabíveis embargos infringentes contra o acórdão proferido no tribunal de origem".

A divergência pode ocorrer entre dois tribunais federais, entre um tribunal federal e outro local, entre tribunais locais de distintas unidades federadas, não bastando a divergência de interpretação entre órgãos distintos de um mesmo tribunal.

Para comprovar tal divergência, deve o recorrente não apenas juntar os acórdãos, mas fazer uma demonstração analítica da divergência na interpretação da lei federal, transcrevendo o trecho do acórdão paradigma e o trecho do acórdão recorrido onde a divergência estiver presente. É cabível a comprovação da divergência através de acórdãos extraídos da internet, desde que se disponha do caminho que leva ao acórdão no *site* do tribunal.

Verificados pelo Tribunal inferior os requisitos formais do recurso, que são os pressupostos gerais dos recursos, somando-se à irrecorribilidade da decisão, o recurso deve ser admitido. Destaque-se que não cabe ao presidente do Tribunal analisar a efetiva violação à lei federal, pois este é o próprio mérito do recurso, que deve ser julgado pelo STJ.

Se o presidente do Tribunal analisar se houve a violação, será cabível reclamação.

5.2.3 Recurso extraordinário

O cabimento do recurso extraordinário está fixado nas hipóteses do art. 102, III, *a* até *d*, CF, devendo, para ser interposto, ter sido a causa já decidida, esgotando-se as vias ordinárias, ter havido o prequestionamento da questão constitucional no ato impugnado e a ofensa direta ao texto constitucional.

> Art. 102. Compete ao Supremo Tribunal Federal, precipuamente, a guarda da Constituição, cabendo-lhe:
>
> [...]
>
> III – julgar, mediante recurso extraordinário, as causas decididas em única ou última instância, quando a decisão recorrida:
>
> *a*) contrariar dispositivo desta Constituição;
>
> *b*) declarar a inconstitucionalidade de tratado ou lei federal;
>
> *c*) julgar válida lei ou ato de governo local contestado em face desta Constituição;
>
> *d*) julgar válida lei local contestada em face de lei federal.

Como o dispositivo aborda a expressão instância para o recurso extraordinário, é cabível a interposição de recurso extraordinário em face de qualquer decisão, até em face de decisão de turma recursal de Juizados Especiais, por não haver qualquer restrição.[13]

Analisando as expressões para cabimento do referido recurso, causa decidida é aquela que não é original, que já foi decidida pelo Poder Judiciário. Dessa forma, apenas quando tiver sido já decidida a causa, cabe ao recorrente alegar infringência ao texto constitucional.

É essencial ao cabimento que a decisão seja irrecorrível no plano inferior. Caso ainda seja passível de recurso, deve o recorrente interpor o recurso cabível, antes de destinar seu recurso aos Tribunais Superiores.

Contudo, o cabimento de ações autônomas de impugnação não impede a interposição de recurso especial ou extraordinário, devendo ser esgotadas, apenas, as vias recursais, mas não todas as formas de impugnação, a teor da Súmula 281, STF.[14]

A decisão não precisa, ainda, ser proferida por órgão colegiado. Se a decisão singular for irrecorrível, como é o caso de decisão proferida por juiz em execução fiscal, será cabível a interposição de recurso extraordinário, como dispõe o art. 34 da Lei n. 6.830/80.

Deve ocorrer ofensa direta à Constituição para ser cabível tal recurso, devendo haver referência ao dispositivo constitucional violado.

No caso de ser necessário o exame se a decisão viola ou não o princípio da legalidade, mas ser necessária a análise dos dispositivos infraconstitucionais, o STF, entende que se trata de violação indireta à Constituição, não sendo cabível o recurso extraordinário.

Impõe-se a discussão acerca de se seria cabível recurso extraordinário em face de violação de princípio constitucional.

Para uma primeira corrente, a interpretação *a contrario sensu* da Súmula 636, STF, permite a interposição do recurso, uma vez que, se cabe em relação ao princípio da legalidade, caberia também em relação aos demais princípios, desde que não fosse necessário rever os dispositivos infraconstitucionais.

---

13 A exceção é apenas decisão proferida no processamento de precatório, uma vez que a Súmula 733, STF, expressamente veda a interposição de recurso extraordinário em tal caso.

14 Súmula 281, STF: "é inadmissível o recurso extraordinário, quando couber, na justiça de origem, recurso ordinário da decisão impugnada".

Para uma segunda corrente, mais utilizada na jurisprudência do STF, não seria cabível, sob o argumento de que a má interpretação do dispositivo infraconstitucional, razão de violação do princípio constitucional, acarreta apenas uma violação indireta à Constituição.

Deve haver, ainda, o prequestionamento da matéria que significa provocar os julgadores para que se manifestem sobre a questão constitucional previamente à interposição do recurso. Caso os julgadores não tenham se manifestado sobre ela, caberá a oposição de embargos de declaração para provocar o julgamento da questão pelo Tribunal inferior. Caso ainda assim o juízo inferior não se manifeste sobre a questão, poderá se alegar ofensa ao art. 535, CPC, interpondo-se recurso extraordinário.

O prequestionamento deve ser explícito, devendo os órgãos inferiores já terem se pronunciado sobre a questão, e numérico, devendo ser indicado o inciso do dispositivo da Constituição Federal que foi violado pela decisão recorrida. Contudo, o prequestionamento não é um ponto que encontre uniformidade na doutrina.

Entendemos que basta que a matéria já tenha sido decidida em decisões anteriores, ainda que a decisão recorrida não trate sobre ela. No entanto, é forte na jurisprudência a ideia de que não basta que a questão tenha sido analisada nas decisões anteriores, devendo ser também analisada na decisão recorrida. Caso tal decisão não se pronuncie, antes de ingressar com o recurso para os Tribunais Superiores, caberia ao recorrente opor embargos de declaração, para fins de prequestionamento, fazendo com que o órgão *a quo* se pronuncie sobre a questão.

O Superior Tribunal de Justiça tem entendimento sumulado (Súmula 211, STJ[15]), no sentido de que, se o Tribunal *a quo* não se manifestar sobre a questão, esta não estará prequestionada, não sendo admissível o recurso. Já o Supremo Tribunal Federal vem abrandando tal exigência. Caso o recorrente interponha embargos de declaração, para fins de prequestionamento, e o Tribunal não se pronuncie, tem admitido que estará prequestionada a matéria.

A EC n. 45 acrescentou um requisito genérico de admissibilidade do recurso extraordinário: a repercussão geral das questões constitucionais

15 Súmula 211, STJ: "inadmissível recurso especial quanto à questão que, a despeito da oposição de embargos declaratórios, não foi apreciada pelo tribunal *a quo*".

discutidas no caso. Incumbe ao recorrente demonstrá-la, nos termos da lei, só podendo o Tribunal recusar por manifestação expressa de 2/3 de seus membros.

A questão constitucional deve estar clara no recurso, individualizada, e ir além da esfera jurídica das partes, o que, entretanto, não impedirá que, verificada a questão constitucional, o Tribunal analise outros aspectos da questão discutida, sem o julgamento se revelar *extra petita*.[16]

Contudo, o recurso pode ser conhecido por fundamento diverso do invocado, desde que enquadrável, também, na moldura constitucional.

5.2.3.1 A repercussão geral do recurso extraordinário e a Lei n. 11.418/2006

A Lei n. 11.418/2006, regulamentando a disposição constitucional genérica do art. 102, § 3º, trazida pela EC n. 45/2004, inseriu dois novos artigos no CPC, a saber, arts. 543-A e 543-B, que tratam da repercussão geral no recurso extraordinário.

A lei entrou em vigor no dia 18 de fevereiro de 2007 e foi regulamentada pela Emenda Regimental n. 21, de 30 de abril de 2007, que alterou o Regimento Interno do STF.

A partir de então, passa a existir mais um requisito de admissibilidade na interposição do recurso extraordinário.

O recorrente, na fase de admissibilidade, além de demonstrar a presença dos requisitos objetivos e subjetivos comuns a qualquer recurso e, ainda, o prequestionamento, deverá demonstrar, através da abertura de um capítulo preliminar em seu recurso, a existência de uma questão relevante do ponto de vista econômico, político, social ou jurídico que ultrapasse os interesses subjetivos da causa.

Quanto ao exame da repercussão geral, o STF,[17] resolvendo questão de ordem, após intensos debates, assim se manifestou:

---

16 Em sentido contrário, Nelson Nery Junior defende que os Tribunais Superiores não podem sequer conhecer de questões que podem ser conhecidas de ofício se já não tiverem sido objeto da análise dos Tribunais inferiores (NERY JUNIOR; NERY, 2007, p. 924).

17 STF, RE 579.431, rel. Min. Ellen Gracie, publicado no Informativo STF, n. 510 e disponível em http://www.stf.gov.br. Acesso em: 20 jun. 2008.

> [...] O Tribunal, por maioria, acompanhou a proposta apresentada pela Min. Ellen Gracie de definição de procedimento próprio para análise da repercussão geral e implantação dos correspondentes efeitos, relativamente às matérias com jurisprudência dominante na Corte. A Min. Ellen aduziu que o art. 543-A, § 3º, do Código de Processo Civil tornaria presumida a existência da repercussão geral quando o recurso extraordinário impugnasse decisão contrária à jurisprudência dominante no Plenário do Supremo. Reconheceu, todavia, que a lei não estabeleceu o procedimento a ser adotado tanto pelo Supremo quanto pelos Tribunais e Turmas Recursais de origem nesses casos, nem quando a decisão impugnada estivesse em consonância com a jurisprudência da Corte. [...] Entendeu que a lei não afastou o regime da repercussão geral para tais situações, tendo presumido a presença do pressuposto de admissibilidade quando existente jurisprudência dominante. Salientou que, assim como se dá nos casos que são levados ao Plenário Virtual, é importante declinar, de forma expressa, os assuntos com jurisprudência dominante, a sua eventual repercussão geral e submissão aos efeitos do novo regime de tramitação e julgamento dos recursos extraordinários e agravos de instrumento. [...] Por isso, os recursos extraordinários contrários à jurisprudência da Corte não mereceriam seguimento, não por ausência de repercussão geral, mas por contrariarem a jurisprudência, caracterizando-se como manifestamente improcedentes (CPC, art. 557). Em suma, entendeu adequado que para as questões constitucionais já decididas pelo Plenário fossem atribuídos os efeitos da repercussão geral reconhecida, devendo os recursos extraordinários, com tema correspondente que, doravante, vierem ao STF, ser devolvidos à origem, para os procedimentos aqui autorizados, como já acontece com aqueles cujos temas são levados ao Plenário Virtual. Propôs, também, que matérias já enfrentadas pelo Pleno fossem trazidas pela Presidência, antes da distribuição, em questão de ordem, para que se afirme de forma objetiva, e para cada uma, a aplicabilidade da repercussão geral, sempre que presente a relevância sob os aspectos legais, e para que se examine se permanece dominante a jurisprudência sobre o tema. [...] Em conclusão, o Tribunal acolheu questão de ordem, suscitada pela Min. Ellen Gracie, para assentar procedimento próprio para análise da repercussão geral e implantação dos correspondentes efeitos, relativamente às matérias com jurisprudência dominante na Corte.

Nessa mesma oportunidade, foi conjugado o mecanismo da repercussão geral com a súmula vinculante, tendo o resultado final do acórdão sido instrumentalizado por meio da Súmula Vinculante 7, que repete o enunciado da súmula "convincente" n. 648.[18]

Esse requisito tem natureza jurídica de questão preliminar, mas só pode ser examinado pelo Supremo, não estando sujeito ao crivo do Tribunal *a quo*. Deverá ser o último a ser examinado, não podendo haver inversão nesta ordem; vale dizer, primeiro se examinam os requisitos genéricos, depois o prequestionamento, e só então a repercussão geral, sendo certo que os dois primeiros se submetem ao exame da Corte inferior.

A repercussão geral tem a sua origem no sistema de filtragem de recursos extraordinários introduzido no direito brasileiro por meio da Emenda Constitucional n. 01, de 1969, que inseriu o art. 119, § 1º, da Constituição de 1969. À época o instituto recebia o nome de arguição de relevância.

Segundo aquela regra, o STF, ao receber o recurso, deveria levar em consideração a natureza da causa, a espécie, seu valor pecuniário e, por fim, a relevância da questão federal, quando o recurso fosse interposto com base nas alíneas *a* e *d* do inciso III do mencionado artigo.[19]

> É indisfarçável também a inspiração no direito norte-americano. O instituto do *writ of certiorari*, previsto no 28 USC § 1257, 3, tem sido muito utilizado pela Suprema Corte Americana como forma de filtrar os inúmeros recursos que chegam àquele Tribunal. Apenas para que se tenha uma ideia, as estatísticas demonstram que apenas 4% dos recursos endereçados à Corte são efetivamente julgados.

---

18 Súmula 648, STF: "a norma do § 3º do art. 192 da Constituição, revogada pela Emenda Constitucional 40/2003, que limitava a taxa de juros reais a 12% ao ano, tinha sua aplicabilidade condicionada à edição de lei complementar".

19 "Art. 119. Compete ao Supremo Tribunal Federal: [...] III – julgar, mediante recurso extraordinário, as causas decididas em única ou última instância por outros tribunais, quando a decisão recorrida: a) contrariar o dispositivo desta Constituição ou negar vigência de tratado ou lei federal; b) declarar a inconstitucionalidade de tratado ou lei federal; c) julgar válida lei ou ato de governo local contestado em face da Constituição ou de lei federal; ou d) der à lei federal interpretação divergente da que lhe tenha dado outro Tribunal ou o próprio Supremo Tribunal Federal. Parágrafo único. As causas a que se refere o item III, alíneas *a* e *d*, deste artigo, serão indicadas pelo Supremo Tribunal Federal no regimento interno, que atenderá à sua natureza, espécie ou valor pecuniário".

Vale lembrarmos que, desde a inauguração do direito pátrio até a promulgação da Carta Maior de 1988, o Recurso Extraordinário era o remédio jurídico hábil a instrumentalizar a apreciação pelo Supremo de questões constitucionais e infraconstitucionais federais.[20]

Estudos estatísticos comprovaram que o volume de processos que chegavam até a Corte elevou-se, desde 1940, até o fim da década de noventa, em 1.856%,[21] e isso impulsionou que houvesse a implementação de novos instrumentos a fim de diminuir o número de feitos que tramitassem perante os Tribunais Superiores.

Partindo disso, ampliaram-se os poderes dos relatores (artigo 557 do CPC), implantou-se recentemente a figura da súmula vinculante e da súmula impeditiva de processamento de recursos, houve a atribuição de competência de feitos para o STJ e para a Justiça Militar, chegando à criação do requisito de admissibilidade da matéria com repercussão geral, ocorrida em dezembro de 2006.

Destacamos que precedeu à repercussão geral a "arguição de relevância", que era um instrumento previsto na Constituição de 1967, mas que fora extinta pela Carta de 1988. Ambas têm como meta reduzir a quantidade de recursos a serem julgados pelo Supremo e tomando por base o modelo norte-americano.

Lembremos que foi com a Emenda Constitucional n. 01 de 1969 que o STF passou a impor a limitação da abrangência dos recursos extraordinários. No ano de 1975, foi criada a Emenda Regimental n. 03, pela qual o STF introduziu no direito pátrio a figura da arguição de relevância.[22] No ano de 1977, exigiu-se a "relevância da questão federal" por meio da EC n. 07. A partir de então, caberia ao Regimento Interno do STF estabelecer as diretrizes para identificar o que seriam as ditas questões relevantes. E foi assim que o parágrafo primeiro do artigo 327 daquele Regimento previa que: "Entende-se relevante a questão federal que, pelos reflexos na ordem jurídica, e considerados os aspectos morais, econômicos, políticos ou sociais da causa, exigir a apreciação do recurso extraordinário pelo Tribunal".[23]

20 Cf. Eduardo Arruda Alvim (2002, p. 136-137).

21 Ovídio Baptista da Silva (1999, p. 215-216).

22 Cf. NERY JUNIOR. (2004b, p. 98 e s).

23 Martins (2006, p. 95).

Em momento posterior, o STF tratou da questão através da Emenda Regimental n. 02/1985, alterando a redação do artigo 325 do "RISTF"[24], e, em razão disso, contemplada no inciso XI, deixou de ser tratada como ressalva ou exceção ao não cabimento do recurso, para ser tida como fundamento autônomo e suficiente para o apelo extremo, ganhando importância e identidade.

A arguição de relevância não foi contemplada na Carta de 1988, pelo que o quadro das instâncias superiores do Poder Judiciário mudou radicalmente, abandonando-se não só o instituto da arguição de relevância, como também a delegação de competência legislativa em vigor que restou cassada pela nova Carta Política.

Embora tenham como enfoque existencial a filtragem dos recursos, diferem-se os institutos da "arguição de relevância" e da "repercussão geral", notadamente, no que diz respeito ao fato de o primeiro ter sido estabelecido em período de fiel comprometimento com os ideais do governo militar, que exerceu influência sob aspectos morais e políticos; por outro lado, o segundo foi concebido após a Constituição de 1988 e estabeleceu explicitamente um novo paradigma de direito e de Estado.[25]

Outra relevante distinção assegura que os institutos desempenham papeis distintos e que não podem se confundir. A arguição de relevância associou-se a mecanismos de atribuição de admissibilidade apenas dos recursos que não se encontrassem expressamente previstos na enumeração regimental, ao passo que a repercussão geral abarca qualquer apelo extraordinário, por interpretação literal do dispositivo constitucional.[26]

---

24 "Art. 325. Nas hipóteses das alíneas *a* e *d* do inciso III do art. 119 da Constituição Federal, cabe recurso extraordinário: I – nos casos de ofensa à Constituição Federal; II – nos casos de divergência com a súmula do Supremo Tribunal Federal; III – nos processos por crime a que seja cominada a pena de reclusão; IV – nas revisões criminais dos processos de que trata o inciso anterior; V – nas ações relativas à nacionalidade e aos direitos políticos; VI – nos mandados de segurança julgados originariamente por Tribunal Federal ou Estadual, em matéria de mérito; VII – nas ações populares; VIII – nas ações relativas ao exercício do mandato eletivo federal, estadual ou municipal, bem como às garantias da magistratura; IX – nas ações relativas ao estado das pessoas, em matéria de mérito; X – nas ações rescisórias, quando julgadas procedentes em questão de direito material; XI – nos demais feitos, quando reconhecida relevância da questão federal."

25 Streck (2005).

26 Féres (2006).

Para a repercussão geral é conceituada a matéria que contenha requisito que justifique a relevância do ponto de vista econômico, político, social ou jurídico, desde que ultrapassados os interesses subjetivos da causa. Para a doutrina, a relevância da matéria constitucional versada no recurso extraordinário será medida em razão do modo segundo o qual o julgado recorrido repercuta na esfera do interesse do litigante, bem como sua repercussão seja geral.[27]

Repercussão geral deve ser composta pelo somatório dos elementos relevância e transcendência. A relevância está coligada aos pontos políticos, econômicos, social e jurídico; a transcendência está ligada ao poder de transcender além dos interesses subjetivos das partes na causa. Deve contribuir para a ordem constitucional de modo a compatibilizá-la à solução dos problemas de ordem constitucional. É o binômio que caracteriza a repercussão geral da controvérsia.[28]

Embora o art. 543-A determine que a decisão do Supremo que negue a existência de repercussão geral seja irrecorrível, importante salientar que incide a norma do inciso IX do art. 93 da Constituição Federal, no sentido da obrigatória fundamentação dessa decisão, podendo ser opostos embargos de declaração.

O § 5º do art. 543-A cria uma espécie de efeito vinculante na hipótese de ser negada a existência da repercussão geral, e existirem outros recursos sobre matéria idêntica. Nesses casos, haverá o indeferimento liminar dos recursos pelo próprio relator.

Como referido no item acima, a imposição da repercussão geral como um requisito extra para a admissibilidade dos recursos extraordinários tem o seu efeito potencializado na hipótese de multiplicidade de recursos.

Para evitar o congestionamento ou a sobrecarga do tribunal com inúmeros processos idênticos, o § 1º do art. 543-B cria um mecanismo inteligente, segundo o qual o Tribunal de origem seleciona alguns recursos sobre uma mesma controvérsia e os encaminha ao STF. Havendo decisão negativa, automaticamente todos os recursos que se encontravam sobrestados no Tribunal *a quo* são inadmitidos.

27 Bermudes (2006, p. 55).

28 Marinoni e Mitidiero (2007a, p. 33).

Concluindo esse tópico, podemos dizer que a Lei 11.418/2006 reforça o conceito do chamado *leading case*, ou precedente, que será complementado com a figura da súmula vinculante, regulamentada pela Lei 11.417/2006.

É inegável que esses instrumentos conferem ao STF uma feição muito mais política do que a atual. Afinal de contas, determinar, em decisão irrecorrível, o que é ou não relevante do ponto de vista econômico, político, social ou jurídico é muito mais do que a mera apreciação de questões de fato ou de direito.

De observar que a relevância jurídica da questão é a última referida pelo legislador, sendo a econômica a primeira. É preciso aguardar e torcer para que o STF se utilize de parâmetros claros e objetivos na definição desses conceitos tão abertos e indeterminados, para que o interesse público seja sempre preservado.

O STF já fixou algumas matérias que são consideradas "com" e "sem" repercussão geral,[29] decidido por pelo menos 8 dos seus 11 ministros. Dentro da primeira hipótese, destacamos que a maioria disciplina matérias atinentes ao direito tributário. Selecionamos para este estudo a que se refere ao direito do consumidor. Trata-se da hipótese de questionamento da falta da discriminação na fatura dos pulsos que excederem o valor cobrado a título de franquia. Trata-se de hipótese cuja matéria foi considerada pelo STF "com" repercussão geral.

Destacamos também como matéria determinada pelo STF como integrante da categoria "com" repercussão geral, aquela em que se discute se na hipótese na qual figure como executada a Fazenda Pública, poderá prosseguir a execução da parte incontroversa, sem que isso agrida o regime dos precatórios, disposto no parágrafo 4º do artigo 100 da Carta Maior. Argumenta-se que a execução da parte não impugnada do julgado será considerada como execução definitiva. Os Ministros do STF entenderam tratar-se de matéria "com" repercussão geral.

Por outro lado, foi considerada "sem" repercussão geral a decisão prolatada pela Turma Recursal do Juizado Federal do Estado do Mato Grosso, que entendeu ser correta a redução *ex officio* da multa fixada

29 Conferir matérias "com" e "sem" repercussão geral no sítio do STF: http://www.stf.gov.br/portal/cms/verTexto.asp?servico=jurisprudenciaRepercussaoGeral&pagina=principal. Acesso em: 19 abr. 2008.

em sentença, ao argumento de que a referida multa, denominada de *astreintes* tem o ideal de coerção e não de pena. O Supremo Tribunal Federal considerou que não se trata de hipótese de repercussão geral.

Outra matéria que não foi considerada de repercussão geral foi a discussão acerca do dano moral decorrente de responsabilidade civil do Estado pela emissão de CPF em duplicidade. Ponderaram os Ministros do Supremo que se trata de questão adstrita unicamente ao interesse das partes.

Em manifestação do STF sobre a temática, os Ministros decidiram no sentido de que se faz necessária uma preliminar expressa mencionando a repercussão geral do recurso extraordinário. Alertaram os Ministros que todo recurso interposto de decisão cuja intimação ocorreu após a Emenda Regimental 21 é requisito formal que contenha preliminar fundamentada da repercussão geral das questões nele discutidas. Não há, pois, que se falar em demonstração implícita de repercussão geral.[30]

Com a Lei n. 11.419/2006, que trata do processo eletrônico, a repercussão geral é analisada através do plenário virtual.

A relatoria quanto à análise da repercussão, de acordo com o artigo 323 do Regimento Interno do STF, alterado em 1º de dezembro de 2010, será sempre do Ministro Presidente do STF. Após, cada ministro deverá se manifestar, fundamentadamente, se a questão possui ou não repercussão geral.

Caso não se manifeste, computa-se como a opção de que a questão possui repercussão geral e a decisão se está presente ou não a repercus-

30 "Repercussão Geral e Preliminar Expressa O Tribunal negou provimento a agravo regimental interposto contra decisão da Presidência da Corte que, ante a inobservância do que disposto no art. 543-A, § 2º, do CPC, que exige a apresentação de preliminar sobre a repercussão geral da matéria constitucional suscitada, não conhecera de recurso extraordinário (RISTF, artigos 13, V, c, e 327). Considerou-se que, na linha da orientação firmada no julgamento do AI 664567 QO/RS (DJU de 6.9.2007), todo recurso extraordinário, interposto de decisão cuja intimação ocorreu após a publicação da Emenda Regimental 21 (DJU de 3.5.2007), deve apresentar preliminar formal e fundamentada da repercussão geral das questões constitucionais nele discutidas. Asseverou-se, ademais, que nem o fato de o tema discutido no recurso extraordinário ser objeto de ação direta de inconstitucionalidade pendente de julgamento no Plenário, nem o de terem sido sobrestados outros recursos extraordinários até o julgamento desse processo de controle concentrado, afastariam essa exigência legal, não havendo se falar em demonstração implícita de repercussão geral" (RE 569.476 AgR-SC, rel. Min. Ellen Gracie, 2-4-2008 (RE-569.476) (Informativo STF, n. 500).

são ocorrerá a partir do cômputo das decisões, sendo considerada a matéria com repercussão se pelo menos 8 dos seus 11 ministros estiverem de acordo.

Reconhecida a repercussão geral, a matéria será distribuída a um dos ministros do STF para que atue como relator no julgamento do mérito recursal, que pode ocorrer também através do Plenário Eletrônico se já houver jurisprudência pacífica na Corte.[31]

5.2.4 Efeitos do recurso especial e extraordinário

A interposição do recurso extraordinário, assim como do especial, possui efeito obstativo: enquanto pender o julgamento, o provimento impugnado não transitará em julgado.

Contudo, caso não seja admitido o recurso, a decisão recorrida transitará em julgado.

O efeito devolutivo do recurso é limitado, permitindo apenas a apreciação das questões de direito[32] enfrentadas pelo órgão *a quo*.

Só no caso de *error in procedendo*, quando a decisão que chegou para apreciação do Tribunal for anulada, far-se-á a baixa dos autos, para que se profira nova decisão, pois, caso contrário, o julgamento do recurso substituirá a decisão recorrida, na medida em que se conhece da impugnação.

Contudo, a decisão de julgamento poderá repercutir sobre outras partes da decisão, caso haja subordinação necessária entre ela e a parte impugnada.

No caso das questões de ordem pública e questões não analisadas por inteiro pelo Tribunal inferior, a doutrina diverge se, a partir da admissão do recurso, elas estariam devolvidas à análise dos Tribunais Superiores ou não.

31 Essa possibilidade veio com a alteração no Regimento Interno do STF ocorrida em 1º-12-2010. Votaram contra tal possibilidade os ministros Marco Aurélio, Gilmar Mendes e Dias Toffoli. Nesse sentido: http://www.stf.jus.br/portal/cms/verNoticiaDetalhe.asp?idConteudo=167315&tip=UN. Acesso em: 3-1-2010.

32 Segundo José Carlos Barbosa Moreira, questões de direito muitas vezes se confundem com questões fáticas, mas sua melhor definição seria de questão relativa à qualificação jurídica dos fatos, de modo que, embora o tribunal ad quem não possa repelir como inverídica a versão dos acontecimentos aceita pelo juízo inferior, pode qualificá-los com total liberdade, de maneira inversa ao que foi feito (BARBOSA MOREIRA, 2008, p. 601-602).

A maioria da doutrina entende que as questões de ordem pública poderiam ser apreciadas pelo Tribunal Superior, ainda que não tenham sido suscitadas nos autos, uma vez que podem ser analisadas em qualquer tempo e grau de jurisdição, por força do art. 267, § 3º, CPC.

Há também divergência se as matérias não inteiramente julgadas pelo Tribunal inferior e não objeto do recurso poderiam ser analisadas pelo Tribunal Superior. Há quem defenda que apenas a matéria objeto do recurso estaria devolvida, mas há quem diga que, a partir da admissão do recurso, questões de ordem pública e matérias já suscitadas anteriormente, ainda que não inteiramente julgadas pelo Tribunal Inferior e não tendo sido objeto do recurso poderiam ser analisadas.[33]

Predomina a análise pelos Tribunais Superiores das matérias suscitadas no recurso e das questões de ordem pública, ainda que não expressamente alegadas pelo recorrente.

Sem possuir efeito suspensivo, o recurso extraordinário não impede a exequibilidade da decisão recorrida, sendo esta, porém, provisória, cabendo ao exequente instruir com cópias enumeradas no § 3º do art. 475-O o requerimento de execução provisória.

Contudo, em algumas hipóteses, o recurso pode possuir efeito suspensivo, desde que pleiteado ao relator, e que, se concedido, obstará a execução provisória.

Afirma-se, ainda, que o efeito suspensivo ao recurso poderá ser admitido através de medida cautelar, desde que se comprove o *fumus boni iuris* e o *periculum in mora*.

No caso de o recurso já ter sido recebido, a medida cautelar será apresentada perante o tribunal superior que julgará o recurso.[34] No caso de o

33 "Na feliz expressão de Fredie Didier Jr. e Leonardo José Carneiro da Cunha, admitido o recurso pelo fundamento alegado pelo recorrente, '...a jurisdição do tribunal superior é aberta', podendo o Tribunal passar ao exame das questões de ordem pública, bem como daquelas que tenham sido suscitadas e discutidas anteriormente" (SILVA, 2007, p. 440).

34 "Processual civil. Medida cautelar. Recurso especial ou recurso ordinário em mandado de segurança. Efeito suspensivo. Decisão proferida em única ou última instância. Ausência. Violação do duplo grau de jurisdição. 1. Em medida cautelar, o Superior Tribunal de Justiça admite seja concedido efeito suspensivo a recurso especial desde que efetivamente demonstrados os requisitos da plausibilidade do direito alegado, da urgência da prestação jurisdicional, bem como da viabilidade do próprio apelo extremo neste Tribunal. 2. Deve haver, portanto, decisão proferida em única ou última instância pelos Tribunais Regionais Federais ou dos Estados e a interposição do recurso especial na origem, com a necessária prolação do juízo de prelibação,

recurso não ter sido admitido, tendo sido a decisão que o inadmitiu impugnada por agravo de instrumento, a medida cautelar, se comprovar o *fumus boni iuris* e o *periculum in mora*, atribuirá efeito suspensivo ao próprio agravo de instrumento interposto em face da decisão que inadmitiu o recurso. Dessa forma, embora o recurso tenha sido inadmitido, enquanto o Tribunal Superior não decidir se o receberá ou não, não será possível se realizar a execução provisória.

Já no caso de o recurso ter sido interposto, mas ainda não ter sido analisado se será recebido pelo órgão *a quo*, também será cabível a medida cautelar, mas esta deve ser interposta perante o presidente do Tribunal *a*

---

consoante dispõe a redação do artigo 105, inciso III, da Constituição Federal e as Súmulas 634 e 635, do Pretório Excelso. O requerente, entretanto, pretende que esta Corte conceda efeito suspensivo a recurso especial ou recurso em mandado de segurança a ser futuramente interposto, já que, no momento, há apenas decisão monocrática proferida por membro do Tribunal *a quo*. 4. "O procedimento cautelar perante o Superior Tribunal de Justiça só se mostra possível quando encerrada a jurisdição do tribunal *a quo*, associado a um juízo positivo de admissibilidade, com o fito de conferir ao recurso já interposto efeito suspensivo, uma vez verificados os requisitos do *fumus boni juris* e do *periculum in mora*" (AgRg na MC 3.223/PR, rel. Min. Vicente Leal, Corte Especial, DJU de 11.06.01). 5. Agravo regimental não provido" (STJ, 1ª S., AgRg na MC 17.081-BA, rel. Min. Castro Meira, j. 25-8-2010, *DJe*, 2-9-2010).

"Administrativo e processual civil. Agravo regimental na medida cautelar. Indeferimento liminar. Efeito suspensivo a recurso especial ainda não interposto na origem. Decisão mantida. Agravo não provido. 1. O Superior Tribunal de Justiça tem admitido, em circunstâncias excepcionais, a concessão de efeito suspensivo a recursos de sua competência constitucional, desde que utilizada, pelo interessado, a competente medida cautelar inominada (arts. 34, inciso V, e 288, do RISTJ). 2. A outorga de efeito suspensivo por intermédio de cautelar incidental, além da satisfação cumulativa dos requisitos do *fumus boni iuris* e do *periculum in mora*, pressupõe a existência de recurso dirigido a este Superior Tribunal, previamente admitido pela Presidência do Tribunal *a quo*. 3. *In casu*, não há nos autos nenhuma notícia de recurso dirigido a este Tribunal, apresentando-se manifestamente incabível a medida. 4. Agravo regimental não provido" (STJ, 1ª T., AgRg na MC 16.444-SP, rel. Min. Arnaldo Esteves Lima, j. 17-8-2010, *DJe*, 30-8-2010).

Ementa: "AGRAVO REGIMENTAL NA AÇÃO CAUTELAR. PROCESSUAL CIVIL. PRETENSÃO DE QUE SEJA CONCEDIDO EFEITO SUSPENSIVO A RECURSO EXTRAORDINÁRIO NÃO ADMITIDO. JURISDIÇÃO CAUTELAR DO SUPREMO TRIBUNAL FEDERAL NÃO INSTAURADA. PRECEDENTES. AGRAVO REGIMENTAL AO QUAL SE NEGA PROVIMENTO (AC 2426 AgR, STF. Relator(a): Min. CÁRMEN LÚCIA, Tribunal Pleno, julgado em 02/08/2010, DJe-154 DIVULG 19-08-2010 PUBLIC 20-08-2010 EMENT VOL-02411-01 PP-00094)".

Ementa: "AGRAVO REGIMENTAL NA AÇÃO CAUTELAR. PROCESSUAL CIVIL. PRETENSÃO DE QUE SEJA CONCEDIDO EFEITO SUSPENSIVO A RECURSO EXTRAORDINÁRIO PENDENTE DE JUÍZO DE ADMISSIBILIDADE. JURISDIÇÃO CAUTELAR DO SUPREMO TRIBUNAL NÃO INSTAURADA. INCIDÊNCIA DAS SÚMULAS 634 E 635 DO SUPREMO TRIBUNAL FEDERAL. PRECEDENTES. AGRAVO REGIMENTAL AO QUAL SE NEGA PROVIMENTO (AC 2453 AgR, STF. Relator(a): Min. CÁRMEN LÚCIA, Tribunal Pleno, julgado em 02/08/2010, DJe-154, v. 02411-01. p 00101)".

quo, que analisará a admissibilidade do próprio recurso. Isso porque somente após a admissão do recurso pelo Tribunal local é que se considera "inaugurada a competência" das Cortes Superiores, a teor das Súmulas 634[35] e 635[36], STF.

5.2.5 Recurso extraordinário e recurso especial retidos

O recurso extraordinário e o recurso especial são interpostos perante o próprio tribunal *a quo* e podem ficar retidos quando interpostos em face de decisão interlocutória proferida em processo de conhecimento, cautelar ou embargos à execução.

Essa modalidade pressupõe que, ao sobrevir julgamento final, na instância inferior, já não interessará a quem interpôs o recurso extraordinário ou especial que este tenha segmento.

Quando a decisão se tornar definitiva e caso haja interesse em que o recurso seja, ao final, examinado, deve o recorrente reiterá-lo, quando será realizado seu exame de admissibilidade, sendo que a reiteração se dá no mesmo prazo para a interposição do recurso ou das contrarrazões.

Na doutrina, há quem critique, contudo, o art. 542, § 3º, CPC, afirmando que tal dispositivo traz a impressão de que toda decisão interlocutória ensejaria o agravo retido. Em determinadas hipóteses, a urgência está presente, como se for o caso de decisão interlocutória que decida sobre a competência do juízo, não podendo o recurso ficar retido nos autos, uma vez que a retenção poderá acarretar prejuízo irreversível às partes.

Caso tenha sido indevidamente determinado o trancamento do recurso nos autos, a doutrina se divide quanto ao meio para determinar o destrancamento do recurso. Há quem defenda que pode ocorrer através da interposição de agravo de instrumento ao Tribunal, há quem defenda que pode ser através de medida cautelar inominada, com base no art. 800, CPC, ou por simples petição ao Tribunal Superior.

35 Súmula 634: "não compete ao Supremo Tribunal Federal conceder medida cautelar para dar efeito suspensivo a recurso extraordinário que ainda não foi objeto de juízo de admissibilidade na origem".

36 Súmula 635 do STF: "cabe ao presidente do tribunal de origem decidir o pedido de medida cautelar em recurso extraordinário ainda pendente do seu juízo de admissibilidade".

Destaque-se que essa situação ainda não está pacificada e a jurisprudência ainda não tem posicionamento firmado sobre a fungibilidade entre a medida cautelar e o agravo de instrumento para destrancar o recurso retido nos autos.

5.2.6 Interposição dos recursos especial e extraordinário

Sua interposição deve ocorrer no prazo de quinze dias (art. 508 CPC) e este começa a fluir da intimação da decisão recorrida, sendo aplicáveis as normas sobre contagem, prorrogação, suspensão e interrupção dos prazos recursais.

Interpõe-se o recurso por petição escrita, dirigida ao presidente do Tribunal recorrido. A petição deve ser fundamentada, com as razões para demonstrar o cabimento do recurso interposto, bem como as razões do pedido de reforma ou anulação da decisão recorrida.

O recurso, contudo, não poderá versar sobre matérias fáticas, mas unicamente de direito.

Interposto o recurso, será intimado o recorrido, para oferecer resposta, nos termos dos arts. 188 e 191, CPC, arguindo todas as questões que possam influenciar no juízo de admissibilidade ou de mérito e abrindo-se, em seguida, vista ao presidente.

O presidente ou vice-presidente do Tribunal recorrido admitirá ou não o recurso, sem lhe examinar o mérito, apenas verificando se o recurso se enquadra em uma das alíneas da Constituição Federal e se estão presentes todos os pressupostos gerais para sua admissibilidade, já abordados quando da análise da teoria geral dos recursos.

O presidente do Tribunal apreciará todos os requisitos para a admissibilidade do recurso, salvo a repercussão geral, exigida na hipótese de recurso extraordinário (art. 543-A, CPC).

No caso da repercussão geral, tem-se de destacar que não pode o presidente do Tribunal analisar se há repercussão geral na matéria, pois esta tarefa cabe ao próprio STF. Contudo, deve o presidente do Tribunal *a quo* analisar se a repercussão geral consta como preliminar do recurso extraordinário, podendo indeferir o recurso se não estiver presente sua arguição como um capítulo deste.

Já no caso de declaração de inconstitucionalidade de lei federal, tal declaração deve ter sido feita de forma difusa pela decisão recorrida, um dos fundamentos para interposição de recurso extraordinário, sendo tal análise o próprio mérito do recurso, cabendo ao presidente do Tribunal *a quo* apenas verificar se a inconstitucionalidade foi mesmo declarada.

Se o recurso for denegado, cabia o recurso de agravo de instrumento, interposto no Tribunal de origem, sendo da competência do Tribunal destinatário do recurso denegado[37], atacando-se a decisão que não recebeu o recurso.

Contudo, essa regra foi alterada em 9 de setembro de 2009, com o advento da Lei n. 12.322, que previu uma *vacatio legis* de noventa dias, para transformar tal agravo de instrumento em agravo retido.

Agora, o recurso em face de decisão de indeferimento de recurso especial ou extraordinário é o agravo nos próprios autos, sendo um agravo para cada recurso não admitido (art. 544, § 1º, CPC).

Não se trata de mera alteração formal do agravo, já que, agora, o recurso não subirá por instrumento. Não são remetidas as cópias dos autos principais para os Tribunais Superiores, mas sim os próprios autos. Diante da alteração legislativa, o próprio Supremo Tribunal Federal, em 1º de dezembro de 2010, modificou seu Regimento Interno para prever uma nova classe processual, denominada recurso extraordinário com agravo.

Ademais, a lei trouxe, ainda, importante alteração na sistemática da execução, como será tratado mais precisamente na parte de execução provisória. Isso porque, sabendo-se que os recursos para os Tribunais Superiores não possuem, como regra, efeito suspensivo, diante da previsão legal, antes, a parte poderia iniciar a execução provisória nos próprios autos principais, na pendência do recurso nos Tribunais Superiores, já que lá estavam apenas o instrumento e na vara se encontravam os autos. Agora, a execução se tornou instrumento, sendo realizada por cópias extraídas dos autos, com autenticidade firmada pelo próprio advogado do exequente (art. 475-O, § 3º, do CPC), vez que os autos estarão nos Tribunais Superiores.

Contudo, a lei não alterou a sistemática de julgamento do recurso.

37 Não caberá ao presidente do Tribunal de origem negar seguimento a este agravo de instrumento, devendo remetê-lo diretamente ao Tribunal Superior. Caso assim o faça, o ato será passível de reclamação.

No caso de interposição de recursos para admissibilidade do recurso especial e do extraordinário, primeiro se julgará o recurso para a admissibilidade do recurso especial, só então se analisando o cabimento do recurso extraordinário, a menos que o relator no STJ entenda que o recurso extraordinário é prejudicial ao recurso especial, hipótese em que suspenderá o julgamento até que o Supremo Tribunal Federal se pronuncie.

Quando for julgado o agravo nos próprios autos em face de decisão que não admitiu o recurso extraordinário, cabe ao STF já analisar a existência ou não de repercussão geral da matéria, para fundamentar sua decisão se receberá ou não o recurso interposto.

Satisfeitos os pressupostos de cabimento do recurso, pode o recorrido aderir ao recurso interposto pelo litigante adverso (recurso adesivo), observando-se o prazo de resposta do recurso principal e sendo também submetido a juízo de admissibilidade.

No caso de interpostos os recursos especial e extraordinário, primeiro irá se processar e julgar o recurso especial, para só então os autos serem remetidos ao STF para julgamento do recurso extraordinário, caso este não esteja prejudicado.

Contudo, julgado o recurso extraordinário pelo STF, será feito o controle difuso da constitucionalidade, que fará coisa julgada apenas entre as partes. Para que a coisa julgada adquira efeitos *erga omnes*, deverá o STF encaminhar o acórdão ao Senado Federal, para que suspenda, em todo o território nacional, o ato normativo ou lei declarado inconstitucional.

5.2.7 Ordem do julgamento dos recursos especial e extraordinário

Primeiro se julgará o recurso especial e, após, o recurso extraordinário, caso este não esteja prejudicado.

Caso o relator no Superior Tribunal de Justiça entenda que o recurso extraordinário é prejudicial ao recurso especial poderá, por decisão irrecorrível, remeter os autos ao Supremo Tribunal Federal para que julgue o recurso extraordinário.

O relator do Supremo Tribunal Federal poderá, contudo, discordar desse entendimento, devolvendo os autos ao STJ para julgamento.

5.2.8 Recursos especial e extraordinário no projeto do novo CPC (PL n. 8.046/2010)

Seção II

DO RECURSO EXTRAORDINÁRIO E DO RECURSO ESPECIAL

Subseção I

Disposições gerais

Art. 983. O recurso extraordinário e o recurso especial, nos casos previstos na Constituição da República, serão interpostos perante o presidente ou o vice-presidente do tribunal recorrido, em petições distintas que conterão:

I – a exposição do fato e do direito;

II – a demonstração do cabimento do recurso interposto;

III – as razões do pedido de reforma da decisão recorrida.

§ 1º Quando o recurso fundar-se em dissídio jurisprudencial, o recorrente fará a prova da divergência mediante certidão, cópia ou citação do repositório de jurisprudência, oficial ou credenciado, inclusive em mídia eletrônica, em que tiver sido publicada a decisão divergente, ou ainda pela reprodução de julgado disponível na Internet, com indicação da respectiva fonte, mencionando, em qualquer caso, as circunstâncias que identifiquem ou assemelhem os casos confrontados.

§ 2º Quando o recurso tempestivo contiver defeito formal que não se repute grave, o Superior Tribunal de Justiça ou Supremo Tribunal Federal poderão desconsiderar o vício, ou mandar saná-lo, julgando o mérito.

§ 3º Quando, por ocasião de incidente de resolução de demandas repetitivas, o presidente do Supremo Tribunal Federal ou do Superior Tribunal de Justiça receber requerimento de suspensão de processos em que se discuta questão federal constitucional ou infraconstitucional, poderá, considerando razões de segurança jurídica ou de excepcional interesse social, estender a eficácia da medida a todo o território nacional, até ulterior decisão do recurso extraordinário ou do recurso especial eventualmente interposto.

Art. 984. Recebida a petição pela secretaria do tribunal, o recorrido será intimado, abrindo-se-lhe vista, para apresentar contrarrazões.

Parágrafo único. Findo esse prazo, serão os autos conclusos para admissão ou não do recurso, no prazo de quinze dias, em decisão fundamentada.

Art. 985. Admitidos ambos os recursos, os autos serão remetidos ao Superior Tribunal de Justiça.

§ 1º Concluído o julgamento do recurso especial, os autos serão remetidos ao Supremo Tribunal Federal, para apreciação do recurso extraordinário, se este não estiver prejudicado.

§ 2º Se o relator do recurso especial considerar prejudicial o recurso extraordinário, em decisão irrecorrível sobrestará o julgamento e remeterá os autos ao Supremo Tribunal Federal.

§ 3º Na hipótese do § 2º, se o relator do recurso extraordinário, em decisão irrecorrível, rejeitar a prejudicialidade, devolverá os autos ao Superior Tribunal de Justiça, para o julgamento do recurso especial.

Art. 986. Se o relator, no Superior Tribunal de Justiça, entender que o recurso especial versa sobre questão constitucional, deverá conceder prazo de quinze dias para que o recorrente deduza as razões que revelem e existência de repercussão geral, remetendo, em seguida, os autos ao Supremo Tribunal Federal, que procederá à sua admissibilidade, ou o devolverá ao Superior Tribunal de Justiça, por decisão irrecorrível

Art. 987. Se o relator, no Supremo Tribunal Federal, entender que o recurso extraordinário versa sobre questão legal, sendo indireta a ofensa à Constituição da República, os autos serão remetidos ao Superior Tribunal de Justiça para julgamento, por decisão irrecorrível.

Art. 988. Sendo o recurso extraordinário ou especial decidido com base em uma das causas de pedir ou em um dos fundamentos de defesa, o Superior Tribunal de Justiça ou o Supremo Tribunal Federal examinará as demais ainda não julgadas, independentemente da interposição de outro recurso, desde que tratem de matéria de direito.

§ 1º Se a competência for do outro Tribunal Superior, haverá remessa, nos termos dos arts. 986 e 987.

§ 2º Se a observância do *caput* deste artigo depender do exame de prova já produzida, os autos serão remetidos de ofício ao tribunal de origem, para decisão; havendo necessidade da produção de provas, far-se-á a remessa ao primeiro grau.

Art. 989. O Supremo Tribunal Federal, em decisão irrecorrível, não conhecerá do recurso extraordinário, quando a questão constitucional nele versada não oferecer repercussão geral, nos termos deste artigo.

§ 1º Para efeito da repercussão geral, será considerada a existência, ou não, de questões relevantes do ponto de vista econômico, político, social ou jurídico, que ultrapassem os interesses subjetivos da causa.

§ 2º O recorrente deverá demonstrar, para apreciação exclusiva do Supremo Tribunal Federal, a existência da repercussão geral.

§ 3º Haverá repercussão geral sempre que o recurso:

I – impugnar decisão contrária a súmula ou jurisprudência dominante do Supremo Tribunal Federal;

II – contrariar tese fixada em julgamento de casos repetitivos;

III – questionar decisão que tenha declarado a inconstitucionalidade de tratado ou lei federal, nos termos do art. 97 da Constituição da República.

§ 4º Negada a repercussão geral, a decisão valerá para todos os recursos sobre matéria idêntica, que serão indeferidos liminarmente, salvo revisão da tese, tudo nos termos do Regimento Interno do Supremo Tribunal Federal.

§ 5º O Relator poderá admitir, na análise da repercussão geral, a manifestação de terceiros, subscrita por procurador habilitado, nos termos do Regimento Interno do Supremo Tribunal Federal.

§ 6º A súmula da decisão sobre a repercussão geral constará de ata, que será publicada no diário oficial e valerá como acórdão.

§ 7º No caso do recurso extraordinário processado na forma da Seção III deste Capítulo, negada a existência de repercussão geral no recurso representativo da controvérsia, os recursos sobrestados considerar-se-ão automaticamente não admitido

O projeto traz, em sete artigos, as disposições sobre os recursos especial e extraordinário. O art. 983 traz a regra de que o recurso especial e o extraordinário deverão ser interpostos em petições distintas, trazendo o conteúdo dessas peças. Já nos parágrafos, o projeto prevê situações específicas, tratando de como se fará a prova do dissídio jurisprudencial em seu § 1º, o § 2º prevê a superação de vício formal que não seja grave, analisando-se o mérito recursal, em prol da efetividade do processo e da busca da flexibilização do rigorismo formal em prol da tutela de direitos.

Autoriza o Projeto que os Tribunais Superiores decidam o mérito de um recurso desde que seja tempestivo, afastando causas de inadmissibilidade que não sejam consideradas graves, quando se trate de casos repetitivos ou sempre que a decisão da questão de mérito contribua para o aperfeiçoamento do sistema jurídico. Essa regra está no § 2º do art. 983, sendo tal previsão semelhante ao que se denomina, no direito argentino, "gravidade institucional" do recurso extraordinário.

A "gravidade institucional" é um filtro à admissibilidade do recurso extraordinário argentino, análogo ao nosso instituto da repercussão geral. Está prevista no art. 280 do Código Procesal Civil y Comercial de la Nación argentino e, embora constitua um filtro de admissibilidade recursal, parece ter servido ao objetivo de superar irregularidades formais quanto à admissibilidade do recurso extraordinário e permitir a análise de questões que transcendessem o interesse subjetivo das partes.Posteriormente, com a Lei n. 23.774, aprovada pelo Congresso Nacional argentino em 5 de abril de 1990, passou a ser a "gravidade institucional" meio legalmente estabelecido para rechaçar recursos que não fossem portadores desse requisito. Porém, atualmente, continua a haver transigência com os requisitos de cabimento, quando presente a "gravidade institucional", para a admissão de tais recursos extraordinários, sem que isso afete o julgamento do mérito dos recursos extraordinários.

Já o § 3º do art. 983 trata do recurso aos tribunais superiores interposto em sede do incidente de resolução de demandas repetitivas.

Destaque-se que, em que pese a exigência, esse artigo não prevê que a parte demonstre, em seu recurso extraordinário, a repercussão geral da questão que pretende levar ao STF.

O art. 984 trata da intimação do recorrido para oferecer contrarrazões, no prazo de quinze dias, sendo, após, os autos conclusos para exame da admissibilidade do recurso, independentemente das contrarrazões terem ou não sido oferecidas.

O art. 985 trata da hipótese já analisada ao longo deste capítulo, do procedimento de julgamento quando é interposto recurso especial e recurso extraordinário simultaneamente, sendo primeiro analisado o recurso especial para depois os autos serem remetidos para julgamento do recurso extraordinário.

O art. 986 trata da hipótese de que o relator entenda que a parte pode estar atacando por meio de recurso especial questão que, na verdade, é constitucional. Nesse caso, deverá ser aberto prazo para que demonstre a existência de repercussão geral e, então, os autos serão remetidos ao STF para exame de sua admissibilidade. Já o art. 987 é questão inversa, quando o relator no STF entenda tratar-se de questão infraconstitucional, quando os autos serão remetidos ao STJ para análise e julgamento do recurso.

Já o art. 988 deixa claro em sua leitura que os tribunais superiores só tratarão de questões de direito, não reanalisando prova e nem fatos, embora se discuta a possibilidade de se separar o direito dos fatos. O projeto também exige que o Supremo Tribunal Federal e o Superior Tribunal de Justiça, ao julgarem o recurso extraordinário e especial, examinem todas as questões de direito que compõem os fundamentos do recurso e das contrarrazões, independentemente de outro recurso (art. 988).

Por fim, o art. 989 do projeto, reproduzindo o art. 543-A do atual CPC, trata da necessidade de demonstração da repercussão geral para que o recurso extraordinário seja admitido, embora, como já mencionamos, não faça referência à repercussão geral logo no primeiro artigo sobre os recursos aos tribunais superiores. O § 1º apenas reproduz a definição atual de repercussão geral e o § 2º imputa ao recorrente o ônus de demonstrá-la para que seu recurso seja admitido.

O § 3º inova ao trazer hipóteses em que basta demonstrar a ocorrência de uma das situações que já se entenderá pela repercussão geral, ou seja, haveria uma repercussão geral presumida em certos casos, sendo eles os seguintes: I – impugnar decisão contrária a súmula ou jurisprudência dominante do Supremo Tribunal Federal; II – contrariar tese fixada em julgamento de casos repetitivos; III – questionar decisão que tenha declarado a inconstitucionalidade de tratado ou lei federal, nos termos do art. 97 da Constituição da República.

O § 4º e o § 7º tratam da hipótese de a repercussão geral ser inadmitida, sendo todos os recursos que versem sobre questão idêntica inadmitidos. Por fim, o § 5º e o 6º vão dizer que terceiros poderão se manifestar antes da admissão ou não da repercussão geral e que a súmula da decisão sobre a repercussão geral constará de ata, valendo como acórdão.

5.3 O JULGAMENTO NA HIPÓTESE DOS RECURSOS REPETITIVOS

A reforma da Justiça tem como uma das diretrizes a alteração do sistema processual brasileiro com o ideal de conferir celeridade aos feitos judiciais,. Tradução disso é que foi elaborado o Projeto de Lei, baseado nos manifestos do ex-Ministro do STJ Athos Gusmão Carneiro, que vislumbrou a criação de um mecanismo de filtragem dos processos que seriam submetidos ao crivo do Superior Tribunal de Justiça.

No ano de 2005, foram apreciados e julgados pelo STJ mais de 210 mil processos; em 2006, ultrapassaram o número de 251 mil feitos e, em ambos os casos, grande parte deles fundada em matérias idênticas com entendimento já pacificado por aquela Corte.[38]

A criação do Projeto inspirou-se na Lei n. 11.418/2006, que, como dito anteriormente, inseriu os artigos 543-A e 543-B ao CPC, estabelecendo um mecanismo que visa a simplificar o julgamento dos recursos múltiplos, nos quais se discutam idêntica matéria a ser submetida a apreciação e julgamento pelo STF e pelo STJ.

Com base nessa mesma linha, foi aprovada, em maio do ano de 2008, a Lei n. 11.672, que altera o CPC, de modo a inserir o artigo 543-C e disciplinar os recursos repetidos.

Desse modo, a partir da alteração legislativa, em havendo multiplicidade de recursos especiais com fundamento em idêntica questão de direito, o processamento do feito deverá ser produzido em conformidade com as novas regras do novel artigo 543-C, inclusive aplicando-se a regra aos recursos já interpostos quando da entrada em vigor do novo dispositivo.

Os Tribunais Superiores e de segunda instância deverão regulamentar, cada qual no âmbito de sua competência, as regras procedimentais que regerão o processamento e o julgamento dos recursos especial e extraordinário.

Dentre as novas regras, impõe-se que caberá ao presidente do tribunal *a quo* (de origem) admitir um ou mais recursos que representarão a controvérsia e, aos demais recursos, caberá a aplicação da suspensão até que ocorra o pronunciamento definitivo pelo STJ ou pelo STF no(s) recurso(s) encaminhado(s) como representativo(s) da controvérsia.

Em não sendo adotada essa providência pelo tribunal de origem, será possível ao relator do tribunal *ad quem*, nesta ocasião, do STJ ou do STF, caso a matéria objeto do recurso já tenha sido discutida e fixada em jurisprudência dominante, determinar a suspensão dos recursos nos Tribunais de segunda instância.

---

38 Razões da proposta do projeto de lei. Fonte: http://www.direitoprocessual.org.br/dados/File/enciclopedia/propostas_legislativas/processo_civil/(doc%2033)%20PL%201.213%20de%202007.doc. Acesso em: 19 abr. 2008.

Poderá, ainda, o relator do Tribunal Superior solicitar informações a respeito da controvérsia aos Tribunais federais e estaduais, que deverão ser prestadas dentro do prazo de quinze dias. Uma vez recebidas as informações, o Ministério Público terá vista dos autos para, em igual prazo, se manifestar sobre a controvérsia.

Antes da manifestação do *Parquet*, porém, o Tribunal poderá admitir a manifestação de pessoas, órgãos ou entidades que tenham interesse na controvérsia, tendo em vista a relevância da matéria.

Cumpridas as fases de manifestações acima, serão remetidas cópias do relatório aos demais Ministros e o recurso será incluído em pauta na seção ou na Corte Especial ou em Plenário, no caso do STF, que terá preferência de julgamento sobre todos os demais feitos, exceto os que envolvam réu preso e *habeas corpus*.

Havendo a publicação da decisão, os demais feitos que restavam suspensos nos Tribunais de segunda instância terão seguimento negado na hipótese de o acórdão recorrido coincidir com a orientação do Tribunal; ou serão novamente examinados pelo tribunal de origem quando o acórdão recorrido divergir da orientação do Tribunal Superior, que, uma vez analisado e mantida a divergência, passará à fase de análise do juízo de admissibilidade dos demais recursos.

5.3.1 Recursos repetitivos no projeto do novo CPC (PL n. 8.046/2010)

> *Subseção II*
>
> *Do julgamento dos recursos extraordinário e especial repetitivos*
>
> **Art. 990.** Sempre que houver multiplicidade de recursos com fundamento em idêntica questão de direito, o recurso extraordinário ou o recurso especial será processado nos termos deste artigo, observado o disposto no regimento interno do Supremo Tribunal Federal e do Superior Tribunal de Justiça
>
> **Art. 991.** Caberá ao presidente do tribunal de origem selecionar um ou mais recursos representativos da controvérsia, os quais serão encaminhados ao Supremo Tribunal Federal ou ao Superior Tribunal de Justiça independentemente de juízo de admissibilidade, ficando suspensos os demais recursos até o pronunciamento definitivo do tribunal superior.

§ 1º Não adotada a providência descrita no *caput*, o relator, no tribunal superior, ao identificar que sobre a questão de direito já existe jurisprudência dominante ou que a matéria já está afeta ao colegiado, poderá determinar a suspensão dos recursos nos quais a controvérsia esteja estabelecida.

§ 2º Na decisão de afetação, o relator deverá identificar com precisão a matéria a ser levada a julgamento, ficando vedado, ao Tribunal, a extensão a outros temas não identificados na referida decisão.

§ 3º Os processos em que se discute idêntica controvérsia de direito e que estiverem em primeiro grau de jurisdição ficam suspensos por período não superior a doze meses, salvo decisão fundamentada do relator.

§ 4º Ficam também suspensos, no tribunal superior e nos de segundo grau de jurisdição, os recursos que versem sobre idêntica controvérsia, até a decisão do recurso representativo da controvérsia.

Art. 992. O Relator poderá requisitar informações aos tribunais inferiores a respeito da controvérsia; cumprida a diligência, se for o caso, intimará o Ministério Público para se manifestar.

§ 1º Os prazos respectivos são de quinze dias e os atos serão praticados, sempre que possível, por meio eletrônico.

§ 2º O relator, conforme dispuser o Regimento Interno, e considerando a relevância da matéria, poderá solicitar ou admitir manifestação de pessoas, órgãos ou entidades com interesse na controvérsia.

§ 3º Transcorrido o prazo para o Ministério Público e remetida cópia do relatório aos demais Ministros, o processo será incluído em pauta, devendo ser julgado com preferência sobre os demais feitos, ressalvados os que envolvam réu preso e os pedidos de *habeas corpus*.

Art. 993. Decidido o recurso representativo da controvérsia, os órgãos fracionários declararão prejudicados os demais recursos versando sobre idêntica controvérsia ou os decidirão aplicando a tese.

Art. 994. Publicado o acórdão paradigma:

I – os recursos sobrestados na origem não terão seguimento se o acórdão recorrido coincidir com a orientação da instância superior; ou

II – o tribunal de origem reapreciará o recurso julgado, observando-se a tese firmada, independentemente de juízo de admissibilidade do recurso especial ou extraordinário, na hipótese de o acórdão recorrido divergir da orientação da instância superior.

§ 1º Mantido o acórdão divergente pelo tribunal de origem, far-se-á o exame de admissibilidade do recurso especial ou extraordinário.

§ 2º Reformado o acórdão, se for o caso, o tribunal de origem decidirá as demais questões antes não decididas e que o enfrentamento se torne necessário em decorrência da reforma.

Art. 995. Sobrevindo, durante a suspensão dos processos, decisão da instância superior a respeito do mérito da controvérsia, o juiz proferirá sentença e aplicará a tese firmada.

Parágrafo único. A parte poderá desistir da ação em curso no primeiro grau de jurisdição, se a questão nela discutida for idêntica à resolvida pelo recurso representativo da controvérsia. Se a desistência ocorrer antes de oferecida a contestação, a parte ficará isenta do pagamento de custas e de honorários de sucumbência.

Em relação aos recursos especial e extraordinário repetitivos, já tendo analisado a sistemática do atual CPC e após a leitura dos artigos do projeto do novo CPC, destacaremos apenas as modificações trazidas pelo projeto.

O primeiro ponto do projeto que merece análise é a possibilidade de suspensão dos processos que versem idêntica controvérsia de direito em primeiro grau de jurisdição, por período não superior a doze meses, salvo decisão fundamentada do relator (art. 991, § 3º).

O outro ponto é com relação à vinculação dos outros órgãos jurisdicionais à decisão do Supremo Tribunal Federal ou do Superior Tribunal de Justiça no julgamento do recurso extraordinário ou especial repetitivo (arts. 993 e 994). Na primeira instância, quando sobrevindo, durante a suspensão dos processos, decisão da instância superior a respeito do mérito da controvérsia, o juiz proferirá sentença e aplicará a tese firmada (art. 995).

5.4 AGRAVO DE ADMISSÃO

O agravo de admissão é um recurso conhecido que ganhou nova nomenclatura e passou a integrar expressamente, assim como o agravo interno, o rol dos recursos no art. 948 do projeto. O agravo de admissão, que já fora conhecido no Código vigente como agravo de instrumento para destrancamento de recurso especial ou extraordinário, foi mais recentemente modificado seu procedimento e nomenclatura para agravo nos autos (art. 544, modificado pela Lei n. 12.322/2010). Portanto, o agravo de admissão é o recurso cabível da decisão de não admissão do recurso extraordinário e especial pelo tribunal de origem.

A sua disposição no projeto está em um único artigo, afirmando que:

> Seção III
>
> DO AGRAVO DE ADMISSÃO
>
> **Art. 996.** Não admitido o recurso extraordinário ou o recurso especial, caberá agravo de admissão para o Supremo Tribunal Federal ou para o Superior Tribunal de Justiça, conforme o caso.
>
> § 1º Na hipótese de interposição conjunta de recurso extraordinário e recurso especial, o agravante deverá interpor um agravo para cada recurso não admitido.
>
> § 2º A petição de agravo de admissão será dirigida à presidência do tribunal de origem, não dependendo do pagamento de custas e despesas postais.
>
> § 3º O agravado será intimado, de imediato, para oferecer resposta.
>
> § 4º Havendo apenas um agravo de admissão, o recurso será remetido ao tribunal competente. Havendo interposição conjunta, os autos serão remetidos ao Superior Tribunal de Justiça.
>
> § 5º Concluído o julgamento do agravo de admissão pelo Superior Tribunal de Justiça e, se for o caso, do recurso especial, os autos serão remetidos ao Supremo Tribunal Federal, para apreciação do agravo de admissão a ele dirigido, salvo se estiver prejudicado.
>
> § 6º No Supremo Tribunal Federal e no Superior Tribunal de Justiça, o julgamento do agravo de admissão obedecerá ao disposto no respectivo regimento interno, podendo o relator, se for o caso, decidir na forma do art. 888

Destaque-se que, embora desde dezembro de 2010, com a entrada em vigor da Lei n. 12.322/2010 tal procedimento não seja mais por agravo de instrumento, o projeto retorna à antiga disposição, só que sob o nome de agravo de admissão.

Será cabível um recurso de agravo de admissão para cada recurso não admitido e a petição será dirigida ao presidente do Tribunal que inadmitiu o recurso. Tal recurso independe do pagamento de custas e há prazo para resposta, sendo, após, os autos remetidos ao Tribunal competente.

No caso de inadmissão tanto do recurso especial como do extraordinário, primeiro os autos serão remetidos ao Superior Tribunal de Justiça (STJ) para análise da admissibilidade do recurso e, somente após, ao Supremo Tribunal Federal (STF).

5.5 EMBARGOS DE DIVERGÊNCIA

Sem possuir qualquer relação com os embargos infringentes e com os embargos de declaração, os embargos de divergência, previstos no art. 546, CPC, propiciam a uniformização da divergência *interna corporis* dos Tribunais Superiores quanto à interpretação do direito em tese e só são cabíveis no âmbito do recurso especial e do recurso extraordinário, não se podendo cogitar de sua interposição em face de julgamento do recurso ordinário constitucional.

A divergência pode ocorrer no âmbito de Turma, Seção, Corte Especial ou Pleno e deve ser atual. Não pode ser em face de competência originária ou de competência recursal originária.

Há precedentes no sentido de serem cabíveis até mesmo entre acórdãos da mesma turma, quando se verifique que variou a composição vitoriosa da maioria da turma.[39]

Contudo, a divergência só pode ser demonstrada em decisões colegiadas, não cabendo se cotejar decisões monocráticas.

Seu prazo para oferecimento é de quinze dias e a comprovação da divergência se faz por certidão ou cópia autenticada, mediante citação do repositório de jurisprudência, oficial ou autorizado, com a transcrição dos trechos do dissídio, mencionando as circunstância que se assemelhem ao caso.

Como regra, os embargos possuem apenas efeito devolutivo, mas não efeito suspensivo.

Contudo, pode-se admitir, excepcionalmente, o efeito suspensivo, através de pedido dirigido ao relator.

Distribuídos os embargos, será verificada sua admissibilidade, cabendo o recurso de agravo, em cinco dias, da decisão denegatória (art. 39 da Lei n. 8.038).

39 Barbosa Moreira (2008, p. 630).

Para sua admissão, deve-se demonstrar o dissídio, ocorrendo a demonstração analítica da divergência. Não basta que se citem os acórdãos divergentes, devem-se juntar os acórdãos e certidões de julgamento, ou se utilizar do meio eletrônico, mas impõe-se que se analisem seus fundamentos e sua semelhança com o caso.

Admitidos os embargos, abre-se vista ao embargado, pelo prazo de quinze dias, para resposta, sem haver a revisão.

Em seguida, os autos são incluídos em pauta para julgamento, observando-se as regras para julgamento do recurso extraordinário e do especial. No Supremo Tribunal Federal, a competência será sempre do Plenário e no Superior Tribunal de Justiça, da seção, quando a divergência ocorrer entre as turmas ou entre uma delas e a seção, ao passo que a Corte Especial julga os embargos enquanto se derem entre seções distintas ou entre uma turma e a própria Corte Especial.

Verificado o dissídio, será apresentada a tese correta e aplicada ao caso concreto.

No caso do Supremo Tribunal, o acórdão que julga os embargos de divergência não comporta outro recurso, a não ser os embargos de declaração, enquanto no Superior Tribunal de Justiça é cabível o recurso extraordinário, se presentes os pressupostos constitucionais.

5.5.1 Embargos de divergência no projeto do novo CPC

Seção IV

DOS EMBARGOS DE DIVERGÊNCIA

Art. 997. É embargável a decisão de turma que:

I – em recurso especial, divergir do julgamento de outra turma, da seção ou do órgão especial, sendo as decisões, embargada e paradigma, de mérito;

II – em recurso especial, divergir do julgamento de outra turma, da seção ou do órgão especial, sendo as decisões, embargada e paradigma, relativas ao juízo de admissibilidade;

III – em recurso especial, divergir do julgamento de outra turma, da seção ou do órgão especial, sendo uma decisão de mérito e outra que não tenha conhecido do recurso, embora tenha apreciado a controvérsia;

IV – nas causas de competência originária, divergir do julgamento de outra turma, seção ou do órgão especial.

§ 1º Poderão ser confrontadas teses jurídicas contidas em julgamentos de recursos e de ações de competência originária.

Art. 998. No recurso de embargos de divergência, será observado o procedimento estabelecido no regimento interno.

Parágrafo único. Na pendência de embargos de divergência de decisão proferida em recurso especial, não corre prazo para interposição de eventual recurso extraordinário. Em apenas dois artigos sobre o tema, o projeto do novo Código não traz inovações em relação ao art. 546 do CPC atual. Os embargos de divergência têm por finalidade uniformizar internamente a jurisprudência dos Tribunais Superiores, independentemente de a divergência resultar do julgamento do recurso ou de ação originária. Cabem embargos de divergência da decisão de turma que, em recurso especial, divergir do julgamento de outra turma, da seção ou do órgão especial, sendo as decisões, embargada e paradigma, de mérito; em recurso especial, divergir do julgamento de outra turma, da seção ou do órgão especial, sendo as decisões, embargada e paradigma, relativas ao juízo de admissibilidade; em recurso especial, divergir do julgamento de outra turma, da seção ou do órgão especial, sendo uma decisão de mérito e outra que não tenha conhecido do recurso, embora tenha apreciado a controvérsia; nas causas de competência originária, divergir do julgamento de outra turma, seção ou do órgão especial (art. 997).

PARTE **VII**

Disposições Finais e Transitórias

CAPÍTULO 1

Das disposições finais e transitórias do CPC

1.1 DO CPC ATUAL

O CPC, nos artigos 1.211 a 1.222 do Livro V, traz as disposições finais e transitórias do Código.

O artigo 1.211 inicia a sessão trazendo a disposição que, com a entrada em vigor, o CPC se aplica a todos os processos pendentes. Trata-se da regra do efeito imediato, também conhecida como exclusividade, em que a lei nova respeita todos os efeitos jurídicos produzidos sob a égide da lei anterior, mas se aplica imediatamente às situações por ela reguladas, a partir de sua entrada em vigor.

A lei processual tem vigência imediata e se aplica aos processos pendentes, mas respeita o ato jurídico processual perfeito, que são os já praticados ou pelo menos já iniciados sob a vigência da lei antiga, e nem o direito adquirido.

Neste aspecto, o tema dos recursos merece atenção especial. Duas são as situações da lei processual nova em matéria de recursos:

a) rege o cabimento e a admissibilidade do recurso a lei vigente à época da data da publicação da decisão que se pretende recorrer;[1]

1 Em relação ao tema, Nelson Nery Junior e Rosa Maria de Andrade Nery esclarecem que: "quanto ao cabimento, o recurso é regido pela lei do tempo em que tiver sido proferida a decisão. Se coubesse apelação quando foi proferida a decisão e, por exemplo, viesse a ser extinto esse recurso, a parte interessada poderia interpor apelação mesmo não cabendo mais esse recurso contra sentença. O que importa é se, na data da prolação da decisão, o sistema previa o recurso de apelação em face da sentença" (NERY JUNIOR; NERY, 2007, p. 1292).

b) rege o procedimento do recurso a lei vigente à época da interposição do recurso.[2]

Já em relação à remessa necessária, não sendo esta recurso, mas condição de eficácia da sentença, aplicam-se as regras de eficácia da lei no tempo previstas para as normas processuais em geral.

Quanto à execução, as regras de direito intertemporal são gerais, aplicando-se as disposições da lei nova aos processos de execução pendentes, respeitando-se, todavia, os atos processuais já praticados, que não poderão ser atingidos pela lei nova.

Os atos processuais executivos, como a penhora e a hasta pública, regem-se pela lei vigente à época de sua prática. Já as regras quem ampliam ou restringem o conjunto de objetos sobre os quais a execução recai são as vigentes à época da sentença.

Este livro V do CPC teve alterações relevantes em 2001, inseridas pela Lei n. 10.173, o Estatuto do Idoso, que incluiu os arts. 1.211-A, B e C no CPC e, posteriormente, mais alteração trazida pela Lei n. 12.008/2009, que incluiu na previsão feita pelo Estatuto do Idoso que os benefícios se estendessem também às pessoas portadoras de doença grave.

O art. 1.211-A trata da prioridade de tramitação dos processos de pessoas idosos e também de pessoas portadoras de doença grave, concedido, segundo o art. 1.211-B, a partir de requerimento feito à autoridade judiciária de onde tramite o processo. Após ser deferido o benefício, os autos receberão identificação própria.

O art. 1.211-C traz a previsão de que, concedida a prioridade de tramitação, essa não cessa com a morte do beneficiário, se estendendo a seus sucessores.

Já o art. 1.212 trata da cobrança de dívidas da União e seu parágrafo único prevê que os representantes da União estão isentos dos pagamentos de custas nos atos praticados perante a Justiça Federal ou perante a Justiça Estadual, em competência delegada.

2 Há divergência na doutrina quando, após interposto o recurso, este não é suprimido por lei nova, mas há alterações em seu regime jurídico. Há quem defenda que a lei antiga, da época de interposição do recurso, continuaria se aplicando (nesse sentido: NERY JUNIOR; NERY, 2007, p. 1292), enquanto há posicionamento defendendo que, se não suprimido o recurso, não haveria razão para que prevalecessem as leis antigas de seu procedimento (nesse sentido: TEIXEIRA, Sálvio de Figueiredo. A Lei 9756/98 e suas inovações. In: Alvim Wambier-Nery. Recursos II, p. 546).

O art. 1.213 prevê que as cartas precatórias expedidas pela Justiça Federal poderão ser cumpridas nas comarcas do interior da Justiça Estadual e o art. 1.214 afirma que os regimentos internos dos tribunais deverão se adaptar ao Código, sem estabelecer um prazo.

No art. 1.215 há a previsão de eliminação dos autos, no prazo de cinco anos, contados do seu arquivamento, o que se refere a seu arquivamento definitivo, facultando às partes e interessados desentranharem dos autos documentos que juntaram. A previsão é que, com a implementação do processo eletrônico, tal disposição se torne em desuso, embora ainda seja a tramitação da maioria dos processos por meio físico.

O art. 1.216 trata da publicação dos atos judiciais e das intimações e o art. 1.217 mantém os recursos dos processos regulados em leis especiais.

O art. 1.218 traz um conjunto de procedimentos, previstos no CPC de 1939, que continuam em vigor até serem incorporados em leis especiais. Para isso, após as disposições finais e transitórias, o CPC traz as disposições mantidas do CPC de 1939, relativa a esses procedimentos. Alguns dos procedimentos listados nos incisos do referido artigo, como a ação de despejo e o bem de família, já foram regulados por lei específica. Os demais procedimentos continuam em vigor, na forma do CPC de 1939, por previsão expressa que o CPC trouxe neste artigo.

Por fim, o art. 1.219 trata da previsão de conta especial, a ficar sob ordem do juiz, no caso de depósito em dinheiro, e o art. 1.220 trata da entrada em vigor do CPC, em 1º-1-1974, revogando as disposições contrárias.

1.2 DO PROJETO DO NOVO CPC (PL N. 8.046/2010)

No Livro V, artigos 999 a 1.007, o projeto traz suas disposições finais e transitórias, que trazem muitas disposições diversas das que tratamos para o CPC atual. Tal mudança revela que não se trata de uma grande reforma, mas, sim, de um novo Código. Há uma nova ideologia, um novo jeito de compreender o processo civil.

Pela leitura do texto, é possível perceber a preocupação em sintonizar as regras legais com os princípios constitucionais, revelando a feição neoconstitucional do trabalho.

Feitas estas considerações, destacaremos os artigos:

O art. 999 do projeto trata da *vacatio legis* do projeto. Trazendo previsão específica, tem-se a exceção à regra prevista no art. 1º da Lei de Introdução às Normas do Direito Brasileiro (anteriormente denominada LICC – Lei de Introdução ao Código Civil), que traz disposição que, salvo previsão expressa em sentido contrário, a lei começa a vigorar quarenta e cinco dias após a sua publicação.

Com essa disposição expressa, se aprovado, o projeto do novo CPC só passará a ter suas disposições aplicadas em todo o território nacional um ano a contar de sua publicação oficial.

Porém, após um ano de sua publicação oficial, as disposições do projeto estarão em vigor e se aplicarão desde logo a todos os atos processuais futuros e pendentes. Com isso, ficará revogado o CPC atual (art. 1.000).

Esse texto dispõe sobre a eficácia temporal da lei processual civil. Trata-se de disposição semelhante ao art. 1.211, 2ª parte, do atual CPC, segundo o qual a lei processual tem aplicação imediata, alcançando os atos a serem realizados e sendo vedada a atribuição de efeito retroativo.[3]

Na hipótese dos chamados atos complexos, ou seja, aqueles que dependem da soma de diversos atos simples, é necessário assegurar a incidência da mesma norma a todos os atos "menores" que, juntos, compõem o ato "maior".

Como exemplo, podemos citar a audiência de instrução e julgamento; imagine que o juiz inicia o ato, colhe os esclarecimentos do perito, facultando indagações aos assistentes técnicos (art. 452, I, CPC). Em razão do adiantado da hora, suspende o ato e designa a continuação para a semana seguinte, oportunidade em que ouvirá as testemunhas arroladas pelas partes (art. 452, II).

Nesse meio tempo, entra em vigor o novo CPC, e vamos supor que a ordem e a mecânica dos atos na audiência são alterados. Uma vez que o

3 O legislador brasileiro, ao tratar da eficácia da norma processual no tempo, optou pelo sistema do isolamento dos atos processuais, segundo o qual a lei nova se aplica imediatamente a todos os atos que forem subsequentes à sua entrada em vigor. Todavia, devem ser mencionados dois outros sistemas importantes. O primeiro é o da unidade processual, segundo o qual o processo, por ser uma cadeia unitária, só pode ser regulado por uma lei do início ao fim, devendo prevalecer então a anterior, para evitar a retroatividade da posterior. Já o sistema das fases processuais permite que se aplique uma lei diferente em cada uma das fases processuais, por serem autônomas.

ato complexo se iniciou sob a vigência da primeira lei, deve ser finalizado dessa forma, pois caso contrário haveria a combinação de leis, o que, inexoravelmente, levaria à aplicação involuntária de uma terceira, não prevista pelo legislador, bem como surpreenderia as partes e seus advogados que não haviam se preparado para aquela situação.

Feitas tais considerações sobre o *caput* do art. 1.000, passaremos a seus parágrafos.

O § 1º do art. 1.000 do projeto mantém a regra do CPC ainda atual, de 1973, relativas ao procedimento sumário e aos procedimentos especiais não mantidos no projeto e ajuizados antes da vigência do projeto. Trata-se de exceção à regra do *caput*, prevendo-se a manutenção do CPC de 1973 por não mais haver previsão daquelas regras no projeto, pelo projeto se valer de outros meios para atender àquelas determinadas situações.

O § 2º do projeto dispõe que mantêm-se em vigor os procedimentos especiais previstos em outras leis, que não o CPC de 1973. Esses procedimentos especiais serão aplicados supletivamente ao projeto do Código.

Já o § 3º faz referência ao art. 1.218, CPC atual. Muitos dos procedimentos nele previstos, mesmo após anos, até hoje não foram incorporados em leis especiais e, por isso, o projeto prevê que os procedimentos que até sua entrada em vigor não tiverem sido incorporados passarão ao procedimento comum.

Por fim, o § 4º do art. 1.000 do projeto prevê que as disposições feitas ao atual CPC, o de 1973, em leis esparsas, após a entrada em vigor do projeto, passarão a se referir ao projeto, até mesmo porque o CPC de 1973 ficará revogado. Trata-se de disposição que deve ser vista com cautela; afinal, nem todas as disposições do atual CPC permanecerão em vigor no projeto do novo CPC e alguns institutos passarão por mudanças em suas disposições.

O art. 1.001 trata da nova sistemática em relação à coisa julgada nas questões prejudiciais trazidas pelo projeto. Por ser uma inovação, somente ocorrerá nas causas ajuizadas depois do início da vigência do projeto, até como uma forma de assegurar a segurança jurídica das relações. Às ajuizadas antes, aplica-se toda a sistemática do CPC atual.

O art. 1.002 do projeto traz nítida previsão relacionada à preocupação de todos os tribunais do país. O projeto prevê a publicação pelo *Diário da Justiça eletrônico*, mas ressalva que os tribunais que ainda não o tiverem implantado após a entrada em vigor do projeto observarão as normas atuais.

Tal previsão é excepcional e devem os tribunais do país concentrar esforços para a implantação de um diário de justiça eletrônico, coadunando-se com a tendência de informatização dos atos processuais.

Já o art. 1.004 trata da prioridade de tramitação dos processos que tenham como partes ou interessados pessoa com idade igual ou superior a sessenta anos, ou portadora de doença grave

Esta é mera reprodução do que já existe atualmente. A prioridade deve ser requerida pelo interessado (§ 1º), uma vez concedida será anotada nos autos (§ 2º) e, mesmo que seu beneficiário faleça, a prioridade será transmitida aos seus sucessores (§ 3º).

O art. 1.005 do projeto apenas explicita que a regra é o procedimento comum, enquanto o art. 1.006 trata que as execuções contra devedor insolvente propostas antes da entrada em vigor do projeto do novo CPC permanecerão reguladas pelo projeto do atual CPC, de 1973.

A exceção se dá se os interessados concordarem em transformar o concurso universal em concurso particular, nos termos do art. 865 do projeto.

Por fim, o art. 1.007 dispõe expressamente que outras disposições, além do atual CPC, ficarão revogadas: dois artigos do Código Civil, o parágrafo único art. 456, que trata do instituto da denunciação da lide, e do art. 202, I, que afirma que a interrupção da prescrição ocorre com o despacho do juiz.

Ficará revogado, também, o art. 17 da Lei n. 1.060/50, que prevê o recurso de apelação nas questões relativas à assistência gratuita para os necessitados. Revoga-se, ainda, o art. 5º da Lei n. 9.469, que trata da intervenção da União nas causas em que figurarem, como autoras ou rés, autarquias, fundações públicas, sociedades de economia mista e empresas públicas federais, ainda que esse interesse se dê em virtude de reflexos econômicos e indiretos. Esse dispositivo foi revogado justamente porque, simplificando o procedimento, o projeto do novo CPC objetiva reduzir as formas de intervenção de terceiros.

O projeto revogará também dois artigos da Lei n. 8.038/90, que institui normas procedimentais para os processos que especifica, perante o Superior Tribunal de Justiça e o Supremo Tribunal Federal. O primeiro dos artigos revogados, o art. 13, trata da reclamação como forma de preservar competência do Tribunal ou garantir a autoridade das suas decisões, e o outro, o art. 18, que trata do cumprimento da decisão em sede de reclamação. Na verdade, como o projeto tratou especificamente da reclamação em seu texto legal, melhor seria sua redação se dispusesse que ficam revogados os arts. 13 a 18, em vez de 13 e 18, já que o tratamento da reclamação deixará a legislação esparsa e passará para o próprio Código.

Por fim, serão revogados pelo projeto os arts. 16 a 18 da Lei n. 5.478/68, que dispõem sobre a execução de alimentos, já que o próprio projeto do novo Código já trata do tema.

Referências Bibliográficas

ALVIM, Arruda. *Manual de direito processual civil*. 9. ed. São Paulo: Revista dos Tribunais, 2005. v. 2.

ALVIM, Eduardo Arruda. Recurso especial e recurso extraordinário. In: NERY JUNIOR, Nelson; WAMBIER, Teresa Arruda Alvim (Coord.). *Aspectos polêmicos e atuais dos recursos cíveis*. São Paulo: Revista dos Tribunais, 2002.

ARENHART, Sérgio Cruz. *Perfis da tutela inibitória coletiva*. São Paulo: Revista dos Tribunais, 2003.

ASSIS, Araken de. *Eficácia civil da sentença penal*. São Paulo: Revista dos Tribunais, 1993.

______. *Processo de execução*. 7. ed. São Paulo: Revista dos Tribunais, 2001.

______. *Manual de processo de execução*. 6. ed. São Paulo: Revista dos Tribunais, 2002.

______. *Comentários ao Código de Processo Civil*: arts. 566 a 645. Rio de Janeiro: Forense, 2004. v. 6.

______. *Cumprimento da sentença*. Rio de Janeiro: Forense, 2006.

BARBOSA MOREIRA, José Carlos. A Constituição e as provas ilicitamente obtidas. *Temas de direito processual*: sexta série. São Paulo: Saraiva, 1997.

______. *Temas de direito processual*: oitava série. São Paulo: Saraiva, 2004a.

______. Antecipação de tutela: algumas questões controvertidas. In: ______. *Temas de direito processual*: oitava série. Rio de Janeiro: Forense, 2004b.

______. Tutela de urgência e efetividade do direito. *Temas de direito processual*: oitava série. Rio de Janeiro: Forense, 2004c.

______. Por um processo socialmente efetivo. *Temas de direito processual*: oitava série. Rio de Janeiro: Saraiva, 2004d.

______. Nova definição de sentença (Lei 11.232). *Revista Dialética de Direito Processual*, São Paulo, n. 39, 2006a.

______. Sentença executiva. In: DIDIER JR., Fredie (Org.). *Leituras complementares de processo civil*. Salvador: JusPodivm, 2006b.

______. Considerações sobre a chamada "relativização" da coisa julgada material. *Temas de direito processual*: nona série. São Paulo: Saraiva, 2007.

______. *Comentários ao Código de Processo Civil*. 14. ed. Rio de Janeiro: Forense, 2008. v. 5.

______. *O novo processo civil brasileiro*: exposição sistemática do procedimento. Rio de Janeiro: Forense, 2009.

BARROSO, Luís Roberto. Da falta de efetividade à judicialização excessiva: direito à saúde, fornecimento gratuito de medicamentos e parâmetros para atuação judicial, Disponível em: www.migalhas.com.br.

______. *Interpretação e aplicação da Constituição*. 2. ed. São Paulo: Saraiva, 1998.

______. Neoconstitucionalismo e constitucionalização do direito. O triunfo tardio do direito constitucional no Brasil. *Jus Navigandi*, Teresina, ano 9, n. 851, 1º nov. 2005. Disponível em: <http://jus2.uol.com.br/doutrina/texto.asp?id=7547>.

______. *O direito constitucional e a efetividade de suas normas*: limites e possibilidades da Constituição brasileira. 4. ed. Rio de Janeiro: Renovar, 2000.

BASTOS, Celso Ribeiro; VARGAS, Aléxis Galiás de Souza. A arguição de descumprimento de preceito fundamental e a avocatória. *Revista Jurídica Virtual*, Brasília, v. 1, n. 8, jan. 2000. Disponível em: <http://www.

planalto.gov.br/CCIVIL/revista/rev_08/arg_descump_Celso.htm>. Acesso em: 16 abr. 2008.

BEDAQUE, José Roberto dos Santos. *Tutela cautelar e tutela antecipada*: tutelas sumárias de urgência (tentativa de sistematização). 2. ed. São Paulo: Malheiros, 2001.

______. Cognição e decisões do juiz no processo executivo. In: WAMBIER, Teresa; FUX, Luiz; NERY JUNIOR, Nelson (Coord.). *Processo e Constituição* – estudos em homenagem ao Professor José Carlos Barbosa Moreira. São Paulo: Revista dos Tribunais, 2006. p. 358-378.

______. *Efetividade do processo e técnica processual*. 2. ed. São Paulo: Malheiros, 2007.

BERMUDES, Sergio. *Comentários ao Código de Processo Civil*. São Paulo: Revista dos Tribunais, 1977. v. 7.

______. *A reforma do Judiciário pela Emenda Constitucional n. 4*. Rio de Janeiro: Forense, 2006.

BIDART, Adolfo Gelsi. Del tiempo procesal y su manejo. *REPRO*, São Paulo, v. 93, p. 191-196, jan./mar. 1999.

BOBBIO, Norberto. *Teoria do ordenamento jurídico*. Tradução: Maria Celeste C. J. Santos. 10. ed. Brasília: Ed. UnB, 1999.

BRÊTAS C. DIAS, Ronaldo; NEPOMUCENO, Luciana Diniz (Coord.). *Processo civil reformado*. Belo Horizonte: Del Rey, 2007.

BUENO, Cássio Scarpinella. *Partes e terceiros no processo civil brasileiro*. São Paulo: Saraiva, 2003.

______. *Tutela antecipada*. São Paulo: Saraiva, 2004.

______. *A nova etapa da reforma do Código de Processo Civil*. 2. ed. São Paulo: Saraiva, 2006. v. 2.

______. *Curso sistematizado de direito processual civil*. São Paulo: Saraiva, 2007. v. 2.

______. *Curso sistematizado de direito processual civil*. São Paulo: Saraiva, 2009. v. 4.

CÂMARA, Alexandre Freitas. *A nova execução de sentença*. Rio de Janeiro: Lumen Juris, 2006.

______. *Lições de direito processual civil*. Rio de Janeiro: Lumen Juris, 2011. v. 1.

______. *Lições de direito processual civil*. 15. ed. Rio de Janeiro: Lumen Juris, 2009. v. 3.

______. *Lições de direito processual civil*. 18. ed. Rio de Janeiro: Lumen Juris, 2010. v. 2.

CAMBI, Eduardo. *A prova civil*: admissibilidade e relevância. São Paulo: Revista dos Tribunais, 2006.

______. Neoconstitucionalismo e neoprocessualismo. *Revista Panóptica*, Vitória, n. 6, 2007.

CAMBI, Eduardo; NALIN, Paulo. O controle da boa-fé contratual por meio dos recursos de estrito direito. In: NERY JUNIOR, Nelson; WAMBIER, Teresa Arruda Alvim (Coord.). *Aspectos polêmicos e atuais dos recursos cíveis*. São Paulo: Revista dos Tribunais, 2003. v. 7.

CARMONA, Carlos Alberto (Coord.). *Reflexões sobre a reforma do Código de Processo Civil*. São Paulo: Atlas, 2007.

CARNEIRO, Athos Gusmão. Nova execução. Aonde vamos? Vamos melhorar. Revista de Processo, São Paulo, n. 123, 2005.

______. *Cumprimento da sentença civil*. Rio de Janeiro: Forense, 2007.

______. *Jurisdição e competência*. 5. ed. São Paulo: Saraiva.

CARNEIRO, Paulo Cezar Pinheiro. *Acesso à Justiça*: Juizados Especiais Cíveis e ação civil pública: uma nova sistematização da teoria geral do processo. 2. ed. Rio de Janeiro: Forense, 2003.

______. A ética e os personagens do processo. *Revista Forense*, Rio de Janeiro, v. 358, p. 346-358, 2001.

CARNEIRO, Paulo Cezar Pinheiro. *Comentários ao CPC*. Rio de Janeiro: Forense, 2006. v. 9.

CARNELUTTI, Francesco. *Instituições de processo civil*. Tradução: Adrián Sotero de Witt Batista. Campinas: Servanda, 1999.

______. *Diritto e processo*. Napoli: Morano, 1958.

CASTRO, Amílcar de. *Comentários ao Código de Processo Civil*. 2. ed. v. 8.

CHIOVENDA, Giuseppe. *Instituições de direito processual civil*. Tradução: Paolo Capitanio. Campinas: Bookseller, 1998.

CINTRA, Antônio Carlos de Araújo; GRINOVER, Ada Pellegrini; DINAMARCO, Cândido Rangel. *Teoria geral do processo*. 19. ed. São Paulo: Malheiros, 2003.

CLEMENTINO, Edilberto Barbosa. *Processo judicial eletrônico*. Curitiba: Juruá, 2007.

COMOGLIO, Luigi Paolo. Garanzie costituzionali e "giusto processo" (modelli a confronto). *Revista de Processo*, São Paulo, ano 23, v. 90, p. 95-148, abr./jun. 1998.

COSTA E SILVA, Antonio Carlos. *Da jurisdição executiva e dos pressupostos da execução civil*. Rio de Janeiro: Forense, 1980.

COUTURE, Eduardo J. *Interpretação das leis processuais*. Tradução: Gilda Maciel Corrêa Meyer Russomano. 4. ed. Rio de Janeiro: Forense, 1994.

______. *Introdução ao estudo do processo civil*. Tradução: Mozart Victor Russomano. 3. ed. Rio de Janeiro: Forense, 1997.

CRETELLA NETO, José. *Fundamentos principiológicos do processo civil*. Rio de Janeiro: Forense, 2002.

DEMO, Roberto Luis Luchi. O resgate da súmula pelo Supremo Tribunal Federal. *Revista CEJ*, Brasília, n. 24, p. 80-86, 2004.

DELGADO, José Augusto. Reflexões contemporâneas sobre a flexibilização, revisão e relativização da coisa julgada quando a sentença fere postulados e princípios explícitos e implícitos da Constituição Federal. Manifestações doutrinárias. In: NASCIMENTO, Carlos Valder do; DELGADO, José Augusto (Org.). *Coisa julgada inconstitucional*. Belo Horizonte: Fórum, 2006.

DIDIER JR., Fredie. Validade do julgamento de mérito sem a citação do réu. *Revista de Processo*, São Paulo, n. 111, p. 69-80, jul./set. 2003.

______. Esboço de uma teoria da execução civil. *Revista Forense*, Rio de Janeiro, n. 380, 2005.

______. *Direito processual civil*. 6. ed. Salvador: JusPodivm, 2006. v. 1.

______. *Curso de direito processual civil*. 9. ed. Salvador: JusPodivm, 2008. v. 1.

______. *Curso de direito processual civil*. 7. ed. Salvador: JusPodivm, 2009. v. 3.

DIDIER JR., Fredie et al. *Curso de direito processual civil*: execução. Salvador: JusPodivm, 2009. v. 5.

DIDIER JR., Fredie; CUNHA, José Leonardo Carneiro da. *Curso de direito processual civil*. Meios de impugnação às decisões judiciais e processos nos tribunais. Salvador: JusPodivm, 2006. v. 3.

DINAMARCO, Cândido Rangel. *A reforma do Código de Processo Civil*. 4. ed. São Paulo: Malheiros, 1997a.

_______. *Execução civil*. 5. ed. São Paulo: Malheiros, 1997b.

_______. A reforma da reforma. São Paulo: Malheiros, 2002a.

_______. Os efeitos dos recursos. *Revista Ajuris*, Porto Alegre, n. 85, p. 390-423, mar. 2002b.

_______. *Nova era do processo civil*. São Paulo: Malheiros, 2003.

_______. *Instituições de direito processual civil*. 4. ed. São Paulo: Malheiros, 2004. v. 2.

_______. *A instrumentalidade do processo*. 14. ed. São Paulo: Malheiros, 2009a.

_______. *Instituições de direito processual civil*. São Paulo: Malheiros, 2009b. v. 3.

_______. A reclamação no processo civil brasileiro. Disponível em: <www.direitoprocessual.org.br>. Acesso em: 15 mar. 2010.

DINIZ, Maria Helena. *Dicionário jurídico*. 2. ed. Saraiva: São Paulo, 2005. 4 v.

DOLINGER, Jacob. *Direito internacional privado*. 2. ed. Rio de Janeiro: Renovar, 2002.

DONOSO, Denis. Matéria controvertida unicamente de direito, casos idênticos, dispensa de citação e seus efeitos – primeiras impressões sobre a Lei 11.277/06. *Revista Dialética de Direito Processual*, São Paulo, n. 38, 2006.

FÉRES, Marcelo Andrade. Impactos da Emenda Constitucional n. 45/2004 sobre o recurso extraordinário: a repercussão geral (ou transcendência) e a nova alínea *d* do inciso III do art. 102 da Constituição. *Revista Dialética de Direito Processual*, São Paulo, n. 39, jun. 2006.

FERNANDES, Sérgio Ricardo de Arruda. *Questões importantes de processo civil*. 2. ed. Rio de Janeiro: DP&A, 2002.

FREDERICO MARQUES, José. *Manual de direito processual civil*. Campinas: Bookseller, 1997. 4 v.

FREIRE, Rodrigo da Cunha Lima et al. *Reforma do CPC*. São Paulo: Revista dos Tribunais, 2006.

FREITAS, Juarez. *A interpretação sistemática do direito*. 4. ed. São Paulo: Malheiros, 2004.

FUX, Luiz. *Tutela de segurança e tutela de evidência*. São Paulo: Saraiva, 1996.

______. *A reforma do processo civil*. Niterói: Impetrus, 2006.

______. *Curso de direito processual civil*. Rio de Janeiro: Forense, 2008. v. 1.

______. *O novo processo de execução*: o cumprimento de sentença e a execução extrajudicial. Rio de Janeiro: Forense, 2009.

GAGLIANO, Pablo Stolze. A nova emenda do divórcio. Primeiras reflexões. *Jus Navigandi*, Teresina, ano 15, n. 2.568, 13 jul. 2010. Disponível em: <http://jus.com.br/revista/texto/16969/a-nova-emenda-do-divorcio>. Acesso em: 22 nov. 2011.

GIANESINI, Rita. Da irrecorribilidade do cite-se. In: NERY JUNIOR, Nelson; WAMBIER, Teresa Arruda (Coord.). *Aspectos polêmicos e atuais dos recursos cíveis e de outras formas de impugnação às decisões judiciais*. São Paulo: Revista dos Tribunais, 2001.

GIDI, Antonio. *Coisa julgada e litispendência em ações coletivas*. São Paulo: Saraiva, 1995.

GOMES, Magno Federici; SILVA, Rui Alberto Batista da. Análise do artigo 285-A do Código de Processo Civil: teorias neoinstitucionalista e instrumentalista do processo. *Revista IOB de Direito Civil e Processual Civil*, São Paulo, n. 59, maio/jun. 2009.

GONÇALVES, Aroldo Plínio. *Técnica processual e teoria do processo*. Rio de Janeiro: Aide, 1992.

GONÇALVES, Carlos Roberto. *Direito civil brasileiro*. São Paulo: Saraiva, 2004, v. 2.

GONÇALVES, Marcus Vinicius Rios. *Novo curso de direito processual civil*. 5. ed. São Paulo: Saraiva, 2008. v. 1.

______. *Novo curso de direito processual civil*. São Paulo: Saraiva, 2008. v. 3.

GRECO, Leonardo. *O processo de execução*. Rio de Janeiro: Renovar, 1999. v. 1.

______. *Jurisdição voluntária moderna*. São Paulo: Dialética, 2003.

______. A defesa na execução imediata. In: DIDIER JR., Fredie (Coord.). *Execução civil* – estudos em homenagem ao Professor Paulo Furtado. Rio de Janeiro: Lumen Juris, 2006a.

______. Primeiros comentários sobre a reforma da execução oriunda da Lei 11.232/05. *Revista Dialética de Direito Processual*, São Paulo, n. 63, 2006b.

______. *Instituições de processo civil*. Rio de Janeiro: Forense, 2009. v. 1.

______. *Instituições de processo civil*. Rio de Janeiro: Forense, 2010. v. 2.

______. *Estudos de direito processual*. Campos dos Goytacazes: Ed. Faculdade de Direito de Campos, [s.d]. (Coleção José do Patrocínio).

______. Garantias fundamentais do processo: o processo justo. Disponível em: <http://www.mundojuridico.adv.br/html/artigos/documentos/texto165.htm>.

______. O acesso ao direito e à justiça. Disponível em: <http://www.mundojuridico.adv.br>.

GRECO FILHO, Vicente. *Direito processual civil brasileiro*. 18. ed. São Paulo: Saraiva, 2006. v. 3.

______. *Direito processual civil brasileiro*. 19. ed. São Paulo: Saraiva, 2007. v. 1.

______. *Direito processual civil brasileiro*. 18. ed. São Paulo: Saraiva, 2009. v. 2.

GRINOVER, Ada Pellegrini. Da coisa julgada no Código de Defesa do Consumidor. *Revista do Advogado*, São Paulo, v. 33, p. 5-15, 1990.

______. Tutela jurisdicional diferenciada: a antecipação e sua estabilização. *O processo – estudos e pareceres*. São Paulo: DPJ, 2006.

GRINOVER, Ada Pellegrini; GRECO, Leonardo. A prova no processo civil: do Código de 1973 ao novo Código Civil. *Revista Forense*, Rio de Janeiro, v. 100, n. 374, jul./ago. 2004.

GRINOVER, Ada Pellegrini; DINAMARCO, Cândido Rangel. *Teoria geral do processo*. 19. ed. São Paulo: Malheiros, 2003.

GRINOVER, Ada Pellegrini et al. *Código brasileiro de defesa do consumidor comentado*. 6. ed. Rio de Janeiro: Forense Universitária, 1999.

GUASP, Jaime. *Derecho procesal civil*. 2. ed. Madrid: Instituto de Estudios Políticos, 1961.

GUERRA, Marcelo Lima. *Estudos sobre o processo cautelar*. São Paulo: Malheiros, 1997.

______. *Execução forçada*: controle de admissibilidade. 2. ed. São Paulo: Revista dos Tribunais, 1998.

HARTMANN, Rodolfo Kronemberg. *A execução civil*. Niterói: Impetus, 2010.

HERTEL, Daniel Roberto. *Curso de execução civil*. Rio de Janeiro: Lumen Juris, 2008.

HOMMERDING, Adalberto Narciso. *Fundamentos para uma compreensão hermenêutica do processo civil*, Porto Alegre: Livraria do Advogado, 2007.

JORGE, Flávio Cheim; DIDIER JR., Fredie; RODRIGUES, Marcelo Abelha. *A terceira etapa da reforma processual civil*. São Paulo: Saraiva, 2006.

KNIJNIK, Danilo. As (perigosíssimas) doutrinas do "ônus dinâmico da prova" e da "situação de senso comum" como instrumentos para assegurar o acesso à justiça e superar a *probatio* diabólica. In: FUX, Luiz; NERY JUNIOR, Nelson; WAMBIER, Teresa Arruda Alvim (Coord.). *Processo e Constituição*: estudos em homenagem ao Professor José Carlos Barbosa Moreira. São Paulo: Revista dos Tribunais, 2006a.

KNIJNIK, Danilo. *A nova execução*. Rio de Janeiro: Forense, 2006b.

LACERDA, Galeno. *Comentários ao Código de Processo Civil*. Rio de Janeiro: Forense, 1998. v. 12.

______. *Teoria geral do processo*. Rio de Janeiro: Forense, 2006.

LEAL, Victor Nunes. Passado e futuro da súmula do STF. *Revista de Direito Administrativo*, São Paulo, n. 145, 1981.

LEAL, Rosemiro Pereira. *Teoria geral do processo*. 6. ed. São Paulo: IOB Thomson, 2005.

LIEBMAN. *Manual de direito processual civil*. 2. ed. Rio de Janeiro: Forense, 1984. v. 1.

______. *Processo de execução*. São Paulo: Revista dos Tribunais, 1946.

LIMA, Alcides de Mendonça. *Comentários ao Código de Processo Civil*. Rio de Janeiro: Forense, 1991. v. 6.

LOPES, João Batista. Defesa do executado na reforma da execução civil. In: HOFFMAN, Paulo; RIBEIRO, Leonardo Ferres da Silva (Coord.). *Processo de execução civil* – modificações da Lei 11.232/05. São Paulo: Quartier Latin, 2006.

LOPES, Mauro Luís Rocha. *Execução fiscal e ações tributárias*. Rio de Janeiro: Lumen Juris, 2002.

MACEDO, Alexander dos Santos. *Da eficácia preclusiva panprocessual dos efeitos civis da sentença penal*. Rio de Janeiro: Lumen Juris, 1989.

MACHADO, Antônio Cláudio da Costa. *A intervenção do Ministério Público no processo civil brasileiro*. 2. ed. São Paulo: Saraiva, 1998.

MALHEIROS, George Salomão Leite (Org.). *Tributo e segurança jurídica*. In: *Dos princípios constitucionais* – considerações em torno das normas principiológicas da Constituição. São Paulo: Malheiros, 2003.

MAMEDE, Gladston. *Manual de direito empresarial*. 4. ed. São Paulo: Atlas, 2009.

MANCUSO, Rodolfo de Camargo. *Divergência jurisprudencial e súmula vinculante*. 3. ed. São Paulo: Revista dos Tribunais, 2007.

MARCATO, Antônio Carlos (Coord.). *Código de Processo Civil interpretado*. São Paulo: Atlas, 2004a.

_______. *Procedimentos especiais*. 10. ed. São Paulo: Atlas, 2004b.

MARINONI, Luiz Guilherme. *Novas linhas do processo civil*. 3. ed. São Paulo: Malheiros, 1999.

_______. *A antecipação de tutela*. 7. ed. São Paulo: Malheiros, 2002.

_______. *Técnica processual e tutela dos direitos*. São Paulo: Revista dos Tribunais, 2004.

_______. A jurisdição no Estado contemporâneo. In: *Estudos de direito processual civil*, São Paulo: Revista dos Tribunais, 2005.

_______. *Abuso de defesa e parte incontroversa da demanda*. São Paulo: Revista dos Tribunais, 2007.

MARINONI, Luiz Guilherme; ARENHART, Sérgio Cruz. *Manual do processo de conhecimento* – a tutela jurisdicional através do processo de conhecimento. 2. ed. São Paulo: Revista dos Tribunais, 2003.

______. *Curso de processo civil*. Manual do processo de conhecimento. 4. ed. São Paulo: Revista dos Tribunais, 2005. v. 2.

______. *Manual do processo de conhecimento*. 5. ed. São Paulo: Revista dos Tribunais, 2006.

______. *Curso de processo civil*: execução. São Paulo: Revista dos Tribunais, 2007. v. 3.

______. *Processo de conhecimento*. 7. ed. São Paulo: Revista dos Tribunais, 2008. v. 2.

______. *Procedimentos especiais*. São Paulo: Revista dos Tribunais, 2009. v. 5.

______. *Processo cautelar*. São Paulo: Revista dos Tribunais, 2010. v. 4.

MARINONI, Luiz Guilherme; MITIDIERO, Daniel. *Tutela inibitória*. São Paulo: Revista dos Tribunais, 1999.

______. *Repercussão geral no recurso extraordinário*. São Paulo: Revista dos Tribunais, 2007a.

______. *Teoria geral do processo*. 2. ed. São Paulo: Revista dos Tribunais, 2007b.

MARTINS, Samir José Caetano. A repercussão geral da questão constitucional (Lei n. 11.418/2006). *Revista Dialética de Direito Processual*, São Paulo: Dialética, n. 50, 2006.

MARTINS, Sérgio Gilbert. *A defesa do executado por meio de ações autônomas*. 2. ed. São Paulo: Revista dos Tribunais, 2005.

MEDINA, José Miguel Garcia. *Execução*. São Paulo: Revista dos Tribunais, 2008.

MELENDO, Santiago Sentis. La prueba es libertad. In: *La prueba*. Los grandes temas del derecho probatório. Buenos Aires: EJEA, 1978.

MESSA, Ana Flávia; CALDEIRA, Adriano; FREIRA, Rodrigo da Cunha Lima (Org.). *Terceira etapa da reforma do Código de Processo Civil*. Salvador: JusPodivm, 2007.

MITIDIERO, Daniel. Direito fundamental ao julgamento definitivo da parcela incontroversa: uma proposta de compreensão do art. 273, § 6º, CPC, na perspectiva do direito fundamental a um processo sem dilações indevidas (art. 5, LXXVIII, CRFB). *Processo civil e Estado constitucional*. Porto Alegre: Livraria do Advogado, 2007a.

______. *Processo civil e estado constitucional*. Porto Alegre: Livraria do Advogado, 2007b.

______. A multifuncionalidade do direito fundamental ao contraditório e a improcedência liminar (art. 285-A, CPC): resposta à crítica de José Tesheiner. *Revista de Processo*, São Paulo, n. 144, 2007c.

MORAES, Maria Celina Bodin de. A caminho de um direito civil constitucional. *Revista Direito, Estado e Sociedade*, Rio de Janeiro, n. 1/91, p. 59-73.

MOUTA, José Henrique. Processos repetidos e os poderes do magistrado diante da Lei 11.277/06. Observações e críticas. *Revista Dialética de Direito Processual*, São Paulo: Dialética, n. 37, 2006.

NERY JUNIOR, Nelson. *Princípios fundamentais* – teoria geral dos recursos. 5. ed. São Paulo: Revista dos Tribunais, 2000.

______. *Princípios do processo civil na Constituição Federal*. 8. ed. São Paulo: Revista dos Tribunais, 2004a.

______. *Teoria geral dos recursos*. 6. ed. São Paulo: Revista dos Tribunais, 2004b.

NERY JUNIOR, Nélson; NERY, Rosa Maria de Andrade. *Código de Processo Civil comentado e legislação extravagante*. 10. ed. São Paulo: Revista dos Tribunais, 2007.

PEREIRA, Rosalina. *Ações prejudiciais à execução*. São Paulo: Saraiva, 2000.

OLIVEIRA, Carlos Alberto Álvaro (Coord.). A nova execução: comentários à Lei n. 11.232, de 22 de dezembro de 2005. Rio de Janeiro: Forense, 2006.

______. O formalismo valorativo no confronto com o formalismo excessivo. *Revista Forense*, Rio de Janeiro, v. 388, p. 11-28, 2007.

OLIVEIRA, José Maria Leoni Lopes de. *Direito civil – teoria geral do direito civil*. Rio de Janeiro: Lumen Juris, 1999.

______. *Introdução ao direito civil*. Rio de Janeiro: Lumen Juris, 2001.

OLIVEIRA NETO, Olavo. *A defesa do executado e dos terceiros na execução forçada*. São Paulo: Revista dos Tribunais, 2000.

OST, François. Júpter, Hércules, Hermes: tres modelos de juez. *DOXA*, n. 14, p. 169-194, 1993.

OTERO, Paulo. *Legalidade e administração pública*: o sentido da vinculação administrativa à juridicidade. Lisboa: Almedina, 2003.

PACHECO, José da Silva. *Evolução do processo civil brasileiro*. 2. ed. Rio de Janeiro: Renovar, 1998.

PASSOS, J. J. Calmon de. *Comentários ao Código de Processo Civil*. Rio de Janeiro, Forense, [s.d]. v. 3.

_______.*Da antecipação de tutela*. São Paulo: Saraiva, 1996.

_______. *Direito, poder, justiça e processo*. Rio de Janeiro: Forense, 1999.

PEREIRA, Caio Mario da Silva. *Instituições de direito civil*. Rio de Janeiro: Forense, 1997. v. 5.

PINHO, Humberto Dalla Bernardina de. Execução fiscal e intervenção do Ministério Público. Considerações a respeito da aplicabilidade do enunciado n. 189 do E. Superior Tribunal de Justiça. *Revista do Ministério Público do Estado do Rio de Janeiro*, Rio de Janeiro, v. 10, p. 393-401, 1999.

_______. A inconstitucionalidade como questão prejudicial no controle difuso incidental da constitucionalidade das leis perante órgãos jurisdicionais de primeira instância. *Revista do Ministério Público do Estado do Rio de Janeiro*, Rio de Janeiro, v. 11, p. 151-160, 2000.

_______. Mediação – a redescoberta de um velho aliado na solução de conflitos. In: PRADO, Geraldo (Org.). *Acesso à Justiça*: efetividade do processo. Rio de Janeiro: Lumen Juris, 2005.

_______. A nova sistemática do cumprimento de sentença: reflexões sobre as principais inovações da Lei n. 11.232/05. *Revista Dialética de Direito Processual*, São Paulo, n. 37, 2006a.

_______. (Coord.). *Temas contemporâneos de direito processual* – segunda série. Rio de Janeiro: Lumen Juris, 2006b.

_______. *Teoria geral do processo civil contemporâneo*. 3. ed. Rio de Janeiro: Lumen Juris, 2010.

PINHO, Humberto Dalla Bernardina de; DURCO, Karol. A mediação e a solução dos conflitos no Estado democrático de direito. O "juiz Hermes" e a nova dimensão da função jurisdicional. Disponível em: <http://www.humbertodalla.pro.br/arquivos/a_mediacao_e_a_solucao_de_conflitos_no_estado_democratico.pdf>. Acesso em: 1º nov. 2001.

PINHO, Humberto Dalla Bernardina de; ALMEIDA, Marcelo Pereira de. O novo ciclo de reformas do CPC. *Quaestio Iuris*, Rio de Janeiro, n. 4, p. 53-76, set. 2006.

PINHO, Humberto Dalla Bernardina de; BARBOSA, Hugo; DUARTE, Márcia. *A nova sistemática da execução dos títulos extrajudiciais e a Lei n. 11.382/06*. Rio de Janeiro: Lumen Juris, 2007.

PINHO, Humberto Dalla Bernardina de; HILL, Flávia Pereira. *Inventário judicial ou extrajudicial*: separação e divórcio consensuais por escritura pública – primeiras reflexões sobre a Lei n. 11.441/07. *Revista Dialética de Direito Processual*, São Paulo: Dialética, v. 50, p. 42-59, 2007.

PONTES DE MIRANDA, Francisco Cavalcanti. *Comentários ao Código de Processo Civil*. Rio de Janeiro: Forense: 1974. t. 4.

______. *Comentários ao Código de Processo Civil*. 4. ed. Rio de Janeiro: Forense, 1997. t. 3.

______. *Instituições de direito civil*. 10. ed. Rio de Janeiro: Forense, 1998. v. 3.

______. *Tratado de direito privado*. v. 2/22.

REIS, José Alberto dos. *Processo de execução*. São Paulo: Forense, 1957. v. 1.

RODRIGUES, Marcelo Abelha. Manual de execução civil. 2. ed. Rio de Janeiro: Forense Universitária, 2007.

RODRIGUES NETTO, Nelson. Reflexões sobre a cumulação de execuções fundadas em títulos executivos judicial e extrajudicial. *Revista de Processo*, São Paulo, n. 107.

SÁ, Djanira Maria Radamés de. *Teoria geral do direito processual civil*. 2. ed. São Paulo: Saraiva, 1999.

SANTOS, Ernane Fidélis dos. *Comentários ao Código de Processo Civil*. Rio de Janeiro: Forense, 1980.

______. Aplicação subsidiária de normas do processo de conhecimento no processo de execução. *Revista de Processo*, São Paulo, 1983.

______. *Manual de direito processual civil*. 11. ed. São Paulo: Saraiva, 1998. v. 1.

SANTOS, Moacyr Amaral. *Comentários ao Código de Processo Civil*. 6. ed. Rio de Janeiro: Forense, 1994. v. 4.

______. *Primeiras linhas de direito processual civil*. 21. ed. São Paulo: Saraiva, 1999.

SATTA, Salvatore. *Diritto processuale civile*. 13. ed. Padova: CEDAM, 2000.

SIDOU, J. M. Othon. *Processo civil comparado*. Rio de Janeiro: Forense Universitária, 1997.

SIFUENTES, Mônica. *Súmula vinculante*: um estudo sobre o poder normativo dos tribunais. São Paulo: Saraiva, 2005.

SILVA, Edward Carlyle. *Direito processual civil*. Niterói: Impetus, 2007.

SILVA, Ovídio A. Baptista da. *Procedimentos especiais*. Rio de Janeiro: Aide, 1993.

______. *A "antecipação" da tutela na recente reforma processual*. São Paulo: Saraiva, 1996.

______. A função dos tribunais superiores, Anuário do Programa de Pós-graduação em Direito. São Leopoldo: Universidade do Vale do Rio dos Sinos, 1999.

SILVA, Ovídio A. Baptista da; GOMES, Fábio. *Teoria geral do processo civil*. São Paulo: Revista dos Tribunais, 1997.

______. *Curso de processo civil*: execução obrigacional, execução real, ações mandamentais. 5. ed. São Paulo: Revista dos Tribunais, 2002. v. 2.

SOUZA, Gelson Amaro. *Valor de causa nos embargos de terceiros*. *Revista de Processo*, São Paulo, n. 35, 1984.

STRECK, Lênio Luiz. *Súmulas no direito brasileiro*: eficácia, poder e função. Porto Alegre: Livraria do Advogado, 1998.

______. A "repercussão geral das questões constitucionais" e a admissibilidade do recurso extraordinário: a preocupação do constituinte com as "causas irrelevantes". In: AGRA, Walter de Moura (Coord.). *Comentário à reforma do Poder Judiciário*. Rio de Janeiro: Forense, 2005. p. 132-142.

______. *Verdade e consenso*: constituição hermenêutica e teorias discursivas das possibilidades à necessidade de respostas corretas em direito. Rio de Janeiro: Lumen Juris, 2007.

TALAMINI, Eduardo. *Tutela relativa aos deveres de fazer e de não fazer*. São Paulo: Revista dos Tribunais, 2001.

______. Embargos à execução de título judicial eivado de inconstitucionalidade (CPC, art. 741, par. ún.). In: DIDIER JR., Fredie (Org.). *Relativização da coisa julgada*. Salvador: JusPodivm, 2004.

TARDIN, Luiz Gustavo. *Fungibilidade das tutelas de urgência*. São Paulo: Revista dos Tribunais, 2006.

TARUFFO, Michele. Observações sobre os modelos processuais de *civil law* e de *common law*. Tradução: José Carlos Barbosa Moreira. *REPRO*, São Paulo, ano 28, v. 110, p. 141-158, abr./jun. 2003.

TAVARES, André Ramos; LENZA, Pedro; ALARCÓN, Pietro de Jesus Lora. *Reforma do judiciário analisada e comentada*. São Paulo: Método, 2005.

TEIXEIRA, Sálvio de Figueiredo. A Lei 9756/98 e suas inovações. In: ALVIM WAMBIER- NERY. *Recursos II*, p. 546.

TEPEDINO, Gustavo José Mendes. Premissas metodológicas para a constitucionalização do direito civil. In: *Temas de direito civil*. Rio de Janeiro: Renovar, 1999. p. 1-22.

THEODORO JÚNIOR, Humberto. Meios de defesa do devedor diante do título executivo, fora dos embargos à execução. *Ações autônomas e exceção de pré-executividade*. Instituto de direito. São Paulo: Saraiva, 1997.

______. *Processo cautelar*. 20. ed. São Paulo: Leud, 2002.

______. *Comentários do Código de Processo Civil*. 2, ed. Rio de Janeiro: Forense, 2003. v. 4.

______. *Processo de execução*. 22. ed. São Paulo: Leud, 2004.

______. *As novas reformas do Código de Processo Civil*. Rio de Janeiro: Forense, 2006.

______. *A reforma da execução do título extrajudicial*. Rio de Janeiro: Forense, 2007.

______. *Curso de direito processual civil*. Procedimentos especiais. Rio de Janeiro: Forense, 2008. v. 3.

______. *Curso de direito processual civil*: teoria geral do direito processual civil e processo de conhecimento. Rio de Janeiro: Forense, 2009a. v. 1.

______. *Curso de direito processual civil*: processo de execução e cumprimento de sentença, processo cautelar e tutela de urgência. Rio de Janeiro: Forense, 2009b. v. 2.

TUCCI, José Rogério Cruz e. *Tempo e processo*: uma análise empírica das repercussões do tempo na fenomenologia processual (civil e penal). São Paulo: Revista dos Tribunais, 1997.

______. Anotações sobre a repercussão geral como pressuposto de admissibilidade do recurso extraordinário: Lei n. 11.418/2006, *Revista Magister de Direito Civil e Processual*, ano 3, n. 16, jan./fev. 2007.

______. *Precedente judicial como fonte de direito*. São Paulo: Revista dos Tribunais, 2004.

WAMBIER, Luiz Rodrigues. *Curso avançado de processo civil*. São Paulo: Revista dos Tribunais, 2005. v. 1.

______. *Sentença civil*: liquidação e cumprimento. 3. ed. São Paulo: Revista dos Tribunais, 2006.

WAMBIER, Luiz Rodrigues; ALMEIDA, Flávio Correia de; TALAMINI, Eduardo. *Curso avançado de processo civil*. 8. ed. 2009. v. 1.

WAMBIER, Luiz Rodrigues; WAMBIER, Teresa Arruda Alvim; MEDINA, José Miguel Garcia. *Breves comentários à nova sistemática processual civil*. São Paulo: Revista do Tribunais, 2006. v. 2.

WAMBIER, Teresa Arruda Alvim. Distinção entre questão de fato e questão de direito para fins de cabimento de recurso especial. *Revista de Processo*, São Paulo, v. 23, n. 92, out. 1998.

______. Reflexos das ações procedimentalmente autônomas (em que se discute, direta ou indiretamente, a viabilidade da execução) na própria execução. In: SHIMURA, Sérgio; WAMBIER, Teresa Arruda Alvim (Coord.). *Processo de execução*. São Paulo: Revista dos Tribunais, 2001. p. 722-738.

______. *Nulidades do processo e da sentença*. 5. ed. São Paulo: Revista dos Tribunais, 2004.

WAMBIER, Teresa Arruda Alvim; MEDINA, J. M. *O dogma da coisa julgada*: hipóteses de relativização. São Paulo: Revista dos Tribunais, 2003.

WATANABE, Kazuo. *Da cognição no processo civil*. 2. ed. São Paulo: Centro Brasileiro de Estudos e Pesquisas Judiciais, 1999.

ZANETI JÚNIOR, Hermes. *Processo constitucional* – o modelo constitucional do processo civil brasileiro. Rio de Janeiro: Lumen Juris, 2007.

ZAVASCKI, Teori Albino. *Comentários ao Código de Processo Civil*: do processo de execução, arts. 566 a 645. São Paulo: Revista dos Tribunais, 2000. v. 8.

______. *A antecipação de tutela*. 4. ed. São Paulo: Saraiva, 2005.